Experiencing the Landscape in Antiquity 2

Edited by

ARMANDO CRISTILLI, FABIO DE LUCA,
GIOCONDA DI LUCA AND ALESSIA GONFLONI

BAR INTERNATIONAL SERIES 3107 | 2022

BAR
PUBLISHING

Published in 2022 by
BAR Publishing, Oxford, UK

BAR International Series 3107

Experiencing the Landscape in Antiquity 2

ISBN 978 1 4073 6009 6 paperback
ISBN 978 1 4073 6010 2 e-format

DOI https://doi.org/10.30861/9781407360096

A catalogue record for this book is available from the British Library

COVER IMAGE *View of modern Agrigento by the Temple of Concordia.*
Photo by Armando Cristilli.

BAR
PUBLISHING

BAR titles are available from:

BAR Publishing
122 Banbury Rd, Oxford, OX2 7BP, UK
info@barpublishing.com
www.barpublishing.com

Of Related Interest

Experiencing the Landscape in Antiquity
I Convegno Internazionale di Antichità – Università degli Studi di Roma 'Tor Vergata'
Armando Cristilli, Alessia Gonfloni and Fabio Stok

BAR International Series **3015** | 2020

Human-Environment Dynamics in the Aeolian Islands during the Bronze Age
A paleodemographic model
Claudia Speciale

BAR International Series **3052** | 2021

La Calabria dalla Tarda Antichità al Medioevo
Ricostruzione del paesaggio rurale dell'Altopiano del Poro, Vibo Valentia
Cristiana La Serra

BAR International Series **3048** | 2021

Landscape: una sintesi di elementi diacronici
Metodologie a confronto per l'analisi del territorio
Edited by Davide Gangale Risoleo, Ippolita Raimondo

BAR International Series **3047** | 2021

Tecniche digitali e geoarcheologia per lo studio del paesaggio medievale
Uno studio interdisciplinare in Pianura Padana centrale
Filippo Brandolini

BAR International Series **3043** | 2021

Pratiche funerarie e cultuali in Italia meridionale fra VI e V sec. a.C.
Il centro indigeno di Garaguso tra tradizione e innovazione
Valentina Garaffa

BAR International Series **3026** | 2021

Contents

Ancora sull'*Experiencing the Landscape in Antiquity*

Armando Cristilli, Fabio De Luca, Gioconda Di Luca, Alessia Gonfloni
Università degli Studi di Roma 'Tor Vergata'

L'idea di un convegno di antichistica a carattere internazionale dedicato al paesaggio nacque alcuni anni fa durante una delle numerose attività organizzate dalla Scuola di Dottorato in Antichità Classiche e Loro Fortuna di 'Tor Vergata'. L'iniziativa fu subito ben accolta dall'allora coordinatore delle attività di dottorato, il prof. Fabio Stok, il quale, sostenendo e incoraggiando le prospettive di ricerca dell'ateneo di Roma, ha promosso e sostenuto progetti di ampio respiro, soprattutto in funzione interdisciplinare e internazionale. Il primo convegno internazionale di antichistica, organizzato da Alessia Gonfloni e Armando Cristilli e svoltosi dal 15 al 17 maggio del 2019, ebbe come oggetto di studi l'esperienza del paesaggio, declinata in diverse accezioni, che vide la presenza di 54 specialisti provenienti da diverse istituzioni di ricerca nel mondo; i lavori del convegno furono raccolti in un primo volume di atti, dato alle stampe grazie a questa medesima casa editrice nel 2020, dal titolo *Experiencing the Landscape in Antiquity. I Convegno Internazionale di Antichità - Università degli Studi di Roma 'Tor Vergata'*.

Il secondo capitolo di questo appuntamento di incontri, dedicato di nuovo alla stessa tematica, è nato, invece, come una necessità, cioè quella di riproporre un'attività ormai fisiologica per la scuola di dottorato dell'ateneo romano e per i suoi allievi: la formazione di studiosi di alto profilo, attraverso il confronto e la discussione fra discipline afferenti il mondo antico, talvolta molto lontane fra loro, ma che necessitano, evidentemente, di un continuo scambio di opinioni per il progredire della ricerca scientifica stessa.

Il mondo dell'antichistica, come è ben noto a tutti, è costellato da diverse discipline ed è frazionato in molti settori, ognuno dei quali ha raggiunto, nel corso degli anni della storia della ricerca, una propria autonomia, distinguendosi per metodologie diverse e perseguendo strategie affini, eppure al contempo distanti. Il quadro che ne emerge è ben evidente: spesso, pur trattando del medesimo arco cronologico o delle medesime aree, archeologi, letterati, storici, filologi, epigrafisti, geografi affrontano le proprie ricerche con modalità differenti, talvolta riconducibili a scuole di pensiero o di studi diversi. L'esigenza di un incontro incentrato sull'Antico nasce proprio da questa ovvietà: superare i limiti (per così dire) intrinseci in ogni disciplina; costringere gli studiosi a interagire fra di loro e aprire i fronti; creare un ponte fra il dottorando che si approccia allo studio accademico ad alti livelli e il professore che da anni si occupa della sua disciplina; far confluire studi diversi e confrontare metodologie differenti, in modo tale che dall'incontro e dal confronto possa nascere una nuova occasione di studio e di crescita culturale.

La tematica scelta per il primo e confermata per il secondo convegno è stata quella offerta dal *landscape*, quel paesaggio che si presta a diverse interpretazioni e analisi di lettura.

Affrontato in 14 tematiche, il secondo Convegno Internazionale di Antichistica di 'Tor Vergata' ha costituito l'occasione di confronto fra 91 specialisti provenienti da istituzioni accademiche o di ricerca di diverse parti del mondo: 55 relatori da istituzioni italiane, 10 dalla Spagna, 6 dagli USA, 5 dalla Germania, 4 dalla Grecia, 3 dal Belgio, 2 dal Regno Unito, 1 dall'Ungheria, 1 dal Portogallo, 1 dalla Serbia e 1 dalla Svizzera. Un successo che ha superato ogni nostra aspettativa sia in termini di presenze sia per la competenza e la preparazione dimostrata dai relatori che hanno saputo, ognuno secondo la propria specializzazione, sviluppare il tema del paesaggio mediterraneo antico con precisione e competenza. E questa volta, grazie al supporto e al sostegno del prof. Virgilio Costa, a cui è passato recentemente il testimone del coordinamento della Scuola di Dottorato di Antichità Classiche e Loro Fortuna, gli organizzatori hanno avuto modo di creare nell'Università degli Studi di Roma 'Tor Vergata' un nuovo momento di incontro e discussione accademica di altissimo profilo, rendendo l'Ateneo al centro di questo dialogo ininterrotto: e proprio al nuovo Coordinatore che ha creduto nell'iniziativa e seguito tutto il processo di ideazione, organizzazione e promozione, ricoprendo alla fine anche il ruolo di moderatore con grandissima competenza e partecipata emozione, va un ringraziamento speciale. Le giornate di convegno, articolate in sessioni doppie di lavoro, dal 22 al 25 novembre 2021, sono state organizzate e gestite da Armando Cristilli e Alessia Gonfloni, come già detto organizzatori del primo convegno, ai quali si sono aggiunti i dottorandi Fabio De Luca e Gioconda Di Luca, per rinnovare quel legame di continuità fra questo appuntamento e la Scuola di Dottorato. Ma alla buona riuscita dell'evento hanno dato un efficace contributo anche i moderatori che con la loro esperienza e le loro competenze hanno reso intenso il programma scientifico e hanno dato, attraverso il confronto e la discussione, la possibilità di un arricchimento e di una forte crescita professionale. E lasciateci qui nominarli tutti, affinché vada a loro il nostro più profondo ringraziamento per l'impegno profuso nelle relative sessioni: proff. Francesca Boldrer, Margherita Bonanno, Ester Cerbo, Virgilio Costa, Federico De Romanis, Maria Rosaria Falivene, Alessandra Inglese, Marcella Pisani, Giulia Rocco, Lucrezia Spera e Fabio Stok.

Il tema centrale di questo Convegno è stato declinato attraverso 14 *panels*.

Il primo di questi *panels*, dal titolo "*Sit tibi terra levis*: per la ricostruzione del paesaggio funerario antico", è stato oggetto degli studi di 12 relatori. Il culto funerario e le necropoli hanno da sempre informato di loro il paesaggio con una congerie di evidenze tanto peculiari quanto assai complesse nelle loro diverse valenze ideologiche, sociali, religiose, topografiche, architettoniche, epigrafiche e figurative, e la cui ricostruzione non può escludere né le fonti letterarie né la documentazione offerta dalle evidenze archeologiche. Ma raggiungono nello stesso tempo anche un alto livello di autoconsapevolezza da parte della comunità relativa, apparendo sempre nuove e originali. Ecco perché lo spazio dei morti, isolato o concentrato che sia, si propone come un campo di ricerca particolarmente fortunato, costituendo una preziosa fonte di dati su concezioni, modi di pensare, scelte logistiche e immaginario collettivo.

Il secondo *panel*, intitolato "Paesaggio e Costruzione dell'identità", è stato oggetto degli studi di 13 relatori. Come nel caso della prima edizione di questo convegno, il termine *Paesaggio*, in questa sessione, è stato analizzato attraverso una prospettiva volta a esplicitare l'analisi dell'elemento identitario rintracciabile nel paesaggio stesso. Il presente *panel* poneva, dunque, una duplice sfida: da una parte quella di accogliere l'onerosa eredità di una bibliografia pressoché sconfinata (rispetto ai concetti di identità - spazio e definizione), dall'altra quella di coniugare le nuove prospettive di ricerca in una dimensione interdisciplinare, cercando di definire il paesaggio non solo in quanto marcatore di identità collettive, ma soprattutto come *esperienza* di formazione e costruzione dell'identità personale e/o collettiva.

Al terzo *panel* è stato dato il titolo "I monumenti onorari nel paesaggio antico: interconnessioni tra dediche, committenze e destinatari", ha posto come obiettivo lo studio dei monumenti onorari nella definizione del *landscape*. Infatti, ognuno di essi (dalla statua all'arco, passando per il cenotafio e i *thropaia* dei conquistatori), isolato o meno, si pone come parte integrante del *landscape* in ogni epoca e ancor di più in quello del Mediterraneo antico, connettendo alla propria unità figurativa tutto il paesaggio limitrofo. Esso costituisce un punto di incontro fra la prospettiva di chi commissiona il monumento (pubblico o privato che sia), il suo destinatario (il singolo, il gruppo specifico, finanche l'intera componente civica) e gli spettatori (antichi e moderni) che, attraverso la continua osservazione/studio dell'oggetto, ne garantiscono la memoria e ne perpetuano la funzione dedicatoria. I due contributi presentati per questo *panel* si sono focalizzati sulle possibili motivazioni e le varie implicazioni, le connessioni spaziali e territoriali, la gestione e le modalità di progettazione in relazione ai *visual effects* nel paesaggio, soprattutto in prospettiva interdisciplinare, tenendo conto delle diverse modalità di realizzazione, fruizione e diffusione dei *monumenta*, tanto in senso

diacronico quanto diatopico: come è noto, infatti, il mondo greco e quello romano ebbero e svilupparono una propria sensibilità nell'elaborazione di tali *signa*, determinata da contesti e occasioni divergenti e convergenti allo stesso tempo, rispetto alle esperienze contemporanee e non che si sono verificate anche altrove nel Mediterraneo Antico.

Un quarto *panel* è stato dedicato a "Il paesaggio sonoro nel mondo antico", realizzato per dare spazio agli studi legati alla fonosfera del passato: la pronuncia delle parole, l'analisi dei fonemi e più in generale dei suoni nel mondo antico. È in quest'ottica che, ancora una volta, abbiamo discusso il paesaggio del sonoro: le caratteristiche e le ricostruzioni possibili, soprattutto in un'ottica comparativa. Appare chiaro, in tale prospettiva, nonostante l'esorbitante numero di ricerche condotte nel corso degli anni, volte a fornire ipotesi di interpretazione della realtà del sonoro, che l'elemento più marcatamente evidente del mondo antico sia costituito dall'assordante silenzio in cui sono avvolti il latino e il greco.

Il quinto *panel* è stato incentrato sullo studio dei "Metodi, strumenti e ricostruzioni del paesaggio produttivo". Ancora oggi, infatti, appaiono labili i punti di contatto fra gli storici dell'economia, delle rappresentazioni dello spazio e gli archeologi sul campo: da una parte, dunque, gli esploratori dei microsistemi economici restano ancorati ai tradizionali compendi storici, mentre il territorio viene consacrato esclusivamente allo studioso di letteratura e geografia, impedendo alla realtà di riunirsi all'immagine. Eppure, nella mentalità mediterranea antica, il paesaggio è stato anche quello della produzione e del sostentamento, tanto che il suo studio diventa determinante nella funzione storica che esso riveste. Questo *panel*, pertanto, ha posto come obiettivo quello di coniugare il punto di vista archeologico sul territorio produttivo del Mediterraneo antico e gli studi incentrati sulle sue dinamiche interne ed esterne, sul suo sviluppo progressivo, sulle sue vicende storiche, oltre che sugli strumenti e le metodologie di indagine.

Nel sesto *panel* gli studiosi hanno presentato contributi sul "*Mediterranean Urban Landscape*: spazi pubblici tra memoria civica e *visual propaganda*". Nel paesaggio urbano mediterraneo, gli spazi pubblici sono sempre stati utilizzati in funzione della celebrazione e della rappresentazione del potere garante della comunità, oltre che perpetuarne la memoria secondo uno schema di codici condivisi. Eppure, ogni centro abitato ha operato scelte autonome nello specificare i luoghi di rappresentanza, predisponendo spazi designati ad accogliere statue, edifici, are, culti eroici e poliadici, perché la scelta dei luoghi della memoria civica e delle modalità di espressione della propria lealtà nei confronti dell'autorità serviva principalmente alla comunità per creare l'immagine che voleva proporre di se stessa. Naturalmente, la documentazione disponibile appare spesso manchevole, ma l'analisi della relazione tra *landscape* e monumenti onorari resta indispensabile nel tentativo di farne emergere funzione e percezione generale.

Il settimo latin, dimostrandosi, forse, uno dei più apprezzati, è stato intitolato "Costruzione, ridefinizione e percezione del paesaggio sacro-rituale nel Mediterraneo Antico". Il paesaggio sacro, infatti, richiama per sua intima definizione una molteplicità di fattori (naturali, architettonici, culturali, politici, spirituali) che non possono essere scissi per una sua piena comprensione. L'uomo antico ha sempre espresso dinamicamente il senso del sacro attraverso rituali, segni, strutture e descrizioni intesi a evidenziare spazi e paesaggi ritenuti intimamente connessi alla divinità, a prima vista per questioni di morfogenetica, ma spesso non solo per queste. Dunque, una congerie di aspetti diversi interviene nella scelta del sito per l'individuazione del santuario o del tempio o dell'edicola e per il culto che in essi si svolgeva. Il presente *panel* ha accolto ricerche volte all'indagine, sotto il profilo storico-culturale, di quanto ha originato il paesaggio sacro e di quanto lo abbia istituzionalizzato come tale, ricercandone le tracce nel territorio e nelle fonti alla luce delle prospettive più recenti, come anche le osservazioni volte a focalizzare l'evoluzione dello spazio cultuale e le sue trasformazioni nel tempo nel Mediterraneo tra VII sec. a.C. e VII sec. d.C.

Trova spazio, fra le sessioni di *ELA 2*, un *panel* dedicato ancora una volta al linguaggio del potere, in veste chiaramente rinnovata e dal titolo: "*Landscape of Power*: l'architettura come linguaggio del potere". Nelle più recenti ricerche sull'antico il *Landscape of Power* ha giocato un ruolo considerevole come eccezionale strumento di indagine del territorio, soprattutto intendendolo come mezzo attraverso cui il potere realizza se stesso all'interno dello spazio o con cui lo spazio viene da questo predisposto, sia esso fisico, artistico o linguistico-letterario. Il rapporto diretto tra paesaggio e potere è comunemente legato all'immagine di spazi e luoghi simbolici, magari anche architettonicamente definiti, spesso luoghi istituzionali: ma fino a che punto e con quali modalità il potere ha influenzato la distribuzione spaziale degli insediamenti e l'organizzazione del territorio urbano? E su tale quesito che le ricerche si sono distinte e specializzate, analizzando quei segni che vanno dal monumento pubblico a quello celebrativo, dagli atti puramente evergetici alle espressioni del controllo territoriale e dell'adesione ai programmi dell'*establishment*. Le diverse prospettive di ricerca sui *Power Landscapes* presentate per questo *panel* si sono focalizzate sulle modalità di concezione e di descrizione dello spazio di potere, sull'interazione delle varie forze interessate nel suo divenire e sulle evidenze antiche dell'esibizione del potere su un territorio.

La nona sessione è stata dedicata a "Il paesaggio urbano del culto imperiale". Tra il 14 d.C. e l'ascesa al trono di Costantino si contano nel bacino del Mediterraneo moltissimi santuari e strutture sacre (compresi quelli eretti dall'evergesia aristocratica) dedicati al culto imperiale, la grande "invenzione" per rendere omaggio agli imperatori *divi* che ebbe una non trascurabile influenza sulla monumentalità e sull'urbanistica, lasciando tracce in materia di templi urbani non solo nei dati archeologici e topografici, ma perfino nelle fonti letterarie, epigrafiche e numismatiche. Il paesaggio monumentale urbano era, infatti, pervaso della presenza del *princeps* che rapidamente definì un nuovo *landscape*, talvolta rinnovandone l'identità a seconda del contesto. Questo particolare culto, travolgendo per oltre tre secoli tutto l'Impero, è contraddistinto da differenti caratteristiche politiche, sociali e culturali e da un complesso sistema di rapporti con le molteplici manifestazioni della religione, tanto pubblica quanto più strettamente privata. Per questo *panel* sono stati presentati studi e relazioni sulla cruciale questione delle forme e delle modalità con le quali la complessa fenomenologia del culto imperiale si è rivelata nel paesaggio urbano dell'Impero, tanto a Oriente quanto a Occidente, e dell'impatto che esso ha avuto sull'immagine materiale e/o simbolica della città, il cui contesto monumentale ne accresceva senza dubbio l'efficacia.

"Paesaggi in movimento tra cambiamenti e trasformazioni" è il titolo dato al decimo *panel* che è stato caratterizzato dallo studio del paesaggio dal punto di vista dei collegamenti stradali, i quali, da sempre, sono condizionati dagli ostacoli naturali al punto da orientare, talvolta quasi completamente, la viabilità, oltre a rimediarvi facendo appello alla tecnologia disponibile al momento. Per questo, si sono cercate soluzioni in grandi interventi (ponti, trafori, viadotti, strade in tagliata, ecc..), individuando per un risparmio maggiore valichi favorevoli e punti facilmente guadabili, come pure intervenendo con bonifiche e pianificazioni e costruzioni infrastrutturali coerenti con le diverse situazioni territoriali. Non a caso le reti di comunicazione, come ogni altra infrastruttura, marcano il progressivo volgersi della storia sia socioculturale sia economica di una comunità e dello spazio che occupa. Ma tutte queste azioni, se da un lato hanno avuto il merito di velocizzare i collegamenti e i contatti e con esso lo sviluppo delle civiltà, dall'altro hanno dovuto per forza di cose interagire in un mutuo scambio con il paesaggio teatro di queste operazioni, in una dinamica con esiti alternati, ma che si risolve sempre nella concretizzazione di qualcosa di nuovo e di diverso.

L'undicesimo *panel* è stato rivolto agli studi degli spazi rurali in relazione a quelli urbani. Come titolo di questa sessione è stato scelto "*Rus in urbe*: costruzione e percezione degli spazi verdi privati e pubblici nelle città del Mediterraneo antico". L'uomo, per sua natura, è un costruttore e un trasformatore della natura in cui abitare, ma è anche un suo manipolatore allorquando la ordina e la organizza. E come tale si manifesta anche costruttore di città, perché, mettendo in pratica la sua cultura, trasforma l'ambiente naturale per renderlo abitabile. Eppure la città mediterranea non era solo un insieme di strade e di costruzioni, ma anche di numerose aree verdi tanto pubbliche quanto private, ciascuna con funzioni e valori specifici (simbolici, estetico-ornamentali, produttivi) e tutte capaci di interagire con il paesaggio circostante: basti solo pensare che la funzione termoregolatrice della vegetazione è nota fin dai tempi più remoti in tutto il bacino del Mediterraneo. Infatti, il verde ha costituito da sempre una realtà ben presente nelle dimensioni urbane o metropolitane, sotto forma di giardini, aree coltivate e parchi di delizie, perché sono gli spazi in cui l'uomo interagisce con la natura, della cui presenza sente il bisogno, anche in una dimensione strutturata e non propriamente "naturale": in pratica, è quella che oggi definiamo 'visione *green*' della vita che, *mutatis mutandis*, accompagna da sempre l'uomo. Solo negli ultimi decenni, grazie all'ausilio di nuove tecniche di indagine, gli spazi verdi cittadini, la loro manutenzione e la loro creazione hanno attirato l'attenzione degli studiosi, permettendone così ricostruzioni filologicamente sempre più corrette.

Per il dodicesimo *panel* è stato proposto il tema de "L'impatto della città sul paesaggio del Mediterraneo Occidentale". Analizzando le storie delle città del Mediterraneo Occidentale, infatti, è evidente come ciascuna di esse sia diversa dalle altre, così come ogni centro costituisca un'identità unica insieme alle sue architetture. E, nel contempo, appare anche chiaro quanto gli individui abbiano sempre tentato di adattarsi all'ambiente circostante, adeguandolo alle proprie condizioni di vita. Le ricerche di questo *panel*, quindi, hanno affrontato le varie problematiche con strumenti utili per la corretta comprensione ed elaborazione del sapere prodotto nel campo specifico, mirando ad approfondire l'influenza che le peculiarità della civiltà urbana del mondo greco e romano (schemi urbanistici, apparati monumentali, forme culturali promosse in esse) hanno avuto sul paesaggio del Mediterraneo Occidentale tra Colonizzazione greca e Tardo Impero romano e tutti gli aspetti connessi a tale relazione attraverso le fonti scritte, iconografiche e archeologiche, privilegiando quei momenti della storia della città e del paesaggio circostante in un arco temporale tale da illustrare le trasformazioni avvenute.

La penultima sessione ha accolto gli studi su "L'iconografia del paesaggio". Partendo dalla nozione di *landscape* nel mondo antico, la percezione del paesaggio naturale e/o antropizzato nella produzione artistico-letteraria tra VII sec. a.C. e VII sec. d.C. mostra quanto questo abbia ricoperto un efficace ruolo nelle sue rappresentazioni storiche. E, di conseguenza, rivela anche il suo contributo alla ricostruzione dell'immagine del paesaggio antico quale strumento per l'individuazione dell'identità di un territorio. L'iconografia del paesaggio è per sua natura connessa agli aspetti più propriamente culturali di una regione che rifluiscono completamente nella sua immagine, consentendone un'efficace ed esaustiva lettura interpretativa. Questo tema è, pertanto, aperto alle ricerche volte al riconoscimento di un paesaggio attraverso tutti quei caratteri che lo rendono riconoscibile e i valori culturali condivisi di un centro abitato o di insediamenti di altro genere come anche di una particolare area. Lo scopo di questo *panel*, dunque, è stato quello di offrire nuovi spunti di riflessione per una conoscenza più consapevole di tali caratteri nella descrizione dell'iconografia del paesaggio attraverso gli strumenti più diversi relativi ai diversi ambiti di studio, così da valorizzare la memoria di quei luoghi e da meglio comprenderne la natura più intima.

Infine, l'ultimo *panel* è stato dedicato allo studio de "L'acqua nel paesaggio costruito del Mediterraneo antico". L'acqua è una delle essenze fondanti la complessa struttura del paesaggio ed è parte costituente di luoghi di vita, di lavoro e di socialità del paesaggio costruito, dove viene raccolta, integrata e irreggimentata per stimolare le varie attività e produzioni. Del resto, in maniera frequente l'acqua si fonde in una combinazione di architettura e tecnologia, determinando impatti visivi di effetto ottenuti attraverso un suo sapiente inserimento paesaggistico: questa vera e propria risorsa si profila così come elemento disegnativo in cui tutti i sistemi collegati (compresi quelli di drenaggio e di raccolta delle acque pluviali, i ninfei e le fontane) diventano esteticamente validi e interessanti e, comunque, sempre caratterizzanti il *landscape*. Questo *panel* ha accolto studi e ricerche sulle relazioni tra il paesaggio costruito e l'acqua nel farsi storico del processo di antropizzazione, sui suoi significati simbolici ed estetici, sui valori legati al benessere e alla salute e tutti tali da lasciare tracce evidenti tanto a livello letterario che storico-archeologico.

Questo secondo volume racchiude i lavori di 81 relatori, verso i quali gli organizzatori rinnovano la loro gratitudine e la loro stima. Naturalmente resta ancora molto da dire riguardo al *landscape* del Mediterraneo nell'antichità, come del resto è sempre difficile realizzare su di esso una sintesi puntuale degli studi, ma permetteteci comunque di fare un'osservazione, come possibile conclusione di questo evento così significativo. Quella proposta in questi ultimi anni si è mostrata senza alcun dubbio come una strada quanto mai percorribile per la creazione di un'occasione che si è rivelata proficua e stimolante per i temi trattati e soprattutto per le risposte che sono arrivate dalle ricerche ai vari quesiti posti. Questa nuova serie di atti conclude più che felicemente questo secondo capitolo di incontri e anticipa senz'altro un rinnovato momento di riunione che avrà luogo ancora una volta presso l'Università degli Studi di Roma 'Tor Vergata', con la speranza di diventare un riferimento importante nella ricerca sul paesaggio antico.

Violence, Memory, and the Contours of Grief: Placing Identity in Affective Landscape(s) at the Rural Settlement of Podere Cannicci (Italy-GR)[1]

Elisabeth Woldeyohannes, Alessandro Sebastiani
University at Buffalo (SUNY)

Abstract: This paper presents a new theoretical framework for analysing 'violence' as a retrospective phenomenon; it seeks to uphold reclamations of indigenous and non-human histories while recognizing negative human affect in the wake of the Roman conquest of the countryside. The productive sacred area and village of Podere Cannicci in Southern Tuscany, Italy, acts as a case study to evaluate the ability of a grief-based affective geography to enrich treatments of local identities.

Keywords: violence; Romanization; affective geography; object agency; identity; memory.

1.1. Introduction: bridging agency and affect.

To remember is a cross-temporal, collaborative act – so, too, is to grieve. In the past two decades, there has been a multi-disciplinary move towards 'global' perspectives of antiquity, one that is cognizant of the agency and resilience of local communities and that looks to how individuals actively negotiate their identities in a larger world alongside non-human actors, how patterns of connectivity expand over space, time, and change, and how no community's future is predetermined[2]. Scholars of the Roman period, however, must reckon with the threat of obfuscating negative human experiences amidst the city's expansion and of problematically equalizing power relations between actors[3]. A contextually specific and temporally recursive approach may allow us to witness how acts of memory make violence over time in a way that accounts for agency and loss in tandem.

This paper proposes a theoretical model for understanding how violence becomes retroactively 'placed' in the countryside by seeing the landscape not only as a setting but as an agent 'Other' that helps human beings to remember acts of violence on scales beyond their conceptualization. By so doing, we believe that scholars may be able to recognize the multiplicity of indigenous futures while doing justice to the role of violence in the Roman past, particularly in the case of Rome's expansion into Etruria and Late Republican conceptualizations of this; it is from here that we ponder the possibilities of an Etrurian 'Affective Geography' and a multi-temporal understanding of violence.

1.2. Genealogical history and 'Violence' in the Roman imagination.

The degree to which scholars have imagined Rome as incorporating its peripheral populations, as creating (or imposing) a 'universal' shared culture, and as dictating the political autonomy of influenced states is inextricable from these ideas' political context of development[4]. Likewise, disciplinary trends regarding both who the Etruscans were and the continuity of them as a people have been deeply coloured by their use in politically expedient narratives in the Renaissance and Modern eras[5].

---

[1] This paper represents early directions in the dissertation research of Elisabeth Woldeyohannes and was written in conjunction with their advisor and project director, Professor Alessandro Sebastiani, whose efforts, encouragement, and trust they appreciate deeply. The warmest thanks are due also to the team of the Interconnected Mobility of People and Economies along the River Ombrone (IMPERO) Project, particularly Drs. M. Hobart, E. Vanni, A. Carabia, and T. Fenton, as well as to the team's host, L. Giannuzzi Savelli, the kind townspeople of Paganico, and the students who have attended and continue to inspire the Monteverdi Archaeological Field School.

[2] Horden - Purcell 2000; Witcher 2006; Carroll 2011; Stek 2014; Daveloose 2017; Haskell - Stawski 2017; Da Vela 2017; Collins-Elliott 2018; Graham 2018; Ghisleni 2018; Terrenato 2019; Carroll 2019; Da Vela 2019; Mol 2020.

[3] Stek 2014; Roskams 2019; Fernandez - Götz - Maschek 2021.

[4] Eckstein 2009; Roth 2019; Bellomo 2021. Historians seem to have retained a greater image of Roman hegemony and of asymmetrical relations between her and her neighbours, but the categorization of Republican Rome, even by the time that it held provinces under its sway, is debated and influenced by uncertain terminology.

[5] The main arguments surrounding 'Etruscan origins' have persisted from the writings of Herodotus and Dionysius of Halicarnassus, from the 5th and 1st centuries BCE respectively, to the modern era (Forte 2011). Although a homogenizing notion of 'Etruria' and the 'Etruscans' exists from Livy's mid-1st century BCE ab Urbe Condita and in the use of these people as an 'Other' to reaffirm Roman values in Latin literature, such a concept was suppressed in the Italian imaginary until Etruria's newfound relevance to the ideology of the Medici in the 15th and 16th centuries (Bittarello 2009; Schoonhoven 2010; Becker 2016; Roth 2019). The field of Etruscology proper would not take hold until the political needs of the Italian and German unification projects of the 19th century, both of which conceived an Etruscan 'nation' but which stood divided on whether to attribute the civilization's cultural forms to external, Greek influence or to indigenous roots. See Stek 2014; Urquhart 2014; Riva 2018. This has continued to impact the relative 'insular' or 'global' nature of Etruscology versus Greek scholarship and the understanding

Working from a localized perspective, employing the scalar theory of Time Perspectivism, avoids in large part any homogenized notion of an Etruscan people, but such a methodology still neglects that the myriad elements of human experience, whether abstract or concrete, follow their own temporal rhythms not necessarily compatible with a sequence of scales[6]. If we, instead, follow Harding to create 'genealogical histories' that understand the temporality of a given element on its own terms, we become better equipped to create context-specific lenses for a community and its structuring agents. By adopting Ghisleni's model of "contingent persistence", moreover, we avoid imagining static Etrurian communities waiting to be directed by Roman influence, instead recognizing that continuity is something that becomes rather than remains and that change is not simply a movement from an essential state towards the cultural attributes of an influencing power. Every present moment, "thick" as Harding describes, with past and future, is a moment in which those temporalities are renegotiated and continuities and discontinuities are made[7]. A context-specific lens is particularly important for tracing 'violence', for which exists no singular terminology in Latin[8]. Despite this, we have precedent for the attachment of violence to both memory and the act of mourning. In Roman legal and literary sources, to mourn is an active performance of grief likened to a form of violence: it served not only to garner sympathy but to act as grounds for an argument that injury had been done to oneself; in other words, the performance of mourning signified violence on the mourner's body through a retrospective attribution not uncharacteristic for ancient Rome[9]. In the case of M. Manlius Capitolinus'

fall from grace, for example, the 4th century BCE figure once heroized as the saviour of Rome against the Gauls instigated not only his own condemnation but the retrospective imagination that his house was destroyed and replaced by a temple of Juno Moneta, a fact that has no archaeological support[10]. This overlaying caused what Flower calls "an artificial topography of disgrace" in which stories and place could reinforce the ideology of the ruling class against tyranny; however, the false attribution relied not only on a real *damnatio memoriae* (the abandonment of Capitolinus' praenomen by his family) but on an extant memory of Greek erasure practices in which tyrants and those aspiring to tyranny had their homes razed[11]. The 'inaccurate' narrativization of a form of violence relied, in this instance, both on the circumstances of the remembering present and on the material histories of loss in the past.

The 'meetings' of temporalities are consecrated in practice, as it is through regular performances that actors both reify past knowledge and ways of being and narrow the field of possible futures (sedimentation)[12]. For this reason, votive dedications are noteworthy due to their encapsulation of a material engagement with a historic and individual past, a collective present, and a future of divine and interpersonal relations. The sacred area of Sant'Omobono presents one such example in conjunction with retroactive memorialization: here, literary sources affiliate the rebuilding of the temple site with the destruction of Veii, which is a connection that archaeological evidence does not uphold. In this way, not only is a goddess implicated in historical rewriting, but with every act of votive dedication, that affiliation becomes further reified in the collective memory[13]. These narratives arose in a time, moreover, in which the cult of Mater Matuta both was old enough to boast origins that were obscure to practitioners and balanced a "continuity" of practice with the "discontinuity" represented by new forms of cultic worship. Might have a 'sedimentation' of memorial loss and long-term discontinuities in practice, through contemporary commemorative acts and through the continual dilation between past and present, facilitated the false remembrance of affiliated violence?[14]

of 'continuity'. The coevolution of the field of Etruscology, born with the founding of the journal *Studi Etruschi* (1927), and Fascism further informed 20th century scholarship of ancient Italic cultures, which helped the modern Italian state to justify its program of colonization: there was a sharp dissociation of Italian colonialism in Ethiopia and Eritrea from the term 'imperialism', which instead was affiliated with the needless vying for dominance between civilized powers during WWI and likened to Rome's unjustified expansion against the cultivated East; Italian colonialism, instead, was seen as a positive move against barbarism, just as Rome had positively 'civilized' the Western provinces (Stek 2014; Bellomo 2021; Di Fazio 2021).

[6] Time Perspectivism, a concept born of the Braudel School, deploys the notion of 'scalarity' in order to understand the various changes and interactions visible at different degrees of spatial focus and at each scale's affiliated temporal rhythms. See Harding 2005.

[7] Harding 2005, 93.

[8] Vis, or 'force', is the closest candidate, yet it is neutral in sense and deeply connected to the law (Lintott 1986, 22). Further, various forms of harm are moralized differently based not only on their nature but on their degree of justification. Especially in our scanter and more speculative reconstructions of the Republic's earlier decades, we find a condoning of popular justice, itself baked into the law, and a certain dissociation of physical violence or even capital punishment from any sense of cruelty in deserving cases (Lintott 1986; see also Roth 2019). Given this ambiguous plain, we must tread carefully lest we retroactively project modern conceptualizations into the past; however, the Etruscans and other Italic peoples are often not only dehumanized in the literature but rendered the objects of abuse. See Bittarello 2009; Becker 2016; Roth 2019.

[9] Grieving in this way even had to be legally sanctioned, although doing so was slippery due to the difficulty of differentiating between 'real' familial mourning and 'mourning-as-assault', particularly when both embody acts of performance. See Lintott 1968, especially 18. One example is related by the Elder Seneca (Sen., *Controv.* 10.1.9): *Licet, inquit, flere…<Sed> nihil, inquit, licet in alienam invidiam facere.* / It is permitted…to lament…[But] nothing is permitted [that] makes infamy

for another (translation by author). See Winterbottom 1974, 380 for the Latin text.

[10] Flower 2006, 48. This episode is perhaps the first act of *damnatio memoriae* recorded in Roman historiography, and although Flower rightfully cites this as a genre by and for the elite, we ought not be discouraged but to pursue an analysis of the social dynamics of power between different memory communities within memories themselves.

[11] Flower 2006, 50-51.

[12] Pred 1984.

[13] Carroll 2019.

[14] In both examples, it is the correspondence of archaeological evidence that leads to the reading of retroactive affiliations of violence. For the 'dilation' of present and past, I refer specifically to Derrida's notion of difference, which becomes specifically attached to violence in his later work; see Derrida 1995.

1.3. A landscape that remembers: preliminary conclusions.

We have seen that conceived loss is forged through collective and affective processes of remembering that extend beyond the individual, making 'grief', a simultaneously individual and communal emotion, an apt image for this phenomenon[15]. The multi-temporal nature of these interactions, however, is facilitated outside the purview of the human and in the material alterity of the landscape. Just as we must reckon with the 'thingness' of objects, their materialities, as unattainable, inherently temporal realities saturated by a history of relationships, evolutions, and moments of touch, we must also account for the natural environment as a variable thing, with planty-actors and stones rendering every place returned to new and with the landscape responding to past land use strategies by changing patterns of vegetal growth, ecological preference, and behavior[16]. In the landscape, intergenerational memory not only recalls and responds to past ecological fluctuations but in turn influences conceivable futures; far from a simple spatial setting, it is an Other that asserts its own materiality beyond those human eyes that perceive it and yet, like a language, is inextricably bound to its smaller components that individualize, contextualize, and give life to it[17]. For this we ought to follow Haskell and Stawski by working backwards from the landscape itself in the construction of our chronological frameworks.

The rural settlement of Podere Cannicci, in the modern commune of Civitella Paganico (GR) in Southern Tuscany, Italy, is a rich locus for investigating differing temporalities of loss in a living landscape (Fig. 1.1). It rests in the middle valley of the Ombrone River, between Mount Amiata and the Maremma Coast – natural features that were economically crucial and, therefore, represent a multitude of ancient lifeways, or patterns of daily practice[18]. Simultaneously, this was a shifting land:

Tuscany has remained from the ancient to the modern eras a biodiverse and incredibly fertile area, and the very rock that composes Amiata, a highly porous trachyte, fosters fungibility in its water-logged crevices that give rise to miniature ecosystems and that hasten the weathering of even man-carved monuments[19].

The region has been occupied since prehistoric times, with scattered yet well-connected agricultural and pastoral settlements clustering around freshwater sources and arable land prior to urbanizing consolidations[20]. A cache of ex-votos discovered at the site, including anatomical representations and a statuette thought to depict the goddess Menerva, suggests human activity at Cannicci itself at least from the 5th century BCE in the form of a fertility cult, perhaps ideologically tied to the nearby natural springs; however, the offerings' forms show Cannicci's embeddedness in a larger world of Etruscan - Magna Graeca interactions in the form of an exchange network comprised of sites south of the Ombrone River[21]. It was not until the 3rd century BCE that permanent structures, productive in nature, seem to have been established here, and although preliminary survey and subsurface investigations point towards some afterlife for this zone in the Imperial Period, the site as we know it met a fiery end in the 1st century BCE, most likely at the hands of Lucius Cornelius Sulla during the Social War[22] (Figs 1.2-3).

What Sulla's terror represents for our site in the ager Rusellanus is a dramatic break in continuities of land use and place in a sacred topography, a manifestation of the figure's more widespread role in disrupting both the programs and faculties of memory and the means of articulating self in social contexts[23]. We must ask, then, if some relation exists between these events of the early 1st century BCE and material realities and memories of the more distant past. When Cannicci was reduced all at once to ash, the residents left behind goods sitting on a table, which carbonized and preserved them. Among these was a

---

[15] Carroll (2011) specifically deploys the word 'grief' to describe how deceased portraiture and death masks, common beyond the nobility by at least the 1st century CE, helped individuals to cope with loss. In any case, even the most private of memories are composed conjointly with some human or non-human Other.

[16] For the alterity and 'histories' of objects, see Brown 2001; Ingold 2007. For non-human agencies in the natural world, see Haskell - Stawski 2017; Graham 2018. In the Roman world in particular, inscriptions perhaps held the most prominent role in individual Romans' experiences of emotional loss. This has tremendous implications for a classed understanding of who has access to memory and that memory's relation to violence; see Carroll 2011. For the response of the landscape to past land use, see di Pasquale *et al.* 2014; Abadie *et al.* 2019. In Etruria, we see on the one hand Roman pastoral strategies that influenced the land even more than Etruscan mining ones, but on the other we see the landscape assert itself back, with Etruscan and Roman communities at Pisa alike learning to negotiate the unstable channel of the Arno River. See Benvenuti *et al.* 2006; di Pasquale *et al.* 2014. Ironically, it is precisely through Roman water management strategies that we see Marxist critique of Actor Network Theory and of the ideals of object agency; see Roskams 2019.

[17] Haskell - Stawski 2017; Vanni - Saccoccio - Cambi 2021.

[18] Sebastiani *et al.* 2018; Sebastiani *et al.* 2020. The Ombrone was a crucial component of exchange in the Roman period, acting as a conduit to ferry fir from the mountain's slopes and other goods from the inland to the coast before being transported by Tyrrhenian traffic Southward to the capital; see Coradeschi *et al.* 2021. Mount Amiata, one of the first

extinct volcanoes ever discovered, was a key player in the development of the region's freshwater distribution. See Fulignati et al. 2014; Vezzoli - Principe 2020.

[19] This is true despite the fact that the flora and fauna of the region have changed much from ancient times. See Certini *et al.* 2002; di Pasquale *et al.* 2014; Fulignati *et al.* 2014; Viciani *et al.* 2014; Becker 2016; Bini *et al.* 2020.

[20] Collins-Elliott 2018; Da Vela 2019; Sebastiani *et al.* 2020.

[21] Sebastiani *et al.* 2018; Fabbri 2019; Sebastiani *et al.* 2020. We ought also to keep in mind Carroll's (2019) deconstruction of commonly held assumptions about fertility cults

[22] For the development of the site and its history of excavation, refer to Sebastiani *et al.* 2018; Sebastiani *et al.* 2019; Sebastiani *et al.* 2020. Originally thought to be a farm during the emergency excavations of 1989-1990 by the Superintendency of Tuscany, which brought to light the ex-votos, archaeological investigations since 2017 have instead returned spaces for ceramic production and metalworking (Area 1) that potentially made votive terracottas to service the neighbouring sanctuary (hitherto unexcavated), an area of agricultural surplus (Area 1000; the area of the 1989-1990 excavation has been characterized to this as well), and most recently, burials (see Sebastiani in this volume). The necropolis, with contents so far dating to the 3rd and 2nd centuries BCE, will be a crucial component of interpreting identity at the site.

[23] Flower 2006, 86; Daveloose 2017, 56. According to Daveloose, elites now required more 'Roman' ways of communicating identity in a global sphere.

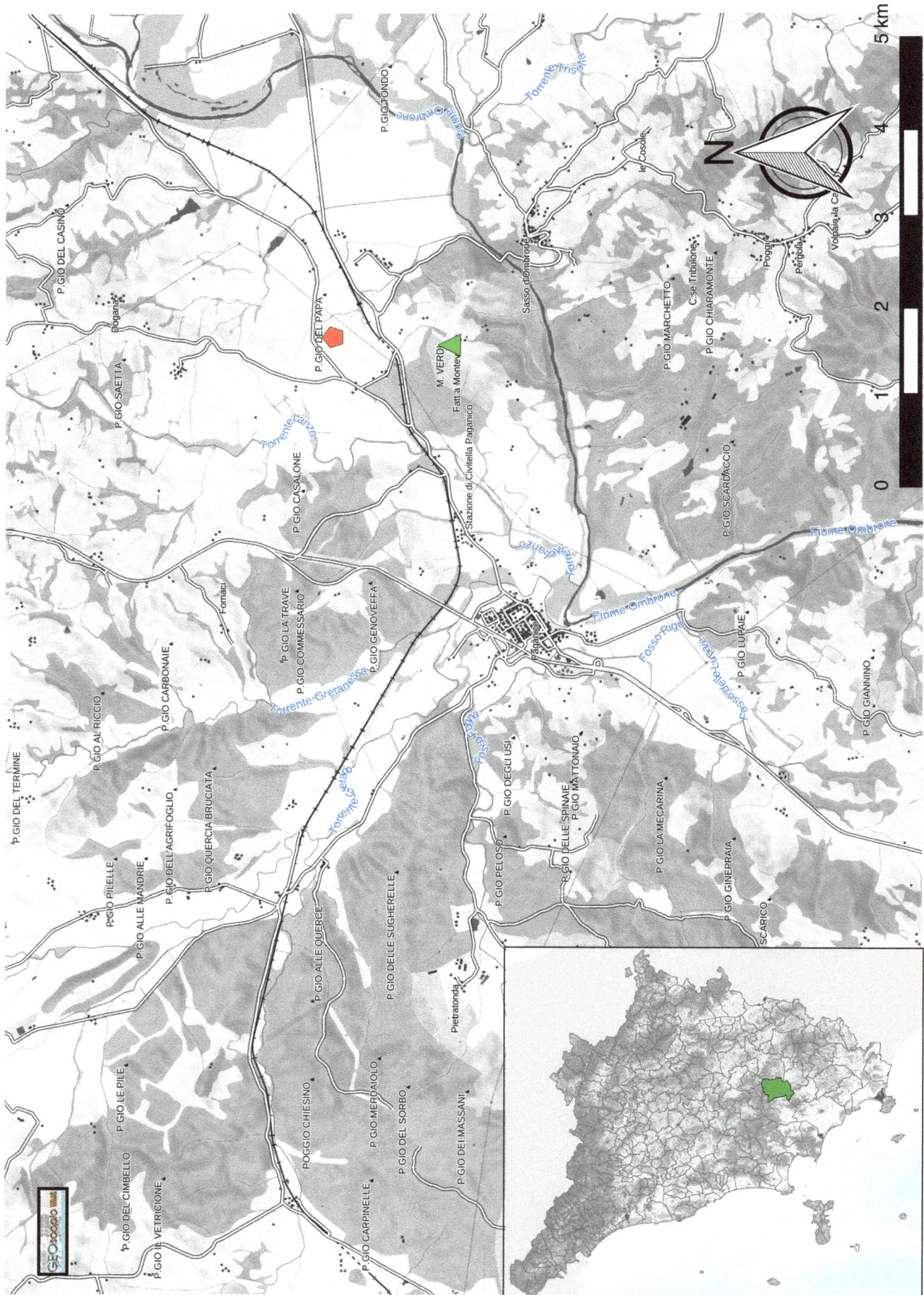

Fig. 1.1. Map of the late Etruscan and Republican site of Podere Cannicci within the landscape (reworked from GEOscopio WMS).

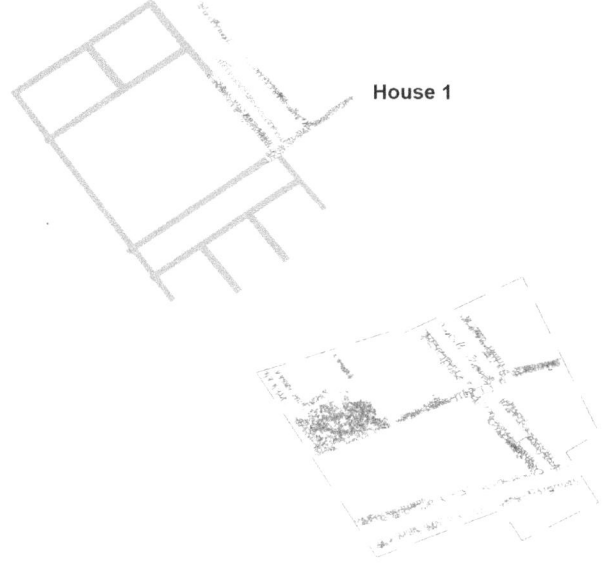

House 1

Manufacturing district

House 2

Fig. 1.2. Plan of the settlement at Podere Cannicci. The carbonized table was located in one of the rooms of House 2.

Fig. 1.3. Aerial view of Podere Cannicci (photo by E. Mariotti).

stone, peculiar not only for its shape, non-local provenance, and lack of comparable artefacts but also for the strangeness of its Etruscan script, dating to approximately the 3rd century BCE and, therefore, proximate to nearby Roselle's conquest[24] (Fig. 1.4). How might have an object like this, representing certain relations to memory and to the landscape, put the language that it bore in conversation with the violence that it experienced in the 1st century and with, perhaps, already extant communal memories of loss?

It is in and through the landscape, we argue, that such remembrances can occur. The spatial world in which human beings and other agents are embedded knows rhythms that are impossible for the mind of the individual to comprehend but that are nevertheless experienced, as the unperceived is capable of garnering affectual response through what Mol has termed 'Dark Phenomenology'[25]. As time and space are not solely coordinates of human action but articulations of one another in a thick landscape, how one forges oneself in place becomes a felt reckoning with times other than one's own.

Given Sulla's impact on communities' very relation to and placement in the landscape, the authors intend to create a 'deep map' for the region that accounts for continuities and persistence in landscape-embedded practice and for where times 'meet', as in the case of Cannicci's stone, since such 'moments' interweave histories that operate at different rhythms of time[26]. Even more importantly, however, we must look for the stories that are told in silence, which can colour retrospective reimaginations by exerting an affect intelligible only to the grander scale of the landscape – if we are to create rich, plural histories for our local sites, we must look to the conversations back and forth through time that neither human nor single stone can fathom.

Bibliography

Abadie, J. - Dupouey, J.-L. - Salvaudon, A. - Gachet, S. - Videau, N. - Avon, C. - Dumont, J. - Tatoni, T. - Bergès, L. - Hédl, R. 2019, "Historical Ecology of Mediterranean Forests: Land Use Legacies on Current Understorey Plants Differ with Time Since Abandonment and Former Agricultural Use", in *JVegSci*, 32.1, 1-13.

Becker, H. 2016, "Luxuria Prolapsa Est", in S. Bell - A. A. Carpino (eds), *A Companion to the Etruscans*, Hoboken, 293-304.

Bellomo, M. 2021, "Polybios and the Rise of Rome: Gramscian Hegemony, Intellectuals, and Passive Revolution", in E. Zucchetti - A. M. Cimino (eds), *Antonio Gramsci and the Ancient World*, Milton, 141-164.

Benvenuti, M. - Mariotti-Lippi, M. - Pallecchi, P. - Sagri, M. 2006, "Late-Holocene Catastrophic Floods in the

Fig. 1.4. Civitella Paganico (GR). Incised stone from Podere Cannicci (photo by A. Sebastiani).

Terminal Arno River (Pisa, Central Italy) from the Story of a Roman Riverine Harbour", in *Holocene*, 16.6, 863-876.

Bini, M. - Zanchetta, G. - Regattieri, E. - Isola, I. - Drysdale, R. N. - Fabiani, F. - Genovesi, S. - C. Hellstrom, J. C. 2020, "Hydrological Changes During the Roman Climatic Optimum in Northern Tuscany (Central Italy) as Evidenced by Speleothem Records and Archaeological Data", in *JQuatSci*, 35.6, 791-802.

Bittarello, M. B. 2009, "The Construction of Etruscan 'Otherness' in Latin Literature", in *GreeceRome*, 56.2, 211-233.

Brown, B. 2001, "Thing Theory", in *CritInq*, 28.1, 1-22.

Carroll, M. 2011, "*Memoria* and *Damnatio Memoriae*. Preserving and Erasing Identities in Roman Funerary Commemoration", in M. Carroll - J. Rempel (eds), *Living Through the Dead: Burial and Commemoration in the Classical World*, Oxford, 65-90.

Carroll, M. 2019, "Mater Matuta, 'Fertility Cults' and the Integration of Women in Religious Life in Italy in the Fourth to First Centuries BC", in *PapBrSRome*, 87, 1-45.

Certini, G. - Corti, G. - Ugolini, F. C. - De Siena, C. 2002, "Rock Weathering Promoted by Embryonic Soils in Surface Cavities", in *EurJournalSoilSci*, 53, 139-146.

Collins-Elliott, S. A. 2018, "A Behavioral Analysis of Monetary Exchange and Craft Production in Rural Tuscany via Small Finds from the Roman Peasant Project", in *JMediterrArchaeol*, 31.2, 155-179.

---

[24] Fabbri - Sebastiani - Maggiani 2021.
[25] Mol 2020; Vanni - Saccoccio - Cambi 2021.
[26] For an introduction to the 'deep map', see Roberts 2016; for affective geographies, see Hadi Curti *et al.* 2011; McCormack 2017.

Coradeschi, G. - Beltrame, M. - Rafanelli, S. - Quaratesi, C. - Sadori, L. - Barrocas Dias, C. 2021, "The Wooden Roof Framing Elements, Furniture and Furnishing of the Etruscan Domus of the Dolia of Vetulonia (Southern Tuscany, Italy)", in *Heritage*, 4, 1938-1961.

Da Vela, R. 2017, "Social Networks in Late Hellenistic Northern Etruria: From a Multicultural Society to a Society of Partial Identities", in *Digital Classics Online*, 3.2, 138-159.

Da Vela, R. 2019, "Interlocking Networks and the Sacred Landscape of Hellenistic Northern Etruria: Capturing Social and Geographic Entanglement Through Social Network Analysis", in *OpenArchaeol*, 5, 505-518.

Daveloose, A. 2017, "Funerary Transformations in an Etrusco-Italic Community: Social Display and Austerity in Hellenistic Chiusi", in *PBSR*, 85, 37-69.

Derrida, J. 1995, *Archive Fever: A Freudian Impression*, Chicago.

Di Fazio, M. 2021, "The Etruscan question: An Academic Controversy in the Prison Notebook", in E. Zucchetti - A. M. Cimino (eds), *Antonio Gramsci and the Ancient World*, Milton, 124-140.

di Pasquale, G. - Buonincontri, M. P. - Allevato, E. - Saracino, A. 2014, "Human-Derived Landscape Changes on the Northern Etruria Coast (Western Italy) between Roman Times and the Late Middle Ages", in *Holocene*, 24.11, 1491-1502.

Eckstein, A. 2009, "What is an Empire? Rome and the Greeks after 188 B.C.", in *SouthCentRev*, 26.3, 20-37.

Fabbri, F. 2019, *Votivi anatomici fittili: uno straordinario fenomeno di religiosità popolare dell'Italia antica*, Bologna.

Fabbri, F. - Sebastiani, A. - Maggiani, A. 2021, "Ager Saenenis vel Rusellanus. Podere Cannicci (Civitella Paganico-GR)", in *StEtr*, 84, 242-247.

Fernandez-Götz, M. - Maschek, D. 2021, "Advances in the Archaeology of the Roman Conquest: Uncovering the Dark Side of the Empire", in *AIA/SCS Joint Annual Meeting, Chicago 5 - 10 January*, Chicago (forthcoming).

Flower, H. I. 2006, *The Art of Forgetting: Disgrace and Oblivion in Roman Political Culture*, Chapel Hill.

Forte, V. 2011, "Etruscan Origins and Italian Nationalism", in *StudiaUBBEuropaea*, 56.1, 5-17.

Fulignati, P. - Marianelli, P. - Sbrana, A. - Ciani, V. 2014, "3D Geothermal Modelling of the Mount Amiata Hydrothermal System in Italy", in *Energies*, 7, 7434-7453.

Ghisleni, L. 2018, "Contingent Persistence: Continuity, Change, and Identity in the Romanization Debate", in *CurrAnthropol*, 59.2, 138-166.

Graham, E. - J. 2018, "'There Buds the Laurel': Nature, Temporality, and the Making of Place in the Cemeteries of Roman Italy", in *TRAJ*, 1.1, 3.

Hadi Curti, G. - Aitken, S. C. - Bosco, F. J - Goerisch, D. D. 2011, "For Not Limiting Emotional and Affectual Geographies: a Collective Critique of Steve Pile's 'Emotions and Affect in Recent Human Geography'", in *TransInstBrGeogr*, 36.4, 590-594.

Harding, J. 2005, "Rethinking the Great Divide: Long-Term Structural History and the Temporality of Event", in *NorwAR*, 38.2, 88-100.

Haskell, D. L. - Stawski, C. J. 2017, "Re-Envisioning Tarascan Temporalities and Landscapes: Historical Being, Archaeological Representation, and Futurity in Past Social Processes", in *JArchaeolMethodTheory*, 24, 611-639.

Horden, P. - Purcell, N. 2000, *The Corrupting Sea: A Study of Mediterranean History*, Oxford.

Ingold, T. 2007, "Materials against materiality", in *ArchaeolDialogues*, 14.1, 1-16.

Lintott, A. W. 1968, *Violence in Republican Rome*, Oxford.

McCormack, D. P. 2017, "The Circumstances of Post-Phenomenological Life Worlds", in *TransInstBr*, 42.1, 2-13.

Mol, E. 2020, "Roman Cyborgs! On Significant Otherness, Material Absence, and Virtual Presence in the Archaeology of Roman Religion", in *Eur*, 23.1, 64-81.

Pred, A. 1984, "Place as Historically Contingent Process: Structuration and the Time- Geography of Becoming Places", in *AnnAmAssocGeogr*, 74.2, 279-297.

Riva, C. 2018, "The Freedom of the Etruscans: Etruria Between Hellenization and Orientalization", in *IntJClass*, 25.2, 101-126.

Roberts, L. 2016, "Deep Mapping and Spatial Anthropology", in *Humanities*, 5.1, 5.

Roskams, S. 2019, "The Limitation of Water Flow and the Limitations of Postmodernism", in *TRAJ*, 2.1, 6.

Roth, R. 2019, "Sympathy with the Allies? Abusive Magistrates and Political Discourse in Republican Rome", in *AmJPhilol*, 140.1, 123-166.

Schoonhoven, E. 2010, "A literary Invention: The Etruscan Myth in Early Renaissance Florence", in *RenaissStud*, 24.4, 459-471.

Sebastiani, A. - Fabbri, F. - Trotta, V. - Vanni, E. 2018, "The First Archaeological Season at Podere Cannicci (Civitella Paganico - GR)", in *The Journal of Fasti Online*, 1-17.

Sebastiani, A. - Vanni, E. - Brando, M., Woldeyohannes, E. - McCabe III, M. D. 2020, "The Third Archaeological Season at Podere Cannicci (Civitella Paganico - Grosseto)", in *The Journal of Fasti Online*, 1-24.

Sebastiani, A. - Vanni, E. - Morelli, G. - Woldeyohannes, E. - Hobart, M. 2019, "The Second Archaeological Season at Podere Cannicci (Civitella Paganico - GR)", in *The Journal of Fasti Online*, 1-15.

Seneca the Elder 1974, *Declamations, II, M. Winterbottom* (trans.), Cambridge.

Stek, T. D. 2014, "Roman Imperialism, Globalization and Romanization in Early Roman Italy. Research Questions in Archaeology and Ancient History", in *Archaeological Dialogues*, 21.1, 30-40.

Terrenato, N. 2019, *The Early Roman Expansion into Italy: Elite Negotiations and Family Agendas*, Cambridge.

Urquhart, L. M. 2014, "Competing Traditions in the Historiography of Ancient Greek Colonization in Italy", in *JHistIdeas*, 75.1, 23-44.

Vanni, E. - Saccoccio, F. - Cambi, F. 2021, "Il Paesaggio come strumento interpretativo. Nuove proposte per vecchi paesaggi", in *Stratigrafie del Paesaggio*, 1, 2-15.

Vezzoli, L. - Principe, C. 2020, "Monte Amiata Volcano (Tuscany, Italy) in the History of Volcanology, Part 1: Its Role in the Debates on Extinct Volcanoes, Sources of Magma, and Eruptive Mechanisms (1733-1935)", in *EarthSciHist*, 39.1, 28-63.

Viciani, D. - Lastrucci, L. - Dell'Olmo, L. - Ferretti, G. - Foggi, B. 2014, "Natura 2000 Habitats in Tuscany (Central Italy): Synthesis of Main Conservation Features Based on a Comprehensive Database", in *BiodiversConserv*, 23, 1551-1576.

Witcher, R. 2006, "Settlement and Society in Early Imperial Etruria", in *JRS*, 96, 88-123.

2

Rappresentazioni e usi di uno spazio:
il caso di *Melamphyllos* a Samo

Alfredo Novello
Università degli Studi di Salerno

Abstract: The aim of this paper is to show the uses and the functions of the toponym *Melamphyllos* (known as an ancient name of Samos) in Samian traditions. Although scholars have generally considered *Melamphyllos* as a toponym expressing the most remote Samian vegetal primordiality, it rather seems to be connected to mineral resources and specific spaces on the island; from here the name is re-used not only in Samian oecistic traditions (and related to the corresponding sense of identity), but also in relation to particular Samian cults.

Keywords: *Melamphyllos*; Samos; landscape; *Geophanion*; *Parthenia*; Ankaios.

Tra i mezzi con i quali le comunità antiche avrebbero rappresentato forme di autoaffermazione rispetto a determinati momenti rientrano anche, come ben noto, il legame con precisi spazi e la volontà di esprimersi attraverso i medesimi2. Concreto esempio di simili dinamiche è dato dalle tradizioni di fondazione: nel corso del tempo singole comunità avrebbero di fatto (ri)orientato tratti della propria storia delle origini anche in funzione della dimensione spaziale, non solo per definire e modellare in certo modo la propria identità, ma anche per far affondare nel più remoto passato il possesso di determinate aree di territorio, a garanzia della piena legittimità su di esse nel tempo presente3.

All'interno della letteratura ecistica un particolare ruolo in questo senso è giocato dai presunti antichi nomi delle comunità4, molto spesso evocativi di elementi del locale paesaggio vegetale o animale e che dovevano risultare evidentemente funzionali, in primo luogo, alla rappresentazione di momenti primordiali, antecedenti a presenze umane civilizzatrici e/o colonizzatrici; tuttavia, a fronte di un rimando a un piuttosto remoto indefinito, anche la creazione e la trasmissione di un antico nome connotato in certa maniera poteva, al contrario e nello stesso tempo, adombrare più definite e profonde istanze – come in generale avviene per le tradizioni di fondazione: diverse componenti in contesa all'interno di una πόλις o finanche la medesima nel suo insieme (ma in momenti differenti) avrebbero cioè potuto produrre per un preciso

fine – ideologico, politico, religioso – più nomi, spesso finiti codificati in vere e proprie liste, recepite per così dire in blocco nelle fonti successive. In esse la sequenza di questi nomi, presupponenti fantomatiche μετονομασίαι, non sarebbe affatto casuale, ma rispecchierebbe, carica di una pregnanza identitaria non indifferente, il senso di priorità (o eventualmente di legittimità) da parte delle precise parti alle loro basi5. È quindi l'analisi puntuale dei vari contesti, in primis sul piano storico-storiografico, in grado di aiutare a far luce sulla genesi e sulla eventuale funzione di questi antichi nomi.

Nel caso di Samo, la tradizione ne ricorda diversi, che occorrono sia in elenchi almeno apparentemente strutturati sia isolati6, quasi tutti fortemente evocativi del mondo vegetale, in passato intesi in senso letterale, come alludenti cioè all'abbondanza di un certo tipo di vegetazione sull'isola (Fig. 2.1)7. Due di questi, Παρθενία

---

1 Questo contributo costituisce la ripresa di alcuni argomenti sviluppati all'interno della mia tesi di dottorato, attualmente in fase di revisione ai fini della pubblicazione. Oltre alla bibliografia più aggiornata in merito, a essa, d'ora in poi Novello 2020, puntualmente si rimanda per aspetti afferenti alle tematiche in oggetto e che in questa sede non possono essere affrontati in maniera approfondita.
2 E ciò è stato ribadito anche nell'ambito di più o meno 'recenti' paradigmi interpretativi applicati al mondo greco-romano: Hall 1997; Hall 2002; Gehrke 2010; Gehrke 2014.
3 Nella vasta letteratura su quest'argomento si veda Hall 2008.
4 O dei siti su cui queste sarebbero poi sorte.

5 Sulle liste Talamo 2004, 11-14; Pezzullo 2017, 34-36. Sulle μετονομασίαι Antonetti 2009, 323. Non bisogna tuttavia dimenticare che in molti altri casi possono essere state le diverse dinamiche della tradizione ad aver favorito l'accorpamento 'confuso' di nomi diversi (siano o meno essi nati per fini specifici) e lo stato troppo spesso esiguo della documentazione o delle fonti tralatrici impedisce di cogliere appieno i reali processi dietro agli elenchi che leggiamo al loro interno.
6 Per gli elenchi 'ordinati' Arist., *Sam. Pol.* F1 Pezzullo (= 570A Rose); Aristocritus, *FGrHist* 493 F4; Strab. X 2,17 (457); XIV 1, 15 (637); St. Byz., s.v. Σάμος (σ 42 Billerbeck); anche *Schol. in Ap. Rhod.*, II, 865-872e (93 Wendel) e POxy. XVII 2085 fr. 3 (= Euphor., fr. 142c Van Groningen). Per le occorrenze 'isolate' Hsch. *ss.vv.*, Δόρυσσα (δ 2238 Latte-Cunningham); Δρυοῦσα (δ 2431 Latte-Cunningham); Μελάμφυλλος (μ 642 Latte-Cunningham); Φυλλίς (φ 1001 Hansen); cfr. anche *Schol. in Ap. Rhod.*, I, 185-188b (23 s. Wendel) e Plin., *HN*, V, 37, 135.
7 Panofka 1822, 9; Guérin 1856, 156-161; Cavallini 2004, 346-347; Almagor 2016: per esempio, Δρυοῦσα corrispondente ad abbondanza di querce, Ἀνθέμουσα di fiori. Già per questi due, tuttavia, emergono più profonde ragioni politiche alla loro base, legate a momenti della storia arcaica samia: per Δρυοῦσα sembra adombrato un legame con il possesso dell'area di Dryousa sul continente, contesa insieme al forte Karion fra Samo e Priene all'indomani della guerra meliaca (fine VIII/inizio VII sec. a.C.), su cui Magnetto 2008 e Pezzullo 2017, 38-45; per Ἀνθέμουσα, invece, si profilerebbe un legame con i fasti di Policrate nel VI sec. a.C., su cui Novello 2020, 545-556. In ogni caso, questi due nomi non

Gli antichi nomi di Samo

GLI ANTICHI NOMI DI SAMO NELLE FONTI (ELENCHI)						
Arist., *Sam. Pol.* F1 Pezzullo (570A Rose)	Aristocritus, *FGrHist* 493 F4	Strab. X 2, 17 (457)	Strab. XIV 1, 15 (637)	Euphor. fr. 142c Van Groningen	St. Byz. *s.v.* Σάμος (σ 42 Billerbeck)	*Schol. in Ap. Rhod.* II 865-872e (93 Wendel)
Parthenia	*Melamphyllos* (?)	*Melamphyllos*	*Parthenia*	*Parthenis* (?)	*Parthenia*	*Melanthemos* (?)
Dryousa	*Cyparissia* (?)	*Anthemis*	*Anthemousa*	*Doryssa* (?)	*Dryousa*	*Parthenia* (?)
Anthemousa		*Parthenia*	*Melamphyllos*	*Phyllis* (?)	*Anthemousa*	*Anthemoussa* (?)
				Anthemis (?)	*Melamphyllos*	

ULTERIORI OCCORRENZE
- **Call.** *Hymn.* **IV 48-50**: *Parthenia*
- **Ap. Rhod. I 188** e *Schol. in Ap. Rhod.* **I 185-188b** (23 Wendel): *Parthenia*
- **Nic.** *Alex.* **148-152** e *Schol. in Nic. Alex.* **148-151** (77-80 Geymonat): *Parthenia*; *Phyllis*
- **Plin.** *HN* **V 7, 135**: *Parthenoarrhousa*; *Stephane*
- **Lact.** *Inst. Div.* **I 17, 8**: *Parthenia*
- **Iamblich.** *VP* **2, 3.1-4.4**: *Melamphyllos*; *Phyllis*
- **Hsch. ss. vv.** : *Dryousa*; *Doryssa*; *Melamphyllos*; *Phyllis*

Fig. 2.1. Lista degli antichi nomi di Samo (elaborazione dell'autore).

e Μελάμφυλλος, assumono significativo rilievo all'interno di elaborazioni ecistiche *stricto sensu* su Samo.

Παρθενία occupa generalmente la prima posizione negli elenchi 'ordinati' ed è quasi sempre associato al ricordo di presenze indigene e, di riflesso, al loro sovrano Anceo, in questa veste presentato con tratti fortemente locali, quasi un eroe autoctono: figlio di Poseidone e Astypalaia, eponima dell'antica acropoli di Samo, nonché padre dell'eponimo Samos e sposo della figlia del fiume Meandro sul continente – tale versione risale almeno al VI sec. a.C. perché nota al poeta epico locale Asio, ricondotto a questa cronologia[8].

Μελάμφυλλος, invece, ugualmente occorre in quasi tutti gli elenchi noti, ma generalmente in ultima posizione prima

del nome Samo[9], giocando un ruolo chiave in un articolato racconto di fondazione tràdito dalla Vita di Pitagora di Giamblico: in esso rappresenta l'antico nome dell'isola su cui Anceo, qui presentato come ecista pienamente greco originario da Same in Cefallenia, fonderà una città che dalla patria Same avrebbe avuto nome Samo – versione questa seriore rispetto alla precedente, forse databile alla fine del III sec. a.C.[10]. Nel medesimo testo è riportato anche il responso oracolare delfico, ritenuto frutto di campanilistica elaborazione samia (che confermerebbe l'origine locale del toponimo)[11], attraverso cui viene dato il beneplacito all'ecista per fondare e in cui l'isola è tuttavia indicata come Φυλλίς; lì chiaramente funzionale metricamente, sembra possa tranquillamente identificarsi come variante/alternativa di Μελάμφυλλος, designazioni accomunate dall'elemento del fogliame (φύλλον), la cui idea risulta palesemente evocata da entrambi. Non a caso, sulla base delle sue componenti il toponimo è stato

---

rimanderebbero al momento della fondazione *stricto sensu* e ciò potrebbe spiegarne la loro occorrenza mai in prima posizione negli elenchi 'ordinati' (e anche qui andrebbe compreso se una simile strutturazione sia da imputare allo stesso contesto samio o piuttosto alla tradizione). Sul tema delle liste a Samo, Pezzullo 2017, 31-60; Novello 2020, 578-582.

[8] Asius, fr. 7 Bernabè, tràdito in Paus., VII 4, 1: sulla versione, abbastanza nota nelle fonti successive, Mac Sweeney 2013, 91-102; Mele 2013, 1-4; Tsagalis 2017, 229-231; Pezzullo 2017, 30-73; Novello 2020, 515-531. Sebbene attestata chiaramente in Ap. Rhod. I, 185-189 (e, più indirettamente, in Call., *Hymn.* IV, 48-50), sull'associazione fra l'Anceo protagonista di questa versione e Παρθενία già in una fase più alta si vedano: Friedländer 1907, 70; Mineur 1984, 91; Cavallini 2004, 342; Mele 2013, 8; Pezzullo 2017, 50. Sull'associazione, invece, fra Παρθενία e le presenze indigene si vedano in particolare Euphor. fr. 142c Van Groningen; Strab., XIV, 1, 15 (637) e, più indirettamente, *Schol. in Ap. Rhod.* I, 185-188b (23-24 Wendel). Lo stesso toponimo è ancora, in altre versioni, ricondotto alla verginità di Era sull'isola (e l'origine dello stesso culto è in diverse tradizioni samie spesso associato, a sua volta, a presenze indigene leleghe): sull'argomento, in termini in parte diversi, Casadio 2004; Cavallini 2004, 340-345. Per l'associazione al fiume samio Imbraso e al suolo, si vedano le pagine seguenti.

[9] Ma non sempre: si veda l'eccezione di Strab., X 2, 17 (457), in cui si registra la successione Μελάμφυλλος - Ἀνθεμίς (evidente variante di Ἀνθέμουσα) - Παρθενία. In merito si vedano anche le pagine seguenti.
[10] Iamblich., *VP* 2, 3-4. Il ben strutturato racconto tràdito da Giamblico, noto più ellitticamente anche da Porph., *VP* 2, 10-12, presenta tutte le principali caratteristiche della letteratura ecistica; sebbene sia stato più volte considerato (Mele 2013, 8; Pezzullo 2017, 47) come il risultato di tarda erudizione o in ogni caso di una stratificazione di materiali diversi difficilmente inquadrabile in termini di autore e cronologia (senza contare l'intento encomiastico verso Pitagora, presentato come discendente di Anceo, che soggiace all'intera opera del Calcidese), a una più attenta disamina si possono comunque "isolare" le componenti riconducibili al contesto samio e individuare in un delicato momento del III sec. a.C. il più probabile momento, in seno al medesimo contesto, in cui far affondare le radici di questa versione centrata su di un Anceo dalle caratteristiche così diverse. Si vedano, in merito, le pagine seguenti.
[11] Parke-Wormell 1956a, 66; Parke-Wormell 1956b, 95; Fontenrose 1978, 376; Pezzullo 2017, 47. Così recita l'oracolo in esametri: Ἀγκαῖ', εἰναλίαν νῆσον Σάμον ἀντὶ Σάμης σε | οἰκίζειν κέλομαι· Φυλλὶς δ' ὀνομάζεται αὕτη.

generalmente anch'esso inteso come facente riferimento alla prosperità vegetale dell'isola, al fitto fogliame e/o all'ombrosità che ne sarebbe derivata[12]; tuttavia ancora Giamblico afferma che tale nome sarebbe dovuto alla buona qualità del suolo e della terra[13]. Un rapporto, quello con il suolo samio, che appare confermato dalla lettura di alcuni versi degli Ἀλεξιφάρμακα di Nicandro di Colofone e dai corrispondenti scoli – il corpus sembrerebbe risalire all'operato del grammatico Teone[14].

Per porre rimedio al veleno della cantaride, i suddetti versi invitano all'assunzione di un particolare terriccio definito terra Parthenia che Phyllis produce e che un agnello cornuto avrebbe mostrato alle ninfe[15]; l'ambientazione samia dell'episodio sarebbe esente da dubbi e Φυλλίς parrebbe qui designare proprio Samo, mentre il terriccio in questione, di cui l'isola egea sarebbe stata ricca, è stato identificato con il caolino, roccia detritica costituita principalmente da caolinite e dall'aspetto tenero e terroso, a Samo altrimenti noto, nella composizione più pregiata, come ἀστήρ, stella[16]. Ulteriori informazioni, confermanti la rilevanza del toponimo nel contesto samio, vengono dagli scoli corrispondenti: Φυλλίς indicherebbe rispettivamente il Γεωφάνιον noto a Samotracia come Μελίφυλλον; poi una Ninfa; la terra ἀστήρ utile contro la cantaride che un ariete avrebbe scoperto; indi Samo o il pascolo, detto anche μελιτόφυλλον ove sarebbe stata suddetta terra (e per inciso viene ribadito che anche il fogliame è μελίφυλλος); infine μίλτος, ocra, quasi certamente indiretto riferimento, di tipo cromatico, sempre alla medesima terra[17].

Risulta particolarmente reiterata l'immagine del binomio Φυλλίς/peculiare tipo di terra e dunque un rapporto con il suolo ricco di questo terriccio medicamentoso, scoperto da un ovino, da cui a sua volta, probabilmente, anche l'associazione del luogo in questione a un pascolo. Φυλλίς designerebbe pertanto innanzitutto una certa risorsa del sottosuolo e, per estensione, il suolo stesso o lo spazio che li ospita; è poi significativo siano riportate innumerevoli varianti rimandanti al mondo botanico – μελίφυλλος, μελιτόφυλλον[18] – e, forse sempre per estensione (in questo caso dell'idea di pascolo), viene coinvolto a un certo punto anche il fogliame cui si ricollega, infine, Μελάμφυλλος: quest'ultima potrebbe aver dunque effettivamente costituito una variante di Φυλλίς a essa connessa o da essa derivata, sviluppatasi e affermatasi all'interno delle tradizioni.

Ma sono possibili ancora ulteriori considerazioni. Φυλλίς è glossato innanzitutto come Γεωφάνιον: innumerevoli fonti testimoniano per Samo la presenza di quest'ultimo,

identificabile proprio come una cava o miniera di terra (con chiaro riferimento a quel terriccio cui allude Nicandro), a modo suo divenuta nota nell'antichità[19]. In particolare, in un frammento di Eforo è narrato del ritrovamento del Γεωφάνιον a Samo ad opera di un tal Mandrobulo[20]; questi avrebbe poi offerto un montone prima d'oro, poi d'argento poi bronzeo poi nulla – da cui il noto proverbio Ἐπὶ τὰ Μανδροβόλου[21]. Oltre alla versione nota dal frammento dello storico cumano ve ne sono almeno altre due: quella per cui Mandrobulo, trovato più genericamente un θησαυρός, farebbe offerte agli dei progressivamente diminuenti in pregio[22]; quella per cui sarebbe stata invece una pecora ad aver trovato un oggetto aureo, comunque un prezioso, a seguito del quale il samio Mandrobulo avrebbe invece preso a offrire pecore a Era, nota soltanto da un frammento dell'aristotelica Samion Politeia[23]. Ad ogni modo, fra gli elementi alla base dell'eziologia del proverbio tornano, guarda caso, proprio quelli della miniera e dell'ovino. A voler tirare le somme, da tutto questo emerge che 1. a Samo Φυλλίς avrebbe in primis indicato un particolare tipo di suolo (nonché il luogo che lo ospitava) da cui si estraeva il caolino, prezioso e pregiato terriccio medicamentoso, e che esso sarebbe stato, nel contempo, altrimenti noto come Γεωφάνιον; 2. secondo la versione nota a Nicandro il caolino sarebbe stato trovato, presumibilmente nel luogo in questione, da un ovino (da cui molto probabilmente l'identificazione di Φυλλίς anche con il pascolo e il suo rapporto con il fogliame, cui rimanderebbe anche Μελάμφυλλος); 3. secondo un'altra versione sarebbe stato invece un tale Mandrobulo ad aver ritrovato il Γεωφάνιον (magari corrispondente al θησαυρός di cui parlano alcune fonti, forse per banalizzazione nelle dinamiche di tradizione) e per ringraziare di ciò gli dei avrebbe iniziato a dedicare ovini in metalli preziosi, partendo dall'oro e scendendo poi di qualità, da cui il proverbio – nella sola Samion Politeia si invertirebbe, in qualche modo, la natura di ciò che viene ritrovato e ciò che viene offerto alla divinità.

Per tutti questi elementi variamente ricorrenti e variamente connessi e combinati fra loro è ipotizzabile un originario fondo comune: la presenza di una risorsa a Samo nel suolo noto come Φυλλίς/ Γεωφάνιον, a modo suo garante anch'essa di prosperità e ricchezza, poteva esser legata agli ovini nei termini di αἴτιον di una particolare forma di culto samio coinvolgente la sfera animale[24]; questo αἴτιον,

---

[12] Panofka 1822, 9; Guérin 1856, 156-161; Shipley 1987, 16; Almagor 2016; Pezzullo 2017, 38.

[13] Iamblich., *VP* 2, 3: δι' ἀρετὴν τοῦ ἐδάφους καὶ τῆς γῆς.

[14] Geymonat 1974, 9-11.

[15] Nic., *Alex.* 148-152.

[16] Su questa terra: Shipley 1987, 277; Spatafora 2007, 257. Si veda anche Teophr., *De lap.* 63.

[17] *Schol. in Nic. Alex.*, 148-151 (77-80 Geymonat).

[18] Μελίφυλλον è la pianta della melissa: LSJ, ss.vv. μελίφυλλον e μελισσόφυλλον. Si veda anche Cavallini 2004, 344-345.

[19] Poll., VII, 99; Harp., *s.v.* Γεωφάνιον (80 Dindorf); Suda, *s.v.* Γεωφάνιον (γ 174 Adler). Si veda Shipley 1987, 277.

[20] *FGrHist* 70 F59b. Per proposte di contestualizzazione nell'opera eforea, si veda Parmeggiani 2011, 308.

[21] Relativo al peggioramento di una situazione: cfr., tra gli altri, Paus. Att., *s.v.* ἐπὶ τὰ Μανδροβόλου (ε 57 Erbse); Apostolius, VII 78; Phot., *s.v.* ἐπὶ τὰ Μανδροβόλου (ε 1740 Theodoridis). Sul proverbio Huxley 1981, 341.

[22] Tra gli altri (e non tutti specificano l'ambientazione samia dell'episodio): Zen., III 82; Diog., IV 62; Suda, *s.v.* Ἐπὶ τοῦ Μανδραβούλου (ε 2716 Adler); *Schol. in Luc. De merc. cond.* 21, 5-10 (167 Rabe).

[23] Arist., *Sam. Pol.* F10 Pezzullo (= 590 Rose), su cui Pezzullo 2017, 156-160.

[24] Il culto samio coinvolgente gli ovini oltre che da Arist. *Sam. Pol.* F10, Pezzullo è noto soltanto da Euphor. fr. 121 Van Groningen.

arricchitosi nel tempo di particolari, contaminatosi anche con altri elementi o alterato/banalizzato nei contenuti[25], sarebbe divenuto poi base di un proverbio, usato per descrivere una situazione almeno in parte diversa (e questo già con Eforo), finendo forse per perdere l'originario carattere eziologico legato alle risorse del suolo e alla sfera culturale[26]. In ogni caso, si profila intanto una significativa polivalenza, nel contesto samio, di Φυλλίς/Μελάμφυλλος e, alla luce dei dati vagliati, appare in ultima istanza probabile essere passata da designazione pertinente a un preciso luogo/spazio sull'isola e quanto a esso rapportabile (il caolino, e non piuttosto il fogliame, almeno in origine), a un nome indicante l'isola nel suo insieme – quasi una sorta di processo metonimico. Quali le possibili ragioni?

Riprendendo i versi di Nicandro, emerge anche per l'altro rilevante antico nome di Samo, Παρθενία, un legame con il mondo del suolo: designerebbe cioè, allo stesso modo[27], quel terriccio medicamentoso. Si può dunque prospettare il medesimo meccanismo per cui il toponimo sarebbe passato da indicare una risorsa mineraria e il suolo che la ospitava all'isola nel suo insieme. Ancora, sia Παρθενία che Μελάμφυλλος, quali antichi nomi di Samo, sono connessi al mitico Anceo, figura ecistica di prim'ordine nelle tradizioni sulle origini dell'isola, cui sarebbe anche legata, sulla base di quanto superstite, la definitiva μετονομασία della stessa: come accennato, in rapporto a Παρθενία eponimo sarebbe il figlio di Anceo, Samos; in rapporto a Μελάμφυλλος, guardando a Giamblico, sarebbe lo stesso Anceo a imporre il nome Samo a partire dalla patria Same in Cefallenia. Posta sia per Παρθενία che per Μελάμφυλλος una genesi molto simile, o comunque una "originale" connessione con il mondo minerario, proprio le significative variazioni intorno alla figura di Anceo, a cui si è ugualmente in parte già accennato, potrebbero aver determinato una corrispondente variazione dell'antico nome di Samo nelle tradizioni ecistiche di riferimento[28].

L'Anceo dagli spiccati tratti locali associato a Παρθενία, protagonista della versione più antica, sarebbe anche sovrano della popolazione indigena dei Lelegi, ai quali la stessa designazione risulta più volte e strettamente connessa[29]. Tuttavia, proprio nel racconto in cui per Anceo

è descritta un'origine completamente diversa – quello, appunto, di Giamblico –, in cui non si pone l'accento sul suo essere eroe locale, samio per eccellenza e re di Lelegi, ma lo si fa giungere, greco, dall'esterno (Same in Cefallenia), è la designazione Μελάμφυλλος ad assumere rilevanza quale più antico nome dell'isola, mantenendo intatto il suo rapporto con la sfera del suolo e atto a esprimermene proprio le buone qualità. Viene invece meno Παρθενία, nonostante un pressoché presunto, identico legame con la componente della terra: mutate le origini di Anceo si finisce cioè per obliterare quanto caratterizzante la versione precedente o che a essa poteva rimandare, tra cui, evidentemente, la stessa Παρθενία, emblematica della configurazione dell'altro Anceo, in particolare forse perché indice, in questo senso, della stretta connessione del sovrano con i Lelegi, a cui la designazione doveva essersi, oramai, indissolubilmente legata[30]. A questa dinamica coinvolgente le tradizioni ecistiche, per cui a un certo punto si assiste al primato di Μελάμφυλλος rispetto a Παρθενία, può a sua volta corrisponderne una direttamente afferente alla strutturazione degli elenchi degli antichi nomi di Samo: nella lista di Strab. X 2, 17 (457), Μελάμφυλλος ugualmente risulta scalzare Παρθενία, che finisce in ultima posizione laddove altrove risulta generalmente in prima. E non è forse un caso che in questa lista il nome Παρθενία venga riconosciuto soltanto a un ulteriore elemento naturale (in questo caso un fiume samio, l'Imbraso), svuotato della sua pregnanza per così dire etnica in rapporto alla popolazione lelega, sua caratteristica altrimenti precipua; il nome – e soltanto in questo passo, per quanto riguarda un elenco presumibilmente "ordinato" – viene svuotato in altre parole di quel non indifferente peso altrimenti connesso a una specifica versione sull'eroe fondatore samio per eccellenza e dunque foriero di una pregnante valenza in termini di (auto)rappresentazione[31].

Le variazioni e gli interventi sulla figura di Anceo sono infatti il risultato di particolari contingenze ed esigenze del contesto samio, pienamente significativi nel momento in cui vennero elaborati: nella versione più antica (VI sec. a.C.) l' "autoctonia" di Anceo e il conseguente legame con le popolazioni indigene sarebbero stati funzionali a proiettare (e dunque legittimare) nel più remoto passato il primigenio possesso di determinate aree della peraia samia di età storica, rappresentate sul piano mitico dall'unione con la figlia del fiume del continente, il Meandro[32]; la versione di fine III sec. a.C. sarebbe stata invece propria di un momento delicato per l'isola, in cui poteva risultare maggiormente utile millantare, per l'ecista più noto di

[25] Si vedano in tal senso il passaggio dal ritrovamento del giacimento minerario, portatore di ricchezza, al ritrovamento di un oggetto materialmente aureo o dall'offerta di un ovino "vivo" a quello in materiali preziosi.

[26] Oltre a Huxley 1981, 341; anche Kroll 1928.

[27] O anche: cfr. *supra* nota 7.

[28] Sulla compresenza nel mondo ionico d'Asia (con attenzione alla Dodecapoli ionica di cui Samo fu membro) di tradizioni di fondazione alcune sull'origine più genericamente greca delle comunità, altre sull'origine più puntualmente ionica, sui criteri su cui queste ultime si fondano, sui loro rapporti, sulla loro "funzione" e sulla rilevanza che esse assumono sia sul piano locale che su quello regionale più ampio, si vedano recentemente, nell'ampia bibliografia esistente: Moggi - Osanna 2000, 187-219; Sammartano 2020, 91-117; Novello 2020.

[29] Come ugualmente anticipato *supra*. E proprio la connessione con popolazioni anelleniche, tecnicamente occupanti il suolo samio prima dell'arrivo dei contingenti greci, potrebbe essere una delle ragioni (se non la più probabile) per cui il nome tende a occorrere sempre in prima posizione negli elenchi "ordinati": Novello 2020, 573-574; anche Pezzullo 2017, 37-58.

[30] L'obliterazione di Παρθενία, in questa prospettiva, avrebbe potuto anche essere un modo per eliminare il ricordo di presenze indigene e promuovere l'immagine di una Samo terra primordiale colonizzata, per l'appunto, soltanto dal greco Anceo. Probabilmente per la stessa ragione viene meno anche l'origine del nome Samo quale derivante dall'eroe eponimo Samos, originariamente proprio figlio di Anceo sovrano lelego, sostituita dalla derivazione dal nome del centro di Same in Cefallenia, patria dell'Anceo greco.

[31] Sull'associazione con il fiume Imbraso (cui si ricollega anche la divinità signora dell'isola Era), Novello 2020, 570-572; in termini in parte diversi già Casadio 2004, 140-148.

[32] Cfr. bibliografia citata *supra* in nota 7.

Samo, un rapporto più 'aperto' e direttamente connesso con la Grecia Continentale, forse in vista di strutturare così, più facilmente, relazioni con altre realtà fondate sulla allora diffusa *kinship diplomacy*[33].

In conclusione, in questo contributo si è voluto mostrare come, all'interno di un dato contesto, quale Samo, una designazione strettamente connessa a una puntuale componente dello spazio e del paesaggio minerario possa essere passata a identificare lo stesso nel suo insieme e come la medesima, con varianti delineatesi parallelamente o frattanto (Φυλλίς vs Μελάμφυλλος), abbia giocato un ruolo in contesti almeno apparentemente diversi da quello di pertinenza originaria – si veda l'eziologia del culto animale coinvolgente gli ovini; ciò fino ad assumere pieno e decisivo valore in opposizione a ulteriori "varianti" ugualmente non indifferenti (in questo caso Παρθενία) nell'ambito delle rielaborazioni del proprio passato in determinati momenti, in cui simili interventi sarebbero stati percepiti senza dubbio come necessari: connotando in certo modo l'ecista di Samo Anceo si connota e si autodefinisce di riflesso non solo il passato dei Sami, ma anche quello più strettamente "fisico" dell'isola; si fa riferimento sempre al mondo del suolo, quale emblema di spiccata primordialità, ma si rinuncia a (o al massimo si sfuma) tutto quello che, pur consolidato, poteva richiamare tratti di quel passato su cui si era intervenuti – promuovendo cioè oblii intenzionali e (ri)orientando diversamente se non lo spazio, almeno il suo nome.

Bibliografia

Almagor, E. 2016, "Aristokritos of Miletos (493)", in *Brill's New Jacoby* online.

Antonetti, C. 2009, "Drepane, Scheria, Corcira: metonomasie e immagini di un'isola", in C. Ampolo (ed.), *Immagine e immagini della Sicilia e di altre isole del Mediterraneo antico*, I, Pisa, 323-333.

Casadio, G. 2004, "Hera a Samo", in E. Cavallini (ed.), *Samo. Storia, letteratura, scienza*, Pisa-Roma, 135-155.

Cavallini, E. 2004, "L''isola delle vergini': tradizione mitiche di Samo arcaica nei lirici (Ibico, Anacreonte) e nella poesia ellenistica", in E. Cavallini (ed.), *Samo. Storia, letteratura, scienza*, Pisa- Roma, 339-350.

Friedländer, P. 1907, *Herakles: Sagengeschitliche Untersuchungen*, Berlin.

Fontenrose, J. E. 1978, *The Delphic Oracle, its responeses and operations, with a catalogue of responses*, Berkeley-Los Angeles-London.

Gerhke, H. J. 2010, "Greek Representations of the Past", in L. Foxhall - H. J. Gehrke - N. Luraghi (eds), *Intentional History. Spinning Time in Ancient Greece*, Stuttgart, 15-53.

Gerhke, H. J. 2014, *Geschichte als Element antiker Kultur. Die Griechen und ihre Geschicthe(n)*, Berlin-Boston.

Geymonat, M. 1974, *Scholia in Nicandri Alexipharmaka*, Milano.

Guérin, V. 1856, *Description de l'île de Patmos et de l'île de Samos*, Paris.

Hall, J. M. 1997, *Ethnic Identity in Greek Antiquity*, Cambridge.

Hall, J. M. 2002, *Hellenicity: Between Ethnicity and Culture*, Chicago-London.

Hall, J. M. 2008, "Foundation Stories", in G. R. Tsetskhladze (ed.), *Greek Colonisation. An account of Greek Colonies and other Settlements overseas*, II, Leiden-Boston, 383-426.

Huxley, G. 1981, "Stories Explainings Origins of Greek Proverbs", in *PRIA*, 81, 331-343.

Kroll, W. 1928, s.v. "Mandrobulos", in *RE*, XIV.1, Stuttgart, 1040-1041.

Mac Sweeney, N. 2013, *Foundation Myths and Politics in Ancient Ionia*, Cambridge.

Magnetto, A. 2008, *L'arbitrato di Rodi fra Samo e Priene*, Pisa.

Mele, A. 2013, *Pitagora. Filosofo e maestro di verità*, Roma.

Minuer, W. H. 1984, *Callimachus. Hymn to Delos. Introduction and Commentary*, Leiden.

Moggi, M. - Osanna, M. 2000, *Pausania. Guida della Grecia. Libro VII. L'Acaia*, Milano.

Novello, A. 2020, *Tradizioni di fondazione nella Dodecapoli ionica d'Asia Minore*, Tesi di dottorato, Università degli Studi di Salerno [a breve consultabile nell'archivio *EleA* delle tesi di dottorato dell'Università degli Studi di Salerno].

Panofka, T. 1822, *Res Samiorum*, Berolini.

Parke, H. W. - Wormell, D.E.W. 1956a, *The Delphic Oracles, I, The History*, Oxford.

Parke, H. W. - Wormell, D.E.W. 1956b, *The Delphic Oracles, II, The Oracular Responses*, Oxford.
Parmeggiani, G. 2011, *Eforo di Cuma: studi di storiografia greca*, Bologna.

Pezzullo, A. 2017, *Aristotele. Politeiai di Samo, Colofone e Cuma Eolica. Frammenti di tradizione indiretta*, Tivoli.

Sammartano, R. 2008-2009, "Magnesia al Meandro e la 'diplomazia della parentela'", in *Hormos*, n.s., 1, 111-139.

---

[33] Sono gli anni successivi alla guerra laodicea, segnanti la definitiva crisi dell'influenza tolemaica nell'Egeo e in cui Samo si trovò, soprattutto fra il 221/205 a.C. prima e durante e dopo la guerra romano-siriaca poi in una posizione abbastanza delicata: per questa proposta di ricostruzione che riconduce alla fine del III sec. a.C. si veda Novello 2020, 531-545. Sulla *kinship diplomacy*, Sammartano 2008-2009, 111 (con bibliografia).

Sammartano, R. 2020, *Alle radici della* syngeneia. *Parentele etniche nel mondo greco prima della guerra del Peloponneso*, Alessandria.

Shipley, G. 1987, *A History of Samos. 800-188 BC*, Oxford.

Spatafora, G. 2007, *Nicandro.* Theriaka *e* Alexipharmaka, Roma.

Talamo, C. 2004, *Mileto. Aspetti della città arcaica e del contesto ionico*, Roma.

Tsagalis, Ch. 2017, *Early Greek Epics Fragments,* I, *Antiquarian and Genealogical Epic*, Berlin-Boston.

3

Frammenti di rappresentazione del paesaggio dell'Eolide d'Asia tra mito, storia e identità etnica

Paolo Di Benedetto
Università degli Studi della Basilicata

Abstract: The representation of the Landscape in Antiquity is essential for the construction of the identity of an ethnos and its traditions. The literary sources show how the Aeolian migration (about 11th century B.C.) is related to the definition of the boundaries and delimitations of the Aeolis in Asia Minor, and these elements are linked to the traditions of the Troas (north) and Ionia (south) in a dynamic of territorial appropriation and legitimation reflected in the identity of the Aeolis and the Aeolians. Starting from geo-topographical and landscape references and through an ethnographic approach, this paper aims to define the perception of the ancients about the Aeolis, the ways in which they represented it and how the settlements fit into this context in relation to the formation of the Aeolian identity.

Keywords: Aeolis; Aeolians; Aeolian migration; city tradition; Ethnicity; foundation accounts; Herodotus; Ionia; Strabo; Troas.

Il presente contributo mira a un'indagine sulla rappresentazione dell'Eolide d'Asia attraverso l'esame delle fonti letterarie pertinenti al paesaggio (inteso *lato sensu*) e al territorio della regione, nel tentativo di delinearne l'elaborazione che si trae dalla percezione degli antichi. Nel mondo antico, infatti, la rappresentazione del paesaggio è spesso alla base della caratterizzazione storica, nonché identitaria, di un *ethnos* che lo occupa. In particolare, obiettivo della ricerca è ricostruire e definire – secondo la lettura degli studi di *Ethnicity* – i meccanismi di percezione dell'Eolide e come, in questo quadro, si inseriscano gli insediamenti in rapporto alla formazione dell'identità degli Eoli[1].

3.1. La rappresentazione dell'Eolide d'Asia.

Nella tradizione letteraria, il momento in cui nasce l'Eolide d'Asia coincide con il compimento della migrazione eolica, ossia lo spostamento di popolazioni di stirpe eolica – avvenuto, secondo la cronologia tradizionale, intorno all'XI secolo a.C. – dalla Grecia continentale (in particolare, dalla zona della Tessaglia e della Beozia) verso l'Asia Minore, nella quale si formò un'identità etnica eolica distinta da quella dell'Eolide della madrepatria[2]. Secondo le ricostruzioni moderne, l'Eolide d'Asia si configura come una regione dell'Asia Minore, sita sulle coste dell'Egeo, che è delimitata a N dalla Troade "storica" e a S dalla Ionia e che comprende nell'area continentale le pianure della valle dei fiumi Caico

ed Ermo[3] e un'area insulare prospiciente le isole di Lesbo e Tenedo[4] (Fig. 3.1). Tuttavia, nelle fonti letterarie questa definizione – come si vedrà nel corso del contributo – non corrisponde sempre alla percezione che gli antichi avevano della regione. Di seguito, si prenderanno in considerazione i principali frammenti di descrizione del paesaggio e del contesto fisico dell'Eolide d'Asia, che sono riconducibili alle percezioni e rappresentazioni da parte degli antichi, variabili nel corso del tempo e legate alla mutevolezza dell'identità della regione stessa.

3.2. Percezione e identità nell'Eolide secondo Erodoto.

La più antica fonte in cui si può rintracciare un riferimento all'Eolide d'Asia è un *excursus* di Erodoto, nel I libro, incentrato sulle città eoliche in Asia Minore collocabili cronologicamente alla vigilia della rivolta ionica. Si prenda in esame il passo di Erodoto:

149, 1. "Quelle appena considerate sono le città ioniche (αἱ Ἰάδες πόλιές), mentre queste altre sono le città eoliche (αἱ Αἰολίδες): Cuma chiamata *Phrikonis*, Larisa, Neontico, Temno, Cilla, Nozio, Egirusa, Pitane, Ege, Mirina, Grinia. Queste sono le undici antiche città degli Eoli (ἔνδεκα Αἰολέων πόλιες αἱ ἀρχαῖαι): la sola Smirne fu separata da esse dagli Ioni; infatti, le città sul continente erano anch'esse dodici. 2. E questi Eoli ebbero in sorte di fondare in una regione migliore di quella degli Ioni (χώρην μὲν ἔτυχον κτίσαντες ἀμείνω Ἰώνων), la quale tuttavia si trova in una condizione non uguale (οὐκ ὁμοίως) per clima".

---

[1] In questo contributo, la bibliografia menzionata è stata scelta seguendo un criterio estremamente selettivo.
[2] Strab. XIII, 1,3 C 582. Sulla migrazione eolica cfr., tra gli altri, Càssola 1957, 119-121; Bérard 1959, 1-28 (con raccolta di *testimonia*); Angeli Bernardini 1997, 71-79; Vanschoonwinkel 2006, 130-133; Rose 2008, 399-430; Fowler 2013, II, 597-602; Di Benedetto 2019, 39-54.
[3] Strab. XIII 1,8 C 586.
[4] Rubinstein 2004, 1033-1036.

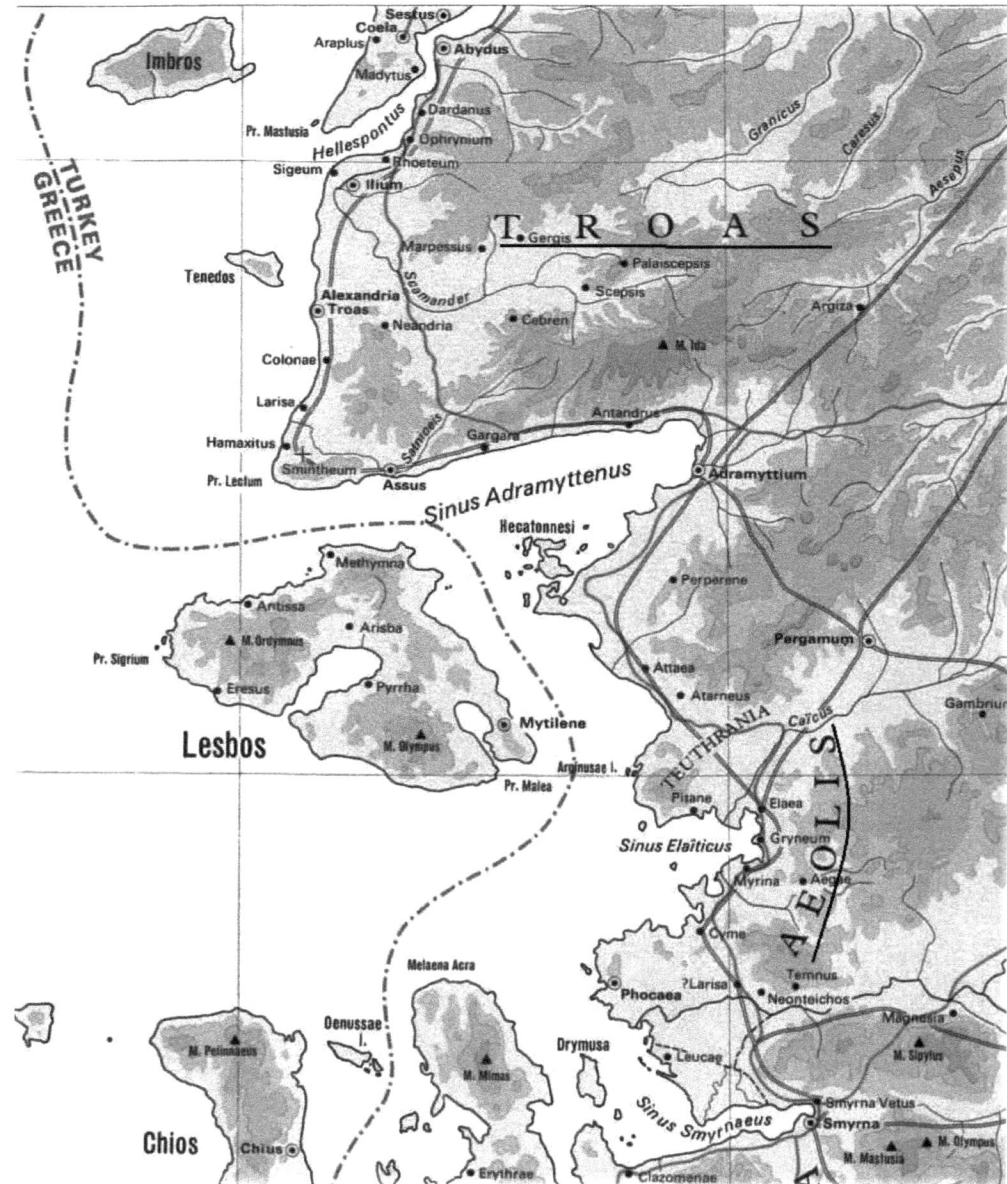

Fig. 3.1. Carta geografica dell'Eolide d'Asia (rielaborazione di Hammond 1981).

Proseguendo, lo storico dice:

151, 1. "Queste, dunque, sono le città eoliche del continente (αἱ ἠπειρώτιδες Αἰολίδες πόλιες), eccetto quelle che sono situate intorno all'Ida: infatti, esse sono separate (κεχωρίδαται). 2. Mentre alcune abitano le isole, cinque città occupano Lesbo […]; a Tenedo è situata una sola città, e un'altra soltanto in quelle che sono chiamate Ecatonnesi".

Tale sezione costituisce la prima menzione in assoluto del *koinon* eolico d'Asia e contiene una lista di toponimi, oltre che le coordinate geo-topografiche generali dell'Eolide. Dall'elaborazione storiografica di Erodoto si traggono una mappa di età arcaica o quantomeno tardo-arcaica della regione e alcuni indicatori spazio-temporali che consentono di collocarla in un quadro abbastanza preciso. L'area in oggetto, secondo la geografia erodotea, si

estendeva da Smirne, situata in Eolide meridionale, fino a Pitane, compresa entro la riva settentrionale del golfo elaitico. Le città continentali erano collocate, a sud-est di Cuma lungo la valle dell'Ermo e, più a nord, oltre la foce del Caico fino a Pitane, comprendendo tutta la regione situata intorno al golfo cumeo-elaitico[5]. Smirne e Pitane, dunque, costituivano i confini geo-politici della regione. Lo storico distingue le città eoliche, sulla base di un criterio geografico e cronologico (in rapporto alla loro antichità), in tre regioni: *a*) le ἠπειρώτιδες Αἰολίδες πόλιες, situate nell'Eolide continentale, che sarebbero state fondate per prime, all'epoca della migrazione eolica, e sarebbero state raggruppate in un comune organismo istituzionale endecapolico (chiusosi a seguito dell'esclusione di

---

[5] Vedi descrizione del territorio eolico offerta da Strab. XIII 1,1, 581 e 1,8, 586 (per cui *infra*); anche Mela, I 18.

Smirne)[6]; *b)* le *poleis* che gravitano intorno al massiccio del monte Ida[7], che, appartenendo alla Troade, sono separate da tutte le altre; *c)* le città facenti parte dell'Eolide insulare, site sulle isole di Lesbo e Tenedo e le Cento isole[8]. Nella rappresentazione dell'Aἰολίς erodotea, si può rinvenire uno schema simile a quello degli insediamenti ionici in Asia minore di I 142. Dalla descrizione, seppur cursoria, del territorio in cui si sono insediati gli Eoli si trae un quadro di un'area ben abitabile ma di certo meno eccellente di quella in cui si sono stanziati gli Ioni[9]. Particolarmente significativo è, in questo senso, l'atteggiamento di Erodoto, che – ponendosi dal punto di vista dell'osservatore esterno (nel lessico etnicistico "etico") – nei confronti degli Eoli non sembra sottendere risentimenti di carattere personale, là dove, nel caso dell'*excursus* sugli Ioni, obietta le sue osservazioni polemiche alla fonte di prospettiva panionica[10]. Eccettuando la presenza del monte Ida in Troade, che domina incontrastato la regione dell'Eolide più settentrionale e che viene percepito come il confine con l'area meridionale, dal passo erodoteo non è possibile trarre elementi che possano essere messi in rapporto con la rappresentazione del paesaggio *stricto sensu*, ma un fattore da prendere in considerazione è la caratterizzazione dell'ambiente eolico dal punto di vista del clima e le implicazioni della sua percezione ai tempi di Erodoto. Considerato in rapporto alla concezione ippocratica, l'*excursus* eolico assume una valenza identitaria, in quanto da esso emergerebbe la percezione che lo storico aveva dei Greci d'Asia: se, all'altezza del V secolo a.C.[11], il termine *Ionia* era riferito all'intera Asia[12], l'indicazione dello storico potrebbe adattarsi anche al caso degli Eoli, situati a nord della Ionia. L'Eolide non presenterebbe un clima favorevole, identico a quello della regione limitrofa[13]: sembrerebbe, perciò, che gli Eoli non godessero dei medesimi effetti derivanti dall'ottima posizione geografica e dal clima ospitale[14]. Erodoto sarebbe stato ben consapevole della teoria per cui climi miti generano uomini molli, cosa che invece costituiva un vanto per gli Ioni d'Asia. Nel caso degli Eoli, invece, non si tratterebbe di quel clima che, proprio per la sua eccellenza, definisce gli Ioni come molli, cioè dediti alla *tryphe*, secondo i principi del determinismo ambientale i cui orientamenti Erodoto rifletterebbe. La diversità etnica in rapporto all'ambiente e al clima non sembra influire sulla rappresentazione erodotea degli Eoli della Dodecapoli/Endecapoli in senso negativo: il territorio su cui si sono insediati gli Eoli, dunque, non avrebbe nulla a che vedere con la loro caratterizzazione etnica.

3.3. Percezione e identità nell'Eolide secondo Strabone (e non solo).

La più dettagliata descrizione fisica dell'Eolide è contenuta in una sezione del XIII libro della *Geografia* di Strabone[15], in cui i riferimenti geo-topografici fanno seguito ad un lungo *excursus* sulla Troade[16]. La macrosezione, densa di contenuti e intricata per le questioni di topografia storica affrontate, è dedicata non solo alla Troade e alle sue tradizioni iliadiche ma anche agli *Aiolika*, e da essa si possono ricostruire la delimitazione dell'Eolide e il relativo quadro geografico-paesaggistico: essa fornisce, poi, elementi che consentono di spostare l'attenzione – più approfonditamente rispetto alla sezione erodotea – sul piano delle *archaiologiai*, i miti di fondazione delle città eoliche. La caratteristica principale di questa digressione è la concezione dell'Eolide straboniana che accorpa la regione degli Eoli alla Troade ma anche al regno di Pergamo: abbracciando un'età mitica (con la localizzazione dei regni di Priamo) fino a giungere a quella augustea, nella sezione è possibile rintracciare le elaborazioni e rielaborazioni della tradizione letteraria in rapporto alla percezione e rappresentazione dell'Eolide. Secondo la geografia accolta da Strabone, la Troade storicamente coincide – concordemente con la tradizione erodotea – con parte di quella regione che, in seguito alla migrazione, prenderà il nome di Eolide (Troade, Lesbo ed Eolide continentale).

La Troade, per descrivere la quale Strabone riporta riferimenti tratti dal testo omerico, a cui conferisce validità storica di *documentum*[17], corrisponde alla zona compresa tra la costa della Propontide e la fascia costiera della Troade a nord e il confine con la Ionia a sud, rappresentato dalla città di Focea (principio della Ionia e fine dell'Eolide[18]), abbracciando i territori in cui scorrono i fiumi Esepo, Granico, Caico ed Ermo. A prima vista sembrerebbe che l'*Aiolis* sia il prolungamento della Troade: il geografo, in effetti, dice che gli Eoli erano distribuiti intorno all'attuale zona di Cizico fino al Caico e occupavano anche il territorio che Omero definiva "troiano", situato tra il Caico stesso e l'Ermo[19]. Nella rappresentazione dell'Eolide si può rintracciare, dunque, una sovrapposizione letteraria delle due regioni, che nell'ottica erodotea invece restano ben distinte.

Non è questa la sede per indagare i singoli riferimenti geografici presenti nell'estesa διήγησις straboniana né i problemi a essa connessi: qui ci si soffermerà su un aspetto specifico del paesaggio, concernente la delimitazione e i confini dell'Eolide, elementi che sono in stretto rapporto

---

[6] Su questo aspetto, cfr. tra gli altri, Moggi 2005, 287-296.
[7] Si tratta di Asso, Gargara e Lamponia.
[8] Per un quadro territoriale, Savalli-Lestrade 2016, 10.
[9] Il confronto è con Herodot. I, 142,1-2.
[10] Per un più ampio quadro, Polito 2016, 157-181.
[11] Ad esempio, nei *Persiani* di Eschilo, il termine Ἴάονες indica i Greci microasiatici in generale.
[12] Hippoc., *Aer.* 12.
[13] Herodot. I, 142,1-2.
[14] Sulla teoria dei climi, tra gli altri, Roebuck 1959, 1-2; Mangani 1983, 131-152.

[15] Il geografo anticipa, nei libri precedenti, la delimitazione della regione, che si colloca nella zona compresa tra l'area dell'Ellesponto, della Propontide e della Troade, da una parte, e, dall'altra, l'area della Ionia, della Caria e della Licia: II 5,21; C 124; 31 C 129; XII 1,3 C 534.
[16] Sulla Troade di Strabone, tra gli altri, Leaf 1923; Cook 1973; Franco 2000, 261-282.
[17] Sul rapporto di dipendenza di Strabone da Omero, Biraschi 1984, 129-153; Biraschi 2000, 48-53.
[18] Strab. XIII 1.2 C 582.
[19] Strab. XIII 1.3 C 582; Musti 1981, 1-26.

con la definizione e la costruzione identitaria della regione[20]. L'intera ricostruzione della Troade risente del primato assoluto che Strabone attribuiva a Omero: questo non soltanto sul piano delle tradizioni mitiche – come è stato recentemente messo in evidenza[21] – ma anche, come vedremo, sul piano delle tradizioni letterarie in rapporto al paesaggio. Dopo la sezione introduttiva, in cui il geografo illustra brevemente – *teste Homero* – la suddivisione del territorio troadico ai tempi del poeta e dopo il racconto sulla migrazione eolica[22], si passa al par. 4, che contiene una serrata argomentazione incentrata sulla confutazione dei confini tra Eolide e Troade, nell'ambito della quale Strabone mette in evidenza che gli autori successivi a Omero non fossero d'accordo sui *merismoi* della Troade (il discorso vale, di riflesso, anche per l'Eolide, dal momento che le due regioni, nell'ottica straboniana, coincidono[23]):

1, 4 C 582-583. "Quindi, gli Eoli erano sparsi per tutto il territorio che, come ho detto, fu chiamato "troiano" dal Poeta. Alcuni autori successivi chiamarono tutto questo territorio [*scil.* che Omero definisce Troade] Eolide con il suo nome, altri solo una parte di esso, altri ancora l'intera regione di Troia, e non sono del tutto d'accordo tra di loro. Pertanto, per quanto riguarda i luoghi della Propontide, Omero fa iniziare la Troade dall'Esepo, ma Eudosso da Priapo e Artace (la zona sull'isola della Cizicene che si trova di fronte Priapo), riducendone così i confini[24]. Damaste riduce il territorio ancora di più (da Pario) e lo estende fino al Lecto[25]. Altri autori propongono idee diverse. Carone di Lampsaco lo fa iniziare da Practio e lo riduce di altri 300 stadi (questo è il tratto da Pario a Practio), ma lo estende fino ad Adramittio[26]. Scilace di Carianda lo considera a partire da Abido[27], e similmente Eforo sostiene che l'Eolide è compresa tra Abido e Cuma[28]; altri autori diversamente".

Dal testo appena esposto è possibile trarre una lista di geografi ed etnografi che, dopo le coordinate omeriche, hanno proposto diverse interpretazioni dei confini della Troade: il geografo stesso attribuisce il discrimine della divergenza di opinioni sui confini Troade-Eolide al fatto che l'insediamento degli Eoli nella regione si sarebbe sviluppato in maniera dispersiva (σκεδασθέντες), dalla Cizicene al Caico, occupando anche l'area intorno all'Ermo[29]. Gli autori citati da Strabone, la cui fonte sarebbe da rintracciare in Demetrio di Scepsi[30], sono

principalmente logografi, e da essi si comprende come il problema del confine settentrionale dell'Eolide fosse in rapporto con quello del confine meridionale della Troade. Sulla base di queste definizioni, risulterebbe chiaro che l'Eolide inizi nel punto in cui termina la Troade, percepito diversamente dalle fonti menzionate. Ciò che le accomuna è il fatto che il *limes* sia dato da siti e città che sorgono in prossimità dei fiumi Esepo, Granico e Caico: tra queste *auctoritates* solo Eforo pone in risalto la sua patria come confine entro il quale la regione è compresa, non senza implicazioni di *Lokalpatriotismus*[31], concordando con il racconto sulla migrazione eolica. Strabone, invece, sembrerebbe discostarsi da queste tradizioni, sostenendo che l'accezione di una Troade propriamente detta, vigente ai suoi tempi (ἡ ὄντως λεγομένη Τροία, a XIII 1,5 C 583), sia da intendere per il tratto che comincia dall'Esepo fino a giungere al Capo Lecto; invece, l'Eolide ai suoi tempi (ἡ Αἰολίς νῦν ἰδίως λεγομένη, a XIII 1,8 586), si estende dal Lecto all'Ermo, zona a cui corrispondono le isole eoliche prospicienti di Lesbo e Tenedo. Secondo il geografo, il promontorio del Lecto costituisce, dunque, il punto di confine, il *marker*, settentrionale dell'Eolide continentale con la Troade[32], mentre il punto di confine meridionale – lungo il quale si dipana il corso dell'Ermo è associato alla zona settentrionale della Ionia che comprende la città di Focea. Ed è questa l'Eolide che corrisponde alla regione descritta da Erodoto come di più antica origine.

L'immagine di una tale Eolide si riflette nel racconto tradizionale sulla migrazione eolica, che incornicia "archeologicamente" la sezione sui confini della regione[33], poiché i riferimenti geo-topografici presenti nella sezione dipendono dalla concezione straboniana della Troade/Eolide che ha appena esposto. L'Αἰολικὴ ἀποικία è da riferirsi ad almeno una generazione dopo gli eroi dell'*epos* omerico e, in particolare, quattro generazioni prima della migrazione ionica, quando con Oreste si diede inizio alla spedizione degli Atridi (distinti in un ramo agamennonide e in uno orestide-pentilide) dalla Beozia e dalla Tessaglia verso le coste dell'Asia Minore. Il racconto di Strabone – a differenza di quello erodoteo – mette in evidenza il territorio e le origini degli Eoli in rapporto con il momento di partenza e quello di arrivo in Asia Minore: in termini etnicistici[34], ciò corrisponderebbe al passato comune condiviso (che si esprime nella discendenza degli ecisti dalla linea atride) e all'associazione con un territorio specifico (in questo caso, la madrepatria e la terra di colonia).

3.4. L'elaborazione letteraria dell'Αἰολίς d'Asia.

Le testimonianze letterarie esaminate fanno riferimento a racconti legati alle *archaiologiai* che sono alla base della costruzione del patrimonio culturale e identitario degli

---

[20] Sui confini nel mondo antico, tra gli altri, Sordi 1987; Daverio Rocchi 1988; Prontera 1999, 147-166.

[21] Aloni 1986, Ragone 2000, 286-294; Bugno 2005, 359-372; Trachsel 2007; Chiai 2017, 93-121.

[22] Cfr. *infra*.

[23] La sovrapposizione delle due regioni si deve forse a Demetrio di Scepsi, fonte costante di Strabone nel XIII libro.

[24] Eusox., Fr. 336 Lasserre.

[25] Damast., *FGrHist* 5 F9.

[26] Charon, *FGrHist* 262 F 13.

[27] Scyl., *FGrHist* 709 F12, per cui anche Ps.-Scyl. 94-95. Sul rapporto Eforo-Scilace, Peretti 1961, part. 30.

[28] *FGrHist* 70 F 164a. La delimitazione eforea dell'Eolide è ripresa a XIII 1,39 (Ephor., *FGrHist* 70 F 163b).

[29] Strab. XIII, 1,3 C 582; anche 1,4 C 582-583.

[30] Gaede 1880, 22.

[31] Sul *Lokalpatriotismus* eforeo cfr., tra gli altri, Parmeggiani 2011, 9-10 e 73-74; Ragone 2013, 95-216.

[32] Così lo intende anche Plin., *N.H.* V, 123: *promontorium Lecton disterminans Aeolida et Troada*.

[33] Il racconto della migrazione eolica è riportato in XIII, 1,3 C 582. Sul rapporto tra Eforo e la migrazione eolica, de Fidio 2005, 423-450.

[34] Hall 2002, 9; anche Smith 1986, 72-76.

Eoli, rappresentandone la mitistoria[35]. In questo discorso, essenziali sono i confini che marcano l'appartenenza "eolica" dei territori che gli Eoli, discendenti di Agamennone, avrebbero assoggettato in epoca storica, compresa la Troade e la futura Eolide. Considerando le fonti prese in considerazione in questa sede, è possibile riconoscere nell'Eolide un'identità che si rispecchia anche nella rappresentazione del paesaggio: un'identità tanto mutevole quanto mutevole e oscillante ne è il paesaggio stesso, con i suoi connessi problemi di definizione. La percezione dei confini della regione degli Eoli, così come si trae dalla rappresentazione degli antichi, è l'insieme delle percezioni e delle successive elaborazioni sedimentatesi e stratificatesi nel corso del tempo, attraverso le quali si può ricostruire un percorso: a partire dalle prime definizioni omeriche (che avrebbero poco di storico) e le posteriori esegesi dei logografi locali, fino a giungere ad Eforo, che in qualche modo rifletterebbe il punto di arrivo delle tradizioni eoliche locali in età tardo-classica (con evidenti risvolti di *Lokalpatriotismus*), a Demetrio di Scepsi e presumibilmente ad altri autori a cui non è possibile dare un nome; ultima tappa di questa ricostruzione è Strabone che, in piena età augustea, raccoglierebbe il materiale tradizionale precedente, forse sottoponendolo a una rielaborazione.

I riferimenti in rapporto alla geografia, all'ambiente, al clima, ai confini e a ciò che rientra nella definizione di *Landschaft* determinano il territorio dell'Eolide nella rappresentazione erodotea e straboniana; in particolare, le diverse percezioni dei confini della regione tradiscono un'eterogenea e complessa stratigrafia di tradizioni letterarie e storico-geografiche. Tali confini – così come si riflettono nel testo di Strabone – non sono originari ma costituiscono successive acquisizioni nel corso del tempo che sono, per così dire, penetrate nella vulgata del geografo. Tutti questi elementi, a cui si aggiungono l'associazione di un popolo con il suo territorio e le tradizioni mitiche che su di esso nascono, concorrono a formare l'immagine dell'Eolide così come ci viene consegnata dagli antichi. È, di fatto, lo spazio creato attraverso il filtro della tradizione. Gli elementi considerati consentirebbero di supporre che dell'Eolide non esistesse una rappresentazione reale e fissa ma creata, elaborata, rielaborata e strumentalizzata nei diversi periodi, a seconda delle esigenze contingenti, perlopiù identitarie. D'altra parte, il confine riveste una valenza identitaria in rapporto all'etnicità e agisce nel processo di attribuzione dell'identità dell'*ethnos* che abita un determinato territorio: il *limes* si configura come un fattore che parla di sé, ma è anche un luogo descritto, raccontato, continuamente costruito e ricostruito. Il paesaggio diviene, perciò, uno *spatium* elaborato,

rielaborato e percepito (a seconda dei differenti contesti etnico-identitari) e un filtro con cui si elaborano forme di rappresentazione dell'*ethnos*.

3.5. Considerazioni conclusive.

In definitiva, il paesaggio è un tassello della tradizione che si pone in rapporto con il quadro geo-topografico dello spazio in cui è inserito e in rapporto con le *archaiologiai* delle città eoliche[36]. Alla luce delle considerazioni formulate, può essere letto l'*excursus* erodoteo sulle città eoliche: la sezione, infatti, mostrerebbe come gli Eoli, stanziatisi in Asia Minore a seguito della migrazione, abbiano occupato, creato ed elaborato un territorio adatto alla fondazione delle loro città, nel quale la positività di fattori climatico-ambientali riveste un ruolo preponderante nella connotazione e nella costruzione identitaria della regione. Il quadro che Strabone traccia dell'Eolide, in stretto rapporto con la Troade, individua un'*Eolide propriamente detta* che eredita la visione endecapolica delle antiche città degli Eoli elaborata già da Erodoto, da Smirne un tempo eolica a sud fino a Pitane a nord: e questa percezione sembra essere connessa con l'*archaiologia* delle città eoliche, nonché con la tradizione della *Aiolische Wanderung*, che incide sulla costruzione e ri-costruzione della tradizione sul piano miti-storico e sull'elaborazione geografica. A tal proposito, va notato che, ad un livello storiografico e 'cronologico' quale quello dell'*epos*, non esisteva la nozione di Eolide, anacronistica rispetto ai *Troika*, né di Eoli d'Asia, allo stesso modo in cui non c'erano né Ioni né Dori in Asia Minore: questo perché le migrazioni costituiscono lo spartiacque tra uno *spatium mythicum* e uno *spatium historicum*.

Pertanto, nel caso dell'Eolide, paesaggio e territorio hanno un forte valore dal punto di vista identitario: in questa "stratigrafia della tradizione" l'elaborazione letteraria del paesaggio è in stretto rapporto con la costruzione dei confini e delle delimitazioni dell'Eolide stessa, ma è operante anche ad un livello più propriamente identitario in relazione alle diverse percezioni dei confini della regione stessa. L'Αἰολίς – coronimo che si sarebbe formato per derivazione dall'etnonimo Αἰολεῖς –, dunque, non costituisce una realtà geografica definibile univocamente sulla base di criteri areali, bensì la sua determinazione si connette strettamente con i processi di percezione e identità da parte degli Eoli che la abitano nei diversi momenti della storia in cui la abitano. Il caso dell'Eolide d'Asia permette di comprendere, in ultima analisi, come paesaggio e tradizione siano modi di costruire e raccontare la storia: essi sono elementi inscindibilmente legati con la formazione dell'identità di un *ethnos*, il suo costruirsi e ri-costruirsi attraverso il tempo, di generazione in generazione, e il suo sovrapporsi e innestarsi sul passato.

---

[35] Le *archaiologiai* sono considerate dagli antichi come un racconto costruito e percepito quale 'storia', fondamento del passato comune condiviso e delle tradizioni identitarie locali, ma da noi moderni devono essere lette ed indagate secondo l'ottica della storia intenzionale (Gehrke 2010, 15-16). In ambito eolico, il processo di formazione dell'identità si realizzerebbe in età arcaica, quando le *poleis* definiscono un nesso con il passato troiano, dunque attraverso la storicizzazione di quel mito che diviene il passato comune di quell'*ethnos*. Sull'identità degli Eoli d'Asia: Mele 2005a, 19; Fowler 2013, II, 154.

[36] Accanto ai racconti "eolici", nelle tradizioni attestate per l'Eolide d'Asia si possono rintracciare anche racconti di matrice "amazzonica", altro fondamento del patrimonio identitario degli Eoli. Per questi studi: Blok 1996, 81-99; Moscati Castelnuovo 1999, 137-164; Mele 2005b, 411-416; Ragone 2005, 315-358; Di Benedetto 2020, 135-156; Di Benedetto 2021, 609-618.

Bibliografia

Aloni, A. 1986, *Tradizioni arcaiche della Troade e composizione dell'Iliade*, Milano.

Angeli Bernardini, P. 1997, "Oreste, gli Orestidi e il ruolo della Beozia nella migrazione eolica", in J. Bintliff (ed.), *Recent Developments in the History and Archaeology of Central Greece. Proceedings of the 6th International Boeotian Conference*, Oxford, 71-79.

Barth, F. 1969, *Ethnic Groups and Boundaries. The Social Organization of Culture Difference*, Boston.

Bérard, J. 1959, "La migration éolienne", in *RA*, 1, 1-28.

Biraschi, A. M. 1984, "Strabone e la difesa di Omero nei Prolegomena", in F. Prontera (ed.), *Strabone. Contributi allo studio della personalità e dell'opera*, Perugia, 129-153.

Biraschi, A.M. 2000, "Omero e aspetti della tradizione omerica nei libri straboniani sull'Asia Minore", in A. M. Biraschi - G. Salmeri (eds), *Strabone e l'Asia Minore*, Napoli, 45-72.

Blok, J.H. 1996, "A Tale of many Cities: Amazons in the Mythical Past of Greek Cities in Asia Minor", in S. Marchland - E. Lunbeck (eds), *Proof and Persuasion. Essay on Authority, Objectivity and Evidence*, Turnhout, 81-99.

Bugno, M. 2005, "Enea e gli Eneadi in Troade", in A. Mele - M. L. Napolitano - A. Visconti (eds), *Eoli ed Eolide tra madrepatria e colonie*, Napoli, 359-372.

Càssola, F. 1957, *La Ionia nel mondo miceneo*, Napoli.

Chiai, G. F. 2017, *Troia, la Troade e il Nord Egeo nelle tradizioni mitiche greche. Contributo alla ricostruzione della geografia mitica di una regione nella memoria culturale greca*, München.

Cook, J.M. 1973, *The Troad. An Archaeological and Topographical Study*, Oxford.

Daverio Rocchi, G. 1988, *Frontiera e confini nella Grecia antica*, Roma.

Di Benedetto, P. 2019, "Migrazione e potere: dinamiche etniche e appropriazione eolica nei territori d'Asia Minore", in A. Araneo (ed.), *I luoghi e le forme del potere dall'antichità all'età contemporanea*, Potenza, 39-54.

Di Benedetto, P. 2020, "Eoli d'Asia e fondazioni amazzoniche", in M. Polito (ed.), *Greci che pensano, creano, scrivono la loro storia. Seminari di storia e storiografia greca*, Aprilia, 135-156.

Di Benedetto, P. 2021, "Amazzoni eponime e fondatrici: il caso di Cuma e Mirina in Eolide d'Asia", in M. Cipriani - A. Pontrandolfo - M. Scafuro (eds), *Atti del IV Convegno Internazionale di Studi "Dialoghi sull'Archeologia della Magna Grecia e del Mediterraneo" (15-17 novembre 2019)*, Paestum, 609-618.

Franco, C. 2000, "La Troade di Strabone", in A. M. Biraschi - G. Salmeri (eds), *Strabone e l'Asia Minore*, Napoli, 261-282.

de Fidio, P. 2005, "Eforo e le tradizioni sulla migrazione eolica", in A. Mele - M. L. Napolitano - A. Visconti (eds), *Eoli ed Eolide tra madrepatria e colonie*, Napoli, 423-450.

de Fidio, P. 2007, "Un'eco di propaganda pergamena in Strabone? Per una rilettura di XIII 1,3 C 582", in *PP*, 62, 5-52.

Fowler, R.L. 2013, *Early Greek Mythography*, II, Oxford.

Gaede, R. 1880, *Demetrii Scepsii quae supersunt*, Gryphiswaldiae.

Gehrke, H. J. 2010, "Greek Representations of the Past", in L. Foxall - H. J. Gehrke - N. Luraghi (eds), *Intentional History. Spinning Time in Ancient Greece*, Stuttgart, 15-33.

Hall, J. M. 2002, *Hellenicity. Between Ethnicity and Culture*, Chicago-London.

Mangani, G. 1983, "La macchina dei climi: enciclopedismo, geografia, economia scritturale, in *QuadUrbin*, 14, 131-152.

Mele, A. 2005a, "Aiolos e gli Aiolidai: tradizioni anatoliche e metropolitane", in A. Mele - M. L. Napolitano - A. Visconti (eds), *Eoli ed Eolide tra madrepatria e colonie*, Napoli, 15-24.

Mele, A. 2005b, "Cuma eolica, le Amazzoni e l'origine dei coloni", in A. Mele - M. L. Napolitano - A. Visconti (eds), *Eoli ed Eolide tra madrepatria e colonie*, Napoli, 411-416.

Moscati Castelnuovo, L. 1999, "Amazzoni eponime di città eoliche e ioniche d'Asia Minore", in *Sileno*, 25, 137-164.

Müller, C. 1855-1861, *Geographi Graeci Minores*, Paris.

Musti, D. 1981, "Una città simile a Troia", in *ArchCl*, 33, 1-26.

Parmeggiani, G. 2011, *Eforo di Cuma. Studi di storiografia greca*, Bologna.

Polito, M. 2016, "Autorappresentazione e rappresentazione erodotea degli Ioni d'Asia (I 142 ss.)", in *Erga-Logoi*, 4.2, 157-181.

Prontera, F. 1999, "Identità etnica, confini e frontiere nel mondo greco", in A. Corcella (ed.), *Confini e frontiera nella Grecità d'Occidente*, Taranto, 147-166.

Ragone, G. 2000, "Corografia senza autopsia. Strabone e l'Eolide", in A. M. Biraschi - G. Salmeri (eds), *Strabone e l'Asia Minore*, Napoli, 283-356.

Ragone, G. 2005, "Le Amazzoni in Eolide", in A. Mele - M. L. Napolitano - A. Visconti (eds), *Eoli ed Eolide tra madrepatria e colonie*, Napoli, 315-358.

Ragone, G. 2013, "Eforo "campanilista". Lo spazio storico di Cuma eolica nei frammenti dell'*Epichorios* e delle *Storie*", in P. de Fidio - C. Talamo - L. Vecchio (eds), *Eforo di Cuma nella storia della storiografia greca*, in *PP*, 68, 95-216.

Ragone, G. 2016, "Territorio e formazione dell'identità nella regione tra il Caico e l'Ermo", in I. Savalli-Lestrade (ed.), *L'Éolide dans l'ombre de Pergame*, *TOPOI. ORIENT-OCCIDENT*, Suppl. 14, 123-169.

Roebuck, C. 1959, *Ionian Trade and Colonisation*, New York.

Rose, C. B. 2008, "Separating Fact from Fiction in the Aiolian Migration", in *Hesperia*, 77, 399- 430.

Rubinstein, L. 2004, "Aiolis and South-Western Mysia", in M. H. Hansen - T. H. Nielsen (eds), *An Inventory of Archaic and Classical Poleis*, Oxford, 1031-1052.

Savalli-Lestrade, I. 2016, "L'Éolide comme espace régional et construction culturelle", in I. Savalli-Lestrade (ed.), *L'Éolide dans l'ombre de Pergame*, *TOPOI. ORIENT-OCCIDENT*, Suppl. 14, 7-28.

Smith, A. D. 1986, *Le origini etniche delle nazioni*, Bologna.

Sordi, M. 1987, *Il confine nel mondo antico*, Milano.

Trachsel, A. 2007, *La Troade: un paysage et son héritage littéraire. Les commentaires antiques sur la Troade, leur genèse et leur influence*, Basel.

Vanschoonwinkel, J. 2006, "Greek migrations to Aegean Anatolia in the Early Dark Age", in G. R. Tsetskhladze (ed.), *Greek Colonisation: an Account of Greek Colonies and Other Settlements Overseas*, I, Leiden, 130-133.

4

Il paesaggio notturno nella lirica greca: identità e gruppo

Francesco Sironi
Università degli Studi di Torino

Abstract: Archaic Greek lyric presents a lively interaction between the lyrical ego, the performance context, the audience and the social function of a poetry composed for performance. The identity of the group is also affirmed by the content of the performance, which conveys and strengthens shared cultural and ideological traits. Within this framework, the landscape is not a contingent element nor a simple means of poetic colouring. An analysis of night landscapes in archaic Greek lyric - especially in Alcman and Sappho – shows how they are experienced in a specific way, privileging the perception of sight phenomena, such as the light projected by the moon and the stars, and acoustic elements. This perception acts as an identity marker within the socio-cultural dynamics of the group involved in the performance, since it highlights and reinforces the feeling of belonging to a social dimension, both at the level of the performance itself and from a cultural and ideological point of view.

Keywords: Greek lyric; Alcman; Sappho; night landscape; identity marker.

La letteratura greca arcaica è sostanzialmente una letteratura performativa. Come numerosi studi hanno evidenziato, fino almeno al pieno V sec. a.C. la dimensione della fruizione letteraria è essenzialmente aurale e non sembra essere noto un testo che non fosse composto – pur anche con il mezzo della scrittura – per l'esecuzione o la lettura alla presenza di un determinato uditorio. Il contesto performativo costituisce dunque un elemento fondamentale e imprescindibile per un'interpretazione di un testo arcaico che intenda definirsi "filologica"[1]. Alle difficoltà di ricostruzione del contesto performativo si aggiungono in moltissimi casi le condizioni frammentarie dei testi medesimi. Lo studio di molti testi letterari arcaici deve dunque fare i conti con una duplice frammentarietà, del testo e del contesto. Relativamente al paesaggio della lirica arcaica, la ricerca ha messo in luce come esso acquisisca spesso valore connotativo[2]. Su questa linea il presente intervento intende proporre uno studio dei paesaggi notturni della lirica greca arcaica nel tentativo di evidenziare come questa particolare declinazione dell'elemento paesaggistico agisca come marcatore di identità, sottolineando la partecipazione dell'uditorio al contesto della performance e rafforzandone l'appartenenza al gruppo sul piano ideologico-culturale[3].

Il più celebre notturno della letteratura greca è probabilmente il fr. 89 PMG di Alcmane[4]:

εὕδουσι δ' ὀρέων κορυφαί τε καὶ φάραγγες πρώονές τε καὶ χαράδραι
φῦλά τ' ἑρπέτ' ὅσα τρέφει μέλαινα γαῖα θῆρές τ' ὀρεσκῷοι καὶ γένος μελισσᾶν
καὶ κνώδαλ' ἐν βένθεσσι πορφυρέας ἁλός· εὕδουσι δ' οἰωνῶν φῦλα τανυπτερύγων[5].

La descrizione della notte coincide con quella del maestoso sonno degli elementi naturali, che vengono dettagliatamente enumerati[6]. Le uniche due notazioni cromatiche sono esclusivamente epiteti tradizionali (v. 3 μέλαινα γαῖα; v. 5 πορφυρέας ἁλός) e concorrono solo limitatamente alla rappresentazione del paesaggio. Ad emergere è piuttosto l'assenza dell'aspetto sonoro, implicata dal sonno in cui versano tutta la natura e in particolare i suoi membri tradizionalmente più rumorosi (ad es. api e uccelli): il paesaggio del notturno di Alcmane è un paesaggio di silenzio. Il frammento, tramandato unicamente da Apollonio Sofista[7], con tutta probabilità non costituisce un carme completo e la descrizione del sonno universale non era dunque fine a sé stessa[8]. Quattro sono

---

[1] Sulla dimensione performativa della letteratura greca arcaica, si veda almeno Gentili 2005.
[2] Heirman 2012a; Heirman 2012b.
[3] Saranno presi in considerazione i testi in cui la descrizione del paesaggio notturno abbia una certa estensione o rilevanza, tralasciando i frammenti che presentino solo una generica ambientazione notturna. Per la descrizione del paesaggio nella poesia greca in generale, Elliger 1975.
[4] Il testo dei frammenti di Alcmane è qui quello di Page 1962. Si veda anche Calame 1983.
[5] "Dormono le cime dei monti e le gole/ e i picchi e i letti dei torrenti/ e le specie animali quante nutre la nera terra/ e le fiere montane e la stirpe delle api/ e i mostri nelle profondità del mare purpureo;/ e dormono le specie degli uccelli dalle lunghe ali". Le traduzioni dei testi greci in questo contributo sono di chi scrive.
[6] Nel frammento non è specificata esplicitamente l'ambientazione notturna, ma che di notturno si tratta è stato validamente sostenuto da Bernert (1941, 229), seguito poi dalla grande maggioranza degli studiosi. Galiano (1969, 102-103) sostiene isolatamente che il frammento sia la descrizione di una generale "siesta" meridiana, probabilmente estiva. Se così fosse, tuttavia, anche a quest'ambientazione diurna si applicherebbero le considerazioni del presente studio. A favore dell'ambientazione notturna depongono in ogni caso le imitazioni successive del frammento.
[7] *Lex.*, s.v. κνώδαλον, 101,15-17 (Bekker).
[8] L'idea di un'autonoma descrizione lirica della quiete notturna è in Pontani 1950, 39-40; Bowra 1961, 71.

le ipotesi avanzate dagli studiosi a questo proposito, per le quali il paesaggio notturno costituirebbe: (1) il contesto di un'epifania divina[9]; oppure (2) l'ambientazione di un rito notturno, come nel caso di una παννυχίς[10]; oppure (3) l'elemento di quiete contrapposto alle angosce di un personaggio tormentato, secondo un noto *topos*[11]; oppure (4) la descrizione favolosa dei mitici e remoti monti Rifei, nel qual caso al carme andrebbe aggiunto il fr. 90 PMG[12]:

> Ῥίπας, ὄρος ἀνθέον ὕλαι,
> νυκτὸς μελαίνας στέρνον[13].

Le ipotesi (1) e (2) non sono mutuamente esclusive. La teofania può infatti essere legata a riti religiosi notturni, come anzi è probabile[14]. Considerati i verbi costantemente al presente, difficilmente sarà del resto ipotizzabile la descrizione di una teofania slegata da un contesto performativo in cui questa potesse rivestire un significato cultuale[15]. Nell'àmbito di una cerimonia religiosa notturna, è facile immaginare come nel resto del componimento al sonno della natura fosse contrapposta, in maniera presumibilmente esplicita, la veglia dei partecipanti. Il paesaggio notturno sarebbe in questo caso il marcatore d'identità del gruppo che celebra la παννυχίς, che è tale proprio perché, a differenza della natura circostante, è in veglia. La stessa dinamica contrastiva si verificherebbe nel caso dell'ipotesi (3): il personaggio tormentato assumerebbe questa specifica identità proprio in opposizione alla placida quiete descritta dal frammento. In questo caso il paesaggio notturno sarebbe per opposizione il marcatore di identità della figura tormentata, fosse essa l'io lirico o meno. L'ipotesi (4) colloca il paesaggio non tanto in un tempo, ossia la notte, quanto in uno spazio particolare, l'estremo nord del mondo. La descrizione delle regioni iperboree, secondo i sostenitori di quest'ipotesi, non sarebbe fine a sé stessa, ma costituirebbe più probabilmente lo sfondo per un racconto mitico. Nel caso dell'ipotesi (4), dunque, sarebbe piuttosto la completa alterità del luogo evocato, non la straordinarietà del momento performativo, che pure sembra notturno, a interagire con l'uditorio. L'azione del paesaggio come marcatore d'identità sarebbe in questo caso molto più difficile da individuare, dato che bisognerebbe determinare la funzione del racconto mitico che l'elemento paesaggistico accompagnava (forse una narrazione relativa ad Apollo nel contesto di una cerimonia religiosa dedicata al

dio[16]). Sicuramente, la remota e magica 'diversità' del mondo iperboreo, affascinando il pubblico della performance, doveva in ogni caso sottolinearne l'appartenenza a una realtà decisamente meno favolosa.

Un altro celebre notturno offerto dai resti della lirica arcaica è il fr. 34 Neri (= Voigt) di Saffo[17]:

> ἄστερες μὲν ἀμφὶ κάλαν σελάνναν ἂψ ἀπυκρύπτοισι
> φάεννον εἶδος, ὄπποτα πλήθοισα μάλιστα λάμπη γᾶν
> <ἐπὶ παῖσαν>.
> ***
> ἀργυρία(-)[18]

Da un'orazione dell'imperatore Giuliano (3,109c) sappiamo che l'immagine della luna piena che offusca le stelle valeva a descrivere la superiore bellezza di una ragazza sulle compagne. In questo caso il paesaggio notturno, benché solo celeste, marca in maniera evidente l'identità delle ragazze in questione: la fanciulla-luna sovrasta le compagne-stelle, il cui volto, pur luminoso, non può che occultarsi alla presenza di una simile bellezza. Tutto ciò si rivela in perfetta linea con il sistema di valori saffico e la relativa concezione della bellezza in termini agonali[19]. Il fr. 34 si rivela così veicolo di implicite istanze ideologiche che contraddistinguevano la cerchia saffica facendone un gruppo culturalmente solidale: questo paesaggio notturno si configura così come marcatore d'identità ideologico.

Un altro plenilunio è offerto da Saffo nell'attuale fr. 96 Neri (= Voigt), dove l'io lirico consola la giovane Attide per l'assenza dell'amata che ha lasciato la comunità saffica per andare in sposa oltremare (Fig. 4.1). Il frammento si profonde nell'elaborata descrizione del paesaggio notturno illuminato dalla luna, che splende su tutto come ormai la ragazza lontana tra le donne lidie (1-23):

>]Σαρδ . [. .]
> πόλ]λακι τυίδε [.]ῶν ἔχοισα
> [–]
> ὤσπ . [(.) . .] . ῳομεν· . (.)[. . .] . . χ[. .]
>   σε θέαι ἰκέλαν ἀρι-
>   γνώται, σᾶι δὲ μάλιστ' ἔχαιρε μόλπαι·   5
> <–>
> νῦν δὲ Λυ' δαισιν ἐμπρέπεται γυναί-
>   κεσσιν ὤς ποτ' ἀελίω

---

[9] L'ipotesi è contemplata in via non esclusiva da Campbell 1982, 221; Wöhrle 1995, 52-53.

[10] Smyth 1900, 198-199; Lesky 1947, 199-200; Perrotta - Gentili 1965, 286-287; Gianotti 1977, 282; Calame 1983, 572-574.

[11] Bernert 1941; Page 1951, 159-161; Garzya 1954, 126-127; Treu 1954, 171-172.

[12] L'idea è suggerita per la prima volta in Cuartero 1972 e più articolatamente argomentata in Budelmann 2013, che tuttavia non esclude le altre possibilità qui elencate.

[13] "Rifei, monti fiorenti di selva,/ cuore di nera notte".

[14] Calame 1983, 573-574.

[15] Basti pensare alla descrizione del santuario nel quale Afrodite è invitata a manifestarsi in Sapph., fr. 2 Neri (= Voigt), dove la componente arborea è peraltro in grado di indurre un sonno soprannaturale (su questo valore di κῶμα al v. 7 vd. Ferrari 2011, 453-455).

[16] Così ipotizza, a titolo meramente speculativo, Budelmann 2013, 50, che non esclude al contempo la collocazione di un simile racconto mitico nell'ambito di una παννυχίς.

[17] Per uno studio dei notturni saffici, Burzacchini 2012, 31-39. Il testo dei frammenti di Saffo è qui quello di Neri 2021, che mantiene, al netto di necessari adattamenti, la numerazione di Voigt 1971 (Neri 2021, 7).

[18] "Le stelle attorno alla bella luna/ di nuovo celan lo splendido volto,/ allorché piena maggiormente splende/ [su tutta] la terra/ ***/ argentea".

[19] Sulla bellezza agonale in Saffo, Salemme 2013. La metafora estetica della luna che offusca le stelle potrebbe essere un'innovazione saffica, non essendo attestata prima: Stehle 1996, 148. Sull'interesse saffico per la luna varrà la pena ricordare, unitamente al peculiare utilizzo poetico dell'immagine lunare, anche il mito di Selene e Endimione che sappiamo essere stato oggetto di alcuni componimenti della poetessa; ní Mheallaigh 2020, 21-26.

Fig. 4.1. Berlino, Staatlichen Museen, Papyrusdepot (già coll. Reinhardt). P. Berol. 9722, lato 1 (foto dell'autore).

δύγτος ἀ βροδοδάκτυλος σελάννα
<–>
πάντα περ<ρ>έχοισ' ἄστρα· φάος δ' ἐπί-
σχει θάλασσαν ἐπ' ἀλμύραν
10   ἴσως καὶ πολυανθέμοις ἀρούραις·–
ἀ δ' <ἐ>έρσα κάλα κέχυται τεθά-
λαισι δὲ βρόδα κἄπαλ' ἄν-
θρυσκα καὶ μελίλωτος ἀνθεμώδης·
<–>
πόλλα δὲ ζαφοίταισ' ἀγάνας ἐπι-
15   μνάσθεισ' Ἄτθιδος ἰμέρωι
λέπταν ποι φρένα κ[.] ……. βόρηται·
<–>
κῆθι δ' ἔλθην ἄμμ . [. .] . . ισα το' δ' οὐ
νῶντα[. .]υστονυμ [. . (.)] πόλυς
γαρύει [. . (.)]αλουπ[. . . . . (.)] . ọ μέσσον·   20 –
ε]υ'' μαρ[ες μ]ε`ν οὐ . ạ . μι θέαισι μόρ-
φαν ἐπή[ρατ]ον ἐξίσω-
σθαι²⁰

È stato a ragione rilevato come questo paesaggio notturno

sia presentato in termini fortemente erotizzati, come testimonia la presenza di rose, cerfogli e meliloto: le prime fiori afroditici per eccellenza, i secondi accompagnati dall'aggettivo ἀπαλός utilizzato comunemente per parti del corpo femminile, il terzo infine reminiscente della Διὸς ἀπάτη di *Il.* XIV, in cui il loto a cui è etimologicamente legato sboccia insieme ad altri fiori ad accompagnare l'unione fisica di Zeus ed Era. A quest'atmosfera contribuisce anche la rugiada, parimenti presente nell'episodio iliadico e latrice di significati erotici²¹. Tutto è illuminato dalla luce superiore della luna "dalle rosee dita"²², omologa dello splendore con cui la ragazza amata da Attide primeggia fra le donne di Lidia. I personaggi coinvolti assumono i propri connotati identitari grazie al paesaggio qui descritto. La fanciulla "lunare" nient'altro fa che illuminare una campagna "amorosa" nel ricordo commosso proposto dall'io lirico alla giovane Attide: l'elaborata similitudine paesaggistica sottolinea al contempo l'amore e la distanza delle due fanciulle nel ricordo reciproco e rimarca così la loro condizione individuale²³. Per il gruppo saffico anche

---

²⁰ "...Sardi (?).../ spesso lei qui volgendo [la mente]/ .../ te simile alla dea celebre (?),/ del tuo canto maggiormente si rallegrava./ Ora tra le donne lidie splende/ come talvolta, calato il sole,/ la luna dalle dita di rosa/ che tutte supera le stelle, e la luce/ stende sul mare salato/ e del pari sui campi dai molti fiori/ e la rugiada bella si è versata e sono/ sbocciate rose e delicati cerfogli/ e meliloto fiorente:/ e molto vagando, ricordando la leggiadra/ Attide, nel desiderio/ si divora l'animo gracile:/ andar laggiù a noi (?) ... questo non .../ ... molto/ ... grida ... mezzo:/ ma non è facile per noi (?) le dee/ in bellezza amabile/ eguagliare...".

²¹ Per questa connotazione del paesaggio notturno nel fr. 96 Neri (= Voigt). Heirman 2012a, 2; Heirman 2012b, 88-92. Sulla valenza erotica della rugiada nella letteratura greca, Boedeker 1984, 54-60.

²² L'epiteto ῥοδοδάκτυλος (βροδοδάκτυλος in lesbio) è tradizionalmente riferito all'"Aurora" e allude, tra le altre cose, alla giovinezza e alla bellezza della fanciulla "lunare", come rilevato da Hullinger 2020.

²³ Burzacchini 2012, 35: "al di là della similitudine, la notte, la luna, i fiori, l'epifania della dea diventano precisi punti di riferimento, per cui le tre donne coinvolte, Attide e Saffo da una parte, la sposa lidia dall'altra, separate di fatto dal mare, sono ancora unite dalla forza del ricordo e dall'amorosa nostalgia"; Neri 2021, 735: "Sulla scia della luce lunare,

questo paesaggio costituisce dunque lo sfondo e il veicolo di un insieme coerente di contenuti ideologici condivisi, espressi anche dal prosieguo del carme: l'agonalità della bellezza, la sua valenza erotica, l'inevitabilità della separazione amorosa a causa del destino matrimoniale delle ragazze, il valore consolatorio del ricordo affettuoso e del canto. Tra i notturni saffici figura anche il fr. 154 Neri (= Voigt):

⊗ πλήρης μὲν ἐφαίνετ' ἀ σελάν<ν>α
αἰ δ' ὠς περὶ βῶμον ἐστάθησαν[24].

In questo frammento il plenilunio accompagna inequivocabilmente la descrizione di un passato rito notturno, forse una παννυχίς, durante il quale delle donne si disponevano intorno a un altare. La notte illuminata dalla luna è il contenitore dell'azione del gruppo religioso qui ricordata. È assai plausibile che, come altrove in Saffo, l'evocazione di un rito passato offrisse il modello per un'occasione simile nel presente[25]: il plenilunio sarebbe in questo caso il perno paesaggistico dell'azione cultuale del gruppo, unito identitariamente nella celebrazione di un rito già consolidato.

Infine, per quanto la sua ascrizione a Saffo non sia unanime[26], non si può non menzionare il celebre fr. 168B Neri (= Voigt):

⊗ δέδυκε μὲν ἀ σελάννα
καὶ Πληΐαδες, μέσαι δὲ
νύκτες, παρὰ δ' ἔρχετ' ὦρα·
ἔγω δὲ μόνα κατεύδω[27].

La solitudine amorosa si consuma qui sotto un cielo notturno completamente oscuro: la luna e le Pleiadi sono descritte infatti come già tramontate e non c'è menzione di altri astri. La solitudine dell'io lirico, per così dire, è speculare al deserto della volta celeste e costituiva probabilmente il nucleo tematico rilevante per l'uditorio della performance. Nuovamente il paesaggio notturno – questa volta una sorta di "non paesaggio" per sottrazione – agisce come marcatore d'identità, nello specifico dell'io lirico, sottolineando nell'assenza di elementi l'assenza degli affetti.

Alla fine di questa breve rassegna è forse possibile tracciare un sintetico bilancio delle considerazioni fin qui raccolte. Coerentemente con quanto già rilevato da alcuni studiosi relativamente al paesaggio nella letteratura greca e per quanto desumibile dalla pur sempre limitata documentazione in nostro possesso, la rappresentazione del paesaggio notturno nella lirica arcaica non costituisce mai un mero elemento di estemporanea coloritura estetica. Al contrario, essa si intreccia peculiarmente con il contesto performativo del componimento e si fa spesso latrice di contenuti ideologici condivisi dal gruppo, che vede di volta in volta sottolineata e coadiuvata la sua partecipazione alla performance o consolidata la comune appartenenza ideologica. Il paesaggio notturno della lirica arcaica agisce dunque come particolare marcatore d'identità: in esso può riconoscersi come tale e rinsaldarsi il gruppo partecipe della performance lirica.

Bibliografia

Bernert, E. 1941, "Alkman frg. 58 (Diehl)", in *Philologus*, 94, 229-231.

Boedeker, D. 1984, *Descent from Heaven. Images of Dew in Greek Poetry and Religion*, Chico CA.

Bowra, C. M. 1961, *Greek Lyric Poetry. From Alcman to Simonides*[2], Oxford.

Budelmann, F. 2013, "Alcman's nightscapes (frs. 89 and 90 PMGF)", in *ClQ*, 107, 35-53.

Burzacchini, G. 2012, "Simposi alcaici, notturni saffici" in M. Vallozza (ed.), *Eros e simposio: riflessioni su Saffo e Alceo. Atti del Convivium Viterbiense 2011. Viterbo, 20 maggio 2011*, Viterbo.

Calame, C. (ed.) 1983, *Alcman. Introduction, texte critique, témoignages, traduction et commentaire*, Roma.

Campbell, C. A. (ed.) 1982, *Greek Lyric Poetry*, Bristol.

Cuartero, F. J 1972, "La poética de Alcman", in *CuadFilCl*, 4, 367-402.

Elliger, W. 1975, *Die Darstellung der Landschaft in der griechischen Dichtung*, Berlin-New York.

Ferrari, F. 2011, "Da Kato Simi a Mitilene. Ancora sull'ode dell'ostrakon fiorentino (Sapph. fr. 2 Voigt)" in *PP*, 66, 442-463.

Galiano, M. F. 1969, "Iris Murdoch, Alcmán, Safo y la siesta", in *Estudios Clásicos*, 57, 97-107.

Garzya, A. (ed.) 1954, *Alcmane. I frammenti. Testo critico, traduzione, commentario*, Napoli.

Gentili, B. 2005, *Poesia e pubblico nella Grecia antica. Da Omero al V secolo*[2], Milano.

Gianotti, F. 1977, *Il canto dei Greci. Antologia della lirica*, Torino.

Heirman, J. 2012a, "The Erotic Conception of Ancient Greek Landscapes and the Heterotopia of the Symposium", in *CLCWeb*, 14 [https://docs.lib.purdue.edu/clcweb/vol14/iss3/13/].

Heirman, J. 2012b, *Space in Archaic Greek Lyric: City, Countryside and Sea*, Amsterdam.

---

la similitudine prende il sopravvento, si stende per mare e per terra, indicando una sorta di itinerario di avvicinamento dell'oggetto della nostalgia dalla lontana Sardi".

[24] "Piena appariva la luna / e quando esse intorno all'altare stettero...".

[25] Neri - Cinti 2017, 402-403.

[26] Il frammento non è in Lobel-Page 1955, ma è invece accolto da Voigt 1971 e, ora, da Neri 2021. Per una sintesi relativa alla dibattuta attribuzione a Saffo, con relativa bibliografia, Tedeschi 2010, 146-153.

[27] "Tramontata è la luna/ e le Pleiadi: è a metà/ la notte e passa l'ora;/ e io dormo sola".

Hullinger, D. 2020, "Once in a Pink Moon (Sappho 96.8 LP)", in *AClass*, 63, 213-217.

Lesky, A. 1947, *Thalatta. Der Weg der Griechen zum Meer*, Wien.

Lobel, E. - Page, D. L. (eds) 1955, *Poetarum Lesbiorum Fragmenta*, Oxford.

Neri, C. (ed.) 2021. *Saffo, testimonianze e frammenti. Introduzione, testo critico, traduzione e commento*, Berlin-Boston.

Neri, C. - Cinti F. 2017, *Saffo. Poesie, frammenti e testimonianze*, Santarcangelo di Romagna.

ní Mheallaigh, K. 2020, *The Moon in the Greek and Roman Imagination. Myth, Literature, Science and Philosophy*, Cambridge.

Page, D. L. 1951, *Alcman. The Partheneion*, Oxford.

Page, D. L. (ed.) 1962, *Poetae Melici Graeci*, Oxford.

Perrotta, G. - Gentili, B. 1965, *Polinnia. Poesia greca arcaica*, Messina-Firenze.

Pontani, F. M. 1950, "Note alcmanee", in *Maia*, 3, 33-53.

Salemme, C. 2013, *Saffo e la bellezza agonale*, Bari.

Smyth, H. W. 1900, *Greek Melic Poets*, London.

Stehle, E. 1996. "Romantic Sensuality, Poetic Sense: A Response to Hallett on Sappho", in E. Greene (ed.), *Reading Sappho. Contemporary Approaches*, Berkeley, 143-149.

Tedeschi, G. 2010, "Rito e poesia: il Notturno di Saffo (fr. 168 B V.)", in *AeR*, 4/3-4, 145-165.

Treu, M. 1954, "D. L. Page, 'Alcman. The Partheneion' - A. Farina, 'Studi del Partenio di Alcmane'", in *Gnomon*, 94, 168-173.

Voigt, E. M. (ed.) 1971, *Sappho et Alcaeus. Fragmenta*, Amsterdam.

Wöhrle, G. 1995, *Hypnos, der Allbezwinger*, Stuttgart.

5

Leni fluit agmine flumen.
Places as constitutive elements of identity in the area between Lazio and Campania

Massimiliano Di Fazio, Elena Marazzi
Università degli Studi di Pavia

Abstract: The concept of identity has played a relevant role in the studies of recent decades. The case of ancient Italy, with its mix of peoples, exemplifies the most critical aspects of this concept. The paper focuses on the border between Lazio and Campania, where sources place Volsci, Aurunci, and Sidicini. It aims to analyse the landscape as a sum of natural and anthropogenic elements. Places such as sanctuaries, in their intentional placement and connection with the environment, can help us to understand both the perception 'external' and the 'self-perception' of these societies. The sanctuary of Marica at the mouths of Garigliano is an example of a context that could be better understood in the light of new approaches.

Keywords: landscape; Aurunci; Minturnae; marshes; Marica; Italic religions.

The last twenty years have seen a huge increase in interest in the concept of landscape. Another theme that has been very popular in recent decades is that of cultural identities. Both themes are of interest to this contribution. Given these premises, it follows that it is impossible to provide an exhaustive overview of the reference works; at the same time, it is impossible to avoid stating what kind of approach will be adopted. We will therefore say that as far as Landscape is concerned, the prevailing approach is one that can be drawn from the studies of Charles Tilley, Tim Ingold, Jonathan Smith and others[1]. From these works, we assume the concept of landscape as a process, the result of an interweaving between nature and man, the product of a network of material and social relations. The landscape is also a mutable element with its evolutions. An insightful essay by Ingold in 1993 explored this issue and coined the term 'taskscape', which denotes – to put it briefly – the landscape in its evolution[2].

To assess the applicability of these reflections to studies of ancient Italy, we focus on the case study of the sanctuary at the mouth of the Garigliano, on the border between Lazio and Campania.

5.1. The 'Auruncan' territory.

The coastal strip south of the Pontine Plain and north of the Volturno Plain is a territory shaped by alternating coastal plains and mountain ranges: today's Ausoni and Aurunci mountains to the north, the volcanic massif of Roccamonfina and the Massico chain to the south. The landscape was determined by the hydrography of the Garigliano and Savone Apennine rivers and enjoyed

a favourable climate. The coastline was characterised by the presence of lagoons and marshes, useful in their biodiversity, but also affected by malaria, making access from the sea difficult (Fig. 5.1). Furthermore, the territory had a strategic element in the Sacco-Liri-Garigliano route between Lazio and Campania[3].

The literary tradition places in this area the Aurunci, a people that appear on the scene at the end of the 6th century BC, when it seems to have extended farther north than its historical district. The narrative of Livy in fact recalls conflicts with the Romans for the control of the area between Cora and Pometia. At the same time, it seems that the situation in southern Latium had been strongly shaken by the appearance of the Volsci. It is a fact that we find the Aurunci again later, in the second half of the 4th century BC when they appear caught between the Roman expansionism on one side and the aggressiveness of Sidicini and Sanniti on the other. Livy is succinct in recording that in those decades the Auruncan people were cancelled from history[4].

A clear evaluation of historical and cultural events is complicated by the scarcity of available data. On a linguistic level, for example, it is very difficult to go into the questions posed by a precious find recovered in the 1990s from the area of the sanctuary at the mouth of the Garigliano, namely an impasto bowl datable to the 5th century BC with two inscriptions[5]. The mobile nature of the object and the interpretative ambiguity that still characterises the inscriptions do not allow this document

---

[1] Smith 1987; Tilley 1994; Ingold 2000.
[2] Ingold 1993; Gruppuso - Whitehouse 2020.

[3] Smith 2017, 449-452.
[4] On the Aurunci: Pagliara 2008; Smith 2017. On the Volsci: Di Fazio 2020a.
[5] Cristofani 1996; ImIt [Aurunci] / [MINTVRNAE 1].

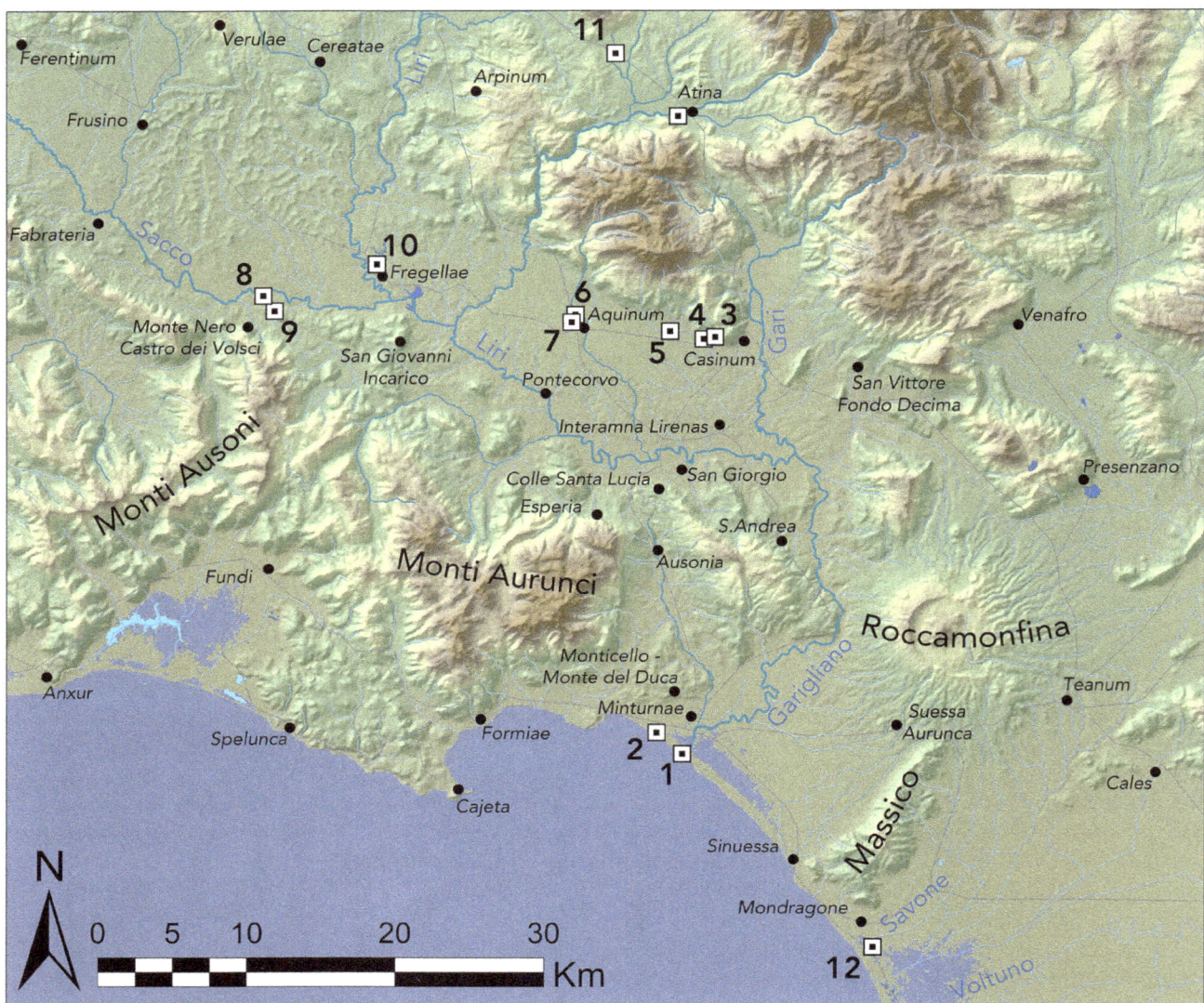

Fig. 5.1. Paleo-geographical map of the territory under consideration: 1. Marica Sanctuary at the mouth of the Garigliano River; 2. Monte d'Argento; 3. Cassino, Monte Puntiglio; 4. Cassino, Pietra Panetta; 5. Cassino, S. Scolastica; 6. Aquino, loc. Mefete; 7. Aquino, Capitolium; 8. Monte Nero - Castro dei Volsci, loc. Fontana del fico; 9. Monte Nero - Castro dei Volsci, loc. Colle della Pece; 10. Fregellae, Extraurban Sanctuary along the Via Latina; 11. Casalvieri, Sanctuary at Casale Pescarola; 12. Mondragone, Sanctuary at Panetelle (created by E. Marazzi - D. Margaritora).

to be fully used as a clue to local culture, which is currently devoid of other evidence of writing, with the exception of a recent novelty, the inscription on a dolio from Castelnuovo Parano, whose evaluation is still debated[6].

As far as material culture is concerned, a substantial homogeneity in the Garigliano valley has been recognised since the Middle and Final Bronze Age, with a settlement pattern consisting of small to medium-sized sites of seasonal use located at strategic points. Evidence comes from the Pleistocene dune that bordered the inland marshes at the mouth of the Garigliano and from the Monte d'Argento promontory that, according to the few finds dated to the 10th century BC, dominated the northern marsh. With the transition to the Iron Age there are minimal attestations of impasto pottery at Monte d'Argento, while pre-Roman

frequentation was concentrated at the sanctuary at the mouth of the river (Fig. 5.1,1-2)[7].

[M.D.F.]

5.2. The Sanctuary of Marica at the mouth of the Garigliano River.

The Sanctuary of Marica (Fig. 5.1,1), identified by local scholars as early as the mid-nineteenth century, and then investigated under the guidance of Paolino Mingazzini in 1926[8], constitutes an interesting attempt at an analysis of the sacred landscape and its role in the creation of identity patterns, thanks also to recent studies on the evolution of the coastal landscape. From the Iron Age onwards, the

---

[6] Lauria 2011.

[7] Lauria 2012, 145-146; Ferrari 2016, 155-157.
[8] For a recent overview see Boccali - Ferrante 2015; Ferrari 2016.

two isolated marshy basins that had characterised the landscape for two thousand years were gradually reopened to the river.

However, there was no direct relationship between the marshes and the bed of the Garigliano, which continued to flow directly into the sea. Therefore, the basins were fed by periodic river floods which, in addition to the increase in temperature, started a progressive draining of the marshes, thus transforming them into two coastal freshwater lakes, shallow and of considerable extension, isolated from the sea and characterised by a flourishing wetland vegetation and a fauna composed mostly of amphibians, reptiles and especially birds[9].

Dating from the end of the 7th century BC onwards, a significant number of votive offerings have been found in the marsh, which constitute a nucleus of small impasto sculptures depicting male and female anthropomorphic figures, between 10 and 30 cm high. These figurines, commonly referred to as 'puppets', constitute an artistic expression that seems typical of the Auruncan area (Fig. 5.2)[10]. The frequentation of the area during the 7th century BC is also attested by the ceramic material, which shows an abundance of local production and is characterised above all by examples of miniature impasto pottery[11].

Structures have not been traced for these early phases. The archaic temple, of which six parallel rows of tufa blocks oriented East-West survive, was built during the first half of the 6th century BC on the sand dune along the right bank of the river, at a distance of 550 m from the coastline and approximately 170 m from the edge of the northern lake. Moreover, the building was located at the only dry and elevated point in the landscape, as well as being visually immersed in it. This supports the connection between cult reasons and the landscape, although Mingazzini's hypothesis of a primary votive deposit made by perispondal casting directly from the archaic podium is not supported[12].

The review of the excavation data carried out by E. Laforgia has allowed a reconstruction of the archaic building as a temple with peristasis (peripteral or peripteral *sine postico*)[13], in line with the results of the analyses carried out on the architectural terracotta by C. Rescigno, which indicate an initial monumentalisation starting in the second quarter of the 6th century BC[14]. In the middle of the century the construction of the roof was probably completed, but it should be considered that the series of restoration interventions could have led not only to the

replacement of the antefixes with more recent series, but also to an architectural reworking of the building, leading to the Hellenistic plan with peristasis that can be compared to Temple I at Satricum and Temple B at Pyrgi[15].

In relation to the monumentalisation of the temple, other materials from the votive deposit should be considered: a series of statuettes of local production, larger than the previous ones, dated to the first half of the 6th century BC[16]; two moulded statuettes dated to the second half of the century[17]; two torsos and two small heads of non-local manufacture, as well as a female statuette on a throne[18]. As far as imports are concerned, Greek ceramics are very rare, consisting only of a fragment of a black- figure kylix and a fragment of a red-figure krater[19].

As for the known data for the 5th century BC, no further structural interventions are recorded, but the dedicated materials are of considerable interest. In addition to the inscribed bowl mentioned above, a small bronze statuette of a standing female figure, ca. 10 cm high, has been stylistically dated to the 5th-4th century BC. It could be the oldest iconographic representation of the goddess Marica, as suggested by Mingazzini (Fig. 5.3). It shows the usual gesture of the offerer, made with the right hand, while in the left hand he holds an elongated object, traditionally interpreted as a nail or a key[20]. A recent hypothesis by M. Di Fazio instead sees in the wavy object the figure of a snake[21]. In this case, the iconography of the goddess could represent an element of identity for the people who worshipped her. In fact, the entire Auruncan coast must have been characterised by the presence of marshes, which were often symbolically associated with the image of snakes[22].

A turning point seems evident from the 4th century BC onwards, with the significant numerical growth of clay votive offerings of the so-called Etrusco-Latial-Campanian tradition, which take on the forms of materials imported and produced in Cales, Capua and Teanum. The sanctuary leaves a local dimension to enter a network of external influences, suggesting a different role with respect to previous phases going from the political-religious place of the Auruncan people to the extra-urban sanctuary of the newborn colony of Minturnae[23]. From the palaeoenvironmental point of view, the natural phenomena remained unchanged and the slow silting up of the basins continued. Therefore, the changes in the landscape

[9] Andreani 2003; Ferrari 2016, 159-164.
[10] Mingazzini 1938, coll. 760-769, tavv. XII-XIII; Guidi 1989-1990, 411-413; Boccali - Ferrante 2015, Figs 107 and 111.
[11] Mingazzini 1938, coll. 827-856, tav. XXVII, XXX; Talamo 1987, 70-96; Sirano 2008, 47-48.
[12] Mingazzini 1938, coll. 717-718.
[13] Laforgia 1992, 69-71, 74, Fig. 9; Livi 2006, 105-106; Boccali - Ferrante 2015, Figs 98-99.
[14] Rescigno 1993, 102, Fig. 11.1; Rescigno 1998, 346.

[15] Rescigno 1993, 102-107; Rescigno 1998, 336-347.
[16] Mingazzini 1938, coll. 770-775, tavv. XIV-XVI.
[17] Mingazzini 1938, coll. 775-777, tavv. XIV-XVI; Mangani 2004, 60; Boccali - Ferrante 2015, Figs 108-109.
[18] Mingazzini 1938, coll. 777-779; Trotta 1989, 24.
[19] Mingazzini 1938, coll. 867-868 and 884-885; Talamo 1987, 92-96; Trotta 1989, 23-25.
[20] Mingazzini 1938, coll. 910-912, tav. XLI; Colonna 1970, 155; Boccali - Ferrante 2015, 104, Fig. 110
[21] Di Fazio 2020b, 31.
[22] Di Fazio 2008.
[23] Mingazzini 1938, coll. 779-827; Trotta 1989, 24; Livi 2006, 112-113; Sirano 2015.

Fig. 5.2. Minturno, Marica Sanctuary at the mouth of the Garigliano River. Materials from the Archaic votive deposit: coroplastic statuettes (reworked from Mingazzini 1938).

recorded from the end of the 4th century BC onwards can be ascribed to the action of the human population, which concentrated on the Pleistocene dune where the Appian Way passed through and where the colony of Minturnae was settled, gradually extending along the right bank of the Garigliano[24] until it reached its mouth "quietly", as the verse of Ennius that gives title to this paper says[25].

[E. M.]

5.3. Other places of worship in the Auruncan and Sidicine areas.

Turning to the rest of the Auruncan territory, one is confronted with the limits of partial data editions. The settlement sites in the Liri-Garigliano basin between the 7th and 6th centuries BC are almost unknown, except for ambiguous indications from the sources, while places of worship, which arose during the 7th century BC and saw their first monumentalisation in the 6th century BC, are known.

Fig. 5.3. Minturno, Marica Sanctuary at the mouth of the Garigliano River: bronze statuette possibly portraying the goddess Marica (reworked from Mingazzini 1938).

---

[24] Livi 2006; Ferrari 2016, 159-162.
[25] Enn., *Ann.* 163 Sk. Di Fazio 2013b, 88.

In the Casinum area, Monte Puntiglio (Fig. 5.1,3) constitutes the fulcrum of the organisation of the protohistoric centre. From the Palaeolithic age onwards, both the summit and the south-western slopes were frequented by cults, which can be seen in the numerous votive finds[26]. The most significant of these is the Pietra Panetta deposit (Fig. 5.1,4), which was frequented from the 7th century BC onwards and is characterised by several examples of locally produced impasto pottery, including numerous miniature specimens, as well as a 'focaccia' of Latial origin (Fig. 4a). Similarly, the deposit shares the attestation of miniature weapons with the findings on the summit of the hill[27]. The most characteristic element is the small votive statuettes with rough somatic features, which places the context in close relationship with the first phases of the sanctuary at the mouth of the Garigliano (Fig. 5.4b)[28]. A second deposit, the one at Santa Scolastica (Fig. 5.1,5), stands out for the presence of anthropomorphic laminas cut from bronze foil[29]. The material culture of the votive deposits of Cassino therefore reflects a local tradition, with an almost total absence of imported objects and prestigious materials.

The series of archaic votive offerings found in the locality of Mèfete (Fig. 5.1,6), generically attributed to the cult of a female divinity connected to a spring, have yielded specimens of the above-mentioned 'puppets'[30]. The archaic place of worship prior to the Capitolium (Fig. 5.1,7), which was probably built during the Early Orientalizing period, has been found alongside locally produced ceramics, miniature and imported materials, including bucchero and bronze figurines in the shape of kouros[31]. The place of worship constitutes one of the rare cases of inward reception of late-archaic architectural models, as evidenced by two antefixes that can be compared with those at Teano[32]. The Sidicine element could also be hinted at by an inscription in Oscan dedicated to Pupluna, dated to the beginning of the 1st century BC[33].

Near Castro dei Volsci, at the place of worship at Colle della Pece (Fig. 5.1,9) some votive pits containing materials dating from the Archaic period are known, including miniature bowls of impasto and anthropomorphic figurines cut out of bronze foil[34].

Finally, in the inland area of the Comino valley, the sanctuary of Casale Pescarolo (Fig. 5.1,11), built near a spring and its pond, has yielded a large number of anthropomorphic figurines in bronze foil dated between the late 7th and 5th centuries BC, some of which bear the attribute of miniature weapons, as well as a large group of iron weapons[35].

Heading south along the coast, at the mouth of the Savone, on the right bank[36], stood the cult area of Panetelle (Fig. 5.1,12). A phase of monumentalisation in the Archaic period is evidenced by fragments of architectural terracottas in line with that of the sanctuary of Marica[37]. The evidence from the votive offerings, although small in number, is significant and covers a period from the second half of the 7th to the beginning of the 5th century BC. These include impasto ceramics with local characteristics, mostly miniaturized, which find comparisons in the sanctuary of Marica, at Cassino, and in the Sidicine area (Fig. 5.5)[38]. Also relevant to this phase is a significant number of 'puppets'[39]. There are also some rare imports: fragments of buccheri from Campania and examples of Etruscan bronze vessels[40]. Also significant is the attestation of a javelin head dated to the middle of the 6th – beginning of the 5th century BC[41]. The sanctuary at the mouth of the Garigliano and the Panetelle sanctuary have therefore provided similar types of offerings and could also be compared in terms of landscape. To date, however, no palaeoenvironmental data is available that would allow us to advance assumptions about the presence of a marshy landscape at the mouth of the Savone similar to that at the mouth of the Garigliano[42]. On the other hand, significant features in defining the context are the presence of imported materials, more numerous than in other districts of the Auruncan territory, and the presence of the javelin head, which constitutes a foreign element to the sacred context at the mouth of the Garigliano and has suggested that the goddess worshipped at Panetelle is similar to the Sidicine deity Pupluna. These elements are also known from the sanctuary of Casale Pescarola at Casalvieri, located behind the hypothetical internal border between Aurunci and Sidicini, and would support the interpretation of a mediating function of the sanctuary of Panetelle between the Auruncan population and the southern Sidicine component[43].

With the advent of the 5th century BC, the Volscian descent brought about a crisis in the Lirene cultural sector. The material culture for this period too provides a closed and conservative picture, which however seems to have atrophied, with the reduction of cultural attestations and isolation from northern Latium and the Pontine Plain. At least at this chronological level, the territories of Casinum and Aquinum became the internal contact zone between the Aurunci and Sidicini, marked in 334 BC by the Via Latina[44].

[26] Cifarelli 2007, 17-19, Figs 5-6.
[27] Cifarelli 2007, 25-28, 30, Figs 15, 17 and 19.
[28] Mingazzini 1938, coll. 86-87 and 776-777, tavv. XII-XIV; Mangani 2004, 60; Cifarelli 2007, 26-27, Figs 13-14.
[29] Talamo 1987, 162-167; Cifarelli 2007, 30; Gatti 2016, 135 and 139.
[30] Gatti 2016, 137.
[31] Cifarelli - Gatti 2006, 38, n. 149; Bellini - Lauria 2009; Gatti 2016, 137-140.
[32] Bellini - Lauria 2009, 463-469; Bellini - Lauria 2012, 131-136.
[33] Gatti 2016, 137.
[34] Colonna 1970, 112; Bellini 2002, 84-86; Gatti 2016, 137; Bellini - Murro - Trigona 2016, 209-210.

[35] For a recent overview see Bellini 2014. Currently, the deposit of Casale Pescarola is the subject of the author's [EM] doctoral thesis.
[36] Ferrari 2016, 37, Fig. 8, n. 21.
[37] Zannini 2016, 96, note 19.
[38] Talamo 1987, 97-103, 129 and 178-180; Talamo 1993, 88-90 and 92-94; Lanzi 2019, 202-203, Fig. 4.
[39] Zannini 2016, 97.
[40] Talamo 1993, 94-96.
[41] Talamo 1993, 97-98.
[42] Plin., *NH* XXXI.9; Ferrari 2016, 91-101.
[43] Lanzi 2019, 200.
[44] Liv. II.16.8, 22, 26.4-5; Di Fazio 2020a, 64-66 and 150-157; Smith 2017, 453-454.

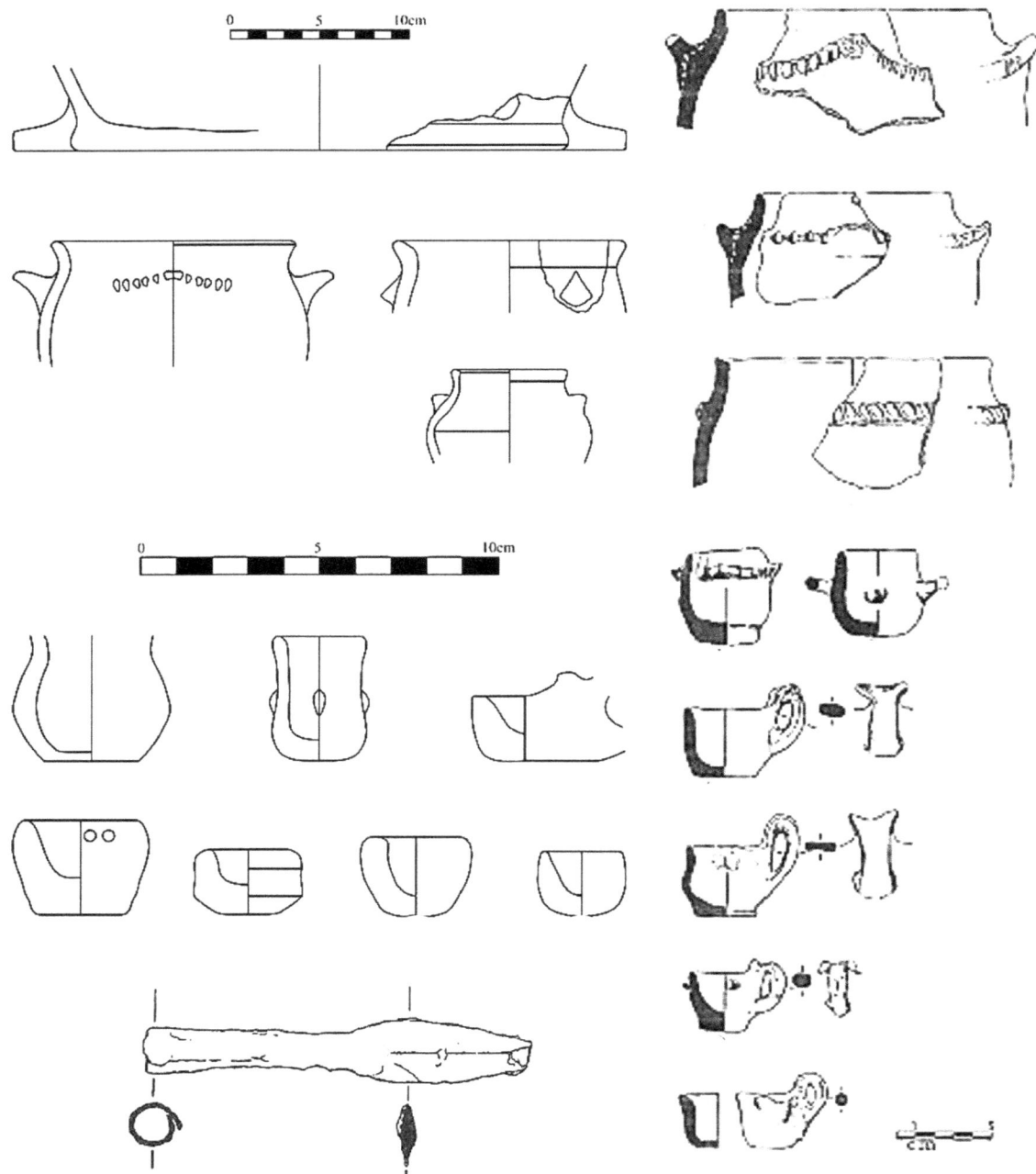

Fig. 5.4. Cassino, Pietra Panetta. Materials from the Campbell excavations (reworked from Cifarelli 2007): a) coroplastics; b) pottery (scale 1:4): 1. 'Focacce'; 2. Kernoi; 3. Parallelepiped Kernoi; 4. Small vases with elements of connections; 5. Miniaturistic pottery; 6. Two-handled impasto bowl.

With the Roman conquest, between the last thirty years of the 4th and the 2nd centuries BC, the sacred landscape changed significantly through the process of reorganisation of the territory and the dedication of the colonies of Minturnae and Sinuessa. Only the major sanctuaries saw the continuation of devotional practices and the refurbishment of archaic buildings, while the minor votive offerings were abandoned at the same time[45].

[E.M.]

---

[45] Mingazzini 1938, col. 825, n. 106, tav. XXV, 13; Chiosi 1993, 101-105; Livi 2006, 90-116; Sirano 2015, 202-204; Zannini 2016, 98-99.

5.4. Conclusions.

Returning to the sanctuary of Marica at the mouth of the Garigliano, the anteriority of the materials of the votive deposit in comparison to the first phase of monumentalisation could indicate the previous presence of ritual activities directly related to water. Unfortunately, the absence of stratigraphic data constitutes a major obstacle for the reconstruction of the most ancient phases. However, the analysis of the votive offerings shows an uninterrupted continuity of frequentation, within which the circulation of materials remained predominantly local. This would give us a picture apparently in contrast to that which emerges

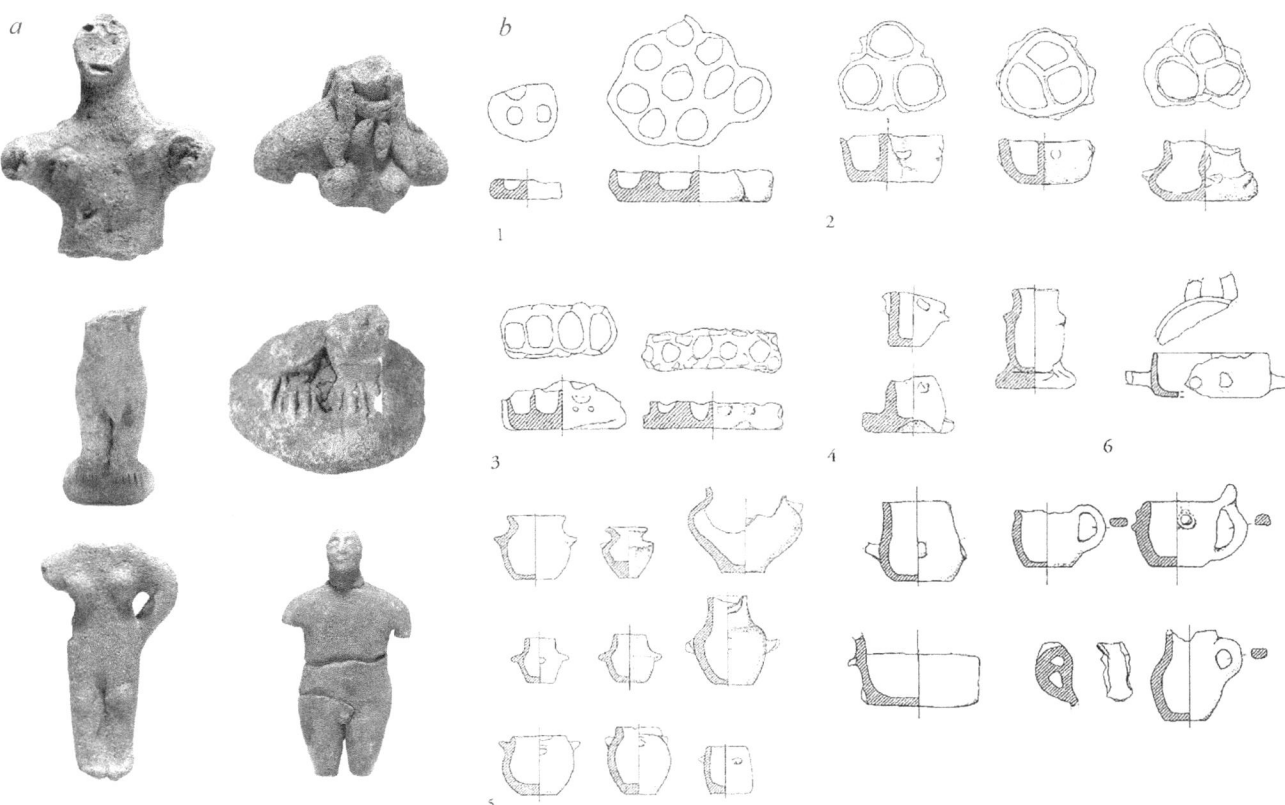

Fig. 5.5. Mondragone, Sanctuary at Panetelle. Materials from the Archaic votive deposit (reworked from Talamo 1993 and Lanzi 2019).

from the plan and the decoration of the temple, which seem to recall a direct link with Cumae, even more than with Capua[46]. The dialogue with the neighbouring cultural realities seems to be limited to the political and ideological language of the architectural terracotta without touching the nature of the cult or the dedications. This does not invalidate the political and identity role of the sanctuary, but it does resize the generic equation between the location on the sea and the emporium role, at least during the pre-Roman period. On this point, the paleoenvironmental data provide useful elements, although it does not act as a discriminating factor. If it has been demonstrated that, even before the foundation of the sanctuary, the coastal lakes had no connection with the sea and could not serve as a port, this would not be sufficient to eliminate the possibility of a mooring in the river or a shelter along the coast[47]. Nevertheless, the types of votive materials appear quite clear in pointing to local circulation.

In this context, the importance of the cult does not seem to derive from the role of the sanctuary as a centre of aggregation in a scattered settlement system. In the absence of urban evidence, in fact, this place cannot be defined as marginal or borderline, despite the natural liminal characteristics of the landscape. The location in such a particular environmental context could rather be linked to the desire to exorcise a fearsome place or to enhance the perception of natural and wild vitality[48].

With Romanisation, the landscape that had determined the sacralisation of the place gradually disappeared. Yet Roman sources describe the domain of the goddess Marica, still emphasising its marshy nature. It is to be assumed that the Roman predisposition to regulating nature might have influenced the perception of the landscape, leading to an emphasis on its negative aspects[49]. Here the notion of taskscape evoked at the beginning is useful for considering how these environmental variations could also be linked to the ritual sphere of the sanctuary.

The central point of this paper then becomes a question: how can a sanctuary tell us something about the society and culture that expresses it? At the moment, any attempt to generalise cultural, archaeological and social elements in order to obtain a picture of Auruncan culture seems doomed to failure, since our knowledge appears to be inadequate. From the methodological point of view, it would not be correct to try at all costs to draw analogies between different areas just because they traditionally share an 'ethnic' label; a label that is often the result more of a tradition of studies handed down than of a coherent picture derived from literary sources or recent investigations[50].

---

[46] Laforgia 1992, 71; Andreani 2003, 190; Sirano 2008, 53; Bellini - Trigona - Matullo 2011, 566.
[47] Ferrari 2016, 163-164.

[48] Horden - Purcell 2000, 412.
[49] Traina 1988, 54-67; Ferrari 2016, 91-101.
[50] On this theme see more generally Di Fazio 2020a, 167-170.

However, there are some aspects that may prove useful in approaching an understanding of the culture that produced the sanctuary of Marica.

To begin with, the non-urban sanctuary is an indication of a particular structure of the relationship between community and territory. If in fact the city is absent, as seems to be the case with the Aurunci settled at the mouth of the Garigliano, the sacred space takes on a series of political and 'ideological' functions, which inevitably tell us about the society of reference. It was in the sacred space that the elite found the way to show and reinforce their role: and the sanctuary is by definition a space for the entire community, and therefore the seat of the manifestation of power. The very existence of monumental temple buildings suggests the economic possibilities of these communities, and the architectural and decorative choices consequently assume both cultural and social importance[51]. Being an expression of power, sacred space also indicates the network of cultural connections between one community and others, more or less, close by. In the case of the sanctuary at the mouth of the Garigliano, as in the other places where the architectural terracottas are attested, the involvement of Campanian craftsmen in the realisation of the temple's decorative system is an indication of a non-local cultural level, which sees Capua and Cumae as the social contexts of reference; at the same time, however, the votive material suggests a reduced circulation of goods.

The substantial absence of written dedications could go in the same direction: an aspect that contributes to outlining a community with a poor attitude towards literacy. In this regard, a sacred landscape also assumes an important function in the elaboration of historical and mythical traditions, which are fixed and handed down also thanks to their association with specific places[52]. This function is to be imagined as even stronger in contexts where mythical traditions were entrusted to orality. From this point of view, it is interesting to think about the tradition, collected in the later period by Claudius Aelianus, about the centaur Mares, who lived one hundred and twenty-three years, died and rose three times[53]. Mares is described as the founder of the Ausonian ethnos. His etymological link with Marica, although not unanimously accepted, seems to suggest a mythical and narrative link. And it is almost superfluous to recall that the centaur in the ancient imagination is linked to wild nature. This seems to suggest that there was a series of traditions, legends and narratives surrounding the sanctuary that had to do with the processes of ethnogenesis of Auruncan society, and therefore with its reflection on itself and its identity. Traditions and legends could evidently draw 'scenic' power and potential for memorisation precisely from their association with the landscape; even more if this was composed by suggestive elements such as the stagnant waters and dense vegetation that characterised the sanctuary in its most ancient phases.

But the landscape, seen as a taskscape, is not an immutable backdrop, and human influence should not be overlooked. In this case, we have a place that is not exactly central, apparently not very hospitable, but was elected as a place of worship, and therefore intended to host periodic ritual activities, which implies the presence of roads or paths, structures to accommodate the affluence of people (and possibly the presence of a priestly class). Such infrastructures would have affected the landscape in ways that we can only speculate. In fact, we are in an area that, using Benedict Anderson's successful formula for 'Imagined Communities', we would like to define as an 'Imagined Landscape'. Despite paleoenvironmental studies and archaeological investigations, we can only imagine what the landscape looked like in the past.

From these reflections, a final one follows. The various themes we have highlighted are aspects of a more general issue, a characteristic – a well-known one – of the sanctuaries of pre-Roman Italy that could be defined as the 'multifunctionality' of the sanctuary. Places of worship, in fact, combined several competencies in addition to the religious one: political, judiciary, economic, social and cultural. This intertwining, in turn, is a specific aspect of a broader theme, namely the intertwining that characterised these different spheres in ancient communities.

A similar interweaving also occurs when we assess issues such as landscape, which is never just geographical but is at the same time also political, economic, religious, social, cultural, and other. If this is true, we should also ask ourselves about the actual consistency and usefulness of categories such as 'sacred landscape', which has had great success in recent times[54]. Does it make sense to 'carve out' and isolate a function – in this case the religious one – within a context that is the result of deep intertwining between multiple spheres? In fact, we will have to recognise that the religious aspects are not only intertwined with others but cannot be fully understood unless they are analysed within their economic, social and political implications, in the same way, that we cannot talk about politics of the communities of ancient Italy without considering the religious aspect of power. Perhaps it is time to go back to simply talking about Landscape, a concept that combines the complexity of multiple values.

The case of the sanctuary at the mouth of the Garigliano river is therefore at the same time enlightened by the current approaches to the concepts of Landscape and identity and useful to better understand their limits and potentialities.

[M. D. F. - E. M.]

---

[51] Although we should not forget that these are the expression of the ruling classes, unlike the votive universe, which should express greater transversely with respect to the society of which it is an expression.
[52] Smith 1987, 103-113.
[53] Aelian., *VH* IX.16; Pagliara 2003, 17-18; Di Fazio 2013a, 317-318 and 322-324.

[54] See among the most recent studies: Moser - Feldman 2014; Häussler - Chiai 2020.

Bibliography

Andreani, M. 2003, "Sul santuario di Marica alla foce del Garigliano", in L. Quilici - S. Quilici Gigli (eds), *Santuari e luoghi di culto nell'Italia antica*, Roma, 177-207.

Bellini, G. R 2002, "*Atina Potens*. Atina sannita e il suo territorio", in S. Rizzo (ed.), *Roma città del Lazio, Catalogo della mostra*, Roma, 87-91.

Bellini, G. R. 2014, *Il Santuario di Casale Pescarola. Crocevia di commerci e culture*, Casalvieri.

Bellini, G. R. - Lauria, M. 2009, "Materiali arcaici da uno scarico votivo presso *Aquinum*. Contesto, tipologia ed elementi cultu(r)ali", in *Lazio e Sabina*, 5, 463-473.

Bellini, G. R. - Lauria, M. 2012, "Il santuario arcaico di *Aquinum*: un caso emblematico nella media valle del Liri", in U. Zannini (ed.), *Isti (Aurunci) graece Ausones nominantur*, Marina di Minturno, 131-136.

Bellini, G. R. - Trigona, S. L. - Matullo G. 2011, "Minturnae. Il Garigliano", in *Lazio e Sabina*, 7, 563-574.

Bellini, G. R. - Murro, G. - Trigona, S. L. 2016, "Santuari delle acque nel *Latium Adiectum*: il ruolo dei culti salutari nella strutturazione del territorio e della viabilità attraverso i casi di *Satricum Volscorum, Aquinum, Interamna Lirena*, Atina", in A. Russo Tagliente - F. Guarneri (eds), *Santuari mediterranei tra Oriente e Occidente: interazioni e contatti culturali*, Roma, 209-213.

Boccali, L. - Ferrante, C., "Minturno. Garigliano. Foce. *Lucus Maricae*", in Ferrante, C. - Lacam, J. C. - Quadrino D. (eds), *Regio I. Fondi, Formia, Minturno, Ponza*, Fana, templa, delubra. *Corpus dei luoghi di culto dell'Italia antica (FTD)*, 4, Roma, 107-118.

Carafa, P. 2008, *Culti e santuari della Campania antica*, Roma.

Cerchiai, L. 1999, "Appunti sui culti di Marica e Mefite", in *Ocnus*, 7, 235-241.

Chiosi, E. 1993, "I santuari ellenistici in località Panetelle e Pineta Nuova", in L. Crimaco - G. Gasperetti (eds), *Prospettive di memoria. Testimonianze archeologiche dalla città e dal territorio di Sinuessa*, Gaeta, 101-162.

Cifarelli, F. 2007, "Monte Puntiglio e il complesso votivo di Pietra Panetta: note topografiche e aspetti cultuali", in E. Polito (ed.), *Casinum Oppidum*, Cassino, 17-32.

Cifarelli, F. - Gatti, S. 2006, "I Volsci: una nuova prospettiva", in *Orizzonti*, 7, 23-45.

Coarelli, F. 1995, "Vie e mercati del Lazio antico", in AA.VV., Nomen Latinum. *Latini e Romani prima di Annibale, Genesi e struttura del Lazio antico, Atti del Convegno Internazionale, Roma 24- 26 ottobre1995*, (Eutopia IV,2) Roma, 199-211.

Colonna, G. 1970, *Bronzi votivi umbro-sabellici a figura umana. I. Il periodo arcaico*, Firenze.

Cristofani, M. 1996, "Due testi dell'Italia preromana, 1. *Per Regna Maricae*. 2. *Aequipondium Etruscum*", in *QuadAEI*, 25, 9-32.

Di Fazio, M. 2008, "Nel paese dei serpenti. Memorie greche nel Lazio meridionale costiero", in *PP*, 63, 371-414.

Di Fazio, M. 2013a, "Il problema dei centauri", in M. C. Biella - E. Giovanelli - L. G. Perego (eds), *Il bestiario fantastico di età orientalizzante nella penisola italiana*, in *Aristonothos*, 1, Milano, 315- 336.

Di Fazio, M. 2013b, "Il Lazio meridionale negli *Annales* di Ennio", in *Latomus*, 72, 81-95.

Di Fazio, M. 2017, "Angizia, Feronia, Marica. Divinità e culti italici nell'Eneide", in *MEFRA*, 129, 1, 121-137.

Di Fazio, M. 2020a, *I Volsci un "popolo liquido" nel Lazio antico*, Roma.

Di Fazio, M. 2020b, "In the name of Diana-Feronia and other Italic goddesses in their sacred landscape", in E. Bispham - D. Miano (eds), *Gods and Goddesses in Ancient Italy*, London-New York, 23-46.

Ferrari, K. 2016, Ad ostium Liris fluvii. *Storia del paesaggio costiero alla foce del Garigliano*, Bologna.

Gatti, S. 2016, "Culti e luoghi di culto preromani nel Lazio meridionale interno", in V. Gasparini (ed.), *Vestigia. Miscellanea di studi storico-religiosi in onore di Filippo Coarelli nel suo 80° anniversario*, Stuttgart, 131-143.

Gruppuso, P. - Whitehouse, A. 2020, "Exploring taskscapes: an introduction", in *SocAnthropol*, 28, 588-597.

Guidi, A. 1980, "Luoghi di culto dell'età del Bronzo Finale e della prima età del Ferro nel Lazio meridionale", in *QuadAEI*, 4, 148-155.

Guidi, A. 1989-1990, "Alcune osservazioni sulla problematica delle offerte nella protostoria dell'Italia centrale", in *ScAnt*, 3, 403-414.

Häussler, R. - Chiai, G. F. (eds) 2020, *Sacred Landscapes in Antiquity: Creation, Manipulation, Transformation*, Oxford.

Horden, P. - Purcell, N. 2000, *The Corrupting Sea. A study of Mediterranean History*, Malden- Oxford-Victoria.

Ingold, T. 1993, "The temporality of the landscape", in *World Archaeology*, 25.2, 152-174.

Ingold, T. 2000, *The Perception of the Environment. Essays in livelihood, dwelling and skill*, London- New York.

Laforgia, E. 1992, "Nuove osservazioni sul tempio di Marica", in *AnnAStorAnt*, 14, 69-76.

Lanzi, D. 2019, "Ceramica miniaturistica e ceramica d'uso comune dal santuario di Panetelle (Mondragone, Caserta)", in *Polygraphia*, 1, 197-215.

Lauria, M. 2011, "Una nuova acquisizione epigrafica dal territorio degli Aurunci: l'iscrizione arcaica del centro fortificato di Colle s. Lucia-Maceralonga (Castelnuovo Parano)", in H. Solin (ed.), *Le epigrafi della Valle di Comino*, Cassino, 93-104.

Lauria, M. 2012, "Strategie insediative preromane nella bassa valle del Liri e del Garigliano*"*, in U. Zannini (ed.), *Isti (Aurunci) graece Ausones nominantur*, Marina di Minturno, 137-143.

Livi, V. 2006, "Religious locales in the territory of *Minturnae*. Aspects of Romanization", in C. E. Schultz - P.B. Harvey (eds), *Religion in republican Italy*, Cambridge, 90-116.

Mangani, E. 2004, "Le stipi votive di Roma e del Lazio meridionale nel Museo Pigorini", in AA.VV., Religio. *Santuari ed ex voto nel Lazio meridionale*, Formia, 59-83.

Mingazzini, P. 1938, *Il santuario della dea Marica alle foci del Garigliano*, in *MonAnt*, 37, Roma.

Moser, C. - Feldman, C. (eds) 2014, *Locating the Sacred: Theoretical Approaches to the Emplacement of Religion*, Oxford.

Pagliara, A. 2003, "Osservazioni sul *Mares* di Eliano (Var. Hist. IX 16, 1)", in G. M. Bacci - M. C. Martinelli (eds), *Studi classici in onore di Luigi Bernabò Brea*, Messina, 17-23.

Pagliara, A. 2008, "L'immagine degli Ausoni-Aurunci nella letteratura classica", in C. Corsi - E. Polito (eds), *Dalle sorgenti alla foce: il bacino del Liri-Garigliano nell'antichità: culture, contatti, scambi,* Roma, 3-13.

Rescigno, C. 1993, "L'edificio arcaico del santuario di Marica alle foci del Garigliano. Le terrecotte architettoniche", in *AnnAStorAnt*, 15, 85-108.

Rescigno, C. 1998, *Tetti campani: età arcaica: Cuma, Pitecusa e gli altri contesti*, Roma.

Smith, C. J. 2017, "The Aurunci and Sidicini", in G. D. Farney - G. J. Bradley (eds), *The Peoples of Ancient Italy*, Berlin-New York, 447-460.

Sirano, F. 2008, "Identità culturali nella Campania settentrionale. Un aggiornamento", in C. Corsi - E. Polito (eds), *Dalle sorgenti alla foce. Il bacino del Liri-Garigliano nell'antichità: culture, contatti, scambi,* Roma, 37-59.

Sirano, F. 2015, "La romanizzazione dei luoghi di culto della Campania settentrionale. Proposte di lettura del dato archeologico tra *ager Falernus*, area aurunca e sidicina", in T. D. Stek - G. J. Burgers (eds), *The Impact of Rome on Cult Places and Religious Practices in Ancient Italy*, London, 199-238.

Smith, J.Z. 1987, *To Take Place. Toward Theory in Ritual*, Chicago.

Talamo, P. F. 1987, *L'area aurunca nel quadro dell'Italia centromeridionale. Testimonianze archeologiche di età arcaica*, Oxford.

Talamo, P. F. 1993, "Il santuario arcaico in località Panetelle", in L. Crimaco - G. Gasperetti (eds), *Prospettive di memoria. Testimonianze archeologiche dalla città e dal territorio di Sinuessa*, Gaeta, 87-100.

Traina, G. 1988, *Paludi e bonifiche del mondo antico. Saggio di archeologia geografica*, Roma.

Trotta, F. 1989, *"Minturnae* preromana e il culto di Marica*"*, in F. Coarelli (ed.), *Minturnae*, Roma, 11-27.

Zannini, S. 2016, "Nuove testimonianze dal santuario di località Panetelle (Mondragone, CE)", in *Siris*, 16, 91-103.

6

Paesaggi astronomici nelle *Georgiche*:
Virgilio e i rapporti tra cielo e terra

Francesca Boldrer
Università di Macerata

Abstract: Virgil's Georgics are sprinkled with images of the stars, which are interesting not only as an example of the beauty of nature, but above all because of their scientific value, based on Greek astronomy and useful for Italic agriculture. Moreover, the starry landscape appears to be involved, like the earth and the sea, in human life and Roman history, as shown by the catasterism of Caesar and the announcement of that of Octavian. Thus Virgil, like other poets and scholars, seems to want to contribute both to spreading high culture in Rome and to forming a collective identity, that was aware and respectful of mutual relationships between heaven and earth, especially in contemporary society, which are reflected in his didactic poem.

Keywords: paesaggio; stelle; Georgiche; Virgilio; cielo; terra.

Nella letteratura latina, accanto a descrizioni di paesaggi naturali terrestri e acquatici, vicini e familiari all'uomo[1], non meno interessanti appaiono quelle incentrate sulla più distante volta celeste[2], in particolare su quella parte del cielo caratterizzata dalla presenza di astri[3] – Sole, Luna e stelle (singole o costellazioni) –, ricchi di suggestione come esempi della bellezza e potenza della natura[4], ma notevoli anche per il valore scientifico-astronomico (con applicazioni in agricoltura, navigazione e altrove), per i possibili significati culturali e sociali, nonché per le implicazioni civili e celebrative secondo le intenzioni dell'autore e gli influssi del contesto storico (Fig. 6.1)[5].

È quanto emerge dalle *Georgiche* di Virgilio, specie nei libri I e II, in cui l'osservazione di stelle e cieli stellati appare fondamentale per le operazioni agricole che il poeta illustra, impegnato nel compito di sostenere il programma di rilancio dell'economia rurale italica promosso da Ottaviano e incoraggiato, in ambito letterario, da Mecenate[6]. L'autore fornisce informazioni oggettive, funzionali agli scopi didascalici dell'opera, pur ornate da riferimenti mitologici e altri elementi poetici. Non si tratta solo di precetti antichi e tradizionali trasmessi da Esiodo[7] e dai *maiores*, ma di

nozioni e immagini basate su studi astronomici ellenistici, divulgati di recente e rielaborati con entusiasmo a Roma nel corso del I sec. a.C. attraverso traduzioni poetiche e scritti eruditi di vari autori latini (Varrone Atacino, Lucrezio, Varrone Reatino[8], M. Cicerone[9] e suo fratello Quinto[10]) sul modello di Arato, Eratostene e altri[11], che Virgilio assimila e cala nella vita quotidiana contadina. Ne risultano rapporti tra cielo e terra utili e stimolanti, con cui egli 'aggiorna' la formazione dell'*agricola* (*doctus,* oltre che *pius*) e avvicina l'agricoltura e la 'cultura empirica' alla scienza[12], contribuendo ad arricchire l'identità culturale della società romana (rustica e urbana)[13], rispettosa delle tradizioni, ma anche aperta al nuovo.

Fin dal primo verso delle *Georgiche*, subito dopo l'annuncio del metodo per rendere rigogliose le messi, compare il riferimento a un *sidus*[14] (astro o costellazione), diverso secondo le attività agricole – qui esemplificate

---

[1] Esempi sono raccolti in Shipley - Salmon 1996. Riguardo ai paesaggi virgiliani, si veda Serpa 1987, 921-926; per le *Bucoliche*, Witek, 2006 e, riguardo al primo elemento naturale (il faggio in *Ecl.* 1,1), Boldrer 2020, 225-230.

[2] Geymonat 2011, 37-39.

[3] Varro, *Ling.* 5,17: *caelum et pars eius, summum ubi stellae.*

[4] Particolarmente numerose sono le designazioni della volta celeste in Ennio. Si veda Timpanaro 1998, 29-59.

[5] McInerney - Sluiter 2016, 1: "'landscape' is about the symbolic perception of natural environment, about the way in which people read that environment for meaning".

[6] Anche con 'comandi non dolci' (*haud mollia iussa*), secondo l'amichevole critica di Virgilio (*Georg.* 3,41), espressione che peraltro, collocata nel III libro, sembra riferita soprattutto alla seconda diade dell'opera, relativa all'allevamento.

[7] Peraltro, nelle *Opere e i giorni,* pur modello delle *Georgiche* per forma e tema, la sezione dedicata ai lavori agricoli è limitata ai vv. 383-617 e a passi

del catalogo dei giorni propizi, riguardante anche altre attività (vv. 765-828).

[8] L'erudito romano inserì, tra l'altro, l'astronomia nelle *Disciplinae* come parte integrante, ed elevata, della cultura enciclopedica latina.

[9] In poesia e prosa: *Aratea, Somnium Scipionis, De natura deorum et al.,* l'elogio stilistico di Arato (*De orat.* 1,69).

[10] In seguito a Roma altri composero opere di argomento astronomico, quali Ovidio, Manilio, Germanico, Avieno.

[11] Già gli autori ellenistici univano divulgazione e ricerca scientifica; si vedano Giordano 2003, 121; Boll 2008, 19. Per gli influssi alessandrini (astronomici e non) sulle *Georgiche*: Conte 1980, VII-XI; Horsfall 1995, 79-81.

[12] Parroni 1989, 480, parla, per le *Georgiche*, di una "scienza dei campi" opposta alla "scienza della natura" di Lucrezio; Traina 1990, 59-60. Sulle nozioni astronomiche (e i limiti) di Virgilio, Aujac 1984, 384-385.

[13] Shipley 1996, 8: "a common place observation is that in studying the history of the Greek and Roman we cannot divorce the town from the country". Sul pubblico delle Georgiche, vasto e acculturato, Perutelli 1989, 294.

[14] Assai frequente in Virgilio, con 77 occorrenze (di cui 14 nelle Georgiche). Termini affini nelle opere virgiliane sono *astrum* (30), *stella* (12) e *signum* (4). Si vedano Montanari Caldini 1988, 840; Santini 1988, 1017.

Fig. 6.1. Roma, Museo Pio Clementino, Sala a Croce Greca. Mosaico con Atena dalla Villa della Rufinella a Tuscolo (foto dell'autrice).

dall'aratura[15] e dalla tecnica di maritare la vite all'olmo, temi dei primi due libri –, il cui sorgere indica il tempo opportuno per ogni lavoro[16], come il poeta intende esporre nel poema (*Georg.* 1,1-5):

quid faciat laetas segetes, quo sidere terram
vertere, Maecenas, ulmisque adiungere vitis
conveniat...
hinc canere incipiam[17].

Dalle stelle derivano dunque indizi fondamentali e utili sul piano pratico, legati al clima e al volgere delle stagioni e dei mesi, ma dotati di particolare valore per il prestigio culturale e sociale di cui godeva l'astronomia[18].

D'altra parte, nell'*incipit* l'astro non appare come un corpo lontano, superiore e distaccato, bensì vicino e legato al suolo e ai suoi prodotti (*segetes, terram*), con accostamento tra cielo e terra curato anche nell'*ordo verborum* – così in clausola al v. 1 *sidere terram* –, che sembra assumere una funzione programmatica per la prima diade di libri delle *Georgiche*. Nel primo libro, infatti, l'aspetto astronomico e agricolo si affiancano o intrecciano per scopi tecnici, come viene evidenziato all'inizio del II, in cui Virgilio, riassumendo il contenuto del precedente, ricorda di aver trattato sia la "coltivazione dei terreni" che le "stelle" (*Georg.* 2,1): *hactenus arvorum cultus et sidera caeli*[19].

Nel II libro il rapporto tra cielo e terra è ulteriormente approfondito in una duplice prospettiva, agricola e filosofica, locale e universale, accomunata dal tema della primavera. Dapprima viene orgogliosamente celebrata la campagna italica in quanto beneficata da condizioni climatiche – e quindi astrali – particolarmente favorevoli alla coltivazione, nelle *laudes Italiae* (*Georg.* 2,149 *hic ver adsiduum atque alienis mensibus aestas*). In seguito, in una visione estesa a tutto il cosmo, la terra e il cielo appaiono come i primi e più antichi elementi della creazione[20], nonché

---

[15] Anche Esiodo apriva l'esposizione dei lavori agricoli con una costellazione, le Pleiadi (v. 383), corrispondente a mietitura o aratura. Virgilio, pur iniziando anch'egli dall'aratura, nomina Arturo (*Georg.* 1,68), mostrando autonomia.

[16] Erren 2003, *Ad Georg.* 1,1 ("gemeint ist genau 'beim Aufgang welches Tierkreiszeichens mit der Sonne'").

[17] Il testo è citato secondo l'edizione di Geymonat 2008².

[18] Ciò favorisce l'interpretazione di *sidus* (al v. 1) in senso scientifico-astronomico: si vedano *ad l.* Conington - Nettleship 1898⁵ ("the stars enter prominently into Virgil's plan"); Carena 1976² ("astri"); Barchiesi 1980 ("stella"); Le Bœuffle 1989, 16 ("constellation"). Altri intendono piuttosto in senso temporale: Della Corte 1986 ("mese, stagione"); *ad l.* Thomas 1988 ("time of the year"); Mynors 1990 ("season"); Erren 2003 (*quo mense*).

[19] Per la rilevanza del duplice tema, Della Corte 1986, 82: "coltivazione dei campi (vv. 43-203) e calendario dei mesi (vv. 204-465)"; *ibid.* 90 *ad l.* "del primo [libro] la materia si divide in due parti: la coltivazione dei campi [...] e le varie stagioni". Nell'epilogo del poema, invece, il I libro è sintetizzato con *super arvorum cultu* (*Georg.* 4,559).

[26] Verg., *Aen.* 8, 589-590: *Lucifer.../ quem Venus ante alios astrorum diligit ignis.*

[20] Varro, *Ling.* 5,16: *loca naturae secundum antiquam divisionem prima duo, terra et caelum, deinde particulatim utriusque multa. Caeli dicuntur*

progenitori rispettivamente degli uomini e delle stelle, come Virgilio dichiara immaginando con entusiasmo la 'primavera del mondo' (*Georg.* 2,336-342)[21].

La conferma dell'importanza del cielo stellato nelle *Georgiche* è peraltro fornita anche sul piano religioso nel proemio del I libro, nel quale, nel catalogo di dèi ed eroi invocati come patroni delle *res rusticae* (1,5-23), compaiono al primo posto i *clarissima mundi lumina* (1,5), le "luci splendide del firmamento" che "guidano in cielo la corsa dell'anno"[22], con una perifrasi che le personifica e delinea il primo 'paesaggio astronomico' del poema (*Georg.* 1,5-12):

> *Vos, o clarissima mundi*
> *lumina, labentem caelo quae ducitis annum;*
> *Liber et alma Ceres...*
> *munera vestra cano.*

Tali *lumina* sono identificati in genere con il sole e la luna[23], ma potrebbero includere anche altre stelle luminose[24], considerando l'indeterminatezza del plurale e la scelta dell'attributo *clarissima*[25], in particolare il pianeta Venere, l'astro più brillante dopo i due nominati. Così il poeta rendeva forse omaggio a Ottaviano – invocato poi direttamente poco dopo al v. 24 –, discendente da Venere, legata a tale astro (come Virgilio ricorda altrove)[26]. D'altra parte, può esservi un'allusione al catasterismo di Cesare, riconosciuto in una cometa luminosa dallo stesso Ottaviano, che la definì *sidus clarus* con lo stesso attributo qui impiegato da Virgilio[27].

Quanto alla collocazione di *lumina* all'inizio dell'invocazione virgiliana, significativo è il confronto – tra differenze e analogie – con il catalogo dei dodici dèi (suddivisi in sei coppie) invocati da Varrone all'inizio del *De re rustica*, che rivela da parte di Virgilio una maggior attenzione agli astri. Mentre Varrone esordisce con i nomi di *Iuppiter e Terra* (assenti nell'elenco virgiliano), ponendo poi *Sol e Luna*[28], diversamente nelle *Georgiche* i *lumina* celesti sono anteposti a tutti gli dèi ed eroi invocati, come per preparare il lettore alla diffusa presenza astronomica nel poema[29].

Inoltre, sempre nel proemio del I libro, anche la successiva invocazione a Ottaviano (*Georg.* 1,24-42) appare funzionale al rapporto tra cielo e terra, benché sia così celebrativa da sembrare ironica, e così audace nelle immagini da suggerire un *lusus* condiviso con il destinatario[30]. Il poeta infatti, prima di chiederne il patrocinio per l'opera intrapresa, preannuncia a Ottaviano, con vistosa *captatio benevolentiae*, uno straordinario futuro come possibile membro o sovrano di uno dei quattro regni del mondo, ovvero terra, mare, cielo e persino gli Inferi. Si nota, tra l'altro, che i passi riguardanti il suo dominio sulla terra e il futuro catasterismo contengono impliciti legami con il tema agricolo (*frugum*) e astronomico del I libro (*sidus... mensibus...*; *caeli... parte*), unendo terra e cielo (*Georg.* 1,26-40):

> *[incertum est... an]te maximus orbis*
> *auctorem frugum tempestatumque potentem*
> *accipiat...*
> *anne novum tardis sidus te mensibus addas*
>
> *qua locus Erigonen inter Chelasque sequentis*
> *panditur (ipse tibi iam bracchia contrahit ardens*
> *Scorpios et caeli iusta plus parte reliquit)...*
> *da facilem cursum atque audacibus adnue coeptis.*

In particolare, ai vv. 32-35 il poeta si sofferma sulla descrizione quasi paesaggistica della sede astronomica del futuro nuovo "astro" romano, quello di Ottaviano, idealmente collocato nell'area della costellazione della Bilancia, sotto cui egli era nato[31], nello spazio tra Vergine e Scorpione. Ne risulta un rapporto ravvicinato con il cielo riservato a personaggi illustri e apprezzati capi politici, che si affianca a quello riguardante la comunità rurale nello

---

loca supera et ea deorum, terrae loca infera et ea hominum.

[21] *Non alios prima [...] origine mundi/ inluxisse dies [...] crediderim: ver illud erat, ver magnus agebat/ orbis [...] cum primae lucem pecudes hausere virumque/ terrea progenies duris caput extulit arvis/ immissaeque ferae silvis et sidera caelo.*

[22] Trad. di Barchiesi 1980 (qui e *infra*).

[23] *Ad l.* Barchiesi 1980; Thomas (che richiama Varro, *Rust.* 1,1,5: *Solem et Lunam*); Mynors 1990 (che confronta Lucr. 5,1437: *sol et luna suo lustrantes lumine circum* [*mundi templum*]). Servio (*ad l.*) associava, invece, *lumina* a Bacco e Cerere nominati di seguito. Un analogo problema esegetico è in Orazio, *Carm. Saec.*, 2 (*caeli decus*), nesso riferito ora ad Apollo e Diana, ora solo a uno dei due (con o senza identificazione con Sole e Luna), o inteso piuttosto come divinità distinta (*Caelum*). Boldrer 2021, 17-31.

[24] Virgilio, infatti, pur privilegiando il sole e la luna (cui dedica sezioni del I libro), non trascura le altre stelle; vedi ad es. *Georg.* 1,394-395: *certis poteris cognoscere signis:/ namque neque tum stellis acies obtunsa videtur...*

[25] Per il nesso con *lumen*, in ambito astronomico, Cic., *Arat.* 263: *claro... lumine*; *nat.* 2,91 *ex aethere igitur innumerabiles flammae siderum exsistunt, quorum est princeps sol omnia clarissima luce conlustrans, multis partibus maior atque amplior quam terra universa, deinde reliqua sidera magnitudinibus inmensis*; e per il superlativo *nat.* 2,105 *clarissimas stellas totis noctibus cernimus.* D'altra parte, in senso metaforico e contesto didattico, Lucr. 1,143-144: [*me*] *quaerentem dictis quibus [...]/ clara tuae possim praepandere lumina menti.*

[26] Verg., *Aen.* 8, 589-590: *Lucifer... / quem Venus ante alios astrorum diligit ignis.*

[27] Il *sidus Iulium* fu segnalato il 23 settembre del 44 a.C. Si veda Plin., *Nat.* 2,94, in cui sono riportate le parole di Augusto (fr. VI p. 87 Malc.⁴): *his verbis id gaudium prodidit: ipsis ludorum meorum diebus sidus crinitum [...] est conspectum [...] clarumque et omnibus e terris conspicuum fuit.* In seguito anche Ovidio definisce la stella di Cesare *lumen* (*met.* 15,846-850 [*Venus*] *animam* [*Caesaris*] *caelestibus intulit astris./ Dumque tulit lumen capere atque ignescere sensit [...] stella micat*). Barchiesi 1982, 263 *ad l.*; Domenicucci 1996, 30.

[28] Varro, *Rust.* 1,1,5: [*invocabo*] *primum, qui omnis fructos agri culturae caelo et terra continent, Iovem et Tellurem [...] secundo Solem et Lunam.*

[29] Entrambi gli autori invocano poi Cerere e Libero (ma con inversione nei nomi). Varro, *Rust.* 1,1,5: *tertio Cererem et Liberum*; Verg. *Georg.* 1,7: *Liber et alma Ceres.* In seguito emergono ulteriori divergenze. Anche rispetto ad altre fonti Virgilio inverte l'ordine di termini e argomenti; riguardo ad Arato, nella trattazione del sole e della luna, Barchiesi 1980, 149, *ad Georg.* 1,351-514.

[30] Sull'arguzia di Virgilio, manifestata già nelle *Bucoliche*, Boldrer 2020b, 628-644. D'altra parte, anche Augusto univa alla *gravitas* il gusto per l'umorismo (Boldrer 2015, 1-7).

[31] Il 23 settembre del 63 a.C. Si preannuncia forse, con il segno della Bilancia, l'equità che avrebbe connotato il governo di Ottaviano: Conington - Nettleship 1898⁵ *ad l.* Sulla scelta di Augusto, dopo Azio, di associare invece la sua nascita al segno del Capricorno, Brugnoli 1989, 19-20. La sede astrale di Augusto si discosta dall'idea della Via Lattea come *locus* celeste dei reggitori dello stato, proposta in Cic., *Rep.* 6,13. Stok 1993, 73, n. 34.

svolgimento delle sue attività. Ciò implica, tra l'altro, un 'moto' inverso e reciproco tra mondo umano e celeste: mentre nell'attività agricola sono gli astri a influenzare la terra, guidando dall'alto i contadini con i loro segni, nel caso di Ottaviano (come già per il padre adottivo Cesare) si prospetta un'ascesa di uomini dalla terra al cielo in uno scambio[32] proficuo e onorevole.

Questi diversi approcci al cielo stellato nel proemio sembrano introdurre, come detto, un diffuso interesse astronomico nell'opera, talvolta ornato poeticamente da dettagli naturalistici e mitologici, nonché da un'aggettivazione che enfatizza la luminosità[33], ma senza eccessivo lirismo o fantasia, bensì mantenendo un approccio scientifico e pragmatico, come Virgilio afferma rivolgendosi a Mecenate in *Georg.* 2,45-46: *non hic te carmine ficto/ ... tenebo*[34].

Del resto, il poeta esprime altrove l'intenzione di comporre un dotto poema astronomico sulle "vie del cielo, le stelle, le eclissi diverse del sole e i travagli della luna", che implica studio e passione (*Georg.* 2,475-478):

> me vero primum dulces ante omnia Musae,
> quarum sacra fero ingenti percussus amore,
> accipiant caelique vias et sidera monstrent,
> defectus solis varios lunaeque labores.

Tale preciso catalogo di argomenti e chiaro progetto letterario possono suscitare il sospetto che i numerosi passi astronomici che costellano le *Georgiche* siano in realtà frammenti di un lavoro scientifico iniziato[35] e poi rimandato, forse per gli *haud mollia iussa* di Mecenate (3,41) o per il sopraggiungere di altri interessi (epici). In particolare nel I libro ricorrono paesaggi astronomici specie nella sezione sui *signa* (1,351-423) – termine ambivalente tra il senso di "stelle" e "segni" celesti[36] –, qualificati più volte come *certa*, indizio sia di preparazione e sicurezza dell'autore- maestro[37] che di fiducia nella scienza (1,351 e 394; 1,439: *certissima signa*). Vi si intrecciano utili precetti e immagini poeticamente suggestive, come quella della "corsa a precipizio" delle comete, che preannuncia bufera (*Georg.* 1, 365-366):

> saepe etiam stellas vento impendente videbis
> praecipites caelo labi noctisque per umbram
> flammarum longos a tergo albescere tractus.

Viceversa, sono indizi di bel tempo il "luccichio delle stelle", la luminosità della luna ("non debitrice al fratello

dei suoi raggi"), l'assenza di nuvole in forma di "batuffoli fini di lana" (*Georg.* 1,393-397):

> nec minus ex imbri soles et aperta serena
> prospicere et certis poteris cognoscere signis.
> Nam neque tum stellis acies obtunsa videtur,
> nec fratris radiis obnoxia surgere Luna,
> tenuia nec lanae per caelum vellera ferri.

Seguono nel I libro sezioni dedicate alla luna (1,424-437) e al sole (1,438-463), che portano infine il discorso nuovamente sulla terra, non però per motivi agricoli, bensì, trasferendo il discorso dalla campagna in città, per ricordare drammaticamente i segni della morte di Cesare, preannunciata da un'eclissi solare, in contrasto con le scene luminose precedenti[38] (1,466: *ille* [*sol*] *etiam miseratus Caesare Romam,/ cum caput obscura nitidum ferrugine texit*), e accompagnata da sconvolgenti prodigi terrestri e marini (1,469-471: *tellus quoque et aequora ponti/* [...] *signa dabant*).

Al colmo del *pathos*, tuttavia, il poeta interviene con forza, assumendo un ruolo civile a nome di contadini e cittadini, per invocare prima altri dèi (Padri Indigeti, Romolo, Vesta) e poi soprattutto il nuovo Cesare, con l'invito a rinviare la sua ascesa al cielo, annunciata all'inizio (1,503: *iam pridem nobis caeli te regia, Caesar,/ invidet*) – con l'effetto di una *Ringkomposition* –, e a salvare la terra devastata dalle guerre e bisognosa di aiuto, anche in campo agricolo (1,505-506: *non ullus aratro/ dignus honos, squalent abductis arva colonis*). Ne risulta il comune desiderio di restaurare l'antico equilibrio naturale di cui il poeta aveva illustrato le potenzialità e i benefici economici e sociali in tempo di pace, ottenuti seguendo innanzitutto la guida delle stelle.

Dall'esame dei dettagli e paesaggi astronomici presi in esame nelle *Georgiche* emerge dunque anche in Virgilio, come in altri letterati del suo tempo, la volontà di contribuire alla divulgazione scientifica di nozioni astronomiche a Roma, sia per *utilitas* tecnico-agricola, sia per arricchire culturalmente la società romana e rafforzarne l'identità, sia nell'emulazione di quella greca che alla luce di rapporti tradizionali e nuovi, legati ad eventi contemporanei, che si riflettono e si integrano nel suo poema didascalico.

Non è forse casuale o meramente esornativo un epiteto che fu attribuito a Virgilio da uno dei suoi massimi ammiratori in età neroniana, Columella, che associa il poeta al cielo stellato definendolo *sidereus*, con possibile allusione al suo particolare interesse per le stelle. Esso si trova nella chiusa del libro X del *De re rustica*[39], che Columella compose in esametri sugli orti e i giardini (raccogliendo un invito espresso da Virgilio stesso)[40], e che si conclude adattando

---

[32] Tale rapporto potrebbe ricordare la teoria trasformistica stoica esposta, ma confutata, da Lucr. 1,787-788: *nec cessare haec inter se mutare, meare/ a caelo ad terram, de terra ad sidera mundi.*

[33] Ad es., *Georg.* 1,217-218: *candidus auratis aperit cum cornibus annum/ Taurus.*

[34] Sembra anticipare critiche di detrattori; si veda poi Sen., *Epist.* 86,15: *nec agricolas docere voluit sed legentes delectare.*

[35] Specie la digressione sulle cinque zone del cielo, la terra e gli emisferi (*Georg.* 1,231-251). Geymonat 2011, 38.

[36] Varro, *Ling.* 6, 14: *signa dicuntur eadem et sidera.*

[37] Analoga certezza dell'astrologo Horus in Prop. 4,75: *certa feram certis auctoribus.*

[38] L'eclissi, datata da Servio al 14 marzo del 44 a.C., avvenne in realtà nel novembre di quell'anno. Si veda. *ad l.* Thomas 1988; Mynors 1990.

[39] Scritto in versi sull'orticoltura, secondo l'invito di Virgilio ai posteri in *Georg.* 4, 148, e rivolto all'amico Silvino.

[40] In *Georg.* 4,148: *aliis post me memoranda relinquo.*

al diverso tema e destinatario (l'amico Silvino) le parole del poeta riguardanti anche gli astri (*Georg.* 2,1: *hactenus arvorum cultus et sidera caeli*), ricordando implicitamente uno dei suoi primi e più sentiti temi georgici (Colum. 10,433-434): *hactenus hortorum cultus, Silvine, docebam,/ siderei vatis referens praecepta Maronis*[41].

Bibliografia

Aujac, G. 1984, s. v. "Astronomia", in *Enciclopedia Virgiliana*, I, Roma, 382-385.

Barchiesi, A. (ed.) 1980, *Virgilio, Georgiche*, Milano.

Barchiesi, A. (ed.) 1982, *"Libro secondo: cosmologia", in Gaio Plinio Secondo, Storia Naturale*, Torino.

Boldrer, F. (ed.) 1996, *L. Iuni Moderati Columellae rei rusticae liber decimus (carmen de cultu hortorum)*, Pisa.

Boldrer, F. 2015, "Umorismo e gravitas nel ritratto di Ottaviano Augusto", in *Fillide*, 11, 1-7.

Boldrer, F. 2020, "Il faggio in Virgilio: elemento identitario nel paesaggio delle Bucoliche", in A. Cristilli - A. Gonfloni - F. Stok (eds), *Experiencing the Landscape in Antiquity*, Oxford, 225-231.

Boldrer, F. 2020b, "L'umorismo pastorale di Virgilio nel giudizio di Orazio (sat. 1,10,43 s. epos… facetum): problemi e contributi (tra Cicerone e Quintiliano) e l'esempio della I bucolica", in *BSL*, 50.2, 628-644.

Boldrer, F. 2021, "L'incipit del Carmen saeculare oraziano: Apollo, Diana e il lucidum caeli decus", in *Vichiana*, 58.2, 17-31.

Boll, F. 2008, *Astronomia e astrologia nel mondo antico*, (a cura di F. Voltaggio), Milano.

Brugnoli, G. 1989, "Augusto e il Capricorno", in AA.VV., *L'astronomia a Roma nell'età augustea*, Galatina, 17-31.

Carena, C. (ed.) 1976, *Opere di Publio Virgilio Marone*, Torino.

Conington, J. - Nettleship, H. 18985, The work of Virgil, with a commentary, I, London.

Conte, G. B. 1980, "Introduzione", in A. Barchiesi (ed.), *Virgilio, Georgiche*, Milano, 7-31.

Della Corte, F. 1986, *Le Georgiche di Virgilio*, Genova.

Domenicucci, P. 1996, *Astra caesarum. Astronomia, astrologia e catasterismo da Cesare a Domiziano*, Pisa.

Erren, M. (ed.) 2003, *P. Vergilius Maro, Georgica, II (Kommentar)*, Heidelberg.

Geymonat, M. (ed.) 2008, *P. Vergili Maronis opera*, Roma.

Geymonat, M. 2011, "Immensità dei paesaggi virgiliani di cielo, di mare, di monti", in A. Heil - M. Korn - J. Sauer (eds), *Noctes Sinenses. Festschrift für Fritz-Heiner Mutschler zum 65. Geburtstag*, Heidelberg, 36-44 = G. Tesio - G. Pennaroli (eds) 2011, *Lo sguardo offeso. Il paesaggio in Italia. Storia geografia arte letteratura. Atti del convegno internazionale di studi (24-27.9.2008)*, Torino, 36- 44.

Giordano, F. (2003), "Scienza e letteratura nella civiltà greco-romana", in *RivCultClassMedioev*, 45.1, 111-128.

Horsfall, N. 1995, "Georgics", in N. Horsfall (ed.), *A Companion to the Study of Virgil*, Leiden-New York - Köln, 63-100.

Le Boeuffle, A. 1989, *Le ciel des Romains*, Paris.

McInerney, J. - Sluiter, I. 2016, "General Introduction", in J. McInerney - I. Sluiter (eds), *Valuing Landscape in Classical Antiquity*, Leiden, 1-21.

Montanari Caldini, R. 1988, s.v. "sidus", in *Enciclopedia Virgiliana*, IV, Roma, 840-842.

Mynors, R. A. B. (ed.) 1990, *Virgil Georgics*, Oxford.

Parroni, P. 1989, "Scienza e produzione letteraria", in AA.VV., *Lo spazio letterario di Roma antica*, I, Roma, 469-505.

Perutelli, A. 1989, "Il testo come maestro", in G. Cavallo - P. Fedeli - A. Giardina (eds), *Lo spazio letterario di Roma antica*, I, Roma, 277-310.

Santini, C. 1988, s.v. "stella", in *Enciclopedia Virgiliana*, IV, Roma, 1017-1019.

Serpa, F. 1987, s.v. "paesaggio", in *Enciclopedia Virgiliana*, III, Roma, 921-926.

Shipley, G. 1996, "Ancient history and landscape histories", in G. Shipley - J. Salmon (eds), *Human Landscapes in Classical Antiquity*, London.

Stok, F. (ed.) 1993, *Cicerone, Il sogno di Scipione*, Venezia.

Thomas, R. (ed.) 1988, *Virgil Georgics*, Cambridge.

Timpanaro, S. 1998, "La volta celeste e il cielo stellato in Ennio", in *SCO*, 46.1, 29-59.

Traina, G. 1990, *Ambiente e paesaggi di Roma antica*, Roma.

Witek, F. 2006, *Vergils Landschaften. Versuch einer Typologie literarischer Landschaft*, Zürich-New York.

---

[41] Boldrer 1996 *ad l.* Peraltro, un riconoscimento realmente astronomico è stato conferito a Virgilio con la dedica nel 2017 delle *Virgil fossae*, una struttura geologica sulla superficie di Plutone.

7

Costruire un'immagine culturale dello spazio: il deserto da luogo di prova naturale a luogo di prova di sé.

Guido Migliorati
Università Cattolica del Sacro Cuore, Brescia

Abstract: The Latin language gives an image of the desert as a forsaken place of solitude, avoided because it is extreme; it is the image of a space whose hard 'physicality' is essentially characterized. Christian sensitivity stimulates the development of a new relationship with that landscape: Hilarius of Poitiers does not describe, but rather 'means' the desert, asserting that it is sentiendum, that is, to be understood in the sense, here, of an empty space of the Holy Spirit. It is therefore the experience of the desert that moulds the psychology and spirituality corresponding to anachoresis; this is not a renouncing escape from the world, but a tactical retreat, functional to the return of a stronger figure. The desert moulded the fathers of monasticism such as St. Anthony the Abbot, just as the biography written by St. Athanasius shaped the figure of the saint and built the interiorized image of the desert: extreme space, suitable for the supernatural and the phenomenology of the demonic, whose direct manifestation by attempting perseverance tested self-conversion. The transformation of the landscape and the construction of an identity of the interior space are a consequence of Christian theological speculation; the conception of the created world, extraneous to the physis of the pagans, the anthropological drama of the fall and the immediate self-awareness of self-place above the space of the ego on the extension of landscape.

Keywords: landscape; mindscape; deserto; monachesimo; concezione cristiana del mondo; K. Löwith.

"Raum greift aus uns und übersetzt die Dinge"[1]

7.1. Introduzione.

"Landscape": lemma classificabile all'interno dell'insieme di quelle parole capaci di significare un modello funzionale alla descrizione della relazione tra uomo ed estensione naturale di spazio[2] esso trova corrispondenza nel recente neologismo, "Mindscape", coniato per definire a sua volta il correlativo neurologico di una rappresentazione spaziale[3]. L'incursione nel mondo della psicologia dinamica apre la prospettiva su paesaggi raccolti nella psiche, a sua volta immersa quasi indissolubilmente in una vasta gamma di paesaggi: le nostre percezioni visive diventano visioni mentali[4]. Di conseguenza, insieme alla sua dimensione di natura, il paesaggio è cultura, esso risulta un costrutto della nostra immaginazione proiettata su foreste, pietre, acqua[5].

Tale costruzione culturale si traduce concretamente in 'oggetti artistici' – per esempio quadri di paesaggio, in ogni loro curvatura – via via in rappresentazioni mentali, in più complesse funzioni sociali e culturali; del resto è proprio il paesaggio a strutturare i legami tra figure antropiche culturalmente significative (come quelle elaborate dalla mitologia classica o dall'agiografia tardoantica) e motivi ambientali. Sentieri e viaggiatori, antitesi solo apparentemente fisiche (città e montagna, foresta, luogo desolato) corrispondono a metafore del pellegrinaggio di vita o di formazione, all'allegoria del doppio cammino, a costruzioni analogiche quali il giardino dell'anima o il libro della natura. Il paesaggio e la sua rappresentazione emergono dunque da un processo di convergenza di idee artistiche, religiose, cosmologiche, letterarie comunque concernenti la concezione della natura.

Il pensiero Cristiano giocò fin dall'età tardoantica, per tutto il Medioevo, fino al XVI secolo un ruolo rilevante nell'elaborazione di una specifica declinazione del rapporto tra uomo e paesaggio; la concezione di natura quale creazione, profondamente differente da quella classica di φύσις, ha stimolato una sistematica esegesi del nuovo libro, intendendo così il paesaggio, la contemplazione del quale appare trascendere lo sguardo di carne facendo appello alle attività mentali e spirituali dell'ermeneutica. La nozione di esegesi visuale, in questo caso rinvia specificamente all'articolazione significativa dei due libri (natura e

---

[1] Il verso, che lo spazio estrae da noi e traduce le cose, è tratto dalla poesia *Durch den sich Vögel werfen* di R. M. Rilke; cfr. *Letzte Gedichte und Fragmentarisches*, in *Gesammelte Werke*, III.3, Leipzig 1927, 441. Devo la suggestione del verso alla lettura di Lingiardi 2017.
[2] Olwig 2005, 20-21; Martin 2015, 75-76.
[3] Lingiardi 2016.
[4] Lingiardi 2017, 17.
[5] Schama 1997, 9, 61; valga ad esempio l'affermazione di Fernández-Armesto 2010, 451 "in senso proprio gli oceani in realtà non esistono: sono soltanto un costrutto della mente", spiegando la differenza tra la definizione di una mappa a opera di un cartografo e l'esperienza vissuta direttamente da un navigante.

Scrittura), cosicché la significazione del paesaggio implica un processo di interazione dinamica con le figure che in quello spazio agiscono[6]. Se il paesaggio è una fabbrica culturale, quando e in relazione a quale sua propria curvatura ambientale esso ha determinato nell'Antichità la costruzione di forme identitarie o culturali?

Nell'intima correlazione tra ascesi e deserto, in relazione alla genesi e alla diffusione del fenomeno socio-culturale dell'anacoresi e del monachesimo in Egitto agli inizi del IV secolo d.C., James E. Goehring ha individuato la chiave esegetica di quel paesaggio prima come luogo di meditazione, contemplazione, conversione, poi di 'performance' mirata alla produzione del sacro: la figura del racconto agiografico, il S. Antonio Abate della *Vita* redatta da S. Atanasio, è una costruzione letteraria non meno dello spazio necessario alla sua azione; il primo è il nuovo uomo santo capace di una nuova gestione del soprannaturale, il secondo il luogo moralmente inteso quale spazio di diretta manifestazione appunto del demoniaco[7]. Se cultura classica di età imperiale e Cristianesimo tardoantico condivisero anche una definizione 'fisica' del deserto, essenzialmente connotata in termini di precipitazioni da scarsità di mezzi di vita e dipendente da tessitura del terreno, temperatura e incidenza di vento e sole, la sensibilità cristiana sentì però nell'anima del deserto l'essenza di uno spazio non da evitare, sul quale invece insistere per estrarre, tramite la prova, l'interiorità dell'uomo[8].

7.2. Il deserto nella lingua latina.

La lingua latina veicola una visione del deserto quale luogo abbandonato, di solitudine, non frequentato perché estremo; è la visione di uno spazio del quale si connota essenzialmente la dura fisicità.

Nella sua qualità attributiva, derivazione dal modo verbale del participio di *de-sero*, il termine *desertus* (*-a, -um*) è relazionato sia a esseri animati sia a oggetti – *res* – specie luoghi; la connotazione propria della sua relazione con esseri animati insiste sull'abbandono, ovvero sulla conseguenza non già di una disposizione naturale quanto piuttosto di un'azione diretta alla separazione. Privo di aiuto, separato tanto da risultare privo di qualsiasi legame con il resto del consorzio umano, orbato delle persone care, ramingo, *desertus* culmina nella sinonimia con *destitutus*, cioè lasciato in disparte in un luogo solitario, tralasciato, e addirittura, nel caso di una sua relazione attributiva con un soggetto femminile, esso cade nel significato giuridico di privazione della tutela maschile[9]. La secondaria evidenza

nominale del sostantivo – significativamente declinato al plurale (*deserta, -orum*) – emerge invece dalla relazione del termine con oggetti ad esempio senza possessore o negletti, soprattutto con luoghi, ambienti, spazi connotati dalla assoluta mancanza di frequentazione, dal vuoto così come dalla esaustione delle risorse[10].

Significativamente è il linguaggio d'uso giuridico e amministrativo trasmesso dagli stralci dei *Digesta* e dall'epigrafia latina quello che meglio focalizza quanto, nel comune sentire dell'uomo del mondo romano, si percepisse essenzialmente 'deserto'. A proposito delle prerogative giudiziarie penali di cui era capace un governatore di provincia, tra le quali l'interdizione, la relegazione e la deportazione, Ulpiano aveva constatato, nel *De officio proconsulis*, che i *praesides* di solito individuavano gli spazi adatti alla relegazione nelle aree più remote e solitarie delle province sottoposte alla loro giurisdizione[11]; tali aree erano infatti riconosciute idonee perché *partes desertiores*[12]. Altrettanto rilevante è l'accostamento attributivo di *desertus* a unità immobiliari abitative nel linguaggio formale delle deliberazioni senatorie *de aedificiis non diruendis*, note per via della copia documentaria su base epigrafica da Ercolano[13]. Un'iscrizione affiorata al principio del XVII secolo, poi perduta nel corso di quello successivo e della quale sopravvivono tre apografi, uno del 1607, uno del 1682 e il terzo anonimo, trascritto su di un foglio di copertina di un esemplare della prima edizione della silloge di Jan Gruter conservato nella Biblioteca Nazionale di Parigi[14], conserva il testo di due *senatus consulta* per antonomasia definiti *Hosidianum* e *Volusianum*, dal nome del primo dei due consoli durante il mandato dei quali il senato in Roma deliberò in materia di alienazioni immobiliari, di demolizioni e di nuovo uso di materiale edile o ornamentale; cioè nel 47 d.C., sotto il consolato appunto di Cn. Osidio Geta e di L. Vagellio, nonché nel 56 d.C., sotto il consolato di Q. Volusio Saturnino e di P. Cornelio Lentulo Scipione[15]. Non è dunque da escludere che la riproduzione di provenienza ercolanense di norme contenute in quei dispositivi sia da ricondurre al contesto cronologico del 62 o del 63 d.C., quando le aree urbanizzate vesuviane vennero colpite da un forte terremoto, causa dei gravi danni subiti dall'edilizia tanto pubblica quanto privata.

Le norme dettate puntavano a equipaggiare con strumenti adatti la lotta a investimenti speculativi finalizzati a creare scenari di rovina laddove esistessero invece edifici dotati ancora di capacità e dignità abitative; ecco che in questo

---

[6] Ribouillault - Weemans 2011, 9-20.

[7] Goehring 1999, 73-88; nozioni come quella di "Holy Man", di gestione del soprannaturale, di deserto epifanico del demoniaco derivano da Brown 1971.

[8] La definizione secondo Fernández-Armesto 2010, 67; anche Goehring 1993, 289; Goehring 1999, 81: alla terra senza acqua né pioggia si somma la misura del ritiro fisico del nuovo uomo santo dal tradizionale modello abitativo civile.

[9] *TLL*, s.v. *desertus*, V, coll. 683, 79 - 689, 38 (E. Vetter).

[10] *TLL*, s.v. *desertus*, V, coll. 688, 28 - 689, 38 (E. Vetter).

[11] La relegazione fu una delle forme che assunse l'*exilium* nella sua evoluzione storica, da arcaica esclusione dal nucleo della *familia* a status di pena giuridica; Bueno Delgado 2014, 217.

[12] Ulp. in *Dig.* 48, 22, 7, 9: *sed et in eas partes provinciarum, quae sunt desertiores, scio praesides solitos relegare.*

[13] In generale, Buongiorno 2010 (a), 236-244; Buongiorno 2010 (b), 237-239.

[14] Mommsen 1852, 273.

[15] *CIL* X, 1401 = *ILS*, 6043 = *FIRA* I, 45, 1-2; EDR150492 dell'11-08-2015 (G. Camodeca).

contesto giuridico si mossero i congiunti di una certa *Alliatoria Celsilla*, erede di beni immobili, denominati *campi Macri*, acquistati dal padre nel territorio di Modena e in quel frangente ridotti davvero a *aedificia deserta ac ruentia*; gli stessi consoli del 56 d.C., Saturnino e Lentulo Scipione, si fecero latori presso il senato di una *postulatio*, il cui scopo era prevenire da parte dei *necessarii* di Celsilla l'applicazione delle pene comminate dal *senatus consultum* del 47 d.C. a quanti avessero proceduto speculativamente ad alienazioni e demolizioni[16]. Una perizia tecnica avrebbe verificato che ormai quegli edifici erano collassati per la loro stessa vetustà, che essi non sarebbero mai potuti essere ristrutturati e restituiti alla loro originaria destinazione d'uso (ovvero il commercio), anche perché nessuno avrebbe voluto abitare o trasferirsi in *aedificia ruentia ac deserta* appunto[17].

Abbandono e assenza di frequentazione appaiono le caratteristiche di spazi, paesaggi, aree che il sentire comune di allora associava al deserto. E in questo senso funzionano rappresentazione e percezione proprio di quello specifico ambiente nel carme epigrafico che il centurione Q. Avidio Quinziano volle fosse posto tra le dediche a corredo delle terme del fortilizio di *Gholaia*, l'odierna Bu Njem distante circa 150 km (SW) da Sirte, nel deserto libico (Fig. 7.1)[18].

Il territorio della Tripolitania orientale divenne nel corso del II e del III secolo d.C. a seguito del sistematico controllo da parte romana un articolato "network" difensivo, comprendente una costellazione di fortilizi costantemente sottoposti a regime di rotazione e ospitanti aliquote e contingenti sia ausiliari, sia distaccati dalla *legio III Augusta* – ben attestati ancora tra 238 e 263 d.C. tra le mura di *Gholaia*. La struttura propriamente militare, intorno alla quale trovò sviluppo un relativo centro abitato, era sorta insistendo su un'area caratterizzata da povertà di pietre e di acqua: tanto più rilevante, dunque, la costruzione, presso la porta settentrionale del forte, di *balnea* termali[19]. E qui un ufficiale, il centurione Quinziano, fece porre una poetica dedica a *Salus*[20]; si tratta di una stele alta 1.88 m sulla quale si dipana un testo giambico organizzato in modo che un singolo verso risulti disposto su 2 righe, cosicché a un totale di 18 versi corrisponde anche visivamente un'iscrizione di 36 righe. Il nome del dedicante, *Q(uintus) Avidius Quintianus*, emerge così dall'acrostico – mentre il grado e l'unità di appartenenza restano documentati da un secondo esemplare, una lastra del tutto identica posta di fronte alla stele[21].

Fig. 7.1. Libia, Golas (Bu Njem). Stele di Q. Avidio Quinziano (foto dell'autore).

[16] *CIL* X, 1401 (righe 21-46) = *FIRA* I, 45, 2; Procchi 2001, 418.
[17] *CIL* X, 1401 (righe 35-37) = *FIRA* I, 45, 2: *eaque aedificia longa vetustate dilaberentur neque refecta usui essent futura, quia neque habitaret in iis quisquam nec vellet in deserta ac ruentia commigrare*.
[18] Le coordinate sono 30.596161 (lat.), 15.406692 (long.); www.trismegistos.org/place/3135.
[19] Le Bohec 1989, 58, 394, 441, 445-447, 465, 488, 540 e 578.
[20] Q. Avidio Quinziano era effettivo in forza alla *legio III Augusta*, Le Bohec 1989, 178; inoltre, sulla associazione tra ambienti termali in aree militari e divinità correlate Schmidt-Heidenreich 2013, 66-67 (qui nr. 488); nella fattispecie Benseddik 2010, 44-45. Fig. 1. Stele di Q. Avidio Quinziano (https://inslib.kcl.ac.uk/irt2009/IRT918.html).
[21] *AE* 1929, 7a-b = *IRT*, 918-919; Cugusi - Sblendorio Cugusi 2012, 90-94, nr. 17; Cugusi 2014, 64-65, nr. 4; Hamdoune *et al.* 2016, 47-53, nr. 1.

La dedica posta *Salutis gratia* appare, secondo quanto composto da Quinziano nei primi tre versi, espressione del ritorno dei soldati impegnati in una spedizione organizzata nel deserto, probabilmente quella che si svolse nel corso del breve soggiorno di Settimio Severo a *Leptis*, tra 202 e 203 d.C.[22]. Il centurione si vantava di aver consegnato alla memoria, e avanti a tutti tra i militari di *Gholaia*, la dignità di un voto comune per il ritorno dell'esercito cercando tra i degni nomi degli dei e scoprendo infine quello di *Salus*; inoltre si faceva vanto di aver reso sacro quel nome – finché ci fossero stati devoti cultori – nonché di aver donato a tutti le vere linfe della salvezza, cioè l'acqua. Infatti i suoi commilitoni avrebbero, bagnandosi tranquillamente, rinfrancato i corpi estenuati dalle fiamme bollenti del sole e dal fuoco di un vento che continua a virare tra dune di sabbia che non finiscono mai[23].

Del deserto Quinziano percepiva la dura fisicità, l'assoluta assenza di tracce antropiche, la martellante calura di un paesaggio sabbioso in continuo movimento, senza stabili punti di riferimento e dunque oggettivamente pericoloso; il fisiologico disagio per l'ambiente ostile aveva innescato in questo ufficiale il senso emotivo di partecipazione sollecita e cameratesca verso i propri commilitoni, tanto rimasti nei quartieri quanto in azione, tanto andati quanto a venire secondo la turnazione[24].

Resta il fatto che la dimensione emozionale scaturì comunque dalla constatazione tutta esteriore dei connotati fisici del deserto: un luogo di prova naturale.

7.3. La rappresentazione mentale del deserto.

La sensibilità cristiana elaborò invece un rapporto nuovo con quel paesaggio; tanto più che la lingua latina si arricchì, accanto a *desertus* (*-a, -um*) e a *deserta* (*-orum*), della voce *desertum*, attestata sì, nelle occorrenze degli autori cristiani tardoantichi, come descrittore del classico luogo privo di acqua e dunque inabitabile ma anche come indicatore di un luogo ora spiritualizzato[25].

Commentando, a metà circa del IV sec. d.C., il vangelo secondo Matteo, Ilario di Poitiers non descrisse nella sua immediata percezione fisica, "significò" invece il deserto affermando che esso era *sentiendum*, cioè da intendere nel senso di qualcosa, qui di uno spazio vuoto di Spirito Santo[26]. E ancora più specificamente l'anonimo autore del cosiddetto *Opus imperfectum in Matthaeum* discettava del deserto quasi dialetticamente: si consideri cosa è il deserto; esso è secondo Dio e secondo il diavolo e, poiché la natura carnale è la casa del diavolo e ogni ingiustizia è una sua festa, il deserto è anzi tale in relazione a Dio poiché in esso

non c'è la giustizia di Dio. Del resto è lo spirito la dimora di Dio, mentre la natura della carne lo è del diavolo poiché il male è insito nella carne, è tale secondo la sua volontà, che coincide con quella del mondo[27]. Si appalesa quanto emergeva nel profilo spirituale del deserto anche secondo S. Agostino; esso era il luogo non solo fisicamente ostile – ma nel quale poter trovare anche ristoro, come nel caso dei *balnea* e della dedica a *Salus* da parte di Q. Avidio Quinziano – esso era soprattutto il luogo della tentazione (*exercitatio*) destinata al rafforzamento della perseveranza prima ancora psicologica, che fisica: ecco perché, constatava S. Agostino, i deserti erano colmi di servi di Dio[28].

L'esperienza del deserto che esplose nella acme del fenomeno del monachesimo, soprattutto nell'Egitto di IV secolo d.C., produsse così l'insistente formulazione di una concezione del deserto articolata sull'intreccio e sulla sovrapposizione di rappresentazioni sia letterarie, sia culturali in senso lato, concretizzandosi nell'immagine ambivalente della dimensione comunque interiore della ἡσυχία: il deserto, cioè, si sclerotizzò insieme nel luogo del conflitto con il demoniaco, la cui fenomenologia consisteva nelle tentazioni psicologiche e mentali, ma anche nel luogo di conquista dell'unificazione di sé e del raggiungimento dell'unione mistica con Dio. Infatti il tema bio-agiografico della rottura con i modelli di vita consociata, fossero la famiglia, le relazioni di villaggio, città o società secolare in genere, e del conseguente ritiro proprio nel deserto risultarono funzionali alla descrizione dell'unificazione psicologica e mentale del monaco con se stesso, per meglio concentrarsi in Dio: a μνήμη τοῦ θεοῦ – cioè all'esercizio costante della presenza di Dio – era dunque associata ἡσυχία, ossia uno stato di quiete e di solitudine grazie al quale sovrastare e riordinare i nuovi "demoni", gli stessi pensieri del monaco, le tentazioni capaci di farlo vacillare[29].

---

[22] Rebuffat 1985, 225; Birley 1999[2], 151-153.

[23] *AE* 1929, 7b = *IRT*, 918 (righe 20-26): *tantis ignibus/ in istis semper ha\renacis collibus/ nutantis Austri solis\ flammas fervidas/ tranquille ut nando\ delenirent corpora*; Adams 1999, 124-125; Cugusi 2014, 167-169.

[24] Rebuffat 1985, 231-232.

[25] *TLL*, s.v. *desertus*, V, coll. 686, 66 - 688, 27 (E. Vetter).

[26] Hil., *Comm. in Matth.* 11, 4, 4-5 in *Patr. Lat.* IX, col. 980C: *desertum Sancto Spiritu vacuum sentiendum est, in quo habitatio Dei nulla sit*; analogamente Ilario commentava il brano evangelico relativo alla sede della predicazione del Battista, *in deserto Iudaeae*, ponendo il termine in relazione a *Dei frequentatio* e a *vacuitas Sancti Spiritus habitatione* (*Comm. in Matth.* 2, 2, 11 in *Patr. Lat.* IX, col. 924C). Del resto già secondo S. Paolo lo Spirito Santo abitava in un paesaggio altro, cioè quello interiore dell'uomo (*Rom.* 8, 9-11; *I Cor.* 3, 16).

[27] *Opus imperfectum in Matthaeum* 5, 4, 1 in *Patr. Gr.* LVI, coll. 662-663; Kellerman - Oden 2010, 62-63.

[28] Aug., *Enar. in Psalm.* 54, 9: *unde enim putatis, fratres, servis Dei impleta esse deserta? Si bene illis esset inter homines, recederent ab hominibus? Et tamen quid faciunt et ipsi? Ecce elongant fugientes, manent in deserto: sed numquid singillatim? Tenet eos caritas, ut cum multis maneant: et de ipsis multis existunt qui exerceant. Quia in omni congregatione multitudinis necesse est ut inveniantur mali. Deus enim qui novit exercendos nos, miscet nobis et non perseveraturos, aut certe ita simulatos, ut nec inchoaverint in quo perseverare deberent.* Che il deserto fosse luogo di prova e di sperimentazione della tentazione era idea radicata nella mentalità giudaico-cristiana, tanto che la potenza di Dio, invocata ancora nel VI secolo d.C. in una *defixio* tracciata a inchiostro su una lastra lasciata in una vasca della grotta di Tiberio a Sperlonga, era quella apparsa nel deserto (*Exod.* 16, 10); Solin 2014, 37-41, nr. 3 = *AE* 2014, 302 (righe 4- 5): *qui apparuisti in d[eserto ita]/ appare [c(um)] opera tua super istas [---].*

[29] Guillaumont 1975, 18-20; anche in Xen., *Mem.* 2, 1, 21 Eracle, per affrontare la scelta tra virtù e vizio, si allontanò ἐξελθὼν εἰς ἡσυχίαν. Senofonte sembra avesse citato da vicino l'originale sofistico, cioè il testo di Prodico di Ceo, fr. 84 B 2 Diels-Kranz[6]; Mayhew 2011, 203-204, nr. 80; Bett 2020, 198-200. La curvatura di ἡσυχία da stato di quiete, a solitudine infine a luogo deserto non appare esclusiva del greco "cristiano": se Nilo di Ancyra faceva di ἡσυχίαν ἄγειν la conseguenza di τῶν βιωτικῶν θορύβων ἀφιστάναι (*Epist.* 3, 223 in *Patr. Gr.* LXXIX, col. 485C), essa era già il luogo appartato, nascondiglio del piccolo Hermes dopo il furto ai danni di Apollo, nell'*Inno omerico* (356), in *Homeri Poesia*, V, Oxford 1946[2], 56 (ed. T.W. Allen).

Tra le rappresentazioni letterarie antiche di uno spazio e di un paesaggio prossimo alla interiorizzazione merita attenzione quella veicolata da Filone di Alessandria[30]: nella sua esegesi del *Decalogo*, Filone sottolineava il fatto che il νόμος era stato concesso da Dio a Mosè dal più profondo deserto, perché esso era estraneo alla corruzione, ma soprattutto all'inquinamento della città[31]; la costruzione dell'immagine elaborata da Filone inizia, per davvero, quel processo di interiorizzazione del deserto, poiché tale ambiente non è destinatario di un valore – cioè non ne viene caricato – ma è esso stesso a divenire portatore di un valore[32]. Tanto che, pur facendo proprio il singolare tema filoniano della corruzione e dell'inquinamento della città, secoli dopo S. Girolamo avrebbe costruito una sua immagine del deserto, capace di fissarsi – perché inventata – nell'immaginario collettivo dell'intera Cristianità dalla letteratura dei Padri fino all'arte pittorica di XV e di XVI secolo[33]: lo stesso S. Girolamo nel deserto, a sua volta personaggio protagonista di un paesaggio nel quale la sua figura è immersa, talvolta anche microscopicamente, domina quest'ultimo inteso funzionare non già quale quinta di palcoscenico, bensì come espressione plastica ed esteriore della vita interiore dell'asceta[34] (Fig. 7.2).

Culturalmente tra le rappresentazioni del deserto che il mondo dell'Ellenismo tardo e quello cristiano ereditarono dalle formulazioni arcaiche delle società semitiche o dell'Egitto più antico spicca quella del deserto quale luogo del disordine e della confusione; tali infatti erano, nella dimensione mitologica, spazio e paesaggio tipici della residenza di Seth, avversario di Osiride e di Iside, nonché di bestie pericolose da subito trascese allegoricamente nella veste surreale e fantastica di mostri e demoni[35]. Dunque tanto più significativa è la descrizione che S. Atanasio faceva del caotico plotone di demoni zoomorfi, gettati all'assalto di S. Antonio Abate[36]: questi iniziò il proprio percorso anacoretico separandosi gradatamente dallo spazio fisico abitato e consociato, fino a raggiungere il più profondo deserto della Tebaide Superiore, paesaggio non più caratterizzato esclusivamente dalla durezza vissuta dal centurione Q. Avidio Quinziano e dai suoi commilitoni, bensì connotato dalla caratterizzazione per così dire morale propria della dimora dei demoni[37]. Cosicché, secondo S. Atanasio, più S. Antonio si immergeva progressivamente nel deserto (e progressivamente aumentava la sua santità) per meglio confliggere con il demoniaco, che nel deserto deve manifestarsi senza potersi camuffare, più si intensificavano i nuovi assalti dei demoni; e che il deserto fosse territorio del demoniaco sembra provarlo la secca e impertinente domanda di uno dei mostri all'anacoreta: "che hai a che fare tu con il deserto?"[38].

Resta, infine, degno di nota il fatto che nella costruzione dell'immagine di quel paesaggio elaborata da S. Atanasio il deserto sia stato acquisito dal demoniaco non per così dire "κατὰ φύσιν", ma perché confinatovi dalla venuta di Gesù Cristo nel mondo[39]; di conseguenza la significazione culturale rappresentata dalla dicotomia fisica di ordine disordine, oppure di fertilità sterilità, risulta ora moralizzata nella dicotomia antropologica e conflittuale di tentazione perseveranza e di dannazione redenzione.

7.4. La costruzione letteraria del deserto e la sua concezione psicologica.

James E. Goehring ha osservato che la costruzione letteraria del deserto, e di conseguenza anche la sua concezione, iniziò proprio con una dicotomia[40]: essa compare, sotto forma di "pattern" in una favola di Babrio, essendo il significato ancorato all'immagine trasversale della Verità associata al deserto, associazione dicotomica rispetto a quella della Menzogna legata invece alla città[41]. Il favolista, in realtà, intendeva sollecitare l'attenzione relativamente alla semplice conclusione morale, che la vita degli uomini era diventata penosamente cattiva[42]; tuttavia, una volta penetrata nel dominio letterario, tale dicotomia acquisì un ben altro valore significante: S. Atanasio trionfava, quando affermava che il deserto era stato trasformato in una "città" dai monaci, ora cittadini della nuova città del cielo[43].

---

[30] Guillaumont 1975, 6-8.

[31] Phil., *De decalogo* 1, 2 in *Op.* IV, 269 Cohen-Wendland: τί δή ποτε οὐκ ἐν πόλεσιν ἀλλ'ἐν ἐρήμῃ βαθείᾳ τοὺς νόμους ἐτίθει, λεκτέον μέν, ὅτι αἱ πολλαὶ τῶν πόλεων ἀμυθήτων κακῶν εἰσι μεσταί, καὶ τῶν πρὸς τὸ θεῖον ἀνοσιουργημάτων καὶ τῶν πρὸς ἀλλήλους ἀδικημάτων. Altrove Filone imputava alla sporcizia cittadina, difficile da lavare, l'allontanamento verso il deserto: ἐνενόει δὲ κἀκεῖνο δεύτερον, ὅτι τοῦ μέλλοντος ἱεροὺς νόμους παραδέχεσθαι τὴν ψυχὴν ἀναγκαῖόν ἐστιν ἀπορρύψασθαι καὶ ἐκκαθήρασθαι τὰς δυσεκπλύτους κηλῖδας, ἃς μιγάδων καὶ συγκλίδων ὄχλος ἀνθρώπων καὶ πόλεις προσετρίψατο (*De Decalogo* 2, 10 in *Op.* IV, 271 Cohen-Wendland).

[32] L'idea sembra di matrice ellenistica e intellettuale, curvata poi da Filone di Alessandria secondo forse un modello culturale ibridato tutto suo, ricco delle esperienze del deserto maturate dalle società semitiche non ultima ovviamente quella giudaica. Vale la pena, comunque, in questo caso – come in quello di Seneca, ad esempio – non tralasciare quanto osservato da Festugière 1954, 63 a proposito dell'inclinazione al ritiro spirituale in sé, in luoghi solitari: "a desire inevitably born of an old and weary civilization, especially a metropolitan one".

[33] Hier., *Epist.* 14, 10: *quam diu fumeus harum urbium carcer includit? Crede mihi nescio quid plus lucis aspicio. Libet, sarcina corporis abiecta, ad purum aetheris evolare fulgorem*. Esemplare l'interazione paesaggio-personaggio nelle opere dedicate al soggetto (S. Girolamo e il deserto, S. Girolamo in un paesaggio roccioso, o le tentazioni di S. Antonio) da Joachim Patinir, secondo l'esegesi sistematica di R.L. Falkenburg (1988); Ribouillault - Weemans 2011, XIII-XIV. Fig. 7.2.

[34] Guillaumont 1975, 9-10 a proposito della breve esperienza personale di S. Girolamo nel deserto di Calcide in Siria, nel 376 d.C., nonché sull'immagine letteraria del deserto costruita nella "biografia" dedicata a Paolo di Tebe.

[35] Guillaumont 1975, 12-15.

[36] Athan., *Vita Antonii* 9 in *Patr. Gr.* XXVI, coll. 856B-857C.

[37] Il diavolo era geloso del suo territorio, tanto da temere che S. Antonio in breve tempo potesse colmarlo di asceti secondo Athan., *Vita Antonii* 8 in *Patr. Gr.* XXVI, col. 856A: ἔμενε μόνος ἔνδον. Ἔνθα δὴ μὴ φέρων ὁ ἐχθρός, ἀλλὰ καὶ φοβούμενος μὴ κατ'ὀλίγον καὶ τὴν ἔρημον ἐμπλήσῃ τῆς ἀσκήσεως· προσελθὼν ἐν μιᾷ νυκτὶ μετὰ πλήθους δαιμόνων τοσοῦτον αὐτὸν ἔκοψε πληγαῖς; Goehring 1993, 283-284; Goehring 1999, 76.

[38] Athan., *Vita Antonii* 13 in *Patr. Gr.* XXVI, col. 861C: ἀπόστα τῶν ἡμετέρων· τί σοι καὶ τῇ ἐρήμῳ.

[39] Athan., *Vita Antonii* 53 in *Patr. Gr.* XXVI, col. 920A.

[40] Goehring 1993, 281; Goehring 1999, 73.

[41] Babr., *Fab.* 126, 1-7; un uomo viaggiando trovò la Verità, sola nel deserto. Le chiese perché si fosse allontanata dalla città per ritirarsi nel deserto; la Verità allora sentenziò: nei tempi antichi pochi praticavano la menzogna, mentre ora essa ha raggiunto tutti quanti gli uomini.

[42] Babr., *Fab.* 126, 8-9: εἰ δ'ἔστιν εἰπεῖν καὶ βεβούλησαι κλύειν / ὁ νῦν βίος πονηρός ἐστιν ἀνθρώπων.

[43] Athan., *Vita Antonii* 14 in *Patr. Gr.* XXVI, col. 865B. Vedi Fig.7.3.

Fig. 7.2. Londra, National Gallery. J. Patinir, *S. Girolamo in un paesaggio roccioso*, olio su tavola, 1520 (foto dell'autore).

La constatazione di quanto fosse faticoso vivere una vita etica in una società essenzialmente complessa – il modello della πόλις – nella quale non risiedeva assolutamente il male, ma nella quale per esso era più agevole mimetizzarsi e dunque tentare gli uomini, impattò sulla radicalizzazione della dicotomia prima di quella spaziale città deserto, poi di quella morale falsità verità, infine di quella universale male bene, attraverso il ruolo giocato da un'altra dicotomia, quella di realtà metafora, veicolata dall'uso letterario nella costruzione dell'immagine identitaria di sé del primitivo monachesimo. E poiché il deserto era il paesaggio spiritualmente funzionale alla formazione anacoretica anche la costruzione immaginata di quello spazio rientrò in quel campo di trasformazione (Fig. 7.3).

Infatti in tutta la letteratura monastica a partire dal IV sec. d.C. le trasversali dicotomie di città deserto e falsità verità si fissarono nell'immaginario collettivo attraverso il veicolo costituito dal significato dell'allontanamento dal male e dal suo spazio (la città materiale, la sua vita tentacolare e la capacità mimetica del demoniaco); costruendo l'immagine letteraria dell'anacoreta, cioè S. Antonio Abate, il suo discepolo alessandrino S. Atanasio costruì anche l'immagine del deserto ri-funzionalizzando quella della città – ora intesa quale dimora eticamente valorizzata, ossia dimora celeste, grazie al significato

nuovo che il vecchio paesaggio aveva assunto: il deserto era divenuto luogo della prova psicologica di sé[44].

La tensione fisica verso il deserto, la collocazione spaziale dell'esperienza della ascesi e di conseguenza la funzionalizzazione del deserto quale nuovo paesaggio abitabile perché eticamente valorizzato, infine la dimensione celeste, ma in terra, dello spazio umano si attivano letterariamente attraverso quella metafora, capace di senso e di significazione[45]. Così come nella vita reale spazio esterno e correlativa dimensione interna acquisirono significato attraverso l'esperienza della ἀναχώρησις: termine polisemico capace di esprimere concetti filosofici, quale l'universale trasmutare di ordine e disordine, o concetti propri delle scienze naturali, quale flusso e reflusso delle acque, oppure nozioni di strategia militare, quali il ritiro tattico e il contrattacco, ἀναχώρησις

---

[44] Goehring 1993, 282-284; Goehring 1999, 74-77. Ancora nell'agiografia di XIII secolo è sentito il tema della tentazione come conturbante prova psicologica di sé: il diavolo chiese a S. Antonio Abate perché i monaci lo combattessero e i Cristiani lo maledicessero; l'anacoreta rispose perché il diavolo li molestava con le sue insidie. Al ché l'interlocutore sovrannaturale ribatté *ego eos nequaquam molesto, sedi ipsi invicem se conturbant* – argomentando di seguito sofisticamente come egli fosse ridotto a nulla, poiché ormai in ogni dove regnava Gesù Cristo; Jacopo da Varazze, *Legenda Aurea* cap. XXI, § 3, 105 (ed. Th. Graesse).
[45] Goehring 1993, 291-293; Goehring 1999, 84-86.

Fig. 7.3. Egitto, Tell Ganoub Qasr-al Agouz (foto dell'autore).

si carica di uno specifico significato, quello di "withdrawal and return", costituendo un modello interpretativo del fenomeno sociale e culturale del primitivo monachesimo cristiano (e del deserto, paesaggio) non di fuga dal mondo, bensì di un temporaneo guerresco ritiro finalizzato a un ritorno spiritualmente più forte nel mondo[46].

7.5. Uomo e mondo, uomo e paesaggio nella speculazione cristiana tardoantica.

La trasformazione del paesaggio e la costruzione di una identità dello spazio interiore sono conseguenza della speculazione teologica e filosofica cristiana; la concezione del mondo creato, estranea a quella della φύσις eterna e immanente del paganesimo classico, il dramma antropologico della caduta e l'autoconsapevolezza immediata di sé sovrappongono all'estensione di un paesaggio lo spazio dell'io[47].

Esemplarmente, quasi campione della concezione antica della natura, il filosofo Eraclito aveva sentenziato che il cosmo, lo stesso identico per tutti, non era un prodotto di alcun dio o degli uomini, ma era è sarà fuoco vivo in eterno, capace di accendersi e di spegnersi secondo una giusta misura[48]; così come lontana eco sarebbe stata la

lode al mondo innalzata da Plinio il Vecchio, nell'esordio del libro II della enciclopedia *Naturalis Historia*[49]: al carattere sacro, eterno, sconfinato, di tutto nel tutto Plinio aggiungeva la complessità, cioè l'abbraccio in sé di tutte le cose dentro e fuori (*extra, intra cuncta complexus in se*), tanto quanto la connotazione sostanziale di natura in sé (*naturae opus et rerum ipsa natura*). Di conseguenza la concezione relazionale che l'uomo antico elaborò di sé e del mondo risulta di compenetrazione, assumendo l'uomo valore in riferimento al metro rappresentato da una sovrumana e divina totalità, e avendo senso la φύσις poiché essa si fenomenizza continuamente sia in quanto da essa proviene, sia in quanto a essa ritorna, eternamente[50].

L'idea, dunque, che il mondo sia stato creato immediatamente dalla potente volontà di un Dio personale era estranea alla sensibilità teoretica e spirituale antica, quanto la definizione di "uomo" in base alla propria libera autodeterminazione[51]; eppure l'autoconsapevolezza di sé rispetto all'estraneità del mondo da sé, appunto perché esterno, appare attraverso la speculazione cristiana – soprattutto quella di S. Agostino – la cifra più profonda, nuovo strumento per misurare l'estensione e l'essenza

---

[46] Migliorati 2021, 16-18; il riferimento è a Toynbee 1935, 263-265.

[47] Löwith 2000, 5-16.

[48] Ercalito, fr. 22 B 30 Diels-Kranz[6]: κόσμον τόνδε, τὸν αὐτὸν ἁπάντων, οὔτε τις θεῶν οὔτε ἀνθρώπων ἐποίησεν, ἀλλ᾽ ἦν ἀεὶ καὶ ἔστιν καὶ ἔσται πῦρ ἀείζωον, ἁπτόμενον μέτρα καὶ ἀποσβεννύμενον μέτρα. Il lacerto è estrapolato da Clem. Alex., *Strom*. 5, 104, 2; tuttavia la sentenza campeggiava anche nel cap. V del trattato *De procreatione animae in Timaeo*, (Plut. *Mor*. 69, 1014A); Diano - Serra 1998[5], 145-147.

[49] Plin., *Nat. Hist*. 2, 2: *mundus sacer est, aeternus, immensus, totus in toto, immo vero ipse totum, infinitus ac finito similis, omnium rerum certus et smimilis incerto, extra intra cuncta complexus in se, idemque rerum naturae opus et rerum ipsa natura*; Löwith 2000, 7-9.

[50] Plat., *Leg*. 903B; *Resp*. 500C; *Tim*. 29A, 47A, 90A, 92C. Soprattutto Arist., *Phys*. 2, 1, 193b, 3-7: τί μὲν οὖν ἐστιν ἡ φύσις, εἴρηται, καὶ τί τὸ φύσει καὶ κατὰ φύσιν. ὡς δ᾽ ἔστιν ἡ φύσις, πειρᾶσθαι δεικνύναι γελοῖον· φανερὸν γὰρ ὅτι τοιαῦτα τῶν ὄντων ἐστὶ πολλά. τὸ δὲ δεικνύναι τὰ φανερὰ διὰ τῶν ἀφανῶν οὐ δυναμένου κρίνειν ἐστὶ τὸ δι᾽ αὑτὸ καὶ μὴ δι᾽ αὑτὸ γνώριμον.

[51] Löwith 2000, 10.

interiori del paesaggio così "umanizzato" (e dell'uomo portatore di uno spazio interiore). La concezione che S. Agostino costruì impone con evidenza l'emergere di una polarizzazione: se nei *Soliloquia* il suo interlocutore allegorico, cioè *Ratio*, chiedeva la sintesi di quanto apoditticamente egli voleva conoscere, S. Agostino replicava affermando che l'oggetto di tale desiderio erano Dio e la sua anima – niente di più, all'incalzante *Ratio* che tornava a domandare; tuttavia nel *De civitate Dei* l'oggetto di percezione esteriore e di constatazione era il mondo, la più grande delle cose visibili, mentre oggetto di fede era Dio, la più grande delle cose non visibili[52]. La polarizzazione valorizzata in questa sede ruota intorno alla natura esteriormente data del "mondo": l'uomo ne possiede contezza, ne constata l'esistenza perché esso risulta un oggetto osservabile (*mundum esse conspicimus*), appunto esterno a differenza della dimensione interiore, oggetto di più profonda immediata indagine - questa relazionata alla sfera semantica del verbo *scire*.

Il processo di acquisizione di autoconsapevolezza e il linguaggio selezionato per la sua descrizione da S. Agostino nel trattato *De Trinitate* focalizzano l'attenzione del lettore sull'antitesi tra interiorità spirituale (*mens*) e mondo esteriore separato (*sensibilia* o *corporalia*)[53]. Per conoscersi *mens* deve separarsi da quanto sensibile, poiché in essa non c'è che essa; tuttavia *mens* finisce per "essere" anche negli oggetti del mondo esteriore separato se li pensa con amore, familiarizzando con essi e risultando così incapace di essere in sé senza le immagini degli oggetti (*rerum sensarum imagines*). In questo consiste l'origine del suo errore: l'impotenza rispetto a tale distinzione impedisce a *mens* di vedere sé sola, essendo coesa alle immagini degli oggetti tanto che, quando si sforza di pensare sé sola, essa si identifica con ciò senza cui non riesce a pensarsi. Ecco perché per conoscersi, *mens* deve compiere un'operazione non di sottrazione rispetto a sé, ma di sottrazione di quanto dall'esterno le si è aggiunto[54]. Infatti, essa è più interiore a se stessa sia degli oggetti sensibili esterni (*manifesta foris*), sia delle loro immagini fissatesi nella parte di anima che l'uomo condivide con gli altri esseri animati[55]: metaforicamente *mens* uscirebbe da sé e, per amore, aderirebbe a queste immagini quasi fossero tracce dei suoi molteplici atti di attenzione. Tracce che, a loro volta, si imprimerebbero nella memoria quando si percepissero i corrispondenti oggetti materiali esterni; dunque pur in assenza di questi ultimi, le loro immagini sarebbero presenti alla mente di quanti vi pongono pensiero. Infine, secondo S. Agostino, *mens* deve pensare se stessa senza cercarsi come se fosse assente (cioè appartenente al mondo esterno), fissando attenzione e volontà su di sé

e giungendo alla consapevolezza automatica di essersi sempre conosciuta, tuttavia confusa con gli oggetti esterni – il mondo – avendone preso consistenza, e avendone abbracciato la diversità in un tutto aveva in precedenza immaginato una sola realtà dove invece erano molte (*ita dum sicut unum diversa complectitur, unum putavit esse quae diversa sunt*).

E a coronamento di questo processo S. Agostino sentenziava che il comando di conoscersi si riduceva a questo: che *mens* fosse certa di non essere alcuno degli oggetti esterni di cui non era certa e che fosse certa di essere solo ciò che essa era certa di essere[56]. La struttura sintattica dell'argomentazione illustra esemplarmente la concezione di radicale separazione degli spazi, interno ed esterno: *mens* pensa fuoco, aria, acqua, *corpora* ma a ciò che essa è deve pensare in modo diverso rispetto alle modalità di pensiero relative a ciò che essa non è; infatti il pensiero degli oggetti esteriori passa attraverso rappresentazioni immaginarie (*phantasia imaginaria*), cosicché se *mens* fosse uno degli oggetti essa penserebbe questo 'oggetto' comunque non mediante una rappresentazione immaginaria come se fosse assente da sé o già in contatto con i sensi corporei – invece mediante *quaedam interior praesentia non simulata*. Del resto non c'è nulla di più presente a *mens* che *mens* stessa; essa pensa di vivere, di avere intelligenza, di vedere sé cioè è automaticamente conscia di tali attività essendo esse in lei ed essa consapevole anche di questo, senza necessità di mediazioni rappresentative[57]. Ne consegue, dunque, che se *mens* non si assimila a nulla di esterno (così da credere di essere qualcosa del genere) ciò che di sé resta questo solo è *mens*.

7.6. Conclusione.

"Grazie a un simile ingresso nell'interiorità, cui corrisponde una fuoriuscita dall'ordine del mondo che abbraccia l'uomo, si determinano due cose: l'uomo si ritrova senza posto e *spaesato* nel tutto del mondo, diventa una e-sistenza contingente e alla fine assurda, gettata nel mondo non si sa come e da dove; ma proprio grazie a questa posizione particolare ed estranea rispetto alla totalità di ciò che esiste, l'uomo diventa importante in un modo del tutto speciale"[58].

La constatazione di Karl Löwith, a conclusione del saggio introduttivo alla ricerca dei fondamenti del nichilismo moderno nella frattura della relazione tra Dio, uomo e mondo – anche geometricamente sintetizzabile nella raffigurazione spaziale triangolare, che dalla speculazione cristiana tardoantica fino alla rivoluzione

---

[52] Aug., *Sol.* 1, 2, 7: *Deum et animam scire cupio - nihil omnino*; Aug., *Civ.* 11, 4, 1: *visibilium omnium maximus mundus est, invisibilium omnium maximus Deus est. Sed mundum esse conspicimus, Deum esse credimus.*

[53] Aug., *Trin.* 10, 8, 11.

[54] Sulle *imagines* esterne come concrezioni di *mens* Cic., *Tusc.* 1, 16, 38 e Plot., *Enn.* 1, 6, 9, 16-25.

[55] Tale parte di anima è priva di *intelligentia*, perché propria esclusivamente di *mens*.

[56] Aug., *Trin.* 10, 10, 16: *totumque illud quod se iubetur ut noverit, ad hoc pertinet ut certa sit non se esse aliquid eorum de quibus incerta est, idque solum esse se certa sit, quod solum esse se certa est.*

[57] *Nec imaginatur quasi extra se illa sensu tetigerit, sicut corporalia.*

[58] Löwith 2000, 13. Il corsivo è proprio di questa sede: "heimatlos" e spaesato, tramite la privazione di una relazione con un luogo, rendono bene al contrario il senso di relazione intima che intercorre, quasi naturalmente e culturalmente, tra l'uomo e il paesaggio con il quale egli convive.

cartesiana aveva in Dio il suo vertice significante – appare davvero congrua, quale chiosa a osservazioni circa la trasformazione del senso del paesaggio in seno alla cultura tardoantica: la diluizione, fino alla perdita, dell'idea di una compenetrazione organica di uomo e spazio nel tutto della φύσις universale, l'affermazione tutta cristiana di una creazione del mondo esteriorizzato dalla potentissima volontà personale di Dio fecero emergere il senso di un paesaggio non più capace di determinare a sua volta il senso dell'uomo, ma oggetto da parte di quest'ultimo di significazione culturale. E il deserto, il paesaggio estremo per eccellenza nell'esperienza spaziale degli Antichi, divenne la prima palestra di questa nuova valorizzazione, riflesso dell'assoluta appropriazione del proprio io[59].

Bibliografia

Adams, J. N. 1999, "The poets of Bu Njem. Language, culture and centurionate", in *JRS*, 89, 109- 134.

Benseddik, N. 2010, *Esculape et Hygia en Afrique*, Paris.

Bett, R. 2020, "Prodicus on the Choice of Herakles, Language and Religion", in D. C. Wolfsdorf (ed.), *Early Greeks Ethics*, Oxford, 195-210.

Birley, A. R. 1999², *Septimius Severus. An African Emperor*, London-New York.

Brown, P. L. R. 1970, "The Rise and Function of the Holy Man in Late Antiquity", in *JRS*, 61, 80-101.

Bueno Delgado, J. A. 2014, "El exilio en Roma: tipos y consecuencias juridicas", in *Studia et Documenta Historica Iuris*, 80, 207-228.

Buongiorno, P. 2010a, Senatus consulta claudianis temporibus facta. *Una palingenesi delle deliberazioni senatorie dell'età di Claudio (41-54 d.C.)*, Napoli.

Buongiorno, P. 2010b, "CIL X, 1401 e il senatus consultum «Osidiano»", in *Iura*, 58, 234-251.

Cugusi, P. - Sblendorio Cugusi, M. T. 2012, *I Carmina Latina Epigraphica non Bücheleriani delle province africane*, Bologna.

Cugusi, P. 2014, *Carmina Latina Epigrafica Africarum provinciarum post Büchelerianam collectionem editam reperta cognita (CLEAfr)*, Bologna-Faenza.

Diano, C. - Serra, G. 1998⁵, *Eraclito. I frammenti e le testimonianze*, Milano.

Falkenburg, R. L. 1988, *Joachim Patinir. Landscape as an Image of the Pilgrimage of Life*, Amsterdam-Philadelphia.

Fernández-Armesto, F. 2010, *Civilizations*, London 2000 = *La nascita delle civiltà. La storia avventurosa dei rapporti tra uomo e ambiente*, Milano.

Festugière, A. J. 1954, *Personal Religion among the Greeks*, Berkeley-Los Angeles (CA).

Goehring, J. E. 1993, "The Encroaching Desert: Literary Production and Ascetic Space in Early Christian Egypt", in *JEChrSt*, 1/3, 281-296.

Goehring, J. E. 1999, *Ascetics, Society and the Desert. Studies in Early Egyptian Monasticism*, Harrisburg (PA).

Hamdoune, Ch. - Meyers, J. - Griffe, M. - Fialon, S. - Devallet, G. - Michaud J. N. 2016, *Parure monumentale et paysage dans la poésie épigraphique de l'Afrique romaine. Recueil de Carmina Latina Epigraphica*, Bordeaux.

Guillaumont, A. 1975, "La conception du désert chez les moins d'Egypte", in *RHistRel*, 188/1, 3-21. Kellerman, J. A. - Oden, Th. C. 2010, *Incomplete Commentary on Matthew (Opus imperfectum). Ancient Christian Texts (I-II)*, Downers Grove (IL).

Le Bohec, Y. 1989, *La troisième légion Auguste*, Paris.

Lingiardi, V. 2016, "Landscapes are Mindscapes. Psychoanalysis with a View", in AA.VV., *The Arts of Time. Relational Psychoanalysis and Forms of Vitality in Clinical Process*, Roma.

Lingiardi, V. 2017, *Mindscapes. Psiche nel paesaggio*, Milano.

Löwith, K. 2000, *Gott, Mensch und Welt in der Metaphysik von Descartes bis zu Nietzsche*, Göttingen = *Sämtliche Schriften*, IX, Stuttgart 1999, 1-194 (tr. it. *Dio, uomo e mondo nella metafisica da Cartesio a Nietzsche*, Roma).

Martin, L. H. 2015, *The Mind of Mithraists. Historical and Cognitive Studies in the Roman Cult of Mithras*, London.

Mayhew, R. 2011, *Prodicus the Sophist. Texts, Translation and Commentary*, Oxford-New York.

Migliorati, G. 2021, "Semantic of *Anachoresis*: «Withdrawal and Return» Pattern", in *CultRelig*, 9/1, 13-19.

Mommsen, Th. 1852, "Epigraphische Analekten 18-28", in *Berichte über die Verhandlungen der Königlich-Sächsischen Gesellschaft der Wissenschaften zu Leipzig. Philologischhistorische Klasse*, 4, 188-282.

Olwig, K. R. 2005, "Representation and Alienation in the Political Landscape", in *CultGeograph*, 12/1, 19-40.

---

[59] Degno di rilievo quanto constatato ancora da Aug., *Conf.* 10, 8, 15: *magna ista vis est memoriae, magna nimis, Deus meus, penetrale amplum et infinitum. Quis ad fundum eius pervenit? Et vis est haec animi mei atque ad meam naturam pertinet, nec ego ipse capio totum, quod sum. Ergo animus ad habendum se ipsum angustus est, ut ubi sit quod sui non capit? Numquid extra ipsum ac non in ipso? Quomodo ergo non capit? Multa mihi super hoc oboritur admiratio, stupor apprehendit me. Et eunt homines mirari alta montium et ingentes fluctus maris et latissimos lapsus fluminum et Oceani ambitum et gyros siderum et relinquunt se ipsos nec mirantur, quod haec omnia cum dicerem, non ea videbam oculis, nec tamen dicerem, nisi montes et fluctus et flumina et sidera, quae vidi, et Oceanum, quem credidi, intus in memoria mea viderem spatiis tam ingentibus, quasi foris viderem. Nec ea tamen videndo absorbui, quando vidi oculis, nec ipsa sunt apud me, sed imagines eorum, et novi, quid ex quo sensu corporis impressum sit mihi*; sorprendente, cioè, non è il mondo esterno, ma l'individuo stesso interiormente.

Procchi, F. 2001, "*Si quis negotiandi causa emisset quod aedificium*. Prime considerazioni su intenti negoziali e speculazione edilizia nel principato", in *Labeo*, 47, 411-438.

Rebuffat, R. 1985, "Les centurions de Gholaia", in A. Mastino (ed.), *L'Africa Romana*, II, Sassari, 225-238.

Ribouillault, D. - Weemans, M. 2011, "Paysage sacré, livre de la nature et exégèse: pour une reconception du paysage dans l'Europe de la première modernité", in D. Ribouillault - M. Weemens (eds), *Le paysage sacré. Le paysage comme exégèse dans l'Europe de la première modernité. Sacred Landscape. Landscape as Exegesis in Early Modern Europe*, Firenze, 9-31.

Schama, S. 1997, *Landscape and Memory*, New York 1995 = *Paesaggio e memoria*, Milano.

Schmidt-Heidenreich, Ch. 2013, *Le glaive et l'autel. Camps et piété militaire sous le Haut-Empire romain*, Rennes.

Solin, H. 2014, "Iscrizioni giudaiche antiche a Fondi", in G. Lacerenza (ed.), *Gli Ebrei a Fondi e nel suo territorio*, Napoli, 33-48.

Toynbee, A. J. 1935, *A Study of History*, III, Oxford.

8

Landscapes of identities and the identities of landscapes: the case of Aegean Thrace in the Roman empire[1]

Vassilis Evangelidis, Yiannis Mourthos
Department of Culture and Creative Industries,
ILSP-'Athena' RC-Xanthi Division

Abstract: Being, among others, a social construction, landscape has been associated with identity. From our perspective, landscapes mirror identities generated by features and qualities providing a sense of belonging. Landscape and identity are tightly bounded in a feedback loop. The case of Aegean Thrace with the sharp difference between the Rhodope Mt and the coastal plain, is thought to have created cultural zones where Greeks and Thracians coexisted for centuries. This unique environment favoured the development of a special cultural milieu that continued until the imperial years. Nonetheless, just like other provincial contexts, Aegean Thrace has been quite often interpreted in economic terms, without giving much effort to trace the ideology of landscape. This paper aims to demonstrate how local rural groups organized ritual burial and residential landscapes to project a series of identities, as well as the contribution of these landscapes to the formation of local identities.

Keywords: landscape; identity; social memory; Aegean Thrace; imperial period; tumuli; hill forts; settlement patterns.

8.1. Introduction: Greeks and Thracians in Aegean Thrace.

What we call Aegean Thrace is a major part of an area often described as "super region": Northern Aegean[2]. Many aspects of Northern Aegean antiquity (social, economic and temporal, regionality, networks, settlement patterns, burial practices) are well studied[3]. Within this context Aegean Thrace has traditionally been one of the most intensively studied regions by archaeologists dealing with Greek colonies[4]. When the discussion comes to the native inhabitants of the area the Thracians, although we have a full grasp of their place in ancient literature[5], as well as their iconography in Athenian vase-painting[6], and a satisfying understanding of Greco-Thracian relations

despite various interpretive problems[7], identity issues relating to self, ethnic or tribal definitions remain largely unexplored. The sharp difference between the mountainous terrain of Rhodope Mt and the coastal plain, obvious primarily in literary sources[8], is considered to have created cultural zones where Greeks and Thracians coexisted for centuries, cooperating with or fighting against each other, depending on the historical circumstances[9].

Yet, research on Thracian topography and settlement patterns remains a field less explored. Although its investigation goes back to the early 20th century, most of the studies tend to focus on Hellenization and the impact that the Greek colonies exercised on the littoral[10], except for the painstaking surveys of Diamantis Triantaphyllos, mainly conducted during the 1970s and 1980s, and the ethnoarchaeological research of Nikos Efstratiou at Tsouka Sarakene[11]. Aegean Thrace has proved to be rich in monuments especially tumuli and open-air sanctuaries dating to the Historical period; a euphemism

---

[1] We would like to thank D. Tsiafakis, director of Research at 'Athena': Research & Innovation Center in Information, Communication & Knowledge Technologies for her support and trust. We would also like to thank the archaeologist Saraphopoulou Domna for the Italian translation of the abstract. Any mistakes or errors that remain are our own sole responsibility.
[2] Tsiafakis 2020. For the term "super region", Archibald 2013, 1-35 and 249-254. On Archibald's contribution to Northern Aegean studies Constantakopoulou 2012, 104. For an overview of the vast bibliography on Northern Aegean (and Aegean Thrace) see Archaeological REsearch in the North Aegean (constantly updated).
[3] E.g.: Tsiafakis 2010; Kotsonas 2012; Archibald 2013; Kakamanoudis 2017. An overview at Vlachopoulos - Tsiafaki 2017.
[4] E.g.: Xydopoulos 2007; Tiverios 2008; Coulié 2008; Baralis 2008; Tsiafakis 2009; Kallintzi et al. 2020, 129; Bonias - Perreault 2021.
[5] Tsiafakis 2009, 123-127; Xydopoulos 2009.
[6] Tsiafakis 1998; Tsiafakis 2000; Tsiafakis 2002; Tsiafakis 2009, 127-129.

[7] E.g.: Archibald 2010; Mangum 2016; Veligianni 2016; Georgiadis et al. 2018.
[8] E.g.: Thucydides, *Hist.* 2.96; Plato, *Rep.* 4.435e; Strabo, *Geog.* 7.5.12; Tacitus, *Ann.* 4.46.1; Apuleius, *Met.* 7.5 (on a Thracian bandit called Haemus). See also Kallintzi et al. 2020, 130.
[9] Thasos: Tsantsanoglou 2008; Tiverios 2019, 42; Tsantsanoglou 2019; *contra* Salviat 2017, 83-88. Abdera: Herodotus, *Hist.* 1.168-169; Kallintzi et al. 2020, 133 (with bibliography).
[10] Isaac 1997; Tiverios 2008.
[11] Triantaphyllos 1973; Triantaphyllos 1980; Triantaphyllos 1983; Triantaphyllos 1984; Triantaphyllos 1986; Triantaphyllos 1987; Triantaphyllos 1990; Triantaphyllos 1991; Triantaphyllos 2019-2020. See also his report in the chronicles of *Archaeologikon Deltion* of the 1970s and 1980s. Efstratiou 1988; Efstratiou 1991; Efstratiou 1993.

used due to the difficulty to accurately date many of these features. What is clear though is that this unique environment shaped the economy and culture of the region, favoring the development of a special cultural milieu that continued until the imperial period. While the last decades of archaeological research in the area have seen a new interest in bringing together geographic, social and cultural aspects[12], landscapes are rarely examined in relation to identity and cultural milieu. This was an area that is characterized, at best, by a focus on the Greek colonies in the coast which aspired to reconstruct the broader settlements pattern and the landscape of the area under the scope of a direct Hellenization[13]. One of the characteristics of this type of approach is the need to qualify the concept of 'landscape' without taking into account the indigenous, the local.

8.2. The theoretical framework: defining landscape.

Since Halbwachs, the relation between memory and space is understood as a social construction subordinate to powers, loosely described by three terms: concentration, division and duality. The first describes the ability of a site to connect unrelated events, the second the tendency to break down an event to more than one sites and the third the presence of one event in two different sites[14]. Being for a long period of time focused on urban sites, partially due to a bias of the literary sources, today classical archaeologists are more reluctant to either focus only on ancient cities or to use the term "space" lightly and more willing to discuss about landscapes, which have the advantage of being more inclusive, as they comprise of narratives, temporality and memory[15].

According to a rather recent conceptual delimitation of the term, landscape *"means an area, as perceived by people, whose character is the result of the action and interaction of natural and/or human factors"*[16]. Though broad, this definition cannot cope with the challenges posed by terminological differences, combined with archaeological demands, since the discussion begins with the contrast between natural and cultural landscape and ends up to the denial of any other approach apart from cultural[17]. A definition, however, should be based on a few premises, met with a minimum consensus; landscape is not synonymous to natural environment; landscape is produced culturally thus obtaining meaning; landscape is the milieu of human activity and it is constructed dynamically[18]. Moreover, landscape has long been associated with another counterpart of memory, identity, ethnic landscapes being a major aspect of the subject since the dawn of the 21st century[19].

Within this framework the landscape is composed not only of areas but also by activities, processes and groups. Therefore, depending on the elements that compose it, the landscape can project identities, especially those that are unique because of local natural features[20]. From our perspective, landscapes mirror identities generated by various features and qualities. Thanks to the seminal work of Johnathan Hall, these features can be distinguished between criteria and indicia. Hall considers criteria to be chosen consciously by the members of a group as key-qualities of their identity, whereas indicia are the features that refer to those qualities. Both criteria and indicia can be understood by the group as inherited or chosen[21]. Today, however, archaeological discourse has gone far beyond simple projections. Landscapes are not simple sceneries, but factors contributing to historical process[22]. In our case, both landscape and identity are seen as tightly bounded in a powerful feedback loop, where identity contributes to the formation of landscapes and vice versa. The spectrum of cognitions anchored to landscape can include meanings related to cultural distinctiveness and cultural continuity. Through its appropriation by humans, landscapes activate personal and subjective experiences linked with identity[23]. Thus, certain elements (physical or man-made) can become identity reference points, or what Christopher Ray calls cultural markers[24]. Identifying these cultural markers can be the first step to shed light on identity issues like ideas of personal belonging or a sense of home. In the case of Aegean Thrace these markers include the physical environment, ritual sites, burial tumuli, even the dispersed native settlements that dotted the foot of the Rhodope mountains. In the rest of the text, we would argue that landscape created a sense of belonging within a certain cultural milieu. In this exact cultural milieu conscious or subconscious commemorative practices used to take place. It would of course be a mistake to move from one view, that of thoroughly Hellenized environment, to another that of a resistant isolated ethnic group. In the acculturated world of the Roman empire such identity markers may have been less visible than in previous period, but they did exist.

8.3. Thracian landscapes of identity in the Roman empire.

Following the above analysis, two questions emerge naturally: how can we view/place the evidence from Roman Aegean Thrace within this theoretical framework and where will this theorization lead in terms of identity issues? Traditional approaches to the rural landscape of the Roman period have been characterized by a tendency to regard it purely on economic terms, as an agricultural resource with the emphasis on the economic realities of

[12] Efstratiou - Ammerman 2004; Tsiafakis - Evangelidis 2021.
[13] See the analysis on Baralis 2008, 102.
[14] Halbwachs 1992, 219-222.
[15] Snodgrass 1987, 67-69; Ingold 1993; Tilley 1997, 34; Ingold 2010; Plantzos 2014, 60-62 and 247-248.
[16] CETS 176 - European Landscape Convention (coe.int).
[17] Terkenli 1996, 13-20; Anschuetz *et al.* 2001, 157-160 and 164-165.
[18] Anschuetz *et al.* 2001, 161.
[19] Anschuetz *et al.* 2001, 176.

[20] See for example the "insularity" detected by Constantakopoulou (2005, 1-20; 2007, 117-118) in Aegean islands and ancient literary sources.
[21] Hall 2000, 20-21.
[22] Plantzos 2014, 254.
[23] Certeau - Rendall 1984.
[24] Ray 1998.

the villa system, or on architectural terms, focusing on the typology of this higher status sites with villas[25]. Rarely non-economic factors, for instance ritual, are considered.

The distribution however of the large individual tumuli that dot the landscape of Aegean Thrace is an example of the importance of the placement of such features in the manipulated landscape: 53 have been discovered in the area of Xanthi, 48 in Rodopi and 145 in Hebrus (Fig. 8.1), most of them dated in the imperial period[26]. The cultural practice to cover the cremated remains with a large earth tumulus presents an incredibly uninterrupted continuity in the area from the late Bronze Age down to the 3rd century AD[27]. Even the Greek cities of the area like Abdera, for a period that lasted until the Early Hellenistic, were surrounded by mortuary landscapes consisted by clusters of burial mounds[28]. The popularity and nature of the practice during the imperial period are incapable of a satisfactory explanation without invoking issues of identity which is based upon a close connection with tradition. This was bolstered by the discovery of particular finds, like horse burials, wagons or swords/weapons which were viewed as markers/features that drew a clear distinctive line between 'Thracian' and 'Greek' practices (Fig. 8.2)[29]. Nevertheless, tumuli and elaborate funerary ritual cannot simply be considered as a 'passive inheritance' of earlier tradition, but rather as a custom purposefully re-enacted as a means for the creation of identity; an identity linked with the appropriation of landscape. Because constructing these earth mounds was neither simple nor inexpensive task (Fig. 8.3). Their laborious construction entailed manpower and special skills that reflected not only the social status of the deceased, but also of the broader community. Thus, although elite in nature, these burials could be seen as an expression of collective identity that focuses on the importance of community's commemorative actions, in relation to cosmology, as performance fit for specific heroes and deities.

Similarly, their placement and role in the landscape is also open to many alternative interpretations. They can be viewed as places of ritual significance, as symbols of rank, but they can also reflect the way specific people of Thracian stock occupied the landscape, giving the areas of pasture and agriculture a more local significance. For instance, these large mounds could have been built with the intention of drawing the passenger's focus to specific areas of tribal dominance and it is not coincidence that some of them align with roads which brings even more attention to these areas. Within this framework although the organized road (*Via Egnatia*) or the new cities in the area (Traianopolis or Topeiros) would have acted as a reminder that the area was part of the empire the tumuli would have been clear signs of a rural landscape that was something more than a rational agricultural environment. For the natives this was a landscape of familiarity and continuity in which the presence of the tumulus was an important factor in achieving a particular experience for the individual and the group. Tumuli could also have been used to emphasize personal lots, earlier landscapes, or to create symbolic boundaries of sacred areas. Clearly these important monuments could have affected the flow of people's move through land. The visibility (or no visibility) of this manipulated landscape is a part of that flow.

If tumuli reflect the appropriation of lowlands and arable land, then open air sanctuaries at mountain tops and forts relate with the mountainous character of Rodope. Many small undistinguished cult places have been identified at the highland of Rodope through surface reconnaissance at the late 70's, early 80's[30]. These appear to have functioned with a localized clientele, but also offered central places at which locals could assemble. We know little about the rites and function for any of these sanctuaries. Clearly people of Thracian stock continued to participate in traditional religious practices related to the cult of Hero Equitans[31], although other ethnic groups may have been involved in these cults as well. The position of some of the sites, away from Hellenized centers, makes them distinguishably local, suitable for transmitting tradition and thus being regarded as agents of a certain identity.

A striking phenomenon of the area is exactly this large number of "forts" (fortified enceintes) crowning hill tops[32]. Some, like those at Lefkopetra Filia and Kimmeria (Fig. 8.4), are well preserved, but few are closely dated[33]. Material evidence indicates that they were still being used during the Roman period, even though their peak seems to have been in the early classical period. These forts clearly lie outside the normal range of rural settlements, being evidently places of refuge, defense, maybe even pastoral activities and cult. The pattern of a mountainous fort, a trail and dispersed rural sites at its foot, still dominant in the imperial period, appears in various cases along the foot of Rodope mountains[34]. On the other hand, although mountains per se may not necessarily be meaningful for communities located in a mountainous region, it might have importance for other people, in this case the Greeks living on the coast, seeing the mountains as the realm of Thracians. The upland areas of Rodope, between the valleys, were areas of grazing and woodland, and sparsely settled at best. This exogenous view apparently also entailed that authentic Thracian culture is found predominantly in the mountains and is taken as typical for the culture of the whole region[35]. It is not rare in the ancient sources that specific characteristics and qualities (fighting spirit – resistance – military valour) are derived from upland

---

[25] Bowman and Wilson 2009.
[26] Terzopoulou 2013, 99-100.
[27] Kitov 2005.
[28] Kallintzi 2006.
[29] Evangelidis 2020, 52-53.

[30] Triantaphyllos - Koutsoumanis 2019-2020.
[31] Boteva 2014.
[32] Baralis 2008, 104.
[33] Triantaphyllos 1973-1974, 807 (Lefkopetra and Filia) and 808 (Kimmeria); Evangelidis 2021, 505-506.
[34] Evangelidis 2021, 505-506.
[35] Evangelidis 2020, 44.

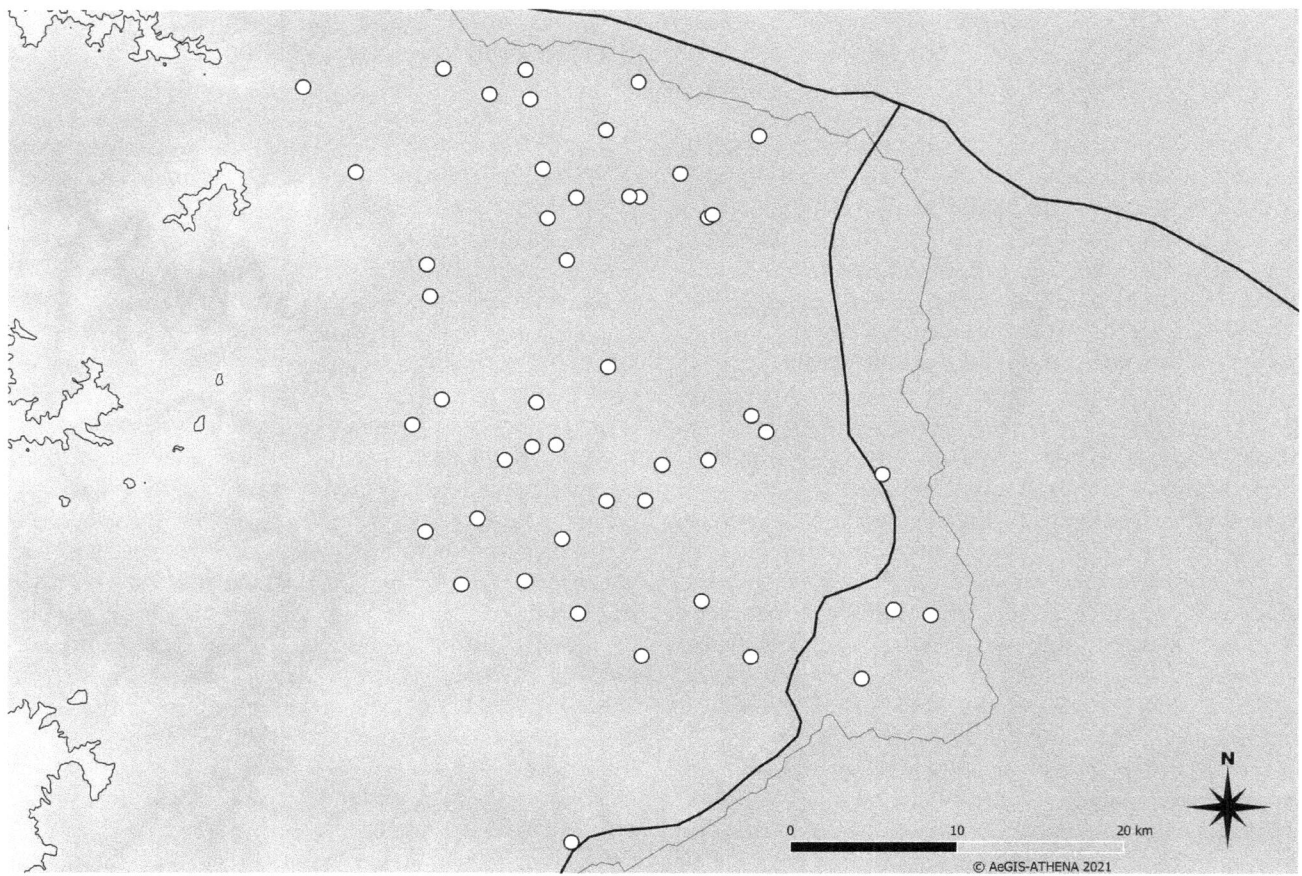

Fig. 8.1. Clusters of tumuli in the valley of Hebrus river, Evros regional unit, Greece (© AeGIS Athena, V. Evangelidis).

Fig. 8.2. "Wagon B" from the tumulus of Mikri Doxipara-Zoni (© Ephorate of Antiquities of Evros and Ministry of Culture and Sports. N 3028/2002).

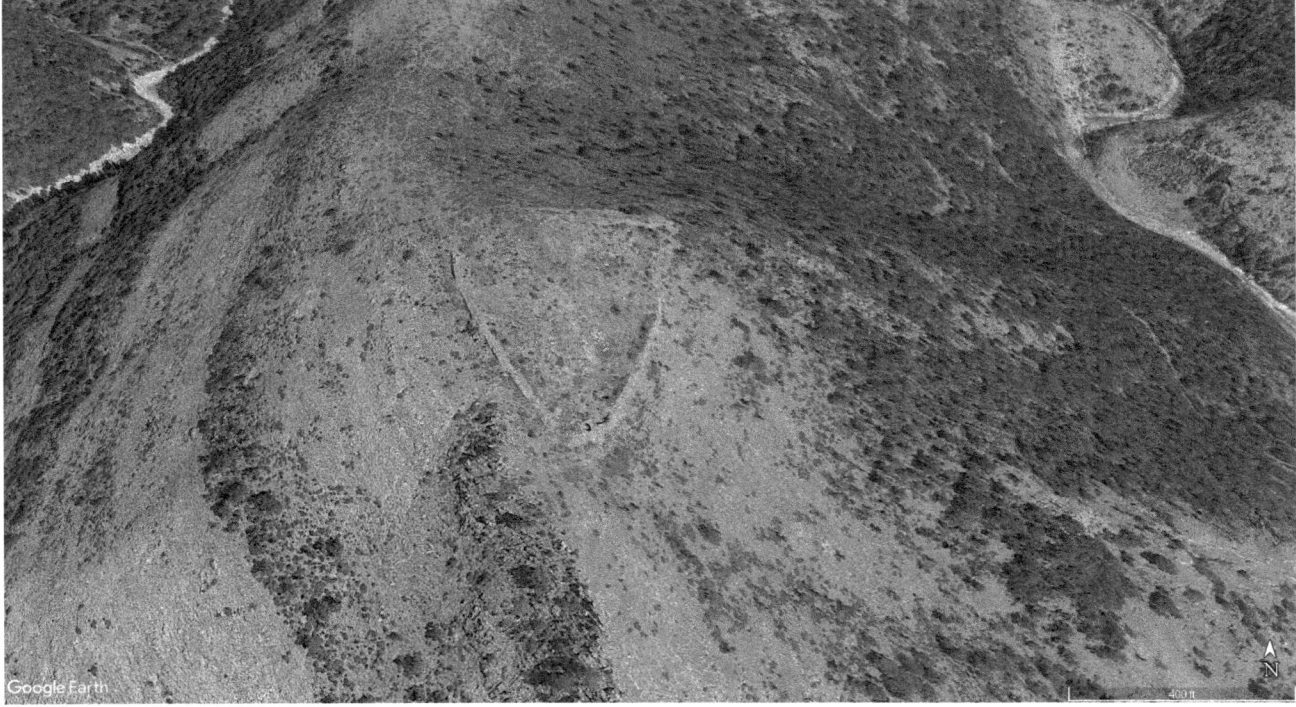

Fig. 8.3. The tumulus of Mikri Doxipara-Zoni (© Ephorate of Antiquities of Evros and Ministry of Culture and Sports. N 3028/2002).

Fig. 8.4. The fortified enclosure above Kimmeria - Xanthi regional unit, Greece (from Google Earth Pro).

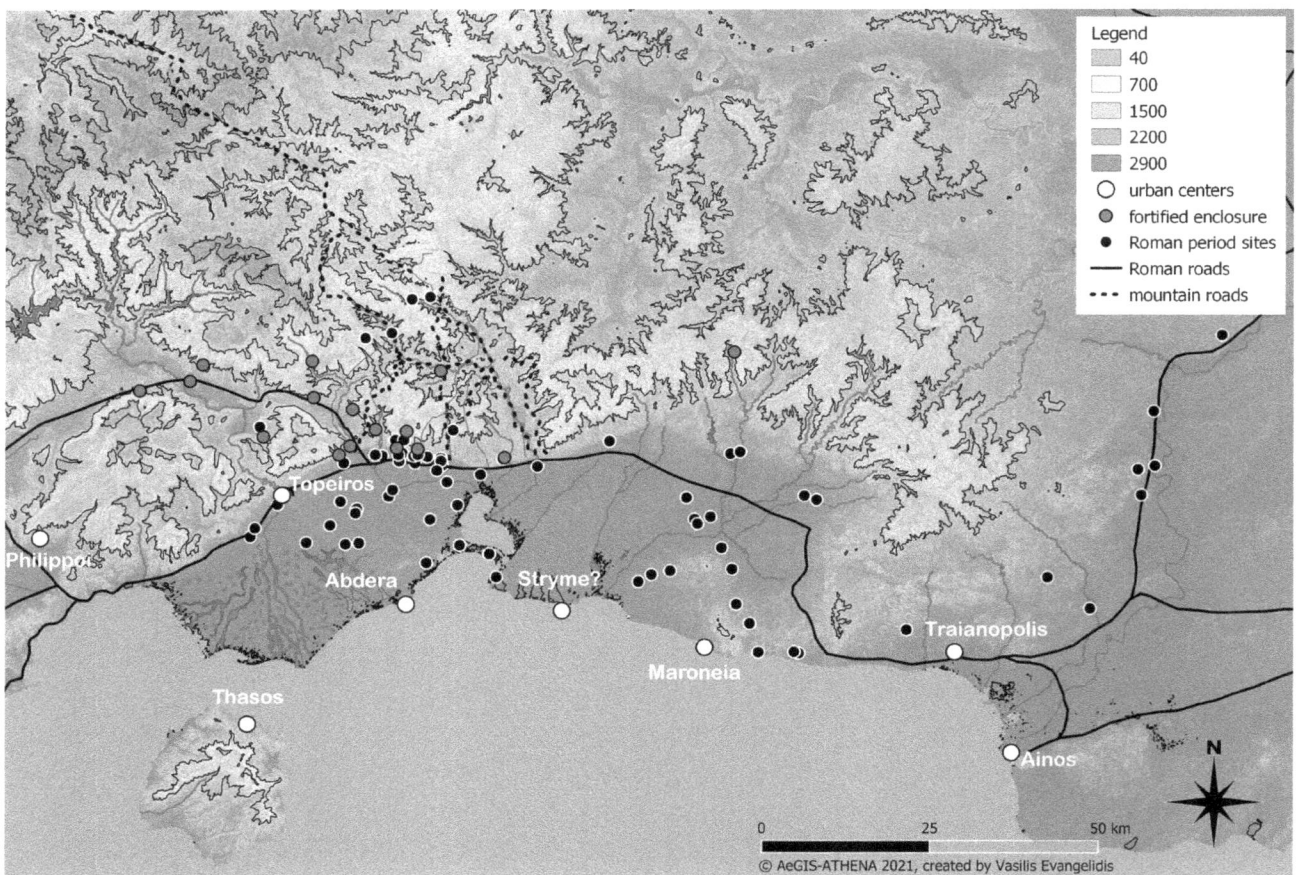

Fig. 8.5. Various types of human intervention on landscape of Aegean Thrace in Roman period (© AeGIS Athena, V. Evangelidis).

communities and their particular social organisation, and mountains (Bessi) become both metonyms of the different tribes and metaphors of its characteristics[36].

Finally let's turn to the settlement pattern itself. Clusters of houses, extensive burial grounds and tumuli, areas of metallurgic activities and great concentrations of pottery that have been investigated on the lowlands of the foot of the Rhodope mountain range (Fig. 8.5) indicate the existence of dispersed native settlements with an amazing longevity which in some cases goes down to the Byzantine period[37]. They all speak of the existence of rurally orientated communities, which continued to live in a largely traditional space. This rural landscape -based on existing evidence- does not seem to change radically in the imperial period; most importantly, it has distinctive cultural features. Therefore, instead of a rational Romanized landscape characterized by villas and organized agricultural activities, someone travelling along *Via Egnatia* would see a landscape dotted by features that they speak of the continued importance of traditional space. The architecture of these settlements is also imbued with distinct cultural meanings. At Askites for instance, the mountainous settlement that has been discovered

at the south side of the rocky promontory Germi Kaya, near to an important ritual and burial site, consists of an agglomeration of stonemasonry rectangular houses, each one with its own court surrounded by thick walls made by rough stones, which, based on pottery finds, are dated to the LH - Roman period[38]. The site at Askites in its character, architecture and construction techniques diverges from the usual Greek models and demonstrates that this settlement form, which more often than not is classed as prehistoric, was still in use during the imperial period. Similar sites have been identified in other places in the broader area: at Thamna, Ippiko, Seliste, Nikitai, Fournakos[39].

8.4. Conclusion.

The above brief analysis has hopefully shown that during the roman period tumuli, shrines, forts and settlements constitute a dynamic cultural milieu for Thracians living in the lands of Aegean Thrace. Viewing the rural landscape outside the economic aspect, a wider set of spatial relationships becomes apparent, suggesting the kind of long-term links between people and the rural landscapes that are not often apparent by a strict economic approach. Through these features, a common understanding can

---

[36] Evangelidis 2020, 46-47.
[37] Baralis 2008; Evangelidis 2020, 56-57.
[38] Triantaphyllos 1978, 307.
[39] Triantaphyllos 1978, 306-309.

be framed for what a cultural landscape is for the local cultures. While definitions may vary, the direction taken in this study focuses on the interrelationship between human society and the natural environment, recognizing that cultural landscapes are defined by the features that indigenous peoples place on their environment. Therefore, a link between highland places and self- identity through the perceptions of Aegean Thrace landscape as constructions of time and place is plausible. The unique geology helped spawn Thracian origin narratives and cultural identities attached to them. Tumuli, forts and hilltop sanctuaries were embedded in traditional, spiritual, religious, ritual, or mythological values. They were related to birth or death, to ritual or battles. We are not suggesting that pre-roman religious or cultural beliefs survived intact. The difficulty to accurately date many of these sites probably indicate the long slow processes that formed this landscape dated at least since late bronze / early iron age. But something must have come through the pre-roman period, otherwise it is hard to explain the fact that most of these sites survived into byzantine times.

For this reason, these specific contexts can be seen as cultural markers. These markers seem to have a quite clear ethnic aspect, thus become identity markers from our perspective. Consequently, we can loosely apply Hall's taxonomy, who makes a distinction between criteria and indicia. The contexts that were used as case studies seem to fall to both categories of indicia and criteria, the choice largely dependent on our data, especially when it comes to roman literary sources. The mechanism that connects landscape and identity is better understood as a creative circle/ loop. This model is consistent with the perception of landscape as a distinct factor with impact in historical process. And since all of the various context examined above have an aspect strongly connected to memory, memory can be considered as the third part of this loop.

Finally, there is the problem of our own bias. It seems that modern narratives, like the one presented here, are more subject to the "laws" of Halbwachs, than data itself. As far as identity problems are concerned, tumuli shrines forts and settlements seem to narrate stories broken down to many different places, or/and concentrated to specific sites, or/ and connecting unrelated of loosely related contexts. This shouldn't come as a surprise, since, despite their recognized differences, constructing mechanisms of both historical discourse and memory share similarities as well.

Bibliography

Anschuetz, K. F. - Wilshusen, R. H. - Scheick, C. L. 2001, "An Archaeology of Landscapes: Perspectives and Directions", in *JArchaeolRes*, 9.2, 157-211.

Apuleius, *Metamorphoses (The Golden Ass), Volume II: Books 7-11*, (Edited and translated by J. Arthur Hanson. Loeb Classical Library 453) Cambridge, MA, 1989.

Archibald, Z. H. 2010, "Greeks and Thracians. Geography and culture", in Tréziny H. (ed.), *Grecs et indigènes de la Catalogne à la mer Noire: actes des rencontres du programme européen Ramses 2, 2006-2008*, Aix-en-Provence, 202-211.

Archibald, Z. H. 2013, *Ancient Economies of the Northern Aegean Fifth to First Centuries BC*, Oxford.

Baralis, A. 2008, "The Chora Formation of the Greek cities of Aegean Thrace", in P. Guldager-Bilde - J. H. Petersen (eds), *Meetings of Cultures in the Black Sea Region: Between Conflict and Coexistence*, Aarhus, 101-130.

Bonias, Z. - Perreault, J. 2021, *Argilos, 25 années de recherches. Organisation de la ville et de la campagne dans les colonies du Nord de l'Égée, VIIIe - IIIe siècles av. n.è. Actes du colloque de Thessalonique, 25-27 mai 2017*, Thessaloniki.

Boteva, D. 2011, "The 'Thracian Horseman' reconsidered", in I. P. Haynes (ed.) *Early Roman Thrace: New Evidence from Bulgaria*, in *JRA*, Suppl. 82, 84-106.

Certeau, de M. - Rendall, S. 1984, *The practice of everyday life*, Berkeley.

Constantakopoulou, C. 2005, "Proud to be an Islander: Island Identity in Multi-Polis Islands in the Classical and Hellenistic Aegean", in *MediterrHistRev*, 20.1, 1-34.

Constantakopoulou, C. 2007, *The Dance of the Islands Insularity, Networks, the Athenian Empire and the Aegean World*, New York.

Constantakopoulou, C. 2012, "Review of Z. Archibald, Ancient economies of the northern Aegean: fifth to first centuries BC, Oxford University Press 2013", in *Hermathena*, 193, 101-104.

Coulié, A. 2008, "Archiloque et la colonisation de Thasos. L'apport de la céramique", in D. Katsonopoulou - I. Petropoulos - St. Katsarou-Tzeveleki (eds), *Paros II. Archilochos and his age: Proceedings of the Second International Conference on the Archaeology of Paros and the Cyclades, Paroikia, Paros, 7-9 October 2005*, Athens, 427-499.

Efstratiou, N. - Ammerman, A. J. 2004, "Survey in Aegean Thrace: exploring the landscape", in *Archaeological Field Survey in Cyprus: Past History, Future Potentials*, (British School at Athens Studies 11), Athens, 183-190.

Efstratiou, N. 1988, "Εθνοαρχαιολογικές έρευνες στους ορεινούς οικισμούς της Ροδόπης", in *AergoMak*, 1, 479-486.

Efstratiou, N. 1991, "Η ανασκαφή μιας γεωργοκτηνοτροφικής θέσης της Εποχής του Σιδήρου στην ορεινή Θράκη", in *AergoMak*, 2, 517-524.

Efstatiou, N. 1993, "The Archaeology of the Greek Uplands: The Early Iron Age Site of Tsouka in the Rhodope Mountains" in *ABSA*, 88, 135-171.

Evangelidis, V. 2020, "'Thracian' Identities in the time of Rome: Bessi and others", in I. Topalilov - S.

Nedelcheva (eds), *The Bessi in the Roman Empire*, (Studia academica Šumenensia 7), Sofia, 38- 67.

Evangelidis, V. 2021, "The Impact of Rome on the landscape of Aegean Thrace: an archaeological approach", in E. Farinetti (ed.), *Local responses to the Roman impact on the Greek landscape, International Workshop Local responses to the Roman impact on the Greek landscape. Supplementi dell'Annuario della Scuola Archeologica di Atene e delle Missioni Italiane in Oriente*, 99.1, 503-516.

Georgiadis, M. - Garcia, A. - Kefalidou, E. - Kallintzi K., "Abdera, a trade and cultural nexus between the Aegean Sea and the Thracian hinterland", in *24th EAA Annual Meeting, Barcelona 5-8 September 2018*, (forthcoming).

Halbwachs, M. 1992, *On Collective Memory*, Chicago-London.

Hall, J. M. 2000, *Ethnic identity in Greek antiquity*, Cambridge.

Herodotus, *Histories, Volume I: Books 1-2*, (Translated by A. D. Godley. Loeb Classical Library 117) Cambridge, MA, 1920.

Ingold, T. 1993, "The temporality of the landscape", in *WorldA*, 25.2, 152-174.

Ingold, T. 2010, "The temporality of the landscape", in R. W. Preucel - S. A. Mrozowski (eds), *Contemporary Archaeology in Theory. The New Pragmatism*, Malden-Oxford-West Sussex, 59-76. Kakamanoudis, A. 2017, Οργάνωση των χώρων ταφής στην αρχαία Μακεδονία: από την πρώιμη εποχή του σιδήρου έως την ελληνιστική περίοδο, PhD diss. Aristotle University of Thessaloniki.

Kallintzi, C. - Georgiadis, M. - Kefalidou, E. - Xydopoulos, I. 2020, "Greeks and Thracians at Abdera and the Xanthi-Nestos Area in Aegean Thrace", in M. Manoledakis - G. R. Tsetskhladze - I. Xydopoulos (eds), *Communication Uneven. Acceptance of and Resistance to Foreign Influences in the Connected Ancient Mediterranean*, Louvain-la-Neuve, 129-146.

Kitov, G. 2005, "Thracian tumular graves", in A. Iakovidou (ed.), *Thrace in the Graeco-Roman world, Proceedings of the 10th International Conference on Thracology (Komotene - Alexandropolis, 18-23 October 2005)*, Athens, 308-314.

Kotsonas, A. 2012, "Η ενεπίγραφη κεραμική του 'Υπογείου': προέλευση, τυπολογία, χρονολόγηση και ερμηνεία", in M. Besios - G. Z. Tzifopoulos - A. Kotsonas, Μεθώνη Πιερίας *1*. Επιγραφές χαράγματα και εμπορικά σύμβολα στη γεωμετρική και αρχαϊκή κεραμική από το "Υπόγειο" της Μεθώνης Πιερίας στη Μακεδονία, Thessaloniki, 113-304.

Mangum, M. A. 2016, "Oisyme, a Greco-Thracian community in Northern Greece: pots, position and potential", PhD diss University of Birmingham.

Plantzos, D. 2014, Οι αρχαιολογίες του κλασικού. Αναθεωρώντας τον εμπειρικό κανόνα, Athens.

Plato, *Republic, Volume I: Books 1-5* (Edited and translated by C. Emlyn-Jones and W. Preddy. Loeb Classical Library 237) Cambridge, MA, 2013.

Ray, C. 1998, "Culture, intellectual property and territorial rural development", in *Sociologia Ruralis*, 38.1, 3-20.

Salviat, F. 2017, "Archiloque hoplite et général - À Thasos avec Glaucos - Retour à Paros", in D. Mulliez (ed.), *Thasos. Métropole et colonies. Actes du symposion international à la mémoire de Marina Sgourou, Thasos, 21-22 septembre 2006, (Recherches franco-helléniques 5)*, Athènes, 65-112.

Snodgrass, A. M. 1987, *An Archaeology of Greece: The Present State and Future Scope of a Discipline*, Berkeley.

Strabo, *Geography, Volume III: Books 6-7* (Translated by H. L. Jones. Loeb Classical Library 182), Cambridge, MA, 1924.

Tacitus, *Annals: Books 4-6, 11-12* (Translated by J. Jackson. Loeb Classical Library 312), Cambridge, MA, 1937.

Terkenli, Th. S. 1996, Το Πολιτισμικό Τοπίο: Γεωγραφικές Προσεγγίσεις, Athens.

Thucydides, *History of the Peloponnesian War, Volume I: Books 1-2* (Translated by C. F. Smith. Loeb Classical Library 108), Cambridge, MA, 1919.

Tilley, C. 1994, *A Phenomenology of Landscape. Places, Paths and Monuments*, Oxford-Providence.

Tiverios, M. 2008, "Greek Colonisation of the Northern Aegean", in G. R. Tsetskhladze (ed.), *Greek Colonisation: An Account of Greek Colonies and Other Settlements Overseas II*, (Mnemosyne Suppl. 193), 1-154.

Tiverios, M. 2019, "Οι αποικίες των Παρίων και Ανδρίων στο βόρειο Αιγαίο", in E. Staphani - E. Tsangaraki - A. Arvanitaki (eds), Από τον Νότο στον Βορρά. Αποικίες των Κυκλάδων στο βόρειο Αιγαίο. Κατάλογος Έκθεσης 12.07.2019-31.08.2020, Thessaloniki, 39-51.

Triantaphyllos, D. 1973, "Μεγαλιθικά μνημεία (Dolmen) και βραχογραφίαι εις την Δυτικήν Θράκην", in *AAA*, 6, 2, 241-255.

Triantaphyllos, D. 1973-1974, "Αρχαιότητες και Μνημεία της Θράκης", in *ADelt*, 29, B3, 791-828. Triantaphyllos, D. 1978, "Αρχαιότητες και Μνημεία της Θράκης", in *ADelt* 33, B2, 302-314.

Triantaphyllos, D. 1980, "Τα μεγαλιθικά μνημεία της Δυτικής Θράκης", in *Θρακικά Χρονικά*, 36, 61-69.

Triantaphyllos, D. 1983, "Les monuments megalithiques en Thrace occidentale", in AA.VV., *Pulpudeva: Semaines phiiippopolitaines de l'histoire et de la Culture Thrace, vol. 3, Plovdiv 3-17 Octobre 1980*, Sofia, 145-163.

Triantaphyllos, D. 1984, "Αρχαϊκό νεκροταφείο στη Δυτική Θράκη", in *Atti del Convegno Internazionale Grecia, Italia e Sicilia nell'VIII e VII sec. a.C., Atene 15-20 Ottobre 1979*, Roma, 179- 207.

Triantaphyllos, D. 1986, "Les sanctuaires en plein air dans la région des Cicones", in A. Fol - M. Lazarov - V. Popov - C. Angelova - K. Porojanov (eds), *THRACIA PONTICA III Troisième Symposium International. Thème générale: "Les Thraces et les colonies grecques, VII-V s. av. n.è."*, *Sozopol 6-12 octobre 1985*, Sofia, 128-141.

Triantaphyllos, D. 1987, "Η Θράκη του Αιγαίου πριν από τον ελληνικό αποικισμό", in *Thrakiki Epetirida*, 7, 298-312.

Triantaphyllos, D. 1990, "Archaeoastronomical and Ethnoastronomical researches in Aegean Thrace", in *Archaeological Institut and Museum*, 17, 131-140.

Triantaphyllos, D. 1991, "La Thrace égéenne avant la colonisation grecque", in M. Lazarov - M. Tatcheva - C. Angelova - M. Georgiev (eds), *THRACIA PONTICA IV. Quatrième symposium international. Les thèmes, les agglomérations côtières de la Thrace avant la colonisation grecque, les sites submergés-méthodes des recherches, Sozopol 6-12 Octobre 1988*, Sofia, 283-308.

Triantaphyllos, D. - Koutsoumanis, M. 2019-2020, "Νέα επιφανειακή έρευνα σε γνωστές αρχαιολογικές θέσεις της Ροδόπης", in *AErgoMak*, 33 (forthcoming).

Tsantsanoglou, K. 2008, "Archilochos Fighting in Thasos: Frr. 93a and 94 from the Sosthenes Inscription", in D. Katsonopoulou - I. Petropoulos - St. Katsarou-Tzeveleki (eds), *Paros II. Archilochos and his age: Proceedings of the Second International Conference on the Archaeology of Paros and the Cyclades, Paroikia, Paros, 7-9 October 2005*, Athens, 163-180.

Tsatsanoglou, K. 2019, "Ο Αρχίλοχος πολεμιστής στη Θάσο", in E. Staphani - E. Tsangaraki - A. Arvanitaki (eds), *Από τον Νότο στον Βορρά. Αποικίες των Κυκλάδων στο βόρειο Αιγαίο. Κατάλογος Έκθεσης 12.07.2019-31.08.2020*, Thessaloniki, 127-133.

Tsiafakis, D. 1998, *Η Θράκη στην αττική εικονογραφία του 5ου αι. π.Χ. Προσεγγίσεις στις σχέσεις Αθήνας και Θράκης*, Komotini.

Tsiafakis, D. 2000, "The allure and repulsion of Thracians in the art of Classical Athens", in B. Cohen (ed.), *Not the Classical Ideal: Athens and the Construction of the Other in Greek Art*, Leiden, 364- 389.

Tsiafakis, D. 2002, "Thracian influence in Athenian imagery of the 5th century B.C.: The case of Orpheus", in A. Fol (ed.), *Thrace and the Aegean (8th International Congress of Thracology, Sofia- Yambol, 25th-29th September 2000)*, Sofia, 727-773.

Tsiafakis, D. 2009, "Έλληνες και Θράκες από τον 7o μέχρι τον 5o αι. π.Χ.", in Z. Bonias - J.Y. Perreault (eds), *Greeks and Thracians along the coast and in the Hinterland of Thrace during the years before and after the great colonization, Acts of the international Symposium, Thasos, 26-27 September 2009*, Θάσος, 123-134.

Tsiafakis, D. 2010, "Domestic Architecture in the Northern Aegean: the Evidence from the ancient settlement of Karabournaki", in H. Tréziny (ed.), *Grecs et Indigènes de la Catalogne à la Mer Noire. Actes des rencontres du programme européen Ramses2 (2006-2008)*, Paris, 379-388.

Tsiafakis D. 2020, "Northern Aegean", in F. De Angelis (ed.), *A Companion to Greeks Across the Ancient World*, New Jersey-Oxford, 409-430.

Tsiafakis, D. - Evangelidis, V. 2021, "Exploring rivers and ancient settlement in Aegean Thrace through spatial technology", in E. Kefalidou (ed.), *The Riverlands of Aegean Thrace: Production, Consumption and Exploitation of the Natural and Cultural Landscapes / River Valleys and Regional Economies*, Heidelberg, 45-61.

Veligianni-Terzi, Ch. 2016, *Οι Ελληνίδες πόλεις και το βασίλειο των Οδρυσών από Αβδήρων πόλεως μέχρι Ίστρου ποταμού*, Thessaloniki.

Vlachopoulos, A. - Tsiafaki, D. 2017 (eds), *Αρχαιολογία IV - Μακεδονία και Θράκη*, Athens 2017.

Xydopoulos, I. 2004, "The Thracian image in the Archaic literature. The absence of otherness", in *Peri Thrakis*, 4, 11-22.

Xydopoulos, I. 2007, *Η εικόνα των Θρακών στην κλασική ιστοριογραφία*, Thessaloniki.

Xydopoulos, I. 2009, "Η Θράκη και οι Θράκες στην ελληνιστική ιστοριογραφία", in P. Albanoudis (ed.), *Ανατολική Ρωμυλία (Βόρεια Θράκη) Ιστορία και Πολιτισμός. 1o Πανελλήνιο Συνέδριο, Κομοτηνή 4-6 Απριλίου 2008*, Thessaloniki, 67-90.

Webography

Archaeological REsearch in the North Aegean: http://arena.ipet.gr/ (last access 14/10/2021).

CETS 176 - European Landscape Convention (coe.int): https://rm.coe.int/1680080621 (last access 22/10/2021).

9

Identity, Community and 'Language of Power' in Byzantine Sardinia: burials in nuraghi (seventh - ninth c. CE)

Marco Muresu
Department of History, Lancaster Univesrsity

Abstract: The paper is about the archaeology of Byzantine Sardinia, and focuses on series of single and multiple burials dated between seventh and ninth c. CE. These have been found in nuraghi, the latter a typical series of architectures of original protohistoric chronology, many of which were reused in the Middle Ages as rural settlements. The graves in nuraghi contained many metal artefacts, such as weapons, apparel accessories, and coins. This set of evidence is open to a semantic reading as status symbols, which is also suggested by the strategic position of the nuraghi in the rural settlement. Can the combination of these two aspects be the light of a 'language of power' in use by the rural communities of Byzantine Sardinia?

Keywords: byzantine Sardinia; funerary archaeology; landscape studies; nuraghi; metal artefacts.

The paper aims to investigate a series of single and multiple burials dated between seventh and ninth c. CE found in *nuraghi*, megalithic architectures dated to the Middle Bronze Age and typical of the historical landscape of Sardinia[1]. The essay specifically deals with nine case-studies, located in the Southern part of the island[2] (Fig. 9.1). Their topographical features have been subjected to gis viewshed analysis, theorizing the existence of population dynamics developed in relation to the landscape and the road system, the latter being in substantial continuity with the *Itinerarium Antonini* (third c. CE)[3]. The only example from the *A Tibulas Caralis* road is the *nuraghe* Sa Domu Beccia (no. 1), located on the outskirts of the town of Uras (Oristano). It was top of a hill at the Southern access of the Campidano plain, and guaranteed the control of the routes from *Aquae Neapolitanae* to *Othoca* and the trade area of Sinis, the latter connected to *central places* such as *Neapolis* and *Tharros*; Sa Domu Beccia's position was also of primary importance to watch over a West-East way starting from *Neapolis*, to reach *Uselis* through the Eastern Campidano and the hillside paths (Fig. 9.2). The archaeological excavation of the *nuraghe* revealed it was reused in Late Antiquity, firstly as an agricultural settlement (c. fifth - sixth CE), then as a cemetery (eighth c. CE). During the latter, the keep (room A), the courtyard (G) and the access corridors to two of the three towers

of the *nuraghe* (D; F) where occupied by graves. During the removal of the superficial layer of the access corridor to the keep, several pierced bronze coins were found together with two iron knives, a pair of silver earrings with a gold pendant (*globo mammellato*), and many glass' paste beads, the latter probably belonging to an indefinite number of necklaces. Pierced coins were also unearthed in the access corridor to tower D, along with a few beads of glass paste necklace and a digital silver ring. The continuation of the excavation led to find a set of objects in iron and bronze, which were ascribed to a multiple burial of dozen occupants. An unspecified number of fragments belonged to military and cavalry equipment, particularly spears, short double-edged swords (*sax*?), daggers, knives, the handle of a shield, a horse bit, riding harnesses, an iron bridle loop, and two flintlocks. Weaponry and cavalry objects were found with five bronze belt buckles, respectively two of 'U-shape plaque', two of 'Corinth', and a single 'Balgota' typologies. Each of the former, in particular, had the plate decorated with a hunting scene (*venatio*), and a zoomorphic relief[4]. Interestingly enough, the above-mentioned artefacts were in stratigraphic and contextual association with two well-preserved Lombard *tremisses* struck by Aistulf (749-756) and Desiderius (756-774). This allowed to calibrate the chronology of some Byzantine objects in Sardinia, such as the 'Corinth' belt buckles, from the traditional dating to the 600s to the full eighth c. CE[5].

Along the *Aliud iter* which connected *Carales* to *Olbia* through the inland of Sardinia, the cases of Santu Millanu, Is Paras and Su Nuraxi proved to be interesting (Fig. 9.3).

---

[1] Research still in progress. See for a summary Muresu 2018, 79-80 and Muresu 2019. The wording limits of the editorial guidelines did not allow to list the complete bibliography on the subject. Thus, reference has been made, where possible, to the most recent studies. The Author is grateful to the Organizers for the invitation to participate in the Conference of which this volume is the outcome.

[2] 1. Uras, Sa Domu Beccia; 2. Genuri, S. Marco; 3. Gesturi, Bruncu Madugui; 4. Nuragus, Santu Millanu; 5. Isili, Is Paras; 6. Villanovafranca, Su Mulinu; 7. Siurgus Donigala, Su Nuraxi; 8. Armungia, *Nuraghe*; 9. San Vito, Asoro. Only five of the list (nos. 1, 4-7) were investigated archaeologically; the remaining were subjected to unsafe scientific excavations.

[3] For an overview of Roman Sardinia and its viability see Mastino 2005.

[4] Serra 2002b; Serra 2008a, 340-341; Serra 2008b, 735-737; Muresu 2018, 81-84, 86, 453 and 457-459. Another *venation* belt buckle was found at the access of *nuraghe*'s courtyard.

[5] Muresu 2018, 84-85.

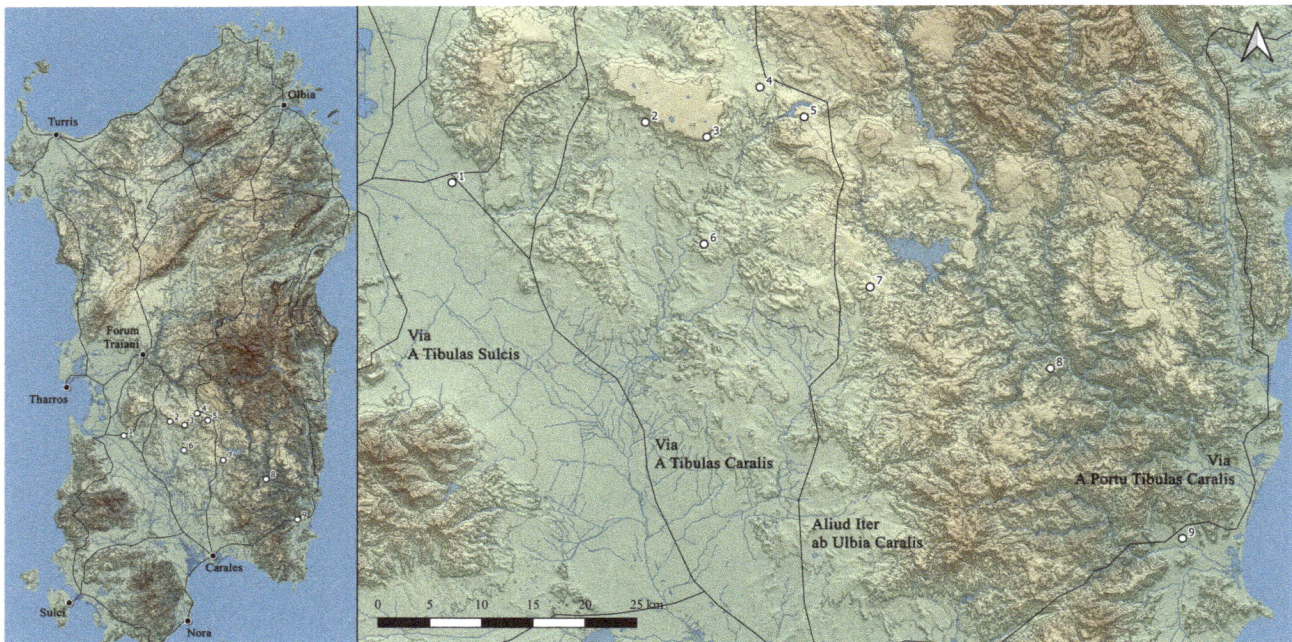

Fig. 9.1. Positioning of the case-studies: 1. Uras, Sa Domu Beccia; 2. Genuri, S. Marco; 3. Gesturi, Bruncu Madugui; 4. Nuragus, Santu Millanu; 5. Isili, Is Paras; 6. Villanovafranca, Su Mulinu; 7. Siurgus Donigala, Su Nuraxi; 8. Armungia, Nuraghe; 9. San Vito, Asoro.

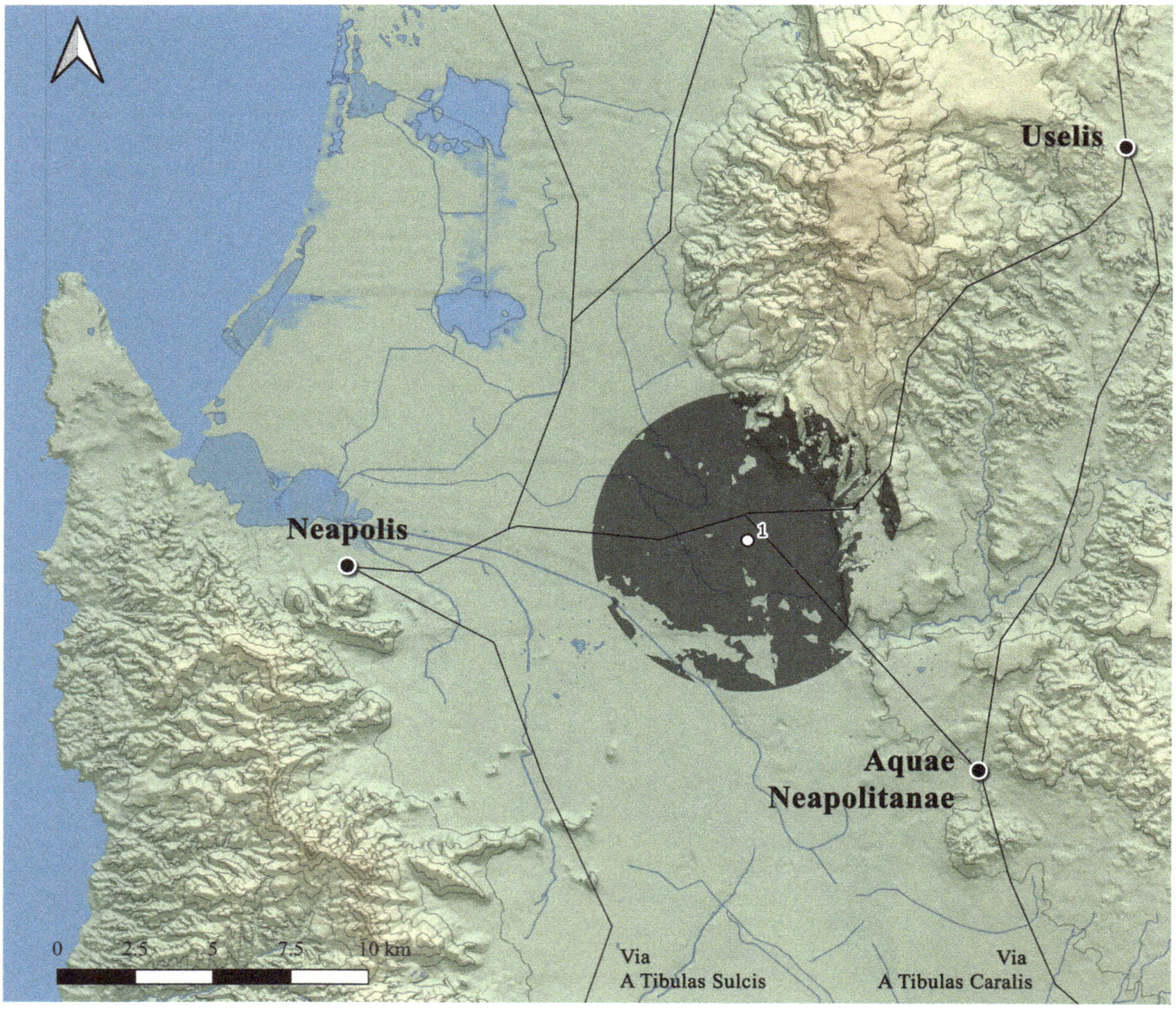

Fig. 9.2. Uras (Oristano), nuraghe Sa Domu Beccia, location and range of visibility with respect to the *Itinerarium Antonini* (c. third CE).

Aliud Iter ab Ulbia Caralis

Fig. 9.3. Nuragus, Isili, Siurgus Donigala (South Sardinia), nuraghi Santu Millanu, Is Paras, and Su Nuraxi, location and range of visibility (also mutual) with respect to the *Itinerarium Antonini* (c. third CE).

The former's name derives from a rural church dedicated to St Gemilianus, nowadays lost. Is located 1.5 km East of the town of Nuragus (South Sardinia), in an area with a settlement continuity from Protohistory to Middle Age, and rich in archaeological remains. These include the Water Temple ('*tempio a pozzo*') of Coni, the *nuraghe* Valenza and the ruins of another rural church dedicated to St Mary (S. Maria di Valenza)[6]. The presence of the name 'Valenza' led to the argument of identifying the area with the Roman center of *Valentia*, mentioned in the *Itinerarium Antonini*, although this is still a hypothesis[7].

The *nuraghe* Santu Millanu is structured on four circular towers along a keep made of limestone blocks. It was originally near a village, part of which has been identified from the presence of dispersed materials near the Northern tower. In correspondence with the latter, an excavation campaign started in 2020 led to the identification of a grave structured as a shaft surrounded by stone slabs and closed at the top with roof tiles[8]. The tomb contained the remains of a deceased in prepubertal age (6-7 years) which was buried along with a silver disc brooch, datable to c. seventh CE and stylistically comparable to a specimen found at *Columbaris-Cornus*[9]. The burial was partially delimited, towards the East, by an alignment of five quadrangular stone basins or urns, without a lid, interpreted as the result of a hypothetical reuse in order to delimit the funerary area. Research is still ongoing, as such every hypothesis remains open[10].

The *nuraghe* Is Paras is located 7 km South - South-Eeast from Santu Millanu, on the outskirts of Isili, the latter inhabited in the early Middle Ages[11]. Archaeological excavations near its Eastern boundary led to the discovery of some poorly preserved portions of stone-blocks wall, along with part of a floor layer[12]. The latter covered many amphorae sherds with geometric decorations, and some loom weights with stamped rosette motifs, of a typology ('stampigliata') already attested in Sardinia in contexts of seventh and eighth c. CE[13]. Other excavations near the Western tower also gave promising results. The removal of a floor level brought to light some wall portions of structures built leaning against the outer wall, during the Roman Age. A bronze-belt buckle of 'Ippona' typology,

dated back to the eighth c. CE, was found within one of the wall thicknesses[14].

Is Paras and Santu Millanu overlooked wide portions of the *Aliud iter ab Ulbia Caralis* and secondary paths from the Roman age, the latter evidenced by frequent finds of necropolis, remains of structures, pottery, and tiles sherds[15]. The highest level of discoveries comes from South-West of Nuragus, at the plateau of Valenza, which was visible both from Is Paras, and from Santu Millanu. As already mentioned, historiographers traced the name Valenza back to *Valentia*, a Roman *statio* of the *Itinerarium Antonini* in Sardinia. Although its location has never been found convincingly, many surveys in the area by the University of Cagliari allow to discover large areas of dispersion of artefacts, dated between c. second BCE and seventh CE, and suggesting the presence of a series of small agricultural settlements, now lost[16]. The most promising evidence was found around the ruins of the church of St Mary (S. Maria di Valenza), the latter surrounded by emerging structures and areas of pottery sherds. A series of squared blocks interpreted as the foundations of the church was brought to light close to the apse, and between the latter and the Southern wall. A paved road running almost tangent to the church was also found in its proximity, and was interpreted as the ancient access road to the site[17]. The results of the surveys have not been published completely yet. Nevertheless, it can be suggested many secondary roads and paths originally interested the area of St Mary. A further indication of this settlement system and of its persistence of use in the Medieval age is also the direct visibility between Is Paras and the plateau of S. Vittoria near Serri, the latter strategically placed in an area of settlement continuity since the Protohistory, with important phases of use in Roman, Vandal and Byzantine times[18].

The position of the above-mentioned sites allows us to recognize a common strategy in settlement, with their function as control points towards the Sarcidano and Barbagia. Fulcrum of this system was the road, which continued southwards to Siurgus Donigala (South Sardinia), and the *nuraghe* Su Nuraxi. The latter is suggestively located next to the early medieval church of St Theodore ('S. Teodoro'). Although being already damaged by illegal earthworks, a series of archaeological excavation at the lower portion of the keep allowed discovering its usage as a burial ground for about fifteen individuals, during eighth c. CE. Some metal artefacts were found in association with the skeletal remains, such as four bronze belt buckles[19], two rectangular bronze plaque loops, an earring (maybe with a *globo mammellato*

[6] Murgia - Trudu 2010, 2198.
[7] See Murgia - Trudu 2011.
[8] Pilo *et al.* 2020, 311.
[9] Pilo *et al.* 2020, 311. On *Columbaris-Cornus* check the previous bibliography in Muresu 2018, 257. A comparison can also be suggested with silver brooches of analogue style and chronology, found in Borutta-Sorres (Serra 1987, 109) and Nurachi - S. Giovanni Battista (grave v, cfr. Coroneo 2011, 277, with previous voices).
[10] Pilo *et al.* 2020, 311.
[11] The Late Antique phase of the territory of Isili has been prove through the presence of jewish communities. The latter were found through archaeological excavations, both in the town - near the manse, loc. Pala 'e Cresia - and in its rural proximities (loc. Sa Idda 'Eccia) (Serra 2002a, 86, 93 and 102, no. 14, with bibliography). Traditional historiography also reported about the find of a Byzantine gold coin, allegedly of Constans II (641-668) during the 1800s, nowadays lost (Muresu 2018, 174).
[12] Cossu - Saba 2000; Muresu 2018, 176.
[13] Perra 2002 130. On the amphorae sherds see Sanna 2013, 680. As for the pottery with 'stampigliata' decoration, see recently Pinelli 2021.

[14] Muresu 2018, 176, with previous bibliography.
[15] Murgia - Trudu 2010.
[16] Murgia - Trudu 2011.
[17] Murgia - Trudu 2011, 95.
[18] Muresu 2018, 171-172; Serra 2020, 123-124.
[19] Two with 'U'-shape plaque, respectively decorated with *venatio* and an hourglass geometric motif, an exemplar of 'Ippona' typology and, lastly, a 'Corinth' specimen.

pendant), a half *siliqua* of Justinian I (527-565) from the mint of Ravenna, and six glass paste beads[20].

The last example of site related to primary viability is *nuraghe* Asoro (South Sardinia), in the proximity of San Vito (Fig. 9.4). It was located on a valley surrounded by hills sloping down towards the sea. From its position it was possible to watch over the passage of the Roman road and the hillside path to Villaputzu (whose territory is rich in pre-existences even from the post-classical age)[21], along with the mouth of the river Flumendosa, and the ponds of Feraxi and Colostrai. A caisson tomb in large dry-stone blocks was accidentally discovered next to the *nuraghe*, in 1869. The burial contained the remains of about twenty individuals of both sexes, and many objects of grave goods. Giovanni Spano, in reporting the discovery, mentioned the existence of fourteen bronze buckles "chiselled [...] representing oxen, spikes, and people dressed in short tunics piercing lions, or fantastic animals". They were found along with an indefinite number of weaponry (spearheads, swords, daggers), accessories and jewellery, such as digital rings, bells; earrings in gold, silver and bronze, and a heart-shaped pendant. Many grains in glass paste, a clay weight and some coarse wares accompanied the metal artefacts. Most of the finds were stolen briefly after their discovery, nowadays presumed lost. The surviving evidence concerns partially perforated 'U 'buckle plate with *venatio*, a pair of golden *globo mammellato* earrings, a third, silver earring with floral chalice pendant, and a bronze bell[22].

Among the sites without a direct visibility of the *Itinerarium Antonini*, are of particular interest the examples of the *nuraghi* Armungia, near the homonymous town (no. 8) and, further West, S. Marco of Genuri (no. 2), Bruncu Madugui of Gesturi, (no. 3), and Su Mulinu of Villanovafranca (no. 6). All of the above-mentioned towns are included in the South Sardinia province.

Illegal excavation inside the Armungia *nuraghe* led to the discovery of a 'Balgota' bronze belt buckle (c. eighth CE), actually missing. The artefact was reported found in the left wall niche of the main room of the building. Although hypothetically related to a burial, nothing can be said about its context, and any hypothesis in this regard is to be considered unfounded[23]. It is possible to have relatively more information about the *nuraghe* S. Marco, on the eastern outskirts of Genuri, and next to a rural church equally named after the Evangelist. The building consisted in a central keep surrounded by three smaller towers. The latter were enclosed by a wall and a rampart on three sides (naturally defended to the North by the plateaus of Sini and Gesturi). The area was subjected to an archaeological excavation, enlightening a continuous stratigraphy from the Protohistory to the early Middle Age[24]. Although no trace

of funerary activity was found, a hint of the possible reuse of the *nuraghe* as a burial place was recognized inside the keep (tower 'A') where an exquisite golden earring and a fragmented round-shape brooch were found within a layer of frequentation mixed with frustules of coal and ash. The earring was decorated with two peacocks on the sides of a *kantharos*, and ended with thee smaller pendants. Both it and the brooch have been dated between the seventh and eighth c. CE, based on stylistic comparisons with other products of byzantine jewellery found in Sardinia. Similar earrings with three pendants were found in Siligo (S. Maria di Mesumundu) and Dolianova-Serdiana (Bruncu e s'Olia); an almost identical brooch, in this case intact, was also found in Bruncu e s'Olia[25]. The interpretation of Bruncu Madugui also is problematic. A plaque of 'Ippona' belt buckle decorated with the iconography of the Archangel Michael was found in the site, with no other contextual information[26]. Compared to the example of Armungia, however, the position of Bruncu Madugui at the Southern end of the plateau ('Giara') of Gesturi was of major strategic importance. The *nuraghe* was located between S. Marco, Santu Millanu, and Is Paras, controlling both the extent of the plateau to the North as well as a large stretch of the valley that sloped South. These features allow us to hypothesize it could have been an intermediate site of a path of connection between the *A Tibulas Caralis* and the *Aliud iter ab Ulbia Caralis*, which could have been skirt the base of the reliefs, and opening towards the Nuragus-Isili area (Fig. 9.5).

Further South, the research in the area of Su Mulinu, outside Villanovafranca, proved to be promising. The *nuraghe* was included in a densely populated area, with a system of small settlements developed on previous inhabited sites – many of which dating back to Protohistory[27]. Excavations in Su Mulinu documented a continuity from its foundation to the Middle Age. In particular, after c. fifth - sixth CE, part of the complex was reused as an agricultural-pastoral settlement. The latter use ended almost two centuries later, when part of the *nuraghe* became a burial site. The latter was discovered in the structure named 'F1' and in the tower 'H', the latter of which contained at least two graves with artefacts dating back to c. eighth CE, such as a 'Corinth' buckle plaque and a bronze *globo mammellato* earring. The objects were found together with two iron knives, two rings, a bronze brooch, and an almost intact necklace made up of *faïence* grains[28]. As for the tower 'H', its excavation also revealed a previous agricultural usage followed by a later funerary function. The latter was identified by finding two depositions within an L-shaped niche inside the tower. The graves were accompanied by a few glass paste beads and some metal artefacts, the latter a bronze crest or crochet needle, and two intact belt buckles, one of which was 'Corinth' and the other one with an ogive

[20] Ugas - Serra 1990, 107-112; Serra 2002c; Serra M. 2017; Muresu 2018, 167-170.
[21] Muresu 2018, 287, with bibliography.
[22] Spano 1870, 19-20; Serra 1987, 109, 113 and 122; Salvi - Serra 1990.
[23] Serra 2008b, 733-734, note 31.
[24] Atzeni *et al.* 2012, 765-767.

[25] Dore 2016.
[26] Serra 2000, 449-450.
[27] Ugas - Saba 2015.
[28] Muresu 2018, 77-78, with previous bibliography.

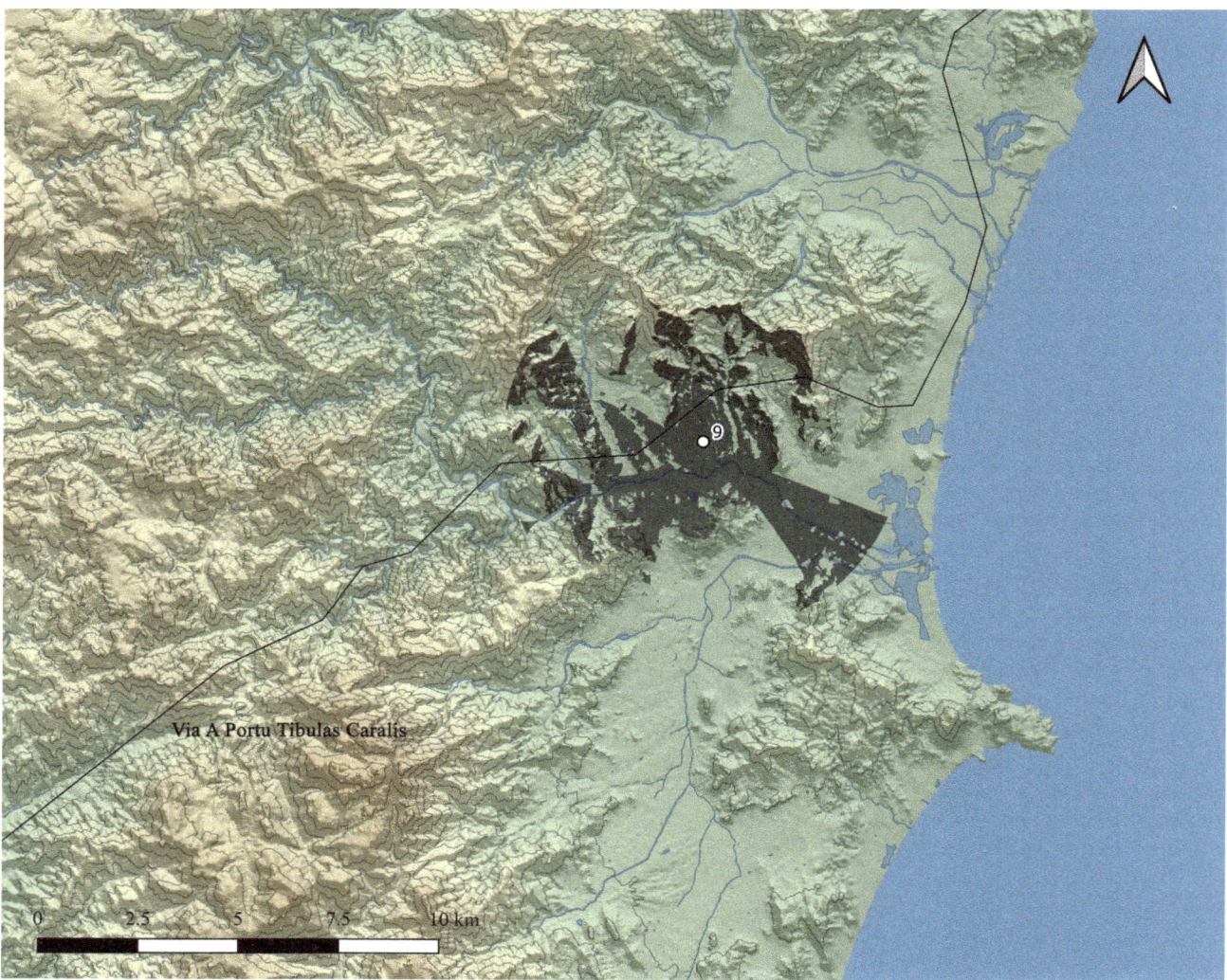

Fig. 9.4. San Vito (South Sardinia), nuraghe Asoro, location and range of visibility with respect to the *Itinerarium Antonini* (c. third CE).

plate[29]. Moreover, in the same context, a Lombard coin was also discovered. It has been identified as a *tremissis* issued in the name of Maurice Tiberius (582-602), dated between the end of the sixth c. CE and ninety years after the reign of Cunipert (688-700)[30].

Awarenessly to the limited set of examples cited in the article, some common interpretative keys can be already suggested. With the exception of sites nos. 1 and 9, placed in flat landscapes, the remaining case-studies are located in hilltops or reliefs[31]. While distant from the road network, the sites are anyhow in territories with a durable level of continuity and a rich number of strategic features, starting in hydrography. Except for cases nos. 2 and 7,

which correlation cannot be verified stratigraphically, no *nuraghe* reused as site of burial is connected to a Christian worship cult.

The examples of Sa Domu Beccia, S. Marco, Su Mulinu, Su Nuraxi di Siurgus Donigala, and Asoro observe a functional change from an older phase (c. fifth - sixth CE) of agricultural and pastoral exploitation, to a later one (from the end of c. seventh CE) as burial grounds. The latter is linked to the presence of family units (due to the variation in the components of the grave goods). Several hypotheses can be assumed on the identity of these 'families' and the features of their settlement choices: maybe that kind of peasant-soldiers who became key figures of the Byzantine countryside after mid- 600s after the structural reforms of the Empire, and whose status as landowners was linked to their military role[32]. This hypothesis, although suggestive, still awaits a verification given by the confirmation of the precise regulatory apparatus which, for Sardinia, is absent.

---

[29] Saba 2015, 116, nos. 16-17.
[30] Lastly Muresu 2018, 78.
[31] 1. Uras, Sa Domu Beccia (h m 37 amsl); 2. Genuri, S. Marco (m 223 amsl); 3. Gesturi, Bruncu Madugui (m 508 amsl); 4. Nuragus, Santu Millanu (m 353 amsl); 5. Isili, Is Paras (m 497 amsl); 6. Villanovafranca, Su Mulinu (m 292 amsl); 7. Siurgus Donigala, Su Nuraxi (m 454 amsl); 8. Armungia, *Nuraghe* (m 343 amsl); 9. San Vito, Asoro (m 33 amsl).

[32] Humphreys 2015, 81-195, with other bibliography.

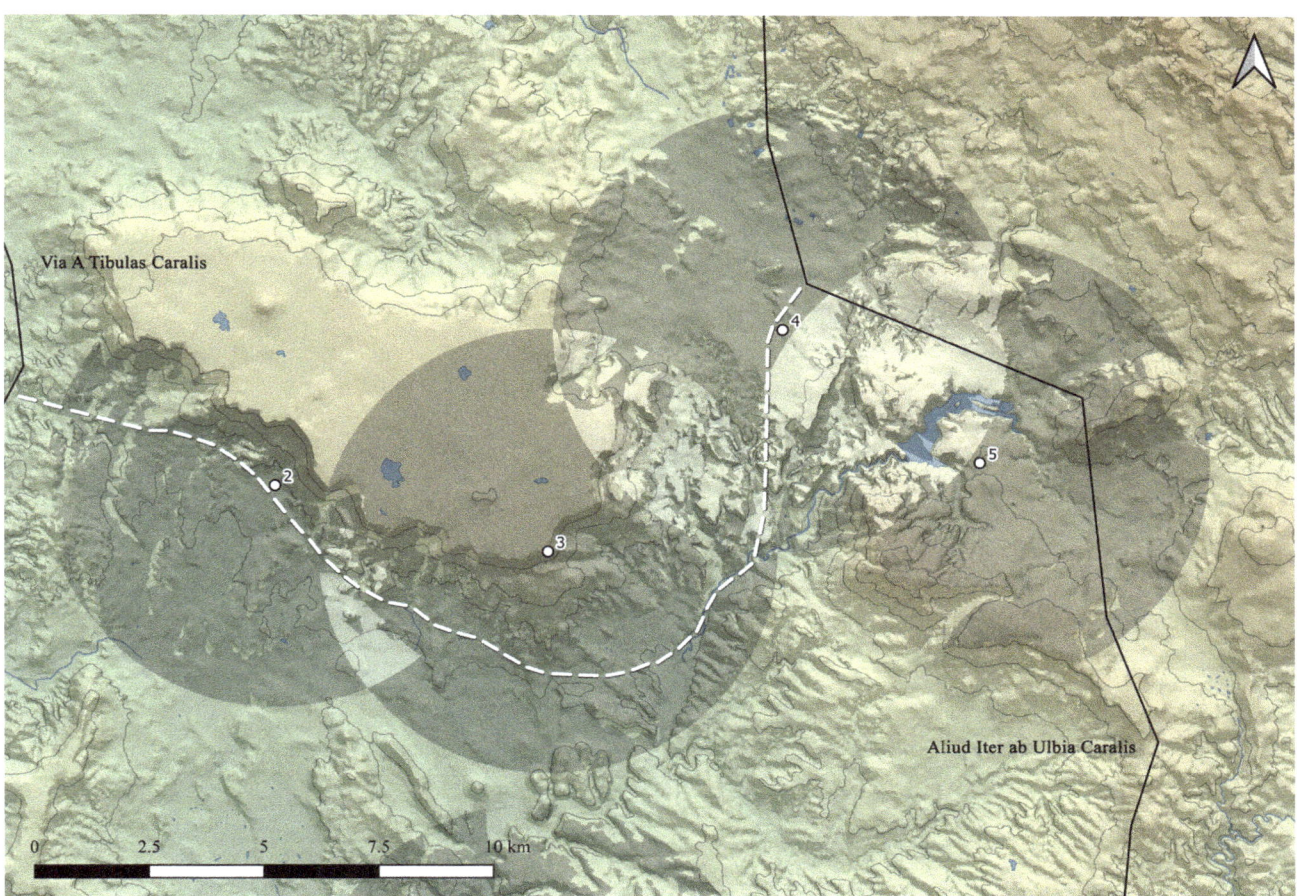

Fig. 9.5. Genuri, Gesturi, Nuragus (South Sardinia), nuraghi S. Marco, Bruncu Madugui, and Santu Millanu, location and range of visibility (also mutual) with respect to a hypothetical secondary path linked to the *Itinerarium Antonini* (c. third CE).

On the other hand, the relevance of the artefacts to the Byzantine cultural sphere is proven from both archaeology, and stylistic comparison[33]. The latter allows to find common features in iconography, for instance the several examples of '*venatio*' decoration on the belt buckles[34]. The material data would therefore seem affected by a double diffusion trend, on a 'local' scale – for instance the use of '*globo mammellato*' earrings, of different sizes and materials but still responding to a unique style[35] – as well as a more wider range, with technical and iconographic traditions found, for example, also in the Italian Peninsula[36]. Objects such as cavalry equipment introduces the possibility to interpret the found artefacts also as potential status symbols. As such, the presence of bridles and harnesses in the burial could have been replace the presence of the horse, guaranteeing the family the 'elitist' image and at

the same time not causing strong economic repercussions; again, this is a feature which finds comparisons outside of Sardinia[37].

In conclusion, it becomes necessary to frame the funerary objects as elements to identify the rank, the economic well-being and the institutional role covered by their possessors. In this regard, Cristina La Rocca described the funeral as the moment in which it was possible to ensure "the social prerogatives [...] expressed and defined through the funerary artefacts", according to a practice that could find comparisons in "border areas"[38]. The variations in the choice of the objects accompanying the deceased and the use of occasionally 'sumptuous' were "the most effective indicator of how the perception of the social prestige was influenced by locally-developed models"[39]. Focusing on the settlement networks, the choice of *nuraghi* as places for burials, often with rich grave goods, seems, to convey the idea of a Byzantine Sardinian landscape as a reality affected by a 'language of power'. The latter was 'spoken'

[33] Muresu 2018, 79-81; Muresu 2019.
[34] In addition to the examples of Uras, Siurgus Donigala, and San Vito, a belt-buckle with *venatio* decorations has been found also in Fordongianus (Pani Ermini - Marinone 1981, 100-101, no. 153; uncertain location of the town). Lastly, another specimen of unclear provenance with same iconography is kept in the National Archaeological Museum of Cagliari (Pani Ermini - Marinone 1981, 100-101, no. 152).
[35] For the diffusion of the *globo mammellato* earrings in Sardinia, see Muresu 2018, 77, note 315.
[36] See on this the bibliography of Sannazaro 2003, 645, note 8; Giostra 2011a. Further comparisons in Muresu 2019, 520.

[37] La Rocca 2009, 69-70, notes 29-31, with bibliography; Barbiera 2012, 128. On the economic aspects, with attention to documentary sources, see Muresu 2018, 86.
[38] La Rocca 1997, 33-37. See also Giostra 2017a, 60-67; Giostra 2017b, 82-112.
[39] La Rocca 1997, 33-37.

by characters able to express their status through the combined value of places and artefacts, to express their identity, and *community*.

Bibliography

Atzeni, L. M. - Balzano, G. - Canino, G. - Cocco, D. 2012, "Il nuraghe San Marco-Genuri (VS) nell'ambito del contesto abitativo del Medio Campidano in Età Protostorica e il suo riutilizzo in Età Storica", in *La preistoria e la protostoria della Sardegna*, Firenze, 765-770.

Barbiera, I. 2012, *Memorie sepolte. Tombe e identità nell'alto medioevo (secoli V-VIII)*, Roma.

Coroneo, R. 2011, *Arte in Sardegna dal IV alla metà dell'XI secolo*, Cagliari.

Corrias, P. - Cosentino, S. (eds) 2002, *Ai confini dell'Impero. Storia, Arte e Archeologia della Sardegna bizantina*, Cagliari.

Cossu, T. - Saba, A. 2000, *Il nuraghe Is Paras di Isili*, Isili.

Dore, S. 2016, "Un orecchino bizantino in oro decorato con volatili affrontati dal nuraghe S. Marco di Genuri (VS)", in *QuadACagl*, 27, 481-492.

Giostra, C. 2011a, "Goths and Lombards in Italy: the potential of archaeology with respect to ethnocultural identification", in *Post-Classical Archaeologies*, 1, 7-36.

Giostra, C. 2017a, "Verso l'aldilà: i riti funerari e la cultura materiale", in G. P. Brogiolo - F. Marazzi - C. Giostra (eds), *I Longobardi. Un popolo che cambia la storia*, Milano, 60-67.

Giostra, C. 2017b, "La struttura sociale delle necropoli longobarde: una lettura archeologica", in C. Giostra (ed.), *Archeologia dei Longobardi. Dati e metodi per nuovi percorsi di analisi*, Mantova, 83- 112.

Humphreys, M. T. G. 2015, *Law, Power, and Imperial Ideology in the Iconoclast Era, c.650-850*, Oxford.

La Rocca, C. 1997, "Segni di distinzione. Dai corredi funerari alle donazioni "post obitum" nel regno longobardo", in L. Paroli (ed.), *L'Italia centro settentrionale in età longobarda, Atti del convegno, Ascoli Piceno, 1995*, Firenze, 31-54.

La Rocca, C. 2009, "Tombe con corredi, etnicità e prestigio sociale: l'Italia longobarda del VII secolo attraverso l'interpretazione archeologica", in S. Gasparri (ed.), *Archeologia e storia dei Longobardi in Trentino (secoli VI-VIII), Atti del convegno nazionale di studio, Mezzolombardo, 25 ottobre 2008*, Mezzolombardo, 55-75.

Mastino, A. (ed.) 2005, *Storia della Sardegna Antica*, II, Nuoro.

Muresu, M. 2018, *La moneta "indicatore" dell'assetto insediativo nella Sardegna bizantina (secoli VI-XI)*, Perugia.

Muresu, M. 2019, "Indicatori archeologici del popolamento nell'alta valle del fiume Tirso (Sardegna) tra alto e basso Medioevo", in C. Raimondo - F. Marazzi (eds), *Medioevo nelle Valli. Insediamento, società, economia nei comprensori di valle tra Alpi e Appennini (VIII e XIV sec.)*, Squillace, 479-493.

Murgia, E. - Trudu, E. 2011, "Nuove indagini archeologiche nel territorio di Nuragus", in M. Milanese - P. Ruggeri - C. Vismara (eds), *L'Africa Romana. I luoghi e le forme dei mestieri e della produzione nelle province africane, Atti del XVIII Convegno di Studi, Olbia, 11-14 dicembre 2008*, Roma, 2191-2200.

Murgia, E. - Trudu, E. 2011, *Nuragus. Storia, archeologia e territorio*, Cagliari.

Pani Ermini, L. - Marinone, M. 1981, *Museo Archeologico di Cagliari. Catalogo dei materiali paleocristiani ed altomedievali*, Roma.

Perra, M. 2002, "L'organizzazione della difesa territoriale", in Corrias - Cosentino, 127-136.

Pilo, C. - Dore, S. - Candilio, F. - Deaddis, R. 2020, "Nuragus (SU). Campagna di scavo archeologico al nuraghe Santu Millanu", in *QuadACagl*, 31, 311-313.

Pinelli, L. 2021. "Le ceramiche cosiddette "stampigliate in Sardegna": un aggiornamento alla ricerca", in *Layers. Archeologia territorio contesti*, 6, 75-130.

Saba, A. (ed.) 2015, *Catalogo del Civico Museo Archeologico Su Mulinu di Villanovafranca. La collezione in esposizione dal 2002 al 2014*, Villanovafranca.

Salvi, D. - Serra, P. B. 1990, "Corredi tombali e oreficerie nella Sardegna altomedievale", in *Quaderni didattici della Soprintendenza Archeologica per le province di Cagliari e Oristano*, 3.

Sanna, E. 2013, "Contenitori da trasporto anforici tra VIII e XI secolo: dati e problemi", in R. Martorelli (ed.), *Settecento-Millecento. Storia, Archeologia e Arte nei "secoli bui" del Mediterraneo. Dalle fonti scritte, archeologiche ed artistiche alla ricostruzione della vicenda storica: la Sardegna laboratorio di esperienze culturali, Atti del Convegno, Cagliari, 17-19 Ottobre 2012*, II, Cagliari, 675-704.

Sannazaro, M. 2003, "Identità, tradizioni, credenze longobarde alla luce della documentazione archeologica", in *I Longobardi dei ducati di Spoleto e Benevento, Atti del XVI Congresso internazionale di studi sull'alto medioevo, Spoleto-Benevento, 20-27 ottobre 2002)*, Spoleto, 643- 668.

Serra, M. 2017, *Archeologia di un paesaggio cristiano: Siurgus Donigala (CA) e le sue chiese (VI- XIX secolo). Insediamenti e santi tra spopolamenti e devozione*, Ortacesus.

Serra, P. B. 1987, "Quartu S. Elena (CA): coppia di orecchini aurei con cestello a calice floreale (orecchini di tipo I dalla Sardegna)", in *QuadACagl*, 4.2, 105-123.

Serra, P. B. 2000, "Segni e oggetti del pellegrinaggio medioevale in Sardegna. L'Alto Medioevo", in L. D'Arienzo (ed.), *Gli Anni Santi nella Storia, Atti Congresso Internazionale, Cagliari, 16-19 ottobre 1999*, Cagliari, 431-463.

Serra, P. B. 2002a, "L'armamento", in Corrias - Cosentino, 149-157.

Serra P. B. 2002b, "Uras: materiali dell'equipaggiamento dei guerrieri e dell'ornamento femminile dal nuraghe Domu Beccia", in Corrias - Cosentino, 212-213.

Serra, P. B. 2002c, "Siurgus Donigala: tomba collettiva di fanti da Su Nuraxi", in Corrias - Cosentino, 219.

Serra, P. B. 2008a, "Su alcune matrici in bronzo di linguette altomedievali decorate a "punti e virgole" dalla Sardegna", in L. Casula - A. M. Corda - A. Piras (eds), *Orientis radiata fulgore. La Sardegna nel contesto storico e culturale bizantino*, Cagliari, 313-352.

Serra, P. B. 2008b, "Su un ponte nuragico a Desulo e sugli insediamenti tardo-romani e altomedievali di ambito rurale nell'isola", in *La civiltà nuragica, nuove acquisizioni 2, Atti del Congresso, Senorbì, 14-16 dicembre 2000*, Cagliari, 727-745.

Serra, P. B. 2020, "Le ricerche di Antonio Taramelli nell'ambito bizantino", in M. Casagrande - M. Picciau - G. Salis (eds), *Antonio Taramelli e l'archeologia della Sardegna, Atti delle Giornate di Studio, Abbasanta, 17-18 maggio 2019*, Cagliari, 117-132.

Spano, G. 1870, *Memoria sulla badia di Bonarcadu e scoperte archeologiche fattesi nell'isola in tutto l'anno 1869*, Cagliari.

Ugas, G. - Saba, A. (eds) 2015, *Un nuraghe per la dea Luna. Su Mulinu di Villanovafranca nelle ricerche dal 1984 al 2003. Un contributo per un nuovo progetto museale*, Villanovafranca.

Ugas, G. - Serra. P. B. 1990, "Complesso sepolcrale bizantino nel mastio del nuraghe Su Nuraxi di Siurgus Donigala (Cagliari): il sepolcreto altomedievale", in *Le sepolture in Sardegna dal IV al VII secolo, Atti del IV Convegno sull'archeologia tardoromana e altomedievale, Cuglieri, 27-28 giugno 1987*, Oristano, 107-131.

10

Alcune osservazioni sull'articolazione del sistema insediativo tarquiniese dall'età protostorica al periodo arcaico

Matilde Marzullo
Università degli Studi di Milano

Abstract: This paper is based on the ten year time topographic research of the CRC 'Tarquinia Project', directed by G. Bagnasco Gianni. Important results on the fortifications and on the perimeter of the city (PRIN 2008 'Mura Tarquiniesi') were acquired and the Archaeological Map of the Civita di Tarquinia was created. Maps, historical documentation and thematic representations of the ancient town and its territory from the sixteenth century to date were analysed in a GIS system. This includes a pioneering LiDAR survey done in 2010 for this purpose. The results allow to focus again on the development of the Tarquinian settlement system, since its most ancient phases. Interpretative models proposed over time will be illustrated, taking into account the data obtained from CRC 'Tarquinia Project'. New points of view on the perception that the ancients had of their landscape and on the use of the territory can be proposed, shading further light on the social, religious and political factors at the root of the settlement and its forms.

Keywords: Tarquinia; urbanizzazione; percezione; paesaggio; territorio; abitato.

Il titolo di queste giornate di studio, ricco di spunti riguardo sia alla percezione che gli antichi avevano del proprio paesaggio, sia all'organizzazione economica e insediativa del territorio, permette di affrontare nuovamente il caso di Tarquinia alla luce dei risultati delle indagini sulle Mura Tarquiniesi e della realizzazione della *Carta Archeologica della Civita di Tarquinia* nell'aggiornamento 2018[1]. Gli esiti di questi studi, infatti, si sommano a quanto sinora rilevato in letteratura e offrono l'occasione di proporre un bilancio e ulteriori riflessioni sulle scelte e sui fattori stimolanti alla radice dell'insediamento e delle sue forme.

Come è noto il tema è oggetto di un dibattito oramai sterminato e secolare che ha visto contrapporsi nel tempo punti di vista anche molto distanti fra loro, riguardanti in primo luogo il carattere unitario o policentrico dell'agglomerato e le definizioni di urbano, protourbano e città[2]. In questo panorama il caso di Tarquinia è risultato assai emblematico, e su di esso si è molto discusso[3]. A tal proposito un punto di sintesi è stato offerto negli anni Duemila combinando per la prima volta i dati provenienti dagli scavi sistematici dell'Università degli Studi Milano al 'complesso monumentale', con quelli delle ricognizioni di superficie condotte nel tempo da A. Mandolesi e dalla

Soprintendenza[4]. Tali punti chiave hanno permesso di delineare sin dal Bronzo Finale l'esistenza di una comunità organizzata che guiderà la formazione della città in un percorso che la distinguerà per i modi e i tempi[5].

Grazie all'approfondirsi delle ricerche e agli scavi sistematici anche nelle altre gradi metropoli etrusche, l'avvio della formazione dei centri protourbani in Etruria meridionale nel corso del BF3 appare oggi una realtà consolidata, e nel tempo si è convenuto sull'esistenza di un carattere di progettualità nella scelta dei pianori e sulla dislocazione delle unità abitative sulla loro superficie[6]. Del resto, come rimarcava B. d'Agostino ancora nel 2005, la capacità di pianificazione del territorio non può che essere segno di una forte coesione socio-politica[7] e senza un impulso originato da una esigenza comunitaria iniziale, è difficile credere che tutto ciò possa essere avvenuto[8]. Per

---

[1] Sulle ricerche riguardo al perimetro fortificato da ultimi: Marzullo 2018; Bagnasco Gianni 2018 (con bibliografia). Perla *Carta Archeologica della Civita di Tarquinia*, Marzullo 2018b (con bibliografia).

[2] Per i differenti punti di vista e per un quadro di sintesi: Ward Perkins 1961; di Gennaro 1986; Ampolo 1988; Rendeli 1991; Peroni 1994; Peroni 2000; Pacciarelli 2001; d'Agostino 2005; Bonghi Jovino 2005; Bonghi Jovino 2006; Bartolini 2008; Guidi 2008; Marino 2015; Pacciarelli 2016; Pacciarelli 2017; Terrenato 2019, 47-65; Stoddart 2020; Stoddart 2020b; Bagnasco Gianni *et al.* 2021; Potts-Smith 2021, 9-13.

[3] Per un riepilogo degli aspetti maggiormente significativi e dei punti di vista differenti, Piazzi 2016.

[4] Per il 'complesso monumentale' in particolare Bonghi Jovino - Chiaramonte Trerè 1997; Sgubini Moretti 2001. Per le ricerche di superficie e per il distretto tarquiniese: Mandolesi 1999; Iaia *et al.* 2001; Iaia *et al.* 2001b.

[5] Per un quadro d'insieme, v. Pacciarelli 2001, Bonghi Jovino 2005, Bonghi Jovino 2006 e da ultimi Bagnasco Gianni *et al.* 2019; Bagnasco Gianni *et al.* 2021 con rimandi. Su questi aspetti si veda in particolare Bonghi Jovino 2005, 28.

[6] Pacciarelli 2001, 128-131; Pacciarelli 2009; Bartoloni 2008; Barbaro 2010; di Gennaro - Guidi 2010; Marino 2015 con rimandi alla vasta bibliografia in proposito.

[7] Il fenomeno, osservato in primo luogo in Etruria meridionale e campana, permette di riconoscere complessi e articolati impianti insediativi di compagini sostanzialmente unitarie dal punto di vista politico (d'Agostino 1988, 6-7, con bibliografia; d'Agostino 2005). Su questi aspetti in relazione alle capacità politico decisionali in grado di imporre un ordine totalmente rinnovato all'intera regione frutto di una scelta operata sin dal principio Pacciarelli 2009, 392.

[8] Da questo punto di vista si veda quanto osservato inizialmente da Pallottino 1939, 55; Peroni - di Gennaro 1986. Da ultimo su questi aspetti, Stoddart 2020b (con ulteriori punti di vista e riflessioni).

questo da tempo si identificano come antefatti della nascita dei grandi abitati del Primo Ferro la concentrazione e la riduzione del numero degli insediamenti nel BF3 rispetto a BF1 e 2, e attraverso questa ottica si è giunti a credere che l'organizzazione di un sistema complessivo territoriale possa dirsi avviato già a partire da quella data[9]. Oltre alla distribuzione territoriale, a sostegno di questa ipotesi vi sono le riconosciute attività economiche differenziate per i diversi centri: essendo infatti inseriti in una maglia ad ampia scala produttivamente organizzata, potevano permettersi di specializzarsi[10].

Provando a trasportare queste considerazioni sul caso tarquiniese, tali premesse suggeriscono che quando l'insieme di individui occupò parte del Pianoro della Civita in una età avanzata del BF, fosse già una comunità mentalmente organizzata, che sapeva cosa stava lasciando e a che cosa avrebbe voluto dare avvio nella nuova sede. In questo senso è stato da tempo dimostrato come nella scelta delle sedi abitative sussistano requisiti geofisici e geomorfologici ricorrenti, nonché valenze comuni rappresentate dall'ampiezza degli areali e da risorse naturali come le possibilità agricole, minerarie o di comunicazione, che hanno indirizzato le comunità a questa soglia cronologica[11]. In questi termini non si può non convenire che le 'città di pianoro' si svilupparono secondo una predeterminata logica, legata a precise necessità, e non in termini di casualità[12].

Dal punto di vista tarquiniese conferme provengono dal territorio. Qui numerosi studi e indagini archeologiche hanno dimostrato che durante il BF lungo la costa si possono riconoscere le radici del processo che porterà alla nascita dei numerosi insediamenti pianificati a distanze regolari, ben riconoscibili nella fase iniziale della prima età del Ferro[13]. Essi erano culturalmente legati a Tarquinia e si disponevano in relazione all'abitato come centri complementari, difficilmente pensabili come isolati e autosufficienti[14]. L'insieme formava così un macro distretto complessivo di integrazione tra numerosi insediamenti distribuiti in un'area di centinaia di kmq[15]. Naturalmente, come osserva Bonghi Jovino, non si può pensare che per due secoli ci sia stata una sola, univoca e unilaterale proiezione verso il territorio del potere esercitato dagli individui preminenti che risiedevano sul Pian di Civita[16]: bisogna tenere in considerazione, come osserva Pacciarelli, possibili distribuzioni di autorità e competenze nei vari nuclei abitativi disposti attorno al principale agglomerato protourbano[17].

In ogni caso si può ancora una volta intravvedere che già dal BF un potere centrale, da indentificarsi con i gruppi umani che si riunivano presso la cavità naturale del 'complesso sacro-istituzionale', stava organizzando non solo il centro che diverrà poi l'abitato storico di Tarquinia, ma anche il comparto territoriale, insediativo ed economico dell'intero distretto (Fig. 10.1)[18]. Del resto l'esigenza che andava caratterizzando le forme di insediamento nella fase recente del BF di disporre di flussi costanti di beni non può non aver favorito i centri disposti in punti strategici del territorio, che a loro volta avranno avuto interesse a far convergere su di loro tali traffici[19]. Una spia di tale processo può essere individuata proprio al 'complesso monumentale' dove un frammento di ceramica inquadrabile nell'ambito della classe della *White-Painted* (WP), potrebbe testimoniare contatti ciprioti o una precocissima frequentazione levantina[20]. In entrambe le interpretazioni il reperto dimostra l'ampiezza dei fenomeni di contatto che convergevano verso questo distretto e che identificano l'agglomerato protostorico della Civita quale principale punto di riferimento[21].

Tali legami contribuiscono notevolmente alla crescita dell'abitato e alla sua prosperità. Come si è visto, nella fase iniziale della prima età del Ferro la comunità è oramai dotata di forti organismi politici che mettono in opera un assetto territoriale, il cui risultato evidente è la localizzazione strategica di centri minori[22].

Le ragioni addotte sono molteplici e vanno dall'esigenza di tutela del territorio e delle rotte marittime a motivi economici legati sia agli scambi commerciali, sia allo sfruttamento risorse primarie, agricole e connesse all'ambiente marino[23].

Per il caso tarquiniese fra queste spicca naturalmente il sale[24]. Da questo punto di vista appare decisamente significativo che nel tratto di costa compreso tra il Marta e il Mignone, cioè a più ridotta distanza dal centro della Civita, fiorisca soltanto l'abitato delle Saline (Fig. 10.1)[25]. Ciò non può che essere motivato da precise scelte

[9] In questo senso in particolare, di Gennaro - Guidi 2010, 432; Pacciarelli 2017, 570-572 (con bibliografia).
[10] di Gennaro 1998; Pacciarelli 2009, 372-383.
[11] Per riepilogo delle caratteristiche principali riguardo a questi aspetti, Cristofani 1984, 13-28; Bartoloni 2012, 88-92. Su questi aspetti colti attraverso un'analisi territoriale basata sulla gerarchia dei siti, Stoddart 2020.
[12] Per Tarquinia, in particolare, Bonghi Jovino 2005, 28; Pacciarelli 2010, 21.
[13] Mandolesi -Trucco 2000, 495; Mandolesi 2015; Maras - Borzillo 2021 (con bibliografia).
[14] Mandolesi - Trucco 2000.
[15] Pacciarelli 2009, 375-376; Stoddart 2020, 120-21.
[16] Bonghi Jovino 2005, 42.
[17] Su questi aspetti, in particolare Pacciarelli 2010.

[18] Per le presenze dell'Età del Bronzo nel territorio di Tarquinia: Mandolesi 1999, 146-154 (per le necropoli attorno all'abitato della Civita) e 158-174 (per gli insediamenti del Pisciarello, Castello di Corneto, Fontanile delle Serpi, Saline). Per ulteriori approfondimenti su queste testimonianze, Trucco 2007, 313-322.
[19] Su questo fenomeno nell'Italia protostorica, in particolare Pacciarelli 2009, 380-382 (con bibliografia). Per Tarquinia si possono ricordare i modellini d'imbarcazione in impasto ritrovati nelle tombe del Primo Ferro, le cui caratteristiche si conciliano pienamente con le necessità di controllo delle rotte e con le iniziative commerciali riferibili all'epoca (Mandolesi - Castello 2010). Su questi temi, inoltre, Stoddart 2020, 188-190 (con ulteriori punti di vista).
[20] Per i più antichi fenomeni di contatto del distretto tarquiniese con l'area egeo-anatolica, Bagnasco Gianni *et al.* 2016; Botto 2017, 582-583.
[21] Per ulteriori aspetti che collegano Tarquinia con l'Europa del Nord e la Scandinavia sin da epoca remota: Iaia 2010; Bagnasco Gianni *et al.* 2017 (con bibliografia).
[22] Iaia 1999, 134-135; Pacciarelli 2001, 250-250; Riva 2010; Bonghi Jovino 2020, 7-8; Stoddart 2020b.
[23] Gras 1980; Delpino 1986; Mandolesi - Trucco 2000; Bonghi Jovino 2005; Iaia - Mandolesi 2010; Mandolesi 2015 (conbibliografia).
[24] Mandolesi 1999b; Bonghi Jovino 2002; Bartoloni 2002, 146-147.
[25] Su questi aspetti e sulla apertura della percezione territoriale tarquiniese verso il mare, in particolare Mandolesi 2015; da ultimi Maras

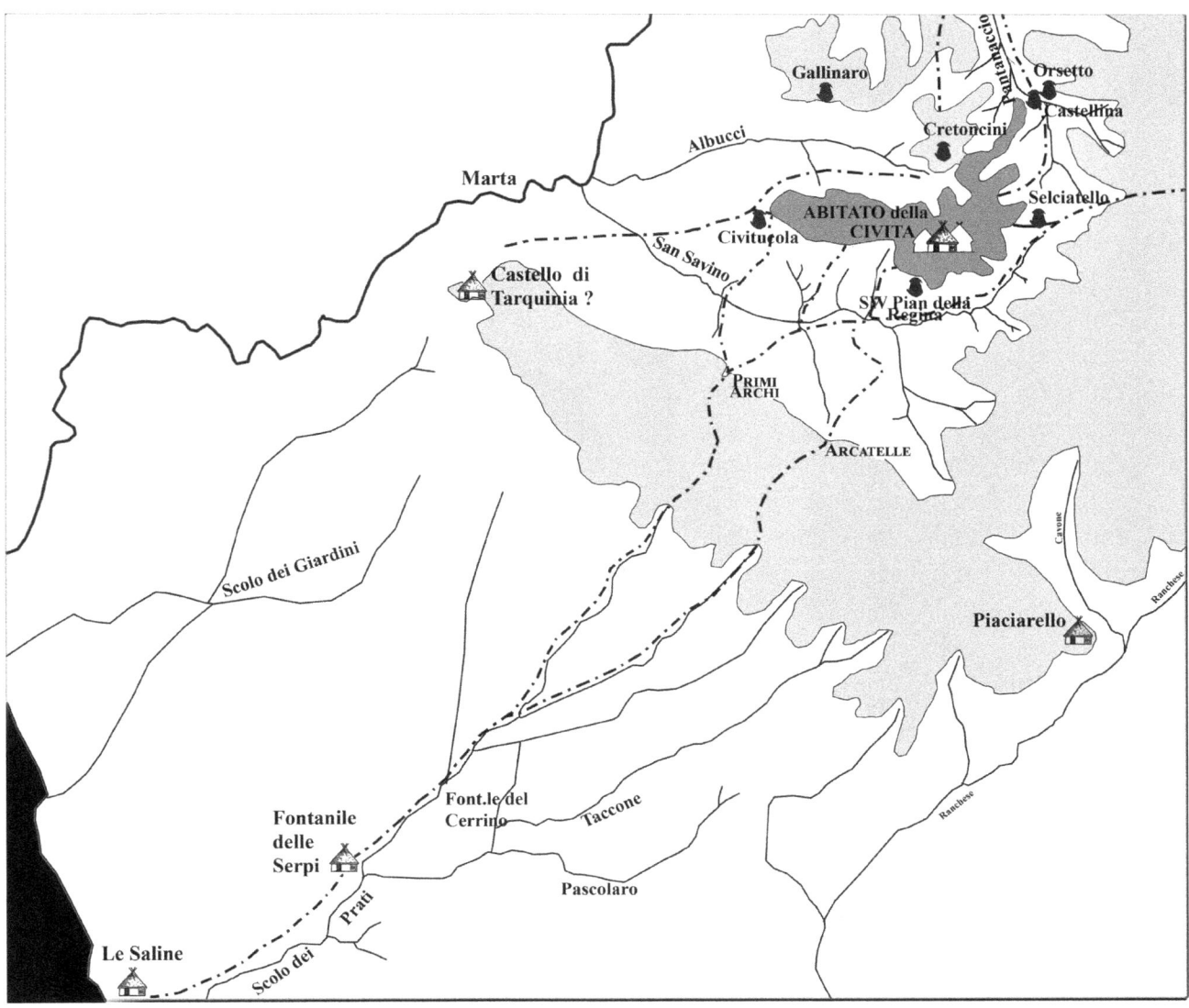

Fig. 10.1 Territorio di Tarquinia nella fase recente del Bronzo Finale.

operate dalla comunità 'del Pianoro' e letto in relazione all'intenso sfruttamento dell'asse di collegamento Civita - Monterozzi - litorale costiero, da tempo attivo[26]. Si può per questo pensare che lo scalo delle Saline accentri sin da subito gran parte degli interessi marittimi della comunità insediata sulla Civita[27] e che la strutturazione del litorale si sviluppi così di pari passo tra centro e periferia, con la formazione del vasto sistema insediativo sin qui delineato.

Provando dunque a volgere uno sguardo d'insieme alla carta del popolamento di età protostorica, colto attorno alla metà dell'VIII sec. a.C. (Fig. 10.2), possiamo notare

chiaramente come l'intero distretto facesse pienamente capo all'insediamento della Civita. Attorno ad esso fioriscono numerose necropoli[28], in alcuni casi attive già dal BF. L'abitato comprende ora anche una parte del Poggio Cretoncini, mentre sulla collina dei Monterozzi si sviluppano alcuni piccoli nuclei insediativi, a controllo delle principali vie di comunicazione[29]. A ognuno di questi

- Borzillo 2021 (con bibliografia).
[26] Su questa direttrice, probabilmente attiva sin dal BF, in particolare Mandolesi 1999b; Mandolesi 2014.
[27] La base operativa delle Saline, da riconoscersi come il più vasto complesso costiero d'Etruria finora noto, è esteso circa 60 ettari e probabilmente strutturato in una serie di spazi dedicati a specifiche funzioni connesse alle attività di scalo, cantieristica, distribuzione e stoccaggio delle merci, alla produzione e lavorazione dei prodotti del mare, alla residenza degli addetti alle attività costiere. Sull'insediamento: Mandolesi 1999b; Mandolesi - Castello 2010; Mandolesi 2014.
[28] Della Civitucola, Poggio Gallinaro, Cretoncini, dell'Orsetto, pendici della Castellina, le Bottine, Poggio Selciatello, Poggio Sopra Selciatello, a Est del Pian della Regina, Impiccato, Poggio della Sorgente, Quarto degli Archi e a Sud Ovest del Pian della Regina. Sui dati complessivi riguardo a queste necropoli, in particolare: Trucco 2007, 313-322 (con bibliografia); Marzullo 2018, 89. Il sepolcreto precedentemente segnalato presso il Casco della Donna (Perego 2001, 16) sembrerebbe in realtà un deposito secondario proveniente dalla necropoli di Poggio Quarto degli Archi (Mandolesi 1999, 147; Trucco 2007, 321).
[29] In questa sede non è possibile approfondire il caso del modesto insediamento ai piedi della scarpata nord del Pian di Civita, in località Fontanilette, a cui è dedicata la scheda n. 79 della Carta Archeologica della Civita di Tarquinia. Segnalato esclusivamente attraverso ricognizioni di superficie (Perego 2001, 16-18), sembrerebbe in realtà riconducibile a reperti dilavati dall'alto del costone, la cui frequentazione è attestata dalla fase iniziale del PF (Mandolesi 1999, 38).

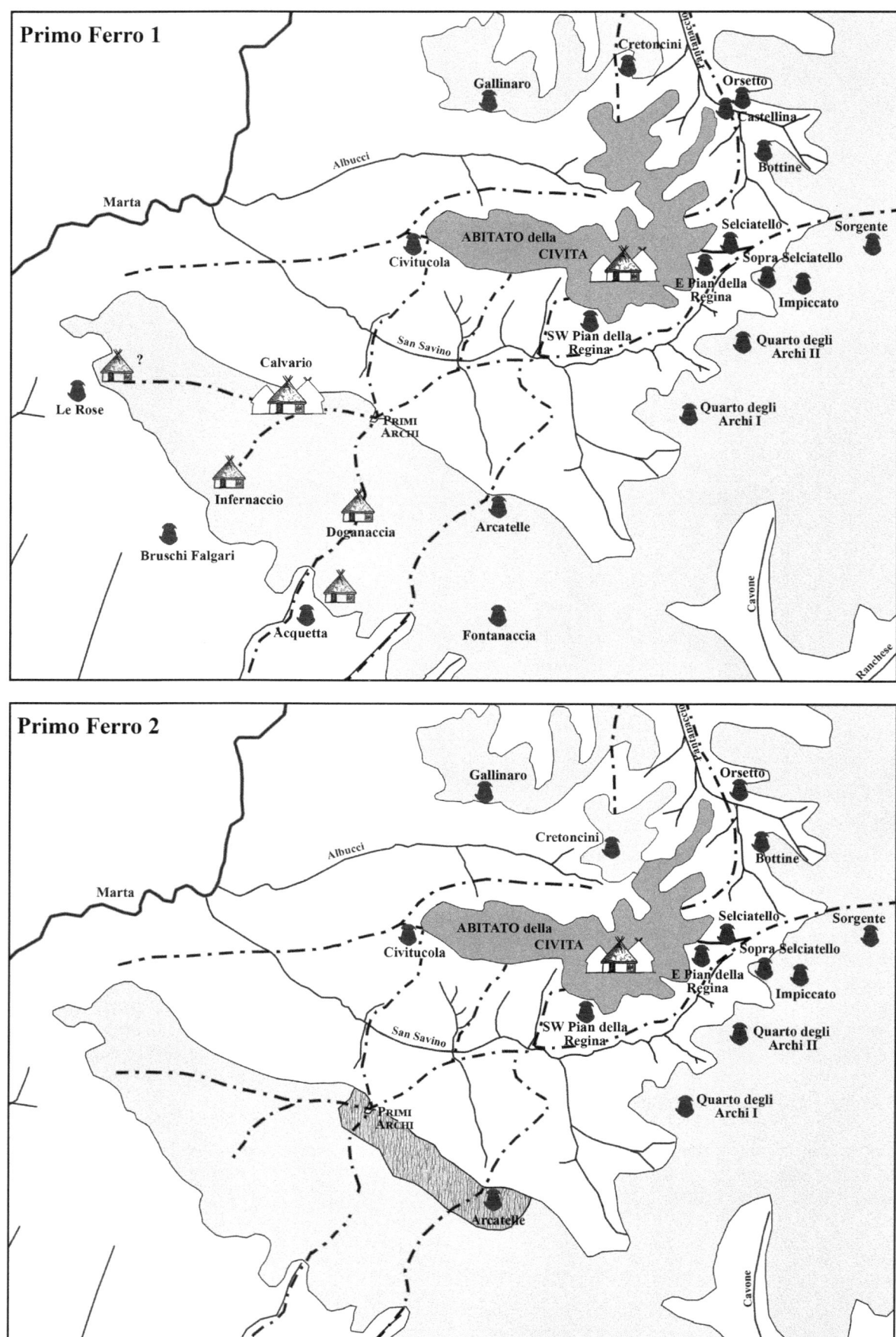

Fig. 10.2 Territorio di Tarquinia nella fase iniziale della Prima età del Ferro (in alto) e attorno alla metà dell'VIII sec. a.C. (in basso).

era con ogni probabilità riferita una necropoli, anche se evidenze puntuali di questa relazione e dell'estensione di siffatti abitati attendono ancora indagini specifiche[30].

L'unico centro esplorato attraverso scavi stratigrafici, occorsi in diverse epoche, è quello posto in località Calvario[31]. A tal riguardo i recenti approfondimenti a cura dell'Università degli Studi di Milano della documentazione edita e inedita, hanno potuto appurare la sua notevole estensione che oggi misura circa 3 ettari e pare certamente destinata a crescere[32]. L'inquadramento all'interno del sistema GIS mostra come l'insediamento si estenda nella parte centro-meridionale dell'altura, seguendo le altimetrie ed evitando la parte sommitale della collina, forse troppo esposta. Dal punto di vista topografico si trova dunque in una zona strategica per la difesa e il controllo del territorio da parte della comunità della Civita: non solo possiede un ampio campo visivo su tutta la piana costiera, ma è anche in posizione intenzionalmente nevralgica rispetto alla viabilità dell'epoca (Fig. 10.2 in alto). Le strade provenienti dal mare e dagli altri insediamenti minori, infatti, venivano convogliate verso la spaccatura dei Primi Archi, passando proprio sotto al controllo di questo centro e da qui si dirigevano alla Civita. Vista l'importanza della direttrice verso le Saline non stupisce così il ritrovamento di alcuni vasi connessi al trasporto alla conservazione di prodotti e alimenti derivati dall'ambiente marino o lacustre, se non direttamente connessi allo sfruttamento del sale[33], il cui traffico è risultato cruciale per Tarquinia sin dai primordi della sua evoluzione.

Con la fase recente del Primo Ferro nel quadro sinora descritto accade un fatto straordinario (Fig. 10.2). Sul pian di Civita si osserva una decisa rioccupazione della propaggine della Castellina, il cui tessuto abitativo aveva subito una netta cesura all'inizio dell'età del Ferro[34]. Contemporaneamente vengono abbandonati l'area nord-orientale situata su Poggio Cretoncini, trasformata in sepolcreto, così come tutti i centri minori posti a breve distanza dal nucleo protourbano. A tal proposito si può pensare che la convergenza culturale e le azioni cerimoniali perpetrate per generazioni presso il 'complesso sacro istituzionale', abbiano svolto un ruolo di primo piano nell'agglutinamento di individui o gruppi umani, in breve sfociato in un fenomeno politico, difficilmente scindibile dall'atto di fondazione/definizione dell'abitato[35]. Tali considerazioni sono state approfondite nel volume sulle 'Mura Tarquiniesi'[36] e recano in sé importanti

conseguenze. Fra queste spicca l'eventualità che già a quest'epoca vengano strutturati i limiti del nuovo centro, confini che verranno in seguito mantenuti anche in fase storica[37]. Attraverso quest'ottica, i dati sembrerebbero confermare che il gruppo preminente di individui che si riuniva presso il 'complesso sacro-istituzionale' attorno alla metà dell'VIII secolo avrebbe esercitato la volontà programmatica di circoscrivere i limiti dell'abitato, così come presso l'area sacra venivano marcate con la durabilità della pietra le strutture più importanti attorno alla cavità. In questa maniera l'intera area veniva consolidata come luogo sociale, religioso e politico nel contesto di una società sempre più allargata, dinamica e strutturata, che in tal modo stava caratterizzando se stessa[38].

È in questo quadro culturale che nella seconda metà dell'VIII secolo si innestano le grandi trasformazioni del corpo sociale osservabili attraverso lo studio dei corredi funerari e delle forme deposizionali tipici dell'Orientalizzante[39]. Tali spinte acceleratrici sfoceranno in breve nella caratteristica organizzazione gentilizia che risulta a questo punto basata su strutture socio-istituzionali perfettamente codificate, condivise e funzionanti[40]. Si incentivano così i prodromi già evidenziati per le fasi precedenti, con la stabilizzazione del potere a carattere elitario, l'ampliamento dei circuiti commerciali già utilizzati e l'attivazione di nuovi canali, in un quadro più articolato, strutturato e aperto ad ampie porzioni del Mediterraneo. Si assiste inoltre all'accelerazione del processo di accumulo di beni e ricchezze, alla riorganizzazione delle produzioni artigianali e architettoniche attraverso l'apertura a nuove acquisizioni e elaborazioni culturali[41]. La carta del popolamento non può che riflettere queste trasformazioni: nel quadro territoriale le testimonianze archeologiche si espandono a largo raggio, andando a occupare anche i più periferici settori del comprensorio[42]. Attorno alla Civita continuano ad essere utilizzate le numerose necropoli sui poggi limitrofi: Cretoncini, Poggio del Forno, Poggi Orientali, generalmente interessate da fosse e camere attribuibili alle prime fasi dell'Orientalizzante[43]. Ma soprattutto si assiste all'esteso e diffuso utilizzo della collina dei Monterozzi che da questo momento verrà stabilmente impiegata come

[30] Sullo sviluppo di questi piccoli nuclei, in particolare Mandolesi *et al.* 2012.

[31] Per la storia delle ricerche riguardo all'abitato protostorico del Calvario, Piazzi 2016 (con recenti acquisizioni riguardo all'uso e alla forma delle strutture individuate).

[32] Su queste ricerche: Marzullo - Piazzi 2020; Bagnasco Gianni *et al.* 2021.

[33] In particolare, Marzullo - Piazzi 2020.

[34] Mandolesi 1999, 100-112 e 138-140.

[35] M. Bonghi Jovino in Bonghi Jovino - Chiaramonte Trerè 1997, 151-152, 155, 157 e 159; Bonghi Jovino 2005, 40-42 e 45 (con bibliografia); Bagnasco Gianni 2012, 26-27.

[36] Marzullo 2018, 87-93.

[37] In particolare, Marzullo 2018, 88-89.

[38] M. Bonghi Jovino in Bonghi Jovino - Chiaramonte Trerè 1997, 164-167; Bagnasco Gianni 2012, 26-27; Bagnasco Gianni *et al.* 2017, 46-47; Bagnasco Gianni *et al.* 2021. Questi aspetti sono ampiamente discussi in Marzullo 2018, 87- 93, a cui si rimanda per ulteriori approfondimenti e bibliografia.

[39] Per gli aspetti più direttamente legati ai corredi funerari, in particolare: Iaia 1999; Trucco 2006; Pacciarelli 2010 (con bibliografia precedente). Per la composizione sociale e politica della Tarquinia della fase recente del Primo Ferro vista attraverso i processi ravvisabili all'area sacra del 'complesso monumentale', in particolare: Bonghi Jovino 2014; Bonghi Jovino 2020, 7-20 (con rimandi all'ampia bibliografia precedente).

[40] In merito alla strutturazione degli assetti religiosi e istituzionali di Tarquinia: Bonghi Jovino 1999; Bonghi Jovino 2006, 402-403; Bagnasco Gianni 2012; Bagnasco Gianni 2014; Bonghi Jovino 2014; Bagnasco Gianni 2018; Bagnasco Gianni *et al.* 2019.

[41] Per un riepilogo di questi processi ormai ampiamente documentati a Tarquinia, M. Bonghi Jovino in Bonghi Jovino 2001, 13. Per l'Etruria in generale: Rathje 2010; Amann 2017, 186-188; Riva 2020; Potts - Smith 2021, 13-16 (con le più recenti linee di ricerca).

[42] Perego 2001, 18-19, Fig. 13; Iaia - Mandolesi 2010; Cerchiai 2017.

[43] Mandolesi 1999, 146-154; Trucco 2007, 313-322.

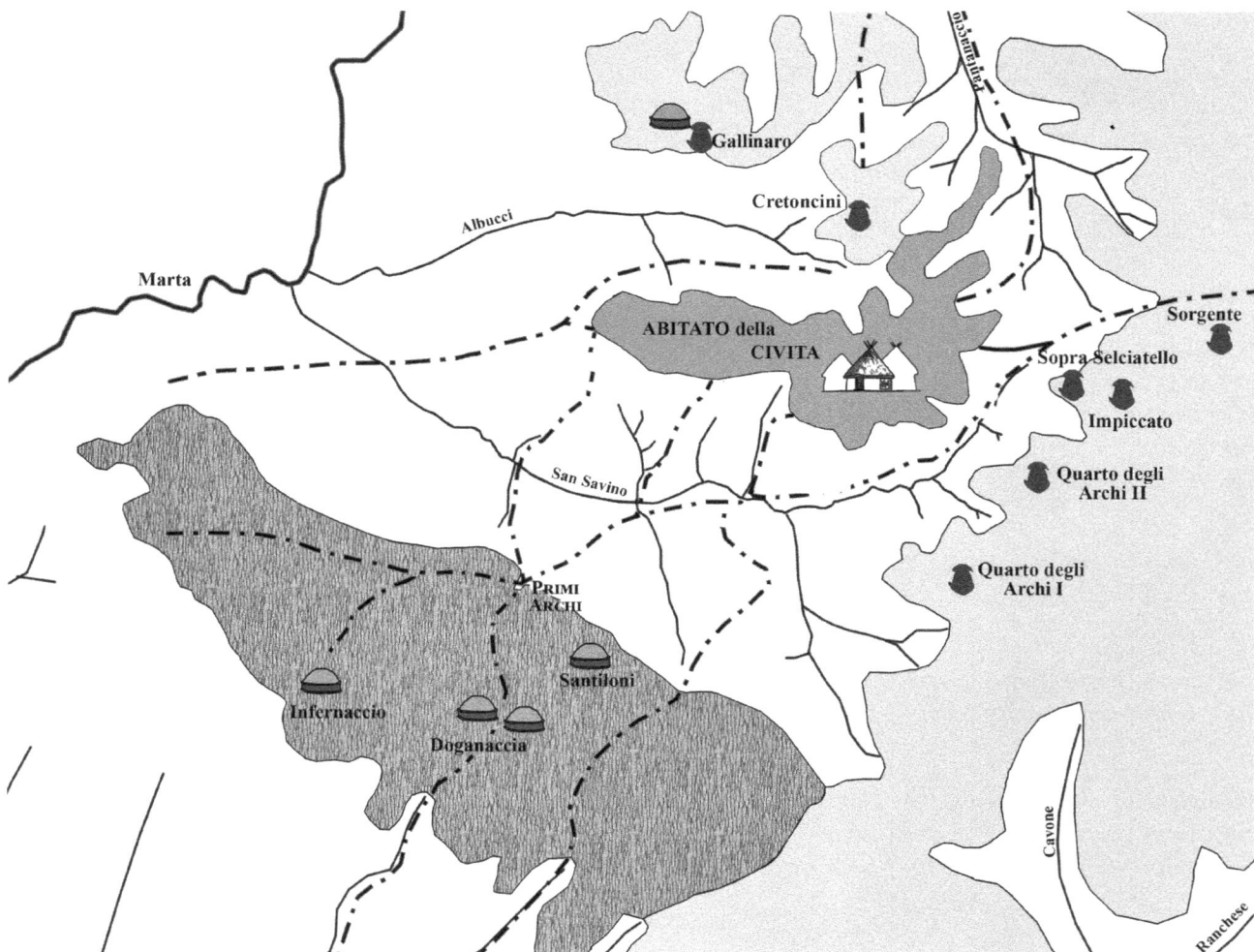

Fig. 10.3 Territorio di Tarquinia in epoca Orientalizzante.

principale necropoli cittadina[44]. Al contempo fioriscono i grandi tumuli gentilizi che rispondono esattamente alle aspirazioni di autocelebrazione e di rappresentanza sul territorio delle élites orientalizzanti, inviando messaggi di potere per chi fosse arrivato dal mare o dall'entroterra[45]. La scelta di collocare questi *semata* architettonici nel territorio in luoghi rilevanti e in continuità con i siti frequentati a scopo abitativo in età protostorica è sicuramente non casuale e probabilmente può intendersi come recupero e mantenimento di una memoria collettiva legata alle genti che lì potevano aver risieduto[46].

Si può pertanto immaginare che da un lato vengano aperti nuovi percorsi stradali a servizio di questi rinnovati sviluppi, dall'altro che tali percorsi si sommino, integrandosi ai precedenti mai caduti in disuso (Fig. 10.3). È altresì immaginabile che nella grande necropoli vi fossero strade longitudinali che permettessero una circolazione fra le varie zone sepolcrali, anche se di queste, per ora, non vi sono che labili tracce[47].

Si arriva così al principio dell'età arcaica, quando la città e le sue istituzioni sono pienamente formate[48] e l'insediamento sul pianoro viene cinto di mura in opera quadrata[49]. La carta sinottica creata dal progetto 'Mura Tarquiniesi'

---

[44] Su questo argomento sono ancora valide le considerazioni e i dati sistematicamente raccolti in Pallottino 1937, col. 115. Oltre a questo, tombe a fossa, a 'fenditura', con volta a botte e a doppio spiovente attribuibili grazie alle caratteristiche architettoniche e alla composizione dei corredi alle diverse fasi del periodo Orientalizzante, si dispongono in diversi distretti della necropoli (Infernaccio; Calvario; Cimitero; Primi Archi; Arcatelle; Secondi Archi; Piaciarello; zone del c.d. 'Carraccio Rogani', Villa Bruschi Falgari). Su queste tombe, Marzullo 2016 (tipologie 'a fenditura', A0 e A04).

[45] Per un riepilogo degli aspetti sociali, politici e religiosi legati a queste architetture, da ultimi: Mandolesi 2020; Bonghi Jovino 2020, 8-16; Marzullo c.s. (con rimandi all'ampissima bibliografia).

[46] Mandolesi *et al.* 2012, 734.

[47] In molte fonti documentarie e cartografiche è testimoniata la direttrice che attraversa la necropoli ricalcando grossomodo l'odierno tracciato della strada provinciale e dello stradello degli Archi (si veda, ad esempio, Hencken 1968, 13-17, n. 4; Harari 1997, 11, tav. 3). Di essa, tuttavia, non vi sono che rade e discontinue tracce archeologiche, per ora prive di precisi riferimenti cronologici (per esempio, Pallottino 1937, 71).

[48] C. Chiaramonte in Bonghi Jovino - Chiaramonte Trerè 1997, 183-189 e 221-225. Sull'articolazione del sistema sociale e politico della Tarquinia di epoca arcaica: Bonghi Jovino 2001, 49; Bonghi Jovino 2005, 32; Bonghi Jovino 2017, 244-245. In particolare sulle istituzioni politiche e sul rapporto con la forma fisica della città etrusca, Maggiani 2005.

[49] Marzullo 2018, in particolare 85-87.

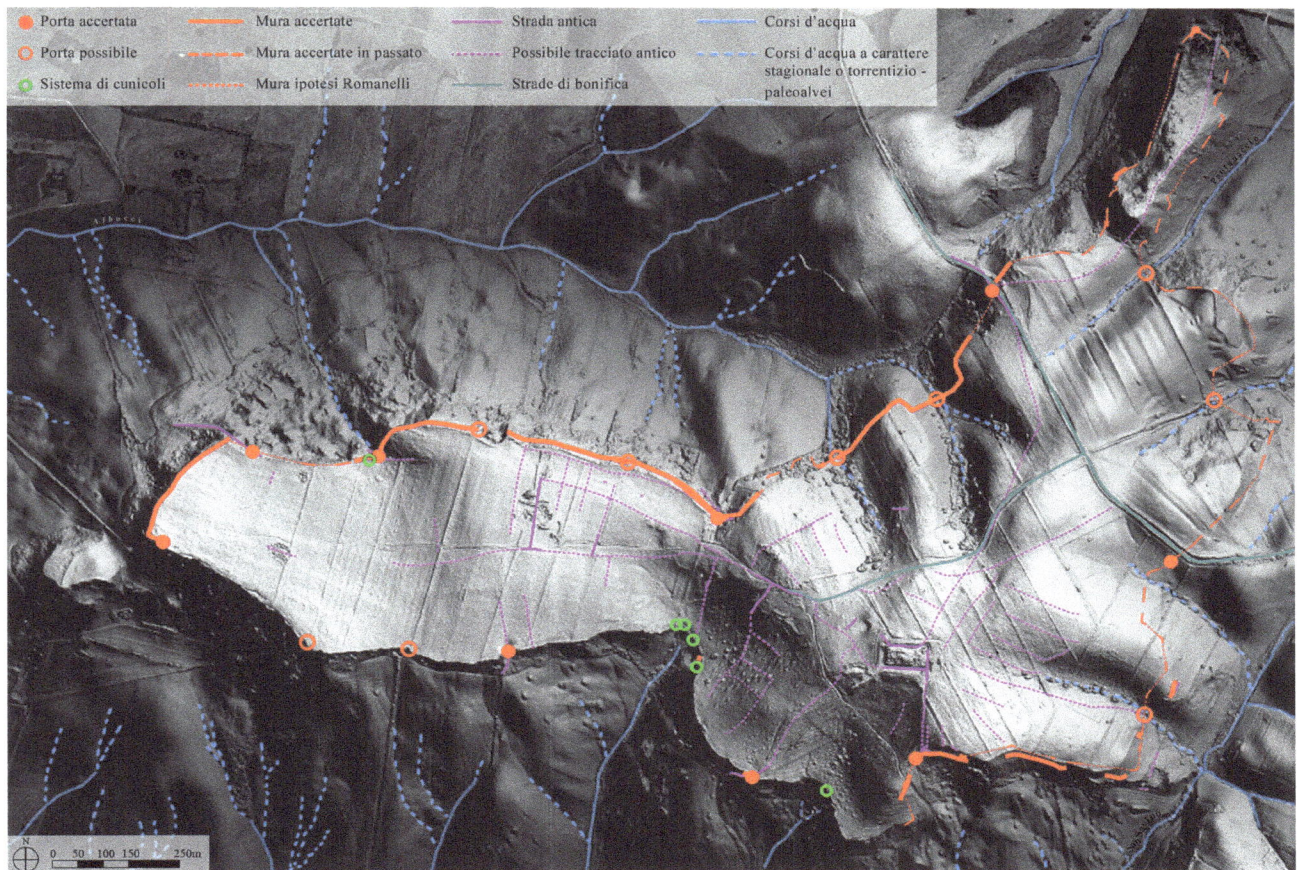

Fig. 10.4 Carta tematica delle mura, degli accessi e delle strade dell'antica Tarquinia (rielaborazione di Marzullo 2018).

mostra che lungo il perimetro si aprono numerosi accessi disposti simmetricamente lungo il versante settentrionale e meridionale, con un orientamento grossomodo regolare. Ciò sembra riflettersi nell'impostazione del sistema viario interno che segue tale direzione (Fig. 10.4)[50]. Esternamente dalle porte, strade e sentieri si dirigevano nel fondovalle dei fossi del San Savino, Albucci e Pantanaccio, sfruttando le direttrici precedentemente utilizzate e probabilmente aprendone delle nuove. Si ha quasi l'impressione che, anche a livello topografico, il grande tempio poliadico dell'Ara della Regina eretto nella sua prima fase monumentale nello stesso arco di tempo, sostituisca in qualche modo il centro di aggregazione sinora rappresentato dal 'complesso'[51]. Da qualsiasi direzione si fosse giunti, infatti, il monumento appariva spiccare isolato dal tessuto abitativo, all'interno di spazi ben definiti, lasciati sgomberi da edifici[52]. A livello percettivo si può immaginare quale fosse l'effetto per chi si approssimasse alla città dal mare (Fig. 10.5): attraversato il paesaggio costellato di tumuli dalle svariate dimensioni

e dominato dagli imponenti monumenti funerari della Doganaccia, la città doveva apparire maestosa e solenne, contornata dalle mura, dai santuari extraurbani e disseminata di edifici[53].

L'impressione non doveva essere molto diversa dalla veduta ideale offerta dal Canina alla metà dell'Ottocento, oggi confortata nei dettagli topografici dalle ricerche sulle mura Tarquiniesi (Fig. 10.5). A livello generale si può osservare che il dislivello da superare per raggiungere le porte era assai notevole e ciò porta a domandarsi se non vi fossero direttici funzionali a seconda dei carichi e delle merci da trasportare.

Questi e molti altri aspetti sono oggetto delle odierne ricerche territoriali del 'Progetto Tarquinia' che si stanno concentrando sulla sistematizzazione dei dati raccolti per la Carta Archeologica del territorio tarquiniese. Tale raccolta permetterà di approfondire il comparto più prossimo all'antico abitato e di gettare nuova luce sugli ancora poco noti rapporti tra l'insediamento e la sua più spettacolare necropoli.

---

[50] Marzullo 2018, 80-81.

[51] Sulle fasi costruttive dei templi arcaici dell'Ara della Regina e sul rapporto tra le due aree sacre tarquiniesi, in particolare M. Bonghi Jovino in Bonghi Jovino - Bagnasco Gianni 2012, 55-56 e 62-65; Bonghi Jovino 2012, 7-8; Bagnasco Gianni 2012, 29-30; Marzullo 2018, 92-93.

[52] M. Bonghi Jovino in Bonghi Jovino - Bagnasco Gianni 2012, 55-56; G. Bagnasco Gianni in Bonghi Jovino - Bagnasco Gianni 2012, 73-77; Bonghi Jovino 2019. Per il rapporto con il tessuto urbano, Marzullo c.s.

[53] Sugli effetti percettivi del paesaggio extraurbano in rapporto alla viabilità e alle mura dal punto di vista del 'basamento semicircolare', Marzullo 2018b, 314-317.

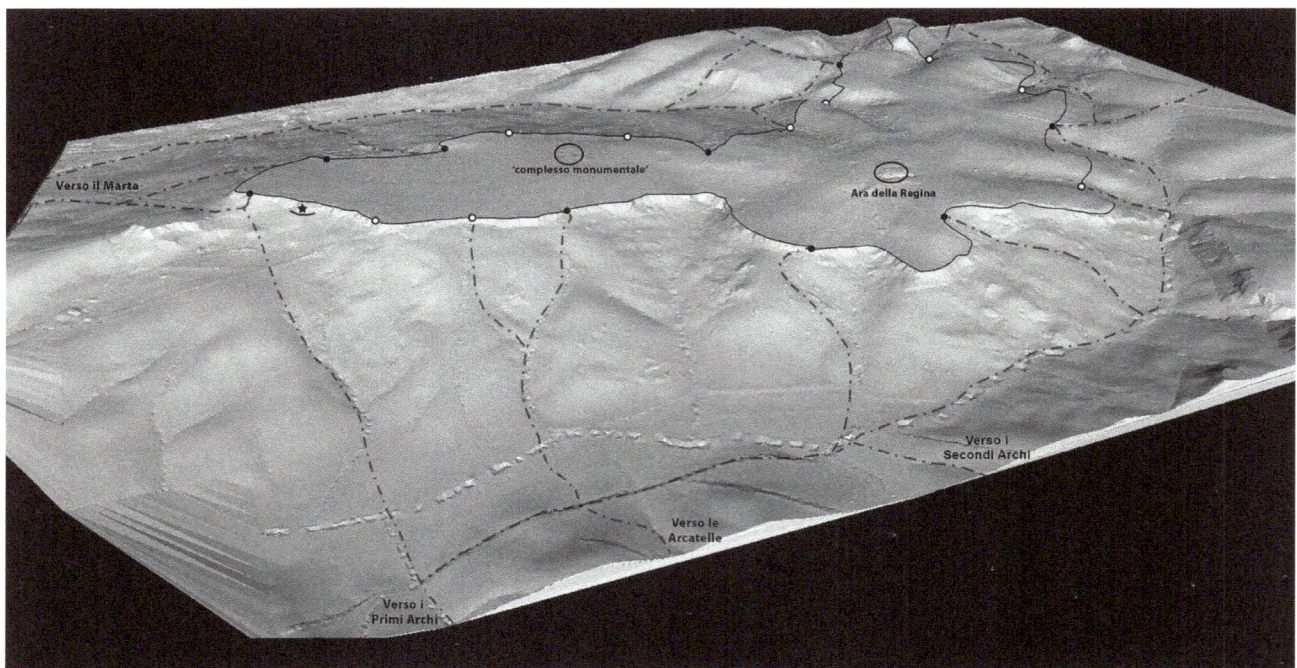

Fig. 10.5 In alto: Modello Digitale del Terreno su base LiDAR con in evidenza alcuni dei tracciati stradali che collegavano la Civita con il territorio in epoca arcaica (i cerchi neri corrispondono alle porte accertate, quelli bianchi alle possibili porte, la stella indica il santuario suburbano cd. 'basamento semicircolare'). Al centro: confronto tra la ricostruzione dell'abitato offerta da L. Canina e il Modello Digitale delle Superfici estratto da LiDAR (in evidenza il percorso degli itinerari antichi). In basso: Modello Digitale delle Superfici con posizionamento delle vedute offerte da L. Canina (rielaborazione di Google Earth).

Bibliografia

Amann, P. 2017, "Society", in Naso 2017, 179-193.

Ampolo, C. 1988, "La nascita della città", in A. Momigliano - A. Schiavone (eds), *Storia di Roma*, I, Torino, 153-180.

Bagnasco Gianni, G. 2012, "Tarquinia, tra spazio e tempo. Appunti da una ricerca in corso", in C. Chiaramonte Trerè - G. Bagnasco Gianni - F. Chiesa (eds), *Interpretando l'Antico. Scritti di Archeologia offerti a Maria Bonghi Jovino*, Milano, 23-34.

Bagnasco Gianni, G. 2014, "Presenza/Assenza di Mura: implicazioni storico-culturali. Il caso di Tarquinia", in G. Bartoloni - L. M. Michetti (eds), *Mura di legno, mura di terra, mura di pietra: fortificazioni nel Mediterraneo antico, Atti del convegno internazionale*, in *ScAnt*, 19.2/3, 429-453.

Bagnasco Gianni, G. 2018, "Attraverso il tempo … L'"Uomo di Mare" come Monumentum", in M. Bonghi Jovino (ed.), *L'"Uomo di mare" di Tarquinia, Tavola Rotonda tra archeologia e antropologia. Quali interazioni, quali problemi?*, Milano, 85-98.

Bagnasco Gianni, G. - Cultraro, M. - Facchetti, G. M. 2016, "Tarquinia, contatti egeo-anatolici, nuovi apporti", in A. Russo Tagliente - F. Guarneri (eds), *Santuari mediterranei tra Oriente e Occidente*, Roma, 37-46.

Bagnasco Gianni, G. - Gobbi, A. - Petersen, N. M. - Piazzi, C. - Trefný, M. 2017, "Tarquinia and the North", in M. Trefný - B. Jennings (eds), *Inter-regional contacts during the first millennium B.C. in Europe, Proceedings of the 19th EAA Annual Meeting*, Cambridge, 49-57.

Bagnasco Gianni, G. - Facchetti, G. M. - Cattaneo, C. - Maderna, E. - Ricciardi, V. 2019, "Il caso del "bambino della Civita" di Tarquinia", in C. Lambrugo (ed.), *Una favola breve. Archeologia e antropologia per la storia dell'infanzia*, Firenze, 211-224.

Bagnasco Gianni, G. - Marzullo, M. - Piazzi, C. 2021, "Tarquinia, themes of urbanization on the Civita and Monterozzi plateaus", in M. Gleba - B. Marìn-Aguilera - B. Dimova (eds), *Making Cities: economies of production and urbanization in Mediterranean Europe 1000-500 BC*, Cambridge, 177- 193.

Barbaro, B. 2010, *Insediamenti, aree funerarie ed entità territoriali in Etruria Meridionale nel Bronzo Finale*, Firenze.

Bartoloni, G. 2002, *La cultura Villanoviana. All'inizio della storia etrusca*, Roma.

Bartoloni, G. 2008, "La nascita delle metropoli dell'Etruria meridionale", in M. Torelli - A. M. Sgubini Moretti, *Etruschi. Le antiche metropoli del Lazio*, Milano, 39-45.

Bartoloni, G. 2012, "La formazione urbana", in G. Bartoloni (ed.), *Introduzione all'Etruscologia*, Milano, 83-125.

Bonghi Jovino, M. 1999, "Tantum ratio sacrorum gerebatur. L'edificio beta di Tarquinia in epoca orientalizzante e alto-arcaica. Ancora in merito alle tecniche edilizie, agli aspetti architettonici, sacrali e culturali con comparanda mediterranei", in M. Castoldi (ed.), *KOINA, Miscellanea di studi archeologici in onore di Piero Orlandini*, Milano, 87-104.

Bonghi Jovino M. (ed.) 2001, *Tarquinia. Scavi sistematici nell'abitato. Campagne 1982-1988. I materiali 2*, Roma.

Bonghi Jovino, M. 2002, "Tarquinia, sale e saline", in *Quaderni di Acme*, 55, 27-36.

Bonghi Jovino, M. 2005, "Città e territorio. Veio, Caere, Tarquinia, Vulci: appunti e riconsiderazioni", in Paoletti 2005, 27-58.

Bonghi Jovino M. 2006, "Progettualità e concettualità nel percorso storico di Tarquinia", in M. Bonghi Jovino (ed.), *Tarquinia e le civiltà del Mediterraneo, Atti del Convegno internazionale*, Milano, 401-415.

Bonghi Jovino, M. 2012, "Alle origini del processo di strutturazione del tempio etrusco. La presenza del podio", in *StEtr*, 75, 3-8.

Bonghi Jovino, M. 2014, "Paesaggio cerimoniale e senso di appartenenza. Il 'complesso monumentale' di Tarquinia", in *PPE Atti*, 11, 2014, 269-280.

Bonghi Jovino, M. 2017, "Il santuario dell'Ara della Regina di Tarquinia. I templi tra sacro e istituzioni politiche: un rapporto tra forma ed essenza", in E. Govi (ed.), *La città etrusca e il sacro: santuari e istituzioni politiche*, Bologna, 235-253.

Bonghi Jovino, M. 2019, "Tarquinia. Le divinità dei templi dell'"Ara della Regina". Aggiornamenti", in *StEtr*, 81, 159-172.

Bonghi Jovino, M. 2020, *Il Tumulo e la 'Domina': contesto e ritualità a Tarquinia (700-600 a.C.)*, Milano.

Bonghi Jovino, M. - Bagnasco Gianni, G. (eds) 2012, *Tarquinia. Il santuario dell'Ara della Regina. I templi arcaici*, Roma.

Bonghi Jovino, M. - Chiaramonte Trerè, C. (eds) 1997, *Tarquinia. Testimonianze archeologiche e ricostruzione storica. Scavi sistematici nell'abitato. Campagne 1982-1988*, Roma.

Botto, M. 2017, "The diffusion of Near Eastern cultures", in Naso 2017, 581-615.

Cerchiai, L. 2017, "Urban civilization", in Naso 2017, 617-643.

Cristofani, M. 1984, "Il quadro ambientale e l'urbanesimo", in M. Cristofani (ed.), *Etruschi: una nuova immagine*, Firenze, 14-32.

D'Agostino, B. 1988, "La topografia delle necropoli", in B. d'Agostino - B. Gastaldi (eds), *Pontecagnano II. La necropoli del Picentino 1. Le tombe della Prima Età del Ferro*, in *AION*, 5, 3- 9.

D'Agostino, B. 2005, "La città", in Paoletti 2005, 21-25.

Delpino, F. 1986, "Rapporti e scambi nell'Etruria meridionale villanoviana con particolare riferimento al Mezzogiorno", in *Archeologia nella Tuscia. Atti II Incontro di studi*, Roma, 257-271.

di Gennaro, F. - Guidi, A. 2010, "Ragioni e regioni di un cambiamento culturale: modi e tempi della formazione dei centri proto urbani nella valle del Tevere e nel Lazio meridionale", in *ScAnt*, 15, 429- 445.

di Gennaro, F. 1986, *Forme di insediamento tra Tevere e Fiora dal Bronzo Finale all'inizio dell'età del Ferro*, Firenze.

di Gennaro, F. 1998, *Il territorio della Tolfa dal Neolitico alla fine dell'età del bronzo*, in *Quaderni del Museo Civico di Tolfa*, 1, 67-120.

Gras, M. 1980, "L'Etruria villanoviana e la Sardegna settentrionale: precisazioni ed ipotesi", in *Atti XII Riunione Scientifica dell'Istituto Italiano di Preistoria e Protostoria*, Firenze, 513-539.

Guidi, A. 2008, "Archeologia dell'Early State: il caso di studio italiano", in *Ocnus*, 16, 175-192.

Harari, M. 1997, "Tarquinia e il territorio suburbano nel rilevamento ad alta quota: una lettura topografica", in Bonghi Jovino - Chiaramonte Trerè 1997, 5-17.

Hencken, H. 1968, *Tarquinia, Villanovans and early Etruscans*, London.

Iaia, C. - Mandolesi, A. 2010, "Comunità e territori nel Villanoviano evoluto dell'Etruria meridionale", in *PPE Atti*, 9, 61-78.

Iaia, C. 1999, *Simbolismo funerario e ideologia alle origini di una civiltà urbana. Forma rituali nelle sepolture villanoviane a Tarquinia e Vulci e nel loro entroterra*, Firenze.

Iaia, C. - Mandolesi, A. - Pacciarelli, M. - Trucco, F. 2001, "Alle origini di Tarquinia: il centro protourbano della prima età del ferro", in Sgubini Moretti 2001, 3-5.

Iaia, C. - Mandolesi, A. - Pacciarelli, M. 2001b, "Cretoncini: un'indagine nell'area settentrionale dell'abitato", in Bonghi Jovino 2001, 7-10.

Iaia, C. 2010, "Fra Europa Centrale e Mediterraneo: modelli di recipienti e arredi in bronzo nell'Italia centrale della prima età del Ferro", in *Bollettino di Archeologia On Line, Volume Speciale AIAC 2008*, 31-44.

Maggiani, A. 2005, "Da Veio a Vulci: le istituzioni politiche", in Paoletti 2005, 61-69.

Mandolesi A. - Castello, C. 2010, "Modellini di navi tirrenico-villanoviane da Tarquinia", in *Mediterranea*, 9, 9-28.

Mandolesi, A. - Trucco, F. 2000, "L'abitato costiero della Prima età del Ferro di Acque Fresche (Civitavecchia - RM)", in *PPE Atti*, 4, 495-503.

Mandolesi, A. 1999, *La prima Tarquinia*, Firenze.

Mandolesi, A. 199b, "All'origine dell'Ager Tarquiniensis: il cantone meridionale tarquiniese nella prima età del Ferro", in L. Ermini Pani - S. Del Lungo (eds), *Leopoli-Cencelle. Le preesistenze*, 1, Roma, 47-63.

Mandolesi, A. 2014, "Le Saline: un grande scalo marittimo per la Tarquinia villanoviana", in L. Colletti (ed.), *La Riserva Naturale Statale "Saline di Tarquinia"*, Roma, 195-203.

Mandolesi, A. 2015, "Trasformazioni del paesaggio e luoghi identitari nell'Etruria costiera fra II e I millennio a.C.", in G. Garbati - T. Pedrazzi (eds), *Transformations and crisis in the Mediterranean: "Identity" and Interculturality in the Levant and Phoenician West during the 12th-8th Centuries BCE, Proceedings of the international conference*, Rome, 235-243.

Mandolesi, A. 2020, *Giganti etruschi: i grandi tumuli principeschi*, Sesto Fiorentino.

Mandolesi, A. - De Angelis, D. - Antonj, M. - Morandi, L. 2012, "Tarquinia - Monterozzi. Nuovi dati sulla prima età del ferro dalla Doganaccia e dalle aree limitrofe", in *PPE Atti*, 10, 725-736.

Maras, D. F. - Borzillo, G. 2021, "La costa tarquiniese: un paesaggio in divenire tra la Preistoria e l'età contemporanea", in *SPOLIA. Annual Journal of Medieval Studies*, 7, 1-40.

Marino, T. 2015, "Aspetti e fasi del processo formativo delle città in Etruria Meridionale costiera", in M. Rendeli (ed.), *Le città visibili. Archeologia dei processi di formazione urbana I. Penisola italiana e Sardegna. Atti del Seminario internazionale in onore di Gilda Bartoloni e Alberto Moravetti*, Roma, 97-141.

Marzullo, M. - Piazzi, C. 2020, "Aggiornamenti sull'abitato villanoviano del Calvario sul colle dei Monterozzi a Tarquinia", in *PPE Atti*, 14, 721-724.

Marzullo, M. 2016, *Grotte Cornetane: Materiali e apparato critico per lo studio delle tombe dipinte di Tarquinia*, Milano.

Marzullo, M. 2018, *Tarquinia. L'abitato e le sue mura: indagini di topografia storica*, Milano.

Marzullo, M. 2018b, "Schede e materiali dalla "Carta Archeologica della Civita di Tarquinia" (2018)", in G. Bagnasco Gianni (ed.), *Mura Tarquiniesi: riflessioni in margine alla città*, Milano, 311-341.

Marzullo, M. c.s., "Pittura funeraria etrusca: un'indagine tra realtà e rappresentazione", in *Atti del XIV Congresso dell'Association Internationale pour la Peinture Murale Antique (AIPMA)* (forthcoming).

Naso A. (ed.) 2017, *Etruscology*, Boston-Berlin.

Pacciarelli, M. 2001, *Dal villaggio alla città. La svolta protourbana del 1000 a.C. nell'Italia tirrenica*, Firenze.

Pacciarelli, M. 2009, "Verso i centri protourbani. Situazioni a confronto da Etruria meridionale, Campania e Calabria", in *ScAnt*, 15, 371-415.

Pacciarelli, M. 2010, "Forme di complessità sociale nelle comunità protourbane dell'Etruria meridionale", in P. Fontaine (ed.), *L'Étrurie et l'Ombrie avant Rome, cité et territoire*, Bruxelles-Roma, 18-33.

Pacciarelli, M. 2016, "The earliest processes towards city-states, political power and social stratification in Middle Tyrrhenian Italy", in *Origini,* 39, 169-207.

Pacciarelli, M. 2017, "The transition from village communities to protourban societies", in Naso 2017, 561-579.

Pallottino, M. 1937, "Tarquinia", in *MonAnt*, 36, 1-616.

Pallottino, M. 1939, *Gli Etruschi*, Roma.

Paoletti, O. (ed.) 2005, *Dinamiche di sviluppo delle città nell'Etruria meridionale. Veio, Caere, Tarquinia, Veio*, Pisa.

Perego, L. G. 2001, "Quadro delle presenze archeologiche del territorio tarquiniese tra il Tirreno e le prime propaggini collinari del Viterbese", in Sgubini Moretti 2001, 14-29.

Peroni, R. - di Gennaro, F. 1986, "Aspetti regionali dello sviluppo dell'insediamento protostorico nell'Italia centro-meridionale alla luce dei dati archeologici e ambientali", in *DialArch*, s. III, 4, 2, 193-200.

Peroni, R. 1994, *Introduzione alla protostoria italiana*, Roma.

Peroni, R. 2000, "Formazione e sviluppi dei centri protourbani medio-tirrenici", in A. Carandini - R. Cappelli (eds), *Romolo Remo e la fondazione della città*, Milano, 23-29.

Piazzi, C. 2016, "Considerazioni sulle strutture in abitato di epoca villanoviana in Etruria", in *AnnFaina,* 23, 41-72.

Potts, C. R. - Smith, C. J. 2021, "The Etruscans: setting new agendas", in *JArchaeolRes*, 1-48.

Rathje, A. 2010, "Tracking down the Orientalizing", in *BdA on line*, I (volume speciale F/F2/2), 23-30.

Rendeli, M. 1991, "Sulla nascita delle comunità urbane in Etruria meridionale", in *AnnAStorAnt,* 13, 9-45.

Riva, C. 2010, *The urbanisation of Etruria: funerary practices and social change, 700-600 BC*, Cambridge-New York.

Riva, C. 2020, *A Short history of the Etruscans*, London.

Stoddart, S. 2020, *Power and Place in Etruria: the Spatial Dynamics of a Mediterranean Civilization, 1200-500 BC*, Cambridge.

Stoddart, S. 2020b, "An Etruscan Urban agenda: the weaving together of traditions", in *JUA*, 1, 2020, 88-121.

Sgubini Moretti, A.M. (ed.) 2001, *Tarquinia etrusca: Una nuova storia*, Roma.

Terrenato, N. 2019, *The early Roman expansion into Italy: elite negotiation and family agendas*, Cambridge.

Trucco, F. 2006, "Considerazioni sul rituale funerario in Etruria meridionale all'inizio dell'età del ferro alla luce delle nuove ricerche a Tarquinia", in P. von Eles (ed.), *La ritualità funeraria tra età del ferro e orientalizzante in Italia*, Pisa-Roma, 95-102.

Trucco, F. 2007, "Comune di Tarquinia", in C. Belardelli - M. Angle - F. di Gennaro - F. Trucco (eds), *Repertorio dei siti protostorici del Lazio, Province di Roma, Viterbo e Frosinone*, Roma, 313-324.

Ward Perkins, J. B. 1961, "Veii: the history and topography of the ancient city", in *PBSR,* 29, 1-123.

11

Rethinking the *polis*. Space society and political agency in the Syracuse of the tyrants

Valentina Mignosa
University of Oxford

Abstract: This paper starts from the urgency, evident in today's studies, of rethinking the shape of the polis, freeing the investigation of its spaces and urban landscapes from the heuristic preconception of the existence of recurrent and/or pre-constituted schemata. But it also attempts to respond, starting from the fertile ground created by the mobility turn and by the rethinking of the spatial turn in historical studies, to the need to secure an interpretative model for the polis, in which spatial and social investigation can complement each other. The case examined is that of the polis of Syracuse - in particular the area of Ortygia - in the years of the tyrannies of Gelon (485-478 BCE) and Dionysius (407-367 BCE), periods in which there was a surprising interdependence between the political actions of the tyrants, the consequent spatial organisation and the social landscape of the city.

Keywords: Syracuse; Ortygia; archaic period; tyrants; urban space; mobility; social landscape; spatial sociology.

In G. Simmel's philosophy, the city is a 'sociological fact' that is spatially constituted[1]. Space and society - as emphasised in H. Lefebvre's lesson[2] - are in fact two interrelated elements, which generate each other. These concepts, applied to different contexts and with an ever-decreasing adherence to the Durkheimian spatial determinism, form the basis of today's spatial sociology and of the studies born from the *spatial turn* in the social[3], geographical and historical[4] sciences. The investigation that I pursue in this contribution analyses the urban and social landscape of Syracuse, specifically the island of Ortygia, in two precise historical moments, the years of Gelon's tyranny and those of Dionysius I's government, while laying the foundations of a methodology of analysis of the ancient urban landscape that has its roots in spatial sociology and in the concept of space as 'relational', which is historically rooted in the work of Simmel[5]. The space of the *polis* is in fact not static but lives on the social interactions occurring in it, which shape it and which, in turn, it shapes. Studying space through the proposed perspective allows us to look at the *polis* through a lens that can explain the emergence of social and political

phenomena and actions in the long term.

From this perspective urban space is interpreted as the set of sensitive features of an urban area, as the urban area in its materiality; as the visible result of the culture rooted in a given territory and of the interactions between this culture and the surrounding environment (therefore as a phenomenon that is influenced and that can influence the human group living there and its activities); and as a historiographic source (mediated by literary sources and archaeological evidence).

11.1. Morphology of the *polis*.

The plan of Syracuse since the Archaic period has been morphologically composite, since environmental conditions made it impossible to develop the *polis* in an orthogonal and regular fashion, as it rests on areas with very different physical characteristics (Fig. 11.1).

Although tradition, since a well-known description by Cicero in *In Verrem*[6], has insisted on a division of the *polis* into four (or five)[7] 'districts' or 'urbes' – a standard rule based primarily on the 'scheme' of the classical city (or the idea of it) - the *polis* in all its different historical phases is far from being properly described by this standard rule.

Rather, it is possible to isolate, within the space of the city, spatial districts that change their functional status and landscape as the political and social conditions of the *polis*

---

[1] Simmel 1997 [1908].
[2] In particular, see Lefebvre 1974.
[3] Cornerstones of this new scientific perspective are Harvey 1973; Lefebvre 1974; Rémy 1975. A recent review of the history of studies on the topic and of new perspectives can be found in 'Spatial sociology: Relational space after the turn' in *Current Sociology* 65.4 (2017; see especially Feller - Löw 2017, 469-491). See also Baker 2003 (part. 20-23).
[4] Starting, for the geographical field, with the work of Soja (see, in particular, Soja 1996) and Cosgrove (see Cosgrove 2004, on the concept of landscape in the history of studies). For a recent examination of the use of the spatial paradigm in historical studies see Torre 2008.
[5] Simmel 1997 [1908].

[6] Cic., *Verr.* 2.4.117-119.
[7] Strabo, 6.2.4.

a. Expulsion of the knights from the city		
a.1	Failed attempt by Syracusan knights to revolt against Dionysius	Diod. 13.112-113.3; Plut. *Dio* 3.2
a.2	The knights, driven out of the city, take refuge in Etna	Xen. *Hell.* 2.3.5; Diod. 13.113.3
b. Militarisation of the city and disarmament of the citizens		
b.1	404 BCE: Dionysius fortified Ortygia, apportioned houses and land to the people, including freed slaves, favouring his friends	Diod. 14.7.1-5
b.2	While Dionysius besieges Erbessus, he is forced by a rebellion to return to the city; besieged in Ortygia, he hires 1200 mercenaries from Campania and 300 from other regions	Isoc. 6.44-45; Diod. 14.7.5-9.8; 20.78; [Plut.] *Mor.* 175 d; 783 d; Aelian. *VH* 4.8
b.3	Dionysius disarms the Syracusans and militarily reinforces the tyranny	Diod. 14.10.4
c. First forced population displacement in Syracuse		
	403: Katane and Naxos are taken by treachery and are depopulated; the Leontinoi are forced to relocate to Syracuse	Diod. 14.14.15; Polyaen. 5.2.5
d. Temporary migration of a large workforce for the fortification of Epipolae		
	402: Dionysius fortifies the Epipolae	Diod. 14.18
e. Migrations from Syracuse		
	Syracusans fleeing from Dionysius settle Ancona	Strabo 5.4.2
f. Second forced displacement in Syracuse		
f. 1	The inhabitants of Caulonia are transferred to Syracuse; their territory is donated to the Locrians	Diod. 14.106.3
f. 2	The inhabitants of Ipponio are transferred to Syracuse; their territory is donated to the Locrians	Diod. 14.107.2; Dion. Hal. 20.7.3
f. 3	The inhabitants of Scillezio are transferred to Syracuse; their territory is donated to the Locrians	Strabo 6.1.10
g. Trafficking of inhabitants of Reghion to Syracuse as slaves		
	388: the siege of Rhegion by Syracuse ends; the population is deported to Syracuse: only those who can pay the ransom (one mine according to Diod.; three mines, which did not prove sufficient, according to Arist.) avoid slavery	Diod. 14.111.4; [Arist.] *Oec.* 2.2.20
h. Mobility of prominent figures		
h.1	Philoxenus of Cythera (poet)	*Suda* s.v. Ἀπαγέ με εἰς τὰς λατομίας; s.v. Διονύσιος; s.v. Φιλοξένου γραμμάτιον
h.2	Xenophon (historian)	Ath. 10.427 f - 428 a
h.3	Aristippus (philosopher)	Diog. Laert. 2.61
h.4	Aeschines of Sphettus (philosopher)	Diog. Laert. 2.7.61; Plut. *De adul.* 67 d-e.
h.5	Xenocrates of Chalcedon (philosopher)	Diog. Laert. 4.2.6
h.6	388: Plato's first stay in Syracuse	Plat. *Ep.* 7.324 a; 7.326 b - 327 b; Diod. 15.7.1; Nep. *Dion.* 2.2-3; Plut. *Dio* 4.3-5.7; Diog. Laert. 3.18-21; Olimp. *in Alc.* 2; *in Grg.* 41.7-8

Fig. 11.1. Paleogeographic map of Syracuse and the central *chora* in the Archaic and Classical period (reworked from Mirisola - Polacco 1996 and Google Earth).

change[8]. These 'units' are 'those spatial arrangements that are relationally institutionalised'[9], that is, they are spatial formations that are created as spatial units at a precise moment in the history of the city. These are claimed as such by the power and are experienced as such by social actors.

11.2. The *nasos* area.

One of these units is the *nasos*, the island of Ortygia. The first nucleus of the *polis,* connected between the 7th and 6th centuries to the mainland by an embankment, is located on it according to a well- known account by Ibycus[10]: the literary sources, starting with Thucydides[11], describe the *nasos* as a peninsula, even though they mention its island origin. This 'versatility' of the area as the fulcrum of the *polis*, which is both an island and a peninsula, determines the use of its space. Syracuse develops concentrically from the *nasos*, always remaining anchored to it. The urban space of the city is thus made up of a single functional pole that holds all the central activities performed by the *polis*, which are mainly civic, religious and cadastral[12]. Ortygia, in this subdivision, performs the functions of the acropolis but is not limited to them: it has within it the space of the acropolis but other functional spaces are added to it, such as the residential space and that of power, the military space, with arsenals, and the space of commerce, particularly through the Porto Piccolo. In this intersection of functions that in other *poleis* are distinct and geographically distant from each other, lies the main characteristic of the urban landscape of Syracuse and of the organisation of spaces throughout its history. And it is precisely this concentration of functions in the circumscribed space of the island that lends itself, especially during the period of rule of Gelon and then of the first Dionysius, to being subjected to the totalitarian corruption of its urban landscape.

11.3. The years of Gelon: a dysfunctional spatial and social system?

Let us now turn to the years of Gelon's government[13]. This was a period of relative peace in the *polis*, in which a careful demographic policy on the part of the tyrant succeeded in creating an apparently stable political and social balance, at least during the years of his rule. These are the years in which the urban skeleton of Syracuse is created, which will perpetuate even in later years - as we know from archaeological research[14] - the configuration of functional and territorial social micro-units.

In the short space of time under scrutiny, two main events took place involving the incoming mobility of large groups into the city: the reintegration of the city's aristocracy (*gamoroi*, 485-484)[15] and the forced settlement of the city (483-482)[16], which profoundly altered the social and urban structure of the *polis*, in which the original aristocracy of Syracuse finds itself coexisting with new *pacheis* from other *poleis*, the *damos* with people from the *damos* of another *polis*, and in which new groups, the tyrant's mercenaries and *philoi*, become part of the citizenry. Let us now look at the different elites that converged in Syracuse following the mobilities put in place by Gelon[17].

The group of *gamoroi* afforded, in Gelon's policy, a means of entering Syracuse on the wave of the discontent of this class which had been about five years earlier (491) driven out of the *polis* by its *damos* and slaves. The lack of mention in the sources of the period following its return to the city leads us to believe that it did not play a leading role compared to the other groups of aristocrats integrated by the tyrant. It seems in fact unlikely, as has been pointed out[18] that Gelon restored the *status quo ante* in Syracuse, bringing the *gamoroi* back to the city and restoring them to their political and social status: in fact, the entry of tens of thousands of new citizens, many of whom were mercenaries, made a different distribution of land necessary, causing a 'downgrading' of the *gamoroi*'s properties within the *chora* and the urban perimeter compared to the years before the tyranny. This 'topographical' downgrading is also associated with the loss of political and social weight within the civic body, as well as with a significant economic downsizing of this group.

These new citizens, wealthy in their cities of origin, lost their lands because of the transfer and their appropriation by the tyrant, and found themselves in Syracuse, like the *gamoroi*, in a reduced political and economic status compared to what they had in their homeland. Both the lack of conflict[19] and the role of silent protagonists of the

---

[8] For a survey of the different areas of the city please refer to Mignosa (forthcoming).

[9] Fuller - Löw 2017, 484.

[10] Ibyc. *ap*. Strabo 1.3.18: [...] καθάπερ ἐπὶ τῆς πρὸς Συρακούσαις νήσου νῦν μὲν γέφυρά ἐστιν ἡ συνάπτουσα αὐτὴν πρὸς τὴν ἤπειρον, πρότερον δὲ χῶμα, ὥς φησιν Ἴβυκος, λογαίου λίθου, ὃν καλεῖ ἐκλεκτόν. 'In the case of the island opposite Syracuse, there is now a bridge connecting it with the mainland, whereas before, as Ibycus relates, there was an embankment of gathered stones, which he calls "chosen"'. Trans. by the author.

[11] Thuc. 6.3.2.: Συρακούσας δὲ τοῦ ἐχομένου ἔτους Ἀρχίας τῶν Ἡρακλειδῶν ἐκ Κορίνθου ᾤκισε, Σικελοὺς ἐξελάσας πρῶτον ἐκ τῆς νήσου ἐν ἦ νῦν οὐκέτι περικλυζομένη ἡ πόλις ἡ ἐντός ἐστιν· ὕστερον δὲ χρόνῳ καὶ ἡ ἔξω προστειχισθεῖσα πολυάνθρωπος ἐγένετο. "Syracuse was founded the year afterwards by Archias, one of the Heraclids from Corinth, who began by driving out the Sikels from the island upon which the inner city now stands, though it is no longer surrounded by water: in process of time the outer town also was taken within the walls and became populous". Trans. by J. M. Dent - E. P. Dutton.

[12] Nenci 1979.

[13] On the internal politics of the Deinomenid tyranny: Bruno Sunseri 1980; Bearzot 1991; Luraghi 1994, part. 273- 384; Mafodda 1996.

[14] For a recent review of the urban plan of the Archaic-Classical period see Basile 2012. A complete summary, updated to 2009, of the history of archaeological research and the state of the art on the urban plan is in Zirone 2011. On the most recent archaeological investigations see De Angelis - Mignosa (forthcoming).

[15] Hdt. 7.55.2.

[16] Hdt. 7.156.2; Thuc. 6.4.1-2; 6.5.3; 6.94.1; Philist., *FGrH* 556 fr. 15 *ap. schol. Pind. Ol.* 5.19c; Tim., *FGrH* 566 fr. 19 *ap. schol. Pind. Ol.* 5.19 a-b; Strabo 10.1.15; Polyaenus, *Strat.* 1.27.3.

[17] For a broader examination of all the social groups operating in Syracuse in the years of Gelon and Dionysius, please refer to Mignosa (forthcoming).

[18] Luraghi 1994, 301-302; Giangiulio 1998, 110.

[19] Diod. Sic. 11.38.1.

newly included aristocracies, as well as their exodus after the end of the Deinomenid tyranny[20], speak in favour of an only partial integration of these classes into the social structure of the Syracuse of Gelon: if the inclusion of these groups was possible thanks to the concession of land, the abandonment of the city twenty years later by most of the inhabitants drawn from other poleis leads one to hypothesise a framework of no-integration.

It is clear that in the case of Syracuse, it was the availability of land[21] that had a decisive influence on the process of settlement of new groups of citizens and ensured that this settlement did not adversely affect the division of resources and the economy of the polis. The economic development of the city consisted of a process of relocation of resources, people and political power. Gelon had the ultimate ambition of making Syracuse *polyanthropos* but, at the same time, of measuring and controlling the entry of the various social groups so that a balance between social forces could be maintained. However, the very programmed nature of these entries and of the economic integration itself, orchestrated by the tyrant and not as a consequence of the agency of the new arrivals, made these closely knit new groups unwilling to integrate with each other and was not followed by social and political integration. The Syracuse of the Deinomenids was then configured as a *dysfunctional* social system, which laid the foundations for the dissension and *staseis* of the years following the fall of the tyranny of Thrasyboulos.

The operation carried out by Gelon was to all intents and purposes a reurbanisation of Syracuse as well as, at a formal level, a refounding of it. Reurbanisation in this case consisted in a process of reconstruction and restructuring of the entire *polis* following a discontinuous (i.e. exceptional and not physiological) growth in the population, which also led to a substantial transfer of man power. Gelon's demographic and building policies were a turning point for the city's urban layout: under Gelon, its urban layout took on the proportions and appearance of the 'city of tyrants', perpetuated by subsequent generations. However, this growth was sudden and led to the need for a reorganisation of the city's spaces and their refunctionalisation.

The most evident changes in the urban landscape following the expansion of the city were the reinforcement of fortification structures and the construction of public buildings to reflect the increased wealth of the *polis*. There is mention of the city's archaic fortifications from literary sources[22], but there is still no definite archaeological evidence. Gelon probably divided the new heterogeneous population from the city's first citizens in order to better control them. He created new residential districts with public buildings and aqueducts to meet the needs of the population, adapting the urban landscape to the expansion of the civic body.

We can only speculate on the extent of the reurbanisation and revolution of spaces, which were divided, in the urban space as in the *chora*, according to precise political engineering. In a mirror image of careful social engineering, it seems likely that in the urban space, too, the tyrant applied a system of dividing residents that was prudent and in favour of social balance. This last aspect of the first significant population transfer in Syracuse remains, however, completely obscure.

11.4. Dionysius I: public spaces and spaces of power in the tyrant's fortress.

The picture that emerges in the years of Dionysius' rule is only apparently similar to that of Gelon's years[23]. In the years of Dionysius' rule, too, the rate of (mostly forced) inward mobility was very high (for a general overview see Fig. 11.2), but the management of social and political forces and the spaces of power were different.

In the thirty-eight years during which Dionysius was in power, the *polis* went from being a populous city, structured according to a precise social organisation, to an abnormal metropolis, overflowing with very heterogeneous citizens, displaced by the tyrant across the different areas of the city. A *polis* in which the constant entry of immigrants (who became citizens) made the pre-existing social structure unstable, affecting, on the one hand, the group of former citizens, divested by Dionysius since his entry into Syracuse, and, on the other, the *damos*, hit by the continued inflow of such heterogeneous elements and made cohesive only, at least in the first phase of Dionysian rule, by the anti-Punic drive. Looking at the various migratory movements orchestrated by the tyrant, what appears is an enormous and disorderly entry of very different social forces: *philoi* of the tyrant; *xenoi* (probably mercenaries integrated into the civic body); freed slaves then *neopolitai*; *dynatoi* from Leontinoi and probably from Caulonia and Hipponion; the *demos* from Leontinoi, Caulonia and Hipponion; and artists and eminent personages forming part of the court. Dionysius, holding the reins of a territorial state, treated the people living there as he was a *dynastes,* employing and recruiting them as part of his state. This is one of the fundamental traits that differentiate the mobility of the Dionysian years from that of the preceding centuries: the pool from which to draw the forces necessary for the city, whether they were needed to obtain political consensus, to erect public works or to create an army, was much larger and more readily available, and this meant that it could be summoned when necessary without its mobility

---

[20] Diod. Sic. 11.76.4.
[21] The fertility and favourable environmental conditions of the *chora of* Syracuse are themes already present in literary sources (cf. Strab. 6.2.4; Cic., *Verr.* 2.5.26; Sen., *Dial.* 6.17.4-5). For an estimate of the agricultural resources of the city and the ratio of resources to population see De Angelis 2000, 122-124; De Angelis 2016.
[22] On the question of the public buildings and fortifications erected by Gelon please refer to Mignosa 2021, 248-252, with bibliography.

[23] On mobility during Dionysius I's government: Harris 2013, part. 145-174; Giuliani 1995. On mobility in GreekSicily: Moggi 1976, 100-114, 206-210, 238-241 and 355-359; Seibert 1982-1983; Vattuone 1994; Souza 2014; Zizza 2019.

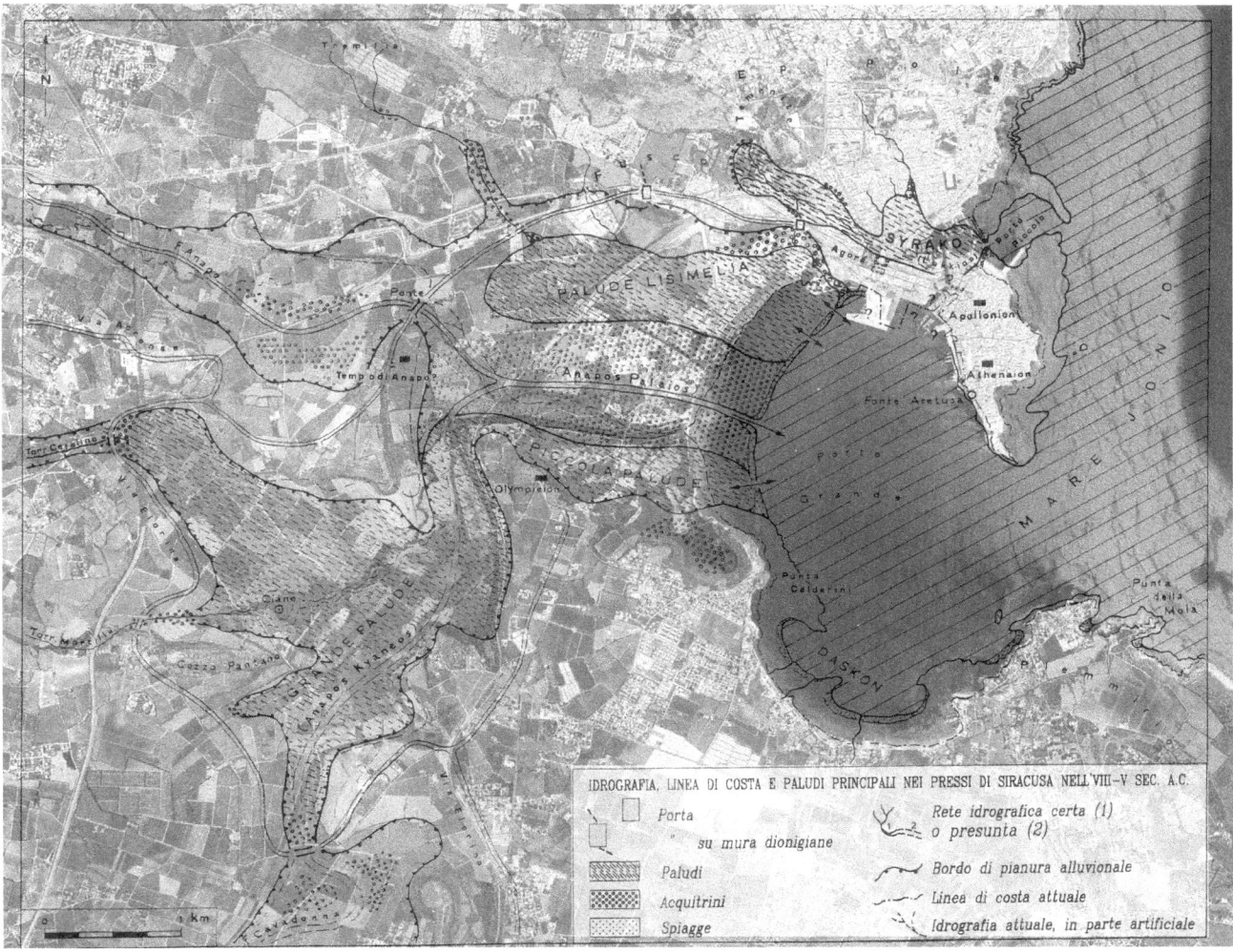

Fig. 11.2. Overview of mobilities in Syracuse during the time of Dionysius I.

having any direct effect on the *polis* and the civic body of Syracuse.

The urban landscape also responded to this arrangement: the island and the Porto Piccolo were, in the project of the tyrant's city, from the first years of Dionysius' rule, the places chosen to represent his power and military might[24]. The fortifications of the island were followed by an expansion of the arsenal area[25] and a residence of the tyrant[26] is known, although only from literary sources. The *nasos* became a functionally autonomous unit, i.e. political, sacred and partly economic in relation to the rest of the city. It became completely self-sufficient even when it had no links with the rest of the 'external' city[27], because

it had two ports for trade and the procurement of essential goods. The island accentuated its role as a political, sacred, military and commercial centre in relation to the rest of the *polis*. As under Gelon, the island was not only the acropolis but also a circumscribed city territory with other functions. However, during the tyranny of Dionysius, only a small part of the population benefited from all these functions, so much so that the island became a city within a city, cut off from the city network (very similar to the palaces of the Hellenistic kingdoms)[28].

The Nasos was shaped as the tyrant's 'private' space, his *oikia*, and also the 'container' of an elite mobility, made up of bodyguards, *philoi*, artists and philosophers: it was

---

[24] It is Diodorus who reports the first fortification in the island (ἕτερον τεῖχος ᾠκοδόμει περὶ τὴν ἀκρόπολιν). On the fortifications of Syracuse at the time of the tyrants please refer to Mignosa 2020, with previous bibliography.

[25] On this subject, see Basile 2012, 196.

[26] Cf. Plato's description (*Ep.* 7.347a) of the tyrant's abode (*oikia*). On this issue see, in part. Polacco - Mirisola 1999; Aiosa 2001; Pensabene 2001; Mignosa 2020, 259-266.

[27] ἡ πόλις ἡ ἔξω: so is defined in Thucydides (6.3.2; see *supra* footnote 11) the whole *polis* of Syracuse that develops beyond the *nasos*. It is 'external' with respect to the island (ἡ πόλις ἡ ἐντός) for the historian

not because Thucydides' perspective is that of someone who arrives in Syracuse from the sea, but because he underlines, with this apparently only spatial and topographical dichotomy how the island was politically and functionally the inner core of the city. As Nenci wrote, "la geografia popolare", that is, the vision that the inhabitants of a city have of the physical environment in which they live, is that of "una sorta di isola da difendere dall'esterno [...]. Nella geografia popolare greca il punto di osservazione è la città, non la *chora* [...] non a caso si coniano espressioni per indicare la vicinanza dall'esterno all'interno, come πρόσχωρος, ἀστυγείτων, προάστειον" (Nenci 1979, 467).

[28] Pensabene 2001.

a safe space in which that class of people designated by Dionysius as part of his court could live without any threat from other citizens, i.e. from the rest of that mass of individuals who had become citizens but were part, in the hierarchical arrangement of the Dionysian *polis*, of a group politically inferior to the inhabitants of the *nasos*. In this sense, the hierarchy that Dionysius had created in the civic body was realised also in space; a space in which the island, its territory and its inhabitants constituted a community set apart from the city, not integrated with it, neither socially nor economically, and in which the two different walls surrounding the perimeter of the citadel were the physical, political and also social boundaries. In Simmel's words, it was the 'spatial meanings of things and processes' that rendered space significant[29].

Spatial exclusiveness and the dividing up of spaces in the *polis* were part of a processual institutionalisation that, even as governments change, shaped space and its use. Space has the property of 'fixing' itself in a certain shape[30] - in this specific case, the presence of places of power, fortifications and arsenals on the island 'fixed' its space in a stable, lasting form that also changed its subsequent use while also affecting the memory of the places[31].

The existence of a 'head' of the *polis*, of a place that summed up almost all the functions of an entire city and that became a place of residence for selected groups, also affected the entire urban territory, which in certain historical periods was based on this polarity between the *nasos* and the rest of the urban space. And the existence of this polarity also determined a distribution of the city's spaces that can be said to be concentric[32]. Starting from the core, the island, the quality of the urban space was directly proportional to its proximity to it. This configuration of the space was determined as a result of two conditions: by virtue of the agency of a tyrannical power that established the settlement spaces and the division of the inhabitants, seeking to control their social dynamics*, and* because of the continuous mobility that characterised the city, which determined an endless refunctionalisation of urban and social spaces.

Bibliography

Aiosa, S. 2001, "Un palazzo dimenticato: i *tyranneia* di Dionisio I ad Ortigia", in *QuadAMess*, 2, 91- 110.

Baker, A. R. H. 2003, *Geography and History: Bridging the Divide*, Cambridge.

---

[29] Simmel 1997 [1908], 138.
[30] Simmel 1997 [1908], 540-541.
[31] On this subject, consider Timoleon's action to take possession of this same space, destroying the acropolis and the tyrant's residence (e.g. Diod. Sic. 16.70.4), in order to revolutionise its shape and break away from the institutionalisation conducted over time by the tyrants. It should be remembered that Dionysius had also carried out a similar operation when he built part of the fortification of the island by demolishing the temple of the democratic leader Diokles, erected by the Syracusans after his death (Diod. Sic. 13.35.2).
[32] And which develops according to "un développement progressif", in Martin's words (1974, 91). See on the *proasteion* of Syracuse the recent 'spigolature' by E. Greco (2020).

Basile, B. 2012, "L'urbanistica di Siracusa greca: nuovi dati, vecchi problemi", in *ArchStorSir*, 47, 177-224.

Bearzot, C. 1991, "Gelone strategos autokrator tra storicità e propaganda dionigiana", in L. Braccesi (ed.), *Hesperìa. Studi sulla grecità d'Occidente*, 1, Roma, 79-87.

Bruno Sunseri, G. 1980, "Aristocrazia e democrazia nella politica di Gelone", in M. J. Fontana - M. T. Piraino - F. P. Rizzo (eds), φιλίας χάριν. *Miscellanea di studi classici in onore di Eugenio Manni*, Roma, 294-308.

Cosgrove, D. 2004, "Landscape and Landschaft", in *Bulletin of the German Historical Institute*, 35, 57-71.

De Angelis, F. 2000, "Estimating the agricultural base of Greek Sicily", in *BSR*, 68, 111-148.

De Angelis, F. 2016, *Archaic and Classical Greek Sicily: A Social and Economic History*, New York.

De Angelis, F. - Mignosa, V. Forthcoming, "Syracuse", in P. Cartledge - P. Christensen (eds), *The Oxford History of the Archaic Greek World: Archaeohistories of 28 Sites, Sanctuaries, and Regions*, Oxford.

De Polignac, F. 2006, "Analyse de l'espace et urbanisation en Grèce archaïque : quelques pistes de recherche récentes", in *RÉA*, 108.1, 203-223.

Fuller, M. G. - Löw, M. 2017, "Introduction: An Invitation to Spatial Sociology", in *Current Sociology*, 65.4, 469-491.

Giangiulio, M. 1998, "Gli equilibri difficili della democrazia in Sicilia: il caso di Siracusa", in *Venticique secoli dopo l'invenzione della democrazia*, Paestum, 107-124.

Giddens, A. 1984, *The Constitution of Society: Outline of the Theory of Structuration*, Cambridge.

Giuliani, A. 1995, "Le migrazioni forzate in Sicilia e in Magna Grecia sotto Dionigi I di Siracusa", in M. Sordi (ed.), *Coercizione e mobilità umana nel mondo antico*, Milano, 107-124.

Greco, E. 2020, "Alcune spigolature siracusane", in R. Amato - G. Barbera - C. Ciurcina (eds), *Siracusa, la Sicilia, l'Europa. Scritti in onore di Giuseppe Voza*, Palermo, 145-151.

Harris, J. R. 2013, *The tyrant and the migrant: the bonds between Syracusan hegemony and mobility from Dionysius I to Agathocles*, Ph.D. Dissertation University of Southern California.

Lefebvre, H. 1974, *La Production de l'espace*, Paris.

Luraghi, N. 1994, *Tirannidi arcaiche in Sicilia e Magna Grecia: da Panezio di Leontini alla caduta dei Dinomenidi*, Firenze.

Mafodda, G. 1996, *La monarchia di Gelone tra pragmatismo, ideologia e propaganda*, Messina.

Martin, R. 1974 [1956], *L'urbanisme dans la Grèce antique*, Paris.

Mignosa, V. 2020, "When War Changes a City: Fortifications and Urban Landscapes in Tyrant-Ruled Syracuse", in M. Jonasch (ed.), *The Fight for Greek Sicily: Society, Politics and Landscape*, Oxford, 242-270.

Mignosa, V. (forthcoming), *Paesaggi urbani e società mobili a Siracusa tra età arcaica e classica*, Untersuchungen zur antiken Literatur und Geschichte Berlin.

Moggi, M. 1976, *I sinecismi interstatali greci: 1. Dalle origini al 338 a.C.*, Pisa.

Nenci, G. 1979. "Spazio civico, spazio religioso e spazio catastale nella *polis*", in *AnnPisa*, 9, 459-477.

Pensabene, P. 2001, "Tradizioni persiane nel palazzo di Dionisio di Siracusa e nel palazzo reale di Alessandria", in C. Basile - A. Di Natale (eds), *La Sicilia antica nei rapporti con l'Egitto*, Siracusa, 111-124.

Polacco, L. - Mirisola, R. 1999, "L'acropoli e il palazzo dei tiranni nell'antica Siracusa: storia e topografia", in *AttiVenezia*, 157.2, 167-214.

Seibert, J. 1982-1983, "Die Bevölkerungsfluktuation in den Grichenstädten Siziliens", in *AncSoc*, 13-14 and 33-65.

Simmel, G. 1997 [1908], "The sociology of space", in D. Frisby - M. Featherstone (eds), *Simmel on Culture*, London, 137-170.

Souza, R. 2014, *The mobility of Sicilian populations and the nature of Sicilian citizenship, 409-202 BCE*, Ph.D. Dissertation University of California, Berkeley.

Torre, A. 2008, "Un «tournant spatial» en histoire? Paysages, regards, ressources", in *AnnHistScSoc*, 63.5, 1127-1144.

Vattuone, R. 1994, "«Metoikesis»: trapianti di popolazione nella Sicilia greca fra VI e IV sec. a. C.", in M. Sordi (ed.), *Emigrazione e immigrazione nel mondo antico*, Milano, 81-113.

Zeller, T. 2004, "The Spatial Turn in History", in *Bulletin of the German Historical Institute*, 35, 123-124.

Zizza, C. 2019, "«Come ti faccio ti disfo…». Distruzioni di città e trasferimenti di popolazioni nella Sicilia dei Greci: alcune osservazioni generali e qualche ipotesi", in A. Gonzales - M. T. Schettino (eds), *Tra le rive del Mediterraneo: relazioni diplomatiche, propaganda e egemonia politica nella Sicilia antica*, Parigi, 41-57.

12

Villa Adriana di Tivoli: architettura e potere

Marina De Franceschini
Progetto Accademia

Abstract: Hadrian's Villa in Tivoli is the largest villa of Roman antiquity. The symbols of power were always the same during the millennia: one of them is the architecture of the Roman imperial residences, and Villa Adriana is the most important example. Power is symbolized by the grandeur of the architecture, the technical innovations such as the 'umbrella' domes, the skillful choice of building materials, the network of subterranean tunnels for slaves. Other symbols of power are the luxury of the decoration, the unlimited availability of water, the thermal buildings, the sheltered paths for strolling in winter, or cool ones in the summer. The extraordinary and eclectic architecture of Hadrian's Villa was a symbol of the absolute power of Emperor Hadrian. It was the heir of the architecture of power of the Hellenistic dynasts, and then became the archetype and source of inspiration for the great Renaissance and Baroque palaces and villas.

Keywords: architettura romana; archeologia romana; Villa Adriana; tecniche costruttive; impianti termali; mosaici; sculture.

12.1. Architettura come simbolo del potere.

Da millenni i simboli del potere sono sempre gli stessi, a cominciare dal lusso, che nell'antichità era fatto di arte, magnificenza, bellezza e cultura. Villa Adriana è una delle massime espressioni di quel lusso, che ancor oggi si manifesta con la grandiosità dell'architettura, e presuppone innovazione nella progettazione e nelle tecniche costruttive. Villa Adriana non era una villa di *otium*, ma una vastissima tenuta di rappresentanza, dove l'imperatore riceveva personaggi importanti che abbagliava con la magnificenza della sua architettura monumentale e scenografica. A torto viene paragonata alle regge di Caserta, Versailles o Windsor: era molto più complessa e grandiosa, si estendeva per almeno 120 h, aveva una serie di terrazzamenti artificiali e una quarantina di edifici diversi; unica e inimitabile.

12.2. Architettura del paesaggio.

Fin dai tempi di Augusto, Tivoli era un luogo di villeggiatura 'alla moda' – come Capri o anche Sperlonga – frequentato dagli aristocratici romani che vi costruirono le loro ville; era vicina a Roma, aveva le spettacolari cascate dell'Aniene e una terra fertilissima e rigogliosa. Fu scelta dall'imperatore Adriano anche per ragioni pratiche: ad esempio la disponibilità illimitata di acqua, gli spazi infiniti dove egli potè realizzare liberamente il suo progetto architettonico. Altrettanto importante l'abbondanza in loco di materiali da costruzione – tufo, pozzolana e travertino – e non ultima la navigabilità del fiume Aniene fino a Roma, che agevolava il trasporto di materiali pesanti e ingombranti, come le colonne, i marmi preziosi e le sculture provenienti da tutto il mondo conosciuto.

Dato che l'archeologia si è occupata dei giardini e del paesaggio solo in tempi relativamente recenti, i dati di cui disponiamo sono pochi e insufficienti. Questo Convegno ha il grande merito di aprire nuove strade alle nostre conoscenze in materia: vi è ancora molto da studiare e da scoprire.

Il paesaggio attuale in cui è immersa Villa Adriana è il risultato di molteplici fattori. Il più importante sono le millenarie coltivazioni di vite e olivo che sfruttarono come terreni agricoli e pronti all'uso le grandi spianate artificiali della Villa, che vennero devastate da profonde arature. Più dei barbari, furono i contadini ad abbattere i muri antichi per avere più spazio libero, come scriveva con rammarico Pirro Ligorio già nel Cinquecento[1]. Nel Settecento grandi trasformazioni avvennero per opera del conte Giuseppe Fede che acquistò gran parte della Villa e vi piantò i monumentali cipressi che la trasformarono nel "paesaggio romantico con rovine" che vediamo attualmente. E, infine, vi furono le sistemazioni moderne dei giardini, operate dopo l'acquisto da parte del Regno d'Italia a fine Ottocento e ancora a partire dagli anni Cinquanta del Novecento.

Il paesaggio originario della Villa era molto diverso dall'attuale e profondamente artificiale: l'architettura dominava completamente la natura. L'unico paesaggio 'naturale' era la macchia mediterranea che già allora la doveva circondare: da Piazza d'Oro si godevano vedute panoramiche verso la Valle di Tempe (sul versante orientale della Villa) e dall'Accademia verso la Valle di Risicoli (sul lato occidentale). Villa Adriana, a sua volta, segnava il paesaggio antico che la circondava.

---

[1] De Franceschini 2016, 81.

Un esempio è l'edificio di Roccabruna, del quale oggi rimane solo il piano inferiore con un grande corpo di fabbrica quadrangolare. Al piano superiore esisteva un Tempietto dorico con sedici colonne e cella ottagonale, oggi scomparso[2]; vi si accedeva con uno scalone che oggi sale a una terrazza panoramica, dalla quale nelle giornate limpide si può vedere la cupola di San Pietro.

Quando era in piedi, il Tempietto di Roccabruna era visibile dall'area circostante e segnalava a tutti la presenza dell'imperatore e della sua Villa, che per ovvi motivi di sicurezza era circondata su tutti i lati da alti muri di contenimento (Fig. 12.1). Il Tempietto di Roccabruna aveva una funzione analoga quella del *Trophèe des Alpes* di La Turbie (Francia), costruito da Augusto in cima a un'alta rupe rocciosa: ancor oggi domina il paesaggio e si vede fin dalla costa (Fig. 12.2). Era un manifesto della presenza e della potenza di Roma che aveva appena conquistato quella parte della Gallia – e destava stupore, perché i Galli non avevano mai costruito nulla del genere.

Sul lato opposto della Villa, rivolto verso Tivoli, il Tempietto di Venere del Ninfeo Fede costituiva una quinta scenografica per chi la raggiungesse da quel versante. Anch'esso era una 'citazione' di un paesaggio antico, quello del Tempio della Venere di Cnido, dedicato alla dea protettrice della dinastia Giulio-Claudia cui Adriano si ispirava rapportandosi ad Augusto come restauratore della pace e della prosperità.

Le grandi Spianate della Villa – che in qualche caso presupposero imponenti opere di sostruzione come le Cento Camerelle che sostengono la vastissima area del Pecile – erano, quindi, un paesaggio artificiale, come si vede nel Plastico Gismondi (Fig. 12.1). All'interno degli edifici il paesaggio aveva giardini di enormi dimensioni, circondati da portici e abbelliti da grandi bacini d'acqua, come quelli del Pecile o di Piazza d'Oro: l'Euripo del Canopo, per esempio, era fiancheggiato da pergolati e si sono trovate aiuole con *ollae perforatae*[3]. Altri giardini avevano un fondale scenografico con grandi ninfei a gradoni, come si vede nel Ninfeo Stadio o all'estremità meridionale della Spianata del Pretorio (nella zona dell'Accademia, in proprietà privata). Anche in questo caso abbiamo pochissimi dati di scavo. I giardini interni degli edifici seguivano i dettami dell'*ars topiaria*, che conosciamo dai testi antichi. La Villa Getty di Malibu in California (USA) – copia moderna della Villa dei Papiri di Ercolano – è un buon esempio di ricostruzione del paesaggio e del giardino antico, basata sulle raffigurazioni degli affreschi dell'area vesuviana o di quelli della Villa di Livia a Prima Porta (Fig. 12.3)[4].

12.3. La gerarchia degli edifici.

A Villa Adriana esisteva una precisa gerarchia degli edifici che rispecchiava lo *status* sociale e quindi il potere di coloro che li abitavano[5]: edifici nobili riservati all'imperatore, edifici secondari destinati al personale di rango, edifici servili per gli schiavi.

Gli edifici nobili erano i più maestosi e monumentali: vi si arrivava con percorsi dissimulati e pochi punti d'accesso obbligati, facili da sorvegliare per motivi di sicurezza. Si trovavano in posizione panoramica dalla quale la vista spaziava sul paesaggio circostante. Come detto, avevano giardini interni abbelliti da grandi bacini d'acqua o da ninfei e fontane rivestiti in mosaico e 'tartari'. I giardini erano circondati da porticati con colonne di marmi preziosi e capitelli in gran parte disegnati 'in esclusiva' per l'Imperatore[6]. L'architettura ha forme curve e mistilinee, cupole 'a ombrello' (come quelle del Canopo o del Vestibolo di Piazza d'Oro), enormi volte a crociera (come si vede nelle Biblioteche Greca e Latina); gli ambienti erano alti e imponenti, come nell'Edificio con Tre Esedre o nell'Edificio con Criptoportico e Peschiera.

La decorazione era sfarzosa e costosissima, ma purtroppo è quasi completamente scomparsa: i pavimenti erano in *opus sectile*[7] di marmi preziosi provenienti da tutte le regioni dell'impero (Grecia, Asia Minore, Africa). Oppure erano in mosaico policromo con *emblemata* in *opus vermiculatum,* come il celebre Mosaico delle Colombe dei Musei Capitolini, rinvenuto nell'Accademia da Monsignor Giuseppe Alessandro Furietti[8]. Le pareti erano rivestite di marmi colorati (restano le tracce delle grappe che li fissavano), con preziosi intarsi[9]; nelle nicchie erano sistemate sculture di soggetto mitologico, prevalentemente dionisiaco o egizio, talvolta realizzate con marmi colorati come i Centauri Furietti o il Fauno Rosso oggi nei Musei Capitolini di Roma. I soffitti erano affrescati o in stucco.

Vi erano triclini estivi come quello del Canopo e di Piazza d'Oro, e altri triclini invernali, e naturalmente impianti termali come le Piccole Terme o le Terme con *Heliocaminus*. Alcuni edifici *non termali* avevano impianti di riscaldamento per l'inverno, come la Biblioteca Greca e l'Edificio con Criptoportico e Peschiera. Le latrine erano singole ed esistevano *solo* negli edifici nobili. E poi vi erano edifici unici, progettati appositamente per l'imperatore come il Teatro Marittimo che era il suo 'buen retiro': una villa in miniatura all'interno della Villa, dotata di atrio, triclinio, cubicoli, latrine e persino di un piccolo impianto termale privato.

---

[2] Ricostruito da Lugli 1940 sulla base dei numerosi frammenti architettonici che ancora si vedono *in situ.*
[3] Jashemski - Salza Prina Ricotti 1987; Jashemski - Salza Prina Ricotti 1992; Salza Prina Ricotti 1995.
[4] Messineo 2001; De Franceschini 2005, 27-45.

[5] De Franceschini 1991, 619-630.
[6] De Franceschini 2019.
[7] De Franceschini 1991, 681-699; Guidobaldi 1994.
[8] Donderer 1999; Slavazzi 2005; De Franceschini 2014 (con bibliografia precedente).
[9] Un tempo esposti nel Museo Didattico che purtroppo è stato chiuso alla fine degli anni '90, assieme a un prezioso campionario dei vari tipi di marmi.

Fig. 12.1. Tivoli, Villa Adriana. Plastico: il tempietto di Roccabruna in primo piano (foto dell'autrice).

Fig. 12.2. La Turbie (Côte d'Azur - Francia). Trophèe des Alpes (foto dell'autrice).

Gli edifici secondari, riservati al personale di rango della Corte, come liberti o pretoriani, erano più modesti, situati in posizione defilata e privi di vista panoramica; non avevano giardini interni né ninfei. La decorazione era molto semplice, con pavimenti in mosaico bianco e nero, sia pure con piacevoli disegni arabescati come quelli che si vedono negli *Hospitalia*[10]. Le pareti erano affrescate, le latrine erano a più posti. Le Grandi Terme – che analogamente avevano semplici mosaici bianco- neri – erano destinate a questa categoria di abitanti della Villa.

Infine, vi erano gli edifici servili, destinati agli schiavi e al personale di servizio. Erano ricavati nelle sostruzioni, come le Cento Camerelle o le Sostruzioni del Pretorio, che erano suddivise in più piani da soppalchi lignei e accessibili con ballatoi esterni. I pavimenti erano in mosaico privo di decorazione o più frequentemente in *opus spicatum*, come si vede nella Caserma dei Vigili; le pareti erano intonacate, le latrine multiple. Questi edifici erano collegati a un'estesa rete di percorsi sotterranei di servizio che raggiungeva anche gli edifici nobili della Villa. Era un sistema logistico assai simile a quanto si vede nelle attuali navi da crociera, dove i percorsi per il personale di servizio (spogli) sono paralleli ma nettamente separati dalle zone lussuose destinate ai passeggeri.

Villa Adriana aveva una vasta rete di gallerie sotterranee che si estende per diversi chilometri ma purtroppo non è

---

[10] De Franceschini 1991, 33-54; Vincenti 2017, 115-160.

Fig. 12.3. Roma, Museo Nazionale Romano - Palazzo Massimo. Affresco dalla Villa di Livia a Prima Porta (foto dell'autrice).

mai stata aperta al pubblico: è una delle sue caratteristiche più straordinarie. Le gallerie venero scavate a mano nel banco di tufo – si vedono ancora i segni delle picconate – procurando al contempo il materiale da costruzione per la Villa. Si trattava di una vera e propria 'metropolitana' *ante litteram,* che nascondeva alla vista e all'udito l'incessante traffico dei carri che portavano gli approvvigionamenti alla Villa, dove anche in assenza dell'imperatore viveva una Corte assai numerosa che aveva bisogno di cibo, vettovaglie ma anche di legname per alimentare i *praefurnia* degli impianti termali.

La struttura più notevole è il Grande Trapezio[11], quattro gallerie lunghe complessivamente 900 m, alte e larghe 6 m, e illuminate da oculi di 2 m di diametro: vi potevano transitare due carri nei due sensi di marcia (Fig. 12.4). Comunicavano con altre gallerie più strette, dove passava un solo carro alla volta, dalle quali si diramavano numerosi diverticoli pedonali che raggiungevano tutti gli edifici della Villa. Ad esempio, esiste un lunghissimo percorso

sotterraneo, già documentato dalle piante antiquarie di Contini e Piranesi[12], che collegava Roccabruna con l'Accademia: lo abbiamo esplorato in parte[13]. Un altro percorso parzialmente ipogeo costeggiava le Cento Camerelle ed entrava in un tunnel visibile a lato dello scalone del Vestibolo: una serie di gallerie raggiungevano i *praefurnia* dei vari impianti termali della Villa, che si trovavano tutti in quest'area, altro esempio di ottimizzazione delle infrastrutture: le Terme con *Heliocaminus*, le Piccole Terme, le Grandi Terme[14].

12.4. Architettura scenografica.

Un esempio di architettura scenografica di potere è il percorso per gli ospiti di riguardo che dava accesso al Canopo, dove si svolgevano sontuosi ricevimenti ufficiali. Questo iniziava con il grande "Anello Basolato" che arrivava fino allo scalone monumentale del Vestibolo e poi, costeggiando il lungo bacino d'acqua dell'Euripo, raggiungeva il triclinio

---

[11] Salza Prina Ricotti 1973; Köhler 2008; Placidi - Fresi 2010; De Franceschini 2012.

[12] Contini 1668; Piranesi 1781.
[13] De Franceschini - Marras 2009; De Franceschini - Marras 2010; De Franceschini 2010.
[14] Rinaldi 2000; Di Mento 2000.

Fig. 12.5. Tivoli, Villa Adriana. Canopo: lo Stibadio in muratura (foto dell'autrice).

Fig. 12.4. Tivoli, Villa Adriana. Grande Trapezio: le gallerie sotterranee (foto dell'autrice).

vero e proprio (Serapeo) con la grande semicupola "a ombrello" e lo *stibadium* semicircolare in muratura, dove prendevano posto i commensali (Fig. 12.5).

L'imperatore era sistemato nel cosiddetto "Antro" che si apre al centro della semicupola, in posizione sopraelevata e protetta per ragioni di sicurezza: da lì si godeva la vista migliore e l'acustica migliore, un po' come nel palco reale dei nostri teatri dell'opera. Oggi nulla rimane della decorazione, ma le pareti erano completamente rivestite di marmi (si vedono i fori per le grappe) e la cupola aveva mosaico in pasta vitrea. E poi vi era una serie di spettacolari cascate e giochi d'acqua – alimentati da un piccolo acquedotto con tanto di saracinesche situato sul retro dell'edificio – che giravano tutt'intorno allo stibadio stesso e che sono state ricostruite in 3D dal prof. B. Frischer[15]. L'abbondanza d'acqua e il fasto delle fontane erano un altro simbolo del potere.

12.5. Tecnologia e innovazione.

L'architettura era, quindi, una forma di propaganda del potere: solo l'imperatore e pochi altri ricchissimi aristocratici potevano permettersi le enormi spese necessarie per costruire edifici come Villa Adriana. Vi era un altro aspetto 'nascosto', ma non meno importante: la progettazione delle infrastrutture e l'innovazione tecnologica.

Basti pensare alla progettazione della rete idrica che alimentava gli impianti termali, le infinite fontane, ninfei e bacini d'acqua che decoravano la villa; e poi alle fognature e alla rete per lo smaltimento delle acque piovane[16]. Ciò presuppone una progettazione accuratissima delle quote e delle pendenze della rete idraulica, che ovviamente precedette la costruzione degli edifici.

Per movimentare l'acqua si poteva usare solo la forza di gravità e, infatti, Villa Adriana ha un andamento costante delle pendenze che va da sud verso nord (Fig. 12.1). L'acqua veniva distribuita in tutto il complesso[17], sicuramente arrivando da sud, con una diramazione dedicata da almeno uno dei quattro grandi acquedotti che portavano l'acqua dell'Aniene fino a Roma.

Dal punto di vista della tecnica costruttiva, le cupole "a ombrello" come quella del Canopo o di Piazza d'Oro sono tipiche dell'architettura adrianea, e in particolare di Villa Adriana. Presuppongono una grande maestria pratica che va dalla composizione dell'impasto cementizio alla

---

[15] *The Digital Hadrian's Villa Project*, Indiana University, al quale ha collaborato anche l'autrice.

[16] Placidi 2008.
[17] Fahlbusch 2003; Fahlbusch 2008.

Fig. 12.6. Tivoli, Villa Adriana. Piccole Terme: la Sala Ottagona (foto dell'autrice).

Fig. 12.7. Tivoli, Villa Adriana. Roccabruna: le due cupole sovrapposte (rielaborazione di Lugli 1940).

realizzazioni di speciali centine lignee[18] per ottenere quelle forme particolari. Un capolavoro di queste tecniche costruttive è la Sala Ottagona delle Piccole Terme, che è stata studiata come il resto della villa dagli architetti di tutti i tempi in cerca di ispirazione per i loro progetti (Fig. 12.6): ha una pianta ottagonale con lati rettilinei e curvi alternati ed è coperta da una cupola, il che presuppone un complicato raccordo fra le due forme geometriche.

Un altro caso di innovazione tecnologica si vede a Roccabruna, dove esistevano due cupole sovrapposte, una vera e propria 'acrobazia' architettonica. Al piano inferiore esiste ancora una vasta sala coperta da una cupola cieca di 9 m di diametro; al piano superiore vi era il Tempietto già detto, coperto a sua volta da una cupola con oculo, ricostruita in base ai frammenti sparsi sul terreno[19]. Dato che la cupola al piano inferiore non poteva sostenere il peso di un'altra cupola al piano superiore, il problema fu risolto con mura massicce, spesse oltre 3 m, sulle quali venne fatto gravare il peso del Tempietto (Fig. 12.7).

12.6. Fonte di ispirazione per l'architettura del potere.

Fin dal Quattrocento, dopo la sua riscoperta a opera di Biondo Flavio, Villa Adriana fu visitata, rilevata e studiata

da molti dei più grandi architetti del Rinascimento e poi del Barocco. Fra i primi Francesco di Giorgio Martini[20], Andrea Palladio[21], Raffaello, Michelangelo, Leonardo, Antonio e Giuliano da Sangallo. In epoca successiva, Francesco Borromini studiò l'architettura della Villa per comprendere i segreti della ripartizione dei pesi delle volte a crociera[22]. Il personaggio più importante in materia di architettura del potere è Pirro Ligorio[23]: come antiquario del cardinale Ippolito II d'Este progettò per lui la Villa d'Este di Tivoli e i suoi spettacolari giardini. Per decorarla, andò in cerca di marmi preziosi e sculture nei vari siti archeologici tiburtini: fu il primo a condurre scavi su larga scala a Villa Adriana, descrivendoli nei suoi Codici[24]. Essendo architetto si appassionò a quanto vedeva, disegnò piante e alzati (restano solo due disegni di sua mano di Villa Adriana) e ne trasse ispirazione per progettare Villa d'Este: partendo dal paesaggio e dall'architettura scenografica adrianee, creò un nuovo repertorio di ninfei, di giochi d'acqua, di decorazione musiva[25]. Villa d'Este fu una delle prime grandi ville rinascimentali con architettura scenografica e del paesaggio come simbolo del potere: a sua volta divenne fonte di ispirazione per molte grandi ville rinascimentali dapprima in Italia e poi in tutta Europa.

---

[18] Lancaster 2005.
[19] Lugli 1940.

[20] De Franceschini 2016, 33-42; De Franceschini 2021.
[21] De Franceschini 2016, 69-76.
[22] De Franceschini 2016, 132.
[23] De Franceschini 2016, 77-102.
[24] De Franceschini 2016, 81-82.
[25] De Franceschini 2016, 77-102.

Bibliografia

Contini, F. 1668, *Hadriani Caesaris immanem in agro tiburtino villam,* Roma.

De Franceschini, M. 1991, *Villa Adriana. Mosaici, pavimenti, edifici*, Roma.

De Franceschini, M. 2005, *Ville dell'Agro Romano*, Roma.

De Franceschini, M. 2010, "Nuove scoperte nell'Accademia della Villa Adriana di Tivoli. L'importanza del confronto fra i dati delle fonti antiquarie e dei rilievi sul terreno", in *Amoenitas*, 2, 1-18.

De Franceschini, M. 2019, "I marmi architettonici di Villa Adriana «murati per le case di Tivoli»", in *Marmora*, 15, 123-154.

De Franceschini, M. 2012, "Villa Adriana: i percorsi sotterranei della spianata dell'Accademia", in *Archeologia Sotterranea*, 7.10, 5-16.

De Franceschini, M. 2014, "Villa Adriana, Accademia. I mosaici di Monsignor Furietti", in *AISCOM*, 19, 95-106.

De Franceschini, M. 2016, *Villa Adriana. Accademia. Hadrian's Secret Garden, I. History of the Excavations, Ancient Sources and Antiquarian Studies, from the XV to the XVII Centuries*, Pisa - Roma.

De Franceschini M. 2021, "Villa Adriana e un grande artista del Rinascimento: Francesco di Giorgio Martini", in *Pre-atti del Convegno internazionale Leonardo e l'antico, Tivoli 2019*, Roma, 51-52 e 121-122.

De Franceschini, M. - Marras, A. M. 2009, "Progetto AcCADemia nella Villa Adriana di Tivoli. Le gallerie sotterranee di servizio: confronto e verifica delle piante antiche e moderne mediante indagini geoelettriche", in *Fasti Online,* 155.

De Franceschini, M. - Marras, A. M. 2010, "New discoveries with geophysics at Hadrian's Villa near Tivoli Rome (Italy)", in *European Geosciences Union General Assembly 2009, April 23rd, Advances in Geosciences 24-3-2010*, 2-13.

Di Mento, M. 2000, "Villa Adriana. Il criptoportico e la galleria di servizio delle Grandi Terme", in *AttiMemTivoli*, 73, 37-61.

Donderer, M. 1999, "La mosaïque des Colombes de Sosos et sa fortune", in J. Ch. Gaffiot - H. Lavagne (eds), *Hadrien. Trésors d'une Villa impériale,* Milano, 91-94.

Fahlbusch H. 2003, "Villa Adriana: attività e progetti parte I. Roms Wasser für den Kaiser?", in *Orizzonti,* 119-123.

Fahlbusch, H. 2008, *Die Wasserkultur der Villa Adriana,* Siegburg.

Guidobaldi, F. 1994, *Sectilia Pavimenta di Villa Adriana,* Roma.

Jashemski, W. - Salza Prina Ricotti, E. 1987, "I giardini di Villa Adriana", in *RendPontAcc*, 145-169.

Jashemski, W. - Salza Prina Ricotti, E. 1992, "Preliminary excavations in the gardens of Hadrian's Villa. The Canopus area and the Piazza d'Oro", in *AJA*, 96, 579-595.

Köhler, J. 2008, "Wasserwirtschaftliche Einrichtungen im Großen Trapez der Villa Hadriana", in H. Fahlbusch (ed.), *Die Wasserkultur der Villa Adriana*, Siegburg, 397-434.

Lancaster, L. 2005, *Concrete vaulted construction in imperial Rome. Innovations in context*, Cambridge.

Lugli, G. 1940, "La Roccabruna della Villa Adriana", in *Palladio,* 257-274.

Messineo G. 2001, Ad Gallinas Albas. *Villa di Livia,* Roma.

Piranesi, G.B. e F. 1781, *Pianta delle fabbriche esistenti nella Villa Adriana,* Roma.

Placidi, M. 2008, "Das Abwassersystem des Serapeum-Canopos-Komplexes in der Villa Hadriana", in H. Fahlbusch (ed.), *Die Wasserkultur der Villa Adriana*, Siegburg, 333-342.

Placidi, M. - Fresi, V. 2010, "La Grande Via Sotterranea, la "strada Carrabile" di Villa Adriana. I risultati della campagna di studio 2007-2009", in *Archeologia Sotterranea*, 3.10, 4-11.

Rinaldi, E. 2000, "Villa Adriana. Il sistema ipogeo del cosiddetto Vestibolo", in *AttiMemTivoli*, 73, 7-36.

Salza Prina Ricotti, E. 1973, "Criptoportici e Gallerie sotterranee di Villa Adriana nella loro tipologia e nelle loro funzioni", in AA.VV., *Les Cryptoportiques dans l'architetcture romaine*, Rome, 219-259.

Salza Prina Ricotti, E. 1998, "Adriano: architettura del verde e dell'acqua", in M. Cima - E. La Rocca (eds), *Horti Romani*, Roma, 363-399.

Slavazzi, F. 2005, "I mosaici di monsignor Furietti. Nuove notizie. Il mosaico delle Colombe a Villa Adriana", in *AISCOM*, 10, 727-734.

Vincenti, V. 2017, *Mosaici antichi in Italia. Regione quarta. Pavimenti musivi e cementizi di Villa Adriana,* Pisa.

13

A missing landscape of power: il paesaggio del potere imperiale della *domus Licinia Augusta* (253-268 d.C.) attraverso l'epigrafia delle provincie occidentali

David Serrano Ordozgoiti
Universidad Complutense de Madrid

Abstract: In the following paper we will study, based on the data provided by the Latin epigraphy of the western provinces, the landscape of power created by the domus Licinia Augusta (253-268). We will therefore examine the representational techniques of the emperors Valerian, Gallienus and their relatives, Salonina, Valerian the Younger and Saloninus, through a comprehensive statistical analysis of their western epigraphic corpus, before and after the advent of Postumus and the Imperium Galliarum in 260. We will examine the most relevant types and areas as well as identify two different chronological phases and highlight the phenomenon of the missing landscape, an effect of the establishment of Postumus and the Imperium Galliarum.

Keywords: epigraphy; imperial self-representation; Valerian, Gallienus; Western provinces; landscape; Köln.

La *domus Licinia Augusta*[1] è attualmente rappresentata nelle province occidentali attraverso 32 epigrafi diverse, provenienti dalle Alpi, dalle *Galliae*, dalle *Germaniae* e dalla *Britannia*. Si tratta di un numero piuttosto esiguo di testimonianze, soprattutto se lo si confronta con quelle attestate in Italia (125)[2] o in Nord Africa (107)[3], e comparabile, invece, col paesaggio epigrafico dell'Oriente (21) o delle *Hispaniae* (22)[4], con le quali abbiamo un totale di 54 testimonianze, la metà dei reperti africani e meno della metà di quelli italici. Questo dato iniziale ci avverte già dell'enorme differenza tra le province centrali dell'Impero, dove la famiglia imperiale poté sviluppare e promuovere meglio e più ampiamente la propria immagine epigrafica, e le province periferiche, dominate dall'instabilità esterna delle invasioni straniere e dalla discontinuità interna delle usurpazioni. In Occidente, per esempio, questo processo di usurpazione culminò con il generale Postumo, l'ex *praeses provinciae Germaniae Inferioris*, quando fu proclamato imperatore dalle sue truppe a *Colonia* nel luglio o agosto 260 e, subito dopo, procedette ad annettere e ottenere la fiducia delle province di *Gallia*, *Germania*, *Britannia* e *Hispania* tra il 261 e il 262 d.C., creando così il cosiddetto *Imperium Galliarum*[5].

Troviamo 6 diverse tipologie per questo gruppo di iscrizioni (Fig. 13.1). La grande maggioranza delle testimonianze, 2/3 del totale, rientra in due diverse categorie: quella delle pietre miliari, con 13 esempi noti (41%), e quella delle basi di statue, con 8 esempi attestati (25%). I miliari rappresentano il legame tra l'imperatore, le strade, la mobilità e l'esercito, perché senza una rete stradale competente la capacità di schieramento delle legioni sarebbe stata sempre meno efficace[6]. Il caso delle basi di statue, invece, riassume perfettamente il vincolo tra l'imperatore e la sua famiglia da un lato, e le varie comunità dall'altro, in una continua ricerca di maggiore presenza e notorietà nelle province[7]. Il restante 33% del totale, 1/3 delle iscrizioni, viene espresso su supporti di varie dimensioni e finalità[8]. Conserviamo 3 esempi di altari (9%), 2 di placche (6%) e 2 frammenti (6%), mentre, forse, l'esempio superstite più importante e magnifico in assoluto della *domus Licinia Augusta* in tutto l'Occidente è rappresentato dall'arco centrale della Porta Nord ('Nordtor') della città di *Colonia Claudia Ara*

---

[1] * Questo lavoro è finanziato dal Ministerio de Cultura y Deporte del regno di Spagna, secondo la Risoluzione del 25 settembre 2017, del bando di concorso per contratti pre-dottorali per la formazione di docenti universitari del 22 dicembre 2016.
[2] Per l'analisi esaustiva dell'epigrafia delle province italiche, Serrano Ordozgoiti 2020b, 135-141.
[3] Per l'analisi dei testimoni delle province africane, Serrano Ordozgoiti 2020a, 93-104.
[4] Per lo studio dell'epigrafia delle province ispaniche, Serrano Ordozgoiti 2021, 205-234.
[5] Postumo creò uno stato indipendente che rivaleggiava col potere centrale di Gallieno e servì come una difesa efficace contro le incursioni straniere nelle città germaniche e galliche, di fronte alla debolezza

dell'Impero Romano. Dotò, inoltre, il nuovo stato di istituzioni romane, con un senato locale, una guardia personale, magistrature civili e militari e un apparato amministrativo. Per l'*Imperium Galliarum*: König 1981; Besly 1984; Drinkwater 1987; Strobel 1993; Bakker 1993, 369-386; Jehne 1996, 185-206; Goltz - Hartmann 2008, 223-295; Mairat 2014.
[6] Per i miliari, in generale, España-Chamorro 2019 e i vari volumi di *CIL* XVII pubblicati finora: *CIL* XVII, 1.1 (*Miliaria provinciae Hispaniae citerioris*); *CIL* XVII, 2 (*Miliaria provinciarum Narbonensis Galliarum Germaniarum*); *CIL* XVII, 4.1 (*Miliaria provinciarum Raetiae et Norici*); infine, *CIL* XVII, 4.2 (*Miliaria provinciae Dalmatiae*).
[7] Per le basi di statue in generale: Bergemann 1990; Stewart 2003; Højte 2005. Per il loro riflesso sul culto imperiale: Fishwick 1987; Castillo Ramírez 2009.
[8] Di questo restante 33%, non abbiamo dati tipologici, essendo 3 diverse epigrafi (9%).

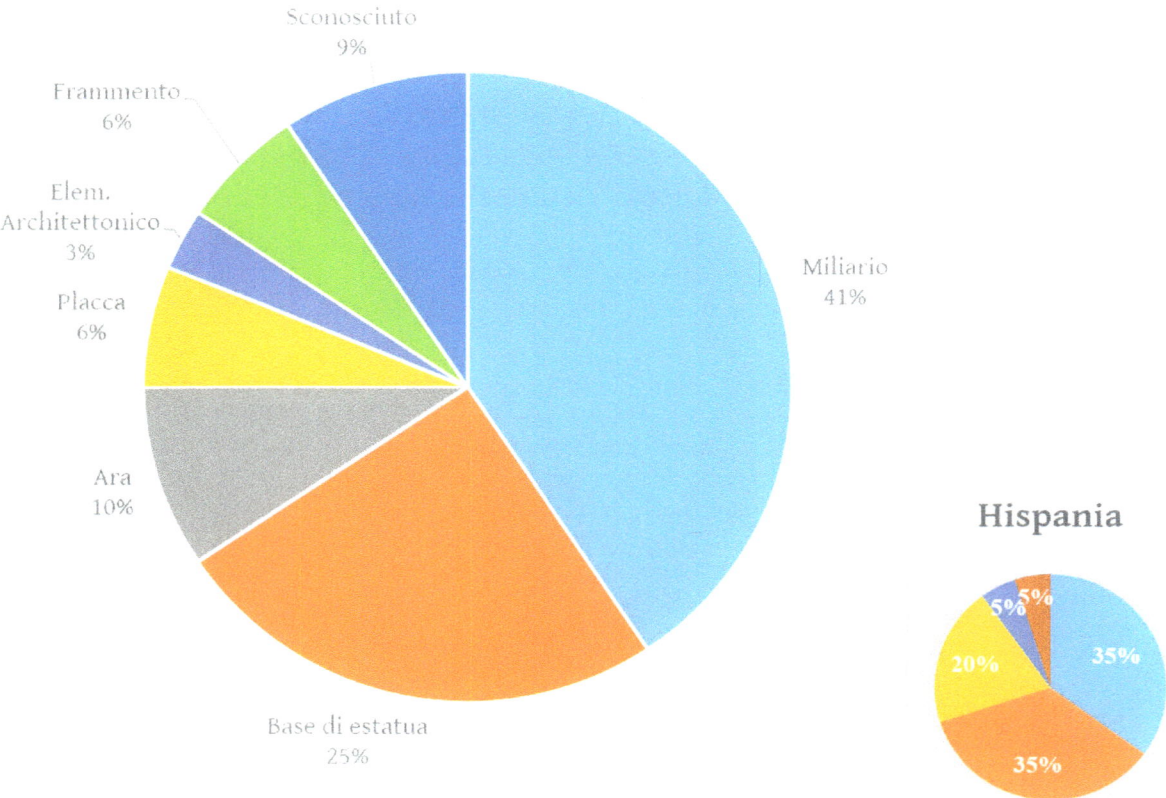

Fig. 13.1. Distribuzione delle tipologie delle epigrafi occidentali della *domus Licinia Augusta*.

Agrippinensium (Köln)[9], dove l'*urbs* veniva intitolata *Valeriana Gallieniana* in onore dei due imperatori[10], epiteto posteriormente cancellato proprio da Postumo a partire dal 260.

Se studiamo ora la dispersione dei reperti nelle provincie occidentali (Fig. 13.2), possiamo apprezzare come essi siano specialmente concentrati in due diverse aree. Lungo il Reno, da *Mogontiacum* (Mainz) fino ad *Argentorate* (Strasbourg) ne troviamo un buon numero, spesso concentrati in sobborghi vicini come *Borbetomagus* (Worms), *Lopodunum* (Ladenburg), *Saletio* (Seltz) o *Brocomagus* (Brumath). La zona era, da tempo, caratterizzata per la forte presenza militare, con l'accampamento delle legioni *XXII Primigenia* e *VI Gallicana* a *Mogontiacum* e *VIII Augusta* ad *Argentorate*. L'altra zona rilevante risulta essere, paradossalmente, la zona alpina fra la Svizzera, la Francia e l'Italia, come capita vicino a *Octodurus* (Martigny), *Segusio* (Susa), *Brigantio* (Briançon), *Brigomagus* (Briançonnet),

Cemenelum (Cimiez) o *Antipolis* (Antibes), un'area ancora oggi marginale economicamente e socialmente, che, nonostante tutto, partecipa in maniera decisiva come supporto alla *domus Licinia Augusta*. Magari la sua posizione limitanea fra l'*Imperium Romanum* di Gallieno e l'*Imperium Galliarum* di Postumo ha giocato un suo ruolo, ma, forse, le risposte dovrebbero essere ricercate in quello che non esiste più, nel mancante paesaggio epigrafico della *domus Licinia Augusta* che magari in origine esisteva e che forse venne sistematicamente cancellato da Postumo e riutilizzato poi nei secoli successivi. Altre due zone discretamente rilevanti sono l'area attorno a *Luguvalium* (Carlisle), lungo il Vallo di Adriano, e la zona della valle del Rodano presso *Alba Helviorum* (Alba-la-Romaine) e *Vasio* (Vaison-la-Romaine).

Più di 1/3 delle epigrafi totali, quindi, provengono unicamente dalla *Germania Superior* (10 casi, 31%), come abbiamo visto, e dalla *Germania Inferior* (2 casi, 6%), concretamente da *Colonia Claudia Ara Agrippinensium* (Köln), sede della zecca imperiale e centro militare essenziale fra gli accampamenti delle legioni *XXX Ulpia Victrix* a *Colonia Ulpia Traiana* (Xanten) e quello della *I Minervia* a *Bonna* (Bonn). La zona alpina, come abbiamo pure visto, accumula una notevole percentuale di iscrizioni (24%), provenienti dalle Alpi *Cottiae* (3 casi, 9%), *Maritimae* (3 esempi, 9%) e *Poeninae* (2 casi, 6%), pari a quella del resto della Gallia (25%): 4 casi nella

---

[9] Köln, Römisch-Germanisches Museum, inv. 74.3260; 254-259 d.C. Dopo il 1825 l'arco venne inizialmente situato nei giardini del Museo Wallarf-Richartz di Köln, per poi essere trasferito intorno al 1880 sul lato meridionale dell'edificio scolastico, accanto al coro della Basilika Sankt Maria im Kapitol (*IKoeln* 285).
[10] *C(olonia) C(laudia) A(ra) A(grippinensium) / [[[Valeria]na Gallieniana]]*. *EDCS* 1200099 = *CIL* XIII, 8261 = *RSK* 184 = *IKoeln* 285 = Fischer - Trier 2014, 322.

Fig. 13.2. Mappa di dispersione delle epigrafi occidentali della *domus Licinia Augusta* (rielaborazione di Digital Atlas of the Roman Empire).

Narbonensis (13%); 3 esempi in *Aquitania* (9%) e 1 solo caso nella *Lugdunensis* (3%)[11]. Di nuovo scorgiamo qui la problematica del 'paesaggio scomparso', dato che le piccole province delle Alpi uguagliano, in numero di reperti, la vastità e complessità delle *Galliae* e costituiscono meno della metà delle iscrizioni della *domus Licinia Augusta* che troviamo nelle *Hispaniae*. Nuovamente è impossibile indovinare se questo fenomeno risponda a delle dinamiche autorappresentative locali oppure alla diversa fortuna dei ritrovamenti fino al giorno d'oggi.

Oltre la distribuzione geografica, gli elementi testuali delle epigrafi della *domus Licinia Augusta* in Occidente ci forniscono ulteriori elementi d'analisi interessanti, come succede, per esempio, con la titolatura imperiale (Fig. 13.3). Diversamente da quanto troviamo, per esempio, in Italia o in Africa, le titolature imperiali dei due Augusti al potere sono molto simili fra di loro: il titolo *Augustus* domina l'intero gruppo (18 esempi di Valeriano *vs* 16 esempi di Gallieno), seguito dai titoli *Pius* (9 casi *vs* 7 casi), *Felix* (8 *vs* 6) e *Invictus* (5 *vs* 3). Solamente in titoli molto meno utilizzati, come

Pontifex Maximus (1 caso, 2%, di Valeriano *vs* 2 esempi, 5%, di Gallieno) o *Pater Patriae* (3 casi, 5% *vs* 1 esempio, 2%), troviamo lievi differenze fra i due imperatori. Questa relativa uguaglianza nei titoli fra i due Augusti, che ritroviamo pure in *Hispania*[12], può essere dovuta, per un verso, alla bassa quantità di epigrafi presenti nelle province Occidentali, ma, per un altro verso, può anche voler significare una effettiva uguaglianza fra i due regnanti: Valeriano e Gallieno sono uguali non solo nella loro *auctoritas* e *potestas*, ma anche nei propri titoli epigrafici[13].

Per quanto riguarda, invece, i dedicanti delle epigrafi, più di 1/3 di essi sono le diverse *civitates* (12 esempi, 36%), disperse per le aree già studiate. Centri urbani come *Civitas Lemovicum* (*Augustoritum*, Limoges) o *Civitas Ulpia Sueborum Nicrensium* (*Lopodunum*, Ladenburg), oppure *Ordo Brigomagensium* (*Brigomagus*, Brianconnet), *Cemenelensium* (*Cemenelum*, Cimiez), *Segusinorum* (*Segusio*, Susa) o ancora *Vintiensium* (*Vintium*, Vence) si uniscono a sponsorizzare la famiglia imperiale, invogliate da prebende e benefici, così da affrontare nel migliore dei modi i momenti più complicati della crisi. Il secondo

---

[11] Concretamente una base di statua del 253 proveniente da *Forum Segusiavorum* (Feurs) e intitolata a Gallieno: *Imp(eratori) Caes(ari) Publ(io)/ Licinio Gallie/no Pio Fel(ici) Aug(usto)/ principi iu/[ventutis*. *EDCS* 10500588 = *CIL* XIII, 1644 = *CAG* 42, 122 = Rosso 2006, 77. La *Belgica*, invece, con una superficie totale di c.a. 76.200 km², non conserva alcuna epigrafe della *domus Licinia Augusta*.

[12] Serrano Ordozgoiti 2021, 205-234.
[13] Non a caso, sia in Occidente sia in *Hispania*, la grande maggioranza delle epigrafi della *domus Licinia Augusta* vengono presentati durante il governo congiunto di Valeriano e Gallieno, fra il 253 e il 260. Per la cronologia vedi oltre.

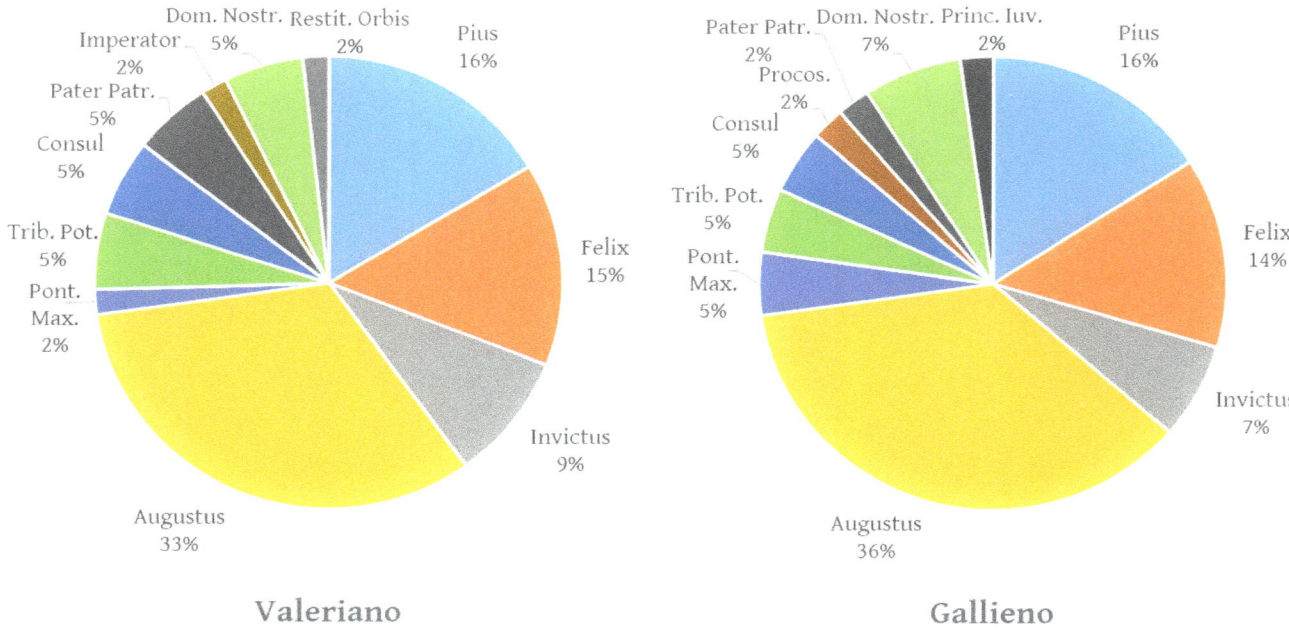

Fig. 13.3. Distribuzione dei titoli imperiali delle epigrafi di Valeriano (sinistra) e Gallieno (destra).

gruppo che dedica più iscrizioni, lontano, però, dalle comunità, è quello dei militari (4 casi, 12%), seguiti dai politici (2 esempi, 6%), dal personale di culto (1 caso, 3%) e da privati (1 esempio, 3%), mentre non conosciamo i dedicanti del restante 39% dei casi.

Per quanto riguarda le dediche, l'epigrafia occidentale della *domus Licinia Augusta* ci consente di verificare due fenomeni unici o, comunque, non molto frequenti. In primo luogo, Valeriano rappresenta l'unico caso in tutta l'epigrafia latina della famiglia imperiale ad attirare un numero di dediche più alto di quello di Gallieno: 14 esempi (28%) *vs* 13 esempi (26%). Questo fatto ci consente di ipotizzare che la popolarità di Gallieno non fosse troppo stabile né estesa in Occidente, seppur in minor misura di quella di Valeriano, occupato spesso nei problemi del *limes* orientale. In secondo luogo, invece, troviamo che pure il secondogenito di Gallieno, Salonino, eccede nel numero di dediche rispetto al fratello maggiore, Valeriano il Giovane, così come accade pure in Italia o anche in Oriente: 3 esempi (6%) *vs* 2 casi (4%). Molto probabilmente la presenza di Salonino a *Colonia*, come rappresentante imperiale nel *limes* renano, è all'origine di questo fenomeno. Per ultimo, l'*Augusta* Salonina partecipa in altre 5 dediche diverse (10%).

Altri dati interessanti riguardo il testo delle epigrafi della *domus Licinia Augusta* in Occidente si possono scorgere dallo studio della presenza di *damnatio memoriae* e di epiteti imperiali civici e militari. Riguardo la *damnatio memoriae*, cioè la cancellazione del nome di Gallieno e famiglia decretata dal Senato dopo la morte dell'imperatore nel 268[14], in Occidente si registra in 3 casi su 32 totali, cioè

il 9% del totale, una percentuale media, a cavallo fra i bassi livelli dell'*Hispania* (5%) o delle province orientali (5%), e i livelli più alti dell'Italia (16%), dell'Africa (15%) o delle province danubiane e centrali dell'Impero (16%). Il caso più noto è quello dell'arco centrale della Porta Nord della città di *Colonia*, a cui abbiamo avuto già modo di accennare, dove il registro inferiore con l'epiteto *Valeriana Gallieniana* viene completamente eraso dalla struttura. Rimanendo sugli epiteti imperiali civici e militari, cioè i *cognomina* che gli imperatori assegnavano a certe unità militari o anche che certe comunità aggiungevano ai loro nomi in onore dei diversi membri della casa imperiale, in Occidente conserviamo 4 esempi diversi (12,5% del totale), 2 civili e 2 militari, riguardanti la famiglia di Valeriano e Gallieno, una percentuale più alta di quelle che troviamo in *Hispania* (1 caso, 4,5% del totale) o Italia (7 esempi, 5,6%), ma più bassa di quella che conserviamo nelle province africane (24 casi, 22,4%). Fra gli epiteti imperiali più interessanti possiamo elencare quello appena ricordato della 'Nordtor' di *Colonia*, come esempio di epiteto civile, e l'ara proveniente dall'antica *Aballava* (Burgh by Sands), in *Britannia*, sul Vallo di Adriano, dedicata fra il 253 e il 258 dal *tribunus cohortis Flavius Vibianus* a *Iuppiter Optimus Maximus*, ai *Numina Auggustorum* e al *Genius numeri Maurorum Aurelianorum Valeriani Gallieni*, dove i reparti militari menzionati (*numeri*) vengono rinominati *Valeriani Gallieni* appunto in onore dei due imperatori[15].

Possiamo chiudere, a questo punto, l'analisi dell'epigrafia occidentale della *domus Licinia Augusta* attraverso lo

---

14 Per i dettagli, Varner 2004, 210-211; Geiger 2013, 187-198; per la *damnatio memoriae*, in generale, si veda Crespo Pérez 2014. Per la *damnatio* su statue e busti vedi Varner 2004.

15 *[I(ovi) O(ptimo) M(aximo)]/ [e]t Numinib/us Augg(ustorum) G(enio) n(umeri)/ Maur(o)rum/ Aur(elianorum) Valer/iani Gallie/ni q(uorum) c(uram) a(git) Fl(avius)/ Vibianu/s trib(unus) coh(ortis)/ [p(rae)] p(ositus) n(umeri) s(upra) s(cripti) i(n)st/[a]nte Iul(io) R/ufino pri/ncipe.* EDCS 7900851 = *RIB* 1, 2042 = Heidenreich 2013, 44 = *AE* 1936, 86 = *AE* 1939, 108 = Tomlin 2018, 13.21 = *EDH* HD022602.

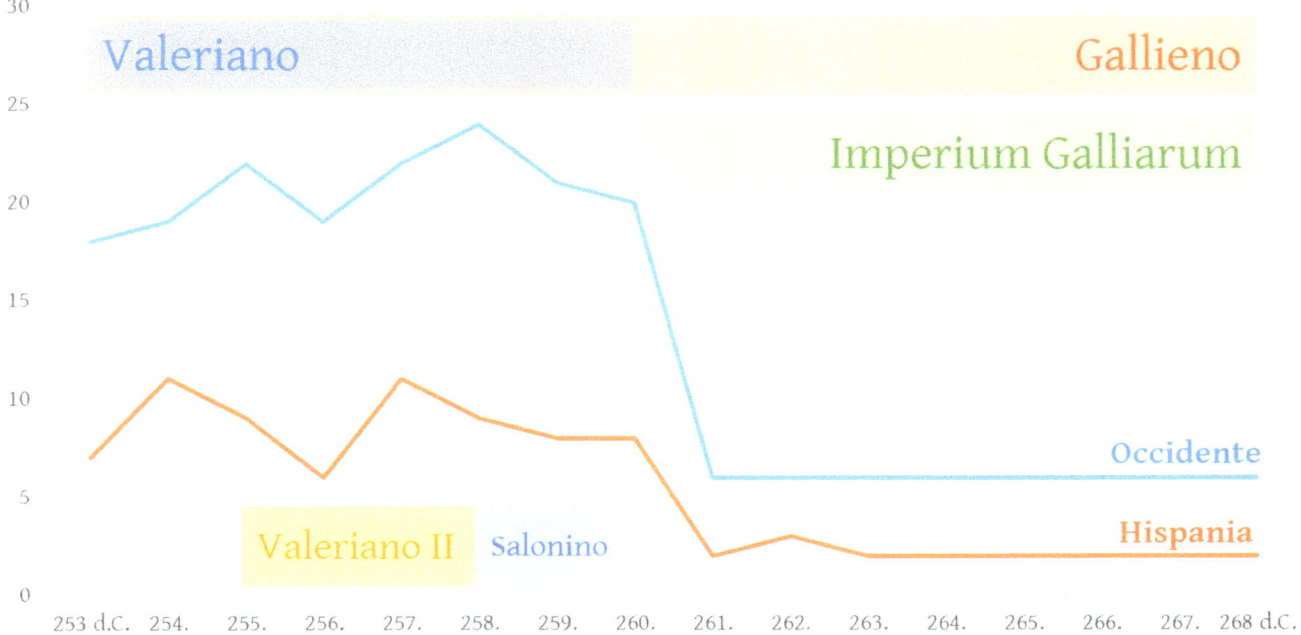

Fig. 13.4. Cronologia delle epigrafi occidentali della *domus Licinia Augusta* (in massimo numero di casi possibili per anno).

studio diacronico delle iscrizioni superstiti[16] (Fig. 13.4). Così come succede in *Hispania*[17], possiamo scorgere immediatamente un apprezzabile divario nel numero di iscrizioni note fra due momenti diversi: l'arco cronologico tra il 253 e il 260, da un lato, e il periodo 261-268, dall'altro[18]. Durante il governo in comune di Valeriano e Gallieno la media di epigrafi superstiti è di 20,62, con punte di 22-24 epigrafi negli anni 255 e 257-258. Questo numero relativamente elevato di testimonianze coincide in buona parte con l'introduzione nella vita pubblica dei figli di Gallieno, Valeriano il Giovane e Salonino[19], prima come *Principes Iuventutis* e *Nobilissimi Caesares*[20], e poi come *Augusti*[21]. Si crea, così, un'immagine dinastica che viene pubblicizzata in tutto l'Impero. A partire, invece, dalla cattura di Valeriano nel 260[22], dall'assassinio di Salonino a *Colonia* e dall'usurpazione di Postumo nel luglio o agosto dello stesso anno, il numero massimo di epigrafi attestate scende a 6, una diminuzione di c.a. il 71% rispetto al primo periodo[23]. La debolezza interna dell'istituzione imperiale unita alla comparsa di un usurpatore di successo nelle province occidentali risulta una combinazione catastrofica per l'immagine della più che ridotta *domus Licinia Augusta*, che praticamente scompare in questo secondo periodo dalla memoria collettiva delle *civitates* dell'intero Occidente romano, sia nelle *Galliae* che nelle *Germaniae*, sia nella *Britannia* che nelle *Hispaniae*.

Bibliografia

Bakker, L. 1993, "Raetien unter Postumus. Das Siegesdenkmal einer Juthungenschlacht im Jahre 260 n. Chr. aus Augsburg", in *Germania*, 71, 1-2, 369-386.

Bergemann, J. 1990, *Römische Reiterstatuen: Ehrendenkmäler im öffentlichen Bereich*, Mainz.

Besly, E. 1984, "The gold coinage of the Gallic Empire", in *The Numismatic Chronicle. The Journal of the Royal Numismatic Society*, 144, 228-233.

Castillo Ramírez, E. 2009, *Propaganda política y culto imperial en Hispania (de Augusto a Antonino Pío): reflejos urbanísticos*, Madrid.

Crespo Pérez, C. 2014, *La condenación al olvido (damnatio memoriae): la deshonra pública tras la muerte en la política romana (siglos I-IV d. C.)*, Salamanca-Madrid.

Drinkwater, J. F. 1987, *The Gallic Empire: separatism and continuity in the north-western provinces of the Roman Empire A.D. 260-274*, Stuttgart.

España-Chamorro, S. 2019, "*Corpus Milliariorum Baeticae*. Miliarios y política viaria en la *Hispania Ulterior Baetica* en época imperial", in *ArchCl*, 70, 9, 397-450.

Fischer, T. - Trier, M. 2014, *Roman Cologne*, Köln.

---

[16] Per l'elaborazione della grafica si è tenuto in conto del massimo numero d'iscrizioni possibili in ciascun anno, ricordando che un buon numero di queste non può essere datato in un anno preciso, ma piuttosto in un *range* cronologico più o meno ampio.

[17] Serrano Ordozgoiti 2021, 205-234.

[18] Da notare, pure, che i due periodi sono equivalenti in numero di anni (8 anni ciascuno).

[19] Per i dati biografici: *PIR²*, L183-4; *RIC* V, 1, 116-139; Kienast 1990, 220-222; Peachin 1990, 38-40; Geiger 2013, 78-79; Glas 2014, 63-74.

[20] Valeriano il Giovane: 255-257; Salonino: 258.

[21] Valeriano il Giovane: 257-258; Salonino: 258-260.

[22] Per l'evento: Kienast 1990, 214; Glas 2014, 167-186 e 319-341.

[23] Tenendo conto che, a differenza dell'*Hispania*, in questo secondo periodo non abbiamo datato con precisione più certa nessuna epigrafe dedicata a Gallieno e Salonina, possiamo ipotizzare che Postumo e l'*Imperium Galliarum* non lasciarono alcun posto alla famiglia imperiale in Occidente e, quindi, nessuna possibile dedica con cui rappresentarsi in queste province.

Fishwick, D. 1987, *The imperial cult in the Latin West: studies in the ruler cult of the western provinces of the Roman Empire*, Leiden-New York.

Geiger, M. 2013, *Gallienus*, Frankfurt am Main.

Glas, T. 2014, *Valerian: Kaisertum und Reformansätze in der Krisenphase des Römischen Reiches*, Paderborn.

Goltz, A. - Hartmann, U. 2008, "Valerianus und Gallienus", in K. P. Johne - U. Hartmann - T. Gerhardt (eds), *Die Zeit der Soldatenkaiser: Krise und Transformation des Römischen Reiches im 3. Jahrhundert n. Chr. 235-284*, Berlin, 223-295.

Heidenreich, C. S. 2013, *Le glaive et l'autel. Camps et piété militaires sous le Haut-Empire romain*, Rennes.

Højte, J. M. 2005, *Roman imperial statue bases: from Augustus to Commodus*, Aarhus.

Jehne, M. 1996, "Überlegungen zur Chronologie der Jahre 259 bis 261 n. Chr. im Lichte der neuen Postumus-Inschrift aus Augsburg", in *Bayerische Vorgeschichtsblätter*, 61, 185-206.

Kienast, D. 1990, *Römische Kaisertabelle: Grundzüge einer römischen Kaiserchronologie*, Darmstadt.

König, I. 1981, *Die gallischen Usurpatoren von Postumus bis Tetricus*, München.

Mairat, J. 2014, *The Coinage of the Gallic Empire*, Oxford.

Peachin, M. 1990, *Roman Imperial Titulature and Chronology, A.D. 235-284*, Amsterdam.

Rosso, E. 2006, *L'image de l'empereur en Gaule Romaine. Portraits et inscriptions*, Paris.

Serrano Ordozgoiti, D. 2020a, "Autorappresentazione imperiale della domus Licinia Augusta nell'epigrafia latina del Nord d'Africa (253-268 d.C.): una nuova sintesi", in S. Aounallah - A. Mastino (eds), *L'Africa romana*, 21, Faenza, 93-104.

Serrano Ordozgoiti, D. 2020b, "*Colonia Augusta Verona Gallieniana*: Italia come paesaggio del potere attraverso l'epigrafia imperiale della *domus Licinia Augusta* (253-268 d.C.)", in A. Cristilli - A. Gonfloni - F. Stok (eds), *Experiencing the Landscape in Antiquity*, Oxford, 135-141.

Serrano Ordozgoiti, D. 2021, "*Centrum et peripheria*: imagen y autorrepresentación del poder de la *domus Licinia Augusta* (253-268 d.C.) a través de su epigrafía en las provincias hispanas", in *Cuadernos de arqueología de la Universidad de Navarra*, 29, 205-234.

Stewart, P. 2003, *Statues in Roman society: representation and response*, Oxford-New York.

Strobel, K. 1993, *Das Imperium Romanum im «3. Jahrhundert»: Modell einer historischen Krise? Zur Frage mentaler Strukturen breiterer Bevölkerungsschichten in der Zeit von Marc Aurel bis zum Ausgang des 3. Jh.n.Chr*, Stuttgart.

Tomlin, R. S. O. 2018, *Britannia Romana. Roman inscriptions and Roman Britain*, Oxford.

Varner, E. R. 2004, *Mutilation and transformation: Damnatio memoriae and Roman imperial portraiture*, Leiden-Boston.

14

Dediche monumentali su architrave nella Grecia ellenistica: aspetti visivi e spaziali di un *usus* epigrafico

Francesco Sorbello
Università degli Studi di Pavia

Abstract: In the Hellenistic and Roman world, architraval dedications on public and sacred buildings are common. They remark important moments in the historical layout of a city, giving information about dedicators, dedicatees, and buildings themselves. The aim of this work is to analyse their position in urban spaces, building typologies, frequency, and impact on the urban landscape of Greek cities, with a focus on Hellenistic Age.

Keywords: epistyle; public dedications; epigraphic landscape; Greek city; Hellenistic Greece.

Progettazione e realizzazione di un documento epigrafico non potevano prescindere dal materiale e dalla forma che ne costituivano il supporto, nonché dalla funzione dello stesso e dall'inserimento in un contesto espositivo[1].

Una tipologia di supporto particolarmente efficace consisteva nell'architrave iscritto. Nell'insieme delle *Bauinschriften*[2], questa categoria era adatta ad ospitare dediche monumentali di carattere votivo e onorario, che, integrandosi nel disegno architettonico d'un edificio, venivano elevate nel paesaggio, acquisendo importanza e visibilità maggiori rispetto alle numerose iscrizioni che occupavano gli spazi pubblici e sacri della città antica[3].

Apporre il proprio nome su un edificio, sul suo architrave in particolare, è anche forma di riconoscimento sociale, che garantisce al dedicante – una *polis*, un sovrano, un privato cittadino – la massima visibilità rispetto alla comunità che condivide quegli spazi.

Fino all'età tardo-classica, gli esempi sono pochi[4]. Nel mondo greco, la prima dedica iscritta su architrave conosciuta fu apposta a metà VI sec. a.C. dal *Demos* di Cnido sul proprio *thesauros* a Delfi[5]. Qui, attorno al 480 a.C., gli ateniesi dedicarono una stoa al di sotto della terrazza del tempio, facendone iscrivere la dedica non sull'architrave, ma sullo stilobate[6]. Un secolo prima, a Siracusa, un Κλεο[3-5]ες fece apporre una dedica sulla fronte dello stilobate dell'*Apollonion*, di cui aveva sovvenzionato "i colonnati" (*IG* XIV.1)[7]. La posizione e la monumentalità delle iscrizioni erano determinate anche dalla presenza delle numerose dediche votive che segnavano il percorso e dalla necessità di acquisire visibilità all'interno del *temenos*.

Nel IV sec. a.C., un nuovo approccio alla dedica monumentale determina un incremento nel fenomeno[8]. Attorno al 360 a.C. Leonida di Nasso dedica a Olimpia una struttura di ricetto, il *Leonidaion*, la cui iscrizione sugli architravi legherà l'edificio al nome del personaggio. Nello stesso periodo, una dedica iscritta in lettere monumentali occuperà le metope della stoa del santuario di Anfiarao a Oropòs, probabile offerta tebana. L'operazione non è casuale, ma probabilmente dettata dalla competizione tra Ateniesi e Tebani per il controllo del santuario. Attorno al 220 a.C. una nuova *skené*, dedicata da un privato ateniese, ornerà anche il teatro[9].

---

[1] Il concetto di materialità del testo è stato approfondito estesamente in Petrovic *et al.* 2019. Lo stesso studio pone un'enfasi particolare tanto alla materialità quanto all'originaria collocazione delle iscrizioni. Come noto, nelle città greche esistevano spazi adibiti all'esposizione di differenti tipologie di epigrafi. Tra i molti studi rivolti al rapporto tra comunicazione epigrafica e spazio urbano rilevante è il progetto ELA, *Epigraphical Lanscape of Athens* (C. Lasagni - S. Tropea, Università di Torino, link: http://www.epigraphiclandscape.unito.it/), mirante alla ricostruzione del paesaggio epigrafico di Atene. Lasagni 2017; Lasagni - Tropea 2019. Un progetto di catalogazione e studio epigrafico-architettonico degli architravi iscritti provenienti dalla città di Atene, al quale prendono parte il sottoscritto e il dott. G. Mazzilli (Univ. Macerata), è attualmente guidato dal direttore della Scuola Archeologica Italiana di Atene, prof. E. Papi. A entrambi, i miei ringraziamenti per questa collaborazione. Un sentito ringraziamento va altresì agli organizzatori del convegno e ai referees anonimi.

[2] Sulla definizione e casistica delle *Bauinschriften*, limitatamente al mondo romano, si veda Hörster 2001.

[3] Nonostante la frequenza di tale supporto a partire dalla metà del IV sec. a.C., gli studi sistematici rivolti al mondo greco sono pochi. Sulla diffusione dell'uso, Picard 1965; con particolare attenzione all'età arcaico-classica, Umholtz 2002; sulla presenza delle iscrizioni architettoniche in contesto sacro, Mylonopoulos 2019.

[4] Umholz 2002, 263-273; Mylonopoulos 2019, 235-247.

[5] FD III 1:289[2]: τὸν θησαυρὸν τόνδε καὶ τἀγάλμα[τα Ἀπόλλωνι] Πυθίωι [ἀνέθηκε] δεκάτ[αν ὁ δᾶμος ὁ Κνιδί]ων. Picard 1965, 93-94; Blümel 1992, 125-126, n. 211. Sull'edificio: Bommelaer 1991, 140-143.

[6] Non sono gli unici edifici a presentare *Bauinschriften* su *thesauroi* e monumenti dedicatori. Si menzionino il blocco iscritto del Tesoro dei Beoti (Bommelaer 1991, 128), o l'iscrizione d'un artista sul fregio del tesoro dei Sifni, (Bommelaer 1991, 123-126; Mylonopoulos 2019, 241-243). Ancora, le iscrizioni erano applicate sui muri delle strutture: il muro meridionale del *thesauros* degli Ateniesi, ben visibile lungo la via sacra, recava sui conci dediche onorarie, votive, sacre disposizioni e inni (Bommelaer 1991, 133-136).

[7] Di Cesare 2020 (con bibliografia).

[8] Mylonopoulos (2019, 250) parla di "change of attitude". Similmente, Umholtz 2002, 289-290.

[9] *IOropos* 339 e 340. Si conservano, nel primo caso, poche lettere. L'iscrizione del *proskenion* esplicita la dedica della struttura e dei *pinakas*

Il passaggio a queste forme dedicatorie è determinato dallo stesso bisogno di visibilità, ma anche da un diverso rapporto tra il divino, la comunità e il privato[10]. La crisi e gli scontri continui delle comunità poliadiche, il rinnovo urbanistico e monumentale degli spazi pubblici, così come il sorgere delle monarchie ellenistiche, sono determinanti nella creazione di gruppi sociali facoltosi che esprimono ricchezza e prestigio attraverso le proprie dediche votive. In tal contesto, sorge un nuovo linguaggio di propaganda, affidato al gigantismo nel monumento e alla parola scritta.

È nei santuari, e soprattutto in quelli votati alla celebrazione dei dinasti, che il messaggio iscritto, coerentemente integrato con l'architettura e il paesaggio, viene valorizzato in forme insistite. Esemplare è il caso del santuario di Zeus a Labraunda (Fig. 14.1)[11], la cui fortuna è legata alla sorte degli Ecatomnidi di Caria. Mausolo (377-352 a.C.) fece costruire come *ex voto* un edificio per banchetti (*Andron* B) – un *oikos* distilo in *antis* con colonne ioniche e architrave dorico – su cui fece apporre l'iscrizione Μαύσσωλλος Ἑκατόμνω [ἀνέθηκε τὸν ἀ]νδρῶνα [κα]ὶ τὰ ἐνεόντα Διὶ Λαμβραύνδωι[12]. Il fratello Idrieo (351-344 a.C.) corredò il santuario di ulteriori edifici. Sulla terrazza inferiore vennero edificati due *propyla*, uno orientale e uno meridionale, solo quest'ultimo, posto sulla via sacra, con iscrizione: Ἰδριεὺς Ἑκατόμνω Μυλασεὺς ἀνέθ[ηκε τὸν πυλῶνα Διὶ Λαμβραύ]νδωι[13]. Il percorso processionale saliva di terrazza in terrazza verso il tempio, che, al termine del percorso monumentale, recava sull'architrave della fronte orientale la dedica Ἰδριεὺς Ἑκα[τόμνω Μυλασεὺς ἀνέθηκε τὸν ναὸν Διὶ Λαμβραύ]νδωι[14]. Alle sue spalle si trovavano, anch'essi orientati a Est, l'*Andron* A (Ἰδριεὺς Ἑκατόμνω Μυλασεὺς ἀν]έθηκ[ε τὸν] ἀνδρῶ[να Διὶ Λαμβραύν]δωι), puntuale citazione del precedente, e il c.d. *Oikos Building* (Ἰδριεὺς Ἑκατόμνω Μυλασεὺς ἀνέθηκε τοὺς οἴκους Διὶ Λαμβραύνδωι)[15]. Il nome degli Ecatomnidi compariva sulla maggior parte degli edifici che bordavano il lato occidentale del *temenos*, in affaccio sulle terrazze, ed era ben visibile lungo i percorsi d'ascesa[16].

Alla fine dello stesso secolo, il santuario dei Grandi Dei di Samotracia (Fig. 14.2) fu caratterizzato dall'insistita presenza della propaganda macedone[17]. Il processo è avviato da Filippo Arrideo, che, ancora sotto il regno di Alessandro, fece monumentalizzare l'altare del santuario, inserendolo in un peribolo con fronte tetrastila *in antis* d'ordine dorico (*Altar Court*) e dedica iscritta sull'architrave: [Ἀρρ]ιδαῖος Ι[- - - ἀπὸ λαφύρ]ων θεο[ῖς] μ[εγάλοις][18]. Lo stesso Arrideo, come tutore di Filippo IV, avviò la costruzione di un *naos* esastilo sulla collina orientale, lungo la via sacra in prossimità dell'accesso al santuario (*Eastern Hill Monument*). La struttura presentava una dedica del giovane sovrano e del tutore ai Grandi Dei: βασιλεῖς Φίλιππος Ἀ[λέξανρ]ο[ς θεοῖς μεγά[λοις][19]. Il nome dei sovrani, posto sulla fronte del complesso, era ulteriormente rimarcato dalla presenza di un *theatron* circolare con funzioni rituali. Una nuova stagione edilizia riprese durante il regno di Lisimaco (288- 281[20]). Sul percorso, sempre lungo la via sacra, Arsinoe, moglie del sovrano, dedicò una *tholos* ([βασ]ίλισσα Ἀρ[σινόη βασιλέως Πτολε]μαίου θυγά[τηρ] βασιλέφ[ς Λυσιμάχου γυνὴ εὐχὴν Θ]εοῖς Μεγάλ[οις][21]). Il padre di lei, Tolemeo II, dedicò il *propylon*, inserendovi un'iscrizione gemella collocata su entrambe le fronti (Βασιλεὺς Πτολεμαῖος Πτολεμαίου καὶ Βερενίκης Σωτήρων Θεοῖς Μεγάλοις[22]). I monumenti integrano così il percorso del santuario in maniera coerente, secondo un percorso obbligato e ascensionale che conduce dal *Propylon* all'altare di Filippo Arrideo, la cui fronte, nel II sec. a.C. verrà sfruttata come una sorta di *frons scaenae* mediante la costruzione del *theatron*[23]. Così, il nome dei sovrani veniva attentamente inserito nel paesaggio sacro e nei suoi percorsi rituali, anche in relazione alle pratiche del locale culto misterico.

Anche le città e i loro santuari urbani, progressivamente, si arricchiscono di nuovi monumenti, dono di cittadini e sovrani. Atene, sotto l'ala della politica di Licurgo (336-324 a.C.), assiste a una stagione di particolare rigoglio monumentale: la costruzione di stadio e teatro di Dioniso presso le Pendici Meridionali e il riassetto della Via dei Tripodi e della Pnice, mirano a una revisione sostanziale degli spazi della democrazia (Fig. 14.5)[24]. In questo frangente muovono le ricche famiglie ateniesi, che intervengono con la costruzione di monumenti funerari, coregici e votivi, ridefinendo il volto della città e del suo suburbio[25]. Pausania, percorrendo la Via dei Tripodi,

---

[che lo ornavano: [- - ἀ]γωνοθετήσας, τὸ προσκήνιον καὶ τοὺς πίν[ακας Ἀμφιαράωι]. Pochi decenni dopo (150-140 a.C.), il *proskenion* verrà restaurato e ridedicato (*IOropos* 435): [- - - ἱερεὺ]ς γενόμενος τὴν σκηνὴν καὶ τὰ θυρώμ[ατα Ἀμ]φιαράωι. I rapporti tra queste due fasi non risultano del tutto chiariti.

[10] Nella dedica di strutture sacre il rapporto diretto instaurato tra dedicanti, divinità ed edificio avrebbero rischiato, in etàclassica, un'aperta condanna da parte del *demos*. Il caso d'Atene è esemplare. Come ricorda Plu., *Them.* 22.1-2, l'edificazione del tempio di Artemide *Aristoboule* da parte di Temistocle recò offesa al *Demos*, in quanto lo stratega vantava un diretto rapporto con la dea, ponendo la dedica della struttura su un piano personale. In un altro passo, Plu., *Per.* 14.2 ricorda che, alle rimostranze addotte dall'assemblea per le spese relative agli edifici sull'Acropoli, Pericle avrebbe suggerito di sovvenzionare lui stesso la costruzione, a patto che le strutture recassero il suo nome, ricevendo un netto rifiuto. Umholtz 2002, 287-288; Mylonopoulos 2019, 247-249.

[11] Sul santuario, la cui bibliografia è vastissima, si rimanda a Hellström 2007.

[12] *ILabraunda* 14; Hellström 2007, 85-90; sugli *androunes* Hellström - Blid 2019.

[13] *ILabraunda* 57; Jeppesen 1955; Hellström 2007, 71-74.

[14] *ILabraunda* 55; Hellström - Tieme 1982; Hellström 2007, 111-116.

[15] Rispettivamente: *ILabraunda* 54 e *ILabraunda* 56; cfr. Hellström 2007, 119-126 e 127-133.

[16] Sulla spazialità del santuario in rapporto al programma architettonico e propagandistico promosso degli Ecatominidi, Williamson 2013.

[17] Si rimanda, in dettaglio, alla guida di Lehmann 1998.

[18] *SEG* 12:396, cfr. Lehmann 1998, 89-90, fig. 37.

[19] *SEG* 29:800, cfr. Lehmann 1998, 96-100; Wescoat 2017, con ricostruzione dell'alzato.

[20] Lisimaco è sovrano dal 288 al 281 a.C. Come estremi cronologici, ci si riferisce al matrimonio con Arsinoe.

[21] *IG* XII, 8 227. Lehmann 1998, 62-70, figg. 13 e 26-30; Mylonopoulos 2019, 55-56, fig. 14.

[22] *IG* XII, 8 228 e 228b. Sull'edificio, cfr. Lehmann 1998, 94-96, figg. 40, 54 e 57; Mylonopoulos 2019, 255-256, fig. 13.

[23] Lehmann 1998, 90.

[24] Sulla politica monumentale di Licurgo, Hintzen-Bohlen 1997.

[25] Lippolis (2007) ha indagato il contesto storico-sociale che ha portato al sorgere di tali forme espressive in ambito funerario, mettendone in luce l'apporto microasiatico. Queste espressioni verranno limitate dalle leggi suntuarie di Demetrio Falereo (317-307 a.C.).]

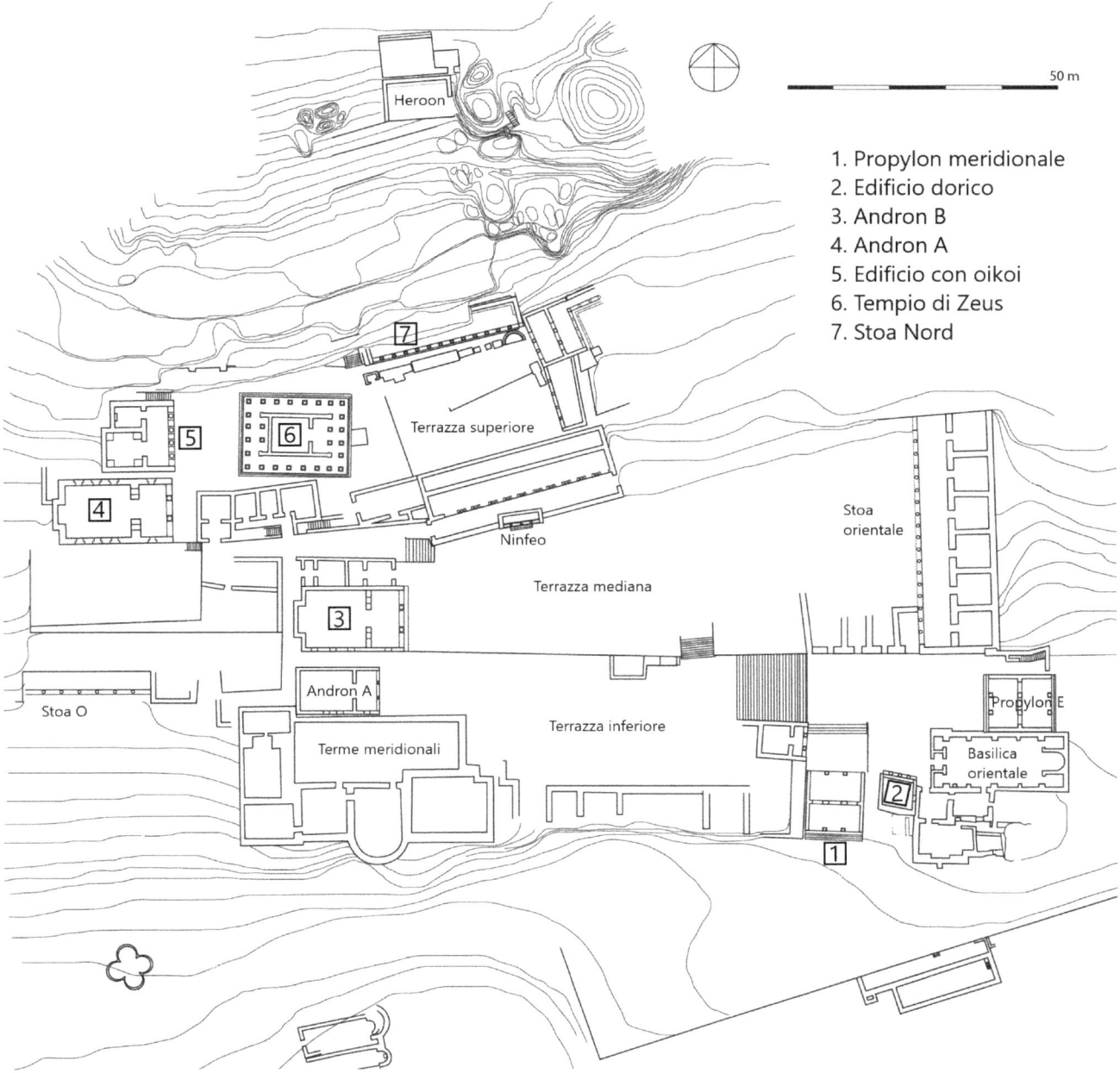

1. Propylon meridionale
2. Edificio dorico
3. Andron B
4. Andron A
5. Edificio con oikoi
6. Tempio di Zeus
7. Stoa Nord

Fig. 14.1. Labraunda. Pianta del santuario con l'indicazione degli architravi iscritti lungo il percorso (rielaborazione di Henry *et al.* 2018).

ricorda la presenza di veri e propri *naoi* posti in affaccio sulla strada[26]. I monumenti potevano presentare sugli architravi l'iscrizione coregica, qualificando così la struttura nel contesto delle coregie e *agonothesie*. Tra i più noti, il monumento di Trasillo, posto in *summa cavea* presso la *katatomé* del Teatro di Dioniso, il monumento di Nicia, in affaccio sull'antico stadio di Licurgo, e il monumento di Lisicrate, sulla Via dei Tripodi, che accompagnava all'architrave iscritto un fregio raffigurante il mito di Dioniso e i pirati. Quanto ai dedicanti, si tratta di

personaggi di altissimo rango, appartenenti all'aristocrazia ateniese, attivi nella vita politica e religiosa della città[27].

A Thasos, alla fine del IV sec. a.C., la *plateia* che congiungeva l'agorà con il santuario di Eracle venne chiusa sul lato orientale con il prospetto del *prostoon* esastilo di un imponente edificio ipostilo (Fig. 14.3). La struttura era stata sovvenzionata da un privato cittadino, come ricorda la dedica frammentaria sull'architrave: Θερσίλ[οχος Όρθομένου - - -][28]. Si trattava probabilmente

---

[26] Paus. 1.20.1: "Templi, grandi quanto basta da potercisi collocare i tripodi bronzei, contenenti al tempo stesso opere d'arte degne di essere ricordate". Sulle tipologie e la distribuzione dei monumenti coregici, Goette 2007.

[27] Wilson (2000, 226-229), a riguardo, parla di una vera e propria "oligarchic extravagance".
[28] *EtThas* III, 22. Secondo la ricostruzione testuale di Picard 1965, 97-100, la dedica era rivolta a Dioniso. Sulla struttura: Grandjean - Salviat 2000, 140-142.

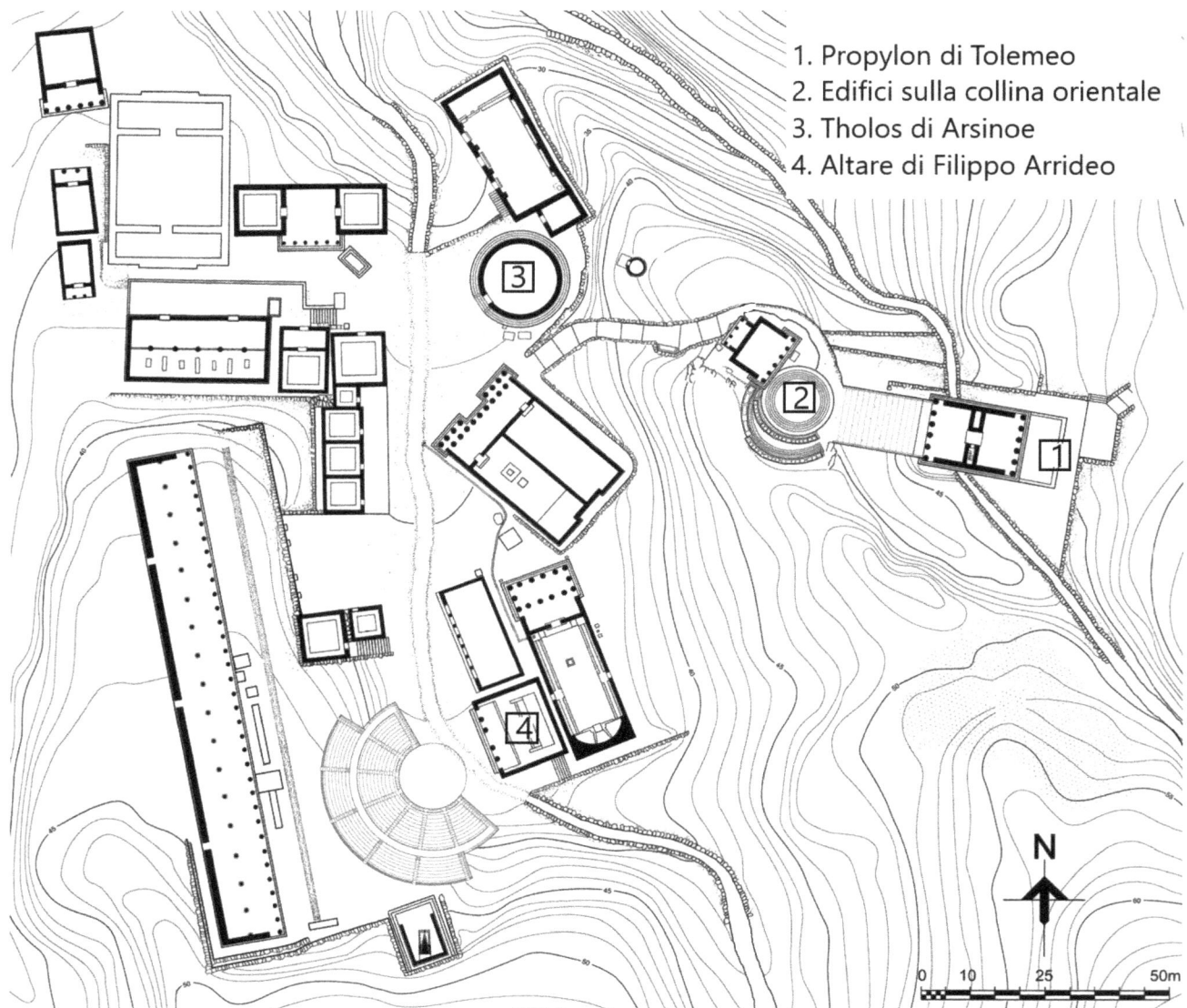

1. Propylon di Tolemeo
2. Edifici sulla collina orientale
3. Tholos di Arsinoe
4. Altare di Filippo Arrideo

Fig. 14.2. Samotracia. Pianta del santuario con la posizione degli architravi iscritti lungo il percorso (rielaborazione di Lehmann 1998).

d'un edificio civile: l'assetto monumentale del settore, ancora in età romana, verrà accentuato con la costruzione dell'Arco di Caracalla, posto al termine della *plateia* in corrispondenza con l'affaccio del monumento. Sempre a Thasos, si assiste durante il III sec. a.C. alla progressiva monumentalizzazione delle principali porte urbiche: sulla porta di Zeus e Era, una dedica frammentaria ricorda il nome del dedicante, Pythippos figlio di Paiestratos, arconte nel 290 a.C.[29].

Nel pieno riassetto del centro civico di Mileto, tra il 175 e il 166 a.C., i fratelli Timarchos ed Erakleides dedicano in favore di Antioco IV Epifane, il nuovo *Bouleuterion*, posto all'ingresso settentrionale dell'Agorà, in congiunzione col porto: [Τίμαρχο]ς κ[αὶ Ἡρακλείδη]ς οἱ Ἡρακλείδου ὑπὲρ βασ[ιλέως Ἀ]ντιόχου Ἐπιφαν[οῦς] [Ἀπό]λλωνι Διδυμεῖ

καὶ Ἑστίαι Βο[υ]λαίαι καὶ τῶι Δήμωι[30]. La struttura, in posizione di assoluta rilevanza nella topografia cittadina, legava il nome di una famiglia all'edificio più importante per la vita civica della città, nonché al sovrano.

I privati intervengono attivamente al riassetto urbanistico della città, acquisendo il privilegio di apporre la dedica sugli edifici. La posizione preminente delle strutture sottolinea il prestigio del dedicante, ma è soprattutto riflesso dell'importanza, in ambito civico, degli stessi edifici.

Non mancano le dediche di veri e propri templi. Le iscrizioni dedicatorie dei sacelli di Afrodite *Pandemos* e Demetra *Chloe*, datati all'ultimo quarto del IV sec. a.C., attestano i nomi di personaggi appartenenti a famiglie dell'aristocrazia che sovvenzionano e gestiscono

---

[29] *EtThas* III, 21: Πύθιππος Πα[ιεστράτου τῆι πόλει καὶ τῶι δήμωι ?]. Grandjean - Salviat 2000, 132-139.

[30] *IMiletos* 79; Knackfuss 1908.

116

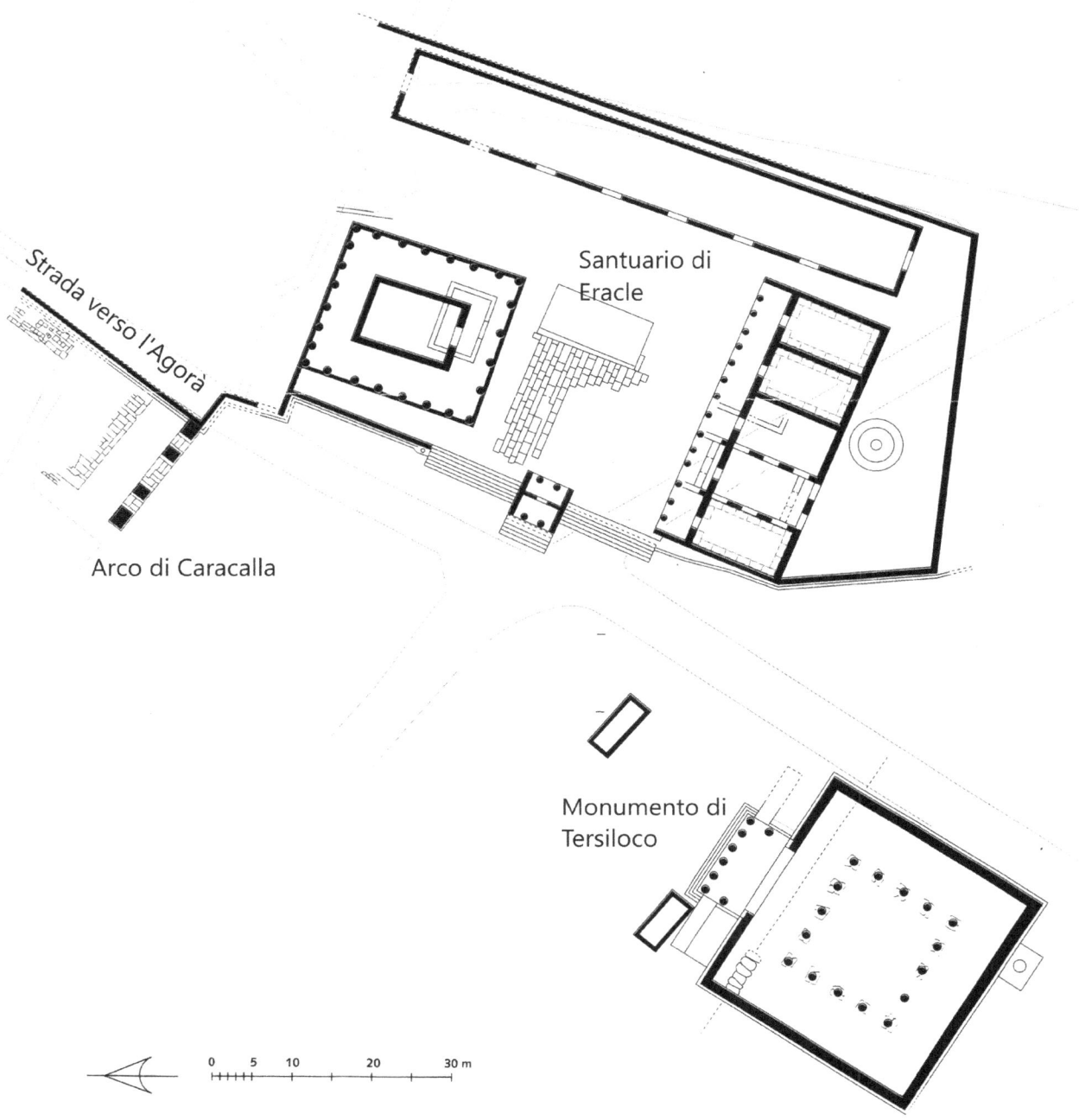

Fig. 14.3. Thasos. Pianta del settore urbano tra l'*Herakleion* e l'edificio ipostilo (rielaborazione di Gandjean - Salviat 2005).

i santuari[31]. Ancora un tasio, Peisitratos figlio di Mnesistratos, nel III sec. a.C., dedicò a Istria Pontica il tempio del *Theos Megas*, facendo apporre la dedica sulla struttura: [Π]εισίστρατος Μνησιστράτου Θάσιος Θεῶι Μεγάλωι [ἐ]πὶ ἱέρεω Ξενοχάρους τοῦ Ἀπολλωνίου[32].

La costruzione del monumento mira all'integrazione e all'aggiornamento degli spazi, accostandosi e inserendosi in progetti più estesi di rinnovamento urbanistico. Ciò, su

grande scala, è possibile soprattutto con le committenze regali. Tra il 221 e 179 a.C., Filippo V dedica a Delo una stoa dotata di due fronti porticate. L'iscrizione, βασιλεὺς Μακεδόνων Φίλιππος βασιλέως Δημητρίου Ἀπόλλωνι [ἀνέθηκεν][33], era rivolta sulla via sacra che dall'Agorà dei Compitaliasti conduceva al *propylon* del santuario (Fig. 14.4). Si offriva così una fronte monumentale alla prospettiva portuale, integrando al contempo l'antichissimo spazio sacro di Apollo con un nuovo centro civico. Alla politica degli Attalidi è legato un numero significativo di

[31] Su interpretazione, posizione e ipotesi ricostruttive dei monumenti, Beschi 1967-1968; Monaco 2015, 181-240.
[32] *IScM* I, 145. Sul tempio, Pippiki - Bordenache 1959.

[33] *IG* XI, 4 1099. Sulla stoa e il contesto circostante, Bruneau - Ducat 2005, 163-167.

Francesco Sorbello

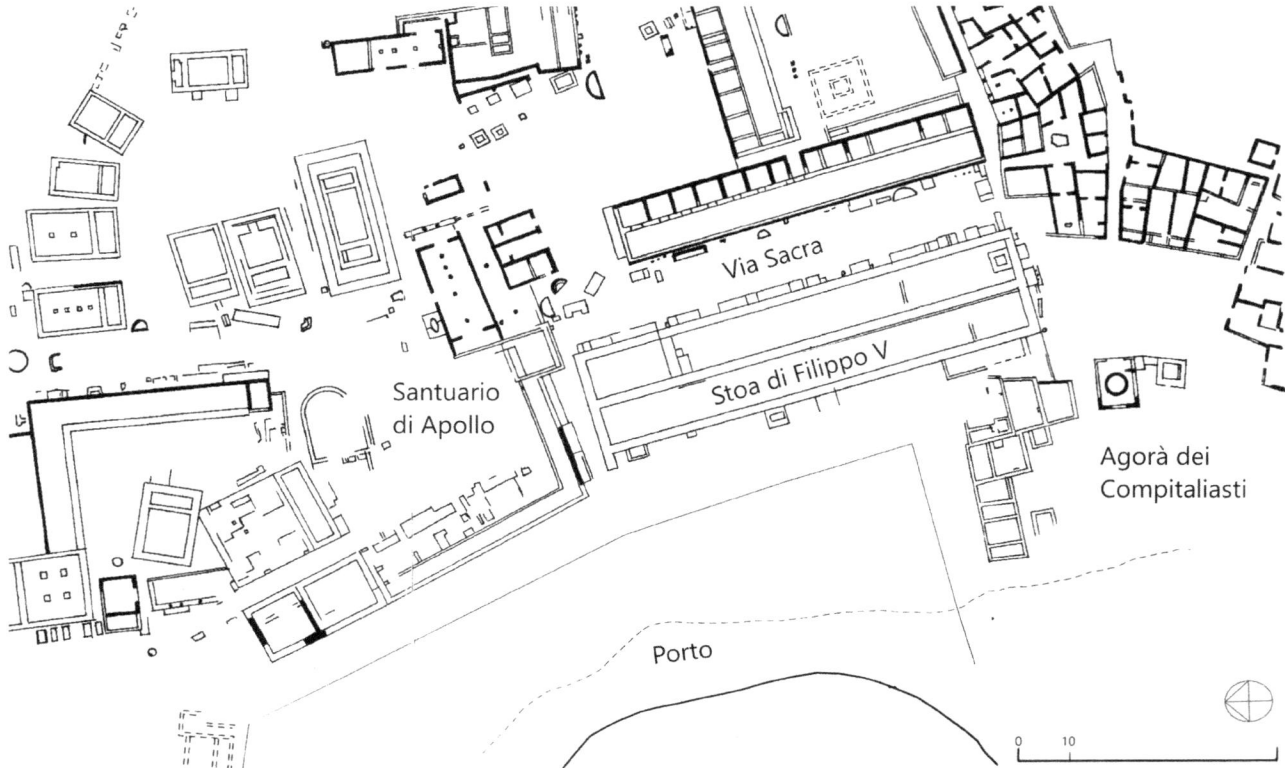

Fig. 14.4. Delo. Pianta del settore urbano tra il Santuario di Apollo e l'Agorà dei Compitaliasti, con la Stoa di Filippo V al centro (rielaborazione di Bruneau - Ducat 2005).

dediche monumentali su architrave, a Pergamo e in Grecia[34]. Attorno al 150 a.C. Attalo II dedicò al *Demos* ateniese una stoa, offrendo alla comunità un complesso poli-funzionale che chiudeva l'unico lato della piazza, quello orientale, all'epoca non ancora delimitato da portici. L'operazione si inseriva in un più ampio sistema di monumenti dedicati dagli Attalidi ad Atene (Fig. 14.5)[35]. L'iscrizione sull'architrave, rinvenuta in frammenti, è stata variamente ricostruita: βασιλεὺς Ἄτ|τα[λος] βασιλ|[έω]ς [Ἀτ]τά[λου]‖ καὶ βα[σι] λίσ|σης Ἀπόλλων|[ίδος τὴν]σ[το]|ὰ[ν κ]αὶ [τὰ] ο[ἰκ]|ήμ[ατα καὶ τὰ ἐργαστέρια | Ἀθηνᾶι[36]. Posta su una terrazza di ca. 7 m, la stoa si affacciava sulla Via delle Panatenee, principale percorso processionale della città[37]. L'iscrizione, le cui lettere erano alte 15 cm, era probabilmente visibile da più punti sull'Agorà, ma leggibile nella sua interezza dalla terrazza. Città carissima ai dinasti ellenistici, Atene presentava molte strutture donate da sovrani, ricordate da fonti letterarie ed epigrafiche – quali lo *Ptolemaion* e il *Serapeion* – e oggi mute in assenza di dato archeologico[38].

L'opera dei dinasti ellenistici viene progressivamente emulata dai generali romani, le cui offerte appaiono altrettanto prominenti. Sull'architrave della fronte esterna dei Piccoli Propilei d'Eleusi erano ricordati in latino i nomi di Appio Claudio Pulcro e dei figli[39]. La struttura, fino al II sec. d.C., costituirà il principale accesso al santuario di Demetra e Kore, punto d'arrivo della via sacra da Atene. Ad Aigai d'Eolide, tra il 46 a.C. e il 44 a.C., il tempio di Apollo *Chresterios* verrà dedicato dal *demos* al dio in nome di Publio Servilio Isaurico, salvatore della città: Ὁ δᾶμος Ἀπόλλωνι χαριστήριον σωθεὶς | ὑπὸ Ποπλίω Σερουιλίω Ποπλίω υἱῶ τῶ ἀνθυπάτω[40].

L'atteggiamento di questi generali rievoca quello dei dinasti, pur con logiche differenti. Se nel caso di Appio Claudio si tratta ancora di un'offerta votiva presso un santuario panellenico secondo l'uso dei sovrani ellenistici, nel caso dell'Isaurico il rapporto strettamente personale rievocato dall'iscrizione tra *Demos* e generale ricorda ormai quello tra comunità locale e imperatore.

[34] Si considerano, per esempio, la dedica del tempio della Meter *Aspondene* ad Aigai (*IMTΦ* Kaikos 928 Φιλεταῖρος Ἀττάλου Μητ[ρ]ὶ θεῶν), dedicato da Philetairos (281-263 a.C.), e il *Propylon* del *temenos* di Atena *Polias*, con dedica adAtena *Nikephoros* (*IvP* I 149 β[ασιλεὺς] Εὐμέν[ης Ἀθηνᾶ]ι Ν[ικηφόρωι]) da parte di Eumene II (197-159 a.C.).

[35] Tra questi, la stoa dedicata da Eumene II alle pendici meridionali dell'Acropoli, il *bema* dell'Agorà, il Piccolo Donarioe i pilastri attalidi: Camp 2001, 170-173; Étienne 2004, 158-159; Stewart 2004, 198-199.

[36] Edd. Meritt 1957, 83-88 (*SEG* 16:158); Kaye 2016 (qui riportata). Sulla stoa, Thompson 1959; Travlos 1971, 505-519; Malacrino 2014; Kaye 2016.

[37] Ficuciello 2008, 180-181; Ficuciello 2021.

[38] Sulla possibile attribuzione a una stoa di II sec. a.C. di alcune lettere d'architrave (-ευ / -ος), vedi Di Cesare 2014, 764. L'edificio posto

a SE dell'*Agoranomion* è stato interpretato ora come stoa lungo una strada monumentale (M. Korres), ora come parte del complesso dello *Ptolemaion* (E. Lippolis e S. G. Miller).

[39] *CIL* I² 775: *[Ap. Claudi]us Ap. F. Pulche[r] propylum Cere[ri]/ [et Proserpi]nae co(n)s(ul) vovit, [im]perato[r coepit]/ [Pulcher Clau]dius et Rex Mar[cius fec]erun[t ex testam(ento)]*. Il monumento è dedicato attorno al 40 a.C. Si possono datare allo stesso periodo alcuni interventi presso l'*Asklepieion* di Atene, tra cui il *naos* e un *propylon*, di cui si conservano, oltre alle testimonianze epigrafiche (*IG* II² 1045), gli architravi (*IG* II² 3174, 4936). Queste operazioni sono state variamente ricondotte ai restauri susseguenti il sacco sillano: Melfi 2007, 358-361; Parigi 2019, 104-107.

[40] *SEG* 44.979.

1. Monumento di Nicia
2. Monumento di Trasillo
3. Monumento di Lisicrate
4. Santuari di Afrodite
   Pandemos e Demetra Chloe
5. Stoa di Attalo
6. Edificio porticato a SE del
   cd. Agoranomion

Fig. 14.5. Pianta di Atene con la posizione degli architravi iscritti d'età tardo-classica ed ellenistica (rielaborazione di Ficuciello 2008).

Si assiste, nel mondo ellenistico, allo sviluppo progressivo di un fenomeno che vedrà la sua *akmé* tra I e II sec. d.C., nel quadro della propaganda e della retorica imperiale[41]. Le dediche su architrave saranno parte integrante nel paesaggio monumentale delle città dell'impero: gli interventi saranno legati a restauri, costruzioni, ricostruzioni, aggiornamenti urbanistici, spesso in relazione a eventi significativi per la storia della città[42].

L'iscrizione su architrave, in età ellenistica, è percepita essenzialmente come parte di un'offerta votiva, non diversamente dall'iscrizione dedicatoria sul basamento di una statua bronzea. I principali contesti sono i santuari, ma non mancano dediche monumentali in città, di solito in prossimità dei principali spazi pubblici, nell'ambito dell'aggiornamento urbanistico e architettonico.

La posizione dei monumenti e la visibilità dei testi sono attentamente studiate, così da permettere alla dedica una massima visibilità. I monumenti sono posti sulle principali strade processionali, in punti di passaggio strategici e ben visibili: lungo la via sacra che connette città o santuario, o lungo i percorsi interni che legano il *propylon* d'un santuario al *naos*. Come mostrano i casi di Labraunda e Samotracia, giocano in favore della scelta anche la conformazione del *temenos* e la morfologia del percorso.

Le tipologie architettoniche privilegiate sono *naoi, naiskoi, oikoi, thesauroi, propyla, stoai, prostoa* di edifici sacri o civili. Sia in città che presso i santuari sono numerose le dediche di *propyla* e *stoai*, forme architettoniche strettamente legate al passaggio. Le *stoai* permettono di creare fronti chiuse e monumentali, nonché di delimitare il percorso di una strada, indirizzando lo sguardo non solo verso l'iscrizione, ma anche verso punti focali posti sul percorso. Il *propylon*, a sua volta, consiste in un passaggio obbligato, con funzione liminale: l'approccio al *propylon*, se in asse con la strada, richiede una visuale frontale e progressivamente ravvicinata. La visibilità del nome su un *propylon* o su una porta urbica risulta pertanto massima. Similmente, l'enfasi data ai *prostoa* degli

[41] I molti esempi sono schedati e discussi in: Kantiréa 2007; Lozano 2002.

[42] Non ultimo l'*adventus* imperiale, offerte e sovvenzioni alla città, o la celebrazione di vittorie, nascite e divinizzazioni. In tale contesto, la ridedica è di particolare interesse, dal momento che l'azione, spesso sovvenzionata dal *Demos*, avviene su strutture ben più antiche come nel caso della *Parthenon Inscription* neroniana (Carroll 1982), o della dedica a *Thea Livia* del tempio di Nemesi a Ramnunte (Lozano 2004; Stafford 2013).

edifici assembleari permette di sottolineare l'accesso alla struttura.

Altra tipologia particolarmente significativa, per quanto ancora poco attestata in età ellenistica, consiste in *proskenion* e *skené* dei teatri. In età imperiale, le iscrizioni monumentali entreranno comunemente a far parte della complessa decorazione scultorea e architettonica dei fronte-scena, permettendo di magnificare il nome degli imperatori regnanti e dei finanziatori[43]. Il contesto chiuso della *cavea*, focalizzato sulla scena, si presta favorevolmente a indirizzare messaggi celebrativi. Il teatro di Oropòs è il primo ad attestare un'iscrizione dedicatoria sulla *skené*, ma sono i *theatra* di Samotracia a sviluppare appieno questo potenziale, sfruttando le facciate colonnate dei monumenti di Filippo Arrideo e Alessandro IV. Similmente, il *naos* offre una visibilità massima al dedicante, il cui nome non è solo accostato a quello della divinità, ma diventa fulcro del santuario: la stessa facciata è spesso valorizzata mediante la delimitazione del *temenos*, in cui il tempio acquisisce posizione centrale e dominante[44].

Nonostante la ricercata visibilità del monumento, non tutti avrebbero avuto la capacità di leggerne il testo, la cui presenza poteva essere, se non compresa, per lo meno apprezzata. L'altezza delle lettere può variare notevolmente in base alle dimensioni della struttura, alla lunghezza e alle logiche di impaginazione[45]. La semplicità dei moduli ne doveva facilitare la lettura: dedicante, tipologia architettonica e dedicatario erano nella maggior parte dei casi gli unici elementi indicati. Il dedicante figurava solitamente in prima posizione, mentre il riferimento alla tipologia architettonica (*andron, pylon, naos,* stoa, *oikema*) esplicava inequivocabilmente la funzione del monumento. La dimensione delle lettere, inoltre, permetteva di convogliare la vista verso l'iscrizione, la cui lettura era certamente facilitata dalla rubricatura.

L'iscrizione, che potesse esser letta o meno, offriva una qualifica al monumento, lo 'elevava'. La sua sola presenza permetteva di convogliare in forma preferenziale la vista verso una facciata, creando un *focus* visivo all'interno di uno spazio urbano ingombro di monumenti e messaggi, sottolineando con effetto teatrale il volgere, il chiudersi o l'aprirsi di un percorso e strutturando così il paesaggio circostante secondo un gusto comune nel mondo ellenistico.

---

[43] Sono numerose le dediche provenienti dai fronte-scena di teatri, datati tra I e III sec. d.C. nel Mediterraneo occidentale quanto orientale. Una disamina della situazione nel mondo greco è in Sturgeon 2004.

[44] Come nel caso del già citato tempio della Meter ad Aigai, così a Histria. Caso esemplare sarà quello del tempio E a Corinto (Sanders *et al.* 2018, 30-32), nel cui rifacimento di I sec. d. C., secondo lo schema dei fori imperiali, la centralità del tempio e l'assetto colonnato circostante daranno massima visibilità al testo iscritto in lettere bronzee.

[45] Nel mondo ellenistico le iscrizioni su architrave possono raggiungere i 20-25 cm di altezza, contro gli esempi di età romana che, nel caso limite del Pantheon (Mylonopoulos 2019, 232), possono arrivare a 70 cm.

Bibliografia

Beschi, L. 1967-1968, "Contributi di topografia ateniese," in *ASAtene*, 45-46, 499-536.

Blümel, W. 1992, *Die Inschriften von Knidos, Teil I*, Bonn.

Bommelaer, J.-F. 1991, *Guide de Delphes. Le Site*, Athènes.

Bruneau, Ph. - Ducat, J. 2005, *Guide de Délos*, Athènes.

Camp, J. McK. 2001, *The Archaeology of Athens*, New Heaven.

Carroll, K. 1982, *The Parthenon Inscription*, Durham.

Di Cesare, R. 2014, "8.4 Portico(i) di età ellenistica lungo il cd. Agoranomion", in Greco 2014a, 762- 764.

Di Cesare, R. 2020, "*Gli interi colonnati*. Un'ipotesi per l'iscrizione dell'Apollonion di Siracusa", in *ASAtene*, 98, 102-126.

Étienne, R. 2004, *Athènes, espaces urbains et histoire des origines à la fin du IIIe siècle ap. J.C.*, Paris.

Ficuciello, L. 2008, *Le strade di Atene*, Atene-Paestum.

Ficuciello, L. 2021, "Strade commerciali ed economia urbana di un quartiere di Atene", in G. Mainet - Th. Morard (eds), *Roman Street and Urban Economy, Panel 8.12, Heidelberg, Propylaeum 2021*, Cologne, 9-26.

Grandjean, Y - Salviat, F. 2000, *Guide de Thasos*, Athènes.

Greco, E. 2014a (ed.), *Topografia di Atene. Sviluppo urbano e monumenti dalle origini al III secolo d.C.*, 3.1, Atene-Paestum.

Greco, E. 2014b (ed.), *Topografia di Atene. Sviluppo urbano e monumenti dalle origini al III secolo d.C.*, 3.2, Atene-Paestum.

Goette, H. R. 2007, "Choregic Monuments and Athenian Democracy", in P. Wilson (ed.), *The Greek Theatre and Festivals. Documentary Studies*, Oxford-New York, 122-149.

Hellström, P. - Tieme, Th. 1982, *The temple of Zeus* (Labraunda 1.3), Lund.

Hellström, P. 2007, *Labraunda. A Guide to the Karian Sanctuary of Zeus Labraundos*, Istanbul.

Hellström, P. - Blind, J. 2019, *The Andrones* (Labraunda 5), Lund.

Henry, O. - Andersson, E. - Blid, J. - Bost, C. *et al.* 2018. "Labraunda 2017", in *AnatAnt*, 26, 209-320.

Hintzen-Bohlen, B. 1997, *Die Kulturpolitik des Eubulos und des Lukurg. Die Denkmäler- und Bauprojekte in Athen zwischen 355 und 322 v. Chr*, Berlin.

Hörster, M. 2001, *Bauinschriften römischer Kaiser. Untersuchungen zu Inschriftenpraxis und Bautätigkeit in Städten des westlichen Imperium Romanum in der Zeit des Prinzipats*, Stuttgart.

Jeppensen, Ch. 1955, *The propylaea* (Labraunda 1.1), Lund.

Kantiréa, M. 2007, *Les Dieux et les Dieux Augustes. Le culte impérial en Grèce sous les Julio- claudiens et les Flaviens. Etudes* épigraphiques et *archéologiques*, Athens.

Knackfuss, H. 1908, *Das Rathaus von Milet*, Berlin.

Lasagni, C. 2017, "Il progetto «The Epigraphic Landscape of Athens» e l'ELA Database: caratteristiche e risultati preliminari per uno studio semantico della topografia ateniese", in *Historika*, 7, 53-82.

Lasagni, C. - Tropea, S. 2019, "The Epigraphic Landscape of Athens: Public Inscriptions and Urban Space in Hellenistic Athens", in *Axon*, 3, 149-176.

Lehmann, K. 1998, *Samothrace*, Thessaloniki.

Lippolis, E. 2007, "Tipologie e significati del monumento funerario nella città ellenistica. Lo sviluppo del *naiskos*", in C. G. Malacrino - E. Sorbo (eds), *Architetti, architettura e città nel Mediterraneo antico*, Milano, 82-102.

Lozano, F. 2002, *La Religiòn del Poder. El culto imperial en Atenas en época de Augusto y los emperadores Julio-Claudios*, Oxford.

Lozano, F. 2004, "Thea Livia in Athens: Redating IG II2 3242", in *ZPE*, 148, 177-180.

Malacrino, C. G. 2014, "9.57 La Stoa di Attalo, il Bema e il monumento attalide," in Greco 2014b, 1140-1143.

Mallwitz, A. 1972, *Olympia und seine Bauten*, München.

Melfi, M. 2007, *I Santuari di Asclepio in Grecia*, I, Roma.

Mylonopoulos, J. 2019, "The Power of the Absent Text: Dedicatory Inscriptions on Greek Sacred Architecture and Altars," in A. Petrovic - I. Petrovic - E. Thomas (eds), *The Materiality of Text - Placement, Perception, and Presence of Inscribed Texts in Classical Antiquity*, Leiden, 232-274.

Monaco, M. C. 2015, *Hallirrhothios. Krenai e Culti alle Pendici Meridionali dell'Acropoli di Atene*, Atene-Paestum.

Parigi, C. 2019, *Atene e il sacco di Silla: evidenze archeologiche e topografiche fra l'86 e il 27 a.C.*, Wiesbaden.

Picard, C. 1965, "Sur les dédicaces monumentales apposées en Grèce aux entablements de façades d'édifices sacrés ou civils," in AA.VV., Χαριστήριον εἰς Ἀναστάσιον Κ. Ὀρλάνδον, Athens, 91-107.

Stewart, A. 2004, *Attalos, Athens, and the Akropolis. The Pergamene "Little Barbarians" and their Roman and Renaissance Legacy. With an Essay on the Pedestals and the Akropolis South Wall by M. Korres*, Cambridge.

Sanders, G. D. R. - Palinkas, J. - Tzonou-Herbst, I. - Herbst, J. 2018, *Ancient Corinth. Site Guide*, Princeton.

Stafford, E. 2013, "The People to the goddess Livia' Attic Nemesis and the Roman imperial cult", in *Kernos*, 205-238.

Sturgeon, M. C. 2004, *Corynth. Sculpture: the assemblage from the theater*, Princeton.

Thompson, H. A. 1959, *The Stoa of Attalos II in Athens*, Princeton.

Travlos, J. 1971, *Pictorial Dictionary of Ancient Athens*, New York-Washington.

Umholtz, G. 2002, "Architraval Arrogance? Dedicatory Inscriptions in Greek Architecture of the Classical Period," in *Hesperia*, 71, 261-293.

Wescoat, B. D. 2017, *The Monuments of the Eastern Hill* (Samothrace 9), Princeton.

Williamson, Ch. 2013, "Labraunda as Memory Theatre for Hellenistic Mylasa: Code-Switching Between Past and Present?", in *Herom*, 2, 143-166.

Wilson, P. 2000, *The Athenian Institution of the Khoregia: The Chorus, The City and the Stage*, Cambridge.

15

Honorific column monuments in the civic and sacred space of Roman Attica

Gavin P. Blasdel
University of Pennsylvania

Abstract: One of the most striking types of civic honorific monument from Roman Attica is the column, whose elongated vertical axis raised its statue high above the crowd. In this paper, I identify fourteen examples and situate them in the civic and sacred spaces of Attica. Eight columns honoring Romans, including a previously unlocated one for Sulla, stood in front of the Stoa of Attalos on the eastern side of the Agora. One nearby the Eleusinion honored an Athenian, another awarded to Ariobarzanes II was situated close to the Odeion of Pericles, and a column reused for a Roman was found on the Acropolis. Three, honoring two Romans and an Athenian, were erected by the southern gate of the sanctuary of Eleusis. I show how these carefully chosen, highly visible settings along major routes and against dramatic backdrops enhanced the prominence of the columns and often held significance for their honorands.

Keywords: honorific columns; honorific statue bases; Roman Athens; Sulla; epigraphy; space.

Honorific portrait monuments filled the public and sacred spaces of Athens in the Roman period (ca. 86 BCE-267 CE). Evidence survives for about a thousand such monuments, whose inscribed bases took many diverse shapes[1]. In this contribution, I focus on an extraordinary type of honorific monument that has not received much attention from scholars, the tall free-standing column awarded by Athenian civic institutions[2]. This scholarly disinterest is curious, given the fact that Athens appears to preserve more evidence for this type of honorific monument than any other Greek city. After outlining a rough topology of the Athenian honorific column and collecting a corpus of fourteen examples based upon it, I try to establish where the monuments originally stood in order to suggest how these settings made an important contribution to their overall effect[3].

In this short study, it is not possible to offer more than a brief typological sketch. However, two columns survive almost completely intact which help illustrate the type's key features and provide a good impression of what these monuments would have looked like. The first example, for Xenokles son of Theopompos of Rhamnous (*Agora* 18

H345 = *IG* II² 3504), consists of four unfluted drums of Hymettian marble, one of which was inscribed (diam. of inscribed drum, 0.75-0.795 m), and an ionic capital and base of white marble, whose combined height would have been more than 8.15 m (Figs 15.1 and 15.2). Regrettably, we do not know anything about the statue itself, nor is there evidence for the column's pedestal. Still, we can be almost certain that the total height of the monument would have been more than ten meters. The second column, most likely for Quintus Lutatius Catulus (*Agora* 18 H408), is also composed of four unfluted drums of Hymettian marble (diam. ca. 0.75-0.88), one of which bears the inscription. However, its base and capital are lost[4]. The drums alone would have stood 7.19 m high, comparable to the measurements of those from the Xenokles monument (ca. 7.5 m). It is therefore reasonable to imagine that the original completed height of Catulus' monument would have been at least some ten meters.

We can outline a rough typology: a column of multiple unfluted drums, one of which was inscribed, topped with a capital surmounted by a statue and supported by a base resting upon a pedestal[5]. Further autoptic work is required, but I have tentatively identified twelve other column monuments that seem to fit this general type. The seven best preserved consist of one or two intact drums of either Hymettian or Pentelic marble with dimensions comparable to those of the columns for Xenokles and

---

[1] These honorific monuments form the subject of my dissertation, which explores how their epigraphical, material, and spatial components combined to generate meaning. The present paper is derived from this on-going work.

[2] To my knowledge, the only works that extensively treat the Athenian honorific columns are Rupprecht 1957, who identified eight examples, and Leone 2020, who mentions twelve. These monuments rarely feature in more general studies on the form of statue bases. For instance, in her monograph on the column and pillar monuments from Greece, Rome, and Constantinople Jordan-Ruwe 1995, 48-50, discusses only one Athenian column (*Agora* 18 H408); Biard (2017, 206) does the same. The general study of Schmidt 1995 mentions none of the Athenian examples.

[3] On honorific monuments and their settings, see the important contribution of Ma 2013, especially chapters 3 and 4.

[4] Thompson 1950, 318, citing the choregic columns above the Theater of Dionysos, supposed that the capital was Corinthian.

[5] There are other honorific columns known from Roman Athens, but they are clearly not part of this same tradition, because their dimensions are considerably smaller and their inscriptions often do not appear on the drum but instead on the pedestal or capital (e.g., *IEleusis* 273, *IG* II² 3244, *IG* II² 3556).

Fig. 15.1. Athens, Agora. Inscribed drum from the column honouring Xenokles son of Theopompos of Rhamnous (Ephorate of Antiquities of Athens City, Ancient Agora, ASCSA: Agora Excavations © Hellenic Ministry of Culture and Sports/Hellenic Organization of Cultural Resources Development).

is difficult to estimate the original size of these monuments with certainty, it is clear that they would have shared a tall and elongated appearance[9].

The first examples of this type of honorific column at Athens were dedicated immediately after the sack of 86 BCE and honor Sulla (*SEG* 24.214) and Catulus. The last known monument was erected around the middle of the first century CE for Publius Memmius Regulus (*Agora* 18 H428), which appears to correspond nicely with the end of similar honorific columns outside of Attica[10]. Like elsewhere, most of the Athenian columns honor Romans, often magistrates and generals who served in the East, who account for eleven of the fourteen honorands[11]. Two columns celebrated Athenian citizens, Kallikratides son of Syndromos of Trikorinthos (*IEleusis* 295) and Xenokles, both of whom were important Athenian officials in the last third of the first century BCE. Another column honored king Ariobarzanes II of Cappadocia (*IG* II[2] 3427), who rebuilt the Odeion of Pericles, which had been destroyed in the Sullan sack, in the mid-first century BCE.

It has long been thought that six columns, all honoring Romans, stood before the terrace of the Stoa of Attalos on the eastern side of the Agora (Fig. 15.3). The four drums of Catulus' column were discovered exactly in the place where they had fallen over sometime in Late Antiquity at the northern end of the stoa. Complete drums of no less than five other honorific columns were found reused for the construction of a tower (W5) in the post-Herulian wall at the stoa's southern end, the site of the later church of the Panagia Pyrgiotissa (Fig. 15.4)[12]. Because of their proximity to the stoa and Catulus' monument, the general consensus is that these five columns also lined the front of the building. In addition, the inscribed fragment in honor of Regulus recovered from a marble pile nearby the stoa is likely from a seventh column originally erected in front of the structure.

Although the findspot of the fragments of the column honoring Sulla were never documented, I would like to suggest that the Athenians also erected it in front of the stoa. First, Catulus' column appears to have been set up at the same time Sulla's was dedicated, that is say, upon the Romans' return to the city around 84 BCE after the defeat of Mithridates. Second, of the nine other columns honoring

Catulus (diameters ranging from 0.65 to 0.92 m)[6]. All but one display evidence for anathyrosis and dowel holes on at least one surface, which seem to indicate that these columns consisted of two to three drums at a minimum[7]. The remaining five examples are fragmentary, but we can provisionally include them given their unfluted columnar form and their partially preserved dimensions[8]. Although it

---

[6] *IG* II[2] 3427, *Agora* 18 H412 (= *IG* II[2] 4110), *Agora* 18 H414 (= *IG* II[2] 4115), *IG* II[2] 4128, *Agora* 18 H252 (= *IG* II[2] 3243 = 3932), *Agora* 18 H415 (= *IG* II[2] 4155), *Agora* 18 H425 (= *IG* II[2] 4158).

[7] The intact column drums from the Agora are standing upright and it is not possible to examine their bottom surfaces. *Agora* 18 H412 does not have anathyrosis on its top surface (see Leone 2020, Cat. 11). Krumeich 2010, 377-378 (A11) reports that *IG* II[2] 4128 would have consisted of at least three drums.

[8] *SEG* 24.214 (= *IG* II[2] 4103), *IEleusis* 289 (= *IG* II[2] 4112), *IEleusis* 294 (= *IG* II[2] 4202), *IEleusis* 295 (= *IG* II[2] 3500 = 3501), *Agora* 18 H428.

[9] Dillon 2021, 60-62. Roughly contemporaneous honorific columns of similar dimensions erected elsewhere include the well-preserved examples of Menippos, Sextus Appuleius, and Ptolemaios at Klaros (Étienne - Varène 2004, 93-104, 117-123 and 135-142) and that of Menandros at Mylasa (Rumscheid 2010).

[10] The last example outside of Attica that I am aware of honors Caligula's sister Drusilla at Delphi; see Jordan-Ruwe 1995, 47-49; Schmidt 1995, 178-179; Jannoray 1936, 382-385; Courby 1927, 269.

[11] Besides Sulla, Catulus, and Regulus, these individuals include, in rough chronological order, Lucius Munatius Plancus (*IEleusis* 289), Gaius Cocceius Balbus (*Agora* 18 H412), Marcus Titius (*IEleusis* 294), Paullus Aemilius Lepidus (*Agora* 18 H414), Paullus Fabius Maximus (*IG* II[2] 4128), Tiberius before he was emperor (*Agora* 18 H252), Publius Cornelius Dolabella (*Agora* 18 H415), and Caius Asinius Pollio (*Agora* 18 H425).

[12] *Agora* 18 H412, H414, H252, H415 and H425. On the tower and church, see Frantz 1988, 7-8, 126 and 133.

Fig. 15.2. Athens, Agora. Elements from the column honouring Xenokles son of Theopompos of Rhamnous in tower W2 nearby the Eleusinion (Ephorate of Antiquities of Athens City, Ancient Agora, ASCSA: Agora Excavations © Hellenic Ministry of Culture and Sports/Hellenic Organization of Cultural Resources Development).

Romans that have a recorded findspot, six, as just noted, appear to have stood in front of the stoa. If the fragments of Sulla's monument come from Athens, as seems quite likely, it is significant that only one column for a Roman erected in the city was found outside the Agora, on the Acropolis, and that it had been reused for this purpose (*IG* II² 4128). It appears quite possible, then, that Sulla's column stood with the six or seven other such monuments before the Stoa of Attalos.

I propose that there is additional, though more speculative, evidence in support of this suggestion. The inventory numbers of the Epigraphical Museum in Athens that pertain to the same inscription tend to be relatively close together, even when they are associated decades or more after their initial discovery and cataloging. Indeed, the inventory numbers of the two large fragments of Sulla's column originally recorded by Koehler, EM 3088 and 3125, are quite near each other[13]. This proximity might suggest that

the two fragments were found in roughly the same vicinity and brought to the Epigraphical Museum around the same time. In fact, I am aware of five inscribed honorific monuments from the Roman era that have fragments with recorded findspots and EM inventory numbers within fifty of these two[14]. All five were found in roughly the same area, four where Pittakes thought the bouleuterion was located and another by the house of Ludovica Psoma, both of which seem to have been in the vicinity of the Church of Christ and the Church of the Holy Apostles[15]. This spot is only about a hundred meters or less south of the Panagyia Pyrgiotissa. If the EM inventory numbers are any indication at all, the Sullan fragments may have also come from nearby. It therefore seems at least plausible that Sulla's column was originally positioned in front of the Stoa of Attalos, perhaps at its southern end. If this suggestion can be accepted, the column of Sulla would have served as a pendant to the contemporaneous monument

---

[13] First published as *IG* III add. 561a. Subsequently, eight other smaller fragments were discovered in the Epigraphical Museum (Μιτσός 1967, 14 no. 2).

[14] Bouleuterion: *SEG* 24.217, 29.179, 59.230 and 59.253; house of Ludovica Psoma: *IG* II² 3909.
[15] In general, see Theocharaki 2020, 121-123. On the location of the house of Ludovica Psoma, see Meier 1852, 1; Πετράκος 1987, 111.

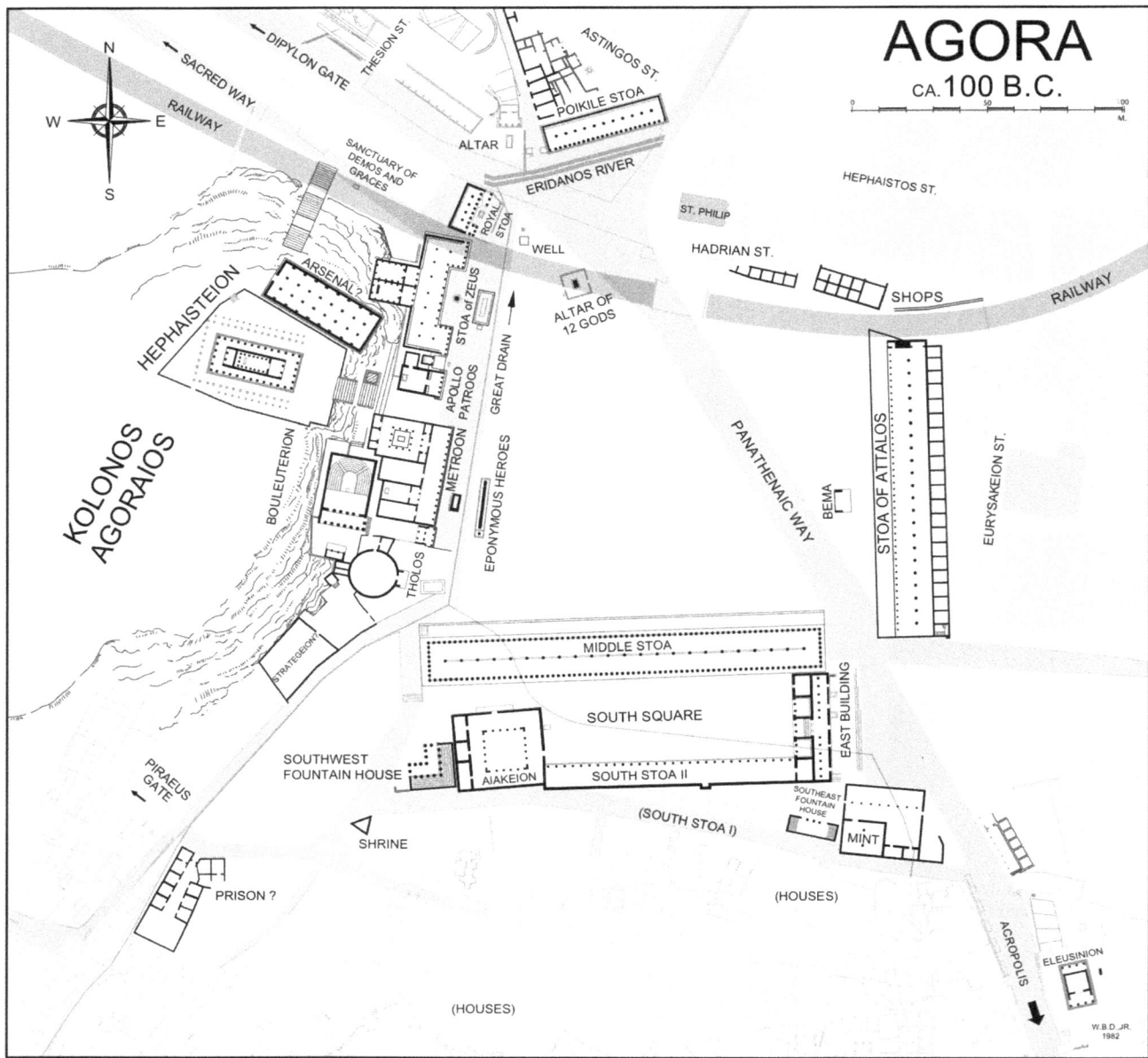

Fig. 15.3. Athens, Plan of the Agora, ca. 100 BCE (© American School of Classical Studies at Athens: Agora Excavations).

of Catulus, which stood before the northern end of the stoa. Thus, the monuments would have originally been conceived as a pair. Additionally, the proposed location was prominently situated on high ground at the beginning of the ascent to the Acropolis where the Panathenaic Way passes immediately in front of the monument. Finally, this proposal would seem to make sense of the findspots of the five columns reused in the Panagia Pyrgiotissa. While some place these columns in a line going south from Catulus' column, I suggest that they instead ran north from Sulla's column towards the Attalid pillar monument (later rededicated to Tiberius), whose tall vertical axis would have interacted with their own. In this scenario, these five columns originally stood closer to their site of reuse[16].

A total of eight columns honoring Romans, then, may have stood against the backdrop of the Stoa of Attalos and its terrace wall where they could have been seen from a distance as one entered the Agora at the northwest. The southernmost columns, at least, would have been kept in view along the length of the Panathenaic Way, which runs at an oblique angle to the stoa. Additionally, both the columns for Catulus and Sulla were positioned beside other roadways, with the former standing nearby the east-west road traversing the northern part of the Agora and the latter placed at the intersection of the Panathenaic Way and another east-west road. The initial choice of the Agora for the columns of Sulla and Catulus can perhaps be explained by the former's apparent association with the tyrannicides, whose statues also stood there[17]. The subsequent columns

---

[16] Leone 2020, 55, figs 5-6; Geagan 2011, 223 (especially note 291).

[17] I explore this possibility further in my dissertation. On the idea of Sulla as a "tyrant-slayer" post-86 BC, see Rogers 2021, 308-309; on

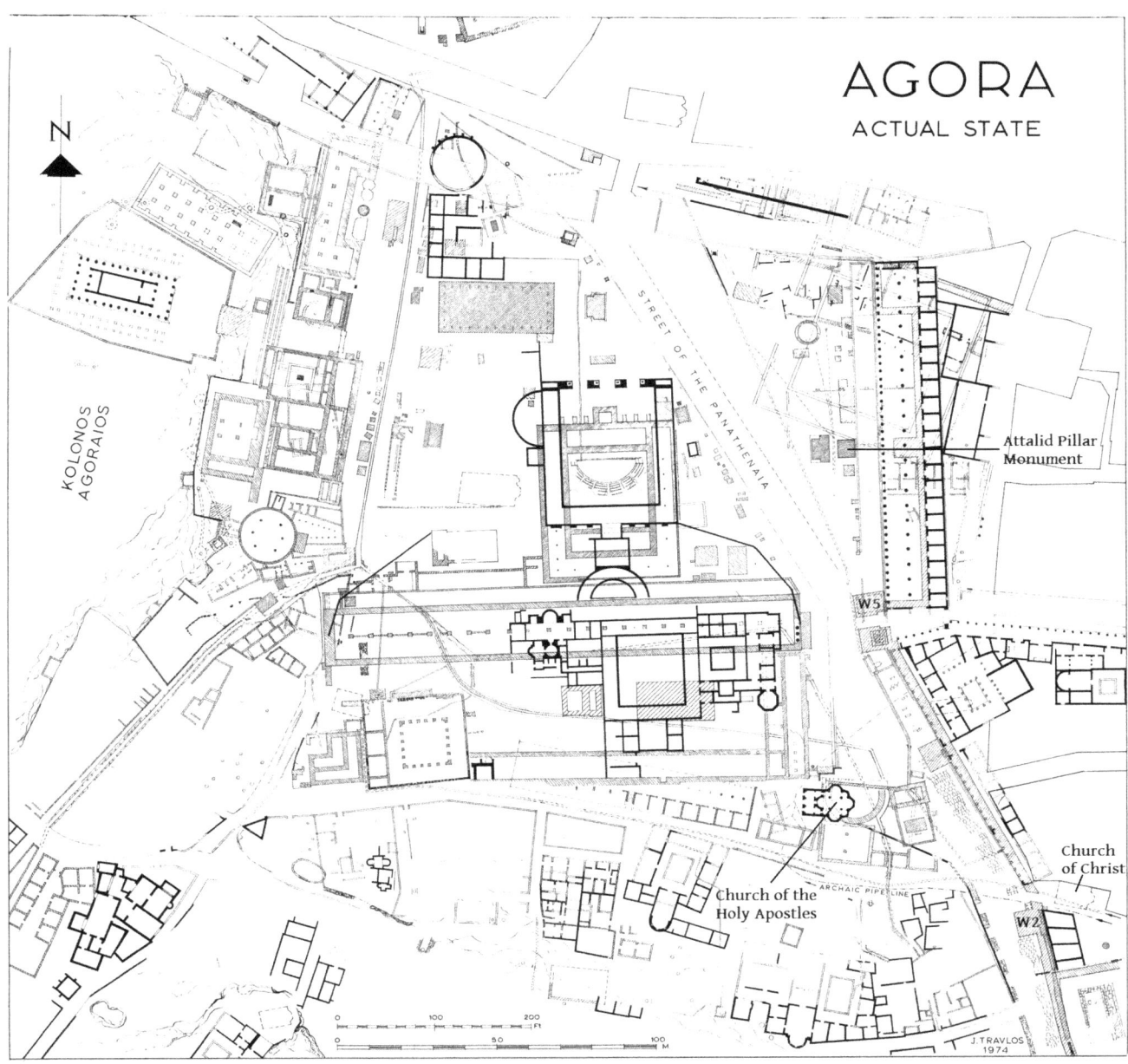

Fig. 15.4. Adapted actual state plan of the Agora to the Eleusinion (© American School of Classical Studies at Athens: Agora Excavations).

honoring Roman military men seem to have been attracted to the monument honoring the conqueror of Mithridates.

A bit more than one hundred meters to the south of the Agora, the column honoring Xenokles was discovered built into a tower of the post-Herulian Wall (W2). Because it was found completely intact together with its capital and base, it is reasonable to suppose that this monument was erected rather close by. This spot would have been most opportune. In the first place, the tower was located at a major crossroads in the Roman period, between the Panathenaic Way leading south and upwards to the Acropolis and a second street running east-west. This intersection marked a significant point in the Panathenaic

procession, which may have turned left onto the east-west road and circled the Eleusinion, and was also situated near the end of the *dromos*, or racecourse[18]. It is possible that the inscription was positioned on the third drum from the bottom, nearly five meters above the base, and cut in large letters (0.045 m) for better visibility (if not readability) along the Panathenaic Way as far down as the Agora. Secondly, a location at the crossroads means that the Eleusinion, built on higher ground just to the south, formed something of a backdrop for the column. Such a setting would have been entirely appropriate for Xenokles' monument, whose inscription singles out his

honorific statues in the Hellenistic Agora and Athens in general, see Ma 2013, 103-107.

[18] Philostratos, *VS* 2.1.7; schol. Aristophanes, *Eq.* 566a; Xenophon, *Eq.Mag.* 3.2. On the *dromos* and its associated races, see Miles 1998, 84-85; on the processional route in general, see Shear 2021, 118, n. 7; Kavoulaki 1999, 300, n. 36.

role in establishing the grain fund at Athens and praises his service as a two-time σιτώνης. In fact, Miles has suggested that the complex of rooms nearest the crossroads just below the terrace wall of the Eleusinion might have been constructed for grain storage during the Roman period[19]. In other words, Xenokles' column seems to have stood immediately adjacent to structures directly relevant to activities that are highlighted in his honorific inscription.

The column honoring Ariobarzanes was found built into a late wall in the area of the Theater of Dionysos on the south slope of the Acropolis. Since the king had paid for the reconstruction of the Odeion of Pericles a couple of decades after it was destroyed during the siege of 86 BCE, in all probability his column stood nearby the building's western entrance, a short distance to the east of the theater and not far from its findspot[20]. Although the inscription does not explicitly mention this benefaction, its use of the title εὐεργέτης and the monument's proximity to the odeion makes the connection clear. This prominent spot is located at the highest point along the route that led north and then turned west into the theater. Depending on its exact positioning, the column would have been set against the high retaining wall of the *koilon* or the superstructure of the odeion itself, or possibly both. Significantly, seven or eight choregic column monuments, bearing tripods instead of statues, were erected in the vicinity of the theater, including one very close to this entrance of the odeion (*IG* II² 3088)[21]. It is possible, therefore, that Ariobarzanes' column played on these monuments' explicit connection with victory in theatral competitions to suggest a kind of victory of the king's own against Mithridates, a longtime nemesis of the Cappadocian royal family[22]. In fact, Ariobarzanes ascended the throne immediately following Pompey's victory in 63 BC and soon set about reconstructing a structure that was both a high-profile victim of the Mithridatic wars and a powerful symbol of the Athenian victory over the Persians four centuries prior. Ariobarzanes' column and his building project thus seem to celebrate the defeat of Mithridates[23].

The last honorific column known from Athens itself, which honors Paullus Fabius Maximus, was found on the Acropolis. Its most interesting characteristic is that the honorific text was inscribed in a rasura, indicating that the column had been first set up earlier than the late first century BC[24]. Unfortunately, it is not possible to say much about the significance of its original position because its findspot was vaguely described as somewhere to the west of the Parthenon. However, on analogy with the other honorific columns, it seems reasonable to suggest that this monument too was located along, or was at least visible from, the processional route on the Acropolis.

The final three column monuments were dedicated at Eleusis and honor Lucius Munatius Plancus, Marcus Titius, and Kallikratides. All three seem to have been set up in rather close succession, perhaps between 40 and 30 BCE, and were found in the same area of the sanctuary in the vicinity of its southern gate, nearby the bouleuterion and the stoa. It therefore seems plausible that the columns stood both near each other and in front of one of these structures, that is to say, close to a highly trafficked road with a colonnaded building in the background. The choice of the sanctuary for Kallikratides' column seems straightforward, since its honorific inscription singles out his central, if not entirely clear, role in the celebration of the πανήγυρις at Eleusis. The motivations for Plancus and Marcus Titius' columns are less obvious, but, as Clinton notes, it is almost certain that a person honored with a civic statue at Eleusis had at least been initiated into the Mysteries and in many cases had made some sort of donation to the sanctuary[25]. The mention of εὐεργεσία in Plancus' honorific inscription perhaps hints at some unknown financial outlay on his part. There is no such indication for Titius, but since he was Plancus' nephew, it is worth considering the possibility that their columns were conceived as a pair, much like the columns of Sulla and Catulus in the Agora.

In conclusion, the positioning of the honorific columns in Roman Athens generally share some key features. First, the columns tended to be located along important streets and processional routes which enhanced their visibility and prominence by allowing them to be appreciated both from a distance and at length. Second, as a rule they did not stand in the open but were set against other built structures which formed a sort of dramatic backdrop, especially when viewed head-on. Third, the setting often had some sort of relevance to the honorands, either more generally, as in the Agora or at Eleusis, or more specifically, as in the cases of Xenokles and Ariobarzanes, where adjacent constructions had particular resonance with their benefactions. Finally, almost all the columns were physically or at least visually proximate, whether in pairs or in larger clusters, and this collocation appears to have helped construct and reinforce their meaning. As I hope to have demonstrated, this prestigious type of honorific monument deserves further dedicated study.

Bibliography

Amandry, P. 1976, "Trépieds d'Athènes: I. Dionysies", in *BCH*, 100, 15-93.

Amandry, P. 1997, "Monument chorégiques d'Athènes", in *BCH*, 121, 445-487.

Biard, G. 2017, *La représentation honorifique dans les cités grecques aux* époques *classique et hellénistique*, Athens.

---

[19] Miles 1998, 87-88.
[20] Vitruvius, 5.9.1; *IG* II² 3426; Di Napoli 2013, 190.
[21] Goette 2007, 128-129, figs 5 and 7; Amandry 1976, 28-30 and 79-87; Amandry 1997, 446-463.
[22] On these struggles, see Sullivan 1990, 54-58 and 174-177.
[23] See Morales 2016.
[24] Interestingly, Fabius had at least one other monument from the Acropolis rededicated in his honor (*IG* II² 4129).

---

[25] Clinton 1989, 1504.

Clinton, K. 1989, "The Eleusinian Mysteries: Roman Initiates and Benefactors, Second Century B.C. to A.D. 267", in *ANRW*, II, 18.2, 1499-1539.

Courby, F. 1927, *La Terrasse du temple, Fouilles de Delphes II*, Paris.

Di Napoli, V. 2013, *Teatri della Grecia Romana. Forma, Decorazione, Funzioni. La Provincia d'Acaia*, Athens.

Dillon, S. 2021, "Portrait Statues in the Athenian Agora in the Roman Period. The Archaeological Evidence", in C. P. Dickenson (ed.), *Public Statues Across Time and Cultures*, New York, 56-80.

Étienne, R. - Varène, P. 2004, *Sanctuaire de Claros, l'architecture. Les propylées et les monuments de la voie sacrée. Fouilles de Louis et Jeanne Robert et Roland Martin, 1950-1961*, Paris.

Frantz, A. 1988, *Late Antiquity: A.D. 267-700, Athenian Agora 24*, Princeton.

Geagan, D. J. 2011, *Inscriptions: The Dedicatory Monuments, Athenian Agora 18*, Princeton.

Goette, H. R. 2007, "Choregic Monuments and the Athenian Democracy", in P. Wilson (ed.), *The Greek Theatre and Festivals. Documentary Studies*, Oxford, 122-149.

Jannoray, J. 1936, "À propos de deux dédicaces delphiques de l'époque impériale", in *BCH*, 60, 374- 385.

Jordan-Ruwe, M. 1995, *Das Säulenmonument. Zur Geschichte der erhöhten Aufstellung antiker Porträtstatuen*, Bonn.

Kavoulaki, A. 1999, "Processional performance and the democratic polis", in S. Goldhill - R. Osborne (eds), *Performance Culture and Athenian Democracy*, Cambridge, 293-320.

Krumeich, R. 2010, "Vor klassischem Hintergrund. Zum Phänomen der Wiederverwendung älterer Statuen auf der Athener Akropolis als Ehrenstatuen für Römer", in R. Krumeich - Ch. Witschel (eds), *Die Akropolis von Athen im Hellenismus und in der römischen Kaiserzeit*, Wiesbaden, 329-398.

Leone, S. 2020, *Polis, Platz und Porträt. Die Bildnisstatuen auf der Agora von Athen im Spathellenismus und in der Kaiserzeit (86 v. Chr.-267 n. Chr.)*, Berlin.

Ma, J. 2013, *Statues and Cities. Honorific Portraits and Civic Identity in the Hellenistic World*, Oxford.

Meier, M. H. E. 1852, *Commentatio Epigraphica*, Halle.

Miles, M. M. 1998, *The City Eleusinion, Athenian Agora 31*, Princeton.

Μιτσός, Μ. Θ. 1967, "Ἐπιγραφικὴ Συλλογή", in *ADelt*, 22 Β 1, 14-15.

Morales, F. 2016, "The Restoration of Perikles' Odeion at Athens in the First Century BC: New and Ancient Barbarians", in *Revista Heródoto*, 1.1, 73-90.

Πετράκος, Β. Χ. 1987, Ἡ ἐν Ἀθήναις Ἀρχαιολογικὴ Ἑταιρεία. Ἡ ἱστορία τῶν 150 χρόνων της 1837- *1987*, Athens.

Rogers, D. K. 2021, "Sulla and the Siege of Athens. Reconsidering Crisis, Survival, and Recovery in the First Century B.C.", in S. Fachard - E. M. Harris (eds), *The Destruction of Cities in the Ancient Greek World. Integrating the Archaeological and Literary Evidence*, Cambridge, 288-318.

Rumscheid, F. 2010, "Maussollos and the 'Uzun Yuva' in Mylasa: an unfinished Proto-Maussolleion at the heart of a new urban centre?", in R. van Bremen - J.-M. Carbon (eds), *Hellenistic Karia: Proceedings of the First International Conference on Hellenistic Karia, Oxford, 29 June-2 July 2006*, Pessac, 69-121.

Rupprecht, A. A. Jr. 1957, "Roman honorary columns in Athens", in *American School of Classical Studies at Athens, Archives* (unpublished School Papers).

Schmidt, I. 1995, *Hellenistiche Statuenbasen*, Frankfurt.

Shear, J. L. 2021, *Serving Athena. The Festival of the Panathenaia and the Construction of Athenian Identities*, Cambridge.

Sullivan, R. D. 1990, *Near Eastern Royalty and Rome, 100-30 BC*, Toronto.

Theocharaki, A. M. 2020, *The Ancient Circuit Walls of Athens*, Berlin.

Thompson, H. 1950, "Excavations in the Athenian Agora: 1949", in *Hesperia*, 19.4, 313-337.

16

Continuità e discontinuità nel rapporto con il paesaggio e i percorsi nell'alta Valnerina (PG) dall'età del Ferro al Medioevo: ricerche in corso

Marco Cavalieri
Université catholique de Louvain (UCLouvain)

Francesca Diosono
Ludwig-Maximilians-Universität, München

Dario Monti
Université catholique de Louvain (UCLouvain)

Gabriella Sabatini
Soprintendenza Archeologia Belle Arti e Paesaggio dell'Umbria

Abstract: The paper investigates, thanks to the case study of the territory of Cascia, the relationship that the ancient communities of the Alta Valnerina (PG) established with the landscape and the paths that crossed it, between the Iron Age and the Early Middle Ages (7th century BC - 7th century AD ca.). Through the analysis of the survey data and the elaboration of a model of the natural easy routes, the historical evolution of this relationship was analysed, resulting in a dialectic between continuity and discontinuity and between accommodation and modification.

Keywords: Sabina; Valnerina; survey; landscape; viabilità; longue durée.

16.1. Introduzione e metodologia.

Stretta tra i monti di Spoleto e i Sibillini, l'Alta Valnerina è un territorio caratterizzato da un'aspra geomorfologia fatta di piccoli altopiani e valli incassate che solcano rilievi dai pendii molto acclivi, le cui forme tradiscono le potenti forze telluriche che plasmano l'area. Nello specifico in questo contributo si prenderà in esame l'area dell'attuale comune di Cascia, di cui, come vedremo, disponiamo di un bacino di dati di grande interesse per la ricostruzione della rete dei percorsi che doveva attraversare in antico il territorio. La letteratura disponibile su questo contesto territoriale purtroppo non è sempre figlia di un approccio scientifico e risente fortemente della discontinuità e disomogeneità dei rinvenimenti sul territorio, per lo più fortuiti o frutto di scavi di emergenza[1]. Questa complessa base documentativa è però bilanciata da ricerche strutturate e di ampio respiro che, per il Casciano, sono rappresentate dagli scavi di Villa San Silvestro (2006-2012)[2] e dalle campagne di ricognizione nel territorio comunale di Cascia (2016-in corso)[3]. Queste, oltre ad apportarne di nuovi, hanno permesso una maggior controllabilità sui dati pregressi. Grazie alle conoscenze acquisite dai dati di scavo di Villa San Silvestro è stato infatti possibile affinare i criteri di analisi del materiale ceramico del territorio che rendono ora possibili, per i materiali rinvenuti durante la ricognizione, datazioni più precise anche per quelle classi ceramiche tendenzialmente meno considerate, quando non completamente neglette, quali la ceramica comune[4]. Le campagne di ricognizione, come detto ancora *in fieri*, hanno invece da un lato fortemente contribuito, come vedremo, alla conoscenza del popolamento antico del territorio, dall'altro, quando effettuate su siti già noti almeno parzialmente in letteratura, ne hanno permesso un miglior inquadramento qualitativo e quantitativo. Infine, un ulteriore apporto conoscitivo viene dallo studio, attualmente in corso, dei dati d'archivio e materiali di magazzino ancora inediti che, grazie alle sopra

---

[1] Costamagna 2009, 19.
[2] Si tratta di un progetto dell'Università degli Studi di Perugia diretto da F. Coarelli, P. Braconi e F. Diosono. Diosono 2009a; Diosono 2016; Diosono c.s. Sempre nel 2009 si è poi organizzata a Cascia, nella sede del Museo Civico di Palazzo Santi, la mostra "Divus Vespasianus. Il bimillenario dei Flavi. I templi e il forum di Villa S. Silvestro" (5 giugno - 30 novembre): Diosono 2009a.

[3] Le campagne di ricognizione sono parte del progetto "Survey im Gebiet von Cascia (Perugia)" dell'Università di Monaco "Ludwig-Maximilian", sotto la direzione scientifica di Francesca Diosono e previa autorizzazione della Soprintendenza in regime di concessione. Diosono - Monti 2020. Cogliamo qui l'occasione per ringraziare l'infaticabile E. Emili per il suo importante e generoso contributo a tali ricerche.
[4] Questo approccio metodologico è stato presentato da Francesca Diosono con la comunicazione «Common matters. Handling large numbers of materials from a survey in mountain interior Italy» all'International Mediterranean Survey Workshop (Leuven 3-4 novembre 2017). Questo approccio sarà oggetto di uno specifico contributo di prossima pubblicazione.

menzionate ricerche[5], potranno essere integrati al meglio nella documentazione generale del territorio. Sulla base di questa compagine di dati è stato quindi possibile elaborare una carta dei siti del popolamento umano del territorio in antico, ma, tranne alcune eccezioni, non dei percorsi che univano tali siti e innervavano il territorio connettendolo a quelli circostanti. Nel tentativo di ricostruire tali percorsi si è perciò elaborato un modello dei "corridoi" naturali di più facile percorrenza, che potevano aver rappresentato la base della viabilità antica[6]. Proiettando su una carta del popolamento umano in antico la rete di questi possibili percorsi si è potuta così valutare la buona responsività generale del modello. Grazie a questo approccio è quindi possibile presentare un'analisi preliminare, poiché le ricerche sono ancora in corso, del rapporto delle comunità di questo territorio con i percorsi che l'attraversavano, dall'età del Ferro fino alle fasi iniziali dell'Alto Medioevo.

16.2. Il territorio in età preromana.

In età preromana l'area in esame rappresenta, stando alle fonti storiche, l'estrema propaggine nord-orientale del territorio sabino[7]. Fino a pochi decenni fa nel poco conosciuto panorama archeologico del territorio svettavano come "cattedrali nel deserto" alcuni rinvenimenti, peraltro fortuiti, datati e dalla storia travagliata, di eccezionale rilevanza che tradivano l'importanza che esso doveva aver ricoperto in antico. Si fa riferimento, ad esempio, al tumulo del Colle del Capitano (Monteleone di Spoleto), il cui ricco corredo principesco, che ne inquadra la cronologia alla metà del VI sec. a.C., vede nella famosa biga in bronzo, prodotta in Etruria, l'elemento più noto e importante[8]; o ancora all'importantissima stipe votiva di Valle Fuino (Cascia)[9], per lo più inquadrabile tra VI e V sec. a.C. e che, persino dopo un iniziale saccheggio del materiale, assommava 107,5 libbre di oggetti metallici, tra cui 159

bronzetti, e 14,5 libbre di materiale ceramico[10]. Nel corso degli anni la nostra conoscenza del territorio per questa fase si è poi arricchita, ed è oggi possibile, specialmente grazie alle campagne di ricognizione 2016-2018, inserire questi importanti rinvenimenti in un più ampio e fitto tessuto umano (Fig. 16.1). Al contempo, sembra possibile evidenziare alcune caratteristiche delle dinamiche insediative sabine del territorio[11]. Il popolamento tende a distribuirsi sugli altopiani, evitando tanto le quote più alte quanto i fondovalle, con un intervallo tra i 3,5 e i 4 km in linea d'aria tra i siti più grandi (per esempio, quelli con maggior concentrazione di materiale) e si dispone di preferenza in rapporto ai percorsi naturali che innervano il territorio[12]. Un crocevia di grande importanza per questi percorsi si trova di fronte all'attuale paese di Cascia: qui confluiscono vari collegamenti che congiungono l'area verso S con Monteleone di Spoleto e la piana di Leonessa, a NO con Ponte e Triponzo e la Valle del Nera, a NE e a E con Norcia e la Piana di S. Scolastica e a SE con Cittareale e la Salaria. Dalla Piana di S. Scolastica si apriva poi un'altra serie di collegamenti di grande importanza: a E si saliva infatti verso i pascoli estivi dei Piani di Castelluccio e la valle del Tronto, a SE si raggiungevano Accumoli e poi Amatrice, mentre a N, attraversate Forca d'Ancarano o Forca Croce, si raggiungeva la Val Campiana prima e Preci poi, da cui si poteva quindi raggiungere Visso. Questi percorsi, qui solo accennati per esigenze di spazio, collegavano a raggiera il territorio in esame a quelli circostanti, ma, anche sulla scorta del dato materiale, sembra possibile inferire una preminenza degli itinerari verso il mondo tiberino-tirrenico sugli altri[13].

16.3. La fase romana.

In seguito alla repentina conquista a opera di Manio Curio Dentato, tradizionalmente inquadrata al 290 a.C.[14], il territorio entra nell'orbita del potere romano. Il *record* archeologico mostra chiaramente un significativo aumento quantitativo in questa fase, interpretabile come una decisa spinta demografica (da imputare sicuramente almeno in parte all'afflusso di coloni[15]) ed evidente a partire dallo stesso secolo della conquista proseguendo poi per tutta l'età repubblicana. Le ricognizioni hanno comunque evidenziato come questo incremento demografico avvenga, almeno per l'area da esse indagata, sulle stesse sedi del popolamento precedente, che nella loro totalità mostrano infatti una continuità di frequentazione in questa fase (Fig. 16.2). Al tempo stesso però quella romana si connota come una fase che incide profondamente sulle strutture del territorio, parimenti antropiche e naturali. Come spesso accade uno

---

[5] A queste si aggiunga anche il progetto di dottorato di Dario Monti presso l'UCLouvain, sotto la direzione di Marco Cavalieri e con l'autorizzazione allo studio e la collaborazione della SABAP dell'Umbria, dal titolo "The inner Sabine: settlement pattern and society of a territory in the middle of the Apennines in preroman time".

[6] Base di tale elaborazione è stato il modello di elevazione digitale (DEM) "Tinitaly" con celle di risoluzione 10 m sviluppato da Tarquini e colleghi (Tarquini *et al.* 2007; Tarquini *et al.* 2012; Tarquini - Nannipieri 2017), dal quale è stata poi generata una carta delle pendenze grazie al tool Slope di ArcGis. Questo dato è servito poi come base per tracciare una ragnatela di possibili "percorsi" naturali di più facile attraversamento in quanto abbastanza pianeggianti, definendo arbitrariamente come tali quelli con una pendenza entro i 10°. Ai fini della ricostruzione dei possibili percorsi per ogni singolo contesto, il modello è stato comunque poi incrociato con tutta un'altra serie di dati (nella piena coscienza di una loro non esaustività definitiva) per bilanciare l'artificiosità e meccanicità, e cioè con i dati della cartografia geologica e storica, delle tavole dell'IGM e della carta tecnica regionale (CTR), nonché quelli da fotografia aerea e immagini satellitari.

[7] Posto a contatto con gli Umbri, al di là del Nera a O e a N, e con i popoli linguisticamente affini dei Piceni, Vestini e Pretuzi a E e SE, oltre la catena dei Sibillini. Nicosia - Bettini 2009; Benelli 2014; Smith 2014; Farney - Masci 2018.

[8] Scoperto nel 1902, dopo varie peripezie è oggi esposto al Metropolitan Museum of Art di New York, ma oggetto di una decennale *querelle* sulla legittimità di tale acquisizione; per il tumulo una prima comunicazione in Minto 1924; uno studio dettagliato della biga in Emiliozzi 2011.

[9] Scoperta nel 1794 ha subito più dispersioni e oggi non se ne ha che una piccola parte. Sordini 1893; Bignami 1987; Stalinski 2001.

[10] Stalinski 2001, 100-102.

[11] Diosono - Monti 2020, 109-113.

[12] Non solo quelli principali vallivi e di mezza costa, ma anche con quelli secondari evidenziati dal modello dei percorsi a pendenza entro i 10°.

[13] Diosono - Monti 2020, 116-117. In generale, la stessa geomorfologia dei luoghi permette una maggior permeabilità a O/SO che a E, dove i Monti Sibillini rappresentano un importante ostacolo. Inoltre, anche in termini di idrografia, il territorio ricade nel bacino idrografico del Tevere, attraverso l'immissione del Corno del Nera e di questo nel Tevere.

[14] Coarelli 2009, 11, con riferimento alla bibliografia precedente.

[15] Diosono 2009b, 92; Diosono 2016.

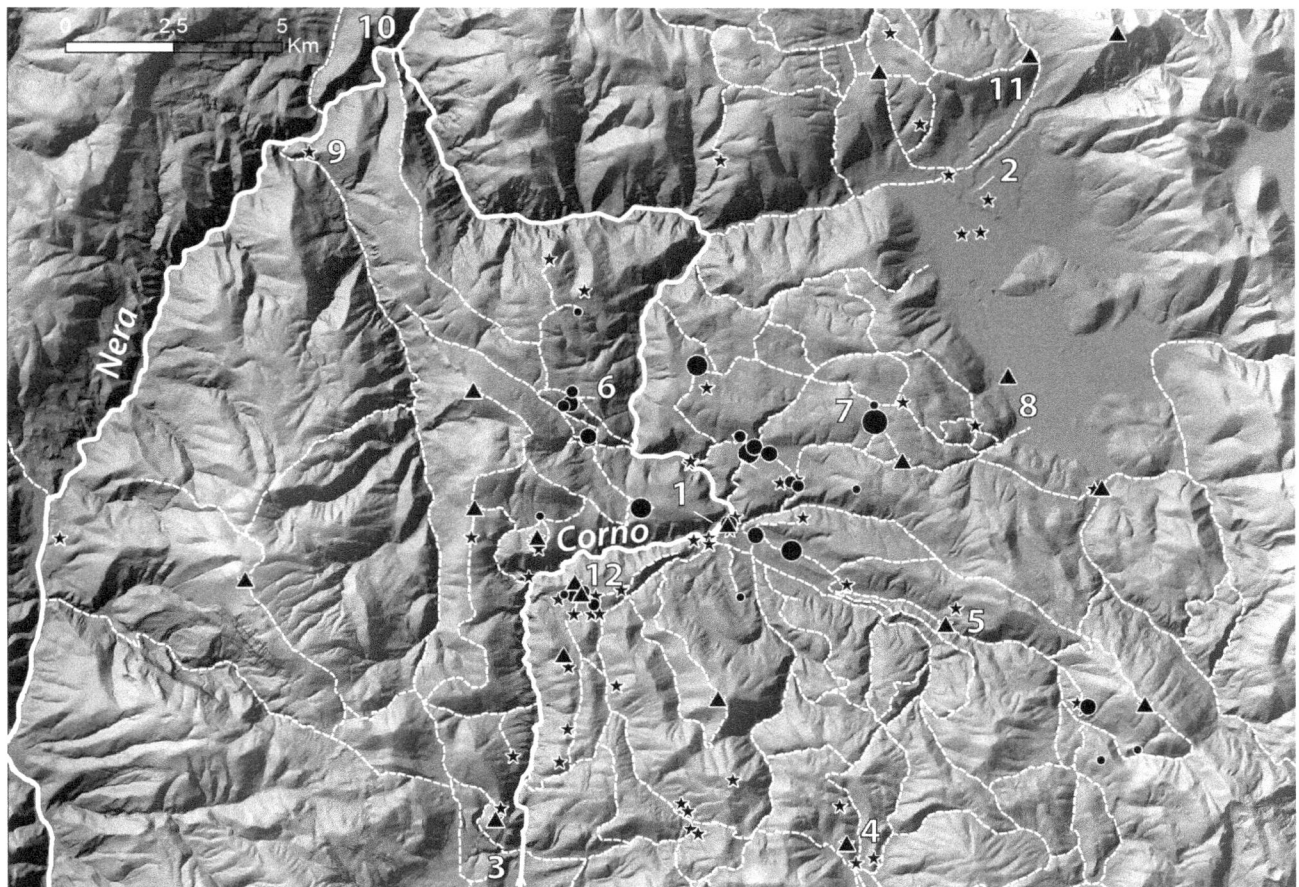

Fig. 16.1. Carta del popolamento in fase preromana (VII-IV sec. a.C.): 1) Cascia; 2) Norcia; 3) Monteleone di Spoleto; 4) Villa S. Silvestro; 5) Valle Fuino; 6) Collecurioso; 7) Casarini; 8) Piediripa; 9) Ponte; 10) Triponzo; 11) Forca d'Ancarano; 12) Ocosce.

degli elementi più evidenti di tali mutamenti è il fenomeno della centuriazione, rilevato nel territorio sia per la Piana di S. Scolastica[16] che in quella di Chiavano, su cui sorge Villa S. Silvestro[17]: esso avrà rappresentato a un tempo un *pull-factor* dell'immigrazione coloniaria e un più solido fondamento economico per l'espansione demografica. Parallelamente alla riorganizzazione centuriale si assiste poi a un ampliamento e a una riorganizzazione dei tratturi dell'allevamento transumante (*calles*), da sempre altro grande pilastro economico del territorio, che, restando al Casciano, è una delle cause principali all'origine del sito di Villa S. Silvestro[18]. Dopo circa un secolo e mezzo dall'impianto della centuriazione un ulteriore elemento di forte discontinuità nel rapporto con il paesaggio preesistente è la realizzazione della tagliata di Triponzo, localizzata lungo il percorso di mezza costa parallelo al corso del Nera in località Scoppio. Qui, infatti, un'epigrafe incisa

direttamente sulla roccia[19] ci informa che la parete dello sperone di roccia che dà il nome alla località, e che doveva con ogni probabilità impedire il passaggio, venne tagliata *d(e) s(enatus) s(ententia)*, testimoniando quindi a favore dell'importanza di tale intervento per l'area in esame. Senza entrare nel merito della dibattuta identificazione dei percorsi coinvolti da questa infrastruttura, vogliamo qui solamente rilevare come la fase romana si connoti in maniera importante non solo, come la fase precedente, nei termini di un accomodamento al paesaggio naturale, ma anche, in misura importante, in quelli di una modificazione diretta del paesaggio stesso.

16.4. La fase tardoantica e altomedievale.

Le fasi tardoantica e altomedievale (quest'ultima considerata entro la cornice cronologica di questo convegno e quindi fino al VII sec. d.C.) risultano allo stato attuale più evanescenti delle precedenti. Ancora una volta i dati delle ricognizioni permettono comunque di evidenziare alcuni elementi di interesse. Il *record* archeologico mostra una generale contrazione quantitativa rispetto alla fase romana, ma, al tempo stesso, una maggior

---

[16] Di cui sussistono due diverse letture, una in Dall'Aglio *et alii* 2002, poi riaffermata in Campagnoli - Giorgi 2014 e un'altra in Camerieri 2013.
[17] Camerieri 2009.
[18] Il sito, legato ai pascoli estivi della zona (su tutti probabilmente i Piani di Castelluccio), si poneva infatti come una stazione di passaggio in rapporto da un lato con i percorsi della transumanza a lunga gittata che, almeno a partire dall'età romana, vedono un asse di grande importanza nel tratturo L'Aquila-Foggia, dall'altra con quelli di media distanza che puntavano invece alle pianure della costa tirrenica (Diosono 2009b, 88).

[19] Sisani 2013, 123; Cordella - Criniti 2014, 48-49; *CIL* IX 4541 = *CIL* I² 832 = *EDR* 104628.

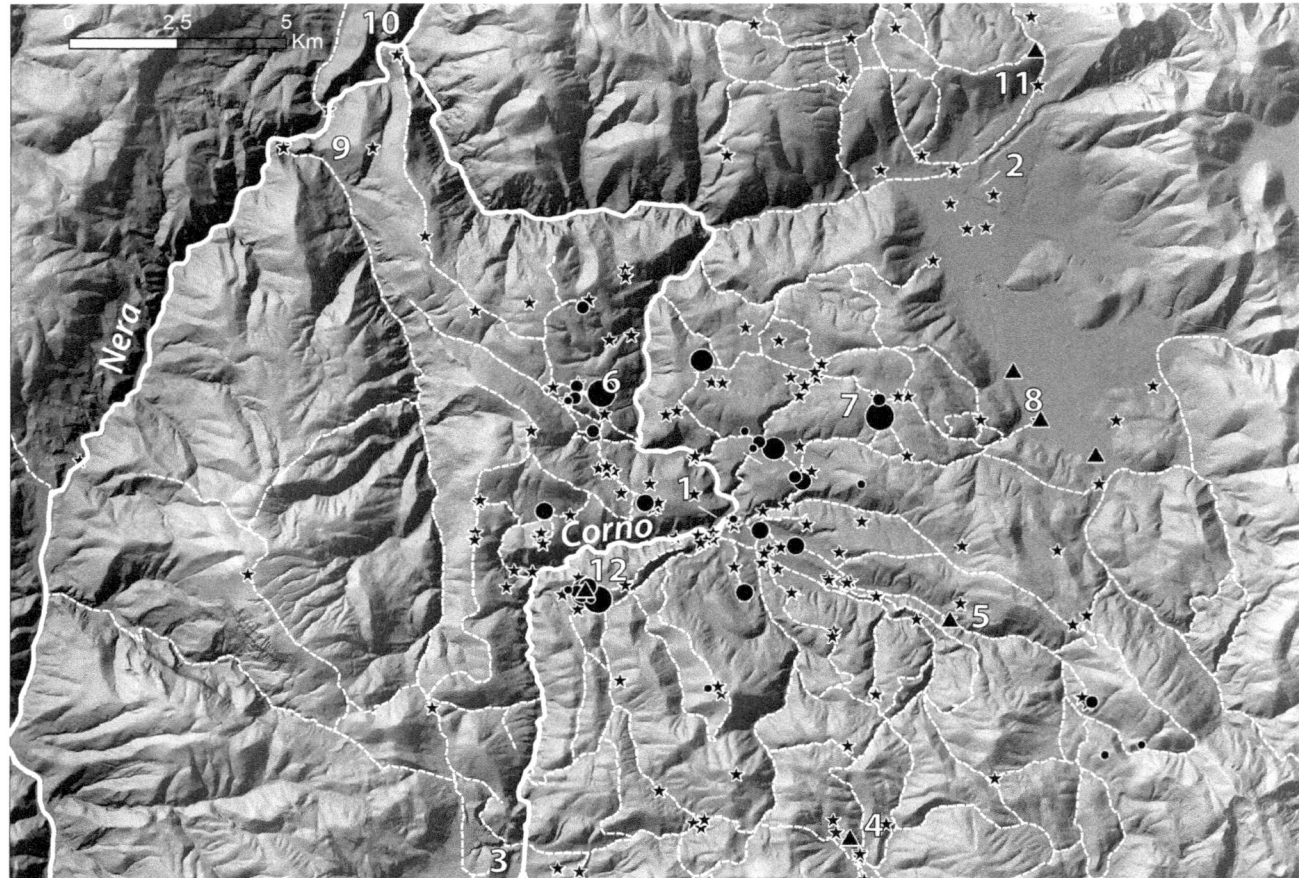

Fig. 16.2. Carta del popolamento in fase romana (III a.C.-III sec. d.C.): 1) Cascia; 2) Norcia; 3) Monteleone di Spoleto; 4) Villa S. Silvestro; 5) Valle Fuino; 6) Collecurioso; 7) Casarini; 8) Piediripa; 9) Ponte; 10) Triponzo; 11) Forca d'Ancarano; 12) Ocosce.

presenza rispetto a quella preromana. Il popolamento continua a insistere, nella maggioranza dei casi, sulle sedi precedenti, mostrando quindi una notevole continuità[20] tra le varie epoche, le cui cause andranno probabilmente ricercate nella buona aderenza del modello insediativo, e dei percorsi che lo innervavano[21], alle condizioni geomorfologiche locali nonché a una sostanziale stabilità amministrativa sul lungo periodo (Fig. 16.3). Un buon esempio di queste dinamiche è ravvisabile nel contesto della villa di Coronella, sull'altopiano di Chiavano, in stretto rapporto con la viabilità di fondovalle che raccordava il Casciano alla Sabina: a una fase primo imperiale sarebbe seguita infatti, apparentemente in seguito a una cesura, una rioccupazione di III-V sec. d.C. nella forma di una villa con *hospitium*, a testimoniare l'importanza di tale

asse di percorrenza ancora in questa fase[22]. Se mancano certezze per la fase preromana, per la quale comunque risulta altamente plausibile un qualche livello di organicità politica per l'intera area, quella romana prima e quella tardo-antica e alto medievale[23] poi vedono infatti il territorio in esame sempre inserito all'interno di un'unica unità amministrativa, priva di confini con parti in conflitto che potessero influenzarne le scelte insediative[24].

16.5. I casi di studio.

Se quelle fino ad ora sinteticamente esposte sono le dinamiche generali rilevabili, alcuni casi meritano un'attenzione particolare. Tra questi si esporranno di seguito i tre che hanno restituito da ricognizione la maggior quantità di materiale archeologico (Fig. 16.4) e per i quali

---

[20] Trattandosi di materiali da ricognizione e non da contesto stratigrafico si intende continuità non in termini cronologici puntuali, ma in termini più macroscopici.

[21] Continuità che emerge chiaramente in diversi casi, come quello della via che collegava Norcia alla Val Campiana, dimostrato dal rinvenimento di due cippi miliari a testimonianza di un rifacimento della strada a opera di Valentiniano I, Valente e Graziano (Campagnoli - Giorgi 2007, 38-39; Diosono 2009c, 124) o ancora una *tessera monumentorum* bronzea, da Forca Croce di Norcia, da collegare con ogni probabilità a un'opera pubblica fatta eseguire dal *praefectus Urbi* di Roma Flavio Eugenio Asello tra il 469 e il 472 d.C. (Cordella - Criniti 1990; *AE* 1991, 56 e 586a-b; Cordella - Criniti 2000, n. 32; *AE* 2000, 383 *adn*).

[22] Stanco 2009. Il contesto potrebbe trovare la sua ragione proprio nel rapporto con la viabilità precedente che in età tetrarchica viene fatta oggetto di importanti interventi di rinnovamento (Stanco 2009, 54), come risulta anche dai rinvenimenti citati nella nota precedente.

[23] Durante il dominio dei Goti un unico priore era infatti incaricato dell'amministrazione dell'*universis Reatinis ac Nursinis* (Cassiod., *Var.* 8.26.), mentre durante il regno longobardo d'Italia il territorio passò sotto il controllo del Ducatodi Spoleto (Santoni 1991, 17-22).

[24] I dati di ricognizione, ancora in fase di studio, sembrano indicare piuttosto a partire dal IX-X sec. un momento di crisinelle modalità del popolamento precedente, che vedrà uno spostamento verso altre sedi e verrà interessato in misura crescente dal fenomeno dell'incastellamento.

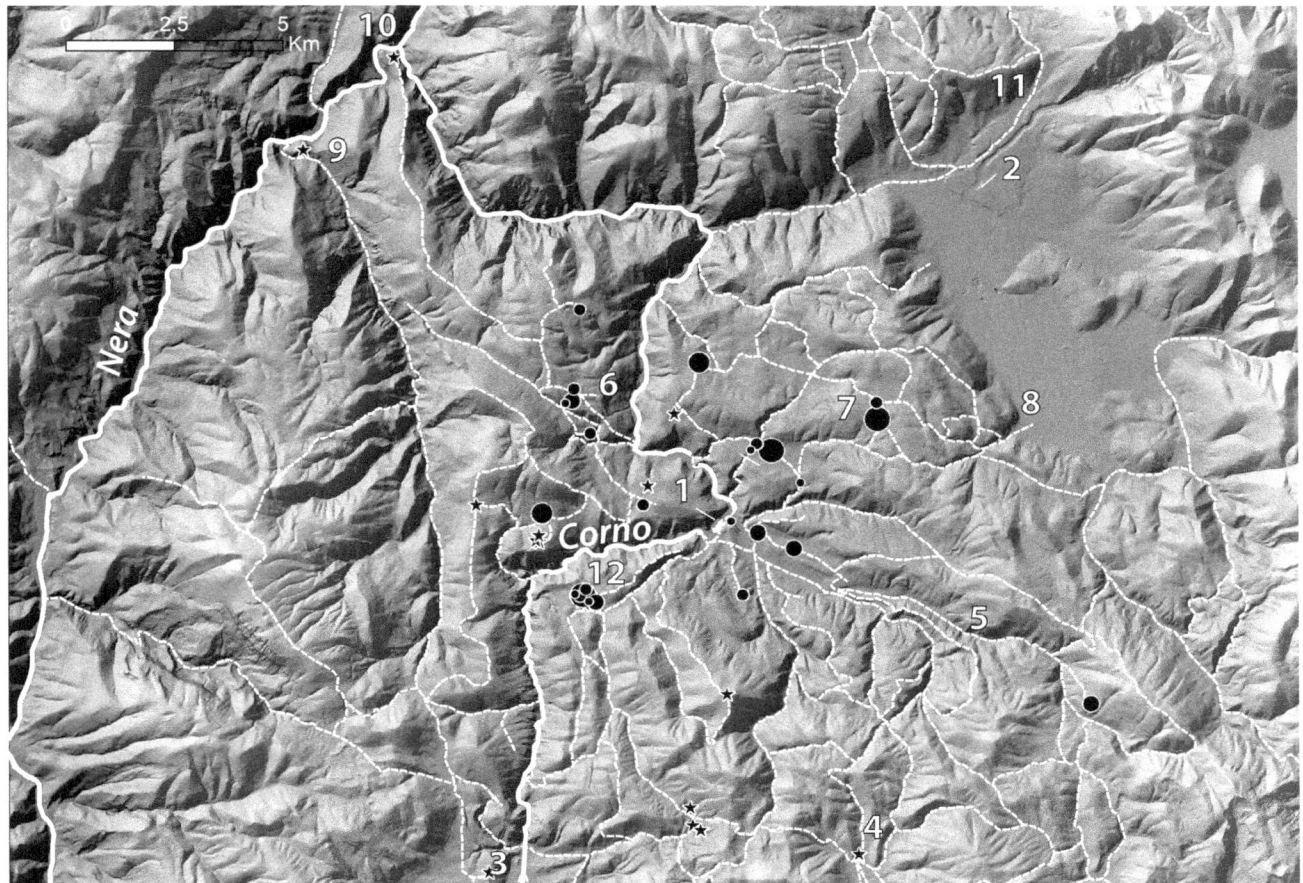

Fig. 16.3. Carta del popolamento in fase tardo antica/altomedievale (IV d.C. - VIII sec. d.C.): 1) Cascia; 2) Norcia; 3) Monteleone di Spoleto; 4) Villa S. Silvestro; 5) Valle Fuino; 6) Collecurioso; 7) Casarini; 8) Piediripa; 9) Ponte; 10) Triponzo; 11) Forca d'Ancarano; 12) Ocosce.

appare di particolare interesse analizzare il rapporto con la viabilità.

Il primo di questi è l'area di Ocosce (Fig. 16.5), un altopiano di forma vagamente triangolare il cui vertice è rappresentato dalla parte alta dell'attuale città di Cascia e posto lungo il corso del Corno, che lo perimetra a O e a N. Qui il fiume, che sale dall'altopiano di Leonessa prima e Monteleone di Spoleto poi, piega infatti ad angolo quasi retto a E, per giungere in quel crocevia di percorsi davanti Cascia di cui già si è detto e risalire poi a N e N-O per reimmettersi nel Nera. L'area ha restituito nel corso dei decenni importanti evidenze archeologiche di varia natura che abbracciano, superandola, l'intera cornice cronologica che qui interessa e di cui si darà conto, e cioè quella dal VII sec. a.C. al VII sec. d.C. Sin dalla fase preromana si ritrovano infatti sull'altopiano evidenze insediative[25], funerarie[26] e votive[27], che segnalano l'importanza dell'area in termini sia quantitativi che qualitativi. La successiva fase romana vede un ulteriore arricchimento del *record* archeologico che permette per questa fase di ipotizzare

un sistema di popolamento particolarmente strutturato. Le ricognizioni attestano infatti la presenza di un *vicus* di una certa importanza, in continuità con l'insediamento preromano, nella porzione mediana dell'altopiano, in località Valle Primavera e parte alta di Valle Paesana, a poca distanza dal quale doveva invece sorgere una villa rustica, da localizzare invece nella parte bassa di Valle Paesana[28]. I materiali mostrano per entrambi i contesti una particolare vitalità per la fase repubblicana (III-I sec. a.C.), cui sembra seguire una contrazione per quella imperiale. Il *vicus* sembra poi continuare a prosperare anche in fase tardoantica, mentre minori, ma comunque numericamente rilevanti sono le attestazioni per quella alto medievale. Poco distante da questa situazione, in località Casali Chiuse, la presenza di un'ara con una dedica a Marte[29], così come di quattro segmenti fittili di colonna rinvenuti durante le ricognizioni del 2016, suggeriscono la presenza di un'area sacra di un certo impegno architettonico, del resto già ipotizzata da tempo[30]. A connettere questo tessuto insediamentale esisteva una strada glareata, di

[25] Diosono - Monti 2020, 106-107.
[26] Costamagna 2009, 25-26; Costamagna 2013, 50-55.
[27] Sordini 1893, 379-380 (si segnala in particolare la presenza di un Marte schematico, di cui ad oggi si è persa traccia, della tradizione bronzistica di età arcaica).

[28] Diosono - Monti 2020, 106-107.
[29] *AE* 1989, 0220 (2) = *EDR* 104756, è inquadrata dalla Cenerini nella prima metà del I sec. a.C. La presenza nell'area di un culto di Marte, plausibilmente quello della tradizione agro-pastorale italica, rimonta alla fase preromana, come dimostra il bronzetto citato nella nota precedente.
[30] Schmiedt 1966, 188.

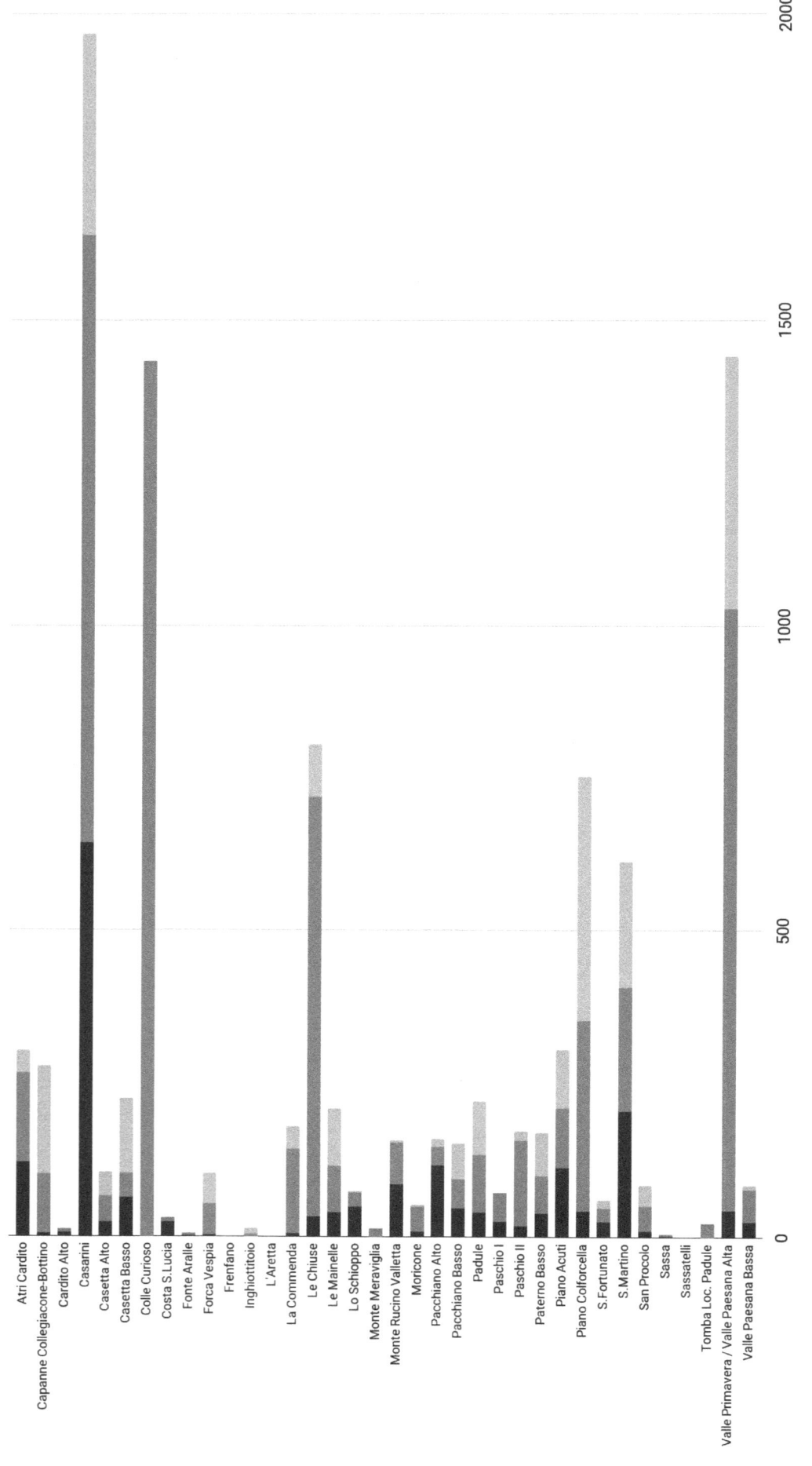

Fig. 16.4. Distribuzione per macro-fasi del materiale ceramico dei siti del casciano indagati durante le campagne di ricognizione (2016-2018).

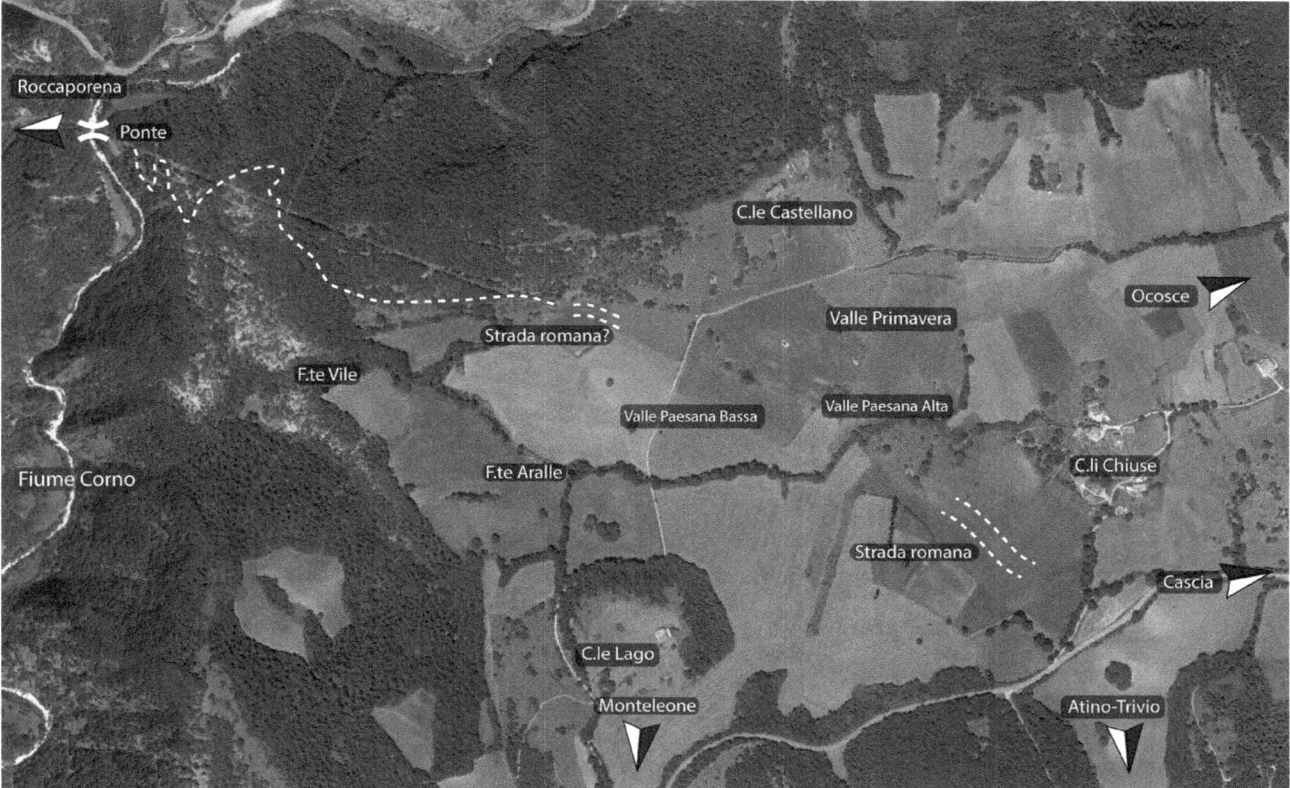

Fig. 16.5. Il caso studio dell'altopiano di Ocosce, con indicate le aree indagate dalle ricognizioni, il tratto di strada romana, il ponte medievale ed i possibili percorsi citati nel testo.

cui si è rinvenuto, durante un intervento di archeologia preventiva, un tratto in località Concone[31], a poco più di un centinaio di metri a O da Casali Chiuse e a S da Valle Primavera, che dipartiva dal percorso che connetteva l'area di Monteleone a quella di Cascia e proseguiva poi in direzione NO. Le immagini satellitari mostrano un secondo *cropmark* positivo lineare, assolutamente analogo a quello della strada nel tratto accertato dagli scavi, qualche centinaio di metri più a NO, con un andamento coerente ed in direzione del ripido pendio che scende verso il Corno in direzione di Roccaporena. Proprio in quest'area, sul greto del Corno, si è potuta documentare la presenza delle spalle e di parte dell'arcata di un ponte che, seppur attribuibile probabilmente a fase basso medievale, potrebbe forse insistere sulla posizione di una precedente struttura romana, in ragione della coerenza con il sistema di viabilità che si sta tratteggiando. A pochi metri dal secondo possibile tratto della strada romana diparte infatti un sentiero molto ripido, ad oggi non più utilizzato ma indicato sulla cartografia IGM, che conduce dall'altopiano di Ocosce alla valle del Corno, precisamente nell'area del ponte. Questo possibile sistema di connessioni avrebbe così permesso all'area di Ocosce di ricoprire non solo una preminenza strategica in rapporto ai collegamenti Leonessa/Monteleone-Cascia/Norcia, ma anche, tramite Roccaporena, con quei percorsi con andamento N-S, legati

ai movimenti degli armenti e delle greggi[32] che passavano probabilmente per Rocchetta puntando poi a Ponte e alla valle del Nera.

Un altro sito di grande interesse è quello in località Casarini, posto in linea d'aria grosso modo a metà tra Cascia e Norcia, a 1000 m c.a. slm sul versante S di una stretta sella tra due alti morfologici relativi. Il sito, testimoniato per la prima volta grazie alle campagne di ricognizione[33], ha restituito la maggior quantità di materiale archeologico tra quelli finora indagati e presenta anch'esso una lunga continuità di vita che abbraccia l'intera cornice cronologica che qui interessa, cioè dal VII a.C. al VII d.C. L'area garantisce un buon controllo visivo sul territorio circostante e deve con ogni probabilità gran parte della sua fortuna alla posizione strategica che ricopre in rapporto ai percorsi che vi si snodano intorno e che collegano il Casciano con la Piana di S. Scolastica. Da SO sale, infatti, sfruttando un 'corridoio' a bassa pendenza, quello che sembra essere il percorso principale che dal crocevia di Cascia giunge poi, passando per Fogliano e Forca Colonnetta, alla Piana di S. Scolastica attraverso Piediripa, e che in quest'area passa sotto il controllo di Casarini, più dominante e non direttamente lungo strada. Il sito si pone inoltre in una posizione simile in rapporto al fertile

---

[31] Sabatini *et alii* c.s., 50-53.

[32] Che darebbero peraltro ulteriore ragione al culto nella zona di un Marte italico fortemente legato al mondo agro-pastorale.
[33] Diosono - Monti 2020, 98-101.

altopiano di Avendita, cui è collegato da un altro percorso naturale di facile percorrenza e che doveva probabilmente garantire, per quanto disassato rispetto a esso, la base economica del sito. L'ultimo sito che si presenta è quello di Collecurioso, a poco più di 5 km in linea d'aria a N-NO dell'attuale centro di Cascia. Il sito si pone su di un pendio digradante a E verso il corso del Corno, che rappresenta uno dei lobi di un piccolo altopiano perimetrato a E e a N dal fiume. Collecurioso risulta il secondo sito in assoluto per quantità di materiale rinvenuto durante le ricognizioni e, rispetto ai due precedenti, ha la particolarità di essere tra i pochissimi casi in cui l'insediamento rilevato durante le ricognizioni inizia con la fase romana, nello specifico quella repubblicana di III sec. a.C. Ancora, il sito è l'unico tra quelli indagati a mostrare, sulla base del materiale, una particolare fioritura nella prima età imperiale. Sono stati qui rinvenuti, oltre a una notevolissima quantità di coppi, materiali da costruzione di un certo pregio, come dei segmenti fittili di colonna e delle mattonelle esagonali in terracotta impreziosite da una tessera calcarea centrale, nonché elementi relativi alla produzione, come macine e frammenti di fornace, che fanno pensare a un'importante villa romana. Il sito di Collecurioso è poi legato a una serie di 'corridoi' a bassa pendenza relativi ai percorsi che da Cascia salgono, attraverso Atri, Giappiedi e Poggio Primocaso in direzione N-NO verso Ponte, Triponzo e la valle del Nera. Per l'interpretazione del sito gioca un ruolo di primo piano il toponimo di Forca Vespia[34] che indica un luogo a circa 2 km a N di Collecurioso. Sulla scorta di Svetonio[35] è venuto giocoforza naturale, sulla base del toponimo, identificare in questo luogo il sito di *Vespasia*, patria della *gens Vespasia*[36]. Le ricognizioni condotte nell'area di Forca Vespia hanno però rinvenuto una scarsa quantità di materiale, che difficilmente avrebbe potuto rendere conto dei *complura monumenta* a cui fa riferimento Svetonio. Al contrario, sembra oggi un miglior candidato in tal senso il sito di Collecurioso, che risulta, oltre a quello con la maggior quantità di materiale romano in assoluto, anche l'unico, come detto, a mostrare un'importante presenza ancora in fase primo imperiale. In ogni caso il sito sembra comunque abbassare, per così dire, il baricentro della viabilità romana nell'area, i cui assi principali dovevano essere, in ragione della sua importanza, quelli che passavano vicino al sito per puntare poi a N-NO.

16.6. Conclusioni.

In definitiva, pur trattandosi di dati preliminari di ricerche ancora in corso, sembra oggi possibile trarre alcune conclusioni sul rapporto diacronico che le comunità di questo territorio hanno intrattenuto nel corso dei secoli con il paesaggio circostante e i percorsi che l'attraversavano. In primo luogo risulta infatti evidente la grande continuità di vita sia delle sedi del popolamento che, conseguentemente, dei percorsi che ne intrecciavano le relazioni. Tale continuità sembra trovare motivazione nell'aderenza di essi, in una dinamica di accomodamento, al contesto naturale in cui si inserivano, favorita anche dalla sostanziale omogeneità culturale e amministrativa – non priva ovviamente di forti momenti di crisi sulla media durata – sul lungo periodo. Al tempo stesso non mancano nuove modalità di adattamento nel rapporto con il paesaggio, nella forma di interventi di modificazione dello stesso (centuriazione e opere infrastrutturali) che si concentrano, senza stupori, nella fase romana. Questo è infatti un periodo in cui il territorio è inserito vicino al cuore geografico di un organismo statale unitario dalle enormi risorse e dai notevoli mezzi tecnologici, come non si era visto e non si sarebbe rivisto per lungo tempo. L'ultimo sito che si presenta è quello di Collecurioso, a poco più di 5 km in linea d'aria a N-NO dell'attuale centro di Cascia. Il sito si pone su di un pendio digradante a E verso il corso del Corno, che rappresenta uno dei lobi di un piccolo altopiano perimetrato a E e a N dal fiume.

Bibliografia

Benelli, E. 2014, "I Sabini: una prospettiva archeologica", in M. Aberson - M. C. Biella - M. Di Fazio - M. Wullschleger (eds), *Entre archéologie et histoire: dialogues sur divers peuples de l'Italie préromaine. E pluribus unum?*, Berna, 137-148.

Benelli, E. 2018, "Problems in Identifying Central Italic Ethnic Group", in G. Bradley - G. D. Farney (eds), *The Peoples of Ancient Italy*, Berlin, 89-104.

Bignami, L. 1987, *I bronzetti di Valle Fuino di Cascia conservati nei Musei Vaticani. Storia del ritrovamento del 1794*, Todi.

Camerieri, P. 2009, "La ricerca della forma del catasto antico di Nursia nell'odierno Piano di Chiavano", in F. Diosono (ed.), *I templi e il forum di Villa S. Silvestro. La Sabina dalla conquista romana a Vespasiano*, Roma, 41-48.

Camerieri, P. 2013, "La centuriazione dell'*ager nursinus*", in Sisani 2013, 25-34.

Campagnoli, P. - Giorgi, E. 2007, "Via Salaria e viabilità minore tra età romana e primo medioevo nel settore ascolano", in E. Catani - G. Paci (eds), *La Salaria in età tardoantica e altomedievale*, Roma, 29-54.

Campagnoli, P. - Giorgi, E. 2014, "La ricostruzione del paesaggio antico nell'Appennino centrale. Alcune considerazioni metodologiche", in P. L. Dall'Aglio - C. Franceschelli - L. Maganzani (eds), *Atti del IV Convegno Internazionale di Studi Veleiati, Veleia-Lugagnano Val d'Arda, 20-21 settembre 2013*, Roma, 331-344.

Coarelli, F. 2009, "La romanizzazione della Sabina", in F. Diosono (ed.), *I templi e il forum di Villa S. Silvestro. La Sabina dalla conquista romana a Vespasiano*, Roma, 11-17.

---

[34] Schippa 2018, 325-326.

[35] *Locus etiam ad sextum miliarium a Nursia Spoletium euntibus in monte summo appellatur Vespasiae, ubi Vespasiorum complura monumenta exstant, magnum indicium splendoris familiae et vetustatis.* Suet., *Ves.* I, 3.

[36] Costamagna - Tripaldi 2013, 21.

Costamagna, L. 2009, "Insediamenti e necropoli in età preromana e romana nella Sabina interna", in Diosono 2009a, 19-35.

Costamagna, L. 2013, "Dinamiche insediative tra Umbria e Sabina in età preromana", in S. Sisani (ed.), *Nursia e l'ager Nursinus. Un distretto sabino dalla* praefectura *al* municipium, Roma, 17-20.

Costamagna, L. - Tripaldi, L. 2013, "La viabilità", in Sisani 2013, 21-24.

Cordella, R. - Criniti, N. 1990, "Il *praefectus urbi* Fl. Eugenio Asello in un'inedita tessera bronzea opistografa a lettere niellate dal Nursino (469/472), in *Spoletium*, 34-35, 152-158.

Cordella, R. - Criniti, N. 2000, "Mantissa Nursina", in *Epigraphica*, 62, 137-211.

Cordella, R. - Criniti, N. 2014, *Parole su pietre. Epigrafia e storia nella Sabina settentrionale di età romana*, Perugia.

Dall'Aglio, P. L. - Campagnoli, P. - Destro, M. - Giorgi, E. 2002, "La romanizzazione della dorsale umbro-marchigiana: i casi dei monti Sibillini e del Monte Catria", in D. Poli (ed.), *La battaglia di Sentino: scontro tra nazioni, incontro in una nazione*, Roma, 189-220.

Diosono, F. 2009a, (ed.), *I templi e il forum di Villa S. Silvestro. La Sabina dalla conquista romana a Vespasiano*, Roma.

Diosono, F. 2009b, "Villa San Silvestro: un forum nel quadro della conquista e dell'organizzazione romana dell'Alta Sabina", in Diosono 2009a, 81-96.

Diosono, F. 2009c, "L'abbandono dell'area ed il nuovo insediamento di età tardo-antica", in Diosono 2009a, Roma, 123-127.

Diosono, F. 2016, "Il posto degli dèi: il tempio di Villa San Silvestro di Cascia e la colonizzazione romana del territorio sabino nel III secolo a.C.", in A. Ancillotti - A. Calderini - R. Massarelli (eds), *Forme e strutture della religione nell'Italia mediana antica*, Roma, 245-263.

Diosono, F. c.s. (ed.). *Villa San Silvestro di Cascia. Archeologia e storia di un abitato nella Sabina montana dalla conquista romana al Medioevo.*

Diosono, F. - Monti, D. 2020, "I Sabini dei monti. Popolamento e cultura materiale dalle ricognizioni nel territorio di Cascia (Perugia)", in *Res Antiquae*, 17, 89-120.

Emiliozzi, A. 2011, "The Etruscan Chariot from Monteleone di Spoleto", in *MetrMusJ*, 46, 9-132.

Farney, G. D. - Masci, G. 2018, "The Sabines", in G. Bradley - G. D. Farney (eds), *The Peoples of Ancient Italy*, Berlin, 543-557.

Minto, A. 1924, "La tomba della celebre biga di Monteleone di Spoleto", in *BPI*, 44, 145-149.

Nicosia, A. - Bettini M. C. (eds) 2009, *I Sabini popolo d'Italia. Dalla storia al mito*, Roma.

Sabatini, G. - Donnini, L. - Giovannini, F. - Menichini, M. "Nuovi dati archeologici su Cascia e Monteleone dall'attività di tutela del territorio", in Diosono, F. c.s.

Santoni, P. 1991, *Note sulla documentazione privata nel territorio del Ducato di Spoleto (690-1115)*, Roma.

Schippa, F. 2018, "Forca Vespia", in *L'Umbria. Manuali per il territorio. La Valnerina-il nursino-il casciano*, (ristampa anastatica del volume originale del 1977) Foligno, 325-326.

Schmiedt, G. 1966, "Contributo della foto-interpretazione alla conoscenza della rete stradale dell'Umbria nell'Alto Medioevo", in AA.VV., *Aspetti dell'Umbria dall'inizio del secolo VIII alla fine del secolo XI*, Perugia, 177-210.

Sisani, S. 2013 (ed.), *Nursia e l'ager nursinus. Un distretto sabino dalla* praefectura *al* municipium, Roma.

Smith, Ch. J. 2014, "The Sabines: historical perspective", in M. Aberson - M. C. Biella - M. Di Fazio - M. Wullschleger (eds), *Entre archéologie et histoire: dialogues sur divers peuples de l'Italie préromaine. E pluribus unum?*, Berna, 127-136.

Sordini, G. 1893, "Sabini. X. Cascia - Notizie intorno alle scoperte di antichità avvenute in Cascia, ed iscrizioni antiche trovate in Cascia e nel suo territorio", in *NSc*, 362-383.

Stalinski, A. 2001, *Il ritrovamento di Valle Fuino presso Cascia. Analisi storico-culturale intorno ad un deposito votivo in alta Sabina*, Roma.

Stanco, E. A. 2009, "L'insediamento romano di Coronella di Cascia", in Diosono 2009a, 49-58.

Tarquini, S. - Isols, I. - Favalli, M. - Mazzarini, F. - Bisson, M. - Pareschi, M. T. - Boschi, E. 2007, "TINITALY/01: a new Triangular Irregular Network of Italy", in *Annals of Geophysics*, 50, 407-425.

Tarquini, S. - Vinci, S. - Favalli, M. - Doumaz, F. - Fornaciai, A. - Nannipieri, L. 2012, "Release of a 10-m-resolution DEM for the Italian territory: Comparison with global-coverage DEMs and anaglyph-mode exploration via the web", in *Computers & Geosciences*, 38, 168-170.

Tarquini, S. - Nannipieri, L. 2017, "The 10 m-resolution TINITALY DEM as a trans-disciplinary basis for the analysis of the Italian territory: Current trends and new perspectives", in *Geomorphology*, 281, 108-115.

17

Leggere le forme del paesaggio alpino contemporaneo per comprenderne genesi ed evoluzione: il caso dell'alta Val Lagarina (Trento)

Michele Matteazzi, Francesca Francesconi, Alessandro Tognotti
Università degli Studi di Trento

Abstract: The upper Lagarina valley, as the southern sector of the Adige valley is best known, has always played a fundamental role within the Alpine communications system. Therefore, it is not a coincidence if archaeological data testify a human presence since prehistoric times; a presence which seems to have found a special pole of attraction in the area of the present-day city of Rovereto, likely heir to a Roman vicus established where Vallarsa and Adige valleys meet and, above all, to the Lombard civitas of Lagaris, by which the valley got its name. With this paper we therefore want to propose an integrated reading of the contemporary landscape, trying to detect the traces referable to its most ancient structuring and to understand its evolution over time. Starting from the landscape as we perceive it today, and through a diachronic reading of both anthropic and natural features that define its current appearance, we try to identify the different actions that over time, between Late Iron Age and Lombard period, were responsible for its definition. Particular attention is paid to the analysis of the current road network, the axes of which constitute the anthropic morphology that most strongly affects the landscape shaping.

Keywords: Landscape Archaeology; Anthropic Morphologies; Road Networks; Val Lagarina; Civitas Lagaris.

17.1. Introduzione.

Con il nome di Val Lagarina (o Vallagarina) si considera oggi l'intero settore meridionale della valle percorsa dal fiume Adige, a partire all'incirca dal centro di Besenello (a nord del quale la valle assume il nome di Val d'Adige) e fino alla Chiusa di Ceraino, a sud della quale l'Adige sbocca nella Pianura Padana. La nostra attenzione, tuttavia, si concentra in modo particolare sull'Alta Val Lagarina, ovvero su quella parte della vallata compresa tra gli attuali centri di Besenello, Nomi, Rovereto, Mori e Chizzola (Fig. 17.1).

L'obiettivo di questo lavoro è dimostrare come la lettura del paesaggio alpino contemporaneo, se condotta con una ben precisa e collaudata metodologia di analisi[1], consenta l'individuazione di tracce riferibili alle sue più antiche strutturazioni e, quindi, una ricostruzione della sua evoluzione nel corso del tempo.

Prima di affrontare un simile esercizio è però fondamentale definire due importanti concetti su cui si fonda l'intera metodologia da applicare. Innanzitutto quello di "paesaggio", che si considera qui, in linea con quanto espresso dalla Landscape Archaeology, come il prodotto della continua interazione di elementi naturali e antropici nel corso del tempo. Quindi quello di "paesaggio come palinsesto", che considera il paesaggio attuale come costituito da una serie di morfologie di origine antropica che, attuate in epoche diverse, si sovrappongono l'una all'altra formando un palinsesto di tracce non dissimile da quello che si crea, in un deposito archeologico, dalla sovrapposizione di differenti unità stratigrafiche. L'idea di paesaggio come palinsesto conduce poi alla logica conseguenza di una reale possibilità di leggere stratigraficamente il paesaggio attuale, individuando le differenti morfologie che ne definiscono l'aspetto contemporaneo, per stabilire delle sequenze cronologiche relative tra di esse e, quindi, con l'aiuto della documentazione storica e archeologica disponibile, cercare di definire delle cronologie assolute.

Questo compito spetta, in particolare, a una disciplina che, definita variamente archeomorfologia o archeogeografia a seconda delle scuole di pensiero che la utilizzano, si occupa fondamentalmente di individuare e analizzare le morfologie di origine antropica che definiscono il paesaggio attuale con il fine ultimo di ricostruirne le dinamiche evolutive, ovvero i cambiamenti avvenuti nella sua strutturazione.

Tra tutte le morfologie di origine antropica, certamente le strade sono quelle che maggiormente incidono nella strutturazione del paesaggio, essendo elementi piuttosto "stabili" che spesso costituiscono degli assi portanti non di rado utilizzati per la costruzione di determinate forme territoriali. Sono però anche il riflesso di dinamiche storiche concrete, in quanto possono facilmente cambiare

---

[1] Matteazzi 2019, 7-21.

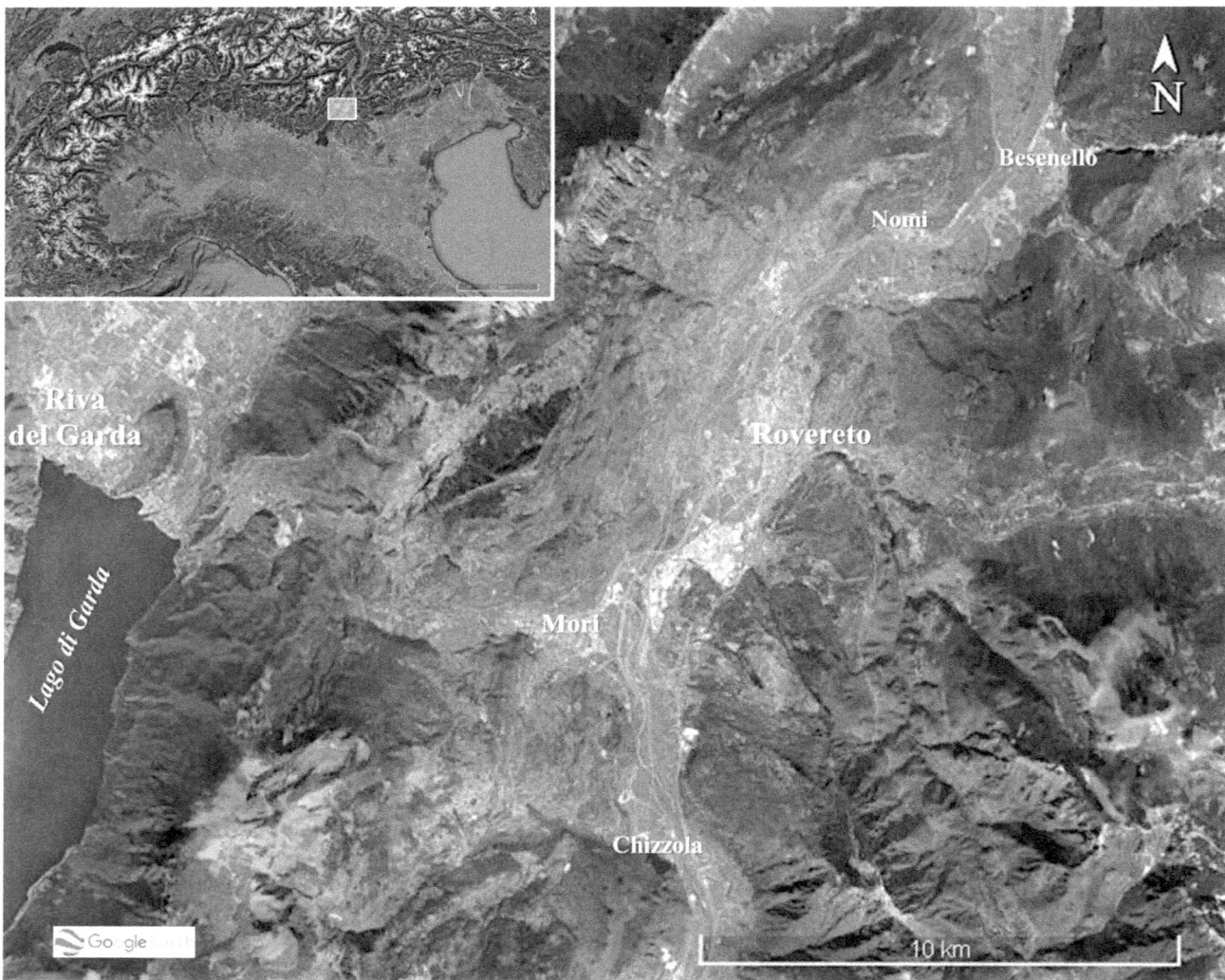

Fig. 17.1. Contestualizzazione geografica dell'area di studio (rielaborazione di Google Earth).

nel corso del tempo a seconda del mutare del tessuto politico, economico e ambientale; e, con esse, cambiano le reti viarie entro cui sono inserite. Per questo le reti viarie si possono considerare una struttura dinamica in continua evoluzione e la loro analisi può condurre all'individuazione di tracce riferibili ad antichi interventi territoriali rimasti fossilizzati all'interno del paesaggio attuale. Il punto di partenza per questo tipo di studi diviene pertanto la rete viaria contemporanea, che deve essere analizzata cercando innanzitutto di definire l'intera struttura per poi considerare le varie parti che la compongono, ovvero gli itinerari (intesi come direttrici colleganti due poli importanti a livello regionale o extraregionale) e i differenti tracciati che formano questi ultimi (ovvero la materializzazione sul terreno dei vari itinerari). Quindi si dovrà stabilire una cronologia relativa tra i vari itinerari e tra i singoli tracciati per poi assegnare a ciascuno di essi, attraverso l'uso di fonti archeologiche e storiche, una possibile datazione assoluta.

Nel nostro caso, l'indagine è stata condotta principalmente attraverso una lettura integrata di materiale fotografico (immagini aeree e satellitari) e cartografico, sia moderno

che storico, che è stato georeferenziato e gestito in ambiente GIS assieme a dati archeologici, storici e paleoambientali.

[M. M.]

17.2. Contesto geomorfologico.

Osservando il Modello Digitale del Terreno che qui proponiamo (Fig. 17.2), appare subito evidente l'ampio solco vallivo orientato N-S che, modellato dall'azione glaciale durante il LGM, è oggi percorso dal fiume Adige. Proprio nella zona di nostro interesse, si può peraltro notare come la vallata si produca per ben due volte (a nord di Volano e a sud di Marco) in un brusco cambio di orientamento, caratterizzato da un allargamento e un successivo restringimento del fondovalle: questo rende la zona attorno Rovereto come uno dei punti più ampi dell'intera valle dell'Adige, raggiungendo una larghezza media di oltre 3 km (contro una media di circa 1 km e anche meno).

L'intero fondovalle è poi definito dalla presenza di terrazzi e sedimenti di origine fluviale retaggio della millenaria

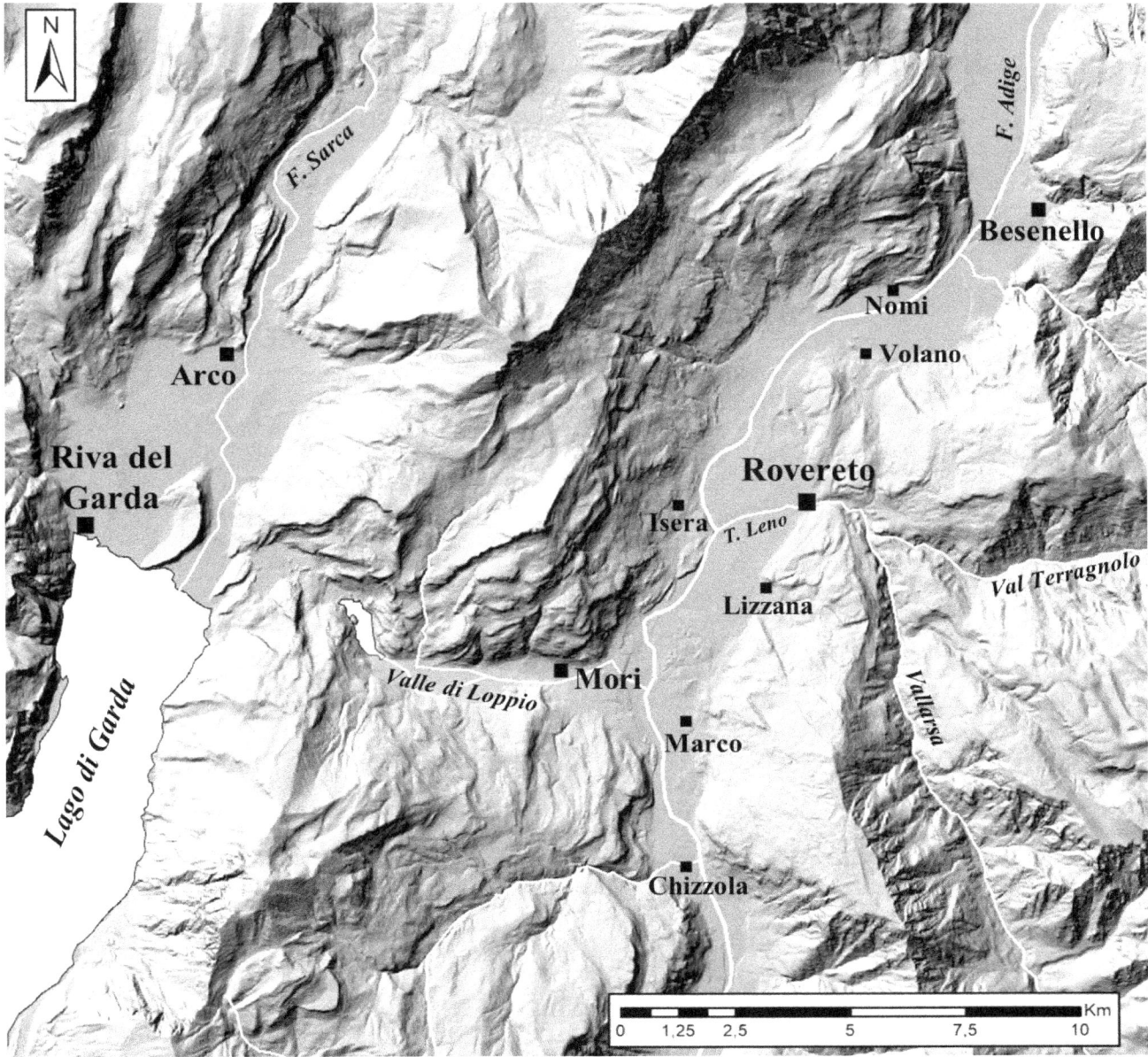

Fig. 17.2. Contestualizzazione geomorfologica dell'area di studio (elaborazione su base DEM TINITALY/01 - TARQUINI *et al.* **2007).**

attività dell'Adige, cui si aggiungono apporti anche sostanziali dei torrenti provenienti dalle vallate laterali, che al loro sbocco nella valle principale hanno creato imponenti conoidi. In zone limitate dell'area si riconoscono inoltre apporti di materiale causati anche da depositi di versante come frane, accumuli detritici e *colluvi*, il più importante dei quali è la marocca o paleofrana sopra cui sorge l'attuale centro di Marco[2].

All'altezza di Mori, confluisce nella valle dell'Adige la valle di Loppio, altra morfologia di origine glaciale orientata E-O: oggi percorsa dal Rio Cameras, essa si pone come collegamento tra la valle dell'Adige, a est e quella del Basso Sarca, a ovest. Appare forse superfluo

osservare come entrambe le vallate, grazie alla loro ampiezza, abbiano da sempre costituito delle naturali vie di comunicazione, consentendo i collegamenti tra la Pianura Padana e i passi alpini del Brennero e di Resia, oltre che con il settore settentrionale del lago di Garda.

Dal punto di vista geomorfologico, dunque, si rileva come l'alta Vallagarina si collochi in un punto di particolare rilievo, ovvero dove il solco vallivo si allarga notevolmente e dove più direttrici naturali convergono nella valle dell'Adige: oltre alla valle di Loppio, nella zona di Rovereto sboccano infatti anche la Val Terragnolo e, soprattutto, la Vallarsa, attraverso la quale si può facilmente raggiungere la pianura altovicentina e la città di Vicenza.

---

[2] Santacattarina 2003, 149-162.

[A.T.]

17.3. Contesto storico-archeologico.

Il rilievo suggerito dalla particolare condizione geomorfologica è reso ancora più evidente dal dato archeologico, che attesta la presenza umana nella valle fin da età preistorica (Fig. 17.3). I primi insediamenti stabili si datano infatti al Neolitico e si sviluppano particolarmente durante l'età del Bronzo e, soprattutto, la seconda età del Ferro[3]: gli abitati, in genere fortificati, si distribuiscono su entrambi i lati della valle, preferibilmente su posizioni d'altura facilmente difendibili e dove era particolarmente favorito il controllo delle vie di comunicazione (terrestri e fluviali) che interessavano il fondovalle.

In epoca romana il popolamento aumenta esponenzialmente e capillarmente, arrivando a occupare anche zone di fondovalle precedentemente prive di insediamenti[4]. Si rilevano particolarmente abbondanti i ritrovamenti a carattere funerario, che permettono di meglio definire la certa presenza di itinerari su entrambi i lati della valle dell'Adige e lungo quella di Loppio. Si può inoltre notare una particolare densità di attestazioni nella zona di Rovereto, tale da suggerire la probabile esistenza in loco di un insediamento di tipo nucleato, verosimilmente un *vicus*, che dovette svolgere un rilevante ruolo di polo di attrazione del popolamento rurale[5]. Questo si sarebbe inoltre collocato in prossimità dello sbocco delle valli del Leno nella valle dell'Adige, in una posizione che avrebbe quindi consentito anche un'importante funzione di controllo della direttrice viaria che, attraverso la Vallarsa, consente i collegamenti con la città di Vicenza.

Il ruolo piuttosto predominante giocato all'interno della valle, archeologicamente ribadito ancora per l'epoca tardoantica/altomedievale, potrebbe allora giustificare anche l'identificazione di un tale 'minor center' con la *civitas Lagaris* menzionata nel VII secolo dall'Anonimo Ravennate e che Paolo Diacono ricorda essere stata sede di un *comitatus* longobardo dipendente dal ducato di Trento[6]. A questa *civitas*, eponima della medievale *vallis Lagarina*, sarebbe poi succeduto come centro più importante della valle l'attuale Rovereto, ricordato per la prima volta nel 921 come *Roboretum*[7].

[F.F.]

17.4. Analisi morfologica della rete viaria.

Lo studio morfologico ha permesso di individuare sei itinerari di probabile origine antica che potrebbero considerarsi la spina dorsale attorno a cui si è costruita l'intera rete viaria dell'alta Val Lagarina (Fig. 17.4). Il primo di essi (it. 1) si snoda lungo la sinistra idrografica del fiume Adige e permette il collegamento tra le città

di Verona e Trento, passando per il centro di Rovereto[8]. L'antichità del percorso, tra Marco e Volano, è suggerita dai numerosi ritrovamenti archeologici effettuati, prevalentemente riferibili a epoca romana e altomedievale, tra cui un miliare (databile alla seconda metà del IV sec. d.C.) recuperato non *in situ* nei pressi di Volano[9].

Il secondo itinerario (it. 2) corre, invece, lungo la sponda destra dell'Adige, consentendo anch'esso un collegamento diretto tra Verona e Trento[10]. Anche qui l'antichità del percorso, da Chizzola a Nomi, è indiziata dai numerosi ritrovamenti riferibili a contesti insediativi e funerari databili a partire da età protostorica, tra i quali risalta senza dubbio la villa romana messa in luce a Isera[11].

Un terzo (it. 3) collega il centro di Riva del Garda con la valle dell'Adige, passando per Nago e Mori attraverso la valle di Loppio: la presenza di ritrovamenti databili soprattutto a età protostorica e romana (e riferibili a contesti funerari) lungo il percorso ne attesta la particolare antichità[12]. A partire da Mori, tuttavia, l'itinerario si divide: se una diramazione (it. 3a) continua verso nordest fino a confluire nell'itinerario 2 nei pressi dello stadio di Mori, una seconda (it. 3b) prosegue invece a sud-est per incontrare l'itinerario 2 poco prima della località S. Cecilia.

Quindi, un quarto itinerario (it. 4) permette di raggiungere Vicenza a partire da Rovereto seguendo la Vallarsa e attraversando il passo di Pian delle Fugazze. Anche qui l'antichità del percorso è suggerita dalla presenza di ritrovamenti riferibili a contesti funerari e insediativi, databili tra età protostorica e romana, disposti soprattutto lungo il versante occidentale della vallata[13].

Infine, due itinerari si configurano come assi di raccordo tra il centro di Rovereto e l'itinerario 2: uno (it. 5) diretto a nord-ovest ad attraversare l'Adige in prossimità del dosso di S. Giorgio, su cui si rinvennero tracce di frequentazione databili tra età del Bronzo ed Altomedioevo[14]; un altro (it. 6) diretto invece a sudovest a superare il fiume tra Borgo Sacco e il dosso di Pradaglia, sede di insediamenti stabili a partire almeno dall'età del Bronzo e su cui, dal XII sec., è attestata la presenza del *castrum de Pradala* posto a controllo del guado sottostante[15].

Oltre a evidenziare la presenza di questi antichi itinerari, l'analisi morfologica della rete viaria ha permesso di individuare anche dei particolari sistemi viari, caratterizzati da assi ortogonali o radiali. Lasciando per il momento da parte i sistemi ortogonali, per lo più da riconoscere come evidenze di sistemazioni agrarie riferibili a età medievale

---

[3] Tecchiati 1996b; Tecchiati 1996c; Battisti 2010.
[4] Rigotti 2007, 217-351.
[5] Francesconi 2019.
[6] An. Rav. IV, 29-30; Paul. Diac., *Hist. Lang.* III, 9.
[7] Tabarelli 1994, 56.

[8] Campochiaro 2021, 42-46.
[9] Rigotti 2007, 350-351.
[10] Campochiaro 2021, 50-53.
[11] De Vos - Maurina 2011.
[12] Tognotti 2020.
[13] Rigotti 2007, 339-341.
[14] Rigotti 2007, 323-324.
[15] Possenti *et al.* 2013, 84-88.

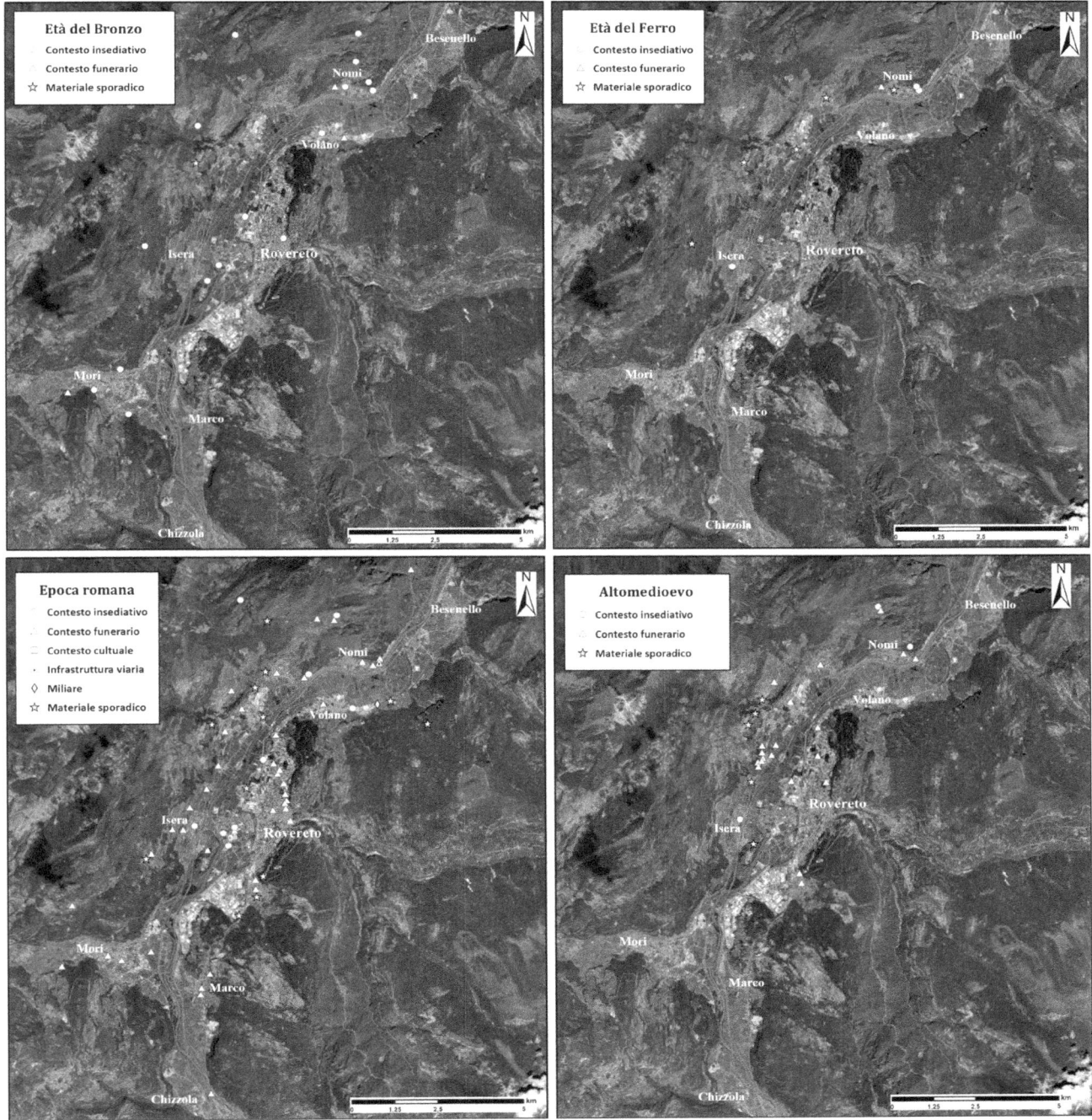

Fig. 17.3. Evoluzione del popolamento nell'area di studio tra età del Bronzo e Altomedioevo (elaborazione su base fotografica satellitare Esri).

e moderna, si preferisce invece qui illustrare alcune delle strutture di tipo radiale riconosciute (Fig. 17.5), generatesi a partire da un punto forte del territorio (villaggio, castello, chiesa o monastero) che ha funto da polo di attrazione viaria.

Tra queste, la morfologia più importante è senz'altro quella sviluppatasi attorno al centro di Rovereto. Osservando più da vicino la forma di questa ampia struttura radiale, possiamo notare come un punto nodale si riscontri nella convergenza degli itinerari di origine antica in una zona che sembra avere come suo epicentro l'attuale piazza delle Erbe. In quest'area, in qualche modo

circoscritta dai ritrovamenti riferibili a contesti funerari di epoca romana[16], potrebbe non essere del tutto sbagliato riconoscere la possibile collocazione del *vicus* romano la cui esistenza lasciano ipotizzare i dati archeologici e, come abbiamo precedentemente suggerito, la cui esistenza potrebbe riconoscersi nella *civitas* e *comitatus* longobardo di *Lagaris*.

In tal senso, sembra interessante rilevare come tutti gli itinerari che raggiungono il centro di Rovereto si affianchino

---

[16] Francesconi 2019, 60-68.

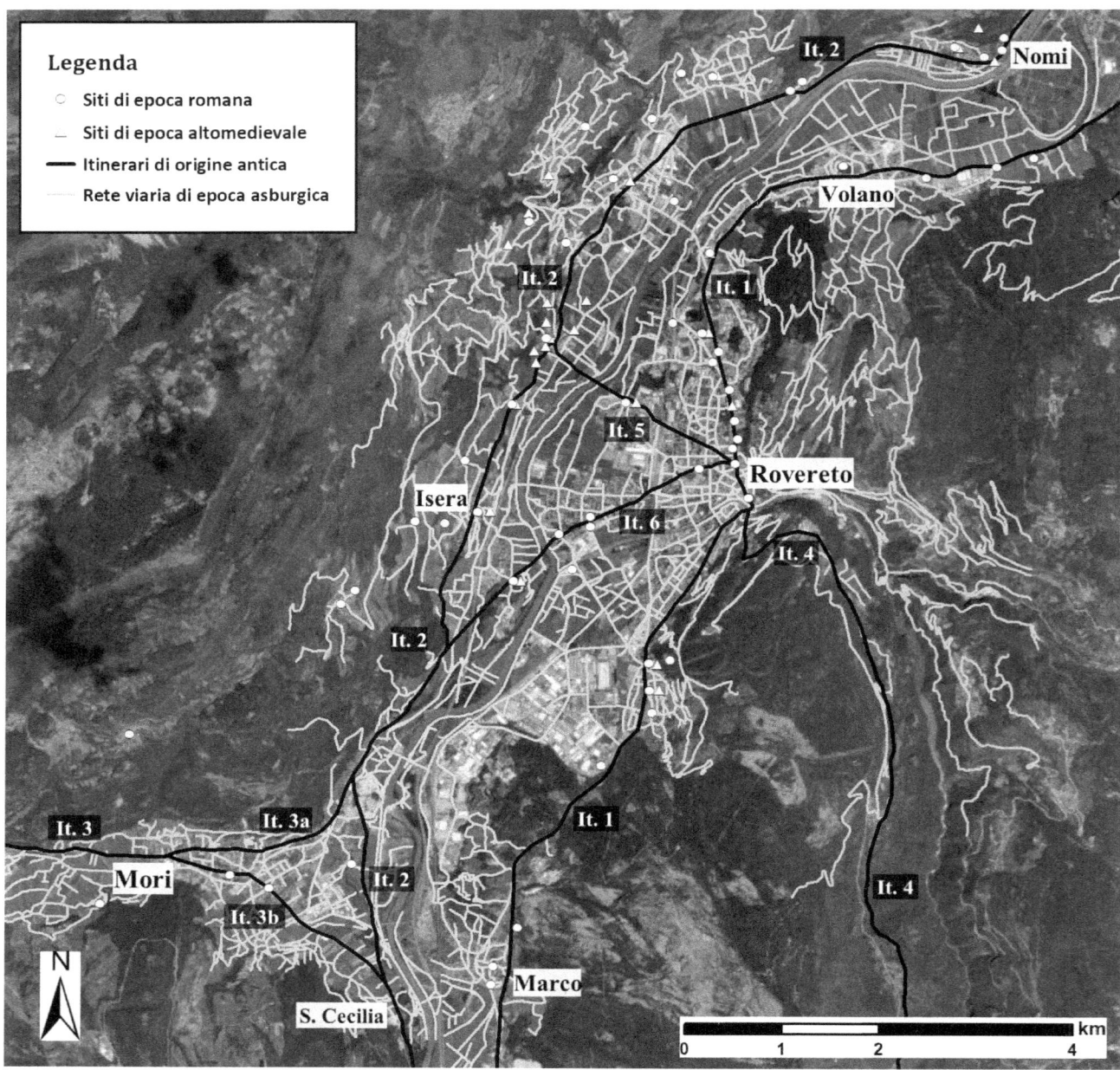

Fig. 17.4. Risultato dell'analisi morfologica: itinerari di probabile origine antica individuati nell'area di studio (elaborazione su base fotografica satellitare Esri).

a strutture dossive, alcune delle quali caratterizzate dalla presenza di contesti fortificati databili a età tardoantica/altomedievale[17]: l'aspetto interessante è che queste strutture si collocano tutte entro un raggio di 1,5-2 km a partire dall'area del supposto *vicus/civitas*, suggerendo che potessero costituire un sistema difensivo posto a controllo dei principali percorsi viari da e verso il centro di *Lagaris/*Rovereto. Per quanto riguarda in particolare il Dosso Alto, esso è stato in gran parte asportato a partire dagli anni '70 del secolo scorso: oggi esiste solo in parte, anche se la sua

originaria estensione è perfettamente riconoscibile dalla particolare morfologia che la rete viaria assume nella zona di Borgo Sacco. La funzione di importante nodo della rete è inoltre qui evidenziata dal trovarsi tale struttura al centro di un piccolo sistema radiale, formatosi nel tempo attorno a un contesto fortificato posto (a partire almeno dall'età del Bronzo) a controllo di un guado sull'Adige[18]. Dal 1210 è inoltre attestata la presenza di un porto fluviale, il quale dovrebbe essersi collocato in prossimità della confluenza del Leno nell'Adige, verosimilmente non troppo lontano

---

[17] Si tratta, in particolare, di: Dosso Alto a Borgo Sacco (Rigotti 2007, 333-334); Dosso di S. Giorgio (Rigotti 2007, 323-324); Dosso di Pozzo (Maurina 1999, 85-87); Dosso di Castel Dante a Lizzana (Maurina - Postinger 2009, 61-88).

[18] Marzatico 1987, 47-76. Da questo punto di vista, l'insediamento sul Dosso Alto doveva verosimilmente essere strettamente legato a quello posto sulla sommità del Dosso di Pradaglia, presso la sponda opposta del fiume Adige (Pasquali 1991).

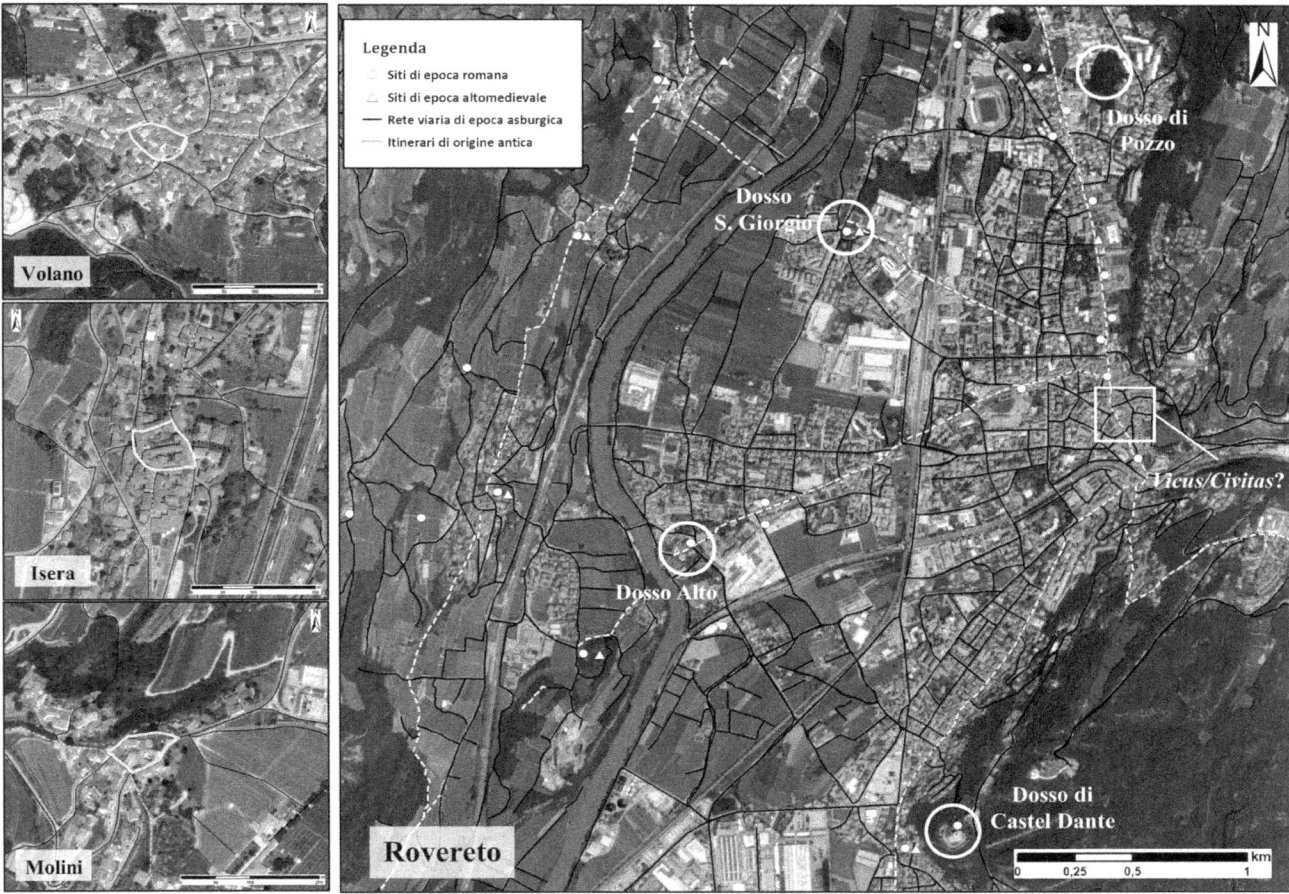

Fig. 17.5. Risultato dell'analisi morfologica: la zona attorno a Rovereto e alcuni dei sistemi radiali individuati nell'area di studio (elaborazione su base ortofotografica Esri).

dalla località Navicello[19]; dove, nel 2013, si misero in luce i resti di un complesso rustico databile tra II e IV sec. d.C., probabilmente utilizzato come *horreum* per lo stoccaggio di prodotti agricoli e tale da suggerire la possibile esistenza di un approdo fluviale già in epoca romana[20].

Una seconda importante rete radiale è quella che ruota attorno al centro di Volano, probabilmente corrispondente al *castrum Volaenes* citato da Paolo Diacono come uno di quelli distrutti dai Franchi nel 590[21]. È possibile che questo *castrum* si identifichi nella forma quadrangolare posta al centro del sistema radiale, apparentemente sviluppatasi a partire da un'originaria struttura fortificata (forse un castello) di cui tuttavia non resterebbe testimonianza nelle fonti scritte di epoca medievale.

Altre particolari strutture radiali si possono individuare anche presso Isera e Molini, frazione di Nogaredo, per le quali si possono facilmente rilevare le forme chiuse attorno cui queste si impostano e che suggeriscono la particolare importanza itineraria dei due insediamenti.

Nel primo caso si nota, in particolare, come tale forma potrebbe identificarsi con un castello, di cui sembrerebbe possibile riconoscere almeno tre delle torri che dovevano caratterizzare in origine la fortificazione. Per quanto riguarda Molini, invece, si rileva un numero piuttosto elevato di tracciati stradali che mostrano di aggirare e non attraversare direttamente il centro del paese, suggerendo ancora una volta l'esistenza di un'originaria struttura fortificata attorno cui si è successivamente sviluppata la rete viaria: in questo caso, la fortificazione si sarebbe collocata in un punto di passaggio obbligato per chi da Villa Lagarina e Nogaredo risaliva il versante occidentale della val d'Adige verso i centri di Pedersano e Castellano.

[A. T.] - [F. F.]

17.5. Alcune considerazioni.

Lo studio qui presentato credo possa ben dimostrare che, come già avvenuto per altri ambiti di pianura[22], un'attenta analisi delle morfologie di origine antropica che compongono il paesaggio attuale possa condurre a interessanti risultati anche in un contesto alpino come quello della Val Lagarina, permettendo innanzitutto

---

[19] Mosca 2020, 156. Interessante il toponimo della località che, testimoniato a partire dal 1217, deriverebbe da un originario *navis* con il significato di "traghetto" (Giammarinaro 1952, 63).
[20] Endrizzi 2014.
[21] Paul. Diac., *Hist. Lang.* III, 31.

[22] Matteazzi 2017; Matteazzi 2019; Matteazzi 2020.

di rintracciare evidenze riferibili alle sue più antiche strutturazioni. Da quanto più sopra presentato possiamo, infatti, rilevare come una prima importante organizzazione del territorio lagarino si attui in età protostorica, a seguito della definizione (a partire dall'età del Bronzo e ancor più compiutamente con la seconda età del Ferro) di una fitta rete insediativa: prevalentemente caratterizzata da contesti fortificati collocati sulla sommità di alture isolate e in diretto contatto visivo tra loro, essa costituiva un efficace sistema di controllo dei principali itinerari che, a partire dalla Pianura Padana, seguivano le valli dell'Adige e di Loppio diretti, a nord, verso i passi del Brennero e di Resia e, a ovest, verso il Sommolago.

Con l'arrivo dei Romani si osserva un'intensa occupazione anche del fondovalle (in precedenza apparentemente libero da strutture insediative), con una conseguente ridefinizione dei vari itinerari che interessano la vallata, tra i quali dobbiamo considerare anche la via fluviale dell'Adige, che in questo momento viene notevolmente potenziata e dotata di nuovi punti di approdo[23]: è in questo momento che i dati archeologici suggeriscono l'emergere del centro di Rovereto, per il quale abbiamo ipotizzato lo status di *vicus*, come 'central place' dalla valle, posto in una zona topograficamente molto rilevante per il controllo della viabilità da/per i centri di Verona, Trento, Vicenza e Riva del Garda, oltre che per la gestione di un probabile approdo sull'*Athesis* nella zona di Borgo Sacco.

Ancor più, questo ruolo centrale diviene evidente in epoca tardoantica/altomedievale, quando potrebbe non essere sbagliato riconoscere in Rovereto le sedi della *civitas* e del *comitatus* longobardo di *Lagaris*, la cui importanza è suggerita dall'aver imposto il nome di *vallis Lagarina* a quella parte della Val d'Adige sotto la sua giurisdizione: oltre che dai ritrovamenti archeologici, la rilevanza del centro di Rovereto in questo momento storico potrebbe essere indiziata dalla definizione di un particolare sistema difensivo che mostra di sfruttare la presenza di strutture dossive, naturalmente disposte a raggiera attorno al nucleo abitato, per installare degli insediamenti fortificati funzionali al controllo dei principali itinerari che a esso mettevano capo.

Appare invece al momento alquanto difficile poter affermare con una certa sicurezza se e quanti dei sistemi viari minori di tipo ortogonale, che l'analisi morfologica ha permesso di individuare piuttosto numerosi su tutta la vallata (ed estesi tanto sui versanti quanto sul fondovalle), possano riferirsi a originarie sistemazioni agrarie di epoca romana, essendo infatti più probabile che siano da associare a interventi di epoca medievale strettamente collegati all'emergere dei vari centri di potere che vennero progressivamente a suddividersi il controllo e la gestione della valle.

[M. M.]

---

[23] Mosca 2020, 165.

Bibliografia

Battisti, M. 2010, "L'antica età del Bronzo in Vallagarina", in L. Dal Ri - P. Gamper - H. Steiner (eds), *Abitati d'altura dell'età del Bronzo e del Ferro*, Bolzano, 1-36.

Campochiaro, A. 2021, *La viabilità antica tra Verona e Trento lungo la valle dell'Adige: ipotesi ricostruttiva dei possibili tracciati*, elaborato scritto di prova finale, Università degli Studi di Trento.

De Vos, M. - Maurina, B. 2011 (eds), *La villa romana d'Isera: Ricerche e scavi (1973-2004)*, Rovereto (TN).

Endrizzi, L. 2014, "Indagini archeologiche a Rovereto, località Navicello", in *AdA*, 224-226.

Francesconi, F. 2019, *Evidenze archeologiche romane e altomedievali nel comune di Rovereto*, elaborato scritto di prova finale, Università degli Studi di Trento.

Giammarinaro, A. 1952, *Atlante toponomastico della Venezia tridentina. Commento al foglio XIII. I nomi locali del Roveretano*, Firenze.

Marzatico, F. 1987, "L'insediamento dell'età del Bronzo del Dosso Alto di Borgo Sacco (Rovereto)", in *Annali del Museo Civico di Rovereto*, 3, 47-76.

Matteazzi, M. 2017, "Contributo allo studio dell'*ager centuriatus* di *Atria*", in J. Turchetto - M. Asolati (eds), *Paesaggi in movimento. Ricerche dedicate a Guido Rosada*, Padova, 125-138.

Matteazzi, M. 2019, *Il paesaggio trasformato. La pianura a sud di Padova tra Romanizzazione e Tarda Antichità*, Oxford.

Matteazzi, M. 2020, "Tra *Raetia* e *Venetia*: definizione e costruzione del paesaggio rurale a nord di Vicenza in epoca romana", in A. Cristilli - A. Gonfloni - F. Stok (eds), *Experiencing the Landscape in Antiquity*, Oxford, 199-208.

Maurina, B. 1999, "Testimonianze archeologiche di epoca altomedievale a Rovereto", in *ARAA*, VII, 9, 63-97.

Maurina, B. - Postinger, C. A. 2009, "Il caso di Lizzana in Vallagarina: testimonianze di continuità dell'insediamento nell'area del castello medievale", in *ARAA*, VIII, 9.2, 47-96.

Mosca, A. 2020, "Vie d'acqua dalle Alpi centro-orientali all'Adriatico in età romana: dati archeologici e topografici", in *JAT*, 30, 127-174.

Pasquali, T. 1991, "Castel Pradaglia", in T. Pasquali (ed.), *Castel Corno in mostra*, Isera, 41-45.

Possenti, E. - Gentilini, G. - Landi, W. - Cunaccia, M. 2013 (eds), *Castra, castelli e domus murate. Corpus dei siti fortificati trentini tra tardoantico e basso medioevo*, Mantova.

Rigotti A. (B. Maurina ed.) 2007, *Lagarina romana. Storia antica e archeologica del territorio dal II sec. a.C. al V sec. d.C.*, Rovereto.

Santacattarina, M. 2003, "Caratteristiche geomorfologiche della Val Lagarina e del fiume Adige nel tratto compreso tra Besenello e Chizzola", in *Annali del Museo Civico di Rovereto*, 17, 149-162.

Tabarelli, G. M. 1994, *Strade romane nel Trentino e nell'Alto Adige,* Trento.

Tarquini, S. - Isola, I. - Favalli, M. - Mazzarini, F. - Bisson, M. - Pareschi, M. T. - Boschi, E. 2007, "TINITALY/01: A New Triangular Irregular Network of Italy", in *AnnG*, 50, 407-425.

Tecchiati, U. 1996a (ed.), *Dalle radici della storia. Archeologia del Comun Comunale Lagarino*, Rovereto (TN).

Tecchiati, U. 1996b, "Dal Neolitico all'età del Bronzo nel territorio dell'antico Comun Comunale Lagarino", in Tecchiati 1996a, 61-70.

Tecchiati, U. 1996c, "Il popolamento del Comun Comunale lagarino nel I millennio a.C.", in Tecchiati 1996a, 107-122.

Tognotti, A. 2020, *Tra Riva e Rovereto: appunti per la ricostruzione di una viabilità antica tra Sommolago e valle dell'Adige*, elaborato scritto di prova finale, Università degli Studi di Trento.

18

In viaggio sul XVI miglio della *Regina Viarum*: infrastrutture, servizi e luoghi di culto nella *mansio* aricina.

Maria Cristina Vincenti
Università degli Studi di Roma 'Tor Vergata'

Abstract: The morphology of the landscape of Ariccia Valley, between the end of the 6th and the beginning of the 5th century BC, is modified with the excavation of Nemi Lake emissary and the open-air channel in Ariccia Valley. For the realization of both was hypothesized the employment of Greek-Eastern workers. Near the last stretch of the canal, on the west side of the valley, was located the sacred area of Ceres Proserpina. Between the end of the 4th and the 3rd century BC with the construction of the Appian Way, Aricia becomes the first mansio or post station after Rome. The economic and socio-cultural relations of the Aricina community, welcoming travellers, are changing; along the route of the Appian Way, infrastructures, services and places of worship are developed, the remains of which are still observable. An element that once again affects the landscape of Ariccia Valley is the realisation of the monumental viaduct so called 'Sostruzione di Valle Ariccia' (2nd century BC).

Keywords: via Appia; Aricia; landscape; ager aricinus; Ceres Proserpina.

La trasformazione del paesaggio e della morfoidrografia nell'antico centro del *Latium Vetus* di Aricia avviene con tutta probabilità tra la fine del VI sec. a.C. e l'inizio del V sec. a.C. nel momento in cui si realizza la vittoria nella città, contro gli Etruschi di Porsenna, grazie ai Latini di Anzio e Tuscolo e all'intervento dei Greci di Cuma con l'invio di un contingente di 2000 uomini via mare[1].

A Cuma nello stesso periodo, con la tirannide di Aristodemo, ci sono notizie dalle fonti antiche di lavori di bonifica nella zona paludosa della città[2], attraverso i quali avviene il recupero di nuovi terreni produttivi destinati a famiglie non aristocratiche, e una nuova organizzazione e utilizzazione del territorio[3]. L'emissario (Fig. 18.1) sotterraneo del lago di Nemi (1650 m), che sbocca nella Valle di Ariccia a circa 800 m di distanza dal tracciato dell'Appia Antica attraverso un condotto drenante[4] a cielo aperto, in origine raccoglieva le acque nella parte settentrionale del cratere e attraversava la valle per 2100 m. Le sue caratteristiche tecniche ci indirizzano verso Samo, dove è presente l'acquedotto realizzato da Eupalino di Megara[5]. Per la realizzazione di quest'opera di ingegneria idraulica è stato ipotizzato

l'impiego di tecnologie e di maestranze greco-orientali che presuppone collegamenti strettissimi tra l'area albana e il mondo greco[6]. Difatti la trasmissione di conoscenze tecniche innovative, come anche l'ingresso di culti ellenizzanti[7] e di ideali democratici[8], è di sicuro conseguenza del rapporto diretto della città di Aricia con Cuma, come testimonia l'episodio bellico contro gli Etruschi.

Del resto a Cuma è presumibile la presenza di tecnici ionici in quanto alcuni fuggiaschi dell'isola di Samo, dove regnava il tiranno Policrate, tra il 531 e il 528 a.C. raggiunsero la Campania e fondarono la città di Dicearchia, l'odierna Pozzuoli[9].

Riguardo all'emissario di Nemi e al canale di Valle Ariccia (nel lato E del cratere) rilevante è quanto dice Strabone[10]: "non si vedono gli emissari del lago che sono visibili invece lontano rispetto al luogo in cui vengono in superficie". Se ne può ricavare che in età augustea non solo l'emissario del lago di Nemi era funzionante, ma che esisteva già il canale a cielo aperto che ne raccoglieva le acque in Valle di Ariccia e che, dunque, era anch'esso un'opera antica. Inoltre, in Svetonio[11], Cassio Parmense rimproverava ad Augusto di essere nipote di un fornaio: "la tua farina materna proviene dal più grosso mulino di

---

[1] D.H., V, 36, 1, 2; VII, 3-11; Liv., II, 14,1; 5-8; Plut., *Mulier*. 261 E-F; Alfoldi 1965, 50 e 55-56; Mele 1987, 162, 164-165, 167, 170-172 e 174; Coarelli 1991, 38-39; Vincenti 2010, 24-28 (e relative note); Vincenti 2017, 145 e 157.
[2] Plut., *Mulier*. 26, 262 B: "Accadde in quel frangente che Aristodemo stava allargando un fossato tutt'intorno al paese"; Liv., XXVIII, 46, 4: ricorda l'esistenza nel 205 a.C. di una *fossa graeca*; Coarelli 1991, 40.
[3] Valenza Mele 1982, 121, nota 94, e 125. A Roma le opere di regolamentazione del Tevere sono ricordate da Tacito (*Ann.* 1,79) che il senato romano si rifiutò di realizzare per timori di carattere religioso.
[4] Castellani - Dragoni, 1991, 57, figg. 3 e 15.
[5] Hdt., III, 1-3; Shipley 1987; Alfoldi 1965, 244; Coarelli 1991, 40; Placidi 2010, 7; Vincenti 2010, 172; Vincenti 2017, 156-157.

[6] Coarelli 1991, 40; Lilli 2002, 87-88.
[7] Coarelli 1987, 165-185; Coarelli 1991, 39; Vincenti 2010, 33-40; Vincenti 2021, 161-186.
[8] Su Cuma e l'area albana, cfr. rispettivamente D.H., V, 50, 2; D. H., V, 51, 1; D.H., V, 60, 1-2; D. H., V, 61, 1; D. H., V, 61, 4-5; D. H., VII, 7, 5; Mele 1987, 164; Vincenti 2010, 11, 33-34, 65, 73-74 e 169.
[9] Plin. nat. III, 60; Mele 1987, 171; Coarelli 1991, 40.
[10] Str. V, 3, 12.
[11] Svet., *Aug.* II,4.

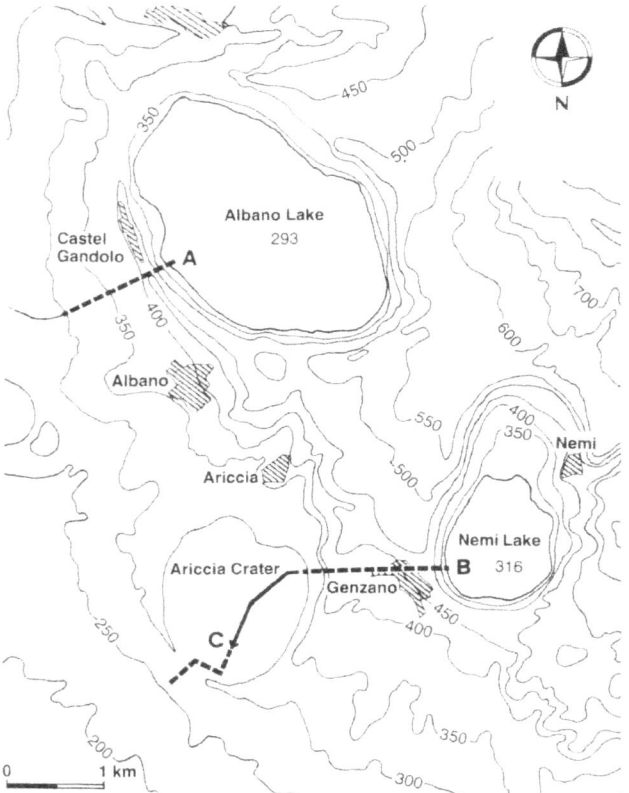

Fig. 18.1. Mappa topografica con i tracciati dei condotti sotterranei dei laghi Albano e Nemi e del canale a cielo aperto di Valle Ariccia (Castellani *et al.* 2003).

Ariccia", informandoci sulla coltivazione di grano nella Valle di Ariccia, sull'esistenza di mulini e di produzione di farina nel centro latino.

Il canonico Lucidi, che scrive nel 1796, così si esprime sulle motivazioni per le quali fu realizzata quest'opera di canalizzazione: "È facile comprendere il fine per cui fu aperto l'emissario sul fine della Valle. Volevasi rendere quella a uso di coltura… ma l'altro emissario del lago nemorense credesi essere stato aperto per profittare di quelle acque nella Valle Aricina"[12].

Nell'800 abbiamo la testimonianza di Carlo Fea[13] il quale nell'anno 1791 traversò in barca il lago di Nemi, dove osservò l'emissario e "la bocca, fuori la quale nella valle dell'Ariccia l'acqua fa girare la macina del grano". In una lettera[14] afferma che lo stesso canale aricino "serve ad irrigazioni nella stessa valle; e in fine verso il mare prende il nome famoso di fiume Numico".

Il condotto a cielo aperto aveva, dunque, la funzione di drenaggio e bonifica[15], con lo scopo anche di "stabilizzare il livello dei laghi"[16].

Ora, stando alle ricerche sull'ubicazione del santuario di Cerere e Proserpina in Valle Ariccia[17], questo era "vicino all'ultimo tratto dell'emissario che – proveniente dal lago di Nemi – usciva nella valle sul margine orientale attraversandola interamente"[18]. Inoltre, l'area sacra di Valle Ariccia può verosimilmente essere messa in connessione con la realizzazione della "grande opera idraulica dell'emissario", vista l'antichità dei materiali[19]. C'è, dunque, tra la fine del VI e l'inizio del V sec. a.C., in ambito latino, una nuova attenzione al valore della terra e alle sue ricchezze e l'ingresso di un culto, quale quello di Cerere, che "aveva un ruolo importantissimo" nella città di Cuma[20], alleata fedele della Lega Latina. È il "risultato di una presa di coscienza di quel *demos* che trovava nella terra la sua fonte di approvvigionamento e sosteneva la politica di Spurio Cassio", colui che aveva introdotto il culto delle Grandi Dee nell'area dell'Aventino, colle sacro alla plebe romana[21].

I reperti rinvenuti in Valle Ariccia sono caratterizzati dalle spighe intrecciate tra i capelli[22], chiaro richiamo alla coltivazione del grano. In Ovidio troviamo che "gli antichi seminavano il farro, mietevano il farro, offrivano a Cerere le primizie del farro raccolto"[23] e, secondo la testimonianza di M. Verrio Flacco riportata da Plinio, "per trecento anni il popolo romano tra tutti i cereali usò solo il farro"[24]. L'introduzione del frumento tra le pratiche agricole avvenne verosimilmente in età medio repubblicana contribuendo a un mutamento nella dieta dei latini e dei romani[25], anche se il farro continuò ad avere una "funzione fondamentale nel culto"[26]. Questo cambiamento culturale produrrà una nuova realtà socio-economica.

Tra la fine del IV e il III sec. a.C. il territorio aricino è interessato da un evento che nell'antichità è stato di portata universale: l'apertura del tracciato della via Appia Antica. La strada, attraverso il Lazio collegò il Tirreno all'Adriatico e le regioni che costituivano allora la parte più ricca e civile della Penisola quali la Campania, il Sannio e la Puglia. Brindisi divenne il tramite per unire l'Italia alla Grecia, al Vicino Oriente e all'Africa[27]. Sino ad allora l'unica via naturale per i collegamenti del

---

[12] Lucidi 1796, 54.

[13] Fea 1820, 3.

[14] Lettera di Carlo Fea 19 luglio 1818.

[15] Castellani *et al.* 2003, 6.

[16] Castellani *et al.* 2003, 13; per la planimetria relativa all'emissario sotterraneo e al condotto a cielo aperto in Valle Ariccia Castellani *et al.*

2003, 6, fig. 1.2, e 7, fig. 1.3 (da Ucelli 1940, 46); Bersani - Castellani 2005, 74-76 e 96-97.

[17] Ruggeri - Carosi 2006, 38 e nota 40, fig. 4.

[18] Paribeni 1930, 370-380; Lefevre 1975, 157-160; Roghi 1979, 226-229; Di Mino 1990, 170-177; Lilli 2002, 93; Zevi 2005, 59-63; Ruggeri - Carosi 2006, 41; Zevi 2012, 141-159; Vincenti 2018a, 5-14; Vincenti 2018b, 105-116; Silvestri 2018, 15-29; Vincenti - Silvestri 2020, 155-167. Il luogo di culto distava dall'emissario circa 900 m.

[19] Ruggeri - Carosi 2006, 40 (nota 48) e 41 (nota 57); Carafa 1996, 273 (nota 1) e 291-292; Pensabene - Sanzi di Mino 1983, n. 186, 114 (inv. 112393, tav. XLIV); Lilli 2002, 94.

[20] Mele 1987, 157; sul culto di Cerere a Cuma e nel mondo romano e latino, De Cazanove 1990, 381-385.

[21] Ruggeri - Carosi 2006, 42; Zevi 2005, 64-65.

[22] Zevi 2005, 60.

[23] Ov., *Fast.* 2, 519-530.

[24] Plin., *NH* 18,62.

[25] Zevi 2005, 65.

[26] Brelich 2010, 161-164.

[27] Quilici - Quilici Gigli 2017, 7.

centro Italia del versante Tirrenico era stata la *via Latina*, costituita da un percorso lungo e privo di organicità. La distanza coperta dall'Appia, già da Roma sino a Capua, dimezzò così i tempi del viaggio e venne a costituire un nuovo modello nel quadro dei collegamenti viari, sia dal punto di vista tecnico che storico e politico, in quanto fu realizzata una strada di grande comunicazione[28]. L'arteria, infatti, nata con funzioni militari evidenti, ma non esclusive[29], nelle regioni che attraversò divenne un veicolo di vita civile e progresso economico, coprendo 570 km che saranno percorsi da milioni di uomini, mezzi di trasporto, merci, idee[30]. Nelle regioni vulcaniche del Lazio e della Campania l'Appia fu lastricata in pietra basaltica nera e lucente e sarà definita da Procopio[31] "una delle opere più meravigliose del mondo". D'altronde nel mondo romano, alla base di ogni buon vivere civile, vi erano le costruzioni indispensabili (*moles necessariae*)[32], tra cui gli acquedotti, le cloache e le strade.

Come è noto il percorso della *Regina Viarum* era segnato dai cippi miliari, a 1478 m (un miglio) l'uno dall'altro, e a un giorno di viaggio di distanza all'incirca si collocavano le *mansiones*, o stazioni di posta, con una serie di servizi per il viaggiatore quali ristoro, alloggio, luoghi di culto, magazzini, stalle, impianti termali, teatro o anfiteatro. Lasciata l'Urbe, la prima *mansio* era *Aricia* (Fig. 18.2), oggi Ariccia, al XVI miglio[33], come testimoniato da Quinto Orazio Flacco nel 37 a.C.: "uscito dalla grande Roma mi accolse ad Aricia una modesta locanda"[34]. Questo primo tratto di quello che sarà poi il tracciato dell'Appia, almeno fino all'*ager aricinus*, doveva esistere già in epoca molto antica[35]. L'arteria qui corre ai piedi dell'acropoli e ricalca il foro della città antica, dove le emergenze archeologiche sono oggi ancora ben visibili, a partire dal Torrione della Stella[36] e sino alla necropoli ai piedi di Colle Pardo[37], dove nel tempo sono venuti alla luce significativi reperti"[38].

Venendo da Roma, superato l'abitato di Albano Laziale, il Torrione della Stella e la prospiciente chiesa, sul lato destro[39] dell'arteria, al termine della discesa, davanti alla porta del Parchetto Savelli-Chigi[40], nel 1891 fu rinvenuta da Rodolfo Lanciani la XVI colonna miliaria[41]. Proseguendo lungo il tratto aricino della *Regina Viarum* (lato sinistro del foro aricino), si incontra una delle aree archeologiche più interessanti: quella dell'Orto di Mezzo. Il Nibby fu "il primo a indicar questi avanzi[42]" e notò anche le fortificazioni arcaiche ("massi irregolari di pietra albana[43]"), murature in opera pseudoisodoma tipiche del mondo greco[44]. Il Canina[45] realizzò la Tav. LXIII (Fig. 18.3) con nella parte superiore "l'aspetto, che attualmente presenta la stessa reliquia" del tempio denominato dell'Orto di Mezzo "in confronto di quello che doveva aversi nella sua intera architettura". Secondo la sua ipotesi[46] l'edificio templare sarebbe periptero e "sine postico"[47]. In basso, sempre nella medesima tavola, abbiamo un prospetto frontale e uno longitudinale del luogo di culto che, secondo la ricostruzione dell'architetto e archeologo, era posizionato con la fronte lungo l'Appia e aveva la funzione di Foro della città antica[48].

Nel primo ventennio del '900 l'area archeologica fu interessata da saggi di scavo a opera del Florescu[49] che ricostruì l'edificio come un tempio di tipo tuscanico ad *alae*[50], notando anche che era molto simile a quello di S. Silvestro nell'Umbria[51], e lo datò al II sec. a.C.[52].

Nel luogo, ricco di acqua, sono presenti cunicoli per la sua adduzione[53], una cisterna[54] e resti di edifici termali

[28] Quilici - Quilici Gigli 2017, 8.

[29] Coarelli 1981, 10.

[30] Quilici - Quilici Gigli 2017, 9.

[31] Procop., *Goth.* I,14,7.

[32] Plin., *NH* 30, 75; Vincenti 2017, 143.

[33] Canina 1854, Tav. IX (redatta da Pietro Rosa).

[34] Hor., *Sat.* V, 1.

[35] Liv., VII, 39: nel 342 a.C. una coorte romana ribelle marciò da Terracina sino "all'ottava pietra miliare di quella che oggi è la Via Appia". Coarelli 1981, 10.

[36] Mausoleo del I sec. a.C., c.d. 'Tomba degli Orazi e Curiazi'.

[37] A confine con il Comune di Genzano di Roma.

[38] Nel progetto di recupero e valorizzazione archeologica denominato "Il Tratto Aricino della *Regina Viarum*", approvato con delibera del Comune di Ariccia n. 35 del 25/03/2014, elaborato da A. Silvestri e M. C. Vincenti, vengono individuate 14 aree di interesse archeologico, alcune delle quali di proprietà comunale.

[39] Basso 2018, 107, fig. 1.

[40] Area archeologica (lato sinistro dell'Appia Antica) di proprietà del Comune di Ariccia ubicata al di sotto del Ponte Monumentale. Dalle mie indagini è emerso che le murature appartengono a edifici di età romana tardo-antica, probabilmente termali. Vincenti 2017, 149-150, fig. 8 (e relativa bibliografia).

[41] Lanciani 1891, 329; Lanciani, mss. 85/1, 166: si tratta di un cippo di granito degli inizi del IV sec. d.C. con inciso il nome dell'Imperatore Massenzio, ancora *in situ* "benché rovesciato a terra, e con l'iscrizione poco visibile". Vincenti 2007b: il reperto era posizionato "dentro le mura dell'Aricia romana, pochi metri oltre la porta che guarda Albano", confermando anche che l'antico municipio latino distava da Roma esattamente 16 miglia (Lanciani 1891, 329). Sulla localizzazione della porta albana, Lucidi 1796, 21-22 e 213.

[42] Nibby 1819, 157 e relativa acquaforte di P. Parboni "Ruine dell'antica Aricia"; Lefevre 1977, 24-30; Nibby 1849, 254-255: troviamo una ulteriore descrizione della cella e del tempio c.d. 'dell'Orto di Mezzo' (attribuito da alcuni studiosi a Diana), per Nibby simile nella pianta e nell'orientamento a quello della Giunone di *Gabii*. Per altro verso le caratteristiche del tempio dell'Orto di Mezzo coincidono singolarmente con quanto riporta Vitruvio (IV, 8, 4-5) in merito al tempio di Diana Aricina o Nemorense. Florescu 1925, 47; Vincenti 2007a.

[43] Nibby 1819, 158; Nibby 1849, 255.

[44] Lilli 2002, 133-144 e 186-200.

[45] Canina 1856, Tav. LXIII (Tempio di Diana nella Valle Aricina).

[46] Canina 1856, Tav. LXIII (Tempio di Diana nella Valle Aricina), 53.

[47] Cioè con le colonne di tipo dorico su tutti i lati tranne la parte posteriore come i templi romani di età repubblicana.

[48] Canina 1856, Tav. LXIII e 53; la 'Casa dell'Orto di Mezzo' è visibile anche sul lato destro della prima veduta della tavola LXIV e nella seconda veduta della medesima tavola, sempre sulla destra, troviamo la ricostruzione del Tempio di Diana con relativo portico; nella carta archeologica di Rodolfo Lanciani (mss.85/1, 167) l'area dell'Orto di Mezzo è indicata come *Forum* in accordo con l'ipotesi del Canina.

[49] Florescu 1925, Tav. I n. 12 e 38-42, figg. 22-25 (Pianta del tempio).

[50] Florescu 1925, 45-46: con portico di ordine dorico con quattro colonne sulla fronte e cinque colonne ai lati.

[51] Il luogo di culto sarà attribuito a Ercole: Diosono 2016, 245-263.

[52] Florescu 1925, 46-47; anche Gordon 1934, 16; Blake 1947, 105-106; Coarelli 1981, 95-96; Quilici 1997, 73: data l'edificio ai primi decenni del I sec. a.C.; sul riutilizzo della cella templare e sul suo stato di conservazione, Lilli 2002, 190-200, figg. 165-172 (nota 828), 193; Vincenti 2017, 146-147 (fig. 4) e 150 (figg. 9-10).

[53] Lilli 2002, 200 e fig. 173.

[54] Florescu 1925, 35-43, Tav. I, n. 9 (Pianta Archeologica di Ariccia); Lilli 2002, 200-205, figg. 175-176.

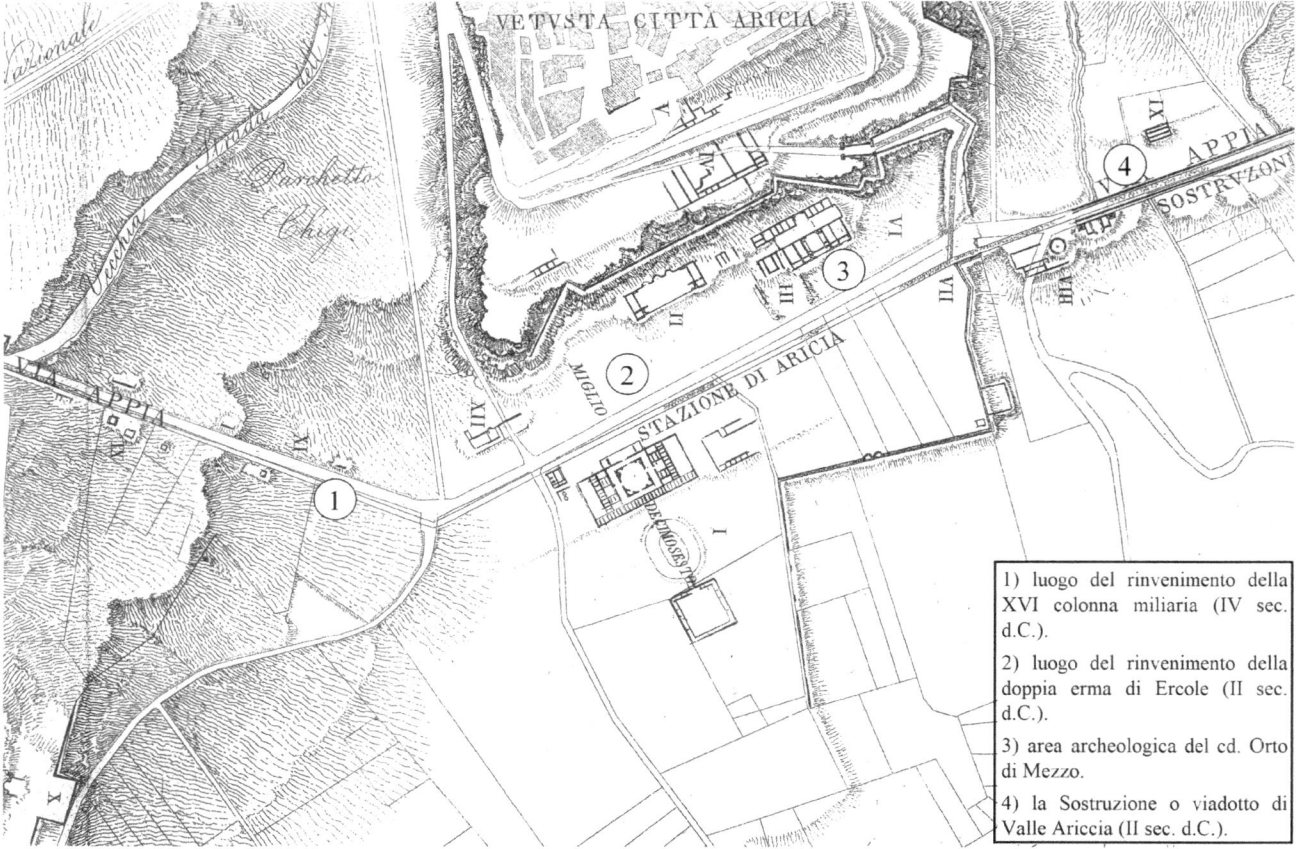

1) luogo del rinvenimento della XVI colonna miliaria (IV sec. d.C.).

2) luogo del rinvenimento della doppia erma di Ercole (II sec. d.C.).

3) area archeologica del cd. Orto di Mezzo.

4) la Sostruzione o viadotto di Valle Ariccia (II sec. d.C.).

Fig. 18.2. La *mansio* di Aricia al XVI miglio dell'Appia Antica (rielaborazione di Canina 1854).

in opera laterizia di età tardo-imperiale[55] e, secondo la "tradizione volgare[56]", vi era praticato il culto di Priapo. A una quota più alta rispetto al tempio in questione, nella carta archeologica di Rodolfo Lanciani, troviamo un teatro[57] di tipo greco-romano con orientamento a SO e con la cavea rivolta verso la valle. La struttura è scalpellata "nella parte semicircolare nel vivo sasso in quella pendice del colle", situata tra le attuali via della Costa a S, via della Strada Nuova a N[58] e l'edicola di S. Rocco che "si trova ad una estremità del diametro"[59]. L'area archeologica dell'Orto di Mezzo in età antica era consacrata verosimilmente a una divinità connessa alla *sanatio,* con pratiche cultuali legate all'acqua, posta al centro del foro e lungo la direttrice della via Appia Antica. Nel luogo avvenivano scambi commerciali (è ipotizzabile l'esistenza di un *Forum Pecuarium*), e vi si svolgeva la vita cittadina con attività

politiche, religiose e giudiziarie, scambi commerciali e socio culturali. Tali attività della comunità aricina non è difficile immaginare che si siano amplificate con l'apertura del tracciato della consolare e la necessità di accogliere i viaggiatori in transito. Proprio nel lato O dell'area, fu rinvenuta nel 1998 un'erma bifronte (Fig. 18.4) con una divinità barbata da un lato e con il volto imberbe dall'altro, che raffigura Ercole[60]. Il dio, come è noto, è legato alla fertilità, alla protezione del commercio e all'agricoltura[61] e una costante dei suoi luoghi di culto, nell'Italia Centrale, è quello di essere in relazione con le acque sorgive[62]. Lasciato l'Orto di Mezzo, proseguendo più avanti nella valle, superato l'incrocio dell'Appia Antica con la via di Valle Ariccia che conduceva verso la costa tirrenica[63], sin dalla fine del '700 è nota la presenza dei resti del grande arco in marmo di Tiberio Latinio Pandusa[64]. Spesso

---

[55] Florescu 1925, 36-37, Tav. I, n. 10 (Pianta Archeologica di Ariccia); Lilli 2002, 206-207, figg. 178-184.

[56] Lucidi 1796, 103.

[57] Lanciani, mss. 85-1, 167. L'edificio scenico è di difficile datazione (la tecnica utilizzata per la realizzazione va dal V sec. a.C. al II d.C: Lilli 2002, 71, con nota 385) e ha un diverso orientamento rispetto al tempio dell'Orto di Mezzo. Potrebbe essere stato realizzato precedentemente al tempio e connesso all'area sacra in un secondo momento (alcuni blocchi in opera quadrata del teatro, forse della *frons pulpiti* o della *scaenae frons*, sono stati inglobati in una moderna struttura lungo via della Costa, dove sono tuttora visibili).

[58] Lanciani, mss. 85-1, 167; Lanciani, *CVatLat.* 13045, 164v., 191v., 195r., 196r. e 197r.; Lilli 2002, 71, nota 384, figg. 23-24.

[59] Si tratta di un sepolcro rupestre su via della Costa riutilizzato come Cappella dei SS. Rocco e Sebastiano. Lucidi 1796, 237, 351 e 396; Florescu 1925, Tav. I, n. 15, 50 e fig. 27; Petrucci 1987, 21-23, fig. 18.

[60] Silvestri 2005, 35-37, Tavv. IX, 44 e XI, 46.

[61] Carosi 2011, 111.

[62] Carosi 2011, 117. La presenza di Ercole, divinità notoriamente associata a Diana, nell'erma bifronte è un indizio molto significativo, anche perché l'Appia Antica, prima del tracciato della *Regina Viarum* stabilito nel IV sec. a.C., seguiva l'andamento di una direttrice viaria esistente già in età protostorica, utilizzata per la transumanza, che collegava i Colli Albani con la valle del Tevere, dove poi sorsero il Circo Massimo e il Foro Boario. Quilici 1997, 13.

[63] Mentre a NO saliva sull'acropoli un'antica via sacra (*clivus Albanus*, oggi via della Costa).

[64] *CIL* XIV 2166; Lucidi 1796, 219-220; Lanciani 1882, 434; Lanciani 1883, 173; Florescu 1925, 25-26, nota 1; Coarelli 1981, 97; Lilli 2002, 113; Granino Cecere 2005, 98, n. 83, e 102, n. 90; Vincenti 2007c; Vincenti 2017, 153-154, fig. 14: l'arco in questione è dell'inizio del I sec. d.C. e fu innalzato dal *curator viarum* aricino Tiberio Latinio Pandusa.

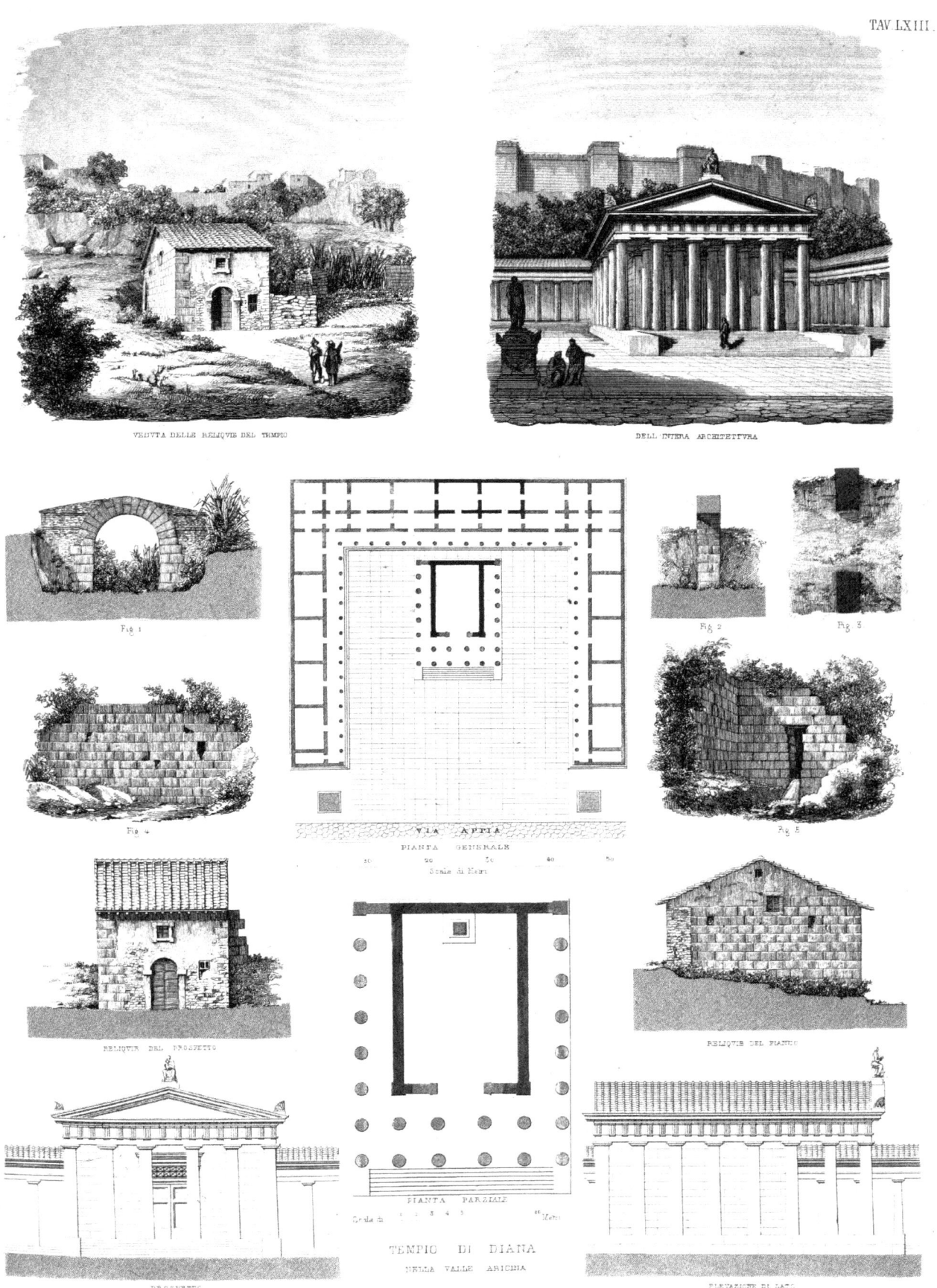

Fig. 18.3. L'area archeologica del cd. 'Orto di Mezzo' con il "Tempio di Diana nella Valle Aricina" (Canina 1856).

Fig. 18.4. Doppia erma di Ercole (Vincenti 2017).

all'ingresso delle città, ai confini dei vari *municipia* o sui ponti più imponenti, archi trionfali e onorari conferivano pregio alla consolare[65].

Qui si incontra "uno dei più spettacolari manufatti di tutto il percorso della strada romana": la "Sostruzione (Fig. 18.5) o viadotto di Valle Ariccia[66]". Di sicuro la realizzazione di questa opera infrastrutturale, una rampa in salita realizzata per superare agevolmente il vallone nel lato E dell'abitato e velocizzare i collegamenti, i contatti sociali e contribuire allo sviluppo della società di allora, ha inciso notevolmente sul paesaggio della Valle Aricina, dove viene inserito un elemento nuovo e grandioso. La costruzione originaria risalirebbe al periodo dei Gracchi[67] e sarà descritta dal Lucidi[68], dal Nibby[69] e dal Gell, il quale osservò che la muratura, costituita da corsi alternati di pietre lunghe e corte, era piuttosto irregolare, con corsi lisci e altri dove invece era presente il bugnato[70]. Negli stessi anni Carlo Fea identificò il tracciato della Sostruzione con quello del "clivo di Virbio verso Genzano"[71], e dal suo resoconto del 1833 sappiamo che la Sostruzione era lunga circa 148 m e alta 11 m. Uno studio di grande interesse è quello di Luigi Canina pubblicato nel 1837[72], corredato dalla tavola XXXIX. Intorno al 1835 il segretario generale dell'Instituto di Corrispondenza Archeologica, Josias von Bunsen, ebbe un finanziamento da Lord Stanhope per fare dei rilievi sulla Sostruzione. Canina, in base ai dati raccolti, notò che "il monumento si estende dalla porta che mette al Parchetto Chigi, presso la quale si principia,

per metri 231,25" e continua dicendo che qui si solleva poco da terra, ma "procedendo si innalza fino a metri 13,20... e ciò specialmente nel luogo in cui si incontrano i resti di un edificio rotondo... ove si diparte la via che traversando la Valle Aricina si muove verso Ardea[73]". Ne ricaviamo che la Sostruzione iniziava dal Parchetto Chigi, sollevandosi poco da terra fino all'area archeologica del cd. Torrione Chigi, dove si innalzava fino all'altezza di 13,20 m, interessando il tracciato della *Via Appia* nella Valle di Ariccia per circa 700 m[74]. È così assai probabile che l'arco monumentale di Tiberio Latinio Pandusa sia stato realizzato non solo in occasione del ripristino e del rifacimento del basolato dell'arteria romana, ma anche per celebrare il restauro della monumentale "Sostruzione" della *Regina Viarum* e migliorarne la funzionalità[75]. La tecnica costruttiva dell'opera pontiera di Ariccia, con paramento costituito da filari di blocchi disposti in pendenza, caratterizza le infrastrutture realizzate nella prima metà del II sec. a.C., sistema che ritroviamo in alcuni ponti della *Via Appia*, come il 'ponte Alto' e il 'ponte Antico' a Terracina, il 'ponte Nascoso' lungo la *Via Caecilia*[76], il 'Ponte Sambuco' noto anche come 'Ponte del Diavolo'[77]' e il 'Muro del Peccato' della *Via Flaminia*[78]. Il monumento ariccino, pur presentando evidenti restauri avvenuti in età augustea, è tuttavia ancora identificabile

[65] Quilici - Quilici Gigli 2017, 9.
[66] Quilici 1997, 73-74, figg. 37-38; Quilici 2004, 80-81.
[67] Canina 1837, 53; Coarelli 1981, 97; Petrucci 2007, 53; Vincenti 2017, 155.
[68] Lucidi 1796, 221-237.
[69] Nibby 1819, 161.
[70] Gell 1834, 151-152; il paramento della 'Sostruzione' è composto di strati alterni di parallelepipedi posti per taglio (ortostati) e per testa (diatoni).
[71] Fea 1833, 10.
[72] Canina 1837; Muzzioli 1996, 169-176.

[73] Canina 1837, 51.
[74] Lefevre 1977, 35: "quindi l'opera di innalzamento stradale inizierebbe molto prima del tratto comunemente conosciuto e più imponente". Secondo l'autore la non visibilità del primo tratto della 'Sostruzione' "sarebbe conseguenza dell'innalzamento del terreno e della sede stradale, che oltretutto non coincide esattamente con quella originaria".
[75] Anche Coarelli (1981, 97) è dello stesso avviso, visto che la parte centrale del monumento, costituita di blocchi più grandi e meglio rifiniti, potrebbe essere un restauro di età augustea, avvalorato dalla presenza del grande arco marmoreo all'ingresso del viadotto (*CIL* XIV 2166; Tac., *Ann.* II, 66); anche Galliazzo (1994-1995, n¹. 41 e 54) è dell'idea che l'imponente arco onorario di Tiberio Latinio Pandusa e il restauro del viadotto potrebbero appartenere a un medesimo progetto. Vincenti 2007c; Vincenti 2017, 153-154, fig. 14.
[76] Giummarra 2010, 132.
[77] Quilici 1995, 119-130, figg. 1-9; Alvino 2010, 105, fig. 3.
[78] Ballance 1951, 86-88, n. 7, pl. XIV, 4; Giummarra 2010, 132.

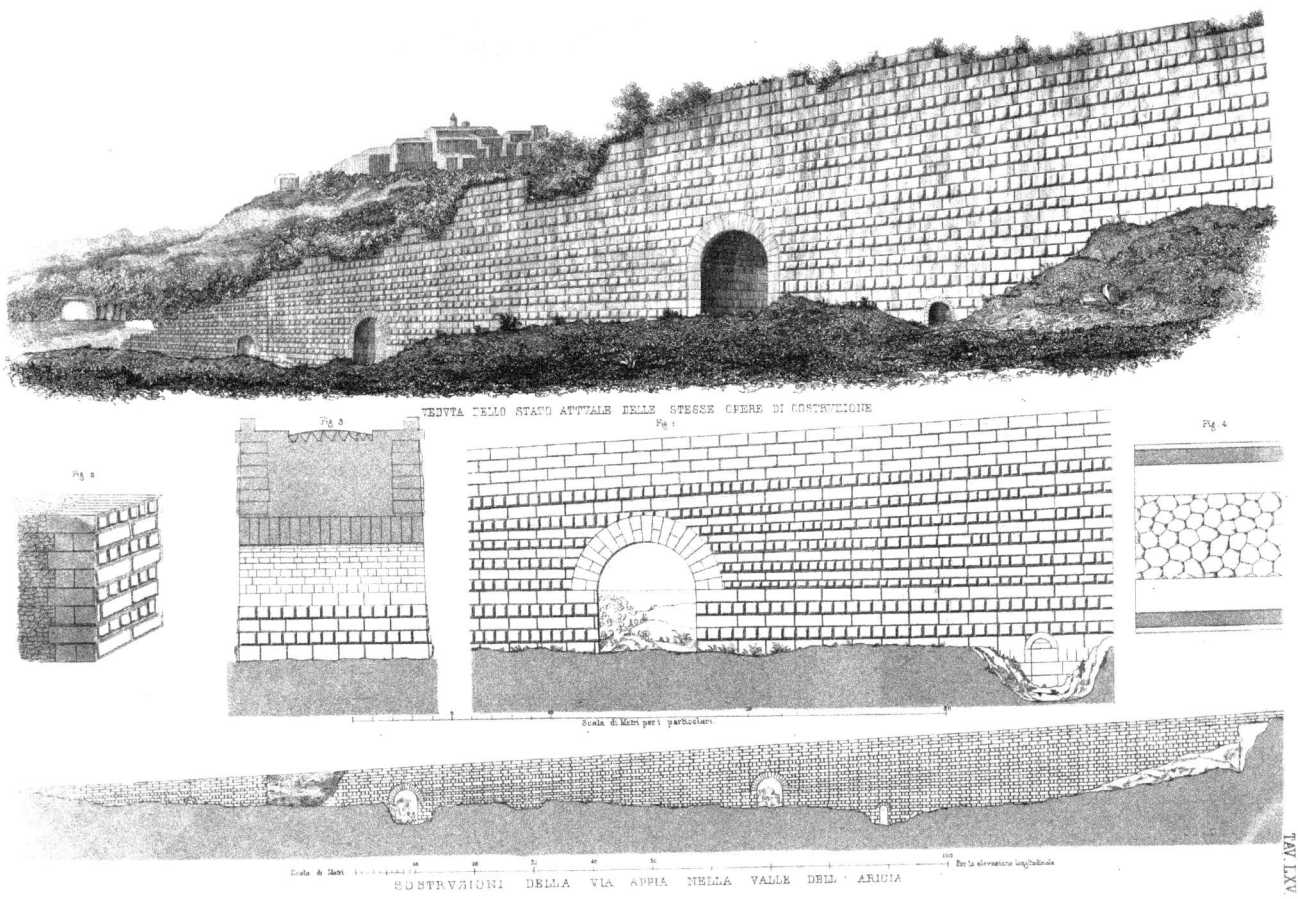

Fig. 18.5. La Sostruzione o viadotto di Valle Ariccia (Canina 1856).

nella forma originaria, poiché negli interventi successivi i blocchi della muratura non vennero sostituiti del tutto e oggi essa si compone di conci aggiunti e di conci reimpiegati. Thomas Ashby gli dedicò sei foto e attraverso di esse possiamo osservare alcune particolarità costruttive del monumentale ponte-viadotto meglio di quanto si riesca a fare oggi[79].

Un ultimo restauro del monumento fu compiuto al tempo di Pio IX alla fine degli anni '80 dell'800[80] e avvenne nella parte superiore del manufatto, dove per 4-6 assise i filari si presentano con conci disposti quasi tutti di taglio[81].

Bibliografia

Alfoldi, A. 1965, *Early Rome and the Latins*, Ann Arbor.

Alvino, G. 2010, "Sabina e Cicolano: un aggiornamento sulle ricerche", in *Lazio e Sabina*, 6, 103-111.

Ballance, M. H. 1951, "The roman bridges of the Via Flaminia", in *PBSR*, 19, 78-117.

Basso, P. 2018, "Cosa raccontano i cippi miliari", in *QuadFriulArch*, 28.1, 107-121.

Bersani, P. - Castellani, V. 2005, "Considerations on water flow regulation in ancient time in the Alban Hills", in *Geologia Tecnica & Ambientale*, 1.1, 59-102.

Blake, M. 1947, *Ancient Roman Construction in Italy from the Prehistoric period to Augustus*, Washington.

Brelich, A. 2010, *Tre variazioni romane sul tema delle origini*, Roma.

Canina, L. 1837, "Intorno le Sostruzioni della Via Appia nella valle aricina, e del monumento sepolcrale, volgarmente detto degli Orazi e Curiazi", in *MonInst*, 2, 50-57.

Canina, L. 1854, *Esposizione topografica della prima parte dell'antica via Appia da Porta Capena alla stazione dell'Ariccia. Sezione IV da Bovillae ad Aricia*, Roma.

Canina, L. 1856, *Gli edifizi antichi dei contorni di Roma antica cogniti per alcune reliquie, descritti e dimostrati nell'intera loro architettura*, Roma.

Carafa, P. 1996, "Le terrecotte figurate della stipe di Ariccia. Considerazioni sull'artigianato artistico di un centro del Latium Vetus in età ellenistica", in *ACl*, 48, 273-294.

Carosi, S. 2011, *Il Santuario e il culto di Ercole a Lanuvio*, Roma.

---

[79] Mari - Sperandio - Turchetti 1986, 167-169, figg. 1-3.
[80] Le Pera - Turchetti 2003, 113, n. 53 (D. Cavallo).
[81] Galliazzo 1994-1995, n. 41, 54 a-b; Le Pera - Turchetti 2003, 114, n. 53, figg. 2-3 (D. Cavallo).

Castellani, V. - Dragoni, W. 1991, "Opere arcaiche per il controllo del territorio: gli emissari sotterranei artificiali dei laghi albani", in M. Bergamini (ed.), *Gli Etruschi maestri di idraulica*, Perugia, 43-60.

Castellani, V.- Caloi, V. - Dobosz, T. - Galeazzi, C. - Germani, C. 2003, "L'emissario del Lago di Nemi, indagine topografico-strutturale", in *Opera Ipogea*, 2/3, 2-76.

Coarelli, F. 1981, *Dintorni di Roma*, Bari.

Coarelli, F. 1987, *I santuari del Lazio in età repubblicana*, Roma.

Coarelli, F. 1991, "Gli emissari dei laghi laziali: tra mito e storia", in M. Bergamini (ed.), *Gli Etruschi maestri di idraulica*, Perugia, 35-41.

De Cazanove, O. 1990, "Le sanctuaire de Cérès jusqu'à la deuxième sécession de la plèbe, in Crise et transformation des sociétés archaïques de l'Italie antique au V siècle av. J.C.", in *CollEFRA*, 137, 373-399.

Di Mino, M. R. 1990 in *Archeologia a Roma. Le materie e la tecnica nell'arte antica*, Roma, 170-177.

Diosono, F. 2016, "Il posto degli dei: il tempio di Villa San Silvestro di Cascia e la colonizzazione romana del territorio sabino nel III secolo a.C.", in A. Ancillotti - A. Calderini - R. Massarelli (eds), *Forme e strutture della religione nell'Italia mediana antica*, Roma, 245-263.

Fea, C. 1820, *Varietà di notizie economiche fisiche antiquarie sopra Castel Gandolfo Albano Ariccia Nemi loro laghi ed emissarii*, Roma.

Fea, C. 1833, *Osservazioni sul ristabilimento della Via Appia da Roma a Brindisi per il viaggio ad Atene*, Roma.

Florescu, G. R. 1925, "Aricia. Studio storico-topografico", in *EphemDac*, 3, 1-57.

Galliazzo, V. 1994-1995, *I ponti Romani*, Treviso.

Gell, W. 1834, *The topography of Rome*, London.

Giummarra, E. 2010, "Il ponte Sambuco a Torricella in Sabina. Infrastrutture e viabilità nell'età antica", in *Lazio e Sabina*, 6, 129–136.

Gordon, A. E. 1934, *The cults of Aricia*, Berkeley.

Granino Cecere, M. G. 2005 (ed.), *Supplementa Italica Imagines. Latium Vetus I praeter Ostiam*, Roma.

Lanciani, R. 1882, "VI. Ariccia", in *NSc*, 434.

Lanciani, R. 1883, "XXXVI. Ariccia", in *NSc*, 173-174.

Lanciani, R. 1891, "Il XVI termine milliario dell'Appia", in *BCom*, 329.

Lanciani, R. *CVatLat*, Schede autografe raccolte alla BAV, *CvatLat* 13045 e 13046.

Lanciani, R. mss.85/1, 167 (*Carta Archeologica di Ariccia* circa 1900-1902), Schede autografe conservate alla *Biasa*.

Le Pera, S. - Turchetti, R. 2003 (eds), *Sulla Via Appia da Roma a Brindisi. Le fotografie di Thomas Ashby 1891-1925*, Roma.

Lefevre, R. 1975, "Storia degli scavi e ritrovamenti archeologici in territorio di Ariccia", in *ASRSP*, XCVI, 157-160.

Lefevre, R. 1977, *Le Antichità di Ariccia. Scavi e ritrovamenti archeologici dal XVIII al XX secolo*, Roma.

Lilli, M. 2002, *Ariccia. Carta archeologica*, Roma.

Lucidi, E. 1796, *Memorie storiche dell'antichissimo municipio ora terra dell'Ariccia e delle sue colonie Genzano e Nemi*, Roma (Lazzarini stampatore Rev. Cam. Apost.; ristampa anastatica Forni Ed. 1976).

Mari, Z. - Sperandio, M. - Turchetti, R., *Thomas Ashby, Un archeologo fotografa la Campagna Romana tra '800 e '900*, British School at Rome 18 aprile - 7 maggio 1986 (catalogo della mostra), Roma.

Mele, A. 1987, "Aristodemo, Cuma e il Lazio", in *QuadAEI*, 15, 155-177.

Muzzioli, M. P. 1996, "La sostruzione della via Appia presso Ariccia: Luigi Canina e Virginio Vespignani" in *JAT*, 6, 169-176.

Nibby, A. 1819, *Viaggio antiquario ne' contorni di Roma*, II, Roma.

Nibby, A. 1849, *Analisi storico-topografico-antiquaria della carta de' dintorni di Roma*, I, 2ed, Roma.

Paribeni, R. 1930, "Rinvenimento di una stipe votiva", in *NSc*, 370-380.

Pensabene, P. - Sanzi di Mino, M. R. 1983, *Museo Nazionale Romano. Le terrecotte III, 1. Antefisse*, Roma.

Petrucci, F. 1987, *Santa Maria Assunta Collegiata insigne ed altre chiese minori di Ariccia*, Ariccia.

Petrucci, F. 2007, "Il Clivus Aricinum o 'Sostruzione' della via Appia", in A. Silvestri - M. C. Vincenti (eds), *Annali dell'Archeoclub Aricino Nemorense I-2006*, Ariccia, 52-57.

Placidi, M. 2010, "L'emissario del lago di Nemi. I risultati della campagna di indagine 2007-2008", in *Archeologia sotterranea*, 2, 3-13.

Quilici, L. - Quilici Gigli, S. 2017, *Per la Via Appia tra i Monti Ausoni e Aurunci*, Foggia.

Quilici, L. 1995, "Ponte del Diavolo sulla via Salaria al confine territoriale tra Cures e Trebula Mutuesca", in L. Quilici - S. Quilici Gigli (eds), *Opere di assetto territoriale urbano*, 3, Roma, 119-130.

Quilici, L. 1997, *Via Appia. Da Porta Capena ai Colli Albani*, Roma.

Quilici, L. 2004, *La via Appia un percorso nella storia*, Roma.

Roghi, M. 1979, "Terrecotte votive dal Lazio meridionale", in *ArchLaz*, 3, 226-229.

Ruggeri, A. - Carosi, S. 2006, "Il santuario arcaico-mediorepubblicano di Valle Ariccia in località Casaletto: alcune considerazioni topografiche e cultuali", in *DocAlb*, II 28, 29-49.

Shipley, G. 1987, *A History of Samos*, Oxford.

Silvestri, A. 2005, *Le erme bifronti di Ariccia, Ippolito Virbio e i riti arcaici d'iniziazione*, Roma.

Silvestri, A. - Vincenti, M. C. (eds) 2007, *Annali dell'Archeoclub Aricino Nemorense I-2006*, Ariccia.

Silvestri, A. - Vincenti, M. C. 2014, "Il Tratto Aricino della Regina Viarum", Progetto di recupero e valorizzazione archeologica, delibera del Comune di Ariccia n. 35 del 25/03/2014.

Silvestri, A. 2018, "Le due dee e il sacrificio del maialino", in A. Silvestri (ed.), *Il santuario di Demetra e Kore in Valle Ariccia, Annali Archeoclub Aricino Nemorense*, Ariccia, 15-29.

Strabone, 1988, *Geografia l'Italia (libri V-VI)*, Milano.

Ucelli, G. 1940, *Le navi di Nemi*, Roma.

Valenza Mele, N. 1982, "La Necropoli cumana di VI e V a.C. o la crisi di una aristocrazia", in AA.VV., *Nouvelle contribution à l'étude de la société et de la colonisation eubéennes*, Napoli, 97-129.

Vincenti, M. C. 2007a, "CIL XIV 2156 e il collegio dei Lotores", in Silvestri - Vincenti 2007, 74-91.

Vincenti, M. C. 2007b, "Il XVI miliario della Via Appia", in Silvestri - Vincenti 2007, 93-94.

Vincenti, M. C, 2007c, "La porta monumentale di Tiberio Latinio Pandusa", in Silvestri - Vincenti 2007, 103-106.

Vincenti M. C. 2010, *Diana. Storia, mito e culto della grande dea di Aricia*, Roma.

Vincenti, M. C. - Silvestri, A. 2020, "Il sacrificio del maialino nel culto di Demetra e Kore. Il caso delle offerte nel santuario delle due dee in Valle Ariccia", in I. Baglioni - E. Santilli - A. Turchetti (eds), *Il Cibo e il sacro. Tradizioni e simbologie*, Roma, 155-167.

Vincenti, M. C. 2017, "L'Appia Antica ad Ariccia: contesti e rinvenimenti", in AA.VV. *Appia Antica, l'ambiente e il paesaggio attraverso la storia dei luoghi*, Città di Castello, 143-158.

Vincenti, M. C. 2018a, "Casaletto. Il contesto archeologico", in A. Silvestri (ed.), *Il santuario di Demetra e Kore in Valle Ariccia*, Ariccia, 5-14.

Vincenti, M. C. 2018b, "Il Santuario di Demetra e Kore in Valle Ariccia", in *Gazzetta Ambiente*, 23, 1, 105-116.

Vincenti, M. C. 2021, "Aricia, Cumae and the Cult of Diana, from Archaeological, Artistic and Practical Accounts", in G. Casadio - P. A. Johnston (eds), *Artemis and Diana in Ancient Greece and Italy. At the Crossroads between the Civic and the Wild*, Cambridge, 161-186.

Zevi, F. 2005, "Demetra e Kore nel santuario di Valle Ariccia", in A. Bottino (ed.), *Il rito segreto. Misteri in Grecia e a Roma*, Milano, 59-67.

Zevi, F. 2012, "Il santuario demetriaco di Valle Ariccia", in *Ostraka*, 141-159.

19

Il paesaggio delle vie di comunicazione della *Hispania* meridionale

Camilla Campedelli
Corpus Inscriptionum Latinarum (BBAW)

Abstract: In this paper, I intend to highlight the relationship between some stretches of the main road network in southern Hispania and the landscape in the sense of the 'European Landscape Convention'. This region is suitable for the investigation thanks to the presence of numerous urban centres, as well as the morphological peculiarity of the territory, characterised by the presence of important waterways and a subsoil rich in mineral resources. These factors, which were decisive in the choice of the main road routes, the so-called 'Reichsstraßen', and the secondary routes, the viae municipales, remain today the necessary interlocutors for a possible construction, or rather, reconstruction of the ancient landscape.

Keywords: Landscape; Roman Roads; Milestones; landmarks; *Hispania*.

Secondo la convenzione europea del paesaggio (Firenze, 20 Ottobre 2000), "Paesaggio" designa una determinata parte di territorio, così come è percepita dalle popolazioni, il cui carattere deriva dall'azione di fattori naturali e/o umani e dalle loro interrelazioni[1].

Lo scopo di questo contributo è di mettere in evidenza il rapporto tra alcuni tratti della viabilità principale della *Baetica* e della *Hispania Citerior* meridionale, intesi come fattori umani, e quelli naturali, ovverosia la morfologia del territorio e le caratteristiche ambientali. Così facendo, è possibile individuare porzioni di territorio definibili 'paesaggio' secondo l'anzidetta accezione[2].

Tale regione si presta ottimamente all'indagine per la presenza di numerosi nuclei urbani, in massima parte responsabili dello sviluppo e del mantenimento della viabilità, nonché per la peculiarità morfologica del territorio, caratterizzato da rilievi e dalla presenza di importanti corsi d'acqua (*Baetis* e *Anas* e relativi sistemi) e da un sottosuolo ricco di risorse minerarie. Questi fattori, determinanti a suo tempo per la scelta dei percorsi viari principali, le c.d. 'Reichsstraßen', e di quelli secondari, le *viae municipales*, permangono oggigiorno gli interlocutori necessari per una possibile costruzione, o meglio, ricostruzione del paesaggio antico. Per ragioni di spazio, mi limiterò all'analisi di alcuni casi specifici rimandando a futuri studi una ricerca onnicomprensiva.

Il geografo greco Strabone, nel terzo libro della sua opera geografica, descrive la penisola iberica evidenziando la differenza tra le impervie aree settentrionali e i fertili territori meridionali[3] (Fig. 19.1). Il sud della *Hispania* era attraversato da due assi viari principali: la *Via Augusta* e la cosiddetta "Via de la Plata". La *Via Augusta* era la più estesa di tutta la penisola, correva lungo la costa mediterranea e a S del fiume *Baetis* fino all'Oceano Atlantico[4]. La "Via de la Plata" collegava il sud della penisola con la prefettura di *Callaecia*, la parte nord-occidentale della *Hispania Citerior Tarraconensis*, importante per la ricchezza del sottosuolo, passando per la *Lusitania*[5]. Tali arterie furono tracciate in epoca preistorica, poi utilizzate e ampliate durante la colonizzazione fenicio-punica e, infine, durante il periodo romano[6]. La *Via Augusta* fu calcata da Cesare che doveva raggiungere *Obulco* in vista della battaglia di *Munda* (Strabo 3,2,1) e a partire dall'epoca di Augusto, suo figlio, fu dotata di miliari[7].

Il rapporto tra strade, geomorfologia e fattori ambientali nel sud della penisola iberica, ovverosia l'interdipendenza delle une dagli altri, emerge in maniera piuttosto evidente, sulla base delle fonti in nostro possesso, nella

---

[1] Questo lavoro è una versione ridotta, leggermente modificata, aggiornata e in lingua italiana del contributo Campedelli 2022.
https://rm.coe.int/CoERMPublicCommonSearchServices/DisplayDCTMContent?documentId=09000016802f3fb1 Art. 1 a.
[2] Sull'accezione del paesaggio come elemento di rappresentazione del potere nella *Hispania* romana si veda: España-Chamorro 2020; España-Chamorro 2022.

[3] Strabo 3,1,2.
[4] Per il tragitto della Via Augusta nella *Hispania Citerior*: Schmidt, *CIL* XVII/1,1 p. 1-2; per la *Baetica*: Schmidt 2021.
[5] Sulla "Via de la Plata" si veda, tra gli altri, Puerta Torres 1995.
[6] Blázquez Martínez 1997, 10-13; Almagro Gorbea 2011, 20-25.
[7] Nel dibattito relativo all'identificazione della *Via Augusta* tra *Castulo* e *Corduba* con il percorso lungo il fiume *Baetis* (*Itin. Ant.* 403,4-404,1; *CIL* XI 3281-3284) o a S di esso (*Itin. Ant.* 409,1-410,3), mi associo a Schmidt 2018, 41-47 e Schmidt 2021. Il ritrovamento della 'Straßenbauinschrift' (HEp 2013, 182 = Schmidt 2021, n. 10) dell'epoca di Claudio a Bujalance (*Calpurniana*) con la formula via‵m´ | [Au]g(ustam) [ab I]ano | [ad O]ceanu[m refecit], po\[ntes r]estituit ne è una solida prova. Nonostante l'epigrafe sia stata rinvenuta in reimpiego, supporre in questo caso uno spostamento del monumento dal tracciato settentrionale fino a *Calpurniana* (Lechuga Chica *et al.* 2021, 8) mi sembra *lectio difficilior*. A ciò si aggiunga che il miliare di Claudio da Alcolea (*CIL* II²/7, 715 = Schmidt 2021, n. 6), lungo il tracciato settentrionale, non menziona la *Via Augusta*, lo *Ianus* e l'Oceano. Questa dimostra che il tragitto settentrionale non era la *Via Augusta*.

HISPANIA

Fig. 19.1. *Hispania Romana* **(Kiepert 1893).**

deviazione lungo la costa operata in epoca augustea e nell'area all'altezza dell'Arco di Augusto, sul confine tra *Baetica* e *Hispania Citerior*. Le evidenze archeologiche documentano, inoltre, lungo il cosiddetto "camíno de Hanibal", di cui si dirà a breve, lungo i percorsi che collegavano *Corduba* e *Italica* a *Emerita Augusta* e lungo alcune *viae municipales*, l'esecuzione di vie in tagliata e in trincea che modificarono la morfologia del territorio al fine di far passare le strade.

Strabone, descrivendo il percorso della Via Augusta, scrisse: "... da Tarracona procede fino al guado dell'Ebro e presso la città di Dertossa: da lì, passando per le città di Sagunto e di Setabis, si discosta leggermente dal mare e raggiunge la pianura cosiddetta Spartaria, vale a dire del giunco 'marino': si tratta di una vasta pianura del tutto priva di acqua, che produce il giunco adatto per le corde e lo esporta ovunque, soprattutto in Italia. Un tempo la via passava in mezzo alla piana e attraversava Egelasta, ed era lunga e scomoda..."[8]. In questo luogo, Strabone

fa riferimento al sopra menzionato 'Camino de Haníbal' in uso fin dall'epoca repubblicana (Fig. 19.2). Questa strada avrebbe un pregresso mitico, trattandosi della via calcata da Ercole dopo la decima fatica contro il gigante Gerione per raggiungere Roma. Di questo mito, secondo una recente e convincente interpretazione, sarebbero attestazione i bicchieri di Vicarello (*CIL* XI 3281-3284) decorati a immagine del tempio dedicato a Ercole nel foro Boario, meta finale dell'itinerario e del viaggio dell'eroe[9].

Continua Strabone: "ora l'hanno costruita lungo il litorale, tanto che sfiora appena la piana del giunco spartario, sebbene si diriga come prima verso la regione di Castalo e di Obulco, che attraversava per andare a Cordova e Gadeira, gli empori più importanti. Obulco dista da Cordova circa 300 stadi"[10]. È evidente che al tempo di Strabone il tracciato della via principale della *Hispania*,

---

[8] Strabo 3,4,9: ἐκ δὲ τοῦ Ταρράκωνος ἐπὶ τὸν πόρον τοῦ Ἴβηρος κατὰ Δέρτωσσαν πόλιν· ἐντεῦθεν διὰ Σαγούντου καὶ Σαιτάβιος πόλεως ἐνεχθεῖσα κατὰ μικρὸν ἀφίσταται τῆς θαλάττης καὶ συνάπτει τῷ Σπαρταρίῳ ὡς ἂν Σχοινοῦντι καλουμένῳ πεδίῳ· τοῦτο δ᾽ ἐστὶ μέγα καὶ ἄνυδρον, τὴν σχοινοπλοκικὴν φύον σπάρτον ἐξαγωγὴν ἔχουσαν εἰς

πάντα τόπον καὶ μάλιστα εἰς τὴν Ἰταλίαν. πρότερον μὲν οὖν διὰ μέσου τοῦ πεδίου καὶ Ἐγελάστας συνέβαινεν εἶναι τὴν ὁδὸν χαλεπὴν καὶ πολλήν (Trad. di F. Trotta, Milano 1996).
[9] Si veda da ultimo su questi documenti Schmidt 2011, 71-86.
[10] Strabo 3,4,9: ...νυνὶ δὲ ἐπὶ τὰ πρὸς θαλάττῃ μέρη πεποιήκασιν αὐτήν, ἐπιψαύουσαν μόνον τοῦ Σχοινοῦντος, εἰς ταὐτὸ δὲ τείνουσαν τῇ προτέρα, τὰ περὶ Καστλῶνα καὶ Ὀβούλκωνα, δι᾽ ὧν εἴς τε Κορδύβην καὶ εἰς Γάδειρα ἡ ὁδός, τὰ μέγιστα τῶν ἐμπορίων. διέχει δὲ τῆς Κορδύβης ἡ Ὀβούλκων περὶ τριακοσίους σταδίους (Trad. di F. Trotta, Milano 1996).

Fig. 19.2. La *via Augusta* e il 'Camino de Haníbal' (rielaborazione di Schmidt c. di s.).

che poi sarebbe stata chiamata Augusta, fu modificato. Il motivo risiede nell'esigenza di creare strade moderne che potessero collegare velocemente la terraferma con il più rapido traffico marino. In questo senso si intendeva evitare l'attraversamento dell'arida piana del giunco e forse anche più a occidente il pericoloso *saltus Castulonensis* (la parte orientale della Sierra Morena) che Cicerone ricorda essere stato *frequentioribus latrociniis infestior*[11].

L'area boschiva del *saltus Castulonensis* costituì fin dall'inizio della conquista romana un vero e proprio 'landmark' per l'importanza strategica e perché era un punto di passaggio tra l'oriente e la valle del Guadaquivir e la regione de La Mancha, così come per la ricchezza del sottosuolo. Ciò è confermato dalla menzione del *saltus* medesimo in una iscrizione su base di statua proveniente da *Castulo* che ricorda il procuratore della provincia di *Baetica* Q. Torius Culleo. Costui si distinse nella città per i suoi *beneficia* tra cui la *munitio* della strada che, probabilmente da *Castulo* stessa, conduceva a *Sisapo*

attraversando il *saltus Castulonensis* e che si trovava in una condizione di dissesto a causa dalle continue piogge: *... viam quae per Castul(onensem) | saltum Sisaponem ducit | adsiduis imbribus corrup|tam munivit...*[12]. Annota E. Hübner nel commento all'iscrizione che *... causa eius coniunctionis sine dubio metalla fuerunt, quibus utraque urbs clara erat.*

In entrambe le situazioni, fattori umani, nella fattispecie la necessità di collegamenti veloci per il commercio, e naturali cioè l'aridità della Piana del Giunco, la vicinanza al mare e la piovosità, determinarono la tipologia di interventi di costruzione delle infrastrutture: se nel caso della via Augusta il percorso fu deviato in una porzione di territorio meno 'scomoda', la *via municipalis* che collegava *Castulo* a *Sisapo* fu *munita* per supplire alla impraticabilità della strada causata dalle assidue piogge. Qui non fu forse praticabile creare una deviazione che avrebbe rallentato, se non addirittura interrotto, il collegamento tra le due città e quindi il commercio di *metalla*.

---

[11] Cic., *Fam.* 10.31.1.

[12] *CIL* II 3270 = *ILS* 5513.

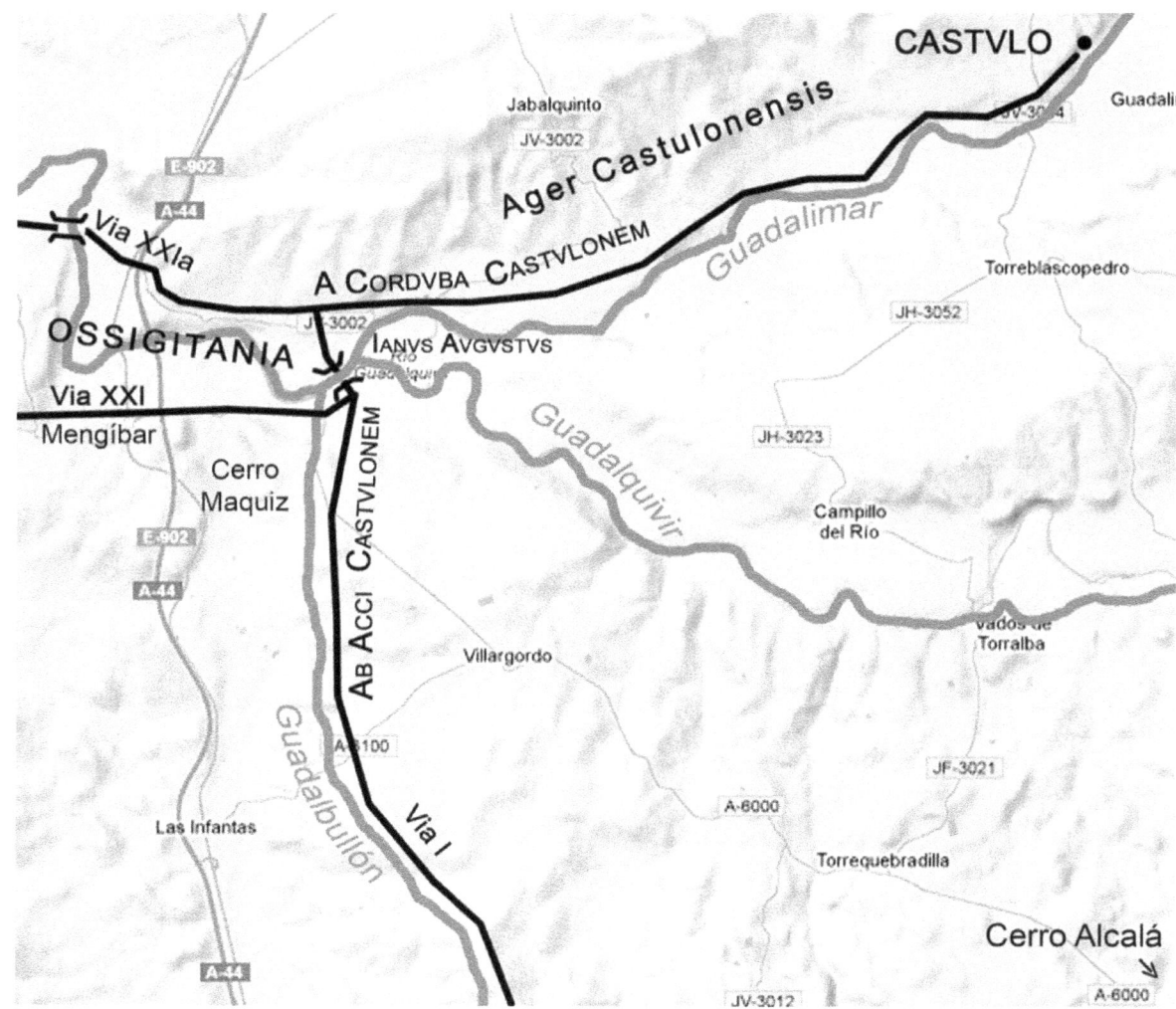

Fig. 19.3. Lo *ianus Augusti* (Schmidt c. di s.).

In un nutrito gruppo di miliari e 'Straßenbauinschriften' databili tra l'epoca di Augusto e quella di Domiziano, il *caput* della *Via Augusta*, nel tratto che collegava *Castulo* a *Gades* (ovvero *ad Oceanum*) per *Corduba* è lo *Ianus Augustus ad Baetem… unde, incipit Baetica*[13] (Fig. 19.3).

Fattori naturali, quali il *Baetis* e l'Oceano e umani, nella fattispecie l'arco e i confini provinciali, si intrecciano in questi documenti creando un 'paesaggio'. Dopo secoli di dibattiti, peraltro ancora in corso, fra gli studiosi sull'esatta collocazione dell'arco, M. G. Schmidt riconoscendo nel tragitto che collegava *Castulo* a *Corduba* passando per *Iliturgi* e *Calpurniana* la *Via Augusta*[14] e prendendo in considerazione per la prima volta un itinerario di epoca araba, ha dimostrato che il monumento doveva essere collocato all'intersezione tra il Guadalquivir, il Guadalbullón, lungo il quale correva il confine tra la *Hispania Citerior* e la *Baetica*, e i due tratti della *Via Augusta*: la direttrice N-S verso *Castulo* e quella E-O da

Castulo a *Corduba* passando per *Iliturgi* e *Calpurniana*[15]. Si noti che in questo tratto la *Via Augusta* si scostava dal fiume *Baetis*. Come già detto, in epoca augustea si preferirono percorsi rapidi; va da sé quindi che la via che portava il nome del principe doveva, per quanto possibile, evitare i rallentamenti creati tra *Castulo* e *Corduba* dai meandri del *Baetis*, lungo il quale correva un percorso alternativo *aliud iter*, come attesta l'*Itinerarium Antonini* (*Itin. Ant.* 403,4-404,1).

Forse, la scelta di erigere in questo luogo l'arco di Augusto fu determinata da motivi pratici: la combinazione di fiumi e strade, fondamentali essendo il *Baetis* non navigabile almeno con grandi navi da *Castulo* a *Corduba*[16], creò un nodo di vie di comunicazione piuttosto frequentato e quindi adatto alla rappresentazione del principe. Non è da

---

[13] Schmidt 2021, n. 10-12, 14-15, 17-21, 33, 35, 37-38, 40-41 e 45-46.
[14] Vedi *supra* nota 7.

[15] Schmidt 2018, 41-53. Lechuga Chica *et al.* 2021 hanno riconosciuto l'Arco di Augusto in una struttura rinvenuta recentemente nei pressi di Mengíbar (Jaén). Questo rinvenimento concorderebbe con la più risalente ipotesi di Sillières (1990, 300-315 e 795-799), ma presupporrebbe che il tracciato della *Via Augusta* fosse quello settentrionale. Questa supposizione, come già detto in nota 7, è stata smentita dal ritrovamento dell'iscrizione di Bujalance.
[16] Str. 3, 2, 3.

escludere però, che fu proprio l'elemento paesaggistico, ovverosia la convergenza di due fiumi e di due tratti della *Via Augusta*, a determinare la scelta di questo luogo per celebrare il *princeps*. In ogni caso, qui si creò 'paesaggio', diventando questa una 'parte di territorio il cui carattere deriva dall'azione di fattori naturali e umani e dalle loro interrelazioni'. Possiamo ipotizzare che come tale fosse percepita anche in epoca antica, da chi abitava i *municipia* circostanti o si trovava a passarvi: alla convergenza di elementi naturali, i fiumi, e umani, le strade, si deve aggiungere la monumentalità dell'arco sul quale era quasi certamente inciso, forse anche con *litterae aeneae*, il nome di Augusto.

Le ricerche archeologiche hanno evidenziato quali soluzioni furono adottate dai costruttori romani per migliorare e sviluppare il sistema stradale in questo contesto territoriale morfologicamente complesso. Per numerosi collegamenti, sia di pianura che di montagna, fu utilizzata la tecnica della via in tagliata o in trincea. Nella maggior parte dei casi, sono documentate vie in tagliata combinate a terrazzamento. Alla presenza di rilievi, si usava la tecnica della strada in trincea per diminuire il divario. Lungo il "Camino de Haníbal", simili interventi sono stati riconosciuti nei pressi di Corral Rubio e tra Arquillas e Navas de San Juan (Fig. 19.2). Lungo la *Via Augusta*, nel suo tratto iniziale in Baetica, fu praticata una tagliata di 6-8 m e una trincea all'altezza di Espeluy. Tra *Corduba* ed *Emerita* la strada fu scavata nella roccia in più parti; terrazzamenti furono praticati tra *Italica* ed *Emerita*, così come sugli assi minori, cioè sulla via *Malaca-Corduba* e sulla via *Urso-Ostippo*[17].

Dalle fonti a nostra disposizione, emerge che i percorsi stradali evitavano zone poco favorevoli alla costruzione e che non garantivano percorsi rapidi: è il caso della via Augusta che evitava la piana del giunco, il *saltus Castulonensis* e i meandri del *Baetis* da *Corduba* a *Castulo*. Quando non era possibile una deviazione, si interveniva per adattare la geomorfologia alle infrastrutture. Tali scelte, in un senso e nell'altro, furono dettate da esigenze contingenti quali i collegamenti con il traffico marino e fluviale e la necessità di raggiungere le zone minerarie. Anche se in maniera meno evidente rispetto all'Italia, per esempio, la morfologia del territorio, alla presenza di più o meno imponenti alture, si adottò la tecnica di costruire strade in tagliata o in trincea più o meno profonde. In tutte queste situazioni si costituì 'paesaggio' perché fattori naturali e umani si relazionarono e influenzarono. Per l'epoca in questione, possiamo aggiungere che il 'paesaggio' creatosi dall'interrelazione tra strade e fattori naturali, assunse una connotazione ulteriore, cioè quella di 'paesaggio romano'. Questo risulta dalla presenza di elementi monumentali tipici ricorrenti in tutto l'impero, cioè i miliari, con il nome dell'imperatore e l'indicazione delle distanze, posti idealmente ogni miglio anche a gruppi, i cosiddetti nidi di miliari, gli archi, come lo *Ianus Augustus* e i ponti di pietra a schiena d'asino,

come quello di epoca tiberiana ancora in uso presso Las Alcantarillas (Siviglia)[18]. A ciò si aggiunge l'inconfondibile morfologia delle strade romane.

In questo senso torna alla mente il celebre luogo di Plutarco che nella vita di Gaio Gracco riconobbe nella rettitudine delle strade e nella capacità di superare ostacoli non solo praticità, ma anche bellezza e quindi paesaggio: "Si impegnò soprattutto nella costruzione di strade, tenendone d'occhio non solo l'unità pratica, ma anche la convenienza e la bellezza. Esse erano tracciate dritte, attraverso la campagna, senza curve; erano lastricate di pietra levigata e rese compatte con un fondo di sabbia compressa. Riempiti gli avvallamenti, collegate con ponti le zone interrotte da torrenti o voragini, portando i due lati su un piano uguale e parallelo, l'opera nella sua uniformità presentava globalmente una vista gradevole"[19].

Bibliografia

Almagro Gorbea, M. 2011, "Las vías de comunicación en la Prehistoria", in M. Criado de Val (ed.), *Atlas de caminería hispánica. 1: Caminería peninsular y del Mediterráneo*, Madrid, 20-25.

Campedelli, C. 2017, "Nuova lettura delle iscrizioni del ponte di Las Alcantarillas (Siviglia)", in *Epigraphica*, 79, 488-492.

Campedelli, C. 2022, "The Impact of Roman Roads and Milestones on the Landscape of the Iberian Peninsula", in M. Horster - N. Hächler (eds), *The Impact of the Roman Empire on Landscapes*, Leiden-Boston, 111-130.

Coralini, A. 1997, "Complanatis montibus et caesis rupibus … Vie in galleria, in tagliata e in trincea nel mondo romano e al di fuori dell'Italia peninsulare", in M. S. Busana (ed.), *Via per montes excisa. Strade in galleria e passaggi sotterranei nell'Italia romana*, Roma, 279-335.

Blázquez Martínez, J. Mª. 1997, "De la antigüedad a la Hispania romana", in J. A. Abásolo (ed.), *Viaje por la historia de nuestros caminos*, Madrid, 3-61.

España-Chamorro, S. 2020, "Le strade e il paesaggio del potere nella provincia di *Baetica*. Un nuovo sguardo sulle pietre miliari e sull'epigrafia rurale", in A. Cristilli - A. Gonfloni - F. Stok (eds), *Experiencing the Landscape in Antiquity*, Oxford, 101-108.

España-Chamorro, S. 2022, "Engaging Landscapes, Connecting Provinces: Milestones and the Construction of Hispania at the Beginning of the Empire", in M. Horster - N. Hächler (eds), *The Impact of the Roman Empire on Landscapes*, Leiden-Boston, 92-110.

---

[17] Coralini 1997, 309-311. Per le regioni settentrionali, Moreno Gallo 2006, 44-91.

[18] Campedelli 2017.

[19] Plut., *C. Gracch.* 28: Ἐσπούδασε δὲ μάλιστα περὶ τὴν ὁδοποιίαν, τῆς τε χρείας ἅμα καὶ τοῦ πρὸς χάριν καὶ κάλλος ἐπιμεληθείς. εὐθεῖαι γὰρ ἤγοντο διὰ τῶν χωρίων ἀτρεμεῖς, καὶ τὸ μὲν ἐστόρνυτο πέτρᾳ ξεστῇ, τὸ δ' ἄμμου χώμασι (2) νακτῆς ἐπυκνοῦτο. πιμπλαμένων δὲ τῶν κοίλων, καὶ ζευγνυμένων γεφύραις ὅσα χείμαρροι διέκοπτον ἢ φάραγγες, ὕψος τε τῶν ἑκατέρωθεν ἴσον καὶ παράλληλον λαμβανόντων, ὁμαλὴν καὶ καλὴν ὄψιν εἶχε δι' ὅλου τὸ (3) ἔργον. (Trad. D. Magnino, Milano 1951).

Lechuga Chica, M. A. - Bellón Ruiz, J. P. - Moreno Padilla, M. I. - Gutiérrez-Rodríguez, M. 2021, "Ianus Augustus, Caput Viae (Mengíbar, Spain): An interprovincial monumental border in Roman Hispania", in *JRA*, 34, 3-29.

Moreno Gallo, I. 2006, *Vías Romanas. Ingeniería y técnica constructiva*, Madrid².

Puerta Torres, C. 1995, *Los miliarios de la Vía de la Plata*, Tesis Doctoral, Edición digital, Madrid.

Schmidt, M. G. 2011, "A Gadibus Romam. Myth and reality of an ancient route", in *BICS*, 54, 71-86.

Schmidt, M. G. 2018, "Ab Iano Augusto ad Oceanum. Methodologische Überlegungen zur Erforschung der viae publicae in der Baetica", in I. Czeguhn *et al.*, (eds), *Wasser - Wege - Wissen auf der iberischen Halbinsel. Eine interdisziplinäre Annäherung im Verlauf der Geschichte*, Baden-Baden, 35-53.

Schmidt, M. G. 2021, Via Augusta Baeticae. *La Vía Augusta de la Bética y sus inscripciones*, Zaragoza.

Sillières 1990, *Les voies de communication de l'Hispanie méridionale*, Paris.

20

La Giudea 'sotterranea' dei primi secoli dell'era imperiale: il prolifico serbatoio dei frammenti del Mar Morto

Milva Di Cesare
Università degli Studi di Roma 'Tor Vergata'

Abstract: Since the first rediscovery of scrolls into a cave near Dead Sea in 1947, for seventy years there were other several finds (pottery, vessels, coins, letters)) from a lot of caves around the Judean Desert and a lot of publishing too. In March 2021, from a note cave, the Cave of Horror, there was find another biblical fragment, so this area returns to the center of the world's attention. My purpose in this paper is to explain the presence of all these tunnels, canyons around Dead Sea in their historical meaning, especially during Roman age, to give a possible keyboard of this strange "subterranean geography" so prolific for research.

Keywords: Dead Sea; caves; scrolls; *Judaea*.

20.1. Introduzione.

L'area che in periodo imperiale costituiva la provincia di Giudea abbonda di colline, montagne la cui roccia è soffice, tuttavia soda: ciò consente di effettuare tagli e trafori nella parete e nel sottosuolo. Il deserto che circoscrive la depressione del Mar Morto è sormontato da rocce calcaree la cui altezza si eleva fino a trecento metri; esso è attraversato da ruscelli, corsi d'acqua che hanno originato oasi e hanno scavato in millenni grotte, trafori profondi fino a cinquecento metri. Anche la pianura più ad occidente presenta oltre trecentoventi complesse cavità naturali. La regione è quindi caratterizzata dalla presenza di numerose insenature, molte naturali, alcune artificiali.

L'antica Galilea, la zona più a Nord, è formata invece da rocce meno malleabili rispetto alla vicina Giudea; anch'essa annovera comunque un'elevata quota di cavità, ma, a causa di questa differenza geologica, si ritiene che buona parte di queste siano artificiali, aperte, con sforzo e tenacia durante i millenni.

20.2. Le cave della terra di Canaan.

La terra di Canaan, fin dall'età del bronzo, secondo le fonti letterarie di cui disponiamo, pullulava di grotte, cavità scavate dalle popolazioni che abitavano i luoghi. L'utilizzo di depressioni naturali e non nel territorio è attestato da molte citazioni bibliche: la spelonca in cui trovò rifugio Lot dopo la distruzione di Sodoma e Gomorra (*Gen.* 19, 30), la tomba di Macpela che Abramo acquistò da un Hitteo per seppellirvi Sara, sua moglie (*Gen.* 23, 1-20; 49, 29-309), la cisterna in cui fu gettato dai fratelli il giovanissimo Giuseppe (*Gen.* 37, 20-24), la grotta di Makkeda in cui tentarono di nascondersi i re stanati da Giosuè durante la conquista della terra promessa (*Gios.* 10, 16-19; 22-27). I recessi quindi erano ampiamente utilizzati dalle popolazioni di Canaan.

20.3. Le grotte al tempo dei Regni di Giuda e Israele, dell'esilio.

Gli Ebrei, stanziati sul territorio in luogo delle popolazioni estromesse, scavarono ulteriori tunnel nei monti per nascondersi dai saccheggi e dalle incursioni dei Madianiti e Amalechiti (*Giud.* 6, 2); durante il periodo monarchico le cavità continuarono a essere rifugi d'emergenza per gli assediati (*I Sam.* 13,6) e per i singoli; il giovane Davide, braccato da Saul si riparò nella spelonca di Adullam (*I Sam.* 22,1) e nelle cave di En-Ghedi (*I Sam.* 24, 3-10); il profeta Elia, in fuga dalla regina Izebel, si ricoverò nella spelonca di Oreb (*I Re* 19, 9).

Dopo l'esilio babilonese, gli Ebrei, sudditi dei Persiani e dei sovrani Seleucidi, utilizzarono le cavità e le grotte, oltre che per le comuni funzioni domestiche, ancora come rifugio durante la resistenza all'ellenizzazione coatta vagheggiata dai re di Antiochia (*I Macc.* 1, 56; *II Macc.* 6,11).

20.4. I tunnel in età romana.

Tra la seconda metà del secondo secolo a.C. e il 70 d.C., intorno alle cavità naturali del Mar Morto, a Qumran (Fig. 20.1), sorse una comunità di pii Ebrei che, rifiutando l'ellenizzazione della monarchia asmonea e l'allontanamento dalla legge mosaica, si organizzò intorno a un monastero: gli Esseni. Costoro, secondo Filone di Alessandria, Plinio il Vecchio e Flavio Giuseppe (*Ant.* 13, 5-9; 18, 1-5; *BJ* 2, 8), erano probabilmente membri della classe sacerdotale ebraica, seguaci di rigide regole di purificazione fisica e spirituale; vivevano, lavoravano, auto-producevano beni di prima necessità. Questi "monaci" studiavano la *Toràh*, scrivevano commentari su di essa e regole comunitarie, quali il celebre 1Q S, la *Regola della comunità*. Il monastero era adibito a centro delle attività diurne; la notte veniva trascorsa nelle grotte adiacenti all'edificio. Le cave, anche in questo periodo e per tali ospiti, furono adibite a 'dormitorio', antiche 'celle' conventuali accostabili a quelle di epoca più tarda: risiedere in grotte per gli asceti, come brillantemente messo in luce da R. Guenon[1], garantirebbe una 'rigenerazione' mistica, in quanto la grotta, da sempre usata come sepolcro e associata in quasi tutte le culture antiche al cuore, al triangolo rovesciato, santuario delle energie spirituali, è luogo di morte e rinascita: ricoverarsi pertanto nei recessi assicurerebbe all'ospite, al sorgere del sole, rinnovamento interiore in vista delle nuove opportunità del giorno.

Le prime scoperte del 1947 intorno al Mar Morto risalgono prevalentemente a questo periodo o poco prima (si datano già dalla fine del III sec. a.C.). L'importanza di tali ritrovamenti è fondamentale per lo studio dell'Antichità: fino ad allora c'era stato soltanto un rinvenimento nel 1936-1937 di manoscritti greci e arabi di epoca bizantina in 'Auğâ Ḥafîr. Una buona porzione delle scoperte è legata a questa setta, in quanto frammenti e i rotoli rinvenuti nelle cave di Qumran, biblici e esegetici, appartenevano agli Esseni, i quali, fuggendo dal luogo, li avrebbero sigillati in giare impermeabilizzate e sotterrati durante la prima rivolta giudaica (66-70 d.C.)[2], in vista di un recupero che non avvenne mai.

Nel I e nel II sec. d.C., la Giudea fu sconvolta da due ribellioni cruente contro i Romani e in questo periodo le cavità del deserto continuarono a rivestire un ruolo capitale nella storia della Giudea, assumendo una connotazione originale e del tutto innovativa rispetto alle tipologie indicate.

Dopo Qumram sono state portate alla luce altre, numerose cavità. Nel 1951-1952, nell'area del Wadi Murrabba'ât (Fig. 20.1), la sovrintendenza del ministero israeliano dei Beni Archeologici e l'Ecole Biblique Française di Gerusalemme aprirono, a seguito di intercettazioni di predazioni illegali, nuovi scavi che permisero il ritrovamento e la successiva pubblicazione[3] di papiri, ostraca e pergamene; da Murrabba'ât proviene il più antico papiro palinsesto semitico in ebraico-fenicio, risalente all'VIII sec. a.C. La maggior parte dei frammenti dell'area è di tipo letterario e documentario e si data al primo secolo dell'era cristiana e al periodo della seconda rivolta giudaica; i testi sono scritti in aramaico, ebraico, greco e nabateo. In seguito è stato rinvenuto altro materiale da località limitrofe: Naḥal Se'elim, Naḥal Mismar, Naḥal Ḥever (Fig. 20.1). Quest'ultimo sito, presso En-Ghedi è stato oggetto di indagini a partire dal marzo del 1960 a opera della Israel Exploration Society e degli archeologi J. Aviram, Y. Aharoni e N. Avigad[4] (Fig. 20.1). Le campagne hanno permesso di scovare alcune cavità che sono state denominate ciascuna con il numero d'ordine

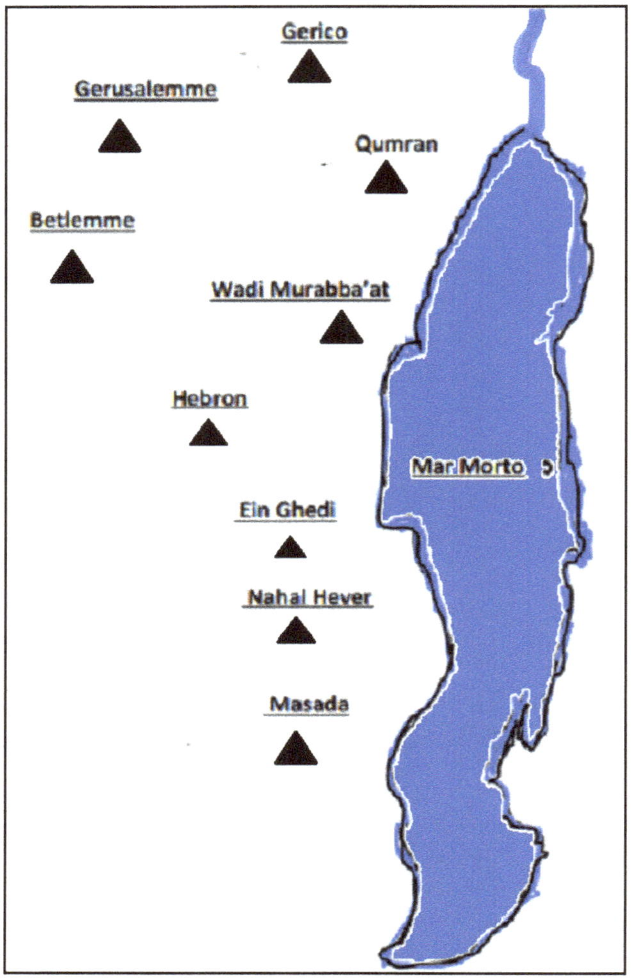

Fig 20.1. Siti archeologici dell'area del Mar Morto (elaborazione dell'autrice).

di rinvenimento e la peculiarità specifica; così sono state portate alla luce la cava n. 8, "la grotta degli orrori" (la medesima del ritrovamento del marzo 2021), chiamata in tal modo per gli scheletri rinvenuti in essa, la cava n. 34, "la grotta dei rotoli", "la grotta dei crani", "la grotta della cisterna", "la grotta delle lettere", sito dove erano conservate le missive dei ribelli della seconda rivolta giudaica[5]. Sulla base dei documenti della "grotta delle lettere", tra cui l'archivio di Babata (una donna ebrea residente nella sponda d'Arabia, probabilmente moglie di uno dei luogotenenti della seconda rivolta giudaica[6]), Y. Yadin ha datato alla prima metà del II sec. d.C. una sezione considerevole del materiale di questi antri (monete, suppellettili, scheletri).

A. Kloner e B. Zissu[7] hanno studiato almeno centoventicinque sotterranei risalenti all'epoca del

---

[1] Guenon 1990.
[2] Flavio Giuseppe parla della persecuzione a danno degli Esseni in *BJ* II, VIII, 152.
[3] Benoit - Milik - de Vaux 1961.
[4] Aharoni 1960, 12-13; Aviram 1960; Avigad 1961, 13-18.

[5] La pubblicazione degli scavi è stata effettuata da Aharoni 1961, 148-162.
[6] Sull'archivio di Babata: Cotton 1995, 126-132; Cotton - Greenfield 1994, 211-224; Esler 2017; Isaac 1992, 62-75; Lewis 1989; Lewis 2003, 189-192; Yadin - Greenfield - Yardeni 1994, 75-99. L'ipotesi del legame matrimoniale è suggerita da Yadin 1971, 134.
[7] Kloner - Zissu 2003, 181-216.

principato di Adriano, concludendo che in quel periodo ci siano state due tipologie di cavità: complessi nascosti, ovvero complicati reticoli in parte naturali, in parte tagliati artificialmente e collocati presso/sotto importanti stanziamenti in superficie, e cave di rifugio, ossia grotte naturali del deserto del Mar Morto/Giordano, adibite a nascondiglio di emergenza. Ai complessi nascosti appartengono sotterranei ritrovati in Shephelah, a Hebron e intorno a Bethel: H. Burnot, Ben Shemen, Tittora, Tel Gedar, Beth Sahun, Herodium. Nell'antichità, come illustrato, era consuetudine che le abitazioni avessero stanze sotterranee adibite a cisterne, granai, bagni rituali. La caratteristica dei complessi nascosti è l'inglobamento di queste stanze in un sistema progettato che collegava le varie cavità le une alle altre, attraverso corridoi artificiali, su dislivello, con sistemi di chiusura interni che consentissero fuga e interdizione a 'ospiti' indesiderati.

Questi complessi si differenziano in circa una dozzina di sottoinsiemi, tra i quali:

a) complessi familiari, ovvero stretti nascondigli privati per singole famiglie, prive di corridoi di raccordo, con accesso camuffato da camere o da pozzi, per l'immagazzinamento di giare per derrate, per la semplice sopravvivenza del nucleo ricoverato;
b) nascondigli pubblici, ossia magazzini sotterranei collegati a diverse abitazioni da uno stretto varco, rifugio per un intero villaggio per lunghi periodi;
c) sistema di nascondigli pubblici, vale a dire insieme di magazzini, cavità, frantoi connesso da passaggi, stanze, cavità con entrate multiple per diverse unità, posto sotto a villaggi;
d) rotte di fuga, cioè corridoi lunghi usati per la fuga o per sferrare attacchi a sorpresa contro postazioni militari sopraelevate;
e) complessi-nascondiglio collegati a sepolcri, nello specifico grotte artificiali tagliate nella roccia dei sepolcri fuori dai villaggi;
f) complessi delle montagne di Hebron, ossia ampi ricoveri che sfruttavano le cavità naturali del posto, con varie stanze "tagliate" *ad hoc*;
g) tunnel erodiani, ovvero gallerie di montagna, uniche nel genere, che consentivano il passaggio offensivo e/o difensivo di individui in posizione eretta.

Y. Yadin[8] ritiene, sulla base dell'eterogeneo materiale identificato in tali recessi, che parte di esso possa essere ascritto al periodo asmoneo o al tempo della prima rivolta giudaica; Kloner precisa che, benché esso possa appartenere all'epoca indicata, tuttavia dovette essere ampliato e reso funzionale e sofisticato in età adrianea.

In Galilea, Y. Shahar[9] ha effettuato scavi paralleli per verificare se esistessero cavità affini a quelle di Giudea; ha scoperto un tunnel artificiale a Ibillin, formato da cave di epoca ellenistica raccordate in periodo romano;

ha individuato una cisterna di acqua a Ruma, unita da corridoi con analoghe cavità e a Nazareth, a El-Khirbash, ha trovato magazzini comunicanti tra loro attraverso stretti tunnel.

L'affinità delle grotte di Galilea con quelle di Giudea, in merito al complesso sistema di tagli e di connessioni, sembra potersi riferire a un sistema strategico di guerra clandestina.

Per quanto riguarda la prima ribellione giudaica (66-70 d.C.), le notizie fornite da Giuseppe Flavio[10] tendono a escludere che un tale sistema *underground* sia riconducibile a tale sollevazione. Egli menziona canali di drenaggio, tunnel, ripari ubicati sotto Gerusalemme, tipologie consuete in tempi di guerra, ma che non sembrano corrispondere alle cavità esaminate da Kloner e Shahar. La ribellione d'età neroniana fu una guerra di fortezze (Yaphà, Yetopata) più che sommossa di sotterranei; anche gli ultimi avvenimenti di essa si svolsero a Masada (Fig. 20.1), "l'aquila nel deserto" di Erode, serbatoio di reperti, di testi vari, di *tituli picti*.

Combaciano, invece, con i ritrovamenti indicati i dati che lo storico Cassio Dione riferisce in merito alla seconda rivolta giudaica (132-135 d.C.): καὶ παρατάξει μὲν φανερᾷ οὐκ ἐτόλμων διακινδυνεῦσαι πρὸς τοὺς Ῥωμαίους, τὰ δὲ τῆς χώρας ἐπίκαιρα κατελάμβανον καὶ ὑπονόμοις καὶ τείχεσιν ἐκρατύνοντο, ὅπως ἀναφυγάς τε ὁπόταν βιασθῶσιν ἔχωσι καὶ παρ'ἀλλήλους ὑπὸ γῆν διαφοιτῶντες λανθάνωσι, διατιτράντες ἄνω τὰς ὑπογείους ὁδοὺς ἵνα καὶ ἄνεμον καὶ φέγγος ἐσδέχοιντο. καὶ το μὲν <u>πρῶτον</u> ἐν οὐδενὶ <u>αὐτοὺς</u> λόγῳ οἱ Ῥωμαῖοι ἐποιοῦντο[11]. Questo brano della *Storia Romana* illustra un allestimento di sotterranei preparato dagli Ebrei in un arco di tempo a ridosso della visita dell'imperatore Adriano in Oriente (130 d.C.) e si accorda perfettamente con la ricerca sintetizzata.

L'insolito apparato militare, un sistema 'metropolitano' *ante-litteram*, aveva un suo preciso scopo tattico che, sulla base dello studio delle grotte e in base alla testimonianza di Cassio Dione, si è ricostruito nel seguente modo. Dopo la distruzione del tempio di Gerusalemme, gli Ebrei sopravvissuti alla strage e alla deportazione residenti *in loco* furono affidati al governo degli accondiscendenti Farisei; a Gerusalemme venne stanziata la *Legio X Fretensis*. La situazione degli abitanti della provincia nei sessanta anni intercorsi tra la distruzione del santuario e la visita dell'imperatore Adriano (130 d.C.) in una Giudea che, a giudicare da due emissioni numismatiche[12], sembrerebbe pacifica, in realtà era quanto mai instabile;

---

[8] Yadin 1982, 4.
[9] Sharar 2003, 217-240

[10] Così Flavio Giuseppe in *BJ* II, VIII.
[11] Dio. Cass. 69, 12: "Non osavano cimentarsi contro i Romani palesemente, con battaglia regolare, ma si impadronivano di postazioni strategiche della regione e le munivano di sotterranei e di fortezze, in modo che potessero avere delle vie di fuga nel caso fossero sopraffatti e potessero nascondersi sotto terra gli uni presso gli altri, praticando inoltre fori dal basso in alto nelle vie sotterranee per avere a disposizione aria e luce. All'inizio i Romani non li tenevano in alcuna considerazione".
[12] *BMC RE* III, 1655; *RIC* II, 853.

sotto Traiano c'erano state sollevazioni di Ebrei a Cirene, a Cipro e in Mesopotamia (115-117 d.C.) e non è escluso che tali fermenti abbiano riguardato altresì alcune frange di Galilei. Adriano, nel suo proposito di riqualificazione urbanistica ellenizzante di Gerusalemme, dovette urtare la sensibilità degli Ebrei, i quali clandestinamente avrebbero realizzato i lavori dei tracciati sotterranei emersi dagli scavi, nei quali avrebbero immagazzinato armi, allestito vie di fuga e di attacco a presidi militari. Sorse così in alcuni anni un reticolato da cui, intorno al 131/132 d.C., vennero sferrati assalti a sorpresa contro forti romani tali da permettere ai ribelli la conquista di villaggi, l'erezione di fortezze e l'emancipazione per almeno un biennio di parte della provincia. Bar Kokhbà, da Herodium, instaurò un regno autonomo organizzato e approvvigionato: l'occultato archivio di Babata contiene le missive originali del *leader*. I Romani fecero confluire nella provincia legioni da ogni parte dell'Impero (da sette a tredici, oltre alle truppe ausiliarie) e riuscirono a soffocare in un cerchio mortale, nel sistema sotterraneo, i ribelli; questi portarono con sé, per salvaguardarla, una preziosa "biblioteca" a cui appartengono molti dei frammenti emersi dagli scavi. I legionari, da fortini temporanei allestiti all'imboccatura degli antri, si scambiavano informazioni sulle comunicazioni dei disperati intrappolati nel sottosuolo: Y. Aharoni[13] ha individuato un campo a ridosso della "grotta delle lettere", presso En-Ghedi, e un altro sopra la "grotta degli orrori" (Fig. 20.1). Il reticolato di cave si è rivelato un laccio mortale in cui i ribelli sono morti di fame e sete; all'eccidio scamparono i ricoverati nella grotta delle lettere, accessibile da più entrate, e i rinchiusi in altre cave limitrofe presso cui non sono state trovati resti di campi romani. La "grotta degli orrori" è, quindi, un cimitero dimenticato, una tomba che è tornata a vivere, a testimoniare di sé, attraverso un frammento.

Bibliografia

Aharoni, Y. - Rothemberg, R. 1959, *In the Steps of Kings and Rebels*, Tel Aviv.

Aharoni, Y. 1960, "Les nouvelles decouvertes de la Mer Morte", in *BTS*, 29, 12-13.

Aharoni, Y. 1961, "The caves of Naḥal Ḥever", in *'Atiqot*, 3, 148-162.

Alon, G. 1989, *The Jews in their Land in the Talmudic Age (70-640 C.E.)*, Cambridge.

Avigad, N. 1961, "Expedition A", in *BIES*, 25, 13-18.

Aviram, J. 1960, "Judean Desert", in *IEJ*, 10.

Benoit, P. - Milik, J.T. - de Vaux, R. 1961 *Les grottes de Murabba'at*, Oxford.

Bowersock, G.W. 1975, "Old and New in the History of Judaea", in *JRS*, 65, 180-185.

Brizzi, G. 1981, "Città greche, comunità giudaiche e rapporti romano-partici in Mesopotamia (I-II sec. d.C.)", in *RSA*, 11, 103-108.

Cotton, H. - Greenfield, J. 1994, "Babatha's Property and the Law of Succession in the Babatha Archive", in *ZPE*, 104, 211-224.

Cotton, H. M. 1995, "Babatha's "patria"; Mahoza, Mahoz Eglatain and Zoar", in *ZPE*, 107, 126-132.

Cotton, H. M. 2000 in J. Charlesworth - H. Cotton - P. Flint (eds), *Miscellaneus Texts from Judean Desert*, Oxford.

Cotton, H. M. 2001, "L'impatto dei papiri documentari del deserto di Giudea sullo studio della storia ebraica dal 70 al 135/6 E.V.", in A. Lewin (ed.), *Gli Ebrei nell'Impero Romano. Saggi vari*, Firenze, 217-231.

Esler, P. F. 2017, *Babatha's Orchard: The Yadin Papyri and the Ancient Jewish Family Tale Retold*, Oxford.

Firpo, G. 1999, *Le rivolte giudaiche*, Roma-Bari.

Guenon, R. 1990, *I simboli della scienza sacra*, Milano.

Hartman, D. (ed.) 2016, *Archivio di Babatha. Testi greci e Ketubbah*, I, Brescia.

Isaac, B. 1992, "The Babatha's Archive: A Review Article", in *IEJ*, 42, 62-75.

Kloner, A. 1982, "Judean Subterranean Hideaways from the Time of Bar Kokhba", in *Cathedra*, 26, 15-19.

Kloner, A. - Zissu, B. 2003, "Hiding complex in Judaea: an Archaeological and Geographical Update on the Area of the Bar Kokhba Revolt", in P. Schäfer (ed.), *The Bar Kokhba War Reconsidered. New Perspectives on the Second Jewish Revolt against Rome*, Tübingen, 181-216.

Lewis, N. 1989, *The Documents from the Bar Kokhba's Period in the Cave of Letters. Greek Papyri*, in *Judean Desert Studies*, II, Jerusalem.

Lewis, N. 2003, "The complete Babatha; more questions than answers", in *SCI*, 22, 189-192.

Lifshitz, B. 1961, "The Greek Documents from Nahal Seelim and Nahal Mishmar", in *IEJ*, 11, 61.

Lifshitz, B. 1962, "Papyrus grecs du desert de Juda", in *Aegyptus*, 42, 240-258.

Martone, C. 2011, "Osservazioni sulla formazione del testo biblico e la testimonianza di Qumran e delle antiche versioni", in A. Balbo - F. Bessone - E. Malaspina (eds), *'Tanti affetti in tal momento': studi in onore di Giovanna Garbarino*, Alessandria, 589-592.

Meshorer, Y. 1967, *Jewish Coins of the Second Temple Period*, Tel Aviv.

Mildenberg, L. 1977, "Bar Kokhba in Jerusalem?", in *GNS*, 105, 1-6.

Mildenberg, L. 1980, "Bar Kokhba Coins and Documents", in *HSCP*, 84, 311-335.

---

[13] Aharoni - Rothemberg 1959, 151-152.

Migliardi Zingale, L. 2002, "Storie di donne nel II secolo d.C.: il deserto di Giudea restituisce le 'chartae' di famiglia", in AA.VV., *Atti dell'Accademia Ligure di Scienze e Lettere*, VI, 441-455.

Millar, F. 1964, *A Study of Cassio Dio*, Oxford.

Millar, F. 1992, *The Roman Near East, 31 BC-AD 337*, Cambridge.

Mor, U. 2011, "Language Contact in Judea: How much Aramaic is there in the Hebrew Documents from Judean Desert?", in *Hebrew Studies*, 52, 214-220.

Porter, S. E. 1997, "The Greek Papyri of the Judean Desert and the World of the Roman East", in S.E. Porter - C. A. Evans (eds), *The Scrolls and the Scriptures; Qumran Fifty Years After*, Sheffield, 293-316.

Sharar, Y. 2003, "The Underground Hideouts in Galilee and their Historical Meaning", in P. Schäfer (ed.), *The Bar Kokhba War Reconsidered. New Perspectives on the Second Jewish Revolt against Rome*, Tübingen, 217-240.

Smallwood, E.M. 1976, *The Jews under Roman Rule: from Pompey to Diocletian*, Leiden.

Teper, B. Y. - Shahar, Y. 1984, *Jewish Settlements and their Hideaways*, Tel Aviv.

Tov, E. 1982, "A Modern Textual Outlook Based on Qumran Scrolls", in *HUCA*, 55, 11-27.

Yadin, Y. 1967, "Masada and the Limes", in *IEJ,* 17, 43-45;

Yadin, Y. 1971, *Bar Kokhbà: The Rediscovery of the Legendary Hero of the Last Jewish Revolt against the Imperial Rome*, London.

Yadin, Y. - Greenfield, J.C. - Yardeni, A. 1994, "Babatha's Kettuba", in *IEJ*, 44, 75-99.

Yardeni, A. 1995, *Nahal Sel'elim Documents*, Jerusalem.

Yardeni, A. 1997, *The Book of Hebrew Script. History, Paleography, Script Styles, Calligraphy and Design*, Jerusalem.

Yardeni, A. 2000, *Textbook of Aramaic, Hebrew and Nabatean Documentary Texts from Judean Desert and Related Material*, Jerusalem.

21

I luoghi di sosta tra la *via Triumphalis* e la *via Campana-Portuensis* in età Tardo Antica: funzione, evoluzione, contesti.

Andrea Ricchioni
Università degli Studi di Roma Tor Vergata

Abstract: The dossier about the rest areas of the Suburb of Rome in the Late Antiquity is meager thus far. The historical-topographical studies are largely stationary to a generic interpretation as mansiones connected with the cursus publicus. Recent data from the surveys conducted by the SSABAP of Rome in the area of the Suburb between the via Triumphalis and the via Campana-Portuensis provides important cause for reflection regarding the "minor" settlements along the consular roads between the III and the XII mile, from the 4th century AD until the VII century AD. By presenting data of unpublished contests, this paper aims to analyze the different functions performed by individual installation, examining the evolutionary processes of single contests, their central role played both in the late antique economic system and in local trade and the importance assumed in the Christianization process in the Late Antiquity.

Keywords: Suburbio; via Triumphalis; via Aurelia; via Campana-Portuensis; luoghi di sosta; insediamenti 'minori'; Tardo Antico.

Parlare degli edifici connessi alla mobilità nel Suburbio occidentale di Roma in età Tardo Antica significa affrontare un argomento finora inesplorato[1]; la mole di dati disponibili, in parte editi e in parte inediti[2], consentono di formulare considerazioni di carattere generale che, si spera, possano fornire un punto di partenza per successive valutazioni o approfondimenti.

Come le ricerche più recenti hanno dimostrato[3], per cogliere e comprendere la corretta funzione delle stazioni di sosta, è necessario disporre di indagini stratigrafiche analitiche, processate in modo sistematico; questa condizione, al momento, trova riscontro solamente in quattro contesti presi in esame nella ricerca (Fig. 21.1). Per il resto, i dati disponibili, frammentari e prevalentemente raccolti in forme occasionali, provengono o da notizie sommarie di ritrovamenti, o da documentazioni di archivio inedite e non ancora adeguatamente studiate.

Nonostante le criticità esposte, i dati archeologici e l'avanzare della ricerca scientifica sull'argomento offrono l'occasione di poter presentare una rielaborazione interpretativa dei contesti: le notizie di scavo hanno visto un utilizzo generalizzato del termine *mansio* per tutti quegl'impianti a stretto contatto con la viabilità antica;

l'analisi delle caratteristiche messe in luce sembrano invece accostare i ritrovamenti a una tipologia insediativa specifica, ossia a edifici polifunzionali: strutture, in mano a privati, volte a offrire una pluralità di servizi a tutti coloro che usufruivano della viabilità.

Dopo questa breve introduzione passiamo in rassegna i casi fino ad oggi conosciuti, cercando di analizzare l'evoluzione degli edifici tra l'età imperiale e l'età Tardo Antica, nella fascia di territorio compresa tra il III e l'XI miglio delle *viae Triumphalis, Cornelia, Aurelia* e *Campana/Portuensis*.

Lungo l'attuale via Trionfale presso la località Poggioverde, nel luglio del 1999 sono stati messi in luce alcuni ambienti appartenenti a una *taberna* connessa a tratti stradali dell'antica via consolare[4]. Le strutture murarie, ridotte quasi alla quota di fondazione, erano articolate in modo tale da disegnare tre ambienti (Fig. 21.2): in uno sono stati recuperati resti di almeno due *dolia defossa*, nel secondo lacerti di preparazione pavimentale in tessere di mosaico bianche e nere, nel terzo una struttura identificata come un bancone in muratura pertinente un piano di cottura.

Tra la fine del IV e gli inizi del V secolo d.C., la *taberna* cessa la sua funzione e venne pesantemente spoliata per consentire il recupero dei materiali di riuso; le attività sono ben scandite nel palinsesto stratigrafico: dallo smantellamento delle strutture, seguiva una selezione dei materiali, i cui scarti erano accatastati nei vani, formando

---

[1] Per le ricerche condotte sulle stazioni di sosta in ambito italiano si vedano: Di Paola 1999; Corsi 2000; Basso-Zanini 2016. Una sintesi per l'età Tardo Antica e Alto medievale in: Corsi 2005; Corsi 2016; Di Paola 2016. Per quanto concerne il Suburbio di Roma Staffa 1986; Cianfriglia-Giacopini 2001; Ciarrocchi 2021.

[2] Devo la possibilità di utilizzare i dati inediti alla cortese liberalità della SSABAP-RM.

[3] Riflessioni metodologiche sull'argomento in Taliano Grasso 1996; Castrorao Barba 2016; Le Guennec 2016; Zanini 2016, 73-74; Zanini 2017.

[4] Arizza - De Cristofaro - Santolini Giordani 2001. Per una ricostruzione del tracciato dell'antica via Trionfale nel Suburbio, Maiuro 2008; De Cristofaro 2016. Per la documentazione di scavo: SITAR OI_7606.

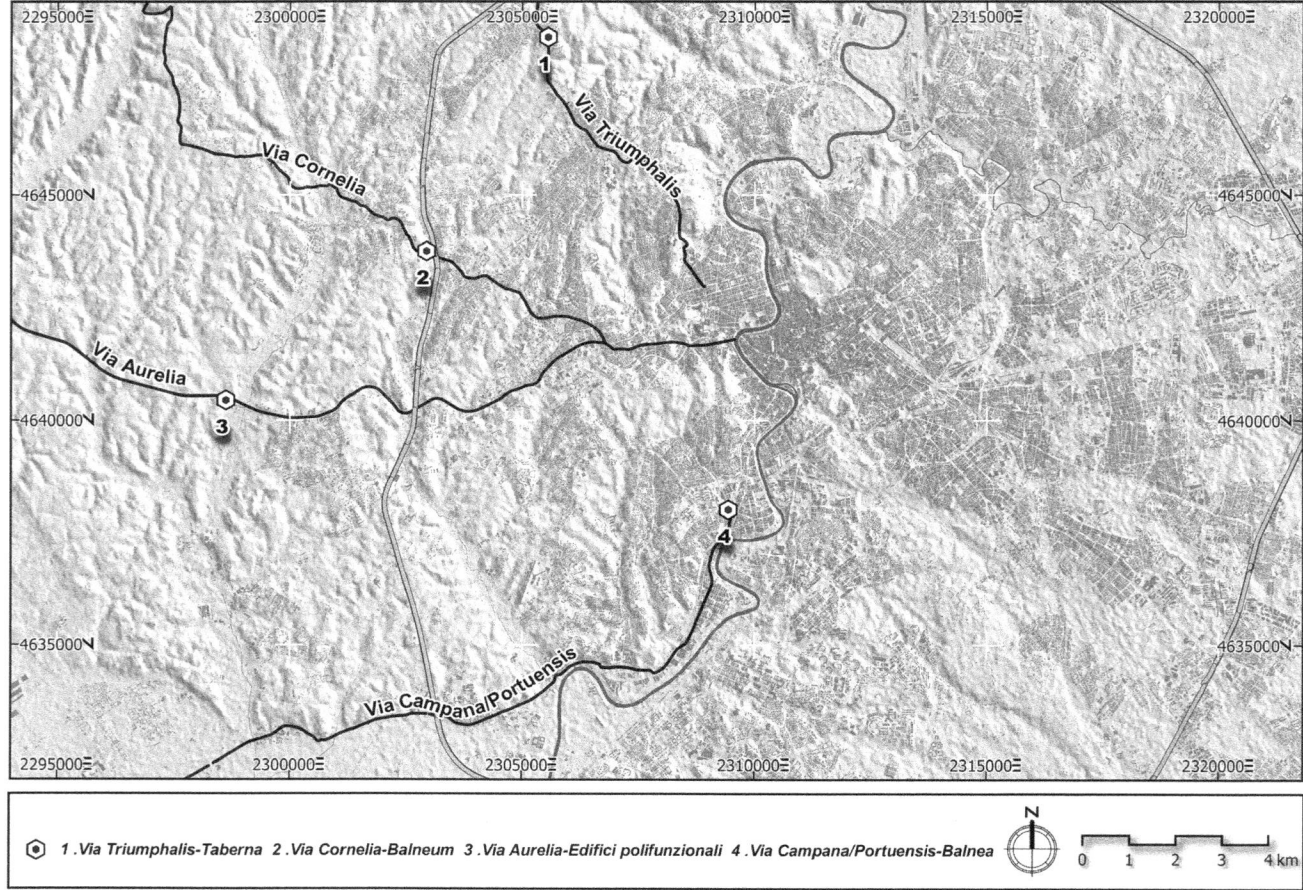

Fig. 21.1. Posizionamento dei siti (Elaborazione grafica Dr. G. Luglio).

dei potenti depositi[5]. Particolare un tesoretto di circa 89 monete di piccole dimensioni realizzato in uno degli accumuli, perlopiù datate tra la seconda metà del IV e gli inizi del V secolo d.C.[6].

Del tutto inedito è il sito scoperto al civico 506 di via Boccea, nel tratto dell'antica *via Cornelia* oltre il G.R.A.[7]; le campagne di scavo condotte a più riprese tra il settembre 2016 e il febbraio 2021, dalla SSABAP di Roma hanno portato alla luce parte di un *balneum,* con annesso edificio per il ricovero degli animali, posizionate lungo il margine settentrionale di un tratto stradale basolato[8].

Del *balneum* è stato possibile indagare solamente gli ambienti riscaldati, in quanto sull'intero impianto insiste un fabbricato scolastico risalente alla seconda metà del Novecento (Fig. 21.3); lungo un asse E-W sono disposti sette vani realizzati in opera laterizia e articolati attorno a una stanza rettangolare interpretata come *calidarium*[9], alimentato da un sistema a ipocausto e da un *praefurnium*. Innestata lungo il margine settentrionale è una vasca absidata[10], anch'essa riscaldata da un forno, la cui parte esterna è delimitata dal passaggio di una canaletta di deiezione dell'acqua[11]. Infine, a SE del *calidarium*, è collocata una seconda vasca absidata[12], dotata di pavimento musivo a tessere bianche e nere, con decorazione geometrica del tipo c.d. "a tappeto di ottagoni".

Un edificio rettangolare occupava lo spazio immediatamente a E del *balneum,* parallelo all'asse viario, di cui sono stati portati alla luce solamente tre lati realizzati in opera laterizia[13] (Fig. 21.4). Al centro era collocato un pilastro quadrangolare in opera laterizia[14]. La pavimentazione era costituita da un battuto di terreno

---

[5] UUSS 84, 84bis, 108.
[6] Archivio corrente SSABAP Roma, *Schede nn. Catalogo Generale 499049A104-499148A180* (schedatura di S. Pace).
[7] Recente ricostruzione della *via Cornelia* nel tratto suburbano in De Cristofaro 2021 (con bibliografia). Per gli scavi, devo la possibilità di utilizzare in anteprima i dati ad A. De Cristofaro, funzionario responsabile di zona. Per la prima campagna di indagini, lo scavo è stato effettuato dalla Coop. Parsifal (relazione a cura di F. Failli, F. Felici, L. Traversi e P. Campagna); la seconda campagna è stata effettuata da F. Avilia e M. L. Bruto, che vivamente ringrazio.
[8] Archivio corrente SSABAP Roma, *Relazione scientifica. Indagini archeologiche preventive alla realizzazione di un edificio commerciale - via Boccea, 506 - settembre 2016 - luglio 2017; Relazione scientifica. Indagini archeologiche preventive per la realizzazione dell'adduttrice fognaria "Maglianella VI Tronco" in via di Boccea, 506 - novembre 2020 - febbraio 2021.*

[9] Vano 2.
[10] Vano 1.
[11] UUSSMM 75, 115, 121, 144.
[12] Vani 4 e 5.
[13] Ambiente A - UUSSMM 1-3.
[14] USM 4.

Fig. 21.2. Loc. Poggioverde. Panoramica dei resti di una *taberna* (SITAR OI_7606).

Fig. 21.3. Via Boccea, 506. Panoramica del *balneum* (© Archivio corrente - SSABAP Roma).

Fig. 21.4. Via Boccea, 506. Ortofoto del tratto della *via Cornelia* con edifici annessi (© Archivio corrente - SSABAP Roma).

molto compatto, individuato su gran parte dell'ambiente[15]. L'edificio potrebbe essere identificato come una struttura adibita a ricovero per animali, a servizio degli utenti del *balneum* e dei viaggiatori che percorrevano il vicino tratto stradale[16]. Quest'ultimo, impostato su un asse E-W, è stato portato alla luce per una lunghezza di ca. 20,00 m e larghezza 2,80 m. La pavimentazione era costituita da blocchi disomogenei di trachite, consunti dal prolungato utilizzo e da profondi solchi di carro.

Dall'analisi dei bolli è stato possibile dedurre che l'impianto originario venne costruito nel I-II secolo d.C.: su un bessale utilizzato nelle pilette della vasca del *calidarium* era impresso un bollo rettangolare la cui datazione consolare rimanda al 123 d.C.; un secondo bollo è stato recuperato da una tegola messa in opera nel muro settentrionale dell'ampio edificio, di forma semicircolare, particolarmente diffuso nell'area intorno al I secolo d.C.[17].

Massicci interventi di ampliamento e modifica dell'area occupata dal *calidarium* vennero realizzati in età severiana, datazione anche in questo caso confermata da un bollo circolare su tegola impiegato per la costruzione della canaletta[18].

Il *balneum* sembra gradualmente cessare la sua attività tra la seconda metà del IV e il V secolo d.C.; testimone

di un netto mutamento dell'impianto è la costruzione di un muro in blocchetti di tufo[19], con andamento E-W, immediatamente a S della vasca con pavimento a mosaico: la struttura obliterava sia un lacerto di muro in opera laterizia[20] che la canaletta di deiezione[21], occludendo di fatto l'accesso dalla strada. La datazione è confermata dai pochi frustuli ceramici di Sigillata Africana tipo D, un orlo di coppa tipo Conspectus 37.5 in ceramica a Vernice Rossa Romana recuperati dagli accumuli di spoliazione[22].

Sistematiche e mirate sono le operazioni di recupero dei materiali da reimpiegare (laterizi, marmo e piombo) che vengono condotte in seguito alla graduale destrutturazione dell'impianto. In concomitanza con lo smantellamento dell'impianto vengono accumulati intenzionalmente depositi di macerie e scarti all'interno dei vani, così da formare dei piani di lavoro e frequentazione del cantiere. Il recupero di una consistente quantità di scorie e rottami di piombo all'interno degli scarti e l'individuazione di un punto di fusione[23] testimoniano un'intensa attività di rilavorazione *in loco* delle *fistulae* plumbee distaccate. Una selezione del materiale destinato al riuso è testimoniata anche da un accumulo di piccole lastre marmoree rilavorate, emerso a contatto con la pavimentazione del *calidarium*[24].

---

[15] UUSS 303, 304.
[16] Per una recente sintesi sull'argomento, Busana *et al.* 2016.
[17] *CIL* XV, 1133.
[18] USM 119; *CIL* XV, 372: il bollo è datato all'età severiana. Steinby 1974-1975, 70.

[19] USM 5.
[20] USM 6bis.
[21] USM 9.
[22] UUSS 60 = 102, 106.
[23] UUSS 88, 109.
[24] USM 64.

All'ultima fase di frequentazione del sito sono ascrivibili alcune sepolture realizzate all'interno del ricovero per animali e a ridosso di un sistema di canalette poste a N del *balneum*[25]: delle prime sono stati individuati solo dei resti ossei sconnessi e privi di corredo[26]; al contrario le seconde erano discretamente conservate[27]: due dotate di sistema di copertura alla cappuccina e piano d'appoggio in tegole orizzontali, mentre della terza è stato possibile recuperare solo le parti ossee.

Spostandoci sulla *via Aurelia*, un caso particolarmente interessante è il ritrovamento avvenuto nel corso del 2013 presso la località Malagrotta, a non molta distanza dall'antico centro di *Lorium*. Il sito, ad oggi, è inedito: in corso è lo spoglio delle fonti archivistiche finalizzato al progetto di dottorato da me condotto e sarà pertanto possibile presentare, in via del tutto preliminare, alcuni risultati ottenuti da un confronto fra dato archeologico e fonti scritte. Il contesto ha restituito tre ambienti rettangolari posti uno di seguito all'altro sullo stesso asse, con gli accessi rivolti verso un tratto stradale basolato della *via Aurelia*[28]. I dati consentono, al momento, di identificare i vani come edifici polifunzionali a carattere non residenziale databili tra la fine dell'età repubblicana e il VI-VII secolo d.C. Tra la strada e l'ultimo ambiente messo in luce, nel settore sudorientale dell'area, è stato rinvenuto *in situ* un sarcofago a *lenòs* sormontato da una scultura minore del vero raffigurante una divinità fluviale recumbente, entrambi reimpiegati in età Tardo Antica come fontana. Il manufatto era alimentato presumibilmente da una risorgiva locale, ed era dotato di una canaletta di deiezione connessa a un vicino pozzo. Un richiamo a una fonte d'acqua di età romana in località Malagrotta viene riportato dal Tomassetti nella donazione apocrifa di Santa Silvia risalente all'XI secolo d.C.[29]: nel documento vengono infatti menzionati sessantacinque toponimi inclusi nel possedimento di *Molarupta,* tra cui un *Nymphulae* che lo studioso associa alla presenza di una fonte antica. Qualora fosse confermata, si tratterebbe di un caso eccezionale di trasmissione toponomastica di un elemento che, in passato, doveva svolgere un ruolo chiave nell'assetto insediativo locale.

Una serie di campagne di scavo condotte fra il 1983 e il 2015 presso la località Pozzo Pantaleo, tra via Q. Majorana, via della Magliana Antica, via Portuense e la Ferrovia Roma-Fiumicino hanno portato alla luce un articolato gruppo di edifici tangenti a un tratto basolato dell'antica *via Campana-Portuensis*[30]. Al momento, le uniche ricostruzioni storico-archeologiche del sito presentano

criticità ancora irrisolte, soprattutto a causa della loro conoscenza assai parziale. Una trattazione completa e chiara sull'entità del ritrovamento esula dagli argomenti trattati, rimandando la presentazione degli stessi a futuri contributi.

L'angolo nordoccidentale dell'area, nell'incrocio tra la *Campana/Portuensis* e un diverticolo, era occupato da alcuni ambienti, la cui disposizione e caratteristiche richiamano quelle di un *balneum*[31] (Fig. 21.5). L'impianto era rivolto verso la strada consolare e articolato come segue: dalla strada si accedeva a due vani rettangolari e contigui, conservati quasi a livello di fondazione, tramite un breve diverticolo basolato; dall'angolo nordoccidentale del secondo ambiente si passava a un lungo vano absidato, di forma rettangolare, pavimentato con mosaico a tessere bianche e nere, con rappresentate figure e animali legati al mondo dell'acqua, databile alla seconda metà del II secolo d.C. Immediatamente a N del vano si estendono una serie di ambienti dalla forma rettangolare non ancora indagati, eccetto un piccolo ambiente quadrangolare con pavimento musivo a tessere bianche e nere; a S sono collocati in serie un corridoio pavimentato in cocciopesto e due ambienti di servizio rettangolari.

Proseguendo lungo la via consolare, in direzione S, seguono due tombe monumentali e diversi ambienti di forma rettangolare, addossati a una cisterna circolare in opera reticolata e laterizia: i vani, realizzati con le stesse tecniche della cisterna, insistono al di sopra di un articolato sistema ipogeo per la conservazione e il trasporto di acqua. La scarsa quantità di informazioni recuperate al momento dell'indagine, non permettono di ottenere interpretazioni sulla funzione: è probabile l'ipotesi che si tratti di ambienti adibiti a esercizio commerciale connessi all'impianto termale.

Un possibile secondo *balneum* si estende a NO del primo, quasi a ridosso della via Portuense odierna, al termine del diverticolo proveniente dalla via consolare[32]. L'ingresso è stato rintracciato a O della strada antica, costituito da un grande ambiente rettangolare, interpretato come *apodyterium*; dal lato settentrionale si accedeva a una vasca rettangolare di acqua fredda, dotata di gradoni e rivestita di cocciopesto; da qui si passava a un terzo ambiente, dalla forma a L, anch'esso dotato di gradoni: il pavimento era formato da un mosaico a tessere bianche e nere con decorazione geometrica a cerchi e quadrilateri. Il limite S del vano conserva un passaggio a un quarto ambiente con pavimento musivo a tessere bianche e nere sparse: addossato all'angolo orientale vi era una piccola vasca per l'acqua fredda foderata da cocciopesto su cui erano alloggiate lastre di marmo. L'approvvigionamento di acqua era garantito da una cisterna posta a O dei vani, dotata su due lati di quattro pilastri di sostegno esterni e rivestita internamente da cocciopesto: tra l'impianto e la cisterna erano collocate *fistulae* plumbee rinvenute *in situ*,

---

[25] UUSS 21, 22.
[26] Tombe 1 e 2.
[27] Tombe 1 (UUSS 25,48, 49) e 2 (UUSS 20, 51, 52, 53, 55).
[28] Per una sintesi sul tratto suburbano della via Aurelia, Ciancio Rossetto 2001.
[29] Tomassetti 1977, 599.
[30] Sulle diverse campagna di scavo: Cianfriglia-Corsini 1986-1987; Cianfriglia-Filippini 1987-1988; Cianfriglia-Giacopini 2001; Cianfriglia 2007; Ambrogio *et al.* 2016. Per la *via Campana-Portuensis*: Scheid 1976; Serlorenzi *et al.* 2004; Arnoldus Huyzendveld *et al.* 2009; Serlorenzi - Di Giuseppe 2011; Broise - Scheid 2020, 265-305 e 472-474.

[31] Cianfriglia - Giacopini 2001, 407.
[32] Ambrogio *et al.* 2016, 387-389.

Fig. 21.5. Loc. Pozzo Pantaleo. Ortofoto della *via Campana-Portuensis* con *balneum* (in alto) e cisterna (© Archivio corrente SSABAP Roma).

bollate con il nome dei *plumbarii*, la cui identificazione rimanda a un orizzonte cronologico di II secolo d.C.[33].

Allo stato attuale è possibile individuare per entrambi i *balnea* tre fasi distinte: un'originaria costruzione dell'impianto è databile al I-II secolo d.C.; a partire dall'età severiana viene a consolidarsi la vocazione termale, attraverso una serie di interventi di ampliamento e consolidamento dei vani preesistenti, dotandoli di un discreto apparato decorativo; è dal IV secolo d.C. che il *balneum* vive una nuova fase di vita, attraverso un complessivo rifacimento dei tratti murari in opera vittata e vittata mista, riadattamento degli apparati decorativi e mantenimento dell'assetto originario. Il graduale

abbandono, con conseguente attività di spoliazione, è da collocare a un periodo successivo al V-VI secolo d.C., datazione dedotta dai frustuli ceramici recuperati dai depositi più recenti. In contemporanea, molti ambienti vedono l'installazione di sepolture, da mettere in relazione con la continuità di utilizzo della necropoli portuense in età Tardo Antica e Altomedievale.

Al termine della presentazione dei contesti proviamo a tracciare un quadro dello sviluppo di alcuni di questi edifici dislocati nel tratto di Suburbio compreso tra la via Trionfale e la via Campana. Iniziamo con l'analisi terminologica.

L'attribuzione degli edifici in esame a delle *mansiones* sembra, alla luce degli studi recenti, non trovare riscontro nei dati archeologici. L'indagine approfondita degli

---

[33] *CIL* XV, 7589; *CIL* XV, 7646; ipotesi di confronto sono state presentate in Ambrogio *et al.* 2016, 388-389.

aspetti, dei caratteri e delle funzioni di ogni contesto getta invece una nuova luce sulla terminologia da assegnare[34], includendo i ritrovamenti nella tipologia specifica degli edifici polifunzionali connessi alla mobilità romana[35]. Come riportato da Tran[36], le strutture di servizio alla viabilità antica costituivano una fonte di reddito per i possidenti, alimentando un considerevole giro di affari; la costruzione di impianti per i viaggiatori garantiva un ulteriore introito economico da affiancare ai proventi derivati dal sistema produttivo delle ville dislocate attorno alla città. Non è casuale la scelta di collocare gli esercizi commerciali in punti particolarmente frequentati, come ad esempio presso le aree necropolari suburbane oppure in zone, di un *praedium* o di una villa, a contatto con la viabilità principale; in quest'ultimo caso, gli edifici potevano costituire un punto di vendita delle merci prodotte *in loco*, alimentando un microsistema economico, per i contesti presentati di difficile ricostruzione, a causa della scarsa quantità di studi condotti sui materiali ceramici[37].

Il quadro delineato comincia a presentare segnali di discontinuità a partire dalla fine del IV sec. d.C. e per tutto il V sec. d.C. Il fenomeno più evidente è l'installazione di spazi funerari all'interno o nelle immediate vicinanze degli edifici[38]; le evidenze, tuttavia, non sono prive di problematiche interpretative: l'impossibilità di datare con esattezza i materiali diagnostici, generalmente inquadrati al secolo o al doppio secolo e la distribuzione spaziale delle sepolture, strettamente correlata alla mutata destinazione d'uso degli ambienti che le contengono, sviluppano un quadro generale del fenomeno piuttosto difficile da delineare. Tuttavia, rileggendo attentamente la documentazione di scavo, sembra che le sepolture, in alcuni casi, siano in fase con depositi che sono da attribuire a strati di vita: il nuovo dato conferma l'ipotesi, già riscontrata nelle ville sparse nel Suburbio occidentale di Roma, di una intenzionale riconversione degli ambienti a scopi funerari, sulla scia di mutamenti nel culto dei morti; le sepolture, sostanzialmente semplici, consentono di associare i defunti al personale stabilmente residente sul posto[39].

Un secondo macroscopico fenomeno è la progressiva spoliazione dei vani finalizzata al recupero di materiali di riuso; le strutture sono oggetto di una sistematica attività di smantellamento e selezione dei materiali; in contemporanea, la produzione *in loco* di calce e piombo vedono l'installazione di forni in quelle parti già dotate di dispositivi funzionali ai processi di trasformazione

termodinamica, come per esempio i *balnea*[40]. Se da un lato il fenomeno proietta un quadro generale di destrutturazione di ambienti o parti ormai cadute in disuso, dall'altro bisogna immaginare che gli edifici commerciali, come anche le ville, entrano all'interno di un nuovo circuito economico, in cui si assiste a una nuova forma di reddito, caratterizzata da un'immissione nel mercato locale e urbano di materiale di riuso da parte dei proprietari dei rispettivi *fundi*, o di imprenditori intermediari.

Appare particolarmente impattante su questi edifici il processo di cristianizzazione delle campagne attorno Roma che, a partire dalla fine del IV secolo d.C., porterà alla fondazione di importanti diocesi rurali, come *Lorium* sulla via Aurelia[41] e SS. Rufina e Seconda sulla via Cornelia[42].

L'importanza delle *mansiones/stationes* nella fondazione di strutture ecclesiastiche e nella diffusione del cristianesimo nelle campagne è argomento ampiamente trattato, in particolare per quanto concerne i contesti rinvenuti in ambito laziale[43]. Poco approfondito invece è l'impatto che la cristianità ebbe sugli edifici polifunzionali collocati attorno alla città di Roma. I dati disponibili per il settore occidentale del suburbio romano, anche se ricchi di criticità, offrono la possibilità di poter avanzare delle ipotesi preliminari.

L'installazione di nuovi centri gestionali a carattere devozionale, in punti nevralgici dell'assetto insediativo preesistente, sembrerebbe aver determinato un fenomeno di attrazione per i viaggiatori, con conseguente contrazione dei servizi di assistenza attorno alle diocesi: non è un caso che l'unico contesto che sembra avere una sua continuità dopo il V secolo d.C. sia la presunta fonte romana in località Malagrotta, a breve distanza dal centro vescovile di *Lorium*, che cessa la sua attività intorno al VII secolo d.C., ossia quando vengono meno le informazioni sulla diocesi. Al contrario, gli edifici polifunzionali presentati lungo la via Cornelia risultano gradualmente spoliati nel corso del V secolo d.C., in contemporanea con la fondazione della diocesi di SS. Rufina e Seconda, posta a una discreta distanza dal sito in esame.

L'ipotesi resta al momento aperta a successive valutazioni che mi riservo di approfondire e presentare nel corso del progetto di dottorato.

---

[34] Per una sintesi sulle problematiche connesse alla terminologia, Corsi 2000; Corsi 2016; Crogiez - Pétrequin 2016; Di Paola 2016.
[35] Recenti approfondimenti sulla tipologia di servizi offerti ai viaggiatori in Medri 2016; Giorgi - Zanini 2019.
[36] Tran 2009, 327-350.
[37] Sintesi sul ruolo delle stazioni di sosta nel microsistema economico in Zanini 2016, 74-77.
[38] Un'analisi del fenomeno nel Suburbio di Roma in Di Gennaro - Greisbach 2003.
[39] Il tema è stato impostato in De Cristofaro - Ricchioni cds.

[40] Il fenomeno, per quanto concerne il Suburbio occidentale di Roma, è noto per impianti termali connessi a ville lungo la *via Cornelia* (Santolini Giordani 1986, 758; Marchi - Catalli 2008, 34, 38) e la *via Aurelia* (De Cristofaro - Tozzi -Ricchioni 2019-2020; De Cristofaro - Tozzi - Ricchioni 2021).
[41] La diocesi venne fondata a ridosso del santuario dedicato a S. Basilide presso la località Bottaccia-*Lorium*, all'altezza dell'XII miglio della via Aurelia (Nibby 1837, II, 270-273; Valentini - Zucchetti 1940-1953, II, 152; De Francesco 2004, 213, in particolare nota 1302).
[42] Fiocchi Nicolai 1988, 57 e 67, nota 418; Christie 1991, 211-312; De Francesco 2005, 115-117; Giannini 2019, 11.
[43] Sul ruolo giocato dalle stazioni stradali nel processo di cristianizzazione delle campagne: Corsi 2005; Cantino Wataghin - Fiocchi Nicolai - Volpe 2007. Sull'evoluzione in sedi di diocesi rurali, Fiocchi Nicolai 1988; De Fino 2005, 692-693.

Bibliografia

Arnoldus Huyzendveld, A. - Carbonara, C. - Ceracchi, C. - Morelli, C. 2009, "La viabilità nel territorio portuense", in C. Pavolini - V. Jolivet - M. A. Tomei - R. Volpe (eds), *Suburbium II. Il Suburbio di Roma dall'età monarchica alla nascita del sistema delle ville (V-II sec. a. C.)*, Roma, 599-619.

Arizza, M. - De Cristofaro, A. - Santolini Giordano, R., "Località Poggioverde, borgata Ottavia. Necropoli etrusca e strutture di età romana", in F. Fedora (ed.), *Archeologia e Giubileo. Gli interventi a Roma e nel Lazio nel Piano per il Grande Giubileo del 2000*, Napoli, 442-446.

Ambrogio, M. R. - Ariosto, C. - Cianfriglia, L. - Mazzotta, S. - Zubboli, V. 2016, "Via Portuense, località Pozzo Pantaleo. Indagini archeologiche per l'allargamento della sede stradale (Municipio XI)", in *BCAR*, 117, 385-391.

Basso, P. - Zanini, E. 2016 (eds), Statio Amoena. *Sostare e vivere lungo le strade romane,* Oxfordshire.

Broise, H. - Scheid, J. 2020, *Recherches archéologiques à la Magliana, 3. Un bois sacré du suburbium Romain. Topographie générale du site* ad Deam Diam, Roma.

Busana, M. S. - Magliavacca, M. - Pizzeghello, D. - Nardi, S., "Edifici per animali di età romana: tra fonti, archeologia e scienza", in Basso - Zanini 2016, 111-120.

Cantino Wataghin, G. - Fiocchi Nicolai, V. - Volpe, G. 2007, "Aspetti della cristianizzazione degli agglomerati secondari", in AA.VV., *Carlo Magno e le Alpi*, Spoleto, 269-298.

Ciancio Rossetto, P. 2001, s.v. "Aurelia via", in *LTVRS*, I, Roma, 170-186.

Cianfriglia, L. - Giacopini, L. 2001, "Via Portuense. Area archeologica di Pozzo Pantaleo", in F. Fedora (ed.), *Archeologia e Giubileo. Gli interventi a Roma e nel Lazio nel Piano per il Grande Giubileo del 2000*, Napoli, 407-410.

Ciarrocchi, B. 2021, "Roma. Viadotto della Crescenza. Il pavimento in mosaico di una *mansio* di età imperiale sulla antica via Veientana", in C. Angelelli - C. Cecalupo (ed.), in *AISCOM XXVI*, Roma, 127-138.

Castrorao Barba, A. 2016, "Alcune statistiche sulle dinamiche cronologiche degli insediamenti secondari in Italia nella lunga durata tra età romana e Medioevo", in Basso - Zanini 2016, 121-130.

Christie, N. 1991, "Three South Etrurian Churces: Santa Cornelia, Santa Rufina and San Liberato", London.

Cianfriglia, L. - Corsini, A. L., "Roma. 1986-1987, via Portuense, località Pozzo Pantaleo. La strada basolata. Relazione preliminare della prima campagna di scavo", in *NSc,* XL-XLI, 155-174.

Cianfriglia, L. - Filippini, P. 1986-1987, "Pozzo Pantaleo. Ricostruzione dell'area necropolare (cric. XV)", in *BCAR*, 92, 533-543.

Cianfriglia, L. 2007, "Portuense Magliana (Municipio XV): inquadramento topografico", in M. A. Tomei (ed.), *Roma. Memorie dal sottosuolo. Ritrovamenti archeologici 1980/2006,* Roma, 499-502.

Corsi, C. 2000, *Le Strutture di Servizio del* Cursus Publicus *in Italia: ricerche topografiche ed evidenze archeologiche*, Oxford.

Corsi, C. 2005, "La cristianizzazione del viaggio: fonti letterarie ed archeologiche sui luoghi di sosta tra tarda antichità e alto medioevo", in *RACr,* 81, 195-234.

Corsi, C. 2016, "Luoghi di strada e stazioni stradali in Italia tra età tardoantica e alto Medioevo", in Basso - Zanini 2016, 53-67.

Crogiez-Pétrequin, S. 2016, "Les *mansiones* et *mutationes* dans le textes juridisque de l'Antiquité et du Haut Moyen Âge", in Basso - Zanini 2016, 19-26.

De Cristofaro, A. 2016, "Sulla *via Triumphalis* in età arcaica", in *ATTA*, 26, 17-39.

De Cristofaro, A. 2021, "Da via Cornelia a via Boccea. Storia, percorso e paesaggi di una strada suburbana", in *ATTA*, 31, 201-2018.

De Cristofaro, A. - Ricchioni, A. (cds), "Il sistema della villa nel territorio tra le *viae Triumphalis* e *Campana* nel Suburbio di Roma: aspetti economici e sociali tra il IV e VIII secolo d.C.", in *La villa dopo la villa. Trasformazione di un sistema insediativo ed economico nell'Italia centrale tra tarda Antichità e Medioevo. Webinair organizzato dal Centre d'Étude des Mondes Antiques (UCLouvain) e dal Consiglio Nazionale delle Ricerche, Istituto di Scienze del Patrimonio Culturale (ISPC, Roma) Roma (Academia Belgica), 15 dicembre 2020*, Roma.

De Cristofaro, A. - Tozzi, C. - Ricchioni, A. 2019-2020, "Le terme della villa di *C. Furius Octavianus* sulla via Aurelia: dall'età severiana al basso medioevo", in *RendPontAc*, 92, 147-192.

De Cristofaro, A. - Tozzi, C. - Ricchioni, A. 2021, "Un cantiere di spoliazione al km 12,000 della via Aurelia a Roma: tempi e modalità di reimpiego dei laterizi tra l'età tardoantica e il basso medioevo", in E. Bukowiecki - A. Pizzo - R. Volpe (eds), *Demolire, Riciclare, Reinventare. La lunga vita e l'eredità del laterizio romano nella storia dell'architettura*, Roma, 23-38.

De Fino, M. 2005, "Proprietà imperiali e diocesi rurali paleocristiane dell'Italia tardoantica", in G. Volpe - M. Turchiano (eds), *Paesaggi e insediamenti rurali in Italia meridionale fra Tardoantico e Altomedioevo*, Bari, 691-702.

De Francesco, D. 2005, *La proprietà fondiaria nel Lazio secoli IV-VIII storia e topografia*, Roma.

Di Gennaro, F. - Greisbach, J. 2003, "Le sepolture all'interno delle ville con particolare riferimento al territorio di Roma", in P. Pergola - R. Santangeli Valenzani - R. Volpe (eds), Suburbium. *Il suburbio di Roma dalla crisi del sistema delle ville a Gregorio Magno,* Roma, 123-166.

Di Paola, L. 1999, *Viaggi, trasporti e istituzioni. Studi sul* cursus publicus, Messina.

Di Paola, L. 2016, "*Mansiones* e *stathmoi* nelle fonti letterarie tardoantiche: destinazione d'uso, equipaggiamento, immagini", in Basso - Zanini 2016, 9-18.

Fiocchi Nicolai, V. 1988, *I cimiteri paleocristiani nel Lazio. I. Etruria meridionale*, Città del Vaticano.

Giannini, P. 2019, *L'antica basilica delle Sante Rufina e Seconda. Discussione ed ipotesi sulla sua ubicazione*, Wrocław.

Giorgi, E. - Zanini, E. 2019, "Vignale (Piombino). Le terme di una villa/*mansio* nel tempo, tra antichità e alto medioevo (?)", in M. Medri - A. Pizzo (eds), *Le terme pubbliche nell'Italia romana (II secolo a. C. - fine IV d.C.)*, Roma, 493-509.

Le Guennec, M. A. 2016, "Identifier une auberge romaine: quelques réflexions méthodologiques", in Basso - Zanini 2016, 81-90.

Maiuro, M. 2008, s.v. "*Triumphalis via*", in *LTVRS,* V, 202-207.

Marchi, M. S. - Catalli, F. 2008, *Suburbio di Roma. Una residenza produttiva lungo la via Cornelia*, Bari.

Medri, M. 2016, "Lavarsi in viaggio e in albergo: alcune osservazioni sui *balnea* per i viaggiatori", in Basso - Zanini 2016, 91-110.

Nibby, A. 1837, *Analisi Storico-Topografico-Antiquaria della Carta de' Dintorni di Roma*, Roma.

Santolini Giordani, R. 1986, "Via Boccea, località Casalotti. Villa romana (circ. XVIII)", in *BCAR*, 91, II, 754-759.

Scheid, J. 1976, "Note sur la *via Campana*", in *MEFRA,* 38, 639-657.

Serlorenzi, M. - Amatucci, B. - Arnoldus Huyzendveld, A. - De Tommasi, A - Di Giuseppe, H. - La Rocca, C. - Ricci, G. - Spagnoli, E. 2004, "Nuove acquisizioni sulla viabilità dell'Agro Portuense. Il rinvenimento di un tratto della via Campana e della via Portuense", in *BCAR*, 105, 47-114.

Serlorenzi, M. - Di Giuseppe, H. 2011, "La *via Campana*: spunti di riflessione sul contesto topografico e ambientale", in S. Keay - L. Paroli (eds), Portus *and its hinterland: recent archaeological research*, London, 287-300.

Staffa, A. R. 1986, "Via Tiburtina. Località Rebibbia, via S. Cannizzaro. Un punto di sosta lungo la via Tiburtina antica fra l'età di Augusto e la tarda antichità", in *BCAR*, 91, 642-678.

Steinby, E. M. 1974-1975, "La cronologia delle "*figlinae*" doliari urbane dalla fine dell'età repubblicana fino all'inizio del III secolo", in *BCAR*, 84, 7-132.

Taliano Grasso, A. 1996, "Un nuovo metodo d'indagine per l'identificazione delle stazioni del *cursus publicus*", in A. Dell'Era - A. Russi (eds), Vir bonus, docendi peritus. *Omaggio dell'università dell'Aquila al prof. Giovanni Garuti,* San Severo, 181-191.

Tomassetti, G. 1977, *La campagna romana antica, medioevale e moderna. Via Appia, Ardeatina e Aurelia*, II, Roma.

Tran, N. 2009, "*Tabernae publicae*: boutiques et ateliers dans le patrimoine des cités de l'Occident romain", in *CahGlotz,* 20, 327-350.

Valentini, R. - Zucchetti, G. 1940-1953, *Codice topografico della città di Roma*, Roma.

Zanini, E. 2016, "Qualche appunto per un'archeologia contestuale delle stazioni di sosta nel mondo romano e tardoantico", in Basso - Zanini 2016, 71-80.

Zanini, E. 2017, "La *mansio* di Vignale (Piombino): l'archeologia di un "sito minore" in una lettura antropologica surmoderna", in S. Santoro Bianchi (ed.), Emptor *e* mercator: *spazi e rappresentazioni del commercio romano*, Bari, 513-532.

22

Il *viridarium* romano e il suo arredo:
la posizione delle colonnine ornamentali

Carmela Silvia Amato
Università degli Studi di Roma 'Tor Vergata'

Abstract: The aim of this work is to investigate how the Romans perceived the garden, a space that has changed and been used in various ways over time. The hortus of the republican age was replaced by an idyllic garden, in which plants and furnishings recreated a place for the private otium. Of the luxury of these spaces remain the descriptions by ancient authors and the garden paintings. The ornamenta were distributed both under the porticoes and in the green space itself: labra; oscilla hanging from the architrave; various sculptures adorned the intercolumniations or were distributed in the green space, reliefs and masks were set on the walls; fountains and water features increased the suggestion of an idyllic garden and heightened the atmosphere with their sound, showing the richness of the owner; pinakes, herms and busts were supported by pillars or small columns, which lost their specific architectural function, assuming a properly decorative valence, as they were elegantly sculpted with plant motifs. In order to reconstruct the function and relationship of these artefacts, two case studies will be examined: the garden of the Casa dei Vettii and that of the Casa degli Amorini Dorati in Pompeii.

Keywords: *ornamenta*; colonnine; *peristilium*; *viridarium*; giardino; arredo.

L'idea del giardino paradisiaco è insita nella cultura ellenica fin dall'età del Bronzo con il mito del Giardino delle Esperidi[1]; tuttavia, la percezione che i Greci avevano di questi spazi era associata alla sfera religiosa, tanto che generalmente i boschetti o i parchi erano considerati sacri e pertanto erano annessi a santuari o a luoghi di culto, sempre in prossimità di una fonte d'acqua[2]. In maniera del tutto differente erano intese le aree verdi nel Vicino Oriente[3], specie nel mondo assiro, dove i giardini e i parchi facevano parte dei grandi palazzi reali per manifestare la gloria e il lusso del sovrano. In Occidente è solo con l'età ellenistica che si inizia a pensare al verde come una realtà da esprimere in maniera individuale e di cui poter godere in privato nella propria casa. Ma la concezione privatistica del giardino acquisisce pienamente forma nel mondo romano quando lo stoicismo lascia spazio all'epicureismo e, con esso, alla tendenza di dedicarsi all'*otium* nella intimità della propria abitazione[4].

Il giardino nel corso del tempo subì varie trasformazioni e finalità d'impiego: al pratico *hortus* d'età prerepubblicana, funzionale alla coltivazione di alberi da frutto, verdure e alle volte anche alla produzione di vino e olio[5], si sostituì un giardino idilliaco, in cui piante ornamentali e arredi concorrevano sinergicamente a ricreare uno spazio degno dell'*otium* privato[6]. Nel II secolo a.C. si diffonde l'abitudine di racchiudere quest'area verde entro mura (*viridarium*), oppure entro lati porticati, a ispirazione del modello greco, dando vita al *peristylium*[7], mentre dall'età augustea i Romani iniziano a svincolarsi dall'idea tradizionale di quello che sarà poi definito "giardino all'italiana", adattato cioè strutturalmente all'architettura, e a concepire lo spazio verde in maniera più specifica, teorizzandolo in trattati *ad hoc*, alla maniera dei *cepuricà* alessandrini[8].

---

[1] Carroll 2008, 44.

[2] Anche la stessa vetustà degli alberi era indice della antica sacralità del boschetto. Carroll 2008.

[3] La presenza dei giardini in antico è documentata in tutte le zone del Vicino Oriente da una gran quantità di testi di varia tipologia e di differenti epoche, caratterizzati da diverse varietà floristiche, grazie alla straordinaria differenziazione climatica che si riscontra nell'area, tra le quali possiamo menzionare certamente le palme da dattero, il tamarisco, il pioppo, il ginepro e le canne. M. G. Biga - M. Ramazzotti in Di Pasquale - Paolucci 2008, 22-29.

[4] Plinio il Vecchio tramanda che fu proprio il filosofo Epicuro il primo che costruì un giardino nella sua abitazione urbana (*Nat. Hist.* 19, 51), per usufruire dei benefici della campagna stando in città, dando vita a quello che Marziale definirà *rus in urbe* (*Epigr.* 12, 57, 21). Secondo Paul Zanker, il motivo della costruzione di un giardino nella casa privata risiede nel desiderio intrinseco dei Romani di ricreare quello stretto

rapporto con il verde, protagonista indiscusso delle grandi ville di piacere. Zanker 1993, 147-230; anche Lo Tennero 2003, 166-167.

[5] Pizzoni 2016.

[6] Non tutti vedono di buon occhio questa trasformazione, ad es. è pessimistica la visione oraziana, Hor., *Carm.* II, 15.

[7] A Pompei questo avvenne in genere dopo il sisma del 62 d.C., quando queste aree vennero attrezzate e rifunzionalizzate, almeno in tutti quei casi in cui i proprietari avevano la disponibilità economica per effettuare un intervento di tale portata. Non si trattava, però, della vecchia aristocrazia locale, che durante il terremoto aveva abbandonato le proprie abitazioni e si era trasferita altrove, bensì di una classe sociale rimasta a Pompei e lì arricchitasi. Rebecchi 1996, 163.

[8] Carandini 1990, 11. Da questo momento in poi il portico-ginnasio viene organizzato lungo precise direttrici assiali, traendo spunto dai grandi edifici pubblici. Il caso esemplare, restituitoci dagli scavi archeologici, è la Villa di Poppea a Oplontis, originariamente costruita attorno all'atrio, lungo un asse nord/sud, sul quale si orienta anche il grande giardino, realizzato dopo il 68 d.C. Guidobaldi - Pensando 2008, 125.

Nel caso del *viridarium* ad allargare lo spazio visivo contribuiva la pittura di giardino, con rappresentazioni naturalistiche di estrema accuratezza[9], che avevano quasi il compito di annullare illusionisticamente le pareti. L'origine di questa tendenza pittorica si può far risalire alla Roma della prima età imperiale per opera di un certo Ludius o Studius[10]. È, infatti, proprio negli ultimi decenni del I secolo a.C. che si datano gli affreschi della Villa di Livia a Prima Porta e dell'*Auditorium* di Mecenate, finora considerati dagli studiosi i capostipiti del genere[11].

A Pompei si hanno ben 57 attestazioni di pitture di giardino all'interno delle case[12], dove le piante reali e quelle dipinte creavano una quinta perfetta agli arredi marmorei, disseminati sia sotto i portici, sia nello spazio verde vero e proprio[13]: *labra*, usati come fontane; *oscilla*, in forma di disco, maschera teatrale o pelta, pendenti dall'architrave[14]; *pinakes*, erme e busti, sorretti da pilastri o colonnine; varie sculture, in genere a soggetto divino o di ispirazione esotica, ornavano gli intercolumni, mentre rilievi e maschere teatrali venivano spesso murati nelle pareti[15]. Fontane marmoree, ninfei, zampilli e giochi d'acqua accrescevano di gran lunga la suggestione di giardino idilliaco e rallegravano l'atmosfera con il loro sonoro scrosciare[16]. Pilastri e colonne potevano all'occorrenza sorreggere anche pergolati o tetti a spiovente, che costituivano un luogo di riposo ombreggiato, nel quale collocare un triclinio estivo, una tavola marmorea o una fontana ornamentale. Ma spesso sostegni di questo tipo perdevano la loro specifica funzione architettonica e statica, assumendo una valenza propriamente decorativa, divenendo parte dello stesso paesaggio "bucolico" che contribuivano ad arredare, essendo finemente scolpiti con motivi vegetali, che ne ricoprono più o meno fittamente la superficie[17].

L'incredibile successo della moda del giardino privato fece nascere anche una categoria di professionisti, addetta proprio alla manutenzione e cura degli *horti* e dei *viridaria*, i *topiari*[18], che nel corso del tempo acquisì sempre più competenza nel conferire sapientemente precise forme agli alberi e agli arbusti sempreverdi (*nemora tonsilia*). Spesso si realizzavano delle vere e proprie nicchie verdi, entro cui collocare un grande vaso marmoreo, o piccole aiuole di fiori (*areae* o *areolae*), delimitate da siepi, transenne o incannucciate[19].

Dalle epigrafi funerarie si conoscono circa una trentina di *topiari*, quasi tutti operativi in un'area non lontana da Roma[20], suggerendo forse che si trattava di una professione tanto specializzata, quanto circoscritta a un preciso ambito geografico, dove la moda del giardino lussuoso era probabilmente più in voga. Questo dato appare molto interessante se messo a confronto con la provenienza geografica degli arredi marmorei, dal momento che anche H. U. Cain, D. Grassinger e R. Cohon[21], rispettivamente per i candelabri, per i crateri marmorei e per i supporti marmorei dei tavoli, hanno constatato una provenienza da Roma e dintorni e dall'area campana, zona di diffusione anche delle colonnine ornamentali[22].

---

[9] Sulla rappresentazione più o meno realistica delle pitture di giardino si è molto discusso, soprattutto in merito agli affreschi della Villa di Livia a Prima Porta che rappresenta sicuramente uno degli esempi più compiuti tra le pitture *trompe l'oeil* che si sono conservate fino a noi. Da ultimi: Mabel McAfee 1955; Caneva 1999; Cavalli 2001; Settis 2002; Malizia 2008. A mio avviso, piuttosto che di rappresentazione realistica, sarebbe più appropriato parlare di rappresentazione verosimile, nella quale sono raffigurati tutti gli elementi che realmente si trovavano nei giardini antichi, dai quali i pittori prendevano liberamente spunto, proprio per dare una continuità visiva con il *viridarium* reale, creando l'illusione di uno spazio verde più ampio. Del resto, tutti gli arredi rappresentati nelle pitture di giardino hanno una precisa corrispondenza con il dato archeologico, rivelando un'attinenza con la realtà, benché in questo caso non abbiano una mera funzione ornamentale, ma fungano altresì da elementi regolatori della sintassi parietale, scandendo di fatto la decorazione pittorica entro riquadri e rendendola così più ordinata. Mugione - Giordano - Ciarallo 2012; Salvadori 2017, 58-59. La presenza di elementi pittorici desunti dalla realtà è ben esemplificata dalla riproduzione di un cratere marmoreo da cui si innalza uno zampillo d'acqua nella parete nord del *viridarium* della Villa di Poppea a *Oplontis* (Clarke - De Caro - Lagi 2015, 847). Una raffigurazione simile si ritrova anche nelle pitture di giardino della Villa della Farnesina. Di Mino 1998, 93, Fig. 111; Mielsch 1999, 105-117; Settis 2002, 17; Slavazzi 2006, 289-292.
[10] Pl., *Nat. Hist.* 35, 116; anche Vitr., *De Arch.* VII, 5, 2. Tomei 2008, 104.
[11] De Carolis 2008. In merito alla pittura di giardino si veda, Salvadori 2017 (con bibliografia precedente). Per il caso emblematico degli affreschi della Villa di Livia a Prima Porta, si rimanda a Caneva 1999 (con bibliografia). Per l'*Auditorium* di Mecenate, Andreae 1996, 82-100; Häuber 1991.
[12] De Carolis in Conticello 1992, 29.
[13] La commistione di arredi e vegetazione, nonché di architettura e natura, creava un'atmosfera idilliaca che fu felicemente definita da Salvatore Settis come "il risultato di una lotta continua fra arte e natura". Settis 2002, 3; anche Lo Tennero 2003, 166.
[14] Nel mondo ellenistico, gli *oscilla* avevano un valore religioso-apotropaico, venendo appesi ad alberi sacri. In questo caso, parrebbero acquisire un mero valore estetico. De Carolis 2008, 129-130. Per gli *oscilla*: Bacchetta 2006.
[15] Felletti Maj 1940, 32. Per alcune di queste tipologie di arredo nei giardini, Ciarallo 2012, 155-159. In questo *excursus*, tuttavia, la studiosa non menziona affatto le colonnine marmoree ornamentali.
[16] Il rumore dell'acqua che si riversa nelle vasche, unitamente ai suoni prodotti dai volatili che naturalmente trovavano ristoro tra le fronde del giardino, era di straordinaria importanza per la creazione dell'atmosfera di un paesaggio bucolico incontaminato che gli Antichi volevano evocare. Di Pasquale - Paolucci 2008, 70.
[17] Giordano inspiegabilmente ritiene le colonnine vegetalizzate una mera invenzione pittorica, non considerandole un arredo effettivamente presente negli antichi *viridaria* pompeiani, affermando che sarebbero assenti nel dato archeologico. Ciarallo - Giordano 2012, 326-327.
[18] L'invenzione dell'*opus topiarium* è attribuita da Plinio il Vecchio al romano *Caius Matius*, vissuto alla fine dell'età repubblicana (*Nat. Hist.* XIII, 6-7). Non sembra che i Romani si dedicassero al giardinaggio prima di questo periodo e sebbene Varrone tratti dell'arte di coltivare i fiori, lo fa sempre in relazione alla sfera religiosa e funeraria. Franchi dell'Orto 1994, 258; Mielsch 1999, 110. Già la sola presenza dei *topiari* è un dato molto significativo su quanta importanza venisse conferita dai Romani all'aspetto esteriore del giardino. Sena Chiesa - Pontrandolfo 2015, 287.
[19] Sugli elementi di delimitazione degli spazi nei giardini si è molto discusso, in quanto se da un lato transenne e recinzioni di vario tipo sono spesso raffigurate nelle pitture di giardino, dall'altro lato non hanno mai trovato un cospicuo riscontro nelle evidenze archeologiche, né tantomeno in letteratura, a differenza degli altri *ornamenta*. Dunque, si è pensato in un primo momento che potessero essere solo un'invenzione pittorica e che nei giardini reali gli spazi fossero posti unicamente siepi vive. Tuttavia, è possibile che i *grillages* fossero realizzati in materiali deperibili (in canna o legno) che, dunque, non ne hanno permesso la conservazione. Ciarallo - Giordano 2012, 27-47.
[20] Sartori 2016, 73.
[21] In ordine di citazione: Cain 1985, 4; Grassinger 1991, 142; Cohon 1984, 6.
[22] Questa classe di manufatti è in corso di studio da parte dalla scrivente per la sua tesi di Dottorato di ricerca.

Per quanto riguarda le specie vegetali impiegate nei *viridaria*, non sembra che ci fosse una vera e propria categoria di piante specifiche da prediligere; tuttavia, è noto come in punti strategici del giardino venissero piantati alberi ad alto fusto (pini, palme, lauri, platani ecc.), funzionali all'ombra e alla frescura nelle giornate più calde, frammisti ad alberi da frutto e a colture, utili all'economia familiare (melograni, meli, olivi ecc.)[23]. Proprio lo studio dei reperti vegetali sta prendendo sempre più piede negli ultimi tempi[24]. A costituire una fonte di inestimabile valore sono certamente le città vesuviane[25], a Pompei infatti gli spazi verdi erano tantissimi: si contano ben 323 *viridaria*, dei quali solo 51 contengono almeno un arredo marmoreo che li qualificherebbe come giardini ornamentali[26].

L'elemento discriminante che più di ogni altro sembrerebbe definire un giardino ornamentale come tale è la presenza di fontane o giochi d'acqua, mentre non determinante è la presenza del triclinio, attestato anche nelle aree verdi produttive e nelle ville rustiche[27]. Ragionevolmente si potrebbe ritenere che anche le colonnine con ornato vegetale siano un elemento determinante per ritenere tale un giardino di piacere, dal momento che esemplari di questa tipologia di arredo si sono ritrovati solo nelle case più ricche e lussuose di Pompei[28].

In particolare, due colonnine con tralci di edera e corimbi che risalgono il fusto liscio, avvolgendosi a spirale dal basso verso l'alto (Fig. 22.1), decoravano il *viridarium* della casa dei *Vettii*[29], mentre una con imoscapo foliato, fusto liscio rivestito da ramoscelli d'ulivo che risalgono

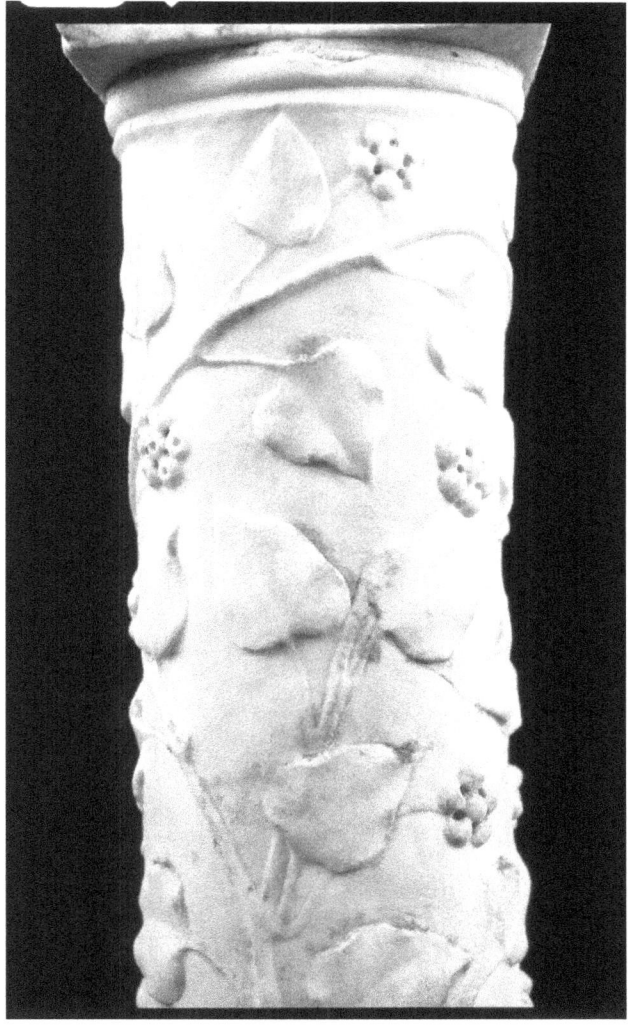

Fig. 22.1 Pompei, inv. 691. Particolare di colonnina decorata (© MiBAC- Parco Archeologico di Pompei).

verticalmente dal basso verso l'alto e con coronamento a bocciolo (Fig. 22.2), era collocata nel giardino della Casa degli Amorini Dorati[30]. Il numero poco elevato degli esemplari finora rinvenuti a Pompei è indice della diffusione estremamente elitaria di questa tipologia di arredo.

Al fine di comprendere meglio la funzione che le colonnine ornamentali espletavano nello spazio del *viridarium*, appare quanto mai necessario portare l'esempio di almeno due casi studio, in particolare i giardini delle due case pompeiane appena citate[31], che sono stati ricostruiti in

---

[23] Felletti Maj 1940, 34; Ciarallo - Giordano 2012, 74.

[24] La bibliografia è vastissima, pertanto si ricordano solo i contributi scientifici fondamentali: Wittmack 1904; Grimal 1954; Grimal 1969; Jashemski 1979; Jashemski 1981; Jashemski 1987; Jashemski 1993; Meyer 1994; Caneva 1998; Caneva 1999; Ciarallo 2000; Frass 2006; Ciarallo - Giordano 2012; Ricciardi 2014; Jashemski 2018.

[25] La conservazione straordinaria dei reperti vegetali nelle città vesuviane ha permesso di identificare la flora pompeiana del 79 d.C., stilando un lungo elenco di specie vegetali. Ciarallo - Giordano 2012, 122-148; anche Herchenbach 2012.

[26] Ciarallo - Giordano 2012, 22. Se poi si considera che tra gli arredi marmorei, quelli decisamente più frequenti sono i *lararia* che avevano una valenza prettamente religiosa e che per la maggior parte constavano di strutture estremamente semplici, costituite da una nicchia e un piano di appoggio per le offerte, il numero si restringe ancora. Tuttavia, in pochi altri casi i *lararia* assumono anche una rilevanza decorativa, presentando una forma a tempietto, con un'elegante edicola su podio, un timpano sorretto da colonnine, e spesso sono impreziositi da pitture e stucchi. Ciarallo - Giordano 2012, 89-91. Per le espressioni di culto relative ai Lari a Pompei, Giacobello 2008; Giacobello 2014.

[27] Ciarallo - Giordano 2012, 225-226 e 231. Sull'importanza dell'acqua nel *viridarium*, anche Salza Prina Ricotti 1987.

[28] Non per tutti si conosce l'esatta provenienza: in particolare dal giardino della Casa IX, 7, 12 e da quello della Casa I 3, 30 provengono rispettivamente due e una colonnina, oggi conservate nel Museo Archeologico Nazionale di Napoli (invv. 120429; 120430; 1205369), per le quali si rimanda a Carrella 2008, 33-34 (n. A 13), 183-184 (nn. D 30 - D. 31). Privi di contesto e inediti sono i seguenti esemplari conservati nei Magazzini di Pompei: invv. 44369; 44722; 47948; 47961; 48867; 46931.

[29] Invv. 690 e 691, oggi custodite nei magazzini di Pompei e per le quali si rimanda a: Giornale Pompei 1896, 34; Di Giacomo 1896, 371; Maiuri 1896, 41-43; Sogliano 1898, 289; Spinazzola 1928, figg. 66-67; Eschebach 1978, fig. 142; Jashemski 1979, 34-38; Dwyer 1982, 15; Mastroroberto 1990, 260, n. 181; Pugliese Carratelli - Bragantini 1990, 522, s. v. "VI, 15, I, Casa dei Vetti" (V. Sampaolo); Guidobaldi - Barsanti

- Guglia Guidobaldi 1992, 24 e 28; Jashemsky 1993, 153-154; Coarelli - Foglia 2002, 311; De Carolis 2008, 132.

[30] Inv. n. 20584, oggi nei magazzini di Pompei. Per questo esemplare: Sogliano 1907, 585; Seiler 1992, 119 e 122-123, cat. n. 23, fig. 587; Jashemski 1993, 162, Fig. 587; Powers 2006, n. f 9, 208, 274, fig. 17.

[31] Per la Casa dei *Vettii*: Giornale Pompei 1896, 31-34; Di Giacomo 1896; Maiuri 1896; Sogliano 1898; d'Amelio 1899; La Rocca - De Vos - De Vos 1976; Peters 1977; Archer 1985; Pugliese Carratelli - Bragantini 1990, 468-470, s. v. "VI, 15, I, Casa dei Vetti", (V. Sampaolo); Clarke 1991, 208-235; Eschebach 1993, 218; Wallace-Hadrill 1994, 58; Dickmann 1999, 104-108 e 139-141; Pesando 2002, 294-310; Coarelli -

**Fig. 22.2 Pompei, inv. n. 20584. (Foto dell'autrice. ©
MiBAC- Parco Archeologico di Pompei).**

maniera da replicare il più fedelmente possibile il loro
originario aspetto[32], e che, unitamente al *viridarium* della

Casa dei Cervi di Ercolano, si annoverano tra i più celebri
e ricchi giardini dell'area vesuviana.

Il giardino della Casa dei *Vettii* (Fig. 22.3) è posto subito
dietro l'atrio della casa e si presenta come un ampio
spazio porticato su quattro lati, con aiuole ai lati di vialetti
in terra battuta e arredi in marmo tra gli intercolumni. In
particolare, dodici fontanelle erano costituite da statuette
su pilastrini, da cui fuoriusciva il getto d'acqua che si
riversava in otto bacini, di cui quattro circolari agli angoli
e quattro rettangolari tra gli intercolumni[33]. Le fontanelle
al centro del giardino, delle quali soltanto una si conserva
integralmente, sono costituite da un bacino rettangolare
su sostegno troncoconico. Sullo stesso asse delle due
fontanelle sono posizionati un bacino rettangolare ansato,
su alto piedistallo e un piccolo *labrum* circolare. Tutte le
fontane erano alimentate mediante l'acquedotto pubblico,
ma si utilizzava anche l'acqua piovana, come suggerirebbe
la canaletta di scolo lungo l'intero perimetro del peristilio[34].
Quattro tavole erano posizionate sotto i portici, una per
ogni lato. Le pareti dei portici erano tutte decorate con
pitture di IV stile[35].

Non sono più *in situ* le due colonnine ornamentali
che sostenevano due erme bifronti e che differiscono
cronologicamente l'una dall'altra per uno scarto di circa
un secolo[36], indice di una risistemazione successiva del
giardino, con la volontà di affiancare a una colonnina
già esistente, una gemella che la imitasse[37]. Le due erme
bifronti sono collocabili nell'arco temporale a cui si
ascrive la colonnina comprata successivamente e ciò
potrebbe indurre ad ammettere che l'esemplare più antico
in un primo momento non dovesse necessariamente
assolvere la funzione di sostegno. Quando le colonnine
furono rinvenute da Amedeo Maiuri negli anni '90
dell'Ottocento, si trovavano in asse con le fontanelle
centrali, rispettivamente una a est e l'altra a ovest. Questa
posizione di primo piano potrebbe indicare il desiderio
da parte del proprietario di metterle in mostra nel proprio
lussuoso giardino.

Il giardino della Casa degli Amorini Dorati (Fig. 22.4)
è un ampio spazio verde circondato su quattro lati da
un peristilio rodio, con il lato ovest sopraelevato su di

Foglia 2002, 294-300; Pesando - Guidobaldi 2006, 130-143. Per la 'Casa
degli Amorini dorati': Sogliano 1907, 549-593; Seiler 1992; Eschebach
1993, 225-226; Jashemski 1993, 159-163, n. 302; Pugliese Carratelli
- Bragantini 1990, 714-716 e 741-777; Röver 1995, 463-466; Zanker
1998, 168-172; De Carolis 2000, 37-39; Pesando - Guidobaldi 2006,
143-145; Cirucci 2009, 55-58; Ciarallo 2012, 556-558.

[32] In merito Ciarallo 2012, 175-176 e 189-190. Proprio grazie
all'esperienza maturata a seguito della ricostruzione del *viridarium*
della Casa dei Vettii, crebbe l'interesse nel ripristinare gli spazi verdi
originari. Iadanza 2020, 230; Gallo - Comegna 2021, 16-17. Sulla stessa
scia si collocano anche le più moderne ricostruzioni virtuali, come
quella del peristilio della 'Villa Arianna' a Stabia (Anguissola 2020,
160-165). Si ricordano altresì i giardini realizzati a diretta ispirazione
e imitazione delle case delle antiche città vesuviane che, non appena
scoperte, destarono subito meraviglia in molti personaggi facoltosi che
vollero riprodurre alcuni spazi per loro uso privato. Il caso più noto è la
ricostruzione del peristilio della Villa dei Papiri di Ercolano a Malibù.
Gallo - Comegna 2021, 13-15.

[33] De Carolis 2007, 58, Fig. 35.
[34] Ciarallo 2012, 549-550.
[35] Ciarallo 2012, 549-551, n. 298.
[36] La minore rigidità della composizione decorativa, la tendenza a un
maggiore effetto chiaroscurale, nonché la generale rappresentazione più
naturalistica fecero propendere già lo scopritore, Amedeo Maiuri, per una
esecuzione più tarda della colonnina posta verso il lato est del peristilio.
Maiuri 1896, 41.
[37] Questo intervento fu realizzato verosimilmente dai due fratelli di
condizione libertina, in seguito all'acquisto della casa, avvenuto intorno
alla metà del I sec. d.C., oppure in occasione dei restauri necessari per
sistemare i danni provocati dal terremoto del 62 d.C. De Vos 1982, 168;
Rebecchi 1996, 165. A tal proposito, è utile ricordare un passo di Tacito,
nel quale è tramandata la prassi secondo cui nel caso della vendita di un
hortus o di una *domus*, le statue contenute al loro interno diventavano di
proprietà dell'acquirente (Tac., *Ann.* I 73). Questa prassi è testimoniata
anche da Plinio il Giovane (*Epist.* 10, 8). Vorster 1999, 167-168. A mio
avviso non è, dunque, inverosimile pensare che la colonnina più antica
fosse stata acquistata dal precedente proprietario della Casa dei *Vettii*.

Fig. 22.3 Pompei, Casa dei *Vettii* (© Archivi Alinari, Firenze, Sommer, Giorgio 1870-1880, n. FCC-F-011027-0000).

Fig. 22.4. Pompei, Casa degli Amorini Dorati (© Archivi Alinari, Firenze, Alinari, Fratelli 1900-1910 ca., n. ACA-F-011996-0000).

una terrazza, dalla quale, per mezzo di pochi scalini, si scende al livello dello spazio verde. Al centro di questo lato, il portico presenta una facciata a edicola con timpano sorretto da pilastri, affiancati da semicolonne. Sul lato nord vi è un piccolo lararo a edicola, mentre l'angolo sud-ovest del peristilio è occupato da un sacello votivo in onore delle divinità egizie. Le pareti del portico erano decorate con pitture di IV stile a fondo nero, parzialmente conservate[38]. Lo spazio verde è strutturato secondo una geometria semicircolare, con al centro una fontana rettangolare, che fungeva da fulcro dell'intero giardino, attorno alla quale si organizzava l'apparato vegetale e scultoreo. In particolare, si susseguivano aiuole inframmezzate da numerose sculture miniaturistiche, erme e rilievi su pilastrini decorati[39], mentre tra gli intercolumni pendevano piccoli *oscilla* a maschera teatrale[40], per un totale di circa cinquanta pezzi marmorei, di cui solo poco più di una decina rimangono visibili *in situ*, mentre la restante parte è stata asportata e messa in sicurezza nel 1978[41]. Non è più *in situ* la colonnina ornamentale, che in una foto d'epoca[42] appare accanto a un pilastrino con rilievo, davanti al lato ovest del peristilio, in mezzo a una florida vegetazione. La conformazione a bocciolo del coronamento superiore, il rivestimento a calice vegetale dell'imoscapo del fusto, che, essendo privo di base, sembra nascere direttamente dal terreno, nonché la collocazione in uno spazio verde tra piante reali, creano la suggestione di un monumento che imita la natura stessa e nella quale quasi si camuffa[43]. Il monumento ha, quindi, perso completamente la sua peculiarità 'architettonica', avendone assunta una decisamente più 'scultorea' e finendo per assolvere una mera funzione decorativa.

Sia per le colonnine dalla Casa dei *Vettii* sia per quella dalla Casa degli Amorini Dorati si può notare uno svincolamento dall'architettura e dagli altri arredi, che invece sono sempre disposti in relazione agli spazi, inserendosi armoniosamente tra di essi e divenendo quasi un tutt'uno con la stessa struttura del giardino, assecondando una rigida geometria d'insieme che scandisce a ritmi regolari il *viridarium*. Non lo stesso si può dire per le colonnine ornamentali, che sono disposte non tanto in relazione all'architettura del giardino, bensì all'elemento naturale.

Si potrebbe forse concludere affermando che nel giardino privato d'età romana le colonnine ornamentali sembrerebbero essere svincolate da un vero e proprio programma d'arredo, né erano disposte in relazione all'architettura circostante, ma semplicemente pensate e impiegate per adornare e impreziosire piccoli spazi verdi a rappresentare, enfatizzare e prolungare illusionisticamente l'elemento naturale stesso.

Bibliografia

Andreae, B. 1996, *Am Birnbaum: Gärten und Parks im antiken Rom, in den Vesuvstädten und in Ostia*, Mainz.

Archer, W. C. 1985, *The Paintings of the Casa dei Vettii in Pompeii*, Ann Arbor.

Bacchetta, A. 2006, Oscilla: *rilievi sospesi di età romana*, Milano.

Berg, R. - Kuivalainen, I. 2019, *Domus Pompeiana M. Lucretii IX 3, 5.24: the inscriptions, works of art and finds from the old and new excavations*, Helsinki.

Cain, H. U. 1985, *Römische Marmorkandelaber*, Mainz.

Caneva, G. 1998, "Palatino: trasformazioni ambientali e aspetti floristico-vegetazionali legati ai problemi archeologici", in C. Giavarini - M. Biritognolo (eds), *Il Palatino: area sacra sud-ovest e Domus Tiberiana*, Roma, 195-258.

Caneva, G. 1999, "Ipotesi sul significato simbolico del giardino dipinto della villa di Livia (Prima Porta, Roma)", in BCom, 63-80.

Carandini, A. 1990, "Il giardino romano nell'età tardo repubblicana e giulio-claudia", in G. Morganti (ed.), *Gli orti farnesiani sul Palatino*, Roma, 9-15.

Carrella, A., 2008, *Marmora Pompeiana nel Museo Archeologico Nazionale di Napoli: gli arredi scultorei delle case pompeiane*, Roma.

Carroll, M. 2008, "Boschetti sacri e giardini dei templi nella Grecia antica", in Di Pasquale - Paolucci 2008, 44-49.

Cavalli, L. 2001, Ad Gallinas Albas. *Villa di Livia*, Roma.

Ciarallo, A. 2000, *Gardens of Pompeii*, Roma.

Ciarallo, A. - Giordano, C. 2012, *Gli spazi verdi dell'antica Pompei*, Roma.

Cirucci, G., 2009, "Antichità greche a Pompei. Tre esempi di reimpiego", in *Prospettiva*, 134-135, 52-64.

Clarke, J. R., 1991, *The Houses of Roman Italy 100 B.C.-A.D. 250 ritual, space, and decoration*, Berkeley.

Clarke, J. R. - De Caro, S. - Lagi, A. in P. G. Guzzo - G. Tagliamonte - L. Luccetti (eds) 2015, *Città vesuviane: antichità e fortuna: il suburbio e l'agro di Pompei, Ercolano, Oplontis e Stabiae*, Roma.

Coarelli, F. - Foglia, A. 2002, *Pompeji*, Munich.

Cohon, R., 1984, *Greek and Roman stone table supports with decorative reliefs*, Ann Arbor.

---

[38] Ciarallo 2012, 557-558.
[39] Questi ultimi furono ricavati da precedenti paraste, divise in due metà da un taglio netto e rifunzionalizzate a questo scopo. De Vos 1982, 167-169; Rebecchi 1996, 165.
[40] De Carolis 2007, 58-59, Fig. 36.
[41] Ciarallo 2012, 556-558, n. 306.
[42] Negativo Alinari, n. 1323 F02.
[43] In molti altri casi si riscontrano rappresentazioni di animali, oltre che vegetali, poggiate semplicemente sul terreno del giardino, a ricreare l'atmosfera di uno spazio verde popolato anche dalla fauna. Un esempio di queste sculture miniaturistiche si riscontra nel giardino della Casa di M. Lucrezio a Pompei (*Regio* IX, *ins*. 3, 5.24), dove gli scavi hanno rinvenuto tre lepri, un cervo, due delfini, una mucca, un ibis e un'anatra, per un totale di circa una ventina di sculture, disposte senza un preciso schema logico a decoro del giardino che per ragioni di spazio non poteva che accogliere arredi miniaturistici. De Carolis 2008, 133. Per l'arredo scultoreo del *viridarium* di questa casa Berg - Kuivalainen 2019, 68-116 (con altra bibliografia).

Conticello, B. (ed.) 1992, *Domus - viridaria, horti picti*, Napoli.

D'Amelio, P. 1899, *Nuovi scavi di Pompei, casa dei Vettii; appendice ai dipinti murali*, Napoli.

De Carolis, E. 2000, *Ercolano e Pompei: arredi e oggetti di antiche dimore vesuviane*, Torre del Greco.

De Carolis, E. 2007, *Il mobile a Pompei ed Ercolano: Letti, tavoli, sedie e armadi. Contributo alla tipologia dei mobili della prima età imperiale*, Roma.

De Carolis, E. 2008, "I giardini dipinti. Osservazione e proposte", in Di Pasquale - Paolucci 2008, 142-153.

De Vos, A. 1982, *Pompei, Ercolano, Stabia*, Roma-Bari.

Di Giacomo, S. 1896, "La Casa dei Vettii a Pompei", in *Emporium*, III,17, 364-374.

Di Mino, M. R. - Bragantini, I. - Dolciotti A. M. 1998, *La villa della Farnesina in Palazzo Massimo alle Terme*, Roma.

Di Pasquale, G. - Paolucci, F., 2008, (eds), *Il giardino antico da Babilonia a Roma. Scienza, arte e natura*, Livorno.

Dickmann, J.A., 1999, Domus frequentata: *anspruchsvolles Wohnen im pompejanischen Stadthaus*, Munich.

Dwyer, E. J., 1982, *Pompeian domestic sculpture: a study of five Pompeian houses and their contents*, Roma.

Eschebach, H., 1978, *Pompeji, erlabte antike Welt*, Leipzig.

Felletti Maj, B. M. 1940, *La Casa e l'Arredamento*, Roma.

Franchi dell'Orto, L. 1994, (ed.), *Pompeji wiederentdeckt Antikenmuseum Basel und Sammlung Ludwig*, Roma.

Frass, M. 2006, *Antike Römische Gärten. Soziale und wirtschaftliche Funktionen der Horti Romani*, Wien.

Gallo, L. - Comegna, C. 2021, "The Gardens of Pompeii. Evocations of Antiquity and Scientific Understanding", in M. Mosser - J. T. Rojo - S. Zanon (eds), *Historical gardens, truth and fiction. Critical readings of historical models in the landscapes of the 20th and 21st centuries*, Treviso, 13-26.

Giacobello, F. 2008, *Larari pompeiani: iconografia e culto dei Lari in ambito domestico*, Milano.

Giacobello, F. 2014, "Le officine che eseguivano i larari a Pompei", in N. Zimmerman (ed.), *Antike Malerei zwischen Lokalstil und Zeitstil*, Wien, 97-104.

Giornale Pompei, 1896, Assistenti di scavo, "Pompei: giornale degli scavi redatto dagli assistenti (gennaio 1895 17 feb. 1895)", in *NSc*, 31-34.

Grassinger, D. 1991, *Römische Marmorkratere*, Mainz.

Grimal, P. 1954, *L'art des jardins*, Paris.

Grimal, P. 1969, *Les jardins romains*, 2ed, Paris.

Guidobaldi, F. - Barsanti, C. - Guiglia Guidobaldi, A. 1992, *San Clemente: la scultura del VI secolo*, Roma.

Guidobaldi, M. P. - Pesando, F. 2008, "I giardini nelle residenze di lusso romane. La documentazione dell'area vesuviana", in Di Pasquale - Paolucci 2008, 118-127.

Häuber, C. 1991, *Horti Romani: die Horti Maecenatis und die Horti Lamiani auf dem Esquilin: Geschichte, Topographie, Statuenfunde*, Köln.

Herchenbach, M. 2012, "The 'Flora antica' database and the trees of ancient Pompeii", in M. R. Senatore - A. Perrotta (eds), *Scienze naturali e archeologia: il paesaggio antico: interazione uomo/ambiente ed eventi catastrofici*, Roma, 173-174.

Iadanza, M. 2020, "I giardini di Pompei. Un itinerario di conoscenza e valorizzazione", in A. Anguissola - M. Iadanza - R. Olivito (eds), *Paesaggi Domestici: l'esperienza della natura nelle case e nelle ville romane Pompei, Ercolano e l'area vesuviana*, Roma, 222-236.

Jashemski, W. M. F. - MacDougall, E. B. 1981, *Ancient Roman gardens*, Washington.

Jashemski, W. M. F., 1979, *The gardens of Pompeii, Herculaneum and the villas destroyed by Vesuvius*, New Rochelle.

Jashemski, W. M. F. 1993, *The gardens of Pompeii, Herculaneum and the villas destroyed by Vesuvius, 2. Appendices*, New Rochelle.

Jashemski, W. M. F., 1987, "Recently excavated gardens and cultivated land of the villas at Boscoreale and Oplontis", in MacDougall, E. B. (ed.), *Ancient Roman villa gardens*, Washington, 31-75.

Jashemski, W. M. F. 2018, *Gardens of the Roman Empire*, Cambridge.

La Rocca, E. - De Vos, M. - De Vos, A. 1976, *Guida archeologica di Pompei*, Milano.

Lo Tennero, G. 2003, "L'arte dei giardini e il ruolo dell'architetto nel disegno dei viridaria delle domus ad atrio e peristilio nel "De architectura" di Vitruvio", in G. Ciotta (ed.), *Vitruvio nella cultura architettonica antica, medievale e moderna*, Genova, 164-170.

Mabel McAfee, G. 1955, *Livia's garden room at Prima Porta*, New York.

Maiuri, A. 1896, "Scavi di Pompei 1894-95. Reg. VI, isola ad E. della 11", in *RM*, 11, 3-97.

Malizia, E. 2008, "La decorazione pittorica in età medioimperiale: il caso della villa di Livia *ad Gallinas Albas*", in Y. Dubois - U. Niffeler (eds), *Pictores per provincias II - status quaestionis*, Basilea, 497-502.

Mastroroberto, M. 1990 in L. Franchi dell'Orto - A. Varone (eds), *Rediscovering Pompeii: exhibition by IBM-ITALIA, New York City*, Roma, 260, n. 181.

Meyer, F. G., 1994, "Evidence of food plants of ancient Pompeii and other Vesuvian sites", in *Pact*, 42, 19-23.

Mielsch, H. 1999, *La Villa Roma: con guida archeologica alle ville romane*, Firenze.

Mugione, E. - Giordano, C. - Ciarallo, A. M. 2012, "Gli elementi architettonici nella pittura di giardino a Pompei", in M. R. Senatore - A. Perrotta (eds), *Scienze naturali e archeologia: il paesaggio antico: interazione uomo/ambiente ed eventi catastrofici*, Roma, 213-216.

Pesando, F. - Guidobaldi, M. P. 2006, *Gli ozi di Ercole: residenze di lusso a Pompei ed Ercolano*, Roma.

Pesando, F., 2002, *L'ultima fase edilizia di Pompei, sessanta anni dopo*, Napoli.

Peters, W. J. T. 1977, "La composizione delle pareti dipinte nella Casa dei Vetti a Pompei", in *MededRom*, 39, 95-128.

Pizzoni, F. 2016, "Le piante dei giardini romani e il viridarium di Orticola di Lombardia", in Sena Chiesa - Giacobello 2016, 11-16.

Powers, J. D. 2006, "Patrons, Houses and Viewers in Pompeii: Reconsidering The House of the Gilded Cupids", Tesi dottorale University of Michigan.

Pugliese Carratelli, G. - Baldassarre, I. 1990, *Pompei. Pitture e mosaici. 5*, Roma.

Rebecchi, F. 1996, "Le Decorazioni da Giardino", in M. R. Boriello - S. De Caro, (eds), *Pompei: abitare sotto il Vesuvio*, Ferrara, 163-167.

Ricciardi, M. 2014, "Frutti, fiori e piante nei dipinti murali della Villa A (Villa di Poppea) ad Oplonti", in *RStPomp*, 25, 63-74.

Salza Prina Ricotti, E., 1987, "The importance of water in Roman garden triclinia", in E. B. MacDougall, (ed.), *Ancient Roman villa gardens*, Washington, 135-184.

Röver, E. 1995 in K. Stemmer (ed.), *Standorte: Kontext und Funktion antiker Skulptur*, Berlin, 463-466.

Salvadori, M. 2017, *Horti picti: forma e significato del giardino dipinto nella pittura romana*, Padova.

Sartori, A. 2016, "Fortunatus il "topiario"", in Sena Chiesa - Giacobello 2016, 73-78.

Seiler, F. 1992, *Casa degli Amorini dorati (VI 16, 7, 38)*, München.

Sena Chiesa, G. - Pontrandolfo, A. (eds) 2015, *Mito e Natura. Dalla Grecia a Pompei*, Milano.

Sena Chiesa, G. - Giacobello, F. 2016, *L'archeologia in verde: quattordici conversazioni a Milano sulla percezione della natura nel mondo antico*, Firenze.

Settis, S. 2002, *Le pareti ingannevoli: la Villa di Livia e la pittura di giardino*, Milano.

Sogliano, A. 1898, "La Casa dei Vettii", in *MonAnt, 8*, 233-388.

Sogliano, A. 1907, "Campania: relazione degli scavi fatti dal dicembre 1902 a tutto marzo 1905", in *Nsc*, 549-593.

Spinazzola, V. 1928, *Le arti decorative in Pompei e nel Museo Nazionale di Napoli*, Milano.

Tomei, M. A 2008, "I giardini nelle residenze di lusso romane. La documentazione dell'area vesuviana", in Di Pasquale - Paolucci 2008, 102-109.

Vorster, C. 1999, "La villa come museo. Sul valore delle sculture antiche nell'età imperiale", in M. Aoyagi - S. Steingräber, *Le ville romane dell'Italia e del Mediterraneo antico. Academic meeting at the University of Tokyo, November 13th - 15th*, Tokyo, 166-176.

Wallace-Hadrill, A. 1994, *Houses and society in Pompeji and Herculaneum*, Princeton.

Wittmack, M. C. L. 1904, "Die in Pompeji gefundenen pflanzlichen Reste", in *Botanischen Jahrbüchen*, 33, 38-63.

Zanker, P. 1993, *Pompei: società, immagini urbane e forme dell'abitare*, Torino.

Zanker, P. 1998, *Pompeii: public and private life*, London.

23

Suoni: dalla natura alla pagina.
Spigolature sul *Carmen de filomela.*

Tiziana Privitera
Università degli Studi di Roma 'Tor Vergata'

Abstract: The paper offers an analysis of the anonymous composition written in the late antique age *de volucribus et iumentis. de filomela* (762 Riese), also known as *Carmen de filomela*, included in the *Anthologia Latina.*

The analysis is made on selected passages, focusing on the literary, linguistic and stylistic elements. The composition, of a total of 70 elegiac verses, reveals a clear scholastic and erudite origin. Its detailed list of animal noises, both of birds and mammals, can be seen as a poetic catalogue of voces *animantium*, as in the long fragment from Prata, attributed to Svetonius, in the section *de naturis animantium* (247-254 Reifferscheid).

Keywords: *Anthologia latina*; *Carmen de filomela*; fonosfera; mito di Procne e Filomela; Svetonio.

Qualche riflessione preliminare merita l'analisi del trattamento letterario del paesaggio nel panorama latino, dal mondo classico al mondo tardoantico: se nella letteratura di epoca classica gli scenari naturali sono espressi in forme stilizzate e irrealistiche, ascrivibili alle opposte categorie di *locus amoenus* e *locus inamoenus* o *horridus*, a loro volta cristallizzate, come noto, in una serie di elementi fissi, rispettivamente gradevoli e sgradevoli[1], nel mondo tardolatino si assiste a un progressivo mutamento di prospettiva che segna il passaggio da una iconografia stereotipata del paesaggio a una sorta di "sentimento della natura", segnale di un'inedita immedesimazione tra poeta-narratore e ambiente naturale. È del tutto evidente che questa rinnovata percezione del paesaggio circostante abbia avuto delle ricadute anche sul piano compositivo: così, a una fase in cui le descrizioni naturalistiche si configurano come sezioni ben delimitate e circostanziate, ma sempre incastonate nel tessuto narrativo, segue una graduale amplificazione dei segmenti paesaggistici, destinati ad assumere una fisionomia sempre più svincolata dal contesto, fino ad approdare al componimento autonomo e per così dire autosufficiente[2].

Nella categoria dello spazio sonoro è possibile annoverare un epigramma tardoantico, tramandato anonimo all'interno del *corpus* dell'*Anthologia latina* (762 Riese)[3], tutto dedicato alle *voces animalium* e definito da Maurizio Bettini 'un componimento particolarmente sonoro'[4]. Si tratta di un carme in distici elegiaci, intitolato *de volucribus et iumentis*, ma comunemente citato con il sottotitolo *de filomela*, composto di complessivi 70 versi, distribuiti in maniera asimmetrica tra canti di volatili e suoni di quadrupedi, come appunto segnala già l'*inscriptio*[5].

La datazione del carme è incerta ed è stata oggetto di ipotesi assai diversificate che oscillano lungo un arco temporale molto ampio, compreso tra l'epoca tardoantica (secondo l'opinione di Baehrens, Riese e più recentemente Bettini) e l'alto Medioevo, sebbene le peculiarità che contraddistinguono il componimento e lo riconducono a una matrice scolastica rendano più convincente la collocazione in età tardoantica, intorno al VII-VIII sec.[6].

---

[1] Rimane un caposaldo il celeberrimo volume di Curtius 1992 (1948[1]), in particolare cap. X (*Il paesaggio ideale*), 207-210, in cui si precisa la riconoscibilità del *locus amoenus* tramite alcuni elementi canonici, come la presenza di ombra, offerta da alberi o arbusti, di fiori, di una fonte, di canti di uccelli e del vento primaverile. Un altro classico è Schönbeck 1962, 18-60. Sul *locus inamoenus/horridus* e le sue diverse declinazioni, si vedano: Schiesaro 1985; Petrone 1988; Malaspina 1994; da ultimo Mauro 2021. Sul paesaggio virgiliano, Serpa 1987.

[2] Basti pensare *exempli gratia* alla sezione dedicata al catalogo dei pesci nella *Mosella* di Ausonio (vv. 82-149), che tanta ammirazione suscitò in un lettore d'eccezione come Simmaco, il quale nell'epistola 1,15 decanta la capacità descrittiva nel riprodurre *supra natura* la varietà di colori, forme e persino sapori delle *fluitantes catervae*. L'ampia ékphrasis, tuttavia, è già coerentemente integrata in un poemetto interamente

concepito come descrizione paesaggistica del fiume gallico, celebrato da Ausonio in tutti i suoi aspetti con una attitudine naturalistica già molto marcata e di fatto inedita. Mandile 2011, 13: "La prima di queste novità è costituita proprio dal fatto che il paesaggio possa assurgere, nella poesia tarda, al ruolo di protagonista, caratterizzandosi spesso come unico motivo ispiratore di un componimento".

[3] Per i problemi generali relativi all'*Anthologia latina* e al suo allestimento, Tandoi 1984.

[4] Bettini 2008, 72.

[5] Il componimento, per la sua specificità, ha attirato l'attenzione degli studiosi: all'edizione critica di Klopsch 1973 si affianca la monografia di Aiello 2005, con edizione critica e commento; acute e puntuali osservazioni anche in Polara 1989 (in particolare 179-183) e in Bettini 2008, la cui analisi è caratterizzata da un taglio marcatamente antropologico.

[6] Baehrens 1883, 363, in apparato suggerisce: *exeunte antiquitate in Gallia Germaniaue, ut uidetur compositum*, ipotesi ripresa da Riese 1906[2], 247, che segnala l'attribuzione del carme ad Albo Ovidio

L'analisi della struttura del carme evidenzia cinque sezioni[7]. Precisamente:

vv. 1-8: I proemio
vv. 9-44: *aves*
vv. 45-48: II proemio
vv. 49-66: *quadrupedes*
vv. 67-70: epilogo.

Il dato che emerge chiaramente da questo prospetto è un orientamento verso la simmetria che sembra governare gli equilibri quantitativi tra i vari segmenti, secondo un gusto ancora una volta prediletto e praticato dagli autori della tarda latinità. Nella fattispecie, la scomposizione in versi evidenzia una sequenza numerica 8-36-4-18-4, in cui il secondo proemio e la chiusa rappresentano numericamente la metà del primo proemio, così come la sezione dedicata agli *alites* si sviluppa in una dimensione doppia rispetto a quella dei quadrupedi.

Apre il componimento un'invocazione del poeta alla *filomela* (Fig. 23.1) menzionata nel titolo (v. 1), della quale si esalta la superiorità rispetto agli altri alati (vv. 2-5-6), non soltanto per la qualità e la varietà dei gorgheggi (vv. 3-4), ma per la durata stessa del canto, ben più estesa rispetto a quella degli altri uccelli (vv. 7-8)[8]:

Dulcis amica veni, noctis solacia praestans;
    inter aves etenim nulla tui similis.
Tu, filomela, potes vocum discrimina mille,
    mille vales varios rite referre modos.
Nam quamvis aliae volucres modulamina temptent,
    nulla potest modulos aequiparare tuos.
Insuper est avium, spatiis garrire diurnis,
    tu cantare simul nocte dieque soles[9].

È evidente che qui *filomela* sia da identificare con l'usignuolo, non soltanto per l'accenno alla supremazia canora, ma anche alla luce del dotto gioco paraetimologico, di grande successo tra i poeti tardoantichi, secondo il quale il nome *filomela*, con la quantità della -e- misurata lunga, verrebbe erroneamente ricondotto all'aggettivo greco 'philomĕlos', attraverso la surrettizia equipollenza di due sillabe di diversa quantità che rendono di fatto *philomela* l'amica del canto'.

Segue la lunga sezione dedicata ai volatili (vv. 9-44), in cui è possibile ravvisare una ripartizione tra una prima serie di uccelli (vv. 9-18), messi a confronto con la *filomela/luscinia* dell'esordio sulla base della tipologia di canto, di cui *filomela* detiene la primazia, e un secondo catalogo (vv. 19-44), in cui a ciascun animale viene affiancata semplicemente la menzione della sua specifica *vox*. I vv. 45-48 introducono la sezione dedicata ai *discrimina quadrupedum vocum*, enumerati ai vv. 49-66.

Ma se per il catalogo ornitologico il poeta trova ispirazione nella superiorità dell'usignuolo, che lo incita imperiosamente a tentare questo pezzo di bravura, vv. 45-46:

Scribere me voces avium filomela coegit,
    quae cantu cunctas exsuperat volucres.

per la successiva rassegna dei quadrupedi e delle rispettive *voces* non esistono pretesti: il poeta dichiara di descriverli per iniziativa personale, evidentemente dettata da una spiccata inclinazione per l'erudizione lessicografica, vv. 47-48[10]:

Sed iam quadrupedum fari discrimina vocum
    nemine cogente nunc ego sponte sequar.

Limitandoci in questa sede all'esame della sola porzione iniziale dedicata ai volatili[11], si può osservare che vengono enumerati, compresa la *filomela*/usignuolo, complessivamente 39 uccelli, alcuni di dubbia identificazione, e due insetti, la cui dislocazione sembra trarre ispirazione dal consueto gusto per la simmetria.

A questo proposito, vale la pena di soffermarsi sui vv. 9-18, in cui, come si è detto, nello spazio di cinque distici i primi sei volatili menzionati vengono messi a confronto con la *filomela*/usignuolo:

Parrus enim quamquam per noctem tinnipet omnem,
    sed sua vox nulli iure placere potest.
Dulce pelora sonat, dicunt quam nomine droscam,
    sed fugiente die illa quieta silet.
Et merulus modulans tam pulchris zinzitat odis,
    nocte ruente tamen cantica nulla canit.
Vere calente novos[12] componit acredula cantus
    matutinali tempore rurirulans,
dum turdus trucilat, sturnus tunc pusitat ore:
    sed quod mane canunt, vespere non recolunt.

Si può osservare che mentre i primi quattro (*parrus, pelora, merulus* e *acredula*) occupano ciascuno un distico, gli ultimi due (*turdus* e *sturnus*) si trovano intenzionalmente affiancati al v. 17, in un esametro vistosamente allitterante.

Iuventino, altrimenti ignoto, da parte del filologo cinquecentesco Goldast: *In Gallia Germaniave carmen* e *Suetonio derivatum exeunte antiquitate conscriptum putat Baehrens. Albi Ovidii Iuventini esse mentitus est Goldast.* Aiello 2005, 10, lo colloca nel IX secolo, all'XI lo fa slittare Klopsh 1973, mentre Lehmann 1927, 2-4, lo fa avanzare addirittura fino al XII. Da ultimo, Bettini 2008,16, ipotizza più cautamente l'VIII secolo, laddove Lendinara 2017, 471, si allinea alla datazione del X-XI secolo.
[7] Quattro sono invece le macrosequenze individuate da Aiello 2005, 7: vv. 1-8 apostrofe alla filomela; vv. 9-44 *cantus avium*; vv. 45-64 *quadrupedum voces*; vv. 65-70 congedo.
[8] Cito il testo secondo l'edizione Riese 1906; alcune varianti, presenti nelle edizioni di Klopsh e Aiello, verranno segnalate *ad loc.* La discrepanza più vistosa riguarda l'aggiunta nell'edizione Klopsh di quattro versi (precisamente vv. 29ᵃ, 38ᵃ-38ᵇ e 40ᵃ), due dei quali attestati in testimoni recenziori, datati XV-XVI sec. (vv. 29ᵃ e 40ᵃ), altri due (vv. 38ᵃ-38ᵇ) trasmessi da un ramo più antico della tradizione, siglato γ, i cui codici risalgono al secolo XI.
[9] Klopsh, seguito da Aiello, pubblica la lezione *potes.* Klopsh 1973; Aiello 2005.
[10] Polara 1989, 181: "... i prossimi sedici versi il poeta li ha scritti proprio *sua sponte*, perché ci si divertiva tanto". Aiello 2005, 126, sottolinea l'iniziativa spontanea dell'autore nel voler arricchire il catalogo.
[11] A un'analisi più dettagliata dell'intero carme ho intenzione di dedicare un prossimo studio.
[12] *Novo*, nelle edizioni Klopsh e Aiello.

Fig. 23.1. Pompei, Casa del Bracciale d'oro (VI, 17, 42), *oecus* 32. Particolare dell'affresco del muro meridionale (foto dell'autrice).

caratterizzato dal suono -u-, su cui insistono non soltanto i due sostantivi, ma tutte le componenti del verso, dalle congiunzioni *dum/tunc*, alle voci verbali *trucilat/pusitat*. Tranne il *parrus*, un uccello notturno identificato con l'upupa o la civetta[13], gli altri cinque sono tutti uccelli diurni. Il dato interessante è che il confronto con l'usignuolo è costruito attraverso una evidente e voluta sottolineatura dello spazio temporale, in cui si concentra il canto del volatile, attraverso una tessitura di espressioni e di avverbi che punteggiano tutta l'immagine: *per noctem omnem* (v. 9), *fugiente die* (v. 12), *nocte ruente* (v. 14), *matutinali tempore* (v. 16), *mane/vespere* (v. 18). Nel caso dell'*acredula*[14], il poeta con l'espressione *vere calente* aggiunge anche un indicatore stagionale che specifica e concentra ulteriormente l'attività canora nella sola stagione primaverile. Questa insistenza sul dato temporale è ovviamente funzionale al consolidamento del concetto, su cui l'intera immagine è concepita: che canti di notte, di giorno, al tramonto o all'alba, nessuno degli uccelli elencati può reggere il confronto con l'incessante capacità canora dell'usignuolo che *simul nocte dieque cantare solet* (cfr. v. 8).

Un altro aspetto degno di interesse è rappresentato dall'abbinamento degli animali. Anche in questo caso si può tentare di identificare un possibile criterio che governi il catalogo, anche se non sempre esso è riconducibile a una classificazione coerente, dato che in molti casi l'ordine sembra allinearsi a parametri zoologici, come l'anatomia o l'*habitat*, mentre in altri l'accostamento sembra dettato da mere logiche formali:

Parrus enim quamquam per noctem tinnipet omnem,
　　sed sua vox nulli iure placare potest. 　　　　10
Dulce pelora sonat, dicunt quam nomine droscam,
　　sed fugiente die illa quieta silet.
Et merulus modulans tam pulchris zinzitat odis,
　　nocte ruente tamen cantica nulla canit.
Vere calente novos componit acredula cantus 　　15
　　matutinali tempore rurirulans,
dum turdus trucilat, sturnus tunc pusitat ore:
　　sed quod mane canunt, vespere non recolunt.
Caccabat hinc perdix et graccitat improbus anser,
　　et castus turtur atque columba gemunt. 　　　　20
Pausitat arborea clamans de fronde palumbes
　　in fluviisque natans forte[15] tetrinnit anas.
Grus gruit in gronnis, cygni prope flumina drensant,
　　accipitres pipant milvus hiansque lupit.

---

[13] Sulle ipotesi di identificazione, André 1967, 118-119; Capponi 1979, 381-293.
[14] La problematica identificazione dell'animale è discussa in: André 1967, 21-22; Capponi 1979, 29-31.

[15] *Sorte*, nell'edizione Klopsh. Aiello, che si allinea a Riese, pubblicando *forte* considera la lezione *sorte* un errore di lettura (111).

Cucurrire solet gallus, gallina cacillat,   25
   pulpulat et pavo, trissat hirundo vaga.
Dum clangunt aquilae, vultur pulpare probatur,
   et crocitat corvus, fringulit et graculus.
Glottorat immenso maerens ciconia rostro,
   pessimus et passer sons titiare solet.   30
Psittacus humanas depromit voce loquelas
   atque suo domino 'chaere'[16] sonat vel 'ave'.
Pica loquax varias concinnat gutture voces,
   scurrili strepitu omne quod audit ait.
Et cuculi cuculant et rauca cicada fritinit.   35
   Bombilat ore legens munera mellis apis.
Bubilat horrendum ferali murmure bubo
   humano generi tristia fata gerens.
Strix nocturna sonans et vespertilio stridunt,
   noctua lucifuga cucubit[17] in tenebris.   40
Ast ululant ululae lugubri voce canentes
   inque paludiferis butio butit aquis.
Regulus atque merops et rubro pectore progne[18]
   consimili modulo zinzizulare sciunt.

Ai primi sei, appena menzionati, tutti di ambientazione boschiva, seguono:

v. 19: due animali da cortile, pernice/oca (*perdix/anser*);
vv. 20-21: tre colombidi, tortora/colomba/colombaccio (*turtur/columba/palumbes*);
vv. 22-23: tre specie acquatiche, anatra/gru/cigni (*anas/grus/cygni*);
v. 24: due razze rapaci, falchi/nibbio (*accipitres/milvus*);
vv. 25-26: quattro volatili di ambientazione domestica, gallo/gallina/pavone (*gallus/gallina/pavo*), a cui può essere assimilata, al v. 26, anche la rondine (*hirundo*), giacché nelle descrizioni letterarie è ricordata spesso in struttura con la menzione dei *tecta*, sotto le cui sporgenze nella stagione primaverile è solita costruire il suo nido, e perché intorno ai tetti delle case ha l'abitudine di *circumvolitare*;
v. 27: due razze rapaci: aquile/avvoltoio (*aquilae/vultur*);
v. 28: due corvidi: corvo/cornacchia (*corvus/graculus*);
vv. 29-30: due specie affiancate forse per contrasto, una di grandi dimensioni, la cicogna (*ciconia*), e una di piccole dimensioni, il passero (*passer*);
vv. 31-34: due uccelli parlanti, pappagallo (*psittacus*) e gazza (*pica*), ciascuno inserito in un distico;
vv. 35-36: i cuculi (*cuculi*), abbinati forse per assonanza alla cicala (*cicada*), a sua volta coerentemente accostata al secondo insetto, l'ape (*apis*), menzionato al v. 36;

segue una serie di cinque uccelli notturni, caratterizzati anatomicamente da artigli ricurvi:

vv. 37-38: gufo (*bubo*), a cui è dedicato un intero distico;
v. 39: la coppia barbagianni/pipistrello (*strix/vespertilio*);
vv. 40-41: la combinazione civetta/allocchi o barbagianni (*noctua/ululae*), dislocati l'una nel pentametro, i secondi nell'esametro;

v. 42: un uccello paludicolo, citato solo in questo carme, *butio*, identificabile forse con l'allocco o con il tarabuso, un uccello migratore[19];
v. 43: tre uccelli apparentemente incoerenti: *regulus* (lo scricciolo), *merops* e *progne*, inseriti in un verso fortemente allitterante, che insiste sui suoni r, p, u, o.

Che *progne* sia da identificare con la rondine è possibile solo in virtù del mito metamorfico di tradizione greca che qui viene adombrato. Si tratta di una sanguinosa storia di violenza familiare, che vede protagoniste due sorelle ateniesi, Procne e Filomela, figlie del re ateniese Pandione, vittime e carnefici al tempo stesso di una serie di crimini feroci che vanno dalla violenza carnale, alla mutilazione, all'infanticidio per vendetta e all'antropofagia[20]. Alla fine della vicenda tutti i protagonisti subiscono una metamorfosi ornitologica: oltre alle due sorelle, si trasforma in un rapace anche il re tracio Tereo, marito di una delle due donne[21]. Che si stia alludendo alla *fabula* di Procne e Filomela è d'altronde ricostruibile anche sulla base di due importanti indizi: innanzitutto il *merops*, citato al v. 43, affiancato a *progne*, costituisce tradizionalmente una delle possibili metamorfosi di Tereo. *Merops* è in effetti un rapace fornito di becco adunco[22], a simboleggiare il momento in cui Tereo viene sorpreso dalla metamorfosi con la spada in pugno, nell'atto di colpire le due donne che gli hanno imbandito per vendetta le carni del figlioletto Iti, e rimane fissato per sempre nello slancio aggressivo. Non solo: nel catalogo ornitologico la rondine è già contemplata al v. 26; di conseguenza, una seconda menzione non avrebbe senso, se non come rinvio al personaggio della *fabula* che qui il poeta chiama opportunamente Progne e descrive con il petto insanguinato, alla maniera virgiliana di *georg.* 4,14-15, dove tra l'altro sono presenti anche i *meropes*:

   […] *meropesque aliaeque volucres*
et manibus Procne pectus signata cruentis.

Non è dato sapere quale ruolo assuma Progne-rondine nel *Carmen de filomela*, se qui sia la regina infanticida macchiata del sangue di Iti, o se si tratti invece della cognata, e in questo caso le macchie sul petto alluderebbero agli effetti della mutilazione della lingua. Il tratto dell'indeterminatezza che caratterizza non soltanto questo specifico luogo, ma sistematicamente tutti i trattamenti che della saga propone la poesia tardolatina, in un'alternanza di nomi e ruoli, metamorfosi e sfondi paesaggistici, ne impediscono una sicura identificazione. Un dato tuttavia sembra acclarato: qui *progne*, in virtù della sua collocazione speculare rispetto alla *filomela* dell'esordio, rappresenta coerentemente la chiusa ideale

---

[16] *Chere*, in Klopsh e Aiello.
[17] *Cucubat*, pubblica Klopsh.
[18] *Prognes*, in Klopsh e Aiello.

[19] Capponi 1979, 124: "È il *Botaurus stellaris stellaris*, che, solitario, abita nei folti canneti, nei luoghi più nascosti delle paludi o lungo le rive dei laghi e degli specchi d'acqua". La medesima informazione è già in André 1967, 46-47.
[20] Non concordo pertanto con la posizione di Aiello 2005, 7, n. 6, che nega ogni riferimento al mito metamorfico di Procne/Filomela/Tereo.
[21] Procne o Filomela, a seconda del filone prescelto dall'autore. Sul trattamento latino della saga, Privitera 2007.
[22] Il gruccione, secondo l'interpretazione di Bettini 2008, 17.

della sezione ornitologica ed evidenzia ancor più la natura sussidiaria del secondo catalogo animale.

Altre osservazioni di un qualche interesse emergono poi dall'analisi delle voci verbali che il poeta anonimo utilizza per restituire la fonosfera, rappresentata in questo caso dalla vocalità degli animali. Il dato più appariscente è costituito dalla spiccata sensibilità del poeta per gli effetti fonico-mimetici di tipo onomatopeico che rendono il *Carmen de filomela* un vero e proprio esercizio di abilità. È possibile identificarne tre tipologie:

1. l'onomatopea contraddistingue sia il nome del volatile, sia il verbo che ne esprime il canto, in quanto entrambi sono modellati sull'imitazione del verso di ciascun animale. In alcuni casi la forma verbale è denominativa, plasmata sul sostantivo dalla già palese valenza mimetica, come *grus gruit* (v. 23)[23], *cuculi cuculant* (v. 35), *bubo bubilat* (v. 37), *butio butit* (v. 42), mentre nel caso di *ululae ululant* al v. 41 è il nome del volatile notturno, dal canto lugubre, a essere un deverbativo dalla voce *ululare,* che indica genericamente l'emissione di un grido, anche di carattere umano, che non a caso nel passaggio all'italiano ha prodotto gli allotropi 'ululare' e 'urlare'[24]. Non mancano anche combinazioni, in cui sostantivo e voce verbale si differenziano solo apparentemente per un'inversione di fonemi, come *tur-dus tru-cilat* (v. 17) o *cor-vus cro-citat* (v. 28)[25].

2. l'onomatopea qualifica soltanto la voce verbale, mentre il sostantivo non ha alcun elemento che richiami la sonorità del canto: è il caso di *zinzitare* rispetto a *merulus* (v. 13), *graccitare* rispetto ad *anser* (v. 19), il *cucurrire* del *gallus* e il *cacillare* della *gallina* (v. 25) o ancora il *fritinire* della *cicada* al v. 35 e il *bombilare* dell'*apis* al v. 36.

3. una terza categoria riunisce invece i rari casi in cui il nome del volatile e la rispettiva *vox* sono indipendenti e non hanno né origine onomatopeica né funzione imitativa, come quando si dice al v. 27 *clangunt aquilae*, ricorrendo a una voce dotta come *clango*, o *vultur pulpare*[26]. O quando si restituisce l'attitudine dei cosiddetti animali parlanti: *psittacus humanas depromit voce loquelas* (v. 31) e la *pica loquax*, che *varias concinnat voces* (v. 33).

Questa campionatura fa emergere – soprattutto per quanto attiene alla seconda tipologia identificata - una

capacità di trasferire sul suono anche un valore semantico connotativo, attraverso la creazione di neologismi che, se da un lato forniscono l'immagine di un poeta coerente con i comportamenti linguistici della sua epoca, dall'altro ne evidenziano il tratto di sperimentatore. A questo proposito, è possibile evidenziare un elemento particolarmente suggestivo che ben sintetizza la capacità innovativa del poeta. Si tratta della voce *zinzizulare* che al v. 44 allude in maniera enigmatica al suono di tre uccelli apparentemente molto dissimili tra loro, per specie e per dimensione, la triade *regulus-merops-progne*, menzionata al verso precedente. Se nei lemmi in esame è possibile individuare una forte correlazione tra sostantivo e forma verbale, in evidente reciproca dipendenza, nel caso di *zinzizulare* sembra di trovarci in presenza di un linguaggio per così dire "agrammaticale", una forma sperimentale con funzione puramente imitativo-espressiva, del tutto svincolata dalla denominazione degli animali a cui è riferita. Il poeta ricorrerebbe in sostanza a una sorta di linguaggio fonosimbolico *ante litteram,* in cui *zinzizulare* assume una funzione dirompente rispetto alla lingua istituzionale, molto simile ai 'videvitt' e 'scilp' dei passeri e delle rondini pascoliane[27].

Il ruolo particolarmente rilevante attribuito alla voce verbale emerge anche dalla posizione assegnatagli all'interno del carme: che sia collocato esattamente alla fine della rassegna ornitologica lo rende una sorta di sigillo, una pura espressione sonora, capace di sintetizzare efficacemente la lunga elencazione delle voci precedenti, grazie alla sua astratta indeterminatezza.

Un'ultima annotazione riguarda poi la significativa convergenza osservata tra il *Carmen de filomela* e un lungo elenco lessicografico attribuito a Svetonio, appartenente a un opuscolo intitolato *de animantium natura*, che forse costituiva una sezione dei dispersi *Prata*[28]. Il testo registra una serie di versi di animali, ripartiti in due sottoelenchi disposti in ordine inverso rispetto a quelli del *carmen* tardoantico: una prima lista riguarda i quadrupedi e una seconda il mondo alato, comprensivo quest'ultimo dei due insetti menzionati anche nel *carmen,* l'ape e la cicala. Il catalogo, in cui è possibile individuare un certo ordine di tipo zoologico, costituisce una efficace sintesi di tipo enciclopedico di un settore del sapere antico, come quello delle sonorità animali, attraverso la trascrizione delle singole *voces*. Per quanto attiene alla categoria che stiamo analizzando, quella dei volatili, è da sottolineare che il numero di *aves* svetoniane risulta inferiore rispetto a quello del *Carmen de filomela* (21 + 2 insetti, rispetto ai 39 + 2 insetti del carme tardolatino), ma tutti gli animali citati

---

[23] In questo caso l'onomatopea è ulteriormente intensificata dall'espressione *in gronnis* che crea un forte effetto allitterante nel primo emistichio del verso: *grus gruit in gronnis.* È appunto sulla base del termine *gronna* che si è ipotizzata un'origine germanica o franco-germanica del componimento; cfr. Aiello 2005, 9. Sul lemma si veda anche Ernout-Meillet 1994[4], p. 283, *s.v.* *gronna: '*loca palustria et herbosa. Un exemple dans l'Anth. 762, 23. Bas latin.*'

[24] Ernout-Meillet 1994[4], 744-745, *s.v. ulula.*

[25] Bettini 2008, 73.

[26] Fa osservare Bettini 2008, 88, che la voce *pulpare* richiama l'azione dello spolpare, in modo tale che la designazione del verso specifico dell'avvoltoio sembri connotare anche la sua immagine culturale di uccello rapace e sanguinario: 'Anche in questo caso, insomma, più che imitare la sonorità specifica dell'animale si tende a 'raccontarne' in modo condensato alcuni tratti comportamentali e culturali rilevanti'.

[27] G. Pascoli, *Dialogo*, in *Myricae* (1891). Per il fonosimbolismo in Pascoli, fondamentali sono le riflessioni di Contini 1971.

[28] Reifferscheid 1860, fr. 161 (*de naturis animantium*), 247-254. La *quaestio*, nella sua complessa articolazione, è affrontata in Brugnoli 1954, 21-23, il quale è dell'avviso che con il titolo *Prata* si debba intendere una raccolta di opuscoli svetoniani, compiuta in epoca posteriore a Svetonio, riferendo come questo lungo frammento fosse stato attribuito ai *Prata* già da Roth 1858, sulla base di una testimonianza molto tarda e corrotta, ma 'quanto mai aleatoria'. Sul frammento pseudo-svetoniano, si veda Finch 1969; interessanti osservazioni in Bettini 2008, 9-11 e 265-266.

nell'elenco di Svetonio hanno una corrispondenza nel carme dell'*Anthologia*. Un analogo riscontro è ravvisabile anche nella trascrizione dei singoli canti dei volatili che coincidono in ben tredici casi, restituendo uno spazio sonoro del tutto coerente:

> [...] *coruorum crocitare. aquilarum clangere. accipitrum plipiare. uulturum pulpare. miluorum lupire uel lugere. olorum drensare. gruum gruere. ciconiarum crotolare. anserum gliccire uel selingere. anatum tetrissitare. pauonum paupulare. (gallorum cucurrire uel cantare.) graculorum fringulire. noctuarum cuccubire. cuculorum cuculare. merulorum frendere uel zinziare. turdorum trucilare uel soccitare. sturnorum passitare. hirundinum fintinnire uel minurrire – dicunt tamen quod minurrire est omnium minutissimarum auicularum – gallinae crispire. passerum titiare. apum bombire uel bombilare. cicadarum fritinnire.*

Non c'è dubbio che su questa falsariga il poeta tardoantico abbia modellato il proprio esperimento, finalizzato a dare forma poetica a un'asettica materia enciclopedica. L'operazione cela in realtà una funzione didattica e pedagogica largamente diffusa nella pratica scolastica tardoantica, volta ad agevolare, grazie al ricorso alla versificazione, la memorizzazione della lunga lista lessicografica, addirittura ampliata rispetto al modello[29]. Un indizio che facilita non soltanto la ricostruzione del *milieu* di appartenenza, ma forse anche l'identikit del poeta anonimo: un *grammaticus* dalle spiccate velleità poetiche.

Bibliografia

Aiello, O. 2005, *Il carmen de filomela*, Palermo.

André, J. 1967, *Les noms d'oiseaux en latin*, Paris.

Baehrens, E. 1883, *Poetae Latini Minores* V, Lipsiae.

Bettini, M. 2008, *Voci. Antropologia sonora del mondo antico*, Torino.

Brugnoli, G. 1954, "Sulle possibilità di una ricostruzione dei "Prata" e della loro attribuzione a Svetonio", in *MemLinc*, s. 8, VI, 3-32.

Capponi, F. 1979, *Ornithologia latina*, Recco (Genova).

Contini, G. 1971, "Il linguaggio di Pascoli", in G. Nava (ed.), *G. Pascoli, Poesie*, Bergamo.

Curtius, E.R. 1992, *Letteratura europea e Medio Evo latino*, (trad. di R. Antonelli) Firenze.

Ernout, A. - Meillet, A. 1994, *Dictionnaire Étymologique de la Langue Latine, Histoire des Mots*, 4ed, Paris.

Finch, C.E. 1969, "Suetonius' Catalogue of animals sounds in *Codex Vat. Lat.* 6018", in *AmJPhilol*, 90, 4, 459-463.

Klopsch, P. 1973, "*Carmen de* Philomela", in A. Önnerfors - J. Rathofer - F. Wagner (eds), *Literatur und Sprache im europäischen Mittelalter. Festschrift für Karl Langosch zum 70. Geburtstag*, Darmstadt, 173-194.

Lehmann, P. 1927, *Pseudo-Antike Literatur des Mittelalters*, Leipzig-Berlin.

Lendinara, P. 2017, "Le *Voces Variae Animantium* nel medioevo", in *Zoosemiotica 2.0. Forme e politiche dell'animalità*, 1, 465-478.

Malaspina, E. 1994, "Tipologie dell'inameno nella letteratura latina, *Locus horridus*, paesaggio eroico, paesaggio dionisiaco: una proposta di risistemazione", in *Aufidus*, 23, 7-22.

Mandile, R. 2011, *Tra* mirabilia *e* miracoli. *Paesaggio e natura nella poesia latina tardoantica*, Milano.

Mauro, R. 2021, "Paesaggi inameni della letteratura latina fino al II sec. d.C.", in *La biblioteca di Classico Contemporaneo*, 12, 67-88.

Petrone, G. 1988, "*Locus amoenus/locus horridus*: due modi di pensare il bosco", in *Aufidus*, 5, 3-18.

Polara, G. 1989, "I distici elegiaci dell'*Anthologia Latina*", in G. Catanzaro - F. Santucci (eds), *Tredici secoli di elegia latina*, Assisi, 145-182.

Privitera, T. 2007, Terei puellae: *metamorfosi latine*, Pisa.

Reifferscheid, A. (*ed.*) 1860, C. Suetoni Tranquilli, *Praeter Caesarum libros reliquiae, inest* Vita Terenti *a F. Ritschelio emendata atque enarrata*, Lipsiae.

Riese, A. 1906², *Anthologia Latina sive poesis latinae supplementum*, I, Lipsiae.

Roth, C. L. (rec.) 1858, *C. Suetonii Tranquilli quae supersunt omnia*, Lipsiae.

Schiesaro, A. 1985, "Il *locus horridus* nelle Metamorfosi di Apuleio", in *Maia*, 37, 211-223.

Schönbeck, G. 1962, *Der* locus amoenus *von Homer biz Oraz*, Heidelberg.

Serpa, F. 1987, in *Enciclopedia Virgiliana*, III, s.v. "Paesaggio", Roma, 921-926.

Tandoi, V. 1984, in *Enciclopedia Virgiliana*, I, s.v. "Anthologia latina", Roma, 198-205.

---

[29] Del medesimo avviso è Bettini 2008, 19: 'sappiamo che allo schema del catalogo ha fatto spesso ricorso anche la poesia didattica, specie in contesti di tradizione orale, per facilitare la trasmissione di liste di animali, oggetti, precetti, sentenze e così via'. Anche Lendinara 2017, 472, a proposito dei componimenti poetici imperniati sulle *voces animantium*, parla di una finalità orientata all'apprendimento mnemonico di vocaboli latini. Si deve inoltre tener conto che il *Carmen de filomela* si inscrive nel genere dei cosiddetti *carmina philomelaica*, puntualmente elencati in Aiello 2005, 44-46. Notevoli affinità si riscontrano in particolare con un *carmen philomelaicum*, tramandato anch'esso nel *corpus* dell'*Anthologia Latina* (658 Riese) e attribuito con buona probabilità a Eugenio di Toledo, su cui si vedano le osservazioni di Polara 1989, 175-178. Concordo con Aiello (2005, 8) che ravvisa alla base della concezione del *Carmen de filomela* una forma di contaminazione tra i *carmina philomelaica* e i cataloghi di *voces animantium*, in prosa e in versi. Da ultimo, entrambe le tipologie sono elencate e analizzate in Lendinara 2017, 472.

24

Multispectral Remote Sensing Using Drones. An Innovative Approach to Investigating the Urban Landscape of Veii

Filippo Materazzi, Marco Pacifici
'Sapienza' Università di Roma

Abstract: The paper intends to present the application of multispectral remote sensing by drone as an innovative tool for the identification of buried remains, specifically in the area of Campetti at Veii. The use of this methodology represents a new opportunity for fast identification of a consistent number of archaeological evidence over vast extensions. The use of multispectral cameras makes it possible to record the spectral response of plants in different bands of the electromagnetic spectrum. By processing the images acquired through the use of "vegetation indices", it is possible to identify the slightest variations in the physiological conditions of the vegetation produced by buried remains and invisible to the human eye. The experimental application of this technique started at Veii in 2017, has shown how it has been possible to identify a considerable amount of crop marks, the careful reading of which has allowed us to deepen our knowledge and understanding of the development of the urban landscape in a large portion of an ancient city.

Keywords: remote sensing; drone; UAS; UAV; multispectral; NIR; vegetation index; Veii; Campetti.

In the attempt to define the particular characteristics of the Etruscan urban phenomenon, Veii represents a very special case. The large area of the plateau on which the city stood is today characterised by a nearly total lack of continuity in occupation and is exploited almost exclusively for agricultural purposes, allowing the application of a vast repertoire of investigative techniques on several points of the ancient settlement.

By virtue of this, the city and its territory have long been the object of numerous research activities, both in the urban area and in the surrounding territory, to collect as much data as possible for preservation purposes and to improve understanding of the topographical and chronological development of the Etruscan city and the Roman colony of the Augustan period[1].

In the context of such research, multispectral remote sensing using drones has enormous potential for the identification of crop marks both in terms of quantity and quality of data[2].

24.1. Multispectral imaging and photo interpretation.

The technique is based on the investigation of land covered by vegetation and uses a multispectral camera installed on a drone. This kind of sensor is capable of simultaneously acquiring several images in different bands of the electromagnetic spectrum, usually in the wavelengths between visible light and near-infrared (NIR). NIR is the most reflected band by vegetation and by analysing its variations compared to those of the other bands, it is possible to indirectly identify the slightest anomalies in the chemical and physical characteristics of plants invisible to the human eye.

The methodological approach used can be defined as agronomic[3]. Since any archaeological evidence present within a certain depth causes chemical-physical alterations in the overlying vegetation through the root system, to investigate these alterations correctly it is necessary to study the plant species present, together with the environmental and climatic conditions of the period[4]. Therefore, the manifestation of vegetation marks is closely dependent on a large number of variables, including the type of buried archaeological remains, the depth of burial, the climatic characteristics of the season, the plant species present, their phenological stage and the characteristics of the soil and its water content.

At present, the research carried out as part of the ongoing investigation of Veii by the Chair of Etruscology and Italic Antiquities of the 'Sapienza' Università di Roma[5] and by means of a PhD program[6], foresees the carrying out

---

[1] For a synthetic state-of-the-art Tabolli 2019.
[2] E.g. Lehmann *et al.* 2015; Fiorini - Materazzi 2017; Fuldain González - Varón Hernández 2019; Uribe *et al.* 2021.
[3] Materazzi - Pacifici 2020, 100-101; Materazzi - Pacifici 2022.
[4] A similar approach in Hejcman - Smrž 2010.
[5] Michetti *et al.* 2020.
[6] The PhD in Archaeology (curriculum Etruscology) at the 'Sapienza' Università di Roma is carried out by F. Materazzi and financed with a scholarship by JP Droni (www.jpdroni.it).

of systematic and repeated drone remote sensing for the three-year period of 2022-2024. The remote sensing will cover the entire plateau and the neighbouring portion of the territory, to collect and analyse the data and integrate it with the documentation of past investigations, as well as to develop the technique with a view to its ever wider and more fruitful application.

Three non-systematic remote sensing campaigns have been carried out to date[7] (Fig. 24.1). The first one was carried out on May 15th, 2017 exclusively on a portion of the northwest offshoot of the *plateau* known as Campetti[8]. A second acquisition of data took place on May 16th, 2020; in this case, remote sensing covered the entire area of Campetti, as well as the field located on the south-western slopes of the plateau. In addition, a flight was carried out over part of the Piano di Comunità area. Finally, a further campaign was conducted in 2021 on the 15th and 18th of May, and again on July 5th, flying over the Picazzano funerary area and almost the entire *plateau*, exception of a few plots whose state of cultivation was not suitable for carrying out the investigations. During the three years of data collection, two different drones were used: a Skyrobotic SF6 in 2017 and a DJI Phantom 4 Multispectral in 2020 and 2021. The SF6 was equipped with a Parrot Sequoia multispectral camera[9], while the P4M integrated a camera with six sensors, five monoband (blue, green, red, red-edge, NIR) and one RGB sensor with higher resolution, and a GNSS RTK that guaranteed high accuracy in positioning during flight and geolocation of the images. For the planning and execution of automatic photogrammetric flights, three different apps were tested. Among them, UgCs was the best since it allows for the creation of flight plans in which the drone follows the terrain profile and varies the altitude automatically to maintain approximately the same overlap between photos and the same ground resolution, thus improving the final result. As far as georeferencing is concerned, ground control points were not used in any of the three cases, but the P4M GNSS RTK was used in the last two years.

To process the Sequoia images in 2017, Pix4D Mapper software was chosen, while Pix4D Fields was chosen for the data acquired by the P4M. In addition, to produce a high-precision DEM, the 2020 RGB images were processed in Agisoft Metashape together with some fixed point coordinates that were acquired in November 2021 with a differential GNSS. The maps produced were then managed on the GIS ArcMap, first in dedicated projects and then in a general project consisting of composite multilevel cartography, in which the data obtained from the drone surveys was integrated with those being acquired from bibliographic and archival research.

Within each single GIS project, the monoband reflectance maps were compared pixel by pixel using algebraic formulas known as vegetation indices, used in agronomy to indirectly analyse plant characteristics, e.g. chlorophyll content. In 2017, 16 different VIs were applied, while in 2020 and 2021, the features of the new camera allowed the number to be expanded to 38. Each index map has therefore undergone a process of contrast enhancement to emphasise the crop marks as much as possible.

For the photo-reading, due to the complexity of the situation and the consistent presence of anomalies made by agricultural practices, a visual assessment based on the experience of the members of the research group was preferred. Following this method, the index maps were compared to select those that could guarantee greater visibility. The best ones were then imported into the general project and used for the photo-reading.

The identified archaeological marks were then digitised on two vector layers, called 'Marks' and 'Lines' respectively, followed by the date of the flight, assigning to the first the anomalies defined within their limits, and to the second, the ones for which it was not possible to define the thickness or draw a complete outline. Each polygon was also assigned a different colour that referred to its type, positive or negative.

Once the vector layers were completed for each acquisition, they were compared to create two new vector layers similarly named which included the overall project identifications and which will be updated with each new acquisition. As usual, it was decided to call the crop marks created by the vegetation in the best state of health positive, which were assigned the colour sky blue, and vice versa the negative ones coloured blue. In addition, both the basic interpretations deduced from the trends of the lines, in yellow dots, and the excavation evidence, in orange, have been included in the overall level to facilitate the general understanding of the data obtained (Fig. 24.2).

Over the three years, a certain variability in the effectiveness of the VIs was observed, which in most cases was due to the characteristics of the use of the index, in connection to the plant species present and its growth stage.

If we dwell on the meaning of the difference between positive and negative crop marks, the fact stands out that those that correspond clearly to masonry structures can be of both types. It must be noted that in this context buried walls do not always create, as one would expect, a negative crop mark preventing the correct growth of vegetation, but on the contrary, in the majority of cases, the exact opposite occurs (Fig. 24.3).

In this regard, it is useful to consider how the crop marks are formed and what significance one or another type

---

[7] The activities were carried out with the authorisation of the Soprintendenza Archeologia, Belle Arti e Paesaggio per la provincia di Viterbo e l'Etruria meridionale. In this regard, we would like to thank Dr D. F. Maras, the official responsible for the Veii area, who was constantly available for the authorisation to carry out the activities and interested in the results.

[8] For a complete overview of the 2017 surveys see Materazzi - Pacifici 2020.

[9] Materazzi - Pacifici 2020, 100; Materazzi - Pacifici 2022.

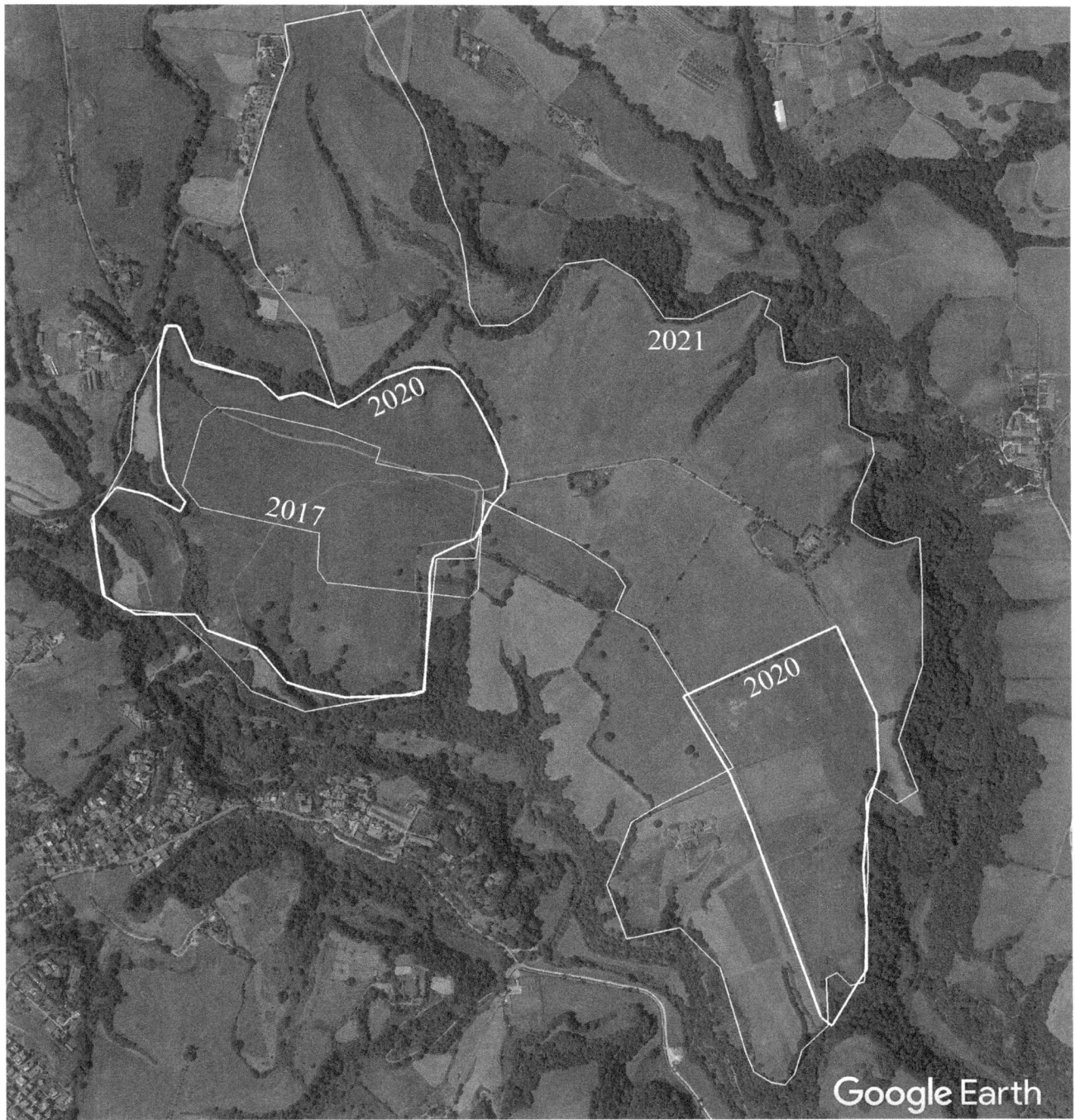

Fig. 24.1. *Veii* **plateau and areas investigated in 2017, 2020 and 2021.**

may have depending on possible buried archaeological evidence. A first analysis shows a few negative ones certainly correlates to structures and mainly located in groupings to the east in the upper part of Campetti.

In this area, the two excavations carried out by the Laboratory of Ancient Topography of the Sapienza University in the early 2000s provided important details about the presence of structures from the Roman period identified in the upper stratigraphic levels[10]. It is precisely

the characteristics of these Roman structures that are thought to explain the negative manifestation. This refers to the constructional characteristics of the *opus reticulatum* walls and their shallow burial depth, which would prevent the development of the plant root system. Consequently, all the remaining structures identified by positive anomalies must necessarily have different peculiarities, such as burial depth, construction technique and relative attributes characteristics of the materials connected to the hydrogeological properties of the soil. Further research and comparison of more data are needed to better understand the preliminary hypotheses that have just been put forward, with the knowledge that these aspects represent a

---

[10] Jaia - Cella 2015.

Fig. 24.2. The Campetti area with anomalies identified through multispectral remote sensing.

fundamental pivotal point for a consistent advance in the process of reading and interpreting vegetation marks.

[F.M.]

24.2. City and landscape.

Despite the typological analysis of the anomalies identified and the correlation with previous data still in progress, the results we gained provide some new and interesting information regarding the overall organisation of the urban area and its relationship with the landscape, especially in the area of Campetti.

The area occupied by the ancient town is represented by a large plateau of about 200 hectares bordered by two ditches to the north and south. The plateau is characterised throughout its extension by a central ridge along which the main road ran[11].

For the Campetti area, the analysis of the altimetric development by means of the contour lines at 1 metre intervals (Fig. 24.4) allows us to observe the presence, in

correspondence with the central ridge, of two continuous summit portions, approximately flat and wide. The slopes then develop southwards from each of the two summit "planes" sloping gently and then with an increasing gradient towards the limits of the plateau, forming a narrow and steep valley in the middle. To the north of the top of the ridge, on the other hand, the two top portions develop for just a few metres and then slope rapidly and steeply down to the limits defined by the gorge of the Valchetta stream.

The particular concentration of the structures identified in correspondence with the flat portions at the top and their proportional decrease as the slope increases until they disappear completely is immediately evident. These probably refer to buildings made of undefined masonry and mostly characterised by a complex organisation of the internal spaces. It should definitely be noted that this concentration is probably linked on the one hand to the orographic conditions favourable to the construction of structures, and on the other hand to the parameters that determine their visibility. The top and upper portions of the slope have, in fact, certainly been affected over the centuries by considerable washout phenomena which must have diminished the burying, while on the contrary, the reverse phenomenon on the lower portions of the slope must have caused the accumulation of earth and consequently possible loss of visibility of the buried

---

[11] The route across the central ridge, clearly visible in the photographs of the areas being studied by the Topography Laboratory of the University of Lecce (Guaitoli 2016, 183-184), was also identified in small portions during the Sapienza excavations in the Campetti area (Jaia - Cella 2015).

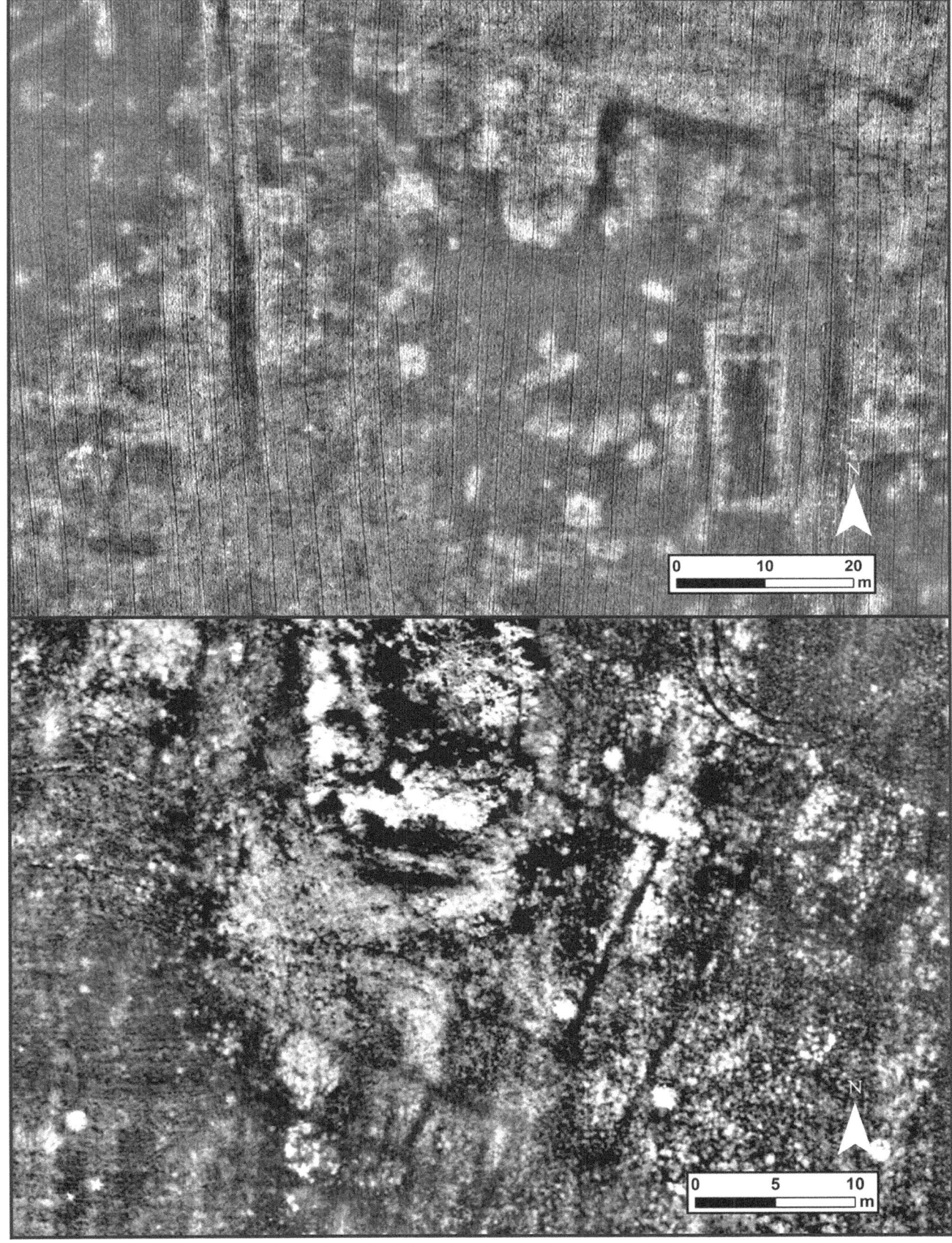

Fig. 24.3. Two areas with a particular concentration of positive (A) and negative (B) crop marks.

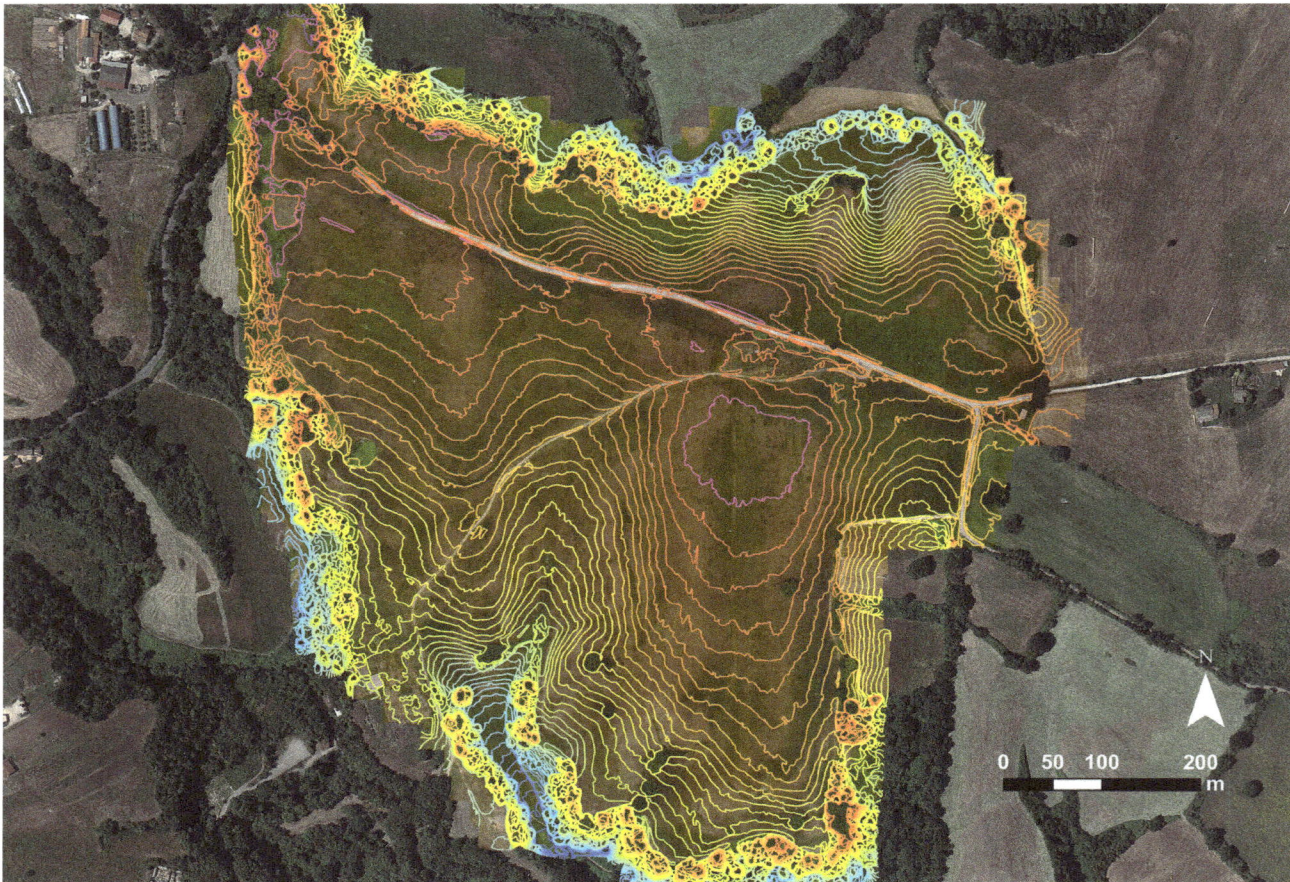

Fig. 24.4. The Campetti ortophoto with contour lines at one metre intervals.

structures through remote sensing. This is testified by the presence, as already mentioned, of probably numerous large buildings with internal partitions concentrated in the eastern summit portion, among which it is possible to recognise, for example, a large positive quadrangular shape characterised by walls approximately 1.3 m thick with shorter internal sections, four per side, orthogonal to the long sides of the structure and a room positioned at the northern end[12].

To be noted is also the set of crop marks to the north-east, not far from those just mentioned, which define a large set of probable buildings with a complex plan. Among these, two quadrangular ones placed one inside the other are related to the *opus reticulatum* that emerged in the aforementioned Sapienza investigations[13]. On the other hand, there are many anomalies, although less defined, on the morphological high ground further to the west, while similar buildings in terms of articulation and consistency can be identified on the upper part that joins the two terraces.

Fundamental to the definition of the relationship between the landscape and the articulation of the urban centre is the

organisation of the complex road system that must have guaranteed the connection with the interior of the plateau, which had already emerged in part during investigations conducted using different methods[14], but which seems to be able to be defined more precisely thanks to the new data (Fig. 24.5). The analysis of the images has in fact made it possible to identify with greater precision large stretches indicating two main road axes that allowed access to the entire plateau[15]. The first, which according to the excavation data, was used from the 8th century B.C. at least until the abandonment of the Roman colony[16], crosses the entire top of the central ridge of the plateau from north-west to south-east, while the second, with an irregular course, rises from the south-western offshoots of the Campetti area and runs more or less parallel to the slope, exploiting its points of lower inclination, crossing the one on the ridge near the morphological high point further east and continuing further in the northern portion of Campetti.

Analysing the presumed road axes, it is possible to divide them into two groups, one characterised by an irregular route, mostly curvilinear and conditioned by the natural orography of the slope, and a second one with straight road axes with

---

[12] Materazzi - Pacifici 2020, 107-108. The considerations proposed in this paper lead us to express doubts about the previous interpretation.
[13] Jaia - Cella 2015, 35-36.
[14] Guaitoli 2016, 183-194; Campana 2018, 109-111; Campana 2019, 30-31.
[15] Guaitoli 2016, 183-184.
[16] Jaia - Cella 2015, 37.

Fig. 24.5. The road system in relation to the accesses to the plateau and the main burial grounds located to the West (after Guaitoli 2016).

approximately north-south orientation, perpendicular to the slope and placed at almost regular intervals. Even though it is not possible with the current amount of information available, to better define the chronological development of these roads, it may be possible to support the hypothesis put forward by Marcello Guaitoli[17]. He proposes that the irregular routes of the aforementioned roads are evidence of a first, more ancient and hypothetical system of mobility within the plateau which was more closely linked to the orography of the area, while the more regular routes could attest to a construction project aimed at standardising the urban space. However this operation, dated to the height of the Archaic period[18], should not have led to the deactivation of the more ancient routes.

The analysis of the orientation of the numerous structures also reveals their close link to the road layout, particularly the ones characterised by regular routes. A logical and programmed organisation of the structures, according to the internal communication routes of the plateau, seems recognisable indeed. For example, there are numerous structures located around the two long north-south axes to the east, with a clear orientation, which is different from those nearby, facing the main axis on the ridge.

Closely linked to data for the road layout, particularly in the Campetti area, are the access points to the city[19]. Some of the road recognised, partly already known, may in fact correspond to an access to the plateau.

Most of these have an irregular curvilinear course that reach the edges of the plateau, with the exception of one which runs towards the southern border along the western border, where the difference in height between the surface of the plateau and the exterior is smaller.

In addition to the well-known, and still active, *North-west Gate*[20], through which the main axis crossing the whole plateau passes, the southern part of Campetti analysis of the road system seems to suggest a subdivision into three stretches of the south-west end of the second main road axis. One runs in the direction of *Caere Gate*[21], a second one unrelated to a known access point and a third exploiting the valley that from the plateau, making a wide curve towards south-east, descends into the gorge of the Piordo stream.

---

[17] Guaitoli 2016, 185-186 and 195-198.
[18] Guaitoli 2016, 195-196.

[19] For the hypothesis concerning the accesses to the ancient city Ward-Perkins 1961, 3-20.
[20] Ward-Perkins 1961, 4-6.
[21] Ward-Perkins 1961, 6-8. See also Torelli - Pohl 1973.

To complete this picture, a further road axis, perceptible only in one section at its western end, seems to correspond to the gate identified at this point on the edge of the plateau by the excavations carried out between 2011 and 2013[22].

In the northern half of Campetti, on the other hand, it is possible to identify only a minor, straight road, which, detached from the second main axis, unlike what has been known so far from the analysis of aerial photographs[23], reaches the limits of the plateau along an undulating stretch. In spite of the lack of archaeological data, it would seem possible to assume the presence of an entrance to the city here too – although not far from the so-called *Formello Gate*[24] – especially by virtue of the slight difference in height between the inside and the outside of the plateau.

The correspondence of the probable gates with the irregularly drawn road sections, as mentioned above, perhaps in reference to the most ancient road system, would therefore seem to indicate the antiquity and persistence in the positioning of the entrances to the plateau. The hypothesis would also be supported by the existing topographical relationship, particularly along the western and south-western edges, between these entrances and the burial areas located immediately outside the plateau. Grotta Gramiccia and Casal del Fosso, probably parts of a unique funerary area, show in fact the oldest evidence at the beginning of the Iron Age[25] – at the Final Bronze Age in a tomb of Casal del Fosso[26] – while a third burial ground (South-west burial ground in Fig. 24.5), straight out the south-west slopes of the plateau, is known exclusively from survey and aerial imaging activities[27].

From what has been presented, it is possible to define a model of occupation of *longue durée* for the Campetti area, albeit in a very preliminary way[28]. In fact, if the integration of the various elements with the characteristics of the landscape is evident in the oldest phase – which clearly determines the orientation and layout of the road axes –, the organisation of the access points and the orientation of the structures, hypothetically in the Archaic period, follows regular planning choices of the urban space. The rectilinear road axes in fact neglect, at least in part, the difficulties linked to the slopes and form large blocks within which buildings are inserted, oriented according to the development of the roads and concentrated especially in the upper flat portion of the plateau.

From what has been presented, it is possible to understand how the use of drone for multispectral imaging represents an extremely valuable tool for archaeological research.

However, the possibility of collecting such a large amount of data in a short period of time holds significant management and analysis problems, which can only be overcome through a systematic approach and long-term research.

The interpretation and chronological definition of the archaeological findings identified is linked on the one hand to an analytical reading of the latter, and on the other hand to the systematic organisation, of all the data and results obtained during the lengthy research carried out in Veii. Only a holistic approach to the numerous data available and data in the process of being collected will allow a better understanding of the urban phenomenon of ancient Veii, as well as the creation of an advanced instrument useful for both preservation and research.

[M.P.]

Bibliography

Barbaro, B. 2010, *Insediamenti, aree funerarie ed entità territoriali in Etruria meridionale nel Bronzo finale*, Roma.

Bartoloni, G. 1997 (ed.), *Le necropoli arcaiche di Veio*, Roma.

Bartoloni, G. - Berardinetti, A. - Drago, L. - De Santis, A. 1994, "Veio tra IX e VI sec. a.C.: primi risultati sull'analisi comparata delle necropoli veienti", in *ArchCl*, 46, 1-46.

Berardinetti, A. - Drago, L. 1997, "La necropoli di Grotta Gramiccia", in Bartoloni 1997, 39-61.

Biagi, F. - Neri, S. - Sagripanti, L. - Sartini, E. 2020, "Il cerchio si chiude: mercenari italici all'assedio di Veio (396 a.C.)?", in V. Acconcia (ed.), *L'età delle trasformazioni: l'Italia medio-adriatica tra il V e il IV secolo a.C. Nuovi modelli di autorappresentazione delle comunità a confronti e temi di cultura materiale, Workshop Internazionale, Chieti 18-19 aprile 2016*, Chieti, 439-454.

Buranelli, F. - Drago, L. - Paolini, L. 1997, "La necropoli di Casal del Fosso", in Bartoloni 1997, 63-83.

Campana, S. 2018, *Mapping the Archeological* Continuum *Filling "Empty" Mediterranean Landscape*, Cham.

Campana, S. 2019, "The Emptyscapes Project. Filling Gaps in Space and Time at Veii", in Tabolli 2019, 29-33.

Fiorini, L. - Materazzi, F. 2017, "Un *Iseion* a Gravisca? Fotogrammetria, telerilevamento multispettrale da APR e dati archeologici per una possibile identificazione", in *FastiOnline*, http://www.fastionline.org/docs/FOLDER-it-2017-396.pdf.

Fuldain González, J. J. - Varón Hernández, F. R. 2019, "NDVI identification and survey of a Roman road in the Northern Spanish province of Álava", in *Remote Sensing*, 11, 1-20.

---

[22] Biagi *et al.* 2020.
[23] Guaitoli 2016, 179, Fig. 1.
[24] Ward-Perkins 1961, 19-20.
[25] For a general overview of the necropolis of Veii, Bartoloni *et al.* 1994. On Grotta Gramiccia see Berardinetti - Drago 1997. On Casal del Fosso see Buranelli *et al.* 1997.
[26] Barbaro 2010, 231, n. 219.
[27] Neri 2008.
[28] The proposal has already been made in: Campana 2018; Campana 2019.

Guaitoli, M. 2016, "Veio: osservazioni preliminari sulla topografia della città", in *ATTA*, 26, 177-214.

Hejcman, M. - Smrž, Z. 2010, "Cropmarks in Stands of Cereals, Legumes and Winter Rape Indicate Sub-soil Archaeological Features in the Agricultural Landscape of Central Europe", in *Agriculture Ecosystems & Environment*, 138, 348-352.

Jaia, A. M. - Cella, E. 2015, "Paesaggi urbani a Veio. Saggi di scavo della Sezione Topografia Antica della Sapienza", in R. Cascino - U. Fusco - C. Smith (eds), *Novità nella ricerca archeologica a Veio. Dagli studi di Ward-Perkins alle ultime scoperte*, Roma, 34-40.

Lehmann, J. R. K. - Smithson, K. Z. - Prinz, T. 2015, "Making the invisible visible: using UAS-based high-resolution color-infrared imagery to identify buried medieval monastery walls", in *JUnmannedVehSyst*, 3, 58-67.

Materazzi, F. - Pacifici, M. 2020, "Novità dall'area urbana di Veio. Telerilevamento multispettrale da drone e indici di vegetazione: nuovi strumenti per l'identificazione dei *crop-mark* dall'area di Campetti", in *ScAnt*, 26.1, 95-117.

Materazzi, F. - Pacifici, M. 2022, "Archaeological crop marks detection through drone multispectral remote sensing and vegetation indices: a new approach tested on the Italian pre-Roman city of Veii", in *JAS: Reports*, 41, https://doi.org/10.1016/j.jasrep.2021.103235.

Michetti, L. M. - Biella, M. C. - Belelli Marchesini, B. - Toppetti, F. - Sarracino, D. - Bischeri, M. - Pacifici, M. - Stomeo, L. - Bianchi, L. 2020, "Novità dall'area urbana di Veio. Recenti indagini nel distretto meridionale", in *ScAnt*, 26.1, 61-94.

Neri, S. 2008, "Una nuova fiasca del pellegrino: integrazioni al repertorio vascolare veiente dell'Orientalizzante", in *Aristonothos*, 3, 87-109.

Tabolli, J. 2019 (ed.), *Veii*, Austin.

Torelli, M. - Pohl, I. 1973, "Veio. Scoperta di un piccolo santuario etrusco in località Campetti", in *NSc*, 40-258.

Uribe, P. - Angás, J. - Romeo, F. - Pérez-Cabello, F. - Santamaría, D. 2021, "Mapping Ancient Battlefields in a multi-scalar approach combining Drone Imagery and Geophysical Surveys: The Roman siege of the oppidum of Cabezo de Alcalá (Azaila, Spain)", in *Journal of Cultural Heritage*, 48, 11-23.

Ward-Perkins, J. B. 1961, "Veii. The Historical Topography of the Ancient City", in *PBSR*, 29, 1-123.

25

Salpensa, a Pompeii to Discover in Spain.

*José David Mendoza Álvarez[1], José María Cabeza
Láinez[2], Inmaculada Rodríguez Cunill[3]
University of Seville*

Abstract: In this paper, we have achieved to find the exact coordinates of the ancient Roman city of Salpensa, cited by Pliny, in the Municipal District of Utrera (Seville, Spain), since its previous location was based on records of the oppidum and not on the Flavian municipality ex novo that we discovered in a detailed research that began in 2012. We will present our own aerial photographs that confirm the reticular (hypodamic) plan of the Roman city next to the pre-Roman remains. We will describe the architectural and cultural elements that we have found in the studied area as well as the fact that its economy was based on the exploits of salt. We would mention its durability over time since it was inhabited until the late Middle Ages, when it was abandoned due to looting. Under the Arab domination it was situated in the so-called "Morisca Band" which contributed to its abandonment. With this new study we intend to protect its Heritage by diffusing internationally this new contribution.

Keywords: Archaeology; Heritage; History; Rome; Antiquity.

25.1. Introduction.

Pompeii, Herculaneum or *Stabiae* were the most important cities buried by the eruption of Mount Vesuvius and since the 18th century excavated and praised by the Scientific community. For years, diverse campaigns intended to locate a similar city in the Iberian Peninsula, not expecting that some settlement could have been obliterated by an eruption of a volcano, which is unlikely in the area of the Iberian Peninsula, but assuming that this lost enclave could still be in a good state of conservation. Meanwhile, many have been the cities discovered with some of their recognizable buildings protected by heritage laws, although the attempts to search for a 'Spanish Pompeii' have not ceased. We can cite some candidates such as Munigua or Italica, both in the province of Seville, although we would describe different vestiges with a chronology ranging from the Chalcolithic to the late Middle Ages which gives us as an initial objective, to catalogue it as that 'Spanish Pompeii'. Most of its buildings, and foundations evince that it was erected in Roman times as a municipality that closely followed the ideal construction canons, next to the pre-existing oppidum, lying a few kilometres away from the Guadalquivir paleo estuary and in a strategic place that allowed expedited access to the capital *Hispalis* by crossing *Utere Felix* (the Roman Utrera) to the north, to *Malaca* in the south, perhaps to *Carmo*, *Astigi* and *Corduba* in the NE, or to Gades through the *Via Augusta* from Posada de Alcantarillas (also in the Municipal District of Utrera) and passing by *Ugia* (currently called Torres Alocaz) in the SW.

We refer to *Salpensa*, a Flavian Roman municipality located in Utrera, (Seville, Spain) that was misinterpreted since in the first Archaeological chart of the Campiña del Bajo Guadalquivir, was settled (1985) by mistake in another location, although the recorded place there was in fact an oppidum extant since the Chalcolithic, that fell into Roman dominions during the peninsular conquest. It was not abandoned after the fall of the Western Roman empire, because of the importance of the industries on which it was based (salt exploits), sufficient to survive throughout centuries until its exhaustion. The fact, caused its abandonment and the looting by the Muslims of the kingdom of Granada, since at the time it lied in the so-called 'Morisca mark'. The Visigoth king Witiza, decreed that the cities in such mark needed to eliminate their fortifications (an action not always fulfilled) and were left devoid of defences making themvulnerable to attacks and desertion to other holdfasts in the vicinity. In this case rebuilding the walls was not feasible, although king Leovigild proceeded in this way in Italica during the civil war with his son Hermenegild in the second half of the 6th century AD. Later, *Salpensa* was plundered by an edict of the mayor of Utrera of the 19th century which named it as a quarry. All this meant that the entire Roman city and the oppidum that soared over it, were filled with debris from nearby tilled fields, which continue to erode and destroy a city that has yet to be discovered, despite the impassiveness of authorities in the matters of heritage protection.

[1] Ph.D. in History, Archaeologist and Researcher in the RNM-162 Group of the Higher Technical School of Architecture of the University of Seville.
[2] Professor of Architecture at the Higher Technical School of Architecture of the University of Seville and Director of the RNM-162 Group of the ETSA-US.
[3] Artist and Professor of the Department of Painting of the Faculty of Fine Arts of the University of Seville.

Therefore, as we have indicated previously, the location of the Roman city has not been correctly referenced in any archaeological chart, which were literally copied for the different urban plans (PGOU) throughout the last two decades. This meant that the error continued in the absence of new data. In our research, we identified the true coordinates of the city of *Salpensa*[4], which is located south of the oppidum, on a hill under the pre-Roman city. We were able to demonstrate the characteristics of the city's grid plan or hypodamic net as well as its culture, both material and epigraphic, among other elements that will be referred to in this study. Thus, we will display a more complete vision of the Roman and pre-Roman nuclei that existed long ago in the area, in order to diffuse it to the scientific community as main objective and to expand its levels of protection for urban planning and other heritage-intended ordinances. In this way we hope to avoid further looting and destruction of such Spanish Pompeii.

25.2. Status of the issue and methodology.

Endorsed by the University 'Pablo de Olavide' at Seville since 2012 in the initial stage and thanks to the research group RNM-162, of the Higher Technical School of Architecture of the University of Seville, we have subsequently been able to verify and establish the existence of archaeological elements, construction materials and architectural decorations such as mosaics or ceramics of different chronology, in addition to emerging elements belonging not only to the oppidum[5], but also to the Roman city of Salpensa, which we will present in a detailed manner.

Salpensa was abandoned in the late Middle Ages and since then it has been plundered until today. It suffers from continuous deterioration and there are no current means of protection to safeguard its remains or even put them into value. Therefore, we propose this research in order to augment the knowledge of the Roman *Salpensa* (as if it were Pompeii itself), to explain its origins and name in relation to the industrial resources exploited in the area and describe the archaeological remains found, using a hypothetical deductive methodology, with the help of aerial photographs that we took in private flights as well as the photographic resources of the National Geological Institute (IGN), those corresponding to the "American flights" of 1956, or more recently Google Earth images, in order to determine the evolution of the damage suffered in the vestiges and its magnitude[6].

In parallel, we reviewed the Greco-Latin sources and the historiography to contrast them with more recent bibliography and we have accessed the municipal library of Utrera, as well as the national digitized archives to contrast all the possible data of the area in question. In the same way, we scanned all the collections of the Archaeological Museum of Seville (MAS) and the Archaeological Museum of Madrid (MAN) that show remains in their exhibitions of our site[7], as well as private collectors who prefer to stay anonymous and have contributed with interesting materials that we could manage to photograph. At the time we were granted authorizations form the owners of the land of the three main farms, although they also demanded anonymity. However, the owner of the farmhouse that maintains most of the vestiges, as we will see, has not committed to the cause under study and continues with his agricultural activities even within the limits of the oppidum considered cultural heritage by the urban planning (PGOU) of the area.

With regard to Greco-Latin sources, we turned to Vitruvius to verify the elements that he described in his work on Roman architecture or the foundation of cities ex novo, although we also resorted to Polybius or Higinio to verify the canons they established regarding measurements that Roman cities should incorporate. Strabo spoke of the Iberian Peninsula and Pliny[8] cited our site within the description that he made of the urban centres that had existed a century prior to his work, which is the reason why he offers details on the role that Salpensa played in history. Regarding historiography, there are many authors who comment on the existence of the site, although few managed to locate it correctly. E. Flórez (1758), A. Ceán Bermúdez (1832) or F. Fita (1918) spoke about it, alluding to the numismatics that appeared in the area, while E. Hübner (1869) was concerned with compiling epigraphs for his *Corpus Inscriptionum Latinarum* (*CIL*) in the volume II dealing with the Iberian Peninsula.

However, we have the testimonies of the 17th century Utreran historian, Rodrigo Caro, who was a first-hand witness of the remains he located. Rodrigo Caro possessed in his own home some unpublished epigraphs and other remains, which have been lost over time. Caro told us about the existence of remains on both sides of the road, and no one took into account that he was not referring to the current road (A375) that was not extant at the time of Caro's[9] writing, as we will see later, but to a certain Cañada Real that ran between the oppidum and the Roman city. In the 19th century, the Utreran mayor Clemente de la Cuadra (1844) took an ill part by disposing the plunder of *Salpensa*, determined as a quarry, causing the reuse of its ancient materials, mainly in favour of the town of Utrera[10].

---

[4] We would carry out a meticulous study providing plans and aerial images made by the authors, with indications of the detailed coordinates and descriptions of each of the blocks that constituted the Roman city, which we have proceeded to enumerate and digitize. Mendoza 2012.

[5] These emerging elements consist of the remains of a salting pool and part of a turret for a funerary monument, to the north of the *oppidum*, both declared Assets of Cultural Interest (BIC) although each year they appear more deteriorated due to different factors and lack of attention to its heritage

[6] We will cite all graphic sources that do not belong to the authors.

[7] The *Lex Flavia Salpensana* (*CIL* II 1963) is exhibited in the MAN, demonstrating the quality and magnitude of this deposit as many epigraphs indicate and are exposed in the MAS, although others are registered in the *corpora* although they remain unknown to this day.

[8] Plin., *Nat. Hist.* III, 1.14.

[9] Caro 1634, 118.

[10] Ruiz Delgado 1995, 134.

By the end of the 20th century, the Archaeological Chart of the Campiña del Bajo Guadalquivir from 1985, made by Manuel María Ruíz Delgado, was a must, since it collects the surveys that he carried out in the area, although he mistakenly attributed that the remains of Salpensa were found on the El Casar hill, which coincides with the oppidum and following Caro's text, misguided by the indications he alluded to about vestiges on both sides of the road. We were able to verify the exact coordinates of the Roman city of *Salpensa*, next to the oppidum lying on the El Casar hill, which had been occupied by Romans, Visigoths, Muslims and Castilians until its abandonment. The various reforms of the urban planning called PGOU in the 21st century, have been limited to a mere facsimile of what was written in the Archaeological Charter, without taking into account our contributions. Such findings were made available to all the political parties of the city hall that were in office at the time of our research, in order to expand the area of protection of the site, and submit the proposal to the Provincial Authorities of Seville, considering the new discovery as an important contribution to preserve Utreran Legacy.

25.3. Location, sources and name of our Spanish Pompeii.

We must clarify that current sources speak of *Salpensa* as located on the El Casar hill, when in fact they refer to the pre-Roman oppidum of Salpensa. We should not generalize by assuming a Roman presence on the same hill because as we will see in this study, Roman Salpensa is located on a hill to the south of the oppidum, although the Roman occupation at a later stage came to reach through the El Casar hill itself, leaving some material evidence on it. On the contrary, we have not located pre-Roman archaeological vestiges in Salpensa, which suggests that it is an ex novo city, with an original plan.

The archaeological zone under study lies in the Municipal District of Utrera and most of the land is owned by the Casa Coria farmhouse, although the Pescozal and Los Jurados farmhouses also hold some parts of this archaeological complex. The area is located about 9 km from the centre of Utrera and can be accessed through the A-375 road.

The evidences of human occupation in the El Casar hill where the oppidum is located, start from the Chalcolithic period. In Roman times it was cited by Pliny[11] who referred to a city of certain importance, because as we will see it had an industry based on the exploits of salt that lasted until late Middle Ages, and was renamed the Facialcazar settlement after the Re-conquest[12]. The Castilian King Alfonso X, following the conquest of Seville, bestowed the land in a famous distribution[13] amongst his noblemen, who had to defend it in turn from the Muslim raids, because it lied in the so-called 'Morisca Mark'. However, due to

the impossibility of safeguarding it, and above all due to the exhaustion of the saline exploits, the settlement was abandoned, being plundered since then and its materials being reused for the neighbouring towns in its vicinity, such as Los Molares, El Coronil and especially Utrera, to whose Municipal Area[14] it belonged.

The chronicles record the existence of what still stood after the Castilian Re-conquest:

"It was then this place of Facialcazar, a place of those the Moors had, when Seville was won, and its land, and such, that after they were expelled, Christians inhabited it, and it had its church, baptism font, and everything else, that Christian places usually have"[15].

And after the Castilian abandonment the quote continues:

"Depopulated that, although it has been cultivated for many years, and ploughs, there are still vestiges of the population, which were there, and there are still ruins"[16].

Rodrigo Caro in the seventeenth century describes the remnants of an abandoned city in the Middle Ages as being also included in the Archaeological Letter[17], so that if it had not been for the constant looting, the city would have been preserved and considered the Spanish Pompeii.

It lies in a strategic place, controlling the communication routes to Málaga, Seville, Cádiz, Carmona and Écija. The territory was strongly anthropized and the surrounding lands were adapted for cultivation[18], in addition to exploiting its saline resources[19]. Salpensa regulated several water courses, such as the Sarro, Salado or Guardainfantilla streams. Curiously, the toponym gives us clues to understand the origin of the name of this Roman city as we will comment in brief.

Thanks to a second-order geodesic point, it is known that the height of El Casar hill, where the indigenous oppidum was located, which was occupied by the Romans, is about 169 m masl. Subsequently, the strategic control of the area, the saline exploits and the demographic[20] boom led to the construction of a new Roman nucleus, which would be the true Roman city of *Salpensa*, located south of the oppidum, on a lower hill about 161 meters above sea level. It was endowed with a founding statute, later becoming Flavio Salpensano Municipality[21]. It was to become a city ex novo, so we can speak of a dipolis or double city[22], built at a time when the territory was already pacified, so that

---

[11] Plin., *Nat. Hist.* III, 1.14.
[12] Caro 1634, 186.
[13] AA.VV. 1952, 100.

[14] Mendoza 2015, 241-243.
[15] Caro 1634, 187.
[16] Caro 1634, 186.
[17] Ruiz Delgado 1985, 216-217.
[18] Bendala - Corzo 1992, 89.
[19] Mendoza 2012, 245-248.
[20] Corrales 1993-1994, 243.
[21] Mendoza 2012, 72-73.
[22] Tomassetti 1997, 251.

height was not a decisive issue, a fact that was generalized in Rome through the *adsignatio et divisio*[23].

Saline exploits spread in the Iberian Peninsula with the presence of Phoenicians and Carthaginians, as Schulten or Hübner testify in their research[24]. Other specialists describe the ways in which the saline industries were distributed, indicating circular structures for easy cleaning, square, rectangular and even trapezoidal forms, such as the ones found in our case, always being in the vicinity of water points[25]. The proximity to the sea and the orographic formation of the Campiña del Bajo Guadalquivir favoured the existence of wells or rivers of salt water as evinced by the Roman exploits of La Ventosilla, also in the City Hall District of Utrera and a few kilometers from *Salpensa*. Even today, La Ventosilla maintains the traditional extraction of salt stemming from Roman times on a continuous basis[26].

In Roman civilization, salt played a great role in commercial exchanges, bearing in mind that the payment of workers or military was made in salt at first, from where our current term "salary" derives. It was also essential for the preservation of food, for the tanning of skins, the forging of metals, medical and veterinary uses or to obtain purple[27]. All this was collected by Pliny or Columena in their works. In the 20th century, the Utreran chronicler Manuel Morales analysed the historiography indicating the following about our site:

> "The municipality of *Salpensa*, was between Ronda and Utrera in a land called Facialcazar, which produces a lot of salt"[28].

In the same way, he collected the allusion of what was one of the main reasons for its abandonment, not only due to Muslim attacks and looting but also due to the depletion of saline resources:

> "In the old area of this place *Salpensa*, and today Facialcazar, there are very abundant salt flats, which not only cover Utrera, but also many places in the region, and the King, our Lord, has interests here"[29].

The loss of these interests of the Castilian crown meant the abandonment of the urban nucleus, because otherwise, it would have been fortified more resources would have been allotted for its defence.

The name of the city is clearly related to salt, since etymologically 'sal' comes from the Roman term *sal*[30], and *pesa* means 'a portion'[31]. In this way we see in the

numismatics that the name of the city is recorded as *Salpesa* (without the n), in the same way that Pliny had also called it. For this reason, we studied the roots of the term and found *sal-salis* translated as sea water, calm sea or sea current (because at that time it was about 40 km from the sea due to the previously documented paleo-estuary of the Guadalquivir, which favoured navigation of sundry rivers and their sorting to the sea for trade). The plural of salt is understood as salts, while fish is recollected as salp. If we analyse the term without the initial s we find the name *Alpesa* which means white and is curiously related to the colour of the salt (although this could also be an Arabism from الأبيض [albyadh] = white). Regarding the final root, *pes-pesa*, it is understood as a foot or measure of quantity of salt, a portion. All this suggests that the origin of the name is heavily related to the existence of a place rich in salt[32].

25.4. Material evidence.

The civil wars between Caesar and the sons of Pompey were recorded in the *Bellum Hispaniense*, in which we would highlight that after Caesar's victory, he endowed the cities that were in his part[33] with great luxuries, destroying others, although maintaining those that were strategically located like *Corduba*[34]. Salpensa was in a crossroad as we have commented, where the troops had to pass to move from *Gades* or *Malaca* to *Hispalis*, there being a communication route[35] from *Salpensa* to *Utere Felix* (the Roman Utrera) and from *Utere* to *Ugia* (known today as Torres Alocaz) in which it would fork and it could advance towards *Hispalis* to the north or *Gades* to the south[36]. This road was later consolidated under Augustus, forming part of the so-called *Via Augusta*[37]. The fact that *Salpensa* was not destroyed in the context of the aforementioned civil war, can be understood as an advantage to the Caesarian side, as the exploits of salt were important enough to pay a significant tribute.

Throughout the area that includes *Salpensa* and its surroundings, numerous coins have been found with the effigy of the god Apollo and his oriental attributes, the name of *Salpesa*[38] being inscribed. Recent bibliographical works on numismatics can be consulted in the *Baetica*, although we will not delve in that question.

Regarding the sculpture, we will dedicate a few more lines to it thanks to the existence of very elaborate vestiges, deposited in the Archaeological Museum of Seville

---

[23] Campos - Bermejo 2010, 134.
[24] Corrales 1993-1994, 245.
[25] Corrales 1993-1994, 246; Quesada 1996, 324-328.
[26] Mendoza 2012, 134.
[27] Mangas - Hernando 1990-1991, 224-225; García Vargas - Martínez Maganto 2006, 253.
[28] Morales 1981, 99.
[29] Morales 1981, 94.
[30] De Miguel 1908, 825.
[31] De Miguel 1908, 694.

[32] Mendoza 2012, 257-258.
[33] Mangas 1995, 76.
[34] Bravo Bosch 2008, 107.
[35] Sillières 1990, 509.
[36] Mendoza 2020, 12-15.
[37] There remains a bridge and vestiges of a tower of the two that originally flanked it in the location called *Alcantarilla*, also belonging to the Municipal District of Utrera, although in the second half of the 20th century the section was asphalted and one of the towers was destroyed to facilitate the traffic of trucks, in a new outrage against the Archaeological heritage.
[38] Flórez 1758, 570; Morales 1981, 99; Chaves 1991, 29.

(MAS). From pre-Roman times we find a ram in poor condition near the oppidum. Its measurements are 35 x 19 x 13 cm[39].

From the late Roman period of the Republic, a lion with missing front legs is included in the exhibition in the MAS funeral room (Fig. 25.1). Its dimensions are of 93,5 x 68 x 36 cm[40]. It is thought that this type of sculpture, in which wild animals, mainly lions, are represented, was included in the funerary hoard due to the protective or apotropaic functions they had on the deceased[41], and we have determined different necropolises in the area under study.

From the Roman Imperial era, we find three exquisite carvings of female busts, made in white marble with meticulous details (Fig. 25.1). Due to the characteristics of the hairstyle, it would be feasible to recognize the time at which they were made as well as to whom they belonged. These are exhibited at the MAS, in a room alongside other imperial busts, demonstrating the *Baetica* sculptural tradition[42].

A first carving was identified with the face of an unidentified old woman, with a chronology dating from the end of the 1st century BC, already in Augustan times. A second image was identified as Octavia, daughter of Claudius and Agrippina, made in the 1st century AD, and a third bust corresponds to Faustina the youngest, dated in the 2nd century AD[43].

Regarding Roman ceramics, there are many evidences that appear even today, as sadly the plough work continues to remove the earth and further destroy the site. We must indicate an important account since the ceramics that we will talk about, dated from the Chalcolithic period, are found only on the El Casar hill, together with those from the Bronze age, Iberian period, Roman, Visigoth and Muslim times, while that in the place where we have properly located the Roman city, were exclusively Roman ceramics, which supports our hypothesis for a new city being erected next to the oppidum, later discarded in favour of the oppidum that was Romanized and subsequently adapted to the medieval period until its final decline .

That said, we would outline that from the Chalcolithic era we have found handmade ceramics, with abundant decanters, smoothed and spatulated, with an irregular western baking. This determined variegated forms such as almond-shaped rim plates, spherical-capped bowls, thickened-rim plates, open-walled bowls, closed vessels with thickened rim, open-walled bowls, closed vessels with embossed brim, bell-shaped fragments, bell-shaped vessels, and bowl rims with incised outer decoration[44].

From Bronze age, there are edges of hemispherical glasses with high rims, made by hand and with colours ranging from light brown to dark brown and grey. Many have burnished and geometric decorations. There are bowls with smoothed surfaces, glasses with comb incised exterior decoration, hemispherical bowls with red painted decoration on the exterior and others with geometric shapes on a grey background. Containers with exterior grooves and small globular vessels also appear[45].

From the Iberian period there are bowls, plates decorated with red horizontal bands and lines, dated between the 5th and 3rd centuries BC, as well as Salazanera punico-gadirite amphorae type T-8.2.1.1 from the 4th century BC[46] that shows a first exploitation of salt with the orientalising presence.

In the Roman epoch, the ceramic evidences are varied and very numerous, similar to those vestiges found in Carmona[47], such as Campanian ceramics from the 1st century BC; Terra Sigillata Sudgalica from the 1st century AD, forms Drag 27 and Drag 24/25; Terra Sigillata Hispanica, 1st century AD, Drag forms 29/37; Terra Sigillata Hispanica, 2nd century AD, 37th forms with external printed decoration; common Roman pottery; fine pottery; fragments of amphorae and large imperial Dolia[48].

Visigoth ceramics present geometric decorations and those corresponding to the medieval Islamic period, there are vessels with almagra decoration on sponge cake[49].

Other elements of material culture are remains of Roman concrete works (*opus caementicium*), brick (*opus testaceum*), ashlars (*opus quadratum*), masonry, waterproofing of sinks using opus signinum, and different fragments of architectural elements such as column drums, bases, ashlars with attached semi-columns (Fig. 25.2) that respond to some monumental construction, among other elements that we will comment on below. The *opus caementicium* became widespread from the 2nd century BC in Lazio and was applied to all Roman territory at a later date[50]. *Opus signinum* was also generalized as a waterproofing element, used in ponds or pools, in relation to hydraulic works and also employed as a resource for paving the floors of noble homes[51]. The *opus testaceum* became normalized in the 1st century AD[52], many fragments of it emerged in our site. The *opus quadratum* of which we also have evidence in our area, was used for monumental constructions[53].

We registered mills and their stone wheels (Fig. 25.2),

---

[39] Ruiz Delgado 1985, 262; Beltrán 2000, 438.
[40] Ruiz Delgado 1985, 88.
[41] Rodríguez Oliva 2001-2002, 309.
[42] Luzón - León 1971, 234.
[43] Luzón - León 1971, 239-240.
[44] Ruiz Delgado 1985, 68.

[45] Ruiz Delgado 1985, 87.
[46] Ruiz Delgado 1985, 88; Sáez - Díaz - Montero 2004, 133.
[47] Ruiz Mata 1978-1979, 48.
[48] Ruiz Delgado 1985, 141.
[49] Ruiz Delgado 1985, 216.
[50] Marta 1990, 28.
[51] Marta 1990, 34; Giuliani 2004, 173.
[52] Adam 2002, 157.
[53] Marta 1990, 27; Adam 2002, 38; Coarelli 2008, 492.

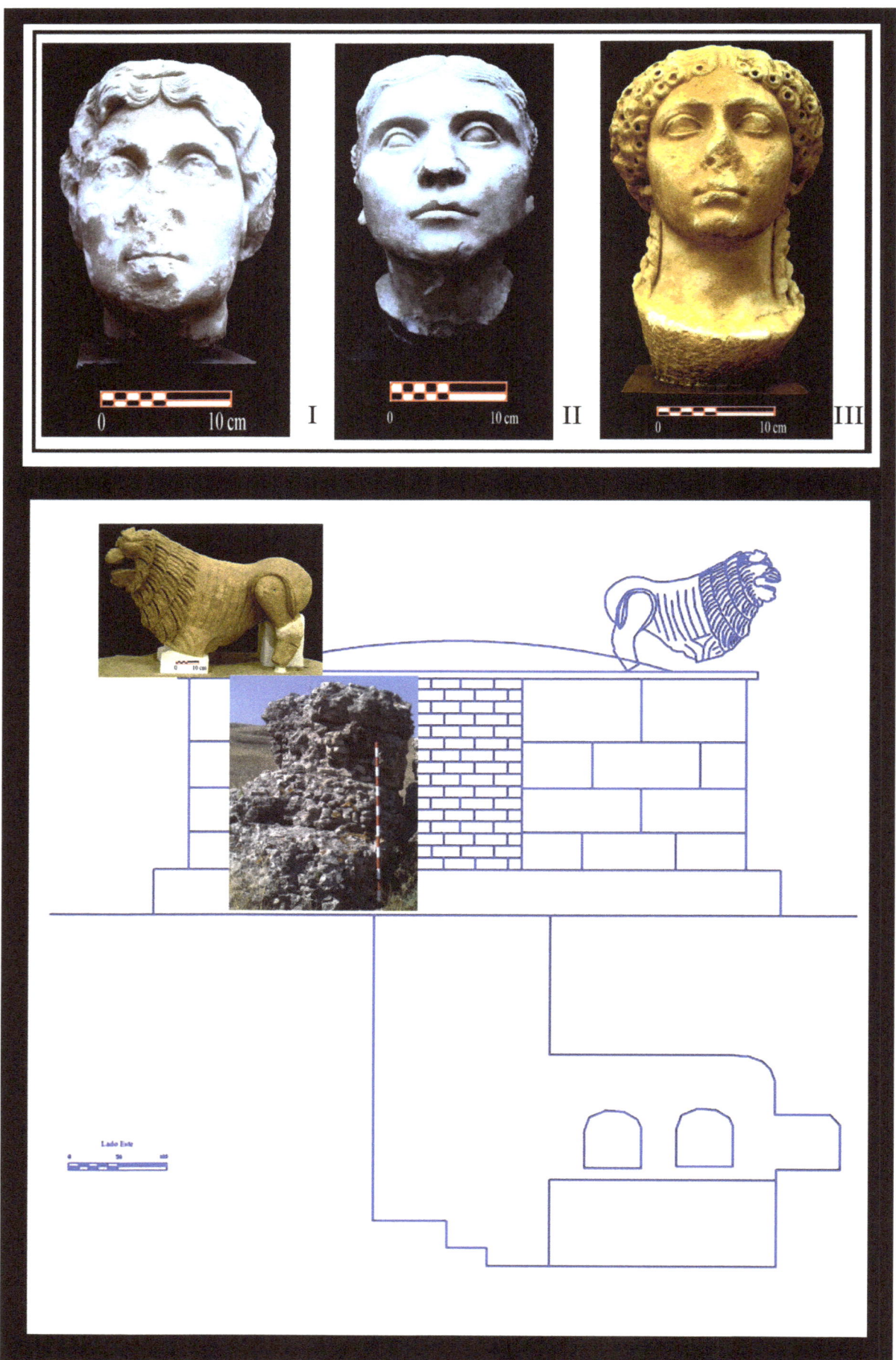

Fig. 25.1. Female busts and hypothesis of restitution of the turret monument (photos by the authors).

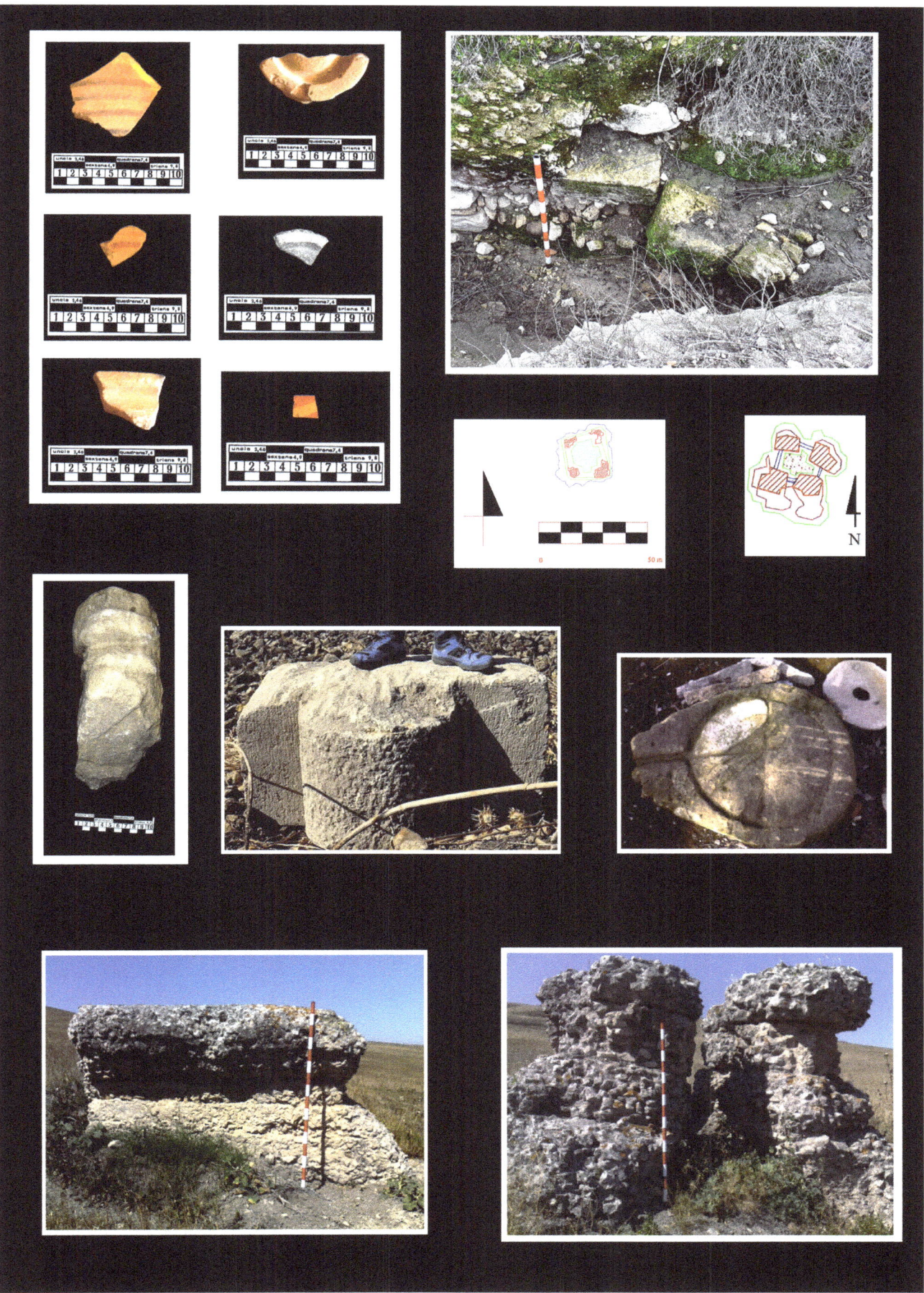

Fig. 25.2. Pre-Roman ceramics; architectural materials in attached ashlar; mill; images of a sack-like pilaster and tower-like monument (photos by the authors).

which are owned by the Cortijos Pescozal and Los Jurados, who have granted us entrance and corresponding photographs, mentioning that they had collected them only because they were unearthed by the ploughs and that they kept them as a sort of casual private collection. These remains indicate their provenance from the lands south of El Casar hill, and that they belong to an area that we have identified as suburban or industrial. In addition to the aforementioned, we detected throughout the area, several construction and decorative remnants, destroyed mosaic tesserae, stuccoes decorated with Pompeian red, *tegula* and its *imbrice*, friezes, worked and smoothed marbles of different colours and therefore of different origin, column drums and bases, as we have already mentioned, and small columns studied by J.M Bermúdez who called them "little columns" and catalogued them as coming from some late Roman altar or yet from the Christian period[54].

As we have already commented, we located the oppidum and its later Romanisation on the El Casar hill, and the *Flavio Salpensano* Municipality on a hill immediately in front to the south side. We will see below some urban details (Fig. 25.3).

Regarding the ex-novo creation (Fig. 25.3), we have called floorplan A, to the main enclosure that adapts to Roman canons for town foundation. The rest are extensions or industrial areas such as floorplan B, or suburban areas such as C and D. They evolve in accordance to the control of water points and communication routes, such as *Hispalis-Salpensa*[55] that would reach our area through plan D to continue towards plan A and pass between it and the oppidum, continuing through B and towards C. Therefore, this was the path or road that R. Caro mentioned in the seventeenth century where he saw remnants on both sides of the road, between plan A and the oppidum, and not what was mistakenly recorded in the Archaeological letter, later chronicles and urban planning that under that identified it with A-375 road, built in the last third of the 20th century.

We have scanned photographs obtained by IGN satellites in addition to acquiring aerial photos by means of flights sponsored by the authors, in order to achieve a more complete understanding of the details of the site. Regarding the oppidum, where wells and emerging structures have been assigned both to the upper plain of El Casar hill, and to its northern slope, we located one of its necropolises thanks to the material remains in the area as well as those emerging from a turret-like monument, in the vicinity of the saline industry. These exploits have been partly preserved and a trapezoidal basin can still be observed. However, they are in poor condition despite the fact that the LPHE (heritage law) has declared every emerging element as important cultural property (BIC).

The urban planning of Utrera (PGOU) has also established

a buffer zone around them for their protection, a fact that has been breached by the ploughing activities that had been conducted on the structures, at least on the area of the trapezoidal pool for the saline exploits. In that area, tasks of levelling of the land in the upper part of the hill have been carried out in order to open the field for new cultivations, which resulted in the dragging of materials towards the eastern slope of the hill, hiding what we had earlier determined as a second necropolis of the vestiges. This zone belongs to the Casa Coria farmhouse, which is responsible for its conservation, since this is notoriously absent, the decay is more evident year after year as can be seen in the aerial photographs taken by the authors (Fig. 25.4).

We located a seasonal torrent in the oppidum which reveals new structures subject to erosion during rainy periods. With the digitization of El Casar hill (Fig. 25.3) we have delimited the possible artificial structures that would be surrounded by a protective wall predating the Roman city.

The salt extraction pool (Fig. 25.2) has a total area of 150,25 m^2, with a north face of 11 m, south of 10,5 m, east of 12,5 m and west of 10 m, which give us a trapezoidal figure. The maximum height preserved is of 2,10 m and the minimum of 0,70 m. Inside, the *opus signinum* cladding can still be seen, while the outside *opus caementicium*[56] is mixed with the former.

To the east of El Casar hill we find a necropolis[57] filled with rubble recently cast to prepare the hill for cultivation. It is in connection with plan B, and makes us suppose that this area annexed to the main plan A, would be devoted to industrial and funeral use. We located in this necropolis funeral artefacts, remains of urns, *tegula*, *imbrice*, building materials and even human remains that were presented to the University of Seville, which strangely neglected them.

Another necropolis is located on the north slope of the oppidum and it also presents similar material remains, in addition to a turret-form monument of which four pillars are still standing. It corresponds to a pit tomb with a chamber (Fig. 25.1), similar to those located in Carmona, in which niches were opened in the walls for the placement of funeral urns including the rite of cremation, and a bench used to be built alongside in order to deposit the trousseau, all this being verified in his day by R. Caro himself, although at present it stays clogged. This type of tomb used to be covered by a large heavy slab and topped by a turret monument in which the previously described lion statue (Fig. 25.1) was probably placed[58]. The area of

---

[54] Bermúdez 2010, 301.
[55] Sillières 1990, 510.

[56] Mendoza 2012, 130-131; Mendoza 2015, 249.
[57] Throughout our research process since we got to know the site and the studied area, we witnessed first-hand the existence of this necropolis to the east of the *oppidum*, which was progressively buried by tons of stone rubble extracted from the site, among which we identified large ashlars, column shafts, mills and all kinds of architectural material, distributed on the site and thus hiding the aforementioned *necropolis* in which we attested several cremation burials with human remains deposited in urns but we could not register these in time.
[58] Morales 1981, 89; Ruiz Delgado 1985, 134.

Fig. 25.3. Plans of *Salpensa* (reworked from Google Earth).

Fig. 25.4. Aerial photographs on the Roman city and the destruction of the remains to the north slope by agricultural works (photos by the authors).

this monument is 50 m². The north side features 6,26 m from the end of each pillar; the south side has 5,78 m; the east side 5,27 m and the west side 6,89 m, although we cannot consider it a trapezoidal structure due to its poor state of conservation and in general, these types of monuments used to contain a square base such as the Torre de los Escipiones in Tarraco or a circular foundation like that of the monuments of the Gallegos Gate in *Corduba*. The maximum height preserved is 3 m and the minimum of 2,10 m[59].

Due to the timely distribution of the foundations located on plan C, although much altered today and covered with vegetation, we can assume that they possibly constituted a thermal complex, since it registered the stream and was oriented east-west as Vitruvius[60] had it for this type of buildings. We located architectural vestiges, Roman ceramics of different types, chairs and mill wheels, so it may also have been related to an industrial area of olive oil or cereal production.

Plan B is an annex built at a later time than the main plan A, a fact that can be explained by the slightly inclined distribution of the blocks with respect to the main city. It was perhaps erected due to a demographic increase or because it was allocated to an industrial area[61]. The law of the XII Tables established that the burials had to be located outside the pomerium, the city limits, for sanitary reasons.

Plan D is located far from the main citadel, in order to control the Sarro stream and the communication route to *Hispalis*. The *Salpensa-Utere Felix-Hispalis* road became a Cañada Real, protected by regional legislation, as is the case with the rest of them throughout the national territory[62]. In this plan D we found numerous ceramic, decorative and architectural remnants, although the layout of its insula or blocks is irregular due to adaptation to the terrain. Even so, it maintains a certain proportion that we discovered by virtue of digitization.

The main city-plan A presents a larger area, with remains of the walls and foundations of what could be public or private buildings inside. A hypodamic or grid iron layout is perfectly observed with all its *cardo* and *decumanus* axes, and its *insula* or block that we have proceeded to measure and enumerate to have better references in its description, which we described at another article[63]. Thus, we see that the dimensions are closer to the Higinius canon[64] that establishes 2320 x 1620 feet (about 672,8 x 469,8 m) than that of Polybius[65] for the total length of the enclosure. Our main city presents 2711 x 1101 feet (786,19 x 319,29

m), being the total distance that encompasses the studied area, all the plans (A, B, C and D) and the oppidum, of 11647 x 4393,10 feet (3377,7 x 1274 m). The shape of this main floorplan is similar to those of *Tarraco* (Tarragona), *Lucus Augusti* (Lugo), *Asturica Augusta* (Astorga) and *Faventia Iulia Augusta Paterna Barcino* (Barcelona), for the peninsular area, while curiously it is distributed in a rather similar way to Pompeii[66], which we selected as part of the title of this manuscript.

On the main site we do not find pre-Roman elements, as we mentioned, but Roman findings, which indicates that it is a newly built city, ex novo. On the contrary, at El Casar hill where the occupation is constant from the Chalcolithic to the Late Middle Age. We located a considerable amount of construction materials, destroyed mosaics, Roman ceramics of various forms, foundations, wells that are currently blocked, cisterns covered by abundant vegetation that serve to irrigate the olive trees, pools deliberately filled with stones, and accumulations of masonry and mortar that indicate the main gates flanked by turrets. They also determine the location of the *cardo maximus* and the *decumanus* (perpendicular axes), both converging in the forum that still shows vestiges of building foundations.

In other plots we located foundations that could correspond to a monumental building, without being able to determine exactly its true nature, however we think it could be a theatre, perhaps it dovetails with the ashlars on semi-columns attached to that construction (Fig. 25.2), although this is only a hypothesis until we receive further results from an excavation. Rodrigo Caro identified a church in this area but he indicated that it lied in a sort of cave[67], facts that we could also verify. They are near a building filled with large rubble of ashlars, stone and earth, leaving openings from which we could observe a great depth, albeit we were not able to access its interior.

25.5. Epigraphy.

With regard to epigraphy, we can indicate that there have been numerous inscriptions located in Salpensa, a total of 44 epigraphs of which, 3 belong to Christian funerals, 16 to Roman funerals, 3 legal, 13 honorary and 9 non-descript, in addition to the municipal law tablet, which we will not comment here in detail. However, we show at the bottom of the page[68] a list of epigraphs that we believe noticeable.

---

[59] Mendoza 2012, 141.

[60] Vitr. V, 10.

[61] Mendoza 2012, 214-217.

[62] It is common to find land belonging to these *cañadas*, and protected for this reason, throughout all of Spain although the owners of the land owners often claim them without authorization, a fact that is not usually reported.

[63] Mendoza 2012.

[64] Sabugo 2007, 23.

[65] Polib., *Hist*. VI, 41-42.

[66] Marta 1990, 91-93.

[67] Morales 1981, 89.

[68] *Lex Flavia Salpensana* (*CIL* II 1963; *CILA* 964, Fig. 571), which we will not describe here because it is highly studied and with great accessibility; Inscription lost (*CIL* II 1281; *CILA* 965), although its text was collected and dedicated to *Emperor Nero Claudius Caesar Augustus Germanicus* (54-68), and probably dated in the year 57; White marble pedestal (*CILA*, 967, Fig. 573), from which it is deduced that it was dedicated to a woman; Lost inscription on marble plaque (*CIL* II 1286; *CILA*, 968), honouring *Lucius Marcius* of the *Quirina* tribe to whom the town, which is already a *Flavian municipality*, gives honours to him on the occasion of his burial; Funerary marble plaque (*CILA* 969, Fig. 574; *AE*, 1982 n° 508) dedicated to a woman; Funerary plaque (*CIL* II 5402; *CILA* 970, Fig. 575) showing the standard formula of consecration to the male gods; Funerary urn (*CILA* 971, Fig. 576); Lost Christian inscription

We can establish that there is a higher percentage of preserved epigraphs dedicated to women than to men, among those identified. For example we find one to *Postumia Silana*, 30 years old[69], to *Eugamia Famula*[70], *Flavia Prima*, 22 years old[71], with the final dedication to the passer-by which indicated "I pray passer-by that you say be the Earth light", a request that is not rare in this type of epigraphs. *Aemilia*, 16 years old[72], *Aemilia*, 14 years, 11 months and 13 days[73], *Fortuna*, 18 years and 16 days[74]. We have calculated the average age of the deceased in 30 years, although there are many young people in the range between 16 and 19 years.

Therefore, the epigraphic analysis is very useful to understand the potential of the city founded ex novo, and therefore to determine the consistency of its duration in time, not being abandoned until the medieval period. It possessed a regulation that dates back to Augustan times, thanks to the *Lex Iulia Municipalis* of 17 BC, of which later copies were issued as the *Lex Malacitana, Lex Irnitana* and *Lex Salpensana* for our case, resulting in the appearance of the *Lex Flavia Municipalis* reproduced in all the Flavian municipalities since Domitian[75]. These laws regulate the activity of the local senate, which would be constituted

by decurions; they organized religious acts, conduct public shows; and administer the municipal finance; or it would allow the erection of statues in public squares, among other actions[76]. The hierarchical stratification allows us to distinguish in the first place the senatorial ordo; later the local oligarchy distributed between the equestrian *ordo* in a higher position than the decurional *ordo*; and at a lower *stratum* we find the citizens, pilgrims, freedmen and slaves[77]. The Salpensan example of the former is found in a member of the senatorial order, a native of *Siarum*, a neighbouring town, assigned to the *Galeria* tribe, who reached the top of the *Cursus Honorum*[78].

It is also documented for Salpensa, in moments prior to the concession of the *Ius Latii*, a local senate, legates and decenviri, with the presence of the decuronial order and the magistracies of the *duunviri* and *aedili*, although the last chapter of the *Lex Salpensana* indicates that the association of these magistracies allowed the appearance of the college of the *quattuorviri*[79]. We also identify the existence of the decuronial order in the epigraph that allowed for the construction of a funerary monument dedicated to Lucius Marcius Saturninus[80] in whose banquet, public praise or burial expenses in charge of this order would not be lacking. Chapter twenty-seven of the lexsalpensana indicates the right of veto or *intercessio* that the *duumviri* would have over other magistrates, in addition to being in command of the political and legal functions of the city[81]. One of his fundamental obligations was the publication of the law in the most accessible and frequented places of the town, in addition to managing the city's legacy or presiding over the sessions of the Senate as indicated in chapter twenty-six of the Salpensa act itself[82].

Epigraphy documents the existence of the cults of the Capitoline gods[83]; the cult of the emperor[84]; and the oriental cult, reflected in the numismatic iconography that depicts the god Apollo with his Delphic attributes, in addition to minor gods, the genius of the city[85], manes gods (found in the funerary epigraphs) or the small domestic gods. The organization of the cult was in the hands of *pontifices, flamines* and even priestesses[86]. They were in charge of "presiding over meetings, acts of worship and celebrations"[87].

Within the prosopographic study we highlight the *Flavia gens* in *Salpensa*[88], in addition to the *Aurelii* families, *Gaius Aureilianus Ampiatus*, the *gentilicius Caesius*[89] who raises

---

(*CILA* 974), dedicated to a woman in which the *"Recessit in Pace"* form can be seen, thus indicating the survival of the settlement with the change in the epigraphic formula typical of a newly converted Christian society; Christian inscription lost (*CILA* 975); Christian inscription lost (*CILA* 976); White marble altar (*CIL* II2/5 1291; *CILA* 982, Fig. 578), dedicated to a woman by her husband; Lost funeral inscription that is believed to be owned by Rodrigo Caro (*CIL* II 1293; *CILA* 983), in which the inscription from a friends is dedicated to the deceased; Funeral inscription (*CIL* II 1277b; *CILA* 949), dedicated to a woman; Honorary inscription (*CIL* II 1278; *CILA* 951), dedicated to a priestess; Honorary inscription (*CIL* II 1282a; *CIL* IX 626; *CILA* 930a), dedicated to the emperor *Titus Aelius Hadriano Antonino Augusto Pio* (138-161), dated in the year 145 AD; Honorary inscription (*CIL* II 1282b; *CIL* IX 628; *CILA* 930b) dedicated to a member of the elite who performed his *cursus honorum*; Honorary inscription (*CIL* II 1282c; *CIL* IX 628; *CILA* 930c); Honorary inscription (*CIL* II 1283; *CILA* 933) of a member of the elite, *Marcus Cutio Marci*, who carried out his *cursus honorum* during the time of Emperor *Antoninus Pius*, and apparently this inscription was dedicated to him by *Caesia Senilia*, his friend, who as we can see, must have been a woman from the high sphere or related to it; Honorary inscription (*CIL* II 1284; *CILA* 954) dedicated to a *curator* of *Via Aurelia*; Inscription on the *Las Alcantarillas* Bridge through which the *Via Augusta* crossed (*CIL* II 1285; *CILA* 952); Funeral registration (*CIL* II 1287; *CILA* 978); Funeral inscription (*CIL* II 1288; *CILA* 979), dedicated to a woman; Funeral inscription (*CIL* II 1289, *CILA* 980), also dedicated to a woman; Funeral inscription (*CIL* II 1290; *CILA* 981), dedicated to a member of the *Galeria* tribe; Funerary inscription (*CIL* II 1292; *CILA* 941), dedicated to a woman; Honorary inscription dedicated to a member of the administration (*CIL* II 4970); Honorary inscription (*HEp.* II, 638); Honorary inscription (*HEp.* II 357); Funeral inscription (*HEp.* II 642) showing the *tria nomina* of the deceased; Honorary inscription (*HEp.* II, 652); Funeral inscription (IUtrera, 59); Legal registration (IUtrera, 61); Honorary registration (*AE* 1983, 523); Funeral inscription that refers to the municipality of *Salpensano* (*CIL* II 1202; *CILA* 122); Legal registration (*CIL* XI 1146); Indeterminate inscriptions: *CILA* 966, Fig. 572. *CILA* 972, Fig. 577. *CILA* 973, Fig. 577bis. *CIL* II 1279; *CILA* 977; *CIL* II 1280; *CYL* 928; *CYL* II2/5, 1102; *CILA* 984; *HEp.* V 733; IUtrera, 46ª; IUtrera, 47.

69 *CILA* 969.
70 *CILA* 974.
71 *CIL* II 1291; *CILA* 982.
72 *CIL* II 1288; *CILA* 979.
73 *CIL* II, 1289; *CILA* 980.
74 *CIL* II 1292; *CILA* 941.
75 Morales Rodríguez 2004, 37.

76 Morales Rodríguez 2004, 496.
77 Morales Rodríguez 2004, 494.
78 *CIL* II 1283; *CILA* 933.
79 Morales Rodríguez 2004, 495.
80 *CIL* II 1286.
81 Morales Rodríguez 2004, 501.
82 Morales Rodríguez 2004, 502.
83 *CIL* II 1279; *CILA*, 977.
84 *CIL* II 1282a.
85 *CIL* II 1280.
86 *CIL* II 1278.
87 Morales Rodríguez 2004, 507.
88 *CIL* II²/5 1291.
89 *CIL* II 1283.

the funerary monument to *Marcus Curtius*[90], a member of the *Marcia* family. In our town we located the *nomen* of *Postumius*[91], belonging to two women, *Postumia Silana* and *Postumia Sura*. We also find the name *Sergius*[92], although the epigraph is located in *Hispalis*, it documents that *Sergia Salvia* was a native of *Salpensa*. We also document three inscriptions that allude to the servile condition of the individual: *Fortuna*, as *serva privata*[93]; *Hermetius*, as *servus privatus*[94]; and *Pylades* also as *servus privatus*[95].

Due to the numerous studies on the *Lex Salpensana*, we will not go into describing its details.

25.6. Conclusions.

From the beginning of our research, we have visited the site on numerous occasions, checking how year after year plundering was incessant, whether seeking for coins or ploughing the land, it did not respect the levels of protection that have been established at least for the emerging structures of the oppidum, declared an important cultural property (BIC). We have detected how on the main complex of what would be the Roman Salpensa, olive trees have been planted, in addition to those that already existed, in less than a decade. Therefore, the enclave has been destroyed not only due to the plantation and digging, but also through the natural growth of the roots themselves, reducing the nearby mosaics to dust.

The dissemination of this research, together with the monograph that we already carried out and other studies in the same line, aim to make scientists and people aware of the urgent need to preserve the site that we can consider as a Spanish Pompeii, in order to avoid its constant and progressive deterioration. On three occasions we have sent a report to the council of Utrera in order to rectify the urban planning, (PGOU) in its more recent versions, so that the site can be adequately protected, but no political party in the City Hall hast taken any action in this regard. Contributing to this regrettable situation is the erroneous location of Salpensa on the El Casar hill, which continues despite the evident proofs shown by our reports and research. The Spanish Pompeii is in front of our eyes but nobody seems to notice it.

Finally, as a recapitulation we provide some technical data to regarding the distance from Salpensa to other municipalities of a certain historical entity: from *Nabrissa* (Lebrija) about 40,6 km that marked the riverbank; with *Italica* (Santiponce) the distance is around 47,5 km; to *Hispalis* (Seville) about 35,5 km; with *Siarum* (another Roman municipality located in the Municipal District of Utrera) circa 7,8 km; from *Utere Felix* (Utrera) about 9 km; from *Malaca* (Malaga), slightly further to the South,

119,2 km; with *Corduba* (Córdoba) the distance is also similar, 118,2 km; from *Carmo* (Carmona) it is separated about 38,7 km; and from *Oripo* (Dos Hermanas) nearly 25 km[96].

Bibliography.

Adam, J. P. 2002, *La construcción romana. Materiales y técnicas*, León.

Beltrán Fortes, J. 2000, "Leones de piedra romanos de las Cabezas de San Juan (Sevilla). A propósito de un Nuevo ejemplar identificado", in *SPAL*, 9, 435-450.

Bendala Galán, M. y Corzo Sánchez, R. 1992, "Etnografía de la Andalucía Occidental", in *Complutum*, 2-3, 89-100.

Bermúdez Cano, J. M. 2010, "Mobiliario litúrgico del complejo cultural cristiano de Cercadilla, Córdoba: (Columnitas, estípites y mensa)", in *Romula*, 10, 277-306.

Bravo Bosch, M. J. 2008, "La reorganización administrativa de Hispania con César y Augusto", in *Revue Internationale des droits de l`Antiquitè*, 55, 107-137.

Campos Carrasco, J. M. - Berméjo Meléndez, J. 2010, "Arucci/turobriga y las promociones Julio Claudiasen la Beturia Céltica. A propósito de una nueva aportación epigráfica", in *AEspA*, 83, 133-145.

Caro, R. 1634, *Antigüedades y principado de la ilustrísima ciudad de Sevilla y Chorographía de su convent jurídico, o Antigua cancillería, dirigida al excelentísimo señor Don Gaspar de Guzmán, Conde Duque de Sanlúcar la Mayor*, Sevilla.

Ceán Bermúdez, J. A. 1832, *Sumario de las antigüedades romanas que hay en España*, Madrid.

Chaves Tristán, F. 1991, "Elementos numismáticos de índole griega en la Península Ibérica", in *Habis*, 22, 27-48.

Coarelli, F. 2008, *Roma*, Bari.

Corrales Aguilar, M. P. 1993-1994, "Salazones en la provincia de Málaga: una aproximación a su estudio", in *Mainake*, 15-16, 243-259.

De la Cuadra. C. 1844, *Memoria de la gestión al frente de la alcaldía de Utrera*, Utrera.

De Miguel, R. 1908, *Diccionario etimológico Latino-Español*, Madrid.

Fita Colomé, F. 1918, "Nuevas inscripciones romanas de Italica y Hellín", in *Boletín de la Real Academia de Historia*, 72, 177-182.

Florez, E. 1758, *Medallas de las colonias, municipios y pueblos antiguos de España*, Madrid.

---

[90] *CIL* II 1286.
[91] *AE*, 1982 n° 508.
[92] *CIL* II 1202; *CILA* 122.
[93] *CIL* II 1292.
[94] *CIL* II 5402.
[95] *CIL* II 1293.

---

[96] Mendoza 2012, 208-209.

García Vargas, E. - Martínez Maganto, J. 2006, "La sal de la Bética romana: Algunas notas sobre su producción y comercio", in *Habis*, 37, 253-274.

Giuliani, C. F. 2004, *L'edilizia nell'antichità*, Roma.

Luzón Nogué, J. M. - León Alonso, P. 1971, "Esculturas romanas de Andalucía I", in *Habis*, 2, 233-266.

Mangas, J. - Hernando, M. R. 1990-1991, "La sal y las relaciones intercomunitarias en la Península Ibérica durante la Antigüedad", in *Memorias de Historia Antigua*, 11-12, 219-232.

Mangas, J. 1995, *De Anibal al emperador Augusto. Hispania durante la República Romana*, Madrid.

Marta, R. 1990, *Architettura romana. Tecniche costruttive e forme architettoniche del mondo romano*, Roma.

Mendoza Álvarez, J. D. 2020, "Descubriendo el nombre romano de Utrera (Sevilla, España)", in *Revista Estudios*, 41, 1-25.

Mendoza Álvarez, J. D. 2015, "Salpensa (El Casar, Utrera, Sevilla): nuevas aportaciones para su estudio", in *Antesteria*, 5, 241-265.

Mendoza Álvarez, J. D. 2012, *CHArq. Ciencia, Historia, Arqueología nº 1. Cuestiones entorno a la ubicación de la ciudad romana de Salpensa, Cerro El Casar, Utrera (Sevilla)*, Morrisville.

Morales Álvarez, M. 1981, *Notas para la Historia de Utrera. I*, Utrera.

Morales Rodríguez, E. 2004, *La municipalización flavia de la Bética*, Granada.

Quesada, J. 1996, "Las salinas de interior de Andalucía Oriental: ensayo de tipología", in *II Coloquio Hª y Medio Físico, Agricultura y Regadíoenal-Andalus*, Almería, 313-333.

Rodríguez Oliva, P. 2001-2002, "Sobre las esculturas ibéricas e ibero-romanas de los territories malacitanos", in *Studia E. Cuadrado. Anales de Prehistoria y Arqueología*, 16-17, 301-320.

Ruiz Delgado, M. M. 1985, *Carta arqueológica de la campiña sevillana. Zona Sudeste I*, Sevilla.

Ruiz Mata, D. 1978-1979, "Nuevos yacimientos campaniformes en la provincia de Sevilla", in *Cuadernos de Prehistoria y Arqueología*, 5-6, 41-48.

Sabugo Sousa, N. 2007, "Hispania: huellas de la conquistaromana. Aproximación al estudio de los foros de los asentamientos militares peninsulares", in *Estudios Humanísticos*, 6, 19-46.

Sáez Romero, A. M. - Díaz Rodríguez, J. J. - Montero Fernández, R. 2004, "Acerca de un tipo de ánfora salazonera punico-gadirita", in *Habis*, 35, 129-133.

Sillières, P. 1990, *Les voices de communication de l'Hispanie Mèridionale*, París.

Tomasetti Guerra, J. M. 1997, "Contribución al estudio del urbanismo antiguo en el Bajo Guadalquivir: el caso de Lebrija (Sevilla)", in *SPAL*, 6, 243-262.

AA. VV. 1952, *Repartimiento de Sevilla. Boletín de la Institución Fernán González*, Sevilla.

26

Statim intrantium oculis totus offertur.
Strumenti per l'analisi dell'impatto paesaggistico dell'urbanizzazione alto-imperiale in *Hispania*.

Alessandro Labriola
Politecnico di Bari

Abstract: During the first century of the Principate the three Hispanic Provinces were affected by a large-scale urbanization process, related to the general reorganization of the administrative framework of the Iberian Peninsula. This determined a deep transformation of the Hispanic landscape, some of whose features can be studied through the observation of quantitative indexes such as the visibility, the angle of elevation and the prominence. In the following paper this methodological approach is applied to the evaluation of the landscape impact of the early-imperial fora of Hispania, in order to point out the main characters of the visual interaction between these monuments and the surrounding territory as well as their functional and symbolic implications.

Keywords: visibilità; prominenza; GIS; Hispania; fora; visibility; prominence.

26.1. La trasformazione del paesaggio della *Hispania* nel primo secolo del Principato.

Nel libro XXVIII del *Ab Urbe Condita*[1], Livio fa riferimento al fatto che l'*Hispania* fu la prima provincia sul continente europeo a essere invasa dai romani - all'inizio della Seconda Guerra Punica - ma al tempo stesso l'ultima a essere completamente sottomessa - con la vittoria di Augusto su Asturi e Cantabri nel 19 a.C. Una conseguenza di questo lungo e travagliato processo di conquista può essere individuata nell'influsso piuttosto limitato che l'urbanistica romana ebbe nelle provincie ispaniche fino alla fine dell'età repubblicana. Infatti, nonostante le fonti ricordino la fondazione di diverse città nella penisola nel corso del II e del I sec. a.C.[2], la nascita di molti di questi centri sembrerebbe legarsi soprattutto ad esigenze contingenti[3], senza rimandare a un disegno complessivo di riorganizzazione territoriale. Al contrario, è possibile osservare una sostanziale continuità con il sistema insediativo precedente alla conquista romana, derivante dallo sviluppo di molte delle fondazioni repubblicane su siti già occupati da centri preesistenti[4] e dalla sopravvivenza senza trasformazioni significative di diversi insediamenti preromani fino alla tarda età repubblicana[5].

Sebbene in epoca cesariana si assista al moltiplicarsi delle deduzioni di colonie[6], fu solo negli anni del Principato di Augusto che iniziò a delinearsi una sistematica riorganizzazione dell'assetto territoriale della penisola iberica, legata alla definizione dei limiti delle tre provincie della *Hispania Citerior* o *Tarraconensis*, della *Baetica* e della *Lusitania* e alla loro suddivisione in *conventus iuridici*[7], cui facevano capo le singole *civitates*. Questa riorganizzazione andò di pari passo con la fondazione *ex novo* di città e la trasformazione secondo i canoni dell'urbanistica romana di insediamenti esistenti, al fine di definire centri di riferimento per le nuove unità amministrative. Il risultante ampio processo di urbanizzazione - portato avanti in epoca giulio-claudia fino a completarsi con la cosiddetta "municipalizzazione flavia"[8] - si tradusse inevitabilmente in una profonda trasformazione fisica e simbolica dei paesaggi ispanici, basata sulla diffusione di modelli urbanistici e architettonici strettamente legati all'ideale romano di 'città' - con tutti i valori a esso associati - e all'ideologia dell'appena istituito Principato.

---

[1] *Ab Urbe condita* 28, 12: *Itaque ergo prima Romanis inita provinciarum, quae quidem continentis sint, postrema omnium nostra demum aetate ductu auspicioque Augusti Caesaris perdomita est.*
[2] Sulle fondazioni repubblicane in Hispania si vedano tra gli altri, Bandelli 2002; Houten 2018, 59-64.
[3] Si pensi ad esempio alle fondazioni di *Italica*, *Valentia*, *Pompaelo* e *Metellinum*, sorte per iniziativa di singoli comandanti nell'ambito della conduzione di campagne militari; o di *Carteia*, dedotta per dare una patria agli uomini nati da unioni miste tra soldati romani e donne ispaniche (Livio, *Ab Urbe condita* 43,3).
[4] Che in casi come quelli di *Carteia* (cfr. il passo di Livio citato nella nota precedente) o *Corduba* (cfr. Strabone, *Geografia* 3,2,1) si accompagnò alla cooptazione nel corpo civico di parte dei precedenti abitanti del sito.

[5] Come nel caso della greca *Emporion*, che fino alla metà del I sec. a.C. convisse con la romana *Emporiae* andando a costituire una "città doppia". Bendala 1990, 34-35.
[6] Sulla colonizzazione cesariana si vedano, ad esempio, Keay 1995, 302-303 e Bravo 2008.
[7] Per una sintesi sulla riorganizzazione augustea delle provincie ispaniche si veda Ozcáriz 2009.
[8] Ovvero la trasformazione di molti centri *peregrini* in municipi latini legata alla concessione generalizzata dello *ius Latii* agli ispanici da parte di Vespasiano (Plinio il Vecchio, *N.H.* 3,4,30). Sul tema si veda anche Andreu 2004.

26.2. Strumenti per l'analisi della struttura visuale dei paesaggi ispanici.

Le caratteristiche delle trasformazioni paesaggistiche legate all'urbanizzazione alto-imperiale della Hispania possono essere efficacemente analizzate ricorrendo a concetti e strumenti interpretativi elaborati nell'ambito dell'urbanistica, degli studi paesaggistici e della psicologia ambientale per descrivere la "struttura visuale" di un paesaggio, definibile come l'effetto delle sue componenti naturali e antropiche sulla sua percezione a partire da specifici punti di vista. Un caposaldo di questo filone di studi è costituito da *The Image of the City*[9] di Kevin Lynch, opera nella quale vengono indagate le modalità di formazione dell'immagine di una città attraverso l'interazione dinamica tra l'osservatore e alcuni elementi costitutivi quali i percorsi (*paths*), i limiti (*edges*), i nodi (*nodes*) – intesi come centri di concentrazione di attività e di incrocio di percorsi – e i *landmarks* – ovvero punti di riferimento visuale percepiti come "esterni" e distanti rispetto all'osservatore. Le riflessioni di Lynch influenzarono fortemente il successivo *Existence, Space and Architecture* di C. Norberg-Schulz[10], nel quale l'analisi degli elementi alla base dell'interazione visuale ed esperienziale tra l'uomo e l'ambiente circostante viene estesa dalla scala urbana a quella paesaggistica. Altri autori si sono invece concentrati su aspetti specifici di questa interazione, descritti attraverso indici e parametri di natura tanto soggettivo-qualitativa quanto oggettivo-quantitativa. In questo senso particolare interesse riveste il lavoro di Tadahiko Higuchi *The Visual and Spatial Structure of Landscapes*, nel quale, sulla base di una sintesi di diversi studi precedenti, vengono individuati otto "indici della struttura visuale" dei paesaggi, ovvero la visibilità, la distanza, l'angolo d'incidenza, la profondità di invisibilità, l'angolo di depressione, l'angolo di elevazione, la profondità e la luce[11].

Nell'ottica dello studio degli effetti dell'urbanizzazione alto-imperiale della *Hispania* risultano particolarmente interessanti quegli indici basati su parametri quantitativi, che possono essere calcolati anche rispetto a strutture il cui originario impatto visuale sul paesaggio circostante non sia più direttamente percepibile a causa del loro scarso livello di conservazione o del loro inserimento all'interno di tessuti urbani moderni. Nello specifico, risultati significativi possono essere ottenuti esaminando questo tipo di indici di struttura visuale rispetto a complessi forensi, identificabili come uno degli elementi di maggiore rilevanza simbolica tra quelli coinvolti nella trasformazione dei paesaggi ispanici all'inizio del Principato. Tra gli indici individuati da Higuchi, la visibilità si presta particolarmente bene a essere analizzata con l'ausilio di un Sistema Informativo Territoriale o G.I.S.[12], che, a partire da una adeguata base

topografica, consente di calcolare il campo visuale o *viewshed* di un qualsiasi punto georeferenziato, ovvero la superficie da cui quel punto risulta visibile all'interno di un determinato raggio senza essere occultato da rilievi o depressioni del suolo (Fig. 26.1). Il calcolo del *viewshed* dei principali fori noti nella penisola iberica può dunque consentire di ottenere una rappresentazione grafica della originaria capacità di questi complessi di stabilire un rapporto visuale con porzioni più o meno ampie del territorio circostante, pur con tutte le approssimazioni derivanti dal fatto che un'analisi di questo tipo prenderà in considerazione solo l'orografia dell'area, trascurando i possibili ostacoli alla visione costituiti dalla vegetazione o dalla presenza di altre edificazioni. Il confronto tra la visibilità dei diversi complessi forensi analizzati con questo metodo può essere effettuato introducendo un parametro numerico indicabile come 'fattore di visibilità', pari al rapporto percentuale tra la superficie del loro *viewshed* e quella di una circonferenza di raggio uguale a quello adottato per il suo calcolo.

Al fine dello studio delle originarie modalità di percezione visiva dei fori ispanici, grande interesse riveste anche l'analisi dell'"angolo di elevazione", definito da Higuchi come l'angolo che si determina in un piano verticale tra una linea orizzontale e la linea che congiunge l'occhio dell'osservatore alla sommità dell'elemento osservato[13]. Si tratta di un concetto già introdotto alla fine del XIX secolo da Hermann Märtens, il quale osservò come in presenza di angoli di elevazione inferiori ai 20° gli edifici tendono a essere percepiti non come oggetti isolati, ma come parte integrante del paesaggio circostante, determinando un effetto quasi pittorico da lui definito "architektonisch-malerisch Eindruck"[14]. Dal momento che l'angolo di elevazione è inversamente proporzionale alla distanza tra l'osservatore e l'oggetto, edifici con ampia visibilità si prestano più facilmente a essere osservati con un basso angolo di elevazione e dunque a integrarsi nella struttura visuale di un determinato paesaggio. Oltre a condizionare il rapporto tra un edificio e il suo intorno, l'angolo di elevazione esercita inoltre un forte influsso sulle componenti psicologiche della visione, soprattutto se lo si considera rispetto a punti di osservazione più ravvicinati. Infatti, come osservato da Higuchi[15], la linea di visione più stabile e naturale per un essere umano in movimento è quella che copre un angolo verticale di 10-15° al di sotto dell'orizzonte. Elevare lo sguardo al di sopra della linea dell'orizzonte tende invece a limitare la mobilità del corpo, a costringere a una osservazione statica e a indurre una certa misura di stress che crescerà in proporzione all'angolo di elevazione e all'inclinazione del capo necessaria a coprirlo interamente. In ragione di ciò, gli oggetti che nella media e nella breve distanza sono osservabili con un elevato angolo di elevazione tendono a porre in soggezione l'osservatore, che intuitivamente gli attribuirà una centralità spaziale e simbolica e una

---

[9] Lynch 1960.
[10] Norberg-Schulz 1971.
[11] Higuchi 1988, 2-5.
[12] In particolare, è stato utilizzato il software QGIS. Su alcune delle potenzialità offerte dal G.I.S. per l'analisi dei paesaggi antichi si vedano i lavori di Marcos Llobrera (tra cui, Llobrera 2001; Llobrera 2003).

[13] Higuchi 1988, 46-49.
[14] Märtens 1890, 6-7.
[15] Higuchi 1988, 46.

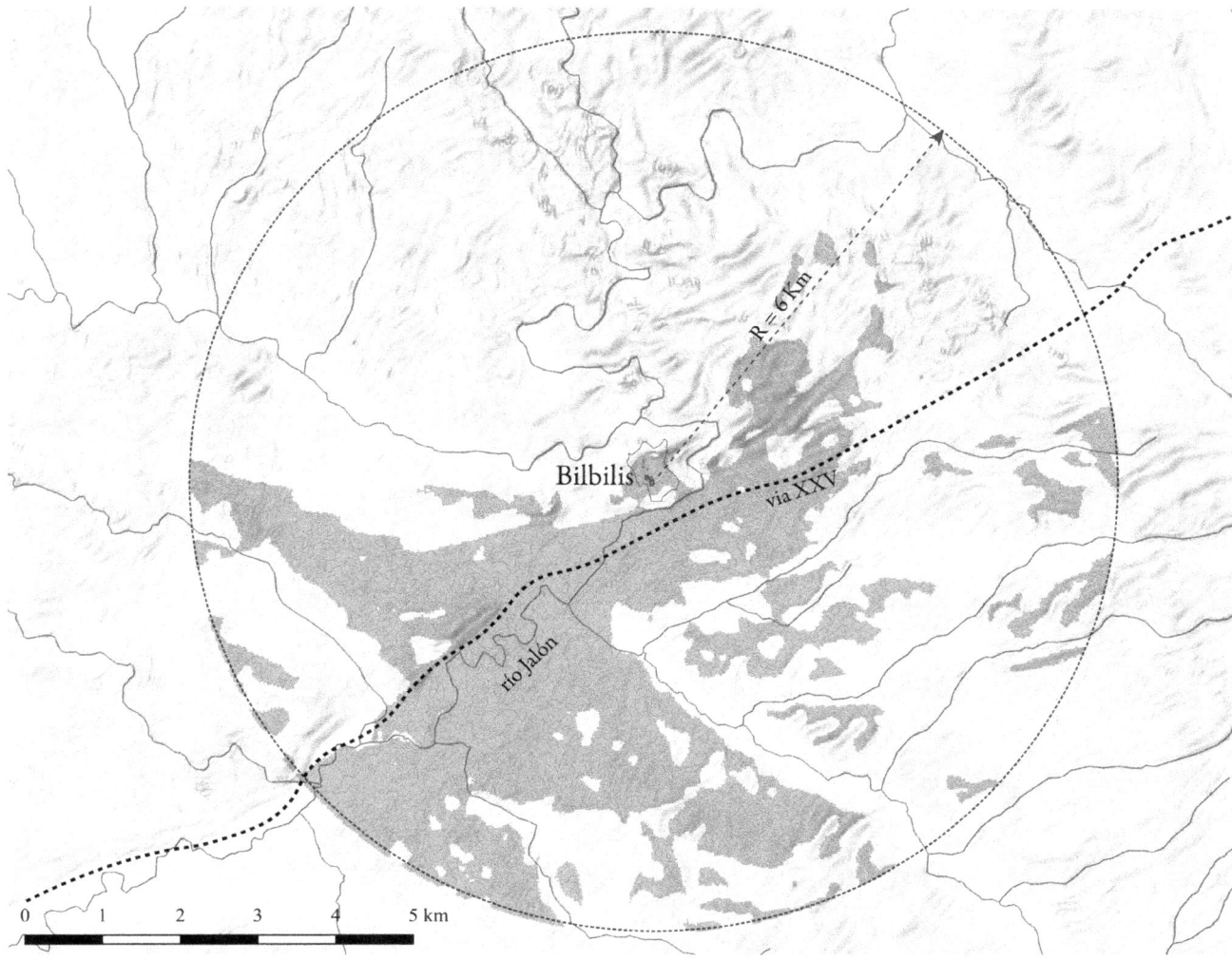

Fig. 26.1. *Viewshed* del foro di *Bilbilis* (il corrispondente 'fattore di visibilità' è pari al rapporto tra la superficie del *viewshed* e quella di una circonferenza di 6 km di raggio).

priorità gerarchica all'interno della struttura del paesaggio circostante[16].

Una misura quantitativa della tendenza di una costruzione a essere osservata da diversi punti di vista con un elevato angolo di elevazione può essere espressa attraverso un ulteriore parametro agevolmente calcolabile in ambiente G.I.S., indicabile come 'prominenza relativa'. Esso si basa sul concetto di prominenza, che in topografia indica il dislivello tra la sommità di un rilievo e la più bassa curva isoipsa che non racchiude nessun altro rilievo di altitudine maggiore, ovvero il minimo dislivello che bisogna percorrere scendendo dalla sommità di un'altura prima di poter iniziare a salire per raggiungere una vetta di maggiore altitudine. La prominenza dipende pertanto non solo dall'altitudine di un rilievo, ma anche dal suo isolamento, inteso come la distanza tra la sua sommità e il più vicino punto di pari altitudine. Dal momento che i fori ispanici oggetto di quest'analisi raramente si trovano effettivamente a occupare la sommità di un rilievo, la loro

tendenza a emergere come elementi isolati e dominanti rispetto al paesaggio circostante può essere espressa in termini di 'prominenza relativa', calcolata come differenza tra la loro quota e quella del punto più basso ricadente all'interno del loro *viewshed* rispetto a un determinato raggio (Fig. 26.2).

Il calcolo del 'fattore di visibilità' e della 'prominenza relativa' dei fori ispanici[17] può dunque consentirci di ricostruire alcuni degli effetti che la loro edificazione dovette avere sul paesaggio circostante (Fig. 26.3). Al fine di ottenere risultati reciprocamente confrontabili, si è scelto di utilizzare per le elaborazioni eseguite con il G.I.S. una base topografica unica, costituita da un modello digitale di elevazione (DEM) fornito dal Copernicus Land Monitoring Service[18]. Per semplificare le operazioni di

---

[16] Norberg-Schulz 1971, 40-42.

[17] Nello specifico sono stati esaminati i 44 fori alto-imperiali di certa identificazione analizzati nella mia tesi di dottorato *Excelsissimi loci. Architettura forense e scenografie urbane nella Hispania alto-imperiale (27 a.C.-96 d.C.)*.

[18] © European Union, Copernicus, European Environment Agency (EEA). Si tratta di un'immagine raster georeferenziata ottenuta attraverso l'elaborazione di rilevazioni satellitari e composta da pixel di 25 x 25 m,

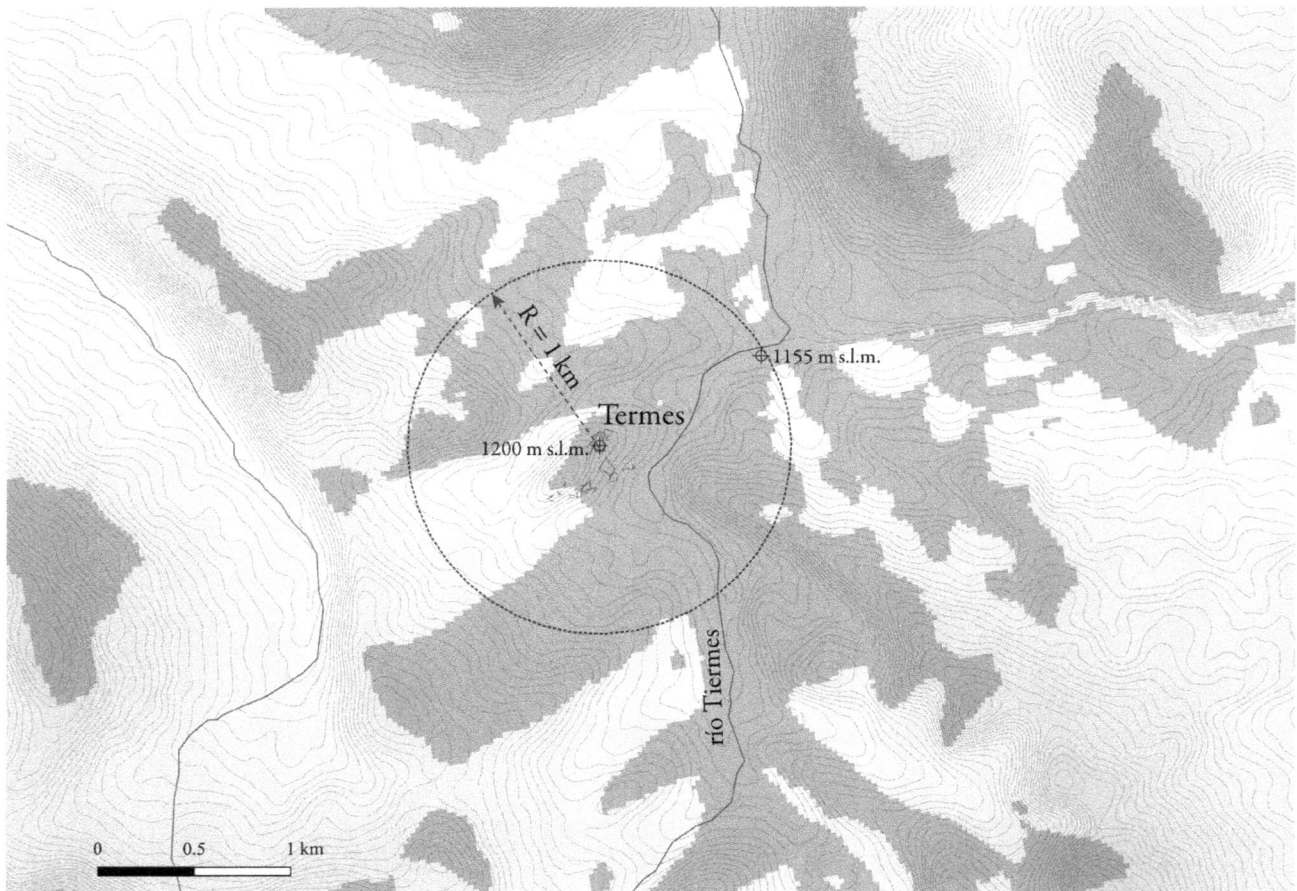

Fig. 26.2. *Viewshed* **del foro di** *Termes* **(la prominenza relativa di 45 m è pari alla differenza tra quota altimetrica della piazza e quota del più basso tra i punti ricompresi nel** *viewshed* **in un raggio di 1 km).**

calcolo, i fori sono stati approssimati come degli elementi puntuali collocati al centro del piazzale, sopraelevati di 8 m rispetto al suolo in modo tale da simulare l'originario sviluppo in altezza degli edifici che li componevano. A partire da questi dati di partenza è stato ricavato il *viewshed* di ciascuno dei fori analizzati rispetto a un raggio di 6 km, assunto come prossimo alla distanza massima da cui questi complessi dovevano essere riconoscibili in condizioni atmosferiche normali. Dal calcolo del 'fattore di visibilità' associato ai *viewshed* così ottenuti (Fig. 26.4) emerge una marcata prevalenza di valori compresi tra il 21 e il 50%, che risultano piuttosto elevati se si considera che il 'fattore di visibilità' calcolato con il metodo sopra descritto per l'Acropoli di Atene è pari al 52%. Si nota inoltre una significativa incidenza di fori dotati di una visibilità eccezionale – compresa tra il 61 e il 70% – tra cui quelli di *Ebora*, *Colonia Patricia* e Sagunto.

Gli elevati valori dei fattori di visibilità osservati possono essere messi in relazione con la forte diffusione nel contesto ispanico di fori localizzati in siti topograficamente elevati - già messa in evidenza nella prima edizione di

a ciascuno dei quali è associato un valore di altitudine media misurata con un'accuratezza verticale di ± 7 m RMSE. Ne deriva un livello di approssimazione piuttosto elevato, seppur accettabile in considerazione della larga scala dell'analisi qui condotta.

questo Convegno[19]. La prevalenza di localizzazioni in altura si riflette anche nella distribuzione dei valori della "prominenza relativa" dei fori analizzati, calcolata rispetto a un raggio di 1 km al fine di mettere meglio in risalto la maggiore o minore tendenza di questi complessi a essere osservati da distanza relativamente ravvicinata con un forte angolo di elevazione (Fig. 26.5). Da questa analisi risulta un valore medio della prominenza relativa alquanto elevato, pari a circa 44 m, con la maggior parte dei complessi analizzati che si attestano su valori compresi tra i 15 e i 40 m, più che sufficienti a consentirgli di emergere in maniera significativa rispetto al paesaggio circostante. Ben otto fori ispanici, tra cui quelli di *Aeminium*, Sagunto, *Bilbilis* ed *Ercavica*, presentano inoltre una prominenza relativa eccezionale, superiore agli 80 m ottenibili applicando il metodo di calcolo sopra descritto all'Acropoli di Atene.

26.3. Interpretazione dei risultati e conclusioni.

L'analisi comparativa del 'fattore di visibilità' e della 'prominenza relativa' rivela dunque nel complesso la tendenza a ubicare i fori ispanici alto-imperiali in siti che ne garantissero un'ampia visibilità e prominenza rispetto al territorio circostante. In conseguenza di ciò, molti di

[19] Labriola 2020.

Nome	Localizzazione topografica	Fattore di visibilità R = 6 km (%)	Prominenza relativa R = 1 km (m)	Visibilità	Rapporti visivi	Datazione	Provincia
Valeria	Sella	6	60	Orientata	-	Prima metà I sec. d.C.	Tarraconensis
Bobadela	Valle	7	10	Orientata	Fiume	Età flavia?	Lusitania
Munigua	Media pendice	9	35	Orientata	Fiume	Età flavia	Baetica
Eburobrittium	Media pendice	10	25	Orientata	Costa	Età augustea	Lusitania
Mirobriga	Sommità collina	10	45	Orientata	Valle	Età flavia	Lusitania
Conimbriga	Media pendice	15	20	Orientata	Fiume	Età claudio-neroniana	Lusitania
Seilium	Bassa pendice	16	15	Orientata	Fiume	Età augustea	Lusitania
Ammaia	Bassa pendice	16	20	Orientata	Fiume, Strada	Età claudia	Lusitania
Segobriga	Alta pendice	17	40	Orientata	Strada	Età augustea	Tarraconensis
Contributa	Sommità collina	19	25	Orientata	Strada	Metà I sec. d.C.	Baetica
Aeminium	Sommità collina	20	80	Orientata	Fiume	Metà I sec. d.C.	Lusitania
Termes	Media pendice	21	45	Orientata	Fiume, Strada	Età flavia	Tarraconensis
Libisosa	Sommità collina	24	80	Orientata	Strada	Primo terzo I sec. d.C.	Tarraconensis
Arucci	Valle	27	10	Orientata	-	Metà I sec. d.C.	Baetica
Bilbilis	Sommità collina	27	100	Orientata	Fiume, Strada	Età tiberiana	Tarraconensis
Carthago Nova	Alta pendice	30	20	Orientata	Strada	Età augustea	Tarraconensis
Valentia	Valle	31	10	Multidirezionale	Fiume, Costa	Età flavia	Tarraconensis
Astigi	Valle	31	15	Multidirezionale	Fiume	Età augustea	Baetica
Ituci	Alta pendice	31	145	Orientata	Strada	Età tiberiana	Baetica
Augusta Emerita	Valle	32	35	Multidirezionale	Fiume, Strada	Età augustea	Lusitania
Complutum	Valle	35	5	Orientata	Fiume, Strada	Età claudia	Tarraconensis
Iulia Libica	Media pendice	35	35	Orientata	Strada	Età augustea	Tarraconensis
Iuliobriga	Alta pendice	35	75	Orientata	Valle	Età flavia	Tarraconensis
Labitolosa	Alta pendice	35	115	Orientata	Fiume, Strada	Età flavia	Tarraconensis
Capara	Alta pendice	38	40	Orientata	Fiume, Strada	Età flavia	Lusitania
Los Bañales	Alta pendice	38	60	Orientata	Strada	Età augustea	Tarraconensis
Baelo	Bassa pendice	39	5	Orientata	Costa	Età claudio-neroniana	Baetica
Regina	Alta pendice	40	25	Orientata	Valle	Età flavia	Baetica
Singilia Barba	Media pendice	40	65	Orientata	Fiume	Età flavia	Baetica
Ercavica	Sella	43	110	Orientata	Fiume	Età augustea	Tarraconensis
Caesaraugusta	Valle	44	20	Orientata	Fiume, Strada	Età tiberiana	Tarraconensis
Carteia	Media pendice	46	15	Orientata	Costa, Strada	Età augustea	Baetica
Clunia	Pianoro	46	25	Multidirezionale	Fiume, Strada	Età tiberiana	Tarraconensis
Asturica Augusta	Pianoro	52	30	Orientata	Fiumi, Strada	Età claudio-tiberiana	Tarraconensis
Tarraco	Media pendice	59	35	Orientata	Costa, Strada	Età augustea	Tarraconensis
Lucentum	Sommità collina	60	35	Multidirezionale	Costa	Età augustea	Tarraconensis
Celti	Alta pendice	61	20	Orientità	Fiume, Strada	Seconda metà I sec. d.C.	Baetica
Ilipa	Sommità collina	61	35	Orientata	Costa	Età augustea	Baetica
Barcino	Sommità collina	62	20	Multidirezionale	Costa, Strada	Età augusteo-tiberiana	Tarraconensis
Saguntum	Sommità collina	66	85	Orientata	Strada	Età augustea	Tarraconensis
Ebora	Sommità collina	67	45	Multidirezionale	Strada	Età claudio-neroniana	Lusitania
Colonia Patricia	Sommità collina	68	45	Multidirezionale	Fiume, Strada	Età augustea	Baetica
Nertobriga	Sommità collina	68	130	Multidirezionale	-	Età giulio-claudia	Baetica
Emporiae	Pianoro	86	30	Multidirezionale	Costa	Età augustea	Tarraconensis

Fig. 26.3. Riepilogo dei valori del fattore di visibilità e della prominenza relativa dei fori ispanici alto-imperiali presi in esame.

questi complessi potevano essere individuati anche da grandi distanze, fungendo da punti di riferimento di scala territoriale o *landmarks*[20]. Sebbene la localizzazione di ciascun foro dovesse costituire sostanzialmente un caso a sé, legandosi a una serie di condizionamenti locali[21], la diffusione in diverse aree della penisola di questi caratteri comuni sembrerebbe indicare una loro dipendenza da scelte progettuali consapevoli, forse in

parte influenzate dal particolare apprezzamento all'epoca della costruzione di questi complessi per gli effetti estetici derivanti dalla visione dalla distanza e dall'integrazione tra architettura e paesaggio, che emerge dalle opere di autori quali Strabone[22] e Plinio il Giovane[23]. D'altro canto,

---

[20] Secondo la definizione proposta in Lynch 1960, 78-83.
[21] Derivanti ad esempio dalle disponibilità fondiarie e da preesistenze topografiche e urbanistiche.

[22] Sull'individuazione nell'integrazione nel paesaggio di una delle componenti fondamentali della "bellezza" di una città in diversi passi della *Geografia* di Strabone si veda Schattner 2020, 116-120.
[23] Nei passi delle *Epistulae* in cui viene descritto l'inserimento paesaggistico delle sue ville, incluso quello da cui è tratta la frase *statim intrantium oculis totus offertur* usata nel titolo di questo contributo (*Epistularum libri X*, 5,6).

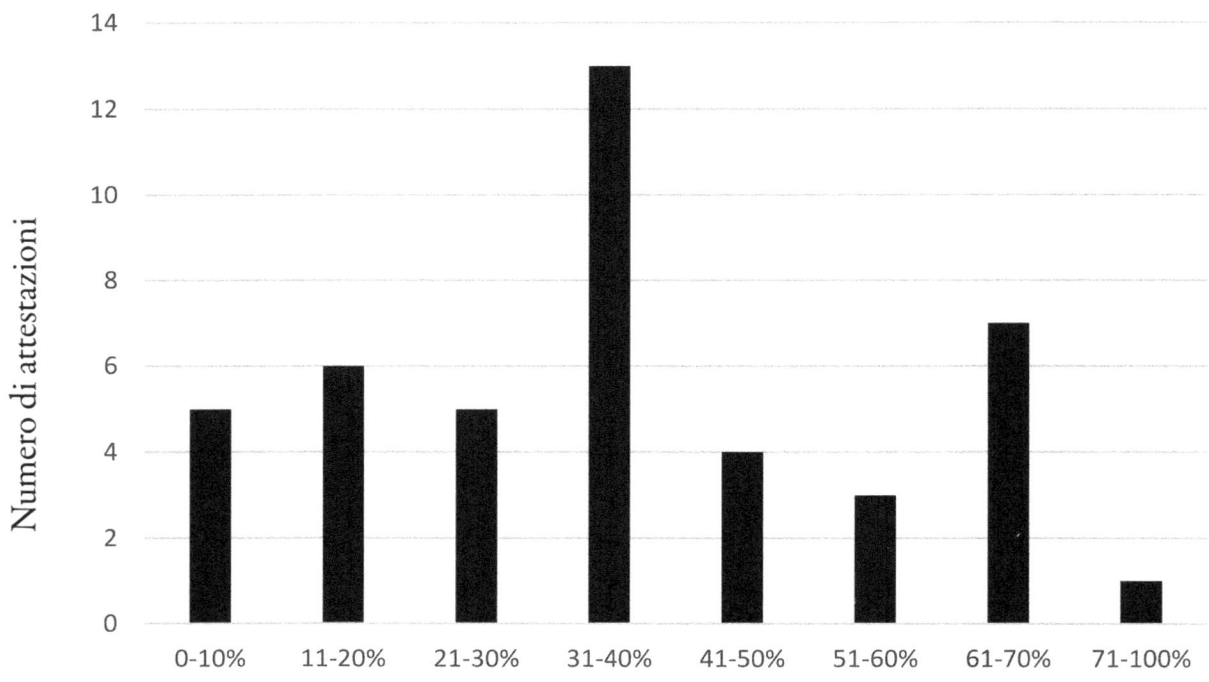

Fattore di visibilità, R = 6 km

Fig. 26.4. Grafico di distribuzione dei valori del fattore di visibilità dei fori analizzati.

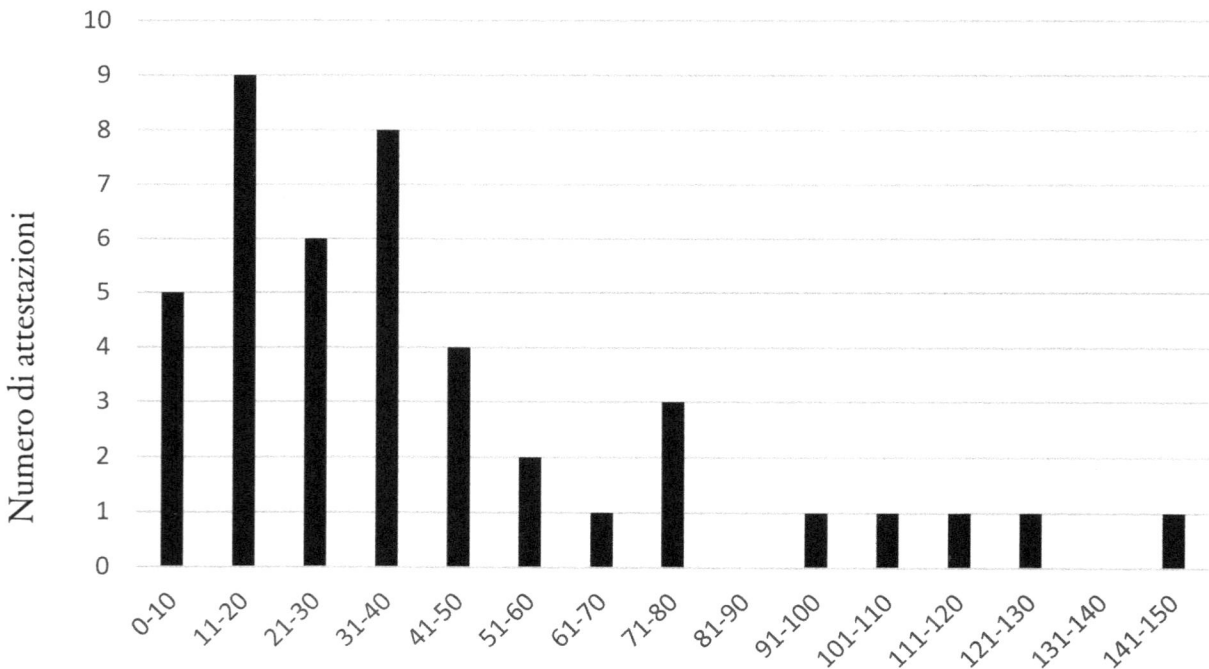

Prominenza relativa (m), R = 1 km

Fig. 26.5. Grafico di distribuzione dei valori della prominenza relativa dei fori analizzati.

la forte discontinuità delle soluzioni adottate rispetto alla tradizione repubblicana – che individuava nei fori soprattutto "nodi" di attività ubicati in siti pianeggianti e facilmente accessibili – può essere ricondotta a specifiche motivazioni di carattere funzionale e simbolico, derivanti tanto da dinamiche interne alle singole comunità urbane

quanto da impulsi provenienti dal potere centrale e legati all'evoluzione della tipologia forense nel periodo di transizione tra Repubblica e Principato. In primo luogo, la tendenza a localizzare le città ispaniche e i loro fori in punti prominenti e ben visibili può essere messa in relazione con il fatto che molti di questi insediamenti si svilupparono in siti precedentemente occupati da *oppida* preromani, la cui ubicazione in altura era dovuta non solo a esigenze di carattere difensivo, ma anche alla necessità di fungere da punti di riferimento per una popolazione che risiedeva prevalentemente all'esterno delle mura in insediamenti diffusi di carattere rurale[24]. La tendenza a stabilire una forte interrelazione visuale tra gli spazi pubblici delle città della *Hispania* alto-imperiale e il loro territorio potrebbe derivare dalla sopravvivenza di sistemi insediativi di questo tipo anche a seguito della trasformazione degli *oppida* secondo i canoni dell'urbanismo romano e della fondazione di nuovi centri urbani. Quest'ultimo sembrerebbe ad esempio essere il caso di *Clunia*, il cui foro presenta dimensioni eccezionali nel panorama ispanico, che ne denunciano il ruolo come polo economico e amministrativo per una popolazione molto più ampia di quella che risiedeva sul pianoro occupato dalla città[25]. Oltre che dalla necessità di instaurare un legame tra le attrezzature pubbliche urbane e la popolazione extraurbana, l'accentuazione della visibilità delle città ispaniche può anche essere messa in relazione con l'individuazione in esse di punti di riferimento rispetto alle vie di comunicazione, come dimostra il fatto che i *viewshed* dei fori presi in esame si sviluppano nella maggior parte dei casi lungo direzioni specifiche rivolte verso tratti di itinerari terrestri o marittimo-fluviali (Fig. 26.3)[26]. Considerando la loro prominenza e il loro ruolo di *landmarks* rispetto alla rete di percorsi che attraversava la penisola, è inoltre possibile immaginare che molti dei complessi forensi analizzati dovessero connotarsi come veri e propri *Herrschaftszeichen* o 'segni del potere'[27], intesi come manifestazioni fisiche del dominio romano sul territorio e come elementi simbolici legati alla celebrazione del regime imperiale. Questo secondo aspetto può essere messo in relazione con l'identificazione nei fori di uno dei principali spazi preposti alla celebrazione del culto imperiale, che si manifesta in *Hispania* nelle numerose attestazioni archeologiche di cicli di ritrattistica dinastica provenienti da questi complessi[28]. Ulteriori connotazioni simboliche dell'inserimento paesaggistico dei fori ispanici possono essere ricostruite prendendo in considerazione le caratteristiche della loro committenza, legata principalmente all'iniziativa di membri delle élites delle singole città, come dimostrano le numerose attestazioni epigrafiche del finanziamento da parte di evergeti locali della pavimentazione di un piazzale forense[29] o della

costruzione di edifici su esso affacciati[30]. In un contesto così fortemente dominato dalla committenza locale si può presumere che la trasformazione simbolica del paesaggio determinata dall'urbanismo alto-imperiale, oltre a rifarsi ai presupposti ideologici promossi dal potere centrale, dovette anche assumere significati connessi alle esigenze delle élites delle singole comunità urbane, legandosi soprattutto all'autopromozione della loro ricchezza e prestigio. In questo senso, la scelta di localizzazioni elevate e ben visibili può anche essere messa in relazione con la volontà di amplificare il più possibile il campo di ricezione del messaggio di autorappresentazione associato ai fori, nell'ambito di quel processo di competizione tra centri provinciali definito da Tacito come *aemulatio municipalis*[31].

In conclusione, l'analisi attraverso un software G.I.S. di indici quantitativi in grado di rappresentare l'impatto dei fori alto-imperiali attestati archeologicamente in *Hispania* sulla struttura visuale dei paesaggi in cui furono inseriti consente di mettere in evidenza la presenza di alcuni caratteri ricorrenti, legati alla accentuazione della visibilità e della prominenza di questi complessi. Grazie a queste caratteristiche molti dei fori ispanici dovettero contribuire a determinare una profonda trasformazione simbolica del paesaggio, che può essere considerata come una componente fondamentale di quel complesso processo di trasformazione culturale convenzionalmente denominato "romanizzazione"[32]. Ulteriori aspetti di questo fenomeno potranno essere indagati applicando il metodo di indagine qui proposto ad altre componenti centrali della struttura visuale dei paesaggi della *Hispania* romana - quali ad esempio gli edifici per spettacolo, le cinte murarie, i monumenti funerari - in modo tale da ottenere una interpretazione complessiva delle dinamiche che accompagnarono la riorganizzazione territoriale della penisola iberica in epoca alto-imperiale, delle connotazioni simboliche e funzionali della risultante trasformazione del paesaggio e del ruolo complementare dei principali attori in essa coinvolti, ovvero il potere centrale e le élites delle comunità locali.

Bibliografia

Abascal Palazón, J. M. - Alföldy, G. - Cebrián Fernández, R. 2001, "La inscripción con letras de bronce y otros documentos epigráficos del foro de Segobriga", in *AEspA*, 74, 117-130.

Alföldy, G. 1977, *Los Baebii de Saguntum*, Valencia.

---

[24] Burillo 2011, 284-291.

[25] Sul foro di *Clunia*, edificato nell'ambito della fondazione ex novo della città in epoca tiberiana, si veda Palol - Guitart 2000. Una medesima sproporzione tra entità delle attrezzature pubbliche e edilizia privata caratterizza diversi centri di origine preromana, quali *Munigua* o *Segobriga*.

[26] In questo senso un esempio significativo è offerto dalla forte interrelazione visuale tra il foro di *Bilbilis*, la valle del fiume Jalón e la via XXV che collegava *Caesaraugusta* ad *Augusta Emerita* (Fig. 26.1).

[27] Schattner 2017.

[28] Sulla diffusione dei cicli dinastici nei fori e sul suo legame con la celebrazione del culto imperiale si vedano: Boschung 2002; Cesarano 2015. Sulle attestazioni ispaniche di ritrattistica imperiale si veda Garriguet - Romero 2015.

[29] Attestato dalle iscrizioni in *litterae aureae* inserite nel lastricato dei fori di *Ituci* (Ventura - Morena 2016), *Segobriga* (Abascal *et al.* 2001), Sagunto (Alföldy 1977, 43-49) e *Carthago Nova* (Noguera - Abascal 2003, 54-58).

[30] Ad esempio, il tetrapilo di accesso al foro di *Capara* (*CIL* 02 00834), il sacello sul lato nord del foro di *Segobriga* (*CIL* 02-13 00331) o il tempio forense di *Arucci* (Campos - Bermejo 2007, 267); fino al caso eccezionale del foro di *Munigua*, interamente finanziato *sua pecunia* dal duumviro *Lucius Valerius Firmus* (*AE* 1972, 00268).

[31] Tacito, *Historiae* 3, 57.

[32] Sul dibattito legato al concetto di "romanizzazione", alle sue implicazioni ideologiche e ai diversi modelli di interazione tra culture a esso associabili si vedano, tra gli altri, Mazzilli 2020, 171-172 e i contributi raccolti in Schattner *et al.* 2020.

Andreu Pintado, J. 2004, *Edictum, municipium y lex: Hispania en época flavia (69-96 d.C.)*, Oxford.

Bandelli, G. 2002, "La colonizzazione romana della Penisola Iberica da Scipione Africano a Bruto Callaico", in G. Urso (ed.), *Hispania terris omnibus felicior: Premesse ed esiti di un processo di integrazione*, Pisa, 105-142.

Bendala Galán, M. 1990, "El plan urbanístico de Augusto en Hispania: Precedentes y pautas macroterritoriales", in W. Trillmich - P. Zanker (eds), *Stadtbild und Ideologie. Die Monumentalisierung hispanischer Städte zwischen Republik und Kaiserzeit*, München, 25-40.

Boschung, D. 2002, *Gens Augusta: Untersuchungen zu Aufstellung, Wirkung und Bedeutung der Statuengruppen des julisch-claudischen Kaiserhauses*, Mainz.

Bravo Bosch, M. J. 2008, "La réorganizacion administrativa de Hispania con César y Augusto", in *RDroitsAnt*, 55, 107-137.

Burillo Mozota, F. 2011, "Oppida y ciudades-estado celtibéricos", in *Complutum*, 22.2, 277-295.

Campos Carrasco, J. M. - Bermejo Meléndez, J. 2007, "Manifestaciones de culto imperial en el foro de la ciudad hispanorromana de Turobriga", in T. Nogales Bassarate - J. González (eds), *Culto Imperial: política y poder*, Roma, 253-273.

Cesarano, M. 2015, In honorem domus divinae: *Introduzione allo studio dei cicli statuari Giulio Claudii a Roma e in occidente*, Roma.

Garriguet Mata, J. A. - Romero Vera, D. 2015, "Augusto y su dinastía en Hispania: Escultura y epigrafía", in J. López Vilar (ed.), *Tarraco biennal: 2on Congrés internacional d'arqueologia i món antic: August i les províncies occidentals: 2000 aniversari de la mort d'August*, Tarragona, 173-178.

Higuchi, T. 1988, *The visual and spatial structure of landscapes*, Cambridge (MA)-London.

Houten, P. H. A. 2018, *Civitates Hispaniae: Urbanisation on the Iberian Peninsula during the High Empire*, Leiden.

Keay, S. J. 1995, "Innovation and adaptation: The contribution of Rome to urbanism in Iberia", in B. W. Cunliffe - S. J. Keay (eds), *Social complexity and the development of towns in Iberia: From the Copper Age to the second century AD*, Oxford, 291-337.

Labriola, A. 2020, "Scenografie territoriali: complessi forensi e costruzione del paesaggio nell'Hispania alto-imperiale", in A. Cristilli - A. Gonfaloni - F. Stok (eds), *Experiencing the Landscape in Antiquity*, Oxford, 117-124.

Llobrera, M. 2001, "Building past landscape perception with GIS: understanding topographic prominence", in *JASc*, 28, 1005-1014.

Llobrera, M. 2003, "Extending GIS-based visual analysis: the concept of visualscapes", in *International Journal of Geographical Information Science*, 17.1, 25-48.

Lynch, K. 1960, *The image of the city*, Cambridge (MA).

Märtens, H 1890, *Optisches Maaß für den Städtebau*, Bonn.

Mazzilli, G. 2020, "L'architettura "in prouinciali solo" (Gai. Inst. II, 7): per un contributo alla definizione delle forme della Baupolitik provinciale in età imperiale", in G. Mazzilli (ed.), *In solo provinciali. Sull'architettura delle province, da Augusto ai Severi, tra inerzie locali e romanizzazione*, Thiasos, 9.2, 3-18.

Noguera Celdrán, J. M. - Abascal Palazón, J. M. 2003, "Fragmentos de epígrafes e inscripción con litterae aureae del foro y del augusteum de Carthago Nova", in *Mastia*, 2, 11-63.

Norberg-Schulz, C. 1971, *Existence, Space and Architecture*, New York-Washington.

Ozcáriz Gil, P. 2009, "Organización administrativa y territorial de las provincias hispanas durante el Alto Imperio", in J. Andreu Pintado - J. Cabrero Piquero - I. Rodà de Llanza (eds), *Hispaniae. Las provincias hispanas en el mundo romano*, Tarragona, 323-338.

Palol, P. D. - Guitart i Duran, J. 2000, *Clunia VIII.1. Los grandes conjuntos públicos: el foro colonial de Clunia*, Burgos.

Schattner, T. G. 2017, "Signos de poder como marcadores del territorio hispano: una característica de la política urbanizadora de Augusto", in *Gerión*, 35, 297-324.

Schattner, T. G. 2020, "Comunicación y comportamiento. Sobre la relación entre el paisaje urbano de las ciudades romanas y la comunidad cívica ilustrado a través de algunos ejemplos hispanos", in J. Andreu Pintado (ed.), *Parva oppida. Imagen, patrones e ideología del despegue monumental de las ciudades en la Tarraconense hispana (siglos I a. C.-I d. C.)*, Uncastillo, 105-131.

Schattner, T. G. - Vieweger, D. - Wigg-Wolf, D. (eds) 2020, *Kontinuität und Diskontinuität, Prozesse der Romanisierung: Fallstudien zwischen Iberischer Halbinsel und Vorderem Orient; Ergebnisse der gemeinsamen Treffen der Arbeitsgruppen "Kontinuität und Diskontinuität: Lokale Traditionen und römische Herrschaft im Wandel" und "Geld eint, Geld trennt" (2013-2017)*, Rahden.

Ventura Villanueva, Á. - Morena López, J. A. 2016, "Una arquitectura definida: la inscripción pavimental con litterae aureae y el foro de la colonia bética Virtus Iulia Ituci (Torreparedones, Baena, provincia de Córdoba)", in R. Renaud (ed.), *Dire l'architecture dans l'Antiquité*, Marseille-Paris, 411-448.

27

I sepolcri degli eroi in riva al mare:
un motivo topico nella poesia antica

Renée Uccellini
Università degli Studi 'G. Marconi', Roma

Abstract: The motif of the tomb by the sea has a long epigraphic and also literary tradition. The epos also discusses the motif, a narrative genre interested in representing spatial dimensions, where man often outlines sepulchral spaces. The tumuli near shores, coasts, promontories are attention points in the epic narrative, they are landscape markers, elements that make the cultural system inscribed in the epic worldview. This paper focuses on the artistic-literary function of the well-known theme of the tomb by the sea and on meanings of this topos, also observing how ancient poetry certainly testifies that the construction of tombs of particularly eminent personalities, as well as of many temples and cult places near the sea, certainly characterized, once upon a time, the ancient landscape of the Mediterranean Sea and the nearby seas, up to the extremities of the Asian borders.

Keywords: Epic Poetry; Greek Heroes; Literary Motif; Poetic Topos; Sepulchral Landscape; Tumulus.

La tomba di Achille, luogo di culto ancora ai tempi di Alessandro Magno secondo il racconto di Arriano[1], si trovava sul capo Sigeo, a nord-ovest di Troia, sulla costa egea[2]. La zona è compresa nella regione della Troade, lungo il litorale nord-occidentale vicino a Ilium, nota per i resti di numerosi tumuli, identificati già a partire dal VII secolo a.C.[3] come luoghi di sepoltura dei più noti personaggi omerici, non solo di Achille, ma anche di Patroclo, Antiloco, Protesilao[4]. La collocazione di queste tombe è un motivo topico, particolarmente sfruttato nella poesia epica, un genere narrativo interessato a rappresentare dimensioni spaziali[5] e fornire determinazioni degli spazi sepolcrali costieri. Così, ad esempio, alla sede della tomba di Achille sembra interessato P. P. Stazio, autore epico d'età flavia, in un passaggio dell'*Achilleide*: *Nec tibi de tantis placeat me fluctibus unum/ litus et Iliaci scopulos habitare sepulcri* (*Ach.* 1.75-76). Thetis chiede al dio di intervenire per impedire che lei debba un giorno piangere presso un *unum litus*, evidentemente "l'unico, il solo lido" su cui sarà tumulato il figlio[6]. La dea, Nettuno e anche il lettore sanno che la tomba di Achille sarà collocata sul promontorio Sigeo, a cui sembra alludere il poeta pochi versi più avanti nella risposta di Nettuno: *quem tu illic*

natum in Sigeo pulvere, .../ aspicies (*Ach.* 1.84-85). Il Sigeo, per metonimia Troia, sarà ricoperto dalla polvere del campo di battaglia, ma accoglierà anche la polvere del corpo di Achille e Patroclo: secondo la volontà dello stesso Achille, le ceneri di entrambi saranno riunite in un solo tumulo "lungo la riva": Κὰδ δ' ἄρ' ἐπ' ἀκτῆς βάλλον ἐπισχερώ, ἔνθ' ἄρ' Ἀχιλλεὺς/ Φράσσατο Πατρόκλῳ μέγα ἠρίον ἠδὲ οἷ αὐτῷ (*Il.* 23.125-126), come descritto anche in *Od.* 24.80-84 (Fig. 27.1). Il *tumulus* è collocato su un promontorio ben visibile in un vasto braccio che collega due mari[7], con lo scopo di rendere il sepolcro un punto di attenzione, distinguibile da lontano dai naviganti, oltre che un luogo del ricordo per le generazioni future[8].

Con tale finalità, anche il *tumulus* di Aiace Telamonio era collocato dalle fonti antiche su un altro promontorio, il Reteo, "reso celebre dal sepolcro greco" e visitato anche da Cesare, come testimonia Lucano in 9.961-963[9] (Fig. 27.1). Filostrato (*Her.* 8.1) racconta che il tumulo, alto ben 5 metri, era stato restaurato dall'imperatore Adriano, a seguito del danneggiamento causato dalla prossimità all'acqua marina. Strabone (13.1.30-31) aggiunge che la tomba doveva essere circondata da un grande *heròon* contenente una grande statua di Aiace, spostata da Antonio in Egitto come dono per Cleopatra, ma poi restaurata e ricollocata nella sua sede originale da Augusto. Anche il corpo di Aiace, senza specifiche in Omero, era stato seppellito vicino al mare, perché, come testimonia il culto

---

[1] Arr., *An.* 1.11.12; anche Cic., *Arch.* 24.
[2] Per la collocazione del Capo Sigeo, vedi *BAtlas* 56 C2 *Sigeion*.
[3] Sui *tumuli* della Troade, Rose - Körpe 2016, 374-376; sui *tumuli* del Sigeo e Reteo, Cook 1973, 77-90 e 178-188.
[4] Str. 13.1.32; Tz., *ad Lyc.* 273; Q.S. 3.4; anche Procl., *Chr.* 11-12; Philostr., *Im.* 2.7.2-4.
[5] La critica ha ampiamente discusso sul modo in cui lo spazio, e pertanto anche il paesaggio, sono rappresentati all'interno dei vari contesti letterari: per esempio, Salter - Lloyd 1976; Mallory - Simpson-Housley 1987; Eilan *et al.* 1993; Hallet - Neumann 2009; Piatti 2008.
[6] Sulla flessibilità della collocazione della tomba di Achille, Burgess 2009, 111-131.

[7] Anche Q.S. 3.7.739-741; Bürchner in *RE*, s.v. *Hellespontus*, 7, 182-188; *BAtlas* 101, M4 *Hellespontus*.
[8] Per il motivo omerico della tomba visibile dal mare, Nagy 1979, 338-343; Garner 1993, 159-163.
[9] Anche Hdt. 7.43; Th. 4.52, 8.101; A.R. 1.929; Paus. 1.35.3; Plin., *Nat. Hist.* 5.124-125; Liv. 37.37. *BAtlas* 56, C1 *Rhoiteion*.

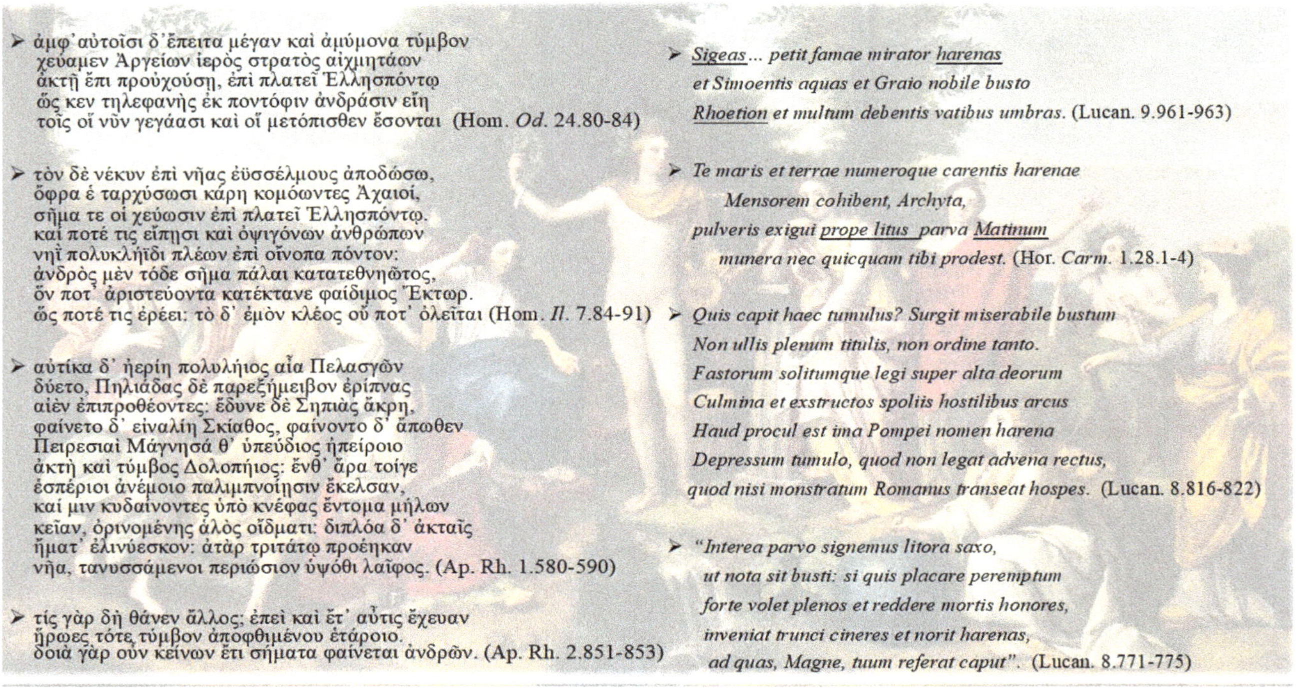

> ἀμφ' αὐτοῖσι δ' ἔπειτα μέγαν καὶ ἀμύμονα τύμβον
> χεύαμεν Ἀργείων ἱερὸς στρατὸς αἰχμητάων
> ἀκτῇ ἔπι προὐχούσῃ, ἐπὶ πλατεῖ Ἑλλησπόντῳ
> ὥς κεν τηλεφανὴς ἐκ ποντόφιν ἀνδράσιν εἴη
> τοῖς οἳ νῦν γεγάασι καὶ οἳ μετόπισθεν ἔσονται (Hom. *Od.* 24.80-84)

> Σιγεας... petit famae mirator *harenas*
> et Simoentis aquas et Graio nobile busto
> *Rhoetion* et multum debentis vatibus umbras. (Lucan. 9.961-963)

> τὸν δὲ νέκυν ἐπὶ νῆας ἐϋσσέλμους ἀποδώσω,
> ὄφρα ἑ ταρχύσωσι κάρη κομόωντες Ἀχαιοί,
> σῆμά τε οἱ χεύωσιν ἐπὶ πλατεῖ Ἑλλησπόντῳ.
> καί ποτέ τις εἴπῃσι καὶ ὀψιγόνων ἀνθρώπων
> νηΐ πολυκλήϊδι πλέων ἐπὶ οἴνοπα πόντον·
> ἀνδρὸς μὲν τόδε σῆμα πάλαι κατατεθνηῶτος,
> ὅν ποτ' ἀριστεύοντα κατέκτανε φαίδιμος Ἕκτωρ.
> ὥς ποτέ τις ἐρέει· τὸ δ' ἐμὸν κλέος οὔ ποτ' ὀλεῖται (Hom. *Il.* 7.84-91)

> Te maris et terrae numeroque carentis harenae
> Mensorem cohibent, Archyta,
> pulveris exigui *prope litus parva Matinum*
> munera nec quicquam tibi prodest. (Hor. *Carm.* 1.28.1-4)

> αὐτίκα δ' ἠερίη πολυλήϊος αἶα Πελασγῶν
> δύετο, Πηλιάδας δὲ παρεξήμειβον ἐρίπνας
> αἰὲν ἐπιπροθέοντες· ἔδυνε δὲ Σηπιὰς ἄκρη,
> φαίνετο δ' εἰναλίη Σκίαθος, φαίνοντο δ' ἄπωθεν
> Πειρεσιαὶ Μάγνησά θ' ὑπεύδιος ἠπείροιο
> ἀκτὴ καὶ τύμβος Δολοπήϊος· ἔνθ' ἄρα τοίγε
> ἑσπέριοι ἀνέμοιο παλιμπνοίῃσιν ἔκελσαν,
> καί μιν κυδαίνοντες ὑπὸ κνέφας ἔντομα μήλων
> κεῖαν, ὀρινομένης ἁλὸς οἴδματι· διπλόα δ' ἀκταῖς
> ἤματ' ἐλινύεσκον· ἀτὰρ τριτάτῳ προέηκαν
> νῆα, τανυσσάμενοι περιώσιον ὑψόθι λαῖφος. (Ap. Rh. 1.580-590)

> Quis capit haec tumulus? Surgit miserabile bustum
> Non ullis plenum titulis, non ordine tanto.
> Fastorum solitumque legi super alta deorum
> Culmina et exstructos spoliis hostilibus arcus
> Haud procul est ima Pompei nomen harena
> Depressum tumulo, quod non legat advena rectus,
> quod nisi monstratum Romanus transeat hospes. (Lucan. 8.816-822)

> τίς γὰρ δὴ θάνεν ἄλλος; ἐπεὶ καὶ ἔτ' αὖτις ἔχευαν
> ἥρωες τότε τύμβον ἀποφθιμένου ἑτάροιο.
> δοιὰ γὰρ οὖν κείνων ἔτι σήματα φαίνεται ἀνδρῶν. (Ap. Rh. 2.851-853)

> "Interea parvo signemus litora saxo,
> ut nota sit busti: si quis placare peremptum
> forte volet plenos et reddere mortis honores,
> inveniat trunci cineres et norit harenas,
> ad quas, Magne, tuum referat caput". (Lucan. 8.771-775)

Fig. 27.1. Fonti sui sepolcri degli eroi in riva al mare.

odissiaco dei morti, il tumulo veniva eretto nello stesso punto in cui le ceneri venivano bruciate (cfr. *Od.* 24.32 ss.), con la funzione di apportare fama ai morti (cfr., per es., *Od.* 12.8-15). La collocazione della tomba visibile a distanza dalla costa è una preoccupazione per gli eroi del mito antico, come testimoniano le parole che Ettore rivolge a un anonimo nemico in una sorta di epitafio orale in *Il.* 7.84-91[10] (Fig. 27.1), in cui la tomba, come spesso nell'epica omerica, è motivo e speranza di fama eterna[11].

Anche in Apollonio Rodio, i sepolcri, trovati o eretti dai primi naviganti del mito, sono luoghi importanti, fungono da memoriali per le generazioni future (1.1058-1062; 2.835-859), sono luoghi di culto e venerazione (2.924-929), e anche di lamento (2.859-863), ricordano costantemente il destino di morte che attende tutti, nella visione di un paesaggio 'interiorizzato', che elenca i luoghi incontrati secondo la prospettiva dei personaggi[12]. In A.R. 1.580-590, Argo costeggia velocemente alcuni promontori fino a fermarsi presso la tomba di Dolope, sosta che ha la sola funzione narrativa di introdurre l'*aition* al verso successivo (591), relativo al nome del luogo da cui i marinai ripartono (Fig. 27.1). Simili onori in riva al mare vengono offerti all'indovino Idmone (2.832-840), e il tumulo innalzato in sua memoria, collocato presso il capo Acherusio, rivela anche l'importanza del defunto che deve essere onorato (2.841-850). La sosta presso un tumulo è motivo per l'inserzione dell'eziologia, che collega un personaggio a un luogo o a un monumento che da questi prende il nome,

che si può ancora vedere nel momento della narrazione mitica, e da cui talvolta, deve sottintendere il lettore, si osservano prove concrete, visibili, utili a comprendere il passato. E, in effetti, dopo la morte di Idmone, il narratore si chiede di chi sia il secondo tumulo lì presente (A.R. 2.851-853). Qui, è evidente, il motivo eziologico cambia la relazione con il passato suggerita dall'epica omerica e attiva 'il momento della lettura', in cui il lettore è invitato a partecipare attivamente all'esegesi del verso, tramite il procedimento compositivo apolloniano, che parte dai segni tangibili, che possono essere verificati al presente, per ricostruire il racconto mitico[13].

La tomba costiera è, pertanto, indizio dell'importanza del defunto, della notorietà di un eroe, ma anche di un personaggio eminente, come Archita, il sovrano di Taranto, le cui ceneri vengono sepolte, come dice Orazio in tono evidentemente ironico, nell'epitafio 1.28.1-4, "presso il lido Matino" (Fig. 27.1). Una sepoltura vicino alla spiaggia, inferiore allo statuto del defunto, è anche quella che riceve Pompeo presso le coste africane (Lucan. 8.771-778), con il rovesciamento lucaneo del motivo omerico del tumulo che apporta fama al defunto e distruzione del *topos* del *tumulus* eroico ben visibile dal viaggiatore. Cordo ha pietosamente raccolto e bruciato il corpo di Pompeo, costruendo una tomba, misera per dimensione e per collocazione, a livello della sabbia (771-775)[14]. La sepoltura di Pompeo si mostra, pertanto, come un luogo di desolazione e tristezza: il piccolo tumulo non sarebbe avvistabile da nessuno, né dal mare né dalla costa, se non venisse chiaramente indicato da altri (816-822).

---

[10] Su questo epitafio orale rivolto a un nemico anonimo, De Jong 1987, 77; Scodel 1992, 59.
[11] Fusillo 1985, 138.
[12] Sulla centralità del tema della morte e delle tombe nelle *Argonautiche*, Saïd 1998, 9-20; Durbec 2008, 53-73; Sistakou 2014, 173-174.

[13] Goldhill 1991, 138-139.
[14] Fig. 27.1.

Presso insenature e coste sono sepolti anche coloro che trovano la morte in mare, a causa delle insidie della navigazione, come nell'epicedio properziano del giovane Peto naufragato prematuramente in: *Reddite corpus humo,/ posita est in gurgite vita;/ Paetum sponte tua, vilis harena,/ tegas;/ et quotiens Paeti transibit nauta sepulcrum,/ dicat "Et audaci tu timor esse potes"* (Prop. 3.7.25-28). Una ben misera sepoltura ricevono coloro che hanno una tomba di sola arena, a maggior ragione se ignota, priva dell'indicazione del nome del defunto, cosa che si augura, con il recupero anti-eroico del motivo, l'amante dell'elegia properziana 3.16, che indugia, in un vagheggiamento da poeta romantico, sull'immagine del sepolcro anonimo: *Me tegat arborea devia terra coma,/ aut humer ignotae cumulis vallatus harenae:/ non iuvat in media nomen habere via* (28-30).

Gli epigrammi funerari per gli annegati in mare nell'antichità, sia quelli effettivamente iscritti sulle lapidi sia quelli fittizi e letterari, insistono sui temi quali la crudeltà del mare, la mancanza del rito funebre, e soprattutto l'assenza di una tomba che contenga i resti del defunto, spesso perito lontano da casa. Il sepolcro, quasi sempre collocato vicino al mare, resta una tomba vuota, un cenotafio, il monumento privo di consistenza, luogo non tanto della memoria, quanto del lamento e del cordoglio[15]. Questi sepolcri, sebbene vuoti, dovevano comunque modificare il paesaggio, rappresentando, tuttavia, 'marcatori spaziali dell'assenza', o come li definisce opportunamente P. Hardie, segnali di "presenze assenti"[16].

Stesso destino subiscono i corpi di coloro che sono morti in prossimità del mare e così, nello stesso luogo della sepoltura di Idmone, gli Argonauti dovettero seppellire anche il timoniere Tifi, colpito da un morbo sulla nave (A.R. 2.859-863). Sempre sulla costa è visibile agli Argonauti il sepolcro di Stenelo che "morì sulle rive del mare" (2.911-914). L'importanza di Stenelo e della sua tomba è qui evidenziata da Apollonio con il procedimento narrativo dell'incontro con il personaggio mitico (2.919-920), che consente una sosta con valore cultuale ed eziologico (921-923). L'episodio è recuperato anche da Valerio Flacco, con triplice precisazione della presenza del sepolcro funerario dell'eroe davanti al quale sostò Argo (5.87-88; 5.91-92; 5.95-96). I sepolcri presso il mare, pertanto, nell'epica apolloniana, non sono più solo indizio del riguardo del defunto seppellito: alterazione fisica e orale – tramite il procedimento eziologico – del paesaggio producono anche un cambiamento culturale; le tombe costiere, in aggiunta, fungono da evidenti punti di riferimento per la navigazione, consentono ai naviganti una sosta in occasione della quale praticare i riti funebri e offrono una pausa dai pericoli e dalle insidie del mare[17].

Come gli Argonauti di Apollonio Rodio, che istituiscono luoghi di culto o forniscono eziologia dei toponimi, anche Enea e compagni, nell'*Eneide*, risalendo lungo le coste italiche, incidono, modificano il paesaggio circostante, determinandone anche la toponomastica[18]. Motivo della tomba presso il mare, tema eziologico alessandrino e tradizione epigrammatica confluiscono nell'*Eneide* negli episodi di Miseno, Palinuro e Caieta, personaggi minori di origine troiana sepolti sul suolo italico[19]. Alla pausa narrativa in occasione della loro tumulazione corrisponde anche una visita del paesaggio litoraneo, oltre che una sosta letteraria nelle fonti, da parte del poeta e del lettore[20]. Il corpo del trombettiere Miseno viene condotto dai Teucri presso la riva del promontorio Miseno (6.212), di cui il defunto è additato come eponimo, onorato secondo i culti dei morti a lungo descritti da Virgilio (6.214-231), e lì sepolto: *At pius Aeneas ingenti mole sepulcrum/ imponit suaque arma viro remumque tubamque/ monte sub aërio, qui nunc Miseno ab illo/ dicitur aeternumque tenet per saecula nomen* (*Aen.* 6.232-235). Le ceneri di Miseno, il primo Troiano a essere tumulato in Italia, sono incorporate nel paesaggio costiero italico, ed egli offre il suo nome a un luogo importante, in cui, tra l'altro, sarà stanziata la più grande base navale di Roma[21]. Lo stesso eccezionale onore dell'eponimia spetta a Palinuro, a cui, secondo la 'memoria' della *Nekyia* odissiaca (*Od.* 11.56-57), la Sibilla annuncia che verrà eretto un tumulo presso il quale verranno fatte offerte: *nam tua finitimi, longe lateque per urbis/ prodigiis acti caelestibus, ossa piabunt/ et statuent tumulum et tumulo sollemnia mittent/ aeternumque locus Palinuri nomen habebit* (*Aen.* 6.378-381). Anche l'inserzione epigrammatica di Palinuro è eziologica: spiega il nome del promontorio detto Capo di Palinuro[22]. I due episodi consentono a Enea di lasciare definitivamente Troia e iniziare ad avere un attivo controllo del paesaggio italico. Virgilio sfrutta abilmente la versatilità tematica dell'epigramma come una fonte significativa del repertorio epico, secondo la linea poetica già sperimentata da Catullo con l'inserimento di epigrammi sepolcrali e dagli elegisti autori di epitafi[23]. Il motivo dell'eternità della fama, garantita dal sepolcro posto lungo il litorale campano-laziale, è ancora presente negli epigrammatici versi dedicati alla figura di Caieta[24]: *Tu quoque litoribus*

---

[15] Gli epigrammi del VII libro dell'*Antologia Palatina*, con il frequente compianto per la tomba vuota (alcuni esempi in Georgoudi 1988, 53-61; Campetella 1995, 77-88; Struffolino 1997-1998, 293-308; Cairns 2016, 265-275), o anche gli epigrammi della sezione ναυαγικά dei frammenti di Posidippo di Pella (su cui, Di Nino 2010, 77-183).

[16] Hardie 2002, 63-70.

[17] Morton 2001, 193-197; Grethlein 2008, 27-51

[18] Sulla prima parte dell'*Eneide* come narrazione di una colonizzazione, influenzata anche a livello geografico dalle *Argonautiche* di Apollonio: Williams 1991, 189-203; Nelis 2001, 23-30. Diverso, è interessante notare, è l'atteggiamento degli Argonauti di Valerio Flacco che incontrano tombe già preesistenti presso la costa, comportandosi piuttosto come turisti rispetto al modello (Val. Fl. 5.184-189: entrando nel Fasi, gli Argonauti vedono subito la tomba di Frisso = A.R. 2.955-957; Val. Fl. 5.89-94: l'ingresso nel Mar Nero li accoglie con il tumulo di Stenelo = A.R. 2.911-922).

[19] Barchiesi 1979, 3-11; Tueller 2010, 355-356. Sulla relazione della sepoltura di questi personaggi, Paratore 1978, 313-321; Brenk 1984, 778; Dinter 2005, 153-169.

[20] Kyriakidis 2014, 265-290.

[21] Per un riferimento geografico del Promontorio Miseno, *BAtlas* 44, F4 *Misenum Pr.*

[22] Per una discussione sul rapporto tra l'episodio di Palinuro e gli epigrammi ellenistici, Thomas 2004, 259-275.

[23] Thomas 1998, 214-216; Foulon 1996, 164-165; Hardie 2002, 96; Dinter 2005, 160.

[24] Horsfall 2000, *ad Aen.* 7.1 (con bibliografia).

nostris, Aeneia nutrix,/ aeternam moriens fama, Caieta, dedisti;/ et nunc servat honos sedem tuus ossaque nomen/ Hesperia in magna, si qua est ea gloria, signant (Aen. 7.1-4). In questi versi, che segnano la divisione strutturale dell'*Eneide* in due parti[25], Enea promette a Caieta *aeternam famam* (7.2), come quella che spetterà a Miseno (6.235) e a Palinuro (6.381). Il suo nome e le sue ossa conferiscono allo spazio un significato nuovo e speciale: tumulando Caieta, Enea trasforma l'identità sociale e culturale del personaggio[26], non più una semplice nutrice, e consente il radicamento letterario nel paesaggio costiero e la sua successiva trasformazione in porto – il porto di Gaeta che da lei prende il nome[27]. L'atto di nominare significa concedere al paesaggio una specifica storia, in questo caso una storia poetico-letteraria[28]. Le tumulazioni dei Troiani nel Lazio, poeticamente riadattate per tumuli già esistenti sul suolo campano-laziale[29], disegnano una sorta di 'topografia della memoria'[30] e rappresentano momenti apologetici della conquista: definiscono Enea come fondatore argonauta, che conferisce con le sue azioni il nome all'insediamento[31]. Virgilio, cioè, rivisita o crea relazioni semantiche di nome geografici e l'eziologia negozia nuovi spazi per vecchi luoghi del paesaggio, proiettando topografie mitiche e storiche nell'aggiornato contesto epico dell'*Eneide*[32].

Un'altra tumulazione costiera eziologica è quella di Deifobo, ricordata da Enea: *Tunc egomet tumulum Rhoeteo in litore inanem/ constitui et magna Manis ter voce vocavi (Aen.* 6.505-506). Il promontorio Reteo richiama evidentemente la sede del sepolcro di Aiace. La tomba di Deifobo è l'unica che non promette eterna fama alle ceneri del corpo che raccoglie, perché effettivamente, e lo sa bene il lettore, il Reteo conserva le ossa e il nome di Aiace, non di Deifobo[33]. Il *tumulus* di Deifobo non resterà nel ricordo: ai tempi di Virgilio, nessuno doveva conoscerlo e vederlo, certamente non doveva essere un luogo familiare al pubblico romano, come invece lo erano i riferimenti geografici delle altre eziologie. Ma, è chiaro, il lettore dell'*Eneide* era perfettamente a conoscenza del fatto che sul Reteo ci fossero la tomba e la statua di Aiace, che, proprio in quel periodo, secondo il racconto di Strabone già menzionato (13.1.30), Ottaviano aveva restaurato e ricollocato nel sito originario. Virgilio inventa l'*aition* per legare Deifobo al Reteo e ad Aiace[34]. I

commentatori notano in questo episodio il recupero del carme 65 di Catullo, altro componimento di argomento sepolcrale, in lamento della morte del fratello[35]. Troia per Catullo non è più spazio del ricordo glorioso: Omero promette fama e un nome eterno agli eroi, Catullo promette elegie di compianto e memoria. Virgilio dialoga con entrambi i modelli. L'episodio di Deifobo offre piuttosto a Enea un'altra esperienza del senso della morte e della frustrazione del desiderio di immortalità, che lo avvicina, in senso letterario, al lutto elegiaco, come un modo alternativo per guardare al passato e colmare il divario tra i vivi e i morti[36].

Ora, torniamo un attimo al passo di Stazio, in cui si faceva menzione dell'altro promontorio su cui era il tumulo di Achille, il Sigeo. La connessione fra i promontori del Sigeo e del Reteo testimonia il fatto che il motivo del sepolcro costiero degli eroi è diventato, nell'utilizzo all'interno del tardo epos latino, un tema che allude alla memoria mitica e alla memoria poetica. Infatti, a Stazio basta fare una rapida menzione del Sigeo nell'enfatico verso profetico *Quem tu illic natum Sigeo in pulvere (Ach.* 1.84) per alludere precisamente a quella famosa spiaggia presso la quale sarà sepolto Achille[37]. Il ricordo dell'altro promontorio, il Reteo, menzionato nel contesto sepolcrale virgiliano, consente l'attivazione del riferimento al tumulo di Aiace: il Sigeo era sede del sepolcro di Achille, così come il Reteo menzionato da Virgilio era sede del sepolcro di Aiace, come già notava Servio *ad loc.*: *asylum Aiacis, sicut in Sigeo Achillis*[38]. Pertanto, con *Sigeo in pulvere (Ach.* 1.84), Stazio recuperava *Rhoeteo in litore* di Virgilio (*Aen.* 6.505)[39], che alludeva a sua volta a Catull. 65.7 *Rhoeteo... subter litore*, in una linea di risonanze sepolcrali e allusività metrico-ritmica[40]. Certo, al tempo di Stazio, poco o nulla doveva vedersi presso il Sigeo e presso il Reteo delle tombe dei grandi eroi omerici, tuttavia è evidente che, tramite l'impiego del motivo, il linguaggio epico poteva sfruttare ancora le potenzialità espressive del *topos*, godendo pienamente della sua funzionalità artistico-letteraria[41].

Non stupisce più il lettore di poesia il fatto di leggere ancora delle rive dell'Ellesponto e del Reteo come luoghi delle tombe dei più grandi eroi greci nei *Dei Sepolcri* di Foscolo, che ben 17 secoli dopo cantava: ...

[25] Sulla struttura narrativa di *Aen.* 6: Nicoll 1988, 466-470; Jenkins 1988, 462-266; Hinds 1998, 109-111; Kyriakidis 1998.

[26] McKay 1970, 161.

[27] Batlas 44 E3 *Caieta*; Rossbach in *RE*, s.v. *Caieta*, III.1, 1323.

[28] Gregory 1993, 171-172.

[29] Sui tumuli come forma di sepolcro più diffusa anche nel *Latium Vetus* e nelle zone verso sud, lungo la costa, oltre che nell'Etruria, fin dall'VIII secolo a.C., Evans 2014.

[30] Sul concetto, Assmann 1999, 298-339; Till 2003, 289-301; Skempis 2014, 298-299.

[31] Horsfall 1989, 18.

[32] Per la forza colonizzatrice dei nomi, Dougherty 1993, 159.

[33] Segal 1966, 38.

[34] In proposito, sull'associazione con intento comparativo di Aiace, il secondo eroe Acheo per importanza (Hom., *Il.* 2.768, 7.179-205 e 17.279), con Deifobo, il secondo figlio di Priamo (*Il.* 13.156-168 e 489-491; 22.226-237), Bleisch 1999, 196-197.

[35] Specialmente Catull. 65.7-8 (*Troia Rhoeteo quem subter litore tellus/ Ereptum nostris obterit ex oculis*) con *Aen.*, 6.505 (*Tunc egomet tumulum Rhoeteo in litore inanem*); ma cfr. anche *confectum cura* di Catull. 65.1 con *confectum curis* di *Aen.*, 6.520).

[36] Segal 1965, 638-641.

[37] Sul tono tragicamente ironico delle parole profetiche di Nettuno, Rosati 2002², 83, nota 35.

[38] Str. 7.4.5 e 13.1.31-32; Plin., *Nat. Hist.* 5.33.125; Sen., *Tro.* 1121-1123; Serv., *ad Aen.* 2.312. Anche per l'associazione delle tombe di Achille sul Sigeo e Aiace sul Reteo, Lucan. 9.961-5 (Fig. 27.1); Q.S. 5.655-656; Paus. 1.35.3-5.

[39] Il recupero staziano sostiene anche la scelta testuale tra le due varianti attestate per *Aen.* 6.505: *Rhoeteo in litore* (MP², Servio qui e a 6, 325; Mynors), contro *Rhoeteo litore* (FP¹R; Norden; Geymonat).

[40] Sulle risonanze sepolcrali del passaggio, Uccellini 2008, 97-101; Uccellini 2012, 100-101.

[41] Sulla funzionalità artistico-letteraria del *topos* della 'tomba dal mare', Pearce 1983.

d'antichi fatti/ certo udisti suonar dell'Ellesponto/ i liti, e la marea mugghiar portando/ alle prode Retee l'armi di Achille/ sovra l'ossa d'Aiace: a' generosi/ giusta di glorie dispensiera è morte (216-221). La memoria delle vicende dei protagonisti del mito pervade i luoghi che ne sono stati teatro e che raccolgono le ossa dei defunti. Ma la poesia vince l'azione distruttrice del tempo, trionfa sul silenzio dei secoli e trasmette il ricordo dei sepolcri eroici presso il mare, *vestigia* del passato mitologico, da sempre oggetto di racconto e di poesia[42]. In termini foscoliani, "la memoria delle virtù e de' monumenti vive immortale negli scrittori e si rianima negli ingegni che coltivano le Muse"[43].

Bibliografia

Assmann, A. 1999, *Erinnerungsräume: Formen und Wandlungen des kulturellen Gedächtnisses*, München.

Barchiesi, A. 1979, "Palinuro e Caieta: due "epigrammi" virgiliani (*Aen.* V.870 sgg.; VII.1-4)", in *Maia*, 31, 3-11.

Bleisch, P. 1999, "The Empty Tomb at *Rhoeteum*: Deiphobus and the Problem of the Past in *Aeneid* 6.494-547", in *ClAnt*, 18, 187-226.

Brenk, F. E. 1984, "*Unum pro multis caput*: Myth, History, and Symbolic Imagery in Vergil's Palinurus Incident", in *Latomus*, 43, 776-801.

Burgess, J. S. 2009, *The Death and Afterlife of Achilles*, Baltimore.

Cairns, F. 2016, *Hellenistic Epigram. Contexts of Exploration*, Cambridge.

Campetella, M. 1995, "Gli epigrammi per i morti in mare dell'Antologia Greca: il realismo, l'etica e la moira", in *AnnMac*, 28, 47-86.

Cook, J. M. 1973, *The Troad: An Archaeological and Topographical Study*, Oxford.

De Jong, I. J. F. 1987, "The Voice of Anonymity: tis-Speeches in the *Iliad*", in *Eranos*, 85, 69-84.

Di Nino, M. M. 2010, *I fiori campestri di Posidippo. Ricerche sulla lingua e sullo stile di Posidippo di Pella*, Göttingen.

Dinter, M. 2005, "Epic and Epigram: Minor Heroes in Virgil's *Aeneid*", in *CIQ*, 55.1, 153-169.

Dougherty, C. 1993, *The Poetics of Colonization: From City to Text in Archaic Greece*, Oxford.

Durbec, Y. 2008, "Several Deaths in Apollonius Rhodius' *Argonautica*", in *Myrtia*, 23, 53-73.

Eilan, N. - McCarthy, R. - Brewer, B. (eds) 1993, *Spatial Representation*, Oxford.

Evans, J. M. 2014, *Funerary Ritual and Urban Development in Archaic Central Italy*, Tesi dottorale Berkeley University.

Foulon, A. 1996 "Le Mort et l'Au-Delà chez Properce", in *REL*, 74, 155-167.

Fusillo, M. 1985, *Il tempo delle* Argonautiche*: un'analisi del racconto in Apollonio Rodio*, Roma.

Garner, R. 1993, "Achilles in Locri: "P. Oxy." 3876. Frr. 37-77", in *ZPE*, 96, 153-165.

Georgoudi, S. 1988, "La mer, la mort et le discours des épigrammes funéraries", in *AIONArch*, 10, 53-61.

Goldhill, S. 1991, *The Poet's Voice: Essays on Poetics and Greek Literature*, Cambridge.

Gregory, D. 1993, *Geographical Imaginations*, Oxford.

Grethlein, J. 2008, "Memory and Material Objects in the *Iliad* and the *Odyssey*", in *JHS*, 128, 27-51.

Hallet, W. - Neumann, B. (eds) 2009, *Raum und Bewegung in der Literatur: Die Literaturwissenschaften und der Spatial Turn*, Bielefeld.

Hardie, P. R. 2002, *Ovid's Poetic of Illusion*, Cambridge.

Hinds, S. 1998, *Allusion and Intertext: Dynamics of Appropriation in Roman Poetry*, Cambridge.

Horsfall, N. 1989, "Aeneas the Colonist", in *Vergilius*, 35, 8-27.

Horsfall, N. 2000, *Virgi. Aeneid 7. A Commentary*, Leiden.

Jenkins, R. 1988, *Virgil's Experience: Nature and History, Times, Names and Places*, Oxford.

Kyriakidis, S. 1998, *Narrative Structure and Poetics in the* Aeneid*, The Frame of Book 6*, Bari.

Kyriakidis, S. 2014, "From Delos to Latium: Wandering in the Unknown", in M. Skempis - I. Ziogas (eds), *Geography, Topography, Lanscape. Configurations of Space in Greek and Roman Epic*, Berlin-Boston, 265-290.

Mallory, W. E. - Simpson-Housley, P. (eds) 1987, *Geography and Literature: A Meeting of the Disciplines*, Syracuse.

McKay, A. G. 1970, *Vergil' Italy*, Bath.

Morton, J., 2001, *The Role of Physical Environment in Ancient Greek Seafaring*, Leiden.

Nagy, G. 1979, *The Best of Achaeans: Concepts of the Hero in Archaic Greek Poetry*, Baltimore.

Nelis, D. 2001, *Vergil's* Aeneid *and the* Argonautica *of Apollonius Rhodius*, Leeds.

Nicoll, W. 1988, "The sacrifice of Palinurus", in *CIQ*, 38.2, 459-472.

Paratore, E. 1978, "Caieta in Virgilio", in *Atti dell'Accademia Pontaniana*, 27, 313-321.

---

[42] Taplin 2002, 26.
[43] *Lettera di Foscolo a Monsieur Guillon su la sua incompetenza a giudicare i poeti italiani* (pubblicata da N. Bettoni 1807, Brescia) in risposta alla critica recensione ai *Sepolcri* pubblicata dal letterato francese in *Giornale Italiano di Milano* 173, 22 giugno 1807, 691-692.

Pearce, T. E. V. 1983, "The Tomb by the Sea: the History of a Motif", in *Latomus*, 42.1, 110-115.

Piatti, B. 2008, *Die Geographie der Literatur: Schauplätze, Handlungsräume, Raumphantasien*, Göttingen.

Rosati, G. 2002², *Stazio. Achilleide*, Milano.

Rose, C. B. - Körpe, R. 2016, "The Tumuli of Troy and the Troad", in O. Henry - U. Kelp (eds), Tumulus *as* Sema, *Space, Politics, Culture and Religion in the First Millennium BC*, Berlin-Boston, 373-386.

Saïd, E. 1998, "Tombes épiques d'Homère à Apollonios", in S. Marchegay - M. Th. Le Dinahet - J. F. Salles (eds), *Nécropoles et pouvoir: idéologies, pratiques et interprétations. Actes du colloque "Théorie de la nécropole antique"*, Paris, 9-20.

Salter, C. L. - Lloyd, W. J. 1976, *Landscape in Literature*, Washington.

Scodel, R. 1992, "Inscription, Absence and Memory: Epic and Early Epitaph", in *StItFilCl*, 10, 57-76.

Segal, C.P. 1965, "*Aeternum per saecula nomen*, The Golden Bough and the Tragedy of History. Part I", in *Arion*, 4, 617-657.

Segal, C.P 1966, "*Aeternum per saecula nomen*, The Golden Bough and the Tragedy of History. Part II", in *Arion*, 5, 34-72.

Sistakou, E. 2014, "Mapping Counterfactuality in Apollonius' *Argonautica*", in M. Skempis - I. Ziogas (eds), *Geography, Topography, Lanscape. Configurations of Space in Greek and Roman Epic*, Berlin-Boston, 161-180.

Skempis, M. 2014, "Phenomenology of Space, Plane Names and Colonization in the 'Caieta-Circe' Sequence of *Aeneid* 7", in M. Skempis - I. Ziogas (eds), *Geography, Topography, Lanscape. Configurations of Space in Greek and Roman Epic*, Berlin-Boston, 291-324.

Struffolino, S. 1997-1998, "Le concezioni sulla morte in mare e suoi naufragi negli epigrammi dell'*Antologia Greca*: alcune considerazioni antropologiche", in *AnnMacerata*, 30-31, 293-308.

Taplin, O. 2002, "A World of Consolation in *Iliad* 24.614", in *StItFilCl*, 20, 24-27.

Thomas, R. F. 1998, "Melodious Tears, Sepulchral Epigram and Generic Mobility", in M. A. Harder - R. F. Regtuit - G. C. Wakker (eds), *Genre in Hellenistic Poetry*, Groningen, 205-223.

Thomas, R. F. 2004, "Drowned in the Tide: The *Nauagika* and Some 'Problems' in Augustan Poetry", in B. Acosta-Hughes - E. Kosmetatou - M. Baumbach (eds), *Labored in Papyrus Leaves: Perspectives on an Epigram Collection Attributed to Posidippus (P. Mil. Vogl. VIII, 309)*, Washington, 259-275.

Till, K.E., 2003, "Places of Memory", in J. Agnew - K. Mitchell - G. Toal (eds), *A Companion to Political Geography*, Malden, 289-301.

Tueller, M. 2010, "Palinurus and Polydorus: Two Epigrammatic Passages in Vergil's *Aeneid*", in *Latomus*, 69.2, 344-358.

Uccellini, R. 2008, "Il Sigeo e le Cicladi: due problemi testuali nell'*Achilleide* di Stazio (*Ach.* I 74-76 e 84, 204-205)", in C. Talamo (ed.), *Saggi di commento a testi greci e latini*, Napoli, 97-106.

Uccellini, R. 2012, *L'arrivo di Achille a Sciro. Saggio di commento a Stazio* Achilleide *I, 1-396*, Pisa.

Williams, M. F. 1991, *Landscape in the* Argonautica *of Apollonius Rhodius*, Frankfurt.

28

Epigrafia e *landscape*: una riflessione sullo *spazio epigrafico* delle iscrizioni funerarie e dedicatorie in versi.

Alessia Gonfloni
Università degli Studi di Roma 'Tor Vergata'

Abstract: The paper investigates the forms of the 'epigraphic landscape' in the funerary and dedicatory metric inscriptions. The goal is to highlight the link between the various elements of the 'epigraphic space', which cannot be defined through a simple reconstruction of each individual part, but rather through the detailed analysis of their mutual relationships.

Keywords: *Carmina Epigraphica Graeca*; Peter Allan Hansen; landscape epigrafico; iscrizioni funerarie; iscrizioni dedicatorie; *CEGSupplementum*.

28.1. Introduzione.

Il legame fra l'epigrafia e il paesaggio è stato sovente indagato dagli studiosi[1] ed esso rappresenta uno degli snodi cruciali della ricerca epigrafica moderna. Un'iscrizione, infatti, rappresenta la testimonianza dell'atto umano *nello* spazio e più spesso consente di comprendere la relazione fra l'uomo e quest'ultimo. La descrizione di un'epigrafe, come è noto, non è solo un atto meccanico dovuto dell'epigrafista: essa aiuta a focalizzare i diversi livelli di indagine che la disciplina sottende, talvolta anche quelli meno evidenti. L'epigrafia, di fatto, per la sua straordinaria duttilità, è necessaria ai filologi, agli storici o agli archeologi che hanno a che fare con il documento iscritto per ragioni divergenti. E in questi ultimi decenni ne è emerso un quadro estremamente variegato, perché talvolta l'epigrafia è divenuta una disciplina ancella di altre, ora praticata dal filologo, qualora l'interesse verso l'iscrizione sia stato particolarmente di tipo linguistico e/o letterario, ora dall'archeologo, qualora l'interesse sia rivolto verso l'oggetto o la produzione artistica, oppure ancora dallo storico che ha indagato l'iscrizione alla ricerca di testimonianze, e così via. Al contempo, inoltre, la sua 'presenza' negli studi dell'antichistica in generale si è fatta sempre più significativa.

È in questo senso che l'indagine sul *landscape epigrafico* diventa fondamentale: l'epigrafe non costituisce solo un testo iscritto su un oggetto dal materiale durevole, benché questa sia la nobile definizione enucleata da Guarducci[2]. Per comprendere e interpretare correttamente un testo epigrafico non basterà saperne riconoscere gli aspetti pertinenti alle forme di scrittura, agli alfabeti, alla lingua, alle influenze della cosiddetta 'letteratura alta'. Inoltre, il rapporto fra iscrizione e spazio (soprattutto se urbano) "si configura non tanto come una relazione meramente spaziale tra 'oggetti archeologici', ma molto spesso e più propriamente come una relazione culturale tra comunicazione epigrafica e spazi semantici della *polis*"[3].

Chiaramente se definire lo spazio è di per sé un'operazione complessa, descrivere lo *spazio epigrafico* è ancora più complicato. In primo luogo perché una definizione assoluta di spazio non può essere fornita: "per lo storico non esiste lo spazio in termini assoluti perché, data la definizione, è un concetto empiricamente incontrollabile e inattuabile"[4]. La prima operazione da condurre, in tal senso, è proprio quella volta alla *definizione*: definire, infatti, vuol dire *delimitare* entro limiti prestabiliti. E, dunque, come si definisce uno *spazio epigrafico*?

Ci limiteremo, in questa sede, ad affrontare la questione relativa all'epigrafia epigrammatica. Questa scelta, da sé, basterà a rappresentare la complessità del ragionamento tutto: lo *spazio epigrafico* di un decreto, infatti, è cosa ben diversa rispetto a quello di un cippo o di una stele.

Lo spazio definito dalla poesia su pietra, prima di tutto, si presenta come tripartito fra quello della committenza, quello del destinatario e quello del 'passante/lettore'. A loro volta, questi spazi implicano una serie di aspetti molteplici e variegati che, talvolta, si influenzano reciprocamente. Alla committenza, per esempio, è legata l'occasione di scrittura: ragionare sulle motivazioni del "perché si scrive" aiuta l'epigrafista a comprendere profondamente il senso dell'epigrafe stessa. Al destinatario, invece, è legata la tipologia del documento: un'iscrizione funeraria, dedicatoria oppure di argomento 'vario' (erotico, scherzoso,

---

[1] Per limitarci al mondo greco, nell'anno accademico 2021/2022, la prof.ssa Daniela Marchiandi ha tenuto, presso l'Università degli Studi di Torino, un corso di epigrafia dal titolo 'Paesaggio epigrafico del mondo greco'. A questo medesimo argomento sono legati i lavori di Chiara Lasagni, confluiti nel progetto 'The Epigraphic Landscape of Athens', cfr. Lasagni-Tropea 2019, 2, 149-177. Ricerche simili sono condotte anche in ambito romano, cfr. Tantillo 2017, 213-270; Zoia 2015, 1541-1545, con ulteriore bibliografia.
[2] Guarducci 1967, 2-7.

[3] Lasagni-Tropea 2019, 2, 150.
[4] Inglese 2013, XI.

di invettiva, ecc.) si definisce attraverso categorie diverse, modelli che talvolta si ripetono, ma che spesso divergono, strutture che mutano in senso diacronico e diatopico. Infine, vi è lo spazio del passante[5], sia esso inteso come il lettore antico che dell'epigrafe aveva una fruizione più o meno diretta, sia esso inteso come il lettore moderno che oggi gode di essa.

A titolo esemplificativo confronteremo fra loro lo *spazio epigrafico* di un'iscrizione funeraria rispetto a quello di una dedicatoria. In generale, il primo si definisce attraverso la menzione del nome del defunto[6], accompagnato da elementi accessori come il patronimico (più raramente il matronimico), il demotico, la patria che diede i natali, la menzione dell'età del defunto (se troppo giovane o molto avanzata), le circostanze della morte (soprattutto per morti violente), la definizione del sepolcro stesso. Tali elementi mutano a seconda dell'epoca di composizione dell'iscrizione e del luogo di dedica, fatta eccezione per la presenza del nome del defunto, il vero 'cuore' dell'epigrafe funeraria, senza il quale il testo difficilmente può essere ascritto nella lista dei componimenti sepolcrali redatti in memoria di qualcuno.

Nel sistema della dedica, invece, concorrono almeno quattro aspetti: 1) il livello visivo (e dunque l'interpretazione dell'oggetto dal punto di vista artistico e archeologico); 2) il livello epigrafico (la realizzazione dell'iscrizione con il suo alfabeto peculiare); 3) il livello linguistico (da confrontare con il registro specifico delle dediche non solo per quanto riguarda eventuali convergenze, ma soprattutto per quanto concerne le divergenze rispetto al formulario noto) e, di nuovo, 4) il luogo in cui l'oggetto viene dedicato.

Quest'ultimo aspetto, in particolare, non è secondario, né banale: una dedica alla divinità posizionata in un santuario come quello di Delfi avrà delle caratteristiche e delle implicazioni ben diverse rispetto a quella collocata in un luogo di culto locale. Le dediche poste nei santuari per così dire 'panellenici', infatti, spesso devono essere rapportate ad altre dediche presenti nell'area, anche se appartenenti a epoche diverse. In questi casi si registrano fenomeni alfabetici e linguistici insoliti, come per esempio commissioni linguistiche che testimoniano il tentativo di far convergere due fattori: la necessità di far conosce e capire a tutti i Greci che visitano il santuario l'occasione di scrittura; evidenziare la committenza della dedica e rivendicarne l'atto stesso attraverso accorgimenti di tipo scrittorio (quindi, con un alfabeto epicorio) o dialettale o, più in generale 'epigrafici' (impaginato, versificazione, ecc.).

Nei paragrafi seguenti indagheremo in che modo *lo spazio epigrafico* concorre alla corretta interpretazione dell'oggetto stesso, a partire da un caso di epigrafia epigrammatica di tipo funerario e uno di tipo dedicatorio.

28.2. L'epigramma funerario di Lysikrates.

L'iscrizione funeraria di Lysikrates è incisa su una stele[7] che a sua volta fa parte di un gruppo di materiale litico rinvenuto durante gli scavi condotti a Pella negli anni '60-'70. L'iscrizione è stata trovata nella sezione est della necropoli cittadina nel riempimento di una tomba identificata come T-87. È l'unica epigrafe metrica emersa dallo scavo e conserva ancora il basamento originale.

Il testo dell'epigrafe è il seguente:

ἐνθάδε ἐγὼ κεῖμαι, πατρὶς δέ μοί ἐσσ| τε Φαλάννα·
Ἰφεκράτους | Λυσικράτης.
Εὔρυνα.

"Qui io giaccio, la mia patria è Falanna;
Lysikrates[8] figlio di Ifikrates.
Eurynna"[9].

L'epigrafe presenta molte caratteristiche note all'epigrafia epigrammatica funeraria:

- il defunto che parla in prima persona e che si presenta (e si autodefinisce in quanto tale) attraverso la formula 'qui io giaccio'[10];

---

[5] Alfieri Tonini 2003, 62-71.
[6] Ecker 1990; vedi anche più avanti, nota 14.

[7] L'epigrafe è stata menzionata la prima volta da Siganidou in una relazione di scavo del 1980, ma pubblicata nel 1988. Negli stessi anni in cui dava alle stampe il resoconto della campagna della XVII *Eforia*, Lilimpaki pubblicava il suo contributo su *Makedonika*, arricchito da fotografie che, tuttavia, si presentano quasi totalmente inutilizzabili per la lettura del testo. Nel suo lavoro, Lilimpaki fa riferimento a un BE 1980,456 (senza aggiungere riferimenti né a un lemma, né a una pagina), del quale non si trovano riscontri. L'edizione più recente di questa iscrizione è in Voutiras 1991.
[8] Si tratta di uno straniero tessalo, vissuto e sepolto in Macedonia nel IV a.C. La presenza di persone provenienti da altre zone è testimoniata da altre iscrizioni ritrovate a Pella. Si veda Lilimpaki-Akamati 1980, 57.
[9] Voutiras (1991, 106-108) ripubblica il testo dell'iscrizione con pochi cambiamenti rispetto all'*ed.pr*: legge con difficoltà solo la *epsilon* iniziale e pubblica ἔσστε e Ἰφεκράτους. Suggerisce, inoltre, il IV sec. a.C. come datazione per la tomba e la prima parte del IV sec. a.C. per la datazione dell'epigrafe, per la presenza della forma cosiddetta 'a mezza luna' del *sigma*. Per Lilimpaki-Akamati, il doppio sigma è da considerarsi errore, mentre E indica I come nel successivo Ἰφεκράτους. Tuttavia, come afferma giustamente Lejeune (1972, 285-286) "les géminées ètant toujours hétérosyllabiques, il arrive dans les inscriptions que soit redoublée la consonne initiale d'un groupe, pour mieux marquer ainsi le caractère hétérosyllabique du groupe; le fait est pariculièrement fréquent pour sifflante + consonne: ἄριστος, ἔσστᾶσε, Γάσστος, γράψασσθαι […]. Moins souvent, c'est la seconde consonne qui est redoublée dans l'écriture […]". In epigrafia, inoltre, non sono insoliti casi di geminate. Per un fenomeno simile, si confronti, a titolo esemplificativo, il caso di ἀσστοῖς in *CEG* 112 e Smyrna 239. Ancora Voutiras (1991, 106-108) ritiene decisamente azzardato ricondurre ἔσστε in ll.1/2 e Ἰφεκράτους in l. 2, a forme dialettali, ma potrebbero essere piuttosto "bloße Schreibfehler". Citando Blümel (1982, 46), afferma poi che il passaggio e > i si trova in Pelasgiotide (luogo da cui proviene il defunto), ma è attestato solo dopo r. Dal punto di vista epigrafico la forma ἔσστε, per ἔστε (e non ἔστι) è attestata in un'unica altra occorrenza: MAMA 6 List, 147,14369; mentre la forma Ἰφεκράτους si ritrova solo nella nostra iscrizione. A mio avviso non credo che si tratti di errori, quanto piuttosto di scivolamenti del dettato fonetico nella scrittura epigrafica.
[10] La medesima struttura si ha in numerosi altri testi, quali: *IG* XII 7 119 (l. 6/7): ἐνθάδε ἐγὼ κεῖμαι Νείκη; *IG* II² 5768 (l.7): [ἐ]νθάδε [ἐγὼ κε] ῖμαι πρ[ολιπὼν βιοτὸν Φιλ]έταιρο[ς]; *CEG* 80, 153, 171, 438, 480, 492, 537, 552, 711 (in scrittura sillabica di Cipro) e 715; *IGUR* II 742 (l. 1/2) : ἐνθάδε ἐγὼ κεῖμαι Λίβυρνος.

- la struttura 'πατρὶς δέ μοί ἐστι[11] + nome del luogo[12]';
- la struttura 'nome del defunto + patronimico' con inversione.

Nel suo contributo Sverko[13] menziona l'iscrizione a proposito dell'inversione della struttura rispetto all'ordine consueto, citando *SEG* 48.873, la cosiddetta "iscrizione di Harpaloskyta" (o di Harpalos?)[14]. Il testo dell'epitafio, proveniente dalla Macedonia e datato fra 350 e 300 a.C., recita così: Ἄρπαλος κύτας σκοῖδος ἀδελφή με ἀνέ|θηκε Παγκάστα. La parte iniziale dell'epigrafe ha generato molti dubbi. Secondo Sverko, che a differenza dell'*ed. pr.* scandisce Ἄρπαλο(υ) Σκύτας, il primo termine sarebbe da intendere come patronimico del secondo e, dunque, intende: "Skytas figlio di Harpalos". L'uso della struttura invertita è confermato da diverse attestazioni della forma, fra cui rientra il caso dell'epigramma di Lysikrates, *CEGSuppl.* 726a e alcuni testi ellenistici provenienti da Corcyra come *IG* IX 1².4. 894. στ. 1/2: [Α]ντάλλου | Ταττάρινος | χαῖρε. (III sec. a.C.); *ibidem* 984: Φιλαίνο[υ] Διωνύσιε χαῖρε (età ellenistica, cfr. *SEG* 48.653); *ibidem* 1005: Λυσιστράτου Πειθείας (I sec. d.C).

Per quanto riguarda il testo di Lysikrates, l'inversione del nome e del patronimico ha sicuramente motivazioni epigrafiche: infatti, il nome del defunto occupa una posizione centrale all'interno del monumento, così come richiesto dalle convenzioni[15] dell'epigrafia epigrammatica di tipo funerario.

28.3. L'epigramma di Kle(i)bis a (E)uthydikos.

Ci soffermeremo ora ad analizzare il caso dell'epigramma di Kle(i)bis a (E)uthydikos, *CEGSuppl.* 437b[16], rinvenuta a Kamarina (Attica) e datato al VI sec a.C.[17].

Il testo dell'iscrizione recita così:

[ˉ ˘ ˘ E]υθυδίκο χάριεν Κλεβις τάδ' ἔγραφσεν
ἀνφοῖν χαὐτō μνεμα φιλεμοσύνες [?]
ἔγραφσεν Matthaiou - Rossiou *et alii*: ἔγρασφεν *lapis*.

Due le possibili traduzioni:

a) "Kle(i)bis scrisse queste parole a Euthydikos come gradito memoriale di reciproca affezione".
b) "Kle(i)bis scrisse queste parole a Euthydikos e (compose) questo gradito memoriale di reciproca affezione".

Il testo dell'iscrizione è costituito da un graffito spontaneo, rupestre, esposto alle intemperie del luogo, ma ancora leggibile nel 2013, data dell'ultima autopsia effettuata da Matthaiou-Rossiou[18]. L'andamento dell'iscrizione segue la direzione della superficie naturale della pietra, realizzando un motivo sinuoso. L'epigrafe è attualmente conservata *in situ* e le coordinate greche ΕΓΣΑ sono x: 501.362; y: 4.173.667.

I primi editori rintracciano una probabile struttura metrica, pur ammettendo, però, la mancanza del primo dattilo nell'esametro e di una lunga nel pentametro, benché il testo appaia sintatticamente concluso, esclusa la perdita della prima lettera del primo nome nell'esametro. In altre parole, qualora con un "gioco" di intenti volessimo rintracciare una struttura metrica nel testo, senza considerare gli aspetti del *landscape* epigrafico della nostra iscrizione, potremmo tranquillamente inserire il graffito nel catalogo dei nuovi *Carmina Epigraphica Graeca*.

In effetti, tuttavia, la possibilità che il testo non sia metrico non appare del tutto peregrina. In un suo recente contributo Dettori ha pubblicato un'altra iscrizione attestata su un *amphoriskos* proveniente da Atene[19]: si tratta di un vasetto a vernice nera datato al primo quarto del VI sec.

---

[11] Il motivo è piuttosto frequente soprattutto in casi di morti in terra straniera per cui il sintagma ha la funzione di ricordare la terra natia in contrapposizione all'espressione incipitaria 'qui io giaccio'. L'espressione si ritrova in diversi contesti epigrafici (non sempre metrici): due attestazioni provengono dal Peloponneso, tre dalla Grecia del Nord e tre dalla Sicilia, mentre una sola attestazione proviene da Pompeioupolis (Paphlagonia). A titolo esemplificativo si cfr. *CEG* 720, Pella, Tardo V primo IV, κεῖμαι τε[ῖδ]ε θανοῦ|σα, πατρὶ[ς] δέ μοί ἐστ|ι Κόρινθος, Ἐνο<δ>ίας π|ρόπολος· τὄνομα Τιμ|αρέτη. *IG* IV² 1.618, Epidauria, 350-300 a.C. Δρύμος παῖς Θεοδώρου Ὀλυμπικὸν ἐνθάδ' ἀγῶνα | ἤγγειλ' αὐθῆμαρ δρομέων θεοῦ εἰς κλυτὸν ἄλσος, |ἀνδρείας παράδειγμα· πατρὶς δέ μοι ἵππιον Ἄργος. *IG* V 1.723, Sparta, 300-250 a.C. [−˘ − ˘ ˘ − ˘ − ˘] ου εἶλε Κόρινθος|[−˘ − ˘ − ἐν συ]νόδοις ὀλόμαν |[−˘ −˘ − πατ]ρὶς δέ μοί ἐστιν Ὀρειοὶ |[−˘ − ˘ − τοῖς ἐπ]ιγινομένοις.[— —] *EKM* 1. Beroia 387 Macedonia, III d.C., πατρὶς δέ μοι Παυτα|λία |ἐν ὅπλοις δ' ἐπτεκεδε[κ] [ἐ]της ὄνομα δέ μ[ο]ι Σουλπίκις. [...] Marek, Kat. Pompeiopolis 28, Pompeiopolis, Periodo Imperiale [...] πατρὶς δέ μοι Λάμψακός ἐστιν, / κεῖμαι δ' ἐν γαίῃ Πομπηίου, [...] *IGUR* III 1210, Roma, non datata [...] Εὔβουλος μὲν ἔγω|γε πατρὶς δέ μοί |ἐστι Κόρινθος, | ... *IGUR* III 1287, Roma, non datata Θεοῖς Καταχθονίοις. | ἐνθάδ' ἐγὼ κεῖμαι Ὀλυμπία · ἐτῶν | κβ΄, Ἕλλην μὲν τὸ γένος, πατρὶς δέ μοι ἦτον Ἀπάμεα [...] Dall'analisi delle attestazioni della struttura, sembra emergere un dato interessante: l'espressione lascia infatti pensare ad una specifica convenzione letteraria che si è sviluppata nell'ambito dell'epigrafia epigrammatica funeraria già verso la fine del V (considerando *CEG* 720 come *terminus post quem*).

[12] Φαλάννα: secondo gli editori precedenti si tratterebbe di una ignota città della Tessaglia. In realtà, in Hansen-Nielsen 2004 no. 468, vi è una cospicua trattazione circa il toponimo. Sembra che in età arcaica e classica non sia esplicitamente definita come *polis* ma il senso politico di tale termine pare possa dedursi da *CID* II 74, una lista di resoconti di Delfi dove compare in un elenco di città che inviarono a Delfi τὸν ταμίαν (il tesoriere). In effetti, il riferimento al toponimo compare spesso nelle iscrizioni da Delfi, cfr. a titolo esemplificativo *CID* II 32, 97, 100, 102; IV 108; *FD* III 5.20, 5.47.

[13] Sverko 2007, 198.

[14] *SEG* 35.790 e 48.873.

[15] Come detto, il nome del defunto rappresenta il cuore dell'epigramma funerario. Per una bibliografia, cfr. Ecker 1990, Sourvinou - Inwood 1995; Rossi 1999, 29-42. A ragione, gli studiosi ritengono che l'epigramma

funerario sia tale e definibile entro tali limiti solo se vi è la presenza del nome del defunto, che occupa, come evidente nel nostro caso, una posizione preminente sulla pietra, anche a discapito dell'inversione della formula consueta. Il monumento garantisce la conservazione della memoria del defunto, così come il nome del defunto faceva da garante, quand'egli era ancora in vita, della sua presenza fra i vivi. Esiste un legame strettissimo fra questi due elementi e non stupisce il fatto che la forma più comune di "monumento funerario" sia quella rappresentata dalla *Namensinschrift* al nominativo.

[16] La scheda, con commento e fotografie, è disponibile su https://ceg-supplementum.uniroma2.it/ceg-437b-epigramma-di-kleibis-ad-euthydikos/ .

[17] L'iscrizione è stata scoperta il 4 marzo 2012 grazie alle ricerche condotte in zona dallo speleologo T. Xanthopoulos. Matthaiou - Rossiou 2010-2013; Day 2016; Dettori 2017.

[18] Matthaiou - Rossiou 2010-2013.

[19] Dettori 2017.

a.C. recante un testo ametrico dove compare appunto il termine φιλημοσύνη.

Fra le varie occorrenze epigrafiche del sostantivo[20] abbiamo notizia di un solo altro caso di iscrizione prosaica, un'epigrafe inedita proveniente da Metaponto[21]. Entrambe le iscrizioni, quella sull'*amphoriskos* ateniese e quella metapontina presentano, dunque, un testo in prosa, sono iscritte su un oggetto di dono e sono accomunate dall'attestazione del nesso μνῆμα φιλημοσύνης[22]. Il ritmo prosaico di queste due attestazioni potrebbe costituire il parallelo per considerare ametrica anche la nostra iscrizione. In altre parole, con l'epigrafe di Klebis saremmo di fronte al terzo caso di attestazione in contesto ametrico che rende superflua la supposizione di perdite di testo: in effetti, il testo pare essere concluso, anche dall'analisi della fotografia disponibile (Fig. 28.1).

Per quanto riguarda il nesso μνῆμα φιλημοσύνης, nel caso dell'epigrafe proveniente da Metaponto, esso indicava il rapporto fra due donne, mentre nell'*amphoriskos* proveniente da Atene, il sintagma identificava il rapporto fra un uomo e una donna. Nel nostro caso si tratta di un μνῆμα φιλημοσύνης fra due uomini: Klebis e Euthydikos. Un rapporto di questo tipo si ha anche nell'epigramma di Mnasitheos[23], seppur con alcune divergenze.

Ma mentre quest'ultima iscrizione è un testo di tipo funerario composto su una stele elegante e finemente decorata, nella nostra epigrafe si ha quasi l'impressione di avere un testo erotico-scherzoso dove molto si gioca sull'applicazione di un lessico consono a determinati contesti e a situazioni del tutto diverse. Ne è un esempio di conferma l'uso che abbiamo di μνῆμα. Si tratta, come è noto, di un termine caro all'epigrafia epigrammatica di tipo funerario, il cui significato ruota intorno all'idea della 'memoria del defunto', per il quale vengono composte/innalzate/dedicate stele funerarie in ricordo della sua persona e della sua dipartita. Le composizioni epigrafiche di tipo funerario coeve alla nostra iscrizione, infatti, presentano spesso la definizione del sepolcro fra le caratteristiche compositive e stilistiche del testo; la tomba è dunque definita μνῆμα oppure σῆμα a seconda del valore che le si riconosce. Nel nostro testo, invece, lo μνῆμα φιλημοσύνης è il "memoriale" non di un defunto, ma della φιλημοσύνη esistente fra due individui, Kle(i)bis e (E)uthydikos[24].

A mio avviso altri indizi del carattere "informale" del nostro testo possono essere rintracciati 1) nell'inversione del digrafo per la notazione di *psi*: sulla pietra leggiamo,

infatti, ἔγρασφεν in luogo di ἔγραφσεν (elemento che potrebbe attribuirsi alla poca dimestichezza del lapicida); e 2) nel carattere spontaneo di un'iscrizione di tipo rupestre. Quest'ultimo dato è un elemento su cui riflettere: nel nostro caso, a differenza delle altre attestazioni simili rintracciate sulla base delle occorrenze del termine φιλημοσύνη, non siamo di fronte a un testo composto su un oggetto appositamente fabbricato (e donato o dedicato). Manca alla nostra epigrafe tutta la parte relativa alla pre-produzione del supporto stesso: la scelta del materiale, della bottega, del lapicida, la commissione di un progetto con eventuale discussione dello stesso, la realizzazione del manufatto/stele, ecc…

Il *memoriale* di cui si parla nella nostra iscrizione, invece, è un χάριεν μνῆμα. L'aggettivo viene utilizzato per indicare il dono gradito in *Il.* 8.204 e in Aristoph., *Pl.* 849, dove in questo caso si gioca ancora una volta sulle volute ambivalenze. L'iscrizione rupestre non è uno μνῆμα e non è neanche un oggetto votivo.

Per quanto riguarda il significato del termine φιλημοσύνη vale la considerazione di una parola che designa un sentimento collocabile in una sfera intima e non ha a che fare con una φιλία dal carattere istituzionale[25]. Si può aggiungere, però, come nota giustamente Dettori[26], che in questo caso la presenza di ἀνφοῖν esplicita in maniera evidente il fatto che si tratti di un sentimento reciproco[27].

Per quanto riguarda l'onomastica, Εὐθύδικος, nome del destinatario, è attestato con 59 occorrenze nelle epigrafi greche, 34 delle quali in Attica[28]. Il nome del committente, Κλῆβις, invece, non ha alcuna attestazione epigrafica. Matthaiou e Rossiou riconnettono il nome a Κλεῖβις, Κλέοβις a una comune radice ΚλεϜε-, ΚλεϜο-[29].

28.4. Conclusioni.

In conclusione, appare evidente che nell'indagine epigrafica l'analisi del *landscape,* inteso non solo come 'paesaggio' geografico, ma anche come l'insieme dei fattori che concorrono alla definizione dell'oggetto stesso, implichi una pluralità di aspetti che devono essere indagati singolarmente per poi essere riconsiderati nell'ottica del tutto. In tale prospettiva, l'Università degli Studi di Roma 'Tor Vergata' ha promosso e finanziato il progetto di ricerca 'I *Carmina Epigraphica Graeca* di Peter Allan Hansen: un supplemento online (*CEGS*)'[30]. Gli obiettivi del *CEGS* sono molti: aggiornare il repertorio bibliografico delle iscrizioni metriche già catalogate da Hansen nei due volumi dei *Carmina Epigraphica Graeca*

---

[20] Per un confronto si consideri l'epigramma funerario per Mnasitheos. *CEG* Suppl. 110a.
[21] Dettori 2010, 118, 131-132; *SEG* 52.961.
[22] Tale nesso è attestato anche in due pentametri (in *CEG* 32.2 e in *IG* XII 6.2.897.2).
[23] *CEGSuppl.* 110a.
[24] Una situazione simile si può postulare per l'iscrizione sullo specchio da Metaponto. Secondo Day (2016, 3) lo μνῆμα in questo caso sarebbe l'atto di scrittura stesso. Della stessa opinione è anche Kackzo (comunicazione privata del 2019).

[25] Dettori 2010, spec. 122 e 131, n. 39.
[26] Dettori 2017, 121.
[27] Per uno studio specifico sull'empatia e la memoria nei monumenti sepolcrali arcaici (provenienti da Akriphia), si veda Comfort 2016, 189-214.
[28] *LGPN* II, 169-170 *sub voce*.
[29] Matthaiou - Rossiou 2010-2013.
[30] Il progetto è consultabile al sito https://ceg-supplementum.uniroma2. it/, online dal 22 ottobre 2021.

Fig. 28.1. Kamarina, Attica. Particolare dell'antigrafo dell'iscrizione di Kleibis (rielaborazione di Matthaiou-Rossiou 2010-2013).

editi nel 1983 e nel 1989; schedare e commentare le nuove acquisizioni, vale a dire le epigrafi scoperte dopo il 1989 oppure quelle oggetto di nuova datazione; realizzare un *database* online, sempre aggiornabile, di tutti i risultati di tale ricerca. La costruzione del *database*, per la quale sono state necessarie diverse fasi di lavoro, ha fatto emergere nuove sfide: nell'ottica dell'interpretazione dell'epigrafe in versi, tenendo nella giusta considerazione tutti gli aspetti del *landscape epigrafico* di cui abbiamo parlato, appare evidente che il concetto stesso di *carmen epigraphicum graecum* dovrà essere rivisto e perfezionato. Se è vero che l'analisi di un'iscrizione, come abbiamo dimostrato, non può fermarsi alla mera lettura e traduzione del testo, ma deve altresì andare oltre e comprendere tutti i livelli di indagine (e dunque non solo quelli linguistici e letterari, ma anche quelli archeologici, storici, antropologici e – a seconda dei casi – economici, politici, sociologici, religiosi e via dicendo), allora sarà necessario compiere un ulteriore sforzo e chiedersi se il concetto stesso di 'epigramma epigrafico' non vada, probabilmente, messo in discussione. Allo stato attuale delle nostre ricerche, infatti, esso risulta essere almeno in parte deficitario. Il progetto *CEGS*, come già detto, muove a partire dagli epigrammi di Hansen, il quale considerò metriche tutte le iscrizioni di tipo funerario, dedicatorio o altro[31]; restano tuttavia esclusi da tale indagine gli inni tramandati su pietra, le *epodai*, i componimenti orfici, le citazioni (spesso su vaso) di versi della poesia cosiddetta 'alta'. È in questa prospettiva che la ricerca epigrafica sui componimenti epigrammatici dovrà ancora muoversi al fine di fornire strumenti utili per l'indagine, l'analisi e la comprensione della poesia su pietra.

Bibliografia e Abbreviazioni

CEG: Carmina Epigraphica Graeca.

CID: Corpus des Inscriptions de Delphes.

SEG: Supplementum Epigraphicum Graecum.

LGPN: Lexicon of Greek Personal Names.

EKM B: Επιγραφές κάτω Μακεδονίας.

---

[31] Per tale categoria Hansen utilizzò la definizione di *carmina varia*.

Alfieri Tonini, T. 2003, "Iscrizioni funerarie greche: l'apostrofe al passante", *Acme*, 56, 62-71.

Blümel, H. 1982, *Die Inschriften von Knidos. Teil I,* Bonn.

Comfort, C. 2016, "Empathy and Memory in an Archaic Funerary Monument from Akraiphia", *CA*, 35. 2, 189-214.

Day, J. W. 2016, "Servants of the goddess: Female religious agency in archaic and fifth-century Greek epigrams and dedications", in E. Santin - L. Foschia (eds), *L'épigramme dans tous ses états: épigraphiques, littéraires, historiques*, Lyon, 207-222.

Dettori, E. 2010, "Sul Liebling epigrafico φιλημοσύνη", in A. Inglese (ed.), *Epigrammata. Iscrizioni greche e comunicazione letteraria. In ricordo di Giancarlo Susini,* 117-134.

Dettori, E. 2017, "Ancora su ΦΙΛΗΜΟΣΥΝΗ epigrafico", in *ZPE*, 202, 118-124.

Ecker, U. 1990, *Grabmal und Epigramm. Studien zur frühgriechischen Sepulkraldichtung*, Stuttgart.

Gonfloni, A., 'CEG online: presentazione del progetto e stato dei lavori', in *Axon*, 3.2, 135-148.

Guarducci, M. 1987, *L'epigrafia greca dalle origini al tardo impero*, Roma.

Inglese, A. 2013, "A definire, descrivere, proteggere lo spazio", in *Epigrammata*, 2, 11-19.

Lasagni, C. - Tropea, S. 2019, "Il paesaggio epigrafico di Atene: iscrizioni pubbliche e spazio urbano nell'Atene Ellenistica", in *Axon*, 2, 149-176.

Lilimpaki-Akamati, M. 1987-1988, 'ΝΕΕΣ ΕΠΙΓΡΑΦΕΣ ΤΗΣ ΠΕΛΛΑΣ', in *Makedonika*, 26, 51-62, n.3, πιν. 2: α, γ.

Matthaiou, A. P. - Rossiou, I. 2010-2013, 2'Επιγραφὴ χαραγμένη σὲ βράχο στὴν Καμάριζα Λαυρίου", in *Horos*, 22-25, 175-178.

Rossi, L. 1999, 'Lamentazioni su pietra e letteratura 'trenodica': motivi topici dei canti funerari', in *ZPE*, 126, 29-42.

Siganidou, M. 1988, 'ΙΖ' ΕΦΟΡΕΙΑ ΠΡΟ Ι ΣΤΟΡΙΧΩΝ ΚΛΑΙ ΚΑΣΙΚΩΝ ΑΡΧΑΙΟΤΗΤΩΝ', in *AD*, 35, Β, 393-398.

Sourvinou-Inwood, C. 1995, *Reading Greek Death to the End of the Classical Period*, Oxford.

Sverko, E. 2007, "ΑΡΠΑΛΟΣΚΙΤΑ", in ΙΟΝΙΟΣ ΛΟΓΟΣ Σ, Α', 198.

Tantillo, I. 2017, "La trasformazione del paesaggio epigrafico nelle città dell'Africa romana, con particolare riferimento al caso di Leptis Magna (Tripolitania)", in K. Bolle - C. Machado - C. Witschel (eds), *The Epigraphic Cultures of Late Antiquity*, Stuttgart, 213-270.

Voutiras, E., Ἐπὶ ἑξαμέτρῳ δίμετρον: ein Grabgedicht aus Pella', in *ZPE*, 88, 1991, 106-108.

Zoia, S. 2015, 'L'Africa romana. Momenti di continuità e rottura: bilancio di trent'anni di convegni', in *L'Africa romana. Atti del XX Convegno Internazionale di studi*, Roma, 1541-1545.

29

La documentazione archeologica della necropoli di Pian dei Gangani: ricostruzione ideologica e dello scenario funerario.

Emanuela Rascaglia
Independent researcher

Abstract: The small town of Pian dei Gangani is part of the group of orbiting centers around the ancient Etruscan city of Vulci, whose excavations date back to the last twenty years of the last century together with the publications of some materials. By examining the necropolis areas as part of the doctoral thesis, it was possible to find that the center actively incorporates the cultural, artistic and stylistic models radiated by the city. From the analysis of the materials, their recurrences or singularities in the burials, their typology and symbolic value, a series of reproductions and re-functionalizations of some objects linked to social dynamics, and connected to the ideological and religious sphere, were found. On the basis of the appropriation processes found between the seventh and beginning of the fifth centuries BC a reconstruction of the vulcente coastal area facing the Fiora valley is proposed, where the small coastal-lagoon centres were necessary for the control and management, as well as of the territory, of the landings.

Keywords: Pian dei Gangani; Vulci; necropoli; ideologia; rituali; panorama funerario.

Il presente contributo prende avvio dalla mia ricerca di dottorato[1] incentrata sull'analisi dei materiali di corredi funerari provenienti dalle aree di necropoli di Pian dei Gangani, nel territorio dove ha prevalso per diversi secoli l'antica città di Vulci. Dall'esame dei manufatti sono stati elaborati gli studi relativi alla ricostruzione ideologica e alla rifunzionalizzazione di alcuni oggetti.

In questa sede vengono proposte alcune interpretazioni inerenti alla sfera funeraria che si riscontrano anche in altre località, caratterizzando in maniera abbastanza uniforme la zona costiera prospiciente il fiume Fiora, in un arco cronologico che va dalla fine dal VII agli inizi del V sec. a.C. Le aree di necropoli indagate tra le località di Pian dei Gangani e Pianacce, nella zona di Montalto di Castro, tra la fine degli anni '70 e '80 del Novecento[2], si inseriscono pienamente tra i ritrovamenti dei piccoli nuclei del distretto vulcente, insieme ad altre testimonianze perlopiù a carattere sparso[3].

Nel corso degli anni, gli studi e le ricerche sul territorio hanno dimostrato che il settore in questione in epoca antica era caratterizzato da una fascia costiera a carattere prevalentemente paludoso[4]. Tale connotazione lagunare[5], insieme alla presenza di piccoli corsi d'acqua, deve aver agevolato la disposizione di piccoli centri a vocazione prevalentemente emporica sulla costa, o agricola nell'immediato retroterra[6]. Attraverso la documentazione archeologica è stato possibile identificare la presenza di insediamenti di piccola e media entità che, tra il Bronzo medio e finale, caratterizzano la zona in questione[7]. Le ricerche sistematiche hanno poi dimostrato l'aumento degli stanziamenti, nel momento in cui l'assetto del popolamento della regione è cambiato in base alle nuove esigenze di sfruttamento e controllo territoriale avviate dalla città di Vulci nell'VIII secolo a.C.[8].

Nel complesso sono state indagate più aree: oltre alle zone dove sono stati rinvenuti i raggruppamenti di sepolture, nelle vicinanze, sono state individuate delle tracce di buchi per il posizionamento di palificazioni, interpretabili come ciò che rimane di quelle che dovevano essere delle semplici strutture abitative utilizzate con la funzione di deposito. Sono state inoltre identificate opere di bonifica, tra cui pozzi, cisterne, cunicoli e canali di drenaggio. Nello specifico cunicoli e cisterne, attestati in molti altri centri etruschi, dimostrano la pianificazione sistematica dell'area, adattandola alle esigenze che potevano essere di drenaggio e approvvigionamento idrico[9], dal momento che il terreno nel quale questi sono ricavati ha la doppia funzione di filtrare l'acqua negli strati superficiali e di conservarla in quelli inferiori.

---

[1] *Contributo all'archeologia vulcente: la necropoli di Montalto di Castro, le testimonianze archeologiche e la ricostruzione storico-topografica*, Università degli Studi di Roma 'La Sapienza' (XXIX ciclo).
[2] Pelagatti 1989, 302.
[3] Rizzo 1990, 122-126; Iaia - Maldolesi 1993, 19-21; Rendeli 1993, 167; Petitti - Casi 2014.
[4] Isola 2006, 471-476.
[5] Negroni Catacchio - Cardosa 2002, 157-169.

[6] Moretti Sgubini 2008, 105-107; Iaia - Maldolesi 2010, 63.
[7] Di Gennaro - Peroni 1986.
[8] Rendeli 1993, 167; Tamburini 2000; Bianchi 2016, 31-41; Di Gennaro - Rendeli 2019.
[9] Sgubini Moretti 1993, 115-116.

La presenza di un pianificato sistema di canalizzazioni, insieme ad alcune tracce riferibili a un impianto arboricolo, individuato poco più a nord rispetto a una delle aree di necropoli, potrebbe corroborare l'ipotesi della vocazione agricola del piccolo centro[10].

Le aree di necropoli oggetto di ricerca sono state indagate in maniera sistematica nel corso degli anni di costruzione della centrale Enel. La documentazione archeologica dell'area e l'insieme dei materiali esaminati hanno risentito dell'urgenza con cui furono effettuate le ricerche: sebbene siano state condotte con rigore scientifico, esse risultano talvolta non del tutto complete. Tuttavia è stato possibile ricostruire un quadro sufficientemente coerente in cui collocare i dati relativi ai modi e ai tempi di utilizzazione delle suddette aree.

Le zone interessate da raggruppamenti di sepolture sono tre e coprono un arco cronologico che va dalla seconda metà del VII al primo decennio del V sec. a.C. Si tratta per lo più di tombe concentrate in piccoli nuclei, composti da un minimo di due a un massimo di quattordici, alcune delle quali con più deposizioni al loro interno. Oltre alle semplici fosse, alcune delle quali con loculo laterale, sono presenti tombe a camera comparabili alle tipologie sepolcrali diffuse nel territorio vulcente[11]. Alcune presentano *dromos* di accesso, le più elaborate *dromos* e vestibolo a cielo aperto su cui si aprivano una o più camere sepolcrali[12].

In base alla distribuzione delle sepolture è stato possibile desumere una capacità di organizzazione dello spazio rispondente anche a una consapevole volontà di strutturazione dell'area. Osservando la disposizione, perlopiù nei dintorni di assi viari, è verosimile credere che dietro la pianificazione delle aree di necropoli ci sia stata la volontà da parte della comunità di trasporre le strutture sociali nei piccoli gruppi di tombe che equivarrebbero altresì a piccoli gruppi familiari[13] o a gruppi sociali legati da rapporti di probabile natura clientelare[14].

Spesso le più semplici tombe a fossa sembrano essere disposte nelle vicinanze di una o tre tombe a camera; queste ultime risultano essere numericamente le più diffuse tra le tre aree di necropoli[15]. In base a tali dati è stato possibile definire l'assetto di una comunità che, riproponendo su piccola scala il modello socio-culturale irradiato dalla città di Vulci, risulta essere organizzata con una certa gerarchia

sociale, all'interno della quale è possibile ravvisare una classe medio-alta, probabilmente composta da piccoli commerciati e artigiani, insieme a un gruppo di personaggi socialmente più modesti e dediti alle attività agricole.

Complessivamente sono state portate alla luce 77 sepolture, per 120 deposizioni; nella maggior parte dei casi non è stato possibile dimostrare con certezza il sesso degli inumati, a causa dello stato di ritrovamento dei resti osteologici, particolarmente deteriorati o a motivo della loro assenza. Il rituale attestato in maggior misura è quello dell'inumazione, accanto a un 10% di incinerazioni[16].

I resti di materiali carboniosi e i pochi frammenti di ossa combuste o calcinate rinvenuti all'interno delle sepolture[17] hanno permesso di stabilire la presenza di cremazioni entro le stesse fosse di deposizione (per un 4% totale).

In seguito a queste osservazioni si possono avanzare alcune considerazioni relative ai materiali dei corredi che, sebbene risultino piuttosto modesti, dimostrano la stretta correlazione con i nuclei vicini e soprattutto con il centro protourbano, dal quale vengono emanati i modelli diffusi in tutta la regione. In questa sede si è ritenuto opportuno porre l'attenzione su alcuni manufatti la cui analisi è alla base della ricostruzione della tavola di valori del sistema di credenze e dell'ideologia della comunità di appartenenza e del panorama funerario.

Tra gli oggetti collocati nelle sepolture si annoverano diverse forme vascolari d'importazione che testimoniano l'apertura del piccolo centro agli scambi marittimi, confermando la vocazione emporica e la dinamicità nella ricezione degli stimoli provenienti da altre culture. A questi manufatti sono ascrivibili le ceramiche corinzie, oltre a quelle di provenienza attica e ionica, insieme a oggetti meno diffusi come le anfore di impasto di provenienza greco-orientale. Altri materiali, invece, comprovano la stretta relazione con il centro di Vulci, tra cui: un'anfora ascrivibile alla produzione della scuola del pittore di Micali[18] (Fig. 29.1), *olpai* del Pittore dei Rosoni[19] e *kylikes* del gruppo delle Palmette fenicie[20]; ai vasi attribuibili alla produzione etrusco-corinzia di stampo vulcente si aggiungono tutti gli esemplari di bucchero e bucchero pesante.

Questi ultimi manufatti dimostrerebbero altresì la stretta connessione socio-culturale con il territorio, comprovata in particolar modo dalle forme in bucchero pesante con decorazioni plastiche (Fig. 29.2), le cui officine sono state localizzate proprio a Vulci[21].

Tra gli oggetti che si distinguono maggiormente nel panorama delle aree di necropoli è necessario annoverarne

---

[10] Forni 1989, 1502-1503; Sgubini Moretti 1993, 116-118.
[11] Prayon 1989, 445-446; Prayon 2000, 336-338, 341; Moretti Sgubini - Ricciardi 2005.
[12] Spesso nella letteratura archeologica è presente un'erronea o fuorviante attribuzione delle tipologie sopracitate al tipo "a cassone" o "a cassone vulcente", è necessario pertanto chiarire in questa sede si è ritenuto opportuno offrire solo alcuni elementi di confronto piuttosto che una definizione delle tipologie sepolcrali. Pellegrini - Rafanelli 2005, 28-29, nota 13, e 32, nota 26.
[13] Pacciarelli 1991, 41.
[14] Iaia 1999, 91-122.
[15] Per alcuni confronti con le aree di necropoli vulcenti: Sgubini Moretti 1988, 107; Pocobelli 2007, 182-183; Moretti Sgubini - Ricciardi - Eutizi 2014; Moretti Sgubini - Ricciardi 2016; Carosi - Regoli 2019, 72-80.

[16] Moretti Sgubini - Ricciardi 2016, 524-525.
[17] Per simili casi in ambito vulcente, Sgubini Moretti 1994, 28.
[18] Per alcuni confronti, Rizzo 1988, 35, Fig. 52-53, e 85-87, nota 148.
[19] Szilágyi 1988, 334-335 e 339, n. 57, tav. CXLIIa.
[20] Colonna 1961, 76-78.
[21] Donati 1967; Tamburini 2000a; Tamburini 2004, 202.

Fig. 29.1. Tarquinia, Museo Archeologico Nazionale. Anfora della scuola del pittore di Micali. Particolare delle figure incise sulla spalla e sul ventre.

alcuni che, spiccando per foggia, dovevano appartenere ai personaggi con una maggiore rilevanza sociale all'interno della comunità. In particolare si tratta dei corredi delle tombe 27 e 30, entrambe del tipo a più camere con *dromos* di accesso e vestibolo a cielo aperto. Oltre ai manufatti tipici del territorio vulcente, in una delle camere della tomba 27, databile tra il secondo e il terzo quarto del VI sec. a.C., sono stati rinvenuti dei pendenti[22] di collana in ambra, argento e uno in *faïence*. Quest'ultimo ornamento, piuttosto peculiare, ha una conformazione a testa di ariete e presenta un sigillo cavo raffigurante un grifo alato dal corpo felino seduto sulle zampe posteriori di profilo a destra, ai lati sono poi due figure maschili in piedi con la spada sguainata (Fig. 29.3). Attestazioni simili rappresentano la dimostrazione della circolazione dei beni di lusso di provenienza greco-orientale che confluivano in Etruria in un periodo compreso tra l'VIII e il VI sec. a.C.[23].

In una delle sepolture della tomba 30, databile tra il secondo e il terzo quarto del VI sec. a.C., insieme al servizio canonico simposiaco, affiancato da un *foculus* d'impasto e un'anfora da trasporto greco-orientale, sono presenti gli utensili per la cottura delle carni realizzati in piombo[24], accompagnati da un bidente, una punta di lancia e un *sauroter*.

La singolarità data dal materiale utilizzato induce a

ipotizzare che il servizio fosse realizzato per un rituale esclusivamente funerario di deposizione e non per un reale utilizzo, o che si tratti di una riproduzione in materiale più modesto di un servizio che caratterizza tipicamente le sepolture aristocratiche[25]. Manufatti realizzati in piombo non sono ampiamente diffusi in Etruria, tuttavia la presenza di vasellame e utensili che imitavano le coeve forme in bronzo e ferro è attesta, con una certa frequenza, nel distretto populoniese[26]. Oggetti simili, sebbene datati nell'ambito cronologico compreso tra il V e il IV sec. a.C., trovano dei riscontri anche in zone più meridionali: in territorio campano[27], nel settore lucano e nel Bruzio[28]. Da queste considerazioni emerge come il corredo della tomba 30 acquista un particolare significato, poiché potrebbe rialzare la datazione di un simile procedimento ideologico nell'Etruria meridionale.

L'importanza della presenza di alari e spiedi nell'ideologia funeraria trova la sua ragione nei diversi simboli connessi a questi oggetti che, legati alla pratica della cottura delle carni e al fuoco, alludono sia all'elevato ruolo di prestigio del defunto, sia all'importanza del focolare[29].

Connessi agli *instrumenta* da banchetto sono i bacili bronzei, destinati alla cottura delle carni[30], i cui resti sono stati rinvenuti nel 25% delle sepolture. Sebbene le

[22] Editi in Scapaticci 2012, 71-73.
[23] Per alcuni manufatti di fattura orientale in ambito etrusco e più nello specifico vulcente, Russo - Carosi - Pozzi Battaglia 2017, 115-116.
[24] Editi in Scapaticci 2005.

[25] Koheler -Naso 1991.
[26] Martelli 1981; Shepherd 2008, 173.
[27] Foddai 2008, 22-23.
[28] Bottini 1994, 196-197.
[29] D'Agostino 1988, 102; D'Agostino 1996, 459.
[30] Albanese Procelli 1985, 194.

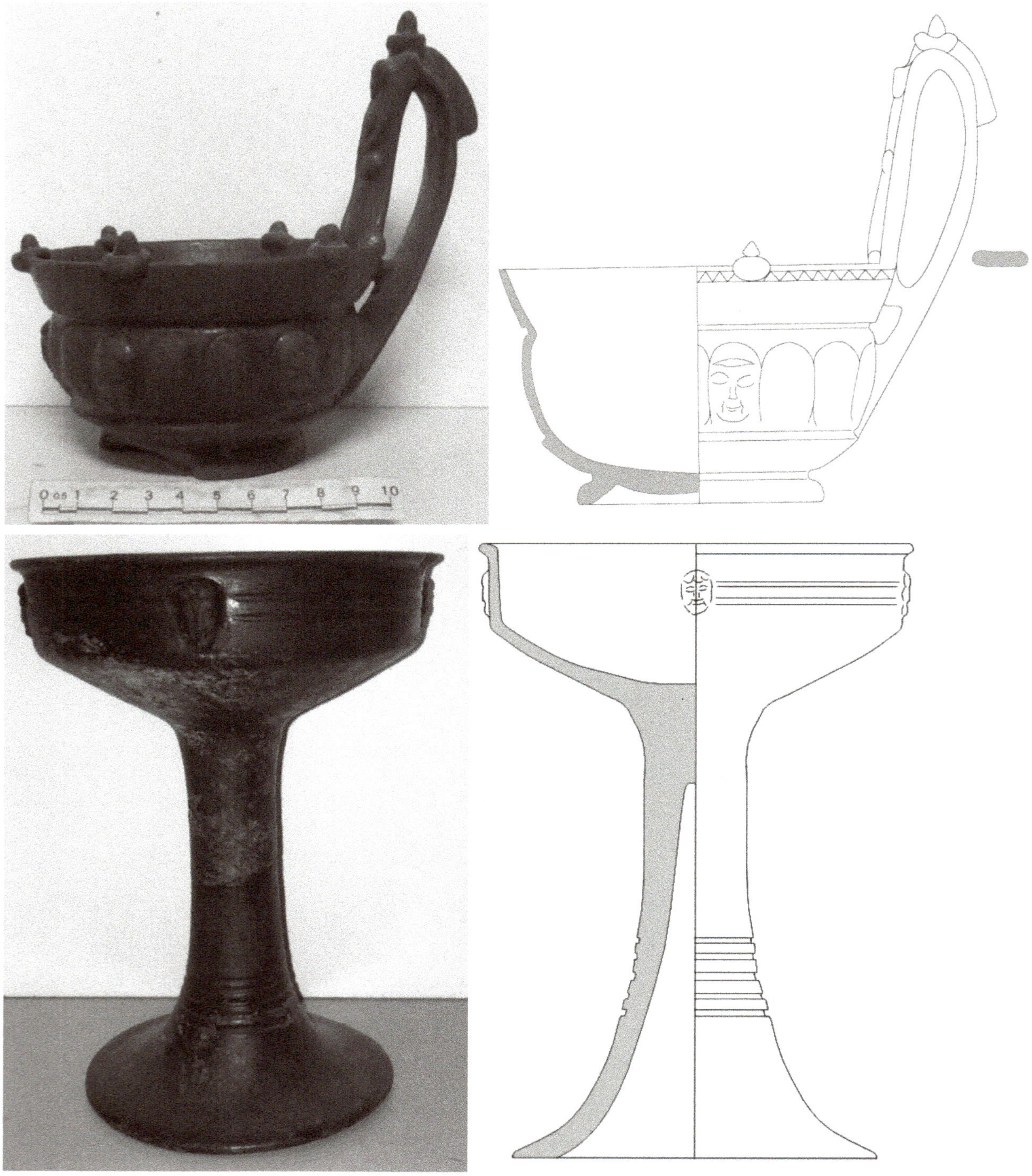

Fig. 29.2. Tarquinia, Museo Archeologico Nazionale. Kyatos e calice di bucchero pesante con decorazioni plastiche (foto ed elaborazione dell'autrice).

Fig. 29.3. Tarquinia, Museo Archeologico Nazionale. Pendente in faïence (foto dell'autrice).

forme non siano dettagliatamente distinguibili, a causa dello stato di conservazione piuttosto compromesso, è possibile comunque postulare che si tratti soprattutto di una semplificazione dei bacili orientalizzanti a calotta.

Tali manufatti risultano largamente attestati in Etruria in età arcaica[31] e sono caratterizzati da un labbro verticale e orlo indistinto.

In alcuni dei bacili bronzei frammentari rinvenuti all'interno delle sepolture sono stati individuati resti osteologici, per i quali è stata possibile un'attribuzione generica ad animali le cui carni erano plausibilmente macellate e offerte durante il rituale funebre[32]. Da segnalare è la presenza di simili resti di ossa animali rinvenuti in due casi entro *deinoi* d'impasto[33].

Nella maggior parte delle sepolture tra i materiali di corredo, e nello specifico nel 60% dei casi, è presente almeno un'olla biansata d'impasto che, nel 40% delle sepolture, è affiancata da un'anfora d'impasto etrusca. Nel 45% delle deposizioni, invece, è presente un coltello in ferro che spesso è affiancato da una punta di lancia, nel 30% dei casi è accompagnato da ascia, e solo in sette deposizioni si accosta anche un *sauroter* in ferro[34].

Nell'orizzonte cronologico in cui si collocano le aree di necropoli prevale il rito dell'inumazione, pertanto, alcune cremazioni entro fossa assumono particolare rilevanza rituale. Tra gli esempi peculiari si inserisce il rinvenimento in una nicchia, ricavata su un lato di una tomba a camera con *dromos* e vestibolo, di resti cremati e deposti entro cratere laconico[35]. La forma trova confronti e testimonianze in altri contesti non solo di ambito vulcente[36] e si colloca tra secondo e terzo quarto del VI secolo a.C. L'attestazione di questo tipo di rituale funerario dimostra la conoscenza da parte della piccola comunità di Pian dei Gangani di alcuni riti, rappresentando un campione dimostrativo di una scelta celebrativa e l'allusione a un'ideologia raffinata[37].

A questi elementi si aggiungono alcune altre informazioni che, desunte dai dati di scavo, si configurano come prove a sostegno dell'esistenza di un ceto medio-alto nella comunità locale che, oltre a essere a diretto contatto con la comunità locale, di cui peraltro sembra aver recepito le consuetudini e gli usi culturali, recepisce e ripropone i modelli ideologici dell'epoca su scala corrispondente ai gruppi sociali locali.

Oltre ai peculiari oggetti di corredo, ulteriori conferme sono costituite da alcune tracce di residui carboniosi e dai frammenti di un cranio di cavallo nei pressi della della tomba 30, in particolare tra il vestibolo e le camere; tali resti indicano l'avvenuta combustione in loco collegata verosimilmente ad azioni rituali compiute durante la sepoltura[38].

Inoltre, in due sepolture[39] del tipo a camera con *dromos* sono stati rinvenuti, vicino agli inumati, resti osteologici di cane. Dette deposizioni hanno restituito corredi piuttosto modesti, una in particolare caratterizzata dall'associazione ricorrente ascia-lancia-coltello che indica concretamente e simboleggia il ruolo sociale del defunto[40]. Simili deposizioni trovano riscontro in area vulcente e risultano essere riservate a individui di status superiore[41].

Mediante le associazioni di materiali di pregio, attraverso i quali il corredo acquisisce una forte componente simbolica, i personaggi legittimano il loro status superiore e dichiarano la propria appartenenza e il ruolo egemone nella comunità locale.

La presenza di alcuni rituali che seguono determinati simbolismi evidenzia non solo la diffusione culturale capillare, ma anche la consapevolezza da parte della collettività del riconoscimento riservato a determinati gruppi sociali.

Sulla base dei dati presentati in relazione alle ricerche e agli studi che si sono succeduti negli anni si può dunque affermare che la fascia costiera vulcente mostrava le stesse caratteristiche di quella tarquiniese[42]: tramite lo stanziamento di piccoli centri a carattere sparso, in punti strategici, con famiglie a vocazione prevalentemente agricola e commerciale, il territorio risultava gestito dal centro principale e controllato da nuclei secondari.

La comunità locale del piccolo centro costiero sembra riflettere il carattere aperto e proiettato sul mare, oltre che sul territorio abitato, offrendosi ai contatti e alle reciproche influenze con altre realtà. Alla stregua dei centri minori posti sulla fascia litoranea si pongono quelli collocati nell'immediato retroterra, da quanto dimostrato dai ritrovamenti presso le località: Sughereto, Casale Camposcala e Sorgente del Tufo[43].

Inoltre, occorre considerare l'ipotesi che i nuclei localizzati sulla fascia costiera potrebbero essere interpretati come avamposti meno rilevanti nel tessuto regionale, nonché cronologicamente antecedenti i nuclei dell'entroterra, assieme ad alcuni nuclei contemporanei come quello presso il centro portuale di Regisvilla[44].

---

[31] Per alcuni esempi da contesti vulcenti, Rizzo 1990, 103; Sgubini Moretti 2002, 57, n. I.B.3.19.
[32] Carosi 2014; Cerilli 2014.
[33] Per situazioni simili, Petitti - Casi 2014; Russo - Carosi - Pozzi Battaglia 2017, 94-95.
[34] Cherici 2005, 533.
[35] Per il tipo, Stibbe 1986, 84 e 88.
[36] Rizzo 1990, 96, n. 3, Fig. 95; Celuzza 2000, 98, n. 5.52; Pellegris 2002, 81-83.
[37] D'Agostino 1988, 108-109; Palmieri 2011, 109.

[38] Rituale testimoniato da altri contesti di ambito vulcente, Carosi 2014, 19-21; Cerilli 2014, 46.
[39] Una inquadrabile tra secondo e terzo quarto del VII sec. a.C., l'altra tra ultimo quarto del VII e il primo quarto del VI sec. a.C.
[40] Cherici 2005, 533-535.
[41] Emiliozzi 1997, 139; Cirilli 2014, 50.
[42] Iaia - Maldolesi 2010, 63-72.
[43] Petitti - Casi 2014.
[44] Regoli 2017.

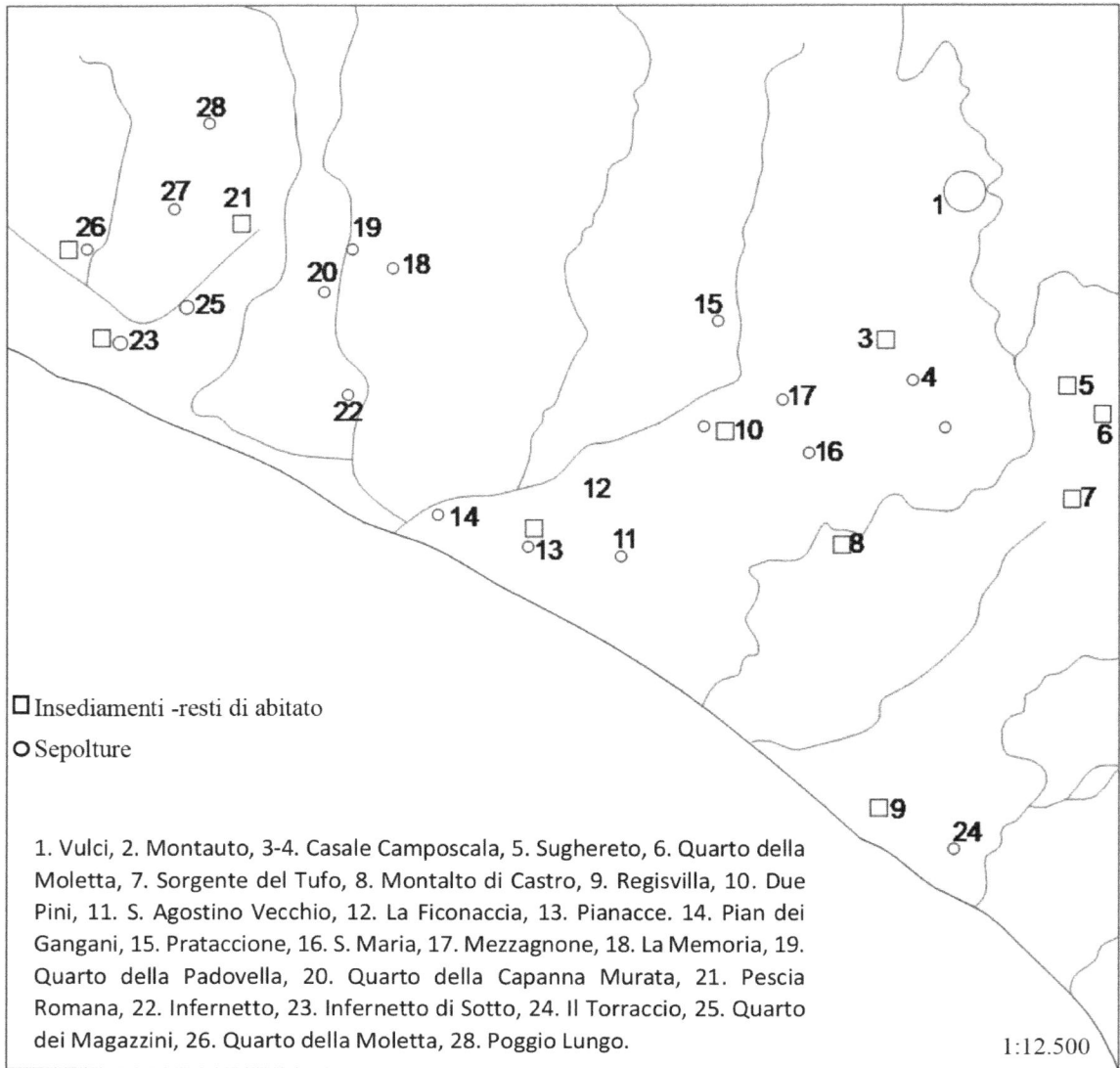

1. Vulci, 2. Montauto, 3-4. Casale Camposcala, 5. Sughereto, 6. Quarto della Moletta, 7. Sorgente del Tufo, 8. Montalto di Castro, 9. Regisvilla, 10. Due Pini, 11. S. Agostino Vecchio, 12. La Ficonaccia, 13. Pianacce. 14. Pian dei Gangani, 15. Prataccione, 16. S. Maria, 17. Mezzagnone, 18. La Memoria, 19. Quarto della Padovella, 20. Quarto della Capanna Murata, 21. Pescia Romana, 22. Infernetto, 23. Infernetto di Sotto, 24. Il Torraccio, 25. Quarto dei Magazzini, 26. Quarto della Moletta, 28. Poggio Lungo.

1:12.500

□ Insediamenti -resti di abitato

○ Sepolture

Fig. 29.4. Carta di distribuzione dei piccoli centri e delle necropoli tra VII e V sec. a.C.

Il centro di Pian dei Gangani-Pianacce probabilmente aveva una funzione ambivalente: data la collocazione topografia, si trattava di un piccolo scalo emporico, abitato prevalentemente da famiglie di artigiani e di coltivatori che ne definiscono il carattere rurale. Esso si inquadra così nella serie degli insediamenti costituiti da piccoli agglomerati stabili, gestiti da un'aristocrazia locale di stampo tradizionale vulcente (Fig. 29.4).

Bibliografia

Albanese Procelli, R. M. 1985, "Considerazioni sulla distribuzione dei bacili bronzei in area tirrenica e in Sicilia", in M. Cristofani (ed.), *Il commercio etrusco arcaico*, Roma, 179-206.

Bianchi, E. 2016, *Vulci storia della città e dei suoi rapporti con Greci e Romani*, Roma.

Bottini, A. 1994 (ed.), *Armi: gli strumenti della guerra in Lucania. Catalogo della mostra realizzata nel Museo Archeologico nazionale del Melfese, Melfi 1993*, Bari.

Carosi, S. - Regoli, C. 2019, "Ritualità funeraria a Vulci alla luce dei nuovi scavi", in M. Arizza (ed.), *Società e pratiche funerarie a Veio, Dalle origini alla conquista romana*, Roma, 69-87.

Carosi, S. 2014, "Attorno alle tombe: gli spazi del rituale", in M. L. Arancio (ed.), *Principi Immortali. Fasti dell'aristocrazia etrusca a Vulci*, Roma, 19-21.

Celuzza, M. 2000 (ed.), *Vulci e il suo territorio nelle collezioni del Museo Archeologico e d'Arte della Maremma*, Milano.

Cerilli, E. 2014, "I resti animali: sacrificio rituale o residui alimentari?", in M. L. Arancio (ed.), *Principi Immortali. Fasti dell'aristocrazia etrusca a Vulci*, Roma, 45-48.

Chereci, A. 2005, "Dinamiche sociali a Vulci: le tombe con armi", in O. Paoletti (ed.), *Dinamiche di sviluppo delle città nell'Etruria Meridionale, Veio, Caere, Tarquinia, Vulci*, Pisa-Roma, 531- 549.

Colonna, G. 1961, "Il ciclo etrusco-corinzio dei rosoni. Contributo alla conoscenza della ceramica e del commercio vulcente", in *StEtr 29*, 47-88.

Colonna, G. 1977, "La presenza di Vulci nelle valli del Fiora e dell'Albegna", in A. Neppi Modona - L. Tamagno Perna - M. Marzi Costagli (eds), *La civiltà arcaica di Vulci e la sua espansione*, Firenze, 189-213.

D'Agostino, B. 1988, "Il rituale funerario nel mondo indigeno", in G. Pugliese Carratelli, *Magna Grecia. Vita religiosa e cultura letteraria, filosofica e scientifica*, 3, Milano, 91-114.

D'Agostino, B. 1996, "La necropoli e i rituali della morte", in S. Settis (ed.), *I Greci: storia, cultura, arte, società*, Torino, 435-468.

Di Gennaro, F. - Peroni, R. 1986, "Aspetti regionali dello sviluppo dell'insediamento protostorico nell'Italia centro meridionale alla luce dei dati archeologici e ambientali", in *DialArc* 3, 193-200.

Di Gennaro, F. - Rendeli, M. 2019, "Ri-conquista del territorio e ri-costruzione del paesaggio in Etruria Meridionale in età orientalizzante e arcaica", in AA.VV., *L'Etruria delle necropoli rupestri*, Roma, 61-72.

Donati, L. 1967, "Buccheri decorati con teste plastiche umane. Zona di Vulci", in *StEtr*, 35, 619- 632.

Emiliozzi, A. 1997, "Il carro di Vulci nella necropoli dell'Osteria", in A. Emiliozzi (ed.), *Carri da guerra e principi etruschi*, Roma, 139-149.

Foddai, E. 2008, *L'instrumentum da focolare in Etruria, Alari d'impasto, alari spiedi di metallo, dal bronzo finale al V sec. a.C.*, Tesi di dottorato Università degli studi di Roma La Sapienza (XXI ciclo).

Forni, G. 1989, "Questioni di storia agraria pre-romana: le quattro fasi dell'agricoltura etrusca", in AA.VV., *Atti del Secondo Congresso Internazionale etrusco, Firenze 26 maggio - 2 giugno 1985, III*, Roma, 1501-1516.

Iaia, C. - Maldolesi, A. 1993, "Topografia dell'insediamento dell'VIII secolo a. C. in Etruria meridionale", in *JAT*, 3, 17-48.

Iaia, C. - Maldolesi, A. 2010, "Comunità e territori nel Villanoviano evoluto dell'Etruria meridionale, in N. Negroni Catacchio (ed.), *L'alba dell'Etruria, Fenomeni di continuità e trasformazione nei secoli XII-VIII a.C.*, Milano, 61-78.

Iaia, C. 1999, "Simbolismo funerario e ideologia alle origini di una civiltà urbana. Forme rituali nelle sepolture 'villanoviane' a Tarquinia, Vulci e nel loro territorio", in AA.VV., *Grandi contesti e problemi della protostoria italiana 3*, Firenze, 81-92.

Isola, C. 2006, "Le lagune di Populonia dall'antichità alle bonifiche", in M. Aprosio - C. Mascione (eds), *Materiali per Populonia 5*, Pisa, 469-479.

Koeler, C. - Naso, A. 1991, "Appunti sulla funzione di alari e spiedi nelle società arcaiche dell'Italia centro-

meridionale", in E. Herring - R. Whitehouse - J. B. Wilkins (eds), *Papers of the Fourth Conference of Italian Archaeology, 2. The archaeology of power, 2. London, 2nd - 5th January 1990*, London, 41-63.

Martelli, M. 1981, "Populonia: cultura locale e contatti con il mondo greco", in AA.VV., *L'Etruria Mineraria, Atti del XII Congresso di Studi Etruschi e Italici*, Firenze, 399- 427.

Moretti Sgubini, A. M. 2008, "Vulci, profilo storico-topografico", in M. Torelli - A. M. Moretti Sgubini (eds), *Etruschi le antiche metropoli del Lazio*, Roma, 104-109.

Moretti Sgubini, A. M. - Ricciardi, L. 2005, "Usi funerari a Vulci", in O. Paoletti (ed.), *Dinamiche di sviluppo delle città nell'Etruria Meridionale, Veio, Caere, Tarquinia, Vulci*, Pisa-Roma, 523- 530.

Moretti Sgubini, A. M. - Ricciardi, L. - Eutizi, E. 2014, "Vulci, necropoli dell'Osteria, campagna di scavo 2011-2012: dati preliminari", in L. Mercuri - R. Zaccagnini (eds), *Etruria in Progress, La ricerca archeologica in Etruria Meridionale*, Roma, 106-111.

Moretti Sgubini, A. M. - Ricciardi, L. 2016, "Vulci: tipologie funerarie in uso fra Orientalizzante ed età Tardoarcaica (scavi 2011-2012)", in *Bollettino di Archeologia on line*, 7, 73-108.

Negroni Catacchio, N. - Cardosa, M. 2002, "Dalle sorgenti al mare. Rapporti tra l'area interna e le lagune costiere nel territorio tra Fiora e Albegna", in N. Negroni Catacchio (ed.), *Paesaggi d'acque, Ricerche e scavi*, Milano, 157-177.

Pacciarelli, M. 1991, "Ricerche topografiche a Vulci: dati e problemi relativi all'origine delle città medio-tirreniche", in *StEtr*, 56, 11-48.

Palmieri, A. 2011, "Vasi-cinerario etruschi a figure nere dall'Etruria meridionale", in V. Bellelli (ed.), *La ceramica a figure nere di tipo attico prodotta in Italia*, Pisa, 83-150.

Pelagatti, P. 1989, "Ricerche territoriali e urbanistiche in Etruria Meridionale. Ricerche sistematiche nei territori di Ischia di Castro e Tolfa", in AA.VV., *Atti del II Congresso Internazionale Etrusco, Firenze 26 Maggio-2 Giungo 1985*, Roma, 302-309.

Pellegrini, E. - Rafanelli, S. 2005, "Architettura funeraria nelle necropoli di Poggio Buco e Pitigliano", in *StEtr*, 70, 27-64.

Pellegris, C. 2002, "Il cratere laconico della tomba 324 della necropoli della Banditaccia, Laghetto I", in G. Bagnasco Gianni (ed.), *Cerveteri, Importazioni e contesti nelle necropoli*, in *Quaderni di Acme*, 52, 81-108.

Petitti, P. - Casi, C. 2014, "Il complesso archeologico in località Due Pini (Montalto di Castro)", in L. Mercuri - R. Zaccagnini (eds), *Etruria in Progress, La ricerca archeologica in Etruria Meridionale*, Roma, 101-105.

Pocobelli, G. F. 2007, "Il territorio suburbano di Vulci attraverso le evidenze aerofotografiche. Viabilità e necropoli", in G. Ceraudo - F. Piccarreta (eds), *Archeologia Aerea. Studi di Aerotopografia Archeologica II*, Roma, 167-186.

Prayon, F. 1989, "L'architettura funeraria etrusca. La situazione attuale delle ricerche e problemi aperti", in AA.VV., *Atti del secondo Congresso Internazionale etrusco, Firenze 26 Maggio-2 Giugno 1985, I*, Roma, 441-450.

Prayon, F. 2000, "L'architettura funeraria", in M. Torelli (ed.), *Gli Etruschi*, Milano, 335-344.

Regoli, C. 2017, "Un nuovo contributo da Regisvilla", in *ScAnt*, 23, Roma, 305-310.

Rendeli, M. 1993, *Città aperte, ambiente e paesaggio rurale organizzato nell'Etruria meridionale costiera durante l'età orientalizzante e arcaica*, Roma.

Rizzo, M. A. 1990, *Le Anfore da trasporto ed il commercio etrusco arcaico, Complessi tombali dell'Etruria Meridionale*, Roma.

Russo, A. - Carosi, S. - Pozzi Battaglia, M. 2017 (eds), *Egizi Etruschi, da Eugene Berman allo Scarabeo dorato, ai Musei Capitolini*, Roma.

Scapaticci, M. G. 2005, "Usi e rituale del banchetto funebre in Etruria", in https://storico.beniculturali.it/mibac/multimedia/MiBAC/minisiti/alimentazione/sezioni/etastorica/etruria/articoli/funebre.html.

Scapaticci, M. G. 2012, "Pendenti di collana", in A. Russo (ed.), *Ambra dalle rive del Baltico all'Etruria*, Roma, 71-73.

Sgubini Moretti, A. M. 1980, "Montalto di Castro, loc. Pian dei Gangani (Viterbo). Scavi e scoperte", in *StEtr*, 48, 531-533.

Sgubini Moretti, A. M. 1988, "Nota di topografia vulcente", in M. A. Rizzo (ed.), *Un artista etrusco e il suo mondo: il pittore di Micali, Studi di archeologia 5*, Roma, 105-111.

Sgubini Moretti, A. M. 1993, *Vulci e il suo territorio*, Roma.

Sgubini Moretti, A. M. 1994, "Ricerche archeologiche a Vulci: 1985-1990", in M. Martelli (ed.), *Tyrrhenoi philotechnoi*, Roma, 9-50.

Sgubini Moretti, A. M. 2002, *Vulci: scoperte e riscoperte, Nuovi dati dal territorio e dai depositi del Museo, Catalogo della Mostra Montalto di Castro 10 maggio-30 agosto 2002*, Roma.

Shepherd, E. J. 2008, "Manufatti in piombo di età romana a Populonia e nel suo territorio", in F. Chizzani Marcìa - C. Megale (eds), *Materiali per Populonia 8*, Pisa, 171-182.

Stibbe, C. M. 1986, "Il cratere laconico", in F. Pompili (ed.), *Studi sulla ceramica laconica*, 75- 100.

Szilágyi, J. G. 1988, Ceramica etrusco-corinzia figurata II, in *MonEtr*, 8, 1998.

Tamburini, P. 2000, "Vulci e il suo territorio", in M. Celuzza (ed.), *Vulci e il suo territorio nelle collezioni del Museo Archeologico e d'Arte della Maremma*, Milano, 17-48.

Tamburini, P. 2000a, "Il bucchero", in M. Celuzza (ed.), *Vulci e il suo territorio nelle collezioni del Museo Archeologico e d'Arte della Maremma*, Milano, 96-112.

Tamburini, P. 2004, "Dai primi studi sul bucchero etrusco al riconoscimento del bucchero di Orvieto: importazioni, produzioni locali, rassegna morfologica", in A. Naso (ed.), *Appunti sul bucchero, Atti delle giornate di studio*, Firenze, 179-222.

30

Perduti in mare, giacciono qui. Il monumento funebre del *Menesseno* di Platone

Elena Sofia Capra
Università degli Studi di Roma 'Tor Vergata'

Abstract: The paper focuses on the imaginary funerary monument that is the background and constant reference of the λόγος ἐπιτάφιος pronounced by Socrates in Plato's Menexenus. In it lie the fallen of some Athenian wars. The analysis of the references to this presence, through the refrain ἐνθάδε κεῖνται, allows us to acknowledge that these are the dead in the wars fought between 457 and 406 B.C., i.e. the civil wars between Greeks, responsible for the decline of Athens and experienced by Socrates himself. This is an unusual key to interpreting the Platonic manipulation of Athenian events, whose dead are, like Socrates and Athens, both buried under the eyes of all and impossible to find.

Keywords: *Menesseno; Platone; demosion sema; logos epitaphios; caduti in guerra; democrazia ateniese.*

'– E dei caduti che facciamo? perché sono morti? – Io non saprei cosa rispondere.'

Cesare Pavese, *La casa in collina*, 1947

30.1. Sulla strada per l'Accademia. Introduzione.

"Ad Atene, fuori città, nei demi, e lungo le vie, vi sono templi degli dei, e tombe di eroi e uomini. Vicinissima è l'Accademia" scrive Pausania[1] nell'aprire la descrizione, tormentatissima dai moderni, del δημόσιον σῆμα[2], ossia il cimitero pubblico che ospitava i πολυάνδρια dei caduti in guerra e le stele con i soli nomi, senza patronimico né demotico[3]. Esso era la cornice dell'annuale cerimonia di sepoltura descritta da Tucidide[4], rito civico con cui la città si sostituiva alle famiglie di coloro che erano morti per la patria[5], onorando tramite loro sé stessa. Che la strada che portava alla zona deputata fin dal VI secolo a.C. alla formazione più tradizionalista dei giovani attraversasse tale luogo denso di significati[6] è tutt'altro che casuale: le sepolture pubbliche costituivano uno sfondo ideale per l'edificazione di nuovi cittadini, cui offrivano un monito patriottico. Ma la posizione del δημόσιον σῆμα (Fig. 30.1) fa sì che tale paesaggio funerario sia parte integrante anche del progetto dell'Accademia platonica, fondata nella stessa area nel 387 a.C.: l'immagine del cimitero democratico

per eccellenza[7] accompagnava, infatti, anche chi da Atene raggiungeva la sede delle lezioni di Platone, centro di una riflessione politica fieramente critica verso quell'ideale.

Poco dopo il 387 a.C. Platone dovette comporre il "dialogo funerario", il *Menesseno*[8]. Opera enigmatica, tanto da aver suscitato sospetti di inautenticità e molteplici interpretazioni[9], esso è incentrato sulla riscrittura deformata di un λόφος ἐπιτάφιος: una tipologia retorica determinante nella costruzione ideologica della democrazia ateniese, destinata a essere recitata nella cerimonia che si è ricordata ed esemplificata dall'epitafio attribuito a Pericle da Tucidide (2.35-46). A tale testo il *Menesseno* fa costante riferimento[10], misurandosi fin dal prologo con l'eredità della retorica, e della politica, periclea. Qui Socrate, ironico verso la pratica dell'orazione funeraria, viene sfidato da Menesseno a comporne una; propone, invece, l'orazione di Aspasia, che, dopo aver composto l'epitafio del *partner* Pericle, ne avrebbe riutilizzato i ritagli in un altro discorso, proposto come modello ai suoi allievi, tra cui Socrate. In essa, contrariamente al Pericle di Tucidide[11], l'oratore si sofferma sul percorso storico che ha riempito le tombe di cittadini[12] e procurato gloria alla città grazie al costante servizio della libertà greca, muovendosi

---

[1] Paus. 1.29.2.
[2] Kurtz - Boardman 1971, 108-121; Knoepfler 1996.
[3] Loraux 1981, 21 e 360, nn. 51-52; Arrington 2011; Bérard 2020, 20-23.
[4] Thuc., 2.34. Per gli usi in relazione ai caduti in guerra, Pritchett 1985, 94-259; Garland 1985, 89-93.
[5] Su questo aspetto, Loraux 1981, 24-28; Arrington 2015, 38.
[6] Sul ginnasio cittadino in età tardo arcaica, Marchiandi 2014c, 1480-1484. Per gli scavi nell'area dell'Accademia, Marchiandi 2014a. Sulla vicinanza dei πολυάνδρια: Loraux 1981, 20-23; Clairmont 1983a, 3, 43-45. Per la collocazione del cimitero pubblico anche: Lynch 1984; Arrington 2010.

[7] Sull'impianto egalitario e democratico, Loraux 1981, 22. Anche, Low 2003 e Arrington 2015, 49-54.
[8] Qui citato nell'edizione Burnet 1903.
[9] Definire il *Menesseno* un enigma, un *puzzle*, è un luogo comune degli studi; sulla serie di problemi da esso posti cfr. per es. Kahn 1963; Tulli 2003, 91-94. Sull'autenticità vi è un'ampia bibliografia; cfr. per es. Thesleff 1982, 116 e n. 287. Per le interpretazioni fino al XX secolo, Clavaud 1980, 15-77. Per uno stato dell'arte, Parker - Robitzsch 2018b.
[10] Ciò era chiaro a Dionisio alicarnasseo (*Dem.* 23). Berndt 1881, 3; Rhodes 1988, 217; Tulli 2003, 97-100.
[11] Thuc. 2.36.4. Qui Bosworth (2000, 4) chiosa "the past is almost literally buried". Porciani 2001, 65-68.
[12] Per usare i termini di Isocrate (8. 87-88). Su questo passo, Marchiandi - Mari 2016, 188-189.

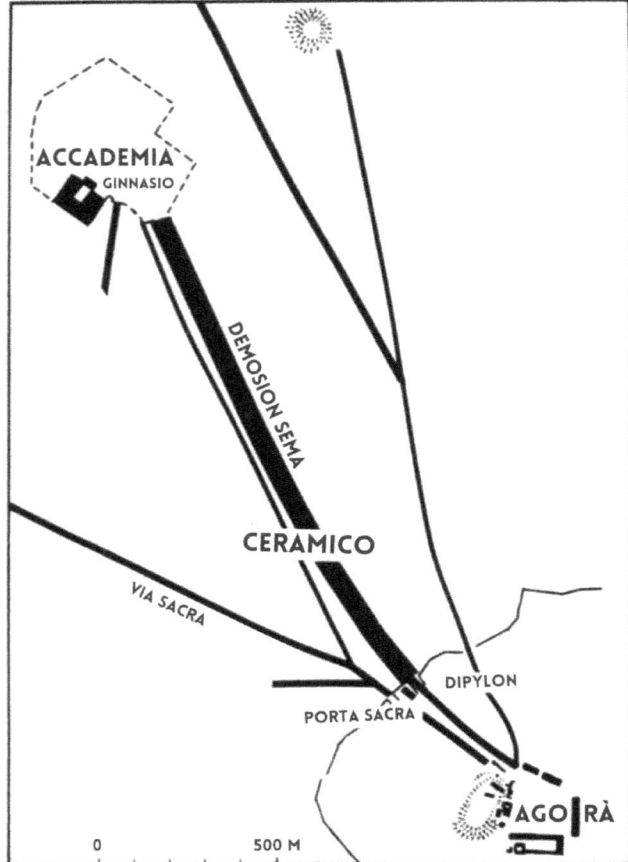

Fig. 30.1. La posizione del δημόσιον σῆμα ad Atene (rielaborazione di Loraux 1981).

tra le guerre persiane e la pace del Re del 386 a.C. Questo dato crea forse il più audace anacronismo di Platone: la data di morte di Socrate, infatti, gli impedisce di conoscere vicende del IV secolo, e ciò rende esplicitamente 'impossibile' un discorso che, dal punto di vista tematico e ideologico, ribalta la storia ufficiale di Atene, facendone risaltare – attraverso silenzi, insolite sottolineature, palesi falsificazioni – il volto meno glorioso.

L'epitafio, per sua natura, ha un rapporto stretto con l'immagine del sepolcreto (σῆμα, μνῆμα o τάφος) presso il quale è pronunciato e con i defunti le cui ceneri sono deposte nell'occasione celebrata. Negli esempi superstiti (oltre al già citato epitafio tucidideo di Pericle e al *Menesseno*, restano notizie dell'epitafio di Gorgia e orazioni attribuite a Lisia, Demostene e Iperide[13]) il lessico della sepoltura è assai frequente[14] e così l'uso di deittici e del dimostrativo ὅδε[15] in riferimento ai caduti, primi

destinatari dell'elogio. Lo scopo del presente lavoro è quello di esaminare il ruolo che tale immagine ricopre nel *Menesseno*: si intende mostrare come, in un finto epitafio in cui non si esplicita quale sia il conflitto in cui sono morti i caduti che si sta onorando[16], le allusioni al monumento funebre e ai suoi ospiti costituiscano un *Leitmotiv* della sezione storica, rivelatore del suo reale oggetto e dei suoi reali destinatari.

30.2. Caduti per la libertà, caduti contro i Greci. Tanagra ed Enofita (*Mx.* 241e-242c).

Come si è detto, il primo evento storico cui l'oratore del *Menesseno* riserva spazio è lo scontro con la Persia che segna l'ascesa di Atene a città *leader* e maestra della Grecia[17]. I combattenti di tale conflitto sono collocati nella generazione precedente (si parla, infatti, di πάτερες, non di πρόγονοι[18]) rispetto a quelli cui l'orazione è dedicata. Sulla sepoltura di quanti fra di essi persero la vita non vi è alcuna informazione, il che è corretto rispetto a quanto sappiamo del δημόσιον σῆμα ateniese e alle informazioni di Tucidide. Lo storico, nell'introdurre l'orazione di Pericle, sottolinea infatti come i Maratonomachi non furono seppelliti ad Atene, ma sul luogo della battaglia[19]. Lo stesso avvenne almeno a Platea, su cui Tucidide tace[20]. Il *Menesseno*, concordemente, celebra i caduti contro i Persiani come genitori, da un punto di vista genealogico e morale, dei morti oggetto di lode, senza riferimenti a una loro presenza nel μνῆμα di fronte al quale si 'esibisce' l'oratore.

Un aspetto del passo di Tucidide sui caduti di Maratona ha destato perplessità e persino dubbi di interpolazione[21]: esso afferma che la sepoltura delle loro ceneri sul luogo della battaglia e non ad Atene costituisse già un'eccezione al πάτριος νόμος. La retrodatazione della sepoltura ad Atene dei caduti in guerra a prima delle guerre persiane contrasta con l'informazione fornita dall'oratore del *Menesseno*, che afferma invece che i primi a ottenere tale onore siano stati i combattenti morti nelle battaglie di Tanagra ed Enofita durante la 'prima guerra del Peloponneso': οὗτοι δὴ πρῶτοι μετὰ τὸν Περσικὸν πόλεμον, Ἕλλησιν ἤδη ὑπὲρ τῆς ἐλευθερίας βοηθοῦντες πρὸς Ἕλληνας, ἄνδρες ἀγαθοὶ γενόμενοι καὶ ἐλευθερώσαντες οἷς ἐβοήθουν, ἐν τῷδε τῷ μνήματι τιμηθέντες ὑπὸ τῆς πόλεως πρῶτοι ἐτέθησαν (*Mx.* 242b-c). La formulazione, come si vede, è

---

[13] Sui testi superstiti del genere, Loraux 1981, 8. Per riprese in altri generi, Collard 1972; Vannicelli 2002.

[14] Loraux 1981, 22, n. 20.

[15] Su οἶδε nell'epitafio di Pericle, Loraux 1981, 39 n. 89; Rusten 1989, 138. Qui il dimostrativo è riferito ai morti in 11 su 24 occorrenze; nell'epitafio di Lisia (Carey 2007), 3 delle 11 occorrenze di ὅδε sono riferite alla tomba; in quello di Demostene (Rennie 1931), delle 17 totali 11 sono riferite ai caduti e 2 alla tomba. Nel *Menesseno*, è usato per lo più nella sezione iniziale.

[16] Come sottolinea per esempio Frangeskou 1999, 316.

[17] In particolare, Pl., *Mx.* 240 d-e.

[18] Il secondo termine indicherebbe, data la breve gittata della memoria storica familiare nel mondo classico, la terza generazione: Thomas 1989, 123-131; Vannicelli 2002, 69-70 n. 15. Analogamente nell'epitafio tucidideo: Rusten 1989, 14. Sul gioco di piani temporali in tale discorso: Bodin 1932, 92; Kakridis 1961, 10-11.

[19] Thuc. 34.5-6. Concorda Paus. 1.29.4.

[20] Sui morti di Platea, Jacoby 1944, 42-43; Loraux 1981, 29; Clairmont 1983a, 9 e 95-123; Pritchett 1985, 168 e 173-175. Per Gomme (1956, 98) era imperdonabile il silenzio di Tucidide; anche Romilly 1962, 25; Rhodes 1988, 216-217. Per alcuni il motivo è che non fu una vera vittoria ateniese: Classen - Steup 1897, 57; Rusten 1989, 137.

[21] Per la storia della questione, Hornblower 2003, 292-294. Bravo (2006) sostiene che la frase sia interpolata. Preponderante la spiegazione di Ostwald (1969, 175-176), secondo cui Tucidide non ha qui pretese di esaustività, anche se l'argomentazione non convince tutti: Pritchett 1985, 124-125, n. 92; Rhodes 1985, 651; Porciani 1996, 583-584.

assai ambigua. Il primato dei caduti di Tanagra ed Enofita appare duplice[22]: da un lato, sono presentati come i primi "dopo la guerra persiana" a essersi battuti per la libertà, ma questa volta, con un cambiamento radicale, avendo come nemici altri Greci; dall'altro, essi sono i primi a essere sepolti "qui", ἐν τῷδε τῷ μνήματι. Molti interpretano il passo nel senso che i caduti di Tanagra ed Enofita siano stati i primi a essere seppelliti nello μνῆμα dopo essere morti in conflitti contro altri Greci[23], per evitare un contrasto non tanto con Tucidide, che non gode sul punto di grande fiducia[24], quanto con i dati epigrafici che pongono un *terminus ante quem* nel 464 a.C.[25], in accordo con la testimonianza di Pausania[26]. Ma è più opportuno riconoscere che la tradizione antica vede quattro autori (Tucidide, Platone, Diodoro Siculo[27] e Pausania) offrire informazioni contraddittorie; sul piano storico-politico, è stato argomentato[28] come il momento più plausibile per la fondazione o la normalizzazione[29] del rito di sepoltura pubblica siano gli anni '70 o '60, in età cimoniana[30], anche in connessione con l'intervento del Filaide per il rimpatrio delle spoglie dell'eroe fondatore della costituzione attica, Teseo[31], e forse con la riqualificazione della zona dell'Accademia[32]. Circa il *Menesseno*, per spiegare la discrepanza occorre ricordare che esso si fonda sulla selezione tendenziosa dei fatti, volta a far risaltare criticità e spazi oscuri della storia ateniese, e non a descrivere la realtà. La relazione con gli effettivi caduti presenti o

assenti nel δημόσιον σῆμα è fuori campo; Platone sceglie a livello retorico di proporre come inizio del *proprio* μνῆμα i morti di Tanagra ed Enofita, creando un momento di svolta nell'orazione. Nel passaggio dal livello dei "padri" a quello di "questi" caduti, per la prima volta si fa esplicita menzione della presenza ingombrante di un immaginario sfondo funerario che viene così connesso con i conflitti interni al mondo greco[33], prime avvisaglie di un'ostilità tra Atene e gli altri Greci che sarà rovinoso per la città attica. Lo μνῆμα di riferimento di Socrate/Aspasia si avvia a diventare non il monumento funebre dei caduti ateniesi in guerra, né quello dei caduti di una specifica battaglia: sarà il monumento funebre unitario[34] dedicato ai caduti delle guerre civili tra Greci.

30.3. Trionfatori e vinti. La guerra del Peloponneso (*Mx.* 242c-243d).

Proprio l'ostilità dei Greci contro Atene fa da *trait d'union*, nella carrellata proposta dall'oratore del *Menesseno*, con il πολὺς πόλεμος, ossia la guerra archidamica[35]. Esso è riassunto in due episodi: il grande trauma dell'invasione dell'Attica e la vittoria navale ateniese di Sfacteria del 425 a.C. (la seconda in diretta connessione con la pace di Nicia). I caduti di questo conflitto costituiscono il secondo gruppo sepolto ἐνθάδε, nello μνῆμα sullo sfondo; essi avrebbero riaffermato il primato conseguito da Atene con le guerre persiane. Il tema che caratterizza questa sezione è quello del carattere intestino, e dunque abnorme, di un conflitto tra ὁμόφυλοι, tra popoli che condividono la stirpe greca; un tema già presente nella 'prima guerra del Peloponneso'[36]. La guerra combattuta dai caduti che "giacciono qui", testimoni di un'eccellenza ateniese tutt'altro – si insinua – che indiscussa nonostante la costruzione ideologica sulle guerre persiane, è qualificata come una στάσις[37], nella quale, come afferma l'oratore con graffiante sarcasmo, in termini prossimi a quelli della *Repubblica*[38], i rapporti tra belligeranti devono essere improntati a reciproco rispetto[39]. Essa nega l'unità del mondo greco e condanna Atene a una forse gloriosa, ma fatale, solitudine.

Il passo successivo è rappresentato dal τρίτος πόλεμος,

---

[22] Questa è l'interpretazione sottostante la traduzione di Méridier 1931, 94.

[23] Seguendo Jacoby 1944, 54 n. 77, leggono così per esempio Pritchett 1985, 115; Tsitsiridis 1998, 304; Ruggeri 2013, 141.

[24] Ostwald (1969, 175-176) sostiene che Tucidide non sia interessato a collocare cronologicamente l'instaurarsi del πάτριος νόμος della sepoltura pubblica dei caduti e che, d'altro canto, non esprima affatto la convinzione che tale pratica, pure presente da epoche più remote, fosse sempre applicata; per Clairmont 1983a, 10-12, si concorda, tale epoca remota sarebbe quella fondativa della democrazia ateniese (fine VI secolo). Riprende tali posizioni Hornblower 2003, 294. Sulla necessità di distinguere tra l'uso del funerale pubblico in Atene e la legge che lo regola: Humphreys 1980, 102; Humphreys 1993, 89; Bravo 2006, 123. A favore di Tucidide, Gomme 1956, 94-98.

[25] Marchiandi 2014b, 1444.

[26] Egli afferma (Paus. 1.29.4) che nel σῆμα è presente la lista dei caduti della battaglia di Drabesco del 465 (sulla quale Bearzot 1994), il che può essere creduto; aggiunge, però, che si trattasse dei primi sepolti lì, il che contraddittorio già all'interno del paragrafo stesso (Musti - Beschi 1982, 375) ed è generalmente rifiutato: sullo stato della questione Pritchett 1985, 113, nn. 60-61. Nel caso di Pausania è stata discussa molto la possibilità di attribuire all'aggettivo πρῶτοι un valore spaziale e non temporale; analoga possibilità è esclusa nel passo platonico per ragioni di contesto oltre che, come nel caso di Pausania, di tempo verbale utilizzato (aoristo in luogo di presente).

[27] La cui formulazione (D.S., 11. 33. 3) riporta all'epoca delle guerre persiane.

[28] L'intuizione è di Curtius - Milchhöfer 1891, 119, seguiti da Hauvette 1898; come nota (criticamente) Jacoby: "the thesis [...] has become (through Wilamowitz' authority) the general opinion". Jacoby 1944, 46 n. 44 (con bibliografia). Maltomini 2006, 95-98. Concordano, per esempio, Clairmont 1983a, 12-15; Pritchett 1985, 109. Loraux 1981, 56-64 pensa, invece, a una connessione con Efialte, di pochi anni successiva.

[29] Come preferisce Prandi 1990, 53. Anche Tulli 2003, 96-97, incerto sulla data di nascita del λόγος ἐπιτάφιος, pensa comunque a una formazione lenta e preletteraria, se anteriore alla piena Pentekontaetia.

[30] Forse già per i caduti dell'Eurimedonte: Page 1981, 269; Pritchett 1985, 178; *contra* Jacoby 1944, 48-49 e 52-53.

[31] Plu., *Cim.* 8. 5-7 e *Th.* 36. 1-4. Il fatto è da collocarsi poco dopo il 476 (Ampolo - Manfredini 1988, 259); sulle sue implicazioni politico-militari, Carena - Manfredini - Piccirilli 1990, 228 (con ulteriore bibliografia).

[32] Marchiandi 2014c, 1485.

[33] La fondamentale intuizione è in Loraux 1981, 63. Anche Petrucci in Centrone - Petrucci 2012, 465, n. 61.

[34] I termini μνῆμα e τάφος, al singolare, dovrebbero peraltro essere riferiti a una singola tomba: Bravo 2006.

[35] Pl., *Mx.* 242c-e. Platone non parla di guerra archidamica, né di guerra del Peloponneso, il che è comune ai suoi contemporanei: Tsitsiridis 1998, 304-305. Già Berndt (1881, 50) affermava che la suddivisione della guerra del Peloponneso di Platone fosse operata *non inconsulte*, ma in coerenza con Tucidide. Sulla periodizzazione del conflitto, de Ste. Croix 1972, 294-295; Strauss 1997 (specialmente 169); Parmeggiani 2011, 459-462; Bearzot 2021, 38 e 236, n. 28.

[36] Sul tema del *Menesseno*, Pappas - Zelcer 2013, 6-7.

[37] Στασιασάσης τῆς Ἑλλάδος περιγενόμενοι τῷ πολέμῳ (Pl., *Mx.* 242e).

[38] Pl., *Rep.* 5.469b-471b. Già Gorgia nel suo epitafio doveva attribuire uno statuto diverso alle guerre contro altri Greci rispetto a quelle contro barbari (Philostr., *VS* 1.9.493-494). Come nel *Menesseno*, il tema assume una sfumatura di amarezza in Erodoto (Hdt. 7.9.2). Vannicelli - Corcella 2017, 314.

[39] Ben diverso fu quanto avvenne durante la Guerra del Peloponneso: Romilly 1999; Gastaldi 2000, 309-312.

la "terza guerra"; si tratta, per noi come per Tucidide, della ripresa della guerra del Peloponneso[40]. In modo singolare, la disfatta nella spedizione siciliana è deformata in un dettato che pare enfatizzare i brevi successi iniziali e trasformare la sconfitta in una sorta di 'vittoria morale' guastata da difficoltà logistiche. Tuttavia, non è taciuta, secondo la reiterata tecnica del *Menesseno* di insistere, sotto le apparenti lodi, sui momenti meno gloriosi della storia ateniese. Complesso è l'accenno alle battaglie dell'Ellesponto, che riassume, quasi fondendole, diverse vittorie ateniesi tra il 411 e il 408 a.C., ma anche sconfitte come Nozio (407/6)[41]. I caduti di tali scontri figurano tra coloro che sono "sepolti qui": torna il *refrain* ἐνθάδε κεῖνται. Resta incerto se le ceneri dei numerosi caduti a Siracusa fossero state rispedite in patria o riportate dai pochi superstiti[42], o se almeno fossero elencati su stele tutti i loro nomi nel δημόσιον σῆμα[43]: ma anche in questo caso l'oratore del *Menesseno*, lungi da ogni istanza documentaria, riunisce i caduti dei momenti più significativi della *débacle* ateniese senza necessariamente riferirsi al luogo fisico delle sepolture. La natura immaginaria, riassuntiva e simbolica del suo ἐνθάδε risulterà particolarmente chiara subito dopo, con un'affermazione rivelatrice nella sua completa paradossalità.

L'ultimo riferimento ai caduti in guerra "sepolti qui" nell'orazione suona, infatti, come una provocazione. Nel ricordare i soldati morti nella ναυμαχία vittoriosa al largo delle Arginuse del 406 a.C., l'oratore afferma che ἀναξίου τύχης τυχόντες, οὐκ ἀναιρεθέντες ἐκ τῆς θαλάττης κεῖνται ἐνθάδε (*Mx.* 243b-d). Si allude qui al fatto che, a seguito della battaglia, per una tempesta, gli strateghi rinunciarono a raccogliere i naufraghi o i corpi dei caduti, per poi essere condannati in un celebre processo per tale atto empio[44]. È ovviamente interessante che si tratti di un momento decisivo per la vita dei due oratori: certo per Socrate, pritano in quell'anno, il cui dissenso verso le modalità del processo è più volte ricordato da Platone come sua unica e fallimentare esperienza politica[45]; ma forse anche per Aspasia, madre di Pericle il Giovane, tra i condannati in quell'occasione[46]. Tuttavia, tali connessioni biografiche non devono essere eccessivamente enfatizzate a fronte del peso che il valore pubblico di quei morti assume. Benché vi potesse essere un cenotafio dei caduti delle Arginuse, è

riduttivo cogliere il passo come un semplice riferimento a tale monumento[47], cui peraltro l'espressione ἐνθάδε κεῖνται si applica con difficoltà[48]; a prevalere è l'immagine, fortemente simbolica, dell'ossimorica commistione di presenza e assenza di questi caduti che, ben lungi dall'aver garantito ad Atene la vittoria definitiva, come qui (*Mx.* 243c-d) sfrontatamente si afferma, riassumono con la propria vicenda la rovina della città.

30.4. "Ogni caduto somiglia a chi resta"[49]: la guerra civile ateniese (*Mx.* 244a-b).

Con le Arginuse terminano i riferimenti ai caduti che giacciono nel μνῆμα, come abbiamo visto simbolico e non reale, in presenza del quale si tiene l'orazione. Gli ultimi defunti prepotentemente richiamati, anche se senza indicazioni circa la loro sepoltura, sono quelli, assai controversi, morti non solo per mano di altri Greci, ma di altri Ateniesi. Viene qui individuato il compito di cui l'epitafio si investe: occasioni come la presente possono, infatti, riconciliare i caduti nella guerra civile e rifondare, dunque, la πόλις ancora ferita dagli odi intestini. Il problema era stato, all'indomani del rientro dei democratici, fortemente sentito: si pensi alla legge del μὴ μνησικακεῖν, ma anche al massacro degli oligarchi a Eleusi[50], che l'oratore del *Menesseno* non tace, con il suo tono antifrastico. Ora, l'orazione impossibile esorta a un bilancio che chiuda quella fase sanguinosa partendo proprio dai suoi protagonisti più difficili da pacificare, quanti vi hanno perso la vita. È significativo che l'oratore sottolinei, qui, il ruolo dei vivi, οἱ ζῶντες: siamo, infatti, a una svolta, perché nei paragrafi successivi l'epitafio si dilungherà sulla guerra di Corinto, ossia, con uno scarto che, come si è anticipato, è il più stupefacente del dialogo. Socrate racconterà fatti storici successivi alla propria morte; siamo insomma alle sue ultime parole 'da vivo'. In questa sezione non si parla mai di caduti che "giacciono qui": la finzione dell'epitafio si autosmaschera, beffardamente, e il testo pare staccarsi dall'impalcatura della cornice costruita (dall'identità degli oratori allo sfondo funerario) per rivolgersi al vero uditore, l'Ateniese degli anni della composizione, e mostrare la sua vera natura di riflessione corrosiva sulla storia e sul destino di Atene[51].

30.5. Quali caduti. Conclusione.

Nel chiudere la sezione storica, per aprirne una esortativa,

---

[40] Pl., *Mx.* 242e-243b.

[41] Su questa fusione, Clavaud 1980, 129-130.

[42] Come fu forse per i morti della prima fase: Bradeen 1969, 158. Per lui le liste dei caduti successivi impiegarono anni per essere completate. È convinta che quello per i caduti di Sicilia fosse un cenotafio, Loraux 1981, 356, n. 18.

[43] Pritchett 1985, 198-202, è persuaso, anche in base a un parallelismo assai insistito con la guerra del Vietnam, che ciò fosse possibile. Clairmont 1979, 126, è invece fortemente scettico.

[44] Xen., *HG* 1.7; D. S., 13. 101-103. I due autori discordano sul capo di imputazione. Su questo, Bérard 2020, 12.

[45] Pl., *Ap.* 32a-c; *Grg.* 473e-474a; anche Xen., *Mem.* 1.1.17-18.

[46] Su di lui, Nails 2002, 227-228; egli appare in rapporto di stima con Socrate in Xen., *Mem.* 3.5.1-28. Enfatizza l'importanza di Aspasia "grieving mother", Zelcer 2018, 40-42, con qualche patetismo ("the changed heart that comes from burying a son and lover" e simili). Che Aspasia fosse madre dello strateggo è solo suggerito dalle fonti (Henry 1995, 15) e non è certo che fosse viva nel 406 a.C. (la data proposta da Nails 2002, 58-59, il 401/400 a.C., è congetturale).

[47] Clairmont 1983b, 253 n. 5; egli è convinto che vi fosse un cenotafio per tali caduti, ma considera opportunamente che quella di Platone non è affatto una testimonianza al riguardo. Pensano che Platone alluddesse al fisico cenotafio: Cosattini 1901, 93; Jacoby 1944, 40 n. 11; Pritchett 1985, 258. Anche Bravo 2006, 118.

[48] Lo ammette Tsitsiridis 1998, 325, che comunque interpreta "da sie unglücklicherweise nicht aus dem Meer nicht gezogen werden konnten, gibt es für sie hier ein Kenotaph" (326).

[49] Il riferimento è al famoso epilogo de *La casa in collina* di Cesare Pavese, già ricordato in esergo.

[50] Sul periodo di transizione e la liquidazione di Eleusi, Canfora 2013, 167-205.

[51] Una soluzione alternativa è quella di considerare interpolata la sezione dedicata alla guerra di Corinto: per esempio, Nails 2002, 319-320. Essa risente di un desiderio di normalizzazione frequente nella critica platonica.

l'oratore, come 'tornando in sé', riassume quanto trattato con queste parole: τὰ μὲν δὴ ἔργα ταῦτα τῶν ἀνδρῶν τῶν ἐνθάδε κειμένων καὶ τῶν ἄλλων ὅσοι ὑπὲρ τῆς πόλεως τετελευτήκασι (*Mx.* 246a). Egli sottolinea un aspetto emerso dai ragionamenti che si sono proposti: che non tutti i caduti dei conflitti citati, ossia dei maggiori conflitti della storia ateniese tra il 490 e il 386 a.C., sono immaginati come sepolti nello μνῆμα di fronte al quale si svolge il discorso. L'epitafio, che manca di un'occasione circoscritta, non è tuttavia dedicato a tutti i caduti di Atene. Chi sono dunque οἱ ἄνδρες οἱ ἐνθάδε κείμενοι? Da quanto detto risulta che essi non sono i caduti della guerra di Corinto[52]; sono i caduti nelle tre fasi del conflitto intraellenico, tra Tanagra e le Arginuse, la cui generazione è stretta tra quella dei πάτερες combattenti delle guerre persiane e quella degli ζῶντες protagonisti della faticosa pacificazione e della nuova guerra. L'orazione del *Menesseno* si configura, dunque, per parafrasare il titolo dell'orazione attribuita a Lisia, come un *Epitafio per i caduti in difesa della libertà dei Greci contro altri Greci*, caduti nella catena di conflitti che ha portato alla drammatica sconfitta di Atene. I loro nomi e le loro ceneri, nella realtà, non sono isolati dagli altri né accomunati in un'unica lista; nel reale μνῆμα, che, come abbiamo ricordato in apertura, Platone e i suoi allievi costeggiano recandosi all'Accademia, molti nomi e molte ceneri mancano. Ma, come avrebbe detto il Pericle di Tucidide, essi sono riuniti e sepolti nella memoria del testo platonico[53], come caduti in guerre rovinose in nome di uno slogan propagandistico e di una città accecata, degni di essere elogiati da un uomo già morto, condannato in nome di quello stesso ideale e da quella stessa città.

Bibliografia

Ampolo, C. - Manfredini, M. (eds) 1988, *Plutarco. Le vite di Teseo e di Romolo*, Milano.

Arrington, N. T. 2010, "Topographic Semantics: The Location of the Athenian Public Cemetery and Its Significance for the Nascent Democracy", in *Hesperia*, 79.4, 499-539.

Arrington, N. T. 2011, "Inscribing Defeat: The Commemorative Dynamics of the Athenian Casualty Lists", in *ClAnt*, 30.2, 179-212.

Arrington, N. T. 2015, *Ashes, Images, and Memories: The Presence of the War Dead in Fifth-Century Athens*, Oxford-New York.

Bearzot, C. S. 1994, "Cimone, il disastro di Drabesco e la svolta democratica del 462/1: a proposito di Aristotele, *AP*, 27, 1", in *AncSoc*, 25, 19-31.

Bearzot, C. S. 2021, *Alcibiade: il leone della democrazia ateniese. Stratega, politico, avventuriero*, Roma.

Bérard, R.-M. 2020, "La politique du cadavre: Traitements funéraires et usages civiques des morts à la guerre en Grèce archaïque et classique", in *AnnHistScSoc*, 75.1, 3-38.

Berndt, Th. 1881, *De ironia Menexeni Platonici*, Münster.

Bodin, L. 1932, "Isocrate et Thucydide", in AA.VV., *Mélanges Gustave Glotz*, I, Paris, 93-102.

Bosworth, A. B. 2000, "The Historical Context of Thucydides' Funeral Oration", in *JHS*, 120, 1-16.

Bradeen, D. W. 1969, "The Athenian Casualty Lists", in *ClQ*, 63.1, 145-159.

Bravo, B. 2006, "Il Patrios Nomos di Jacoby, la critica del testo, il cimitero del Kerameikos nell'immaginario civico ateniese", in C. Ampolo (ed.), *Aspetti dell'opera di Felix Jacoby*, Pisa, 109-131.

Canfora, L. 2013, *La guerra civile ateniese*, Milano.

Carena, C. - Manfredini, M. - Piccirilli, L. (eds) 1990, *Plutarco. Le vite di Cimone e di Lucullo*, Milano.

Caruso, A. 2014, "La Storia dell'Accademia da Platone a Proclo", in E.Greco (ed.), *Topografia di Atene. Sviluppo urbano e monumenti dalle origini al III sec. d. C., IV, Ceramico, Dipylon e Accademia*, Atene-Paestum, 1501-1504.

Centrone, B. - Petrucci, F. M. (eds) 2012, *Platone. Ippia maggiore, Ippia minore, Ione, Menesseno*, Torino.

Clairmont, Ch. W. 1979, "New Light on Some Public Athenian Documents of the 5th and 4th Century", in *ZPE*, 36, 123-130.

Clairmont, Ch. W. 1983a, *Patrios Nomos. Public Burial in Athens during the Fifth and Fourth Centuries B.C. The Archaeological, Epigraphic-Literary and Historical Evidence*, I, Oxford.

Clairmont, Ch. W. 1983b, *Patrios Nomos. Public Burial in Athens during the Fifth and Fourth Centuries B.C. The Archaeological, Epigraphic-Literary and Historical Evidence*, II, Oxford.

Classen, J. - Steup, J. (eds) 1897, *Thukydides*, I, Berlin.

Clavaud, R. 1980, *Le Ménexène de Platon et la rhétorique de son temps*, Paris.

Collard, Ch. 1972, "The Funeral Oration in Euripides' *Supplices*", in *BICS*, 19, 39-53.

Cosattini, A. (ed.) 1901, *Platone. Il Menesseno. Testo e commento*, Firenze.

Curtius, E. - Milchhöfer A. 1891, *Die Stadtgeschichte von Athen*, Berlin.

Dodds, E. R. (ed.) 1959, *Plato's Gorgias. A Revised Text with Introduction and Commentary*, Oxford.

Frangeskou, V. 1999, "Tradition and Originality in Some Attic Funeral Orations", in *Classical World*, 92.4, 315-336.

Garland, R. 1985, *The Greek Way of Death*, Ithaca.

---

[52] *Contra* per esempio Mazzarino 1973, 428 (che non offre alcuna argomentazione). Anche Gastaldi 2000, 322.
[53] Si riecheggia Thuc. 2.43.2-3.

Gastaldi, S. 2000, "La guerra della kallipolis", in Vegetti M. (ed.), *Platone. La Repubblica, IV, Libro V*, Napoli.

Gomme, A. W. 1956, *A Historical Commentary on Thucydides. The Ten Year's War, II, Books II-III*, Oxford.

Hauvette, A. 1898, "Les *Éleusiniens* d'Eschyle et l'institution du discours funèbre à Athènes", in AA.VV., *Mélanges Henri Weil. Recueil de mémoires concernant l'histoire et la littérature grecques dédié à Henri Weil*, Paris, 159-178.

Henry, M. M. 1995, *Prisoner of History: Aspasia of Miletus and Her Biographical Tradition*, New York.

Hornblower, S. 2003, *A Commentary on Thucydides, I, Books 1-3*, Oxford.

Humphreys, S. C. 1980, "Family Tombs and Tomb Cult in Ancient Athens. Tradition or Traditionalism?", in *JHS*, 100, 96-126.

Humphreys, S. C. 1993, *The Family, Women and Death: Comparative Studies*, Ann Arbor.

Jacoby, F. 1944, "Patrios Nomos. State Burial in Athens and the Public Cemetery in the Kerameikos", in *JHS*, 64, 37-66.

Kahn, Ch. H. 1963, "Plato's Funeral Oration: The Motive of the *Menexenus*", in *ClPhil*, 58, 220-234.

Kakridis, J. Th. 1961, *Der Thukydideische Epitaphios, ein stilistischer Kommentar*, München.

Knoepfler, D. 1996, "Sur une interprétation historique de Pausanias dans sa description du Dêmosion Sêma athénien", in J. Bingen (ed.), *Pausanias historien: huit exposés suivis de discussions*, Genève-Vandœuvres, 277-319.

Kurtz, D. C. - Boardman, J. 1971, *Greek Burial Customs*, Ithaca.

Loraux, N. 1981, *L'invention d'Athènes: histoire de l'oraison funèbre dans la cité classique*, Paris-New York.

Loraux, N. 1982, "Mourir devant Troie, tomber pour Athènes; de la gloire du héros à l'idée de la cité", in G. Gnoli - J.-P. Vernant, (eds), *La mort, les morts dans les sociétés anciennes*, Cambridge, 27-43.

Low, P. 2003, "Remembering War in Fifth-Century Greece: Ideologies, Societies, and Commemoration beyond Democratic Athens", in *WorldA*, 35.1, 98-111.

Lynch, J. P. 1984, "Hipparchos' Wall in the Academy at Athens: A Closer Look at the Tradition", in K. J. Rigsby (ed.), *Studies Presented to Sterling Dow on His Eightieth Birthday*, Durham, 173-179.

Maltomini, F. 2006, "L'indagine di Jacoby sugli usi funerari ateniesi", in C. Ampolo (ed.), *Aspetti dell'opera di Felix Jacoby*, Pisa, 93-108.

Marchiandi, D. 2014a, "Gli scavi all'Accademia", in E. Greco (ed.), *Topografia di Atene. Sviluppo urbano e monumenti dalle origini al III sec. d. C., IV, Ceramico, Dipylon e Accademia*, Atene-Paestum, 1472-1476.

Marchiandi, D. 2014b, "Il demosion sema", in E. Greco (ed.), *Topografia di Atene. Sviluppo urbano e monumenti dalle origini al III sec. d. C., IV, Ceramico, Dipylon e Accademia*, Atene-Paestum, 1441-1455.

Marchiandi, D. 2014c, "Il ginnasio dell'Accademia", in E. Greco (ed.), *Topografia di Atene. Sviluppo urbano e monumenti dalle origini al III sec. d. C., IV, Ceramico, Dipylon e Accademia*, Atene-Paestum, 1480-1491.

Marchiandi, D. 2020. "In the Shadow of Athena Polias: The Divinities of the Academy, the Training of Politai and Death in Service to Athens", in P. Kalligas - Ch. Balla - E. Baziotopoulou-Valavani - V. Karasmanis (eds), *Plato's Academy: Its Workings and Its History*, Cambridge-New York, 11-27.

Marchiandi, D. - Mari, M. 2016, "I funerali per i caduti in guerra. La difficile armonia di pubblico e privato nell'Atene del V secolo a. C.", in *MedAnt*, 19.1-2, 177-201.

Mazzarino, S. 1973, *Il pensiero storico classico*, I, Roma-Bari.

Méridier, L. (ed.) 1931, *Platon. Oeuvres complètes, V, I, Ion, Ménéxène, Euthydème*, Paris.

Musti, D. - Beschi, L. (eds) 1982, *Pausania. Guida della Grecia, I. L'Attica*, Milano.

Nails, D. 2002, *The People of Plato: a Prosopography of Plato and Other Socratics*, Indianapolis.

Ostwald, M. 1969, *Nomos and the Beginnings of the Athenian Democracy*, Oxford.

Page, D. L. (ed.) 1981, *Further Greek Epigrams. Epigrams before A.D. 50 from the Greek Anthology and Other Sources, Not Included in Hellenistic Epigrams or The Garland of Philip*, Cambridge.

Pappas, N. - Zelcer, M. 2013, "Plato's *Menexenus* as a History That Falls into Patterns", in *Ancient Philosophy*, 33.1, 1-13.

Parker, H. - Robitzsch, J. M. 2018a, "Introduction", in H. Parker - J. M. Robitzsch (eds), *Speeches for the Dead: Essays on Plato's* Menexenus, Berlin-Boston, 1-8.

Parker, H. - Robitzsch, J. M. (eds) 2018b, *Speeches for the Dead: Essays on Plato's* Menexenus, Berlin-Boston.

Parmeggiani, G. 2011, *Eforo di Cuma: studi di storiografia greca*, Bologna.

Porciani, L. 1996, "I caduti di Maratona. Su Tucidide, 2, 34, 5", in *AnnPisa*, 1.2, 579-588.

Porciani, L. 2001, *Prime forme della storiografia greca: prospettiva locale e generale nella narrazione storica*, Stuttgart.

Prandi, L. 1990, "I caduti delle guerre persiane (morti per la città o morti per la Grecia?)", in M. Sordi (ed.), *Dulce et decorum pro patria mori: la morte in combattimento nell'antichità*, Milano, 47-68.

Pritchett, W. K. 1985, *The Greek State at War,* IV, Los Angeles.

Rhodes, P. J. 1985, *A Commentary on the Aristotelian Athenaion Politeia*, Oxford-New York.

Rhodes, P. J. (ed.) 1988, *Thucydides. History II*, Warminster.

Romilly, J. de (ed.) 1962, *Thucydide. La guerre du Péloponnèse. Livre II*, Paris.

Romilly, J. de (1999), "Guerre et paix entre cités", in J.-P. Vernant (ed.), *Problèmes de la guerre en Grèce ancienne*, Paris, 273-290.

Ruggeri, C. 2013, *Die antiken Schriftzeugnisse über den Kerameikos von Athen, II, Das Dipylongebiet und der äussere Kerameikos*, Wien.

Rusten, J. S. (ed.) 1989, *Thucydides. The Peloponnesian War, Book II*, Cambridge.

Ste. Croix, G. E. M. de. 1972, *The Origins of the Peloponnesian War*, London.

Strauss, B. S. 1997, "The Problem of Periodization: The Case of the Peloponnesian War", in M. Golden - P. Toohey (eds), *Inventing Ancient Culture: Historicism, Periodization and the Ancient World*, London-New York, 165-175.

Thesleff, H. 1982, *Studies in Platonic Chronology*, Helsinki.

Thomas, R. 1989, *Oral Tradition and Written Record in Classical Athens*, Cambridge.

Tsitsiridis, S. 1998, *Platons Menexenos*, Stuttgart.

Tulli, M. 2003, "L'Atene di Aspasia: tradizione del racconto e ricerca dell'ideale nel *Menesseno* di Platone", in A. Casanova - P. Desideri (eds), *Evento, racconto, scrittura nell'antichità classica*, Firenze, 91-106.

Vannicelli, P. 2002, "Moritur et ridet: indizi di logos epitaphios nella *Lisistrata* di Aristofane", in *QuadUrbin*, 72.3, 63-72.

Vannicelli, P. - Corcella, A. (eds) 2017, *Erodoto. Le Storie, VII, Serse e Leonida*, Roma.

Zelcer, M. 2018, "Reading the *Menexenus* Intertextually", in H. Parker - J. M. Robitzsch (eds), *Speeches for the Dead: Essays on Plato's* Menexenus, Berlin-Boston, 29-49.

31

Death, Memory and Landscape in the
West of the Roman Empire

Mónica Rolo
UNIARQ - Lisbon University Archaeology Centre

Abstract: One aims to present an overview of funerary practices during Antiquity in Lusitania, the most western of the ancient provinces of the Roman Empire, since the arrival of the first Roman military contingents to the Iberian Peninsula (3rd century BC) until Late Antiquity. The analysis of the funerary record known for the Northern Alentejo territory (Portugal) highlights the idea of death spaces as privileged contexts for the materialization of social identities and status, cultural attitudes and religious beliefs. The archaeological data available emphasize the important role that many of these necropoleis have played as spatial and symbolic references for the local communities, from the late Iron Age until the dawn of the Middle Ages. However, this stability of the 'funerary landscape' contrasts with the diversity of attitudes towards death documented. Places of memory and (self-/ collective-) representation, these cemeteries reflected ultimately the complexity of the 'landscape of the living'.

Keywords: *Hispania*; Antiquity; funerary practices; necrogeographies; society, territory.

31.1. Introduction.

The present article intends to be a brief portrait of the funerary practices during Antiquity in the countryside of the ancient Roman province of *Lusitania*, and, most specifically, in the area of Northern Alentejo (Portugal). Located in the southern half of the Portuguese territory, our geographical frame is limited, to the north, by river Tagus and, to the south, by the Limestone Massif of Estremoz. It extends east and southeast to the Spanish border and south/southeast to the right bank of the river Guadiana (ancient *Anas*).

Lusitania's province had its capital in *Augusta Emerita* (Merida, Spain), founded by *Augustus* in the late 1st century BC. Although the uncertainty on what concerns the Roman administrative limits in this geographical area (we refer, in particular, to the limits of *conventus emeritensis* and *conventus pacensis*, with capitals in *Emerita* and *Pax Iulia*[1], respectively), we assume that most of the case studies analysed have integrated the area of *conventus emeritensis*[2]. Following Diocletian's administrative reform, *Lusitania* and the whole Iberian Peninsula integrated *Diocesis Hispaniarum*, and *Emerita*, as diocese's capital, maintained its status and centrality until, at least, the 6th century AD[3].

The archaeological evidence known for Northern Alentejo suggests that, during Antiquity, this rural territory was densely populated, non-peripheral and well-connected

(Fig. 31.1). The geographical proximity to *Augusta Emerita* surely helps to explain this dynamics, as well as the significant road network available and the access to intra and extra-provincial commercial circuits[4].

31.2. Landscape and 'Deathscapes: the geographies of memory in the rural *Lusitania*.

The known archaeological evidence does not allow us to have a clear perception of the rural landscape of this area of ancient *Lusitania* on the first arrival of the Roman military contingents (late 2nd century BC). The Late Iron Age landscape seems to have been made of large empty areas and a clustered pattern of habitat, dominated by "nucleated rural settlements", some of them fortified sites on hill-tops[5], such as Cabeça de Vaiamonte (Elvas) ou Veiros (Estremoz)[6]. Under the control of Rome, and alongside the creation of urban centres and the administrative organization of the provincial territory, the countryside gradually changed. The high-altitude settlement would have given way to the occupation of extensive low-lying areas, configuring a settlement strategy centred on the use and profitability of the existing resources, namely the good agricultural soils or the abundant water resources[7]. Thus, there seems to have been a significant variety of settlement forms, going far beyond the traditional *villae*[8]

[1] Present-day Beja, Portugal.
[2] Alvarez Martinez 1988; Carneiro 2017, 42-43; Cordero Ruiz 2010, 157; Sánchez Barrero 2000.
[3] Arce 2002, 39-46; Carneiro 2014, I, 39; Cordero Ruiz 2010, 160-161.

[4] The Northern Alentejo's territory was crossed by three Roman *vias* - *vias* XII, XIV and XV, two of which connected *Emerita* to the Atlantic port of *Olisipo* (present-day Lisbon) and functioned as commercial distribution channels. Almeida 2000, 161-167; Carneiro 2014, I, 168.
[5] Edmonson 1994, 16; Fabião 1999-2000, 9.
[6] Fabião 1998; Arnaud - Gamito 1974-1977.
[7] Casarotto - Pelgrom - Stek 2019, 749-750.
[8] Edmonson 1994, 19-20; Fabião 1999-2000, 10; Fabião 2020, 457-457.

Fig. 31.1. Location of the Northern Alentejo in the Portuguese territory and the funerary sites mentioned in the text (reworked from Google Earth).

such as farmsteads and villages[9], religious sites[10], and 'industrial' settlements related with the exploitation of local resources, such as mining exploitation or the marble quarries of the so-called 'marble triangle' (Estremoz - Borba - Vila Viçosa)[11]. During the 4th and 5th centuries AD, there was a period of great vitality and renewal of the large *villae* (e.g., the *villae* of Torre de Palma, Monforte and Horta da Torre, Fronteira), converted in "*urbes in rure*"[12]. With the progressive dismantling of the ancient political-administrative and economic system, and in parallel with the growing implantation of Christianity among the local communities, new elites emerged, and the countryside became a privileged scenario for their *mise-en-scéne*. Changes in land ownership and rural exploitation strategies, especially evident from the 5th century AD onwards, moulded a new rural landscape[13].

Concerning the 'deathscape', the archaeological data available portrays a set of necropoleis *in agro*, presumably

associated with *villae* and other rural settlements[14], in almost all cases yet to be located. The relation between the topographic implantation of these rural necropoleis and the hydrographic and road network seems to be confirmed – most of these sites concentrated between the course of River *Anas* and the course of roads XII and XIV[15], preferentially located on gently sloping terraces, with good visibility (or, at least, with visual contact) with the residential areas, and near watercourses[16]. During Late Antiquity, the new necropoleis tend to occupy ancient Roman structures (residential or others), suggesting a reminiscent cultural/symbolic connection with the Classical landscape. As A. Chavarría recalls, "knowledge about post-Roman funerary practices permits us to suppose that, at least in some cases, there was a possible cohabitation between the dead and the living"[17]. In the Early Middle Ages (7th-8th centuries AD onwards), this cultural connection seems to be definitely lost and, in parallel with new changes in the settlement patterns, a new religiosity and funerary customs were forged[18]. Graves dug in the rock, such as the ones of Nossa Senhora do Carmo, Arronches[19] and Tapada do Tristão, Castelo de Vide[20] became common.

[9] See, for example, Monte da Nora, Elvas. Teichner 2008.
[10] For example, the Endovelico's sanctuary, in São Miguel da Mota, Alandroal. Guerra *et al.* 2003; Schattner - Fabião - Guerra 2013.
[11] These 'industrial' settlements are well illustrated, in the first case, by the presumed *pagus ad metallum* of Conhal do Arneiro (Nisa), in the northern limit of our geographical frame, associated with the gold exploitation in River Tagus (Carneiro 2014, I, 138-139), and, in the second case, by the presumed *vici marmorarius* identified in Senhora dos Mártires, Estremoz and Vilhares de Galharda, Vila Viçosa (Carneiro 2014, I, 173, and II, 239-242 and 429).
[12] Teichner 2008, 621.
[13] On this topic see, for example, Carneiro 2017.

[14] Caldeira 2004, 30; Frade - Caetano 1993, 849.
[15] Carneiro 2014, I, 167-182.
[16] Teichner 2017, 557.
[17] Chavarría 2004, 82.
[18] Carneiro 2002, 6.
[19] Rolo 2018, I, 151-152.
[20] Prata 2012, 42-43.

31.2.1. The necropoleis.

To compose a portrait of the funerary practices documented during Antiquity in the territory of Northern Alentejo, we present a set of case studies chronologically comprised between the Late Iron Age (3rd century BC, i.e., the period corresponding to the Second Punic War and the arrival of Roman military contingents to the Iberian Peninsula) and Late Antiquity (6th-7th centuries AD). It is important, however, to keep in mind the imbalance of the information available and, thus being, be aware of the limitations of the results. On one hand, is noteworthy the nature of the available data, i.e., most of the known data for our geographical frame results from the excavation of *villae*. Therefore, the reality of other rural settlement patterns, as well as of the funerary sites, remains (comparatively) poorly unknown. On the other hand, the uneven volume of information on the funerary sites (most of them already destroyed by agrarian exploitation), aggravated by the absence of chrono-stratigaphic data for the majority of the cases, difficult the reconstruction of the 'necrogeographies'.

31.2.1.1. Late Iron Age.

The two case studies chosen to illustrate funerary evidence from Late Iron Age in Northern Alentejo territory are Cardeira (Alandroal) and Chaminé (Elvas) *necropoleis*. In 1950 in Cardeira's necropolis were found three cremation burials, one of which containing one iron spearhead and one iron falcata (Fig. 31.2), both datable to the 4th-3rd centuries BC[21]. No plan of the funerary space is known, only that the three graves were 20 to 50 cm apart[22]. It is not possible to estimate the total area occupied by the Iron Age burials, their minimum number, or any patterns of spatial organization. Nevertheless, the typical Late Iron Age 'deathscape' known for this geographical area is easily recognised: burials in urns, associated with the practice of cremation, placed in pits or box-shaped structures made of local stone, covered by soil and smaller stones. For some authors, the presence of the spearhead and falcata within the grave's assemblage could suggest that the deceased belonged to the local elite[23].

For the same chronological period, we also have Chaminé necropolis (Elvas). It is an example of long-term and intensive funerary use of a site, as we shall see. In Chaminé a large urnfield from Late Iron Age - around 180 cremations, placed inside pottery urns - was identified[24]. The grave goods (manual or wheel-made pottery and metals) indicate a chronological frame between the late 4th - early 2nd centuries BC. A significant part of these objects would have been fragmented and burnt, revealing the practice of incineration of the corpse together with the funerary assemblage[25]. Among the grave goods, stand out a sword, two spearheads and one spur[26]. The fact that some of the metallic objects were bent or broken confirms the practice of the "destructive rite" (i.e., the ritual destruction of the weapons before exposing them to the fire), common until the beginning of the 3rd century BC and progressively abandoned from that period onwards[27].

31.2.1.2. Early Roman Period.

The majority of these Northern Alentejo *necropoleis* seem to have been used during the 1st and 2nd centuries AD - *circa* 59% of our sample have documented high-imperial tombs[28]. However, this evidence should not be interpreted as the result of a period of greater demographic density and/or higher mortality, but rather as a reflection of the state of knowledge about the funerary landscape in this territory[29].

To illustrate the Early Roman burial practices we point out, among others, the example of Horta das Pinas (Elvas). It corresponds to a cremation necropolis datable to the second half of the 1st century - early 2nd century AD (one single phase of use), with a total area of approximately 4 ha and 61 burials excavated[30]. The practice of cremation *in busta* was attested, as well as cremation with secondary deposition (10 *ustrina* identified). The tomb architecture was quite diverse, from simple burials in urns (similar to those from the Late Iron Age urnfields) to more elaborated graves - box-shaped, rectangular graves, built with Roman roof tiles and bricks and/or stones (Fig. 31.3). This *necropolis* has provided a very representative assemblage of grave goods (170 items), among which some of the less common ceramic forms documented in these necropoleis, such as one Hispanic *terra sigillata* vessel form 54[31]. The most ancient glass vessels among the grave assemblages analyzed also come from Horta das Pinas. Like, for example, two glass *unguentaria* form Isings 6, typical from the 1st century BC until the end of the 1st century AD[32] (Fig. 31.3).

---

[25] Vaquerizo Gil 2002, II, 159.

[26] Rolo 2018, IV, CHA.mt.047, CHA.mt.048, CHA.mt.049 and CHA.mt.058.

[27] Jiménez Díez 2006, 88. The presence of such items seems related to the evidence that: "from the beginning of the 4th century BC, and both in Iberian territory and on both plateaus, the change in the composition of the necropoleis - which then grew in size - was associated with a generalisation of weapons deposits in the grave assemblages, in parallel with their wide dispersion in the houses of the settlements". Quesada Sanz 2010, 37 (translated).

[28] Rolo 2018, I, 373.

[29] Frade - Caetano 1993, 859.

[30] Rolo 2018, I, 242-250. If the 61 excavated tombs corresponded to only one eighth of the total area of the Horta das Pinas *necropolis* (Viana - Deus 1958, 10), we would be faced with a considerable volume of burials, only justifiable by the existence of settlements in the surrounding area. In fact, it seems probable that this burial site may have been associated with a population centre of considerable dimensions and/or with a group of smaller settlements, distributed around the surrounding territory, but still to be identified.

[31] Mezquíriz 1985, II, 159; Rolo 2018, IV, HPI.tsh.001.

[32] Isings 1957, 22-23; Rolo 2018, IV, HPI.vi.018 and HPI.vi.019.

---

[21] Rolo 2018, I, 324-329 and IV, CRD.mt.001 and CRD.mt.002.

[22] Viana - Deus 1958, 9.

[23] Fabião 1998, I, 392. Two glass *unguentaria* - forms Isings 16 and 28b (Isings 1957, 34 and 42-43) - were also presumably found in Cardeira, which points to a High Imperial phase of use of this necropolis. Rolo 2018, I, 330-332; IV, CRD.vi.001 and CRD.vi.002.

[24] Rolo 2018, I, 179-184.

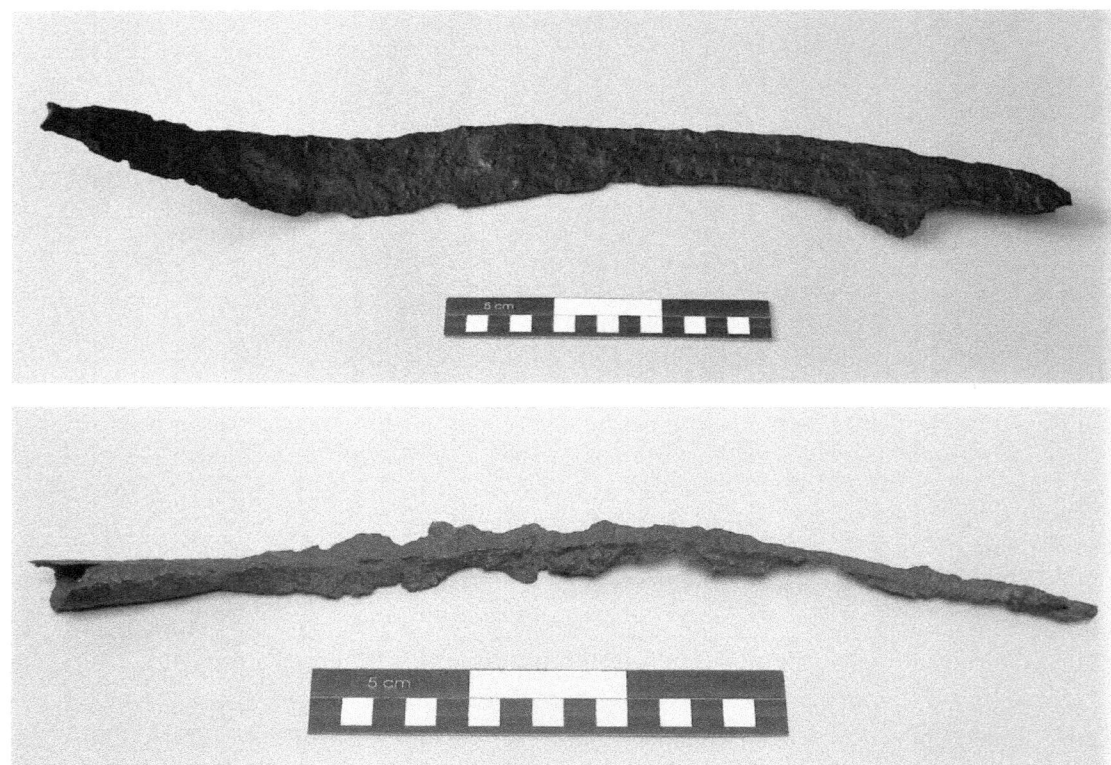

Fig. 31.2. Elvas, Portugal. *Falcata* and spearhead from Cardeira necropolis (photo by the author).

Fig. 31.3. Elvas, Portugal. Horta das Pinas' burials and glass *unguentaria* (burials draws in Rolo 2018 and photos by the author).

For the Early Roman period, we can also mention Chaminé (Elvas). In the same area of the Late Iron Age urnfield, overlapping the Late Iron Age graves, were identified burials datable to the 1st-2nd centuries AD. These burials corresponded to the second phase of use of this funerary space and they looked very similar to the pre-Roman burials: cremations, presumably *in busta* (with primary deposition), placed in burial pits covered with stones. Nevertheless, these Early Roman burials could easily be distinguished from the ancient ones by the grave goods (*terra sigillata*, thin-walled pottery, lamps, and glass). It should be noted that, unlike most of the known necropoleis in this geographical area, it is possible to assume a connection of Chaminé with a habitat site. We refer to the Roman *villa* of Carrão, located 150-200 meters SW from the funerary area, and which was presumably occupied between the 1st and the 4th centuries AD[33]. Both sites were near enough to keep visual contact between the space of the living and of the dead, but, at the same time, they were separated by a water line and distant enough to maintain the dead 'securely' away. Therefore, it seems likely that the community living and working in the *villa* used the funerary space of Chaminé[34].

31.2.1.3. Late Antiquity.

Late Antiquity was revealed to be a turning point at many levels, including funerary practices and 'deathscapes'. Torre das Arcas necropolis (Elvas) is an example of this context of change and diversity. 84 tombs were excavated, documenting, at least, two different phases of burials: one from the mid 1st century until the mid-3rd/4th century AD; and another one datable to the 6th-7th centuries AD[35]. During the first phase of use of the necropolis, both funerary rites – cremation and inhumation – were practised. Inhumation practice started during the second half of the 2nd century AD, but the use of cremation (with secondary deposition) extended until the 3rd-4th century AD[36]. The tombs' architecture was varied, independently of the funerary rite practised. The second phase of use of the necropolis (6th-7th centuries AD) was characterized by the exclusive practice of inhumation, with well-aligned graves, box-shaped, built with large stones, and oriented E-W. The grave goods were scarce or none, eventually reduced to coarse ware jars (Fig. 31.4) and/or adornment elements. These late antique burials from Torre das Arcas configure the typical features for the so-called 'Visigothic' graves in this geographical area[37].

From the 4th-5th centuries AD onwards new necropoleis were created, founded *ex novo*. That was the case of Boa Morte and Santo Amarinho necropoleis (Castelo de Vide), datable to the 6th-7th centuries AD[38]. These new necropoleis were well organized, composed exclusively by inhumations, usually oriented W-E, and with no grave goods or very few. In parallel, the 'recycling' of ancient Roman features and necropoleis also become widespread. See, for example, Camugem necropolis (Elvas): one first phase of burials, dated to the Early Roman period, and eventually related to *mausolea*[39], was followed by another phase of use, during which the funerary epitaphs from the 1st-2nd centuries AD were 'recycled' to build new tombs of a Late Antique necropolis (probably 4th-6th centuries AD). Not only is evident the change in the funerary practices (inhumation rite, no grave goods), but it also stays clear the loss of cultural references by the local late antique communities.

This 'recycling' of Roman structures also occurred in Chaminé (Elvas), where part of the structures of the Roman *villa* was 'necropolised' by late antique burials (nucleus Chaminé III – graves from the 3rd-4th centuries AD, and Chaminé IV – burials datable to 5th-7th centuries AD)[40]. The successive overlapping of different groups of tombs documented in Chaminé (*circa* 225 burials identified, associated, at least, at four different phases of use)[41], reflects the stability of the funerary topography in the long term and, ultimately, the symbolic importance that some of these funerary sites have assumed overtime for the local communities (Fig. 31.5).

31.3. Final ideas.

The analysis of the funerary record in Northern Alentejo territory during Antiquity has allowed us to reach some main ideas. Firstly, we are speaking of rural necropoleis, apparently associated with *villae* or other rural settlements. The material culture suggests that the majority of these funerary spaces would be used, not by the *dominus* or big landowners and their families, but probably by the workers, allowing us to access the 'almost invisible' story of the less privileged fringes of society.

Secondly, the evolution of the landscape remains poorly perceived. In general, it is not possible to know to what habitat sites have these necropoleis been related and, therefore, the 'landscape of the living' and the 'deathscape' look illusory apart. Nevertheless, these necropoleis reveal themselves as structuring elements of the landscape, following the idea that "if it is logical to think that every habitat site generated a funerary one, it can also be the case that some necropoleis could generate settlements in their nearby area"[42]. Independently from the chronology of the first occupation of these necropoleis, it results evident

---

[33] Rolo 2018, I, 170-173 e 192.
[34] Rolo 2018, I, 192.
[35] Rolo 2018, I, 224-238.
[36] Rolo 2018, I, 224-238.
[37] Frade - Caetano 1993, 860.
[38] Caeiro 1984; Prata 2012, 31-37 and 46-52.

[39] Caetano 2002, 319.
[40] Rolo 2018, I, 187-193. The Roman *villa* of Carrão seems to have been inhabited until, at least, the early 4th-early 5th century AD, as attests the presence of African Red Slip ware, fabrics C and D (Rolo 2018, I, 192, 355-356; IV, Carrão.tscl.001, Carrão.tscl.002). Part of it could eventually have been abandoned or disused previously, because some of the graves from Chaminé III necropolis have occupied residential structures.
[41] The area excavated was around 1600m², but the total area of the necropoleis should be (presumably) much larger. Rolo 2018, I, 179-180.
[42] Ripoll López 1989, 390 (translated).

Fig. 31.4. Elvas, Portugal. Grave goods from Torre das Arcas necropolis (photos by the author).

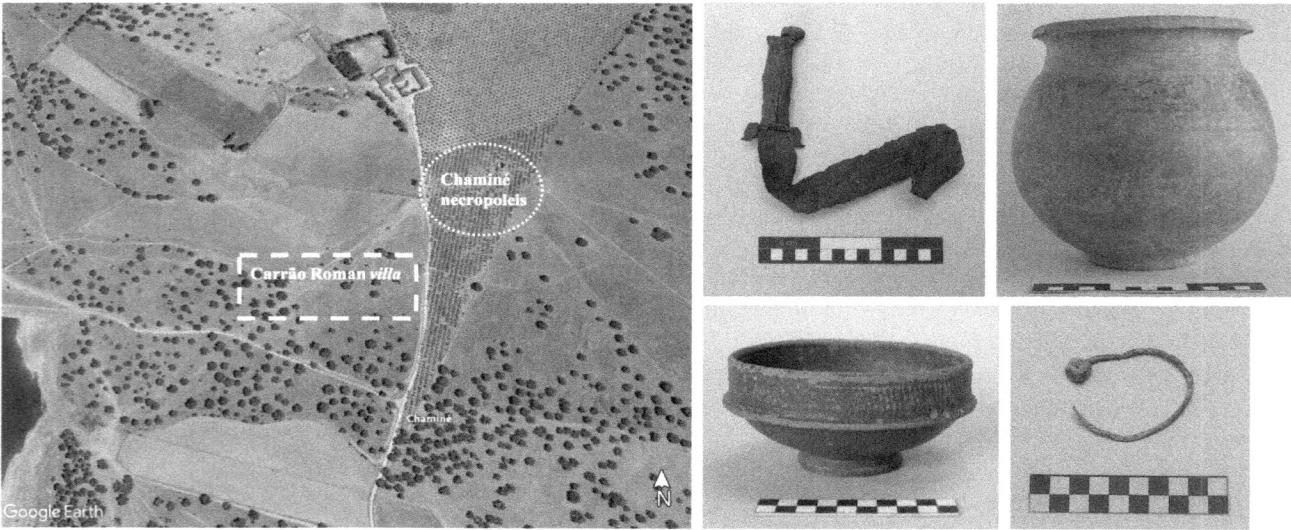

Fig. 31.5. Elvas, Portugal. Location of Chaminé necropoleis and Carrão Roman villa. Grave goods from the different phases of use of the funerary site (reworked from Google Earth and photos by the author).

their role as "mnemonic devices"[43] – places perceived by the local communities as sacred or meaningful and converted into territorial references, used throughout long continuities. This long-term memory and the stability of

funerary topography (in time and space) contrasts with the evidence of what we could call a 'hybrid' society. Since the Roman conquest until the Early Middle Ages, the diversity of the funerary record known for this area reveals the permeability between ancient practices (indigenous or Roman) and new habits (epigraphy, inhumation rite, Christian faith, etc) and enhances the image of a society

---

[43] Arnold 2010, *apud* Torres-Martínez *et al.* 2021, 13.

which was able to adjust and adopt new cultural ideas, while maintaining ancient traditions. Finally, this understanding of funerary practices as an "embodiment of key social and cultural values"[44] leads us to the idea of necropoleis as places of 'self-/group-representation'. Assuming that the dimensions of the funerary record can be as multiple as the dimensions of the identity of the deceased, its community and/or its context, it stays clear that the complexity of the funerary record reflects the complexity of the society that produces it.

Bibliography

Almeida, M.ª J. 2000, *Ocupação rural romana no actual concelho de Elvas*, Master Thesis, Coimbra University.

Alvarez Martínez, J. 1988, "Algunas observaciones sobre el «territorium emeritense», in AA.VV., *Homenaje a Samuel de los Santos*, Albacete, 185-192.

Arce, J. 2002, *Merida Tardorromana (300-580 d.C.)*, Mérida.

Arnaud, J. - Gamito, T. 1974-1977, "Cerâmicas estampilhadas da Idade do Ferro do Sul de Portugal: I - Cabeça de Vaiamonte, Monforte", in *APort*, 3ªs., 7-9, 165-202.

Arnold, B. 2010, "Memory maps: the mnemonics of Central European Iron Age Burial mounds", in K. Lillios - V. Tsamis (eds), *Material Mnemonics: everyday memory in Prehistoric Europe*, Oxford, 147-173.

Caeiro, J. 1984, *A necrópole II da Azinhaga da Boa Morte, Castelo de Vide, Edição da Junta Distrital de Portalegre*, Portalegre.

Caetano, J. 2002, "Necrópoles e ritos funerários no Ocidente da Lusitania Romana", in D. Vaquerizo Gil (ed.), *Espacios y Usos Funerários en el Occidente Romano*, I, Córdoba, 313-334.

Caldeira, A. 2004, *Alguns materiais arqueológicos romanos da Herdade do Reguengo (Vaiamonte, Monforte). Subsídios para a investigação*, Final Report Graduation History - variant of Archaeology. Nova University Lisbon.

Carneiro, A. 2002, "O fim do Império e a cristianização no território da Civitas Ammaiensis: mudança e continuidade no concelho de Fronteira", in *Ibn Maruan*, 12, 135-157.

Carneiro, A., 2014, *Lugares, tempos e pessoas. Povoamento rural no Alto Alentejo*, Coimbra.

Carneiro, A. 2017, "Nos limites do Império: Dinâmicas de povoamento na transição para a Antiguidade Tardia no Alto Alentejo (In the limits of the Empire: settlement Dynamics in the transition for Late Antiquity in Alto Alentejo)", in C. Teixeira - A. Carneiro (eds), *Arqueologia da transição: entre o mundo romano e a Idade Média*, Coimbra, 39-64.

Casarotto, A. - Pelgrom, J. - Stek, T. 2019, "A systematic GIS-based analysis of the settlement developments in the landscape of Venusia in the Hellenistic-Roman period", in *Archaeological and Anthropological Sciences*, 11.1, 735-753.

Chavarría Arnau, A. 2004, "Interpreting the Transformations of Late Antique Villas. The Case of Hispania", in N. Christie (ed.), *Landscapes of Change. Rural Evolutions in Late Antiquity and the Early Middle Ages*, Aldershot, 67-102.

Cordero Ruiz, T. 2010, "Una nueva propuesta sobre los límites del ager emeritensis durante el Imperio Romano y la Antigüedad Tardía", in *Zephyrus*, 65, 149-165.

Edmonson, J. 1994, "Creating a provincial landscape: Roman imperialism and rural change in Lusitania", in J.-C. Gorges - M. Salinas de Frías (eds), *Les campagnes de Lusitanie romaine*, Casa de Velázquez, 13-30.

Fabião, C. 1998, *O mundo indígena e a sua romanização na área céltica do território hoje português*, PhD Thesis Nova University Lisbon.

Fabião, C. 1999-2000, "Estudar o mundo rural na Antiguidade", in *A Cidade*, 13-14, 7-12.

Fabião, C. 2020, "As villae romanas da Lusitânia ocidental: velhos problemas e novas abordagens", in R. Martínez - T. Nogales - I. Rodá (eds), *Congreso Internacional Las Villas Romanas Bajoimperiales de Hispania (Palencia, 15-17 noviembre 2018) - Actas*, Palencia, 415-470.

Frade, H. - Caetano, J. 1993, "Ritos Funerários Romanos no Nordeste Alentejano", in AA. VV., *II Congresso Peninsular de História Antiga - Actas (Coimbra, 1990)*, Coimbra, 847-887.

Guerra, A. - Schattner, T. - Fabião, C. - Almeida, R. 2003, "Novas investigações no santuário de Endovélico (S. Miguel da Mota, Alandroal): a campanha de 2002", in *RPortA*, 8.2, 415-479.

Isings, C., 1957, *Roman Glass from dated finds*, Gronigen.

Jiménez Díez, A. 2006, "Contextos funerarios en la transición del mundo prerromano al romano en el sur peninsular", in *AnCord*, 17, 67-98.

Mezquíriz De Catalán, M.ª 1985, "Terra Sigillata Ispanica", in *EAA*, Roma, 2, 97-174.

Pearce, J. 2015, "Beyond grave. Excavating the Dead in the Late Roman Provinces", in L. Lavan - M. Mulryan (eds), *Field methods and post-excavation techniques in Late Antique Archaeology*, Leiden-Boston, 441-482.

Prata, S. 2012, *As necrópoles alto-medievais da Serra de São Mamede (Concelhos de Castelo de Vide e Marvão)*, Master Thesis Nova University Lisbon.

Quesada Sanz, F. 2010, "Las armas en los poblados ibéricos: teoría, método y resultados", in *Gladius*, 30, 17-42.

---

[44] Pearce 2015, 451.

Ripoll López, G. 1989, "Características generales del poblamiento y arqueología funerária visigoda de Hispania", in *Espacio, Tiempo y Forma*, 2, 389-418.

Rolo, M. 2018, *O Mundo Funerário Romano no Nordeste Alentejano (Portugal) - O Contributo das Intervenções de Abel Viana e António Dias de Deus*, PhD Thesis Nova University Lisbon.

Sánchez Barrero, P. 2000, "Territorio y sociedad en Augusta Emerita", in J.-G. Gorges - T. Nogales Basarrate (eds), *Sociedad y cultura en Lusitania Romana. IV Mesa Redonda Internacional*, Mérida, 203-228.

Schattner, T. G. - Fabião, C. - Guerra, A. 2013, "A investigação em torno do Santuário de São Miguel da Mota: o ponto da situação", in *Cadernos do Endovélico*, 1, 65-98.

Teichner, F. 2008, *Entre tierra y mar. Zwischen land und meer. Architekture und wirtschaftsweise ländliche siedlungsplätze im süden der römischen provinz lusitanien (Portugal)*, Mérida.

Torres-Martínez, J. - Fernández-Gotz, M. - Domínguez-Solera, S. - Martínez-Velasco, A. - Vacas-Madrid, D. - Serna-Gancedo, M. - Cabanillas de la Torre, G. - Galeano, M. - Fernandes, R. 2021, ""Invisible Burial" and Fragmentation Practices in Iron Age Europe: Excavations at the Monte Bernorio Necropolis (Northern Spain)", in *JFieldA*, 46.6, 399-413.

Vaquerizo Gil, D. 2002, "Espacio y usos funerarios en Corduba", in D. Vaquerizo Gil (ed.), *Espacios y Usos Funerarios en el Occidente Romano*, II, Córdoba, 141-201.

Viana, A. - Deus, A. 1958, "Campos de urnas do concelho de Elvas", in *O Instituto*, 118, 133-193.

32

Una sepoltura tardo ellenistica da Podere Cannicci (Civitella Paganico, GR). Riflessioni a margine tra vita e morte di un santuario e villaggio tardo etrusco e repubblicano

Alessandro Sebastiani
University at Buffalo - SUNY

Abstract: This paper aims to reconstruct some aspects of the rural community at Podere Cannicci (Civitella Paganico, GR) retrieved from the analysis of the excavation of a second century BC burial recently found; Podere Cannicci is a late Etruscan sanctuary, located on the north-eastern limit of the ager Rusellanus, which managed to attract the construction of a village in the period immediately following the Roman conquest. It is this liminal position that emphasized the definition of traditions and social values reflected both in the village and in the nearby necropolis. Through the analysis of the grave goods, the paper tries to reconstruct the cultural influences of the buried, their social position within the larger settlement, in order to outline the evolution of the nearby village.

Keywords: sepoltura ellenistica; Etruria; Romanizzazione; santuario; villaggio.

32.1. Introduzione.

L'insediamento tardo etrusco e repubblicano di Podere Cannicci si colloca in una sella tra piccoli rilievi, nel territorio comunale di Civitella Paganico, nella provincia di Grosseto. A poche centinaia di metri di distanza scorre il medio tratto del fiume Ombrone che si incunea in un paesaggio di colline e fitti boschi prima di inserirsi nella pianura grossetana, per completare il suo corso nel mar Tirreno. Negli ultimi quarant'anni, il sito di Podere Cannicci ha conosciuto alterne vicende di ricerca[1], così come l'intero territorio del comune, dove si registrano oltretutto notevoli testimonianze di epoca ellenistica, romano imperiale e medievale[2].

Dal 2017, l'University at Buffalo ha deciso di intraprendere un nuovo percorso di ricerca che si interessi ai cambiamenti insediativi e all'interazione con il paesaggio circostante nella lunga durata, dal periodo etrusco sino a quello medievale; l'IMPERO Project (Interconnected Mobility of People and Economies along the River Ombrone) si prefigge di indagare i resti archeologici dei siti di Podere Cannicci, che come vedremo è un villaggio di epoca repubblicana sorto a conforto delle attività economiche di un santuario tardo etrusco in uso sino al II sec. a.C.[3], e del Castellaraccio di Monteverdi, posto lungo il corso del fiume Ombrone, a poco meno di 1,5 km di distanza[4] (Fig. 32.1). Attraverso la loro indagine, si vuole riuscire a comprendere i cambiamenti sociali, politici, economici

e culturali della media valle dell'Ombrone, un'area da sempre poco interessata dalla ricerca archeologica.

32.2. Le ricerche pregresse.

Prima dell'inizio dell'IMPERO Project, l'area di Podere Cannicci fu interessata da una serie di indagini di emergenza da parte dell'allora Soprintendenza per la Toscana. Durante la posa in opera del metanodotto SNAM per le province di Siena e Grosseto alla fine degli anni '80, emersero i resti consistenti di un edificio a pianta rettangolare, organizzato attorno a uno spazio aperto, assieme a un interessante gruppo di votivi anatomici fittili di epoca tardo etrusca e repubblicana[5].

La costruzione della struttura si data su base archeologica nel corso della prima metà del III sec. a.C., momento immediatamente successivo alla conquista romana della vicina città di *Rusellae*, nel cui *ager* insisteva l'insediamento di Podere Cannicci.

L'edificio è stato interpretato come una semplice fattoria, vista anche la presenza di un magazzino contenente *dolia* ancora in situ e sigillati da uno strato di incendio che interessò la struttura nel corso dei primissimi anni del I sec. a.C.

A poche decine di metri di distanza, sempre lungo il percorso del metanodotto, fu rinvenuto un cospicuo numero di offerte votive, per lo più realizzate in terracotta con l'esclusione di un bronzetto raffigurante un bovide[6];

---

[1] Barbieri 2005a.
[2] A tal riguardo si rimanda a Monaci 1993; Barbieri 2005b; 2009a; 2009b; Marcocci 2015; Sebastiani 2021.
[3] Sebastiani *et al.* 2020; Sebastiani 2021.
[4] Hobart - Carabia 2020; Sebastiani - Hobart 2019.
[5] Barbieri 2005a; Sebastiani 2021.
[6] Fabbri 2004; Fabbri 2010; Fabbri 2018; Fabbri 2019.

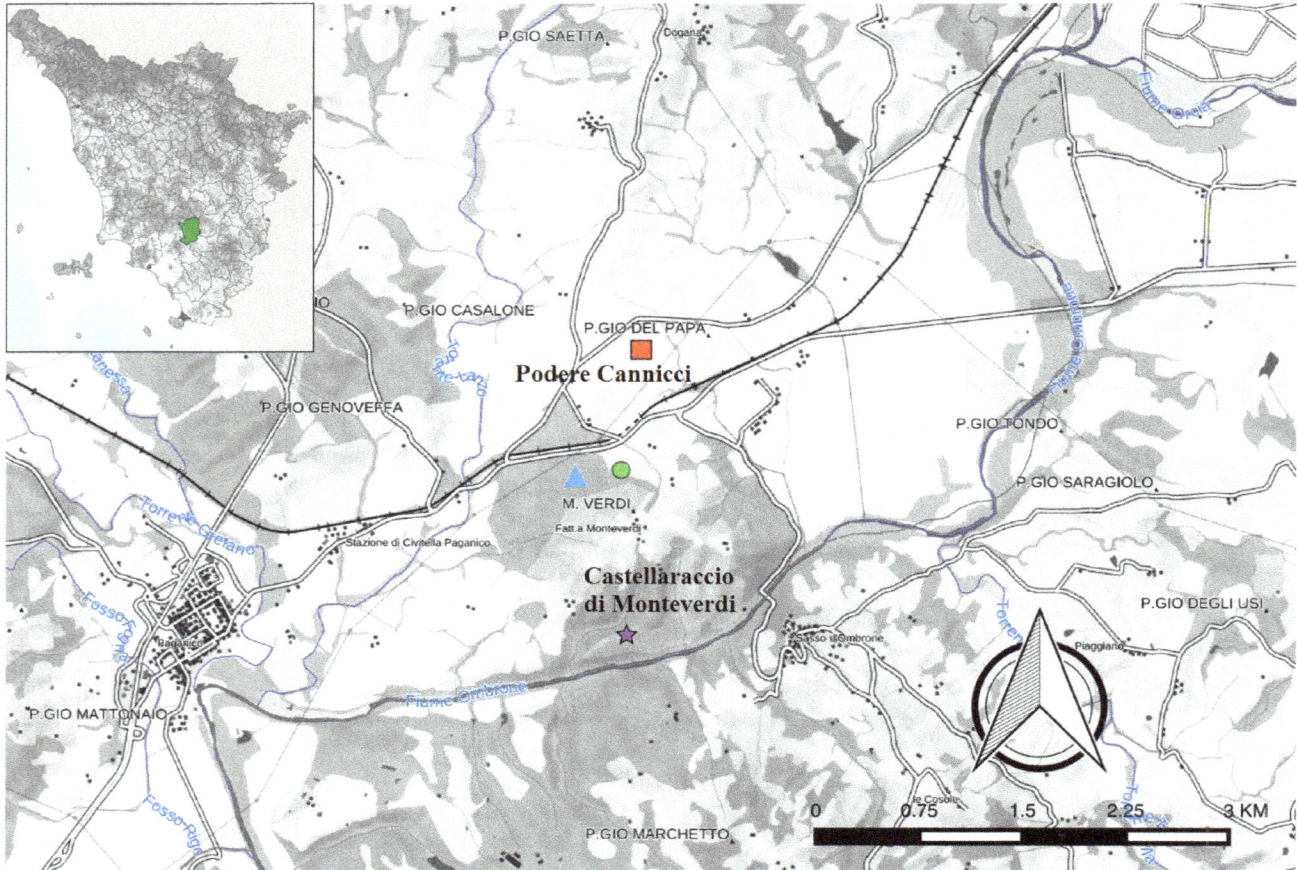

Fig. 32.1. Localizzazione degli insediamenti in corso di indagine archeologica a Civitella Paganico.

questi ex-voto rappresentano per lo più uteri e si legano a un generale culto della fertilità rafforzato dalla presenza di alcune sorgenti di acqua che si dislocano nei vari campi intorno a Podere Cannicci. Tali offerte possono essere parte sia di depositi votivi per un santuario all'aperto sia, invece, di un luogo di culto strutturato per il quale al momento la ricerca non è riuscita a localizzarne la posizione[7].

32.3. I nuovi dati dall'insediamento.

A seguito dell'interessamento da parte della famiglia proprietaria dei terreni, le indagini archeologiche sono riprese a partire dal 2017. La ricerca si è concentrata sulla comprensione funzionale del sito, e come prima iniziativa fu deciso di aprire un saggio esplorativo immediatamente a S del complesso riportato alla luce negli anni 80 e di pianificare una campagna di ricognizione geofisica nei terreni circostanti. A seguito di questa, apparve chiaro come l'insediamento fosse molto più esteso, riuscendo anche a identificare nuove zone da investigare.

Al termine di tre campagne di scavo, la ricerca ha dimostrato l'esistenza di un nucleo di edifici, gravitanti attorno a un'area sacra, forse un primo santuario all'aperto successivamente monumentalizzato; questi edifici, facenti

capo a un *vicus*, si caratterizzano per la loro funzione residenziale e produttiva, testimoniata dal rinvenimento di *ateliers* metallurgici, assieme a luoghi di stoccaggio delle derrate alimentari (Fig. 32.2). Uno di questi ambienti ha inoltre restituito un tavolino carbonizzato, con ancora i vari oggetti disposti sugli assi che lo formavano.

L'intero villaggio fu distrutto nel corso delle guerre sociali tra Mario e Silla[8], così come testimoniato dai possenti strati di incendio che sciolsero i muri in argilla, sigillando il contenuto delle varie stanze. Ad ulteriore conferma della tragicità dell'evento e della sua cronologia resta il tesoretto di *denarii* argentei rinvenuti durante lo scavo della Soprintendenza al di sotto di uno dei *dolia* dell'aree di stoccaggio[9]. La furia sillana fu tale che l'insediamento non fu mai ricostruito, e si spostò di almeno 600 m a O come mostra la ricognizione geofisica; questa ha, infatti, individuato le consistenti tracce di un edificio di ampia estensione, che materiali di superficie datano dal periodo cesariano o primo augusteo.

32.4. La necropoli.

Sempre grazie alla ricognizione geofisica intrapresa nel 2018, è stato possibile localizzare con precisione la necropoli

---

[7] Sebastiani *et al.* 2020.

[8] Sulle vicende delle guerre sociali si rimanda almeno a Keaveney 2005.
[9] Adembri 2001.

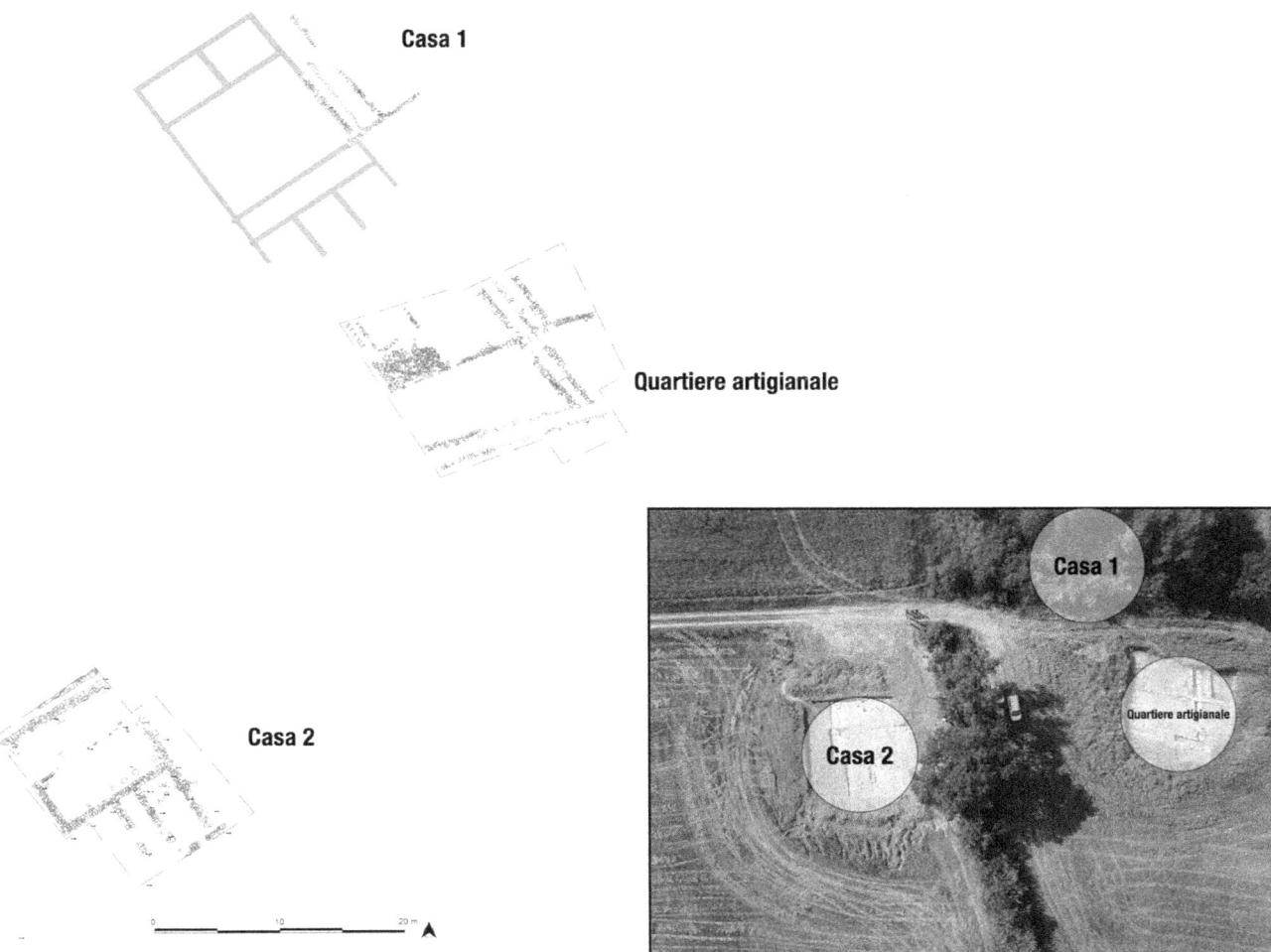

Fig. 32.2. Vista aerea e pianta dell'insediamento di Podere Cannicci.

dell'insediamento di Podere Cannicci, posta a poche decine di metri di distanza dal villaggio. Questa si colloca su di una collinetta oggi occupata da un pilone dell'elettrodotto installato nel 2005; proprio durante la sua costruzione, fu rinvenuto uno specchio in bronzo raffigurante i Dioscuri, generalmente datato tra III e II sec. a.C., e collegato alla presenza di una probabile necropoli[10]. Una prima sepoltura, indagata immediatamente in regime di emergenza assieme alla Soprintendenza Archeologia, Paesaggi e Arti della regione Toscana è stata individuata a seguito delle arature per la messa a coltura della collina[11], le quali avevano riportato in superficie alcuni frammenti ceramici, permettendo l'apertura dello scavo. La sua scoperta permette di arricchire la mappatura di necropoli di età ellenistica del territori di Civitella Paganico, dove compaiono anche il sepolcreto di Casenovole[12] e di Podere Nuovo[13].

32.5. La sepoltura.

Una volta rimosso l'humus è stato individuato un taglio nella roccia vergine della collina, riempito da un consistente strato di argilla frammista a innumerevoli ciottoli di piccole dimensioni. La sepoltura è composta da una camera pressoché circolare di 1,4 m x 1,5 m, preceduta da un ingresso di forma rettangolare anch'esso scavato nella roccia (1,5 m x 0,85 m). I bordi del taglio della camera principale presentavano consistenti lenti di bruciato, molto probabilmente dovuto alla decomposizione di tavole lignee utilizzate come copertura della sepoltura, a loro volta coperte da terra. Lo scavo ha permesso di individuare anche la probabile pietra tombale, composta da una roccia alquanto sbozzata di calcare alberese, e rinvenuta collassata al di sopra di una delle due urne all'altezza del bordo centrale della camera. La rimozione dello strato di riempimento ha permesso, oltre che a riportare alla luce l'intera sepoltura, di esporre il corredo funerario ancora completamente conservatosi. Questo si disponeva in maniera simmetrica lungo i lati occidentale e orientale della camera, mentre due urne si collocavano in maniera centrale lungo il lato settentrionale (Figg. 32.3-32.4).

[10] Barbieri 2005a, 121.
[11] Si desidera qui ringraziare il funzionario di zona, dott. M. Milletti, per la sua disponibilità durante lo scavo di emergenza, assieme a B. Baleani, C. Barbafiera, A. Marcocci, E. Mariotti, C. Mendolia, L. Giannuzzi Savelli, I. Giannuzzi Savelli, E. Ramacciotti, F. Saccoccio, M. T. Sgromo, D. Tanganelli e E. Vanni per la documentazione e lo scavo della sepoltura.
[12] Turchetti 2011; Barbieri - Lippi - Mallegni 2007.
[13] Bianchi Bandinelli 1927.

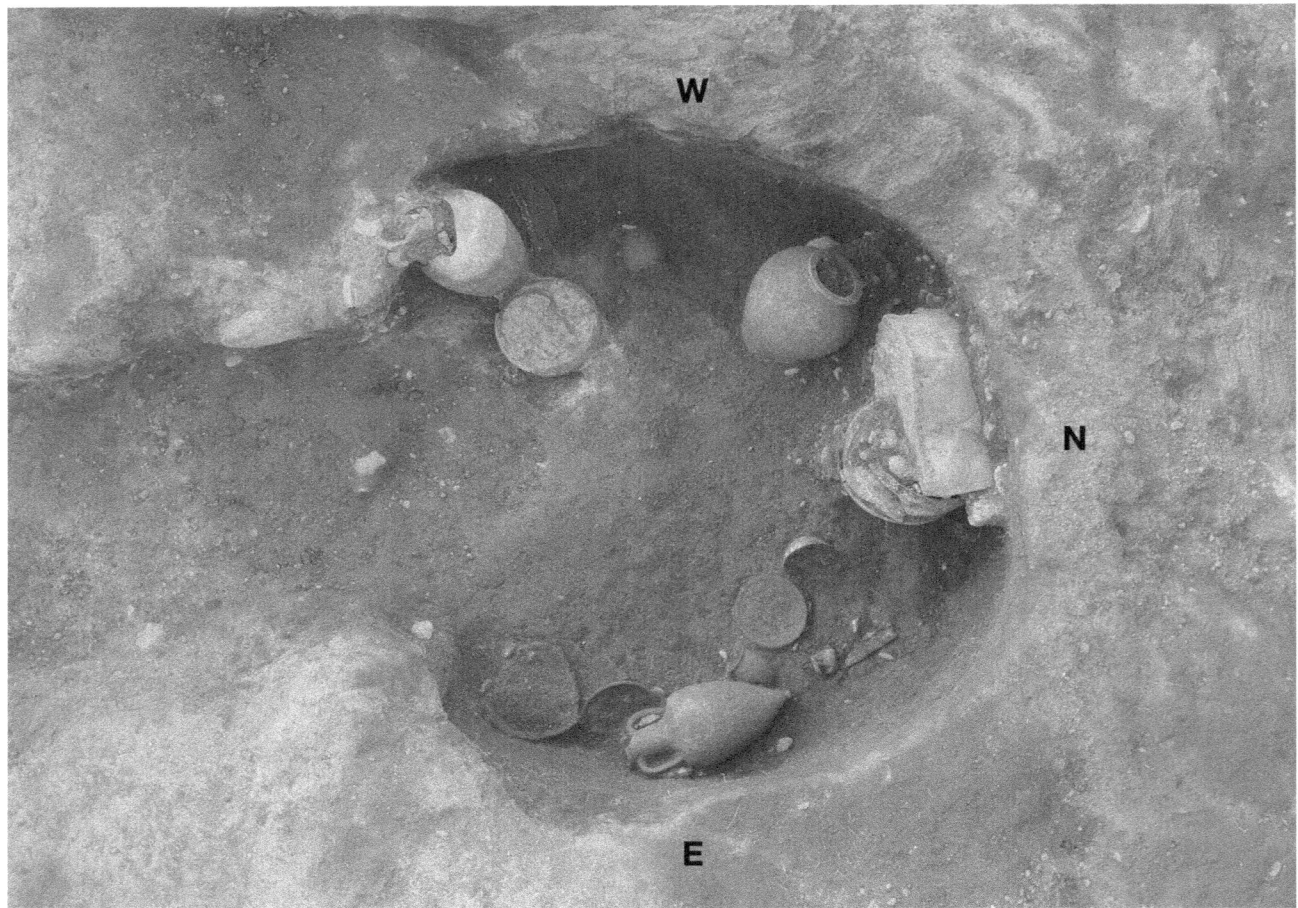

Fig. 32.3. Vista zenitale della sepoltura a termine della rimozione dello strato di riempimento.

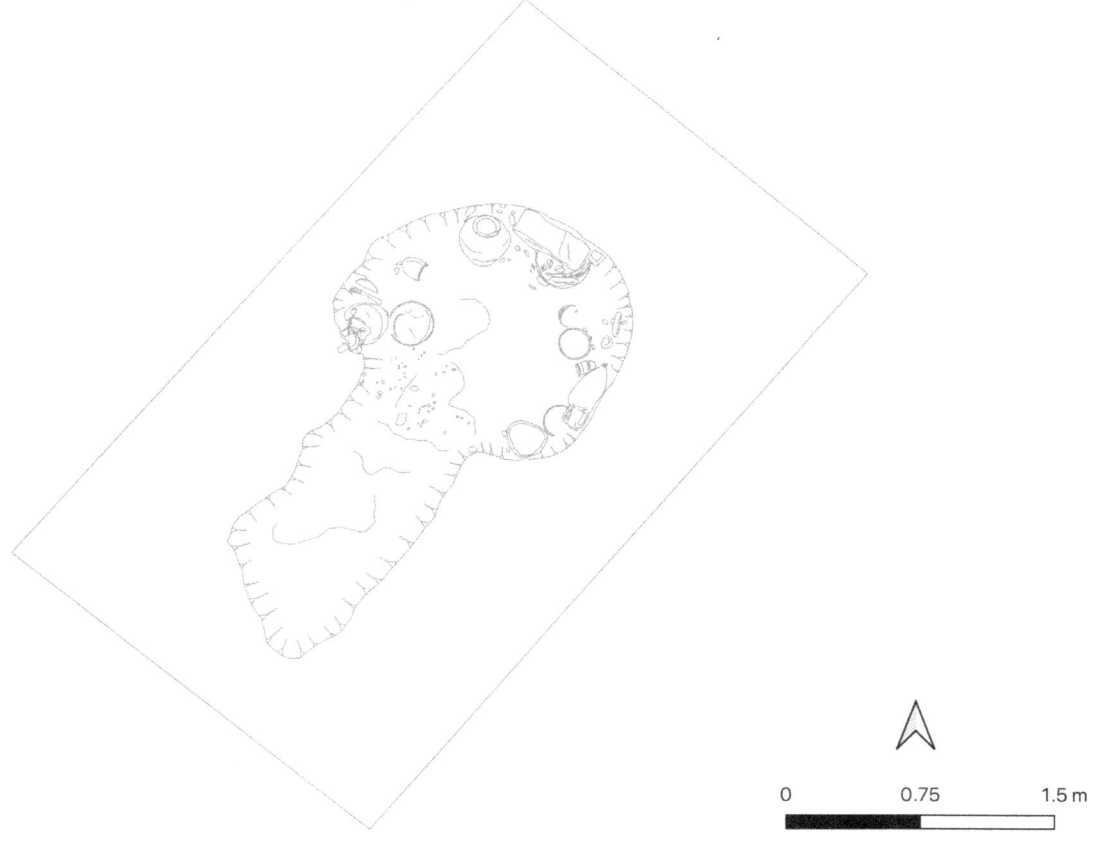

Fig. 32.4. Pianta della sepoltura rinvenuta a Podere Cannicci (elaborazione di E. Mariotti -IMPERO Project).

32.6. Il corredo.

Un totale di 24 oggetti è stato rinvenuto, come riassunto nelle tabelle nelle Figg. 32.5, 32.6 e 32.7[14]. Alcune riflessioni preliminari possono essere fatte per quanto riguarda la cronologia di deposizione delle due sepolture all'interno della camera. Come si desume dal grafico (Fig. 32.8), la cronologia generale degli elementi recuperati si dilata tra il III e la fine del II o i primissimi anni del I sec. a.C.; tuttavia, il momento di chiusura definitiva della sepoltura è da collocarsi nella parte finale del II sec. a.C.; si esclude, infatti, una datazione ai primi anni del I sec. per la totale assenza di materiale pertinente a questo solo periodo.

Le due urne rappresentano due momenti separati di deposizione. La prima si data, infatti, nella prima metà del II sec. a.C., mentre la seconda sembra puntare nel successivo cinquantennio.

È altamente probabile, quindi, che la doppia deposizione sia da riferirsi alla sepoltura dei resti di due membri della stessa famiglia, sepolti forse a distanza di una generazione. Sebbene tale distinzione cronologica non possa essere effettuata solo tramite la pura cronologia ceramica, in quanto troppo ampia nello specchio di possibilità, le rassomiglianze tra i due corredi dal punto di vista tipologico sembrano confermare un breve spazio di tempo tra le due deposizioni. Ricorrono, infatti, su entrambi i lati della camera forme in vernice nera molto simili (si pensi alle due coppe con rappresentazione in rilievo), due anfore greco-italiche di media-piccola dimensione la cui cronologia differisce di pochissimi anni, forse solo di qualche decennio, così come i bicchieri in pareti sottili dove si denota tipologicamente una migliore standardizzazione di uno rispetto a un altro, e infine la presenza di piatti in vernice rossa tra loro molto vicini nella datazione.

Il corredo offre anche la possibilità di investigare, seppure nella limitatezza dei dati a nostra disposizione, il rango sociale dei due defunti conservati nelle urne. La presenza dei due strigili sui rispettivi lati della camera, assieme alla probabile deposizione di lame o piccole armi favorirebbe il riconoscimento di due individui di sesso maschile, appartenenti allo stesso gruppo familiare.

La deposizione dei due strigili appare per lo più simbolica, come è stato ben notato anche per le necropoli di Castiglioncello, piuttosto che funzionale[15]. Non si dovrebbe trattare, infatti, del riconoscimento di due atleti, la cui presenza in un insediamento rurale come quello di Podere Cannicci sarebbe anche alquanto inusuale, ma piuttosto di un tentativo di ostentazione del rango sociale e di immedesimazione nell'ideologia delle élites urbane, divenendo oggetto di rappresentazione dello status sociale all'interno del villaggio. La stessa ripetizione in entrambi i

lati della camera dello strigile rafforzerebbe tale volontà di ostentazione sociale, rimarcata oltretutto dalla deposizione di una corona dorata all'interno dell'urna in vernice nera.

Quest'urna è prodotta nella prima metà del II sec. a.C., è di ottima fattura con patina lucida tendente al blu, impasto ben depurato e selezionato e trova confronti con solo due altri esemplari a Castiglioncello Marittimo[16]; si tratta della forma Morel 7431a, sebbene se ne discosti morfologicamente divenendone una variante, prodotta a imitazione delle situle in bronzo. Questo è un altro tassello fondamentale per comprendere il rango sociale del defunto all'interno del villaggio di Podere Cannicci, il quale aveva sicuramente accesso a beni raffinati come la sua urna imitante situle in bronzo, proveniente dai mercati volterrani e al cui interno decide di seppellire anche una corona dorata decorata con probabili foglie di ulivo e spilli. Si è di fronte, nuovamente, a un'ostentazione del rango sociale urbano dove le corone auree sono frequenti sia nella vita quotidiana sia come deposizione funeraria, declinato ora in ambito rurale, dove l'oro è utilizzato solo per rivestimento delle più semplici decorazioni in bronzo. Il richiamo alle foglie di ulivo, piuttosto che ad altre piante, potrebbe forse sottolineare la vocazione agricola di questa figura di rilievo dell'insediamento di Podere Cannicci, dove abbondano *dolia* e contenitori per la conservazione dei beni prodotti dal lavoro nel paesaggio circostante[17]. È plausibile pensare che quest'urna rappresenti la deposizione del capostipite della famiglia, l'avo al quale il gruppo familiare fa riferimento nella sua appartenenza al tessuto sociale del villaggio; sicuramente un membro medio-alto della società rurale di Podere Cannicci, il quale si associava in vita e nella morte alle élites urbane della vicina *Rusellae*, ma molto più probabilmente a quella di Volterra.

L'altra urna, quasi sicuramente appartenente alla seconda generazione familiare, si presenta più modesta nella manifattura, ma ancora simbolicamente legata ad alcuni valori sociali della famiglia di appartenenza. La sua tipologia l'accosta agli ziri o orcioli per la conservazione di liquidi, molto probabilmente l'olio di oliva, forse un voluto richiamo alla decorazione della corona dorata appena discussa[18]. Al suo interno sono state rinvenute numerose ossa combuste, assieme ad alcuni denti, e un anello in bronzo. In attesa del restauro non possiamo che confermare la sua natura semplice, in contrasto con la corona dorata; tuttavia, si può escludere un declassamento o un peggioramento delle condizioni economiche della famiglia, sottolineando come il corredo deposto sul lato occidentale sia ancora testimone di legami con produzioni di ottimo livello con l'area volterrana e con produzioni in

---

[14] L'analisi del corredo è stata effettuata dallo scrivente, con il costante aiuto di M. Brando e di F. Fabbri, ai quali va un sentito ringraziamento.
[15] Gambogi - Palladino 1999, 44-45.

[16] Gambogi - Palladino 1999, 117.
[17] *Dolia* ancora conservati *in situ* sono stati recuperati sia durante gli scavi di emergenza (Barbieri 2005a, 128-129), che nel corso delle ultime campagne archeologiche. Sebastiani *et al.* 2020.
[18] Si tratta di un recipiente di maggiori dimensioni rispetto alle tradizionali olle cinerarie in acroma depurata utilizzate comunemente come ossuari, di cui numerosi esempi possono essere rivisitati, ad esempio, in Minetti 1997; Paolucci - Salvadori 2014; Gambogi - Palladino 1999.

Oggetto	Tipo di materiale	Descrizione	Datazione
Anfora	Ceramica	Anfora greco-italica di piccole dimensioni, con puntale piccolo di 1.5 cm di altezza, rotondeggiante nella forma. integra al 85%, con frammenti staccati di orlo e del collo	Fine IV-III secolo a.C.
Olla	Ceramica	Olla d'impasto di piccole dimensioni, caraterizzata da un impasto con inclusi di medie e piccole dimensioni, tra cui si riconosce quarzo. Orlo estroflesso a tesa e fondo piano	II secolo a.C.
Piatto	Ceramica	Forma aperta in vernice nera (piattello), con piede ad anello e colorazione rossastra della vernice in alcuni tratti	II secolo a.C.
Scodella/tegame	Ceramica	Scodella/tegame a prevalenza di vernice rossa con tratti neri ed impasto semi- depurato con fondo ad anello	II-I secolo a.C.
Coppetta	Ceramica	Coppetta in vernice nera di probabile produzione Volterrana D di Malacena. Decorazione interna con probabile raffigurazione di satiro o maschera teatrale	III secolo a.C.
Bicchiere	Ceramica	Bicchiere a pareti sottili in acroma abbastanza depurata, con semplice decorazione lineare lungo il corpo principale. Orlo estroflesso con fascia	Secondo quarto del II-fine del terzo quarto del I secolo a.C.
Coppetta	Ceramica	Coppetta in vernice nera di probabile produzione Volterrana D, biansata	II-inizi I secolo a.C.
Oggetto	Ferro	Tre frammenti di oggetto in ferro – 12g	
Lancia (?)	Ferro	10 frammenti di una probabile lancia in ferro – 69g	
Lama (?)	Ferro	Un frammento di ferro dalla forma allungata – 26g	
Strigile	Ferro	Integro – 139g	

Fig. 32.5. Composizione corredo lato occidentale della sepoltura.

Oggetto	Tipo di materiale	Descrizione	Datazione
Urna	Ceramica	Urna in vernice nera di ottima qualità, molto probabilmente di produzione volterrana, presenta un orlo ad arpione, corpo globulare e piede ampiamente svasato	Prima metà del II secolo a.C.
Urna	Ceramica	Urna cineraria in acroma depurata di colore rosato con tendenza al verde senza decorazione. Presenta un orlo a tesa piatto che si unisce al corpo centrale ovoidale senza collo.	II-I secolo a.C.
Coperchio	Ceramica	Piatto/Coperchio in vernice rossa ellenistica. Presenta incrostazioni sulla superficie; piede ad anello	II secolo a.C.
Ciotola	Ceramica	Coppetta in vernice nera di cui si conserva un solo frammento dell'orlo, ad impasto grigio. La vernice si presenta lucida e ben distribuita, di buona qualità.	III secolo a.C.
Corona	Bronzo e oro	Numerosi frammenti di foglie in bronzo placcate in oro provenienti dall'urna a vernice nera. Numerosi frammenti di spilli in bronzo, con capocchie in argilla immerse in oro, sempre dall'urna in vernice nera	
Anello	Bronzo	Anello in bronzo integro proveniente dall'urna in ceramica – 2g	

Tabella 2 – Corredo lato settentrionale della sepoltura

Fig. 32.6. Composizione corredo lato settentrionale della sepoltura.

vernice nera e in vernice rossa sempre di buona qualità. Il restauro di uno dei piatti in vernice nera (sebbene già con alcune consistenti zone di vernice rossa) appartenente al lato occidentale della camera ci informa, forse del nome del defunto: infatti, la pulizia ha messo in evidenza la presenza di due lettere A e S graffite sul corpo interno in prossimità dell'orlo.

Il riempimento della seconda urna, caratterizzato da un semplice anello in bronzo, è sicuramente controbilanciato dalla più ampia deposizione di un banchetto funerario sul lato occidentale della camera. I piatti in vernice nera e rossa sono accompagnati dalla simmetrica scodella di produzione volterrana, con rappresentazione di un satiro o di una maschera teatrale, una coppa biansata in

270

Oggetto	Tipo di materiale	Descrizione	Datazione
Anfora	Ceramica	Anfora greco-italica di piccole dimensioni, presenta un piccolo puntale di 1.5cm di altezza, e rotondeggiante nella forma	III secolo a.C.
Coppa	Ceramica	Coppetta in vernice nera di probabile produzione Volterrana D di Malacena. Decorazione interna con raffigurazione di satiro o Ercole	III secolo a.C.
Bicchiere	Ceramica	Bicchiere in acroma abbastanza depurata, con semplice decorazione lineare lungo il corpo principale. Orlo estroflesso	Metà del II-inizi del I secolo a.C.
Scodella/piatto	Ceramica	Scodella/piatto in vernice nera con tratti rossi ed impasto semi-depurato con fondo ad anello	II-inizi I secolo a.C.
Piatto	Ceramica	Piattello in vernice rossa con fondo piano	Prima metà del II secolo a.C.
Scodella (?)	Ceramica	Probabile forma aperta in acroma depurata (forse in origine verniciata di rosso) e simile alla corrispettiva forma sul lato occidentale, della quale presenta lo stesso tipo di orlo e di fondo ad anello	II-I secolo a.C.
Strigile	Ferro	Frammentato – 163g	

Tabella 3 – Corredo lato orientale della sepoltura

Fig. 32.7. Composizione corredo lato orientale della sepoltura.

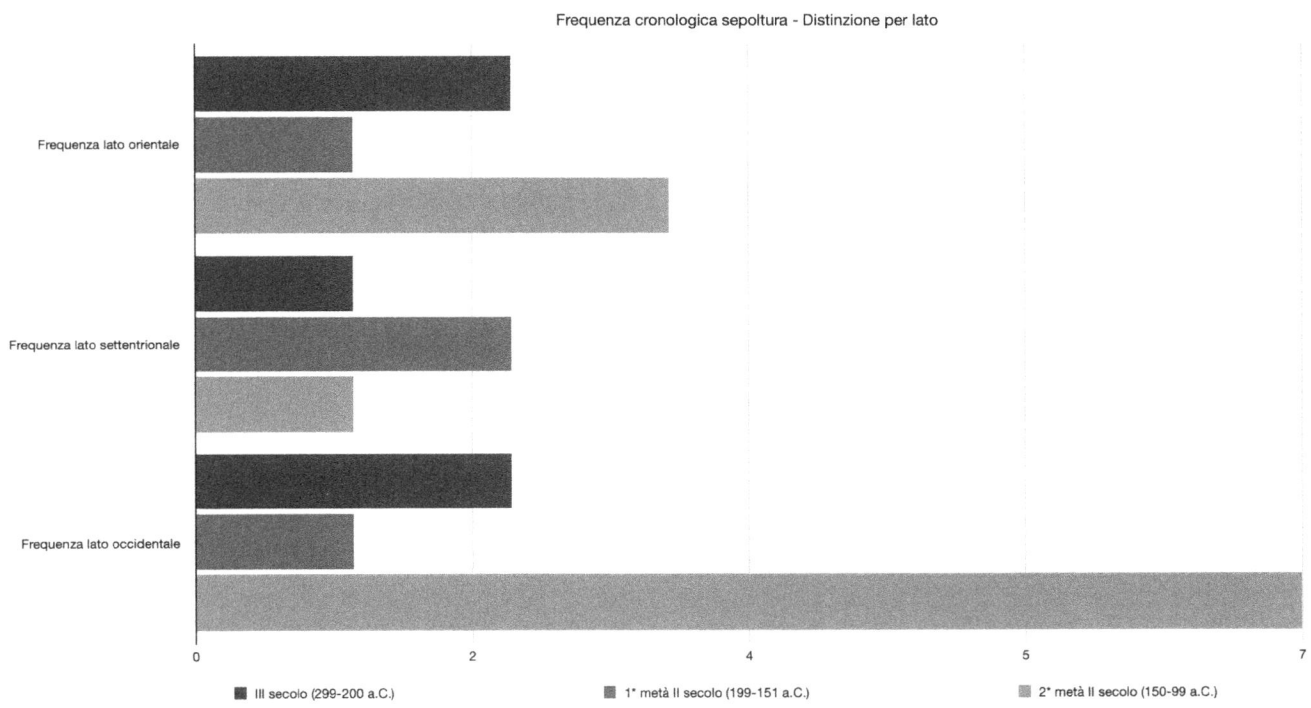

Fig. 32.8. Grafico delle frequenze e delle cronologie del corredo della sepoltura a Podere Cannicci.

vernice nera, assieme a un bicchiere in pareti sottili, un'olla d'impasto, uno strigile e alcuni oggetti in ferro, forse pertinenti a guarnizioni o armi; il tutto si appoggia alla tradizionale anfora greco-italica presente in maniera speculare sui lati della sepoltura. Anche questa rappresenta, oltre che una rarità nelle sepolture, un altro elemento chiave per comprendere il rango sociale dei defunti[19]. Le due anforette, infatti, sono di medie o piccole dimensioni, databili nel corso del III sec. e, a una prima

vista, alquanto fuori luogo in una sepoltura di II sec.; tuttavia, proprio la loro peculiarità potrebbe nascondere un elemento di identificazione sociale. Queste anforette sono state recentemente identificate, classificate e rifinite nella datazione grazie a un vasto studio sui relitti marittimi[20]. Ne è emerso come la loro funzione sia da riconoscersi nel trasporto di essenze o prodotti elitari piuttosto che del più tradizionale vino, un elemento interessante per comprendere ancora quell'identificazione sociale con le élites urbane già rappresentate dalla presenza dello strigile e della corona dorata. Se tale ipotesi fosse confermata,

---

[19] Nell'areale della provincia di Grosseto si conosce la deposizione di anforette greco-italiche anche nella necropoli vicino a Orbetello. Ciampoltrini 2002.

[20] Cibecchini 2007; Cibecchini - Capelli 2013.

si potrebbe spiegare l'insolita (seppure non impossibile) presenza delle due anforette greco-italiche del secolo precedente come una tesaurizzazione di un oggetto di valore all'interno di un rituale funerario teso a enfatizzare il raggiungimento di un determinato status sociale della famiglia, e nel caso specifico dei due soggetti maschili di riferimento. Una perpetuazione nel mondo ultraterreno del riconoscimento dello status e dell'appartenenza sociale che si tramanda di padre in figlio, in vita come nella morte.

32.7. Conclusioni.

Concludendo, lo scavo di una sepoltura bisoma di II sec. a.C. ha permesso di effettuare una riflessione preliminare sulle caratteristiche sociali, economiche e culturali di un villaggio repubblicano, la cui fondazione avvenne immediatamente a seguito della conquista romana del territorio di *Rusellae*[21], e sorto a conforto delle attività religiose di un vicino luogo di culto di tradizione etrusca.

La scoperta della sepoltura ha permesso di aggiungere nuovi tasselli per la comprensione delle intricate dinamiche culturali e sociali di una comunità rurale, la quale mantenne pressoché invariate determinate tradizioni funerarie, flussi economici e organizzazione sociale derivanti dal retaggio etrusco, mai sopitosi con la romanizzazione di questa parte dell'Etruria. Si dovrà attendere almeno gli inizi del I sec. a.C., quando l'insediamento di Podere Cannicci fu interessato dalle scorribande sillane, per riscontrare una cesura culturale e insediativa netta[22]. Divenuto luogo di distruzione sillana, questa si perpetuò sia sugli edifici, ma molto più profondamente sull'identità etrusca della comunità. Le guerre sociali segnarono sicuramente un punto di non ritorno nell'organizzazione insediativa di questa parte della media valle dell'Ombrone, i cui risvolti possono essere visti nella fondazione del vicino villaggio di Podere Marzuolo posto ad appena 7 km di distanza[23], e nell'installarsi di un nuovo insediamento in età cesariana sulla collina a ovest di Podere Cannicci.

Bibliografia

Adembri, B. 2001, "Un tesoretto di monete e frammenti di storia etrusca (Civitella Paganico GR)", in *Annali dell'Istituto Italiano di Numismatica*, 48, 203-207.

Barbieri, G. 2005a, "Aspetti del popolamento della media valle dell'Ombrone nell'antichità: indagini recenti nel territorio di Civitella Paganico", in *JAT*, 15, 119-136.

Barbieri, G. 2005b, "Civitella Paganico (GR). Scavi alle terme romane di Pietratonda", in *Notiziario della Soprintendenza ai Beni Archeologici della Toscana*, 1, 288-292.

Barbieri, G. 2009a, "Civitella Paganico (GR). Indagini archeologiche nel territorio", in *Notiziario della Soprintendenza ai Beni Archeologici della Toscana*, 5, 444-445.

Barbieri, G. 2009b, "Tomba del Tasso di Casenovole presso Pari (Civitella Paganico)", in M. Barbanera (ed.) *L'occhio dell'archeologo. Ranucci Bianchi Bandinelli nella Siena del primo '900*, Milano, 125-126.

Barbieri, G. - Lippi, B. - Mallegni, F. 2007, "Civitella Paganico (GR). La Tomba del Tasso di Casenovole presso Pari", in *Notiziario della Soprintendenza ai Beni Archeologici della Toscana*, 3, 446-451.

Bianchi Bandinelli, R. 1927, "Materiali archeologici del territorio di Siena", in *Rassegna d'arte Senese: Bullettino della Società degli Amici dei monumenti*, 6, 260-262.

Celuzza, M. G. - Milletti, M. - Zifferero, A. 2021, "Rusellae and Its Territory. From the Etruscan to the Roman City", in A. Sebastiani - C. Megale (eds), *Archaeological Landscapes of Roman Etruria. MediTo - Archaeological and Historical Landscapes of Mediterranean Central Italy 1*, Turnhout, 79-92.

Chirico, E. - Colombini, M. - Celuzza, M. G. 2015. "L'ager Rusellanus e la città di Roselle dalla Romanizzazione all'età imperiale, III secolo a.C. - II secolo d.C.", in A. Sebastiani - E. Chirico - M. Colombini - M. Cygielman (eds), *Diana Umbronensis a Scoglietto. Santuario, Territorio e Cultura Materiale (200 a.C. - 550 d.C.)*, Oxford, 54-59.

Ciampoltrini, G. 2002, "La necropoli ellenistica di Orbetello. Cronache Archeologiche del XIX secolo", in *RassAPiomb*, 19b, 45-80.

Cibecchini, F. 2007, "The Unsolved Question of Greco-Italic Amphorae. Some Solutions from Shipwrecks", in *Skyllis*, 7, 50-58.

Cibecchini, F. - Capelli, C. 2013, "Nuovi dati archeologici e archeometrici sulle anfore greco-italiche: i relitti di III secolo del Mediterraneo Occidentale e la possibilità di una nuova classificazione", in F. Olmer (ed.) *Itinéraires Des Vins Romains En Gaule, IIIe - Ier Siècles Avant J.C. Confrontation de Faciès*, Latters, 423-451.

Fabbri, F. 2004, "Votivi anatomici fittili e culti delle acque nell'Etruria di età medio e tardo repubblicana", in *RassAPiomb*, 21b, 103-152.

Fabbri, F. 2010, "Votivi anatomici dell'Italia di età medio e tardo repubblicana e della Grecia di età classica: due manifestazioni cultuali a confronto", in *Bollettino di Archeologia Online*, 1, 22-32.

Fabbri, F. 2018, "La Stipe Votiva Di Podere Cannicci (Civitella Paganico, Grosseto)", in E. Bazzecchi - C. Parigi, *Un'anima Grande e Posata. Studi in Memoria Di Vincenzo Saladino Offerti Dai Suoi Allievi*, Roma, 106-122.

Fabbri, F. 2019. *Votivi anatomici fittili. Uno straordinario fenomeno di religiosità popolare dell'Italia antica*, Bologna.

---

[21] Chirico - Colombini - Celuzza 2015; Celuzza - Milletti - Zifferero 2021.
[22] Sebastiani 2021.
[23] Vennarucci - Van Oyen - Tol 2018.

Gambogi, P. - Palladino, S. 1999, *Castiglioncello: La Necropoli Ritrovata. Cento Anni Di Scoperte e Scavi (1896-1997)*, Rosignano.

Hobart, M. - Carabia, A. 2020, "Excavation at Castellaraccio (Civitella Paganico - GR) 2018", in *Journal of Fasti Online*, 1-10.

Keaveney, A. 2005, "The Social War 90 BC." In *Rome and the Unification of Italy*, Liverpool, 131-150.

Marcocci, A. 2015, *Contributo alla Carta Archeologica del Comune di Civitella Paganico (GR)*, Tesi dottorale Università di Siena.

Minetti, A. (ed.) 1997, *Etruschi e Romani ad Acquaviva di Montepulciano*, Montepulciano.

Monaci, G. 1993, *Paganico: appunti di storia (dalle origini al 1581)*, Grosseto.

Paolucci, G. - Salvadori, E. (eds) 2014, *La necropoli di Tolle: le tombe del IV-II sec. a.C.*, Cinisello Balsamo.

Sebastiani, A. 2021, "The Late Etruscan and Republican Settlement at Podere Cannicci (Civitella Paganico - Grosseto)", in A. Sebastiani - C. Megale (eds), *Archaeological Landscapes of Roman Etruria. MediTo - Archaeological and Historical Landscapes of Mediterranean Central Italy 1*, Turnhout, 219-235.

Sebastiani, A. - Hobart, M. 2019, "Scavi nella Tenuta di Monteverdi a Civitella Paganico", in *Bollettino di Archeologia Online*, 10 (3-4), 17-30.

Sebastiani, A. - Vanni, E. - Brando, M. - Woldeyohannes, E. - Mccabe, M. 2020, "The Third Archaeological Season at Podere Cannicci (Civitella Paganico - GR)", in *Journal of Fasti Online,* 491, 1-24.

Turchetti, M. A. 2011, "Civitella Paganico (GR). Casenovole: la tomba delle Tre Uova", in *Notiziario della Soprintendenza ai Beni Archeologici della Toscana*, 7, 370-371.

Vennarucci, R. - Van Oyen, A. - Tol, G. 2018, "Una comunità artigianale nella Toscana rurale: il sito di Marzuolo", in V. Nizzo - A. Pizzo (eds), *Antico e Non Antico. Scritti Multidisciplinari Offerti a Giuseppe Pucci*, Milano, 589-597.

273

33

Experiencing Urban Burial Grounds in Roman Athens[1]

Marlis Arnhold
University of Erfurt - University of Bonn

Abstract: The contribution addresses different types of encounters in the cemeteries of Roman Athens in view of the general structuring aspects of burial grounds. It aims at showing the heterogeneity of cemetery spaces that enable indirectly to contextualise both funerary monuments and information from the accounts of ancient writers. Starting from the location of the cemeteries outside the walled city, it is outlined that the overall topography of the city did not change fundamentally for a long time, even though the foci within the city shifted and new burial grounds emerged while others disappeared. With this, attention is directed to various dynamics within the cemeteries that had an impact on their visual appearance and perceptibility. In this context, deteriorated monuments by no means excluded positive historical and cultural encounters. Finally, a brief outlook is given on wider suburban space, its social context and on ideas associated with the liminal characters of the cemeteries.

Keywords: encounters; visual appearance; heterogeneity; cemeteries; Roman Athens.

33.1. Introduction.

The question of the ways how (urban) landscapes in antiquity were experienced cannot be answered without taking the diversity and heterogeneity of the discussed spaces into account. While archaeological studies of the last decades have dealt with the forms and typologies of funerary monuments in Roman Greece[2], the cemeteries have hardly been examined under spatial issues. On the one hand this is due to the limited way in which they have been presented, but on the other hand, this also results from the state of preservation of the tombs. The reuse of numerous grave markers as building material in the fortification walls of the 3rd century CE deprived the monuments of their original contexts and makes their attribution impossible.

This contribution addresses the issue by looking at both the visual appearance of the cemeteries and their spatial heterogeneity. What kinds of encounters did the burial grounds offer? But also: How were these spaces generally structured? The combined view of archaeological evidence and written sources allows to outline the image of very heterogeneous spaces that were characterised by various dynamics and marked by strong visual contrasts.

33.2. Athens beyond its walls.

The location and appearance of the extramural cemeteries of the Roman and Late Antique city are directly related to the size of the fortified urban area and its changes over time. The creation of the Hadrianic New Town in the E of the city clearly presented an extension of the city into this direction (Fig. 33.1)[3]. Nevertheless, this area was not included in the city's circuit walls until the 260s CE, when the Valerian Wall was built[4]. It was only with the latter's construction that the walled city again reached its size of the Classical period, even though the inner-urban focal points and the urban area itself had shifted slightly[5]. In the early 3rd century BCE, the creation of the *diateichisma* wall in the W of the city and the final abandonment of the Long Walls had led to the gradual disappearance of the residential quarter on the Western Slope of the Pnyx and in the area of the Koile, as this part of the city henceforth lay outside the circuit wall[6]. The area was increasingly occupied by the tombs of an extensive cemetery which remained in use throughout Roman times[7]. On the eastern side of the city, the Hadrianic building programme and subsequent development of this area resulted in the opposite phenomenon, replacing the tombs of the cemetery there[8].

The creation of the Valerian Wall (Fig. 33.1), however, does not mark a turning point in the development of the

---

[1] This contribution stems from the framework of the project 'Death and the Dead in the City - a Case Study on Roman and Late Antique Athens' which I have conducted within the Kolleg Research Group "Religion and Urbanity: Reciprocal Formations" funded by the Deutsche Forschungsgemeinschaft (DFG, German Research Foundation), FOR 2779, at the Max-Weber-Center for Advanced Cultural and Social Studies of the University of Erfurt.
[2] von Moock 1998; Flämig 2007; Scholl 2020.

[3] Zachariadou 2008, 153.
[4] Zachariadou 2008, 154; Theocharaki 2011, 84. Vizyniou 2018, 424.
[5] Theocharaki 2011, 84.
[6] Dakoura-Vogiatzoglou 2008, 257; Theocharaki 2011, 84 and 125.
[7] Dakoura-Vogiatzoglou 2008, 257-259.
[8] Zachariadou 2008, 157-159; Giatroudaki - Panagiotopoulos - Servetopoulou 2008, 169.

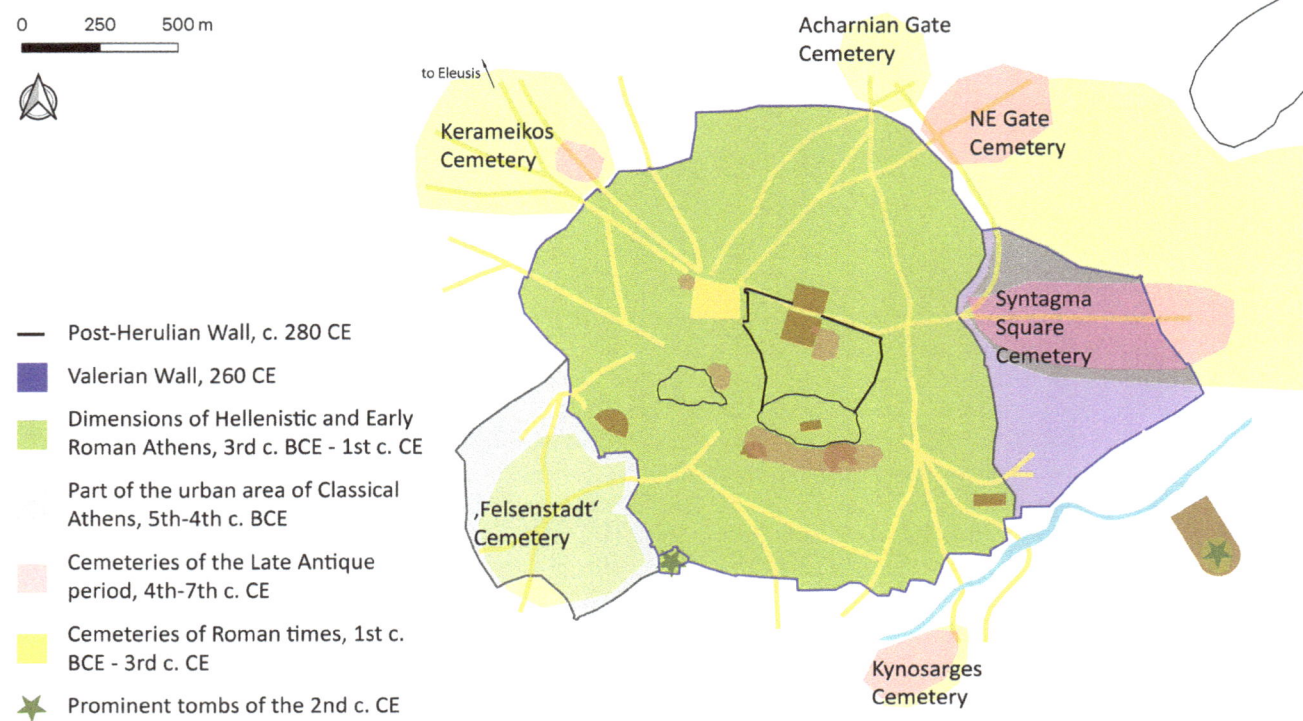

Fig. 33.1. Plan of Athens: fortification walls and cemeteries throughout time (drawing by the author).

city, even though this has been suggested as the Post-Herulian Wall enclosed a much smaller area[9]. Barely two decades after the construction of the Valerian Wall, both the Acropolis and the area to its north had been surrounded by this new fortification, which should be regarded as additional protection, but not as a replacement of the earlier circuit wall[10]. This is especially true since the Valerian Wall must still have been in function in the 6th century CE, when towers were added to it under Justinian[11]. Although this does not generally rule out changes to the city, its structures and, above all, its population size, it does show that Athens was still a sufficiently flourishing centre in the 6th century CE to be able to match earlier centuries, at least in terms of its size[12].

Even in this late phase of its ancient history, the philosophical schools continued to be a driving force in Athens' economic and urban life[13]. They were part of a long tradition, associated above all with three main schools, namely the Academy, the Lykeion, and the Kynosarges, whose seats always lay outside the walled city. Accordingly, the Academy was to be found 2 km NW of the city and the Lykeion 1 km to the E, while the Kynosarges was most likely situated little more than 100

m to the S of the course of the Themistoklean/Valerian walls, on the opposite bank of the Ilissos River[14]. Although the philosophical traditions founded there continued into Roman times, little is known about the Roman history of these sites[15]. Nevertheless, many more schools were founded over time, both inside and outside the city walls. Closely linked with non-Christian cults, they preserved ancient traditions and served to maintain Athens' cultural heritage. As Isabella Baldini and many others argued, this presented one of the reasons for the marked absence of highly visible Christian elements in the cityscape for a long time[16]. It was not until the second quarter of the 5th century CE, during the reign of Theodosius II, that first churches were built in the historic centre of the city, and even later, that the cults of the ancient sanctuaries were abandoned. However, the transition was a gradual one and did not involve any radical destruction at Athens[17]. Rather than the barely noticeable Christian community of Athens, Baldini sees the emperor Theodosius II and his Athenian wife Eudokia as the initiators behind these measures[18]. But even then, the Neoplatonist philosophical school with its decidedly non-Christian stance which itself had only emerged in the later 4th century CE remained active until its forced closure by Justinian in 529 CE[19].

---

[9] Cfr., for instance, Zachariadou 2008, 154; Vionis 2017, 148.

[10] Tzavella 2008, 363; Theocharaki 2011, 133-135; Vizyniou 2018, 425.

[11] Vizyniou 2018, 425; Theocharaki 2011, 134-136.

[12] Scholarship assumed that the city was heavily destroyed during the invasion of the Heruli in 267 CE. More recent works, however, pointed out that this view is based solely on finds from the area of the Agora and cannot be upheld (Tzavella 2008, 352; Bazzechi 2020).

[13] Zachariadou 2008, 154; Tanaseanu-Döbler 2020, 1-2.

[14] Distances of the Academy and Lykeion in reference to the Themistoclean Wall.

[15] Academy: Caruso 2013, 121-125; Lykeion: Zachariadou 2008, 162-163; Kynosarges: Bazzechi 2020, 62.

[16] Baldini 2014, 320; Tanaseanu-Döbler 2020, 2. On Christianisation as a complex process, Vionis 2017.

[17] Baldini 2014, 320-340.

[18] Baldini 2014, 318 and 320-321.

[19] Zachariadou 2008, 155; Vionis 2017, 146; Tanaseanu-Döbler 2020, 2.

33.3. The cemeteries of the post-Hellenistic city.

Inevitably, the Kerameikos cemetery occupies a central role in the studies of the Athenian burial grounds. However, with Elissavet Tzavella's compilation of the cemeteries of the period from the 4th to the 9th century CE[20] and the related lemmata in the volumes of the *Topografia di Atene*[21], which cover the period up to the 3rd century CE, also the other burial areas of the city have come into focus, so that a general outline can be given. Previously, Derk W. von Moock had compiled a brief overview in 1998, with particular interest in the find-spots of the figurative grave stelae that he dealt with[22].

Some of the cemeteries of earlier date were used well into Roman times, such as the one of the Kerameikos area, the cemeteries outside the Acharnian and the Northeastern Gate or those in the Kynosarges and the Koile areas (Fig. 33.1)[23]. Among these are even some that continue into the 6th, in some cases into the early 7th century CE, notably the burial grounds in the NW, NE and to the S of the city[24]. In addition to these, new burial sites with shorter spans of use were created at various sites both during Roman and Late Antique times. They can be found in areas such as the Hill of the Nymphs, the Hill of the Muses, at the Panathenaic Stadium, or - if we take a look at the later centuries - they were associated with churches, such as the Basilica of Clematius below the Lykabettos Hill and those at the Odeon of Herodes Atticus and the Theater of Dionysus, which by then had lost their original function[25].

What makes this picture more complicated, but also more interesting, is the fact that even in the large cemetery area such as those of the Kerameikos or outside of the Northeastern Gate, there were always areas that were more intensively used than others[26]. These shifted over time, so that we can speak of clusters of increased and less intensive use within the large necropoleis.

The emergence of such areas within existing cemeteries, as well as the creation of new burial grounds in areas of previously different functions, was directly linked to changes of other functional nodes within the city and its extended urban network. These were always changes which affected the city's cart and pedestrian traffic routes. The opening of gates in the city walls, for instance, led to the creation of cemeteries and can be traced in the opening of a gate in the Southeastern enclosure of the Olympieion in the 3rd century CE[27]. In other cases, such as that of the cemetery outside the Archarnian Gate, the reasons for abandoning the burial sites are, however, less clear[28].

Similarly, shifts also occurred in other cemeteries. In the case of the Kerameikos area, burials along the Sacred Way ceased relatively abruptly in the 1st till 2nd century CE[29] - at a time when the sanctuary at Eleusis, to which this road led, only reached its greatest monumentalisation[30]. The discontinuation of the burial area happened, therefore, regardless of the activities in this sanctuary and undoubtedly had other reasons which would also have to be searched for in the closer vicinity.

In the case of the cemeteries outside of the Northeastern Gate, the increasing expansion of the burial area towards S during the Imperial period led to its merging with the burial area to the E of the city[31]. Especially in this area of the city, the mutual relationship of changes of urban and burial space throughout time becomes particularly evident. While up until the early 2nd century CE that tombs extended right up to the Diochares Gate of the wall once built by Themitokles, the burial activities were forced further away from the city by the Hadrianic works for the creation of the New Town and, later on, by Roman villas as well as a bath complex[32]. The area was included into the walled part of the city when the Valerian fortification was built, but tombs spread again within it sometime later, during the 5th and 6th centuries CE[33].

33.4. The visual appearance of burial spaces.

The emergence of areas of intensified use and of new burial grounds suggests that the appearance of the cemeteries varied greatly. If we direct our attention to areas of reduced frequentation or even to those where use ceased for some time, it quickly becomes clear that both use and frequentation are closely linked to a certain degree of maintenance. Where this was not provided, nature took over. The abandonment of burial areas must have led to whole areas becoming virtually inaccessible within just a few years. Such cases, however, are not to be expected for the sought-after locations near the city gates or in the first rows of tombs along the arterial roads. Rather, they probably were a phenomenon of the more hidden and remoter parts of the cemeteries and of places where not even distant relatives of the deceased existed to take care of the graves.

Among the older graves, those of outstanding persons which were visited by strangers seeking cultural and historical encounters held a special position. The more frequently these were visited, the more accessible they remained in regard to the surrounding vegetation. However, this does not imply that these tombs were also kept in good condition. The tomb of Isokrates illustrates this point: Plutarch relates its location near the Kynosarges gymnasium and names the persons buried there from

---

[20] Tzavella 2008.
[21] Greco 2010-2015.
[22] von Moock 1998, 11-17.
[23] Tzavella 2008, 358-359; von Moock 1998, 15.
[24] Tzavella 2008, 358-359.
[25] Tzavella 2008, 354 and 362; von Moock 1998, 16.
[26] For the area of the Kerameikos: Stroszeck 1999, 289; Tzavella 2008, 359.
[27] Tzavella 2008, 362-362.
[28] Tzavella 2008, 359; Bazzechi 2020, 93-94.

[29] Bazzechi 2020, 94.
[30] Lippolis 2013, 245-264.
[31] Marchiandi 2014, 636.
[32] Zachariadou 2008, 157-159; Tzavella 2008, 357-358.
[33] Tzavella 2008, 357-359.

the family of the orator, who had died in 338 BCE[34]. Furthermore, the author mentions that Isokrates' tomb was marked with an apparently quite imposing column with sculptural crowning. Neither this, nor the τράπεζαι (*trapezai*) of the family tomb were, however, still in existence when the author of the late 1st till 2nd century CE wrote his lines[35]. Plutarch clearly refers to them as no longer preserved:

> ἐπὶ μὲν οὖν τούτων τράπεζαι ἐπῆσαν ἕξ, αἳ νῦν οὐ σῴζονται· αὐτῷ δ᾽ Ἰσοκράτει ἐπὶ τοῦ μνήματος ἐπῆν κίων τριάκοντα πηχῶν, ἐφ᾽ οὗ σειρὴν πηχῶν ἑπτὰ συμβολικῶς, ὃς νῦν οὐ σῴζεται.

And over them there were six tables which do not now exist. On the monument of Isocrates himself was a column thirty cubits high, on which was a siren seven cubits high as a symbol; but this exists no longer[36].

Whether the author had first-hand knowledge of the former existence of these monuments or simply reproduced an information which he had heard or read somewhere[37] is not of any consequence here. The example illustrates well that even the graves of famous persons were allowed to deteriorate and that apparently no attempts were made to halt or alter their declining state. It also raises the question if older tomb monuments, such as those of the family of Isokrates, still bore signs of the identity of the deceased buried there that allowed the monuments to be identified even in Imperial times.

Many of the ancient authors who wrote on Athens mentioned tombs of important people and indicated their location more or less precisely[38]. In this way, they virtually created topographies of sites for historical encounters that people visited in order to be – for a moment at least – close to the great figures of the past. However, it should not be ignored that much of the information provided by these authors was almost topical in character and that fact and fiction merged over time. Historicity, which is a very modern concept, was certainly not at stake here.

With regard to the visual appearance of the cemeteries during the Imperial period, we can note that the burial grounds were sporadically marked by various stages of deterioration. Monuments of different periods stood next to each other and, even when they had been erected for outstanding persons, were left to their fate.

Alongside these, however, there were also areas within the cemeteries with more recent graves which differed in appearance not only in terms of preservation, but also in part of the form of the tomb monuments. The tomb of the family of Isocrates described by Plutarch had only

been erected a few years prior to the law of Demetrios of Phaleron and we cannot exclude that the markers of some of its later burials were already affected by the restrictions imposed by it. Limiting excess in the ways funerals were conducted and in the designs of grave monuments, the law permitted the use of only three forms of grave markers, namely *columellae, mensae* and *labella* as Cicero refers to them by their Latin terms[39]. The Greek equivalents of these types of monuments are known as *kioniskoi* and *trapezai* in the case of the first two, whereas *labella* remains a problematic term[40]. The latter have never been identified with certainty in the archaeological material and a Greek equivalent is not known. *Kioniskoi* and *trapezai*, however, characterised the visual appearance of the tombs in Athens from the late 4th century BCE onwards and remained in use as forms of grave markers also during the Imperial period[41]. Particularly the columns (Fig. 33.2) were to be found on many graves. While their basic shape differed little from the one of the pre-Roman examples of this type of monument, their size presented greater variations: von Moock mentions an unpublished *kioniskos* of 1.80 m in height[42]. Moreover, their decoration with representations in shallow relief increased from the 1st century BCE onwards[43]. They thus fit seamlessly into the wider repertoire of Roman grave markers which further included above all shaft stelae and naiskos stelae with figurative representations[44] as well as archaizing mud-brick monuments, the so-called 'Stuckgrabbauten', that were likewise embellished with small figurative reliefs from time to time[45]. Alongside these, however, also large-scale stone monuments were to be found in Imperial Athens.

As Jutta Stroszeck explained for the area of the Kerameikos, monumental tomb forms appeared in addition to these as early as the 1st century CE[46]. Both in front of the Dipylon Gate and at the so-called 'Querweg', the foundations of several such monuments and associated periboloi were discovered, which reached enormous sizes: 7 x 7 m, for instance, in case of 'Grabbau 1'[47]. Yet the sparse remains of these monuments conceal their cultural historical relevance. In view of their state of preservation, reconstructions are hardly possible[48]. However, the chronological frame of the finds indicates that the models for these monuments can only be sought in Asia Minor, while they in turn may have influenced the visual appearance of Roman tombs that lined the arterial roads of cities in Italy form the 2nd century CE onwards[49]. Evidence of such monuments in Athens derives not only

---

[34] Plut., *Mor.* 837e and 838b-c.
[35] Scholl 1994, 241.
[36] Plut., *Mor.*, 838 c-d.
[37] On Diodorus/Heliodorus as Plutarch's source: Scholl 1994, 240-241.
[38] i.e. Paus., I.
[39] Cic., *De Leg.* 2,66.
[40] Marchiandi 2011a, 30.
[41] For the Kerameikos cemetery: Stroszeck 2008, 297-298.
[42] von Moock 1998, 53.
[43] von Moock 1998, 53.
[44] von Moock 1998, 47-51.
[45] Scholl 2020, 79-84.
[46] Stroszeck 1999, 287; Stroszeck 2000, 463; Stroszeck 2008, 303.
[47] Stroszeck 1999, 287-289; Stroszeck 2000, 463-478; Flämig 2007, 127-132, cat. nos. 2-8; Stroszeck 2008, 296.
[48] Flämig 2007, 128-131; Stroszeck 2008, 299-300.
[49] Stroszeck 2008, 303.

Fig. 33.2. Athens, Kerameikos cemetery. Kioniskoi (photo by the author).

for the extraction of building materials or only those that had already deteriorated, is an important question in this context, which must, however, remain open at this point.

33.5. Conclusion: experiencing cemeteries, facing the suburban.

As indicated before, tombs were not the only built structures in the environs of the walled city. The major philosophical schools existed well into Roman Imperial times[55]. To the SE of the city and at a short distance from it was the Panathenaic Stadium, a hippodrome, that Herodes Atticus rebuilt in the 2nd century CE. Philostratus reports that he also received an honorary burial there[56]. Furthermore, the area outside of the city walls always housed certain industries. Workshops, such as potteries and tanneries, that were not wanted within the walled city, could often be found there[57]. However, they were not only in competition with the burial grounds for the available space. Suburban villas likewise claimed it. We find them particularly in the NE and E of the city[58]. Close to today's Syntagma Square tombs had furthermore been overbuilt by an extensive bath complex[59]. On top of that, the city was surrounded by a multitude of sanctuaries where traditional cults were worshipped[60]. To these, small churches were added in Late Antiquity. Athens' immediate surroundings were, hence, indeed quite crowded and this certainly was not an unique case.

from the area of the Kerameikos, but is also attested for the cemetery to the W of the Pnyx[50]. Furthermore, the famous Monument of Philopappos likewise belongs to this monumental type of grave markers[51]. It illustrates better than any other example that these monuments were designed to be seen from a distance and that they possessed enormous spatial presence. As a result, the appearance of the Athenian cemeteries in the Imperial period underwent an unprecedented monumentalisation, which went along with a sharp contrast between simple and extremely ostentatious tomb monuments.

This image of the cemeteries predominated until the late 3rd century CE and only changed in its wake. At least in the area of the Kerameikos, the monumental burial structures were destroyed around 270 CE, suspending the use of this part of the cemetery for a while[52]. After the 3rd century CE, it seems that monumental tombs have no longer been built[53]. The reuse of numerous tomb monuments or parts of them in the city walls of the later 3rd century CE[54] resulted in further drastic changes in the visual appearance of the cemeteries. Whether intact graves were also cleared

The multitude of buildings contributed together to the visual appearance of this part of the urban space and the cemeteries. The functions associated with them determined the frequentation of the various areas outside of the walled city by different social agents. Vast estates of the Athenian upper class alternated with the dwellings of craftsmen. In between, the socially outcast, criminals and prostitutes moved about[61]. Furthermore, I have not touched upon the liminal character of the tombs which attracted those who tried to manage personal relationships with the help of curse tablets that were put into tombs[62]. Stories of ghosts, daemons and necromancers related by various ancient authors – whether factual or not – sparked the imagination of their readers and were preferably set in burial grounds[63]. Suburban space, it becomes clear, presented an extremely heterogeneous space with contested and shared, deteriorated and well maintained areas of different kind.

[50] Marchiandi 2011b, 354.
[51] Flämig 2007, 126-127, cat. no. 1.
[52] Stroszeck 2008, 291.
[53] Kerameikos cemetery: Stroszeck 2008, 291. Burial grounds to the W of the Pnyx and in the Koile area: Dakoura-Vogiatzoglou 2008, 257-259; Marchiandi 2011b, 353-354.
[54] Marchiandi 2014, 631.

[55] See above, note 15.
[56] Philostratus, *VS*, 2.1.
[57] For instance, on Roman potteries to the E of the city: Zachariadou 2008, 157. For the Kerameikos area: Stroszeck 1999, 286-287 (tannery or dyeworks).
[58] Zachariadou 2008, 160.
[59] Zachariadou 2008, 159 (*vel passim* for further *balnea* in the area).
[60] i.e. Zachariadou 2008, 158.
[61] Doroszewska 2017, 7 (*vel passim* for the topical characterisation of suburban spaces in written accounts).
[62] Stroszeck 2019, 337-376.
[63] This holds particularly true for Roman Corinth, but is also attested for other cities: Doroszewska 2017, 7-20; as well as Ogden 2009.

Bibliography

Baldini, I. 2014, "Atene: la città cristiana", in L. M. Caliò - E. Lippolis - V. Parisi (eds), *Gli Ateniensi e il loro modello di città. Seminari di Storia e Archeologia greca I, Roma 25-26 giugno 2012*, Thiasos Monografie, 5, 309-322.

Bazzechi, E. 2020, *Cultura, società e sviluppo urbanistico nell'Atene tardo antica*, Doctoral thesis, University of Cologne.

Caruso, A. 2013, *Akademia. Archeologia di una scuola filosofica ad Atene da Platone a Proclo (387 a.C. - 485 d.C)*, Athens.

Dakoura-Vogiatzoglou, O. 2008, "Οι Δυτικοί Λόφοι στους Ρωμαϊκούς χρόνους", in S. Vlizos (ed.), Η Αθήνα κατά τη Ρωμαϊκή εποχή: πρόσφατες ανακαλύψεις, νέες έρευνες = *Athens during the Roman period: recent discoveries, new evidence*, Athens, 247-267.

Doroszewska, J. 2017, "The liminal space: suburbs as a demonic domain in Classical literature", in *Preternature: Critical and Historical Studies on the Preternatural*, 6.1, 1-30.

Flämig, C. 2007, *Grabarchitektur der römischen Kaiserzeit in Griechenland*, Rahden/Westf.

Giatroudaki, E. - Panagiotopoulos, M. - Servetopoulou, E. 2008, "Ρωμαϊκά παρόδια νεκροταφεία της οδού προς τα Μεσόγεια", in S. Vlizos (ed.), Η Αθήνα κατά τη Ρωμαϊκή εποχή: πρόσφατες ανακαλύψεις, νέες έρευνες = Athens during the Roman period: recent discoveries, new evidence, Athens, 167-184.

Greco, E. (ed.) 2010-2015, *Topografia di Atene: Sviluppo urbano e monumenti dalle origini al III secolo d. C. Vol. 1-5*, Atene-Paestum.

Lippolis, E. 2013, "Eleusis. Sanctuary of the Empire", in M. Galli (ed.), *Roman power and Greek sanctuaries: forms of interaction and communication*, Athens, 245-264.

Marchiandi, D. 2011a, *I periboli funerari nell'Attica classica: lo specchio di una 'borghesia'*, Atene-Paestum.

Marchiandi, D. 2011b, "La necropoli", in E. Greco (ed.), *Topografia di Atene: Sviluppo urbano e monumenti dalle origini al III secolo d. C. Vol. 2, Colline sud-occidentali - Valle dell'Ilisso*, Atene-Paestum, 353-360.

Marchiandi, D. 2014, "La Necropoli Nord-Est", in E. Greco (ed.), *Topografia di Atene: Sviluppo urbano e monumenti dalle origini al III secolo d. C. Vol. 3, Quartieri a nord e a nord-est dell'Acropoli e Agora del Ceramico*, Atene-Paestum, 631-638.

Ogden, D. (2009), *Magic, witchcraft, and ghosts in the Greek and Roman worlds*, Oxford.

Scholl, A. 1994, "ΠΟΛΥΤΑΛΑΝΤΑ ΜΝΗΜΕΙΑ. Zur literarischen und monumentalen Überlieferung aufwendiger Grabmäler im spätklassischen Athen", in *JdI*, 109, 239-271.

Scholl, A. 2020, *Der attische Grabbau. Entwicklung und Bedeutung freistehender Grabarchitektur in Athen und Attika von der archaischen Epoche bis in die römische Kaiserzeit*, Berlin.

Stroszeck, J. 1999, "Die neuen Ausgrabungen an der Staatsgräberstraße", in *AM*, 114, 283-290.

Stroszeck, J. 2000, "Kerameikosgrabung 1999", in *AA*, 455-493.

Stroszeck, J. 2008, "Römische Gräber und Grabbauten vor dem Dipylon", in S. Vlizos (ed.), Η Αθήνα κατά τη Ρωμαϊκή εποχή: πρόσφατες ανακαλύψεις, νέες έρευνες = *Athens during the Roman period: recent discoveries, new evidence*, Athens, 291-309.

Stroszeck, J. 2019, "Unterweltsvorstellungen und die Fundorte von Fluchtafeln im Kerameikos", in H. Frielinghaus - J. Stroszeck - P. Valavanis (eds), *Griechische Nekropolen. Neue Forschungen und Funde*, Möhnesee, 337-376.

Tanaseanu-Döbler, I. 2020, "Athens in Late Antiquity - Learning and Paganism", in I. Tanaseanu-Döbler - L. von Alvensleben (eds), *Athens II. Athens in Late Antiquity. Civitatum Orbis Mediterranei Studia, 4*, Tübingen, 1-30.

Theocharaki, A. M. 2011. "The Ancient Circuit Wall of Athens: Its Changing Course and the Phases of Construction", in *Hesperia, 80.1*, 71-156.

Tzavella, E. 2008, "Burial and urbanism in Athens (4th-9th c. AD)", in *JRA*, 21.1, 352-368.

Vionis, A. 2017, "Sacred townscapes in Late Antique Greece: Christianisation and economic diversity in the Aegaean", in *JMedA*, 30.2, 141-165.

Vizyniou, O. 2018. "The City Walls of Athens (5th c. BC - 18th c. AD): a Contemporary Approach", in *JGA*, 3, 419-430.

von Moock, D. W. 1998, *Die figürlichen Grabstelen Attikas in der Kaiserzeit. Studien zur Verbreitung, Chronologie, Typologie und Ikonographie*, Mainz.

Zachariadou, O. 2008, "Η ανατολική περιοχή της Αθήνας κατά τη ρωμαϊκή περίοδο", in S. Vlizos (ed.), Η Αθήνα κατά τη Ρωμαϊκή εποχή: πρόσφατες ανακαλύψεις, νέες έρευνες = *Athens during the Roman period: recent discoveries, new evidence*, Athens, 153-166.

34

La necropoli romana di Via Cesana a *Mutina* (Modena):
analisi multidisciplinare dello spazio e dei riti funerari

Federica Maria Riso
Alma Mater Studiorum - Università di Bologna

Luca Lancellotti
Università degli Studi di Trieste

Giovanna Bosi
Università degli Studi di Modena e Reggio Emilia

Antonella Coralini
Alma Mater Studiorum - Università di Bologna

Silvia Pellegrini
Museo Civico di Modena

Abstract: The research carried out on the necropolis of Via Cesana in Modena (1st century BC - 2nd century AC) is a key example of integrated analyses, linking the different results in the same interpretative system and supporting traditional strategies with advanced technology and chemical analysis (CT-SCAN, GIS, archaeobotany, virtual 3D analysis, raman analysis). The topographical analysis, through the creation of a computerized geographic system (GIS), focused both on the necropolis topography and the relationship with the city and the streets. The archaeobotanical remains and the objects involved in the ceremonies have been an important investigatory lens to reconstruct the performance carried out around the death and the attendance of the funerary space. In addition, the urns still intact of their contents have been examined by scanner computed tomography, thanks to the collaboration of TEC-EUROLAB (MO).

Keywords: *Mutina*; rituali funerari romani; CT-scan; microscavo; analisi multidisciplinari; archeobotanica.

34.1. Introduzione.

Il caso della necropoli di Via Cesana, che rispecchia i canoni dell'organizzazione cimiteriale romana, con recinti funerari privati, ben organizzati e il più delle volte monumentalizzati, è un caso particolarmente interessante in quanto ci offre uno spaccato sufficientemente esteso di quella che doveva essere una necropoli romana, giunta a noi praticamente intatta.

La ricerca si inserisce nell'ambito di un progetto di ricerca più ampio sulle necropoli romane e tardoantiche di *Mutina* promosso da Musei Civici di Modena e SAPAB-Bo[1] in collaborazione con l'Università di Bologna e di Modena-Reggio Emilia[2].

La procedura critica adottata è stata improntata a un'analisi di tipo integrato, cercando di inserire nello stesso sistema interpretativo le fonti disponibili secondo uno sguardo interdisciplinare, in base al raffronto e alla valutazione di fonti documentarie di diverso genere: dai rinvenimenti archeologici monumentali a quelli meno appariscenti, dalle sepolture agli oggetti sui piani di calpestio, incrociandoli con i testi letterari, epigrafici e con le analisi chimiche e archeobotaniche.

L'indagine ha avuto come elementi fondamentali sia la considerazione dello spazio deputato al defunto, disposizione dei corredi all'esterno o all'interno della singola tomba, esistenza o meno di associazioni ceramiche ricorrenti, sia il più ampio spazio della necropoli, distinzione di gruppi familiari o di sepolture notevoli per

---

[1] L'occasione è gradita per un ringraziamento alle dott.sse C. Ambrosini, C. Cavallari (SABAP-BO) e S. Pellegrini (Musei Civici di Modena) per aver concesso lo studio dei materiali, la consultazione della documentazione di scavo e il coordinamento della ricerca.
[2] Il progetto ha come obiettivo sia la revisione e la pubblicazione di contesti di scavo inediti o di cui sono state date notizie preliminari sia la ricostruzione della ritualità funeraria di *Mutina*. È stato a tal proposito siglato un protocollo di intesa tra SABAP-Bo e Musei Civici nel 2018, per la prosecuzione delle ricerche sulla città romana avviate per la mostra "*Mutina Splendidissima*".

qualità o quantità dei materiali di corredo, dislocazione delle tombe lungo assi viari, successione diacronica delle sepolture.

34.2. Lo scavo.

Un ampio lotto di terreno edificabile, situato nel settore orientale dell'area urbana di Modena, a circa 2 km. dal centro cittadino, in una zona a ridosso della Via Emilia è stato oggetto, dal settembre 2004 a marzo 2005, di uno scavo archeologico estensivo che ha permesso di indagare una porzione della necropoli orientale della città romana di *Mutina*. Il lotto di terreno in questione è delimitato a N dalla S.S. 9 Via Emilia (che nel tratto urbano, a E del centro cittadino assume la denominazione di Via Emilia Est) e a S da Via Cesana.

La necropoli di età romana rinvenuta era estesa *in agro* per circa 14 m ed era organizzata in recinti per uso sepolcrale di interi nuclei familiari. L'ampio settore indagato ha restituito 30 sepolture, la maggior parte delle quali risultava deposta all'interno di recinti o lotti sepolcrali prospicienti il lato meridionale della via consolare[3]. Le tombe erano allineate lungo un asse O-E parallelo alla Via Emilia, che divenne l'asse catalizzatore di zone funerarie, dove sepolcri di particolare evidenza monumentale erano allineati in fronte, ed estesi in agro per diverse centinaia di metri.

Le analisi della documentazione di scavo hanno indotto a suddividere le evidenze archeologiche in 4 fasi (Fase I-II-III-IV). Le fasi I e II ricoprono un arco cronologico che va dal primo impianto della necropoli, in epoca augusteo-tiberiana, alla fine del periodo di massimo sfruttamento dell'area in epoca romana, identificabile con l'età giulio-claudia e comunque non dopo il II sec. d.C. Le fasi III e IV rappresentano la de-funzionalizzazione della necropoli, che viene sfruttata con l'impianto di cantieri per il recupero dei materiali monumentali e il progressivo abbandono dell'area in età tardo-imperiale, fatta eccezione per la sporadica tomba a inumazione (tomba 7), di epoca tardoantica.

34.3. Le fasi della necropoli.

Fase I

É stata riconosciuta una prima fase di occupazione dell'area a scopo funerario parzialmente sporadica (Fig. 34.1), in quanto sembra già esserci una precisa occupazione degli spazi, più evidente nella fase successiva. Le cremazioni seppur esigue non appaiono disposte a caso ma allineate su un ipotetico asse E-O parallelo alla via consolare. Inoltre le sepolture occupano spazi ben delimitati che in seguito verranno occupati dai recinti funerari e dai lotti sepolcrali.

Di questa fase fanno parte 5 sepolture (42, 47, 55=57, 49, 58), tutte incinerazioni indirette: 3 sono in urna mentre

delle altre 2 non sono stati trovati i resti dei defunti. Le tombe si pongono come due nuclei separati: 3 tombe si collocano nella parte O del sito (tombe 42, 47, 55=57), a ridosso del limite occidentale, in concomitanza forse non casuale di quelli che saranno nella fase successiva i recinti 14 e 12 e il lotto sepolcrale 13; le altre 2 (tombe 49, 58) sono concentrate a est, nell'area del futuro recinto 1 e distano circa 30 m dalla tomba 55=57.

Fase II

Una seconda fase di massima espansione e monumentalizzazione dell'area funeraria doveva probabilmente proseguire in direzione E. Si nota una certa regolarità nella divisione degli spazi sepolcrali ed una sistemazione generale dell'area circostante per facilitare gli accessi e lo svolgimento delle funzioni rituali. Corrispondono a questa fase la lottizzazione e la suddivisione in recinti dello spazio funerario (Fig. 34.2).

Fase III

In epoca tardoantica, mentre persisteva ancora una intensa frequentazione di alcuni lotti sepolcrali (recinti 1, 2, 18), nel settore E dell'area esplorata si registra un progressivo abbandono. È stata quindi riconosciuta una terza fase di spoliazione dei monumenti, con l'impianto di due cantieri per la lavorazione ed il reimpiego dei materiali prelevati. La frequentazione più recente del sito corrispondeva all'attività di un 'cantiere-cava', organizzato per il recupero e rilavorazione per reimpiego edilizio di blocchi lapidei prelevati dai monumenti funerari di età romana. L'area del 'cantiere', attrezzato con uno 'scivolo' che consentiva di raggiungere dall'alto il settore occidentale della necropoli, ha restituito blocchi non riutilizzati e un considerevole quantità di schegge ricavate dalla lavorazione in situ di basamenti, trabeazioni, cornici architettoniche decorate. La natura del materiale riconduce a tipologie monumentali a edicola, a dado e a tamburo, databili tra l'età augustea e i primi decenni del I sec. d.C. La grandiosità di uno di questi monumenti è ben rappresentata da elementi acroteriali lavorati a traforo rinvenuti in crollo sui livelli di abbandono della necropoli. Nel medesimo contesto sono state recuperate lastre parallelepipedi con iscrizione dedicatoria appartenenti al monumento funerario di *Polla*, databile su base paleografica entro il 10 d.C.

Fase IV

Una quarta fase vede formarsi un ulteriore livello sedimentario di origine alluvionale (US 46) che, tuttavia, rimane esposto, presentando segni di pedogenesi e sul quale si imposterà una sepoltura a inumazione T. 7 entro cappuccina, priva di corredo.

Un più tardo deposito alluvionale (US 52), sigillerà il suolo tardo antico e diverrà il suolo di stasi del piccolo cantiere di lavorazione del materiale lapideo di reimpiego, in un momento che può già considerarsi medioevo.

---

[3] Al momento dello scavo erano stati riconosciuti 56 tombe e 18 recinti.

Fig. 34.1. Rilievo sepolture della fase I.

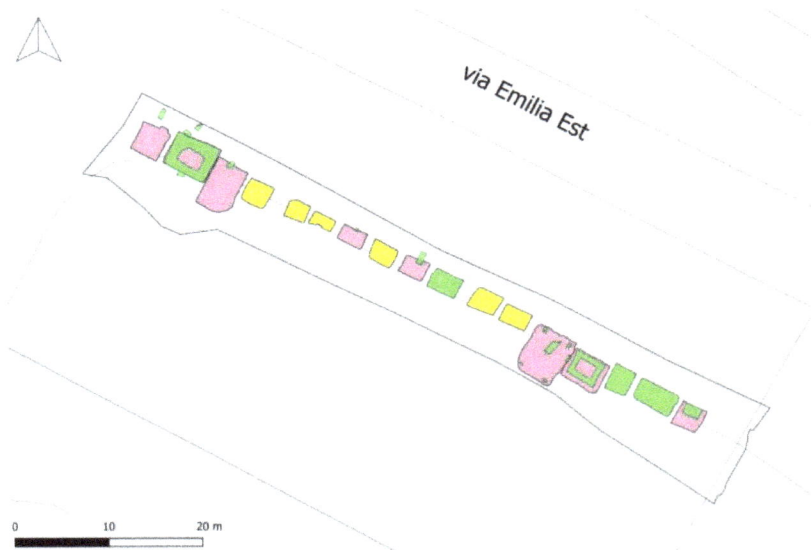

Fig. 34.2. Rilievo recinti e lotti della fase II.

34.4. Le sepolture.

Le sepolture seguivano il rituale della cremazione, sia diretta, nel sito del *locus sepolturae*, che indiretta. Nello specifico si suddividono in:

1. incinerazione indirette con deposizione in fossa (TT. 1-3-9-31-32-38-45);
2. incinerazione indiretta con deposizione in fossa in cassa o copertura laterizia (T. 11-16-37);
3. incinerazione indiretta con deposizione in urna fittile (TT. 4-5-8-12-13-14-35-36-49-58);
4. incinerazione indiretta con deposizione in urna coperta da un'anfora (TT. 15-51);
5. incinerazione indiretta con deposizione in urna litica (T.15-18=25-53);
6. cremazioni dirette (TT.2-33=10-42-47-55=57).

Nei casi di incinerazione indiretta i resti combusti del defunto continuavano spesso a essere prelevati e deposti all'interno di vasi ossuari. Poco è la gamma di olle impiegate in qualità di vasi ossuari; tra queste continuano a rivestire un ruolo preponderante le olle fittili in ceramica comune grezza e depurata. Gli unici ossuari che si caratterizzano per un maggior prestigio intrinseco sono le urne litiche, per il maggior valore economico.

Un elemento caratterizzante della necropoli di Via Cesana sono le fosse degli *ustrina* riconosciuti dopo un'analisi approfondita della documentazione. Nello specifico ne sono stati individuati 10 che corrispondono a ex tombe individuate in fase di scavo (55-56-48-39-40-3-25-24-28/29/30-50-44). Le fosse degli *ustrina* non presentano una grande di forma e dimensioni, così come anche i lotti che presentano delle misure abbastanza standardizzate.

Elemento di comune caratterizzazione è la presenza di fondo e pareti rubefatte a seguito della cottura più o meno intensa e più o meno prolungata del terreno durante la cerimonia di incinerazione.

34.5. I recinti e i lotti sepolcrali.

Vengono indicati come recinti funerari quelle aree in cui si hanno attestazioni inequivocabili, come rinvenimenti epigrafici o elementi architettonici che chiaramente attestino un confine, una delimitazione (Fig. 34.3). A questa fase appartiene il recinto 1 (TT. 35-8-11), databile nella seconda metà del I secolo d.C., che ha restituito il contesto stratigrafico più complesso e meglio documentato nella necropoli. L'area sepolcrale era delimitata da quattro cippi anepigrafi; all'interno era la stele con l'iscrizione funeraria dedicatoria della famiglia di *Caius Licinius Macer*. Anche altri recinti funerari erano contrassegnati da stele iscritte. Sul lato N del recinto 6 (TT. 12-13) era collocata la stele in trachite di *P. Octavius Pedo*, con indicazione completa dei *tria nomina*, del patronimico e della *tribus* di appartenenza; oltre all'indicazione, nella parte bassa del supporto epigrafico, di colui che fattivamente curò la realizzazione del recinto, il liberto *Bassus*.

Il recinto 12 (TT. 38-31-32), già costruito nella fase precedente, venne monumentalizzato con l'inserimento della stele parallelepipede in trachite di *Publius Villius Primus*, datata alla prima metà del I secolo d.C. Nello spazio di pertinenza del recinto 14 (T. 37) venne inserita la stele centinata in trachite databile alla prima metà del I sec. d.C. di *L. Octavius Eros*, il quale aveva predisposto la stele e il recinto per sé e per Ottavia Anuna, sua coliberta.

Le attestazioni epigrafiche restituiscono il variegato panorama delle élite municipali, magistrati e militari, e delle classi subalterne, i liberti, la cui ascesa venne favorita dalla documentata floridezza economica della città nel corso del I secolo. I nomi spesso tradiscono una chiara origine grecanica, ma la ricchezza e la monumentalizzazione dei recinti funerari li restituiscono come soggetti ormai appartenenti a uno *status* sociale del tutto nuovo.

Fanno parte di questa fase anche altri 3 recinti: il recinto 10 (TT. 4-5), il recinto 18 (TT. 51-53) e il recinto 15 che non ha restituito sepolture.

Per quanto concerne i lotti sepolcrali, ne sono stati individuati 11, di cui 3 non hanno restituito alcuna sepoltura (dei lotti sepolcrali 5-16-17 rimane un'evidenza negativa del monumento a causa della spoliazione delle epoche successive).

34.6. Il corredo funebre e gli oggetti sul piano di calpestio.

Per il presente progetto sono stati analizzati 1051 reperti suddivisi in 5 categorie.

Fig. 34.3. Monumento funerario (foto di F. M. Riso).

a) Elementi del letto funebre. Vi sono numerose attestazioni di ossa lavorate (in 18 tombe su 29) a indicare spesso l'impiego del letto funebre sul quale veniva cremato il defunto. Si conservano alcuni frammenti finemente decorati, tra cui appliques con stilemi vegetali o antropomorfi.

b) Frequenti anche i chiodi, forse pertinenti alla portantina funebre o a qualche cassettina in legno.

c) Vasellame da mensa, da cucina e potorio. Fanno parte di questa categoria sia le forme aperte, quali i piatti e le patere in ceramica comune o terra sigillata, ma anche il vasellame da fuoco come le pentole e la ceramica grezza, talvolta con annesse offerte alimentari per il defunto e libagioni atte a propiziare il favore delle divinità, e bicchieri, coppe a pareti sottili e terra sigillata, *olpai* in ceramica comune o terra, balsamari. Numerosi sono i riscontri per le profusioni di *olea et odores* (in 23 tombe su 29), dati dal frequente recupero nelle fosse di balsamari vitrei o fittili, integri o frammentari, caratterizzati da diversi gradi di deformazione, a seconda della maggiore o minore esposizione al fuoco diretto della pira.

d) Lucerne. Le tipologie dei corredi tombali risultano costituite da lucerne a volute o canale. Tra le lucerne a canale sono attestati i bolli *FORTIS, STROBILI, CELER, CERIALIS, TES*[..], *CVSPI, ZOSMI ANUARI*. Tra le lucerne a volute sono attestate le tipologie Loeschcke IV B. Sono attestate anche numerose lucerne a volute spesso figurate. Si citano, a esempio, il rep. 228 in cui si notano due figure maschili, con clamide e calzature, che coprono i piedi fino al polpaccio, di profilo, si affrontano ai lati di un'ara con un fuoco nell'atto di compiere un sacrificio significativo è anche il rinvenimento di una lucerna con decorazione a rilievo con figura della Vittoria Alata con attributi (spiga, dattero) con iscrizioni sullo scudo *Annum novum faustum felicem mihi* ad augurare il buon anno.

e) Ornamento e sfera personale. Si può supporre che i defunti venissero incinerati vestiti. A testimoniarlo sono le fibule e alcuni oggetti d'ornamento personale rinvenuti all'interno delle fosse, spesso alterati o deformati da un contatto diretto con le fiamme della pira. Per quanto concerne gli anelli rinvenuti si segnala il reperto rinvenuto nella T. 4, di cui si ha un'attestazione dello stesso tema raffigurativo in una gemma conservata presso il Museo Medagliere Estense di Modena, di un toro in atto di caricare.

f) Giochi. I giochi vengono deposti nelle tombe a memoria dei momenti gioiosi trascorsi in vita o a indicare l'età infantile del/la defunto/a. In 3 tombe su 29 sono state rinvenuti reperti della sfera ludica come pedine e astragali. Le pedine discoidali erano di norma utilizzate nel *ludus latrunculorum*, gioco simile alla nostra dama. In alcune tombe il numero di pedine è puramente simbolico, ridotto pochi esemplari, in chiara funzione di *pars pro toto*. Il più significativo è il caso della T. 15 nella quale si contano circa 70 pedina sia in vetro, in osso che pietra. Un unico caso di *tabula lusoria* è stato rinvenuto nella T. 31.

34.7. Analisi carpologiche e antracologiche.

I reperti carpologici rinvenuti appartengono per lo più a piante coltivate o comunque alimentari, come riscontrato anche nelle altre necropoli modenesi[4]. Nel sito di Via Cesana l'elemento predominante è indubbiamente il favino (*Vicia faba* var. *minor*), mentre tra la frutta sono presenti fichi (*Ficus carica*), datteri (*Phoenix dactylifera*) e tracce di noci (*Juglans regia*). Tutti questi reperti trovano nei contesti funerari un'opportuna collocazione. I semi del favino, dal caratteristico colore scuro, erano considerati un tramite tra il mondo dei vivi e quello dei morti; le "fave nere", infatti, come ricorda Ovidio[5], erano presenti nelle cerimonie Ferali, dedicate agli antenati, che prevedono di portare doni alle loro tombe, e nelle celebrazioni per i Lemuri, le anime dei morti. Il fico per i Romani era legato a molte divinità e a diversi miti[6] e la palma da dattero aveva un legame speciale con Mercurio che collegava la terra e il cielo, quindi i vivi con i morti[7]. Le noci, provenienti quasi certamente da piante coltivate, erano frutti importanti in periodo romano, anche come simbolo di protezione e augurio di fertilità e abbondanza[8].

La maggior parte dei carboni analizzati è attribuibile al genere *Fraxinus*, il frassino, legno molto utilizzato per realizzare pire funerarie[9]. Anche questo risultato è in linea con quanto è emerso dalle analisi antracologiche in quasi tutte le necropoli modenesi indagate in questo senso[10].

34.8. Microscavo e TAC delle urne.

Prima di effettuare il microscavo le urne cinerarie sono state sottoposte alla scansione tomografica presso il

laboratorio TECEurolab di Campogalliano (Modena). L'esecuzione delle TAC ha avuto un duplice scopo, quello di mantenere il dato pre-scavo, sia esterno (con la documentazione fotografica) che interno (con la tomografia computerizzata), ma anche, e soprattutto, di guidare lo scavo stesso. La documentazione analitica, in questo caso, può essere usata in maniera molto versatile, a esempio la possibilità attraverso software di trasposizione tridimensionale dai dati tomografici, ha infatti permesso di osservare nel dettaglio le relazioni spaziali esistenti tra i manufatti conservati all'interno di ciascuno strato e quindi di procedere con precisione quasi chirurgica nella messa in luce degli stessi, ma non solo, potrà fornire un notevole supporto durante la fase di restauro dei frammenti. Il punto di forza della scansione tomografica è la produzione di una documentazione fotografica e analitica molto dettagliata che permette di ricostruire le fasi di deposizione delle ossa e degli oggetti di corredo all'interno dell'ossuario anche a scavo già eseguito e quindi a stratigrafia distrutta.

34.9. Conclusione.

In conclusione, l'approccio multidisciplinare con cui è stato svolto il progetto di ricerca è stato essenziale per avere una visione completa delle tipologie di sepoltura, dell'organizzazione degli spazi funerari, dei cerimoniali sulle sepolture e delle offerte ai defunti. I diversi approcci non devono essere considerati singolarmente, ma in relazione gli uni agli altri, in un confronto contestuale che consente di catturare sia gli aspetti ricorrenti che le dissonanze, al fine di affrontare un sistema interpretativo coerente.

Bibliografia

Bosi, G. - Bandini Mazzanti, M. - Montecchi, M. C. - Torri, P. - Rinaldi, R. 2017, "The life of a Roman colony in Northern Italy: ethnobotanical information from archaeobotanical analysis", in *QuatInt*, 460, 135-156.

Bosi, G. - Riso, F. M. - Rinaldi, R. - Marchesini, M. 2017b, "Le offerte vegetali nei contesti funerari", in L. Malnati - S. Pellegrini - F. Piccinini - C. Stefani (eds), M*utina splendidissima. La città romana e la sua eredità*, Roma, 182-185.

Bosi, G. - Castiglioni, E. - Rinaldi, R. - Mazzanti, M. - Marchesini, M. - Rottoli, M. 2020, "Archaeobotanical evidence of food plants in Northern Italy during the Roman period", in *VegHistArchaeobot*, 29, 681-697.

Ferrari, A. 2006, *Dizionario di Mitologia*, Torino.

Moskal del Hoyo, M. 2012, "The use of wood in funerary pyres: Random gathering or special selection of species? Case study of three necropolises from Polan", in *JArchaeolSci*, 39-11, 3386-3395.

Ovidio, *I Fasti*, Milano (trad. L. Canali 1998).

Plinio, *Naturalis historia*, Torino (trad. F. Lechi 1984).

Rinaldi, R. - Bosi, G. - Bandini Mazzanti, M. 2017, "Offerte vegetali nei contesti funerari", in D. Labate

---

[4] Per quanto riguarda i contesti funerari modenesi indagati dal punto di vista archeobotanico, si veda: Bosi *et al.* 2017a: Bosi *et al.* 2017b, 2020; Rinaldi *et al.* 2017; Riso 2017.

[5] Ovidio, *Fasti* I,185-188.

[6] Scheid 2008.

[7] Plinio, *HN* XIII, 42.

[8] Ferrari 2006.

[9] Moskal del Hoyo 2012.

[10] Vedi nota 4.

F. M. Riso, L. Lancellotti, G. Bosi, A. Coralini, S. Pellegrini

- L. Malnati (eds), *Parco Novi Sad di Modena: dallo scavo al parco archeologico*, Firenze, 191-195.

Scheid, J., 2008, *Pour une archéologie du rite. Nouvelles perspectives de l'archéologie funéraire*, Roma.

35

Archeologia della morte a *Mutina*. Ricerche multidisciplinari per lo studio del paesaggio delle necropoli lungo la Via Emilia

Antonella Coralini
Università di Bologna

Silvia Pellegrini
Museo Civico di Modena

Giovanna Bosi
Università di Modena e Reggio Emilia

Stefano Lugli
Università di Modena e Reggio Emilia

Abstract: *Mutina* context, thanks to the investigations carried out along the Via Emilia, is a representative case study in order to understand the evolution of the ancient landscape and of the social composition, reflected in the organization of the funerary area. As a result of the multidisciplinary research methodology, new data about interaction hybridization and resilience processes, which affect the *Mutina* community, are coming up. The study of the funerary topography linked to the rituals and people's personal stories (biological and epigraphic analyses), clearly shows the relationship between dead and living spaces; in particular, territorial hierarchies have been identified, with élite reserved zones, rituals shared by the community, while others were common through members of non-native cultures.

These researches have been associated with vegetation environment and landscape analysis, as well as stratigraphic and sedimentary evolution studies. The suburban funerary space in fact represents the area in which it is possible to recognize the depositional dynamics of the geological-environmental phenomena, mentioned in ancient sources and several times remarked by the city history's literature, and on which recent researches are providing new important data.

Keywords: *Mutina*; Via Emilia; pianificazione territoriale; stratigrafia; paesaggio vegetale.

I ritrovamenti di natura funeraria costituiscono un ambito privilegiato per riconoscere e comprendere assetti sociali e dinamiche che caratterizzano le comunità. Il contesto mutinense, grazie alle numerose indagini condotte lungo la direttrice della Via Emilia[1] (Fig. 35.1), risulta esemplare per la ricostruzione del paesaggio antico, degli aspetti legati alla composizione sociale e dell'organizzazione dello spazio sepolcrale.

35.1. Un paesaggio in evoluzione.

Mutina (Fig. 35.2) sorge a 15 km dal margine appenninico, in posizione mediana rispetto ai bacini di Secchia e Panaro, che convergono a nord della città, formando un nodo idraulico complesso, in area morfologicamente poco rilevata rispetto alle due conoidi principali che la delimitano, nel collettore delle acque di esondazione naturale del sistema idrografico dei corsi d'acqua minori. Il paesaggio urbano dall'età romana fino ad oggi ha subito un radicale cambiamento a causa di ripetute inondazioni che hanno modificato nel tempo la morfologia del terreno, colmando il dislivello esistente tra le due conoidi[2]. Lo studio dei sedimenti naturali e antropici, veri e propri archivi del paesaggio storico, consente di ricostruire l'evoluzione degli ambienti e delle caratteristiche climatiche e di comprenderne le dinamiche evolutive. Due recenti fenomeni geologici che hanno colpito il territorio modenese sono stati analizzati come termini di confronto per definire cause e modalità della sedimentazione che hanno portato al completo seppellimento della città romana e delle sue necropoli urbane[3]. Il terremoto del 2012 ha reso evidente

---

[1] Per una sintesi sulle ricerche condotte lungo la Via Emilia si rimanda a Labate 2017a.

[2] L'originale piano di calpestio di età repubblicana, scarsamente indagato a causa della notevole profondità di giacitura, si trova a profondità differenziate, con una media di circa 5 m dal piano attuale.
[3] Lugli 2017.

Fig. 35.1. Sabbie con increspature da corrente rinvenute a circa 3 m di profondità nello scavo di via Emilia-via Cesana con la stele sulla sinistra.

gli effetti della evoluzione geologica di questo settore di pianura, provocando l'innalzamento del suolo prossimo all'epicentro di circa 15 cm. Modificazioni altimetriche, come innalzamenti (di origine tettonica) e abbassamenti naturali del suolo (dovuti a tettonica e subsidenza, nell'ordine di grandezza di circa 2 mm/anno appena a nord di Modena) creano le condizioni per lo spostamento naturale dei corsi d'acqua, fenomeno oggi impedito dagli argini artificiali. Grazie a questi spostamenti di tracciato, i corsi d'acqua hanno abbandonato i loro sedimenti lungo tutta la pianura fino a ricoprire anche l'area urbana di *Mutina* in conseguenza di innumerevoli e drammatiche alluvioni. Il nostro territorio registra migrazioni fluviali significative, con spostamenti anche chilometrici.

Il fenomeno di rotta del fiume Secchia a 6 km a N di Modena nel 2014 ha riaperto la valutazione circa l'equilibrio idrografico del territorio intorno alla città e ha riportato all'attenzione l'importanza della corretta conoscenza delle dinamiche geo-ambientali che agiscono su esso. In soli tre giorni è stato deposto circa 1 m di spessore di sabbia vicino al punto di rotta, fino ad arrivare a soli 2 mm di argilla e limo (sedimenti fini) a qualche chilometro di distanza. La sabbia ha formato un corpo sedimentario a forma di ventaglio di circa 300 m di diametro sulla cui superficie erano tipiche increspature che indicano la direzione della

corrente, mentre i fanghi deposti per decantazione a 8 km dal punto di rotta erano tipicamente laminati.

Utilizzando questo modello è stato possibile comprendere dinamiche deposizionali antiche. Un caso emblematico è stato riscontrato in uno scavo archeologico condotto lungo la Via Emilia in un settore della necropoli romana di *Mutina* (all'intersezione con Via Cesana). In epoca tardoantica la necropoli era già stata in gran parte sepolta da piene multiple che avevano abbandonato fango laminato fino a formare uno spessore totale di circa 1 m. Le increspature delle sabbie indicano una provenienza della corrente da ovest e la loro composizione è compatibile con quelle del torrente Tiepido che allora scorreva lungo la direttrice delle Via Ciro Menotti - Via Trento e Trieste a circa 1,5 km di distanza dalla necropoli. Nel ventaglio di rotta che si è formato si è deposto quasi 1 m di sabbia che ha sepolto completamente gli elementi lapidei che erano stati prelevati dal piano d'uso di età imperiale per reimpiegarli come materiale da costruzione.

35.2. Il paesaggio vegetale di *Mutina* tra età romana e Tardoantico.

La presenza di corsi d'acqua e aree acquitrinose è una caratteristica ambientale del paesaggio di *Mutina* che

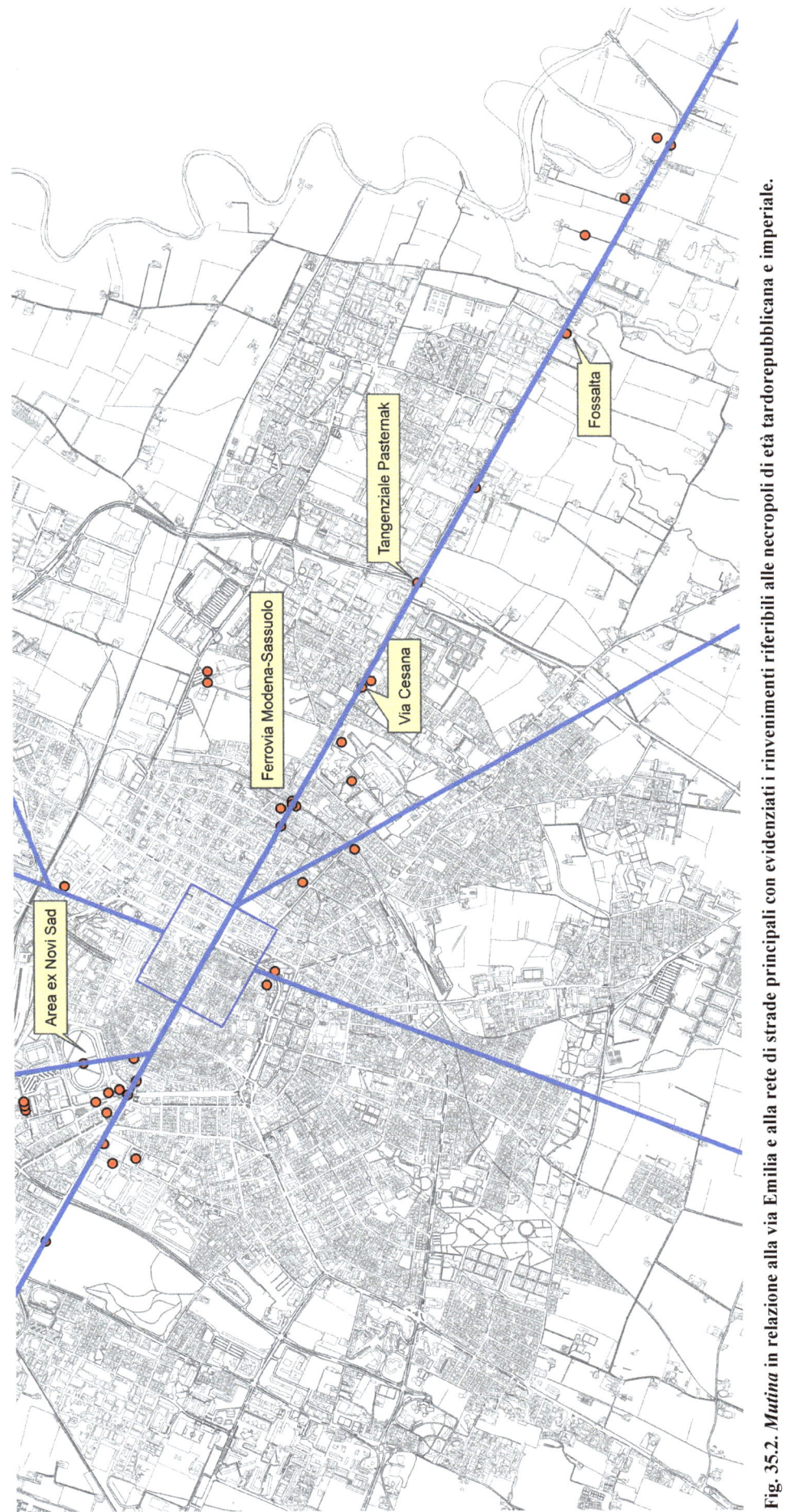

Fig. 35.2. *Mutina* in relazione alla via Emilia e alla rete di strade principali con evidenziati i rinvenimenti riferibili alle necropoli di età tardorepubblicana e imperiale.

trova riscontro anche nelle ricerche archeobotaniche[4]. Le analisi carpologiche evidenziano una forte perdita di diversità vegetale al passaggio dal periodo imperiale al tardo romano, soprattutto per le piante spontanee che dimezzano il numero di taxa presenti. La ragione di questo andamento potrebbe essere ricercata in una sorta di omogeneizzazione della flora, dovuta al deterioramento delle condizioni climatiche che favorisce solo alcune specie più adattabili mentre rende difficile la sopravvivenza di molte altre in questo scenario modificato. Tra fine III e inizio IV sec. d.C., un periodo che appare contrassegnato da grande variabilità, nel territorio urbano e peri-urbano abbiamo una notevole diffusione di ambienti umidi legati a episodi di fluttuazione del livello delle acque, diffusione evidenziata da un forte aumento sia di erbacee igrofile che di idrofite vere e proprie. La grande instabilità di questa fase cronologica non permette alla componente boschiva, neppure a quella legata a substrati più ricchi di acqua, di occupare nuovi territori. Tra IV e V sec. d.C., invece, i boschi igrofili crescono notevolmente, come testimonia l'alta percentuale di polline di ontano nero (*Alnus glutinosa*), la specie arborea europea più resistente alla sommersione e capace di rigenerarsi rapidamente[5]. Il territorio modenese sembra aver tollerato i ripetuti periodi avversi a livello ambientale mantenendo le colture di base: cereali, legumi, vite e, più in quota, castagno e olivo. Ma rispetto all'età imperiale appaiono in diminuzione piante ortive e ornamentali (che necessitano generalmente di cure maggiori), di cui restano poche tracce. Le zone umide rimarranno comunque la caratteristica principale del paesaggio vegetale che circonda Modena fino alla metà del XX sec.[6], mentre successivamente scompaiono totalmente[7].

35.3. Offerte vegetali nei contesti funerari di *Mutina*.

Le ricerche in questo settore sono tuttora in corso[8]. Le analisi riguardano i reperti carpologici e antracologici relativi a oltre un centinaio di sepolture (soprattutto di I-II sec. d.C., alcune di periodo tardoromano) prevalentemente a cremazione. Grazie alle indagini in questo tipo di contesti si possono fornire indicazioni su alcuni elementi di origine vegetale usati nei riti collegati alle sepolture e al culto dei morti. La categoria di vegetali più utilizzata tra le offerte a *Mutina* è sicuramente quella dei legumi, soprattutto il favino (*Vicia faba* var. *minor*), ma anche la lenticchia (*Vicia lens*) è ben rappresentata. Tra i cereali sembra prevalere l'orzo (*Hordeum vulgare*), ma è tra la

'frutta' che si ha la maggiore varietà di taxa, sia locali (es., fichi, noci, uva, pesche, olive, pinoli, …) che, raramente, d'importazione, come i datteri. Tra i carboni domina il frassino (*Fraxinus*), che sembra fosse un legno molto apprezzato per le pire funerarie. È interessante poi notare che nella necropoli di Marzaglia, nell'*ager mutinense*, ma lontano dalla città, è stato trovato solo carbone attribuibile a perimeli, alberi da frutto con impianti probabilmente in prossimità delle sepolture[9].

35.4. Le necropoli di *Mutina*.

Le principali necropoli di *Mutina* sono localizzate lungo i due tratti suburbani della Via Emilia, a est e a ovest della città[10]. Altre aggregazioni tombali si osservano in corrispondenza di due assi viari che uscivano da *Mutina* a nord, lungo la direttrice di collegamento con *Mantua* e *Verona*, e a sud, ai margini del collegamento che seguiva l'asta del fiume Panaro. Il contesto più antico è quello rinvenuto a S-E (area S. Pietro) e probabilmente l'area a N-O lungo la direttrice *Mutina-Mantua-Verona*; in entrambi i casi i dati archeologici testimoniano una frequentazione non antecedente alla fase tardorepubblicana[11].

La sistemazione dello spazio funerario, congiuntamente a quella urbana, risale all'inizio dell'età augustea, quando è attuata una riorganizzazione delle necropoli secondo una precisa pianificazione spaziale di tipo catastale[12]. Risulta ormai assodata l'esistenza di una gerarchia dello spazio funerario a livello urbano, che riservava al lato orientale della Via Emilia la collocazione preferenziale delle sepolture dotate di apparati decorativi monumentali[13]. Nel segmento occidentale, invece, le sepolture appaiono più standardizzate, dotate in genere di semplici stele come segnacolo, ma organizzate in lotti nella media mutinense per ampiezza. L'analisi in senso diacronico rivela che il settore orientale cade progressivamente in disuso già dal II sec. d.C., mentre quello occidentale ha continuità di frequentazione, con tipologie sepolcrali tipiche di questa fase (casse laterizie, casse di piombo, sarcofagi)[14].

Le aree funerarie erano dotate di infrastrutture, quali percorsi interni, come la Via Glareata posta in luce in Via Cesana o il cardine centuriale di Via Luca Giordano che consentivano di accedere alle diverse tombe; al tempo stesso costituivano gli assi di attrazione e aggregazione per l'allineamento delle singole tombe, dando loro un orientamento *secundum naturam* e non *secundum coelum*. Lo spazio di rispetto tra un lotto e l'altro varia secondo una media compresa tra 60 cm e 1 m.

---

[4] *Mutina* è stata approfonditamente studiata dal punto di vista archeobotanico, con analisi per lo più di resti carpologici, polline e palinomorfi non pollinici. Queste indagini hanno permesso di fornire molte informazioni riguardanti la ricostruzione del paesaggio ma anche delle pratiche agricole, oltre che usi alimentari e rituali legati alle piante a partire dalla fondazione della città fino al tardoantico. Bosi 2018; Bosi *et al.* 2011; Bosi *et al.* 2015a; Bosi *et al.* 2015b; Bosi *et al.* 2017a; Bosi *et al.* 2017b; Bosi *et al.* 2017c; Bosi *et al.* 2017d; Bosi *et al.* 2017e; Bosi *et al.* 2017f; Torri *et al.* 2017; Mazzanti *et al.* 2017; Riso 2018; Bosi *et al.* 2019.

[5] Haslam, 1978; Cronk - Fennessy 2001; Bernetti 2005.

[6] Bertolani Marchetti 1959; Bosi *et al.* 2015b.

[7] Buldrini *et al.* 2020.

[8] Per risultati parziali vedi: Bosi *et al.* 2015c, 2019; Riso 2018.

[9] Riso 2018.

[10] Recenti riletture di sintesi sulle necropoli di *Mutina* in Ortalli 2017; nello specifico sulla necropoli orientale lungo la via Emilia Labate 2017b.

[11] Pellegrini 2009. Labate 2017b. La sepoltura bisoma a inumazione con tracce di legatura dei cadaveri deposti uno sopra l'altro probabilmente entro sudario, rinvenuta lungo la direttrice verso *Mantua* e *Verona*, sarebbe databile con qualche incertezza al II sec. a.C., coeva dunque alla fondazione della colonia: Locatelli 2017.

[12] Pellegrini 2017.

[13] Giordani 2000.

[14] Pellegrini 2009.

Monumenti, recinti e segnacoli si collocavano entro lotti modulari standardizzati, di 12 piedi sulla fronte stradale, mentre la distanza in agro era maggiormente variabile. Le tombe erano disposte seguendo una sequenza ordinata, lungo una fascia mediamente ampia 6-8 m. Le aree prossime alla città erano più densamente occupate, con lotti organizzati su più file in agro, come nel caso dell'area funeraria rinvenuta negli scavi per la costruzione della linea ferroviaria interrata Modena-Sassuolo, posta a circa 600 m dal margine delle mura orientali di *Mutina*[15]; in area extraurbana, invece, i lotti sono allineati su un'unica fila[16].

Il caso del tratto di necropoli individuato all'intersezione della Via Emilia Est con Via Cesana, a circa 2 km dalle mura, è emblematico della pianificazione dello spazio funerario attuata a *Mutina*[17]. Le analisi spaziali hanno rivelato che ogni lotto sepolcrale, i cui confini erano ben conservati archeologicamente, ospitava al suo interno mediamente due sepolture e in alcuni casi alcune aree sepolcrali erano occupate da monumenti funerarie. L'estensione superficiale di ogni particella risulta essere mediamente di circa 5.80 m², corrispondente agli standard attestati nelle necropoli di *Mutina*. La demarcazione del confine di proprietà poteva essere realizzata con diverse soluzioni, quali recinti in muratura talvolta rivestiti da lastre lapidee, da cippi litici angolari, anepigrafi o iscritti. Il monumento dedicato a *Publius Clodius*, un'ara entro recinto con cippi di demarcazione iscritti, databile al primo venticinquennio del I sec. d.C., rinvenuto a 700 m dalle mura, era costituito da un recinto formato da quindici blocchi di trachite euganea a sezione trapezoidale che probabilmente sormontavano un muro di mattoni[18].

L'analisi della topografia funeraria integrata dai dati epigrafici e dagli indicatori della ritualità consente di riconoscere raggruppamenti familiari o professionali (*collegia*) a cui erano riservati settori dello spazio funerario. Al nucleo di Via Cesana, appartiene il recinto dei *Licinii*, realizzato dal servo a proprie spese a favore del *dominus*[19]; in quello rinvenuto in seguito agli scavi per la realizzazione della linea ferroviaria Modena-Sassuolo vari monumenti indicano pertinenze sepolcrali multiple, tanto di congiunti quanto collegiali, legate ai commercianti e artigiani della lana e del tessile[20]. Nel lotto sepolcrale correlato alla stele funeraria di *Titus Furfanius Zeno*[21], un liberto impegnato in un'attività commerciale del settore tessile, lo status e il prestigio del committente

sono manifesti dalla posizione del monumento, una stele alta quasi 3 m, ubicata sulla prima fila lungo il margine nord della via consolare, e dalla varietà e ricchezza dei reperti recuperati. Pur presentando elementi comuni, come lucerne, balsamari e monete, i corredi hanno restituito oggetti di un certo pregio, all'interno di un'area sepolcrale di estensione maggiore rispetto al modulo standard mutinense, tra cui una tessera nummularia datata al 13 a.C., inserita all'interno di una sepoltura di II sec. d.C., forse come cimelio di famiglia e indicatore di rango sociale[22].

Imprenditore tessile era anche *Lucius Rubrius Stabilio Primus* a cui è dedicata una imponente stele a edicola con ritratti a rilievo sulla fronte e sui fianchi è corredata da un'iscrizione che riporta un'estensione modulare *p(edes) q(uoquoversus) XII*, all'interno della quale sono state rinvenute cinque deposizioni con corredo[23].

Il rinvenimento di un altro monumento dedicato a un *purpurarius* porta a ipotizzare che esistessero settori riservati a categorie specifiche della popolazione, in questo caso liberti arricchiti grazie alla redditizia industria delle lane. La stele di *Caius Purpurarius Nicephor*[24] si trova in un lotto ospitante sei sepolture. Tra gli oggetti del corredo, ai quali era affidata la celebrazione intima del defunto, si trovano una testa fittile di Mercurio e un peso da bilancia che richiamano l'attività svolta in vita[25].

Nel caso del monumento alto quasi 4 m innalzato da *Vetilia Egloge*, schiava liberata poi sposa del decurione Lucio Valerio Costante, l'area funeraria ospita quattro sepolture a incinerazione associabili ai membri della famiglia menzionati nella dedica epigrafica, deposte in momenti diversi e collocate nella parte posteriore del recinto funerario (di cui è riportata l'estensione di 20 x 30 piedi romani = 54 m²); i corredi paiono molto modesti e per nulla indicativi dello status dei defunti[26].

35.5. La tarda antichità e il passaggio verso la rifondazione della città medievale.

Il processo di cambiamento del paesaggio funerario di *Mutina* prende avvio già agli albori del III sec. Dal punto di vista topografico è evidente un restringimento delle aree occupate da necropoli che si concentrano sempre più a ridosso del perimetro fortificato. Sopravvivono solo alcuni nuclei di fondazione primo-imperiale, concentrati soprattutto in posizioni strategiche di collegamento lungo la Via Emilia (in località Fossalta) e in relazione alla presenza di nuclei insediativi minori.

---

[15] Per una revisione della documentazione di scavo e per una preliminare revisione critica Lo Valvo 2017-2018.

[16] La disposizione di monumenti a aree funerarie lungo un'unica fila in agro è stata riscontrata a partire da circa 1 km oltre il margine orientale delle mura, nei nuclei indagati all'intersezione con Via Cesana e tangenziale Pasternak; notizie preliminari su questi contesti in Malnati - Pellegrini - Pulini 2009. Sul caso di Via Cesana si rimanda al contributo di F. M. Riso in questa sede e a Lancellotti 2017-2018.

[17] Si rimanda al contributo di F. M. Riso in questa sede.

[18] Giordani 1988.

[19] Santocchini Gerg 2009.

[20] Lo Valvo 2017-2018.

[21] Raggi - Parisini 2019, 567-574.

[22] Buonopane 2017.

[23] Cenerini 2019, 71-75.

[24] Parisini 2013, EDR133055 (scheda A. Raggi). La stele proviene dall'area di Via Emilia Est-Via Pelusia, come quella del *tonsor L. Rubrius Stabilio Primus*.

[25] Sull'economia delle lane a *Mutina*: Buonopane - Corti 2017; Corti 2017.

[26] Labate - Palazzini 2009; Donati 2008.

La diffusione del culto cristiano favorisce lo sviluppo di una nuova religiosità, basata sul rito inumatorio e su forme sepolcrali differenti. Si diffondono sarcofagi e casse laterizie, spesso aggregati per nuclei familiari, collocati senza un'apparente pianificazione preordinata in aree suburbane divenute libere, dopo l'abbandono delle funzioni residenziali o artigianali che avevano avuto in età imperiale[27].

Questo processo di contrazione urbana e di sviluppo di diverse modalità abitative rispetto alle fasi precedenti, conseguenza di mutamenti politici, sociali ed economici, nel caso di *Mutina* è accelerato da fattori idrogeologici e ambientali. Come sopra evidenziato, in questo periodo si susseguono diversi episodi esondativi che portano all'abbandono di vasti settori urbani ed extraurbani. Molte porzioni di territorio ritornano alle loro condizioni naturali: aumentano infatti le aree a bosco tipico di ambienti umidi e la colonizzazione di piante erbacee igrofile sui substrati alluvionali.

L'insieme di fattori naturali e culturali, economici e sociali portarono nel caso di *Mutina* a una vera rivoluzione urbanistica. Lo spazio cimiteriale suburbano in cui nel IV sec. venne sepolto Geminiano, vescovo e santo protettore della città e sulle cui spoglie sarà eretta una basilica *ad corpus*, poi assunta a chiesa cattedrale, diverrà agli albori del Medioevo il fulcro della nuova città.

Bibliografia

Bernetti, G. 2005, *Atlante di Selvicoltura. Dizionario illustrato di alberi e foreste*, Bologna.

Bosi, G. - Rinaldi, R. - Bandini Mazzanti, M. 2011, "Flax and weld: archaeobotanical records from *Mutina* (Emilia-Romagna, Northern Italy) dated to the Imperial Age, first half 1st century AD", in *VegHistArchaeobotany*, 20.6, 543-548.

Bosi, G. - Mercuri, A. M. - Bandini Mazzanti, M. - Florenzano, A. - Montecchi, M. C. - Torri, P. - Labate, D. - Rinaldi, R. 2015a, "The evolution of Roman urban environments through the archaeobotanical remains in Modena - Northern Italy", in *JArchaeolSci*, 53, 19-31.

Bosi, G. - Benatti, A. - Rinaldi, R. - Dallai, D. - Santini, C. - Carbognani, M. - Tomaselli, M. - Bandini Mazzanti, M. 2015b, "The memory of water: archaeobotanical evidence of wetland plants from Modena (Emilia-Romagna, Northern Italy) and palaeoecological remarks", in *PlantBiosyst*, 1491, 144-153.

Bosi, G. - Bandini Mazzanti, M. - Montecchi, M. C. - Torri, P. - Rinaldi, R. 2017a, "The life of a Roman colony in Northern Italy: ethnobotanical information from archaeobotanical analysis", in *QuatInt*, 460, 135-156.

Bosi, G. - Rinaldi, R. - Buldrini, F. - Herchenbach, M. - Bandini Mazzanti, M. 2017b, "On the trail of date-plum (*Diospyros lotus* L.) in Italy: first archaeobotanical evidence", in *EconBot*, 71.2, 133-146.

Bosi, G. - Riso, F. M. - Rinaldi, R. - Marchesini, M. 2017c, "Le offerte vegetali nei contesti funerari", in L. Malnati - S. Pellegrini - F. Piccinini - C. Stefani (eds), *Mutina splendidissima. La città romana e la sua eredità*, Roma, 182-185.

Bosi, G. - Marchesini, M. 2017d, "Reperti archeobotanici di vite a *Mutina*", in L. Malnati - S. Pellegrini - F. Piccinini - C. Stefani (eds), *Mutina splendidissima. La città romana e la sua eredità*, Roma, 288-289.

Bosi, G. - Corti, C. - Pederzoli, A. 2017e, "Circuiti commerciali e consumo alimentare a *Mutina*", in L. Malnati - S. Pellegrini - F. Piccinini - C. Stefani (eds), *Mutina splendidissima. La città romana e la sua eredità*, Roma, 312-323.

Bosi, G. - Rinaldi, R. - Mazzanti, M. 2017f, "L'alimentazione vegetale: reperti archeobotanici", in L. Malnati - S. Pellegrini - F. Piccinini - C. Stefani (eds), *Mutina splendidissima. La città romana e la sua eredità*, Roma, 329-331.

Bosi, G. 2018, "L'archeobotanica e i siti urbani: il caso di *Mutina*", in A. Morigi - C. Quintelli (eds), *Fondare e rifondare. Parma, Reggio e Modena lungo la Via Emilia romana*, Padova, 210-221.

Bosi, G. - Labate, D. - Rinaldi, R. - Montecchi, M. C. - Torri, P. - Riso, F. M. - Mercuri, A. M. 2019, "A survey of the Late Roman period (3rd-6th century AD): pollen, NPPs and seeds/fruits for reconstructing environmental and cultural changes after the floods in Northern Italy", in *QuatInt*, 499, 3-23.

Bosi, G. - Castiglioni, E. - Rinaldi, R. - Mazzanti, M. - Marchesini, M. - Rottoli, M. 2020, "Archaeobotanical evidence of food plants in Northern Italy during the Roman period", in *VegHistArchaeobotany*, 29, 681-697.

Buldrini, F. - Gentilini, M. - Bruni, C. - Santini, C. - Alessandrini, A. - Bosi, G. 2020, "Flora vascolare spontanea della città di Modena: analisi del centro storico", in *NatHistSci*, 7.1, 3-56.

Buonopane, A. 2017, "1. Tesserae nummulariae da Modena e dal territorio", in L. Malnati - S. Pellegrini - F. Piccinini - C. Stefani (eds), *Mutina splendidissima. La città romana e la sua eredità*, Roma, 219-220.

Buonopane, A. - Corti, C. 2017, "Produzioni e commerci a *Mutina*", in L. Malnati - S. Pellegrini - F. Piccinini - C. Stefani (eds), *Mutina splendidissima. La città romana e la sua eredità*, Roma, 208-213.

---

[27] Come il caso del cimitero di Trieste, posto a ridosso delle mura orientali, del nucleo di Piazza Mazzini, speculare sul lato occidentale, e di Piazza Grande-Piazza XX Settembre. In questo settore, precedentemente destinato a un quartiere residenziale di lusso, sono state poste in luce un centinaio di sepolture, oggetto di un progetto di ricerca in corso che presentano, accanto a inumazioni in semplice fossa, casi di monumentalizzazione sepolcrale con l'uso di materiali di spoliazione dalle necropoli romane. Frigerio - Vazzana 2017; Guandalini *et al.* 2017; Pellegrini 2017b; Vazzana *et al.* 2017.

Cenerini, F. 2019, "Famiglie allargate in età romana: qualche esempio dalla *regio VIII* (*Aemilia*)", in *Hormos*, 11, 71-85.

Corti, C. 2017, "*Lanam fecit*. Economia della lana e società a *Mutina*", in L. Malnati - S. Pellegrini - F. Piccinini - C. Stefani (eds), *Mutina splendidissima. La città romana e la sua eredità*, Roma, 239-246.

Cronk, J. K. - Fennessy, S. M. 2001, *Wetland Plants: Biology and Ecology*, New York.

Donati, A. 2008, "Un nuovo monumento mutinense", in P. Basso - A. Buonopane - A. Cavarzere - S. Pesavento Mattioli (eds), *Est enim ille flos Italiae... Vita economica e sociale nella Cisalpina romana*, Verona, 163-167.

Frigerio, M. - Vazzana, A. 2017, "L'area sepolcrale rinvenuta in Piazza Grande", in L. Malnati - S. Pellegrini - F. Piccinini - C. Stefani (eds), *Mutina splendidissima. La città romana e la sua eredità*, Roma, 399-400.

Giordani, N. 1988, "344. Via Emilia Est 297, S. Lazzaro, Palazzo Alleanza Assicurazioni", in AA.VV., *Modena dalle origini all'anno Mille. Studi di archeologia e di storia*, II, 1988, 451-452, nr. 344, Figg. 504-505.

Giordani, N. 2000, "*Mutina*", in M. Marini Calvani (ed.), *Aemilia 2000, Aemilia. La cultura romana in Emilia-Romagna dal III sec. a.C. all'età costantiniana*, Venezia, 423-434.

Guandalini, F. - Benassi, F. - Filippini, E. - Morelli, A. L. - Pellegrini, S. 2017, "L'area sepolcrale rinvenuta in piazza XX Settembre", in L. Malnati - S. Pellegrini - F. Piccinini - C. Stefani (eds), *Mutina splendidissima. La città romana e la sua eredità*, Roma, 401-404.

Haslam, S.M. 1978, *River Plants*, London.

Labate, D. 2017a, "La Via Emilia: le indagini archeologiche", in L. Malnati - S. Pellegrini - F. Piccinini - C. Stefani (eds), *Mutina splendidissima. La città romana e la sua eredità*, Roma, 51-54.

Labate, D. 2017b, "La necropoli orientale di *Mutina*", in L. Malnati - S. Pellegrini - F. Piccinini - C. Stefani (eds), *Mutina splendidissima. La città romana e la sua eredità*, Roma, 173-177.

Labate, D. - Palazzini, C. 2009, "Via Emilia Est 281. Lo Scavo dell'Ara di Vetilia", in L. Malnati - S. Pellegrini - I. Pulini (eds), *Mutina oltre le mura. Recenti scoperte lungo la Via Emilia*, Modena, 58-61.

Labate, D. - Raimondi, N. 2017, "La *domus* di palazzo Vaccari in Largo Garibaldi", in L. Malnati - S. Pellegrini - F. Piccinini - C. Stefani (eds), *Mutina splendidissima. La città romana e la sua eredità*, Roma, 118-119.

Lancellotti, L. 2017-2018, *La necropoli orientale di Mutina: analisi spaziale dei contesti funerari emersi dagli scavi archeologici. Il caso di Via Emilia-Via Cesana*, Tesi di laurea magistrale Università di Bologna.

Locatelli, D. 2017, "5. Necropoli del Parco Novi Sad, tomba 396", in L. Malnati - S. Pellegrini - F. Piccinini

- C. Stefani (eds), *Mutina splendidissima. La città romana e la sua eredità*, Roma, 34-35.

Lo Valvo, N. 2017-2018, *La necropoli orientale di Mutina: analisi dell'apparato monumentale in rapporto ai contesti funerari. Il caso di Via Emilia Est - Via Pelusia*, Tesi di laurea magistrale Università di Bologna.

Lugli, S. 2017, "*Mutina* sepolta: inquadramento geologico dell'area urbana di Modena", in L. Malnati - S. Pellegrini - F. Piccinini - C. Stefani (eds), *Mutina splendidissima. La città romana e la sua eredità*, Roma, 16-19.

Malnati, L 2017, "5. I rinvenimenti di età repubblicana (II-I sec. a.C.)", in D. Labate - L. Malnati (eds), *Parco Novi Sad di Modena: dallo scavo al parco archeologico. Archeologia, antropologia, storia e ambiente di un insediamento periurbano di età romana e medievale*, Firenze, 25-30.

Malnati, L. - Pellegrini, S. - Pulini, I. (eds) 2009, *Mutina oltre le mura. Recenti scoperte lungo la Via Emilia*, Modena.

Mazzanti, M. - Bosi, G.- Torri, P. - Mercuri, A. M. - Marchesini, M. - Montecchi, M. C. - Rinaldi, R. 2017, "L'ambiente vegetale a *Mutina* dal periodo repubblicano al tardo romano", in L. Malnati - S. Pellegrini - F. Piccinini - C. Stefani (eds), *Mutina splendidissima. La città romana e la sua eredità*, Roma, 20-24.

Montecchi, M. C. - Bosi, G. - Rinaldi, R. - Torri, P. - Bandini Mazzanti, M. 2017, "21.4 L'ambiente vegetale del parco Novi Sad dal VI sec. a.C. al XII sec. d.C.", in D. Labate - L. Malnati (eds), *Parco Novi Sad di Modena: dallo scavo al parco archeologico. Archeologia, antropologia, storia e ambiente di un insediamento periurbano di età romana e medievale*, Firenze, 196-206.

Ortalli, J. 2017, "Gli spazi funerari di Mutina: topografia, architettura, ritualità", in L. Malnati - S. Pellegrini - F. Piccinini - C. Stefani (eds), *Mutina splendidissima. La città romana e la sua eredità*, Roma, 166-171.

Parisini, L. 2013, "La *gens Purpuraria* tra *Mutina* e la Val Camonica: ipotesi sull'origine e la diffusione di un rarissimo gentilizio romano", in *Atti e Memorie. Deputazione di Storia Patria per le Antiche Provincie Modenesi*, s. 11, 35, 253-269.

Pellegrini, S. 2017a, "*Mutina*. La città", in L. Malnati - S. Pellegrini - F. Piccinini - C. Stefani (eds), *Mutina splendidissima. La città romana e la sua eredità*, Roma, 86-90.

Pellegrini, S. 2017b, "La necropoli di Viale Trento Trieste", in L. Malnati - S. Pellegrini - F. Piccinini - C. Stefani (eds), *Mutina splendidissima. La città romana e la sua eredità*, Roma, 403-404.

Raggi, A. - Parisini, L. 2019, "Novità epigrafiche da *Mutina*", in *Epigraphica*, 80,1-2, 565-594.

Riso, F.M. 2018, *Archaeological and archaeobotanical evidence for the analysis of the ager Mutinensis funerary ritual aspects*, Tesi di Dottorato Università di Modena e Reggio Emilia.

Santocchini Gerg, S. 2009, "Ultimi dati dalla necropoli orientale di Mutina: i monumenti iscritti", in M. G. Angeli Bertinelli - A. Donati (eds), *Opinione pubblica e forme di comunicazione a Roma: il linguaggio della epigrafia*, Faenza, 361-376.

Torri, P. - Mazzanti, M. - Bosi, G. - Montecchi, M. C. - Florenzano, A. - Rinaldi R. 2017, "Segnali di pascolo nei siti di *Mutina*", in L. Malnati - S. Pellegrini - F. Piccinini - C. Stefani (eds), *Mutina splendidissima. La città romana e la sua eredità*, Roma, 257-258.

Vazzana, A. - Traversari, M. - Frigerio, M. - Buti, L. - Dipino, N. - Scalise, L. M. - Motta, F. - Rossi, A. - Da Via, S. - Gruppioni, G. - Benazzi, S. 2017, "Analisi antropologica delle necropoli tardoantiche di Modena", in L. Malnati - S. Pellegrini - F. Piccinini - C. Stefani (eds), *Mutina splendidissima. La città romana e la sua eredità*, Roma, 405-415.

36

Considerazioni per la ricostruzione del paesaggio funerario: il caso della necropoli imperiale di Via la Monachina a Roma

Claudia Tozzi
Università degli Studi di Roma 'Tor Vergata'

Abstract: In recent years a multidisciplinary approach has been increasingly used in the study of the funerary sphere, aiming at the knowledge of ancient societies through the study of necropolises. In this sense, the imperial necropolis in Via la Monachina, found on the western outskirts of Rome, offers a privileged observatory on the community of individuals buried between the 2nd and the middle 3rd centuries AD. The excavation of the funerary area, in fact, has returned 514 burials consisting mostly of single burials in the earth pit. In addition, the study of the burials can make use of the aid of anthropological analyzes which, combined with the examination of funerary objects, represent an informative potential for understanding the social composition of the living community. Finally, the spatial analysis of the necropolis, combined with the horizontal stratigraphy, also allows us to formulate considerations on the configuration of the funerary landscape in its structures during the phases of use, to analyze the traces referable to the ritual activities carried out during and after the burial of the deceased, and the methods of use of the funeral area.

Keywords: Via Aurelia; Roma; necropoli; età imperiale; paesaggio funerario.

36.1. Premessa e quadro storico-topografico.

Oggetto di questo contributo è una necropoli di età imperiale rinvenuta nella periferia occidentale di Roma dalla Soprintendenza Speciale Archeologia Belle Arti e Paesaggio di Roma[1]. Nel 2007 le indagini archeologiche preventive finalizzate alla realizzazione del piano di zona 'Consorzio Aurelia km 13' portarono ad intercettare nel settore orientale del lotto un primo gruppo di sepolture; dopo una breve sospensione dei lavori nel 2008 si è potuta realizzare nel sito un'indagine estensiva grazie alla quale è stato possibile individuare più di 500 sepolture distribuite in due aree distinte.

Il sito si colloca lungo Via la Monachina, in località Massa Gallesina, un quadrante periferico del Municipio XIII di Roma che è compreso tra il GRA a E, la Via di Boccea a N, Via di Casal Selce a O e la Via Aurelia a S. Si tratta di un territorio che negli ultimi decenni, grazie all'intesa attività di tutela svolta dalla Soprintendenza, ha restituito siti di notevole interesse che hanno fornito elementi indicativi per la ricostruzione del paesaggio antico[2]. La fase più documentata archeologicamente è quella di età imperiale: in questo periodo il paesaggio è caratterizzato da ville con impianti articolati appartenenti per lo più a membri dell'aristocrazia romana[3]. Un esempio, di recente pubblicazione, è il *balneum* di proprietà di *C. Furius Octavianus*, console suffetto e pontefice, il cui *cursus honorum* si snoda nel corso dell'età severiana[4]. L'impianto termale, realizzato a partire dal III sec. d.C., è prospicente la Via Aurelia (loc. Massimina) e si colloca esattamente alla stessa altezza della necropoli in esame, ma sul lato destro; esso doveva essere presumibilmente a servizio di una villa, forse più antica, collocata sulla parte sommitale del pianoro, non indagata perché esterna all'area interessata dagli scavi[5]. A qualche chilometro di distanza dalla necropoli in esame, sempre sulla Via Aurelia, vi era l'antico centro di *Lorium*, ricordato dall'*Historia Augusta*[6] come sede del palazzo imperiale degli Antonini[7]. Le fonti storiche e i dati epigrafici, inoltre, attestano proprietà di famiglie legate alla corte imperiale come gli *Aurelii* e degli *Arri*[8]. A questa fase risalgono anche testimonianze pertinenti a impianti rustici e fattorie produttive che si distribuiscono sull'area in maniera pressoché uniforme, limitrofi alle grandi arterie stradali che attraversano il territorio: la Via Aurelia e la

---

[1] La ricerca rientra nell'ambito di una tesi di dottorato, svolta da chi scrive, presso l'Università degli Studi di Roma 'Tor Vergata', sotto la guida della prof.ssa M. Pisani e del prof. M. Fabbri. Desidero ringraziare il Soprintendente Speciale di Roma, dott.ssa D. Porro, per aver autorizzato lo studio di questo contesto, e il dott. A. De Cristofaro, funzionario archeologo SSABAP di Roma, per avermelo affidato, oltre che per i suoi preziosi suggerimenti.
[2] Rossi - Piergrossi 2008.

[3] Morizio 1998, 419-438; Ciancio Rossetto - Vitti - Salvatei 2006, 228-283; Marchi 2014, 113-121.
[4] Per la fistula plumbea rinvenuta nel complesso termale in loc. Massimina si veda: Di Giacomo 2019, 747-756.
[5] De Cristofaro *et al.* 2021a, 23-38; De Cristofaro - Ricchioni - Tozzi 2021b, 147-192.
[6] *Hist. Aug. Pius* I, 12 e XII, 5.
[7] Marchi 2014, 113-121.
[8] Morizio 1998, 419-438.

Via Cornelia[9]. Un ulteriore fenomeno che caratterizza il paesaggio nella piena età imperiale è l'espandersi di aree e monumenti funerari. In questo periodo le aree destinate alle sepolture crescono non soltanto numericamente, ma anche di estensione, sia per l'aumento demografico che per la diffusione del rito inumatorio rispetto a quello incineratorio. Accanto ad estese aree funerarie dislocate in prossimità delle grandi arterie stradali, in questo periodo ampie porzioni del territorio suburbano vengono occupate da necropoli caratterizzate da semplici fosse terragne formate spesso da alcune dozzine e, più raramente, da più di cento unità tombali. La maggior parte di questi sepolcreti ha la sua massima espansione nel II sec. d.C. e, generalmente, è da riferirsi a componenti delle famiglie servili che lavorava al mantenimento di ville e strutture produttive di vario genere[10]. Ne sono un esempio le sepolture scavate lungo Via di Casal Lumbroso, in località Pescaccio (30 tombe)[11] e quelle lungo Via di Boccea (28 tombe), località Mezzalupo[12]. Di notevole interesse è il complesso cimiteriale, indagato soltanto parzialmente, messo in luce nei pressi di Pantan Monastero. Esso è composto da 109 sepolture inquadrabili cronologicamente tra la seconda metà del I e la fine del II sec. d.C.[13]. Un'altra area sepolcrale di età imperiale, di dimensioni minori, anche se scavata soltanto parzialmente, è stata rinvenuta in occasione degli scavi condotti a Via della Maglianella: si tratta di 44 sepolture a fossa prevalentemente ad inumazione con soltanto due casi di incinerazione[14]. Alla luce di quanto detto finora, rara è la presenza di ampie aree a destinazione funeraria nel paesaggio antico registrata in questo territorio: se si esclude la necropoli di Castel Malnome[15], rinvenuta in località Ponte Galeria nell'XI municipio composta da oltre 400 tombe, i dati noti per questo settore NO del suburbio romano hanno fino ad oggi restituito solamente la presenza di piccoli nuclei di sepolture o sepolcri isolati. Per questo motivo il sito di via della Monachina rappresenta un caso studio di notevole interesse dato che risulta essere una delle aree sepolcrali più estese, o meglio dire, una delle poche scavate in maniera estensiva presenti in questo quadrante del suburbio, offrendo così la possibilità di una visione di ampio respiro degli spazi cimiteriali collettivi e del loro utilizzo. Lo studio delle sepolture, inoltre, può avvalersi, per una buona percentuale di casi, dell'ausilio delle analisi antropologiche effettuate sul campo che, unite all'esame dei corredi funerari e al contesto storico-topografico incrementano il potenziale informativo ai fini della comprensione della struttura sociale che caratterizzava la comunità qui sepolta tra il II e il III sec. d.C.

36.2. Via la Monachina (Roma): le indagini e le evidenze archeologiche.

Nel sito in esame le indagini archeologiche hanno restituito un quadro piuttosto complesso, costituito da una serie di evidenze archeologiche di differente tipo (Fig. 36.1). In questa sede si analizzerà esclusivamente il settore NE denominato "Area 1" che ha restituito 337 unità tombali. Fino a poco prima degli inizi delle indagini archeologiche, la zona si connotava come fondamentalmente agricola: tutta l'area è stata lungamente interessata da coltivazioni, perlopiù seminative come attestano i solchi lasciati dagli aratri che giungono ad intaccare il banco tufaceo. L'indagine archeologica si è articolata in diverse fasi, condotte tra il 2007 e il 2010, e ha interessato le fasce meridionale e orientale del pianoro. Nel settore SE è stata rinvenuta una cava di pozzolana che si conserva soltanto a livello basale. In mancanza di dati stratigrafici e materiali databili, è difficile risalire con certezza alla fase dell'attività estrattiva. Tuttavia, tale impianto, di dimensioni sostanzialmente ridotte, sembrerebbe da collegarsi alle attività produttive di un *fundus* ed essere funzionale all'estrazione di pozzolana da impiegare per la realizzazione di opere locali[16]. L'ipotesi è comprovata da una serie di strutture e un tracciato stradale a sud della cava. Nell'area, inoltre, è stata messa in luce una serie di canali di irrigazione e trincee per la coltivazione, successivamente intaccati dai tagli delle tombe, che testimoniano la vocazione agricola dell'area precedentemente all'uso funerario.

36.3. La necropoli di età imperiale: Area 1.

Passando alle aree funerarie, esse sono state scavate a più riprese: il completamento delle indagini ha portato alla luce 514 sepolture dislocate in due settori distinti. Nonostante l'intensa attività agricola svoltasi in questa zona in età moderna, che in alcuni casi ha intaccato le sepolture fino ai resti ossei, un numero cospicuo di tombe si conserva in ottimo stato[17]. L'area 1 (Fig. 36.2) si colloca sulla fascia NE del lotto indagato ed è formata da 337 unità tombali[18]: si tratta per lo più di sepolture costituite da semplici fosse scavate nel banco tufaceo. Il rito più attestato è quello inumatorio riscontrato nel 97% dei casi. Un'alta percentuale degli inumati è deposta supina direttamente nella fossa come suggerisce sia la presenza di un incavo in corrispondenza della testa dell'inumato che la zona di risparmio nel tufo lasciata sul fondo della fossa sotto il cranio; soltanto in due casi la testa dell'inumato era collocata su un coppo. Poco frequente è l'uso di sudari

[9] De Santis - Treglia - Lamonaca 2015, 353-364; Lamonaca 2017, 259-264.
[10] Volpe 2000, 205; Heinzelmann 2001, 24-26; Svevo 2008, 113-114.
[11] Cianfriglia 2008, 129-131.
[12] Marchi - Catalli 2008, 44-6.
[13] Rossetti - Zabotti - Zanzi 2001, 25-35.
[14] De Santis - Treglia - Lamonaca 2015, 362-363.
[15] Cianfriglia - De Cristofaro - Di Mento 2013, 414-423.

[16] Per impianti simili nel suburbio: Caspio *et al.* 2009, 455-496; Buccellato - Coletti 2014, 105-116; Serlorenzi 2014, 87-104; Ceccarelli - De Cristofaro - Fratianni 2019.
[17] Raramente le sepolture risultano violate da altre tombe o danneggiate da attività clandestine occorse in epoche successive. Le condizioni precarie dei resti osteologici osservate in alcuni casi dipendono dall'elevata acidità del terreno e dal collasso delle tegole di copertura verso l'interno della fossa, che ha provocato lo schiacciamento o lo spostamento dello scheletro dalla posizione originaria.
[18] Di cui 38 fosse sono di difficile interpretazione a causa del precario stato di conservazione.

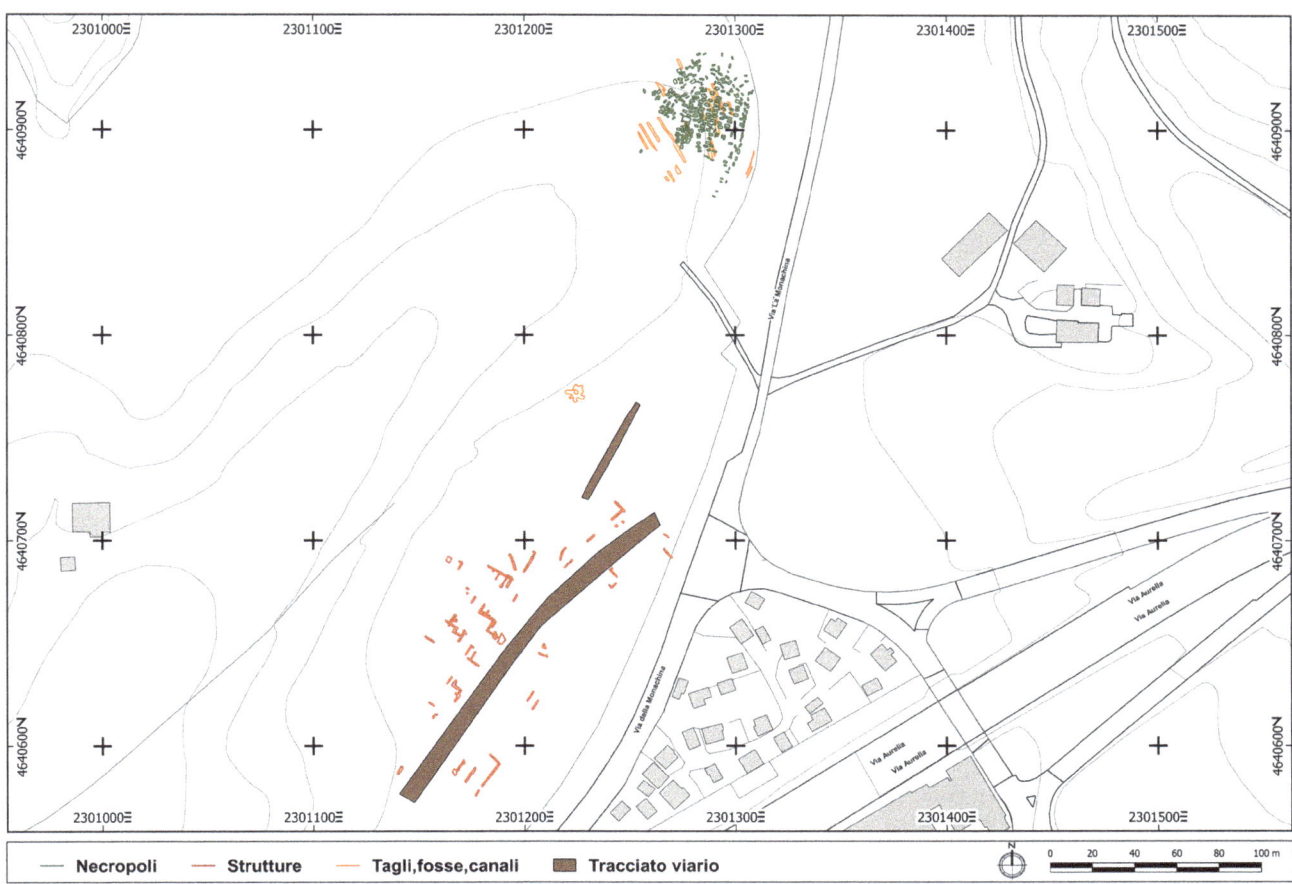

Fig. 36.1. Roma. Ritrovamenti archeologici in via la Monachina (elaborazione grafica di G. Luglio).

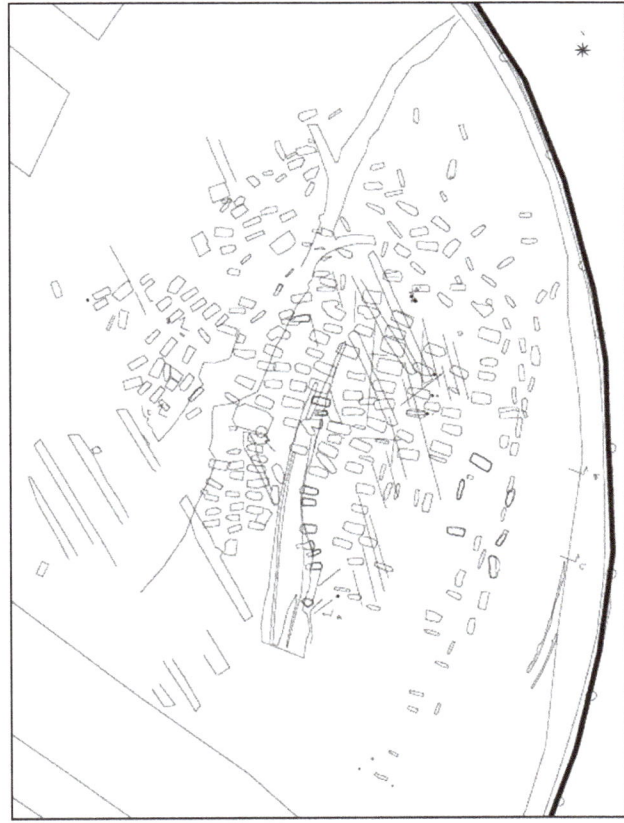

Fig. 36.2. Roma. Necropoli di via la Monachina (Area 1).

o fasciature ipotizzabile dalla posizione dello scheletro e dai segni di compressione rilevati sugli arti superiori e soprattutto inferiori[19]. Nella tomba N/31, l'indizio di un sudario o fasciatura è dato dalle tracce di tessuto conservate sul rovescio di una moneta. Anche l'uso della cassa lignea è documentato raramente[20]. Essa è indiziata dal ritrovamento di chiodi o di altri elementi metallici posizionati per lo più intorno allo scheletro e talvolta anche in più livelli del riempimento. Oltre alle inumazioni in semplici fosse, l'area si compone di due sepolture a *enchytrismos* relative ad infanti. Il 48% delle fosse presenta una copertura fittile riconducibile tipologicamente a tre sistemi, quello a cappuccina, quello in piano con varianti dovute alle dimensioni e alla struttura tombale, e quello con singolo coppo posizionato in corrispondenza della testa o dei piedi dell'inumato. Non è da escludere, inoltre, che per le tombe prive di copertura essa fosse composta da assi e/o tavole in legno che poggiavano sulle spallette laterali. Un'ulteriore conferma sembrerebbe essere data dagli incassi orizzontali sulle pareti delle tombe funzionali all'inserimento di qualche dispositivo inerente alla copertura. Scarsa è l'incidenza numerica di tegole bollate. Il bollo maggiormente attestato è riferibile alla *figlina* di *M. Pontius Sabinus*[21] databile alla metà del II sec. d.C.: si

---

[19] L'uso di sudari o fasciature è attestato in 24 tombe.
[20] L'uso di una cassa lignea si riscontra soltanto in 4 casi.
[21] *CIL* XV 2187 = XI 6689, 190.

tratta di un bollo attestato soltanto nella vicina *Lorium*[22] e nell'impianto termale in località Massimina, citati precedentemente[23]. Il rito incineratorio è stato adottato soltanto per nove tombe, di cui un *bustum sepulchrum* e otto a incinerazione secondaria. Si è notato che nella necropoli non esistono aree di seppellimento differenziato in base alla pratica rituale adottata: inumazioni, di varia tipologia, e incinerazione, pertanto, coesistono.

Delle 337 tombe soltanto 129 hanno restituito oggetti del corredo. Dalle indicazioni cronologiche fornite dai materiali nei corredi e dagli oggetti deposti come offerte all'esterno delle sepolture risulta che la necropoli è stata frequentata a partire dalla fine dell'impero di Adriano sino alla metà circa del III sec. d.C. con un incremento nei decenni centrali del II sec. d.C. Da sottolineare, infatti, che nella media età imperiale, l'intero paesaggio suburbano compreso tra le miglia X e XV della Via Aurelia antica subisce un notevole sviluppo, probabilmente da riconnettere alla presenza, più a nord, della villa imperiale degli Antonini e del borgo di *Lorium*. Nei corredi, gli oggetti più attestati risultano essere le monete che in questo caso, visto la scarsità di manufatti presenti nelle tombe, assume importanza come *terminus post quem*. Sono state rinvenute 96 monete quasi tutte leggibili e attribuibili, ad eccezione di pochi casi, all'età antonina. Sono attestati anche boccalini di ceramica a pareti sottili presenti in vari tipi diffusi tra la fine del I e il III sec. d.C.[24]; frequenti sono anche le lucerne, spesso in associazione con un solo chiodo e una moneta[25], rinvenute sia all'interno della fossa che all'esterno, e riconducibili ai tipi Bailey P-Q che rimandano a officine urbano operanti tra la fine del I sec. e la metà del III sec. d.C.[26]. Presenti anche piatti/coperchi in ceramica africana da fuoco databili tra l'età antonina e la fine del IV secolo d.C.[27]. L'orlo annerito dall'uso, che si riscontra su alcuni di essi, rimanda al loro impiego nell'ambito del consumo dei pasti in occasione della sepoltura. Tra gli oggetti personali sono da menzionare orecchini in oro e specchi in bronzo associati a sepolture di bambine e giovani donne, mentre borchiette in ferro di piccole dimensioni riferibili a calzari sono per lo più associate a maschi adulti.

36.4. Considerazioni per la ricostruzione del paesaggio funerario.

Nella necropoli sono quasi del tutto assenti le attestazioni relative a segnacoli funerari e altrettanto poco frequente è l'impiego di un dispositivo libatorio inserito nella copertura. In proposito, va sottolineato il continuo sfruttamento del soprassuolo della necropoli a fini agricoli in età moderna

che ha indubbiamente compromesso la conservazione dei piani di frequentazione, e di conseguenza di tutte quelle tracce riferibili alle azioni rituali, alterando la fisionomia della necropoli. In secondo luogo, bisogna tenere presente che queste necropoli, che non assumono un aspetto monumentale, sono caratterizzate principalmente da segnacoli consistenti in apparati effimeri (elementi lignei o vegetali)[28]. La ricerca di tali componenti è di difficile riconoscimento sul terreno e presuppone una prospettiva di indagine di maggior dettaglio. In passato il mancato ritrovamento di questi elementi ha lasciato ipotizzare che le tombe, dopo un breve periodo di tempo, non fossero più identificabili. In realtà, l'analisi spaziale combinata con i dati stratigrafici lascia spazio a considerazioni diverse.

Gli indizi di una frequentazione rituale in memoria del defunto da parte dei suoi cari sono testimoniati sia dagli addensamenti di frammenti ceramici, soprattutto lucerne e vasellame da mensa, che da aree di bruciato identificabili come zone di offerte e di riti praticati presso le tombe[29]. È il caso della tomba N/340: accanto a essa sono state rinvenute tracce di combustione sul terreno e una lastra in marmo calcinato di reimpiego, in giacitura secondaria (Fig. 36.3). Questa lastra potrebbe aver svolto la funzione di una piccola mensa usata per la preparazione dei cibi e le tracce di bruciato sembrerebbero confermare tale ipotesi. È noto, infatti, da altri ritrovamenti, l'uso di lastre di reimpiego o mattoni disposti in piano tra le tombe che fungevano da piccola mensa[30]. Casi analoghi si riscontrano sia nella necropoli di Via Flaminia a Rimini, dove una stele di reimpiego con resti combusti di ossa animali era deposta in piano tra due tombe, che in quella di Voghenza dove sono state utilizzate semplici tegole appoggiate al suolo davanti alle lapidi[31]. Un altro indizio delle attività rituali che venivano svolte presso le tombe ci viene dalla Tomba N/287: essa era dotata, su uno dei lati lunghi, di una specie di piccola nicchia all'interno della quale è stato rinvenuto un'olla in ceramica da fuoco (Fig. 36.4). Casi analoghi si trovano in contesti funerari dell'Italia settentrionale e sono stati interpretati come 'ripostigli' utilizzati durante e dopo le cerimonie cultuali[32].

L'ipotesi, invece, che le tombe della necropoli di Via la Monachina fossero caratterizzate da segnacoli in materiale deperibile, come il legno, è suggerita dalle tracce in negativo che si riscontrano sul terreno: si è notata la presenza più o meno costante di fori a profilo pseudo-circolare praticati nel banco tufaceo accanto alla

---

[22] Ciancio Rossetto - Vitti - Salvatei 2006, 245, n. 5.

[23] De Cristofaro *et al.* 2021, 31-32.

[24] Sono attestati boccalini monoansati riconducibili al tipo Ricci 1/122 (*Atlante* II, 267-268, tav. LXXXV, 2) e al tipo Ricci 1/117 (*Atlante* II, 271, tav. LXXXVI, 6).

[25] Sulla presenza di chiodi nelle sepolture romane del suburbio si veda: Ceci 2001, 87-95.

[26] Pavolini 1987, 149-151.

[27] Si possono accostare al tipo "Ostia I" (*Atlante* I: 212).

[28] Ortalli 2008, 139-149; Picuti 2008, 48-49. In alcuni casi anche il recinto poteva essere costituito da una semplice siepe o da uno steccato ligneo, come si è ipotizzato nella necropoli dell'Isola Sacra (Morselli 1990, 55-57) in quella di Classe (Ortalli 2008, 139). Si veda anche la necropoli del sottopassaggio ferroviario a Ravenna, dove sono stati rinvenuti elementi pertinenti a siepi e a recinti in legno (Maioli 1991, 270; Leoni - Maioli - Montevecchi 2008, 89-103). Sul paesaggio funerario anche Buonopane - Riso 2020, 214-217.

[29] Ortalli 2008, 137-158. Sull'argomento si veda anche Coletti - Buccellato 2018, 585-603.

[30] Picuti 2008, 54; Riso 2012, 43-44.

[31] Marini Calvani 2000, 229; Ortalli 2001, 215-242; Spalla 2005, 48.

[32] Riso 2012, 44.

Fig. 36.3. Roma. Necropoli di via la Monachina (Area 1), Tomba 340. Tracce di combustione sul terreno e una lastra in marmo calcinato di reimpiego (foto dell'autrice).

Fig. 36.4. Roma. Necropoli di via la Monachina (Area 1), Tomba 288. Piccola nicchia con all'interno un boccalino frammentato (foto dell'autrice).

sepoltura. Questi fori potrebbero essere stati funzionali al posizionamento di pali lignei o altri dispositivi che segnalavano la tomba (Fig. 36.5). Un'altra ipotesi è che fossero utilizzati anche per inserire un dispositivo libatorio originariamente costituito da un tubo ligneo. Dispositivi che rendessero visibile la tomba potevano essere anche le anfore utilizzate con duplice funzione. In questo caso, la sommità del vaso, emergendo dal piano di calpestio, poteva assumere la funzione di segnacolo indicatore della posizione della tomba e al tempo stesso fungere da ricettacolo per le offerte rituali[33]. Due esempi provengono dalla necropoli di Via la Monachina: le tombe 313 e 471 (Fig. 36.6). Nella tomba N/471 l'anfora era tagliata, infissa nel terreno e posizionata accanto alla tomba. Un caso analogo, meglio conservato, è presente nella necropoli di Sarsina, a Pian di Brezzo, dove si sono ritrovate lucerne e vasi deposti all'interno di una anfora[34]. Le tombe, infine, potevano essere individuate in superficie anche grazie alla presenza di pietre rinvenute sparse nell'area e negli strati di riempimento delle fosse[35]. Un caso da menzionare è quello della tomba N/52: essa conteneva i resti di due inumati posti a quote differenti e seppelliti in diversi momenti. In

questo caso la sovrapposizione a una sepoltura più antica è avvenuta in maniera tale che la deposizione recente non arrecasse modifiche o manomissioni alla tomba più antica: essa è stata realizzata ampliando la fossa precedente. Quest'ultima, databile sulla base degli oggetti del corredo tra il 175 e il 225 d.C., era segnalata in superficie da pietre in tufo disposte lungo il perimetro e sopra la fossa. Lo stato di conservazione delle pietre è presumibilmente dovuto alla sovrapposizione della fossa più tarda che l'ha protetta dalle arature moderne. La deposizione più recente, invece, sulla base del dato numismatico, è successiva all'epoca di Volusiano[36], metà del III sec. d.C. La tomba, dunque, ci documenta che anche dopo decenni la tomba doveva essere visibile.

Nella necropoli, inoltre, vi sono diversi casi che testimoniano fenomeni di riuso delle sepolture e di sovrapposizioni verticali tali da non distruggere la tomba più antica[37]. Il riuso della tomba e/o le sovrapposizioni, infatti, non sembrano indiziare un'insufficienza di terreni da destinare al seppellimento dei morti, vista anche la presenza di zone vuote, ma piuttosto l'esito di rapporti

---

[33] Ortalli 2008, 241; Riso 2012, 45.
[34] Ortalli 2001, 231-232; Ortalli 2008, 141. Esempi provengono anche dalla necropoli di Castel Malnome (Cianfriglia - De Cristofaro - Di Mento 2013, 419) e dall'area sepolcrale di Santa Rosa (Liverani - Spinola - Zander 2010, 216-217).
[35] Si veda ad esempio la necropoli imperiale di Castel Malnome. Cianfriglia - De Cristofaro - Di Mento 2013, 419.

[36] Tomba N/52a, *RIC*, III, n. 253, 188.
[37] Bolla 2015, 359-372.

Fig. 36.5. Roma. Necropoli di via la Monachina (Area 1), Tomba 65. Foro praticato nel banco tufaceo accanto alla sepoltura (foto dell'autrice).

parentelari. Esemplificativa è la tomba N/48: la sepoltura più antica conserva le spoglie di un bambino (0-6 anni) alla quale si sovrappone una tomba di maschio adulto di 30-39 anni. Un altro esempio, anche se pertinente all'Area 3, ma di notevole interesse, è dato dalla tomba N/495 contente due sepolture: anche in questo caso la più antica ospitava un infante deposto all'interno di un sarcofago in marmo che è databile al II sec. d.C. su base stilistica e iconografica[38]. Successivamente, nella stessa fossa viene collocata un'urna vasiforme, anch'essa in marmo, che conteneva i resti combusti di una donna, forse imparentata con il piccolo inumato in precedenza, e il cui nome conosciamo grazie all'iscrizione riportata sulla stessa urna[39]: *Cl(audiae?) Dionysiae/ St(atilius?) Lupus con(iugi) piissimae*[40]. Se l'ipotesi, come credo, è valida si tratta di indizi che suggeriscono anche, indirettamente, che le singole sepolture dovevano essere visibili e riconoscibili anche a distanza di tempo.

Considerazioni utili sono deducibili indirettamente anche dall'assetto spaziale. La necropoli è caratterizzata da tre diversi orientamenti (SE/NO, NE/SO e N/S) che sembrerebbero indizi di possibili raggruppamenti e quindi di un'attenta pianificazione dello spazio (Fig. 36.2). Dallo studio dei corredi si è visto che i diversi orientamenti non sono correlati a diverse fasi cronologiche. Una particolare densità di presenze si registra nel settore centrale dove le tombe, databili per lo più alla seconda metà del II sec. d.C., sono orientate approssimativamente in senso SE/NO, disposte su file parallele e distribuite tra loro a distanze grossomodo cadenzate. Altri possibili nuclei di sepolture sono stati evidenziati lungo il margine occidentale del lotto indagato: qui le sepolture sono orientate pressoché in senso NE/SO. Inoltre, entrambi i generi appaiono distribuiti in tutti i nuclei e tra di essi vi sono soggetti infantili e subadulti: la commistione di individui di differente genere ed età rende verosimile, anche se non certo, che alla base della costruzione sociale della necropoli vi sia una logica di relazioni familiari. L'ipotesi, al momento al vaglio, è che nei diversi cluster di sepolture individuati si possano riconoscere singoli gruppi sociali, non necessariamente solo di tipo familiare in senso lato, ma anche professionale/collegiale. Inoltre, non si può escludere a priori l'esistenza di aree per sepolture collettive gestite imprenditorialmente e destinate alla sepoltura di individui singoli e di piccoli nuclei connessi da rapporti di tipo parentelare o sociale.

---

[38] Il sarcofago, ancora in fase di studio, presenta sulla fronte principale un gruppo di eroti. L'esemplare, su base stilistica e iconografica, si data intorno agli anni 140-160 d.C. Il confronto più vicino è offerto dalla fronte di un sarcofago con eroti ebbri e crateri conservato nel cortile di Palazzo Mattei di Giove. Bonanno 1982, tav. LXIX, n. 81, 238-240.

[39] Per la lettura ringrazio la prof.ssa G. Di Giacomo (Università degli Studi di Roma 'Tor Vergata').

[40] Un'omonima di *Claudia Dionysia* è attestata in *CIL* VI 4748 (Roma): *Dis Manibus/ Claudia Dionysia/ sibi et Eutycho coniugi/ et Paezonti filio qui vixit/ ann(is) XVIII mens(ibus) VI.*

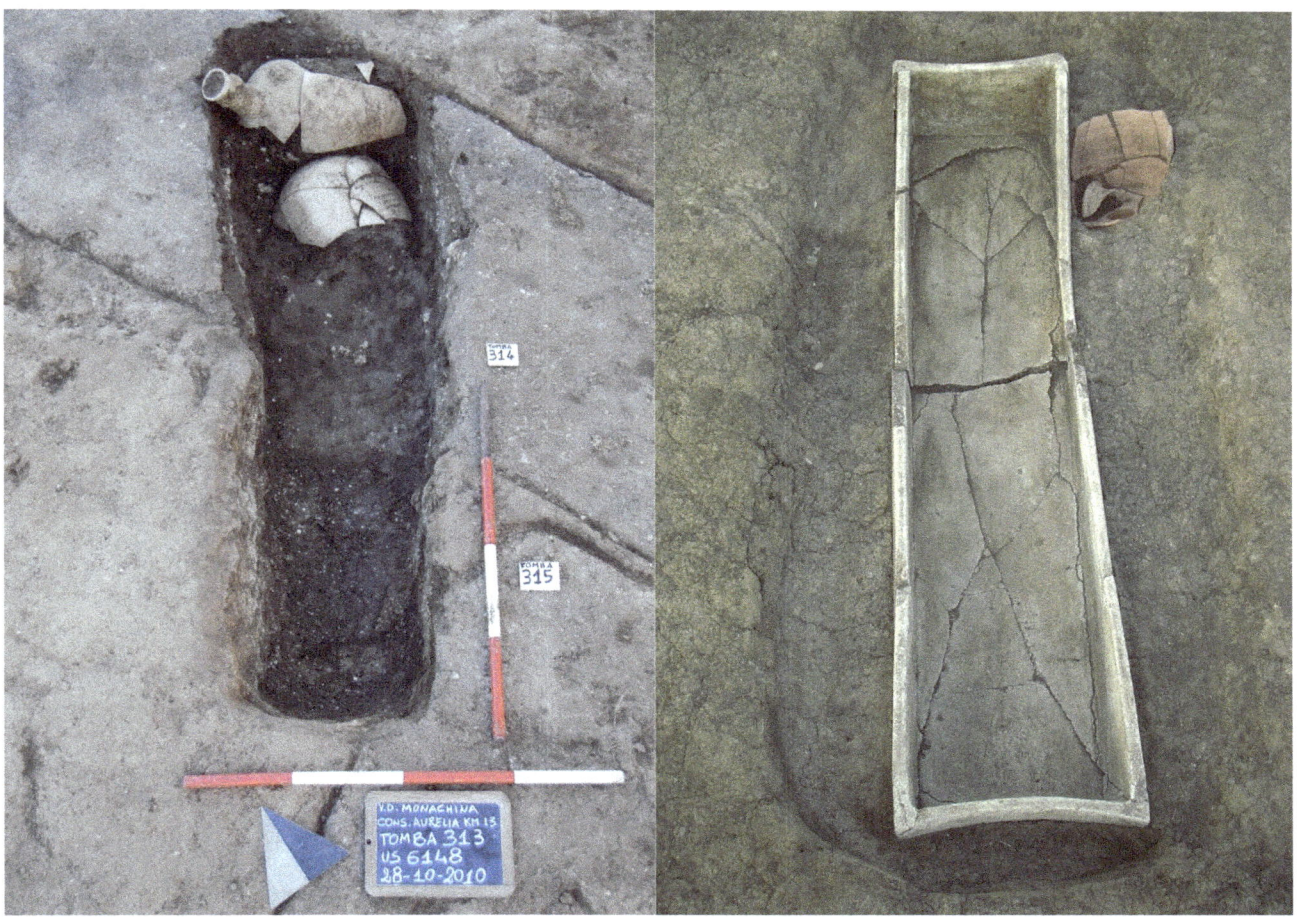

Fig. 36.6. Roma. Necropoli di via la Monachina (Area 1), Tombe 313 e 471. Anfora con funzione di segnacolo (foto dell'autrice).

Il bacino di utenza di queste necropoli è chiaramente rappresentato, in primo luogo, dalla *plebs* rustica e dalle componenti servili e libertine delle *familiae* dei *fundi* dislocati in quest'area del suburbio; ma forse non si può escludere un suo utilizzo anche da parte di utenti residenti in aree più prossime alla città.

Bibliografia

Bailey, D. M. 1980, *A Catalogue of the Lamps in the British Museum*. II. *Roman Lamps made in Italy*, London.

Bolla, M. 2015, "Sepoltura non perpetua: la riapertura delle tombe e il caso concordiese", in F. Rinaldi - A. Vignoni (eds), *Le necropoli della media e tardi età imperiale (III-IV secolo d.C.) a Iulia Concordia e nell'Alto Adriatico,* Portogruaro, 357-377.

Bonanno, M. 1982, "Fronte di sarcofago con eroti ebbri e crateri", in L. Guerrini (ed.), *Palazzo Mattei di Giove. Le Antichità*, Roma.

Buccellato, A. - Coletti, F. 2014, "Attività di cava dal suburbio sud-ovest di Roma", in J. Bonetto - S. Camporeale - A. Pizzo (eds), *Arqueología de la construcción*, Madrid, 105-116.

Caspio, A. - D'Agostini, C. - Molinari, C. - Musco, S. - Raiano, D. - Rizzo, G. - Zabotti, F. 2009, "Riflessioni sul suburbio orientale di Roma", in V. Jolivet - C. Pavolini - M. A. Tomei - R. Volpe (eds), *Suburbium II. Il suburbio di Roma dalla fine dell'età monarchica alla nascita del sistema delle ville*, Roma, 455-496.

Ceccarelli A. - De Cristofaro, A. - Fratianni, G. 2019, "Sulla via Cornelia (I). Strada, cave e sepolture in via Gino Frontali", in FOLDER-it-2019-455.pdf (fastionline.org).

Ceci, F. 2001, "L'interpretazione di monete e chiodi in contesti funerari: esempi dal suburbio romano", in M. Heinzelmann - J. Ortalli - P. Fasold - M. Witteyer (eds), *Culto dei morti e costumi funerari romani. Roma, Italia Settentrionale e province nord-occidentali dalla tarda Repubblica all'età Imperiale*, Wiesbaden, 87-95.

Ciancio Rossetto, P. - Vitti, M. - Salvatei, L. 2006, "Ritrovamenti a Castel di Guido (Munn. XVI-XVIII)", in *BCom*, 107, 228-283.

Cianfriglia, L. 2008, "La villa, la cisterna e la necropoli del Pescaccio", in D. Rossi - A. Piergrossi (eds), *Archeologia a Massimina. Frammenti di storia del suburbio romano da un quartiere sulla via Aurelia*, Roma, 129-131.

Cianfriglia, L. - De Cristofaro, A. - Di Mento, M. 2013, "La necropoli imperiale di Castel Malnome (Ponte Galeria):

risultati preliminari. Il sepolcreto dei saccarii salarii? (Municipio XI ex XV)", in *BCom*, 114, 414-423.

Coletti, F. - Buccellato, A. 2018, "Silicernium e Parentalia. Nuovi dati sul banchetto nelle feste di onore dei morti: strutture, vasellame e resti alimentari dalle necropoli del suburbio romano", in V. Nizzo (ed.), *Antropologia e Archeologia a confronto*, Roma, 585-591.

De Cristofaro, A. - Di Giacomo, G. - Ricchioni, A. - Tozzi, C. 2021, "Un cantiere di spoliazione al km 12,00 della via Aurelia a Roma: tempi e modalità di reimpiego dei laterizi tra l'età tardoantica e l'altomedioevo", in E. Bokowiecki - A. Pizzo - R. Volpe (eds), *Demolire Reciclare Reinventare. La lunga vita e l'eredità del laterizio romano nella storia dell'architettura*, Roma, 23-38.

De Cristofaro, A. - Ricchioni, A. - Tozzi, C. 2021, "Le terme della villa di C. Furius Octavianus sulla via Aurelia: dall'età severiana al basso medioevo", in *RendPontAcc*, 84, 147-192.

De Santis, A. - Treglia, S. - Lamonaca, F. 2015, "La sistematizzazione dei dati del XIII Municipio ovest (già XVIII Ovest): prospettive di ricerca", in *Archeologia e Calcolatori*, 7, 353-364.

Di Giacomo, G. 2019, "C. Furius Octavianus signo Amphilochius, clarissimus vir, proprietario di una villa nel suburbio di Roma", in *ArchCl*, 70, 747-756.

Heinzelmann, M. 2001, "La situazione di Roma", in M. H. Heinzelmann - J. Ortalli - P. Fasold - M. Witteyer (eds), *Culto dei morti e costumi funerari romani. Roma, Italia Settentrionale e province nord-occidentali dalla tarda Repubblica all'età Imperiale*, Wiesbaden, 21-33.

Lamonaca, F. 2017, "Inquadramento geomorfologico e storico-topografico del territorio del XIII Municipio", in *BCom,* 118*,* 259-264.

Leoni, C. - Maioli, M. G. - Montevecchi, G. 2008, "Scavi in aree umide. Le necropoli di Classe, Ravenna", in J. Scheid (ed.), *Pour une archéologie du rite: nouvelles perspectives de l'archéologie funéraire*, Roma, 89-103.

Liverani, P. - Spinola, G. - Zander, P. 2010, *Le necropoli vaticane: la città dei morti di Roma*, Milano.

Maioli, M. G., "Topografia e organizzazione dello spazio nelle necropoli di Ravenna romana: nuovi dati di scavo", in R. Farioli (ed.), *La Grecia insulare tra tardoantico e medioevo*, Valverde (CT), 253-279.

Marchi, M. L. - Catalli, F. 2008, *Suburbio di Roma. Una residenza produttiva lungo la via Cornelia*, Bari.

Marchi, M. L. 2014, "…Alla ricerca di Lorium. Nuovi dati dal comprensorio di Castel di Guido (Rm)", in *Orizzonti*, 15, 113-121.

Marini Calvani, M. 2000, *Aemilia. La cultura romana in Emilia Romagna dal III secolo a.C. all'età costantiniana*, Venezia.

Morizio, V. 1998, "I Lusii a Lorium", in G. Paci (ed.), *Epigrafia romana in area adriatica. Actes de la IXe Rencontre franco-italienne sur l'Épigraphie du Monde Romain,* Pisa, 419-438.

Morselli, C. 1990, "Il lato ovest. L'occupazione dello spazio: lo spazio sepolcrale", in *BA*, 5-6, 52-61.

Ortalli, J. 2001, "Il culto funerario della Cispadana romana: Rappresentazione e interiorità", in M. Heinzelmann - J. Ortalli - P. Fasold - M. Witteyer (eds), *Culto dei morti e costumi funerari romani. Roma, Italia Settentrionale e province nord-occidentali dalla tarda Repubblica all'età Imperiale*, Wiesbaden, 215-242.

Ortalli, J. 2008, "Scavo stratigrafico e contesti sepolcrali: una questione aperta", in J. Scheid (ed.), *Pour une archéologie du rite: nouvelles perspectives de l'archéologie funéraire*, Roma, 137-159.

Ortalli, J. 2011, "Culto e riti funerari dei Romani: la documentazione archeologica", in *ThesCra*, 198-215.

Pavolini, C. 1987, "Le lucerne romane fra il III sec. a.C. e il III d.C.", in P. Lévêque - J.-P. Morel (eds), *Céramiques hellénistiques e romaines II*, Besançon, 139-166.

Picuti, M. R. 2008, "Il contributo dell'epigrafia latina allo scavo delle necropoli antiche", in J. Scheid (ed.), *Pour une archéologie du rite: nouvelles perspectives de l'archéologie funéraire*, Roma, 43-58.

Riso, F. 2012, "Il culto funerario romano: riti sepolcrali e ricorrenze commemorative", in C. Conti - D. Neri - P. Pancaldi (eds), *Pagani e cristiani: forme ed attestazioni di religiosità del mondo antico nell'Emilia centrale*, Bologna, 41-58.

Rossi, D. - Piergrossi, A. 2008, *Archeologia a Massimina. Frammenti di storia del suburbio romano da un quartiere sulla via Aurelia*, Roma.

Rossetti, P. - Zabotti, F. - Zanzi, G. L. 2001, *Seguendo il metano. Il rinvenimento e la salvaguardia dei beni archeologici durante i lavori Italgas a Roma*, Roma.

Scheid, J. 1984, "Contraria facere. Renversements et déplacements dans les rites funéraires", in *AnnAStorAnt*, 6, 1984, 117-139.

Serlorenzi, M. 2014, "Cave di pozzolana in "Urbe", in J. Bonetto - S. Camporeale - A. Pizzo (eds), *Arqueología de la construcción*, Madrid, 87-103.

Spalla, E. 2005, "Strutture per libagioni nella ritualità funeraria romana: i dati archeologici", in M. P. Rossignani - M. Sannazaro - G. Legrottaglie (eds), *La signora del sarcofago. Una sepoltura di rango nella necropoli dell'Università Cattolica*, Milano, 47-53.

Svevo, G. 2008, "Il territorio di Massimina in età imperiale", in D. Rossi - A. Piergrossi (eds), *Archeologia a Massimina. Frammenti di storia del suburbio romano da un quartiere sulla via Aurelia*, Roma, 113-114.

Volpe, R. 2000, "Il Suburbio", in A. Giardina (ed.), *Storia di Roma dall'antichità ad oggi. Roma Antica*, Roma, 183-210.

37

Le statue dei defunti nel paesaggio funerario di *Tarraco*

Julio C. Ruiz

Università Rovira i Virgili, Tarragona / Institut Català d'Arqueologia Clàssica

Abstract: This article deals with the sculptures from funerary contexts of *Tarraco*, capital of the province *Hispania citerior*. These are funerary portraits which were placed in Roman times in their respective funerary monuments. The aim is to obtain a more precise reconstruction of the funerary landscape of *Tarraco* from the preserved sculptures. For this purpose, data on their finding circumstances are mainly considered. We also reflect on its chronology, iconography, and raw material. Most of the funerary portraits come from the area of the early Christian necropolis, where they had been reused. The provenance of another group of statues is unknown, although they most likely come from the former area. We also know a bust of the Hadrian period from a different area of the town. Most of the sculptures are made of local stones and date back to the second half of the first century BC. The remaining portraits and iconic torsos belong to different moments of the High Empire and are carved in marble. The latter generally are preserved in worse condition due to their reuse in the tombs of the Late Antique period.

Keywords: funerary portraits; torsos; local stones; marble; Late Republican period; early Christian necropolis.

A *Tarraco*, capitale della provincia dell'*Hispania citerior*, si conoscono diverse aree di necropoli in cui sono stati scavati resti di sepolture collettive e individuali[1]. In esse sono stati rinvenuti numerosi elementi appartenenti alle facciate e alla decorazione di edifici funerari, principalmente mausolei di diverse tipologie. Tra questi vi è una grande quantità di sarcofagi conosciuti[2], oltre a una serie di rilievi di varia natura, sia monumentali che di piccolo formato[3], appartenenti a tombe di diverse tipologie. Inoltre, sono state recuperate numerose statue sulle quali si concentra l'interesse del presente articolo.

L'obiettivo di questo lavoro è quello di presentare una sistematizzazione delle statue funerarie di questa città romana, collocandole nei loro contesti originali. In questo modo si intende ottenere una migliore conoscenza del paesaggio funerario di *Tarraco*. Queste opere sono state studiate principalmente da E. M. Koppel[4]. Tuttavia,

oggi le nuove scoperte e la consultazione di vecchie documentazioni, tra cui i rapporti di scavo, permettono di aggiornare la loro analisi. Questo studio si è concentrato sulla determinazione delle circostanze della loro scoperta e sulla loro collocazione in epoca romana, riferendosi anche alle iconografie scelte e alla loro materia prima. Così, i primi risultati di uno studio in corso sulle statue funerarie di *Tarraco* sono presentati qui.

Nei periodi tardorepubblicano e altoimperiale esistevano a *Tarraco* varie necropoli, associate alle vie di accesso alla città. La più conosciuta si trovava a SO della città, vicino all'antico *flumen Tulcis*, l'attuale fiume Francolí (Fig. 37.1,a). Nel settore è stato trovato un vasto complesso funerario paleocristiano che costituisce una delle necropoli più importanti nel Mediterraneo occidentale[5]. Tuttavia, già in precedenza vi sono testimonianze che risalgono al periodo tardorepubblicano: si tratta di due vie romane con tracciati paralleli che coincidono approssimativamente con strade attuali. Lungo queste vie sono venute alla luce diverse tombe ed è stata documentata la fondazione di alcuni monumenti funerari[6]. Queste testimonianze dimostrano che, già dalla fine della Repubblica romana, le vie di accesso a *Tarraco* erano fiancheggiate da monumenti funerari, come è consuetudine in tutte le città romane.

In questa zona è stato recuperato un importante gruppo

---

[1] Voglio ringraziare gli organizzatori del convegno per la gentile opportunità di partecipare e la loro attenzione. Questo studio è inserito nella realizzazione della mia tesi di dottorato che riguarda le sculture romane a tutto tondo e i rilievi provenienti dalla attuale città di Tarragona, situata nella regione spagnola della Catalogna. Mi piacerebbe ringraziare i direttori di questa tesi, R. Mar (Universitat Rovira i Virgili) e J. M. Noguera (Universidad de Murcia) per l'aiuto ricevuto. Devo anche esprimere la mia gratitudine a J. Ruiz de Arbulo (Universitat Rovira i Virgili/ Institut Català d'Arqueologia Classica). La mia ricerca non si sarebbe potuta realizzare senza la stretta collaborazione del Museo Archeologico Nazionale di Tarragona (MNAT), dove si trova la maggior parte delle sculture studiate.
[2] Claveria 1998; Claveria 2001, 17-37, 57-73, nn. 22-64, tav. IX-XXV, e 145-169; Rodà 1998; Claveria - Rodà 2013; Rodà 2013.
[3] Claveria 2008, 389-392, nn. 30-37, tavv. 11-15; Claveria 2009; Claveria 2011, 897-899, Fig. 1.
[4] Koppel 1985, 77-81 (nn. 98-105, tavv. 38-40), 82 (nn. 107-111, tav. 43), 83-85 e 87-89 (nn. 112-117, tavv. 44-47); Koppel 2002, 51 e 57;

Koppel 2009.
[5] López 2006; Godoy 2013, 164-167; López - Puche 2013, 149-158.
[6] López 2006, 234-238; Macias *et alii* 2007, 144, n. 586, e 147-148, n. 595-596; Claveria 2008, 380-382; Remolà - Sánchez 2009, 599-603.

Fig. 37.1. Pianta di Tarraco in età altoimperiale (Macias *et al.* 2007).

di sculture[7], la maggior parte riutilizzate nella necropoli paleocristiana[8]. Un numero significativo di esse sono realizzate in pietra locale, concretamente biocalcarenite cosiddette 'pedra del Mèdol' e 'soldó'[9], dalla superficie grezza che veniva dissimulata dall'applicazione di un rivestimento di stucco e dalla policromia[10]. Queste statue realizzate in pietre locali risalgono alla seconda metà del I sec. a.C. Solamente una statua togata[11] (Fig. 37.2,a) è stata trovata accanto a una delle vie tardorepubblicane e

probabilmente era collocata in un monumento funerario nelle vicinanze. Da questa zona provengono anche tre torsi femminili. Due di essi[12] (Fig. 37.2,b-c) sono stati trovati in un contesto secondario, come supporto per un sarcofago. Le circostanze della scoperta del terzo torso femminile[13] (Fig. 37.2,d) sono, invece, sconosciute. Tutte queste sculture seguono tipologie scultoree che sono abituali in altri luoghi del mondo romano, in particolare in Italia, per la rappresentazione di defunti in necropoli durante la seconda metà del I sec. a.C.[14].

Questa affermazione si può applicare ad altre diverse statue realizzate anche in biocalcarenita locale (Fig. 37.2,e-j), il cui luogo di ritrovamento è sconosciuto, sebbene molte

---

[7] Nonostante siano stati trovati anche nella necropoli paleocristiana, da questo studio sono state escluse due sculture (una testa e di un torso frammentario), entrambe considerate come rappresentazioni di Attis da E. M. Koppel, a causa dei problemi che pongono, richiedendo uno studio approfondito a causa delle loro particolarità iconografiche. Koppel 1985, 79-80, nn. 102-103, tav. 40,1-2. Il torso è stato interpretato da C. Marcks come una possibile figura togata. Marcks 2005, 334, n. 203, tav. 61,1.

[8] Sul fenomeno del reimpiego, ampiamente documentato nella necropoli paleocristiana: Aranda - Ruiz 2019; Aranda - Ruiz 2020; Ruiz - Aranda, in stampa.

[9] Gutiérrez 2009, 113-208.

[10] Koppel 2002, 51; Koppel 2009, 505.

[11] Tarragona, MNAT, inv. P-12908. Koppel 1985, 77, n. 98, tav. 38,1.2; Marcks 2005, 332-333, n. 201, tav. 60,3; Koppel 2009, 506.

[12] Tarragona, MNAT, inv. P-2770 e P-2772. Koppel 1985, 77-79, n. 99-100, tavv. 38,3.4 e 39,1.2; Marcks, 256-259, nn. 91-92, tavv. 29,4 e 30,1-2; Koppel 2009, 507-509, figg. 2-3.

[13] Tarragona, MNAT, inv. P-12907. Koppel 1985, 79-80, n. 101, tav. 39,3; Marcks 2005, 259-260, n. 93, tav. 30,3; Koppel 2009, 507.

[14] Goette 1990, 24-25 e 108-109; Kockel 1993; Baena 2000, 3-5; Marcks 2005, 54-64.

Fig. 37.2. Statue funerarie di Tarraco in pietra locale, datate tra seconda metà del I sec. a.C. e i primi decenni del I sec. d.C. (P. Witte - © archivio MNAT).

di esse ci sono note dal XIX secolo. Si tratta di tre torsi togati (Fig. 37.2,e-g), due ritratti maschili (Fig. 37.2,h-i) e il ritratto femminile di un'adolescente (Fig. 37.2,j), quest'ultimo l'unico databile nei primi decenni del I sec. d.C. a causa della sua pettinatura. A tutti loro si può unire una testa maschile che rappresenta un anziano e che è realizzata in marmo bianco, dal terzo quarto del I sec.

a.C.[15] (Fig. 37.2,k). La datazione di tutte queste sculture e le loro caratteristiche permettono di supporre che fossero originariamente collocate in costruzioni funerarie[16], forse

---

[15] Tarragona, MNAT, inv. 467. Koppel 1985, 90-91, n. 120, tav. 50; Ruiz 2018a, 104-105, Fig. 2; Ruiz 2020, 42, n. 14; Rodà 2020, 109, Fig. 11.
[16] Koppel 1985, 84.

nella stessa zona di necropoli di cui ci stiamo occupando o nelle vicinanze.

In relazione a quanto detto, recentemente ho pubblicato una statua femminile frammentaria, trovata in condizioni fortuite (Fig. 37.3), di cui non si conosceva la provenienza, ma più recentemente, grazie ad alcune informazioni orali, si è compreso che è stata trovata durante la costruzione di un edificio lungo Avenida Ramón y Cajal a Tarragona (Fig. 37.1,b). In questo luogo è documentata l'esistenza di numerosi resti di sepolture del periodo romano che possono essere messi in relazione con l'area della necropoli paleocristiana[17]. Questa fu sicuramente in uso dal periodo tardorepubblicano, come dimostra appunto questa nuova statua, appartenente al tipo c.d. 'Pudicitia' (come Fig. 37.2,b), spesso utilizzato per ritratti femminili in epoca tardorepubblicana.

E. M. Koppel ha formulato un'ipotesi sui personaggi rappresentati da tutte queste statue[18]. La studiosa afferma che le iscrizioni di Tarragona risalenti al periodo repubblicano, principalmente funerarie, si riferiscono essenzialmente a liberti[19]. Questi personaggi erano stati inviati a *Tarraco* dai loro patroni, installati in Italia o nella stessa Roma, per lavorare come artigiani o mercanti, arrivando a raggiungere una certa prosperità economica[20]. Koppel pensa che molto probabilmente alcuni di questi ricchi *liberti* erano quelli che facevano costruire tombe monumentali sulle vie di accesso alla città, in cui erano erette statue-ritratto[21]. Questo fenomeno è documentato in diverse città romane alla fine della Repubblica[22].

Tuttavia, la maggior parte delle iscrizioni menzionate da Koppel sono state datate nel periodo compreso tra la fine del II sec. e la metà del I sec. a.C., mentre le statue sono datate in un periodo successivo, cioè la seconda metà del I sec. a.C. In tale contesto, va ricordato che *Tarraco* ottenne sicuramente il rango di *colonia* romana da parte di Cesare, dopo la sua *deductio* intorno al 45 a.C.[23], come indica un'iscrizione significativa che si riferisce a uno dei magistrati più antichi della città[24]: questa menziona, infatti, il primo *duumvir quinquennalis*, che era stato anche tribuno dei soldati dell'effimera *legio Martia*, costituita da Cesare. L'iscrizione, risalente ai primi anni del periodo augusteo, è stata interpretata come una prova dello stabilirsi di veterani in *Tarraco* dopo la concessione del rango di colonia romana[25]. Per questo motivo, i primi coloni devono essere stati rappresentati almeno in una

parte delle sculture funerarie. A mio parere, la promozione giuridica della città è stato il fattore scatenante della rappresentazione attraverso immagini della prima generazione di cittadini tarraconensi, come documentato in altre città dell'Impero romano.

In ogni caso, la costruzione di monumenti funerari e la collocazione di effigi dei defunti deve essere messa in relazione con l'immigrazione italica nel I sec. a.C., testimoniando una realtà sociale molto complessa. Per quanto riguarda il luogo di esposizione originaria di queste statue, molto probabilmente esse erano collocate in mausolei a forma di torre, situati accanto alle vie romane. A causa della scarsità di evidenze di questi monumenti funerari, il loro aspetto approssimativo può essere conosciuto dal confronto con quelli di altre città romane, in particolare Pompei e Ostia[26].

Nella necropoli a SO dalla città sono stati anche rinvenuti resti di statue-ritratto in marmo che possono essere collegati a effigi collocate in monumenti funerari[27]. Si tratta di una testa femminile del primo quarto del I sec. d.C.[28] (Fig. 37.4,a), un togato della prima metà del I sec. d.C.[29] (Fig. 37.4,b) e un busto-ritratto maschile della seconda metà del II sec. d.C.[30] (Fig. 37.4,c). Tutte queste sculture evidenziano la continuità nell'uso di questa necropoli durante il periodo altoimperiale[31]. La zona è stata intensamente trasformata in età tardantica, a causa della crescita del cimitero paleocristiano.

La seconda area di necropoli di *Tarraco* era collegata alla via di accesso alla città nella zona nord-orientale (Fig. 37.1,c). In questo settore sono stati scoperti resti di sepolture e iscrizioni che permettono di supporre l'esistenza di monumenti funerari in questa zona[32]. Tuttavia, i lavori di urbanizzazione contemporanea hanno portato alla distruzione di tutti questi resti.

Una delle zone che è stata scavata è quella corrispondente all'attuale Via Robert d'Aguiló, dove sono venuti alla

---

[17] Del Amo 1971-1972.

[18] Koppel 1985, 84; Koppel 2009, 509-510.

[19] *CIL* II²/14.2, 865; *CIL* II²/14.3, 1200, 1314, 1447, 1560, 1626, 1686 e 1703; Díaz - Gimeno - Gorostidi 2012-2013, 155-156, n. 2, Fig. 5 (= *HEp* 22, 2013, 404). Anche *CIL* II²/14.2, 870 e *CIL* II²/14.3, 1624.

[20] Alföldy 1991, 31-32; Ruiz de Arbulo 1991, 481.

[21] Koppel 1985, 84; Koppel 2009, 509-510.

[22] Sulle effigi di monumenti funerari di liberti: Zanker 1975; Kockel 1993.

[23] Alföldy 2000; Arrayás 2005.

[24] *CIL* II²/14.2, 1023; Ruiz de Arbulo 2013. Anche Ruiz 2019, 305, Fig. 4.

[25] Ruiz de Arbulo 2013.

[26] Sulle tombe monumentali del periodo romano: von Hesberg 1994.

[27] Nella stessa necropoli è stato recuperato un ritratto imperiale di Caligola rielaborato come Claudio. È sicuro che fosse stato spostato da una zona diversa della città: Koppel 1985, 80-81, n. 105, tav. 40,4-7; Ojeda 2010, 267-268, n. 5, e 271-272, Fig. 6; Ruiz 2016; Ruiz 2018b, 84-86, n. 7; Ruiz, in stampa; Ruiz - Aranda, in stampa. Si recuperarono anche i capelli di una testa maschile, il cui stato di conservazione impedisce di determinare se si trattasse di un ritratto ufficiale o privato: Claveria 2006, 234-236, n. 3, Fig. 527. Ancora più complicato risulta valutare i frammenti scultorei, una mano e un piede su plinto: Koppel 1985, 82, nn. 110-111. In quest'ultimo caso, tuttavia, le dimensioni ridotte fanno pensare che appartenessero a una statuetta mitologica.

[28] Tarragona, MNAT, inv. P-879 e ER-95-3502. Koppel 1985, 80, n. 104, tav. 40,3; Claveria 2006, 236-237, n. 4, Fig. 528.

[29] Tarragona, MNAT, inv. P-2726. Koppel 1985, 82, n. 108, tav. 43,3; Marcks 2005, 333, n. 202, tav. 60,4.

[30] Tarragona, MNAT, inv. P-881. Koppel 1985, 82, n. 107, tav. 43,1.2.

[31] C'è ancora un busto maschile che Koppel considera come una scultura a tutto tondo datata nella prima metà del III sec. a.C.: Koppel 1985, 82, n. 109, tav. 43,4.5. In realtà appartiene a un rilievo, probabilmente di un sarcofago, che può essere datato nella seconda metà del III sec. d.C. Tra i paralleli menzionati da Koppel si trova un busto-ritratto conservato al Louvre che K. de Kersauson ha datato alla fine del regno di Gallieno: Wegner 1976, 118-119, tav. 24,1; de Kersauson 1996, 498-499, n. 236.

[32] Arbeloa 1987; Arbeloa 1995.

Fig. 37.3. Statua femminile frammentaria da Avenida Ramón y Cajal (foto dell'autore).

luce numerosi resti architettonici e sepolture[33]. Alcuni resti erano legati probabilmente a una villa suburbana[34], ornata con sculture, come ad esempio la statuetta di un satiro[35]. La villa fu abbandonata nel secondo quarto del II sec. d.C. e da questo momento furono installate sepolture nella zona, legate a una strada romana situata a S del viale moderno[36].

Alcuni resti potrebbero essere collegati a tombe monumentali, ma la maggior parte dei reperti corrisponde a singole sepolture. In questa zona è stato trovato un bel busto-ritratto maschile[37] (Fig. 37.5): si tratta di un privato il cui volto e la cui barba somigliano molto a quelli dell'imperatore Adriano, il che permette di datarlo durante

il suo impero, per quanto la pettinatura sia quella dei ritratti di Traiano; indossa solo un *paludamentum* e una cinghia posta davanti al petto. Quest'opera è stata trovata fuori contesto, in uno strato di riempimento di epoca moderna[38], è quindi impossibile conoscere la sua posizione originaria, ma si può supporre che si trovasse in una tomba monumentale[39].

Nello stesso luogo è stato scavato un sepolcro a inumazione che conteneva i resti di un individuo; il corredo era composto da una cassettina d'avorio e vari oggetti, interpretati come materiale chirurgico, che hanno fatto pensare che il defunto fosse un medico[40]. Questi resti umani sono stati messi in relazione con il liberto *Ti. Claudio Apollinaris*, medico presumibilmente sepolto in questa stessa zona come testimonia un'iscrizione, attualmente

[33] Serres 1978; Arbeloa 1987, 97-99, 107-108 e 110; Macias *et al.* 2007, 171, nn. 748 e 753.

[34] Arbeloa 1987, 95-99, figg. 2 e 4-7; Macias *et al.* 2007, 171, n. 748 (J.-M. V. Arbeloa).

[35] Tarragona, MNAT, inv. 45594. Koppel 1985, 105-106, n. 152, tav. 69.

[36] Arbeloa 1987, 97-99.

[37] Tarragona, MNAT, inv. 45593. Koppel 1985, 81, n. 106, tavv. 41-42; Sada - Cazes 2006, 154, n. 5.48 (E. M. Koppel).

[38] Serres 1978, 159; Arbeloa 1987, 110.

[39] Koppel 1985, 81 e 84.

[40] Serres 1978, 166, Fig. 6; Arbeloa 1987, 105-107, nota 6; Campillo - Tarrats 1991.

a

b

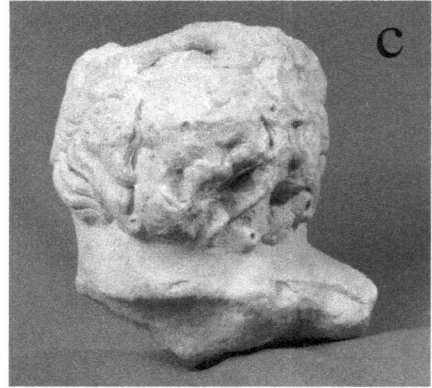

c

Fig. 37.4. Statue-ritratto funerarie in marmo rinvenute nella necropoli SO di Tarraco (P. Witte - © archivio MNAT e Claveria 2006).

Fig. 37.5. Busto-ritratto maschile del periodo adrianeo rinvenuto nella necropoli nord-orientale di Tarraco (P. Witte - © archivio MNAT).

scomparsa, incisa sul grande blocco appartenente al suo mausoleo[41]. È stato condotto uno studio antropologico e paleopatologico su questi resti umani, nel quale è stata proposta anche la relazione con lo stesso medico[42]. Tuttavia, l'iscrizione è stata datata da Géza Alföldy al II sec. d.C., mentre la sepoltura risale al periodo di Tiberio[43]. Il ritrovamento di questa tomba ha motivato l'ipotesi che il busto maschile rappresentasse il presunto medico a cui appartenevano i resti umani[44]. Il rapporto tra i due potrebbe essere confermato dall'iscrizione del medico *Apollinaris*, a causa della sua cronologia simile. Tuttavia, come ho già detto, questa datazione non corrisponde a quella attribuita alla tomba. Anche l'abbigliamento del personaggio rappresentato dal busto contraddice questa possibilità. Nel mondo romano ci sono note immagini di medici attraverso rilievi funerari di varia natura che non corrispondono all'abbigliamento militare portato da questo personaggio, perché tutti si mostrano vestiti in toga o, più spesso, solo con una tunica[45]. Il busto di Tarragona doveva rappresentare, dunque, un personaggio privato diverso, di una certa posizione sociale. La sua qualità fa pensare che sia stato scolpito in un'officina metropolitana,

[41] *CIL* II²/14.3, 1280.
[42] Campillo - Tarrats 1991.
[43] Arbeloa 1987, 107, nota 6.
[44] Sada - Cazes 2006, 154, n. 5.48 (E. M. Koppel).
[45] Alonso 2013; Alonso 2017.

il che potrebbe essere indizio dello *status* elevato del personaggio.

Concludendo, si può affermare che le statue relative ai monumenti funerari di *Tarraco* sono relativamente ben note. È molto meglio documentata la necropoli occidentale, ma la sua importanza doveva essere analoga a quella della zona opposta della città. La maggior parte delle sculture appartengono ai periodi tardo-pubblicano e augusteo, mentre si conoscono meno ritratti funerari di epoche successive. Questa carenza è dovuta in gran parte, a mio avviso, al fatto che la provenienza di una parte considerevole delle sculture di Tarragona è ignota.

Come ho già detto, tutti i ritratti e i torsi funerari di *Tarraco* seguono tipologie che sono abituali a Roma e in altre città dell'Impero, principalmente d'Italia. Questa circostanza dimostra che la città era fortemente influenzata fin dall'inizio dalle tendenze iconografiche e dai modi di rappresentazione emanati dalla capitale dell'Impero[46].

La maggior parte delle sculture funerarie di *Tarraco* dovevano essere realizzate da artigiani stabiliti in città. Ciò è evidente nel caso di statue e ritratti realizzati in pietra locale (Figg. 37.2-3). Anche i ritratti funerari in marmo sembrano essere stati scolpiti in officine locali (Figg. 37.2,k e 37.3). L'unica eccezione significativa è il busto di un personaggio sconosciuto del periodo adrianeo (Fig. 37.5) che potrebbe rappresentare un importante dignitario dell'Impero sepolto a *Tarraco*, anche se è impossibile precisare la sua identità.

Bibliografia

Alföldy, G. 1991, *Tarraco*, Tarragona.

Alföldy, G. 2000, "Wann wurde *Tarraco* römische Kolonie?", in G. Paci (ed.), ΕΠΙΓΡΑΦΑΙ. *Miscellanea epigraphica in onore di Lidio Gasperini*, I, Tivoli, 3-22.

Alonso, M. Á. 2013, "L'auto-représentation des medici dans l'Empire romain: image et texte", in A. G. Avdeev (ed.), *Proceedings of the First International Conference Voprosy epigrafiki (Problems of Epigraphy)*, Moscow, 464-483.

Alonso, M. Á. 2017, "L'iconographie de l'*ars medica* dans l'Empire romain: modèles provinciaux *versus* modèles italiques", in S. Lefebvre (ed.), *Iconographie du quotidien dans l'art provincial romain: modéles régionaux*, Dijon, 57-68.

Aranda, R. - Ruiz, J. C. 2019, "El fenómeno de la reutilización en la necrópolis paleocristiana: algunos casos concretos y primeras reflexiones", in J. López (ed.), *Tarraco Biennal. Actes 4t Congrés Internacional d'Arqueologia i Món Antic. VII Reunió d'Arqueologia Cristiana Hispànica. El cristianisme en l'Antiguitat Tardana: Noves perspectives*, Tarragona, 91-97.

Aranda, R. - Ruiz, J. C. 2020, "La reutilización de elementos arquitectónicos en contextos funerario-martiriales: El caso del complejo paleocristiano de Tarragona", in P. Mateos - C. J. Morán (eds), Exemplum et Spolia. *La reutilización arquitectónica en la transformación del paisaje urbano de las ciudades históricas*, Mérida, 105-114.

Arbeloa, J.-V. M. 1987, "La ocupació suburbial de les ciutats romanes: el sector nord-oriental de Tàrraco", in *Butlletí Arqueològic*, 8-9, 87-124.

Arbeloa, J.-V. M., 1995, "L'arqueologia de la mort a l'Alt Imperi: el suburbi oriental de Tàrraco", en J. Diloli - J. Rovira (eds), *L'arqueologia de la mort. El món funerari a l'antiguitat a la Catalunya Meridional* (*Citerior*, 1), Tarragona, 119-138.

Arrayás, I. 2005, "Tarraco, *colonia romana*", in *Habis*, 36, 159-178.

Baena, L. 2000, "Tipología y funcionalidad de las esculturas femeninas vestidas de *Hispania*", in P. León - Tr. Nogales (eds), *Actas de la III Reunión sobre escultura romana en Hispania*, Madrid, 1-23.

Campillo, D. - Tarrats, Fr. 1991, "Anthopological Identification and Paleopathological Study of a Skeleton, probably pertaining to the Roman Doctor from the I-II Century b.C, Tiberius Claudius Apollinaris (Tarragona, Spain)", in *Dynamis*, 11, 387-414.

CIL II²/14.2-3 = Alföldy, G., 2011-2012, *Corpus Inscriptionum Latinarum. Inscriptiones Hispaniae Latinae, editio altera. Pars XIV, conventus Tarraconensis pars meridionalis. Fasc. 2-3, Colonia Iulia Urbs Triumphalis Tarraco*, Berlin-New York.

Claveria, M. 1998, "Roman Sarcophagi in Tarragona", in G. Koch (ed.), *Akten des Symposiums «125 Jahre Sarkophag-Corpus» Marburg 4.-7. Oktober 1995*, Mainz am Rhein, 138-149, tavv. 72-76.

Claveria, M. 2001, *CSIR España* I 1. *Los sarcófagos romanos de Cataluña*, Murcia.

Claveria, M. 2006, "Escultura", in J. López, *Les basíliques paleocristianes del suburbi occidental de Tarraco. El temple septentrional i el complex martirial de Sant Fructuós*, Tarragona, 231-240.

Claveria, M. 2008, "Los altares monumentales con *pulvini* del nordeste peninsular", in J. M. Noguera - E. Conde (eds), *El sarcófago romano. Contribuciones al estudio de su tipología, iconografía y centros de producción*, Murcia, 183-226.

Claveria, M. 2009, "Los relieves funerarios en piedra de los talleres locales en *Tarraco*", in V. Gaggadis-Robin - A. Hermary - M. Reddé - Cl. Sintes (eds), *Les ateliers de sculpture régionaux: techniques, styles et iconographie*, Aix-Marseille-Arles, 495-504.

Claveria, M. 2011, "Recepción de modelos y creaciones locales en el relieve funerario del nordeste hispano", in Tr. Nogales - I. Rodà (eds), *Roma y las provincias: modelo y difusión*, Roma, 897-906.

---

[46] Koppel 1985, 143.

Claveria, M. - Rodà, I. 2013, "L'art funerari cristià", in J. M. Macias - A. Muñoz (eds), *Tarraco christiana ciuitas*, Tarragona, 191-197.

de Kersauson, K., 1996, *Musée du Louvre. Département des Antiquités grecques, étrusques et romaines. Catalogue des portraits romains*, II. *De l'année de la guerre civile (68-69 après J.-C.) à la fin de l'Empire*, Paris.

del Amo, M. D. 1971-1972, "La necrópolis de Pere Martell", in *Butlletí Arqueològic*, 113-120, 103-172.

Díaz, M. - Gimeno, M. - Gorostidi, D. 2012-2013, "Inscripcions recentment trobades al solar núm. 27 A-B del carrer de Vidal i Barraquer de Tarragona (antiga Sofrera Pallarès)", in *Butlletí Arqueològic*, 34-35, 153-164.

Godoy, C. 2013, "L'arquitectura cristiana a Tàrraco: ritus i litúrgia", in J. M. Macias - A. Muñoz (eds), *Tarraco christiana ciuitas*, Tarragona, 163-180.

Goette, H. R. 1990, *Studien zu römischen Togadarstellungen*, Mainz am Rhein.

Gutiérrez, A. 2009, *Roman Quarries in the Northeast of Hispania (Modern Catalonia)*, Tarragona.

Kockel, V. 1993, *Porträtreliefs stadtrömischer Grabbauten. Ein Beitrag zur Geschichte und zum Verstandnis des spätrepublikanisch-frühkaiserzeitlichen Privatporträts*, Mainz am Rhein.

Koppel, E. M. 1985, *Die römischen Skulpturen von Tarraco*, Berlin.

Koppel, E. M. 2002, "Técnicas escultóricas romanas: Tarraco", in Tr. Nogales (ed.), *Materiales y técnicas escultóricas en Augusta Emerita y otras ciudades de Hispania*, Mérida, 49-70.

Koppel, E. M. 2009, "Los retratos funerarios en piedra de los talleres locales en *Tarraco*", in V. Gaggadis-Robin - A. Hermary - M. Reddé - Cl. Sintes (eds), *Les ateliers de sculpture régionaux: techniques, styles et iconographie*, Aix-Marseille-Arles, 505-511.

HEp = Hispania Epigraphica. Archivo Epigráfico de Hispania, Madrid: Universidad Complutense.

López, J. 2006, *Les basíliques paleocristianes del suburbi occidental de Tarraco. El temple septentrional y el complex martirial de Sant Fructuós*, Tarragona.

López, J. - Puche, J. M. 2013, "Arquitectura paleocristiana de Tarragona (segles IV-V)", in J. M. Macias - A. Muñoz (eds), *Tarraco christiana ciuitas*, Tarragona, 149-163.

Macias, J. M. - Fiz, I. - Piñol, Ll. - Miró, M. T. - Guitart, J. (eds) 2007, *Planimetria Arqueològica de Tàrraco*, Tarragona.

Marcks, C. 2005, *Formen statuarischer Repräsentation von Privatpersonen in Hispanien zur Zeit der Republik und in der Kaiserzeit*, Tesi dottorale Universität zu Köln.

Ojeda, D., 2010 "Las representaciones estatuarias y los retratos de Trajano en *Hispania*: una revisión", in *Archivo Español de Arqueología*, 83, 267-280.

Remolà, J. A. - Sánchez, J., 2009, "El sector occidental del suburbi portuari de *Tarraco*", in J. López - Ò. Martín (eds), *Tarraco: construcció i arquitectura d'una capital provincial romana. Actes del Congrès internacional en homenatge a Theodor Hauschild (Tarragona 2009)*, Tarragona, 595-618.

Rodà, I. 1998, "Sarcófagos cristianos de Tarragona", en G. Koch (ed.), *Akten des Symposiums «125 Jahre Sarkophag-Corpus» Marburg 4.-7. Oktober 1995*, Mainz am Rhein, 150-161, tavv. 77-80.

Rodà, I. 2013, "Los sarcófagos cristianos importados de Cartago en *Tarraco*. Un inventario de los manufacturados en 'kadel'", in M. Galinier - Fr. Baratte (eds), *Iconographie funéraire romaine et société: corpus antique, approches nouvelles?*, Perpignan, 193-202.

Rodà, I. 2020, "Los primeros usos del mármol en la escultura de Hispania", in J. M. Noguera - L. Ruiz (eds), *Escultura romana en Hispania* IX, Yecla-Murcia, 101-120.

Ruiz, J. C. 2016, "Nuevo enfoque sobre el retrato imperial procedente de la necrópolis paleocristiana de Tarragona", in *Faventia*, 38, 107-115.

Ruiz, J. C. 2018a, "La temprana importación de mármoles blancos en *Tarraco*", in *Pyrenae*, 49.1, 99-123.

Ruiz, J. C. 2018b, "Los retratos imperiales de *Tarraco*: notas sobre talleres y técnicas de producción", in *Espacio, Tiempo y Forma Serie I. Historia Antigua*, 11, 75-100.

Ruiz, J. C. 2019, "El ambiente epigráfico del foro 'colonial' de *Tarraco* durante las épocas augustea y julio-claudia", in *Lucentum*, 38, 301-320.

Ruiz, J. C. 2020, "Escultura", in J. López (ed.), *L'antic museu de la Societat Arqueològica Tarraconense*, Tarragona, 35-48.

Ruiz, J. C. 2021, "Nueva estatua icónica femenina en piedra local de *Tarraco*", in J. Lipps (ed.), *People Abroad*, Rahden, 207-214.

Ruiz, J. C. in stampa, "Observaciones sobre los retratos imperiales de *Tarraco* en base a aspectos técnicos", in *Archaeology and Economy in the Ancient World. Proceedings of the 19th International Congress of Classical Archaeology, Cologne-Bonn 2018*, 57, Heidelberg (forthcoming).

Ruiz, J. C. - Aranda, R. in stampa, "La reutilización de elementos ornamentales y epigráficos de ámbitos públicos altoimperiales en la necrópolis paleocristiana de Tarragona", in D. Gorostidi - A. Gutiérrez - V. García-Entero - O. Rodríguez (eds), *The Eternal Message of Marble: Prestige, Symbolism and Spolia in the Western Roman Provinces. Proceedings of the 19th International Congress of Classical Archaeology, Cologne-Bonn 2018, 57*, Heidelberg (forthcoming).

Ruiz de Arbulo, J. 1991, "Los inicios de la romanización en Occidente. Los casos de Emporion y Tarraco", in *Athenaeum*, 79.II, 459-490.

Ruiz de Arbulo, J. 2013, "La legión de Marte y la fundación de la colonia *Tarraco*", in J. López (ed.), *Tarraco Biennal. Actes 1er Congrés Internacional d'Arqueologia i Món Antic. Govern i societat a la Hispània romana. Novetats epigràfiques, Homenatge a Géza Alföldy*, Tarragona, 263-277.

Sada, P. - Cazes, D. (eds) 2006, *Tarraco, capitale de l'Hispania citerior*, Toulouse.

Serres, E. 1978, "Noticia sobre las sepulturas de la calle Robert d'Aguiló", in *Butlletí Arqueològic*, 141-144, 154-171.

von Hesberg, H. 1994, *Monumenta. I sepolcri romani e la loro architettura*, Milano.

Wegner, M. 1976, "Bildnisbüsten im 3. Jahrhundert n. Chr.", in H. Keller (ed.), *Fetschrift für Gerhard Kleiner: zu seinem fünfundsechzigsten Geburtstag am 7. Februar 1973*, Tübingen, 105-132, tavv. 23-27.

Zanker, P. 1975, "Grabreliefs römischer Freigelassener", in *JdI*, 90, 267-315.

38

L'ottava danzatrice del *choròs* del Monumento della Via Prenestina

Mariella Cipriani
Università degli Studi di Roma 'Tor Vergata'

Abstract: In the inner courtyard of the Isabella Stewart Gardner Museum in Boston is kept a marble relief representing a female dancing figure. Critics have always read it in connection with the so-called 'Funeral Monument of the Seven Dancers' kept in the Museo Nazionale Romano, which is coming from Via Prenestina in Rome. In the past the relief was considered to be the missing eighth slab of this monument due to the iconographic affinity with the fifth figure and the type of Greek marble used. On the contrary, the purpose of this paper is trying to demonstrate with an accurate analysis the strangeness of the slab of Boston to the Prenestino cycle. Although, the relief could be thought as a more recent copy of a marble plaque of the cycle analysed like it has happened before to other reliefs with the well-known *reduplicatio* phenomenon.

Keywords: Rilievo marmoreo; monumento funerario; Boston; ottava lastra; mancante; *choròs*; danzatrici; Via Prenestina.

Sulla parete di fondo dell'ameno e lussureggiante cortile interno del Museo Isabella Stewart Gardner di Boston è murato, ad una certa altezza dal suolo, come elemento decorativo centrale di fontana, un rilievo antico scolpito in marmo (Fig. 38.1)[1]. Secondo il più recente Catalogo del Museo[2], la frammentaria lastra rettangolare, di marmo greco, probabilmente pentelico, misura 143, 5 cm in altezza e 58, 4 cm in larghezza (Fig. 38.2)[3]. Rappresenta una figura femminile di dimensioni poco inferiori al vero, con il corpo di prospetto e il volto di profilo, in atto di avanzare verso sinistra con la gamba destra tesa. Il braccio destro, spezzato, piegato all'altezza del gomito, doveva trattenere il velo che si gonfia dietro le spalle, mentre quello sinistro è disteso lungo il fianco. La fanciulla è riccamente abbigliata. È vestita 'alla greca', con un lungo e spesso peplo allacciato sulle spalle, da cui scende voluminosa la balza di stoffa dell'*apòptygma* che è poi cinto subito sotto il seno da un cordoncino tubolare annodato, terminante con due estremità a zig-zag, desinenti con tre piccole nappe. Reca sulle spalle un *himation* nimbato dietro la testa, un lembo del quale è riportato intorno al braccio

sinistro. L'arto integro è impreziosito dalla presenza di due armille, una sul polso, l'altra, di cui si intravede la chiusura del fermaglio, all'altezza dell'avambraccio. Anche l'acconciatura appare molto accurata, con i capelli ondulati bipartiti sulla fronte e trattenuti sulla testa da un nastro di stoffa. Sono legati sulla nuca e sciolti dietro, con alcuni riccioli ricadenti sul collo. I lineamenti del volto sono molto delicati, per quanto il naso e gran parte della bocca siano andati perduti. Gli occhi, dalla forma allungata, a mandorla, e dalle palpebre sfumate, presentano l'indicazione della caruncola lacrimale incisa con il trapano. La fanciulla compie un leggiadro passo di danza in punta di piedi, stringendosi nel suo mantello, mentre esso si gonfia alle sue spalle, come una vela, che scenograficamente ne incornicia il movimento.

Già nel *General Catalogue*[4], e nel successivo Catalogo della collezione museale, curato, tra gli altri, dal Vermeule[5], fino ad arrivare all'ultimo repertorio sopra ricordato[6], la lastra di Boston è stata sempre messa in relazione con il cosiddetto Monumento delle danzatrici proveniente dalla Via Prenestina a Roma (Fig. 38.3), datato alla metà del I secolo a.C., conservato al Museo Nazionale Romano - Terme di Diocleziano ed esposto di recente nella mostra *Tota Italia* alle Scuderie del Quirinale[7]. Risulta, pertanto, indispensabile, a questo punto, focalizzare la nostra attenzione su tale monumento, per cercare di appurare se sia ancora possibile o meno continuare a sostenere la tesi dell'appartenenza della lastra americana al ciclo prenestino.

---

[1] Inv. S5s19.

[2] Chong *et al.* 2003, 9. Il reperto fu acquistato sul mercato antiquario dal marito di Isabella Stewart Gardner, John L. Gardner Jr. (1837-1898), dai fratelli Antonio e Alessandro Jandolo, che avevano la loro bottega di antichità a Roma in Via del Babuino. L'acquisto, insieme ad altre sei sculture antiche, compreso lo straordinario sarcofago a girali, di officina microasiatica, esposto nello stesso cortile (inv. S5c3), per una somma totale di 5.000 franchi, avvenne il 1 novembre del 1897, tramite il mercante d'arte Saturnino Innocenti.

[3] Il rilievo, ritagliato in modo irregolare su tutti e quattro i lati, per un probabile riuso in un'epoca imprecisata, essendo da parecchio tempo esposto all'aperto, presenta superfici molto abrase e scheggiate. Compaiono diffuse colature e due ampi fori, destinati all'alloggiamento di grappe, sulla base inferiore. Il braccio destro della fanciulla, che doveva trattenere il velo con le dita, risulta tagliato. È spezzata la mano sinistra e sono stati asportati entrambi i piedi e il naso.

[4] Longstreet - Carter 1935, 45, tav. 6.

[5] Vermeule *et al.* 1977, 12-14, n. 15.

[6] Vedi nota n. 2.

[7] Inv. 54746. Osanna - Verger 2021, 15 e 53.

Fig. 38.1. Boston, Isabella Stewart Gardner Museum. Cortile interno (rielaborazione di https://www.gardnermuseum.org).

Doveva trattarsi di un edificio funerario "a edicola", decorato da otto rilievi rettangolari ricurvi, scolpiti con figure femminili danzanti. Non sono purtroppo pervenuti l'ottava lastra, le parti struttive, lo zoccolo e la cornice[8]. Si sono conservati, invece, sette pannelli del rivestimento marmoreo, probabilmente di una base rotonda, o di un elemento architettonico di una struttura cilindrica a più corpi sovrapposti. L'altezza massima dei pannelli è di 178 cm, mentre la larghezza misura mediamente 55 cm. La circonferenza originaria del rivestimento è di 5,125 m, il diametro di 163 cm[9]. L'unico commento sul tipo di marmo usato si basa sull'analisi autoptica di D. Bonanome che, nella scheda redatta per il Catalogo di sculture del Museo Nazionale Romano, indica "marmo bianco, forse pentelico"[10]. Tale supposizione era già stata avanzata da H. Froning[11] e confermata poi da D. Maschek[12], sulla base dell'autopsia delle aree scheggiate delle superfici, anche se tale osservazione non è mai stata suffragata da mirate indagini scientifiche.

Ogni lastra è decorata da una figura femminile danzante alta ca. 150 cm, e una parte di ognuna, in genere un lembo svolazzante del mantello, continua in quella adiacente. Le fanciulle poggiano su un listello di base e sono separate, superiormente, tramite una cornice liscia, da un fregio a girali fitomorfi alto 25 cm, con fiori a calice, frutta a grappolo, infiorescenze cuoriformi e foglie di àcanto, chiuso in alto da una gola rovescia e da un altro listello. Le sette danzatrici, allineate secondo un sistema paratattico sul fascione cilindrico del piccolo edificio, non seguono un ritmo unitario, che consenta di descrivere in maniera ordinata il loro corteo: alcune si guardano, altre si danno le spalle, altre ancora invece danzano in maniera quasi irrelata rispetto alla rappresentazione corale; quattro si volgono a destra e tre a sinistra. (Fig. 38.4). Probabilmente, seguendo il ritmo compositivo, anche la n. 8 avanzava verso sinistra. Esse sono tutte vestite 'alla greca', indossando un peplo e *apòptygma* altocinto. Danzano a piedi nudi, stringendo i mantelli in posizioni variegate, oppure lasciando l'*himation* gonfiarsi alle loro spalle in una sorta di *velificatio*. Anche le acconciature sono eterogenee: soltanto la n. 1 porta un fazzoletto legato da un fiocco sulla fronte. Quasi tutte le altre hanno i capelli fermati sulla nuca e sciolti dietro, trattenuti da un nastro, che, invece, manca alla n. 3; la figura n. 4 reca, al posto del nastro, un sottile cordoncino, girato due volte intorno al capo. Non ci sono attributi che consentano di definire le fanciulle: per la loro

---

[8] Nel 1908 al km 4 della Via Prenestina, dov'è attestata in età repubblicana la presenza di un antico sepolcreto, successivamente inglobato nella Villa di Mecenate, nel fondo Pedica, di proprietà Giugliano, furono scoperti prima due rilievi, poi gli altri cinque: Cultrera 1910, 245-268.
[9] Maschek 2008, 185-217, con bibliografia precedente.
[10] Giuliano 1985, 297-305, n. VI, 14. (D. Bonanome).
[11] Froning 1981, 125-131.
[12] Maschek 2008, 190.

Fig. 38.2. Boston, Isabella Stewart Gardner Museum.
Cortile interno. Rilievo con fanciulla danzante
(rielaborazione di https://www.gardnermuseum.org).

Fig. 38.3. Roma, Museo Nazionale Romano-Terme di
Diocleziano. Dettaglio del Monumento funerario circolare
con le danzatrici dalla Via Prenestina (rielaborazione di
Osanna - Verger 2021).

loro, ma strutturalmente necessitavano di un basamento
con fondazioni e con buona probabilità sostenevano altri
elementi. Si potrebbe, al riguardo, formulare l'ipotesi della
pertinenza ad un edificio sepolcrale a pianta rotonda, di cui
restano sfuggenti le parti strutturali[14].

Tornando ora alla questione relativa alla pertinenza della
lastra di Boston al gruppo delle sette danzatrici, sulla
scorta di un confronto tra questa e la lastra n. 5 del suddetto
monumento, Vermeule[15] ne suggeriva l'appartenenza
al ciclo prenestino, formulando l'ipotesi che si trattasse
proprio dell'ottava lastra mancante, non soltanto per le

danza corale potrebbero essere Menadi o rappresentare
anche le Ninfe di Nysa, le materne nutrici, alle quali,
secondo il mito, Dioniso bambino sarebbe stato affidato
da Zeus, per sottrarre il piccolo all'ira di Era[13]. In realtà,
aldilà di ogni ragionevole dubbio, gravano ancora molte
incertezze su cosa rappresenti realmente il Monumento
della Via Prenestina e su quale fosse la sua funzione
originaria. I sette pannelli erano senz'altro ancorati tra

---

[13] Si veda, al riguardo, il tipico fazzoletto annodato sul capo della figura
n. 1. La presenza di un grappolo d'uva sul fregio vegetale, che in alto
chiude questo movimento, avvalorerebbe, invece, l'ipotesi che il corteo
sia collegato al culto di Dioniso.

[14] Rifacendoci, in particolare, alla campionatura di von Hesberg (1994,
144-160), come indicato anche da Micheli (2016, 315-322), potremmo
supporre l'esistenza di un monumento funerario individuale, del tipo "a
edicola", di derivazione ellenistica, piuttosto diffuso a partire dalla metà
del I sec. a.C. nell'architettura funeraria romana dell'Italia centrale. Si
tratta di una struttura, particolarmente attestata nelle aree extraurbane
e prediletta dai membri della classe dirigente della tarda Repubblica in
praedia di loro proprietà, costituita da un alto zoccolo quadrato, coronato
in genere sulla sommità da un'edicola a pianta circolare. Un esempio
potrebbe essere offerto dal Mausoleo D34 della necropoli romana da
Porta Mediana a Cuma, datato alla seconda metà del I sec. a.C. Sopra un
basamento quadrangolare, che funge da podio, si innestava un secondo
livello, probabilmente anch'esso di pianta pressoché quadrata, coronato
da un'edicola circolare: Brun - Munzi 2009, 229-247.
[15] Vermeule *et al.* 1977, 14.

Platte 1   Platte 2   Platte 3   Platte 4   Platte 5   Platte 6   Platte 7

Fig. 38.4. Roma, Museo Nazionale Romano - Terme di Diocleziano. Disegno ricostruttivo delle sette lastre con le danzatrici del Monumento funerario circolare dalla Via Prenestina (rielaborazione di Maschek 2008).

analoghe dimensioni e il tipo di marmo usato (greco), ma soprattutto per la posa identica delle due figure di danzatrici. Secondo lo studioso americano, seguito poi dalla letteratura più recente[16], la fanciulla della lastra americana chiuderebbe la composizione, alla fine del corteo danzante, e costituirebbe la virtuale ripetizione, in realtà l'unica della serie, di una danzatrice, che è collocata all'incirca sul lato opposto, la n. 5. La figura di Boston introdurrebbe così la seconda metà del *choròs*, guardando davanti a sé verso le altre danzatrici del primo emiciclo.

Per quanto suggestiva possa sembrare questa ipotesi tradizionale e sicuramente difficile da scardinare, ne prendiamo qui le distanze per una serie di evidenze significative. In primo luogo, appare fortemente anomalo il fenomeno dell'iterazione di una medesima figura, quasi del tutto identica, seppur con minime varianti (vedi i due bracciali), in una stessa sequenza del medesimo monumento, dove tutte le altre danzatrici sono caratterizzate, invece, da una considerevole varietà di abbigliamento, acconciatura, posa e atteggiamento. In secondo luogo, confrontando con attenzione le due lastre, è possibile ravvisare difformità stilistico-formali nelle due figure che, pur presentando un'iconografia affine, differiscono notevolmente nell'esecuzione tecnica di alcuni dettagli, sia nel corpo, sia nell'acconciatura. In particolare, nelle danzatrici prenestine, pur nella ricchezza dei motivi rappresentati, non traspare affatto una qualità artistica nella realizzazione[17]. Al contrario, nella lastra

americana è possibile ravvisare raffinatezza stilistica e cura per le proporzioni e per i dettagli, improntati a un più fine pittoricismo, soprattutto nel contrasto tra le superfici lisce e morbide del volto e la massa ondulata dei capelli, dove è riconoscibile l'uso del trapano, assente, invece, sul ciclo romano. Quest'ultima considerazione, in particolare, non risulta poi di così scarso peso, perché consentirebbe di inquadrare i due rilievi, pur omologhi per soggetto, dimensioni e tipo di marmo usato, in due contesti cronologici distanti tra loro e di considerarli probabili copie a partire da uno stesso modello di riferimento. Nel dettaglio, la testa della danzatrice di Boston rievoca le acconciature delle rappresentazioni ufficiali di Vibia Sabina nel tipo principale, in particolare il ritratto della statua iconica del Museo Ostiense, che ritrae l'imperatrice *capite velato* nell'iconografia di Cerere[18].

Del resto, il fenomeno delle repliche, nell'ambito dei rilievi marmorei di grandi dimensioni, è un fatto già diffusamente documentato in altre occasioni[19]. Alla luce

---

[16] Rausa 2000, 67.

[17] É evidente che gli scalpellini, perché di opera di più mani sicuramente si tratta, incontrarono notevoli difficoltà nella prospettiva degli scorci e nella resa dei corpi colti in un movimento circolare. Braccia e mani,

mancando spesso dell'unità organica della figura, danno l'effetto di restare sospesi. La realizzazione dei corpi è talmente indistinta che si intravede solo una gamba sotto la spessa stoffa del peplo, mentre l'altra è completamente nascosta da mille piccole pieghe. Anche il disegno manca di grazia e morbidezza, e le figure risultano oltremodo allungate nelle proporzioni, con forme troppo solide e massicce. Inoltre, le superfici, ruvide e scarne al tatto, sembrerebbero suggerire l'idea del tipico stile non rifinito, detto "a intaglio" o "a spigolo vivo", particolarmente attestato durante l'età cesariana: Herbig 1927, 129-147.

[18] Inv. 25. Adembri - Nicolai 2007, 120-121 (P. Germoni: 137-138 d.C.); Söldner 2010, 226-227 e 269, figg. 309 a-c (136-137 d.C.).

[19] Solo per citare alcuni casi, ne risultano due attestazioni all'interno della nota serie di Palazzo Spada a Roma, a proposito del rilievo con Anfione e Zeto (inv. 403. Lehmann 1996, 30-49), del quale è pervenuta una copia frammentaria al Museo Nazionale di Ravenna (inv. 952. A. Tedeschi in Ranaldi 2014, 126-131, n.10), e del rilievo con Paride e la

Fig. 38.5. Ancona, Museo Archeologico Nazionale delle Marche. Dettaglio di lastra con suonatrice di cetra (rielaborazione di Osanna- Verger 2021).

delle argomentazioni appena sostenute, non è, quindi, improbabile formulare l'ipotesi secondo la quale anche la lastra di Boston costituirebbe una replica, realizzata in un'epoca più recente, di quella prenestina, a partire da un prototipo dato, comune a entrambe, e reduplicato in epoche successive.

Pertanto, relativamente alla lastra mancante sul monumento prenestino, si potrebbe avanzare un'altra tesi. Nel 1904, dal predio Guglielmi, anticamente occupata dalla necropoli romana della città di Ancona, è stata recuperata una lastra lievemente curva e trapezoidale, in pietra del Conero, alta 152 cm, larga 95 cm, di ca. 30 cm di spessore, datata alla seconda metà del I sec. a.C.[20], conservata al Museo Archeologico Nazionale delle Marche e recentemente esposta in mostra alle Scuderie del Quirinale (Fig. 38.5)[21]. Anche questa lastra prevedeva l'ancoraggio a una struttura circolare e faceva parte di una sequenza. Essa rappresenta una fanciulla danzante in punta di piedi, che avanza con

impeto e decisione verso sinistra. È quasi frontale nella metà inferiore del corpo e di profilo in quella superiore. La testa, di tre quarti verso lo spettatore, guarda rapita davanti a sé. Veste un peplo con pesante *apòptygma* e *himation* indossato trasversalmente sul petto. I capelli sono raccolti in una strana coda a tortiglioni e si dispongono quasi orizzontalmente dietro la nuca. Ella appare molto simile, per dimensioni, decorazione e, probabilmente, anche per l'edificio di appartenenza, alle figure del monumento ritrovato qualche anno prima sulla Via Prenestina. Tuttavia, la danzatrice anconetana reca un attributo, sotto al braccio sinistro, che non ritroviamo sulle lastre romane, una cetra che sta suonando, pizzicando con la sinistra le nove corde, mentre tiene nella mano destra un grosso plettro pisciforme. Ella è, dunque, al contempo suonatrice e danzatrice. Non si può escludere, pertanto, che l'ottava lastra prenestina rappresentasse proprio una danzatrice, in una posa ulteriormente variata, ancora diversa rispetto a quella di tutte le altre, e che forse poteva accompagnare il movimento con il suono di uno strumento musicale, come la cetra appunto, guidando così l'intero *choròs*.

Dunque, per concludere, è poco plausibile che la lastra di Boston costituisca, come in passato si è sempre sostenuto, l'ottava lastra del Monumento della Via Prenestina. È, invece, molto più probabile che anch'essa facesse parte di un monumento funebre, analogo a quello prenestino e anconetano, di cui costituisce al momento l'unica lastra superstite.

Bibliografia

Adembri, B. - Nicolai, R. M. (eds) 2007, *Vibia Sabina, da Augusta a Diva, Catalogo della Mostra, Tivoli, Villa Adriana, Antiquarium del Canopo, 16 giugno-4 novembre 2007*, Verona.

Brun, J. P. - Munzi, P. 2009, "Cuma: un gruppo di monumenti funerari dalla necropoli romana della Porta Mediana", in C. Gasparri - G. Greco (eds), *Cuma. Indagini archeologiche e nuove scoperte*, Pozzuoli, 229-247.

Chong, A. - Lingner, R. - Zahn, C. (eds) 2003, *Eye of the Beholder: Masterpieces from the Isabella Stewart Gardner Museum,* Boston.

Cipriani, M. 2020a, "Due rilievi Ludovisi ritrovati nell'Ambasciata degli Stati Uniti d'America a Roma", in *AntK,* 63, 55-68.

Cipriani, M. 2020b, "Augusto e il ratto del Palladio: due frammenti di rilievo ricongiunti provenienti dal Colle Palatino", in *RdA,* 44, 63-74.

Cultrera, G. 1910, "Le 'danzatrici' della Via Prenestina", in *BdA,* 4, 245-268.

Froning, H. 1981, *Marmor-Schmuckreliefs mit griechischen Mythen im 1 Jh. v. Chr. Untersuchungen zu Chronologie und Funktion*, Mainz am Rhein.

Giuliano, A. (ed.) 1985, *Museo Nazionale Romano, Le Sculture*, I, 8, 1-2, Roma.

---

ninfa Enone (inv. 407. Lehmann 1996, 78-85), duplicato su uno dei due rilievi Ludovisi, ritrovati di recente nell'Ambasciata degli Stati Uniti di America a Roma (inv. NEPA 051821. Cipriani 2020a, 55-68). Accanto a questi due esempi di *duplicatio* è possibile ora affiancarne un terzo, identificato dalla scrivente in due frammenti di rilievo ricongiunti, conservati in due differenti musei romani, provenienti dal Colle Palatino, che replicano la scena del ratto del Palladio, come sul rilievo Spada con Ulisse e Diomede (inv. 406. Lehmann 1996, 64-72): Cipriani 2020b, 63-74.

[20] Pellegrini 1910, 359-360, Fig. 26; Micheli 2016, 315-322.

[21] Inv. 100. Osanna - Verger 2021, 133.

Herbig, R. 1927, "Römische Basis in Civita Castellana", in *RM*, 42, 129-147.

Hesberg (von), H. 1994, *Monumenta: i sepolcri romani e loro architettura*, Milano.

Lehmann, S. 1996, *Mythologische Prachtreliefs*, Bamberg.

Longstreet, G. W. - Carter, M. 1935, *Isabella Stewart Gardner Museum, Fenway Court, General Catalogue*, Boston.

Maschek, D. 2008, "Figur und Ornament. Das Tänzerinnenmonument von der Via Prenestina und die Produktion von Architekturdekor im römischen Suburbium des 1. Jahrhunderts v. Chr", in ÖJh, 77, 185-217.

Micheli, M. E. 2016, "Sepolti nel marmo: il caso di Ancona", in G. Baldini - P. Giroldini (eds), *Dalla Valdelsa al Conero. Ricerche di archeologia e topografia storica in ricordo di Giuliano de Marinis*, Firenze, 315-322.

Osanna, M. - Verger, S. (eds) 2021, *Tota Italia. Alle origini di una nazione. IV secolo a.C.- I secolo d.C.*, Napoli.

Pellegrini, G. 1910, in *NSc*, 1.

Ranaldi, A. (ed.) 2014, *Erme e antichità del Museo Nazionale di Ravenna*, Milano.

Rausa, F. (ed.) 2000, *I marmi antichi: rilievi greci e neoattici*, Mantova.

Söldner, M. 2010, "Die Bildhauerkunst während der Regierungszeit des Hadrian (117-138 n. Chr.): Facettenreiche Bildnisse im kaiserlichen Umfeld", in P. C. Bol (ed.), *Die Geschichte der antiken Bildhauerkunst, 4. Plastik der römischen Kaiserzeit bis zum Tode Kaiser Hadrians*, Mainz.

Vermeule, C. C. III - Cahn, W. - Hadley, R. 1977, *Sculpture in the Isabella Stewart Gardner Museum*, Boston.

39

Elea-Velia: i sistemi di smaltimento delle acque tra epoca ellenistica ed età imperiale. Il caso del c.d. Vallone del Frittolo.

Daniele De Simone
Aix - Marseille Université, CNRS / Università di Salerno

Abstract: The relationship between settlement and geomorphological structure represents a topic of particular relevance in Elea-Velia. The management of water, both spring and meteoric, connotes the organization of the town since its foundation (late 6th century BC). A balance which reaches its design peak in the urban restructuring of the Hellenistic period and is preserved completely unchanged until the entire first imperial age. The signs of this relationship, between the established community and water management, can be clearly seen by analysing the so-called 'Vallone del Frittolo', the large fan that characterizes the central area of the ancient city, where the water coming from the source located at the top of the same fan - identified with the eponymous Hyele - becomes a characterizing element of the built landscape. An attempt to control the territory, through the control of the waters in which visual effects of great impact are achieved through a skilful integration of the landscape, characterizing the Velia landscape in an incisive way.

Keyword: assetto geomorfologico; geomorphological structure; water management; conoid; public facilities.

Il rapporto tra insediamento e assetto geomorfologico rappresenta un tema di particolare rilevanza per il sito foceo di Elea-Velia (Fig. 39.1). È ormai consolidata l'ipotesi che vede nella progettazione e nella gestione dei sistemi dedicati alle acque, sia sorgive che meteoriche – in rapporto al sistema orografico e clivometrico dell'area urbana – un aspetto profondamente caratterizzante l'organizzazione dell'abitato della colonia focea già a partire dalla sua fondazione (fine VI sec. a.C.). Una progettazione che, impegnando le migliori risorse progettuali del tempo, permette di garantire un efficace equilibrio tra le esigenze dell'abitato e la necessità di gestire efficacemente le difficoltà che una geologia locale molto complessa presenta[1]. Un equilibrio, quello raggiunto dalla città focea che, superando non poche difficoltà tecniche, raggiunge il suo apice nella ristrutturazione urbana di epoca ellenistica che si conserva del tutto immutato fino a tutta la prima età imperiale[2].

I segni di questo rapporto che intercorre tra comunità insediata e *water management,* si colgono appieno analizzando l'area del c.d. 'Vallone del Frittolo', l'ampia conoide, oggetto di scavo nel corso degli anni Cinquanta e Sessanta del secolo scorso[3] che caratterizza l'area centrale della città antica. Un'area dove l'acqua — che proviene dalla sorgente posta in sommità dello stesso conoide e identificata con l'eponima sorgente *Hyele* – diventa chiaramente elemento caratterizzante del paesaggio costruito in un riuscito tentativo di controllo del territorio. Tramite la gestione delle acque, infatti, avviene una riuscita combinazione di architettura e tecnologia che raggiunge effetti visivi di grande impatto attraverso un sapiente inserimento del costruito nel contesto paesaggistico che caratterizza in maniera incisiva il *landscape* velino.

L'area prescelta dai coloni focei all'atto della fondazione di Elea contiene in sé tutte quelle caratteristiche che sono ideali per la fondazione di una colonia: la posizione strategica e ben difendibile lungo le rotte del Mar Tirreno, la presenza di due insenature naturali dove far attraccare le navi in transito, una quantità di risorse naturali sfruttabili negli immediati dintorni, e una discreta disponibilità di acqua. L'insediamento si sviluppa, tuttavia, in una situazione di equilibrio morfo-dinamico molto delicato (Fig. 39.2). Infatti a causa di un substrato geologico (*Flysch* di Ascea) del tutto impermeabile, al quale è sovrapposta la formazione dei Conglomerati di Centola, la circolazione superficiale di grosse quantità d'acqua fin dai primi anni di vita della città ha favorito il susseguirsi, a intervalli abbastanza ravvicinati, di eventi di carattere alluvionale, aggravati dalla presenza, all'interno dell'area urbana di almeno due conoidi, tra le quali vi è, appunto, quella del Frittolo[4]. La sovrapposizione di questi due substrati geologici provoca, inoltre, l'inaridimento delle

[1] Baggioni Lippmann 1982, 210-223; Ortolani *et al.* 1991, 163-169; Ortolani 1999, 125-138; Ruello 2008.
[2] Greco - De Simone 2012, 615-624.
[3] Sestieri 1949, n. 1861; Sestieri 1953, n. 2174; Sestieri 1954 n. 3047; Sestieri 1956, n. 2174; Sestieri 1960, n. 4542; Cicala 2003, 217-236.

[4] L'altra è invece localizzata a monte del Quartiere Orientale della città, detto "dei Vignali".

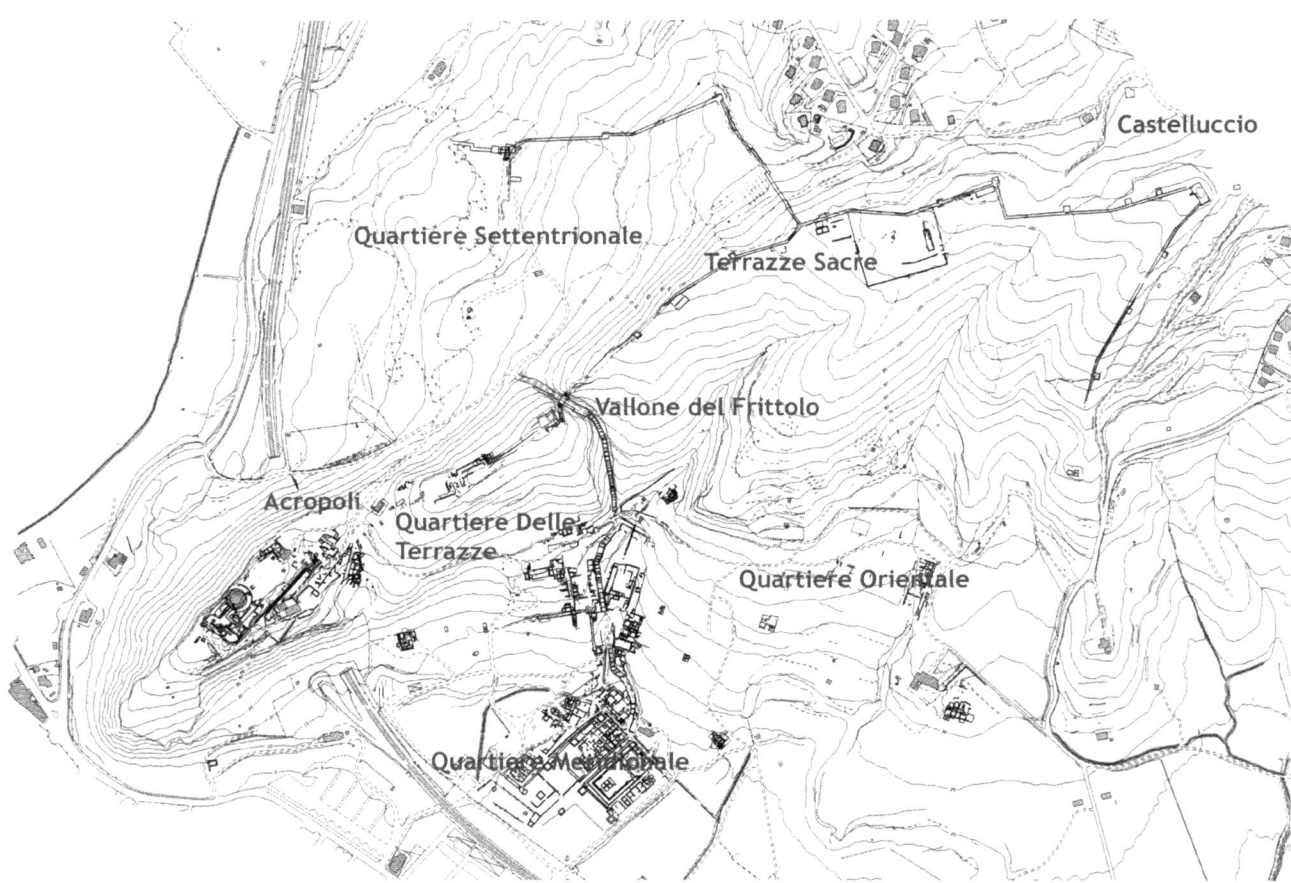

Fig. 39.1. Velia. Pianta della città.

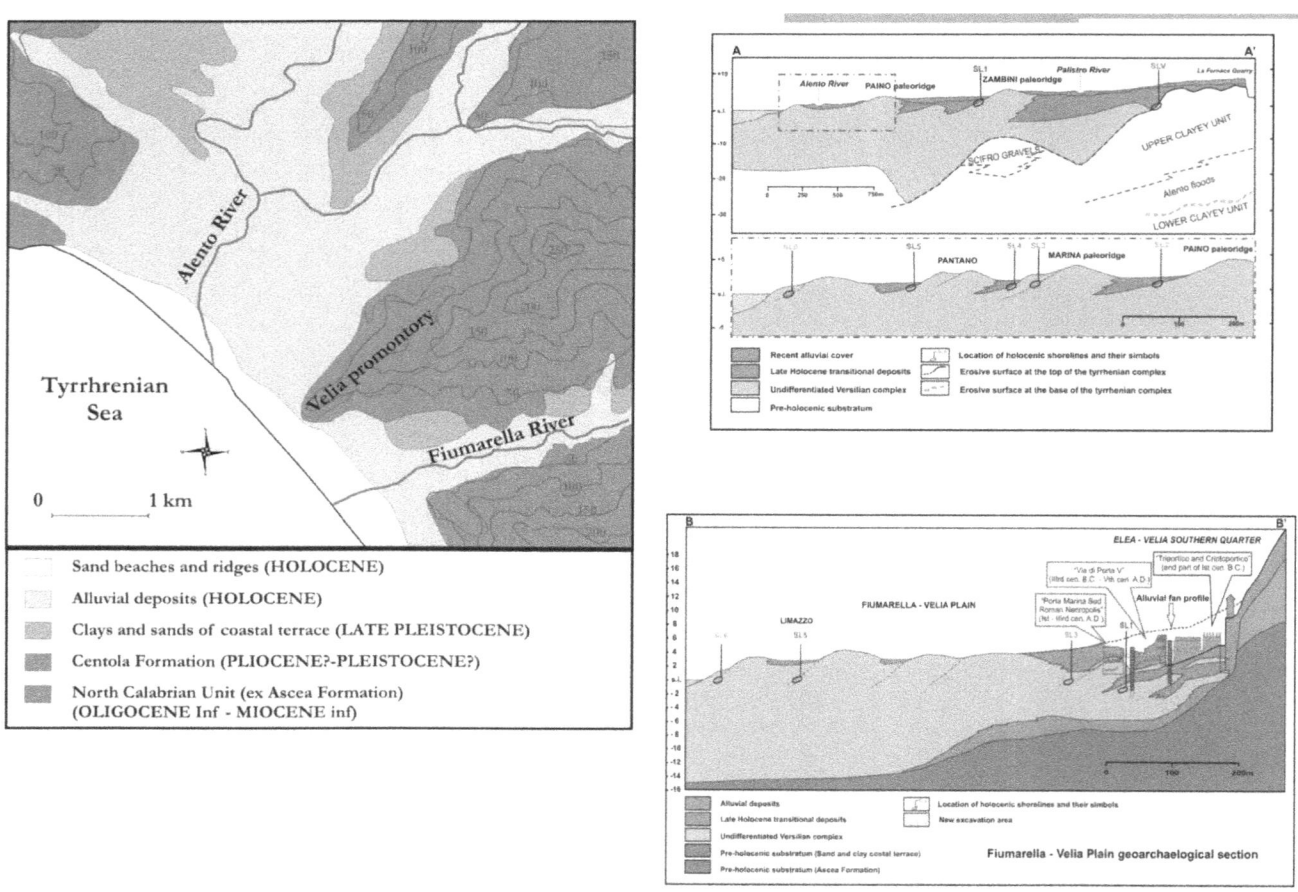

Fig. 39.2. Velia. Pianta e sezioni geologiche dell'area della città e della piana del Fiume Alento (rielaborazione di Ruello 2008).

aree collinari. Tale inaridimento, al pari della piovosità eccessiva, è tra le cause dei dissesti idrogeologici nell'area urbana. Il problema del controllo del deflusso delle acque a Velia è sempre stato molto sentito fin dalla sua fondazione. Infatti il delicato equilibrio geologico dell'area ha richiesto nel corso dei secoli un intenso e severo controllo delle acque di deflusso, al fine di evitare dissesti disastrosi. Come sappiamo, nonostante le strutture di canalizzazione e deflusso, nel corso dei secoli numerose alluvioni e frequenti dissesti idrogeologici hanno interessato la città, con un aumento dell'incidenza soprattutto a partire dalla prima età imperiale, come dimostrano gli scavi più recenti nella città bassa[5]. Il quadro ricostruttivo che ne scaturisce vede Elea-Velia impegnata costantemente, fin dalla sua fondazione, nella ricerca di un equilibrio indispensabile tra la raccolta delle acque destinate agli usi quotidiani e il controllo delle acque 'in eccesso', sia meteoriche che di fonte. Le acque destinate all'irreggimentazione, interagendo con il peculiare profilo geo-morfologico dell'area urbana, rappresentano un problema costante e quanto mai decisivo per la salvaguardia dell'assetto urbano, per la stabilità dei versanti, per l'aggradazione dei piani di calpestio, ecc... In tal senso la documentazione archeologica, per quanto non sempre esaustiva, attesta le diverse soluzioni adottate nel corso del tempo per gestire l'acqua, dimostrando anche come alcuni nodi topografici abbiano giocato sempre un ruolo determinante.

Emerge in tal senso il c.d. Vallone del Frittolo (Fig. 39.3), l'unica area della città a oggi indagata in maniera intensiva utile per comprendere le dinamiche evolutive del rapporto che lega la città, e la sua organizzazione, al territorio e di come l'impianto della città abbia fatto sue le peculiarità di un territorio cosi particolare. Il Canale del Frittolo, individuato e indagato dal Sestieri negli anni Cinquanta del secolo scorso[6], rappresenta un sistema integrato che ha pesantemente influenzato l'evoluzione di questo settore della città nel corso dei secoli. Realizzato in grossi blocchi squadrati di arenaria, messi in opera a secco e dotato di pozzetti per la decantazione dell'acqua e di spallette poste di taglio per tagliarne il deflusso e la velocità[7], il canale era coperto con dei blocchi disposti sia a doppio spiovente che in piano[8]. Grazie alle indagini condotte negli anni Novanta del secolo scorso l'impianto del canale è cronologicamente collocabile tra la fine del III e gli inizi del II sec. a.C., contemporaneamente al complesso della c.d. Agorà, cioè quando l'intera area del vallone viene monumentalizzata e riorganizzata. La funzione di questo canale è legata essenzialmente al controllo delle acque sorgive e a quelle superficiali provenienti dalle aree e quartieri circostanti. L'analisi del percorso, inoltre, permette di suddividere funzionalmente il canale in almeno due settori: il primo settore, che dalla sorgente a monte termina presso la fontana sulla fronte della c.d. Agorà, convoglia prevalentemente le

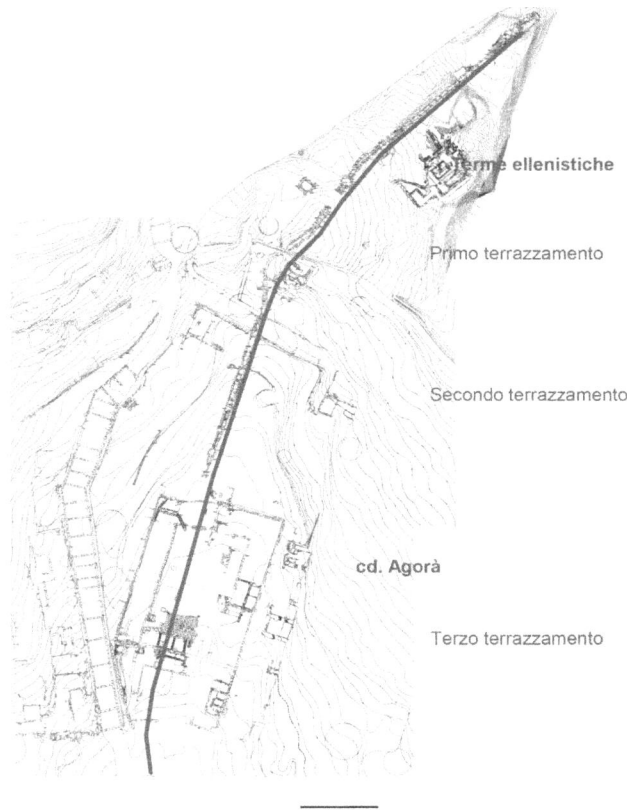

ellenistiche

Primo terrazzamento

Secondo terrazzamento

cd. Agorà

Terzo terrazzamento

0   10 m

Fig. 39.3. Fotogrammetrico del Canale del Frittolo.

acque naturali - quelle provenienti dalla sorgente a monte, che hanno un ruolo importante nell'ambito del complesso terrazzato stesso, dove si riconoscono canalizzazioni e almeno una fontana monumentale. Il secondo settore, che dalla c.d. Agorà giunge al Quartiere Meridionale, assolve, similmente a quanto accade in altre città magnogreche come Metaponto o Eraclea[9], alla funzione di vero e proprio canale per la raccolta delle acque di deflusso provenienti dalle zone circostanti[10]. Probabilmente è questa un'organizzazione già presente in epoca arcaica e classica. A tal proposito G. Greco, in un suo contributo dedicato proprio all'analisi dell'organizzazione del Vallone del Frittolo in epoca arcaica e classica, ha messo in evidenza le potenzialità e soprattutto il ruolo centrale nella gestione della acque a Velia in quest'area già a partire dall'epoca della fondazione della colonia: la studiosa, oltre a recuperare un quadro d'insieme delle sistemazioni dell'area in età ellenistica, richiama l'attenzione sulla famosa protome leonina, proveniente dagli scavi di M. Napoli nella città bassa. Lo studio di questo frammento, fluitato a valle proprio dalla fascia mesourbana su cui insiste il Quartiere delle Terrazze e della c.d. Agorà, ha consentito di ricostruire l'esistenza di sistemi di *krenai* in età tardo arcaica, cui andrebbe riferita la protome di leone[11]. Oltre al grande canale del Frittolo, la sistemazione delle acque in età ellenistica si completa, in questo settore della città, con i due grandi pozzi/cisterna

[5] Greco 2003.

[6] Sestieri 1949, n. 1861; Sestieri 1953, n. 2174; Sestieri 1954 n. 3047; Sestieri 1956, n. 2174; Sestieri 1960, n. 4542.

[7] Sulle ricerche del Sestieri nell'aera del Frittolo si rimanda da ultimo a Cicala 2003, 217-236 (con bibliografia).

[8] Cicala 2003, 221-222.

[9] Sconfienza 1996, 43-48.

[10] Maiuri 1961, 89; Sestieri 1963, 93; Sconfienza 1996, 42-43.

[11] Greco 1999, 73-83

Fig. 39.4. Velia. Il Canale (foto dell'autore).

presso le Terme Romane, poste alla base del Vallone stesso, che servivano a evitare impaludamenti dell'area in caso di periodi caratterizzati da piovosità elevata[12].

Nella Velia romana la situazione relativa all'approvvigionamento idrico sembra evidenziare segni di una profonda trasformazione, probabilmente legata a possibili variazioni delle falde o a diversi sistemi di rifornimento[13], cambiamenti che coinvolgono anche il Vallone del Frittolo e che sembrano imposti dalle mutate esigenze della comunità urbana. Al fianco dei 'vecchi' sistemi di epoca ellenistica, il Vallone viene aggiornato con il posizionamento di un nuovo elemento nel sistema della raccolta delle acque, ovvero il serbatoio noto con il nome di "Cisternone" e posto a S dell'Asklepeion/Agorà, mentre allo sbocco del Vallone troviamo il complesso. Il "Cisternone", che per la tecnica costruttiva utilizzata dovrebbe collocarsi a partire dalla prima età imperiale, riutilizza una precedente struttura della quale

ignoriamo quasi del tutto la funzione[14]: questa, certamente alimentata da canalizzazioni che movimentavano acqua di diversa provenienza, era connessa a quello che sembra essere un vero e proprio acquedotto urbano[15] a servizio anche delle Terme Imperiali, poste allo sbocco del Vallone stesso e datate a epoca adrianea[16] (Fig. 39.4). Tale sistema

---

[12] Neutsch 1980, 348-355; Cicala - Vecchio 2008, 161-196.
[13] A tal proposito vedi Greco - De Simone 2012, 601-624.

[14] Il serbatoio di grandi dimensioni (642 m³ circa) è stato realizzato in un'area occupata da strutture più antiche, che ne hanno condizionato la planimetria. A tali strutture, forse, appartenevano le due basi di colonne visibili sul fondo del serbatoio e la particolare conformazione della parete N che si presenta curva. Si tratta di una cisterna quadrangolare, realizzata in opera laterizia, in mattoni velini e tegole, alta circa 4 m, con il lato N fortemente incurvato. Oltre a queste due basi, verso il lato di NE vi è un'ulteriore base, di forma quadrangolare allineata. Lo spessore dei paramenti murari è di c.a. 0,80 m. Nel muro curvo, presso l'angolo NO, si apre una condotta di adduzione di forma quadrangolare (0,16 x 0,20 m). Inoltre, sul lato S, presso l'angolo SO, vi è una condotta di scarico con sovrapposta una *fistula* plumbea. Napoli 1974, 369-371; Greco 1981, 47; Johannowsky 1982, 1039; Cicala 2003, 223; Greco - De Simone 2012, 601-624.
[15] Quest'ultimo, forse già in funzione, serviva la fascia mesourbana della città lungo le pendici meridionali, proveniente dall'entroterra, e si sarebbe innestato nel c.d. 'Castelluccio'. Greco - De Simone 2012, 621-622; Sokolicek 2006.
[16] Greco 2002, 37-39; La Torre 2003, 151-168.

idrico sarebbe stato risistemato in maniera capillare in età romana, con una serie di diramazioni e apprestamenti[17].

Il nodo topografico del conoide del Frittolo, dunque, appare centrale nell'organizzazione urbana al punto che oltre a essere dotato di un canale, destinato al controllo delle acque che dalla fonte scendevano a valle, era servito anche da altre strutture, come il già detto "Cisternone". Non siamo in grado di valutare fino a quando il grande canale resti in funzione, anche se almeno fino al III sec. d.C. sembra ancora assolvere alla sua funzione, ma appare evidente che questa struttura con il venir meno di una corretta manutenzione nel corso del tempo non sarebbe stata in grado di sostenere i flussi di tutti gli eventi naturali susseguitisi con frequenza notevole, anche in relazione ai cambiamenti climatici.

In definitiva, nonostante i dati a nostra disposizione siano ancora piuttosto limitati, le strutture individuate e discusse in questa ricerca appaiono esemplificative e utili a porre al centro del dibattito scientifico il problema della ricostruzione del *Water Management* di Elea-Velia. Il profilo dei sistemi idraulici velini, nello specifico quelli realizzati per la gestione del Vallone del Frittolo sembrano, infatti, connotarsi per tutta l'età ellenistica, per una sostanziale conservazione dei sistemi tradizionali, ereditati dalle prime fasi insediative della colonia con interventi di carattere pubblico limitati all'irreggimentazione delle acque sorgive e superficiali. Il tutto nell'ottica del miglior possibile sfruttamento di una risorsa che se non ben gestita era di difficile controllo dato che la geomorfologia locale ha sempre rappresentato il vero punto debole di tutta la costruzione urbana. Da qui la necessità di suddividere il Canale in due settori specifici: il primo dedicato alla raccolta e gestione delle acque provenienti dalla sorgente a monte, il secondo funzionale al più veloce e sicuro smaltimento delle acque meteoriche superficiali al fine di evitare impaludamenti del Quartiere Meridionale.

Questa organizzazione viene modificata e integrata in età imperiale. Il Vallone e con esso il Canale, pur conservando una centralità nell'organizzazione urbana, diventa collettore di tutta una serie di nuove strutture, tra le quali va ricordato l'acquedotto urbano del Castelluccio, che vengono realizzate a servizio della comunità urbana. Una riorganizzazione dell'intero Canale che, pur conservando la suddivisione in settori impostati in epoca ellenistica grazie al posizionamento a metà del percorso del c.d. 'Cisternone', permetterà di alimentare le Terme Adrianee.

In conclusione, è possibile affermare con una certa sicurezza che la città focea, e nello specifico il Canale del Vallone del Frittolo, rappresenta un osservatorio quanto mai stimolante, per le sue caratteristiche geomorfologiche e per il problema dell'irreggimentazione delle acque, e che mediante il controllo delle acque sono stati raggiunti effetti visivi di grande impatto ottenuti attraverso un suo sapiente inserimento paesaggistico, caratterizzando in maniera incisiva il *landscape* velino.

---

[17] De Magistris 2008, 47-58; De Magistris 2010, 54-57; Greco - De Simone 2012, 623-624.

Bibliografia

Bencivenga Trillmich, C. 1983, "Resti di una casa greca di età arcaica sull'acropoli di Velia", in *MEFRA*, 94/1, 417-448.

Cicala, L. 2002, *L'edilizia domestica tardo arcaica di Elea*, Pozzuoli.

Cicala, L. 2003, "I rinvenimenti degli scavi Sestieri nella cd. Agorà: forme di tesaurizzazione a Velia in età imperiale", in Greco 2003a, 217-236.

Cicala, L. - Vecchio, L. 2008, "L'area del cd. Pozzo sacro di Velia", in Greco - Ferrara 2008, 161-196.

Cristofani, M. 1968, "Reggio Calabria. Cisterne ellenistiche con materiale di scarico", in *NSC*, 221-242.

De Magistris, E. 1991, "Problemi topografici del litorale Velino, in Fra le coste di Amalfi e di Velia-Contributi di storia antica e archeologia", in *Quaderni del Dipartimento di Scienze dell'Antichità Università di Salerno*, 8, 39-81.

De Magistris, E. 2008, "Cronologia e funzione di Porta Rosa a Velia", in *Orizzonti*, 9, 47-58.

Greco, G. - Ferrara, B. (eds) 2008, *Doni agli dei. Il sistema dei doni votivi nei santuari*, Pozzuoli.

Greco, G. (ed.) 2003a, *Elea-Velia, le nuove ricerche*, Pozzuoli.

Greco, G. 2003b, "Le nuove ricerche nel Quartiere meridionale", in Greco 2003a, 29-48.

Greco, G. - Kritzinger, F. 1994, *Velia, studi e ricerche*, Modena.

Greco, G. 2002, *Velia. La visita alla città*, Pozzuoli.

Johannowsky, W. 1982, "Considerazioni sullo sviluppo urbano e la cultura materiale di Velia", in *PP*, 204-207 e 225-239.

La Torre, C. 2003, "Interventi di restauro e conservazione per il Parco Archeologico di Velia", in Greco 2003a, 151-168.

Lippmann-Provensal, M. 1987, "Variations récentes du trait de côte sur les sites de Velia et Paestum", in AA.VV., *Déplacements des lignes de rivale en Méditerranée d'après les données de l'archéologie*, Paris, 113-124.

Napoli, M. 1974, "L'attività archeologica nelle province di Benevento, Avellino, Salerno", in *Metaponto, Atti del XII Convegno di Studi sulla Magna Grecia, Taranto 14-19/10/1973*, Napoli, 369-371.

Kritzinger, F. - Tocco, G. (eds) 1999, *Neue Forschungen in Velia, Atti del convegno "La ricerca archeologica a Velia", Rom 1-2 Juli 1993*, Wien.

Neutsch, B. 1980, "Ricerche e studi archeologici nella zona del pozzo sacro a Velia (1979)", in *L'epos greco in Occidente, Atti del XIX convegno di studi sulla Magna Grecia, Taranto 7-12 Ottobre 1979*, Taranto, 348-355.

Ortolani, F. 1999, "Evoluzione geologica dell'area archeologica di Velia (Cilento, Italia meridionale) in relazione alle variazioni climatiche avvenute nel periodo storico nel bacino Mediterraneo", in Kritzinger - Tocco, 125-138.

Ortolani, F. - Pagliuca, S. - Toccaceli, R. M. 1991, "Osservazioni sull'evoluzione geomorfologica olocenica della piana costiera di Velia (Cilento, Campania) sulla base di nuovi rinvenimenti archeologici", in *GeogrFisDinamQuat*, 14, 163-169.

Ruello, M. 2008, *Geoarcheologia in aree costiere della Campania: I siti di Neapolis ed Elea Velia*, Tesi dottorale Università di Napoli 'Federico II'.

Sconfienza, R. 1996, "Sistemi idraulici in Magna Grecia: classificazione preliminare e proposte interpretative", in *BBasil*, 12, 25-66.

Sestieri, P. C. 1949, "Velia", in *FA*, IV, n. 1861.

Sestieri, P. C. 1953, "Velia", in *FA*, VIII, n. 2174.

Sestieri, P. C. 1954, "Velia", in *FA*, IX, n. 3047.

Sestieri, P. C. 1956, "Velia", in *FA*, XI, n. 2174.

Sestieri, P. C. 1960, "Velia", in *FA*, XV, n. 4542.

Sokolicek, A. 2006, "Wasser und Mauer. Eine Quelle unter den Stadtmauern von Velia? ", in G. Wiplinger (ed.), *Cura Aquarum in Ephesus*, Leuven, 201-209.

40

La Villa dell'*Ambulatio* di Baia: progettare seguendo l'acqua.

Paola Miniero
MIBAC

Daniele De Simone
Aix - Marseille Université CNRS / Università di Salerno

Gioconda Di Luca
Università degli Studi di Roma 'Tor Vergata'

Abstract: The villa was considered, since its discovery, as a residential building whose singularity was linked to the need to support the local nature, adapting the technical choices to the geophysical and morphological characteristics of the territory. It seems to be a unitary complex and the result of a careful structural analysis and landscaping. The paper is divided into three points: the link between the Roman site of Baiae and the water as it appears in the Latin writers and in the collective imagination of the time (liquidae baiae); the articulated design of the water supplies that constitute the fundamental cornerstone around which the subsequent building transformations revolve, largely conditioned by them; the structural and aesthetic peculiarities that make the functionality of the building subordinate to the need of using the abundance of water offered by the nature of the place.

Keywords: *Baiae*; villa; sistemi idrici; cisterna; ninfeo; architettura romana.

40.1. Il paesaggio storico: le fonti.

L'esame del contesto topografico e delle fonti sono gli strumenti per ricostruire il paesaggio storico nel periodo di vita della Villa detta 'dell'*Ambulatio*' a Baia, la meglio conservata di questo genere di edifici nell'intero territorio flegreo e in quello baiano.

L'edificio, per sfruttare il versante scosceso su cui sorge, presenta un'architettura a terrazze che erano l'una la sostruzione dell'altra secondo il sistema della *basis villae* con l'utilizzo della malta pozzolanica locale. Plinio il Giovane usa il termine *Baiano more*[1] a proposito delle ville di Baia da intendere quasi come un modello architettonico per il tipo di costruzione e la posizione in vista del mare, caratteristiche che si riscontrano in tutti i complessi baiani. Anche Seneca (*ad Luc.* 51,11) sottolinea questa caratteristica che consentiva di "*speculari late longeque subiecta*", benché tale definizione intenda soprattutto evidenziare moralisticamente l'isolamento rispetto alla folla dei suoi tempi.

Malgrado la trasformazione dei luoghi per il bradisismo e l'edilizia del '900, il paesaggio ancora conserva imponenti resti monumentali del periodo in cui la villa in questione è rimasta in uso (I sec. a.C. - IV sec. d.C.?): infatti, da Punta Epitaffio al Castello Aragonese si registra quasi senza soluzione di continuità un'intensa occupazione a terra e sotto il livello attuale del mare fino a 470 m c.a. dalla linea di costa moderna. Il c.d. 'Complesso delle Terme', in cui ricade la Villa dell'*Ambulatio*, è l'area edificata più estesa della zona (circa 40.000 m²) e costituisce la principale testimonianza della fama di Baia come la località termale e residenziale dei Romani.

Le fonti letterarie relative[2] ci danno molte informazioni sugli aspetti principali di questa località e sugli illustri personaggi della Roma tardorepubblicana e imperiale che la frequentavano (Fig. 40.1). Gli autori di I sec. a.C., tra i quali è soprattutto Cicerone che soggiornava in zona nelle sue residenze (il *Cumanum* e il *Puteolanum*) a fornire molte informazioni, citano la presenza di sei ville tardo repubblicane *in regione baiana*[3] e i relativi proprietari[4]: Mario, Pompeo, Cesare, Metello Celere, Cornelio Dolabella e Cetroniano. Il dato archeologico (Fig. 40.2) documenta otto o nove ville[5] a conferma dell'evidenza numerica

---

[1] Plin. iun., *Ep.* 9,7.3 con riferimento alla posizione delle ville di Baia costruite o in alto in vista del mare o sul mare.

[2] Sull'argomento: D'Arms 1970 (2003), 165-191; Corretti 1984, 362-388; Medri 2018, 549-578.

[3] La *regio* è da intendersi come distretto geografico dalla sponda sud del Lucrino fino a *Bauli*, con epicentro *Baiae*.

[4] Premesso che nessuna villa può essere attribuita a uno dei nomi citati in assenza di evidenza epigrafica, le decorazioni di alcune di esse consentono almeno di definirne la sequenza cronologica e di avanzare ipotesi topografiche.

[5] A seconda che la n.7, che è un ambiente termale di I sec. a. C., appartenga alla vicina villa dell'*Ambulatio* o ad altra non identificata.

Autore	Passo	Data autore	Data narraz	Argomento
Cicerone	ad Att., 13, 52. 1-2	I a.C.	I a.C.	Cesare ospite nel Cumanum di Cicerone nel 45 a. C.
Cicerone	ad Att.,12. 40.3	I a.C.	I a.C.	Cesare aveva una villa a Baia (optimas Baias) e ad Astura (?)
Cicerone	ad Att., XI 6, 6	I a.C.	I a.C.	Villa di Ortensio a Bauli
Cicerone	Cael., 38	I a.C.	I a.C.	Villa di Clodia a Baia (Baias)
Cicerone	Leg. Agr., II, XIV,36	I a.C.	I a.C.	Contro la proposta di vendita di beni come la Via Herculea
Varrone	Rust.,III, 17,5	I a.C.	I a.C.	Villa di Ortensio a Bauli con piscine
Orazio	Carm., II,18,18-22	I a.C.	I a.C.	Costruzioni sui moli artificiali.
Virgilio	Georg., II, 161-164	I a.C.	I a.C.	Celebrazione del Portus Julius
Virgilio	Aen., IX, 709-716	I a.C.	I a.C	Moli crollati sul litorale di Baia e ricostruiti con grandi massi.
Vitruvio	De Arch.II,6	I a. C.	I a.C	Proprietà del Pulvis di Baia
Diodoro	IV, 22, 1-3	I a. C.	non databile	Eracle costruisce via e tempio di Persefone
Strabone	V, IX, 5-6	I a.C.- I d.C.	I a.C.	Crypta di Cocceio, lo stesso del la grotta da Puteoli a Neapolim

Autore	Passo	Data autore	Data narraz	Argomento
Seneca	Ad Luc., 51,11	I d. C.	I a.C.	Ville di Mario, Pompeo e Cesare in regione Baiana come castra ...summis iug montium
Seneca	Ad Luc.55,2; 6-7	I d. C.	I d. C.	Villa di S. Vatia
Val. Mass.	IX, 1 , 1	I d. C.	I a.C.	Bagni pensili di Sergio Orata/Academia di Cicerone
Martiale	III, 58	I d. C.	I d. C.	Villa di Faustino
Martiale	IV, 25, 1-2	I d. C.	I d. C.	Confronto con ville di Altino
Statio	Silv., IV, 7,18	I d.C.	I d.C.	Porto ameno
Plin. iun.	Ep., IX, 7, 2-4	I–II d.C.	I–II d.C.	Tipologia di ville come tragedia e commedia
Svetonio	Ner., 31, 3	I–II d.C.	I d. C.	Fossa Neronis

Autore	Passo	Data autore	Data narraz	Argomento
Silio Italico	Pun., XII, 113	I d. C.	III sec.a.C.	Via Herculea
Plutarco	Mar., 34,2; 3-4	I d. C.	I a.C.	Villa di Mario, poi di Cornelia e poi di Lucullo a Miseno
Plin. sen.	N.H., XVIII, 32	I d. C.	I a.C.	Villa di Mario a Miseno
Plin. sen.	N.H., IX, 168	I d. C.	I a.C.	Sergio Orata, bagni pensili e restauro di ville.
Plin. sen.	N.H., XXXI, 5-8	I d. C.	I d. C.	Academia di Cicerone sul litorale del Lucrino / Terme di L. Crasso vaporant in mari ipso
Plin. sen.	N.H., IX, 172	I d. C.	I d. C.	Villa di Ortensio con piscina /aneddoto della murena.
Plin. sen.	N.H., XIV, 61	I d. C.	I d.C.	Fossa Neronis navigabile a baiano lacu Ostiam usque
Plin. sen.	N.H.,XXXVI, 15	I d. C.	I d. C.	Claudio restaura la via Herculea

Autore	Passo	Data autore	Data narraz	Argomento
Tacito	Ann.,XIII, 21, 6	I – II d. C.	I d. C.	Villa con piscine di Domizia Lepida a Baia
Tacito	Ann., XIV, 4, 1	I – II d. C.	I d. C.	Nerone conduce Agrippina nella villa a Bauli
Tacito	Ann., XIV, 5,3	I – II d. C.	I d. C.	Agrippina, portata al lago Lucrino da alcune barchette accorse, venne condotta alla sua villa
Tacito	Ann., XIV, 9, 1-3	I – II d. C.	I d. C.	Sepolcro di Agrippina sulla via per Miseno e presso la villa di Cesare che domina i golfi sottostanti
Tacito	Ann., XV, 52,1	I – II d. C.	I d. C.	Villa dei Pisoni a Baia
Tacito	Ann., XV, 42	I – II d. C.	I d. C	Fossa Neronis

Fig. 40.1. Gli autori menzionanti Baia (rielaborazione di Medri 2018).

riportata dalle fonti. Oltre alla Villa dell''Ambulatio', si possono citare la villa sulla sommità della collina di Tritoli (n. 1), forse appartenuta a Pompeo[6], quella del Parco Monumentale (n. 2)[7], quella nel Parco Ferretti (n. 5) che Beloch attribuisce a Dolabella[8], o ancora quella inglobata nel Castello Aragonese (n. 3), probabilmente assegnabile a Cesare sulla base della testimonianza di Tacito (Ann. XIV, 9.3)[9]. Il paesaggio baiano nel I sec. a. C. era, in effetti, popolato da otto o nove ville, più o meno tutte in posizione elevata, costruite sempre a terrazzamenti in prossimità del mare e con la campagna a monte che ne costituiva il fundus.

Gli autori di I sec. d.C. documentano un diverso paesaggio, ormai già definito alla fine del I sec. a.C. con la fine delle guerre civili e le importanti opere realizzate sotto Augusto nel territorio flegreo (trasferimento della sede portuale a Miseno intorno al 10 d.C.; ripresa dell'ostricultura nel Lucrino; costruzione dell'acquedotto del Serino, il cui terminus ante quem è fissato al 30 dicembre del 10 d.C.[10]): il landscape baiano si è popolato di ville e di edifici termali, in particolare alle pendici della collina della Sella

per la presenza di sorgenti termali, oggi interrate, e con il lacus trasformato in approdo portuale dopo la costruzione di un canale navigabile di accesso dal mare[11]. Le fonti, pur continuando a citare i proprietari precedenti, aggiungono solo pochi nuovi nomi: Faustino, Agrippina, Domizia Lepida, i Pisoni, Crasso e Nerone[12] che fece di Baiae quasi un proprio possedimento e, forse, autore dell'ultima fase della villa del Castello Aragonese con i collegamenti tra il settore residenziale e il sottostante approdo con le grandi peschiere (lo stagnum Neronis della fiaschetta di Varsavia?[13]). Ma l'evidenza archeologica documenta nel I sec. d.C. una presenza di ville più che raddoppiata rispetto al periodo precedente (da un minimo di 16 a un massimo di 28, a seconda se si inseriscono o meno alcune di incerta interpretazione)[14]. Di tutti questi edifici, oggi sommersi per effetto del bradisismo, possiamo identificare il ninfeo di Claudio[15], la villa di Calpurnio Pisone[16] e la terma di Marco Crasso Frugi[17]. Anche le ville tardo repubblicane meglio indagate presentano ampliamenti che dall'età augustea continuano nel I sec. d.C., trasformandole, mediante rampe e terrazzi, in estese dimore verso le pendici prossime al mare.

[6] Miniero - Capaldi 2010, 387-394.
[7] Miniero - Ciaccia 1996, 59-63.
[8] D'Arms 1970 (2003), 169-170. Sullo scavo di questa villa, Miniero et al. 2017, 795-810.
[9] Miniero 2007, 157-176; Miniero 2010a, 439-450. Diversamente Jolivet (2013, 67) propone l'attribuzione a Mario e ubica la villa di Cesare a Punta Epitaffio.
[10] Camodeca 1997, 289-306.

[11] Miniero 2010b, 101-108.
[12] Johannowsky 1990, 1-13.
[13] Miniero 2010b, 449.
[14] Borriello - D'Ambrosio 1979; Miniero et al. 2017, 802-803.
[15] Andreae 1983, 49-66.
[16] Lombardo 1993, 49-53.
[17] Gianfrotta 2010, 193-209.

Fig. 40.2. Ubicazione schematica delle ville di Baia (rielaborazione di Google Earth).

Nel II-III secolo le fonti non citano più le ville di Baia (forse registrandone un declino conseguente all'effetto dell'eruzione vesuviana del 79 d.C. continuato inesorabilmente appunto fino all'età severiana[18]) per riprendere a parlarne solo nel IV sec. d.C. con Simmaco: ma il contesto è del tutto mutato, caratterizzato dall'ascesa del cristianesimo e dalla nostalgia del passato pagano.

[P. M.]

40.2. I sistemi idraulici della Villa dell'*Ambulatio*.

Nel quadro di uno studio generale della Villa dell'*Ambulatio*, l'analisi dei suoi sistemi idraulici rende possibile una ricostruzione preliminare delle varie fasi edilizie[19] al pari di quanto fatto per i paramenti. Già al momento del suo impianto la *villa* è dotata di un sistema di gestione e stoccaggio delle acque meteoriche, la cui struttura, nonostante le modifiche e i rimaneggiamenti subiti nel corso dei secoli successivi[20], è per lo più ricostruibile. Alla prima fase appartiene certamente la grande cisterna ipogea C.1 (Fig. 40.3a) del tipo a 'cunicoli'[21], posizionata al di sotto della terrazza E[22]. La struttura è realizzata scavando direttamente nel substrato roccioso[23], poco coerente e agevole da scavare, ma dalle cattive caratteristiche strutturali e idrauliche. Per ovviare a

tali problemi le pareti furono rivestite con un paramento in opera reticolata di *cubilia* irregolari (9 x 12 cm) impostati su letti di malta spessi 5-7 cm c.a.[24], a sua volta rivestito da uno strato di cocciopesto spesso 5 cm con gli angoli rinforzati con un pulvino a quarto di cerchio. L'accesso a C.1 è garantito da un pozzo circolare[25] che immette nella camera rettangolare presso l'angolo N-E della stessa. La cisterna era impostata su due bracci maggiori (la volta ribassata è a c.a. 1,30 m dal piano di calpestio), orientati in senso N-S, larghi 2,20 x 2,00 m e lunghi 32,5 m c.a. - tra loro collegati da ulteriori quattro cunicoli intermedi perpendicolari con andamento E-O[26]. Come avvenisse il 'carico' d'acqua nella cisterna è a oggi ancora poco chiaro, anche se la presenza di una lunga canalizzazione parallela al braccio E di C.1[27] fa ipotizzare la presenza di un canale atto allo scopo, poi rifunzionalizzato. Le aperture circolari nella volta del braccio E (Ø 50 cm) permettono, però, di ipotizzare un sistema di raccolta delle acque meteoriche.

L'assenza di concrezioni calcaree, infine, sembra indicare l'esclusiva raccolta di acqua piovana garantita dalla complessa rete di canalizzazioni, imperniata su due pluviali principali che innervano le varie terrazze della villa. Il primo pluviale (P.1) corre parallelo alla rampa di scale S[28] e aveva inizio verosimilmente dalla terrazza A per terminare probabilmente oltre l'attuale limite

---

[18] Dion. Cass. 80, 5, 2; Amm. 28, 4,19; *Hist. Aug., Sev. Alex.*, 26, 9-11. Sul Ninfeo severiano, Demma 2008, 122.
[19] De Simone - Ferrari 2020, 137-152; De Simone 2019 (forthcoming).
[20] A questi vanno aggiunti i restauri di epoca moderna che spesso hanno cancellato dati utili all'analisi del reperto.
[21] Ferrari *et al.* 2018a, 68; Riera 1994, 313.
[22] Una prima analisi è contenuta in Ferrari *et al.* 2018a, 66-69.
[23] Borriello - D'Ambrosio 1979, 110-112 e 153; Döring 2012, 249-257.

[24] De Simone - Ferrari 2020, 142-144.
[25] Largo circa 0,80 m, profondo circa 2 m e chiuso da una botola metallica moderna.
[26] Di questi, tre sono lunghi circa 16 m, mentre il quarto solo 8 m c.a. per una tompagnatura in opera incerta, probabilmente realizzata già in antico.
[27] Immediatamente al di sotto del corridoio occidentale della terrazza E.
[28] Una prima analisi è in Ferrari *et al.* 2018a, 69-70.

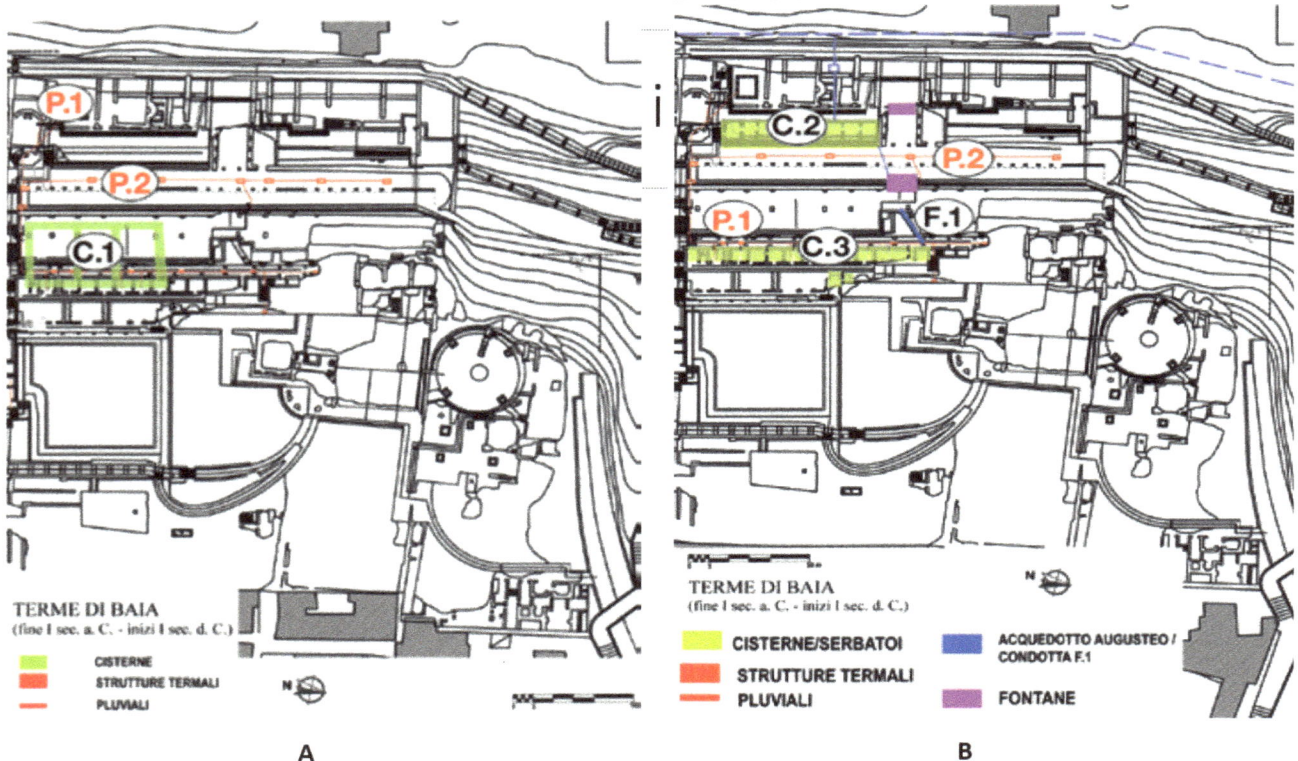

Fig. 40.3. Planimetria della Villa dell'*Ambulatio*: le strutture idrauliche. A) I fase; B) II fase (De Simone *et al.* 2020).

della Villa dell'*Ambulatio* a valle[29]. Del tratto iniziale, che recuperava l'acqua proveniente dagli ambienti residenziali (terrazze A e B) si conserva la diramazione che collega l'impluvio della terrazza B al pluviale P.1 presso la terrazza C. Lungo il margine E della terrazza è localizzato un pozzo d'ispezione di forma quadrangolare[30] posto in concomitanza del salto di quota con la terrazza D. Un secondo tratto, rettilineo, termina all'altezza della terrazza E dove un paramento in reticolato[31] obbliga a una svolta verso N all'interno della condotta che corre sotto la terrazza stessa.

P.1, dunque, dopo aver percorso l'intera terrazza E in senso S-N, svolta poi verso E, correndo sotto la rampa che collega la terrazza E ad alcuni ambienti di servizio sottostanti. Il percorso di P.1 continua all'interno della muratura O sopra il "Settore di Mercurio". Questo tratto, parallelo al sottostante braccio E di C.1, è a sezione rettangolare con muratura a blocchetti di forma irregolare posti in opera su abbondanti letti di malta e copertura a doppio spiovente e sembra appartenere a interventi successivi all'impianto che ne hanno modificato la funzione: in esso, infatti,

sono fatti confluire una serie di canali provenienti dai c.d. *hospitalia* della terrazza E e alcune tubature fittili incassate nelle murature della terrazza D con funzioni di caditoie verticali[32]. Il pluviale P1 riceve acqua anche dal settore N della terrazza E, per la presenza di una diramazione in questa direzione. Al momento, però, non è chiaro il percorso compiuto data la lacunosità di questa parte della terrazza (Fig. 40.3,b).

Un secondo pluviale (P.2) attraversa in direzione N-S la terrazza C[33]. Il canale (largh. 0,50 m; h 0,50 m c.a.) è realizzato usando grossi blocchi parallelepipedi di tufo grigio sia per le spallette laterali che per la copertura. L'acqua raccolta è convogliata verso il centro della terrazza C, dove si immette in un canale che scarica in basso verso la terrazza D, uscendo a N della fontana centrale. Da questo punto, purtroppo, si perdono le tracce di P.2: il pluviale riceve nel tempo una serie di aggiornamenti, in conseguenza dei lavori che modificano significativamente aspetto e funzione della villa. Gli stessi pozzetti, per far fronte ad alcuni rifacimenti della pavimentazione della terrazza C, vengono regolarizzati e rivestiti con murature in laterizio, mentre il fondo è foderato con tegole. I pozzetti d'accesso a P.2 hanno analoghe dimensioni (0,90 m x 0,60 m), ma la profondità varia a seconda della posizione rispetto all'asse centrale (profondità max 1,20 m). Con

---

[29] Resti di canalizzazioni del tutto simili sono visibili presso la terrazza G e a SE del c.d. "corridoio ad archi". A tal proposito andrebbe compreso meglio anche il sistema di alimentazione della cisterna a E del detto corridoio, di solito considerata pertinenza della villa stessa, ma, in effetti, priva di qualsiasi collegamento riconoscibile.

[30] Non è stato possibile misurarlo con cura perché in buona parte è danneggiato dai crolli occorsi in età alto-medievale.

[31] I *cubilia* (9 cm di lato) sono allettati su filari regolari con strati di malta spessi 2-3 cm. I resti del canale sono visibili presso la terrazza G e oltre il "corridoio ad archi". Anche qui lo speco è in muratura con copertura a doppio spiovente.

[32] Ferrari *et al.* 2018a, 69-70.

[33] Una prima analisi è in Ferrari *et al.* 2018a, 69-70. Di recente questa pluviale è stata oggetto di una profonda opera di pulitura al fine di riattivarne il corretto funzionamento utile a evitare allagamenti alla terrazza C.

la realizzazione dell'*ambulatio*, la raccolta delle acque provenienti dalla soprastante terrazza B è garantita, verosimilmente, da chiusini aperti nel pavimento e collegati a tubi fittili (Ø 10 cm c.a.) alloggiati nei pilastri di sostegno che scaricano direttamente in P.2 grazie a canali realizzati nella sua spalletta: così si garantiva la raccolta delle acque piovane nonostante la copertura.

Sempre in funzione di aumento di disponibilità di acqua per la villa vengono pesantemente rielaborate le sostruzioni della parte S della terrazza B per alloggiare una nuova struttura di stoccaggio delle acque, la cisterna C.2[34], in seguito modificata: la modifica, con ogni probabilità, interviene quando C.2 viene collegata all'*Aqua Augusta*[35] che corre nel masso tufaceo raggiungibile da un varco aperto in uno degli ambienti di servizio della terrazza B[36]. L'acqua raccolta in C.2 raggiungeva le terrazze sottostanti e le relative fontane tramite una piccola canaletta, ancora parzialmente visibile, il cui inizio è localizzato nell'angolo N-E della cisterna stessa[37]: probabilmente l'acqua, percorse le sottostanti terrazze D ed E, veniva in parte raccolta e conservata in una nuova struttura realizzata allo scopo, la cisterna C.3. Questa fu realizzata modificando in maniera radicale C.1, di cui, forse per problemi strutturali dovuti allo scivolamento del versante che caratterizza la Sella di Baia, viene defunzionalizzato il settore O, lasciando attivo solo il braccio E (ora ampliato verso N). C.3 prevede dieci camere di varie dimensioni e di forma quadrangolare, separate tra loro da setti murari dotati di stretti passaggi[38]. Da quanto ricostruibile, l'accesso dell'acqua avveniva dall'ultima camera a N[39], creando così un sistema integrato di accumulo idrico sempre disponibile alle esigenze della villa.

Per quanto riguarda i vecchi sistemi di gestione delle acque, infine, i pluviali P.1 e P.2 appaiono essere ormai utilizzati quali sistemi dedicati al solo smaltimento delle acque meteoriche.

Il sistema così strutturato resta in funzione per i secoli successivi senza grosse modifiche. Gli unici interventi degni di nota riguardano i c.d. *hospitalia* della terrazza

E che, necessitando di un sistema dedicato sia per l'approvvigionamento idrico sia per lo scarto delle acque reflue, vengono tutti dotati di un canale centrale di scarico che versa direttamente nel P.1: in questo modo si garantiva un rapido deflusso delle acque reflue provenienti dai vari ambienti, ancora approvvigionati dall'*Aqua Augusta*, sebbene non sia ben chiaro come ciò avvenisse[40] a causa dei crolli che hanno interessato la struttura, limitando fortemente la lettura corretta delle strutture e degli ambienti.

[D. D. S.]

40.3. Le fasi edilizie della Villa dell'*Ambulatio*.

La Villa dell'*Ambulatio* costituisce un *unicum* architettonico nell'area flegrea e in Campania in generale (per quanto il sistema delle ville su terrazze sia ben noto e diffuso tanto in area vesuviana quanto lungo la costiera sorrentina), non solo per le sue dimensioni notevoli, ma anche per la posizione che occupa, sul crinale della Sella di Baia, appoggiata a un costone irregolare che digrada verso il mare con un salto di quota equivalente a un palazzo di dieci piani[41] (Fig. 40.4). Non è ancora chiaro dove fosse l'ingresso principale della residenza, forse nella parte più alta dove doveva correre una delle principali vie di comunicazione di *Baiae*, mentre internamente le terrazze erano collegate da grandi camminamenti ipogei costituiti da scalinate e rampe e, nella parte residenziale, da scale interne, consentendo di superare agevolmente i notevoli salti di quota tra una terrazza e l'altra[42]. E il tutto immerso in una scenografia naturale che si avvaleva sia della macchia mediterranea che la circondava (le fonti ricordano i mirteti in alto) sia della vista spettacolare sul *lacus Baianus* e con il Vesuvio come sfondo verso E, oltre a essere arricchita da fontane e vasche che ne sottolineavano il legame con l'acqua. E, in effetti, l'acqua ha costituito un filo conduttore per tutti i cambiamenti architettonici e strutturali che questo edificio ha subito nel tempo, anche nelle fasi successive alla sua costruzione.

La periodizzazione delle fasi della villa (Fig. 40.5), purtroppo, è basata su un numero limitato di evidenze stratigrafiche fortunosamente ancora recuperabili in alcuni punti dell'area, dal momento che non sono mai stati condotti scavi scientifici in zona e, soprattutto, che i lavori di restauro realizzati nel corso della prima metà del secolo scorso ne hanno alterato in modo irreversibile alcune parti. Inoltre, la scarsità di elementi decorativi significativi, quali pavimenti o pitture parietali *in situ*, non ha potuto colmare le lacune in tal senso, cosicché la sequenza cronologica tradizionalmente accettata per il complesso si basa spesso solo sulle strutture murarie, le quali solo talvolta offrono una chiara sequenza di successione temporale.

---

[34] C.2 è composta da 10 camere (lungh. totale 37 m) alte circa 4,50 m (nel punto al sommo della copertura in gettata cementizia) con apertura superiore circolare (Ø 0,50 m) e collegate tra loro da passaggi (largh. 0,80 m c.a.).

[35] Concrezioni calcaree all'uscita del canale di carico e sulle pareti di C. 2 confermano l'ipotesi. Sull'*Aqua Augusta*: Camodeca 1997, 191-199; Döring 2012, 306; Ferrari - Lamagna 2013, 387-398; Ferrari - Lamagna 2016, 24-33. Il paramento con cui sono realizzate le modifiche è riferibile alla II fase della villa. Di Luca 2009, 143-162.

[36] Il canale misura 1 m x 1 m circa ed era accessibile tramite una rampa, le cui tracce sono appena visibili in parete.

[37] Di questo sistema restano alcune tracce, come il c.d. "albero pietrificato" presso la fontana della terrazza D e i resti di una condotta con copertura a doppio spiovente che attraversa le sostruzioni della terrazza D in direzione SO-NE verso il canale di carico relativo alla sottostante cisterna C.1.

[38] Lo spessore dei setti è di 0,61-0,68 m, mentre i passaggi sono larghi in media 0,55 m e alti 2,0 m. Purtroppo un vecchio restauro ha fatto perdere una serie di dati in merito. Tale tipo di collegamento era funzionale alla pulizia dalle impurità dell'acqua. Ferrari *et al.* 2018a, 66.

[39] Ferrari *et al.* 2018a, 67.

[40] Alcuni ambienti, infatti, ospitano bacini realizzati con materiali di recupero (laterizi, *dolia*, ecc...) di forma irregolare con spesse concrezioni calcaree.

[41] Il *more baiano* pliniano è diffuso dalla Campania all'area transpadana fino ai laghi di Garda e di Como. Plin. Iun., *Ep.* 9, 7.3; Aveta 2020, 158-164; Re 2021, 146-156.

[42] De Angelis d'Ossat 1977, 274.

Fig. 40.4. La Villa dell'*Ambulatio* (rielaborazione di Borriello - D'Ambrosio 1979).

La cronologia che sarà qui proposta, invece, si è fondata su una più attenta lettura stratigrafica delle strutture esistenti, svincolandole il più possibile dalle superfetazioni e arbitrarietà dei restauri moderni, e sulla tipologia stilistica degli elementi che le compongo, sebbene risulti difficile precisare i singoli momenti di trasformazione e distinguere tra fasi edilizie e fasi decorative, spesso non coincidenti, visto che gran parte delle informazioni sono andate perdute.

Sulla base delle testimonianze letterarie, il primo insediamento dell'edificio risale tradizionalmente al I sec. a.C., per quanto, come si è già detto, non ci siano rinvenimenti che consentano una datazione certa[43]. Infatti, poche sembrano essere le strutture che documentano il primo periodo di vita del complesso, evidentemente cancellate dagli interventi edilizi successivi e, come detto, anche da scavi e da ricostruzioni errate.

A ogni modo, alla iniziale fase di vita della villa si può attribuire tutta l'organizzazione generale dello spazio con la realizzazione delle terrazze e delle infrastrutture (Fig. 40.5). La muratura di questa fase si caratterizza per un reticolato grosso e irregolare, con *cubilia* di 9-12 cm di lato e strati di malta spessi 5-7 cm, rintracciabile nella parte alta delle terrazze, in alcune delle sostruzioni voltate, nel corridoio ipogeo del lato NE, nel muro di terrazzamento della terrazza D e nelle cisterne.

Le prime due terrazze dall'alto costituivano la parte residenziale, dove dovevano collocarsi anche gli ambienti di servizio, mentre la terza terrazza, con ogni probabilità, si organizzava intorno al grande *oecus* centrale affiancato da due corridoi laterali e affacciato sul suo lato E sul *lacus Baianus*. Non si può affermare con certezza se in questa fase ci fossero altri ambienti: da quanto emerge nella parte N della terrazza e dalle scarse tracce di mosaico pavimentale, forse c'era un'alcova adiacente all'*oecus*, mentre il resto dello spazio era occupato da sostruzioni voltate.

L'*oecus* si affacciava sulla sottostante terrazza C in corrispondenza di un ambiente absidato – forse coperto da una volta a botte – provvisto verosimilmente di una vasca (un triclinio-ninfeo?), mentre sul lato N le sostruzioni voltate erano lasciate a vista: in pratica, questa terrazza costituiva un corridoio scoperto che sul lato lungo E offriva alla vista il panorama marittimo antistante. La mancanza di una copertura sembra avvalorata non solo dai già citati pluviali, ma anche dall'esistenza di ulteriori canalette alla base dei muri del lato lungo O, in seguito obliterate dal rifacimento del paramento murario. Infine, la parte S delle sostruzioni voltate era occupata dalla cisterna C.2, alimentata da acqua piovana[44].

---

[43] Per una storia degli scavi e degli studi da ultimo, De Simone 2021 *et al.*, 137-140 (con bibliografia precedente).

[44] Non si comprende ancora se le cisterne siano contemporanee all'impianto della villa o di poco successive, come sostiene De Simone nel paragrafo precedente di questo contributo: è verosimile, infatti, che, poiché la natura vulcanica del luogo con i continui movimenti tellurici aveva causato il precoce abbandono, almeno parziale, delle

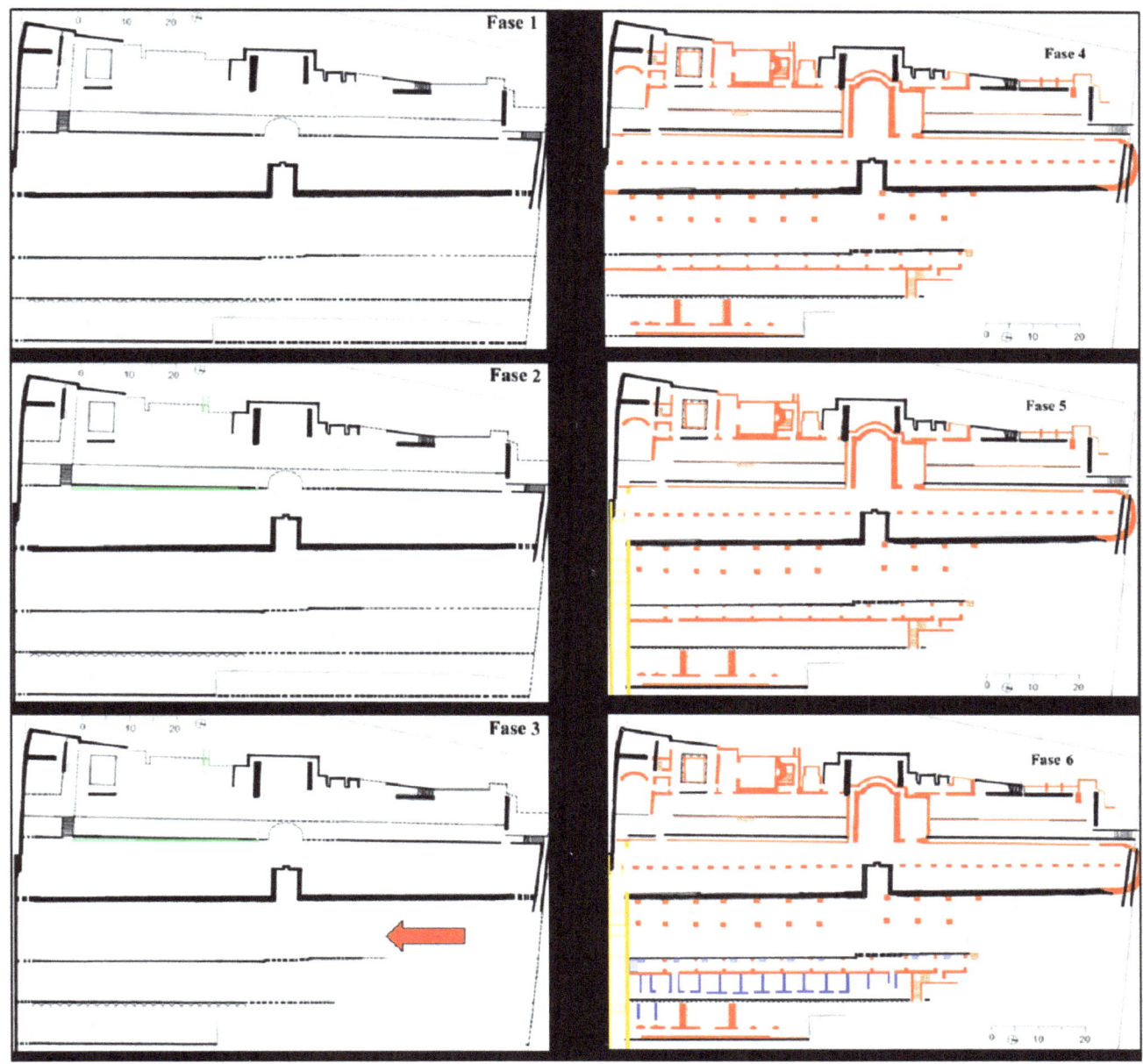

Fig. 40.5. Planimetria della Villa dell'*Ambulatio*: le fasi architettoniche (elaborazione di G. Di Luca).

Il livello sottostante (terrazza D) era anch'esso concepito come un lungo corridoio aperto con il lato O animato da sostruzioni voltate che al centro lasciavano spazio a una fontana in cui confluiva l'acqua proveniente dalla parte superiore. Con ogni probabilità la cascata si fermava in questo punto, perché i due livelli inferiori ospitano strutture di servizio e nella prima fase dovevano essere occupate soltanto da cisterne e condotte fognarie[45].

Pur non volendo soffermarsi troppo puntualmente sul dato cronologico, che richiederebbe una dissertazione a parte, bisogna concentrarsi su due eventi che fungono da spartiacque tra le prime due fasi di vita della villa e poi, in seguito, la sua completa trasformazione, ovvero 1) la costruzione dell'acquedotto del Serino e 2) il crollo di un'ampia porzione del settore NO: infatti, i due eventi, non necessariamente in quest'ordine cronologico, hanno fortemente inciso sull'organizzazione interna degli spazi della villa come adesso si cercherà di analizzare (Fig. 40.5, Fasi 2-3).

La costruzione dell'*Aqua Augusta* o, meglio, il momento in cui la villa si allaccia all'acquedotto, stravolge parte dell'impianto originario. Purtroppo, però, sebbene la data di apertura dell'acquedotto sembri ormai essere un caposaldo della cronologia flegrea, non è chiaro quando

_____

cisterne ipogee, originariamente concepite come principale sistema di approvvigionamento idrico, si provvede a installare un nuovo impianto di raccolta dell'acqua piovana in un punto apparentemente più stabile, ricavandolo, appunto, nelle sostruzioni voltate del settore S, tra le terrazze B e C. Del resto, in questo punto era già stato previsto un sistema di canalizzazione delle acque che andava a confluire nella conduttura principale di smaltimento. De Simone *et al.* 2021, 146.

[45] Ferrari *et al.* 2020; De Simone *et al.* 2021, 143.

esattamente la collina baiana sia stata interessata dal suo passaggio e, di conseguenza, quando le strutture ivi esistenti si siano effettivamente allacciate a esso[46] (Fig. 40.5, Fase 2).

Inoltre, almeno due delle terrazze superiori sono a un livello superiore rispetto a quello dello *specus* dell'acquedotto e, quindi, è plausibilmente necessario continuare a mantenere un sistema di approvvigionamento idrico alternativo a esso anche dopo la sua costruzione. Ciò che, invece, possiamo sostenere con una certa sicurezza è che, quando la villa viene collegata all'acquedotto, sulla terrazza B due cisterne della parte S vengono defunzionalizzate e trasformate in ambienti[47]; lo spazio della terrazza viene avanzato verso E, obliterando i pluviali della cisterna C.2, e la sua parte anteriore verso il mare viene dotata di due grandi vasche rettangolari (o un'unica grande vasca continua sul modello della villa di *Oplontis*) in cui confluisce anche l'acqua proveniente dal peristilio retrostante per poi immettersi nel pluviale P.1. E appunto, la chiusura dei pluviali indica chiaramente che le cisterne ormai vengono alimentate dall'acquedotto, come prova anche il condotto che, partendo dallo *specus* in linea retta, sbocca nella settima stanza della cisterna C.2, dove è conservato il condotto di adduzione[48]. La stessa cisterna viene poi rinforzata internamente ed esternamente sia per contenere la spinta di un flusso d'acqua ormai costante sia per regolarizzare il prospetto della villa su questo piano, tra le sostruzioni del lato S e quelle del lato N: all'interno si provvede a una diminuzione del volume delle singole camere, con la realizzazione di setti murari che ne restringono la capienza e all'esterno è aggiunto un muro di contenimento in opera reticolata[49].

L'altro evento molto importante per la villa è un disastroso crollo che interessa gran parte del settore N dei terrazzamenti a partire dalla terrazza C in giù, forse dovuto a fenomeni di origine bradisismica che hanno anche causato il progressivo scivolamento del versante della collina della Sella di Baia verso il mare, che, come evidenziato in precedenza, è documentabile anche nelle cisterne e che, con ogni probabilità, ne ha causato il parziale abbandono (Fig. 40.5, Fase 3). Questo crollo coinvolse, distruggendolo, anche il corridoio ipogeo settentrionale che consentiva la comunicazione tra le terrazze. Per questo avvenimento abbiamo solo un *terminus ante quem*, vale a dire l'età severiana, quando cioè lo spazio lasciato vuoto dal crollo viene risistemato con la costruzione di una serie di ambienti termali intorno alla rotonda del c.d. "Settore di Mercurio".

Ne consegue un periodo di abbandono, non si può affermare se totale o parziale, che si registra in tutta la struttura e che si conclude con una completa ristrutturazione (Fig. 40.5, Fase 4) che, seppur stravolgendo l'organizzazione interna di molti spazi, è sempre chiaramente concepita intorno all'acqua sia come elemento decorativo interno che come elemento rappresentativo esterno (panorama). All'epoca di questa sistemazione deve riportarci anche la ridefinizione dell'intera area residenziale superiore. In questa fase, infatti, si assiste a uno spostamento dal centro dell'asse visivo della villa, pur restando sempre organizzato intorno al *lietmotiv* dell'acqua. Per le terrazze residenziali in alto non è possibile fornire elementi validi per una ricostruzione degli spazi interni, perché a oggi sono completamente invase dalla vegetazione, non sono raggiungibili e non sono mai state rilevate. Di esse, però, possiamo affermare che la terrazza B viene totalmente riorganizzata con la creazione di un piccolo peristilio interno che divide i due settori di rappresentanza (a N e a S di esso), entrambi caratterizzati dalla presenza di sale absidate con pareti con nicchie poco profonde. Unica eccezione è il grande *oecus* rettangolare della prima fase che, a causa della sua posizione a ridosso della parete rocciosa, viene lasciato nella sua forma originaria, seppur riccamente ridecorato a grandi lastre marmoree alle pareti e sul pavimento. Gran parte delle sale, in generale, vengono pavimentate con lastre di marmo di diverso modulo, conservate per piccole porzioni o ricostruibili dalle impronte della preparazione[50]. Infine, come accennato in precedenza, viene avanzata la fronte della terrazza verso il mare e viene sistemato il grande bacino (o bacini) che la occupa tutta da N a S.

La terrazza C viene pavimentata e vengono sistemati 31 pilastri in senso longitudinale in funzione forse di una copertura totale o parziale (solo la porzione tra pilastri e lato O), come farebbero pensare i tubi fittili sistemati nei pilastri stessi per la raccolta dell'acqua piovana e collegati con i preesistenti pluviali P.1 e P.2, ora rimessi a nuovo[51], mentre il lato N viene absidato con una parete che si appoggia al retrostante muro in reticolato di prima fase che delimitava la proprietà da O a E. Al centro di questa *ambulatio* l'ambiente-triclinio absidato di prima fase viene sistemato con un ampio ingresso scandito da due colonne di marmo (restano ancora le basi), aperto verso

[46] Non si registrano, infatti, rinvenimenti di *fistulae* iscritte che riportino a una data più vicina a quella dell'inaugurazione dell'*Aqua Augusta*. Infatti, Camodeca considera le iscrizioni di *Cocceia Galla* e di un *Aiaces* servo di *Massima* come pertinenti a famiglie senatorie di origine italica o provinciale, prima del ritorno dell'aristocrazia senatoria di IV sec. d.C.: *Cocceia Galla* sarebbe imparentata con il console del 183 C. *Aufidius Victorinus*, mentre la seconda *fistula* apparterrebbe ad *Aiacia Maxima*, figlia di *Q. Aiacius Modestus Crescentianus*, cos. *suff.* tra il 198 e il 204 d.C. e poi ancora nel 228 d.C. Mingazzini 1977, 279-280; Camodeca 2005, 128 e 131; Camodeca 2018, 21.
[47] Sotto il loro pavimento viene lasciato lo scorrimento dell'acqua pluviale che un tempo confluiva nelle cisterne.
[48] Proprio dal condotto di adduzione, dove si nota una grossa colata di concrezione calcarea, è partita l'esplorazione del cunicolo che ha portato alla scoperta di un corridoio ipogeo di collegamento diretto con uno *specus* dell'acquedotto. La parte di cunicolo finora esplorata presenta una sezione rettangolare (largh. 84 cm; h 1,16 m c.a.) e copertura a volta; le murature sono realizzate in una rozza opera vittata con mattoni irregolari allettati in abbondanti strati di malta. Il cunicolo è analogo al tratto individuato a c.a. 60 m verso S che parte dalla camera di manovra in corrispondenza delle c.d. "Piccole Terme". Ferrari - Lamagna - Rognoni 2018a, 64; Ferrari - Lamagna - Rognoni 2018b, 67-68.
[49] Nelle altre cisterne, invece, non ci sono segni di collegamento all'acquedotto e le scarse tracce di concrezioni calcaree nella camera 4 di C3 sembrano più legate alla raccolta di acque di scarico in epoca tarda. Ferrari *et al.* 2020, 150.

[50] Esposito 1997, 614-620.
[51] De Angelis d'Ossat 1977, 228; Roffia 2018, 28-29; De Simone *et al.* 2021, 144-146.

il *lacus Baianus*, a quest'epoca completamente circondato da lussuose e articolate residenze. Il triclinio, inoltre, è bordato da un corridoio di servizio che termina in un altro ambiente rettangolare ricavato a scapito delle sostruzioni del lato N. A seguito di queste modifiche viene anche eretto un lungo muro in opera reticolata per parallelizzare il lato O della terrazza C, rendendo più omogenee le modifiche descritte[52]. Nel tratto S, in corrispondenza delle cisterne lineari, questo muro oblitera una serie di canalette, ormai defunzionalizzate dalla costruzione dell'*ambulatio*.

Anche la terrazza D viene riorganizzata con un sistema di pilastri addossati al muro di terrazzamento che creano un andamento in senso E-O (conferendo così movimento alla visione generale del prospetto) e verosimilmente sorreggono una copertura di cui però non resta traccia. Al centro del terrazzamento viene risistemata la fontana che raccoglieva l'acqua proveniente dall'alto. È molto interessante notare che non ci sono pilastri nella parte N della terrazza D, dove si conserva, invece, il paramento più antico in opera reticolata grossa e irregolare, già interessata dal crollo sopra detto. Presso l'ultimo pilastro, infine, viene creata sul lato E una scala che consente un nuovo percorso di accesso alle terrazze inferiori e viene rifatta la canaletta di scarico dei pluviali che correva nella parte crollata.

La terrazza E viene fornita di un corridoio coperto davanti al prospetto delle sostruzioni che vengono ora aperte per ricavarne all'interno spazi di servizio. La copertura del corridoio oblitera le caditoie di prima fase aperte nel pavimento e funzionali alle cisterne ipogee C.1-C.3: con ogni probabilità queste non devono essere più in uso, o, più verosimilmente, vengono riutilizzate come fogne[53]. Al margine N della terrazza, in corrispondenza della parte crollata, è collocata una scalinata che porta alla sottostante terrazza F e che si appoggia alle precedenti strutture del prospetto scandito da nicchie, in parte obliterandole. Tutta la terrazza è completamente ridecorata e viene fornita di un elegante ninfeo a colonnine[54]. Questo, appoggiato al lato O della sostruzione e rivolto verso il mare, presenta a N e S due podi rivestiti di lastre di marmo bianco sulla fronte dei quali si aprono quattro nicchie ciascuno, anch'esse rivestite in marmo bianco, probabilmente inquadrate da colonnine marmoree. Il prospetto della terrazza F originariamente era scandito da nicchie cieche semicircolari inquadrate da semicolonne ed era ricoperto da stucco dipinto[55]: le nicchie, a distanza regolare, prevedevano delle aperture a

gola di lupo create per illuminare le cisterne che, in questa fase, vengono tamponate per creare una quinta scenica che facesse da sfondo sia al ninfeo sia alla nuova sistemazione dell'intera area. La facciata inferiore della terrazza, infine, viene decorata con lastre di marmo[56].

Contemporaneamente, o forse in un momento ancora successivo (Fig. 40.5, Fase 5), si colloca l'apertura del *clivus* che da percorso interno, limitato probabilmente al collegamento delle terrazze C e D, diventa adesso esterno ed è plausibile che si tratti dell'unico collegamento con le terrazze inferiori come si evince dall'apertura di passaggi sul lato S dei vari livelli. Questo intervento è visibile dai pilastri inglobati nei muri, chiaramente tagliati, e dai diversi strati di decorazione che si conservano sulla facciata dell'ultima terrazza in basso[57]. Qui, infatti, si leggono sul lato S almeno tre fasi: una prima decorazione a stucco dipinto, un avanzamento decorato con lastre di marmo e intonaco dipinto e un'ultima fase che vede la fronte scandita da pilastri in opera vittata, decorati nella parte bassa a lastre di marmo e in alto a stucco dipinto. Sul lato N, invece, il grande affresco di IV stile viene resecato e reimpiegato[58] nella sua estremità orientale, mentre si nota lungo tutto lo sviluppo della scalinata dal basso verso l'alto il taglio obliquo per la creazione del percorso di accesso. Parte del *clivus* conserva porzioni di pavimento in un policromo *opus sectile*[59], ma è molto più verosimile che quest'ultimo si riferisca alla decorazione parietale in crollo, come suggeriscono forma e dimensioni degli stessi *sectilia* impiegati. L'ipotesi di una creazione tarda del *clivus* sembra avvalorata anche dalla mancanza di uno spazio simile tra la Villa dell'*Ambulatio* e l'altra proprietà adiacente su lato N e a cui il c.d. "Settore di Mercurio" doveva essere pertinente: tra le due proprietà, infatti, si estende il già citato lungo muro ancora visibile dal livello della terrazza B e fino al livello più basso, ovvero quello del "Settore di Mercurio" appunto. Del resto, anche la situazione descritta da Simmaco nelle sue epistole riflette la realtà edilizia di *Baiae* fatta di edifici posti l'uno accanto all'altro tanto da creare problemi di pertinenza degli spazi[60].

Sembra, dunque, che all'epoca di questi interventi la proprietà della Villa dell'*Ambulatio* fosse divisa in due, cioè la parte superiore, che conservava il suo carattere

[52] Marano 2016, 125-126; Piras 2016, 138-142.

[53] Quanto tempo sia rimasto in uso il sistema C.1-C.3 non è ben chiaro, mentre sono ben documentati i tentativi di restauro e rifunzionalizzazione delle strutture danneggiate nel corso della vita della villa. Ferrari - Lamagna - Rognoni 2018, 69-74; Ferrari *et alii* 2020, 145-152. Sulla gestione e sull'uso delle strutture di approvvigionamento idrico e smaltimento delle acque, David - De Togni - Lombardo 2018, 547.

[54] Il tipo è attestato in età tardoantica, specie in area urbana (per es., a Ostia nella 'Casa di Amore e Psiche' e nella 'Casa del Ninfeo'. Danner 2017, 131; Pellegrino - Pompili 2017, 558; Danner 2018, 466-470; Poulsen 2020, 111-115).

[55] Questo sistema decorativo si diffonde tra fine II e inizi I sec. a.C. e trova molti confronti sia nel Lazio che in Campania. Giuliani 1973, 79-115.

[56] Questa parte sembra essere un'aggiunta successiva e in fase con l'apertura del *clivus* o, comunque, con l'eliminazione del peristilio che doveva occupare la parte più bassa della villa nella sua prima fase.

[57] Già Giuliani aveva sostenuto il carattere privato di questi percorsi poi resi pubblici, ma solo con la precisa analisi della Medri questa ipotesi viene sostenuta su base stratigrafica, riconoscendo all'interno delle strutture le diverse fasi edilizie della villa. Giuliani 1977, 375; Medri 2013, 125, nota 26; Di Luca 2020, 31.

[58] L'affresco viene tagliato a metà altezza e la parte bassa decorata con lastre di marmo. Il taglio viene ridecorato con una striscia rossa chiaramente sovradipinta sullo sfondo blu.

[59] Gallocchio 2021, 390.

[60] Simmaco VI 9 (*post* 394 d.C.) racconta della lite con il *frater* Censorino per un muro di confine del quale quest'ultimo si sarebbe appropriato e nel descrivere il muro riferisce appunto che esso dalla cima della collina scende giù per dividere le due proprietà. E poi ancora in VI, 11 dice che il muro divide i *praetoria*. Camodeca 2007, 159.

residenziale, e la parte inferiore che, al contrario, diventa solo di passaggio e di servizio, in funzione del collegamento con il nuovo settore termale che occupa tutta l'area a N della terrazza inferiore, in parziale corrispondenza con l'ampio spazio lasciato dal già detto crollo: verosimilmente si è creato un percorso di collegamento di tutta la parte bassa della villa anche con l'adiacente "Complesso di Sosandra", in cui si osserva la differenza tra una parte alta a carattere residenziale e una parte bassa in cui si ampliano gli spazi utilizzabili con suddivisioni ulteriori e sfondamento di molte delle sostruzioni funzionali al vicino complesso termale di nuova costruzione, le c.d. "Terme del Livello Intermedio", con le quali tutta la parte meridionale dell'area assume una nuova destinazione prettamente termale.

Questa nuova sistemazione deve essere stata in funzione a lungo come proverebbero le ulteriori trasformazioni degli spazi che, sebbene, minime, dimostrano un uso sempre più estensivo e pubblico dello spazio e che vede la terrazza E della villa trasformata in area di accoglienza e ricovero (c.d. *hospitalia*) dotata di cucina e latrine (Fig. 40.5, Fase 6).

Appare, pertanto, verosimile che tale sia la situazione che si viene a creare tra l'età severiana e il IV sec. d.C., periodo al quale rinviano le profonde modifiche apportate alle strutture residenziali per i puntuali confronti con l'architettura contemporanea, e come anche le fonti, nelle quali la vitalità di *Baiae* è attestata ampiamente nel corso del IV, del V e del VI secolo, per poi ritornare nell'XI secolo (tra il 1195 e il 1220 si data la redazione dell'opera di Pietro da Eboli) e in seguito nel XIII secolo con i restauri voluti da Federico II e gli elogi di Petrarca e Boccaccio[61]. Sembrano, inoltre, rinviare allo stesso contesto di seconda metà III - inizi IV sec. d.C. anche gli interventi edilizi tesi a implementare l'approvvigionamento idrico della villa e di tutta l'area, resi verosimili dalla documentazione coeva riguardante la stessa *Aqua Augusta* e le sue diramazioni: la costruzione di nuove cisterne anche di dimensioni notevoli, gli allacciamenti delle strutture preesistenti alla rete idrica, i tentativi di recupero di acqua quanto più possibile restituiscono bene il quadro di una mutata situazione che ritorna nelle fonti contemporanee[62].

L'area della Sella di Baia è stata sfruttata almeno fino al XVI sec. per poi essere lentamente abbandonata a causa del progressivo inabissamento del livello del suolo[63].

E così dall'acqua come elemento decorativo la Villa dell'*Ambulatio* diventa almeno in parte funzionale alle attigue terme ovvero sempre strettamente legato ormai all'acqua, seppur all'acqua che ora "consolida le piaghe vecchie e nuove, aiuta tutto il corpo, libera dal mal di cuore e dall'artrite, assottiglia le membra grasse, i tristi rende esultanti", come riferisce Pietro da Eboli nel suo *De balneis puteolanis* (1220)[64].

[G. D. L.]

Bibliografia

Andreae, B. 1983, "Le sculture" in *Baia. Il ninfeo imperiale sommerso di Punta Epitaffio*, Napoli, 49-66.

Aveta, A. 2020, "Ville marittime *more baiano*", in *StrennaRom*, 149-165.

Biavaschi, P. 2018, "Profili giuridici della gestione dell'Acquedotto Augusteo in epoca tardoantica", in F. Gargano - P. Romanello (eds), *Evidenze archeologiche e profili giuridici della rete idrica in Campania*, Napoli, 95-122.

Borriello, M. - D'Ambrosio, A. 1979, *Baiae - Misenum, Forma Italiae, Regio I, XIV*, Firenze.

Camodeca, G. 1997, "Un'ignorata galleria d'età augustea tra Lucrinum e Baiae e la più antica iscrizione di un *curator aquae Augustae* (10 d.C.)", in *AIONArch*, 4, 191-199.

Camodeca, G. 2018, "L'acquedotto Augusteo del Serino (*Aqua Augusta*) e la sua amministrazione", in F. Gargano - P. Romanello (eds), *Evidenze archeologiche e profili giuridici della rete idrica in Campania*, Napoli, 19-36.

Clark, R. J. 1999, "Peter of Eboli and the Roman Bath of Puteoli", in J. De Lain - D. E. Johnston (eds), *Roman Bath and Bathing*, Porthsmouth, 147-156.

Corretti, A. 1984, s. v. "Baia", in G. Nenci - G. Vallet (eds), *Bibliografia topografica della colonizzazione greca in Italia e nelle isole tirreniche*, III, Pisa-Roma, 362-388.

D'Arms, J. 1970 (2003), *Romans on the Bay of Naples and other essays on Roman Campania*, (a cura di F. Zevi) Cambridge, Massachusetts.

Danner, M. 2018a, "Approvvigionamento e messa in scena dell'acqua nelle case tardoantiche: il caso di Ostia Antica, Regioni III e IV", in C. de Ruyt - T. Morand T. - F. Van Haeperen (eds), *Ostia Antica. Nouvelles études et recherches sur les quartiers occidentaux de la cité*, Bruxelles - Rome, 129-141.

---

[61] Marasco 2004, 56-60 e 64; Di Luca 2020, 7.
[62] Biavaschi 2018, 99, 112 e 122; Genovese 2018, 155 e 163. Entrambe le studiose mettono in evidenza come, dopo l'intervento di restauro da parte di Costantino nel 324, la *cura aquarum* diventa sempre più un'incombenza del potere centrale e richiama l'attenzione anche giuridica degli imperatori tanto da occupare un intero capitolo nel codice giustinianeo in cui confluiscono provvedimenti precedenti (da Teodosio a Onorio) riguardanti, per esempio, il divieto di concessioni per derivazioni ai privati. Sebbene, in alcuni tratti, sia ampiamente testimoniato l'uso di nuove sorgenti per continuare a garantire l'acqua pubblica durante l'Alto Medioevo, soprattutto dopo le eruzioni del 472 e del 502-512, il problema della scarsità dell'acqua in generale sembra sia stato aggravato anche da un cambiamento climatico che a partire dal IV sec. d.C. ha portato a una diminuzione della piovosità e delle temperature.

---

[63] Di Bonito - Giamminelli 1992, 136-137; *Le terme puteolane* 1995, 92-99.
[64] Clark 1999, 147.

David, M. - De Togni, S. - Lombardo, D. 2018, "Lo smaltimento delle acque a Ostia Antica: il caso dell'isolato IV, IX", in M. Buora - S. Magnani (eds), *I sistemi di smaltimento delle acque nel mondo antico*, Trieste, 539-549.

De Angelis d'Ossat, G. 1977, "L'architettura delle terme di Baia", in AA.VV., *I Campi Flegrei nell'archeologia e nella storia*, Roma, 227-274.

De Simone, D. - Ferrari, G. - Lamagna, R. - Rognoni, E. 2021, "Baia: La Villa dell'Ambulatio. Prime analisi sulla gestione e conservazione dell'acqua tra epoca repubblicana ed età imperiale", in *Puteoli*, 1, 137-152.

De Simone, D. 2019, "Baia: evoluzione dei sistemi di raccolta e gestione delle acque tra epoca repubblicana e epoca imperiale", in *L'acqua e la città in età romana*, (forthcoming).

Demma, F. 2008, "Gli edifici severiani", in P. Miniero - F. Zevi (eds), *MACF*, 3, 117-124.

Di Luca, G. 2009, "*Nullus in orbe sinus Bais praelucet amoenis*. Riflessioni sull'architettura dei complessi c.d. 'dell'*Ambulatio*', 'della Sosandra' e delle 'Piccole Terme' a Baia", in *BABesch*, 84, 143-162.

Di Luca, G. 2020, "Il paesaggio del *Sinus baianus* tra abbandono e riutilizzo", in A. Cristilli - A. Gonfloni - F. Stok (eds), *Experiencing the Landscape in Antiquity*, Oxford, 1-8.

Döring, M. 2012, *In der Wundersamsten gegend der welt*, Adenstedt.

Esposito, M. 1997, "*Sectilia pavimenta* di Baia", in *AISCOM*, 4, 607-620.

Ferrari, G. - Lamagna, R. 2013, "Il bimillenario dell'acquedotto augusteo di Serino", in F. Cucchi - P. Guidi (eds), *Diffusione delle conoscenze*, Trieste, 387-398.

Ferrari, G. - Lamagna, R. 2016, "L'Acquedotto Augusteo della Campania nei Campi Flegrei (Napoli)", in *Archeologia Sotterranea*, 13, 24-33.

Ferrari, G. - Lamagna, R. 2017, *Un nuovo cunicolo pluviale nel Parco Archeologico di Baia (Napoli)*, in AA.VV., *Campania Speleologica 2017*, Napoli, 151-157.

Ferrari, G. - Lamagna, R. - Rognoni, E. 2018a, "Il Parco Archeologico di Baia (Bacoli): note preliminari sulle opere idrauliche di età romana nel settore dell'*Ambulatio* (Napoli - Campania)", in *Opera Ipogea*, 1, 59-75.

Ferrari, G. - Lamagna, R. - Rognoni, E. 2018b, "*Aqua Augusta*, nuove evidenze dai Campi Flegrei", in F. Galgano - P. Romanello (eds), *Evidenze archeologiche e profili giuridici della rete idrica in Campania*, Napoli, 37-94.

Ferrari, G. - De Simone, D. - Lamagna, R. - Rognoni, E. 2020, "Parco delle terme di Baia (Bacoli, Napoli): le cisterne del settore dell'*Ambulatio*", in *Opera Ipogea*, 1-2, 145-152.

Gallocchio, E. 2021, "Mosaici e *sectilia* da Baia: uno sguardo d'insieme", in *AISCOM*, 24, 391-398.

Genovese, L. 2018, "L'Acquedotto Augusteo: una rete idrica ancora da scoprire", in F. Gargano - P. Romanello (eds), *Evidenze archeologiche e profili giuridici della rete idrica in Campania*, Napoli, 123-134.

Gianfrotta, P. A. 2010, "Le terme di M. Licinio Crasso Frugi a Baia", in *ArchCl*, 61, n.s., 193-209.

Giuliani, C. F . 1973, "Contributi allo studio della tipologia dei criptoportici", in AA.VV., *Les cryptoportiques dans l'architecture romaine*, Rome, 79-115.

Giuliani, C. F. 1977, "Note sull'architettura nei Campi Flegrei", in *I Campi Flegrei nell'archeologia e nella storia*, Roma, 365-375.

Johannowsky, W. 1990, "Appunti su alcune infrastrutture dell'annona romana tra Nerone e Adriano", in *BA*, 4, 1-13.

Jolivet, V. 2013, "A propos de la villa romaine du chateau aragonais de Baïes. Notes de topographie phlégréenne", in *Orizzonti*, 14, 61-71.

Lombardo, N. 1993, "Un documento epigrafico dalla "Villa dei Pisoni" a Baia", in *ASubaq*, 1, 49-53.

Marano, Y. A. 2016, "Gli ambienti absidati nell'architettura residenziale dell'Italia settentrionale tardoantica", in G. Cuscito (ed.), *L'alimentazione nell'antichità*, Trieste, 111-130.

Medri, M. - Soricelli, G. - Benini, A. 1999, "*In Baiano Sinu*. Le Piccole Teme di Baia", in J. De Lain - D. E. Johnston (eds), *Roman Bath and Bathing*, Portsmouth, 207-219.

Medri, M. 2013, "*In baiano sinu*: il *vapor*, le *aquae* e le piccole terme di Baia", in M. Bassani - M. Bressan - F. Ghedini (eds), *Aquae Salutiferae. Il termalismo tra antico e contemporaneo*, Padova, 119-144.

Medri, M. 2018, "La fama di Baia e le risorse naturali tipicamente baiane nelle fonti letterarie", in *ArchCl*, 69, 549-578.

Mingazzini, P. 1977, "Le terme di Baia", in *I Campi Flegrei nell'archeologia e nella storia*, Roma, 275-281.

Miniero, P. - Capaldi, C. 2010, "Affreschi in II e III stile dalla villa romana di Baia in località Tritoli", in *AIPMA*, 10, Napoli, 387-394.

Miniero, P. - Ciaccia, G. 1996, "Bacoli (NA) Parco Monumentale di Baia, ex proprietà Strigari. Complesso residenziale di età romana", in *BA*, 39-40, 59-62.

Miniero, P. - Di Marco, M. - Guardascione, F. 2017, "Ville romane in Baiano sinu: recenti rinvenimenti e riflessioni", in *Quaderni del Centro Studi Magna Grecia*, 22, 795-810.

Miniero, P. 2007, "La villa romana tardo-repubblicana nel Castello Aragonese di Baia", in F. Zevi - J. M. Moret - A. Pelletier (eds), *Villas, maisons, sanctuaires et tombeaux tardo-republicaines: découvertes et relectures récentes*, Actes du colloque international de Saint Romain en Gal en l'honneur d'Anna Gallina Zevi, Vienne-Saint Romain en Gal, 157-176.

Miniero, P. 2010a, "La villa romana nel Castello di Baia: un riesame del contesto", in *MEFRA*, 122.2, 439-450.

Miniero, P. 2010b, "Baia sommersa e *Portus Iulius*: il rilievo con strumentazione integrata multibeam", in *Ricoveri per navi militari nei porti del Mediterraneo antico e medioevale*, Bari, 101-108.

Pellegrino, A. - Pompili, A. 2017, "Il complesso della domus del Ninfeo a Ostia: una rilettura sulla base dei pavimenti poco noti e di nuova acquisizione", in *AISCOM*, 13, 557-764.

Piras, F. 2016, "L'accoglienza dell'ospite nelle residenze tardoantiche: nuclei di ambienti interpretabili come 'appartamenti'", in *LANX*, 24, 131-192.

Poulsen, B. 2020, "*Luxuria privata* - Domus in Late Antique Ostia", in A. Karivieri (ed.), *Life and death in a multicultural harbour city: Ostia antica from the Republic through late antiquity*, Roma, 111-122.

Roffia, E. 2018, *Le Grotte di Catullo a Sirmione*, Brescia.

Sgobbo, I. 1934, "I nuclei monumentali delle Terme Romane di Baia per la prima volta riconosciuti", in AA.VV., *Atti del III Convegno Nazionale di Studi Romani*, Bologna, 294-309.

41

Le ville romane sul Lemano

Gianni Hochkofler
Société de Géographie de Genève

Abstract: During the first two centuries of the empire corresponding to the Pax romana, the expansion of the Roman state in all its forms has produced profound changes in the territory of present-day Switzerland starting from the banks of Lake Geneva. Archaeological research has made it possible to know in detail a built heritage, which although it relies on few examples, shows how in this period the new Romanized ruling class adopted villas for pleasure and a symbol of distinction. The notables thus reproduce on this beautiful lake north of the Alps the lifestyle and models widespread first on the Mediterranean coasts closest to Rome and then on the pre-alpine lakes.

Keywords: Impero romano; Svizzera; Lemano; Switzerland; Lake Geneva; lifestyle; villas pleasure.

Diversi autori ripercorrono la storia dell'espansione romana sulle rive del Lemano che produsse in tempi relativamente brevi il fenomeno delle ville oggetto di questo testo. La prima volta che il nome di Ginevra compare nella storia è dalla penna di Giulio Cesare[1] che nel *De Bello Gallico* (52 a.C.) cita la presenza del ponte sul Rodano (il futuro 'Pont de l'île') come valico obbligato dall'Altopiano Elvetico verso S. Si può cosi dire che Ginevra dal momento della sua fondazione come *vicus* di Vienne diventa crocevia delle maggiori vie di comunicazione europee da N a S e da O a E attraverso i passi delle Alpi e le vie d'acqua fluviali e lacustri.

Dunque, città di confine integrata nella *Gallia* transalpina o narbonese, avamposto della romanizzazione, Ginevra è lo snodo di collegamento fondamentale tra la colonia di Vienne (*Colonia Julia Vienna*) e la colonia equestre di Nyon (*Colonia Julia Equestris* poi *Noviodunum*). Nel piano urbano risalta l'installazione dei due porti su cui si svolge l'attività parallela dei piloti di zattere dell'Alto Rodano (*ratiarii superiores*) all'altezza della Fusterie e quella dei barcaioli del Lago Lemano (*nautae Lacus Lemani*) all'altezza di Longemalle. E nei pressi dei due porti sorge un mercato (*emporium*).

La navigazione sul lago proseguiva verso i porti di Nyon, Morges e Losanna da dove, poi, partivano le vie sterrate verso Yverdon (*Eburodunum*) sul Lago di Neuchâtel. Da qui il collegamento proseguiva senza interruzioni di carico passando per i Laghi di Bienne e Morat fino ad Avenches (*Aventicum*), elevata da Vespasiano nel 71-72 d.C. come *Colonia Pia Flavia Constans Emerita Helvetiorum Foederata*. A Yverdon sono stati trovati i resti di tre imbarcazioni, tra cui un barcone datato grazie alla dendocronologia al 110-115 d.C. che serviva per trasportare il calcare bianco dalle cave di Concise sul Lago di Neauchâtel. Da *Aventicum* l'itinerario per via d'acqua proseguiva sull'Aar passando per *Vindonissa* (Bugg), sede di un campo legionario, e sboccava nel Reno per giungere ad Augst (*Augusta Raurica*). I porti di Vevey e Villeneuve convogliavano, invece, i traffici verso Martigny (*Octodurum*) e il passo del Gran San Bernardo (*Summus Poeninus*).

Ginevra, quindi, cessò di essere città di confine per diventare il centro naturale di un vasto territorio. Luogo di scambi, mercato di transito privilegiato tra N e S[2], entrando a partire dal I sec. d.C. in un periodo di innegabile prosperità che coincideva con quello della *Pax romana*. I membri dei collegi dei *nautae* e degli zatterieri erano personaggi potenti: non solo marinai e armatori, si occupavano anche dei trasporti via terra; erano mercanti e negozianti all'ingrosso, collegati con mercati vicini e lontani di vino e di olio e, nello stesso tempo, di anfore e di altre ceramiche; sfruttavano i boschi circostanti, allora molto numerosi, trasportando e vendendo legname. Celti romanizzati grazie alla concessione della cittadinanza, avevano assunto globalmente i valori della civiltà dell'impero: appartenevano soprattutto all'ordine equestre e risiedevano abitualmente a Vienne, la capitale coloniale, dove accumulavano cariche come amministratori, esattori d'imposte, fornitori degli eserciti, appaltatori di lavori pubblici con influenza sulla politica e su tutta la vita pubblica. Dunque, la regione del *Vicus Genava* si venne ben presto a trasformare e ad abbellirsi sotto la spinta di queste nuove dinamiche[3].

---

[1] Dufour 2001.

[2] Babel 1958.
[3] Babel 1958, 18: "Era vasta, ben popolata, coltivata con cura e, per la bellezza dei suoi siti, disseminata di ville abitate, almeno nella bella stagione, da gente benestante".

41.1. La villa romana di La Grange.

I risultati della prima campagna di scavi del 1919-1920 mostrano l'alta qualità della costruzione[4]: la relazione elenca minuziosamente gli scavi per le fondazioni e il terrazzamento della villa e i materiali della prima fase dell'impianto.

Il progetto della villa dimostra di aver scelto una posizione orientata al riparo del vento dominante del Nord (Figg. 41.1-41.2), con strutture portanti in blocchi di molassa rossa scavata sulla riva del lago in cave sotto il pelo dell'acqua[5], ma è soprattutto usato un calcare tenero tagliato in blocchi ben squadrati proveniente dalle cave francesi di Saint-Jeoire en Faucigny (tutt'ora attive), a circa 40 km di distanza. Le *crustae* di rivestimento (spessore 2-3 cm) sono frammenti di calcari di pregio, bianchi con venature viola e gialle di provenienza locale e brecce violacee importate dal Sud, trovate nelle due terme annesse. Per spiegare la qualità che l'edificio raggiunge nella sua fase finale (primo terzo del II sec. d.C.), quando furono aggiunti i due settori termali, L. Blondel ha pensato che i costruttori della villa, probabilmente provenienti da Vienne, si erano impadroniti ormai di tutte le tecniche tipiche dell'architettura romana. Non poteva trattarsi quindi di legionari, i migliori costruttori dell'epoca imperiale, anche perché Ginevra non è mai stata la sede stabile di un accampamento. Dunque, è evidente che la villa testimonia l'adesione alla *romanitas* dei suoi proprietari che si ispirano ai più tradizionali modelli offerti da Pompei e da Ercolano, soprattutto nella ristrutturazione tra il 50 e l'80 d.C., per la ricchezza e la varietà dei materiali e delle decorazioni e per la qualità della costruzione.

Nel 1991 sono state intraprese nuove indagini sia nella *pars urbana* che nella *pars rustica* della tenuta, trascurata nelle ricerche iniziali, che alla loro conclusione (nel 2001) hanno dato luogo alla pubblicazione di articoli che descrivono lo stato di avanzamento della ricerca.

L'archeologo J. Terrier ripete le stesse considerazioni di Blondel: "Testimonianza dell'adesione alla romanità dei suoi proprietari che si ispirano ai modelli di Pompei ed Ercolano per il disegno della sua pianta, la villa ha un peristilio addossato alla facciata posteriore e i soggiorni sono organizzati intorno a un atrio esteso da un *tablinum* affacciato, a nord, su un portico aperto verso le sponde del lago"[6]. Attraverso una porta nel muro di recinzione della parte rustica, secondo un lavoro più recente, il *dominus* possedeva l'accesso al lago attraverso una via che conduceva a un approdo privato.

41.2. La villa romana di Sécheron.

L'archeologo cantonale L. Blondel interviene nel 1926 quando durante i lavori per la costruzione di un collettore per la sede del Bureau International du Travail, prima

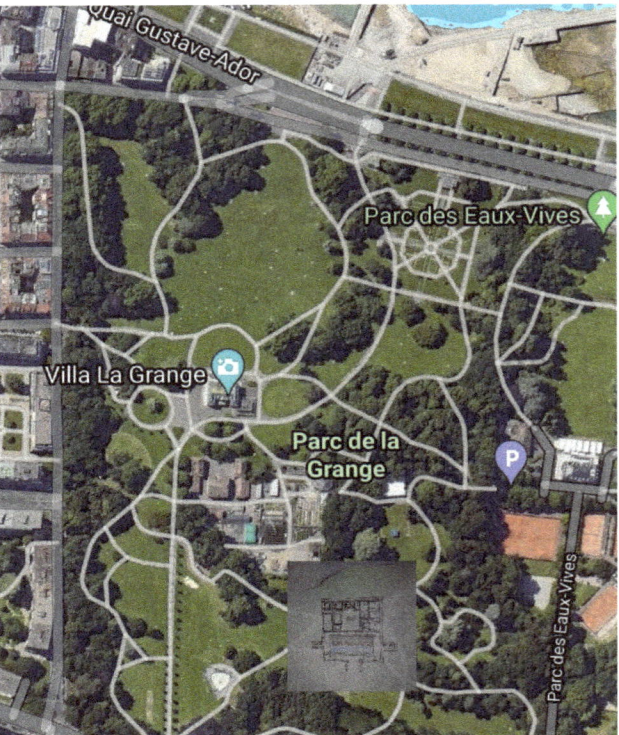

Fig. 41.1. Ginevra, La Grange. Area della villa romana (rielaborazione di I. Wehrli Hochkofler di Google Earth).

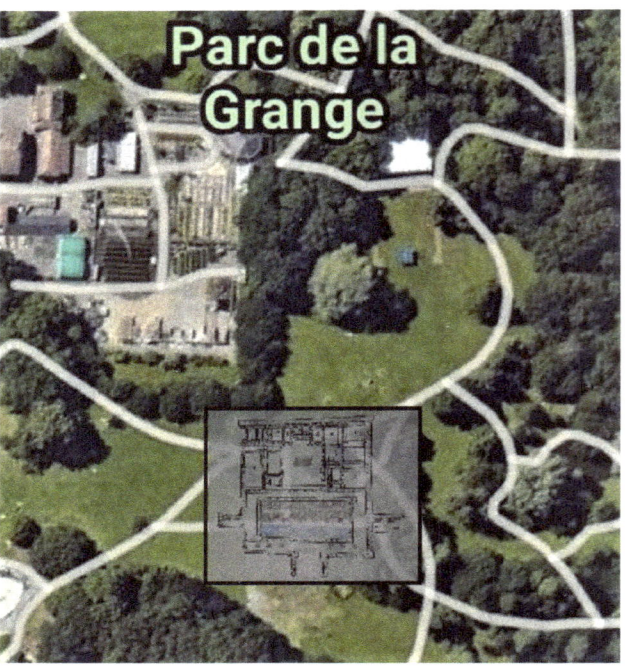

Fig. 41.2. Ginevra, La Grange. Pianta della villa romana (rielaborazione di I. Wehrli Hochkofler di Google Earth).

organizzazione internazionale a Ginevra, effettuati in proprietà Bartholonî. Gli operai avevano tagliato delle strutture sotterranee quasi in riva al lago. Avvisato in ritardo, l'archeologo effettua degli scavi d'urgenza dalla fine di maggio al 2 agosto 1926. Nel suo articolo[7], Blondel

---

[4] Blondel - Darier 1922.
[5] Le cave saranno sfruttate fino al Medioevo.
[6] Terrier 2001, 256.

[7] Blondel 1927a.

spiega che l'edificio, situato a N-E di villa Bartholonî, sul promontorio che domina il lago, presenta una pianta rettangolare di circa 14 m x 10 m ed è suddiviso in diversi ambienti (Fig. 41.3): ipocausti, decorazioni parietali di notevole interesse, condotti di riscaldamento, stucchi levigati e lastre di pietra corrispondono al vasto complesso termale di una villa. Si susseguono: una *piscina* con pavimento a mosaico in calcare bianco molto ben conservato, senza disegno, rivestita di lastre di marmo; ambienti rivestiti in calcare levigato che ospitavano ipocausti in buono stato di conservazione; il *calidarium*, fornito di condotti destinati a far passare l'aria calda. Esternamente erano sistemate terrazze e passaggi lastricati con giardini estesi fino al lago. Questo complesso termale costituiva solo un elemento di una più grande composizione architettonica oggi scomparsa, comprendente senza dubbio un'ampia varietà di strutture, portici, padiglioni e forse anche un piccolo stadio annesso alle terme, ma si tratta di una suggestiva ipotesi di lavoro.

Lastre di rivestimento in roccia levigata, marmi bianchi con venature verdi, nere e blu, una ricca varietà di stucchi con una vasta gamma di colori, testimoniano la qualità dell'opera. Tra le pareti dipinte risaltano un muro con un pannello a fiori giallastri/bianchi su fondo rossiccio e, in un'altra sala, varie decorazioni, divise non solo in larghezza, ma anche in altezza, come a Pompei. I dipinti sono tutti il prodotto di una mano sicura, con tratti e contorni senza sbavature. Sono conservati anche alcuni frammenti di pannelli con bordi di vari colori, tra cui risalta una sorta di candelabro a cui è legata una corona di ciliegie rosse con foglie, su uno sfondo bianco e giallo. Nella galleria verso il promontorio del lago è stato trovata la rappresentazione di "un personaggio, girato di profilo, i capelli trattenuti da un nastro rosso, le spalle coperte da una toga o da un manto azzurro-verde che formano pieghe sul lato sinistro. Il viso è espressivo, circondato da una linea rosso-marrone, arricchita da puntini bianchi luminosi"[8].

Questo edificio, datato intorno alla metà del I sec. d.C., rappresenta la struttura ricreativa di proprietari agiati dal gusto raffinato di una di queste *villae* pseudourbane, nelle vicinanze delle città e situate in riva al lago. "Avevamo già La Grange, [...] con terrazze che si estendono fino al lago; proprio di fronte, su questo bellissimo promontorio di Sécheron, possiamo individuare un'altra di queste dimore di lusso. Nulla ci permette ancora di conoscere il proprietario di questi luoghi, ma senza dubbio doveva essere imparentato con le grandi famiglie aristocratiche di Vienne. Come oggi, all'imbocco della rada di Ginevra, delle ville si susseguivano sulle rive soleggiate del Lemano"[9] (Fig. 41.3).

41.3. La villa romana di Pully.

Un primo studio significativo è quello di Denis Weidmann che scrive che la costituzione di questo ricco complesso

Fig. 41.3. Ginevra, Sécheron. Pianta della villa romana (rielaborazione di Blondel 1927a e Google Earth).

architettonico nel I secolo della nostra era a 5 km a S-E del *vicus* romano di Lousonna fu determinata da una posizione privilegiata affacciata sul lago (Figg. 41.4-41.5): "L'interesse architettonico di questo complesso, di tipo unico nel nostro paese, è esaltato dall'affresco rinvenuto in migliaia di frammenti all'interno di un emiciclo che richiese un lungo e paziente lavoro di ricostituzione"[10]. L'archeologo afferma che si tratta di un *trompe-l'oeil* architettonico che simula un piedistallo con base riccamente modanata, una lastra di porfido rosso e marmo verde; quattro piedistalli rappresentati in prospettiva delimitano cinque riquadri a fondo bianco incorniciati, in cui appaiono le immagini della corsa delle bighe.

La villa di Pully ha subito un'evoluzione complessa e appartiene al gruppo di ville con portico anteriore e ali laterali, con presenza di emicicli: "Il carattere architettonico dei portici e degli emicicli, e il loro rapporto con i giardini che circondano la pianta della collina come luoghi di piacere e conviviali, rivelano l'agiatezza del proprietario. I modelli che hanno ispirato il suo architetto non abbondano da noi: è necessario probabilmente cercarli a sud delle Alpi"[11].

Nella sua analisi dell'affresco dell'emiciclo, Evelyne Broillet-Ramjoué[12] esclude che la presenza delle bighe evochi una corsa di carri. Di solito questa immagine è riservata agli amorini sui sarcofagi di bambini. Nei sarcofagi di adulti, i defunti sono rappresentati su quadrighe e il tema della corsa nel circo ha sempre comunque un senso funerario: una rappresentazione del

---

[8] Blondel 1927a, 45.
[9] Blondel 1927a, 47.

[10] Weidmann 1978, 91.
[11] Weidmann 1978, 92.
[12] Broillet-Ramjoué 2004, 155.

Fig. 41.4. Ginevra, Pully. La villa romana. Ricostruzione (Cahiers d'archéologie romande 2013).

Fig. 41.5. Ginevra, Pully. La villa romana ripresa sulla sua verticale (fotografia dell'autore).

passaggio al mondo dei morti con il defunto rappresentato come il vincitore della corsa.

Sandrine Reymond specifica che il nome *villa* rappresenta diverse forme architettoniche, anche se si riferisce di solito, come anche nel caso della villa di Pully, unicamente alla parte residenziale di una villa suburbana. Le ville rustiche e la *pars rustica* di una villa suburbana, che per vocazione primaria erano aziende agricole, sono state scavate e studiate solo parzialmente.

Le *villae suburbanae* come edifici interamente dedicati al piacere e al tempo libero avevano piani costruttivi con facciate organizzate in lunghezza, con un portico per sfruttare al meglio il paesaggio e la natura (Fig. 41.5). Elementi architettonici raffinati di stile urbano mostravano l'impronta della cultura e dell'ellenismo.

La ricerca del lusso è presente nei vari elementi costitutivi della villa. Evidenti manifestazioni di un alto tenore di vita erano terme, piscina, portici, sale da pranzo invernali ed estive, biblioteca, spazi per il gioco con la palla, gallerie con sculture, stanze decorate con mosaici e affreschi spesso molto elaborati, e pavimenti in marmo. Una presenza irrinunciabile è il giardino, non solo il luogo dove si trova freschezza, luce o ombra, colori. e profumi, ma anche il luogo ideale che parlava alla mente e anche all'immaginazione. Il tema del giardino è spesso ripreso sulle pareti affrescate che lo presentano con pergolati e rami fioriti.

In posizione dominante e vicina a uno dei maggiori assi di circolazione dell'*Helvetia* romana, per la sua organizzazione e per la sua decorazione architettonica, la villa di Pully era un edificio importante che occupava probabilmente il centro di una vasta tenuta, con le terme e le sale di rappresentanza adornate con affreschi e mosaici, aperta a est e a sud sui giardini e sul paesaggio[13].

41.4. La villa romana di Commugny.

Nel 1919 P. Cailler, giovane universitario ginevrino appassionato di archeologia, effettua una sorta di primo scavo della villa, scrivendo l'anno dopo che questo edificio nei pressi di Coppet è affacciato sul lago e le Alpi della Savoia in una situazione splendida[14].

In effetti, sebbene la struttura fosse nota già dal 1904, i nuovi scavi dello studioso ebbero il merito di portare alla luce un muro con dei pannelli colorati dipinti riccamente, molti frammenti di stucco, parti di un mosaico ed elementi architettonici relativi a un impianto termale. Il tutto richiedeva scavi più completi, ma il giovane non disponeva di mezzi per effettuarli. Pertanto, cosi conclude:

"Sappiamo solo che doveva essere una villa grande, luminosa e lussuosa. Non conosciamo edifici in Svizzera in cui la ricerca della decorazione murale sia giunta a questo livello. Era senza dubbio la dimora estiva di un funzionario romano della *Civitas Equestris* che veniva a cacciare nei boschi che circondavano la sua proprietà"[15]. I pannelli pittorici vengono salvati nel vecchio museo di Nyon, dove saranno restaurati e ricostituiti, e attualmente sono esposti efficacemente nel moderno Musée Romain della città.

Uno studio più recente confermano che il giovane Pierre Cailler aveva visto giusto: "L'alto rango del proprietario è facilmente deducibile dal lusso denotato dalla disposizione della villa e dalla sua decorazione. Pitture murali, frammenti architettonici, mosaici geometrici non lo negano. La stessa localizzazione contribuisce a questo aspetto grandioso: come un belvedere sul lago"[16].

41.5. Conclusioni.

Insieme a Renato Scariati, nella presentazione effettuata al Festival de Géographie de Saint-Dié-des-Vosges il 4 ottobre 2003, avevo già trattato dell'importanza delle ville nella percezione della visione del paesaggio in generale e del paesaggio acquatico in particolare da parte dei ricchi romani di età imperiale[17]. R. Scariati ha effettuato una notevole ricerca sui testi in latino che si trovano nella Biblioteca di Lettere classiche dell'Università di Ginevra, mentre insieme abbiamo percorso a piedi la penisola sorrentina fino a Punta Campanella, aggiungendo spostamenti a Formia, a Ventotene e, infine, a Sirmione, sulla penisola sul Benaco del mio illustre conterraneo Catullo. Il lavoro qui offerto rappresenta una prosecuzione di questo discorso precedente allargato alle rive del Lago Lemano, in cui si ritrovano elementi che confermano la situazione in due studi recenti dedicati all'economia agraria e al suo paesaggio in età imperiale nella penisola italiana.

Per i ricchi proprietari appartenenti all'oligarchia romana la *villa* è il luogo dove coincidono "produzione agraria e soggiorno opulento del *dominus*. Le ville del Golfo di Napoli e quelle numerose nella zona di Baia vedono nella loro relativa vicinanza con il mare, la grande via di comunicazione dell'antichità, [...], una delle ragioni profonde alla base del generalizzato interesse dell'oligarchia romana per alcune aree privilegiate"[18]. Lo stesso autore trova funzionale il grande rilievo della *pars urbana* delle *villae* per la sua importanza "nell'autorappresentazione del ceto dei grandi proprietari in termini di vita 'signorile' [perché] la villa non era solo un tipo economico-aziendale, ma anche una forma sociale e culturale"[19].

---

[13] Tradotto e adattato da Reymond Sandrine, *Villa: un terme, de nombreuses formes architecturales*, in May-Castella 2013, 283-296.
[14] Cailler 1920

[15] Cailler 1920, 218.
[16] Fuchs - Ramjoué 1994, 5.
[17] Scariati - Hochkofler 2003.
[18] Capogrossi Colognesi 2019, 12.
[19] Capogrossi Colognesi 2019, 13.

In una successiva pubblicazione lo studioso italiano cita anche la grande quantità di anfore di vino e di olio e i loro percorsi, affermando che "Non si tratta solo delle regioni costiere, ma anche di quelle percorse dai grandi fiumi navigabili: quelle dove principalmente fioriranno le grandi e sempre più opulente *villae* dell'aristocrazia romana, ma anche dei suoi emuli municipali"[20].

Il viaggio delle anfore nella citazione di Luigi Capogrossi Colognesi collega idealmente il Mediterraneo al Rodano, quindi ai porti di Ginevra e ai depositi dei *ratiarii superiores* e dei *nautae Lacus Lemani* in cui sono state trovate decine di anfore. Possiamo anche riferirci al fatto che secondo gli archeologi romani le ville sulle coste del Lemano appartenevano alla nuova opulenta classe che accumulava cariche pubbliche ed esercitava importanti attività commerciali e che facevano proseguire il viaggio per via d'acqua delle anfore anche nel sistema lemanico come testimoniato a Nyon e a Vidy. Tutte le attività connesse all'edificazione di queste ricche dimore diffondevano il modello e i valori della romanizzazione imperiale anche a di là delle Alpi.

Bibliografia

Arnold, B. 2011, *Embarcations gallo-romaines du lac de Neuchâtel: dans les abysses de la construction navale*, Aix-en-Provence.

Babel, A. 1958, "Quelques aspects de la vie économique de Genève à l'époque romaine", in *Revue suisse d'économie et de statistique*, 94.I, 1-25.

Blondel, L. 1927a, "La villa romaine de Sécheron (Genève)", in *Genava*, 5, 34-47.

Blondel, L. 1927b, "La civilisation romaine dans le bassin du Léman", in *Revue historique vaudoise*, 35(11), 268-277.

Blondel, L. - Darier, G. 1922, "La villa romaine de la Grange, Genève", in *Indicateur d'antiquités*, 24.2, 72-80.

Broillet-Ramjoué, E. - Castella, C. M. 2004, "Stucs et fresques de la villa romaine de Pully (VD)", in *Bulletin d'Archéologie Suisse*, 27(4), 2-13.

Broillet, E. 2008, *Parc de La Grange. Présentation des fouilles*, Genève.

Cailler, P. 1920, "La villa romaine de Commugny près Coppet (Canton de Vaud)", in *Revue historique vaudoise*, 28.7, 216-218.

Capogrossi Colognesi, L. 2019, "L'economia agraria romano-italica tra fine Repubblica e Principato", in S. Segenni (ed.), *L'agricoltura in età romana*, Milano, 7-35.

Capogrossi Colognesi, L. 2021, "I tempi lunghi del paesaggio agrario nell'Italia Romana", in *StUrbin*, 71.1-2, 23-42.

Deonna, W. 1925, "Récentes découvertes romaines à Genève", in *Indicateur d'antiquités suisses*, 27.3, 136-159.

Delbarre-Bärtschi, S. 2008, "Les mosaïques romaines en Suisse", in *Archéologie Suisse*, 31.1, 14-22.

Dufour, A. 2001, "Genève, des origines à la formation de la cité épiscopale", in A. Dufour, *Histoire de Genève*, Paris, 3-8.

Fuchs, M. - Ramjoué E. 1994, *Commugny, splendeurs murales d'une Villa Romaine*, Nyon.

Haldimann, M.-A. - André, P. - Broilet-Ramjoué, E. 2001, "Entre résidence indigène et domus galloromaine: le domaine antique du Parc de la Grange (GE)", in *Archéologie Suisse*, 24.4, 2-15.

May-Castella, C. (ed.) 2013, *La villa romaine du Prieuré à Pully et ses peintures murales. Fouilles 1971-1976 et 2002-2004*, Lausanne.

Scariati, R. - Hochkofler, G. 2003, "Les villas romaines et le paysage aquatique", in *Conférence présentée lors du Festival International de Géographie, Saint-Dié-des-Vosges (France), octobre* https://archive-ouverte.unige.ch/unige:20387.

Tarpin, M. - Berti, S. - Haldimann, M.-A. - Rossi, F. - Steiner, L. 1999, "Le bassin lémanique gallo-romain", in *Gallia*, 56, 33-44.

Terrier, J. 2002, "L'habitat en zone rurale, l'apport des fouilles genevoises", in *Revue suisse d'art et d'archéologie*, 59.3, 255-264.

Weidmann, D. 1978, "La villa romaine du Prieuré à Pully", in *Archéologie suisse*, 1.2, 87-92.

---

[20] Capogrossi Colognesi 2021, 41.

42

Nuovi studi sulla *Naumachia* di Augusto a Trastevere

Maria Grazia Cinti
Università degli Studi di Roma 'Tor Vergata'

Abstract: The *Naumachia Augusti*, built in connection with the Alsietina aqueduct, has been the subject of a large debate in the last decades; today, in fact, there are no archaeological evidence of this monument but its dimensions and some of its peculiarities are known thanks to the literary sources. This basin was inaugurated in the year 2 BC and, as it can be read in the *Res Gestae*, Augustus offered a wonderful spectacle for this special occasion; it is known that more than 30 ships and more than 3000 soldiers faced each other. The *Naumachia* had a little island inside and a wooden drawbridge to ensure the normal circulation of the *Via Campana*; furthermore, there probably was a channel between the Naumachia and the Tiber to allow the entrance and the exit of the ships. Additionally, the vicinity of strategic buildings, such as the *Castra Ravennatium*, could be the symptom of a precise planning of the entire neighborhood, just to serve the *Naumachia* in the best way possible. The article aims to briefly outline the past studies about the *Naumachia* - even the ones of the past centuries - and to present the newest hypothesis, formulated both on the basis of an accurate re-reading of the sources and on the creation of a GIS; this last one has allowed to verify - and confirm - some of the theories.

Keywords: *Naumachia*; Trastevere; Augusto; *Aqua Alsietina*.

La *Naumachia* di Augusto[1], nella zona di Trastevere, ha creato ampio dibattito già diversi secoli fa; la mancanza totale di resti archeologici, infatti, ha portato a numerosi dubbi tanto sulla sua precisa ubicazione quanto sulla forma e sulle caratteristiche. È noto che questo bacino fosse alimentato dall'*Aqua Alsietina*[2] e che entrambi furono voluti da Augusto e costruiti nel 2 a.C., in concomitanza con la dedica del tempio di Marte Ultore[3].

Come riferito dalle *Res Gestae*[4], la Naumachia si trovava nel luogo del *nemus Caesarum*[5] e le sue misure erano di 1800 x 1200 piedi, corrispondenti a circa 536 x 357 m[6]. Non si è a conoscenza dell'effettiva profondità del bacino, ma si è calcolato che dovesse essere tra 1,5 e 4 m[7].

Sempre dallo stesso passo delle *Res Gestae* è noto in parte lo svolgimento dello spettacolo offerto da Augusto in occasione dell'inaugurazione: la naumachia vide scontrarsi più di 30 navi di diverse dimensioni e più di 3000 soldati[8] in quella che è stata riconosciuta come la riproduzione della battaglia di Salamina[9], anche se altri l'hanno interpretata come un'allusione ad Azio[10].

Altre caratteristiche del bacino (Fig. 42.1) sono la

---

[1] Il termine "naumachia" può assumere diversi significati. In questo articolo sarà utilizzato *Naumachia* con la maiuscola quando ci si riferirà al bacino idrico, mentre *naumachia* (nome comune) in minuscolo, quando invece si starà parlando dello spettacolo della battaglia navale.

[2] Chiamata anche *Aqua Augusta*. Per una panoramica generale sull'*Aqua Alsietina* si veda Cinti 2020.

[3] Ottaviano, in realtà, aveva deciso di dedicare un tempio a Marte subito prima della battaglia di Filippi contro Bruto e Cassio, quindi circa 40 anni prima della sua effettiva costruzione. In realtà, la Naumachia di Augusto sembra trovarsi in connessione con un altro edificio sacro: il tempio di *Fors Fortuna*. Per un approfondimento si veda Coarelli 1992 e per conoscere le motivazioni che connetterebbero le due strutture si veda Berlan-Bajard 2006, 338-342.

[4] Aug., *Res Gest.* 23: *Navalis proeli spectaclum populo dedi trans Tiberim in quo loco nunc nemus est Caesarum, cavato solo in longitudinem mille et octigentos pedes, in latitudinem mille et ducenti, in quo triginta rostratae naves triremes aut biremes, plures autem minores inter se conflixerunt; quibus in classibus pugnaverunt praeter remiges millia hominum tria circiter.*

[5] Questo riferimento è molto importante perché esiste un'iscrizione la cui parte centrale riporta: *[r]ivo aquae Augustae/ [q]uae pervenit in/ nemus Caesarum.* Si tratta dell'epigrafe *CIL* VI 31566/EDR128147, rinvenuta poco a S dell'antica *statio* di Careiae e oggi conservata in un luogo limitrofo; l'iscrizione ha diversi elementi interessanti per la conoscenza dell'acquedotto Alsietino ma ai fini del presente studio è fondamentale

il collegamento del *nemus* tra l'acquedotto e la *Naumachia*. L'epigrafe, come l'acquedotto e la *Naumachia*, è datata al 2 a.C.

[6] Coleman 1993, 53.

[7] Liberati Silverio (1986 e 1993) ritiene che la profondità fosse 1,5 m, mentre Lanciani (1880 e 1881) indica il ritrovamento di una fossa di 11 m – alla quale andrebbero sottratti alcuni metri del normale accumulo di terreno nei secoli -, che Coarelli (1992, 49) ritiene possa essere uno dei limiti della *Naumachia*. Coleman (1993, 53) la calcola intorno a 1,7 m. Liberati Silverio e Coleman calcolano rispettivamente un tempo di riempimento per la *Naumachia* pari a 15 e 17 giorni, forse troppi per evitare la stagnazione delle acque. Un'ipotesi plausibile sarebbe quella che il bacino fosse tenuto semi-pieno per la maggior parte del tempo e riempito totalmente solo in occasione delle rappresentazioni.

[8] Il discorso sui marinai e su coloro che prendevano parte alle battaglie navali risulterebbe troppo ambio da affrontare in poche righe; si veda per un approfondimento Berlan - Bajard 2006, 16-20.

[9] Syme (1974, 16), ad esempio, prende questo combattimento come l'esempio per eccellenza del fatto che Roma difendeva i valori e le tradizioni greche ma, non tutti gli studiosi sono d'accordo su un'interpretazione univoca.

[10] Zanker (1987, 89), qualche anno dopo Syme, ha interpretato la prima naumachia come allusione retrospettiva della battaglia di Azio, considerandone soprattutto gli aspetti di civilizzazione di Roma rispetto ai barbari.

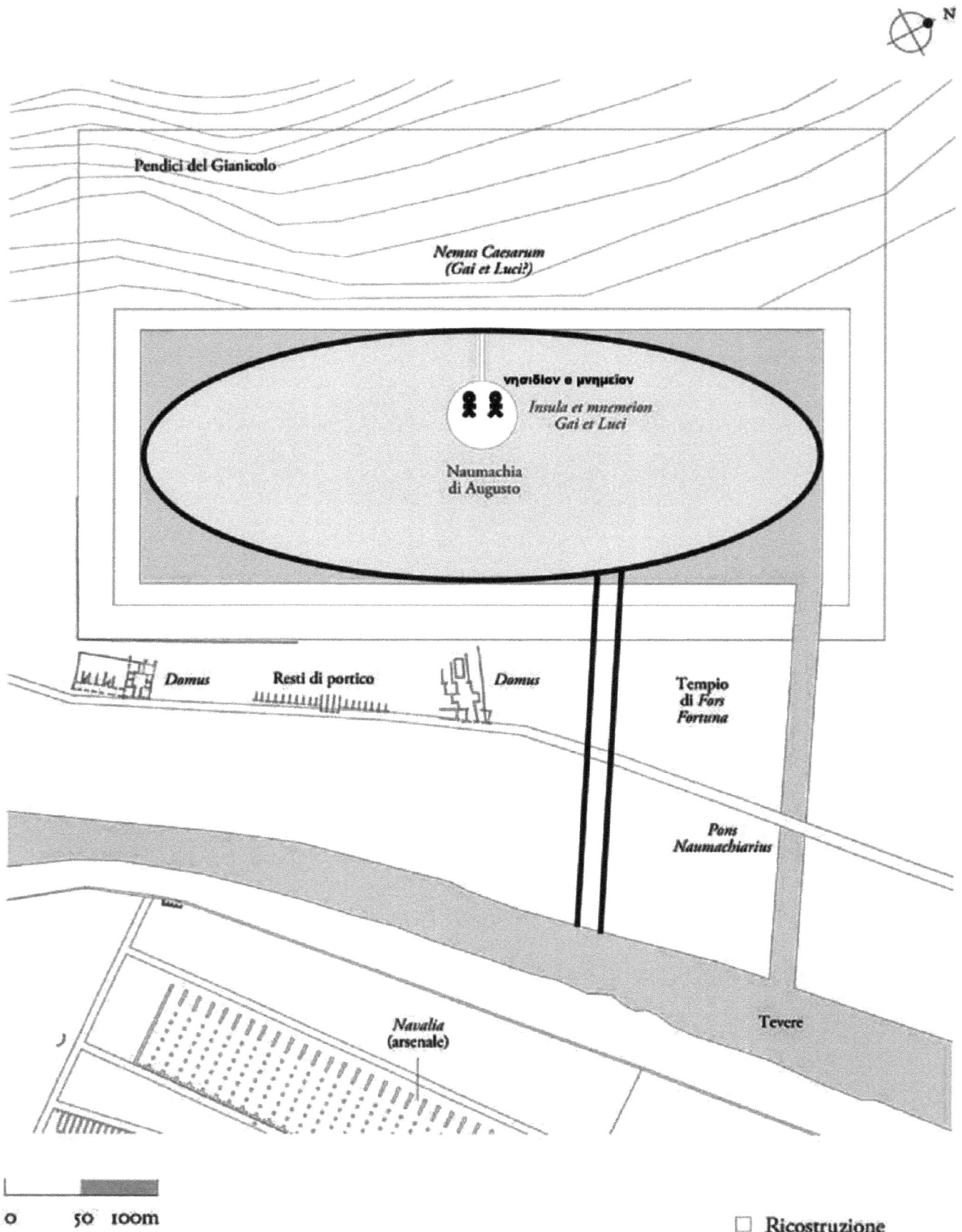

Fig. 42.1. Pianta ricostruttiva della *Naumachia* di Augusto (rielaborazione di Carandini 2014).

presenza di un *pons naumachiarius*[11], che doveva garantire la circolazione sulla Via Campana e che probabilmente si alzava o abbassava a seconda delle necessità[12] e di un νησίδιον[13] ("isolotto") del diametro di 100 m[14] al centro del quale, secondo alcuni studiosi, si trovava lo μνημεῖον[15] ("monumento commemorativo") dedicato a Gaio e Lucio[16]; forse questo isolotto rappresentava la stessa Salamina durante la prima naumachia nel 2 a.C.[17]. Esisteva, inoltre, un canale di collegamento con il Tevere che garantiva l'ingresso e l'uscita delle navi e probabilmente delle acque, come si avrà modo di chiarie più avanti.

Il problema della localizzazione esatta della Naumachia deriva principalmente dalla difficoltà di individuazione precisa del *nemus Caesarum*[18] e dal fatto che non fosse sicuro il punto terminale dell'acquedotto Alsietino ma, secondo i più recenti studi, sembra chiaro che quest'ultimo dovesse avere almeno due sbocchi[19], uno dei quali proprio dentro il bacino. Le ragioni principali per cui mi riferisco a un doppio sbocco sono gli scavi dei secoli scorsi[20] e un passo di Frontino, che riporta: *[...] Alsietinae ductus post Naumachiam, cuius causa videtur esse factus, finitur*[21]. L'uso di *post* con significato "dietro" appare indubbio, e, di conseguenza, sembra plausibile che l'Alsietina non terminasse proprio dentro la *Naumachia*, ma da qualche parte nelle vicinanze. Frontino con questo termine genera un po' di confusione[22] e altre perplessità potrebbero aggiungersi se ci si interroga sul senso di "dietro": si intendeva dietro rispetto all'ingresso? E, soprattutto, quanto dietro terminava l'acquedotto? Un aiuto può derivare dalla *Forma Urbis* di Lanciani[23] nella quale, in effetti, viene indicato un punto come *Emissarium Aquae Augustae (Alsietinae) quae pervenit in Nemus Caesarium* immediatamente a ovest delle Mura Aureliane, proprio "dietro" all'indicazione del *nemus* e a quella del ritrovamento di una fossa nel 1888[24]. Questi collegamenti, dunque, farebbero pensare che la *Naumachia* arrivasse fino al punto indicato da Lanciani e che quindi lo sbocco *post Naumachiam* dovesse essere un altro.

Il secondo termine dell'Alsietina potrebbe essere quello che grazie agli scavi e ai documenti dei secoli scorsi[25] è stato individuato nel cortile del monastero di San Cosimato, a Trastevere; probabilmente questo ramo giungeva qui attraverso condutture più piccole e non attraverso un vero e proprio speco, che invece era necessario per garantire un flusso ingente alla *Naumachia*.

Tornando brevemente sul dibattito in merito alla localizzazione del bacino idrico, si deve necessariamente menzionare la teoria di Coarelli[26] che, riprendendo l'idea

---

[11] Probabilmente era ligneo. L'unico riferimento in cui si parla di questo ponte è in Plinio (*Hist.* XVI.190-200: *Amplissima arborum ad hoc aevi existimatur Romae visa, quam propter miraculum Tiberius Caesar in eodem ponte naumachiario exposuerat advectam cum reliqua materie, duravitque ad Neronis principis amphitheatrum.*

[12] A Roma era fondamentale mantenere costante il flusso della viabilità, ma gli studiosi non hanno preso in considerazione il fatto che la *Via Campana*, che passava qui, fosse uno snodo fondamentale per le saline e, quindi, che si rendesse necessaria la presenza di qualche regolamentazione del transito per garantire la normale percorrenza a tutti. Inoltre, dal frammento 28a della *Forma Urbis* si nota che la *Via Campana* si adatta all'ansa del Tevere e devia radicalmente subito prima della *Naumachia*.

[13] Cass. Dio. LXVI, 25.4.

[14] Coleman 1993, 53.

[15] Cass. Dio. LXVI, 25.4.

[16] Papi 1996, 55-56; Coleman 1993, 54. Berlan - Bajard (2006, 175), seguendo Cassio Dione, riporta anche la probabile presenza delle statue dei due Cesari sull'isolotto.

[17] Coleman 1993, 54.

[18] Oltre che nelle *Res Gestae*, questa indicazione si ritrova anche in Tac., *Ann.* XIV.15: *[...] exstructaque apud nemus, quod navali stagno circumposuit Augustus, conventicula et cauponae et posita veno inritamenta luxui*". Altra fonte che ricorda il bosco sacro dei Cesari in connessione con la *Naumachia* è Svet., *Aug.* XLIII.1: *"[...] item navale proelium circa Tiberim cavato solo, in quo nunc Caesarum nemus est. Quibus diebus custodes in urbe disposuit, ne raritate remanentium grassatoribus obnoxia esset.* Di questi passi risulta non lineare la cronologia: da come è strutturata la frase, infatti, sembrerebbe che il *nemus* fosse stato costruito dopo la *Naumachia*. Effettivamente, anche nelle *Res Gestae* si pone l'accento su *nunc nemus est*, sottolineando quindi che oggi in quel luogo esiste il bosco dei Cesari e che in passato (*dedi*) egli allestì uno spettacolo. Cassio Dione (LXVI, 25.2-3), invece, riporta che [...] ἐσήγαγε δὲ καὶ ἀνθρώπους ἐπὶ πλοίων. Καὶ οὗτοι μὲν ἐκεῖ, ὡς οἱ μὲν Κερκυραῖοι οἱ δὲ Κορίνθιοι ὄντες, ἐναυμάχησαν, ἄλλοι δὲ ἔξω ἐν τῷ ἄλσει τῷ τοῦ Γαΐου τοῦ τε Λουκίου, ὅ ποτε ὁ Αὔγουστος ἐπ᾽ αὐτὸ τοῦτ᾽ ὠρύξατο (trad. "[...] e poi introdusse anche degli uomini a bordo d'imbarcazioni. E mentre in quel luogo costoro combatterono una battaglia navale simulando uno scontro tra Corciresi e Corinzi, altri diedero uno spettacolo analogo fuori [dalla città], nel bosco sacro di Gaio e di Lucio, che Augusto una volta aveva fatto scavare proprio per questo scopo"). Questo passo è cronologicamente ambientato nell'80 d.C. e, quindi, all'epoca in cui era al potere Tito. Ciò che sembra accertato è che le messinscene di battaglie navali greche fossero abbastanza rare e, dunque, sarebbe possibile che Augusto avesse riutilizzato qualche struttura della *Naumachia* di Cesare.

[19] Diversi disegni e stampe dei secoli scorsi riproducono la *Naumachia* e l'acquedotto Alsietino (Fig. 42.2). Ad esempio, Du Pérac disegna nella zona del Gianicolo-Trastevere diversi tratti di acquedotto e biforca l'Alsietina poco prima della sua terminazione nella *Naumachia*. Per quanto il discorso sugli antiquari e sui loro disegni porterebbe fuori strada rispetto all'intento di questo articolo, è bene ricordare che spesso in questi documenti sono fornite preziose informazioni, anche se non sempre corrispondenti al vero *in toto*. Nel caso dell'"Aq. Alciatina",

come si legge nel disegno di Du Pérac, uno dei rami sembra terminare direttamente all'interno del bacino, mentre l'altro ramo finisce in quelle definite "Terme Aureliane", edificio di dubbia esistenza.

[20] Di questi scavi si parlerà più avanti, per il momento si rimanda a Liberati Silverio 1986, 77.

[21] Front., *Aq.* 22.

[22] Frontino, infatti, riferisce che l'Alsietina era stata dedotta per alimentare il bacino ma poi, come già ricordato, riferisce che termina *post Naumachiam*. Ciò potrebbe sembrare una contraddizione e, in effetti, l'autore, altrove, non sembra conoscere perfettamente questo acquedotto. Si pensi, ad esempio, a Front., *Aq.* 71: *Alsietinae conceptionis modus nec in commentariis adscriptus est nec in re praesenti certus inveniri potuit [...].* Appare opportuno sintetizzare le problematiche connesse al testo di Frontino: le diverse versioni giunte sino a noi del *De Aquis*, infatti, riportano spesso numeri molto diversi (ad esempio, nel passo appena menzionato una versione riporta che l'Alsietina erogava 392 quinarie mentre il Codice Vaticano Latino 4498 riporta *non plus quinariis duobus milibus*, numero che stravolgerebbe molte delle conoscenze attuali) e nel testo non si tiene conto della velocità del flusso, che comportava una grande variazione a seconda della zona (per un approfondimento si veda Keenan Jones *et al.* 2015, 2-3).

[23] Lanciani 1893-1901.

[24] Si veda la nota 7.

[25] Il primo riferimento a questo monastero deriva da un testo del XVIII secolo (Cassio 1756) in cui si dice che un fabbro giunse al di sotto della Chiesa di San Cosimato e uscendo "vide che per linea retta avea il corso alla porta maggiore del Convento dove terminava lo stesso condotto". Diversi studi successivi hanno confermato l'esistenza di un condotto che terminava proprio in uno dei cortili del monastero ed è attualmente in corso di pubblicazione da me un importante disegno inedito che confermerebbe ulteriormente il punto terminale dell'Alsietina in questo luogo.

[26] Coarelli 1992.

Fig. 42.2. Dettaglio della "Roma antica" di Giacomo Toornvliet - 1701 (© Frutaz Roma).

di Bigot[27], identifica la *Naumachia* nell'ampio spazio rettangolare vuoto delle lastre 28 e 34 della *Forma Urbis* severiana[28] (Fig. 42.3). Lo studioso riporta i frammenti della FU nella topografia moderna e vi colloca i limiti della *Naumachia*: quello settentrionale a Piazza San Cosimato, quello meridionale a Piazza Ippolito Nievo, mentre quelli orientale e occidentale tra la *Via Campana* e le pendici di Monteverde[29]. Questa ipotesi sembrerebbe confermata dalle misure calcolate riguardo questo spazio vuoto, circa 354 m x 540 m; considerando le dimensioni del bacino sopra menzionate e il posizionamento delle lastre[30], la localizzazione sembrerebbe ormai fuori da ogni possibile dubbio.

Un'ulteriore conferma sulle teorie di localizzazione appena menzionate deriva dai miei studi e dalle analisi effettuate con il software QGIS[31], nel quale sono state sovrapposte diverse carte storiche[32] alle immagini satellitari disponibili da Google Earth e alle immagini della *Forma Urbis* severiana. La georeferenziazione delle immagini appena citate ha portato all'individuazione dello spazio rettangolare descritto dagli studiosi; come si vede nell'immagine (Fig. 42.4), sono stati individuati angoli pressoché retti che formano un perimetro ben delineato. Unendo angoli e lati si percepisce che la forma venuta fuori non sia perfettamente rettangolare, ma anche le misure calcolate sul GIS si avvicinano molto a quelle reali della *Naumachia*, menzionate più volte in precedenza.

A questo punto, tuttavia, sorge un problema: in un bacino così grande e in una zona così densamente urbanizzata, dove trovavano lo spazio di manovra per entrare le imbarcazioni? Naturalmente, l'unico punto da cui queste ultime potevano accedere era il Tevere e, dunque, è facile immaginare che ci fosse un canale di collegamento che poteva avere anche la doppia funzione di scolo delle

---

[27] Bigot 1942, soprattutto 62 e figg. 46-61.

[28] Sarebbe troppo lungo un discorso completo sull'utilizzo di rilievi precedenti (presumibilmente di epoca vespasianea o adrianea, ma forse risalenti addirittura ad Augusto) per la creazione della *Forma Urbis* di Settimio Severo, come porterebbe fuori strada la discussione sulle semplificazioni o sulle evidenziazioni della stessa pianta marmorea (Muzzioli 2014, 112 e 116-117). Basti ricordare che la zona di Trastevere è stata una tra le più difficili da riconoscere nei frammenti, ma, grazie al costante lavoro degli studiosi, è stato possibile aggiungere sempre più lastre, tenendo in considerazione l'analisi degli spessori (e del tipo di marmo utilizzato), le tracce delle grappe di metallo sul retro e l'appartenenza di alcuni frammenti chiaramente angolari.

[29] Si veda Coarelli 1992, 41.

[30] Coarelli 1992, Fig. 40.

[31] Nello studio per la tesi di dottorato è stato da me creato un GIS con tutte le evidenze archeologiche connesse all'acquedotto Alsietino e i risultati hanno portato all'individuazione – per niente scontata – di quasi tutto il percorso dell'infrastruttura. Il manufatto idrico più importante per l'Alsietina era, naturalmente, la *Naumachia* di Augusto, alla quale è stato dedicato molto tempo, anche per tentare una ricostruzione, come si vedrà a breve. Si è deciso di utilizzare QGIS in quanto è ampiamente diffuso in Italia e ha una rete di sviluppatori e utilizzatori che contribuiscono quotidianamente alla crescita del software, oltre a essere open source.

[32] Bufalini 1551; Nolli 1748.

Fig. 42.3. Frammenti della *Forma Urbis* relativi alla *Naumachia* di Augusto (foto dell'autrice su concessione di Sovrintendenza Capitolina ai Beni Culturali).

Layer name
Raster Lazio UTM
Clicked coordinates
290130.45, 4639591.97, 9.06
Zoom in here Orbit around here

Fig. 42.4. Elaborazione GIS della forma della *Naumachia* di Augusto (rielaborazione di Nolli - Bufalini - Coarelli 1992).

acque una volta terminati gli spettacoli. Poco a sud dell'angolo orientale si vede una specie di cono che sporge dal "rettangolo" del bacino, che potrebbe quindi essere interpretato come il punto d'ingresso monumentale alla *Naumachia*. Il fatto che questa sporgenza sia orientata verso il Tevere e abbia delle "ali" alla sua estremità potrebbe essere indice proprio del fatto che sia un ingresso. Si è ipotizzato, per questo tipo di struttura, che le barche fossero stipate in arsenali diversificati a seconda delle dimensioni - come ricordato in precedenza, c'erano biremi, triremi e barche di diverse grandezze - e che le stesse imbarcazioni fossero introdotte nel bacino scivolando una dopo l'altra per entrare nell'ingresso senza effettuare troppe manovre. Spingendosi molto oltre, si può ipotizzare anche che le barche più piccole fossero issate direttamente nel bacino con una sorta di gru.

Il calcolo dello spazio di manovra, importante anche per confermare le teorie del presente studio, è stato effettuato seguendo le misure di una nave nota, la "barca C" rinvenuta a Pisa nel 1998[33], datata proprio all'epoca augustea. Quest'ultima è stata presa come esempio, poiché era una barca a remi che però imitava una nave da guerra, sia nella struttura che nella forma; questo, dunque, potrebbe essere stato un escamotage adottato anche per le navi costruite appositamente per le naumachie. La barca in esempio misurava 13 m in lunghezza e circa 2,5 m in larghezza, con un'immersione totale di circa 0,70 m, che avrebbe permesso il galleggiamento anche con 1,5 m d'acqua ipotizzato dalla Liberati Silverio[34]. Chiaramente, per le triremi si possono immaginare dimensioni leggermente più grandi; quelle inserite nel GIS e utilizzate come parametro, infatti, misurano quasi 5 m di larghezza e circa 20 di lunghezza.

Il fattore interessante di queste navi era la loro grande manovrabilità, date le dimensioni modeste e la presenza di file di rematori sfalsate, in modo tale che in un piccolo spazio potessero muoversi più uomini e quindi andare più veloce, anche quando si trattava di virare. Le battaglie navali, naturalmente, erano molto dispendiose e gli equipaggi che vi prendevano parte dovevano necessariamente essere addestrati in qualche modo, sia se lo spettacolo veniva in qualche modo preparato – come una vera messinscena – sia se non si conosceva la piega che avrebbe preso lo scontro ivi riprodotto[35]. Sicuramente una certa preparazione dei *naumachiarii* era necessaria e prevedeva che la lotta, dopo l'abbordaggio, fosse abbastanza cruenta[36]; anche l'azione dei rostri sulle altre navi doveva costituire un momento cruciale dello spettacolo. La presenza dei *Castra* dei Ravennati non lontano da questa zona potrebbe proprio essere indice di maestranze che conoscevano bene le

manovre da fare con le barche e il modo migliore per gestire l'intero "dietro le quinte" degli spettacoli. D'altro canto, com'è noto, i marinai della flotta saranno impiegati anche per manovrare il *velarium* del Colosseo e ciò potrebbe indicare che esperti di questo settore già erano soliti essere impiegati negli edifici per spettacolo.

Poco considerato negli anni passati è stato il discorso sugli spalti[37]; come si evince dalle immagini, in uno dei lati lunghi della Naumachia è presente uno spazio privo di edifici abbastanza grande, tale da poter essere ipotizzato come luogo in cui erano gli spettatori. Inizialmente si era ritenuto che, per gli spalti, fosse utilizzato il pendio naturale che da Trastevere sale al Gianicolo[38], ma, leggendo attentamente la *Forma Urbis*, si è pensato che anche questo spazio verso il Tevere potesse essere stato utilizzato in qualche maniera (forse con gradinate temporanee/lignee). I rilievi naturali del terreno nella zona tra il Gianicolo e Trastevere sono molto cambiati nel tempo, com'è ormai noto e come si evince anche dalla *Forma Urbis* di Lanciani che reca la nota "*Pars muror inde ab anno 1642 solo aequata*", intendendo che la parte interna alle mura aureliane fu spianata nel 1642[39]. Nell'immagine GIS con i rilievi è possibile notare anche l'andamento attuale delle quote (Fig. 42.5); risulta evidente che le Mura Aureliane tagliavano di netto quasi a metà la *Naumachia*. Già nel III secolo d.C., dunque, l'area intorno al bacino aveva subito un profondo mutamento. Com'è ormai ampiamente noto, però, Aureliano sfruttò ogni possibile struttura al fine di risparmiare tempo, materiali e manodopera; potrebbe, dunque, essere possibile che egli abbia utilizzato anche parte del condotto dell'Alsietina che sboccava nella *Naumachia*? Se si considera anche il punto in cui Lanciani inserisce l'emissario dell'acquedotto questa ipotesi non sembrerebbe poi troppo distante.

Ciò che sino ad ora non è stato considerato è il volume degli spettatori e di conseguenza il fatto che fossero necessari spazi adeguati per l'afflusso e per il deflusso delle folle che, data la rarità delle naumachie, accorrevano anche da molto lontano; inoltre, si deve pensare anche a degli spazi appositi per l'imperatore, che certo non poteva sedersi con la plebe per assistere alle rappresentazioni, e al personale di supporto che era necessario perché tutto si svolgesse nella maniera migliore possibile. Si può prendere ad esempio colui che suonava la tromba per dare il via al combattimento[40].

---

[33] Bonino 2015, 77-79.

[34] Liberati Silverio 1986, 78.

[35] Coleman (1993, 67-72) affronta vari problemi qui sollecitati: primo tra tutti il problema dei due schieramenti che si affrontavano nelle battaglie che dovevano essere ben distinguibili gli uni dagli altri anche dalla distanza degli spalti. Un secondo problema è proprio quello del realismo delle battaglie poiché queste ultime non sempre seguivano il reale andamento della storia.

[36] Arena 2020, 117.

---

[37] Ne parla per l'appunto Berlan-Bajard (2006, 177) dopo un rapidissimo accenno fatto da Coarelli (1992).

[38] Un po' come gli spettatori della *naumachia* di Claudio che si sistemarono sulle colline intorno al Lago del Fucino. Anche in questo caso è noto che fossero accorse numerose persone (anche da lontano) e che quindi il volume di spettatori sia stato ingente. Questo potrebbe costituire un parallelismo con la *naumachia* data da Augusto, anche se la distinzione tra bacino artificiale e bacino naturale è nettissima, con tutte le varie implicazioni non discutibili in questa sede.

[39] L'intera area di Trastevere fu danneggiata dagli interventi per le mura di Urbano VIII che, come Aureliano, riutilizzò molti laterizi antichi. Inoltre, è noto che in questa zona, sempre nel Seicento, siano state effettuate delle colmature, comprensive di livellamenti e reinterri, probabilmente per rispondere alle esigenze delle nuove mura papali. Si veda Catalli *et al.* 2009, 3.

[40] Arena 2020, 117.

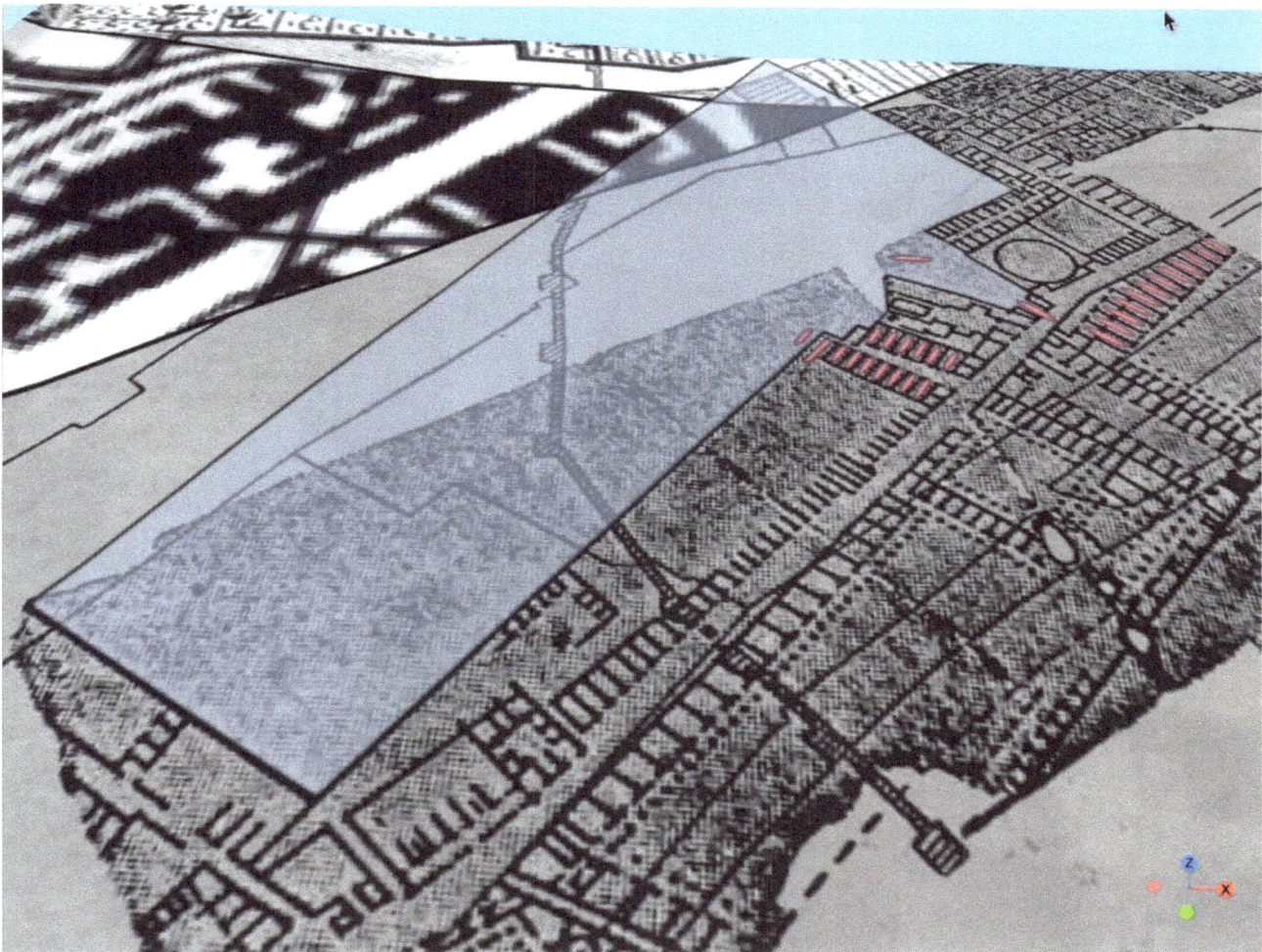

Fig. 42.5. Elaborazione GIS della forma della *Naumachia* con le quote attuali e con l'inserimento di biremi e triremi (elaborazione di P. Rosati).

Considerando tutti i fattori menzionati sino ad ora si può immaginare che la *Naumachia* fosse ellittica[41] e che lo spazio per l'entrata e l'uscita del pubblico fosse in un recinto rettangolare che poi venne riportato anche sulla *Forma Urbis*. Numerosi disegni e stampe di antiquari e studiosi dei secoli scorsi riportano la *Naumachia* con una forma ellittica[42], ma, com'è ormai noto, queste carte non sono sempre da ritenersi attinenti al vero[43]. Le motivazioni che inducono a questa scelta sono principalmente tre: la migliore visibilità dello spettacolo con un edificio ellittico invece che rettangolare[44]; la scarsità di evidenze archeologiche di edifici per spettacolo di forma rettangolare; la maggiore facilità di manovra delle barche in uno spazio curvo[45].

In conclusione, gli studi passati sulla *Naumachia* sono stati preziosi per arrivare a formulare le ipotesi di cui si è discusso ampiamente nel testo: tenendo in considerazione tutti i fattori elencati, infatti, sembra che il bacino augusteo abbia molti meno segreti, per quanto l'auspicio è sempre quello di ritrovamenti archeologici futuri che possano togliere gli ultimi dubbi.

Bibliografia

Arena, P. 2020, *Gladiatori, carri e navi: gli spettacoli nell'antica Roma*, Roma.

---

[41] Non sono certo la prima studiosa a pensarla in questo modo: già Coleman (1993) propendeva per un edificio di forma ellittica. L'idea che la *Naumachia* fosse rettangolare si è consolidata dopo lo studio di Coarelli (1992) ed è stata accettata dalla maggior parte degli studiosi.

[42] Ligorio; Du Pérac; Cartaro; Lauro; Toornvliet; Piranesi (Frutaz 1962, tavv. 26, 37, 43, 44, 51, 61, 65 e 70). Anche alcuni illustratori moderni si sono cimentati nella rappresentazione ellittica della *Naumachia*; uno per tutti è Jean-Claude Golvin (anche se disegna il bacino ruotato e nella posizione sbagliata) la cui ricostruzione si può vedere qui: https://jeanclaudegolvin.com/en/roma/.

[43] Come già accennato nella nota 19, infatti, molte carte storiche hanno, insieme a costruzioni reali, edifici inventati. Questo, tuttavia, non significa che siano da considerare totalmente prive di utilità poiché alcune di esse sono state utili nel riconoscimento di manufatti e monumenti prima non identificati.

[44] Per fare solo un esempio, la visione dagli angoli sarebbe stata piuttosto difficoltosa.

[45] Si è già parlato delle dimensioni delle barche che probabilmente si affrontarono nella prima naumachia e dunque era certamente più facile manovrarle in uno spazio senza angoli retti, che, probabilmente, avrebbero portato a incastri più frequenti, a discapito della fluidità della messinscena.

Berlan-Bajard, A. 2006, *Les spectacles aquatiques romains*, Roma.

Bigot, P. 1942, *Rome antique au IVe siècle ap. J.-C.*, Paris.

Bonino, M. 2015, *Navi mercantili e barche di età romana*, Roma.

Bufalini, L. 1551, *Pianta di Roma*, Roma.

Carandini, A. 2014, *La Roma di Augusto in 100 monumenti*, Novara.

Cariou, G. 2009, *La naumachie: morituri te salutant*, Paris.

Catalli, F. - Fabiani, U. - Mazzoni, A. - Pacchiarotti, P. 2009, "Regio XIV, Transtiberim. Nuovi dati per la ricostruzione del paesaggio urbano antico", in *FastiOnline*, 163.

Cinti, M. G. 2020, "The Aqua Alsietina: un unknown aqueduct with the worst water in Rome", in G. Wiplinger (ed.), *De Aqueduct Urbis Romae. Sextus Julius Frontinus and the Water of Rome*, Leuven-Paris-Bristol, 75-83.

Coarelli, F. 1992, "*Aedis Fortis Fortunae, Naumachia Augusti, Castra Ravennatium*. La via Campana Portuensis e alcuni edifici adiacenti nella Pianta Marmorea Severiana", in *Ostraka*, 1, 39-54.

Coleman, K. M. 1993, "Launching into History: Aquatic Displays in the Early Empire", in *JRS*, 83, 48-74.

Keenan-Jones, D. - Motta, D. - Garcia, M. H. - Fouke, B. W. 2015, "Travertine-based estimates of the amount of water supplied by ancient Rome's Anio Novus aqueduct", in *Journal of Archaeological Science: Reports*, 3, 1-10.

Frutaz, A. P. 1962, *Le piante di Roma*, Roma.

Lanciani, R. 1880, *I comentarii di Frontino intorno le acque e gli acquedotti. Silloge epigrafica aquaria,* Roma.

Lanciani, R. 1881, *Le acque e gli acquedotti di Roma antica*, Roma.

Lanciani, R. 1893-1901, *Forma Urbis Romae*, Roma.

Liberati Silverio, A. 1986, "Aqua Alsietina", in R. Antolini - P. Virgili (eds), *Il trionfo dell'acqua. Acque e acquedotti a Roma. IV sec. a.C. - XX sec*, Roma, 72-79.

Liberati Silverio, A. 1993, s. v. "Aqua Alsietina", in *LTUR I*, 61, Fig. 38.

Muzzioli, M. P. 2014, "Sui mancati aggiornamenti nella pianta marmorea severiana", in R. Coates-Stephens - L. Cozza (eds), *Scritti in onore di Lucos Cozza*, Roma, 107-122.

Nolli, G. 1748, *Nuova pianta di Roma*, Roma.

Papi, E. 1996, s.v. "Horti Caesaris", in *LTVR III*, 55-56.

Syme, R. 1974, *The Crisis of 2 B.C.*, München.

Zanker, P. 1987, *Augustus und die Macht der Bilder*, München.

43

Tantalus and Saloe. Two lakes or a marsh and the mythical topography of Mount Sipylos

András Patay-Horváth
Institute of Ancient History (ELTE)/ Institute of Archaeology (ELKH)

Abstract: Ancient authors mention a lake called Saloe on Mount Sipylos (today Spil Dag), which was supposed to have flooded the city of Tantalus and Pausanias mentioned a lake called Tantalus in the same region. The Kara Göl (Black Lake), which is actually a crater lake on nearby Yamanlar Dag was identified with either Saloe or Tantalus or both. The analysis of the relevant texts shows that (1) the two lakes are in fact one and the same and that (2) the correct translation of the Greek word (limne) used for both Saloe and Tantalus should be a 'marsh'. The reason of the two different names for the same geological feature is also quite obvious: Tantalus is a Greek name, Saloe most probably a native (i.e. non-Greek) designation and both are connected to a well-known tale type about gods visiting humans followed by the submersion of a town into a lake.

Keywords: Tantalus/Tantalids; Mount Sipylos; Pausanias; Ovidius.

Some special geographical formations and old monuments on Mount Sipylos (today Spil Dağ) were connected with the family of the Tantalids and Pausanias, who was apparently born in this area (Fig. 43.1), proudly referred to them when he arrived at the central cult place of Pelops at Olympia:

Pausanias, *Description of Greece* 5.13.7: "That Pelops and Tantalos once dwelt in my country there have remained signs right down to the present day. There is a lake called after Tantalos and a famous grave, and on a peak of Mount Sipylus there is a throne of Pelops beyond the sanctuary of Plastene the Mother. If you cross the river Hermus you see an image of Aphrodite in Temnus made of a living myrtle-tree. It is a tradition among us that it was dedicated by Pelops when he was propitiating the goddess and asking for Hippodameia to be his bride".

The famous grave of Tantalos was first identified with a conspicuous circular tomb built on the Yamanlar Dağ, which is close to Izmir (ancient Smyrna) and is often considered as an extension of Mount Sipylos, even though it is geologically different from it. Lake Tantalos was accordingly either explained away as a misspelling deriving from an harbour (*limen*) instead of a lake (*limne*) of Tantalos or was identified with a crater lake on Yamanlar Dağ, the Karagöl (i.e. Black lake). These identifications are still widespread, but are most probably mistaken[1].

The most securely identifiable monument in Pausanias' description is the sanctuary of Plastene the Mother, because there were some dedicatory inscriptions found naming the goddess in the vicinity of Magnesia (modern Manisa)

situated directly below Mount Sipylos. Those who favour the localizations around Izmir also refer to such a sanctuary on the hill called Ada Tepe, but this site was excavated in 1945 and turned out to be a cistern. The sanctuary was actually located below a huge (Hittite or even earlier) rock relief showing a seated female or, according to the present consensus, a standing male figure. Why the relief was left in an unfinished state, we cannot know, but given its huge dimensions, it is quite understandable that the figure was venerated by the Greeks as Cybele or the great mother of the gods. Pausanias (3.22.4) says that it is „the most ancient of all the images of the Mother of the gods" and that "it was made by Broteas the son of Tantalos". Today, it is called after the name of the nearby village the Akpınar relief or Sipylos monument or Taş Suret ('Stone figure')[2].

It is surprising that Pausanias seemingly does not mention the most well-known proof, the city of Tantalos destroyed by the gods. This is mentioned as lake Saloe in another context when he describes the submersion of Helice (an important city on the northern shore of the Peloponnese) into the sea in 373 BC: "A similar fate, though different in type, came upon the city Sipylus, so that it vanished into a chasm. The mountain split, water welled up from the fissure, and the chasm became a lake called Saloe. The

---

[1] Most recently Rojas 2016, 197. See also the Wikipedia entries 'Yamanlar' and 'Tantalus' accessed 2021.12.02.

[2] For the inscriptions (already mentioned by Frazer 1898, III, 554) see Herrmann 1989, n. 1353-1354, for the excavation on Ada Tepe Bean 1947 (summarized by Bean 1979, 38). The rock relief and its inscription are often mentioned or discussed (e.g. Bean 1979, 31) and are usually dated to the 14th-13th century BC. Most recently see Rojas - Sergueenkova 2014, 153-154. Salvini (1996 and 2011) has argued that the relief dates from a civilisation flourishing here before the arrival of the Hittites and that it was equated by Greek and Roman authors with Niobe turned to stone. While these conclusions seem to be incorrect, Salvini is most probably right in observing that the monument is not damaged but left in an unfinished state.

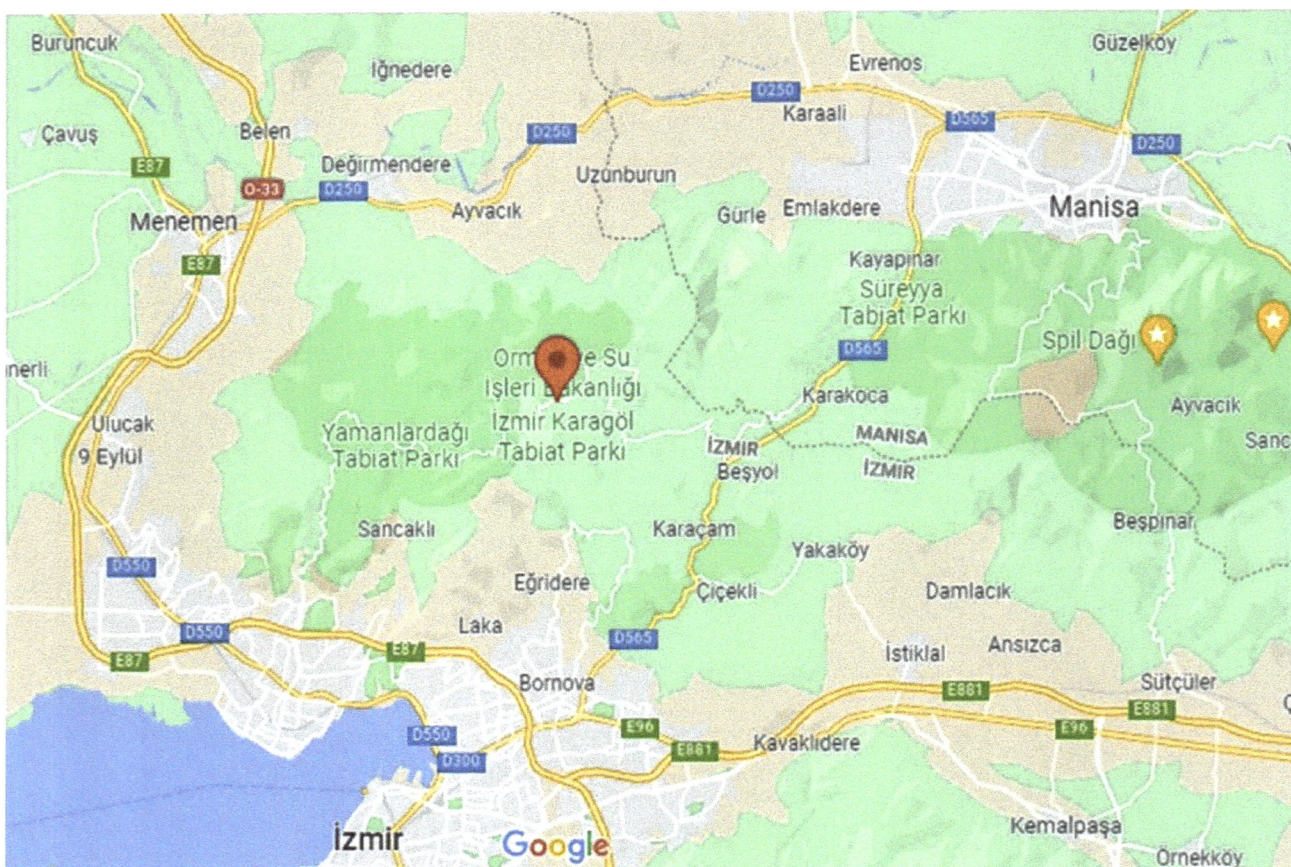

Fig. 43.1. Mount Sipylos (Spil Dag) and Yamanlar Dag with Karagöl (reworked from Google Earth).

ruins of the city were to be seen in the lake, until the water of the torrent hid them from view"[3].

Modern commentators broadly agree that the two lakes, i.e. Saloe and Tantalos cannot be identical[4], but actually this possibility should not be ruled out: it is not quite clear what was intended by the author and some points are especially obscure[5], but the city flooded by lake Saloe is obviously the city of Tantalos, and Pausanias apparently assumes that this brief mention is sufficient to conjure up some memories or a story which is familiar for most of his readers. Pliny (*NH*, 5.117) mentions the same lake as *stagnum Sale* and informs us that the destroyed city was called Sipylos and previously Tantalis. And because ancient

authors agree that this city of Tantalos was destroyed by an earthquake and/or was covered by a lake[6], "lake Tantalos" (mentioned only by Pausanias) may also be an appropriate designation for it. Actually it is legitimate to ask what other reason could be conceived of to call a lake after Tantalos? Since Pausanias does not give any detail, it was presumably an obvious one. In addition, making the obvious assumption that the 'lake' called Tantalos is actually covering the remains of the city of Tantalos, it becomes perfectly understandable why Pausanias refers to this otherwise unknown 'lake' in the first place and why he does not mention the ruins of the famous city[7].

However, the position and the physical characteristics of Karagöl do not fit the description of lake Saloe: as Pausanias clearly says, the ruins were not readily visible in his time because of some torrents which hid them, but in the case of Karagöl, there are no ruins and no torrents at all and the water is quite clear even today. It is therefore likely that 'lake' Saloe was actually a marsh. The Greek word (*limne*) used for both Saloe and Tantalos usually has this meaning and travellers in the 19th century still saw a large marsh

---

[3] Pausanias, 7.24.13.
[4] This assumption is expressed quite clearly by Ramsay 1882, 65 ("His Saloe is obviously not the same as his Lake of Tantalus") and was followed by Anglophone research (Frazer 1898, 555; Bean 1979, 37; Jones 1994, 215). German cartographers and geographers of the early 20th century may have thought otherwise. Philippson 1911 designated the Karagöl as lake Saloe on his map but did not give any reason for this in the text (19). As a geographer, he was not primarily interested nor specialised in classics and is likely to have borrowed the idea from R. Kieper's map who may have simply thought that lake Saloe and Tantalos were one and the same and must be identified with the largest lake in this region. This may be the reason for the recent Barrington Atlas of the Greek and Roman World (map n. 56) for giving two alternative names (Saloe/Tantali L., both ot them with a question mark) at the location of modern Karagöl.
[5] Jones 1994, 212.

[6] Strabo (1.3.17 and 12.8.18) speaks of an earthquake; Ael. Arist. (17.4 and 18.8) mentions only the flood; Pausanias (7.24.13) combines both.
[7] Ramsay (1882, 65) already asked this question and thought to have found the answer in the throne of Pelops: "When he mentioned the throne ..., every one who knew the country pictured to himself all the rest".

immediately to the east of Magnesia (modern Manisa) where Mount Sipylos actually is[8]. This is a magnificent landscape rich in natural rock formations many of which were connected in Antiquity to the children of Tantalus: a cutting on a peak can be equated most plausibly with the throne of Pelops mentioned by Pausanias (5.13.7), and a 'weeping' stone was already known to Homer (*Il.* 24.603-610) as the petrified daughter of Tantalus, Niobe. This rock is, similarly to the other landmarks on mount Sipylos, also still visible in the same region and is called Ağlayan Kaya (i.e. Weeping rock), because the petrified Niobe was thought to have been returned by the gods to her native country. It was already seen by Pausanias (1.21.3), who correctly observed that "observed from close by it is just a rocky cliff bearing no resemblance to a woman, mourning or otherwise; but if you stand a little way off, you will fancy you see a woman downcast and weeping"[9]. And as already mentioned there is the ancient rock relief at Akpınar which was thought to have been carved by Broteas another son of Tantalus. The name Akpınar actually means "white spring" and on the plain below the relief there is a very small lake or rather a pond which is now lined with concrete. This is usually and quite correctly taken to be lake Saloe today, but lake Tantalus continues to be connected with Karagöl[10]. This identification was obviously based mainly on the white eagles mentioned by Pausanias in another excursus (8.17.3): "Eagles called swan-eagles, very like to swans for whiteness, I am acquainted with, as I have seen them on Mount Sipylos round the lake called the Lake of Tantalus". This passage was used to identify the crater lake Karagöl with 'lake' Tantalos, simply because the eagles imply a highland setting. It was admitted that there were no ancient ruins here which could be somehow connected to the city of Tantalos and also that it was quite far from Magnesia and the other 'remains' related to the Tantalids and if we admit that *limne* does not necessarily mean lake but is more likely to be a marsh, we do not have to look for a highland lake at all. High mountains are located in the immediate vicinity of Akpınar as well so eagles may have occurred there as well.

But why did Pausanias refer to the same marsh with two different names? In the first passage (5.13.7), he mentioned the 'lake' because he intended to show that Tantalos belonged to his native country, so the other name would have been pointless. In the other case (7.24.13), it was only the geological reality that mattered and mythological implications would have weakened the case, so the other designation was chosen. This name may have been more widespread, if it is not mere coincidence that lake Tantalos is only mentioned by Pausanias, but *stagnum Sale* appears in a Latin text as well.

A reason for the two different names applied to the same geological formation is not difficult to find out either. As Saloe is apparently not a Greek name, it is most probably a native designation and is most probably due to a local legend about the submersion of a town into a lake. Such a local tale is explicitly attested for this region in the famous story of Philemon and Baucis (Ovid., *Met.* 8.619-726), who entertain their divine guests with the maximum of generosity they can afford. Finally they would even slaughter their only animal, a goose, but the gods reveal their identity and declare that all their neighbours will be punished. Philemon and Baucis witness the submersion of the village into a lake and also see their house turning into a splendid temple.

It is, I think, not a mere coincidence that Ovid (621-626) explicitly locates the story in the region where Pelops was supposed to live and that it ends with the submersion of a village into a lake. This 'lake' is characterized as "stagnant pools and fens, where coots and cormorants delight to haunt" and the sanctuary next to this 'lake' is described as "a low stone wall built to guard the trees" which were, according to the legend, Philemon and Baucis themselves. Identification of this sacred enclosure is of course impossible today, but the description given by the poet may actually be inspired by the sanctuary of the Mother of the Gods situated somewhere below the Akpınar relief.

Saloe and Tantalus were therefore two different names given to the same marsh, which was thought to cover the remains of a submerged city, actually some conspicuous rocks in the dense vegetation. There were also different mythical explanations related to this geological formation: the one was about a poor but pious couple and their wealthy neighbours, the other about a king who was punished by the gods, but the plot was based in both cases on the same idea of gods visiting human hosts (ATU 750 A and B)[11].

Bibliography

Bean, G. E. 1947, "Ada Tepe Again (Sancakli Kalesi)", in *JHS*, 67, 128-134.

Bean, G. E. 1979, *Aegean Turkey*, London-New York.

Frazer, J. G. 1898, *Pausanias' Description of Greece*, London.

Hansen, W. 2002, *Ariadne's Thread. A Guide to International Tales Found in Classical Literature. Ithaca*, London.

Herrmann, P. (ed.) 1989, *Tituli Asiae Minoris, Vol. V: Tituli Lydiae, linguis graeca et latina conscripti, II: regio septentrionalis ad occidentem vergens*, Wien.

Jones, C. P. 1994, "A Geographical Setting for the Baucis and Philemon Legend (Ovid Metamorphoses 8.611-724)", in *Harvard Studies in Classical Philology*, 96, 203-223.

Philippson, A. 1911, *Reisen und Forschungen im westlichen Kleinasien 2: Ionien und das westliche Lydien*, Gotha.

---

[8] A detailed description by Anton von Prokesch, dating from 1825 is quoted by Jones 1994, 213.

[9] Translation by G. E. Bean (1979, 32) with further references and a good photo on Pl. 2.

[10] Bean 1979, 37; Jones 1994, 215; Rojas 2016, 197.

[11] Hansen 2002, 211-223.

Ramsay, W. M. 1882, "Studies in Asia Minor", in *JHS*, 3, 1-68.

Rojas, F. - Sergueenkova, V. 2014, "Traces of Tarhuntas", in *JMedA*, 27, 135-160.

Rojas, F. 2016, "Kings from the Deep: The Lydian Lakes and the Archaeological Imagination", in K. Galinsky - K. Lapatin (eds), *Cultural Memories in the Roman Empire*, Los Angeles, 191- 204.

Salvini, M. - André-Salvini, B. 1996, "Fixa caumine montis. Nouvelles considerations sur le relief rupestre de la prétendue "Niobé" du mont Sipyle", in H. Gasche - B. Hrouda (eds), *Collectanea Orientalia. Histoire, arts de l'espace et industrie de la terre. Études offertes en hommage à Agnès Spycket*, Neuchâtel-Paris, 7-20.

Salvini, M. 2011, "Sipylos", in *Reallexikon der Assyriologie und Vorderasiatischen Archäologie*, v. 12, 550-551.

44

The *Domus Augusta* in two urban landscapes of *Baetica* based on the sculptural evidence: *Italica* (Santiponce, Seville) and *Asido* (Medina Sidonia, Cadiz)

José Beltrán Fortes
Universidad de Sevilla

María Luisa Loza Azuaga
Instituto Andaluz de Patrimonio Histórico

Salvador Montañés Caballero
Ayuntamiento de Medina Sidonia

Daniel Becerra Fernández
Universidad de Córdoba

Abstract: Throughout the Julio-Claudian dynasty, the urban landscapes of many cities in *Hispania* underwent important changes. Thus, they developed new public spaces adapted to Roman models, including the construction of new forums, religious centres and theatres. Not only did architecture take on a new significance, the sculptural programmes also flourished, among which the imperial representations are especially noteworthy. In many cases, they are related to the emerging imperial cult, already manifest at the local level in Baetica during the reign of Augustus. We analyse two cases of particular relevance, *Italica* (Santiponce, Seville) and *Asido* (Medina Sidonia, Cadiz). Both have important statuary programmes dated in the Julio-Claudian period.

Keywords: Roman *Baetica*; Sculpture; Imperial cult; *Domus Augusta*; Hispano-roman towns.

44.1. Introduction[1].

In a now classic work by Pilar León in the context of the congress on the monumentalisation of the cities of *Hispania* between the Republic and the Empire[2] – of great interest for the present study –, the importance of the introduction of sculpture into the Hispano-Roman public spaces from the mid-1st century BC was described, specifically, as the "primeros conatos de producción escultórica en mármol centrados en torno a la época del segundo Triunvirato… [y] mayores pretensiones y nivel artístico, así como incremento considerable de la utilización del mármol que acaba de desplazar a la piedra ya en plena época de Augusto"[3]. This same author also identified portraiture – both of private individuals and of members of the *Domus Augusta* – as the particular field in which this adaptation of marble sculpture, following Italic Roman models, was developed and epitomised. This is a process that became consolidated in *Baetica* in the later stages of the principality and during the Julio-Claudian period[4], in connection with the imperial cult, which, in this *provincia*, was implanted in civic contexts prior to the death of Augustus[5]. Leaving aside other Baetic sites of interest[6], we will focus here on a brief analysis of two outstanding case studies, *Italica* (Santiponce, Seville) and *Asido* (Medina Sidonia, Cadiz).

44.2. The case of *Italica*.

The uniqueness of the city of *Italica* stems from the fact that it was the first Roman foundation in the Iberian Peninsula, in 206 BC, although the peak of its splendour would arrive over three centuries later under the reign of Hadrian, who consolidated the path laid by his adoptive

---

[1] Work carried out within the framework of the project: "FEDER/ Ministerio de Ciencia e Innovación - Agencia Estatal de Investigación, Proyecto Italica Adrianea: la *Nova Urbs*. Análisis arqueológico del paradigma urbano y su evolución, y contrastación del modelo" (PID2020-114528GB-I00). It is also part of the activities of the HUM402 research group (Andalusian Research Plan), attached to the Department of Prehistory and Archaeology of the University of Seville.
[2] Trillmich - Zanker 1990.
[3] León 1990, 379.

[4] León 1993; 2001; 2009. At a general level, Cesarano 2015; Cesarano 2020 (with the previous references).
[5] Nogales Basarrate - González 2007; especially González 2007; Beltrán - Stylow 2007.
[6] For example, Garriguet 2001; Garriguet 2004.

father Trajan[7]. However, the Julio-Claudian period, when the city became a Roman municipality under Augustus, is of the greatest interest. The sculptural evidence is a faithful exponent of this process[8]. In addition to the elements with a known archaeological context (such as those recovered in the theatre or, generically, in the forum), we may now add a series of hypotheses surrounding the urban planning of the so-called *Vetus Urbs* that may be used to understand the new urban landscape that took shape in *Italica* during the Julio-Claudian period.

Three important early sculptures were discovered in the area of the forum, which was only partially excavated in 1839 by Ivo de la Cortina (and is represented as such in the plan of this sector of the forum in the drawing made by this author in 1840)[9]. Firstly, the lower part of a monumental statue of the *Hüftmantel* type dated to the Augustan or Tiberian period, suggesting a representation of the *Divus Iulius* or *Divus Augustus* depending on the date[10]. It was probably the work of a local workshop, possibly located in *Italica* itself. Alongside it, a *togatus* figure was recovered, which can be dated more precisely to the Claudian period. Although its head is missing, its colossal size has supported its identification as a possible representation of the emperor Claudius himself[11]. The use of marble from Luni and the craftsmanship are suggestive of an imported piece. A torso of a *thoracata* statue, found by chance in 1836 and dated to the time of Claudius, would also have belonged to the forum. It is believed to represent the emperor or a member of the *Domus Augusta*[12]. In this case, the use of Baetic marble from Almadén de la Plata indicates that it was made by a local workshop, possibly in *Italica* itself. Finally, the 1840 drawing identified a third sculpture that has not been preserved, and therefore cannot be securely identified as an imperial image. In an interesting hypothesis, Antonio Peña suggested that it may correspond to an image of Romulus, linking it to some preserved fragments of a colossal hand and foot[13]. Although doubts remain as to its exact date within the first half of the 1st century AD, this element may logically be connected with the programme of the *Forum Augustum* in Rome, as is the case in other cities of *Hispania*[14].

The second space to be considered is the theatre[15], which – we now know – was built in the time of Augustus and underwent an extensive reform under Tiberius[16]. Leaving aside other epigraphic elements such as the monumental

inscription of the *orchestra* and ornamental elements such as the neo-Attic *arae*, of undoubted interest and dated to the late Augustan period, in the theatre we must refer to the oversized portrait of a Julio-Claudian prince, which was probably *capite velato* and whose production – certainly local – has been dated to the period of Tiberius-Caligula[17] (Fig. 44.1). However, if it were a portrait of Lucius Caesar[18], it would be possible to suggest a late-Augustan date. This would also indicate that, at the time of the construction of the building, there was already an early sculptural programme including members of the *Domus Augusta*, of which only this piece has been preserved[19].

Finally, we must consider the important urban area located in the NE sector of the *Vetus Urbs*, above the theatre, which absorbed a section of the Republican wall, according to the interesting results of the interpretation work by Álvaro Jiménez Sancho and José Manuel Rodríguez Hidalgo. Thus, the architectural remains from the late Augustan period – reclaimed in the time of Hadrian by other powerful constructions – have been interpreted as an *Aedes Augusti*, with a floor plan that is partly paralleled by the building known as the Sanctuary of the Public Lares in the forum of Pompeii[20] (Fig. 44.2). It is also suggested that the monumental altar depicted on the coins minted in *Italica* under Tiberius[21] may have been located in this area of the city. A series of fragments have enabled the reconstruction of *clipei* which are similar to those documented at the *Forum Augustum* in Rome, although they have been dated to both the Julio-Claudian[22] and the Hadrianic periods[23], and can be related to the profound changes which took place at that time[24]. For the period we are analysing, the possible placing of a colossal head of Augustus on the *Aedes Augusti* (Fig. 44.3) is an interesting and probable hypothesis, thus linking it to the imperial cult, although it has been dated either to the Augustan period[25] or the Tiberian-Claudian period[26]. In the first case, it would be an example of the early presence of imperial programmes in *Italica* even during the life of the *Princeps*, as also appears to have been the case in the forum and the

[7] Magnificent recent syntheses on the archaeology of *Italica* in León 2018; León 2021.
[8] León 1995; Beltrán 2010; Beltrán 2012a.
[9] Beltrán 2012b; Beltrán - Rodríguez 2012.
[10] León 1995, 34-35, no. 1.
[11] León 1995, 66-67, no. 15.
[12] León 1995 38-39, no. 3. Another *thoracata* bust of the Claudian period, which was said to have come from *Italica* (León 1995, 40-41, no. 4), in reality comes from Estepa, as demonstrated by López 2017; López 2018, 158-159, figs 14-15.
[13] Peña 2005; Peña 2007.
[14] León 2020.
[15] Rodríguez Gutiérrez 2004.
[16] Jiménez 2012; Jiménez - Borja 2015.

[17] León 1995, 76-77, no. 20. The iconographic relationship with a portrait of Germanicus from the "cortijo de Alhonoz" (Herrera) is noted (León 2009, 208-210, Fig. 277).
[18] The relationship of the form of the hairstyle with distant polychrome models is more evident in another Baetic piece, the ideal character of which has been questioned but which, perhaps, also corresponds to a colossal and more idealised representation of Lucius Caesar in *colonia Iulia Genetiva Urso* (Osuna); see Beltrán 2008; López García 2017, 78-80, no. 73; López García - Beltrán (forthcoming).
[19] On this subject, Gros 1990.
[20] Jiménez, in press; earlier partial interpretations in Jiménez - Borja 2015; Rodríguez Hidalgo - Jiménez 2017. The hypothesis formulated by Á. Jiménez is followed in Beltrán 2020, 503-504; León 2021, 140-143, Fig. 55.
[21] Chaves 2008. See also Chaves 2020.
[22] Peña 2005; Peña 2007, 327.
[23] Ahrens 2005, 62-63.
[24] Rodríguez Hidalgo (forthcoming) defends the existence of a Hadrianic *Augusteum*, a suggestion that would change the physiognomy of this entire urban area, which has been named the "hill of the Gods" (Rodríguez Hidalgo - Jiménez 2015).
[25] Boschung 1993, 131, no. 47.
[26] León 1995, 74-75, no. 19.

Fig. 44.1. Seville, Archaeological Museum. Portrait of a Julio-Claudian prince (Lucius Caesar?) from the theatre of Italica (after León 2001).

theatre, according to the dates given to the sculptures; in the second case, it would be the culmination of the entire process, of singular development in *Baetica*, during the reign of Claudius.

Another portrait of Augustus, much smaller in size, is identified in the repertoire of Italic sculptures. However, it is not known in which urban sector it was discovered. It is a work from the time of Tiberius, in which some influence of the imperial portrait can be noted[27]. It may tentatively be linked to the extensive reform of the theatre in the Tiberian period, mentioned above, although there is no reason to rule out its location in the urban forum.

In this new urban landscape of *Italica* in the late Augustan period, in parallel with its conformation as a Roman municipality, new public spaces were articulated in two large nuclei: on the one hand, the forum; on the other hand, the complex formed by the *Augusteum* and the theatre in the NE sector of the city. Moreover, the proximity of the

latter stage building to the site where the *Augusteum* and a second public building were built, around an open space - perhaps where the *clipei* were located - would suggest that this was a coordinated urban planning project. This may be linked to the importance of theatres in many cities in *Hispania* from the time of Augustus onwards[28].

44.3. The case of *Asido*.

The ancient city of Medina Sidonia was, in Roman times, a *municipium* in the Caesarian period and a *colonia* in the Augustan period. Thus, the inscription *CIL* II, 1315 mentions the *municipes Caesarini* as dedicants, in a toponym that was maintained in the Augustan period, since it was referred to by Pliny the Elder as *Asido quae Caesarina*[29]. The colonial *deductio* in Augustan times probably took place around 14 BC, which has enabled the identification of its citizens as members of the *tribus Galeria*[30]. However, *Asido* was previously of great importance in the control of this territory of *Hispania Ulterior*, as is evidenced by the existence of an outstanding late Republican *castellum*. This fortification with a rectangular layout and rectangular towers has been documented under the medieval castle and is located on the highest topographical point, known as "cerro del Castillo"[31]. In the sector in which the hill has the least natural defence – to the north – a large V-shaped ditch was dug to protect this access. The Republican city must have extended precisely to the west of the *castellum*, on a gently sloping esplanade[32]. Little is known archaeologically about the Republican settlement, apart from some architectural elements that point to a Tuscan order, perhaps associated with the primitive Republican forum, of which nothing is known. After the Augustan colonial *deductio*, the city built a new forum on a lower topographical level, to the west of the fortified hill-site, which coincides with the area occupied by the main square of Medina Sidonia from Modern times to the present day. In short, the city displays a terraced urban development – in an E/W direction – which would already have existed in Roman times.

From the Augustan and Julio-Claudian periods, the presence of sculptures of members of the *Domus Augusta* in three areas of the city contribute to the identification of different urban landscapes within the Roman *colonia*[33]. Firstly, from the hill top, in the sector immediately to the north of the *castellum*, the well-known portraits of Livia, Germanicus and Drusus *Minor* were recovered without any archaeological excavation[34], together with

---

[27] León 1995, 72-73, no. 18. The sculpture previously considered to be a portrait of Octavia is, in reality, that of a private individual (León 1995, 84-85, no. 24).

[28] Gros 1990; Jiménez Salvador 1994.
[29] Pl., *NH* 3, 1, 11.
[30] González 2011.
[31] Montañés - Montañés 2007; 2009; Montañéz - Montañés - Ciruela 2008; Cadiou 2015; Beltrán - Loza - Montañés 2018, 17.
[32] This esplanade was also the site of the medieval city, which was smaller than that of the Roman period.
[33] See Beltrán - Loza - Montañés 2018, 25-35; Beltrán - Loza 2020, 72-75.
[34] Blanco 1965; García y Bellido 1966; León 2001: 270-273, no. 82, 274-275 and no. 83, 322-325, no. 99; Beltrán - Loza - Montañés 2018, 56-64, no. 4-6; Beltrán - Loza 2020, 206-210, no. 92-94.

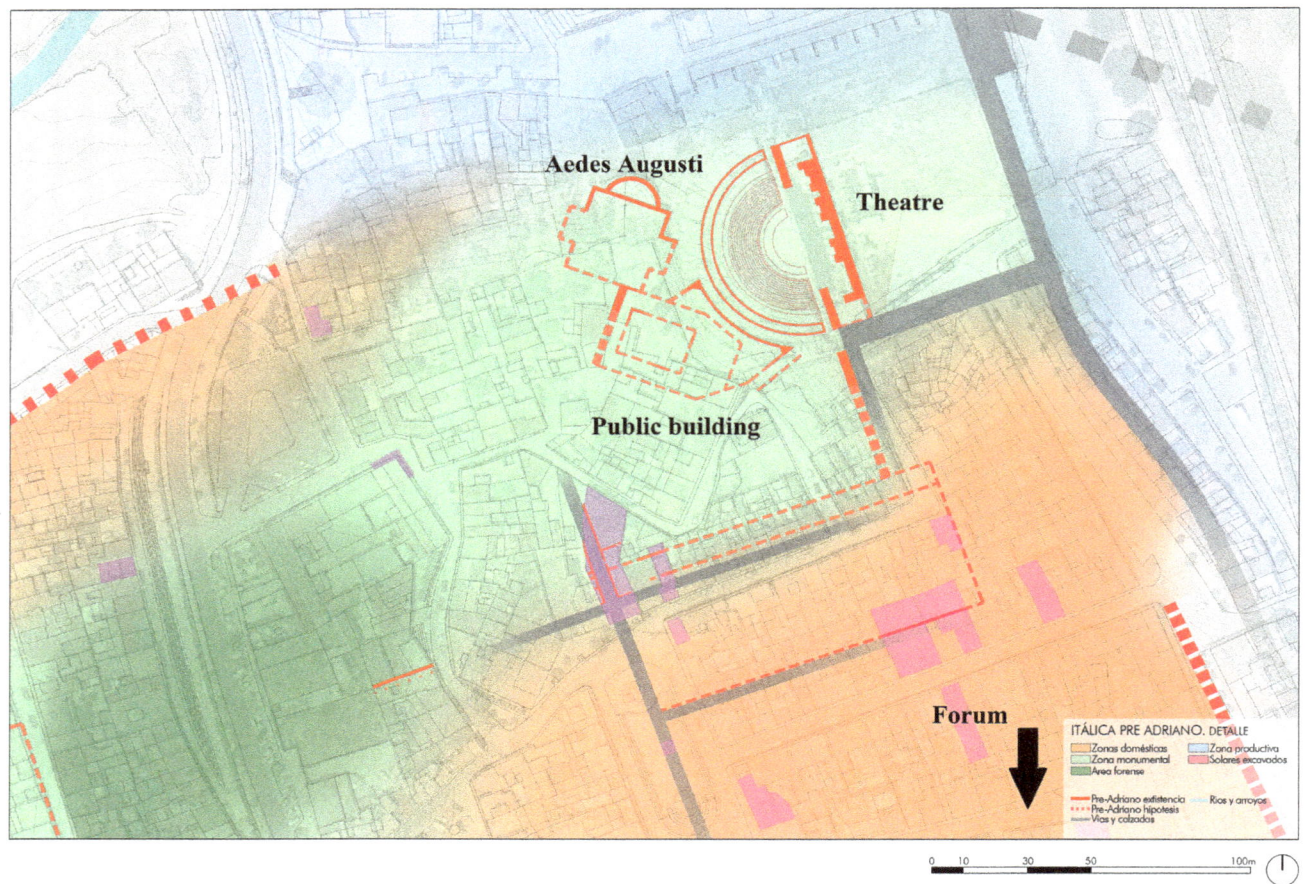

Fig. 44.2. Plan of the NE sector of the *Vetus urbs* of Italica in the Augustan period over the present-day town of Santiponce (reworked from León 2021).

other fragments of limbs – now lost – and a female statue identified as the body of Livia (Fig. 44.4). It displays a variation of the Formia type, with parallels in Rome and *Narona*[35]. The example from *Narona*, providing the closest parallel, corresponds to the Oxford-Opuzen Livia; the statue is dated to the Augustan period and the portrait to the Tiberian period[36]. In the case of *Asido*, the body is dated to the late Augustan period, while the portraits have been dated either to the same period – between 4 and 14 AD – or to the beginning of the reign of Tiberius[37]. In any case, they were created by a local Baetic workshop, probably located in *Asido* itself, which worked with marble from Almadén de la Plata[38]. From this area, there is also a fluted stucco-coated sandstone column drum, 1.05 m in diameter and 0.5 m high, which suggests that it belonged to a religious building with characteristics similar to the temples – in the Iberian Peninsula – of the colonial forums of *Barcino* (Barcelona) or, particularly, of *Augusta Emerita* (Mérida), the so-called the "temple of

Diana"[39]. It is not known whether the imperial programme of *Asido* would have been located in this probably temple or in a nearby building, an *Augusteum*.

Secondly, from the area of the colonial forum, there are two figures in toga, dated to the late-Augustan period – one of them now in the Town Hall of Medina Sidonia (Fig. 44.5) –, which must have been part of an early statuary cycle of *Gens Augusta*[40]. This dynastic group was later extended, as is indicated by a female statue, larger than life-size, of the Eumachia-Fundillia type, dated to the Late-Augustan or early Tiberian period, which may correspond to a representation of Livia[41]. In addition, another female statue, also slightly oversized, corresponds to the iconographic type of a woman in prayer with her cloak completely covering her body, a style that we have linked to the *ricinium* or dress worn by Roman widows[42]. In the context of the *Domus Augusta*, it could be a representation

---

[35] Beltrán - Loza 2015.

[36] Marín 2003; Marín *et al.* 2004; Cesarano 2015, 46-47.

[37] Cesarano (2015, 52-53) follows the Late-Augustan chronology, between 4-5 AD.

[38] Ontiveros - Beltrán - Loza 2020.

[39] Álvarez - Nogales 2003.

[40] Beltrán - Loza - Montañés 2018, 70-74, no. 9-10; Beltrán - Loza 2020, 215-216, no. 107-108. This type is only documented in *Hispania* in examples from *Tarraco* (Tarragona), *Emporiae* (Ampurias) and *Segobriga* (Saelices, Cuenca).

[41] Beltrán - Loza - Montañés 2018, 82-84, no. 14; Beltrán - Loza 2020, 219-220, no. 111.

[42] Loza 2010.

Fig. 44.3. Seville, Archaeological Museum. Colossal portrait of Augustus from Italica (photo by J. Beltrán).

Fig. 44.4. Cadiz, Museum. Portrait and statue of Livia from Asido (photo by J. Beltrán).

of Agrippina *Maior* in the year of mourning of the death of her husband Germanicus[43]. If this hypothesis is correct, the sculpture would have been made in the Tiberian period, exactly between 19-20 AD. Another iconographic parallel is documented in the aforementioned *Augusteum* of *Narona*, in a statue that has been identified as Octavia *Minor*[44]. This identification is questioned by M. Cesarano, who suggests instead Livilla, wife of Gaius Caesar, or Julia *Minor*, daughter of Agrippa and Julia[45]; although the *Narona* example may also have been an image of Agrippina *Maior*. Finally, from the area of the forum of *Asido*, there is a female portrait which we have identified as Agrippina *Minor*, dated around 50 AD when she received the title of *Augusta*, as she is represented with the diadem[46]. This portrait therefore corresponds to the time of Claudius, so important for the province of *Baetica*, as we have already noted. It is a local production of average quality, which

summarily reproduces the canonical elements of the imperial portrait.

Thirdly, we put forward the hypothesis that another group of Julio-Claudian sculptures, from a nearby area located further to the west of the forum, may have belonged to a theatre. This is also supported by the topography and the location of several column shafts of green *cipollino* and 'Africano' marble, together with others in greyish-white or bluish marble[47]. The sculptural ensemble is made up of three figures in toga, produced in the Claudian period,

[43] Beltrán - Loza - Montañés 2018, 84-87, no. 15; Beltrán - Loza 2020, 220-222, no. 112. The closest parallel in *Hispania* is found in a similar female statue from the theatre of *Segobriga*, although it also does not preserve the portrait (Noguera 2012, 77-81, no. 53).
[44] Marin 2003; Marin *et al.* 2004.
[45] Cesarano 2015, 47.
[46] Beltrán - Loza - Montañés 2018, 65-67, no. 7; Beltrán - Loza 2020, 216-218, no. 109.

[47] Beltrán - Loza - Montañés 2018, 35, Fig. 30, a-d.

Fig. 44.5. Medina Sidonia, Town Hall. Augustan figure in toga from Asido (photo by J. Beltrán).

any case, the date of production belongs to the reign of the latter emperor, and it is, therefore, the most recent of the three Julio-Claudian statuary cycles documented in *Asido*.

44.4. Conclusions.

The analysis of the sculptures of members of the *Domus Augusta* during the Julio-Claudian period in *Italica* and *Asido* enables us to reconstruct two unique urban landscapes in two outstanding cities of *Baetica*, despite their different administrative status during the principality of Augustus, *municipium romanum* in *Italica* and *colonia romana* in *Asido*. Both examples offer similarities and differences. In both cases, we may note a duplicity in the spaces from which Julio-Claudian statuary programmes have been documented, although there is insufficient archaeological knowledge of their contexts. Although the forum is an appropriate and logical setting for these manifestations, *Augustea* were built, possibly from the late Augustan period onwards, to worship the new rulers. In the case of *Italica,* the use was made of a space which we may consider somewhat peripheral, located in the NE sector of the city, but which had the unique advantage of being directly associated with the theatre – in which an imperial programme would also have been present from the Augustan period. This location may also have promoted a setting towards the eastern margin of the city, recently claimed as the city's main façade[50] – because of its link to the river –, thus offering the association *Augusteum*-theatre.

In the case of *Asido*, on the other hand, the theatre would have been associated with the forum, with which it was connected by proximity, although located on an inferior terrace. In this case, we cannot confirm the date of construction of the stage building, as the imperial programme dates solely to the time of Claudius – based on the sculptures that have been preserved. The *Augusteum* of *Asido* also occupied a privileged topographical and scenographic position, in the highest part of the *colonia*, next to the great temple that presided over the acropolis and of which only the drum of a column has survived. It was a scheme that would even have recalled those of Rome, with the separation between the main religious centre on the Capitoline Hill and the forum below it, which is repeated in other Roman cities. In *Asido*, the relocation of the urban centre from the Republican acropolis to the lower area must have promoted the transformation of that upper space in a more decisive manner. This is also the case, for example, in *Tarraco*, where the main temple of cult dedicated to Rome and Augustus – represented on the coins minted in the capital of *Hispania Tarraconensis*[51]– was built during the Tiberian period, and later respected throughout the great Flavian reform of the provincial *forum* and restored under Hadrian[52].

one of which is *a capite velato*[48]. We do not know which members of the *Domus Augusta* they represented, but the Emperor Claudius himself and the *Divus Augustus* must have been present, in consonance with Claudius' interest in linking the *gens Claudia* with the *gens Iulia*. In addition to these male figures, there is a female portrait, again with doubts as to the precise identification of the subject: either of the two Agrippina or one of Nero's three wives[49]. In

---

[48] Beltrán - Loza - Montañés 2018, 74-81, no. 11-13; Beltrán - Loza 2020, 222-225, no. 114-116.
[49] Beltrán - Loza - Montañés 2018, 67-70, no. 8; Beltrán - Loza 2020, 218-219, no. 110.

[50] Alarcón - Montero 2018.
[51] Beltrán 2012c.
[52] Mar *et al.* 2015.

Bibliography

Ahrens, S. 2005, *Die Architekturdekoration von Italica*, Mainz.

Álvarez Martínez, J. M. - Nogales Basarrate, T. 2003, Forum Coloniae Augustae Emeritae. Templo de Diana, Mérida.

Alarcón, L. - Montero-Fernández, F. 2017, "The Traiaenum and the urbanism of Italica", in *Civiltà Romana*, 4, 251-270.

Beltrán Fortes, J. 2008, "Esculturas romanas de *Conobaria* (Las Cabezas de San Juan) y *Vrso* (Osuna). La adopción del mármol en los programas estatuarios de dos ciudades de la *Baetica*", in J. M. Noguera - E. Conde (eds), *Escultura Romana en Hispania V*, Murcia, 501-543.

Beltrán Fortes, J. 2010, "La escultura", in A. Caballos (ed.), *Ciudades romanas de Hispania. 7. Itálica-Santiponce. Municipium y Colonia Aelia Augusta Italicensium*, Roma, 115-126.

Beltrán Fortes, J. 2012a, "Las esculturas de Itálica", in F. Amores - J. Beltrán (eds), *Itálica 1912-2012. Centenario de la Declaración como Monumento Nacional*, Granada, 237-260.

Beltrán Fortes, J. 2012b, "El foro de Itálica", in F. Amores - J. Beltrán (eds), *Itálica 1912-2012. Centenario de la Declaración como Monumento Nacional*, Granada, 123-130.

Beltrán Fortes, J. 2012c, "L'origen del culte imperial a Hispània i el seu réflex en les emissions romanoprovincials", in M. Campo (ed.), *Déus i mites de l'antiguitat. L'evidencia de la moneda d'Hispania*, Barcelona, 78-83, 129-132.

Beltrán Fortes, J. 2020, "Monumentalizzazione urbana nella Betica augustea: esempi e modelli", in C. Capaldi (ed.), *Augusto e la Campania. Da Ottaviano a Divo Augusto. 14-2014 d.C*, Napoli, 497-508.

Beltrán Fortes, J. - Loza Azuaga, M. L. 2015, "La Livia de *Asido* (Medina Sidonia, Cádiz). Identificación de la estatua en el Museo de Cádiz", in *MM*, 56, 258-269.

Beltrán Fortes, J. - Loza Azuaga, M. L. 2020, *Provincia de Cádiz (Hispania Vlterior Baetica)*, Cádiz-Tarragona.

Beltrán Fortes, J. - Loza Azuaga M. L. - Montañés Caballero S. 2018, *Esculturas romanas de Asido (Medina Sidonia, Cádiz)*, Cádiz-Sevilla.

Beltrán Fortes, J. - Rodríguez Hidalgo, J. M. 2012, "Las primeras excavaciones oficiales en Itálica: Los trabajos de Ivo de la Cortina en el año 1839", in *Itálica*, 2, 29-52.

Beltrán Fortes, J. - Stylow, A. U. 2007, "Un aspecto del culto imperial en el suroeste bético: el 'puteal' de Trigueros (Huelva), un altar dedicado a Augusto", in Nogales Basarrate - González 2007, 239-250.

Blanco Freijeiro, A. 1965, "Retratos de príncipes julio-claudios en la *Baetica*", in *Boletín de la Real Academia de la Historia*, 156.2, 92-95.

Boschung, D. 1993, *Die Bildnisse des Augustus*, Berlin.

Cadiou, F. 2015, "*Praesidia* et *castella* dans les sources littéraires", in *RAPon*, 25, 231-243.

Chaves Tristán, F. 2008, "*Lvpa romana. Mvnicipium Italicense*. Una mirada al pasado", in E. La Rocca - P. León - C. Parisi Presicce (eds), *Le due patrie acquisite. Studi di Archeologia dedicati a Walter Trillmich*, Roma, 117-128.

Chaves Tristán, F. 2020, "El tesoro de aúreos hallado en Itálica", in *Habis*, 51, 161-192

Cesarano, M. 2015, In honorem domus divinae. *Introduzione allo studio dei cicli statuari dinastici giulio-claudii a Roma e in Occidente*, Roma.

Cesarano, M. 2020, "Il volto guilio-claudio dell'Hispania romana: i cicli statuari dinastici", in J. M. Noguera - L. Ruiz (eds), *Escultura romana en Hispania IX (= Yakka. Revista de Estudios Yeclanos*, 22), Murcia, 121-150.

García y Bellido, A. 1966, "Los retratos de *Livia, Drusus Minor* y *Germanicus* de Medina Sidonia", in R. Chevalier (ed.), *Mélanges d'archéologie et d'histoire offerts à André Piganiol*, Paris, 480-494.

Garriguet Mata, J. A. 2001, *La imagen del poder imperial en Hispania. Tipos estatuarios*, Murcia.

González Fernández, J. 2007, "El origen del culto imperial en la Bética según la documentación epigráfica", in Nogales Basarrate - González 2007, 173-190.

González Fernández, J. 2011, "*Asido quae Caesarina*", in J. González - J. C. Saquete (eds), *Colonias de César y Augusto en la Andalucía romana*, Roma, 273-296.

Gros, P. 1990, "Théatre et culte impérial en Gaule Narbonnaise et dans la Péninsule ibérique", in Trillmich - Zanker 1990, 381-390.

Jiménez Salvador, J. L. 1993, "Teatro y desarrollo monumental urbano en Hispania", in S. F. Ramallo - F. Santiuste (eds), *Teatros romanos de Hispania*, Murcia, 225-238.

Jiménez Sancho, Á. 2012, "Nuevas aportaciones sobre la construcción y evolución del graderío del teatro de Itálica: Los resultados de la campaña de excavación de 2009 y 2011", in *Itálica*, 2, 99-126.

Jiménez Sancho, Á. (forthcoming), "Acerca del gran ábside junto al teatro de Itálica: ¿Aedes Augusti?", in J. Beltrán - J. L. Escacena (eds), *Itálica. Investigaciones arqueológicas en la Vetus Urbs*, Sevilla.

Jiménez Sancho, Á. - Borja Barrera, F. 2015, "El teatro de Itálica y su entorno. Evolución del paisaje urbano entre el s. II a.C. y el cambio de Era", in J. López (ed.), *August i les províncies occidentals. 2000 aniversari de la mort d'August. 2 Congrés Internacional d'Arqueologia i Món Antic*, Tarragona, 87-95.

León, P. 1990, "Ornamentación escultórica y monumentalización en las ciudades de la Bética", in Trillmich - Zanker, 367-380.

León, P. 1993, "La incidencia del estilo provincial en retratos de la Bética", in T. Nogales (ed.), *Actas de la I Reunión sobre escultura romana en Hispania*, Madrid, 11-22.

León, P. 2001, *Retratos romanos de la Bética*, Sevilla.

León, P. 2009, "El retrato", in P. León (ed.), *Arte Romano de la Bética*, Sevilla, 152-233.

León, P. 2018, "*Italica*: de la madurez trajánea a la mutación adrianea", in A. Caballos (ed.), *De Trajano a Adriano. Roma matura, Roma mutans*, Sevilla, 729-765.

León, P. 2020, "Le copie ispaniche dei cicli mitologici del Foro di Augusto", in C. Capaldi (ed.), *Augusto e la Campania. Da Ottaviano a Divo Augusto. 14-2014 d.C*, Napoli, 497-508.

León, P. 2021, *Italica. La ciudad de Trajano y Adriano*, Sevilla.

López García, I. 2017, *Osuna (provincia de Sevilla, Hispania Vlterior Baetica)*, Tarragona.

López García, I. - Beltrán Fortes, J. (forthcoming), "Repertorio escultórico romano-provincial de la Colonia Iulia Genetiva (Osuna, Sevilla)", in *19. Internationaler Kongress für Klassische Archäologie*, Köln.

López Rodríguez, J. R. 2017, "En los orígenes del Museo Arqueológico de Sevilla: dos esculturas thoracatas y la colección de Juan de Córdoba Centurión. Una propuesta de identificación", in *Spal*, 26, 319-337.

López Rodríguez, J. R. (2018), "Don Francisco de Bruna y la colección de estatuas de Juan de Córdoba", in J. Beltrán - P. León - E. Vila (eds), *Francisco de Bruna (1719-1807) y su colección de antigüedades en el Real Alcázar de Sevilla*, Sevilla, 137-164.

Loza Azuaga, M. L. 2010, "Vestido y estatus. Representaciones de luto en la estatuaria hispanorromana", in *AEspA*, 83, 281-301.

Mar, R. - Ruiz de Arbulo, J. - Vivó, D. - Beltrán-Caballero, J. A., *Tarraco. Arquitectura y urbanismo de una capital provincial*, I-II, Tarragona.

Marin, E. 2003, "Livie à Narona", in *CRAI*, 147.2, 957-974.

Marin, E. - Claridge, A. - Kolega, M. - Rodá de Llanza, I. 2004, "Livia d'Oxford-Opuzen", in E. Marin - I. Rodá (eds), *Divo Augusto. El descubrimiento de un templo romano en Croacia*, Split, 76-86, 340-344.

Montañés Caballero, S. - Montañés Caballero, M. 2007, "Contexto histórico del Cerro del Castillo de Medina Sidonia (Cádiz), a través de los documentos y la arqueología", in *Revista Atlántico-mediterránea de Prehistoria y Arqueología Social*, 9, 303-309.

Montañés Caballero, S. - Montañés Caballero, M. 2009, "El castillo de Medina Sidonia (Cádiz): metodología, investigación e interpretación histórica", in *Cetaria*, 6-7, 301-316.

Montañés Caballero, M. - Montañés Caballero, S. - Ciruela, A. 2008, "Fases de ocupación en el Cerro del Castillo de Medina Sidonia (Cádiz) a través de las monedas", in A. Arévalo (ed.), *Actas del XIII Congreso Nacional de Numismática. Moneda y Arqueología*, vol. 2, Madrid-Cádiz, 1013-1036.

Nogales Basarrate, T. - González Fernández, J. (eds) 2007, *Culto imperial: Política y poder*, Roma.

Noguera Celdrán, J. M. 2012, *Segobriga (Provincia de Cuenca, Hispania Citerior)*, Tarragona.

Ontiveros Ortega, E. - Beltrán Fortes, J. - Loza Azuaga, M. L. 2020, "Estudio arqueométrico del soporte marmóreo de una escultura de Livia hallada en la ciudad romana de *Asido* (Medina Sidonia, Cádiz)", in *Ge-conservación*, 18, 108-122.

Peña Jurado, A. 2005, "Imitaciones del *Forum Augusteum* en Hispania: el ejemplo de *Italica*", in *Romula*, 4, 135-162.

Peña Jurado, A. 2007, "Reflejos del *Forum Augustum* en *Italica*", in Nogales Basarrate - González 2007, 323-348.

Rodríguez Gutiérrez, O. 2004, *El teatro romano de Italica. Estudio arqueoarquitectónico*, Madrid.

Rodríguez Hidalgo, J. M. (forthcoming), "Hitos del urbanismo romano de la Vetus Urbs de Itálica en época de los emperadores Augusto y Adriano. Planimetría y documentación gráfica", in J. Beltrán - J. L. Escacena (eds), *Itálica. Investigaciones arqueológicas en la Vetus Urbs*, Sevilla.

Rodríguez Hidalgo, J.M. - Jiménez Sancho, Á. 2017, "Itálica, la Colina de los Dioses. De Augusto a Adriano", in AA.VV., *Navigare Necesse Est. Homenaje al profesor José María Luzón Nogué*, Madrid, 228-239.

Trillmich, W. - Zanker, P. (eds) 1990, *Stadtbild und Ideologie. Die Monumentalisierung hispanischer Städte zwischen Republik und Kaiserzeit*, München.

45

Tra apertura e chiusura. Percezione e impatto visivo del culto imperiale nel paesaggio urbano italiano: uno studio delle aree di accesso e delle facciate degli edifici di culto.

Marjolaine Benaïch
Sorbonne-Université (Paris)

Abstract: This article is an attempt to assess the visual impact of the imperial cult in the Italian urban landscape, as well as the way in which the buildings linked to the imperial celebration signal themselves as such to visitors. While the dedications of the temples of Rome and Augustus in Pola, Ostia and Terracina can be considered genuine signage, most of the buildings favour anepigraphic signals and are marked by a strong axiality and an emphatic development of the façades and access spaces. The discussion opens with the emblematic examples of the buildings of the Augustales in Herculanum and Misenum and the way they fit into the urban fabric. The case of the vestibules, arranged at the front of the buildings, according to a model adopted in Pompeii in the building of Eumachia, then allows a development on the annexation of urban fabric by the spaces of imperial celebration. Finally, the visibility of the statuary cycles installed in these places is questioned and relativised, and the perspective that highlights them in the eyes of passers-by is considered.

Keywords: Imperial cult; urban landscape; visual impact; plays of perspective; Roman Italy.

Augusteum cum statuis LVII[1], "un augusteo con cinquantasette statue" è quello che due evergeti locali offrirono all'inizio del primo secolo a *Ferentium*. Se questa cifra costituisce probabilmente un'iperbole, solleva anche la questione della presentazione di queste immagini. Il prosieguo dell'iscrizione afferma che le sculture erano collocate sotto i portici e distribuite intorno a un bacino idrico e a dei canali, il che permette di immaginare un'esposizione all'aperto, particolarmente visibile nello spazio urbano. Tuttavia, nella maggior parte delle città dell'Italia romana, gli spazi dedicati alla celebrazione imperiale adottano varie modalità, che vanno dai templi dedicati agli imperatori divinizzati, il più delle volte situati nel foro, a piccole cappelle dedicate alla famiglia imperiale e installate in spazi pubblici o privati. Nell'analizzare questi spazi, è anche necessario tenere conto, da un lato, della distinzione tra il culto tributato agli imperatori divinizzati e, dall'altro, delle manifestazioni onorifiche e le attività cultuali di cui l'imperatore non è il destinatario, ma solo il beneficiario. A questa varietà corrispondono numerose tendenze architettoniche, epigrafiche e decorative che rendono gli edifici di culto imperiale visibili nel tessuto urbano.

Se ragioniamo in termini di leggibilità ed identificazione degli edifici di culto imperiali, i templi forensi costituiscono l'esempio più evidente. P. Gros[2] ha mostrato chiaramente come i *fora* repubblicani furono gradualmente trasformati durante il periodo augusteo per fare spazio al nascente culto imperiale. In effetti, la monumentalizzazione delle piazze pubbliche, strettamente legata all'instaurazione del culto imperiale, ha fornito alle *élites* locali l'opportunità di ristrutturare il tessuto urbano. In questo contesto, si osserva una progressiva predominanza dei *templa Augusti* sui *capitolia*, che gradualmente occuparono una posizione di rilievo nel centro urbano, nell'asse della piazza pubblica, dando loro un incomparabile impatto visivo che li rendeva immediatamente identificabili agli occhi dei passanti come edifici religiosi di prim'ordine.

Inoltre, sono le iscrizioni di dedica sull'architrave di questi templi che permettono di identificarli con certezza come templi dedicati al culto dell'imperatore, poiché l'epigrafia naturalmente permette un massimo grado di leggibilità e intelligibilità degli edifici. Così, anche se è difficile valutare l'alfabetizzazione e la comprensione dei cittadini[3], sembra che tutti condividessero un livello minimo di conoscenza che permetteva loro di identificare parole chiave o formule. I templi di Pola[4], Ostia[5] e Terracina[6] sono gli unici tre conservati in elevazione la cui dedica ci è nota. In tutti e tre i casi, i templi sono

---

[1] *CIL* XI 7431 (*Ferentium*).
[2] Gros 2000, 313-316. Vedi anche Gros 1987.

[3] Corbier 1987; Harris 1989; Corbier 2006.
[4] Hänlein-Schäfer 1985, A 16, 149-152, taf. 13-21; Pavan 2000; Girardi Jurkić 2005. *CIL* V 18 (Pola): *Romae et Augusto Caesari Divi f(ilio) p(atri) p(atriae)*.
[5] Hänlein-Schäfer 1985, A 4, 130-133, taf. 2-8; Geremia Nucci 2013; Van Haeperen 2019, 214-218. Geremia Nucci 2013, 234: *[Ro]mae [et Augusto Caesari diui f(ilio) o [et diuo Augusto][---pat]ro[nus c] ol[oniae]*.
[6] Hänlein-Schäfer 1985, A 6, 135-140, taf. 10-12. *CIL* X 6305 (Terracina): *Romae et Augusto Caesari diui [f(ilio)]V A(ulus) Aemilius A(uli) f(ilius) ex pecunia sua f(aciendum) c(urauit)*.

facilmente identificabili come luoghi di culto imperiale. Questi templi, che non mostrano particolari peculiarità da un punto di visto architettonico, sono indicati come edifici del culto imperiale attraverso la loro posizione prominente; ma soprattutto, sono le iscrizioni di dedica a eliminare qualsiasi ambiguità sullo scopo di questi edifici. Si tratta della categoria di templi con il maggior impatto visivo all'interno del tessuto urbano che si configura come l'unico caso vero e proprio di 'segnaletica' imperiale. Tuttavia, essa rappresenta una minima parte delle soluzioni adottate. Nel presente intervento, invece, intendo piuttosto illustrare non solo le soluzioni adottate per permettere ai passanti di identificare i luoghi di culto imperiali come tali, ma anche proporre una gerarchia di questa segnaletica, basata sullo status – pubblico o privato – degli edifici, sulla loro vicinanza al foro e ai *celeberrimi loci* della città, e anche sull'identificazione dei loro utenti.

45.1. Valorizzazione dei dintorni e monumentalizzazione delle facciate e aree di accesso.

Una delle caratteristiche più spesso osservate negli edifici dedicati alla celebrazione imperiale è l'enfasi monumentale delle zone d'accesso a diretto contatto con lo spazio pubblico e la strada, con un forte impatto visivo. Un gran numero di questi edifici, soprattutto quelli che non si trovano nel foro, ma nelle vicinanze o in strade secondarie, sono caratterizzati da una forte valorizzazione delle facciate. Questo è particolarmente vero per le *scholae* o sedi delle corporazioni[7] che mostrano un'ambigua articolazione tra chiusura e apertura, poiché si tratta di rendere manifesto il potere della corporazione, pur conservando uno spazio chiuso, riservato solo ai membri del collegio. Queste *scholae* mettono in primo piano le manifestazioni di adesione all'ideologia imperiale, in particolare attraverso l'installazione di gruppi statuari di membri della famiglia imperiale o con l'adozione di modelli pubblici, in altre parole, con una vera *imitatio Urbis*.

Una prima soluzione, frequentemente adottata e che permette all'edificio di avere un forte impatto visivo, consiste nell'isolare i dintorni dell'edificio sollevando il marciapiede davanti all'entrata, o applicando una pavimentazione diversa dal resto della strada. Questo è particolarmente visibile di fronte al Collegio degli Augustali a Ercolano[8], dove il pavimento in un semplice cocciopesto è stato sostituito con un elegante pavimento con inclusioni di marmo policromo[9]. Il visitatore riceveva così diversi stimoli sensoriali, poiché il cambiamento di pavimentazione era anche accompagnato da un cambiamento di livello, con un gradino che abbassava il pavimento e lo separava dal resto della strada. Tuttavia, l'impatto non era solo fisico, ma anche visivo, poiché il

pedone doveva poi entrare in una struttura coperta che rendeva manifesto l'ingresso al collegio[10]. Questo tipo di monumentalizzazione delle facciate si ritrova nel caso di diversi edifici collegiali, come a Ostia nel caso della *Schola del Traiano*[11], la cui facciata assume la forma di una grande esedra semicircolare con nicchie, preceduta da quattro colonne corinzie in marmo di Portasanta (Fig. 45.1). Lo stesso vale per il Sacello degli Augustali di Miseno[12], che prende la forma di un vero e proprio tempio con podio e frontone. Anche se si sa poco dei dintorni dell'edificio, si può supporre che questa struttura dovesse essere stata visibile dalla strada e avere un impatto significativo.

45.2. Annettendo lo spazio pubblico: portici e *chalcidica*.

Inoltre, la valorizzazione delle facciate e degli spazi di accesso agli edifici porta, talvolta, a una vera e propria annessione dello spazio pubblico. In effetti, un caso particolarmente interessante è costituito da quegli edifici dedicati al culto imperiale le cui facciate vengono ingrandite includendo una parte dei portici pubblici o delle strutture stradali, al fine di creare un vero e proprio vestibolo di ingresso nella parte anteriore dell'edificio, spesso indicato come *chalcidicum*[13].

Il caso più famoso è quello dell'Edificio di Eumachia[14], situato sul lato orientale del foro di Pompei, il cui nome è fornito da un'iscrizione incisa su un architrave posto all'ingresso dell'edificio sulla facciata che si apre sulla piazza pubblica. La dedica[15] commemora una serie di opere finanziate dalla sacerdotessa Eumachia e spiega come avesse costruito un vestibolo (*chalcidicum*), un criptoportico (*crypta*) e un portico (*porticus*) dedicato alla *Concordia* e alla *Pietas*, ispirato dal Portico di Livia a Roma. Ognuna delle parti del complesso menzionate nell'epigrafe trova un preciso riscontro nel complesso, la cui decorazione e dedica testimoniano chiaramente la volontà di esaltare l'ideologia augustea. In questo caso, il termine *chalcidicum* si riferisce alla sezione del portico del foro situata di fronte all'edificio: esso si presenta come un portico profondo, aperto sul foro con un colonnato dorico di sedici colonne di pietra calcarea, mentre il retro del portico ha nicchie rettangolari alternate a esedre; inoltre, una serie di basi installate ai piedi delle colonne sembra formare una galleria di *summi uiri*, molto simile a quella che adornava il foro di Augusto a Roma[16].

---

[7] Gros 1997; Bollmann 1998; Goffaux 2011; Goffaux 2012; Rosso 2013. Per gli Augustali, vedi Calabrò 2005.

[8] Guadagno 1983; Bollmann 1998, A 47, 348-354, piante 35-37; Calabrò 2005, 169-180.

[9] Laird 2015, 105-110; Hartnett 2017, 240-245.

[10] Najbjerg 2002, 143-145.

[11] Bollmann 1998, A 41, 323-327, pianta 13, tavv. 5.1-5.2 e 15; Steuernagel 2005, 79.

[12] De Franciscis 1991; Bollmann 1998, A 50, 356-363, tav. 8; Miniero 2000; Adamo Muscettola 2000; Calabrò 2005, 155-157 e 180-183.

[13] Zevi 1971; Gros 2001; Torelli 2003; Torelli 2005; Fentress 2005; Torelli 2014; Torelli 2017.

[14] Tra l'abbondante bibliografia vedi in particolare: Moeller 1972; Zanker 1988, 27-32; Dobbins 1994; Dobbins 1996; Torelli 1998; Torelli 2003, 222-226; Fentress 2005, 225-229.

[15] *CIL* X 810: *Eumachia, L(uci) f(ilia), sacerd(os) publ(ica), nomine suo et/ M(arci) Numistri Frontonis, fili(i), chalcidicum, cryptam, porticus Concordiae/ Augustae, Pietati, sua pequnia fecit eademque dedicauit.*

[16] Zanker 1988, 30; Torelli 1998, 260; Torelli 2003, 225; Fentress 2005, 227-228.

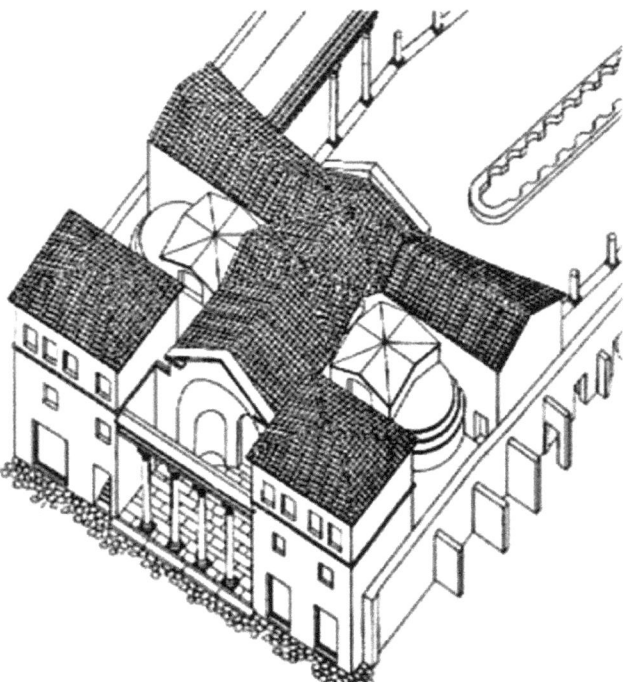

Fig. 45.1. Ostia, *Schola del Traiano*. Ricostruzione della facciata (rielaborazione di Scrinari - Ricciardi 1996).

Il cosiddetto "Foro" di *Gabii*[17] presenta una situazione simile, poiché la sala assiale in cui era installato il ciclo dinastico giulio-claudio[18], oggi conservato nel Museo del Louvre, si apriva direttamente sul portico del foro. Diversi indizi nella decorazione della sezione del portico situato di fronte all'ambiente o 'Augusteo' suggeriscono che questa parte servisse come una specie di vestibolo al sacello stesso. Inoltre, sembra occupare lo spazio della campata meridionale di un edificio basilicale, probabilmente di epoca tardo-repubblicana, il cui impianto fu obliterato durante la ristrutturazione giulio-claudia della piazza pubblica[19] (Fig. 45.2). Per quanto riguarda il caso di *Gabii*, il *chalcidicum* appare come uno stretto portico, aperto sulla facciata verso la *platea* del foro e staccato dal resto del portico forense dall'aggiunta di piccoli muri sporgenti ricoperti d'intonaco rosso solo parzialmente conservato. In ciascuno degli angoli del vestibolo, una base in muratura deve aver sostenuto le statue dei membri della famiglia imperiale. È stato infatti notato in diversi augustei che le statue degli imperatori divinizzati coabitavano

con quelle dei membri viventi della famiglia imperiale, e si può quindi pensare che gli spazi transitori come i vestiboli potevano permettere di distinguere lo status degli individui onorati nell'augusteo. A Miseno[20], solo le statue dei *diui* Vespasiano e Tito furono collocate nella *cella*, mentre le statue onorarie degli imperatori viventi furono installate sulla piazza davanti al tempio[21]. C'era, quindi, una rigida opposizione tra spazio aperto e chiuso che sembra coincidere con la distinzione tra l'imperatore vivo e l'imperatore morto e divinizzato. Non è impossibile, quindi, che anche nel caso di *Gabii* l'annessione del portico abbia contribuito a ricalcare questa separazione, creando due spazi distinti, uno riservato alle manifestazioni cultuali, l'altro ai meri omaggi.

Un altro caso, simile nella forma, ma diverso nella configurazione spaziale, riguarda il portico costruito a Ercolano, di fronte al Collegio degli Augustali, che si apre sul decumano. Il complesso[22] assume la forma di un grande cortile fiancheggiato da portici su tre lati, le cui pareti sono punteggiate da nicchie in cui erano collocate statue imperiale[23]. La decorazione, e forse parte della struttura, è dovuta a un atto di evergetismo di *Lucius Mammius Maximus*[24], ma sembra anche questa possa essere stata finanziata collettivamente dal collegio degli *Augustales*[25], di cui *Mammius Maximus* era un membro importante. Nella parte anteriore del triportico, proprio sulla linea del decumano, un'imponente struttura in muratura è accessibile attraverso due archi quadrifronti, in mattoni ricoperti negli intradossi e nella volta da una ricca decorazione in stucchi di IV stile[26]. Questo vestibolo, che invade ampiamente la strada, crea così un tratto coperto ed è, quindi, un caso particolare di annessione dello spazio pubblico, destinato a fornire uno spazio di transizione utilizzato per introdurre il passante nel cortile porticato. Inoltre, si tratta di un vero e proprio percorso di visita che viene imposto all'utente che, dopo essere entrato sotto il quadrifronte, veniva invitato a fare il giro del complesso sotto il triportico.

Lo spazio di riunione degli Augustali, collocato nell'angolo nord-est del foro di *Scolacium*[27], rappresenta un ultimo esempio emblematico di questo tipo di spazio di transizione allestito nei portici forensi. Si tratta di un edificio rettangolare di grandi dimensioni[28], con un'ampia abside semicircolare sulla parete posteriore. Si accede all'edificio attraverso un vestibolo, in realtà una sezione del portico che circonda la *platea* del foro (Fig. 45.3). In questa

---

[17] Sul foro di *Gabii* e sulla topografia generale della città: Visconti 1797; Guaitoli 1981; Musco *et al.* 1995; Cima 2003; Cima 2005; Angelelli *et al.* 2011; Angelelli - Musco 2012; Cacciotti 2017.

[18] Rose 1997, cat. 12, 89-91; Boschung 2002, nn. 6.1-6.13, 45-48; Cesarano 2015, 77-78.

[19] Le colonne del portico sembrano corrispondere perfettamente alle colonne della campata meridionale dell'antica basilica, mentre l'Augusteo e le stanze adiacenti occupano la navata centrale. Le colonne della campata nord sono conservate e possono essere viste sul retro dell'Augusteo e delle stanze A e B. Vorrei esprimere i miei più sentiti ringraziamenti a S. Glisoni, Direttore della missione archeologica condotta dal Museo del Louvre a *Gabii*, per avermelo fatto notare. Si tratta al momento di un'ipotesi preliminare che è oggetto di una riflessione continua.

[20] De Franciscis 1991; Bollmann 1998, A 50, 356-363, tav. 8; Miniero 2000; Adamo Muscettola 2000.

[21] Rosso 2013, 82-84; Camodeca 2011; Zevi - Miniero 2008; Miniero 2000; Camodeca 2000.

[22] Najbjerg 2002; Torelli 2004; Guidobaldi 2012; Laird 2015, 100-138.

[23] Boschung 2002, nn. 42.1-42.25, 119-125; Cesarano 2015, 55-56, 78-79 e 97-98.

[24] *CIL* X 1413; *CIL* X 1417; *CIL* X 1418.

[25] *CIL* X 977: *Augustales s*(*ua*) *p*(*ecunia*).

[26] Guidobaldi 2012, 34-37.

[27] Calabrò 2005, 145-149; Spadea 2005, 60-61 e 96-128; Spadea 2000; Bollmann 1998, A 63, 391-394, pianta 42; Donzelli 1989; Spadea 1989.

[28] Spadea 2005, 60-61: "aula rettangolare di m 17,5 x 6,5; diametro dell'abside di m 4,50".

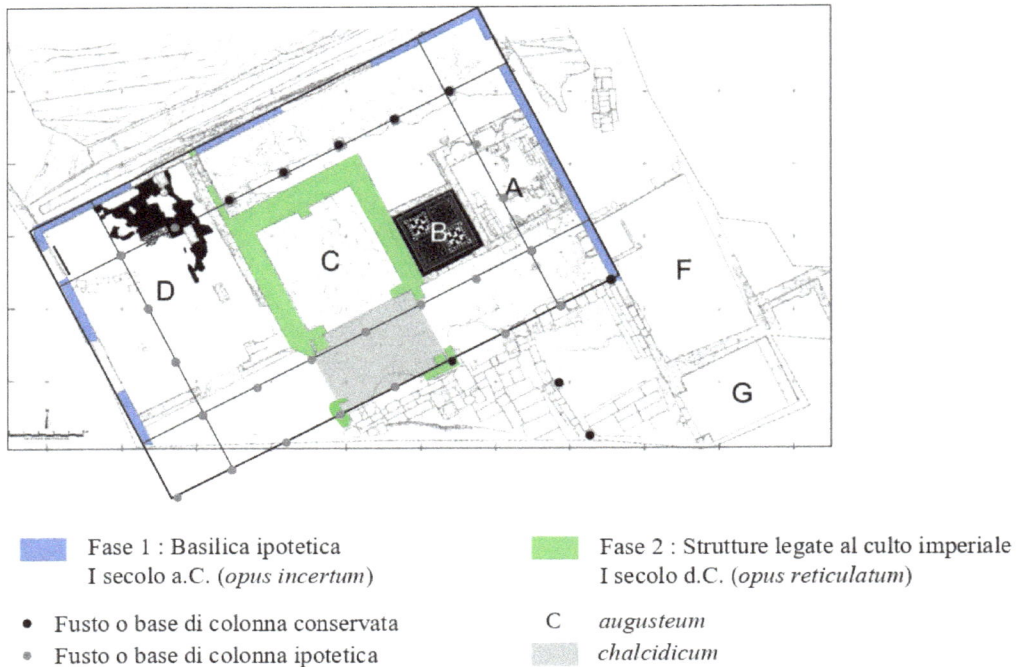

Fase 1 : Basilica ipotetica
I secolo a.C. (*opus incertum*)

Fase 2 : Strutture legate al culto imperiale
I secolo d.C. (*opus reticulatum*)

● Fusto o base di colonna conservata

● Fusto o base di colonna ipotetica

C *augusteum*

chalcidicum

Fig. 45.2. *Gabii.* **Pianta ricostruttiva del foro (per gentile concessione di S. Glisoni - rielaborazione di Angelelli - Musco 2012).**

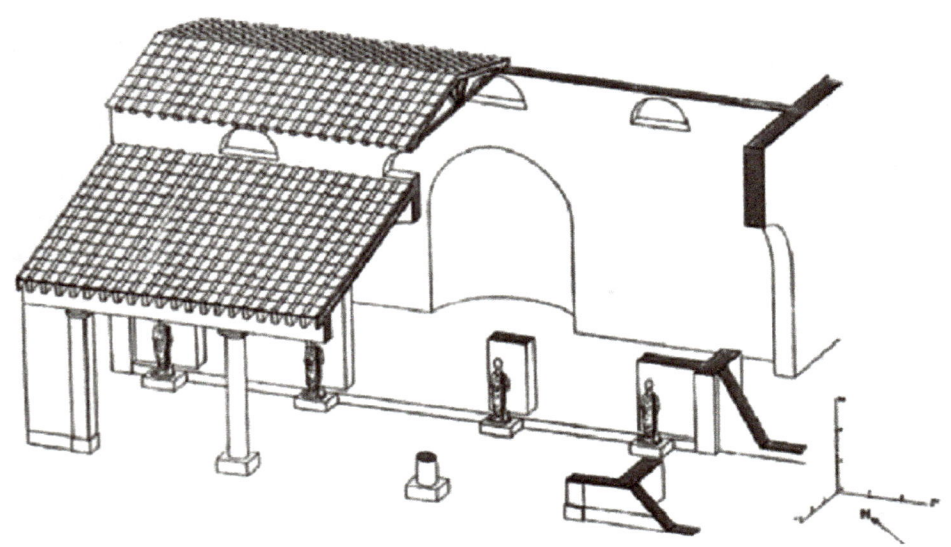

Fig. 45.3. *Scolacium.* **Edificio degli** *Augustales.* **Ricostruzione della facciata (rielaborazione di Donzelli 1989).**

specie di *chalcidicum* sono state trovate quattro statue di *togati*, identificate come rappresentazioni di membri del collegio degli Augustali. Nella sala rettangolare sono stati rinvenuti una statua del *Genius Augusti*, una mano di marmo più grande del naturale – che doveva appartenere a una statua colossale installata nell'abside –, una testa del giovane Germanico e un frammento di un bassorilievo che raffigura Agrippina Maggiore[29]. Così, come a Pompei, *Gabii* e Ercolano, nel caso di *Scolacium* si osserva una vera

e propria annessione dello spazio urbano da parte di zone di transizione che prendono la forma di vestiboli, previsti davanti agli edifici e ai complessi legati alla celebrazione del culto imperiale. A *Scolacium*, il *chalcidicum* crea una separazione tra due spazi distinti, ma pur sempre collegati, uno caratterizzato dall'esaltazione dell'identità collegiale degli Augustali, l'altro dedicato al culto imperiale. A differenza delle statue degli Augustali, che erano addossate ai pilastri in fondo al vestibolo e, dunque, parzialmente nascoste dal portico, quelle della *domus augusta*, installate dentro la nicchia assiale, erano visibili dal *forum* grazie a un'apertura praticata nell'intercolunnio del portico.

---

[29] Cesarano 2015, 101; Boschung 2002, nn. 44.1-44.7, 127-130; Donzelli 1989, 65-80.

45.3. Cicli statuari e giochi di prospettiva.

Per di più, in un passo notissimo del suo *De Architectura*, Vitruvio descrive la basilica che costruì a *Fanum Fortunae* e spiega che furono prese delle disposizioni per permettere agli utenti della città, che camminavano sul foro, di avere una vista diretta sull'*aedes Augusti* installata al centro del lato lungo del complesso basilicale[30]. Questo esempio letterario bene illustra l'attenzione data alla valorizzazione degli spazi dedicati alla celebrazione imperiale e alla loro visibilità nei contesti urbani. In effetti, esistono diversi esempi concreti di questo tipo di gioco prospettico, come quello di *Scolacium* che offre una visione diretta sui cicli dinastici installati negli edifici della celebrazione imperiale. Tuttavia, in diversi casi, conviene sfumare questi effetti visivi e il loro impatto. A Pompei, per esempio, il *macellum*[31], installato sul lato est del foro, è segnato da una facciata monumentale di sedici colonne corinzie. L'ingresso è diviso in due da una sorta di edicola e dà accesso a un cortile rettangolare circondato da un ampio portico al centro del quale si trova una *tholos*. All'estremità orientale, tre grandi stanze si aprono sul cortile. La stanza centrale è un sacello dedicato alla famiglia imperiale[32], che prende la forma di una piccola *cella* rettangolare con le pareti decorate con nicchie. Se l'impatto visivo del *macellum* è abbastanza forte, quello del sacello, la cui vista era limitata dal blocco d'ingresso, lo è molto meno. Tuttavia, c'è una forte assialità nell'edificio, chiaramente visibile nel posizionamento delle colonne della *tholos* che sono installate in modo tale da non ostruire la vista del sacello della famiglia imperiale. Però, poiché le statue sono poste di profilo, in nicchie laterali, e il sacello è arretrato nel portico, solo la statua in posizione assiale sarebbe stata visibile e avrebbe costituito un punto focale. L'impatto visivo del ciclo statuario è quindi reale, benché limitato, poiché il gioco di prospettiva si attualizza solo quando si entra nell'edificio. Lo stesso discorso vale anche per il ciclo dinastico della basilica di Velleia[33]. L'accesso al complesso avviene attraverso un doppio ingresso stretto alle due estremità dell'edificio che si apre direttamente sul portico del foro. Il gruppo scultoreo è installato su una banchina al centro della parete di fondo della basilica, in modo da risultare completamente invisibile dal portico e che le statue che lo compongono si rivelano solo quando si entra nell'edificio (Fig. 45.4). Un caso analogo si ritrova a Roselle[34], dove un importante ciclo dinastico giulio-claudio è stato scoperto

nel 1966 in un edificio situato nell'angolo sud-est del foro. L'edificio ha una pianta rettangolare, fiancheggiata a est da un'abside che fu occlusa durante una seconda fase, mentre le pareti laterali sono scandite da cinque nicchie rettangolari decorate con stucco e gesso in cui furono collocati ritratti di membri della famiglia giulio-claudia[35]. È molto interessante notare che l'edificio è orientato in direzione est-ovest e che si apre non direttamente sulla piazza del foro, ma su un portico che delimita la piazza a ovest e si affaccia sulla pianura di Grosseto (Fig. 45.5). Il gruppo statuario non era, quindi, visibile dal foro, ma si rivelava solo agli occhi del visitatore utilizzando il portico laterale. L'impatto visivo di questo gruppo dinastico era, di conseguenza, piuttosto debole o presupponeva, come nel caso del *macellum* di Pompei, che il visitatore fosse già entrato nell'edificio. Questa percezione graduale delle immagini che si rivelavano progressivamente al visitatore, si spiega con il fatto che gli spazi dedicati alla celebrazione imperiale facevano parte della vita quotidiana degli utenti della città[36]. Infatti, i cicli statuari, installati nei luoghi più prominenti e frequentati, potevano essere ammirati dal visitatore che passeggiava nel foro, andava a fare la spesa al mercato, assisteva a un processo o a una transazione commerciale nella basilica o andava a teatro per una rappresentazione. Possiamo anche pensare che, durante i momenti culminanti della vita religiosa e civile, una serie di riti dava ulteriore visibilità a queste immagini. Le statue, per lo più onorarie, assumevano una dimensione cultuale quando davanti a esse si facevano *supplicationes* e sacrifici, sia per gli imperatori divinizzati che per il *genius* dell'imperatore vivente[37]. Infine, anche le processioni tendevano a ribadire la destinazione cultuale di queste immagini e a far convergere la comunità verso gli spazi del culto imperiale[38].

Al termine di questo studio emergono diverse tendenze. In primo luogo, nel caso del culto imperiale pubblico, particolarmente presente nei fori, gli edifici preposti prendevano la forma di grandi templi o di *sacella* e mostravano una forte volontà scenografica che privilegiava l'assialità e i giochi prospettici. Al contrario, i cicli dinastici, la cui vocazione primaria non è cultuale ma onorifica, non erano installati nei 'luoghi di culto imperiali' in quanto tali. La percezione di quelle statue era, quindi, limitata dalla strada, ma la frequentazione di questi spazi, quotidianamente e in occasione di feste, li rendeva luoghi chiave della celebrazione imperiale. Nel caso delle *scholae*, l'accento era posto sugli spazi di accesso e sulle

[30] Vitruvio, *De Architectura* V, 1, 7: *ideo quod mediae duae in ea parte non sunt positae ne inpediant aspectus pronai aedis Augusti, quae est in medio latere parietis basilicae conlocata spectans medium forum et aedem Iouis.*
[31] Dobbins 1996; Dobbins 1994; Zanker 1988, 27-32; de Ruyt 1983, 137-149.
[32] Small 1996; Torelli 1998; Stefani 2006; Cristilli 2008; Cristilli 2015.
[33] Saletti 1993, 380-385; Ambrosini-Tacchini 1995; Rose 1997, cat. 50, 121-126; Boschung 2002, nn. 2.1-2.31, 25-23; Cesarano 2015, 67, 75 e 86-87.
[34] Mazzolai 1960; Soprintendenza archeologica per la Toscana 1977; Michelluci 1985; Nicosia - Paribeni Rovai 1990; Nicosia - Poggesi 1998; Bollmann 1998, A 74, 415-418, pianta 27; Torelli 2001; Calabrò 2005, 139-140 e 164-167; Liverani 2011; Romanò 2013; Cesarano 2015, 65-66 e 85-86.

[35] Saladino 1980; Rose 1997, cat. 45, 116-118; Boschung 2002, nn. 20.1-2.30, 69-74; Calabrò 2005, 139-140 e 164-167; Romanò 2012; Romanò 2013, 183-189.
[36] Sulla percezione dei luoghi di culto, vedi Bertrand 2008; Bertrand 2013.
[37] Letta 2020, 87-97 e 163-166.
[38] La legge di *Gytheion* (*SEG* XI, 922-923) fornisce un esempio notevole. Il passaggio riguardante la processione delle *Kaisareia* indica che essa parte dal santuario di Asclepio e Igea e procede verso il *Kaisareion*: Seyrig 1929, 84-101; Marc 2015, 296-299. Il decreto riguardante i *Sebastà* di *Neapolis* (*Inschriften von Olympia*, 56) segnala ugualmente che la processione faceva una sosta nel *Caesareum*: Di Nanni 2007; Miranda de Martino 2014. Sui legami tra le processioni e il culto imperiale, vedi anche: Fishwick 1990, II.1, 550-566; Fishwick 2006.

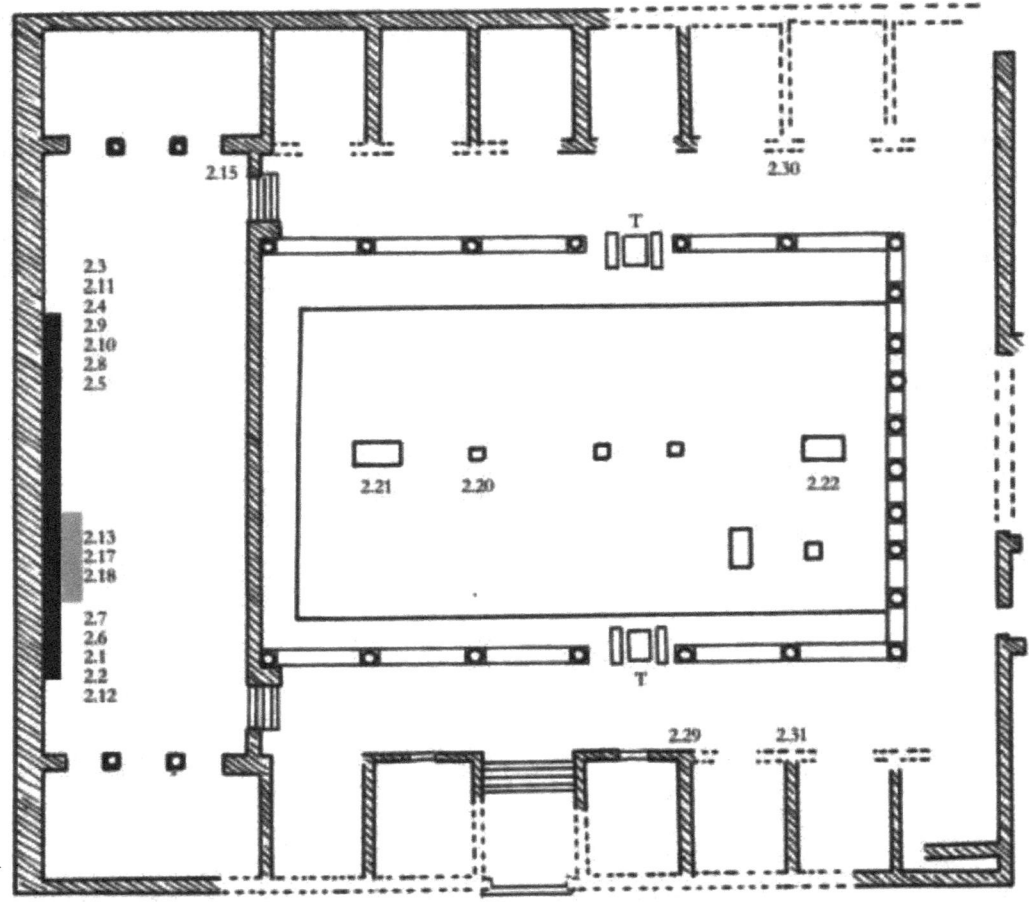

Fig. 45.4. Velleia. Pianta del foro (rielaborazione di Boschung 2002).

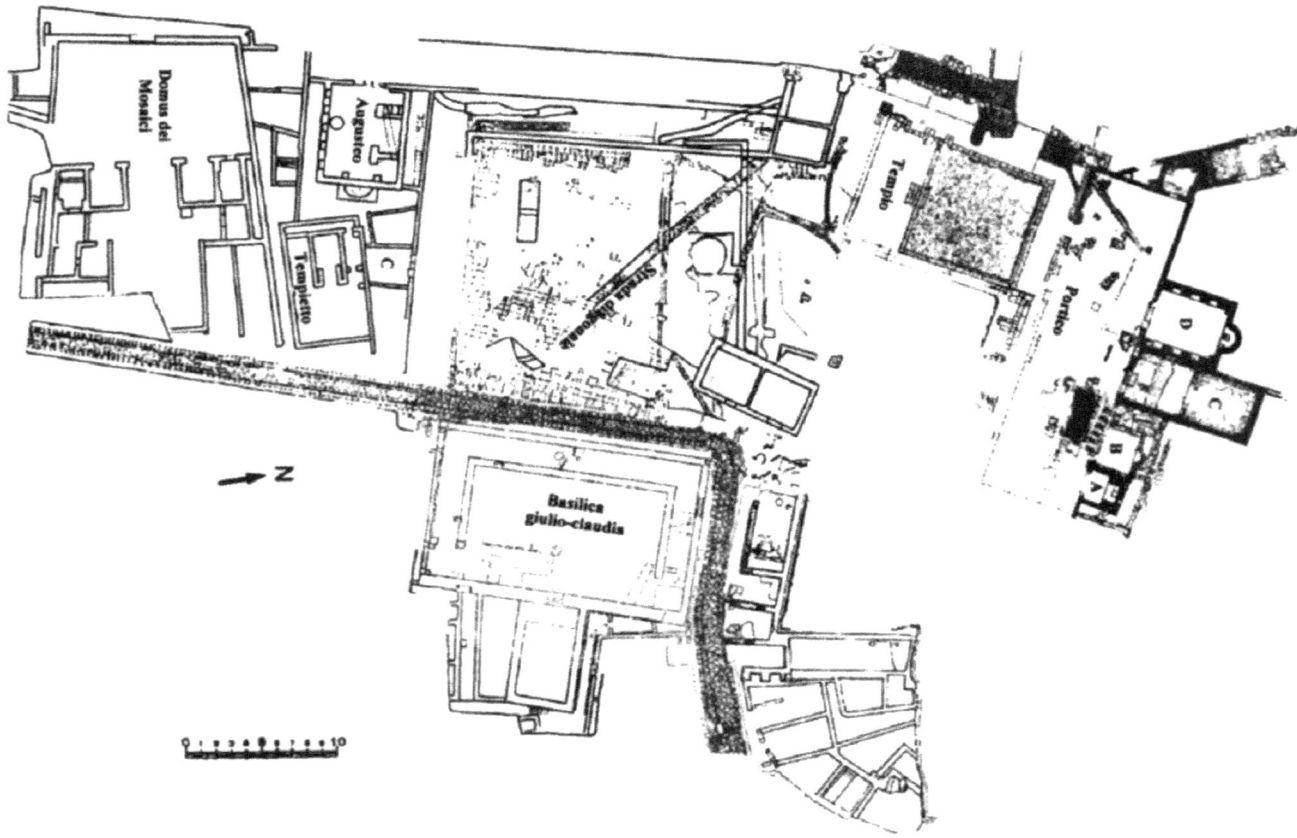

Fig. 45.5. *Rusellae*. Pianta del foro (rielaborazione di Liverani 2011).

facciate che mostravano al pubblico la ricchezza e il potere del collegio relativo, pur mantenendo una forma di chiusura volta a garantire uno spazio riservato ai soli membri. Insomma, ciò che caratterizzava tutti i luoghi legati alla celebrazione del culto imperiale era l'importanza data agli spazi di transizione che tendevano a definire i limiti, tanto netti quanto porosi, tra pubblico e privato, sacro e profano, e, soprattutto, tra culto vero e mero omaggio.

Bibliografia

Adamo Muscettola, S. 2000, "Miseno: culto imperiale e politica nel complesso degli Augustali", in *MDAI*, 107, 79-108.

Ambrosini, C. - Tacchini, A. 1995, "Il ciclo statuario della basilica di Velleia", in G. Sena Chiesa (ed.), *Augusto in Cisalpina: ritratti augustei e giulio-claudi in Italia settentrionale*, Milano, 205-227.

Angelelli, C. - Boscarini, C. - Lugari, A. 2011, "I rivestimenti marmorei del foro di Gabii", in *AISCOM*, 17, Tivoli, 187-199.

Angelelli, C. - Musco, S. 2012, "Mosaici inediti da Gabii", in *AISCOM*, 18, Tivoli, 727-738.

Bertrand, A. 2013, "Parcourir la ville. Le marcheur et les temples à l'époque romaine, quelques pistes de réflexion", in *CLARA*, 1, 45-60.

Bertrand, A. 2008, "De la rue aux lieux de culte: quelques réflexions sur les modalités d'une interface urbanistique dans les villes romaines", in P. Ballet - N. Dieudonné-Glad - C. Saliou (eds), *La rue dans l'Antiquité. Définition, aménagement, devenir, Poitiers 15 septembre 2005*, Rennes, 77-81.

Bollmann, B. 1998, *Römische Vereinshäuser: Untersuchungen zu den Scholae der römischen Berufs, Kult und Augustalen Kollegien in Italien*, Mainz am Rhein.

Boschung, D. 2002, *Gens Augusta: Untersuchungen zu Aufstellung, Wirkung und Bedeutung der Statuengruppen des julisch-claudischen Kaiserhauses*, Mainz am Rhein.

Cacciotti, B. 2017, "Vincenzo Pacetti e gli scavi nel territorio laziale: il caso di Gabii", in A. Cipriani - G. Fusconi - C. Gasparri - M. G. Picozzi - L. Pirzio Biroli Stefanelli (eds), *Vincenzo Pacetti, Roma, l'Europa all'epoca del Grand Tour*, Roma, 155-166.

Calabrò, A. 2005, "Gli edifici degli augustali in Italia: revisione critica dei materiali e della documentazione epigrafica", in *SCO*, 51, 135-193.

Camodeca, G. 2000, "Domiziano e il collegio degli Augustali di Miseno", in G. Paci (ed.), *Επιγραφαι. Miscellanea epigrafica in onore di Lidio Gasperini*, Tivoli, 171-187.

Camodeca, G. 2011, "Nuove dediche imperiali dal collegio degli Augustales di Miseno per Domiziano

ed Elagabalo", in *Corolla Epigraphica. Hommages Y. Burnand*, Bruxelles, 374-391.

Cesarano, M. 2015, In honorem domus divinae: *introduzione allo studio dei cicli statuari giulio-claudii a Roma e in occidente*, Roma.

Cima, M. 2005, "Gavin Hamilton a Gabii. Gli scavi settecenteschi di Pantano Borghese", in A. Campitelli (ed.), *Villa Borghese. Storia e gestione*, Ginevra-Milano, 43-55.

Cima, M. 2003, "Gabii. La scoperta di una città antica a Pantano Borghese", in A. Campitelli (ed.), *Villa Borghese. I principi, le arti, la città dal Settecento all'Ottocento. Catalogo della mostra Roma, Villa Poniatowski 5 dicembre 2003-21 marzo 2004*, Roma, 131-144.

Corbier, M. 1987, "L'écriture dans l'espace public romain.", in *L'Urbs : espace urbain et histoire (Ier siècle av. J.-C. - IIIe siècle ap. J.-C.). Actes du colloque international de Rome (8-12 mai 1985)*, Collection de l'Ecole française de Rome, 98, Roma, 27-60.

Corbier, M. 2006, *Donner à voir, donner à lire: mémoire et communication dans la Rome ancienne*, Paris.

Cristilli, A. 2008, "Tra evergetismo e culto imperiale: le statue-ritratto dal *Macellum* di Pompei", in *RStPomp*, 19, 35-43.

Cristilli, A. 2015, "*Macellum* and *Imperium*. The relationship between the Roman State and the market-building construction", in *Analysis Archaeologica*, 1, 69-86.

De Franciscis, A. 1991, *Il sacello degli Augustali a Miseno*, Napoli.

Di Nanni, D. 2007, "I Sebastà di Neapolis. Il regolamento e il Programma", in *Ludica*, 13-14, 7-22.

Dobbins, J. J. 1996, "The Imperial cult building in the forum at Pompeii", in A. Small (ed.), *Subject and Ruler: The cult of the ruling power in Classical Antiquity*, Ann Arbor, 99-114.

Dobbins, J. J. 1994, "Problems of Chronology, Decoration, and Urban Design in the Forum at Pompeii", in *AJA*, 98.4, 629-694.

Donzelli, C. 1989, "Su alcune sculture e decorazioni architettoniche da Scolacium", in *BdA*, 5657, 63-90.

Fentress, E. 2005, "On the block: *catastae, chalcidica* and *cryptae* in Early Imperial Italy", in *JRA*, 18, 220-234.

Fishwick, D. 2006, "Imperial Processions at Augusta Emerita", in J. Gonzales Fernandez - T. Nogales Basarrate (eds), *Culto Imperial. Política y Poder. Actas del Congreso Internacional, Merida 18-20 de mayo 2006*, Merida, 31-47.

Fishwick, D. 1990, *The Imperial Cult in the Latin West, Volume 2. Studies in the Ruler Cult of the Western Provinces of the Roman Empire - Part 2.1*, Boston.

Geremia Nucci, R. 2013, *Il tempio di Roma e di Augusto a Ostia*, Roma.

Girardi Jurkić, V. 2005, *Duhovna kultura antičke Istre. 1, Kultovi u procesu romanizacije antičke Istre*, Zagreb.

Goffaux, B. 2012, "À la recherche des édifices collégiaux hispaniques", in M. Dondin-Payre - N. Tran (eds), *Collegia: le phénomène associatif dans l'Occident romain*, Bordeaux, 199-219.

Goffaux, B. 2011, "«Schola»: vocabulaire et architecture collégiale sous le Haut-Empire en Occident", in *REA*, 113, 47-67.

Gros, P. 2001, "*Chalcidicum*, le mot et la chose", in *Ocnus*, 910, 123-135.

Gros, P. 2000, "L'évolution des centres monumentaux des cités italiennes en fonction de l'implantation du culte impérial", in M. Cébeillac-Gervasoni (ed.), *Les élites municipales de l'Italie péninsulaire de la mort de César à la mort de Domitien entre continuité et rupture. Classes sociales dirigeantes et pouvoir central*, Rome, 307-326.

Gros, P. 1997, "Maisons ou sièges de corporations ? Les traces archéologiques du phénomène associatif dans la Gaule romaine méridionale", in *CRAIBL*, 141.1, 213-241.

Gros, P. 1987, "Sanctuaires traditionnels, capitoles et temples dynastiques: ruptures et continuités dans le fonctionnement et l'aménagement des centres religieux urbains", in AA.VV., *Los asentamientos ibéricos ante la romanización, Madrid 27-28 febrero 1986*, Madrid, 111-120.

Guadagno, G. 1983, "Herculanensium Augustalium Aedes", in *CronErcol*, 13, 159-173.

Guaitoli, M. 1981, "*Gabii*: osservazioni sulle fasi di sviluppo dell'abitato", in *Ricognizione archeologica: nuove ricerche nel Lazio*, Quaderni dell'Istituto di topografia antica della Università di Roma, 9, 23-50.

Guidobaldi, M. P. 2012, "Un edificio del culto imperiale a Ercolano", in S. De Caro (ed.), *Antichità da Ercolano. Museo dell'Ermitage San Pietroburgo, 16 dicembre 2011 - 12 febbraio 2012*, Roma, 31-42.

Hänlein-Schäfer, H. 1985, *"Veneratio Augusti": eine Studie zu den Tempeln des erstenrömischen Kaisers*, Roma.

Harris, W.V. 1989, *Ancient literacy*, Cambridge.

Hartnett, J. 2017, *The Roman street: urban life and society in Pompeii, Herculaneum, and Rome*, New York.

Laird, M.L. 2015, *Civic monuments and the Augustales in Roman Italy*, New York.

Letta, C. 2020, *Tra umano e divino: forme e limiti del culto degli imperatori nel mondo romano*, Sarzana-Lugano.

Liverani, P. 2011, "Il Foro di Rusellae in epoca romana", in *ATTA*, 21, 15-34.

Marc, J.-Y. 2015, "Théâtres et sanctuaires dans le monde romain : réflexions à partir de l'exemple de Mandeure", in T. Dechezleprêtre - K. Gruel - M. Joly (eds), *Agglomérations et sanctuaires. Réflexions à partir de l'exemple de Grand. Actes du colloque de Grand, 20-23 octobre 2011*, Epinal, 281-296.

Mazzolai, A. 1960, *Roselle e il suo territorio: ricerche e documenti*, Grosseto.

Michelluci, M. 1985, *Roselle: la Domus dei mosaici*, Montepulciano.

Miniero, P. 2000, *Il sacello degli Augustali di Miseno*, Napoli.

Miranda de Martino, E. 2014, "Les *sebasta* de Naples à l'époque de Domitien. Témoignages épigraphiques", in *CRAIBL*, 158.3, 1165-1188.

Moeller, W. O. 1972, "The Building of Eumachia: A Reconsideration", in *AJA*, 76.3, 323-327.

Musco, S. - Morelli, C. - Brucchietti, M. 1995, "Ager Gabinus: note di topografia storica", in *Archeologia laziale, Quaderni di archeologia etrusco-italica*, 12, 275-292.

Najbjerg, T. 2002, "A reconstruction and reconsideration of the so-called Basilica in Herculaneum", in Th. A. J. McGinn - P. Carafa - J. J. De Grummond - N. J. De Grummond - N. Th. De Grummond - B. Bergmann - T. Najbjerg (eds), *Pompeian brothels, Pompeii's ancient history, mirrors and mysteries, art and nature at Oplontis, and the Herculaneum "Basilica"*, Portsmouth, 123-165.

Nicosia, F. - Poggesi, G. 1998, *Roselle: guida al parco archeologico*, Siena.

Nicosia, F. - Paribeni Rovai, E. 1990, *Statue e ritratti: un decennio di ricerche a Roselle*, Firenze.

Pavan, G. 2000, *Il tempio d'Augusto di Pola*, Trieste-Gorizia.

Romanò, E. 2013, "Gli *Augustales* a *Rusellae*. Una rilettura delle testimonianze architettoniche, scultoree ed epigrafiche", in *SCO*, 59, 153-206.

Romanò, E. 2012, "Il loricato acefalo di *Rusellae* (Roselle, GR): una proposta di identificazione", in *LANX*, 13, 141-153.

Rose, C. B. 1997, *Dynastic commemoration and imperial portraiture in the Julio-Claudian period*, Cambridge.

Rosso, E. 2013, "Secundum dignitatem municipi: les édifices collégiaux et leur programme figuratif, entre public et privé", in E. Rosso - A. Dardenay (eds), *Dialogues entre sphère publique et sphère privée dans l'espace de la cité romaine. Vecteurs, acteurs, significations*, Bordeaux, 67-122.

Ruyt, C. de 1983, *Macellum: marché alimentaire des Romains*, Louvain-la-Neuve.

Saladino, V. 1980, "Iscrizioni Latine di Roselle (II)", in *ZPE*, 39, 215-236.

Saletti, C. 1993, "I Cicli statuari giulio-claudi della Cisalpina. Presenze, ipotesi, suggestioni", in *Athenaeum*, 81, 365-390.

Scrinari, V. - Ricciardi, M. A. 1996, *La civiltà dell'acqua in Ostia antica*, Roma.

Seyrig, H. 1929, "Inscriptions de Gythion", in *RA*, 29, 84-106.

Small, A. 1996, "The shrine of the imperial family in the *Macellum* at Pompeii", in A. Small (ed.), *Subject and Ruler: The cult of the ruling power in Classical Antiquity*, Ann Arbor, 99-114.

Soprintendenza archeologica per la Toscana (ed.) 1977, *Roselle: gli scavi e la mostra*, Pisa.

Spadea, R. 2005, *Scolacium: una città romana in Calabria*, Milano.

Spadea, R. 2000, "Il foro di *Scolacium*. Ritratti e iscrizioni", in M. Cébeillac-Gervasoni (ed.), *Les élites municipales de l'Italie péninsulaire de la mort de César à la mort de Domitien*, Roma, 327-345.

Spadea, R. (ed.) 1989, *Da Skylletion a Scolacium: il parco archeologico della Roccelletta*, Roma.

Stefani, G. 2006, "Le statue del *Macellum* di Pompei", in *Ostraka*, 15.1, 195-230.

Steuernagel, D. 2005, "Öffentliche und private Aspekte von Vereinskulten am Beispiel von Ostia", in P. Zanker - R. Neudecker (eds), *Lebenswelten: Bilder und Räume in der römischen Stadt der Kaiserzeit*, Wiesbaden, 73-80.

Torelli, M. 2017, "«*Chalcidica*», «*basilicae*» e «gallerie» di statue: «le nom et la chose»", in *Ostraka*, 26, 213-216.

Torelli, M. 2014, "*Chalcidicum Halaesinum*", in *SicAnt*, 11, 469-476.

Torelli, M. 2005, "Attorno al *Chalcidicum*: problemi di origine e diffusione", in X. Lafon - G. Sauron (eds), *Théorie et pratique de l'architecture romaine: la norme et l'expérimentation. Etudes offertes à Pierre Gros*, Aix-en-Provence, 23-37.

Torelli, M. 2004, "La «Basilica» di Ercolano. Una proposta di lettura", in *Eidola*, 1, 117-149.

Torelli, M. 2003, "«*Chalcidicum*»: forma e semantica di un tipo edilizio antico", in *Ostraka*, 12.2, 215-238.

Torelli, M. 2001, "*Augustalium sedes Rusellanorum*: A proposito della "Casa dei Mosaici" di Rusellae", in AA.VV., *Rome et ses provinces: genèse et diffusion d'une image du pouvoir hommages à Jean-Charles Balty*, Bruxelles, 201-219.

Torelli, M. 1998, "Il culto imperiale a Pompeii", in AA.VV., *I culti della Campania antica: atti del convegno internazionale di studi in ricordo di N. Valenza Mele*, Roma, 245-270.

Van Haeperen, F. 2019, *Fana, templa, delubra. 6: Regio I: Ostie, Porto*, Paris.

Visconti, E. Q. 1797, *Monumenti gabini della villa Pinciana descritti da E. Quirino Visconti*, Roma.

Zanker, P. 1988, *Pompeji: stadtbilder als Spiegel von Gesellschaft und Herrschaftsform*, Mainz.

Zevi, F. 1971, "Il Calcidico della Curia Iulia", in *RendLinc*, 27.34, 237-254.

Zevi, F. - Miniero, P. 2008, *Museo Archeologico dei Campi Flegrei. Catalogo generale. 3. Liternum, Baia, Misenum*, Napoli.

46

Spazi del culto imperiale a *Gabii*: alcune considerazioni preliminari sul complesso del "Foro Hamilton"

Paolo Masci
Università degli Studi di Roma 'Tor Vergata'

Abstract: This paper offers some preliminary reflections on the spaces related to the imperial worship identified on the northern side of the "Foro Hamilton" complex in *Gabii*, which was first discovered by Gavin Hamilton's in 1792 and, between 2006-2007, was partially brought to light from recent archaeological excavations conducted by the Soprintendenza Speciale per i Beni Archeologici di Roma. In light of the eighteenth-century documentation and further data, the paper allows on the one hand to reconsider the map edited by E. Q. Visconti in 1797, on the other hand it makes it possible to follow the evolution of the spaces of the imperial cult between the Julio-Claudian to the Severian period.

Keywords: *Gabii*; Gavin Hamilton; culto imperiale; "Foro Hamilton".

Le molteplici attestazioni scultoree ed epigrafiche riguardanti personaggi della famiglia imperiale hanno rilevato l'esistenza del culto imperiale nel corso dell'età imperiale presso l'antica città latina di *Gabii*, situata al XII miglio della Prenestina (a soli 18 km da Roma)[1]. Questo contributo propone alcune riflessioni preliminari sugli spazi architettonici di alcuni ambienti pertinenti al complesso del "Foro Hamilton" identificati come luoghi deputati al culto dinastico, a partire dall'analisi della documentazione fornita dagli scavi settecenteschi e sulla base dei dati emersi nelle recenti campagne di scavo effettuate dalla Soprintendenza Speciale ai Beni Archeologici di Roma (SSBAR) tra il 2006 e il 2007, sotto la direzione di S. Musco[2].

Gli scavi hanno riguardato un'area precedentemente oggetto delle esplorazioni condotte nel 1792 da Gavin Hamilton, pittore e antiquario scozzese, presso la tenuta di proprietà del principe Marcantonio Borghese, dove sono emersi importanti ritrovamenti scultorei ed epigrafici, tempestivamente editi nel celebre volume dei *Monumenti Gabini della Villa Pinciana* del 1797, curato da E. Q. Visconti[3]. La documentazione settecentesca è costituita da una descrizione del complesso, da una pianta (Fig. 46.1), integrata da un disegno prospettico dell'edificio realizzato da V. Feoli (Fig. 46.2), e dal catalogo delle 49 sculture assommate alla fine dei lavori di restauro integrativo delle parti mancanti.

Dalla planimetria del Visconti si evince un ampio piazzale porticato su tre lati interpretato come area forense della città e affacciato sul lato S verso un asse stradale indicato come via Prenestina (Fig. 46.1,1)[4]. Sui restanti lati del porticato, si aprono una serie di ambienti adiacenti. In particolare, sul lato settentrionale viene disegnato un vano quadrangolare (Fig. 46.1,2), nel quale è stata riconosciuta la *Curia Aelia* menzionata in un architrave[5]. Sempre secondo il Visconti, lo stesso epistilio doveva essere pertinente a un ambiente nell'angolo NE del complesso (Fig. 46.1,3) che è stato identificato, sulla base dell'iscrizione, come *aedes/templum* dedicato il 23 aprile del 140 d.C. da parte di due esponenti del ceto libertino a Domizia Longina, figlia di G. Domizio Corbulone e moglie di Domiziano[6].

---

[1] Questo contributo è legato al progetto di dottorato presso l'Università degli Studi di Roma 'Tor Vergata' che si inserisce all'interno delle più ampie attività di ricerca a *Gabii*, frutto del partenariato tra la suddetta Università e la Soprintendenza Speciale Archeologia Belle Arti e Paesaggio di Roma (SSABAP-Roma). I miei più sentiti ringraziamenti vanno al prof. M. Fabbri per i suggerimenti forniti nel corso della ricerca. Esprimo la mia riconoscenza all'arch. C. Andreotti e al dott. R. Bochicchio (SSABAP-Roma) per i consigli e per avermi agevolato lo svolgimento della ricerca, consentendo la consultazione della documentazione e l'accesso presso l'Area Archeologica di *Gabii*. Desidero ringraziare gli organizzatori del convegno, in particolare il prof. A. Cristilli per i numerosi spunti di ricerca.
[2] Per una bibliografia generale su *Gabii*: D'Agostini - Musco 2016, 335, nota 1.
[3] Visconti 1797. Le statue sono oggi custodite al *Museé du Louvre*. Infatti, dopo una breve collocazione dei reperti all'interno del Museo Gabino voluto dal principe presso il Casino dell'Orologio della Villa Pinciana,

nel 1807 la maggior parte delle statue e delle iscrizioni rinvenute da Hamilton rientrò nella compravendita di opere della collezione Borghese da parte di Napoleone: Campitelli 2003a; Campitelli 2003b; Cima 2003, 131-132. L'edificio venne reinterrato subito dopo le esplorazioni condotte da Hamilton: Nibby 1819, 237.
[4] La pianta definisce un piazzale ampio 98 e lungo 148 palmi architettonici romani (21,56 x 33,06 m c.a.): Martini 1883, 596 (per la conversione in metri del palmo architettonico); per una descrizione della planimetria del Visconti: Cima 2003, 133-134; Boschung 2002, 46; Wohlmayr 2004, 226.
[5] *CIL* XIV 2795; *ILS* 272.
[6] I due liberti, *Domitius Polycarpus* ed *Europe*, oltre a dedicare statue (*exornaverunt statuis*) stanziarono una cospicua mole di danaro per il mantenimento dell'edificio e per la celebrazione del compleanno dell'imperatrice: Visconti 1797, 81-110; Clarac 1830, 113-114, n. 250; Clarac 1841, 938-945, pl. XV, n. 552; Dessau 1887, n. 2795; Dessau 1892-1916, 272; Ducroux 1975, 26, n. 81; Varner 1995, 205-206; Chausson 2003, 101-103, n. 7, e 128-129; Giroire - Roger 2008, 122-123, n. 37; Bignamini - Hornsby 2010, 84, n. 39.

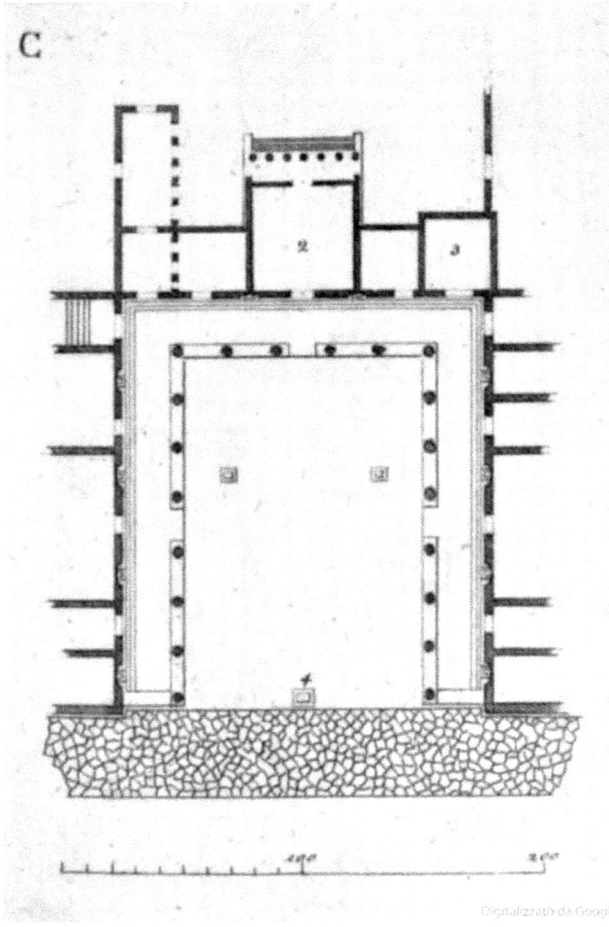

Fig. 46.1. *Gabii.* **Pianta del "Foro". Di seguito, la legenda menzionata nella nota 45 del volume *Monumenti Gabini della Villa Pinciana*: "il num. 1. Segna la via Prenestina; il num. 2. La Curia, il num. 3. Il sacello di Domizia e degli antenati di lei cangiato poi in Augusteo, il num. 4. Il basamento della statua onoraria di Zotico patrono del municipio" (Visconti 1797).**

Tra le sculture pubblicate dal Visconti è stato evidenziato un gruppo di immagini imperiali che copre un arco cronologico che va dal I sec. d.C. fino alla metà del III sec. d.C., tra cui un ciclo dinastico della famiglia giulio-claudia eretto all'epoca di Claudio che comprende: i ritratti di Agrippa e Tiberio; tre statue in *Hüptmanteltypus* raffiguranti Claudio, Germanico e uno dei figli di quest'ultimo (Nerone Cesare o Druso Cesare); una statua di un fanciullo con *bulla*, identificata con Nerone bambino o Britannico; una statua femminile del tipo *Hera* borghese, riferibile a una delle principesse della famiglia giulio-claudia[7].

All'interno del sacello dell'*Augusta* è stato rinvenuto un busto-ritratto del c.d. Corbulone "entro il suo nicchio ovale cavato nel muro", insieme a una testa del medesimo personaggio proveniente dallo stesso sito[8]; recentemente questi due ritratti sono stati considerati copie di età giulio-claudia di un originale realizzato intorno alla metà del I sec. a.C. e identificati con possibili antenati di Domizia[9]. Il rinvenimento nel sacello dedicato all'Augusta di un ulteriore ciclo dinastico di età severiana, costituito dai ritratti di Settimio Severo, Giulia Domna e Geta (o Caracalla) ha fatto ipotizzare al Visconti una trasformazione dell'*aedes* in un *augusteum* nel corso dell'età severiana[10].

Le nuove ricerche condotte dalla SSBAR nel 2006-2007 (Fig. 46.3) hanno verificato l'esistenza delle strutture scavate da Hamilton, portando alla luce una breve porzione del piazzale porticato, quattro ambienti affacciati sul lato corto settentrionale (A-D) e due vani sul lato orientale del complesso (F e G). La recente analisi dei rivestimenti marmorei e dei pavimenti ha chiarito la cronologia di alcune fasi decorative del complesso, che comprende differenti fasi costruttive che vanno dalla tarda età repubblicana alla tarda età imperiale. Inoltre, sono state avanzate alcune ipotesi sulla destinazione di alcuni ambienti affacciati sulla piazza porticata[11].

Secondo la ricostruzione proposta, al centro del lato N della piazza porticata venne costruito nel corso del I sec. d.C. l'ambiente quadrangolare (C, 7,20 x 7,6 m), occupando uno spazio riferibile a una fase precedente databile al I sec. a.C., a cui si riferisce l'impianto originario della piazza, la realizzazione di un portico colonnato e di un muro perimetrale in opera incerta[12]. L'ambiente quadrangolare (C) è caratterizzato da un lungo bancone in muratura su tre lati[13]. Gli interventi successivi in opera vittata mista situati nella facciata esterna degli angoli SO e SE dell'ambiente (C) non permettono di stabilire al momento se questo

---

[7] I "tasti" settecenteschi hanno compromesso una ricostruzione certa della comune appartenenza a cicli unitari. Sul ciclo dinastico di età giulio-claudia a *Gabii*: Niemeyer 1968, 103, n. 79; Kiss 1975, 138, Fig. 476; Fittschen 1977, 57, n. 5; De Kersauson 1986, 54 (n. 22), 140 (n. 64), 190 (n. 89) e 142 (n. 65); Rose 1997, 89-90; Romeo 1999, 179, R4; Boschung 2002, 45, taf. 28-32; Wohlmayr 2004, 64-69; Cima 2003, 131-144; Cima 2005, 48-49; Cesarano 2015, 77, 167-168. Dal confronto con altri gruppi scultorei come quello di Roselle, M. Cima ha ipotizzato all'interno del ciclo gabino la possibile presenza delle statue in trono di Augusto e Livia in qualità di *divi* e di quella di Druso Maggiore. Se il rinvenimento negli scavi Hamilton di tre statue loricate ha fatto supporre

una continuazione del ciclo ritrattistico tra l'età flavia e quella traianea, le esplorazioni settecentesche hanno oltremodo restituito un ulteriore gruppo di ritratti imperiali del II sec. d.C.: De Kersuason 1996, 67, 76-79, 354-355 e 362-363; Cima 2003, 139-141, 320-324; Giroire-Roger 2007, 61, 75, 95 e 124.

[8] Visconti 1797, 29.

[9] Sul ritratto del c.d. Corbulone e la possibile identificazione con antenati dell'imperatrice, tra cui L. Domizio Enobarbo e Cassio Longino: Jucker 1976, 350-352; Pollini 1993, 423-446; Cima 2003, 319; n. 118; Wohlmayr 2004, 70-71.

[10] Visconti 1797, 16.

[11] Angelelli - Boscarini - Lugari 2012; Angelelli - Musco 2013. Per una sintesi delle fasi edilizie: Angelelli - Boscarini - Lugari 2012, 188. Una prima analisi delle fasi edilizie del complesso è stata condotta nell'ambito dello studio svolto per una tesi di laurea magistrale da parte di C. Boscarini discussa presso l'Università degli Studi di Roma 'Tor Vergata' (relatore: prof. M. Fabbri; correlatore: dott. S. Musco).

[12] Angelelli - Boscarini - Lugari 2012, 188. A questa fase potrebbe riferirsi il porticato costituito da sette colonne, di cui rimangono *in situ* cinque basi con intercolumni di larghezza uniforme (3,20 m c.a.), rinvenuti alle spalle degli ambienti affacciati sul lato N del porticato; alla stessa fase si potrebbero riferire cinque pilastri sul lato occidentale realizzati in blocchi di pietra gabina che caratterizzano un'area di ingresso su questo lato. La costruzione del vano C e la realizzazione degli ambienti B e D potrebbero aver verosimilmente occultato questo spazio sul lato N del portico.

[13] Angelelli - Boscarini - Lugari 2012, 188-189, Fig. 3. Della decorazione pavimentale resta l'impronta dei filari paralleli negli strati di allettamento; tuttavia si conservano pochi lacerti della decorazione parietale.

Fig. 46.2. *Gabii*. **Restituzione grafica del "Foro" (elaborazione di V. Feoli di Visconti 1797).**

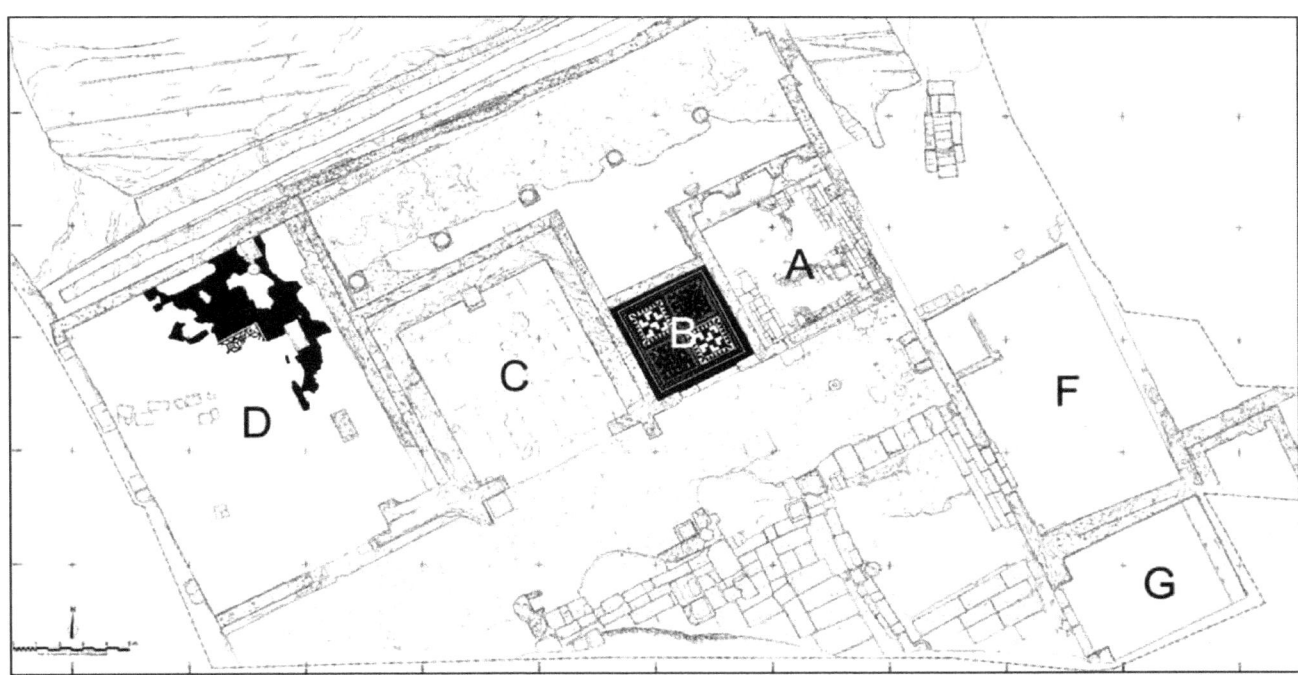

Fig. 46.3. *Gabii*. **Pianta del complesso del "Foro Hamilton" (Angelelli - Musco 2013).**

abbia avuto una soglia d'ingresso sul lato meridionale, o se si tratti di un'esedra aperta verso il portico antistante. La presenza del bancone e la particolare posizione assializzata del vano rispetto alla piazza porticata hanno favorito l'ipotesi di una sua destinazione come sacello del culto imperiale[14].

In un momento poco successivo alla realizzazione dell'ambiente quadrangolare vennero costruiti due ambienti (B e D), addossati rispettivamente sul lato E e O al vano (C). La cronologia dei mosaici portati alla luce all'interno dei due ambienti (B e D) ha registrato la presenza di una fase decorativa piuttosto omogenea collocabile nella seconda metà del I sec. d.C.[15].

---

[14] Angelelli - Boscarini - Lugari 2012, 192.

[15] Angelelli - Musco 2013, 732-733, figg. 10-11.

Nel corso del II sec. d.C. venne realizzato l'ambiente A (5 x 5,40 m), ricavato nell'angolo NE del lato settentrionale del portico tramite la costruzione di due muri: il primo chiude il lato N ed è addossato al muro perimetrale in opera incerta a E; il secondo, perpendicolare e in fase con il primo, si appoggia all'angolo nord-orientale dell'ambiente B. La particolarità dell'ambiente è data dalle tre nicchie presenti nella parete di fondo, una rettangolare al centro e due semicircolari ai lati. Sul lato S, si apre l'ingresso al portico, di cui è stata messa in luce la soglia in travertino (0,51 x 3,40 m c.a.), in un'apertura ricavata tra due setti murari in opera mista, che sono stati riferiti alla precedente fase di I sec. d.C. Il rivestimento in *opus sectile* rinvenuto all'interno del sacello A, di cui si conservano le tracce nella pavimentazione e in due nicchie situate nella parete di fondo, è stato datato in un periodo non precedente al III sec. d.C. Sulla base della pianta e delle indicazioni fornite dal Visconti, è stato proposto di riconoscere in questo spazio il sacello consacrato a Domizia Longina[16]. La consonanza tra il dato cronologico della pavimentazione e la presenza di strati di decorazione pittorica sovrapposti in una delle nicchie ha lasciato ipotizzare una connessione tra il riferimento del Visconti alla collocazione dei ritratti degli esponenti della famiglia severiana all'interno del vano A e questi interventi di restauro[17].

Il confronto tra la pianta settecentesca e la planimetria restituita dalle indagini SSBAR converge nel mostrare l'esistenza di un piazzale lastricato, circondato da portici colonnati e la posizione degli ambienti A e B e del vano quadrangolare C, posti sul lato corto settentrionale. Tuttavia la pianta settecentesca sembra rivelare una serie di errori di dettaglio causati dall'interpretazione delle strutture emerse[18]. Infatti, sulla planimetria del Visconti si osserva l'esistenza di un podio di accesso con sette colonne sulla fronte, collocate a N rispetto al vano centrale (Fig. 46.1,2, forse un'interpretazione delle basi di colonne rinvenute nell'area retrostante agli ambienti sul lato N). Nell'ambiente situato a O del vano centrale, vengono disegnati nove pilastri (rispetto ai quattro pilastri in opera vittata visibili nella planimetria), mentre il numero delle colonne del porticato rinvenute sul lato N sembra essere maggiore rispetto a quello visibile nella pianta odierna. Alcuni tratti murari disegnati nella pianta del Visconti potrebbero riferirsi, probabilmente, ad alcuni muretti di contenimento di età altomedievale costruiti tramite il reimpiego di materiale antico, di dimensioni variabili in altezza e larghezza; questi sono stati rinvenuti durante le indagini SSBAR del 2006-2007 sia nell'area del porticato, che all'interno degli ambienti D e F fino alla quota delle strutture d'età imperiale. Le inesattezze

riscontrabili nella pianta settecentesca potrebbero essere determinate dalle modalità non sistematiche con cui è stato condotto lo scavo, come risulta chiaro dal resoconto di G. Zoëga[19], la cui area potrebbe non essere stata esplorata in tutta la sua estensione.

Dal momento che è stata indagata la sola parte settentrionale del complesso, confinante a S con un'area coltivata di proprietà privata, risulta al momento difficile verificare l'esistenza dell'asse viario direttamente affacciato sul lato meridionale del complesso (Fig. 46.1,1)[20]. Le ricerche geofisiche condotte dall'*équipe* del *Gabii Project* a partire dal 2007 hanno permesso di riconoscere il percorso di una direttrice stradale con andamento NE/SO, identificata con la via Gabina menzionata nelle fonti letterarie. Infatti, le indagini hanno evidenziato un'anomalia magnometrica nella fascia coltivata a uliveto di proprietà privata, a S rispetto all'area del "Foro Hamilton", che ha fatto supporre una prosecuzione di questo asse viario (Fig. 46.4)[21]. Tuttavia quest'anomalia lineare non coincide perfettamente con l'orientamento del tracciato basolato esposto nel corso delle indagini SSBAR e databile al I sec. d.C.[22]. È importante sottolineare come il complesso del "Foro Hamilton" era bordato a E da un tracciato stradale, orientato NO/SE, che delimitava a O il Santuario di Giunone Gabina[23]. Pur nella difficoltà di inquadrare topograficamente il complesso in questo settore della città si potrebbe supporre la presenza nelle vicinanze di un incrocio tra il percorso stradale E-O e l'asse viario N-S, il quale poteva collegare, almeno nel corso della prima e media età imperiale, il complesso con il Santuario di Giunone Gabina[24].

Per quanto riguarda gli spazi destinati alla celebrazione imperiale, è importante notare come le caratteristiche

---

[16] Angelelli - Boscarini - Lugari 2012, 192.

[17] Angelelli - Boscarini - Lugari 2013, 191-192. Invece, le ultimi azioni costruttive sulle strutture del complesso sono state genericamente inquadrate in età tardoantica e riguardano interventi di consolidamento delle murature eseguite in opera listata: Angelelli - Boscarini - Lugari 2013, 188.

[18] Angelelli - Musco 2013, 737, Fig. 9. Questi muretti di contenimento sono stati messi in luce a più riprese nella cd. Area Urbana e sono interpretabili come strutture di drenaggio della terra a fini coltivabili: Majerini - Musco 2001, 493; D'Agostini - Musco 2016, 335, nota 6; Samuels *et al.* 2021, 145.

[19] Il resoconto di G. Zoëga, che aveva eseguito un sopralluogo prima dell'interro dell'area, restituisce un'idea delle modalità di conduzione dello scavo: "Dalle fabriche scoperte non v'era modo di formarsi alcuna idea giusta, essendosi scavato a tasti senz'ordine o piano, e i cavatori contentandosi di vuotare ogni particolar sito di quanto si poteva essere d'apprezzabile e di poi ricoprirlo di terra": Andreasen - Ascani 2013, 335; Cacciotti 2017, 157.

[20] Becker - Mogetta - Terrenato 2009, 635, Fig. 6; Kay 2013, 293, Fig. 13.3, area B.

[21] Il percorso doveva attraversare il centro urbano, ricalcando la morfologia del cratere di Castiglione, in direzione di una porta situata nel versante settentrionale dell'*arx* in direzione di *Tibur*: Becker - Mogetta - Terrenato 2009; Kay - Hay 2010; Terrenato *et al.* 2010; Kay 2013. Sull'ipotesi di una porta urbica nel versante settentrionale dell'*arx*: Fabbri - Musco 2016, 80, Fig. 10. Alcune di queste anomalie magnometriche corrispondono con diversi *cropmarks* visibili nelle fotografie aeree: Guaitoli 2003, 276.

[22] Majerini - Musco 2001, 491-493. La strada presenta un orientamento di 54° NE - 234° SO.

[23] Di questa strada è stato parzialmente esposto un breve tratto lastricato in basalto nel corso delle campagne di scavo condotte dall'*équipe* del *Museé du Louvre* e della SSABAP - Roma, nell'area compresa tra il Santuario di Giunone Gabina e il "Foro Hamilton" (Glisoni - Hasselin-Rous - Roger 2018, 12); un ulteriore tratto in poligoni di basalto è stato esposto nel 2012 durante l'ampliamento degli scavi SSBAR nel "Foro Hamilton" (Glisoni - Hasselin-Rous - Roger 2017, Fig. 1).

[24] I due tratti stradali (VO 1 e 2) individuati nel corso delle campagne di scavo condotte dal *Museé du Louvre* e dalla SSABAP sono ricoperti da uno strato di abbandono, turbato da interventi legati al recupero di materiale nel corso del III sec. d.C.: Glisoni - Hasselin-Rous - Roger 2018, 12.

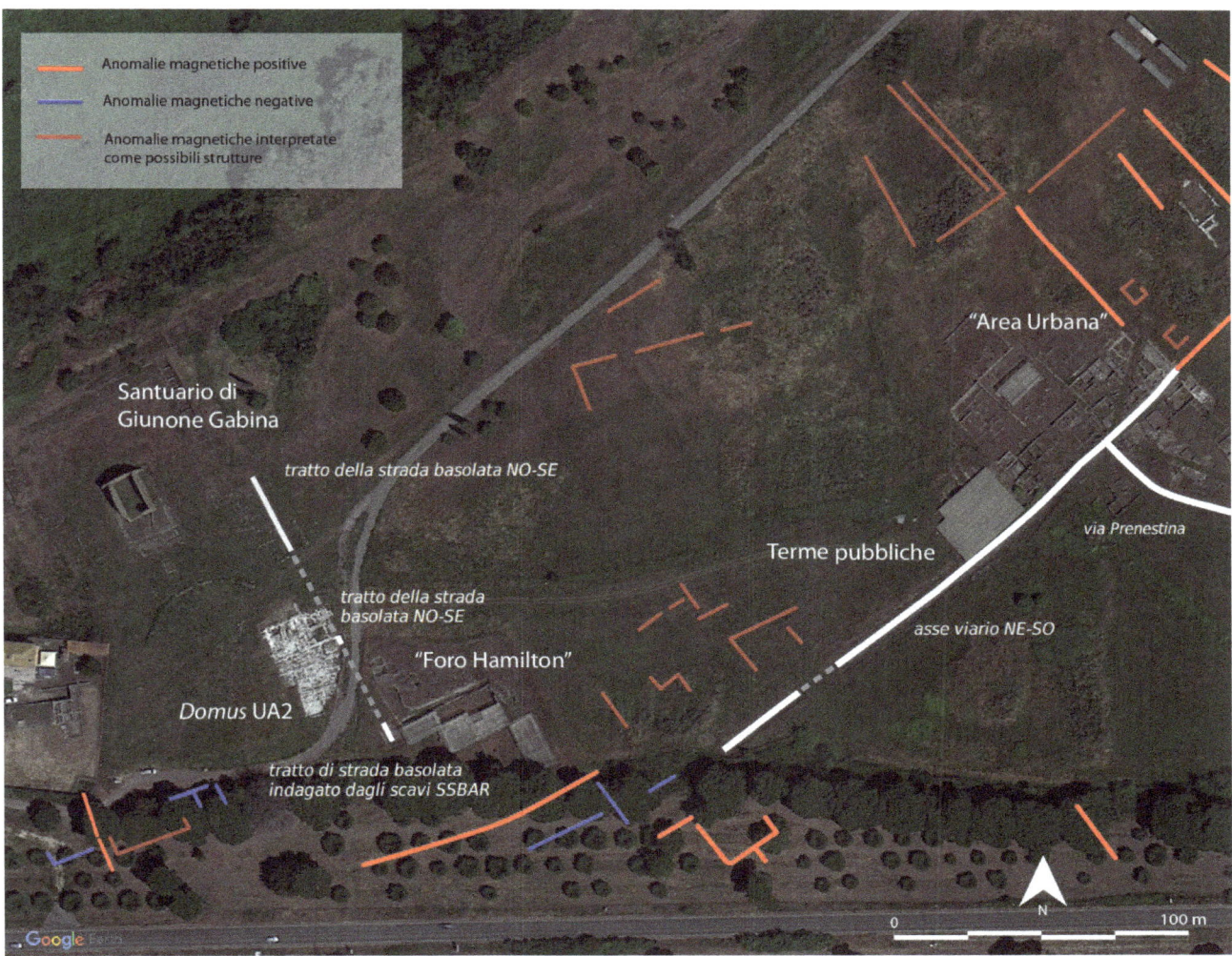

Fig. 46.4. *Gabii.* **Area archeologica, settore centrale (rielaborazione di Google Earth).**

architettoniche del vano C mostrano stringenti analogie con edifici del culto imperiale databili tra l'età augustea e l'età giulio-claudia. La soluzione del lungo podio con bancone in muratura lungo le pareti interne caratterizza l'*Augusteum* di Narona (9 x 8 m c.a.), costruito in epoca augustea[25]. In questo caso, il podio presenta due fasi distinte: la prima è riferibile alla realizzazione del bancone sulla parete di fondo, mentre in un momento successivo vengono costruiti i podi ai lati. Il bancone doveva ospitare un gruppo statuario degli imperatori giulio-claudii di età augustea, tiberiana e claudia, a cui si aggiunge una statua di Vespasiano togato; in totale è stata ipotizzata la collocazione di venti/ventuno statue nell'*Augusteum*[26]. La presenza di un portico anteposto all'aula che caratterizza il vano C gabino si ritrova anche nell'*Augusteum* di Fano, che si compone di una grande cella rettangolare (17,70 x 12,20 m) e un portico a E concluso fra ante e due muri posti all'estremità[27]. Simili analogie si ritrovano

nell'edificio monumentale di *Scolacium* (19,50 x 15 m), collocato nel portico N del Foro e direttamente raccordato a un porticato che doveva ospitare un ciclo di statue imperiali[28]. Alla stessa tipologia architettonica potrebbe rispondere un ambiente di forma rettangolare rinvenuto sul lato meridionale del foro di *Lavinium*, identificato come un *augusteum* (12 x 6 m); anch'esso presenta un portico di accesso ed è caratterizzato da un podio lungo la parete di fondo[29].

Le analogie con edifici aventi una simile destinazione funzionale rendono possibile avvalorare l'ipotesi di vedere nell'ambiente C uno spazio destinato al culto dinastico, i cui elementi di base sembrano far riferimento a un tipo architettonico presente nei sacelli dedicati al culto imperiale di epoca augustea e giulio-claudia[30]. Seppur con

[25] Zecchini 2015, in particolare, Porena 2015, 180-183, Fig. 1 (*supra* nota 1 per bibliografia precedente).

[26] Marin 2001, 110; Porena 2015, 180-183.

[27] De Maria 2015, in particolare 87-101. L'*Augusteum* di Fano è stato datato su base stratigrafica a un periodo di poco successivo al 45 d.C.: De Maria 2016, 598-599.

[28] Spadea 2000, 337-339, figg. 2-3. L'edificio alto-imperiale è stato interpretato sia come sede degli *Augustales*, che come *Augusteum* e risulta affiancato da un vano a E, nel quale viene riconosciuta la curia: De Maria 2015a, 97-98; De Maria 2015b, 146-147. Allo stesso tipo architettonico, appartiene anche un edificio a *Saepinum*. Per la sua interpretazione come *augusteum*: De Maria 2015a, 99; De Maria 2015b, 144.

[29] Fenelli - Guaitoli 1990, 186-192; Bollmann 1998, Fig. 355; Boschung 2002, 54-55, abb. 8.

[30] Recentemente sul tipo architettonico: Torelli 2017, in particolare 202.

la necessaria cautela, il confronto con l'edificio di Narona potrebbe rendere plausibile la collocazione del ciclo di statue dinastiche realizzato all'epoca di Claudio, che è formato da otto statue[31].

Una conferma della particolare affermazione del culto imperiale in questo periodo proviene da un'iscrizione fortemente lacunosa vista dal Fabretti nel XVII secolo a San Primitivo, datata nel 50-54 d.C., che menziona la dedica di *clipea inaurata* in favore di alcuni personaggi della dinastia giulio-claudia[32]. A dispetto di un municipio che nel corso della prima età imperiale attesta una forte contrazione e riorganizzazione degli spazi[33], tra l'età augustea e l'età giulio-claudia è documentata una fase di tenue rilancio dell'attività di edilizia pubblica di *Gabii*[34]. Inoltre, il dato epigrafico mostra un particolare legame da parte di alcuni personaggi all'*élite* dirigente romana con la città nel corso della prima età imperiale[35].

Prendendo in considerazione l'ambiente A, è stato osservato come le dimensioni compatibili dell'architrave iscritto *CIL* XIV 2795 (3,55 x 0,78 x 0,34 m) rispetto all'ingresso del vano risultano un ulteriore elemento a favore di una sua identificazione con l'*aedes* dedicato alla moglie di Domiziano, come già suggerito dal Visconti[36]. Se questa interpretazione è corretta, appare significativa la scelta di erigere l'*aedes* a opera dell'evergesia locale nell'unico spazio fruibile sul lato settentrionale del piazzale

porticato, in stretta relazione spaziale con il sacello del culto imperiale costruito nel I sec. d.C., lasciando supporre l'esistenza di uno spazio privilegiato per il culto dinastico su questo lato del complesso. La dedica di un tempio a Domizia Longina, all'interno del quale poteva essere presumibilmente conservato un suo ritratto, è stata spesso associata alla presenza di una proprietà dell'Augusta a *Gabii*, forse gestita dai due liberti in qualità di schiavi[37]. Secondo la stessa iscrizione, la manutenzione dell'*aedes* venne affidata sia all'*ordo decurionum*, che all'*ordo sevirum augustalium*; la particolare menzione di entrambi ha fatto supporre una collaborazione tra le due istituzioni in favore degli interessi della città e delle iniziative in essere[38]. In età antonina, il ruolo del collegio dei *seviri Augustales* nelle attività evergetiche del municipio risulta nuovamente sottolineato in un'iscrizione datata nel 166 d.C., dove i *seviri Augustali*, insieme ad altri membri della classe dirigente, risultano percettori di una somma di danaro a fronte dell'organizzazione di un banchetto per celebrare il *dies natalis* di *Plutia Vera*, figlia di *A. Plutio Epaphroditus*[39].

A fronte della possibile collocazione delle immagini della dinastia severiana all'interno del vano A, che costituisce una delle testimonianze della persistenza del culto imperiale in questo periodo, è importante notare la scelta di riservare al ciclo dinastico di età severiana uno spazio specifico e differente rispetto al sacello C[40]. Proprio in età severiana, il culto dinastico risulta attestato in maniera tangibile da alcune iscrizioni rinvenute durante gli scavi Hamilton e risalenti alla prima metà del III sec. d.C., che menzionano la presenza di *seviri Augustales* anche in questo periodo: la prima si riferisce a una lastra marmorea dell'epoca di Caracalla dedicata da *seviri*, decurioni e dal municipio in onore di *Q. Pompeius Falco Sosius Priscus*, appartenente alla famiglia senatoriale dei *Pompeii Sosii*; la seconda è la base iscritta in onore del decurione M. Julio Zotico, risalente all'età di Elagabalo, che aveva ricoperto la carica di *sevir augustalis*, *quinquennalis* ed era membro del collegio dei *dendrofori*[41].

Alla luce di queste considerazioni a carattere preliminare, da verificare con il riesame complessivo della documentazione,

---

[31] Angelelli - Boscarini - Lugari 2012, 192. In merito ai cicli dinastici sotto Claudio e il loro significato propagandistico: Romanò 2013, 179-183. A riguardo, è importante sottolineare una possibile continuazione del ciclo ritrattistico tra l'età flavia e quella traianea attestato da tre statue loricate (*supra* nota 7): Cima 2003, 139-141 e 320-324. Insieme al rinvenimento negli scavi Hamilton di un ritratto di Adriano (Louvre, inv. MA 1192), l'impegno da parte dell'imperatore nelle infrastrutture pubbliche della città (*CIL* XIV 2796-2798), non esclude una presenza più pervasiva dei ritratti dell'imperatore a *Gabii*, come lascia supporre anche la base iscritta (*CIL* XIV 2799) che menziona la presenza di Adriano e Sabina in città, forse raffigurati in coppia in un gruppo scultoreo: Cima 2003, 144, nota 133.

[32] *CIL* XIV 2794. Cima 2003, 138. È importante ricordare come nella prima parte dell'iscrizione vista dal Fabretti, particolarmente mutila, sia menzionata la figura di un *sevir augustalis, quattorvir*. Di recente, una lastra iscritta di reimpiego rinvenuta presso la c.d. Area Urbana, datata genericamente tra l'età augustea e quella adrianea, conferma l'istituzione del sevirato augustale a *Gabii* anche in questo periodo: Johnston 2019,

[33] Johnston *et al.* 2018, 1-35; Gallone - Banducci 2021, 28-30 e 541-543; Samuels *et al.* 2021, 141 e 149. Questo fenomeno risulta avere un eco in Dionigi di Alicarnasso, che riporta in età augustea l'immagine di una città urbanisticamente contratta sulla via principale, ma ugualmente popolosa: Dion. Hal. IV, 53.

[34] *Supra* nota 14. Per gli interventi nel Santuario di Giunone Gabina (Almagro Gorbea 1981, 623; Glisoni - Hasselin-Rous - Roger 2017, 27). Tra l'età augustea e gli inizi del I sec. d.C. è riferibile la realizzazione della prima fase dell'impianto termale pubblico nella c.d. "Area Urbana" (D'Agostini - Musco 2016, 335-336).

[35] La lastra iscritta *CIL* XIV 2802, datata tra il 24 e il 26 d.C. menziona una dedica da parte dei *decuriones et populus municipes Gabini* a *L. Antistius Vetus*, *consul suffectus* nel 26 d.C., onorato in qualità di *pontifex*, pretore, questore e *decemvir stilitibus iudicandis*. Questo personaggio è figlio del console *C. Antistius Vetus*, anch'esso *pontifex* e console del 6 a.C. (*PIR²*A, n. 771), il quale conia monete con la legenda *C. Antist. Vetus foedus p(opuli) R(omani) quum Gabinis*, probabilmente al fine di rimarcare un rapporto diretto con la città di *Gabii*; il legame a filo doppio tra gli *Antistii* e il centro gabino è attestato in un passo di Dionigi di Alicarnasso (Dion. Hal. 4.57): Rodriguez Almeida 1969, 31-32; Granino Cerere - Ricci 2010, 152; Johnston 2019, 673, nota 13.

[36] Giroire - Roger 2007, 103, nota 2.

[37] Andermahr 1998, 254-260; Chausson 2003, 128, n. 63; Granino Cerere 2010, 116-117; Fraser 2015, 250. *Domitia Longina* era inoltre proprietaria di una *figlina* situata nel territorio gabino: McDermott - Orentzel 1972, 82. Sul legame ideologico tra il ritratto del c.d. Corbulone, riconosciuto come Cassio Longino, uno dei cesaricidi, e *Domitia Longina*, partecipe della congiura nei confronti del marito Domiziano: Varner 1995, 206.

[38] Johnston 2019, 674-675.

[39] *CIL* XIV 2793.

[40] Sulla presenza di spazi riservati a cicli scultorei della dinastia imperiale indipendenti mondo romano: Rosso 2006; anche Porena 2015, 195-196, nota 33.

[41] *CIL* XIV 2803 e 2809. Tra le diverse basi che potevano essere ubicate all'interno del piazzale porticato, secondo quanto visibile nella pianta settecentesca e nella sua restituzione grafica, il Visconti indica la presenza della base iscritta di *T. Flavio Aeliano* (*CIL* XIV 2806) dedicata da parte dell'*Ordo et Populus Gabinus* al centro del lato meridionale del piazzale. Al di sopra della base, datata nella prima metà del III sec. d.C., venne collocata, secondo il Visconti, una statua "sedente e togata", il cui stato di conservazione non ha permesso al tempo un suo restauro (Visconti 1797, 149, nota 3). L'iscrizione si riferisce a un personaggio definito come *curator et patronus rei publicae*.

rimangono diversi quesiti connessi, da una parte con le trasformazioni e fasi di abbandono dell'impianto, dall'altra con l'interpretazione della piazza porticata, il cui lato settentrionale sembra ospitare uno spazio destinato al culto dinastico, con prolungate caratteristiche funzionali tra l'età giulio-claudia e l'età severiana.

Bibliografia

Andreasen, Ø. - Ascani, K. 2013, *Georg Zoëga Briefe und Dokumente*, Copenhagen.

Almagro Gorbea, M. (ed.) 1981, *El Santuario de Juno en Gabii. Excavaciones 1956-1969*, Roma.

Angelelli, C. - Boscarini, C. - Lugari, A. 2012, "I rivestimenti marmorei dal Foro di *Gabii*", in F. Guidobaldi - G. Tozzi (eds), *AISCOM*, 17, 187-199.

Angelelli, C. - Musco, S. 2013, "Mosaici inediti da *Gabii*", in C. Angelelli (ed.), *AISCOM*, 18, 727-738.

Becker, J. A. - Mogetta, M. - Terrenato, N. 2009, "A New Plan for an Ancienti Italian City: Gabii Revealed", in *AJA*, 113, 629-642.

Bollmann, B. 1998, *Römische Vereinshäuser. Untersuchungen zu den Scholar der römischen Berufs - Kult - und Augusten-Kollegien in Italien*, Mainz am Rhein.

Boschung, D. 2002, Gens Augusta, *Untersuchungen zu Aufstellung, Wirkung und Bedeutung der Statuengruppen des julisch-claudischen Kaiserhauses*, Mainz am Rhein.

Bignamini I. - Horbsby C. 2010, *Digging and dealing in Eighteenth-century Roma*, London.

Cacciotti, B. 2017, "Vincenzo Pacetti e gli scavi nel territorio laziale: il caso di Gabii", in A. Cipriani - M. G. Picozzi - M. Di Macco - C. Gasparri - L. Pirzio Biroli Stefanelli - G. Fusconi (eds), *Vincenzo Pacetti, Roma, l'Europa all'epoca del Grand Tour*, in *BdA*, VII, 155-166.

Campitelli, A. 2003a, "Il Museo di Gabii", in Campitelli A. (ed.), *Villa Borghese. I principi, le arti, la città dal Settecento all'Ottocento*, Roma-Milano, 145-150.

Campitelli, A. 2003b, "La vendita delle sculture gabine", in Campitelli A. (ed.), *Villa Borghese. I principi, le arti, la città dal Settecento all'Ottocento*, Roma-Milano, 151-155.

Cesarano, M. 2015, In honorem domus divinae: *Introduzione allo studio dei cicli statuari giulio-claudii a Roma e in Occidente*, Roma.

Chausson, F. 2003, "Domitia Longina: reconsidération d'un destin impérial", in *JSav*, 1, 101-129.

Cima, M. 2003, *La scoperta di una città antica a Pantano Borghese*, in A. Campitelli (ed.), *Villa Borghese. I principi, le arti, la città dal Settecento all'Ottocento*, Roma-Milano, 131-144 e 316-323.

Cima, M. 2005, "Gavin Hamilton a Gabii. Gli scavi settecenteschi di Pantano Borghese", in A. Campitelli

(ed.), *Villa Borghese. Storia e gestione*, Ginevra-Milano, 43-55.

Clarac, F. 1830, *Description du Musée Royal des Antiques du Louvre*, Paris.

Clarac, F. 1841, *Musée de sculpture antique et moderne ou description historique et graphique du Louvre, des statues, bustes, bas-reliefs et inscriptions du musée royal des antiques et des Tuileries*, II.2, Paris.

D'Agostini, C. - Musco, S. 2016, "Gabii. *Mosaici dalle Terme Pubbliche*", in C. Angelelli - D. Massara - F. Sposito (eds), *AISCOM*, 21, 335-348.

D'Agostini, C. - Musco, S. 2020, "Nuovi dati dalle terme pubbliche di *Gabii*", in C. Cecalupo - M. E. Erba (eds), *AISCOM*, 25, 775-780.

de Kersauson, K. 1986, *Musée du Louvre. Catalogue des Portraits Romains, I. Portraits de la République et d'époque julio-claudienne*, Paris.

de Kersauson, K. 1996, *Musée du Louvre. Catalogue des Portraits Romains, II. De l'année de la guerre civile (68-69 d.C.) à la fin de l'Empire*, Paris.

De Maria, S. 2015a, "L'edificio del culto imperiale: strutture e ricostruzione", in De Maria (ed.), *L'Augusteum di Fanum Fortunae. Un edificio del culto imperiale nella Fano di età romana*, Milano, 87-101.

De Maria, S. 2015b, "L'Augusteum di Fano e i luoghi del culto imperiale nel I sec. d.C.", in De Maria (ed.), *L'Augusteum di Fanum Fortunae. Un edificio del culto imperiale nella Fano di età romana*, Milano, 133-149.

De Maria, S. 2016, "Città e monumenti romani in Adriatico. Le due sponde a confronto", in J. Bonetto - H. Dessau 1887 (eds), *Corpus Inscriptionum Latinarum XIV. Inscriptiones Latii veteris Latinae, XIV, Inscriptiones Latii veteris Latinae*, Berlin.

Dessau, H. 1892-1916, *Inscriptiones Latinae Selectae*, Berlin-Weidmannos.

Ducroux, S. 1975, *Catalogue analytique des inscriptions latines sur pierre conservées au Musée du Louvre*, Paris.

Fabbri, M. - Musco, S. 2016, "Nuove ricerche sulle fortificazioni di *Gabii*. I tratti nord-orientale e settentrionale", in P. Fontaine - S. Helas (eds), *Le fortificazioni arcaiche del* Latium Vetus *e dell'Etruria meridionale (IX-VI secolo a.C.), Stratigrafia, cronologia e urbanizzazione*, Bruxelles-Roma, 71-90.

Fenelli, M. - Guaitoli, M. 1990, "Nuovi dati degli scavi di *Lavinium*", in *ArchLaz*, 10, 1990, 182-193.

Fittschen, K. 1977, *Katalog der antiken Skulpturen in Schloss Erbach*, Berlin.

Fraser, T. E. 2015, "Domitia Longina: an underestimated Augusta (c. 53-126/8)", in *AncSoc*, 45, 205-266.

Giroire, C. - Roger, D. 2007, *Roman art from the Louvre*, Indianapolis.

Glisoni, S. - Hasselin-Rous, I. - Roger, D. 2017, "Gabies. Campagnes 2014 et 2016 du Musée du Louvre et de la Surintendance de Rome", in *Chronique des activités archéologiques de l'École française de Rome, Italie centrale*, http://journals.openedition.org/cefr/1644.

Glisoni, S. - Hasselin-Rous, I. - Roger, D. 2018, "Gabies. Campagne 2017 du musée du Louvre et de la Surintendance de Rome", in *Chronique des activités archéologiques de l'École française de Rome, Italie centrale*, http://journals.openedition.org/cefr/1905.

Glisoni, S. - Zanella, S. 2019, "Gabies. Campagne de 2018 du musée du Louvre et de la Surintendance de Rome", in *Chronique des activités archéologiques de l'École française de Rome, Italie centrale*, http://journals.openedition.org/cefr/3980.

Granino Cerere, M. G. 2010, "Proprietà di Augustae a Roma e nel Latium Vetus", in A. Kolb (ed.), *Augustae. Machtbewusste Frauen am römischen Kaiserhof*, Berlin, 111-127.

Granino Cerere, M. G. - Ricci, C. 2011, "Le tribù del *Latium vetus*", in M. Silvestrini (ed.), *Le tribù romane. Atti dellla XVIe Rencontre sur l'épigraphie*, Bari, 151-155.

Gros, P. 2014, "Du «temple d'Auguste» de la basilique vitruvienne de Fano aux plus anciens *Augustea*", in *CRAI*, 4, 1783-1810.

Guaitoli, M. 1981, "*Gabii*. Osservazioni sulle fasi di sviluppo dell'abitato", in *QuadIstTopAnt*, 9, 23-57.

Guaitoli, M. 2003, *Lo sguardo di Icaro: le collezioni dell'Aerofototeca nazionale per la conoscenza del territorio*, Roma.

Irwin, D. V. 1962, "Gavin Hamilton: archaeologist, painter and dealer", in *ArtB*, 44, 1962, 87-102.

Johnston, A. 2019, "New Epigraphic Evidence for Municipal Institutions at Imperial Gabii", in *Epigraphica*, 81, 669-675.

Jucker, H. 1976, "Der große Pariser Kameo. Eine Huldigung an Agruppina, Claudius und Nero", in *JDAI*, 91, 211-250.

Kay, S. 2013, "Geophysical Survey of the City of Gabii, Italy", in P. Johnson - M. Millett (eds), *Archaeological Survey and the city*, Oxford, 283-302.

Kay, S. - Hay 2010, "Le indagini geofisiche condotte dalla British School at Rome nel Lazio: risultati e prospettive", in *Lazio e Sabina*, 6, 205-210.

Kiss, Z. 1975, *L'iconographie des princes julio-claudiens au temps d'Auguste et de Tibere*, Warsaw.

Majerini, V. - Musco, S. 2001, "*Gabii*. Indagini archeologiche: area urbana, area della chiesa di San Primitivo e area del Santuario extraurbano orientale", in F. Filippi (ed.), *Archeologia e Giubileo. Gli interventi a Roma e nel Lazio nel Piano per il Grande Giubileo del 2000*, Napoli, 490-499.

Martini, A. 1883, *Manuale di metrologia*, Torino (ristampa Roma 1976).

McDermott, W. - Orentzel, A. E.1972, *Roman Portraits*, London.

Mogetta, M. *et al.* 2019, "The Street System of *Gabii*: New evidence on the Republican Phases", in *FastiOnline*, 1-33.

Nibby, A. 1819, *Viaggio antiquario ne' contorni di Roma*, I, Roma.

Niemeyer, C. T. 1968, *Studien zur statuarischen Darstellung der römischen Kaiser*, Berlin.

Pollini, J. 1993, "The Cartoceto Bronzes: Portraits of a Roman Aristocratic Family of the Late First Century B.C.", in *AJA*, 97, 423-446.

Porena, P. 2015, "Ipotesi sulla fine dell'Augusteum di Narona", in Zecchini 2015, 179-210.

Rodriguez Almeida, E. 1969, "Epigrafía gabina novísima. Hallazgos epigráficos de las excavaciones españolas en las campañas de 1956 a 1965", in *CuadRom*, 12, 25-44.

Romanò, E. 2013, "Gli "Augustales" a "Rusellae". Una rilettura delle testimonianze architettoniche, scultoree ed epigrafiche", in *SCO*, 59,153-206.

Romeo, I. 1999, Ingenuus leo. *L'immagine di Agrippa*, Roma.

Rose, C. B. 1997, *Dynastic Commemoration and Imperial Portraiture in the Julio-Claudian Period*, Cambridge.

Rosso, E. 2006, *D'une dynastie à l'autre: recherche sur une série d'«Augustea/Sebasteia» du monde romain. Analyse diachronique des programmes iconographiques (14 ap. J.C.-268 ap. J.-C.)*, Roma.

Samuels, J. T. - Naglak, M. - Opitz, R. - Evans, J. M. - Johnston, A. C. - Wright, P. - Creola, A. - Prosser, J. - Zapelloni-Pavia, A. - Farr, J. - Harder, M. - Banducci, L. - D'Acri, M. - Tuttle, D. - Ion, S. - Cha, C. - Ness, S. - Beydler, K. - Cohen, S. - Moses, V. - Motta, L. - Mogetta, M. - Gallone, A. 2021, "A Changing Cityscape in Central Italy: The Gabii Project Excavations, 2012-2018", in *JFieldA*, 46, 3, 132-152.

Spadea, R. 2000, "Il foro di *Scolacium*. Ritratti e iscrizioni", in M. Cébeillac-Gervasoni (ed.), *Les élite municipale de l'Italie péninsulaire de la mort de César à la mort de Domitien entre continuité et rupture. Classe sociales dirigeantes et pouvoir central*, Roma, 327-345.

Terrenato, N. - Gallone, A. - Becker, J. A. - Kay, S. 2010, "Urbanistica ortogonale a Gabii. Risultati delle nuove prospezioni geofisiche e prospettive per il futuro", in *Lazio e Sabina*, 6, 236-248.

Torelli, M. 2017, "Per un lessico degli edifici del culto imperiale", in *Ostraka*, 26, 193-209.

Varner, E. R. 1995, "Domitia Longina and the politics of portraiture", in *AJA*, 99,2, 187-206.

Wohlmayr, W. 2004, *Kaisersaal: Kultanlagen der augustalen und munizipale Einrichtungen für das Herrscherhaus in Italien*, Wien.

Zecchini, G. 2015, *L'Augusteum di Narona*, Roma.

47

Et in Arcadia ego: il paesaggio che si unisce al pianto nella poesia bucolica greca

Elisa Di Daniele
Università degli Studi di Roma 'Tor Vergata'

Abstract: The present contribution aims to highlight and compare the different declinations of pathetic fallacy in Greek bucolic poetry: indispensable motif of the pastoral lament is the representation of the natural sharing of human suffering, of a universal compassion that is substantiated in a series of ἀδύνατα. From the flowers that turn pale to the trees that throw the fruits to the ground, from the streams of water that join to the weeping, to the birds that convert their song in a lament: every natural element seems to participate in the human drama of existence. If the sharing of nature accompanies the Greek trenodic tradition from its origins, it is in bucolic poetry that finds its mature expression until it becomes, in its exasperation, the central motif of the production of the minor bucolic: the texts of the Epitaph of Adonis and the Funeral Song of Bion will be analyzed trying to reconstruct the history of this literary topos and outline its evolution.

Keywords: Pathetic fallacy; bucolic poetry; post-Theocritean poetry; landscape; Bion; Moschus; hellenistic poetry; funeral lament.

47.1. La definizione di "pathetic fallacy" e le sue prime manifestazioni letterarie.

L'espediente letterario per cui la natura reagisce a una situazione umana non ha mai ricevuto un nome specifico nella retorica antica: se la natura manifesta sé stessa empaticamente compiendo l'impossibile tale figura viene considerata semplicemente *adynaton*, benché questo termine abbia una connotazione molto più ampia[1].

L'espressione "pathetic fallacy" è entrata nel vocabolario critico piuttosto recentemente e le circostanze della sua introduzione sono ben note[2]; oggi, liberata dalla sua originale connotazione negativa, spesso intercambiabile con la personificazione, significa semplicemente l'attribuzione di facoltà e sentimenti umani agli oggetti naturali.

Il legame simpatetico tra natura e umanità è sempre stato un tema dominante nella letteratura antica e proprio nella poesia epica figurano le sue prime manifestazioni: l'Epopea di Gilgamesh ne offre uno splendido esempio nel lamento per Enkidu in cui tutta la natura piange per il guerriero defunto[3].

Gilgamesh si serve della logica primitiva per costringere la natura a compiangere il suo compagno in un disperato tentativo di rianimarlo; il suo ragionamento è basato sulla persistente credenza che la natura sia una madre comune e che debba gioire e piangere delle vicende umane come universale genitrice.

Anche nell'*Iliade* la natura, almeno in un caso, partecipa a una trenodia (XVIII, 35-67) quando il lamento di Achille per la morte di Patroclo raggiunge le profondità del mare dove le Nereidi innalzano il *threnos* fino a infrangere le onde in un crescendo (κῦμα θαλάσσης/ ῥήγνυτο).

La natura orchestra il lamento di Achille con una spontanea trenodia che è considerevolmente più sofisticata del lamento di Gilgamesh per Enkidu: se questo era una primitiva invocazione alla natura per rianimare il defunto, il *threnos* dell'*Iliade* mostra un più sottile uso del compianto, preludio al destino dell'eroe e che per questo scivola direttamente nel suo confronto con Teti e nella profezia della sua tragica fine.

Se la "pathetic fallacy" è dunque progredita dall'incantazione (lamento per Enkidu) alla prefigurazione drammatica (lamento delle Nereidi), raggiunge il suo stadio finale quando diviene *leitmotiv* o vero e proprio simbolo.

Dal momento che la "pathetic fallacy" nella sua forma più alta è metafora attraverso la quale è distillato un modo di

---

[1] Dutoit 1936.
[2] Il critico J. Ruskin la coniò per indicare la debolezza nei poeti soggettivisti che erano incapaci di vedere la realtà per come era e che invece tendevano a proiettarvi i propri sentimenti, Ruskin 1856, 157-172.
[3] "L'onagro e la gazzella / che padre e madre ti furono,/ tutte le creature dalla lunga coda che ti nutrirono ti piangono,/ tutti gli esseri selvatici della piana e dei pascoli;/ i sentieri che amavi nella foresta dei cedri / notte e giorno mormorano. Che i grandi di Uruk dalle forti mura/ ti piangano,/ che il dito di benedizione/sia teso in lutto;/ Enkidu, giovane fratello. Ascolta,/ per tutto il paese c'è un'eco,/ come di madre in lutto./ Piangano tutti i sentieri che insieme abbiamo percorso e le bestie che abbiamo cacciato, orso e iena,/ tigre e pantera, leopardo e leone,/ cervo e stambecco, toro e daina./ Il fiume lungo le cui rive camminavamo/ ti piange,/ l'Ula di Elam e il caro Eufrate,/ dove una volta attingevamo acqua per le nostre fiasche. Il monte su cui salimmo quando uccidemmo il Guardiano/ ti piange". Trad. A. Passi in Sandars 1994, 125-126.

concepire la realtà, non è sempre esplicita e raggiunge lo status artistico quando è sottilmente lavorata attraverso un poema, entrando e uscendo discretamente e significando sempre qualcosa di più di un semplice ornamento[4].

47.2. La compartecipazione emotiva del paesaggio nella poesia ellenistica.

L'unione di uomo e natura, che è alla base della "pathetic fallacy", è uno dei temi dominanti dell'estetica ellenistica: sempre maggiore attenzione viene accordata alla vita degli animali e delle piante e alle ambientazioni naturali in generale rispetto a quanto era stato fatto prima.

Il poeta ellenistico, come quello arcaico, ama indugiare nella descrizione sensualistica delle immagini, dei suoni e dei profumi della natura, non più distante e minacciosa, la crudele φύσις in costante opposizione al νόμος umano, ma calda e accogliente, in una parola: idilliaca[5].

Questo senso di sostanziale armonia ha riflessi anche in altre branche del sapere del tempo[6] e la "pathetic fallacy", quale immagine letteraria che ritrae la natura influenzata dalle azioni degli uomini, si afferma allo stesso momento in cui una tale concezione dell'universo viene parallelamente postulata anche dal pensiero scientifico. L'armonia tra elemento umano e naturale non esiste dunque solo come figura retorica ma come vera e propria concezione del mondo.

Queste sono le argomentazioni di cui si avvale chi tende a enfatizzare l'originalità ellenistica della "pathetic fallacy" e a sminuire il ruolo delle sue precedenti manifestazioni letterarie: nelle rare occasioni in cui la natura reagisce all'uomo nella poesia antica, sembra nascondere in realtà l'elemento divino o limitarsi a farlo per una mera retribuzione. L'intimità tra uomo e natura che si sostanzia negli *adynata* bucolici sembra dunque non avere precedenti: *panta analla* è il modo in cui la natura compiange simpateticamente la morte dell'uomo[7].

La poesia bucolica è poesia del paesaggio per eccellenza, ma si cadrebbe in errore se si volesse cogliere nella produzione poetica teocritea la migliore rappresentazione della compartecipazione emotiva del paesaggio.

Il primo idillio di Teocrito viene tradizionalmente presentato per introdurre la declinazione bucolica della "pathetic fallacy" (Theocr. I, 132-136):

νῦν ἴα μὲν φορέοιτε βάτοι, φορέοιτε δ᾽ ἄκανθαι,
ἁ δὲ καλὰ νάρκισσος ἐπ᾽ ἀρκεύθοισι κομάσαι,
πάντα δ᾽ ἄναλλα γένοιτο, καὶ ἁ πίτυς ὄχνας ἐνείκαι,
Δάφνις ἐπεὶ θνάσκει, καὶ τὰς κύνας ὥλαφος ἕλκοι,
κἠξ ὀρέων τοὶ σκῶπες ἀηδόνι γαρύσαιντο

"Ora viole portate, o rovi, viole portate voi spini,
il bel narciso fiorisca sui ginepri.
Ogni cosa tramuti, e il pino porti le pere,
Poiché Dafni muore, e il cervo insegua le cagne,
e i gufi dai monti cantino a gara con l'usignolo"

Dopo che Tirsi canta la canzone di Dafni con l'enfasi nel racconto della morte del poeta-pastore per amore, la pace dei versi iniziali è trasformata in un caos generale: la natura non può più essere concorde, Dafni è morto. Tirsi invoca dunque una completa inversione dell'ordine naturale (πάντα δ᾽ ἄναλλα γένοιτο) con il narciso che fiorisce sul ginepro e i gufi che competono con l'usignolo (vv. 132-6).

Teocrito, tuttavia, non impiega la fallacia patetica come un principio che informa l'intero componimento, usa la natura soltanto per adeguarla agli umori dell'uomo: la bellezza dei suoi idilli risiede proprio nella completa armonia di suono, colore e atmosfera; l'ambientazione è meticolosamente allestita sin dall'inizio, ma l'attenzione non si concentra mai sui singoli tasselli che compongono l'intera costruzione.

La natura è usata dunque drammaticamente, come parte della cornice, come mero puntello di scena.

Ancora il lamento per Dafni e la fallacia patetica figurano nel VII idillio, vv. 74-77:

Χὤς ὄρος ἀμφεπονεῖτο καὶ ὡς δρύες αὐτὸν ἐθρήνευεν
Ἱμέρα αἵτε φύοντι παρ᾽ ὄχθαισιν ποταμοῖο,
εὖτε χιὼν ὥς τις κατετάκετο μακρὸν ὑφ᾽ Αἷμον
ἢ Ἄθω ἢ Ῥοδόπαν ἢ Καύκασον ἐσχατόωντα.

"E come il monte si doleva per lui, e lo piangevano le querce
che crescono lungo le rive dell'Imera,
allorquando si disfaceva, come neve alle pendici del grande Emo."

Qui l'immagine è amplificata dalla similitudine che compara Dafni stesso alla natura: la montagna e le querce sono in lutto per Dafni che sparisce come neve che si scioglie.

Nel settimo idillio Licida allude alle meraviglie naturali nella sua canzone – le colline che piangono e le querce a lutto (v. 74) – ma usa questi elementi solo per enfatizzare la sua squisita composizione. Ancora, sono espedienti più che simboli, non sono niente più che *adynata* ornamentali (Dick) e una vera e propria evoluzione della fallacia patetica in chiave simbolica non è ancora stara compiuta.

La sensualistica rappresentazione della morte di Adone nel capolavoro del terzo autore della triade bucolica, Bione, contiene paradossalmente un solo vistoso esempio del *topos* del coinvolgimento emotivo della natura: le montagne, i boschi e le fonti piangono per Adone (31-38) ma sono tutti elementi che, a ben vedere, appartengono

---

[4] Dick 1968, 30.
[5] Buller 1981, 39.
[6] Cfr. la dottrina avanzata da Bolo di Mende nel suo trattato *Sulla simpatia e antipatia* che affermava l'esistenza di un legame naturale che collegava la maggior parte degli elementi e delle forze dell'universo.
[7] Buller 1981, 43-45.

alla formula convenzionale del motivo della *pathetic fallacy* nella sua declinazione bucolica[8] (Bion, *Epitaph. Adon.* 30-35):

> Κύπριδι μὲν καλὸν εἶδος, ὅτε ζώεσκεν Ἄδωνις·
> κάτθανε δ᾽ ἁ μορφά σὺν Ἀδώνιδι. "τὰν Κύπριν αἰαῖ"
> ὥρεα πάντα λέγοντι, καὶ αἱ δρύες "αἲ τὸν Ἄδωνιν"·
> καὶ ποταμοὶ κλαίουσι τὰ πένθεα τᾶς Ἀφροδίτας,
> καὶ παγαὶ τὸν Ἄδωνιν ἐν ὥρεσι δακρύοντι·

> "[…] «Ahimè, Cipride!»
> Dicono i monti tutti, e le querce «ahimè, Adone!»,
> e i fiumi piangono le pene di Afrodite,
> e le fonti piangono Adone sui monti;
> i fiori si arrossano per il dolore."

47.3. Il trionfo della fallacia patetica nello pseudo-moscheo *Epitafio di Bione*.

L'unico componimento pastorale greco che rappresenta la compartecipazione emotiva della natura per scopi simbolici è lo pseudo-moscheo *Epitafio per Bione*: l'intero poemetto è di per sé un'estesa fallacia patetica.

Appesantita dalla dettagliata descrizione delle singole immagini del compianto, l'opera si configura apparentemente come niente più che efficace esempio di eccesso ellenistico.

È tuttavia notevole che la *pathetic fallacy*, finora solo sporadica figura poetica, divenga, nel *Lamento per Bione*, la sostanza stessa della poesia[9] ([Mosch.IV] *Epitaph. Bion.* 1-7):

> Αἴλινά μοι στοναχεῖτε νάπαι καὶ Δώριον ὕδωρ,
> καὶ ποταμοὶ κλαίοιτε τὸν ἱμερόεντα Βίωνα.
> Νῦν φυτά μοι μύρεσθε, καὶ ἄλσεα νῦν γοάοισθε,
> ἄνθεα νῦν στυγνοῖσιν ἀποπνείοιτε κορύμβοις.
> Νῦν ῥόδα φοινίσσεσθε τὰ πένθιμα, νῦν ἀνεμῶναι,
> νῦν ὑάκινθε λάλει τὰ σὰ γράμματα καὶ πλέον αἰαῖ
> λάμβανε τοῖς πετάλοισι· καλὸς τέθνακε μελικτάς

> "Gemete, ahimè, voi valli e doriche acque,
> E voi, fiumi, piangete il seducente Bione.
> Lacrime ora versate, voi piante; innalzate lamenti, voi boschi;
> fiori, perdete il profumo nei cupi corimbi.
> Arrossatevi a lutto ora, rose, arrossatevi anemoni;
> tu ora, giacinto, da' voce a quello che porti scritto, e più *aiai*
> accogli nei petali: è morto il leggiadro cantore"

Il lamento inizia con un richiamo a tutti i fenomeni naturali per piangere la morte di Bione - radure, fumi, fiori, usignoli - e sembra seguire il solco tracciato dalle convenzioni del genere.

Eppure, qualche elemento di eccentrica dissonanza si lascia intravedere: nel raffinato dettaglio delle rose il poeta si occupa principalmente di trovare una nuova forma per il lutto e, attraverso φοινίσσεσθαι (v. 5) qui per "arrossire di tristezza" (Th. XX 16) accompagnato dall'espressione τὰ πένθιμα, epiteto riferito spesso alle vesti, il passaggio può essere quasi inteso come se le rose dovessero indossare abiti a lutto di colore purpureo (esasperata è la sovrapposizione di attività umana ed elemento naturale).

Il progressivo allontanamento dalla tradizione e quasi un suo rovesciamento sono palpabili ai versi successivi (vv. 31-35 e 45-50):

> [...] σῷ δ᾽ ἐπ᾽ ὀλέθρῳ
> δένδρεα καρπὸν ἔριψε, τὰ δ᾽ ἄνθεα πάνθ᾽ ἐμαράνθη.
> μάλων οὐκ ἔρρευσε καλὸν γλάγος, οὐ μέλι σίμβλων·
> κάτθανεν ἐν κηρῷ λυπεύμενον, οὐκέτι γὰρ δεῖ
> τῶ μέλιτος τῶ σῶ τεθνακότος αὐτὸ τρυγᾶσθαι.

> ἀδονίδες πᾶσαί τε χελιδόνες, ἅς ποκ᾽ ἔτερπεν,
> ἅς λαλέειν ἐδίδασκε· καθεζόμεναι δ᾽ ἐπὶ πρέμνοις
> ἀντίον ἀλλάλαισιν ἐκώκυον, αἱ δ᾽ ὑπεφώνευεν
> ὄρνιθες· «λυπεῦνθ᾽ αἱ πενθάδες, ἀλλὰ καὶ ἡμεῖς

> "[…] per la tua morte
> gli alberi hanno gettato via i loro frutti, i fiori sono tutti appassiti.
> dalle pecore non scorre il bel latte, non cola miele dagli alveari;
> è morto triste nella cera: non più si deve raccogliere, ora che è morto il tuo miele

> Gli usignoli e tutte le rondini che un tempo allietava,
> che istruiva a cantare: posati sui rami
> di fronte, tra loro effondevano alti lamenti, e sommessamente
> gli uccelli dicevano: «Patiscono loro che piangono il lutto, ma soffriamo anche noi»".

Se nella prima sezione di versi il lutto degli alberi è stato soltanto menzionato, ora viene descritto nel dettaglio: ricorrente è l'immagine delle piante che perdono le foglie per il dolore (A.P. VII 141; Ov., *Met.* XI, 464-468) ma è insolita quella della caduta dei frutti (v. 32: δένδρεα καρπὸν ἔριψε) e con la sua nuova versione sembra che il poeta voglia superare la formula e tentare la via dell'originalità[10].

Prezioso indizio di una tendenza sovversiva nei confronti della tradizione si rinviene facilmente nell'immagine del lamento degli uccelli, usignoli e rondini: se eseguono il lamento così bene, è perché il poeta, quando era in vita, ha provveduto ad addestrarli nell'arte del canto, di fatto sono suoi allievi, come è suo allievo lo stesso poeta che ha composto l'*Epitafio* per onorare il venerato maestro. È da notare che rispetto all'antico topos del poeta che apprende il canto dagli uccelli (cfr. Alcm., fr. 39 PMG: ϝέπη τάδε

---

[8] Theocr. VII 74.
[9] Dick 1968, 34-35.
[10] Mumprecht 1964, v. 32.

Elisa Di Daniele

καὶ μέλος Ἀλκμὰν/ εὗρε γεγλωσσαμέναν/ κακκαβίδων
ὄπα συνθέμενος; fr. 40 PMG: ϝοῖδα δ᾿ὀρνίχων νόμως/
παντῶν) qui viene attuato (in maniera alessandrina) un
vero e proprio rovesciamento, favorito senza dubbio
dall'identificazione di Bione con Orfeo[11].

[Mosch. IV] *Epitaph. Bion.* vv. 99-104:

Αἰαῖ ταὶ μαλάχαι μέν, ἐπὰν κατὰ κᾶπον ὄλωνται
ἠδὲ τὰ χλωρὰ σέλινα το τ᾿εὐθαλὲς οὖλον ἄνηθον,
ὕστερον αὖ ζώοντι καὶ εἰς ἔτος ἄλλο φύοντι·
ἄμμες δ᾿οἱ μεγάλοι καὶ καρτεροί, οἱ σοφοὶ ἄνδρες,
ὁππότε πρᾶτα θάνωμες, ἀνάκοοι ἐν χθονὶ κοίλᾳ
εὕδομες εὖ μάλα μακρὸν ἀτέρμονα νήγρετον ὕπνον

"Ahimè, le malve, quando muoiono nel giardino,
e il verde apio, e il fiorente aneto ricciuto,
rivivono ancora e un altr'anno germogliano:
noi che siamo grandi e forti, noi uomini sapienti,
quando moriamo, sordi nella fossa
dormiamo un sonno lunghissimo, senza fine, senza
risveglio"

Se tempi umani e tempi della natura erano stati paragonati
già da Omero con orientamento analogico, il confronto
tra caducità umana ed eternità della natura[12] in termini
oppositivi sembra essere documentato qui per la prima
volta[13].

Il lamento della natura si fonde con quello del poeta
secondo lo schema bucolico ma il suo coinvolgimento non
sembra completamente genuino a Dick che lo considera
niente più che una finzione: il poeta umanizza la natura e le
dice cosa dovrebbe fare quando un uomo muore, ma il suo
compianto è del tutto effimero perché essa può rinascere; il
poeta e l'umanità piangono con maggiore intensità perché
un rinnovamento è impossibile per i mortali[14].

Ancora Buller[15] insiste sulla divaricazione dell'elemento
umano e quello naturale rappresentata per la prima
volta in questi versi: uno solo è il caso in cui la natura e
l'uomo possono essere separate l'una dall'altro - distinti e
irriconciliabili: il momento della morte (vv. 99-104).

Tutte le creature sembrano all'uomo capaci di rinascere e
morire ciclicamente, mentre il suo destino è il definitivo
annullamento: è infatti la morte umana che porta la natura
ad avere sentimenti simpatetici per l'umanità.

Alla luce degli elementi di difformità dalla tradizione
analizzati, dalla lettura antifrastica di alcuni dettagli, dalla
complessa polisemia tipicamente alessandrina che si cela
nella selezione delle immagini e nelle scelte lessicali, non

**Fig. 47.1 Roma, Galleria Nazionale di Palazzo Barberini.
Guercino, *Et in Arcadia Ego*, olio su tela (foto dell'autrice).**

è da escludere la possibilità di interpretare *l'Epitafio di
Bione* in chiave anti-bucolica: sembra che solo in questi
versi di raffinata bellezza irrompa bruscamente la brutale
consapevolezza della mortalità, proprio come il teschio
del *memento mori* del Guercino minaccia la serenità senza
tempo dell'Arcadia (Fig. 47.1).

Bibliografia

Arland, W. 1937, *Nachtheokritische Bukolik bis an die
Schwelle der lateinischen Bukolik*, Leipzig.

Bernsdorff, H. 2006, "The Idea of Bucolic in the Imitators
of Theocritus, 3rd-1st century BC", in M. Fantuzzi -
Th. Papanghelis (eds), *Brill's Companion to Greek and
Latin Pastoral*, Leiden,167-208.

Buller, J. L. 1981, "The pathetic fallacy in Hellenistic
pastoral", in *Ramus*, 10,1, 35-52.

Copley, F. O. 1937, "The Pathetic Fallacy in Early Greek
Poets", in *AmJPhilol*, 58.2, 194-209.

Dick, B. F. 1968, "Ancient Pastoral and the Pathetic
Fallacy", in *Comparative Literature*, 20.1, 27-44.

Dutoit, E. 1936, *Le Theme de l'adynaton dans la poesie
antique*, Paris.

Fantuzzi, M. 1985, *Bionis Smyrnaei Adonidis Epitaphium*,
Liverpool.

Fantuzzi, M. 1987, "Caducità dell'uomo ed eternità della
natura: Variazioni di un motivo letterario", in *QuadUrb*,
26.2, 101-110.

Fantuzzi, M. - Hunter, R. 2005, *Tradition and innovation
in Hellenistic Poetry*, Cambridge.

Gallavotti, C. 1993, *Theocritus quique feruntur bucolici
Graeci*, Roma.

Gow, A. S. F. 1952, *Bucolici Graeci*, Oxford.

---

[11] Palumbo Stracca 2010, 127-128.
[12] Fantuzzi 1987.
[13] Perfettamente distinguibile è l'eco dei celebri versi di Catullo V, 4-6:
*Soles occidere et redire possunt/ nobis cum semel occidit brevis lux,/ nox
est perpetua una dormienda.*
[14] Dick 1968, 34.
[15] Buller 1968, 47-48.

Manakidou, F. P. 1996, "*ΕΠΙΤΑΦΙΟΣ ΑΔΩΝΙΔΟΣ and ΕΠΙΤΑΦΙΟΣ ΒΙΩΝΟΣ: Remarks on Their Generic Form and Content*", in *Materiali e discussioni per l'analisi dei testi classici*, 37, 27-58.

Mumprecht, V. 1964, *Epitaphios Bionos. Text, Übersetzung, Kommentar*, Tesi dottorale Università di Bern-Zürich.

Palumbo Stracca, B. M. 2007, "Note Esegetiche e Testuali all'Adonis di Bione", in *RCulClMedioev*, 49.2, 249-266.

Palumbo Stracca, B. M. 2008, "Bione, Epitafio di Adone (XL Gallavotti). Testo e traduzione", in *RCulClMedioev*, 50.2, 303-308.

Palumbo Stracca, B. M. 2010, "*ΑΠΩΛΕΤΟ ΔΩΡΙΟΣ ΟΡΦΕΥΣ: Riflessioni sull'epitafio di* Bione (37 Gall.)", in *QuadUrb*, 94.1, 121-148.

Reed, J. D. 1997, *Bion of Smyrna, The fragments and the Adonis*, Cambridge.

Ruskin, J. 1856, *Modern Painters*, III, London.

Sandars, N. K. 1994 (ed.), *L'Epopea di Gilgamesh*, Milano.

Vox, O. 1997, *Carmi di Teocrito e dei poeti bucolici greci minori*, Torino.

Wilamowitz-Moellendorff, U. von. 1906, *Die Textgeschichte der griechischen Bukoliker*, Berlin.

48

Immagini di paesaggio nella pittura romana dall'area vesuviana: tra natura reale e natura ideale

Floriana Miele
Museo Archeologico Nazionale di Napoli

Abstract: This paper deals with the theme of the landscape in the Roman painting through the exam of the frescoes coming from the *otium* villas of Pompeii, Herculaneum and *Stabiae* preserved in the National Archaeological Museum of Naples. The A. analyses them in different typological, iconographic, stylistic and chronological points of view, with the aim of identifying the role that this kind of decorations could take within these buildings and the way of representing and conceiving the natural or man-made landscape in the ideology and social life of the Romans between the late Republican and the early imperial ages.

Keywords: Pompei; Ercolano; *Stabiae*; villa; affresco; landscape.

Il tema del paesaggio nella pittura a fresco di epoca romana, argomento già autorevolmente indagato da numerosi studiosi[1], viene riproposto in questa sede attraverso la peculiare lente di osservazione di un gruppo di esemplari dipinti con questo tipo di soggetto, provenienti dalle ville d'*otium* delle antiche città di Pompei, Ercolano e *Stabiae*, conservati nel Museo Archeologico Nazionale di Napoli[2]: un campione sufficientemente ampio e vario, dimostrativo di un genere pittorico che le fonti antiche[3] definivano con il termine di *topia*.

Degli oltre centocinquanta affreschi custoditi nel Museo partenopeo in cui compaiono elementi naturalistici o come sfondo di temi iconografici mitologici e idillico-sacrali, o come soggetto precipuo, in quelli provenienti dalle ville dell'area vesuviana, che assommano a una cinquantina di casi, la pittura di paesaggio appare infatti con una forma figurativa artisticamente autonoma.

Sappiamo che molti esempi di questo genere decorativo, soprattutto tra la seconda metà del I sec. a.C. e il I sec. d.C., raffigurano paesaggi con edifici, civili o sacri, circondati da rocce, alberi e cespugli, ovvero affacciati su corsi fluviali o su specchi d'acqua lacustri e marini, e animati da figurine umane stilizzate ritratte in atteggiamenti topici. Ma ci si può, di converso, chiedere se nelle ville residenziali pseudo-urbane si ritrovino specifici tipi di paesaggi dipinti e in quale modo siano in esse riprodotti, e inoltre se tali rappresentazioni, d'invenzione o reali, abbiano o meno un preciso rapporto con questi complessi abitativi i quali, a differenza di quelli urbani, erano dotati di portici colonnati con giardini e di ambienti che godevano di posizioni visuali panoramiche aperte su veri scorci di natura[4].

Legati alla tradizione pittorica ellenistica sia per il soggetto che per la resa artistica sono tre affreschi con paesaggi, dipinti con la tecnica del monocromo e inquadrabili tra la fase finale del II e gli inizi del III stile[5], rinvenuti durante le prime esplorazioni condotte dai Borbone nelle attuali città di Portici ed Ercolano. Di notevole pregio qualitativo risultano, infatti, i frammenti dipinti, recuperati durante la costruzione della Villa Reale di Portici e ivi trasportati nel 1756. Nel tratto di parete MANN n. 8593[6] (Fig. 48.1,a), sopra un podio ad avancorpi con colonna vegetalizzata, al centro della zona a fondo rosso, è un quadro monocromo su fondo verde raffigurante un paesaggio idillico-sacrale[7] con tempietto, edifici con alte torri in lontananza e personaggi in *silhouette*.

Nella stessa tecnica del monocromo è eseguito pure il

---

[1] Sul tema della pittura di paesaggio si devono almeno citare: Rostovzeff 1904; Rostovzeff 1911; Schefold 1960; Bianchi Bandinelli 1963; Peters 1963; Ling 1977; Silberg 1980; Rouveret 1982; Grimal 1984 (a proposito delle pitture di giardino); Rouveret 2004; Baldassarre *et al.* 2006, 96-110, 146-148, 192-206 e 239-242; Hinterholler 2007a; Hinterholler 2007b; La Rocca 2008; Bragantini - Sampaolo 2009, 87-90; Croisille 2010; Colpo 2010, 229-246; Rouveret 2013; Hinterholler-Klein 2015; Rouveret 2016; Sanpaolo 2016; Tabacchini 2018; Zarmakoupi 2018; Zarmakoupi 2021.

[2] Per coerenza e chiarezza espositiva le raffigurazioni di paesaggio sono disposte in ordine cronologico e secondo la provenienza, così da delinearne un eventuale sviluppo interno in senso tipologico, iconografico e tecnico-stilistico.

[3] Vitr., *De Arch.* VII 5, 2; Plin., *N.H.* 35, 116-117.

[4] Sulle ville residenziali distribuite lungo il golfo di Napoli: De Caro 1996; ma soprattutto D'Arms 2003.

[5] Riguardo alle pitture di paesaggio di II e III stile: Peters 1963, 60-67 e 118-124; Baldassarre *et al.* 2006, 96-100 e 192-206; sul dibattito sulle origini della pittura di paesaggio si vedano: Rostovzeff 1911; Bianchi Bandinelli 1963; Peters 1963, 67 e 118-119; Ling 1977; Hinterholler 2007a; Hinterholler 2007b; La Rocca 2008; Croisille 2010.

[6] Nr 840, A 587, SG 1085; 5 giugno 1756; *AdE* II, XLVII, 263; Ruggiero 1885, 189-190; Peters 1963, 51-52, pl. XII, Fig. 42; Bastet - De Vos 1979, 24; *Collezioni MANN* 1989, I.1, 130, n. 46; Ling 1991, 40-41, n. 39; De Caro 1994, 150; Pagano - Prisciandaro 2006, I, 214 e II, 32; Bragantini - Sampaolo 2009, 206-209, n. 75; Guidobaldi - Esposito 2012, 123-125.

[7] Sui paesaggi idillico-sacrali, Peters 1963, 61-63, 120-123 e 148-167; Silberg 1980; Dall'Olio 1989.

a   8593

b   9423

Fig. 48.1. Pitture in II stile. a) MANN 8593 - Portici (NA), Villa Reale. Paesaggio idillico-sacrale; b) MANN 9423. Ercolano, Villa dei Papiri, atrio (d). Paesaggio idillico-sacrale (foto dell'autrice).

frammento di paesaggio su fondo verde MANN n. 9413[8] trovato nello stesso sito, ove nel dominante ambiente silvestre si svolge la vicenda di Diana e Atteone[9]: un betilo apollineo con bende è posto su un podio in una quinta semicircolare, a cui si accede mediante una gradinata, chiusa da podi sormontati da lebeti; sulla sinistra, Diana cacciatrice, seguita da un cane, si avvicina al sacello, e Atteone, sulla cui fronte già spuntano le corna, se ne allontana, mentre un cervo si abbevera a un laghetto. I due frammenti trovano confronti tematici e stilistici in ambito urbano nei paesaggi idillico-sacrali monocromi dalla Casa di Livia sul Palatino e nelle decorazioni della Villa della Farnesina e dell'Aula Isiaca, e si collocano nella seconda metà del I sec. a.C., nella fase finale del II stile. Gli elementi architettonici, che negli affreschi di pieno II

stile avevano una consistenza volumetrica, come la *tholos* con statua di Venere rappresentata nella Villa di *P. Fannius Synistor* a Boscoreale (MANN s.n. 4), sono qui delineati a sottile tratto con un unico colore crema sul fondo uniforme, quasi fossero disegnati a rilievo, anticipando il gusto per il dettaglio miniaturistico ed esornativo che caratterizzerà il III stile in età augustea.

Ai due esempi sopra descritti si può accostare per soggetto e tecnica esecutiva il frammento di affresco MANN n. 9423[10] (Fig. 48.1,b), proveniente da un'ala (d) affacciata sull'*atrium* nel settore più antico della Villa dei Papiri di Ercolano[11]. Su un fondo giallo, come in una lastra marmorea a rilievo inquadrata da listelli e ghirlande, tra colonne con scale, è raffigurato a monocromo un santuario campestre. A sinistra, un albero e una colonna con brocca sono circondati da un edificio formato da tre colonne, chiuse da bassi muretti e sormontate da un architrave. A destra, si erge una porta[12] con un frontone a volute e un fregio a metope e triglifi, accessibile da una rampa con parapetti; attraverso essa si scorgono un personaggio ammantato e accompagnato da un animale (cane?) e un tronco che svetta al di sopra della struttura. All'estremità destra, è un terzo albero, mentre sullo sfondo sorge una torre. Tra la porta e la costruzione che circonda la colonna vi è un tempio con pronao, sulla cui parete laterale è appeso uno scudo. Anche questo esempio si inquadra nella stessa tipologia e fase cronologica di quelli esaminati in precedenza e trova confronti stilistici nei monocromi dalla villa di *P. Fannius Synistor* a Boscoreale e dalla villa A di *Oplontis*.

Il medesimo tema iconografico idillico-sacrale, ma reso in policromia e con notevole perizia disegnativa, compare anche nei quadri provenienti dalla villa scoperta a Boscotrecase nel 1902 e riseppellita dall'eruzione vesuviana del 1906, attribuita sulla base di testimonianze epigrafiche al nipote di Augusto, Agrippa Postumo[13]. I raffinati apparati decorativi del complesso residenziale, staccati tra il 1903 e il 1905, furono purtroppo smembrati tra il Museo Nazionale di Napoli e il Metropolitan Museum di New York, come già quelli della villa di Boscoreale.

---

[8] Nr 841, A 340, SG 442: 19 giugno 1756; *AdE* III, LII, 279; Helbig 1868, n. 252 b; Reinach 1922, 52, 5; Peters 1963, 73-74, pl. XVII, Fig. 60; Leach 1981, 307 ss.; Thomas 1998, 135-140; Pannuti 1983, 374; *Collezioni MANN* I.1, 136, n. 96; Pagano - Prisciandaro 2006, I, 214 e II, 40; Bragantini - Sampaolo 2009, 206-209, n. 75; Guidobaldi - Esposito 2012, 123-125.

[9] In merito alla raffigurazione del mito e per confronti si veda Colpo 2010, 91-102, 230 e 238-239.

[10] Nr 750, A 246, SG 448; 15 giugno 1755; Peters 1963, 20-22, pl. II, Fig. 9; Allrogen Bedel 1983; *Collezioni MANN* 1989, I.1, 128, n. 42; Pagano - Prisciandaro, 2006, I, 212, nota 225, e II, 41; Esposito 2011, 534, tav. XXXVI, c; Guidobaldi - Esposito 2012, 102-104; Esposito 2014, 100-101, tav. 78, 2; Sampaolo 2019, 208, n. 153; *Painters of Pompeii* 2021, 154, n. 70 (R. Ciardiello). Nello stesso luogo furono staccati anche un altro frammento con un edificio a torre, un altro con tettoia e un personaggio con capro tra gli alberi. Dall'area dell'atrio provengono anche una striscia a meandro (MANN n. 8548), una testa di pantera (MANN n. 9951), una natura morta con galli (MANN n. 8753) e un'altra con cerbiatti legati e quattro anatre appese (MANN n. 8759): Allrogen Bedel 1983; Guidobaldi - Esposito 2012, 100-116.

[11] Della poderosa bibliografia sulla Villa dei Papiri si ricordano: *Villa dei Papiri* 1983; Moorman 1984; Wojcik 1986; Moesch 2008; Moesch 2009; Moorman 2010; Esposito 2011; Guidobaldi - Esposito 2012.

[12] Sul motivo della porta sacra, Dall'Olio 1989.

[13] Il ritrovamento di un bollo su tegole *Pupil(li) Agrip(pae)/ Tub Fabio cos* e del graffito *Caesaris Augusti femina mater erat* ha fatto ipotizzare che la villa fosse pervenuta in eredità ad Agrippa Postumo, nipote di Augusto, nato nel 12 a.C. Della Corte 1922; Blanckenhagen - Alexander 1962; Peters 1963, 69-71; Blanckenhagen - Alexander 1990; Bragantini - Sampaolo 2009, 213 e 216-223.

Le tre pareti conservate a Napoli e ricomposte con il loro schema decorativo formato da specchiature a fondo rosso su uno zoccolo nero, ornavano il *cubiculum* (16) a sud del peristilio - una delle quattro sale prospicienti il mare, dipinte a diversi colori come nella Villa della Farnesina - e rappresentano il primo esempio in area vesuviana dell'uso, introdotto a Roma dal 20 a.C. con il III stile, dei quadri inseriti al centro delle pareti. Nel caso specifico, essi raffigurano paesaggi sacrali, ove l'ambiente naturalistico prevale sulla figura umana[14].

Nel quadro MANN n. 147501[15] (Fig. 48.2,a) l'edicola centrale fra esili colonne inquadra un paesaggio idillico-sacrale. Come punto focale della scena si staglia una colonna sormontata da un cratere, alle cui spalle sono un albero frondoso, una *tholos* e due altari; a questi elementi architettonici si accostano o si appoggiano offerenti e pastori, mentre intorno a essi pascolano capre davanti a uno specchio d'acqua; sullo sfondo, a destra, si scorge un tempio distilo *in antis* con colonna, mentre a sinistra un recinto circoscrive una sorta di giardino con piante e rocce.

Anche il frammento di parete MANN n. 147502[16] (Fig. 48.2,b) è ornato da un paesaggio idillico-sacrale, entro il pannello centrale bianco, tra sottili colonne istoriate con ornati miniaturistici. Al centro della scena si eleva un albero davanti al quale sono un piedistallo, sormontato da un muro, e una colonna, decorati con scudi, *tympana* (?), vasi e *pinakes*. Al tronco dell'albero sono legati vari oggetti, tra cui uno scudo umbonato o un copricapo. Una sacerdotessa con la sua schiava è ritratta mentre entra nel recinto sacro. Ai piedi del podio, appoggiato al bastone, un pastore attende un vaticinio in compagnia del suo cane. A destra, è un viaggiatore, dietro il quale un tripode di bronzo sovrasta una base rettangolare. A sinistra, sullo sfondo, un viandante si appresta ad alcuni edifici, tra cui un colonnato e una torre. Sulla destra, un altro porticato, verso il quale si avvicinano due donne, culmina anch'esso con una torre. Sull'intonaco bianco, al di sotto del quadro, era graffito il nome *SABINVS*.

Nel terzo quadro, MANN n. 147503[17] (Fig. 48.2,c), al centro dell'edicola, il paesaggio idillico-sacrale mostra un santuario su un'altura, costituito da un albero di fico e da un edificio colonnato, al quale sono appesi oggetti votivi. Di fronte, su un podio, è una fontana a forma di cratere, mentre a sinistra della rampa di accesso al tempietto sorge

una base, alla quale sono appoggiate due torce; su di essa sono installate tre statue, simili ad altre distribuite intorno al sacello. I personaggi che compaiono nella scena sono oranti o viandanti: una donna, che si avvicina al tempio con una lunga torcia, scortata da una servetta, e un viaggiatore che si riposa sui gradini del tempio. Sullo sfondo, si intravedono un altro fabbricato, una parete rocciosa e tre figure molto alte forse da indentificarsi con statue.

Se il soggetto iconografico si pone sulla scia delle rappresentazioni di paesaggio sacrale ricorrenti nel II stile (nella Casa di Augusto sul Palatino e nelle Ville di Boscoreale, Portici e *Oplontis*), gli affreschi della Villa di Agrippa Postumo, datati intorno all'11-10 a.C., presentano tutte le caratteristiche decorative tipiche del III stile: lo schema bidimensionale con edicole centrali divise da elementi architettonici stilizzati e irreali, il gusto miniaturistico ornamentale, i quadri con raffigurazioni finemente disegnate e di elevata qualità artistica, in cui la natura appare sacralizzata e mitizzata, secondo la concezione dell'età dell'oro che ispirava le opere di pittura, ma anche di scultura e poesia, nel periodo augusteo[18].

Oltre al citato affresco monocromo di II stile, dalla Villa dei Papiri provengono altri quadretti con paesaggi idillico-sacrali e architettonici, databili al I sec. d.C., nell'ambito del IV stile pittorico[19], dove il tema iconografico è trattato con una tecnica esecutiva del tutto diversa da quella degli stili precedenti. Nel frammento MANN n. 9447[20] compaiono una *tholos* presso una porta e una colonna votiva, tra vegetazione, rocce e un'altra costruzione sullo sfondo, insieme a figurine di offerenti o viandanti, tratteggiate quasi a monocromo sul fondo giallo e con forti lumeggiature. Di tipo sacrale sono anche il quadretto MANN n. 9399[21] con due tempietti lungo un fiume e, sullo sfondo tra le rocce, una villa con portici e due torri, animata da un uomo con secchi e da statue; nonché il quadretto MANN n. 9458[22], ove, sul fondo azzurro, tre sacelli in prospettiva sorgono su un'isoletta popolata da un pescatore.

Elementi egittizzanti, che compaiono in epoca augustea con il III stile pittorico, si osservano invece nel quadretto MANN n. 9436[23], (50-79 d.C.). Sul fondo azzurro si

---

[14] Nei quadri conservati al Metropolitan Museum, raffiguranti Andromeda liberata da Perseo e il Ciclope Polifemo invaghito di Galatea, invece è la scena mitologica a predominare sull'ambientazione naturale. Sul significato delle *ruinae* in questi miti, Colpo 2010, 229-231, 234-235 e 238.

[15] Della Corte 1922, 472-473; Blanckenhagen - Alexander 1962, 12-27, tavv. 19.1, 20.1, 21.2, 22.1-4, 23.1-2 e 24; Peters 1963, 69-70; De Caro 1994, 152; Baldassarre *et al.* 2006, 155-160; Bragantini - Sampaolo 2009, 216-217, n. 78.

[16] Della Corte 1922, 473-474; Blanckenhagen - Alexander 1962, 12-27, tavv. 30 e 32.1; Peters 1963, 70-71; Baldassarre *et al.* 2006, 155-160; Bragantini - Sampaolo 2009, 220-221, n. 81.

[17] Della Corte 1922, 474; Blanckenhagen - Alexander 1962, 12-27, tavv. 30, 32.1; Peters 1963, 69-70; Baldassarre *et al.* 2006, 155-160; Bragantini - Sampaolo 2009, 219, n. 80.

[18] Sulla concezione idealizzata della natura in età augustea, Zanker 1989, 179-197 e 303-309.

[19] Sulle pitture di paesaggio di IV stile, Peters 1963, 125-190; Baldassarre *et al.* 2006, 239-242; Bragantini - Sampaolo 2009, 370.

[20] Nr 741, A 229, SG 210; 15 giugno 1755; *AdE* II, XXVIII, 173; *Collezioni MANN* 1989, I.1, 128, n. 40; Pagano - Prisciandaro 2006, I, 212, nota 225 e II, 41.

[21] Nr 710, A 244, SG 850; 15 giugno 1755; Bayardi 1755, 136, n. DCCX; *AdE* I, XXXV, 183; Comparetti - De Petra 1883, n. 95 b; Ruggiero 1885, 172; Mustilli 1956, 88, nota 2; Schefold 1957, 345; Pannuti 1983, 353; Moorman 1984, 654, Fig. 18; Wojcik 1986, 23, n. 12, tav. IX; *Collezioni MANN* 1989, I.1, 166, n. 304; Pagano - Prisciandaro 2006, I, 212 e II, 41.

[22] A 309, SG 249; 17 febbraio 1754; *AdE* I, 8, 42; Comparetti - De Petra 1883, n. 95; Ruggiero 1885, 149; Mustilli 1956, 88; Schefold 1957, 346; Pannuti 1983, 326; Moorman 1984, 654, Fig. 17; *Collezioni MANN* 1989, I, 1, 166, n. 303; Pagano - Prisciandaro 2006, I, 210 e II, 41.

[23] Nr 1028; SG 852; *PAH* I, 1, 113, add. 140; Moorman 1984, 656, Fig. 23; *Collezioni MANN* 1989, I.1, 166-167, n. 309; *Egittomania* 2006, cat. III, 67; Croisille 2005, 204-227; Pagano - Prisciandaro 2006, I, 35 e II, 41

a   147501   b   147502   147503   c

Fig. 48.2. Pitture di III stile. a-c) MANN 147501, 147502 e 147503: Boscotrecase (NA), Villa cd. 'di Agrippa Postumo'. Paesaggi idillico-sacrali (foto dell'autrice).

vedono, in primo piano, due monumenti funerari egizi e due offerenti e, in secondo piano, il portico di una villa e alcuni alberi. Di tipo civile sono invece gli edifici con portici rappresentati in prospettiva in altri quadretti insieme a piante e figure umane in varie pose: MANN n. 9465[24], MANN n. 9467[25], MANN n. 9499[26], MANN n. 9891[27]. Nelle scene di paesaggio sopra descritte, anche se non è più possibile ricostruire il partito decorativo degli ambienti relativi, lo stile risulta sintetico, impressionistico, basato sull'uso di schemi figurativi diversi e variamente adattati, secondo il gusto dell'artigiano e/o del committente, ma lontano dall'accuratezza figurativa dei paesaggi di II e III stile.

Anche le ville suburbane di Pompei conservavano pitture con scene di paesaggio. Nella Villa c.d. di Cicerone[28],

situata fuori Porta Ercolano, il quadretto MANN n. 9418[29] (Fig. 48.3,a), databile tra il 50 e il 79 d.C., si inserisce nella tipologia dei paesaggi sacrali. Un uomo con corona vegetale spinge una capra verso un santuario, dominato da rocce, con due porte sacre[30] inghirlandate e chiuse a metà da un muro; dietro una di esse sporge l'albero sacro. A sinistra, sono un'erma di divinità e un pastore; sotto, una capra e, a destra, un altro pastore con ovini.

Ma nella stessa villa compare anche il paesaggio con strutture civili dotate di portici o torri. È il caso del quadretto MANN n. 9416[31], di IV stile, in cui sono rappresentati una collina su cui sorge un edificio a più piani con alberi e una figurina, a sinistra, e un porticato con un altro personaggio, sulla destra; mentre ulteriori costruzioni si intravedono sullo sfondo. Gli elementi architettonici prevalgono anche nel *pastiche* MANN n. 9406[32] (Fig. 48.3,b), composto di due quadretti, databili

(che la dicono erroneamente trovata il 12/7/1760 nell'*Insula Occidentalis* VI di Pompei); Bragantini - Sampaolo 2009, 399, n. 200.

[24] Nr 1227, A 257, SG 462; *AdE* III, XXIV, 123; Comparetti - De Petra 1883, n. 95e; Mustilli 1956, 88, nota 2; Moorman 1984, 656, Fig. 21; Schefold 1957, 346; Pagano - Prisciandaro 2006, I, 35 e II, 41 (che la dicono erroneamente trovata il 12/7/1760 nell'*Insula Occidentalis* VI di Pompei).

[25] Nr 742, A 287, SG 1639; 15 giugno 1755; *AdE* III, LIV, 291; Comparetti - De Petra 1883, n. 95 d; Ruggiero 1885, 172; Mustilli 1956, 88, nota 2; Schefold 1957, 347; Pannuti 1983, 353; Moorman 1984, 656, Fig. 22; Wojcik 1986, 33, n. 26, tav. XIX; Pagano - Prisciandaro 2006, I, 212 e II, 41.

[26] Nr 740, A 287, SG 1639; 15 giugno 1755; *AdE* I, X, 49; Comparetti - De Petra 1883, n. 95 c; Ruggiero 1885, 172; Schefold 1957, 347; Pannuti 1983, 353; Moorman 1984, 656, Fig. 16; *Collezioni MANN* 1989, I.1, 166, n. 307; Wojcik 1986, 30, n. 20, tav. XV; Pagano - Prisciandaro 2006, I, 212 e II, 41.

[27] Nr 744, A 424, SG 1466; 22 giugno 1755; Pannuti 1983, 354; Pagano - Prisciandaro 2006, I, 213 e II, 46. Il quadretto è parte di un *pastiche* settecentesco con natura morta e due tigri.

[28] Sulle pitture dalla Villa di Cicerone: Bragantini - Sampaolo 2009, 128-133; Ciardiello 2012; Ciardiello 2019; Ciardiello 2020 (con bibliografia). La villa fu scavata tra il 1748 e il 1749 e tra il 1763 e il 1778, e infine risepellita.

[29] Nr 536, A 347, SG 316; 21 dicembre 1748; *AdE* II, XLV, 251; *PAH* I, 1, 6-7; Helbig 1868, n. 1564; Overbeck - Mau 1884, 574, Fig. 298; Rostovzeff 1911, 87, Fig. 55; Reinach 1922, 386, n. 2; Pfhul 1923, 949, Fig. 727; Curtius 1929, 391, Fig. 213; Marconi 1929, 64, Fig. 79; Rizzo 1929, 78, Fig. 174; Elia 1932, n. 258; Beyen 1951, 53; Schefold 1957, 346; Borda 1958, 260; Peters 1963, 148-149, pl. XXXIII, Fig. 140; *Pompeii AD 79* 1978, II, 191, n. 217; Pannuti 1983, 268; *Collezioni MANN* I.1, 166-167, n. 300; Croisille 2005, 214, Fig. 217; Pagano - Prisciandaro 2006, I, 13 e II, 40; Bragantini - Sampaolo 2009, 419, n. 218. Lo stile pittorico riecheggia quello del quadretto MANN n. 9478, dalla Casa di Meleagro, con il tema mitologico di Frisso ed Elle.

[30] Cfr. nota n. 12.

[31] Nr 1144, A 282, SG 1630; 8 aprile 1763; *AdE* VII, IV, 19; *PAH* I, 151, add. 105, 13; Pagano - Prisciandaro, 2006, I, 43 e II, 40; Bragantini - Sampaolo 2009, 402-403, n. 203 a. Il quadretto trova analogie con il paesaggio rupestre, MANN n. 9415; Nr 1292, A 307, SG 846; 29 settembre 1764; *AdE* VII, 3, 13 dall'*Insula Occidentalis* VI di Pompei; Pagano 1997, 20; Pagano - Prisciandaro 2006, I, 49 e II, 40.

[32] Nr 1446, A 273, SG 239; 2 giugno 1770; *PAH* I, 1, 238, add. 155; Peters 1963, 115-116, tav. XXV, Fig. 94; *Pompeii AD 79* 1978, I, n. 1; II, 118, n. 1; Ling 1991, 147; *Romana Pictura* 1998, 274, n. 13; Pagano

a   9418

b   9406

Fig. 48.3. Pitture di IV stile. a) MANN 9418 - Pompei, Villa di Cicerone. Paesaggio sacrale; b) MANN 9406: Pompei, Villa di Cicerone. Paesaggi architettonici (foto dell'autrice).

anche in seguito alle descrizioni dei geografi. Nella stessa tipologia si possono inserire altri quadretti da Pompei ed Ercolano[35] con ville marittime, affacciate su rade attraversate da vascelli e popolate da pescatori e viandanti.

Paesaggi architettonici erano rappresentati anche sulle pareti di alcuni ambienti della Villa di Diomede a Pompei, scavata tra il 1772 e il 1775, come nel quadretto MANN n. 9412[36] e in altri rimasti in sito e ora pressoché scomparsi, di cui si conservano fortunatamente incisioni e disegni della fine del XVIII sec. Oltre alla stampa riproducente la pittura di giardino e pesci ADS n. 1143[37], altri *pinakes* con paesaggi sono raffigurati, tra le aeree architetture della zona superiore di un ambiente con pareti a fondo rosso, nelle stampe ADS 1135[38] e ADS 1152-1155[39] da disegni di Francesco Morelli. Le stampe ADS 1172-1175[40], disegnate da Giuseppe Chiantarelli, invece, riproducono le pareti a fondo giallo del portico, ove nei pannelli laterali della zona mediana compaiono medaglioni con edifici.

Particolarmente numerose sono le pitture di paesaggio nelle ville di *Stabiae*[41]. Dalla Villa San Marco[42] proviene un quadretto MANN n. 9414[43] (Fig. 48.4,a), databile tra il 45 e il 79 d.C., articolato su tre piani prospettici, in cui un sacello con *protyron* è circondato da statue - una delle quali raffigurante Ecate[44] -, alberi sacri e monumenti votivi, mentre vari personaggi con torce si aggirano tra essi; in secondo piano, si scorge una villa con portici che si prolungano nel fiume e altre architetture in lontananza. Lungo i portici del peristilio (3, 5, 20) erano disposti quadretti - MANN n. 8510[45], MANN n. 8511[46], MANN n. 8512[47] - e medaglioni su fondo rosso - MANN n. 9408[48],

tra il 40 e il 45 d.C. nel III stile finale. Il primo rappresenta una villa con *porticus*, dominata da una maestosa aula esastila e, in primo piano, un giardino con un albero. Il secondo raffigura un'altra villa con *porticus triplex*, al centro un giardino e, sullo sfondo, altri fabbricati, tra cui una *tholos*. In essi alcuni studiosi hanno voluto individuare somiglianze con precise ville del golfo napoletano, come quella di *Oplontis*[33], ma sembra poco probabile che i pittori antichi abbiano inteso riprodurre specifici edifici, quanto piuttosto alludervi ricorrendo a tipi e schemi architettonici realistici variamente inseriti in contesti naturali, campestri o marini. Queste raffigurazioni[34], che traevano ispirazione dalle ville disseminate lungo le coste laziali e campane tra la fine della Repubblica e la prima età imperiale, sembra essersi affermato soprattutto nel periodo flavio, forse

- Prisciandaro 2006, I, 67 e II, 40; Bragantini - Sampaolo 2009, 408, n. 207.

[33] Sulla decorazione della Villa A di *Oplontis*, dove varie sono le pitture con scene di giardino e paesaggi: Ciardiello 2010 (con bibliografia). In generale: de' Franciscis 1975; Fergola 1996; Guzzo - Fergola 2000; Clarke - Muntasser 2014-2019.

[34] Sui paesaggi con ville, specialmente: Lafon 1991; Colpo 1999; Zarmakoupi 2018; Zarmakoupi 2021.

[35] Vari autori antichi parlano delle ville sul mare: Vitr., *De arch.*, XXV, 117; Hor., *Od.*, II, 13, 20; Stat., *Silv.*, III, 2, 51-53. Suet., *Nero*, 31, invece, descrive la villa lacustre di Nerone a Subiaco.

[36] Nr 1465, A 275, SF 828; 21 settembre 1771; *AdE* VII, I, 1; *PAH*, I, 260; Pagano - Prisciandaro 2006, I, 71 e II, 40. Sulla Villa di Diomede, da ultimo, si vedano Dessale 2020 e le documentazioni archivistica, grafica, fotografica e 3D fruibili al sito http://villadiomede.huma-num.fr/

[37] *PPM* 1995, 77.

[38] *PPM* 1995, 84-85, Fig. 18.

[39] *PPM* 1995, 76-78, figg. 5-8 (ambienti 55, 56 e 59 della pianta di F. La Vega edita in *PAH* I, tav. IV add. 158, 14; 11 gennaio 1772.

[40] *PPM* 1995, 133-134, figg. 20-23.

[41] Sulle ville di *Stabiae* si devono citare almeno Camardo *et al.* 1989; Allrogen Bedel 2001 (con bibliografia).

[42] Riguardo alla Villa San Marco si rinvia all'edizione completa di Barbet - Miniero 1999.

[43] Nr 570, A 319, SG 1377; 17 gennaio 1752; *AdE* I, XXV, 133, 273; Ruggiero 1881, 19; Peters 1963, 151, pl. XXXV, Fig. 143; Pannuti 1983, 299; Allrogen Bedel 1999, 26-27 che lo ritiene proveniente dal *cubiculum* 52 accanto all'*atrium*; Pagano - Prisciandaro 2006, I, 238 e II, 40; Bragantini - Sampaolo 2009, 396, n. 196.

[44] Sul significato delle statue di Ecate e degli elementi alludenti alla dea nei paesaggi, Colpo 2010, 238.

[45] Nr 575, A 284, SG 990; 27 febbraio 1752; *AdE* I, XLIX, 257; Ruggiero 1881, 20; Helbig 1868, n. 1569; Allrogen Bedel 1999, 28; Pagano - Prisciandaro 2006, I, 238 e II, 30.

[46] Nr 599, A 207, SG 1483; 27 febbraio 1752; Ruggiero 1881, 20; Allrogen Bedel 1999, 28; Pagano - Prisciandaro 2006, I, 238 e II, 30.

[47] Nr 577, A 289, SG 470; 27 febbraio 1752; *AdE* I, XLVIII, 253; Ruggiero 1881, 20; Helbig 1868, n. 1568; Reinach 1922, 377, 2; Allrogen Bedel 1999, 28; Pagano - Prisciandaro 2006, I, 238 e II, 30.

[48] Nr 579, A 336, SG 1715; 21 e 27 febbraio 1752; *AdE* II, LI, 275-277 e LII, 279-281; Ruggiero 1881, 20; Allrogen Bedel 1999, 29; Pagano - Prisciandaro 2006, I, 238 e II, 40; Bragantini - Sampaolo 2009, 127, n. 18.

a   9514

b

9480

Fig. 48.4. Pitture di III stile maturo. a) MANN 9514: *Stabiae*, **Villa San Marco. Paesaggio con villa marittima; b) MANN 9480:** *Stabiae*, **Villa San Marco. Paesaggio con porto (foto dell'autrice).**

MANN n. 9409[49], MANN n. 9446[50], MANN n. 9501[51], MANN n. 9511[52] – con paesaggi per lo più marittimi, nei quali si inseriscono ardite strutture porticate, animati da navi e figurine umane intente a pescare o in attesa di entrare nei templi e santuari[53].

Lo stesso tema è nel quadretto MANN n. 9480[54], in cui una villa marittima con portici si sviluppa su una piattaforma sostenuta da *pilae*, che si affaccia nel mare, ove naviga una barca, e sulla quale si muovono alcuni personaggi: un

pescatore, un vecchio appoggiato a un bastone, una coppia di viandanti; sullo sfondo, si intravedono rocce e altri fabbricati. Da alcuni identificato con un porto realmente esistente, come *Puteoli*, Ostia o Alessandria, è il paesaggio proveniente dalla *diaeta* (12) rappresentato nell'affresco MANN n. 9514[55] (Fig. 48.4,b), di III stile maturo, con vari edifici su *pilae* affondate in uno specchio portuale, tra le quali navigano imbarcazioni a remi o a vela; nello stesso ambiente erano collocate anche altri affreschi con ville marittime: MANN n. 9479[56] a fondo rosso con portici, statue e un pescatore; MANN n. 9796[57] con varie figure.

Ancora a *Stabiae*, ma nella Villa Arianna[58], si possono trovare raccolti in un solo contesto tutti i tipi di paesaggio descritti nei casi precedenti: i paesaggi nilotici, architettonici, idillico-sacrali, che si datano in prevalenza tra il 10 e il 37 d.C. nell'ambito del III stile pittorico.

Nei tre frammenti provenienti dall'ambiente E, MANN n. 9095[59], n. 9098[60] e n. 9099[61], il tema egittizzante è proposto in modo grottesco con la raffigurazione di pigmei colti in vari atteggiamenti. Nel primo frammento un pigmeo si curva verso un edificio; mentre, a destra, due pigmei avanzano verso due torri e, a sinistra, due cani si avvicinano a un altro pigmeo con bastone e cesto sulla spalla; all'estrema sinistra, sorge una colonna. Nel secondo frammento tre pigmei sono intenti a trasportare vari oggetti tra piante ed edifici. Nel terzo, infine, tre pigmei banchettano sotto una tenda, assistiti da un compagno inserviente, mentre un altro si avvicina con bastone e fagotto sulla spalla; sullo sfondo, sorgono varie architetture.

Dallo stesso luogo furono staccati anche quattro quadretti di soggetto sacrale, attribuibili alla stessa mano, con architetture e vegetazione. L'esemplare MANN n. 9392[62]

---

[49] Nr 578, A 344, SG 1707; 27 agosto e 3 settembre 1752; *AdE*, II, LIV 289 e LIII, 285; Peters 1963, 157-158, pl. XXXVII, Fig. 148; Pannuti 1983, 309; Allrogen Bedel 1999, 29; Pagano - Prisciandaro 2006, I, 239 e II, 40.

[50] Nr 670, A 242, SG 894; 27 agosto 1752; Pannuti 1983, 309; Allrogen Bedel 1999, 29-30; Pagano - Prisciandaro 2006, I, 239 e II, 41.

[51] Nr 668, A 334, SG 1441; 27 agosto e 12 settembre 1752; Pannuti 1983, 309; Allrogen Bedel 1999, 29; Pagano - Prisciandaro 2006, I, 239 e II, 41.

[52] Nr 631, A 315, SG 383; 21 febbraio 1752; *AdE* IV, XXXII, 154, 366; Allrogen Bedel 1999, 29; Pagano - Prisciandaro 2006, I, 238 e II, 42.

[53] Allrogen Bedel 1999, 27-30. Dal grande peristilio provenivano anche i frammenti NR 660 e i tondi NR 670.

[54] Nr 588, A 239, SG 238; 17 gennaio 1752; Ruggiero 1881, 19; Peters 1963, 159-160, pl. XXXVII, Fig. 150; Pannuti 1983, 299; *Collezioni MANN* 1989, I.1, 168, n. 317; Allrogen Bedel 1999, I, 27, che lo colloca nel *cubiculum* 52; Savarit - Barbet 2001, I, 159-163, sp. 160, n. 5.1, III, 1, Fig. 335; Pagano - Prisciandaro 2006, I, 238 e II, 41; *Painters of Pompeii* 2021, 155, n. 71.

[55] Nr 571, A 324, SG 347; 17 gennaio 1752; *AdE* II, LV, 295; Ruggiero 1881, 19; Helbig 1868, n. 1572d; Peters 1963, 152, pl. XXXVII, Fig. 146; Pannuti 1983, 299; *Collezioni MANN* 1989, I.1, 168, n. 319; De Caro 1994, 195; *Romana Pictura* 1998, 274, n. 15; Allrogen Bedel 1999, 34, che lo pone nella *diaeta* 12; Baldassarre *et al.* 2002, 203; Pagano - Prisciandaro 2006, I, 238 e II, 42. Sulle raffigurazioni di porti nella pittura romana: Kolendo 1982; Dall'Olio 1997; Zarmakoupi 2017.

[56] Nr 589, A 332, SG 1653; 25 settembre 1751; *AdE* II, 1 e LV, 295; Ruggiero 1881, 16; Reinach 1922, 379, 5; Allrogen Bedel 1999, 34; Pagano - Prisciandaro 2006, I, 237-238 e II, 41.

[57] Nr 602, A 322, SG 1353; 25 settembre 1751; Ruggiero 1881, 16; Allrogen Bedel 1999, 34; Pagano - Prisciandaro 2006, I, 237-238 e II, 44.

[58] Su Villa Arianna in generale si citano almeno Camardo *et al.* 1989; Bonifacio 2001; Camardo 2001 (con bibliografia). Per il repertorio pittorico si rimanda a Bragantini - Sampaolo 2009, 68-73 e 436-497 (schede).

[59] Nr 1042, A 741, SG 669; 3 gennaio 1761; *AdE* III, XXVI, 131; Helbig 1868, 1531; Ruggiero 1881, 145; Reinach 1922, 162, 3; Allrogen Bedel 1977, tav. 42,2; Bragantini - Sampaolo 2009, 478-479, n. 266 c; Pagano - Prisciandaro 2006, I, 246 e II, 37.

[60] Nr 1041, A 716, SG 655; 3 gennaio 1761; *AdE* III, XXVII, 135; Helbig 1868, 1531; Ruggiero 1881, 145; Reinach 1922, 162, 4; Allrogen Bedel 1977, tav. 42,3; Bragantini - Sampaolo 2009, 478-479, n. 266 a; Pagano - Prisciandaro 2006, I, 246 e II, 37.

[61] Nr 1043, A 1237, SG 654; 3 gennaio 1761; *AdE* III, XXVIII, 141; Helbig 1868, 1531; Ruggiero 1881, 145; Reinach 1922, 162, 5; Allrogen Bedel 1977, tav. 42,4; Bragantini - Sampaolo 2009, 478-479, n. 266 b; Pagano - Prisciandaro 2006, I, 246 e II, 37.

[62] Nr 1046, A 310, SG 250; 11 agosto 1759 nota 47 e 30 dicembre 1760 - 3 gennaio 1761; *AdE* IV, XXXV, 165; Ruggiero 1881, 145; Allrogen

rappresenta un paesaggio lacustre con una *tholos* e un tempietto, alle spalle dei quali si intravede un albero; verso questi edifici si muovono tre officianti; mentre, sullo sfondo, si scorgono altre costruzioni colonnate tra la vegetazione. Un tempietto dotato di altare tra piante, con offerenti e architetture colonnate in un paesaggio lacustre o marino si osservano nel quadretto MANN n. 9421[63]. Analogo sacello, posto su un isolotto, è raffigurato anche nel quadretto MANN n. 9431[64], con altare e figurina sulla destra. Ancora un tempio su podio con portico e tre personaggi si osservano pure nel quadretto MANN n. 9424[65].

Molto vicini stilisticamente ai medaglioni dalla Villa San Marco sono quattro quadretti con paesaggi architettonici, un tempo disposti lungo il portico della Villa Arianna, in cui domina l'elemento acquatico. Nel frammento sinistro di un *pastiche* con natura morta, MANN n. 9391[66] (Fig. 48.5,a), dal *triclinium* 7, databile in età neroniana (54-79 d.C.), è rappresentato un paesaggio fluviale con edifici dalle grandi porte, collegati da lunghi colonnati, oltre i quali sporgono alberi; una scaletta permette di accedervi superando lo specchio d'acqua, nel quale nuotano anatre.

Ricordano, invece, dal punto di vista esecutivo e iconografico il tipo incontrato nella Villa dei Papiri, le vignette con paesaggi quasi a monocromo su fondo rosso staccate dalla medesima Villa Arianna. Nel frammento MANN n. 9401[67] (Fig. 48.5,b) le architetture sono dominate da un'imponente statua con tridente, affiancata da una figura più piccola; alle spalle di esse sorgono un'alta torre e un muro, oltre il quale svettano degli alberi, terminante in un pilastrino sormontato da una statua; all'interno del recinto è una torre cilindrica; sulla sinistra, un basso muro ingloba parte di un boschetto sacro. Nell'affresco MANN n. 9403[68] (Fig. 48.5,c) un edificio ombreggiato da una tenda, sotto la quale riposa una figura, nasconde un boschetto circondato da un basso muro con una torre; accanto al cortile, una statua si

a   9391

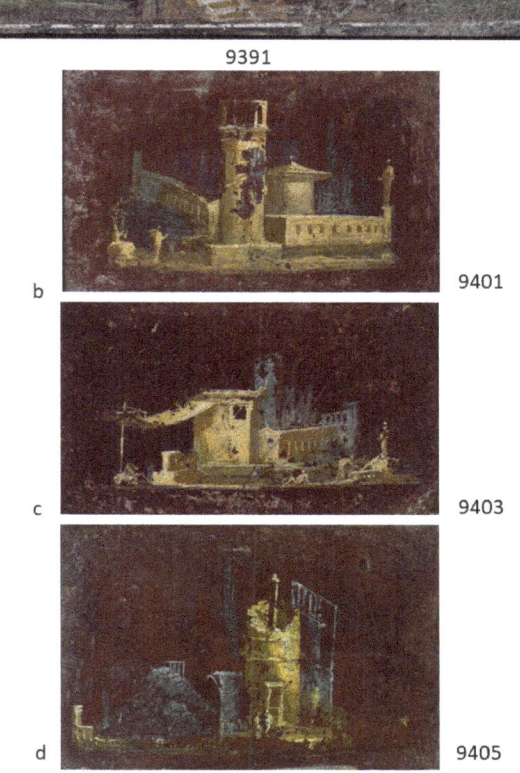

b   9401

c   9403

d   9405

Fig. 48.5. Pitture di IV stile. a) MANN 9391: *Stabiae,* **Villa Arianna. Paesaggio con villa lacustre; b) MANN 9401, 9403 e 9405:** *Stabiae,* **Villa Arianna. Paesaggi architettonici e sacrali (foto dell'autrice).**

eleva su un basamento, cui è poggiato un bastone. Nella vignetta MANN n. 9396[69] si innalza un pilastro cinto da una benda votiva, sul quale poggia la statua di Ecate[70], identificabile dalla fiaccola; alcuni personaggi ai piedi del simulacro compiono riti in onore della dea, mentre sulla sinistra sorge un albero. Dietro una fila di sottili alberi, nel frammento MANN n. 9398[71], il paesaggio è caratterizzato da un'alta edicola, alla quale si avvicina una figura ammantata. Il paesaggio architettonico della vignetta MANN n. 9405[72] (Fig. 48.5,d) presenta invece una torre in rovina da cui emerge un pilastro; davanti alla porta con pergola, conversano due personaggi; accanto alla struttura è una capanna, con alberi sullo sfondo. Nella vignetta

Bedel 1977, tav. 45,1-3; 46, 1; Bragantini - Sampaolo 2009, 480-481, n. 267 d; Pagano - Prisciandaro 2006, I, 246 e I, 40.

[63] Nr 1045, A 259, SG 477; 30 dicembre 1760 e 3 gennaio 1761; *AdE* IV, XXX, 143; Ruggiero 1881, 145; Allrogen Bedel 1977, tav. 45,1-3; 46, 1; Bragantini - Sampaolo 2009, 480-481, n. 267 b; Pagano - Prisciandaro 2006, I, 246 e II, 41.

[64] Nr 1044, A 313, SG 463; 30 dicembre 1760 e 3 gennaio 1761; *AdE* IV, XXXIII, 157; Ruggiero 1881, 145; Allrogen Bedel 1977, tav. 45,1-3; 46, 1; Bragantini - Sampaolo 2009, 480-481, n. 267 c; Pagano - Prisciandaro 2006, I, 246 e II, 41.

[65] Nr 1126, A 325, SG 286; 24 e 30 dicembre 1760 e 3 gennaio 1761; *AdE* IV, XXX, 143; Ruggiero 1881, 135; Allrogen Bedel 1977, tav. 45,1-3; 46, 1; Bragantini - Sampaolo 2009, 480-481, n. 267 a; Pagano - Prisciandaro 2006, I, 246 e II, 41.

[66] Nr 977, A 296, SG 855; 15 marzo 1760; Ruggiero 1881, 121; Schefold 1957, 345; Allrogen Bedel 1977, 55, tav. 21, 1/18, 2; Bragantini - Sampaolo 2009, 458-459, n. 248; Pagano - Prisciandaro 2006, I 245 e II, 40.

[67] Nr 943, A 328, SG 872; 25 luglio 1759; *AdE* III, XXII, 113, 332; Ruggiero 1881, 97; Schefold 1957, 345; Peters 1963, 154, nota 605; Allrogen Bedel 1977, 42, tav. 7,4; Bragantini - Sampaolo 2009, 438-439, n. 227 a; Pagano -Prisciandaro 2006, I, 243 e II, 40.

[68] Nr 939, A 252, SG 325; 25 luglio 1759; *AdE* III, XI, 59; Ruggiero 1881, 97; Schefold 1957, 345; Peters 1963, 154, nota 605; Allrogen Bedel 1977, 41, tav. 6,3; Bragantini - Sampaolo 2009, 438-439, n. 227 c; Pagano - Prisciandaro 2006, I, 243 e II, 40.

[69] Nr 941, A 253, SG 1664; 26 luglio 1759; *AdE* III, XVII, 91, 329; Ruggiero 1881, 98; Schefold 1957, 345; Peters 1963, 154, nota 605; Allrogen Bedel 1977, 42, tav. 7,3; Bragantini - Sampaolo 2009, 454-455, n. 243 b; Pagano - Prisciandaro 2006, I, 243 e II, 40.

[70] Vedi nota 44.

[71] Nr 947, A 314, SG 363; 6 agosto 1759; Ruggiero 1881, 101; Schefold 1957, 345; Peters 1963, 154, nota 605; Allrogen Bedel 1977, 43, tav. 9,2; Bragantini - Sampaolo 2009, 454-455, n. 243 e; Pagano - Prisciandaro 2006, I, 243 e II, 40.

[72] Nr 942, A 320, SG 236; 26 luglio 1759; Ruggiero 1881, 98; Schefold 1957, 345; Allrogen Bedel 1977, 43, tav. 9,1; Bragantini - Sampaolo 2009, 454-455, n. 243 a; Pagano - Prisciandaro 2006, I, 243 e II, 40.

MANN n. 9402[73] è raffigurato un tempietto prostilo, davanti al quale sorge una statua; mentre, sulla destra, sono un pilastro e due oranti che si prostrano dinanzi al simulacro; sullo sfondo, si scorgono radi cespugli. Un altro tempietto, ombreggiato da un albero, e una fontana a più bocche occupano il paesaggio del frammento MANN n. 9407[74]; in secondo piano, sorgono altri edifici e una struttura colonnata; sulla destra, due donne passeggiano tranquille. Un tempio simile, innalzato su una roccia, è rappresentato nella vignetta MANN n. 9397[75], con un recinto retrostante da cui fuoriesce la cima di un albero; mentre un'imbarcazione naviga davanti all'edificio sacro. Infine, nel frammento MANN n. 9459[76] è rappresentato un tempietto, verso il quale corre una figura; sulla sinistra, una torre svetta accanto a un colonnato in prospettiva. In queste nove vignette i colori si limitano al giallo per gli edifici e al verde per la vegetazione sul fondo rosso, e appaiono utilizzati a tocchi pastosi con effetti luministici e impressionistici, in modo da delineare appena i volumi e le figure. Nel loro complesso questi paesaggi a fresco da *Stabiae* si datano nel terzo quarto del I sec. d.C. nell'ambito del IV stile.

Da quanto sinora descritto è possibile desumere alcune riflessioni rispetto ai quesiti posti in premessa e riguardo agli aspetti iconografici e stilistici che caratterizzano i paesaggi attestati nelle ville residenziali dell'area vesuviana. Tra i vari tipi prevale il paesaggio idillico-sacrale. Soprattutto nelle pitture di II e III stile, presenti nella Villa Reale di Portici, nella Villa dei Papiri e in quella di Agrippa Postumo, sia gli elementi architettonici, sia quelli naturali sono disegnati con precisione e notevole abilità stilistica, seppure idealizzati, e sono prevalentemente inquadrati nella zona mediana entro scorci architettonici o edicole stilizzate. Invece, nelle più tarde pitture di paesaggio di IV stile, quali compaiono nelle ville suburbane di Pompei e di *Stabiae*, si affiancano senza un'apparente preferenza rispetto alla specificità dell'edificio e dell'ambiente in cui erano collocati tutti i possibili tipi di paesaggio: idillico-sacrale (con templi, sacelli, edicole, colonne votive, alberi sacri, statue e figure di viandanti e offerenti tra rocce e vegetazione); nilotico (con monumenti di tipo egizio, scene palustri e pigmei); architettonico (con edifici urbani o situati in aree campestri, su fiumi e laghi); o infine marittimo (con porti, ville e strutture prospicienti il mare). Questi paesaggi sono riprodotti all'interno di quadretti e

pinakes, in medaglioni e come vignette, disposti sia nella zona superiore, sia nei pannelli della zona mediana, a ornare le stanze di soggiorno, spesso in posizione panoramica, ma anche i portici ove si inseriscono in contesti 'naturalizzati' come i giardini. Si tratta, dunque, di un repertorio vario e articolato, ma di genere (*minoris picturae* le definiva Plinio il Vecchio), abilmente e fantasiosamente utilizzato dai pittori per decorare i rivestimenti parietali delle ville residenziali. Se nei paesaggi architettonici di II e III stile l'uso della prospettiva e dello scorcio appare più consapevole, in quelli di IV stile i pittori prediligono la veduta a volo di uccello o l'assonometria cavaliera con punti di vista obliqui rispetto allo spettatore. Parimenti, al realismo e alla precisione miniaturistica del II e III stile, nel I sec. d.C. subentra una tecnica figurativa compendiaria con effetti chiaroscurali a luce radente. In questi paesaggi l'atmosfera appare rarefatta e onirica, perennemente serena e idealizzata, la vegetazione sempre rigogliosa, le figure umane, per lo più ritratte a *silhouette* in pose e attività tipiche, non dominano l'ambiente, ma vi si integrano armoniosamente. I temi iconografici paesaggistici presenti nelle ville non appaiono difformi da quelli che compaiono in altri tipi di edifici abitativi, anche se vi ricorrono in maggiore quantità mostrando talora grande qualità stilistica, e seguono nei soggetti e nelle modalità figurative l'evoluzione del genere nella pittura romana. Se i paesaggi idillico-sacrali e nilotici si ispirano alle ambientazioni ellenistiche e alessandrine, poi mutuate nelle pitture a fresco delle abitazioni romane, le scene di paesaggio che raffigurano edifici e ville con giardini o sul mare, o su specchi portuali e lacustri si sviluppano invece con schemi iconici innovativi, ove i singoli elementi sono tipizzati e usati liberamente in molteplici varianti. I paesaggi costruiti, raffigurando elementi architettonici stereotipati, non sembrano, quindi, riprodurre edifici o luoghi effettivamente esistenti, ma semmai alludervi e suggerirli con verosimiglianza, così da costituire uno specifico tema figurativo autonomo. La rappresentazione della natura sia selvaggia, sia antropizzata nella pittura di paesaggio, anche nelle scenografiche ville che popolarono i golfi di Napoli e Pozzuoli, soprattutto nella prima età imperiale, non appare essere ispirata da un sentimento estetico contemplativo, né da una volontà di fedele riproduzione dal vero, quanto da una concezione ideale dello spazio naturale e antropico peculiare della società romana, che si riflette nella rappresentazione artistica, come anche nei testi letterari, e da un gusto per i *topia* che si afferma soprattutto nel I sec. d.C. in modo diffuso e con nuovi esiti iconografici e stilistici rispetto alla tradizione ellenistica.

Bibliografia e Abbreviazioni

A = Inventario Arditi

SG = Inventario Sangiorgio

AdE = Accademici ercolanesi, *Antichità di Ercolano*, I - VIII, Napoli 1754-1792.

Allrogen Bedel, A. 1977, "Die Wandermalereien aus der Villa in Campo Varano (Castellammare di Stabia)", in *RM*, 84, 27-89.

[73] Nr 945, A 305, SG 326; 6 agosto 1759; *AdE* III, VII, 40, 323; Ruggiero 1881, 101; Schefold 1957, 345; Peters 1963, 154, nota 605; Allrogen Bedel 1977, 42-43, tav. 8,1; Bragantini - Sampaolo 2009, 438-439, n. 227 b; Pagano, Prisciandaro 2006, I, 243 e II, 40.

[74] Nr 946, SG 1704; 6 agosto 1759; *AdE* III, XXVII, 137, 335; Ruggiero 1881, 101; Schefold 1957, 345; Peters 1963, 154, nota 605, 155; Allrogen Bedel 1977, 43, tav. 8,2; Bragantini - Sampaolo 2009, 454-455, n. 243 d; Pagano - Prisciandaro 2006, I, 243 e II, 40.

[75] Nr 940, SG 844; 26 luglio 1759; *AdE* IV, XXX, 144, 365; Ruggiero 1881, 98; Schefold 1957, 345; Peters 1963, 154, nota 605; Allrogen Bedel 1977, 42, tav. 7,2; Bragantini - Sampaolo 2009, 454-455, n. 243 c; Pagano - Prisciandaro 2006, I, 243 e II, 40.

[76] Nr 948, A 254, SG 1412; 6 agosto 1759; *AdE* III, XX, 104, 330; Ruggiero 1881, 101; Schefold 1957, 347; Allrogen Bedel 1977, 42, tav. 7,1; Bragantini - Sampaolo 2009, 454-455, n. 243 f; Pagano - Prisciandaro 2006, I, 243 e II, 41.

Allrogen Bedel, A. 1983, "Un frammento di dipinto", in AA.VV., *La Villa dei Papiri, II Suppl. Cronache Ercolanesi*, 13, 65-68.

Allrogen Bedel, A. 1999, "Gli scavi borbonici nella villa S. Marco e le pitture staccatevi nel Settecento", in A. Barbet - P. Miniero (eds), *La Villa San Marco a Stabia*, Napoli, I, 21-40.

Allrogen Bedel, A. 2001, "Gli affreschi delle ville stabiane", in D. Camardo - A. Ferrara (eds), *Stabiae: dai Borbone alle ultime scoperte*, Castellammare di Stabia, 51-57.

Barbet, A. - Miniero, P. (eds) 1999, *La Villa di San Marco a Stabia*, Napoli-Roma-Pompei.

Bayardi, O. A. 1755, *Catalogo degli antichi Monumenti dissotterrati dalla discoperta città di Ercolano*, Napoli.

Bonifacio, G. 2001, "Villa Arianna", in AA.VV., *In Stabiano. Cultura e archeologia da* Stabiae: *la città e il territorio tra l'età arcaica e l'età romana*, Castellammare di Stabia, 29-30 and 128-132.

Baldassare, I. - Pontrandolfo, A. - Rouveret, A. - Salvadori, M. 2006, *Pittura romana. Dall'ellenismo al tardo antico*, Milano.

Bastet, F. L. - De Vos, M. 1979, *Per una classificazione del terzo stile pompeiano*, Roma.

Beyen, H. G. 1951, *The Workshops of the "Fourth Style" at Pompeii and in its neighbourhood*, Leiden.

Bianchi Bandinelli, R. 1963, s.v. "Paesaggio", in *EAA.*, V, Roma, 816-828.

Blanckenhagen von, P. H. - Alexander, C. 1962, *The paintings from Boscotrecase*, in *RM*, suppl. 6.

Blanckenhagen von, P. H. - Alexander, C. 1990, *The Augustan villa at Boscotrecase*, Mainz.

Borda, M. 1958, *La pittura romana*, Milano.

Bragantini, I. - Sampaolo, V. 2009, *La pittura pompeiana*, Verona.

Camardo, D. 2001, "La Villa Arianna a *Stabiae*", in D. Camardo - A. Ferrara (eds), *Stabiae: dai Borbone alle ultime scoperte*, Castellammare di Stabia, 75-84.

Camardo, D. - Ferrara, A. - Longobardi, N. 1989, *Stabiae: le ville*, Castellammare di Stabia.

Ciardiello, R. 2010, "Alcune osservazioni sulle decorazioni della villa di Poppea ad Oplontis", in *Amoenitas*, 1, 273-288.

Ciardiello, R. 2012, "La ricostruzione delle decorazioni dalla Villa di Cicerone a Pompei", in *Amoenitas*, 2, 135-149.

Ciardiello, R. 2019, "Winckelmann e le pitture della "Villa di Cicerone" a Pompei", in I. Bragantini - E. Morlicchio (eds), *Winckelmann e l'archeologia a Napoli*, Napoli, 181-194.

Ciardiello, R. 2020, "*Disiecta membra:* frammenti pittorici dalla Villa di Cicerone a Pompei", in P. Giulierini - A. Coralini - V. Sampaolo (eds), Picta fragmenta. *La pittura vesuviana: una rilettura*, Cinisello Balsamo, 53-65.

Clarke, J. R. - Muntasser, N. K, 2014-2019, *Villa A ("di Poppea") a Torre Annunziata, Italia. Volume 1. L'ambiente antico e la riscoperta moderna*, New York.

Collezioni MANN 1989 = AA.VV. 1989, *Le Collezioni del Museo Nazionale di Napoli*, Roma.

Colpo, I. 1999, "La raffigurazione delle ville nell'arte del I secolo d.C. come *excerptum* della pittura romana di paesaggio", in *Antenor*, 1, 47-70.

Colpo, I. 2010, Ruinae…et putres robore trunci. *Paesaggi di rovine e rovine nel paesaggio della pittura romana (I secolo a.C. - I secolo d.C.)*, Roma.

Comparetti, D. - De Petra, G. 1883, *La villa ercolanese dei Pisoni. I suoi monumenti e la sua biblioteca*, Torino.

Croisille, J-M. 2005, *La peinture romanine*, Paris.

Croisille, J-M. 2010, *Paysage dans la peinture romaine. Aux origines d'un genre pictural*, Paris.

Curtius, L. 1929, *Die Wandmalerei Pompejis. Eine einführung in ihr verständnis*, Leipzig.

Dall'Olio, L. 1989, "Il motivo della porta sacra nella pittura di paesaggio", in *Latomus*, 48.3, 513-531.

Dall'Olio, L. 1997, "La tradizione iconografica dei paesaggi portuali", in E. Moorman (ed.), *Functional and spatial analysis of wall paintings*, Leiden, 197-198.

D'Arms, J. H. 2003, *Romans on the bay of Naples and other essays on Roman Campania*, Bari.

De Caro, S. 1994, *Il Museo Archeologico Nazionale di Napoli*, Napoli.

De Caro, S. 1996, "Le ville residenziali", in M. Borriello - A. d'Ambrosio - S. De Caro - P. G. Guzzo (eds), *Pompei. Abitare sotto il Vesuvio*, Ferrara, 21-27.

de' Franciscis, A. 1975, "La Villa romana di Oplontis", in B. Andreae - H. Kyrieleis (eds), *Neue Forschungen in Pompeji*, Recklinghausen, 9-38.

Della Corte, M. 1922, "La Villa rustica «*Ti. Claudi Eutychi, Caesaris L(ibert)*» esplorata dal sig. Ernesto Santini, nel fondo di sua proprietà alla contrada Rota (Comune di Boscotrecase) negli anni 1903-1905", in *NSc*, 19, n.s. 5, 459-485.

Dessale, H. 2020, *The Villa di Diomedes: The making of a Roman Villa in Pompeii*, Roma.

EAA = *Enciclopedia dell'Arte Antica Classica e Orientale*, 1959-1986, Roma.

Egittomania 2006 = De Caro, S. (ed.) 2006, *Egittomania. Iside e il mistero*, Milano.

Elia, O. 1932, *Pitture murali e mosaici nel Museo Nazionale di Napoli*, Roma.

Esposito, D. 2011, "Il secondo stile nella Villa dei Papiri di Ercolano", in G. F. La Torre - M. Torelli (eds), *Pittura ellenistica in Sicilia e in Italia. Linguaggi e tradizioni*, Roma, 531-545.

Esposito, D. 2014, *La pittura di Ercolano*, Roma.

Fergola, L. 1996, "La Villa di Poppea a Oplontis", in M. Borriello - A. d'Ambrosio - S. De Caro - P. G. Guzzo (eds), *Pompei. Abitare sotto il Vesuvio*, Ferrara, 135-141.

Grimal, P. 1984, *Les jardin romains*, 3ed., Paris.

Guidobaldi, M. P. - Esposito, D. 2012, "La Villa dei Papiri", in M. P. Guidobaldi - D. Esposito (eds), *Ercolano. Colori di una città sepolta*, San Giovanni Lupatoto (VR), 89-116.

Guzzo, P.G. - Fergola, L. 2000, Oplontis. *La villa di Poppea*, Milano.

Helbig, W. 1868, *Wandgemälde der vom Vesuv verschütteten Städte Campanien*, Leipzig.

Kolendo, J. 1982, "Le port d'Alexandrie sur une peinture de Gragnano?", in *Latomus*, 41.2, 305-311.

Hinterholler, M. 2007a, "Typologie und stilistische Entwicklung der sakral-idylischen Landschaftsmalerei in Rom und Kampanien während des zweiten und dritten pompejanischen Stils", in *RHM*, 49, 17-69.

Hinterholler M. 2007b, "Die gesegnete Landschaft. Zur Bedeutung religions- und naturphilosophischer Konzepte für die sakral-idyllische Landschaftsmalerei von spätrepublikanischer bis augusteischer Zeit", in *Ojh*, 76, 129-169.

Hinterholler-Klein, M. 2015, Varietates topiorum: *Perspektive und Raumerfassung in Landschafts- und Panoramabildern der römischen Wandmalerei vom 1. Jh. v. Chr. bis zum Ende der pompejanischen Stile*, Wien.

Lafon, X. 1991, "*À propos des villas maritimes: cadre réel et cadre rêvé d'apres les rapresentations figurées*", in *Ktema*, 16, 131-145.

La Rocca, E. 2008, *Lo spazio negato. La pittura di paesaggio nella cultura artistica greca e romana*, Milano.

Leach, E. W. 1981, "Metamorphoses of the Acteon myth in Campania painting", in *RM*, 88, 307-327.

Ling, R. 1977, "*Studius* and the beginnings of Roman landscape painting", in *JRS*, 67, 1-16.

Ling, R. 1991, *Roman painting*, Cambridge.

Marconi, P. 1929, *La pittura dei Romani*, Roma.

Moesch, V. 2008, *La Villa dei Papiri*, in M. P. Guidobaldi (ed.), *Ercolano. Tre secoli di scoperte*, Milano, 70-79.

Moesch, V. 2009, *La Villa dei Papiri*, Milano.

Moormann, E.M. 1984, "Le pitture della Villa dei Papiri ad Ercolano", in AA.VV., *Atti del XVII Congresso internazionale di papirologia, Centro Internazionale per lo Studio dei Papiri Ercolanesi*, Napoli, 637-674.

Moormann, E. M. 2010, "Pitture parietali nella Villa dei Papiri a Ercolano: vecchi rinvenimenti e nuove scoperte", in A. Coralini (ed.), *Vesuviana. Archeologie a confronto*, Bologna, 153-163.

Mustilli, D., "La Villa pseudourbana ercolanese", in *RendNap*, 31, 77-97.

Overbeck, J. - Mau, A. 1884, *Pompeji in seinen Gebäuden. Alterthümern und Kunstwerken dargestellt von Johannes Overbeck*, Leipzig.

Pagano, M. 1997, *I diari di scavo di Pompei, Ercolano e Stabia di Francesco e Pietro La Vega (1764 - 1810). Raccolta e studio di documenti inediti*, Roma.

Pagano, M. - Prisciandaro, R. 2006, *Studio sulle provenienze degli oggetti rinvenuti negli scavi borbonici del Regno di Napoli. Una lettura integrata, coordinata e commentata della documentazione*, Castellammare di Stabia.

PAH = Fiorelli, G. 1860-1864, *Pompeianarum Antiquitatum Historia*, I-III, Napoli.

Grimaldi, M. (ed.), *The Painters of Pompeii. Roman frescoes from the National Archaeological Museum of Naples*, Roma.

Pannuti, U. 1983, "Il "Giornale degli Scavi" di Ercolano (1738-1756)", in *MemAccLinc*, s. 8, 26.3, 161-410.

Peters, W. J. T. 1963, *Landscape in Romano-Campanian Mural Paintings*, Assen.

Pfhul, E. 1923, *Malerei und Zeichnung der Griechen*, München.

Pompeii AD 1978 = Ward Perkins, J. - Claridge, A. (eds) 1978, *Pompeii AD 79*, New York.

PPM 1995 = *Pompei. Pitture e Mosaici. L'immagine di Pompei nei secoli XVIII e XIX*, 1995, Roma.

Reinach, S. 1922, *Répertoire des peintures grecques et romaines*, Paris.

Rizzo, G. R. 1929, *La pittura ellenistico-romana*, Milano.

Romana Pictura 1998 = Donati, A. (ed.) 1998, *Romana Pictura. La pittura romana dalle origini all'età bizantina*, Martellago (VE).

Rostovzeff, M. 1904, "Pompeianische Landschaften und Römische Villen", in *JdI*, 19, 103-126.

Rostovzeff, M. 1911, "Die hellenistisch-römische Architekturlandschaft", in *MdI*, 26, 1-185.

Rouveret, A. 1982, "Peinture et art de la mémoire: le paysage et l'allégorie dans les tableaux grecs et romains", in *CRAI*, 126.3, 571-588.

Rouveret, A. 2004, "Pictos ediscere mundos. *Perception et imaginaire du paysage dans la peinture hellénistique et romaine*", in *Ktema*, 29, 325-344.

Rouveret, A. 2013, "Retour à Ithaque: peinture du paysage et de l'intimité domestique à Rome du dernier siècle de la République au début de l'Empire", in *CRAI*, 157.1, 289-312.

Rouveret, A. 2016, "Dalla natura al paesaggio nella pittura ellenistica e romana", in G. Sena Chiesa - A. Pontrandolfo (eds), *Mito e natura. Dalla Grecia a Pompei*, Milano, 208-218.

Ruggiero, M. 1881, *Degli scavi di Stabia dal MDCCXLIX al MDCCLXXXII*, Napoli.

Ruggiero, M. 1885, *Storia degli scavi di Ercolano ricomposta da' documenti superstiti*, Napoli.

Sampaolo, V. 2016, "Dalla natura all'arte: "paesaggi, prospettive e navigli…"", in G. Sena Chiesa - A. Pontrandolfo (eds), *Mito e natura. Dalla Grecia a Pompei*, Milano, 219-230.

Sampaolo, V. 2019, "Pompei… e la vita continua", in M. Osanna - P. Giulierini (eds), *Pompei: dei, uomini ed eroi*, Milano, 12-30.

Savarit, M. O - Barbet, A. 2001, "Le pitture di IV stile. I. Le quartier de l'atrium", in A. Barbet - P. Miniero (eds), *La Villa San Marco a Stabia*, Napoli, 153-158.

Schefold, K. 1957, *The Wände Pompejis. Topographisches Verzeichnis der Bildmotive*, Berlin.

Schefold, K. 1960, "Origin of Roman Landscape", in *ArtB*, 42.2, 87-96.

Sena Chiesa, G.- Pontrandolfo, A. 2016, *Mito e natura. Dalla Grecia a Pompei*, Milano.

Silberberg, S.R., *A corpus of the sacral-idyllic Landscape Paintings in Roman Art*, Tesi dottorale UCLA.

Tabacchini, G. 2018, "Architettura e architetture nella pittura romana: i *pinakes* di terzo e quarto stile dall'Urbe alla Campania", in Y. Dubois - U. Niffeler (eds), *Pictores per provincias: status questionis*, Basel, 757-765.

Villa dei Papiri 1983 = AA.VV., 1983, *La Villa dei Papiri*, II Suppl. *Cronache Ercolanesi 13*, Napoli.

Wojcik, R. 1986, *La Villa dei Papiri ad Ercolano. Contributo alla ricostruzione dell'ideologia della nobilitas tardorepubblicana*, Roma.

Zarmakoupi, M. 2017, "Harbors in the Sacral-Idyllic Landscapes of Early Roman Luxury Villas", in A. Anguissola - M. Iadanza - R. Olivito A (eds), *Paesaggi domestici. L'esperienza della natura nelle case e nelle ville romane. Pompei, Ercolano e l'area vesuviana*, Roma, 147-156.

Zarmakoupi, M. 2018, "Tra concezione e percezione dello spazio: le rappresentazioni di paesaggio nella pittura romana", in A. Coralini (ed.), Extra Moenia. *Abitare il territorio della regione vesuviana*, Bologna, 73-85.

Zarmakoupi, M. 2021, "The Intermediality of Landscape in the Decorum of Roman Villas", in A. Haug - M. T. Lauritsen (eds), *Principles of Decoration in the Roman World, Decorative Principles in Late Republican and Early Imperial Italy (Decor)*, vol. 2, Berlin, 177-192.

Zanker, P. 1989, *Augusto. Il potere delle immagini*, Torino.

49

Staging the Landscape in the Archaeological Park of Baiae: a Corridor with a View.

Léa Narès[1]
Sorbonne Université (Paris)

Abstract: The ancient landscape of Baiae is well-known from the scientific literature, because of its changing nature (urban expansion, volcanic activities, bradyseism) at least since the 2nd century BCE, when the Romans turned the area into a spa resort. Many of the ancient representations of the Baiae's landscape seem usually featured from another shore (Strabo, Geography, V, 4, 4-6) or a boat's point of view, e.g., the glass flasks from the 3rd century AD. Thus, the rapid development of villae maritimae and the thermal complexes on the slope of the sinus baianus in the 1st century BCE shows that the landscape was an important feature for the Roman aristocracy. Our aim is to show how, in the archaeological park of Baiae, this landscape is integrated to the interior design of the buildings, thanks to the windows, and used to impress visitors.

Keywords: Baiae; Sosandra's Complex; Corridor; Wall-Painting; Window.

To visualise the ancient landscape of Baiae requires some imagination: part of the coastline is now submerged and the *lacus baianus* – a lake – has given way to the sea. These changes due to the volcanic activities of the area – Baiae is situated on the Phlegraean's Fields, a supervolcan –, notably the bradyseism, have been well-studied[2]. Another aspect of the volcanic activities is the presence of numerous thermal springs, which contributed to the settlement of the Romans towards the 2nd century BCE and the rapid development of *villae maritimae* and thermal installations on the slope of the *sinus baianus* throughout the 1st century BCE[3]. An urban expansion noted by Strabo: "And the whole of the gulf is garnished, in part by the cities which I have just mentioned, and in part by the residences and plantations, which, since they intervene in unbroken succession, present the appearance of a single city"[4].

Strabo seems to describe this urbanised landscape from another shore or a view from a boat, a feature that can be found on the incised decorations of the glass flasks produced at *Puteoli* at the end of the 3rd c. AD[5]. A group figures the Baiae's coast, especially the domed buildings known as 'Temple of Mercury', 'Temple of Diana' and 'Temple of Venus' in the archaeological park[6].

The landscape was a researched feature for the Roman aristocracy as well as Pliny the Younger who, in a letter about his Laurentine villa, which he states, he favours for the beauty of the site and the beach: "(…) but you will cease to wonder, when I acquaint you with the charm of the villa, the advantages of its situation, and the extensive prospect of the sea-coast"[7]. Further on his letter, he even employs the verb *ornare* (decorate) to speak about the *villae* which seem to form a town[8], just like the Baiae's shore described by Strabo. Thus, buildings were part of the landscape and, in the Roman eyes, contributed to its embellishment[9] and, from the 2nd c. BC., they were conceived to be seen and to see, or even to stage, their surroundings. This explains why the villas in elevated position (*villae in summa positae*) – usually, also in limited numbers – were sought after by the members of the elite[10]. Hence, Baiae was a favoured location, offering, in addition to its thermo-mineral springs, its fertile ground, etc., a hillside overlooking a lake and the terraced buildings inside the archaeological park had to take advantage of the panorama.

The Sosandra's complex was one of these terraced *villae*, between the end of the 2nd c. BC and mid-2nd c. AD[11],

---

[1] For their support on the Archaeological Park of Baiae, we would like to thank the Dr. P. Miniero, the Dr. P. Talamo, and F. Russo; for the grammatical corrections of this text, B. Walker; for the scientific proofreading, Hélène Eristov; for the many discussions on Baiae, the Dr. M. Nieberle and the Dr. G. Di Luca, whom we also thank for the invitation.
[2] About the natural and human changes on the Phlegraean's Fields during Antiquity, see, among others, Grüger *et al.* 2002; Varriale 2014; Di Luca 2020.
[3] See Nieberle 2020 (with previous bibliography).
[4] Strabo, *Geography* V, 4, 8 (transl. H. L. Jones): ἅπας δ'ἐστι κατεσκευασμένος τοῦτο μὲν ταῖς πόλεσιν, ἃς ἔφαμεν, τοῦτο δὲ ταῖς οἰκοδομίαις καὶ φυτείαις, αἳ μεταξὺ συνεχεῖς οὖσαι μιᾶς πόλεως ὄψιν παρέχονται.
[5] Ostrow 1979.

[6] Guérin-Beauvois 1997; Fujii 2003; Popkin 2018.
[7] Pliny the Younger, *Letters* II, 17, 1 (transl. W. Melmoth): (…) *desines mirari cum cognoveris gratiam villae, opportunitatem loci, litoris spatium*.
[8] Pliny the Younger, *Letters* II, 17, 27: (…) *Litus ornant varietate gratissima nunc continua, nunc intermissa tecta villarum, quae praestant multarum urbium faciem* (…).
[9] Gros 2017, 308.
[10] Lafon 2001, 217.
[11] About this complex, see Esposito - Miniero 2000, 254-258; Di Luca 2009, 156-161; Nieberle (forthcoming); Narès (forthcoming).

and we would like to show here how this landscape was integrated to the interior design of this building, thanks to its window and wall-painting[12]. For this purpose, we will focus on the first section of the corridor which leads to the terraces on the north part of the complex.

Between the second and third level (SH-E1 and SH-E2)[13], can be found a still covered corridor (SH-TKN), the first section of which has the shape of a winding staircase with U-Shaped flights[14], except that a ramp composes the first slope and a stair the second one (Fig. 49.1). The stair-case walls of that section conserve a large portion of its painting, which can be dated from the 2nd c. AD[15].

The first flight, a ramp leading to a first terminal landing, still presents a white background painting on its stair-case walls and barrel vault; a simple black background forms the dado of the north and south walls. The main zone of the northern wall is better preserved than the south one; both should have received the same decoration in mirror, except at the emplacement of the door leading, on the south, in a little room. So, it's possible to read on the north a succession of modules (Fig. 49.2). First, a module A, which can be found only on the left part of the wall, composed by two vertical bands with red and yellow threads. They flank, in the centre, a suspended basket of fruits (perhaps grapes?). This module is surrounded by a module B constituted by two giant reeds[16] flanking, in the centre, a bird, floating or flying. The left module B receives a blackbird (or thrush) walking along a line of ground and holding a yellow flower in its beak; the right one shows a little flying passerine bird. To the east side of this set, two vertical bands with red and yellow threads provide as a separation and are followed by a third module B, where the bird is situated much higher on the wall. Also shown in flight, it appears to be a small wader because of its long legs, although the large tail and small, thick beak are more suggestive of a passerine bird. The western wall, belonging to the first terminal landing, is articulated around the intrados of a small perpendicular arch; on each side, stand a high wall surmounted by a lunette. The right side, on its dado, is demarcated by a vertical red band at the level of the arch and another horizontal one: in the middle, a module B receives a bird, whom the head is partially faded. It seems to be a goldfinch[17], walking on a green ground band and holding in its beak a yellow and red snake. The main zone of this right wall is composed, on its centre, of two *aediculae*, one on top of the other. Inside the first

Fig. 49.1. Baiae, Villa della Sosandra's Corridor, first flight (photo by the author).

Fig. 49.2. Baiae, Villa della Sosandra's Corridor, first flight, detail of the northern side (photo by the author).

---

[12] This work is part of our PhD thesis about the decors of the Archaeological Park of Baiae (Narès 2020a). We also presented the last phase of the decoration of the Sosandra's portico, which is situated on the second level (Narès 2020b).

[13] We use the sectorisation provided by our colleague Matthias Nieberle for his PhD thesis at Cologne University. See Nieberle 2016, 206-207.

[14] Bonetto *et al.* 2021, *Illustrated Handbook*, "Service structure: Morphological type of the stairs (Plan)", Fig. c.

[15] The decoration belongs to a last phase when some changes were undertaken as indicated by the *opus mixtum*. The architectural dating has been provided by Matthias Nieberle, to whom we're grateful.

[16] Jashemski *et al.* 2002, 91.

[17] We're indebted to Alexia Dedieu and especially Charlotte Guiot for this identification.

one, hangs a red item (a *pelta*?) and, on each side, a green garland runs. In addition, the top *aedicula* receives a green and red plant motif. This main zone constitutes another module (C), which can be found on the upper zone of the northern wall and is surmounted by a lunette with a motif of eight-pointed star at each corner. From the left wall, only the dado is relatively well preserved with a module B' composed of two straight stemmed plants flanking a bird. These plants aren't giant reed as their high stem ends in a double volute with a red quadrangular flower.

It is interesting to note that there is a change of decoration on the stair flight leading, to the east, to the second top terminal lending, but not on the vault. Indeed, the barrel vault of this corridor, separated from the upper zone by a red band, conserves partly the preparatory incised outline of a network of circles. In some of them, remains the trace of the green eight-pointed star[18]. Only the southern wall of this second flight retains its decoration (Fig. 49.3): the white background main zone, delimited from the black plinth by a red line and from the upper zone by a yellow band with black threads, is constituted by a succession of high yellow vertical bands with red threads alternating with high vegetalized *candelabra*, which continue in the upper zone. Moreover, in the right corner, a festooned garland is attached to the red band separating the wall from the vault. This iconographic pattern was to be found on the opposite wall and seems to be repeated on the ones of the third flight[19].

A window opened the eastern wall of the second top terminal landing in the line of the second flight. This opening had the function of framing the *lacus baianus* and its surrounding buildings on which it looked out. Its narrowness[20] is reminiscent of the ones of the Cicero's residence at Arpino: "In finding fault with the narrowness of my windows, let me tell you, you are finding fault with the Education of Cyrus: for, when I made the same remark to Cyrus, he said that the view of gardens was not so pleasant, if the windows were broad"[21]. This discussion between Cicero and his architect about the width of the windows and the staging of the outside shows that there was an intention to guide the gaze. Indeed, the landscape can be considered as a mental construction; Susan Saïd even defines it like an artificial division of the real by a remote observer[22]. If the Romans didn't seem to have a specific term for landscape[23], *prospectus* was one of the words used to designate this concept and its meaning

Fig. 49.3. Baiae, Villa della Sosandra's Corridor, second flight, detail of the southern side (photo by the author).

"view, sight", involving the idea of a visual axis, an intended framing, is close – but not exactly equivalent – to the German *durchblick*, which refers to a view through an opening[24].

So, this window was in the visual axis of the second staircase (Fig. 49.4). Although the wall-painting around is not preserved, the decoration should have been the same as in this staircase and should have integrated this opening in its design. Indeed, the real landscape is thus cut out by the window frame, which could then function as a painted tableau, especially if we follow Delphine Acolat: "(…) le plaisir existe à la vue d'un paysage seulement s'il s'apparente à un tableau peint (…) recomposé, avec un composant culturel"[25]. The cultural component here is certainly the reference to the landscape panels of the end of the Third and Fourth Pompeian Styles[26], especially to the representation of *villae maritimae* which were a common decorative element inside the villas' porticoes[27]. Thus,

---

[18] Some examples of that kind of pattern can be found on the corridor's intrados in the 'Sarno Baths' (Pompeii, VIII, 2, 18-21) or on the Portico's roof of the villa of Marina di San Nicola. See Barbet 2021, 43-44, Fig. 52.
[19] Vestiges of a similar decoration are preserved on each side of the SH-TKN-III's stair.
[20] W: 0,79 m; H (remaining): 1,23 m; D: 0,90 m.
[21] Cicero, *Ad Atticum* II, 3 (transl. E. O. Winstedt): *Fenestrarum angustias quod reprehendis, scito te Κύρου παιδείαν reprehendere. Nam cum ego idem istuc dicerem, Cyrus aiebat viridariorum διαφάσεις latis luminibus non tam esse suavis.*
[22] Saïd 1997, 19: "(…) un ensemble découpé artificiellement dans le réel et constitué en unité par un observateur placé à distance".
[23] The term appears toward the end of the 15th century in modern languages. See Croisille 2010, 14.

[24] Gros 2013, 206, n. 5. About the link between architecture and *prospectus*, see Eristov 1994, 14-18.
[25] Acolat 2011, 94.
[26] Croisille 2010, 45-48, and even after the Fourth Style, there's a persistence of the landscape type (48-49); Ling 1991, 146-149.
[27] Croisille 2020, 122-125.

Fig. 49.4. Baiae, Villa della Sosandra's Corridor, visual axis of the window (photo by the author).

e.g., corridors, and the decorative elements scattered throughout announced what could be expected: some beautiful points of view destined to impress him; in this case, the one visible through the second top landing's window and some others seemingly designed in the upper terraces of the "Sosandra's Complex"[32]. Indeed, as Rolf A. Tybout demonstrated at Pompeii, the terraced houses allowed a vertical hierarchy of the rooms[33], favourable in a society which structured the architectural space between areas opened to the public and restricted ones. As Vitruvius explains, *fauces*, *atria*, peristyles, etc. were accessible to uninvited people whereas *cubicula*, *triclinia*, *oeci*, etc. were only accessible by the *dominus*' invitation (e.g., *amici*, *familiares*). Corridors, as a transitional space, should be public in some measure, their decorations indicating the restricted areas or not[34]. At Baiae, the corridor's wall-painting presents a subtle change in its iconography: the alternation of modules A and B ceases at the level of the first top terminal landing and another iconographical design takes its place. Is that modification a sign that the upper levels were more restricted? It's a possibility as the fifth terrace seems to conserve its reception function throughout the building's life[35] and, according to R. A. Tybout, "private reception rooms [were] located on the first floor; floors further downwards either offered additional space for representation (…)"[36]. Thus, the question of the owner's status – private or not – and the complex's destination at the time of the renovation of the Sosandra's corridor arise.

Ancient literature shows that the landscape's point of views, and more particularly the sea-sights[37], were sought after. Indeed, in his Laurentine villa's description, Pliny the Younger insists on all the various panoramas visible from different spaces, including a dining-room situated on a higher level with "an extensive prospect on the sea-coast"[38] and a cryptoportico with "a range of windows on each side, but on that which looks towards the sea they are double the number of those next the garden"[39]. Staging the landscape was a way to impress[40] as it's shown by a letter of Cicero, addressed in 55 BCE at M. Marius, but destined to a public release. Indeed, the orator praises both the charm of the villa's view laid out – the landscape is compared to a stage (*scenam*) – on Stabiae by M. Marius and of his company[41]. Last example, Apuleius states that

the painted vignettes of seascape in the portico of the San Marco's villa at Stabiae[28] or the ones of the cryptoportico of the House of the Deer at Herculaneum (IV, 21) operate as small windows opened on a surrounding shoreline, existing or not. At Boscoreale, on the northern walls of *cubicula* M, N, and I of the Villa of *Publius Fannius Synistor*, windows framed the Vesuvian volcano and were integrated to the decorative program of these rooms[29]. Thus, Agnès Rouveret shows how the fruit bowl, placed between the real landscape and the artificial one, was part of the network of all the objects represented and created an interplay inside the decoration of the room M[30]. At Baiae, even if we don't have any more the decoration enclosing the window, we can see that the natural elements (birds, giant reeds, grapes, etc.) still conserved in the stair-case walls (Fig. 49.5) refer to the landscape outside. It can be assumed that when the visitor arrived from the entrance below, the paratactic setting, typical in dynamic spaces[31],

---

[28] Barbet - Miniero 1999, I, 46-52, Fig. 44.

[29] About room N, see the virtual restitution proposed by J. Stanton-Abbott in Barbet - Verbanck - Piérard 2013, II, 36, Fig. 13; also, Bergmann 2010, 30, Fig. 53; about room I, see the one in Bergmann 2010, 28 and 49. About the interpretation of the decoration of room M and the importance of the landscape, see Sauron 1994, 374-430; Rouveret 2013, 142-143.

[30] About the importance of the window on the northern wall of the *cubiculum* M at Boscoreale, see Rouveret 2013, 142: "Placé à la chanière entre le paysage réel et la nature artificielle peinte sur la paroi (pl. XVI), ce signe de la prospérité du *fundus* (the fruit bowl) s'inscrit dans le réseau des objets qui ponctuent l'ensemble du décor".

[31] See Scagliarini Corláita 1974-1976, 19.

[32] The fifth level (SH-E5) and its reception rooms would be well-suited to this purpose.

[33] Tybout 2007, 412.

[34] Lara Laken (2003) has shown how the zebra pattern, which can be found in the dynamic spaces, generally the corridors and peristyles, of the Campanian *domus* and *villae*, was used to indicate public areas.

[35] Esposito - Miniero 2000, 261.

[36] Tybout 2007, 413.

[37] About the *prospectus* as a researched features in the *villae maritimae*, see Lafon 2001, 119-121.

[38] Pliny the Younger, *Letters* II, 17, 12 (transl. W. Melmoth): *Hic turris erigitur, sub qua diaetae duae, totidem in ipsa, praeterea cenatio, quae latissimum mare, longissimum litus, villas amoenissimas prospicit.*

[39] Pliny the Younger, *Letters*, II, 17, 16 (transl. W. Melmoth): *Utrimque fenestrae, a mari plures, ab horto singulae, sed alternis pauciores.* See also Morvillez 2017, 14.

[40] See Morvillez 2017.

[41] Cicero, *Ad Familiarem* VII, 1. See also Agache 2008, n. 65.

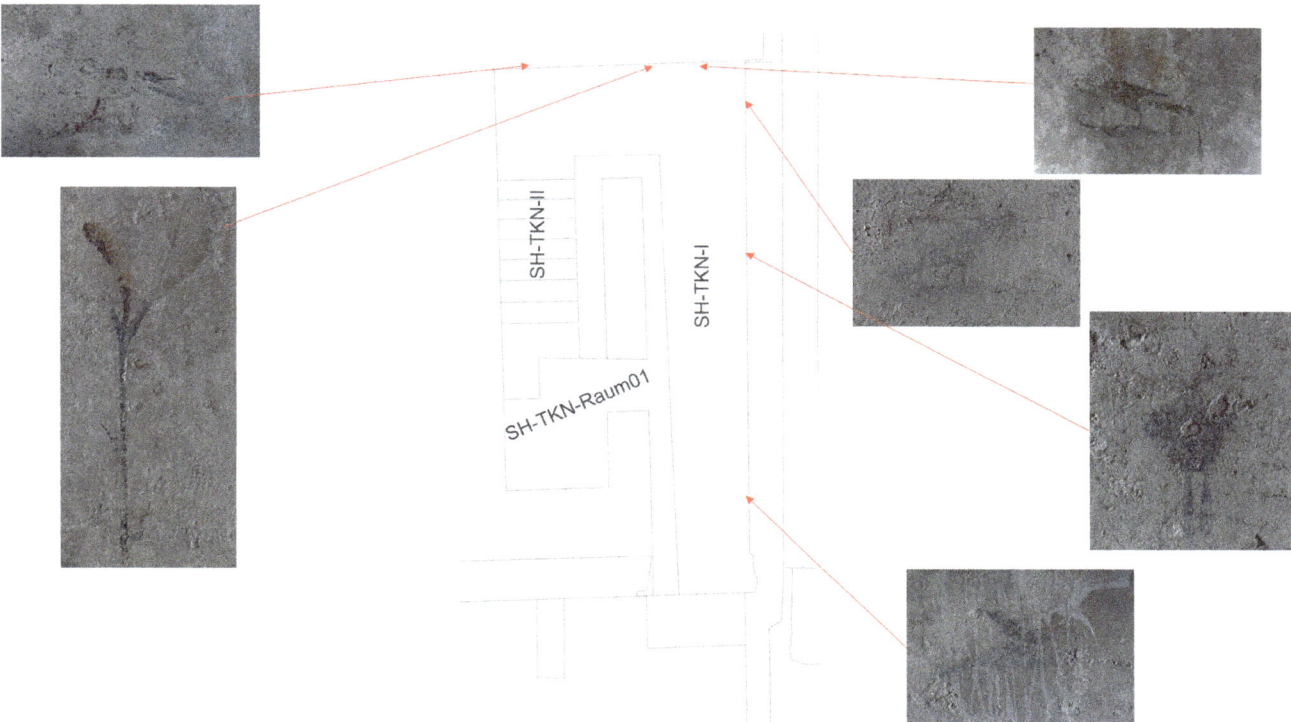

Fig. 49.5. Baie, Villa della Sosandra's Corridor, details (photo by the author and plan by M. Nieberle).

the *domus* of his wife had a sea view, making her a rich owner[42]. Thus, at Baiae, the fact that the landscape's staging is a sign of luxury is already indicative of the status of the proprietor, who should have been part of the senatorial elite or the imperial house[43].

Bibliography.

Acolat, D. 2011, "Existait-il un "beau paysage" chez les Romains?", in *Les Cahiers du CEIMA*, 7, 91-101.

Agache, S. 2008, "La villa comme image de soi (Rome Antique, des Origines à la fin de la République)", in P. Galand-Hallyn - C. Lévy (eds), *La villa et l'univers familial dans l'Antiquité et à la Renaissance*, Paris, 15-44.

Barbet, A. 2021, *Coupoles, voûtes et plafonds peints d'époque romaine. Ier-IVe siècle apr. J.-C.*, Paris.

Barbet, A. - Miniero, P. (eds) 1999, *La Villa San Marco a Stabia*, voll. I-III, Napoli-Pompei-Roma.

Barbet, A. - Verbanck-Piérard, A. (eds) 2013, *La villa romaine de Boscoreale et ses fresques*, Arles.

Bergmann, B. 2010, "New Perspectives on the Villa of Publius Fannius Synistor at Boscoreale", in *BMetrMus*, 67, 11-32.

Bonetto, J. - Bukowiecki, E. - Camporeale, S. - Dessales, H. - Medri, M. - Pansini, R. - Pizzo, A.- Previato, C.

- Rodriguez, O. - Serlorenzi, A. - Tricoche, A. (eds) 2021, *Atlas des techniques de la Construction Romaine*, database ACoR (online: https://acor.huma-num.fr/).

Croisille, J.-M. 2010, *Paysages dans la peinture romaine. Aux origines d'un genre pictural*, Paris.

D'Arms, J. H. 2003, *Romans on the Bay of Naples and other Essays of Roman Campania*, Bari.

Deschamps, L. 2004, "L'argument determinant de la vue sur la mer (Apulée, *Apol.* 72, 6)", in *Vita Latina*, 170, 139-146.

Di Luca, G. 2009, "*Nullus in orbe sinus Bais praelucet amoenis.* Riflessioni sull'architettura dei complessi c.d. "dell'*Ambulatio*", "della Sosandra" e delle "Piccole Terme" a Baia", in *BABesch*, 84, 143-169.

Di Luca, G. 2020, "Il paesaggio del *Sinus baianus* tra abbandono e riutilizzo", in A. Cristilli - A. Gonfloni - F. Stock (eds), *Experiencing the Landscape in Antiquity*, Oxford, 1-8.

Eristov, H. 1994, *Les éléments architecturaux dans la peinture campanienne du quatrième style*, Rome.

Esposito, M. - Miniero, P. 2000, "I mosaici delle "Terme" di Baia", in F. Guidobaldi - A. Paribeni (eds), *AISCOM VI*, Ravenna, 253-266.

Fujii, Y. 2003, "An Iconographical Study of Baiae Group Flasks: Are Vaulted Group Buildings Fishponds or not?", in J. Price (ed.), *Annales du 15ème congrès de l'Association internationale pour l'histoire du verre: New-York - Corning 2001*, Nottingham, 73-77.

---

[42] Apuleius, *Apologia* 72, 6. Deschamps 2004.

[43] About the owners of *villae*, other proprieties and the imperial estate in the *sinus baianus* in the 2nd c. AD, see D'Arms 2003, 105-115 and cat. II.

Gros, P. 2013, "Le rôle de la *scaenographia* dans les projets architecturaux du début de l'Empire romain", in P. Gros, *Vitruve et la tradition des traités d'architecture:* fabrica *et* ratiocinatio. *Recueil d'études*, Rome, 204-215.

Gros, P. 2017, *L'architecture romaine: du début du IIIe siècle av. J.-C. à la fin du Haut-Empire. 2. Maisons, palais, villas et tombeaux*, Paris.

Grüger, E. - Thulin, B. - Müller, J. - Schneider J. - Alefs, J. - Welter, F. W. 2002, "Environmental Changes in and around Lake Avernus in Greek and Roman Times", in Jashemski - Meyer 2002, 240-273.

Guérin-Beauvois, M. 1997, "*Montes suspensi testudinibus marmoreis*: à propos de la représentation d'une coupole de Baïes", in *MEFRA*, 109.2, 691-740.

Jashemski, W. F. - Meyer, F. G. - Ricciardi, M. 2002, "Plants: Evidence from Wall Paintings, Mosaics, Sculpture, Plant Remains, Graffiti, Inscriptions, and Ancient Authors", in Jashemski - Meyer 2002, 80-180.

Jashemski, W. F. - Meyer, F. G. 2002, *The Natural History of Pompeii*, Cambridge, 2002.

Lafon, X. 2001, Villa maritima: *recherches sur les villas littorales de l'Italie romaine (IIIe siècle av. J.-C.-IIIe siècle ap. J.-C.)*, Rome.

Laken, L. 2003, "Zebrapatterns in Campanian wall painting: a matter of function", in *BABesch*, 78, 167-189.

Ling, R. 1991, *Roman Painting*, Cambridge.

Morvillez, E. 2017, "« Avec vue sur Jardin »: vivre entre nature et paysage dans l'architecture domestique, de Cicéron à Sidoine Apollinaire", in *Cahiers « Mondes Anciens »*, 9 http://journals.openedition.org/mondesanciens/1926.

Narès, L. 2020a, "Le parc archéologique de Baïes: projet d'étude des décors conservés *in situ*", in J. Boislève - F. Monier (eds), *Peintures et stucs d'époque romaine. Études toichographologiques*, Bordeaux, 273-282.

Narès, L. 2020b, "Comprendre les complexes thermaux de Baïes à partir de leurs décors: l'exemple de la dernière phase décorative du portique", in P. Giulierini - A. Coralini - V. Sampaolo (eds), Picta Fragmenta. *La Pittura Vesuvianan una rilettura*, Milano, 279-282.

Narès, L. (forthcoming), *Les complexes thermaux de Baïes (Ier siècle av. J.-C. - IIIème siècle apr. J.-C.): phases d'aménagement et identification des espaces à partir des décors*, PhD Thesis, Sorbonne Université, Paris.

Nieberle, M. 2016, "The Archaeological Park of Baiae. New Hydrological Findings and Considerations", in G. Wiplinger (ed.), De Aquaeductu atque aqua urbium Lyciae Pamphyliae Pisidiae. *The Legacy of Sextus Julius Frontinus*, Leuven, 203-214.

Nieberle, M. 2020, "Das römische Baiae. Ein *otium*-Badeort *par excellence*?", in H. W. Hubert - A. Grebe - A. Russo (eds), *Das Bad als Mußeraum. Räume, Träger und Praktiken der Badekultur von der Antike bis zur Gegenwart*, Tübingen, 25-39.

Nieberle, M. (forthcoming), *Genese, Nutzung und Funktion eines römischen Heilbades und Kurzentrums*, PhD Thesis Universität zu Köln.

Ostrow, S. E. 1979, "The Topography of Puteoli and Baiae on the Eight Glass Flasks", in *Puteoli*, 3, 77-140.

Popkin M. L. 2018, "Urban Images in Glass from the Late Roman Empire: The Souvenir Flasks of Puteoli and Baiae", in *AJA*, 122.3, 427-462.

Rouveret, A. 2013, "La rhétorique de l'image dans le *cubiculum* M de la villa. Entre μέγεθος (*megethos*) et ἀκρίβεια (*acribeia*)", in Barbet - Verbanck-Piérard 2013, vol. II, 131-145.

Saïd, S. 1997, "Le paysage des idylles bucoliques", in M. Collot (ed.), *Les enjeux du paysage*, Bruxelles, 13-31.

Sauron, G. 1994, *"Quis deum?". L'expression plastique des ideologies politiques et religieuses à Rome à la fin de la République et au début du Principat*, Rome.

Scagliarini Corláita, D. 1974-1976, "Spazio e decorazione nella pittura pompeiana", in *Palladio*, 23-25, 3-44.

Tybout, R. A. 2007, "Rooms with a view. Residences built on terraces along the edge of Pompeii (Regions VI, VII and VIII)", in J. J. Dobbins - P. W. Foss (eds), *The World of Pompeii*, New-York, 407-420.

Varriale, I. 2004, "Costa flegrea e attività bradisismica dall'antichità a oggi", in L. De Maria - R. Turchetti (eds), *Rotte e porti del Mediterraneo dopo la caduta dell'Impero romano d'Occidente*, Soveria Mannelli, 291-310.

50

Reflecting and Connecting Landscapes in
the Bad Kreuznach Oceanus Mosaic

Emily R. French
University of Pennsylvania

Abstract: The mid-third century CE Oceanus mosaic in Bad Kreuznach, Germany paved a large hall in a villa near the Rhine. Its main area shows water framed by coastal scenes; personified Oceanus fills an apse at the back. The mosaic is significant for its unvarnished economic character and prior work infers the patron's involvement in trade. However, this floor does more than record its patron's work. I examine the floor's spatial qualities and how they reflect the villa's landscape: given its composition and the Rhine's proximity, I argue that this mosaic denotes a local, riverine economy, and reveals perceptions of the spatially connective power of the world's water system. The regular occurrences of land mimic riverbanks, and the everyday activities suggest familiar landscapes. Oceanus, primordial father of all waters, links the room into global waters. The patron can thus place himself and his villa in this grand, even cosmological, landscape context.

Keywords: mosaic pavement; Roman villa; landscape iconography; Oceanus; Rhine River; Bad Kreuznach; Roman Germany.

The mid-third century CE Oceanus Mosaic in Bad Kreuznach, Germany, is a significant representation of everyday activity in a riverine landscape. Much of the floor's imagery is unusually, starkly economic: humans are shown fishing, buying and selling goods at a market, and shipping amphorae. Many scholars have read this floor as the Mediterranean Sea, but I argue that this mosaic displays a local, riverine economy. In the apse, Oceanus, the vast encircling ocean, connects the floor and its setting to a much larger world of water. The patron and their villa can thus be part of a vast, cosmological water system. Those visiting this room can celebrate goods like fish and contents of the amphorae as the fruits of such a connected system, enjoying them both figuratively in the floor and literally during meals[1].

The Oceanus Mosaic was found in the largest peristyle villa yet discovered in Germany. In a scenic valley along the Nahe River, it is around 6,000 square meters and has evidence for up to 3 stories[2]. The nearby ancient town was in an important position about a day's walk from Mainz, the capital of Germania Superior[3]. The villa is extravagantly decorated: an elaborate gladiatorial mosaic along with fragments of other mosaics were found in the villa, and other finds include fragments of wall painting[4], stucco, architectural sculpture, and polychrome marble revetment, which used marbles from Italy, Greece, Anatolia, and

Egypt[5]. The villa also had advanced infrastructure, including a complex system of water management and numerous heated rooms[6]. As for the villa's owner, they were certainly someone extremely wealthy, but it is difficult to say anything further. Perhaps they were someone who had the means to sponsor games, if the gladiator mosaic can serve as evidence of their activities. Some scholars have suggested that the owner earned their money in the provincial capital's robust trading economy based on the economic activity in the Oceanus Mosaic[7]. In this vast villa, the Oceanus Mosaic paved a large reception hall in the center of the wing across from the entrance (Fig. 50.1). This room was the largest in the villa and had a view onto the central courtyard. The mosaic follows the shape of its room, with the main rectangular body measuring around 8 by 7.5 meters and the apse extending just under 4 meters. *Stibadium* couches were likely arranged around the outside of the apse, and a hexagonal fountain with a marble crater stood in the center[8]. The room is generally understood to be a reception space, given the detail of the mosaic, the room's large size and shape, and its central location in the villa. No evidence for heating infrastructure was found in

---

[1] An extended version of this paper will appear in the first chapter of my forthcoming doctoral dissertation.
[2] Rupprecht 1986, 36.
[3] Hornung - Nestler-Zapp 2008, 17-18.
[4] The wall painting fragments have Latin inscriptions that may be theatrical in content; see Gogräfe 1997.

[5] See Hornung - Nestler-Zapp 2008, 36-73 for a summary of the interior decoration of the villa. Currently, the Oceanus and gladiator mosaics and numerous other finds from the villa are on display in the Römerhalle Museum.
[6] Hornung - Nestler-Zapp 2008, 31-34.
[7] Hornung - Nestler-Zapp (2008, 48 and 83-84) suggest the owner was a resident of Mainz who used the villa as a retreat, and Ehmig (2005, 183-187) argues more specifically that the patron earned their wealth importing and trading goods contained in amphorae like the ones on the mosaic (see below note 25).
[8] Rabold 1995, 223. Today, the *stibadium* couches and fountain have been reconstructed.

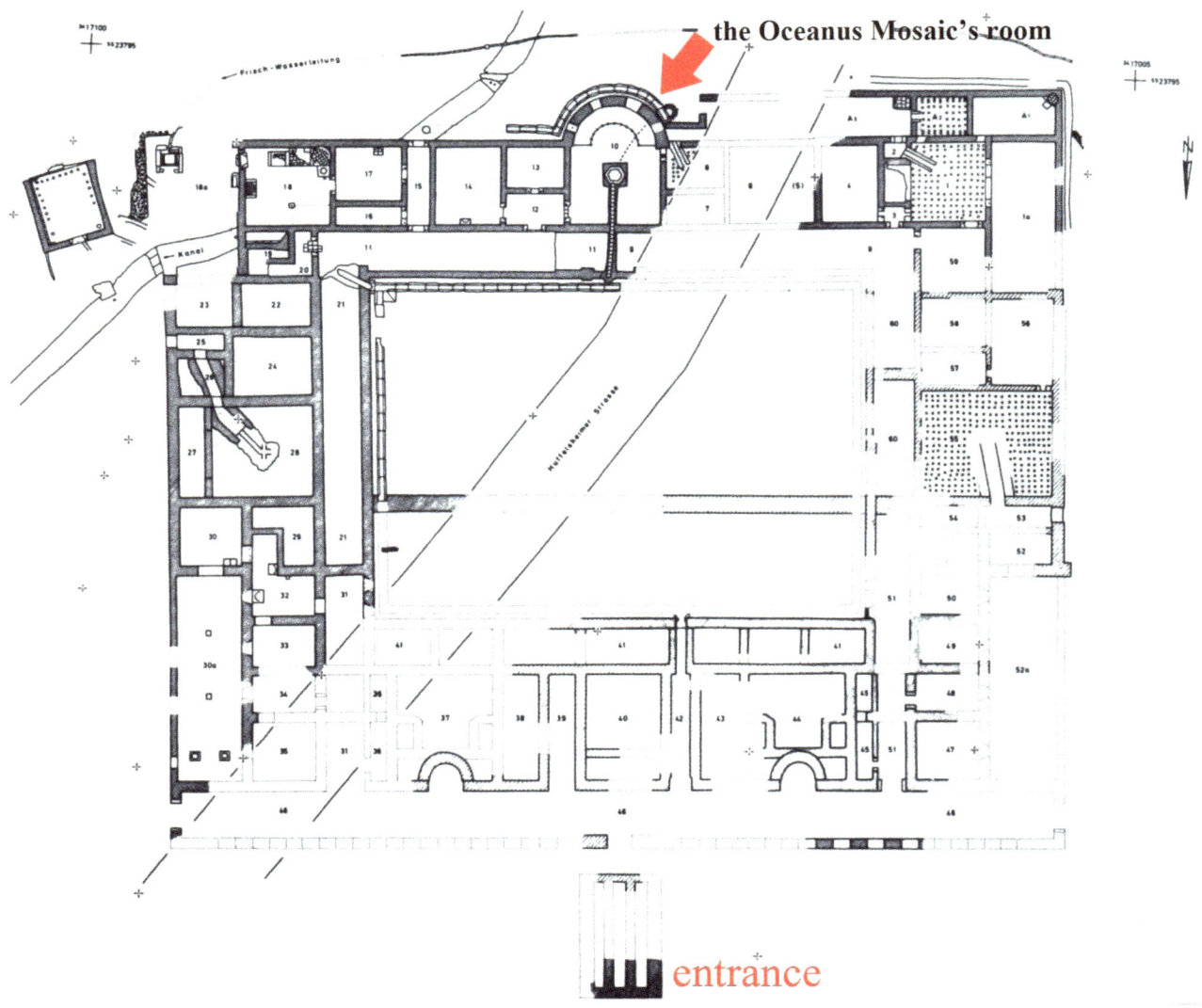

the Oceanus Mosaic's room

entrance

Fig. 50.1. The Bad Kreuznach villa plan (reworked from Rupprecht 1986).

this room, unlike the gladiator mosaic's room, meaning this space was likely used only seasonally[9].

The majority of the mosaic shows water, using lines of alternating horizontal and vertical black dashes against a white background. Various polychrome shells and sea creatures are dotted throughout, including a wide variety of fish and crustaceans[10] (Fig. 50.2). A large but incomplete inscription along the entrance reads *MAXIMO ET V*; it is generally interpreted to reference the consulships of Maximus and Urbanus and gives the mosaic its date of 234 CE, though this is very speculative[11]. Nestled in the water, at the entrance and on either side of the fountain, are three vignettes with land, buildings, a few plants, and

humans engaged in various activities. The vignette at the entrance faces the entering visitor and features several buildings with olive or laurel trees around them. In front, a damaged scene shows men fishing. A second inscription appears here: *VICTORINUS TESS FEC*, or *Victorinus tessellarius fecit* – "Victorinus the mosaicist made this"[12] (Fig. 50.3). The vignettes to the left and right of the fountain face the opposite direction, toward the *stibadium* couches. In one a man fishes off of a rocky coast with a large and spacious *horrea* or storage area, which has no architectural adornment, behind him. In front, a ship loaded with amphorae is sailed by two men (Fig. 50.4a). In the other, a boat is rowed by a handful of men in front of a gentle coast populated by several porticoed buildings. A statue of Neptune in the background raises a trident in one hand and holds a fish in the other. In the foreground, a man

---

[9] Hornung - Nestler-Zapp 2008, 32-33 and 53-54; Rupprecht 1989, 20.

[10] Hornung - Nestler-Zapp (2008, 55) list the following specific species: moray eels, swordfish, perch, mackerel, red mullet, tuna, bivalves, gastropods, squids, octopuses, jellyfish, crabs, lobsters, and two birds. Much of this imagery comes from a well-establish repertoire for sea creatures and for water.

[11] Hornung - Nestler-Zapp 2008, 58; Rupprecht 1986, 38.

[12] Both inscriptions - the mosaicists' signature and the consular date - are rare in this part of the empire. Wilson 2015, 518. One other signature is preserved on the Oceanus Mosaic at Bad Vilbel, reading *PERVINCUS F(ecit)*. Parlasca 1959, 93-94.

Fig. 50.2. Bad Kreuznach, Römerhalle Museum. The Oceanus Mosaic (photo by the author).

Fig. 50.3. Bad Kreuznach, Römerhalle Museum. The vignette at the entrance to the room. At bottom right is the mosaicist's signature (photo by the author).

Fig. 50.4. Bad Kreuznach, Römerhalle Museum. The Oceanus Mosaic. The central fountain: 4a the possible *horreum* and the ship loaded with amphorae; 4b the possible *macellum* and second ship (photo by the author).

retrieves an amphora from a small fenced-off area, and another seated man exchanges something, maybe money, with a man in finer clothing standing in front of him. On the ground in between the two men are some oval-shaped goods, perhaps oysters. This scene may be illustrating a *macellum* (Fig. 50.4b). In the apse, Oceanus, flanked by two hippocamps, faces the couches. For a viewer seated on the couches, then, the two vignettes on either side of the fountain and Oceanus would face them, privileging this view. Oceanus wears a snake around his neck like a torque with orange-red multi-pronged horns sprouting from his forehead (Fig. 50.5). These are slightly different from the lobster claws that he usually wears – scholars have suggested that this may be a reference to the Celtic fertility god Cernunnos, who usually wears deer antlers and a torque, accompanied by a snake[13].

The majority of the watery, coastal landscape in this floor is economic in character. This mosaic is unlike most comparanda in this regard; most mosaics with coastal imagery show divine or fantastical creatures in idyllic environments. Economic imagery in marine floors is not completely unknown, but it is uncommon. Examples are preserved particularly from North Africa, where fishing and ships are the predominant motifs. *Amores*, however, often feature in these scenes rather than humans, keeping them in a more fanciful realm[14]. At Bad Kreuznach, working humans carry out less glamorous labor in real-world economic settings. The shipment of amphorae, the exchange of goods and currency, and the structures that may be warehouses or markets place this mosaic firmly in the world of human commerce. This floor also shows an interconnected economic ecosystem. Men fish all around the floor, and the sale of oysters in one vignette suggests that fish caught around the floor might be sold at this market. The amphorae in the market in one scene and the amphorae on the boat in another could represent steps in the same process. Perhaps the amphorae are being shipped around the fountain to the market, where the man holding an amphora is arranging their sale. Conversely, the man could be preparing the amphorae to be shipped out, and they are moving on to their next destination.

Where this economic activity is taking place is not specified by the floor. Some scholars have argued that this imagery references only the Mediterranean Sea[15], but I argue that the inspiration is much closer to home. Some features do seem to be adapted from existing pattern-book traditions that reflected the Mediterranean; octopi do not live in the Rhine and olive trees do not grow in Germany, for example, but this does not have to mean that the water here is only the Mediterranean Sea. The villa is less twenty kilometers from the Rhine, and less than a kilometer from the Nahe River, a tributary. The Rhine starts in the Alps and empties into the North Sea, and in the Roman period it ran through the two German provinces, providing a north-south route for trade, communication, and military movement. Authors

---

[13] Hornung - Nestler-Zapp 2008, 55.
[14] Dunbabin 1978, 125-130.

[15] Ehmig 2005, 180-183; Hornung - Nestler-Zapp 2008, 57.

Fig. 50.5. Bad Kreuznach, Römerhalle Museum. The Oceanus Mosaic: the personification of Oceanus in the apse (photo by the author).

like Caesar and Strabo noted the navigability of the river, in particular its depth, flow, length, and tributaries[16]. As a major river, the Rhine and its tributaries played a large role in life in their valleys, especially in commerce. Many tombstone reliefs showing boats and river activity survive from the area along the river, revealing the significance of the riverine landscape[17]. A high risk of shipwreck along the Atlantic coast meant that these trans-European trade routes were favored by the mid-1st century CE, and finds in and around the river include Spanish wine amphorae, local glass and stone, *terra sigillata* pottery, and riverboats carrying grains[18]. The Rhine may also have been part of a military supply line to Britain given its mouth at the North Sea. Much of the information about this area does deal with the Roman army, but it is likely that any movement of soldiers and military goods meant that goods were moving for civilians as well[19]. Fishing was also an active industry. The 4th century CE poet Ausonius, writing about the river Mosella, another branch of the Rhine, describes the many types of fish it contains, as well as the quantity of fishing taking place in front of villas dotting the banks[20].

Even allowing for some hyperbole on Ausonius' part, the Rhine's branches too played an important role in the lives of those nearby.

Thus, while this mosaic does not explicitly reference the Rhine or the Nahe, it seems likely that its imagery draws on this landscape. This is a landscape that the vast majority, if not all, of the mosaic's viewers had experienced in person. The mosaic is also set up to imitate a riverine landscape. There is land on two sides regardless of where one stands or moves around the floor, and this constant encounter with land mimics the banks along a river. Imported amphorae as well as evidence for the consumption of oysters and other seafood have been found at the villa[21]; indeed, it preserves a wider range of amphora types, origins, and contents than other villas in the area[22]. This suggests that some of the creatures on the floor would have been seen and eaten right in the room. Additionally, the buildings in the mosaic are generic enough to allow a range of comparisons to be mapped onto them. They could look like any number of small settlements one might see along the Rhine or Nahe. The ships on the floor can imitate ones that people had seen go by on the rivers; scholars have even noted that the ship carrying the amphorae has a sail that appears to be a Celtic leather sail, a local design[23]. These connections to the local landscape and this unusually realistic portrayal of

---

[16] Caesar, *Bellum Gallicum* 4.10, 4.17; Strabo 4.3.3 and 7.1.3.
[17] See Ellmers 1978 for examples. A remarkable example is the Neumagen Wine Ship, a large stone 3rd century CE funerary monument carved into the shape of a ship navigating the Mosella with four wine barrels, eight men, and twenty-two oars. Ellmers 1978, 7-8, Fig. 12; de Izarra 1993, 129-132.
[18] Cunliffe 2001, 417-419; Campbell 2012, 283-285.
[19] Campbell 2012, 281 and 285-289.
[20] Ausonius, *Mosella* 75-150 and 240-287.

[21] Franconi 2014, 186-218; Hornung - Nestler-Zapp 2008, 75-77.
[22] Franconi 2014, 200-207; see figures 6.28 and 6.29 for the data.
[23] Ellmers 1978, 11; Hornung - Nestler-Zapp 2008, 56-57.

economic activity combine to suggest that the patron could have had a business in trade. Marine floors in general are uncommon in Germany[24], this floor's economic character is also quite different from other marine mosaics around the Roman world, and the mosaicist also signed this floor: these qualities suggest that it was a custom commission and not simply chosen from a pattern book. Such an explicit reference to trade is rare enough that it could indicate an intentional design choice, whether the patron specified it to the designer, or the designer suggested it with the patron's interests in mind. Thus, the economic activity on the Bad Kreuznach floor could certainly reflect the patron's livelihood in trade, especially with a provincial capital and large military garrison nearby in Mainz[25].

Oceanus adds a much larger spatial dimension to the floor. Though the water is continuous, this divine figure and his attendant hippocamps have enough separation to keep them in their own mythical world. Oceanus personified the ocean that encircled the *oikoumene* and marked the boundaries of inhabitation. He also had a cosmological significance as the source of all other bodies of water, including rivers[26]. The personified Oceanus appears in mosaics largely in Britain, the Atlantic-facing European provinces, and the coast of North Africa – areas, as Barry characterized, specifically "associated with Ocean and the furthest reaches of the *oikoumene*"[27]. By including this representation of Oceanus, the floor takes on a life beyond the day-to-day experiences of those along Germanic rivers. The floor and that day-to-day life are now connected to something greater, a much larger, mythically older, and more important body of water. Rather than just walking through imagery they are familiar with, visitors to this reception hall are taken on a journey far beyond the local landscape to a quasi-mythical place. Fanciful imagined travel is certainly important here, but these is also more at stake. Bad Kreuznach is far inland, unlike where other mosaics of Oceanus were common. By including Oceanus, the Rhine becomes part of a global networks of waterways. If Oceanus is the source of the Rhine's water, and all of its tributaries like the nearby Nahe, then it is the reason all of the depicted economic activity can take place.

By extension, the patron can elevate his global standing and wealth by transporting his viewers from a local world to a larger one. This visual connection between the Nahe or Rhine and the vast Ocean expands the patron's sphere of influence from the local to the global, even beyond the known world[28]. The continuous water in the floor links them together visually and walking over the entire span of the floor to get to the apse links them physically. The attributes of Cernunnos that Oceanus appears to wear also connect the local environment to Oceanus, reminding the viewer of their local region in the context of a vast water system[29]. Local water also would have been bubbling in the fountain, a multi-sensory reminder of this water system into which the villa is physically linked.

There is perhaps a temporal significance to the floor as well. Due to the lack of heating infrastructure, this room was likely only used in warmer weather, with the fountain adding a cooling effect. This seasonal usage would correspond to more active trading seasons. While hosting banquets and dinners in this room during these warmer periods, the patron could be showing off imported goods, drinks, and food to his visitors. Spanish olive oil or fish or oysters would be immediately recognizable on the floor, and so would the patron's power in procuring and serving them. At the same time that the rectangular area is in the present, seasonal and cyclical moment, the Oceanus personification adds a sense of timelessness. A primordial being, his eternal existence guarantees the continued vitality of the Rhine and the patron's trade. In a related sense, Oceanus can also serve as a protective deity for the patron's wealth and business and the influx of goods. Rivers were not free from dangers, even if they were not the same as those faced by sailors on the open water. Tacitus records an instance of a ship running aground in shallow waters in the Rhine during a draught, causing the loss of the grain it carried and a general morale crisis[30]. Rivers could also flood dangerously, threating anything on the banks. River trade was not guaranteed to run smoothly, so having marine gods in their favor would certainly be of interest to the patron. The Cernunnos attributes also put Oceanus in a better position to protect these particular local ships and their crews.

The Oceanus Mosaic at Bad Kreuznach is a singular representation of unglamorous economic activity that recalls its immediate landscape and water's importance in the Rhine Valley. Oceanus, as the father of all other waters, links the floor and the Rhine into a larger water system. By proclaiming these global connections, the patron can elevate their status and put themselves and their villa on the map.

---

[24] Marine floors and all-over mosaic floors are not so common in this part of the empire, Dunbabin 1990, 73-87. One other example from Germany is the Oceanus Mosaic at Bad Vilbel, which features a mask of Oceanus surrounded by various sea creatures on a white background, Parlasca 1959, 93-94. The Bad Vilbel floor is more like a polychrome version of the 'Terme di Nettuno' floor at Ostia than the Bad Kreuznach floor.

[25] Ehmig 2005, 183-187. Ehmig argues that the amphorae in the mosaic are specifically the Augst 53 type, perhaps originating in the eastern Mediterranean, and that these are the amphorae which the patron traded. Whether or not we can pin down the patron's livelihood that narrowly, the mosaic does suggest that the Rhine and its importance in the region were central to the design of the floor.

[26] Barry 2011, 8-9. Barry calls this belief in general "the Roman understanding" of Oceanus, and cites (2011, 28, note 13) numerous authors who described him as such: Strabo, *Geography* 1.1.3-10; Cicero, *De Republica* 6.20 21; Ovid, *Fasti* 5.80; Virgil, *Aeneid* 7.101; Horace, *Epodes* 16.41; Tacitus, *Germania* 2.1, 45.1; Pliny, *Nat. Hist* 2.166; Apuleius, *De Mundo* 6.30.

[27] Barry 2011, 11. For a discussion of Oceanus as he relates to the Atlantic Ocean, Cunliffe 2001, 1-18.

[28] The statue of Neptune that appears near the market vignette reinforces this idea, bringing in another marine deity and adding to this sense of greater bodies of water.

[29] Purcell (2012, 375) suggests that for Romans, rivers could serve as helpful tools for understanding space. Interest in their mouths and sources meant that rivers were useful in collapsing larger areas of space, making them easier to comprehend, so the Rhine's well-known connection to the North Sea could certainly be at play behind this mosaic.

[30] Tacitus, *Historiae* 4.26.

Bibliography

Barry, F. 2011, "The Mouth of Truth and the Forum Boarium: Oceanus, Hercules, and Hadrian", in *ArtB*, 93.1, 7-37.

Campbell, B. 2012, *Rivers and the Power of Ancient Rome*, Chapel Hill.

Cunliffe, B. 2001, *Facing the Ocean: The Atlantic and Its Peoples, 8000 BC-AD 1500*, Oxford.

de Izarra, F. 1993, *Hommes et fleuves en Gaule romaine*, Paris.

Dunbabin, K. 1978, *The Mosaics of Roman North Africa: Studies in Iconography and Patronage*, Oxford.

Dunbabin, K. 1999, *Mosaics of the Greek and Roman World*, Cambridge.

Ehmig, U. 2005, "Der Besitzer der Bad Kreuznacher Peristylvilla - ein Händler ostmediterraner Lebensmittel?", in *Münstersche Beiträge zur antiken Handelsgeschichte*, 24.2, 175-191.

Ellmers, D. 1978, "Shipping on the Rhine during the Roman period: the pictorial evidence", in J. du Plat Taylor - H. Cleere (eds), *Roman Shipping and Trade: Britain and the Rhine Provinces*, Hertford, 1-14.

Franconi, T. V. 2014, "The Economic Development of the Rhine River Basin in the Roman Period: 30 BC - AD 406", PhD dissertation University of Oxford.

Gogräfe, R. 1997, "Die Wand- und Deckenmalereien der Villen von Bad Kreuznach und Bingen-Kempten", in *MainzZ*, 4, 1-109.

Hornung, S. - Nestler-Zapp, A. 2008, *Luxus auf dem Lande: die römische Palastvilla von Bad Kreuznach*, Bad Kreuznach.

Parlasca, K. 1959, *Die römischen Mosaiken in Deutschland*, Berlin.

Purcell, N. 2012, "Rivers and the geography of power", in *Pallas*, 90, 373-387.

Rabold, B. 1995, "Das Bad Krueznacher Oceanusmosaik: Neue Aspekte zu Handel und Verkehr im Mainz Grossraum", in *AKorrB*, 25.2, 221-232.

Rupprecht, G. 1986, "Leben auf dem Land: Der römische Gutshof in Bad Kreuznach", in *AiD*, 4, 36-39.

Rupprecht, G. 1989, "Römische Steinteppiche: Die Mosaikböden der Peristylvilla in Bad Kreuznach", in *AiD*, 3, 18-21.

Wilson, R. J.A. 2015, "The Western Roman Provinces", in B. Bord (ed.), *A Companion to Roman Art*, Chichester, 496-530.

51

Il *Mons Matrona* nell'*Itinerarium Brigantionis castelli* di Ennodio (*carm.* 1,1 H.)

Alessia Prontera
Università Ca' Foscari Venezia

Abstract: The paper provides an alternative interpretation of the meaning which the *Mons Matrona* assumes in the *Itinerarium Brigantionis castelli* of Ennodius. The study identifies as ideal and metaphorical model the mythological figure of the Sirens, who, although they are not mentioned, are however evoked through the scopuli (frequently associated to the Sirens), the bewitchment of the travelers by the beauty of the landscape and the adjective blandae, often ascribed to the mythological bird-women. Furthermore, it emphasizes the formal elaboration of the verses and the intertextual relationship with ancient texts that describe landscapes of death and letal animals.

Keywords: Ennodius; *Mons Matrona*; Sirens; *Vita Antoni*; ekphrasis.

In questa sede mi concentrerò su un passo dell'*Itinerarium Brigantionis castelli* (*carm.* 1,1 H.) di Ennodio, che con ogni probabilità è stato composto tra il 502[1] e il 506[2] in occasione di un viaggio da Brisançon a Torino[3] su ordine di un *vates*, identificabile con il vescovo di Milano, Lorenzo[4] o di Pavia, Epifanio[5], come il poeta sostiene ai vv. 15-16: *Indutum (scil. me) nebulis canas superare pruinas/ edocuit vatis fervidus imperio.*

Nei primi 22 versi del carme, Ennodio descrive il repentino alternarsi delle temperature calde e secche, tipiche delle zone pianeggianti, e di quelle fredde e umide, man mano che si sale di quota: lo sbalzo termico è descritto alla stregua di un *bellum naturae* (v. 13: *Bellum naturae, quod discors fecerat annus*)[6]. La prima tappa identificata è il cosiddetto *Mons Matrona*, il Monginevro (Fig. 51.1), un valico delle Alpi Cozie, molto frequentato nell'antichità che rientrò nella Via Domizia e in epoca medievale nella Via Francigena[7]. La strada e le *stationes* che la punteggiano sono segnalate anche nella Tabula Peutingeriana. La destinazione si intuisce dalla menzione dei tre martiri le cui reliquie sono conservate a Torino, Ottavio, Avventore e Solutore. Riporto la pericope di testo su cui mi concentrerò maggiormente, Ennod. *Carm.* 1,1, 23-30 H.:

Matronas taceo scopulos atque invia dictas,
in foribus blandas, cetera difficiles.
Inlexit miseros facies depicta viantes.
Calcatae diras mox peperere neces.
Nominibus propriis nil fallit sacra vetustas,
tot leti formas sic vocitare volens.
Scrupea discissis pendebat semita plantis,
nec visu facilis, credite, callis erat.

L'esordio è segnato dalla figura della preterizione, con cui il poeta sostiene di non voler menzionare il *Mons Matrona*, su cui tuttavia si sofferma descrivendolo come piacevole all'accesso, di difficile attraversamento nel resto del percorso. La gradevolezza paesaggistica sembra quasi volta ad attrarre il viaggiatore per condannarlo a morte. Ai vv. 27-28 Ennodio sfrutta l'oronimo per spiegare la letalità del passaggio montano. L'origine dell'oronimo ci viene fornita da Ammiano Marcellino il quale, descrivendo i perigli dell'attraversamento delle Alpi Cozie a causa del ghiaccio invernale e della conformazione scoscesa dei valichi, spiega l'eziologia che avrebbe avuto origine dalla caduta mortale di una nobildonna, una matrona (15, 10, 6)[8]. L'utilizzo del plurale da parte di Ennodio (*matronas*) ha suscitato qualche perplessità tra gli studiosi, giacché non sembrano entrare in gioco motivi legati alla metrica: infatti anche il singolare *matronam* sarebbe stato ugualmente adatto. Di recente si è voluto spiegare la particolarità come un riferimento al culto celtico pagano delle *Deae Matres* o *Matronae*, protettrici dei crocicchi e solitamente rappresentate nel numero di tre[9]. Tuttavia, se ci soffermiamo sul lessico, si intravvedono spie testuali che riconducono all'immaginazione poetica e letteraria. Gli *scopuli* (v. 23), l'aggettivo *blandae* (v. 24) e il verbo *illicio* (v. 25) riconducono al modello occulto della tradizionale

---

[1] Sundwall 1975, 39-40.
[2] Carini 1988, 165.
[3] Tanzi 1889, 386; Kennell 2000, 89-90; Gasti 2019-2020, 137.
[4] Carini 1988; Bruno 2012, 301.
[5] Magani (1886, 322) riconduce la circostanza descritta nell'*Itinerarium* al viaggio affrontato con Epifanio presso Gundobado nel 494.
[6] Il verso è costruito su Manil. 2,422: *Sic bellum natura gerit, discordat et annus* come nota Rota 2004, 366; cfr. anche Bruno 2012, 302-303; Soler 2005, 350; Perini 2011, 120, nota 75. Essi confrontano il passo con la descrizione del deserto di Libia in Lucano 9.
[7] Sulla strada nell'antichità: Ferrero 1887; Chevallier 1997, 194; Barello Ferrero Uggé 2013.
[8] Sul passo, Sabbah 2004-2005.
[9] Urlacher-Becht 2010, 58, nota 124; Gasti 2019-2020, 141, nota 13.

Fig. 51.1. Le Alpi del Monginevro (foto di B. Bouchet).

tratteggiamento delle figure mitiche delle Sirene[10]. Le creature, per metà donne e per metà uccelli, sono per tradizione tre, rappresentate in cima a degli scogli, spesso chiamati *scopuli* nella tradizione latina: si veda Verg., *Aen.* 5, 864: *Iamque adeo scopulos Sirenum advecta subibat*; Ov., *Met.* 14,7-88: *Acheloiadumque relinquit/ Sirenum scopulos*; Stat., *Silv.* 2, 2, 116-117: *Hinc levis e scopulis meliora ad carmina Siren/ advolat*. Con il loro canto sono dolci: infatti, *blandae mortes* sono date dalle Sirene in Mart. 3, 64,1-2: *Sirenas hilarem nauigantium poenam / blandasque mortes gaudiumque crudele*; ancora, *blanda pericla maris* sono chiamate in *AL* 494a Riese e di *blandae voces* parla *AL* 637 Riese *De Sirenis*. Nel medesimo epigramma ammaliano e irretiscono i marinai (detti *inlecti nautae*) per poi condannarli a morte. Come è ovvio, si tratta di un modello taciuto, ragionevolmente destinato a restale tale per il fatto che risulterebbe quantomeno straniante se fosse esplicitato nella descrizione di un paesaggio montano e non marino. Inoltre, in epoca tarda la figura delle Sirene viene assorbita dalla invettiva cristiana misogina, in cui la donna e la sensualità assumono simbolicamente le fattezze della sirena, tanto desiderabile quanto letale. Non è da escludere che Ennodio possa aver presente un passo della *Expositio* del Vangelo secondo Luca di Ambrogio, in cui la croce di Cristo viene contrapposta all'albero della nave cui Ulisse si fece legare per resistere al richiamo delle Sirene[11]:

la metafora delle Sirene come *puellae* che abitano lo *scopulosum mare* assume la forma di *inlecebra voluptatis*. Sotto questa lente, la simbologia si manifesta chiaramente nel passo poetico in cui la montagna e la sua denominazione assumono la forma concreta della tentazione femminile che rischia di portare l'uomo alla perdizione e alla morte spirituale[12]. A questo punto il poeta stesso riconosce alla *sacra vetustas* il merito di aver attribuito un nome corretto al monte, rovesciando l'eziologia legata alla morte di una matrona (come testimonia Ammiano Marcellino) e affermando piuttosto il rischio che le matrone costituiscono per l'uomo[13]. Infatti, la connotazione negativa della donna tentatrice e dedita alla rovina dell'uomo ricompare anche in due epigrammi di Ennodio: *Carm.* 2.133[14] e in un secondo, inserito in un'epistola a Massimo, in cui lo mette in guardia dalla *Tartarea facies* di una schiava nera, della quale il destinatario s'era invaghito, e che rischia

adligandus, sed animus ad crucis lignum spiritalibus nexibus vinciendus, ne lasciviarum moveatur inlecebris cursumque naturae detorqueat in periculum voluptatis. Figmentis enim poeticis fabula coloratur ut quaedam puellae scopuloso in litore maris habitasse prodantur, quae si quos deflectere navigium propter aurium suavitatem dulci voce pepulissent, in vada caeca deductos et infida statione deceptos naufragii miserabilis sorte consumerent. [...] Quae autem illa vada nisi nostrae scopuli sunt salutis? Nihil enim tam caecum quam saecularis suavitatis periculum, quae dum mulcet animum, vitam obruit et corporeis quibusdam scopulis sensum mentis inlidit. Per il passo, Dronke 2003, 78-79. Sulla *interpretatio christiana* di Odisseo e le Sirene in epoca medievale, Imbach 1991; anche Biamonte 1994, 59, nota 20.
[12] Da ultimo sul tema, Leclercq-Marx 1997, 103-117.
[13] Sul gioco con l'etimologia nomi propri, Rota 2004, 369.
[14] Come già ricorda Gasti 2019-2020, 144, nota 22 (con bibliografia citata).

[10] Solo accennato in Gasti 2019-2020, 145, nota 24.
[11] Ambr. in Luc. 4, ll. 30-40: *Non claudendae igitur aures, sed reserandae sunt, ut Christi vox possit audiri, quam quisque perceperit naufragium non timebit non corporalibus ut Ulixes ad arborem vinculis*

di contaminare la sua purezza condannandolo alla morte spirituale (*Epist.* 7, 21, vv. 22-27).

La formula *facies depicta* del v. 25 ricorre un'altra volta in Ennodio per l'amenità del paesaggio campestre ammirata durante la cavalcata in una notte estiva in *Carm.* 2, 128, 8-9: *cum me curarum cupientem spernere fasces/ ruris amoenati facies depicta vocavit.* Anche nel nostro passo indica la bellezza paesaggistica offerta dal Monginevro, ma nella rilettura simbolica il volto dipinto allude chiaramente al belletto femminile, che soprattutto le prostitute impiegavano per attrarre l'attenzione dei passanti[15], i quali nell'*ekphrasis* montana assumono lo statuto di *miseri viantes*. Interessante è l'analogia offerta dalla *picta facies* del vescovo Glicerio nell'epigramma epigrafico, *Carm.* 2, 82, che dovette essere apposto al ritratto del Vescovo di Milano, il cui rossore non è quello del belletto ma della pittura che esprime la *verecundia* dell'uomo di Chiesa (v. 6)[16]. Pare poi che Ennodio abbia fatto riverberare l'estetica del paesaggio montano sulla descrizione stessa; infatti le figure retoriche si concentrano nella descrizione del monte: si nota, per esempio, la rima in -es (*difficiles, viantes, neces*) dei vv. 24, 25, 26 e in -as (*dictas* e *vetustas*) dei vv. 23 e 27, e ancora la ripetizione di "in" a inizio dei vv. 24 e 25 (*in foribus* e *inlexit*) e la rima interna alla fine del primo emistichio dei pentametri 24, 26 e 28 (*blandas, diras* e *formas*). Molto di più attrae la vista l'allitterazione *vocitare volens* del v. 28: notevole dovette sembrare anche a Venanzio Fortunato. Infatti, nel *Carm.* 1, 9 spiega l'esistenza di una basilica dedicata dal vescovo di Bordeaux, Leonzio, tra il 542 al 571 al martire San Vincenzo d'Agen (Aquitania) su un colle a Vernemet sulla base dell'etimologia celtica dell'oronimo che doveva originariamente indicare una "radura dove si celebra un culto"[17]: mi riferisco ai vv. 9-10 *Nomine Vernemetis voluit vocitare vetustas,/ quod quasi fanum ingens Gallica lingua refert*, dove l'eziologia è sottolineata dalla triplice allitterazione in vo- (*voluit vocitare vetustas*). Da notare che anche è sempre la *vetustas* a gettare le fondamenta sia dell'oronimo in Ennodio sia del futuro culto del santo nel poeta di Valdobbiadene.

Tornando alle nostre *matronae*, l'emistichio *in foribus blandas* del v. 24 pare deliberatamente impostata sull'anfibologia semantica: se l'aggettivo indica *in primis* la facilità e la gradevolezza del percorso all'ingresso del valico, sul piano metaforico, *blandus* richiama, come già sostenuto poco prima, la dolcezza mortale delle Sirene e la piacevole malia esercitata dalla donna[18]; mentre le *fores*, secondo un altro sdoppiamento semantico, si riferiscono in primo luogo alle "porte" del passo montano, come avviene in riferimento alle *fores* delle Alpi Graie in Plin. *Nat.* 3, 123 (*Augusta Praetoria iuxta geminas Alpium fores*), e alle cosiddette "Porte del Caspio" Avien. *Orb. Terr.* 1230-1231 (*Haec Asiae dixere fores, hiet ore quod illo/ porta quasi*).

Ma sul piano metaforico, la dolcezza delle *matronae* alle *fores* potrebbe alludere alla pratica delle prostitute di affacciarsi dalle finestre o dalle porte del postribolo per incoraggiare gli avventori a fermarsi e a entrare[19]: la tecnica di allettamento della clientela è menzionata in Mart. 11,61,3, in riferimento a una prostituta, adocchiata da un cliente alla *fenestra Suburana*, cioè dal balcone di un postribolo del quartiere popolare romano della Suburra[20]. A questo punto, appare chiaro come nella mente del poeta il *Mons Matrona* assuma uno statuto simbolico e legato all'esperienza personale di vita, in cui il viaggio stesso perde i tratti della concretezza per divenire una riflessione sulla lotta interiore contro le tentazioni del mondo.

Al pericolo di morte rimandano anche alcuni tratti di intertestualità: la clausola del v. 26 *peperere neces* si modella chiaramente su Prud. *Cat.* 3, 183 (*a! miseram peperere necem*), in cui la morte corporea e spirituale dell'uomo è causata dai demoni che assumono la forma di *horrifici angues*, in quanto diretti eredi del serpente nell'Eden[21]. Da notare che l'aggettivo *miser* in Ennodio è riferito ai *viantes* al v. 25. A un panorama di morte rimandano anche le *leti formae* del v. 28 che richiama le *novae leti formae* che aprono il catalogo dei cadaveri sulla piana di Zama in Sil. 17, 479-482: *Parte alia .../ qua misceret agens truculentum Scipio Martem,/ aspera pugna novas varia sub imagine leti/ dat formas*[22]. Infine, la difficoltà nello scorgere il percorso montano che può causare lo smarrimento del poeta, espresso da *nec visu facilis* ricalca il primo emistichio di Verg., *Aen.* 3, 621 in cui non esprime l'impedimento della visuale, ma la difficoltà a sostenere la vista di Polifemo intento a nutrirsi di cadaveri umani; l'espressione ebbe fortuna nella rielaborazione cristiana centonaria, in particolar modo nella descrizione della serpe tentatrice nel giardino dell'Eden, avvolta in sette spire (equivalenti ai sette peccati capitali) attorno al ramo dell'albero in Proba 173-175: *Ecce inimicus atrox immensis orbibus anguis/ septem ingens gyros, septena volumina versans/ nec visu facilis nec dictu affabilis ulli*. E ancora indica l'insostenibilità della vista di una serpe che custodisce il vello d'oro in Hos. Get., *Med.* 233-234: *Aurum ingens coluber servabat in arbore ramos,/ nec visu facilis nec dictu effabilis ulli*. La difficoltà nel seguire il tracciato del percorso porta ora il poeta a deviare anche letterariamente dal solco della descrizione paesaggistica, passando a equiparare la tortuosità del sentiero a quella dei recessi labirintici dell'opera di Dedalo; *Carm.*

---

[15] Fayer 2013, 439-462.

[16] Sul carme, Di Rienzo 2005, 65-66; Urlacher-Becht 2010, 229-235.

[17] Sul passo Reydellet 1994, 28, nota 40, e 170, nota 35.

[18] Perini 2011, 122.

[19] Gasti 2019-2020, 144-145 suggerisce che le *fores* richiamino la tematica del *paraklausihtyron* elegiaco.

[20] Maggiori riferimenti in Kay 1985, 205 e ancor prima dal frammento Praxilla fr. 8 Page il quale parafrasa "quae more meretricio vagabunda per fenestras intueri soles, scilicet ut virum foras unde unde elicias". É da una finestra che la mezzana pubblicizza la bellezza delle lavoratrici in Ar., *Eccl.* 698-699: "παρ' ἐμοὶ δ' ἑτέρα"/ φήσει τις ἄνωθ' ἐξ ὑπερῴου; e 707-709: ὑμᾶς δὲ τέως θρῖα λαβόντας/ διφόρου συκῆς/ ἐν τοῖς προθύροισι δέφεσθαι. Per il significato del passo, Vetta - Del Corno 1989, 211-212. L'unico esempio di lupanare noto a Pompei si trova nel "vico del Balcone pensile" proprio per la caratteristica dell'edificio di aver un balcone finestrato che consentiva il passaggio davanti alle celle, Guzzo - Scarano Ussani 2009, 45-47.

[21] Becker 2006, 233-237.

[22] Definito il "trionfo del virtuosismo mortuario" in Gigliucci 1994, 34.

1, 1, 31-36:

> *Quid labyrintheos, priscorum fama, recessus*
> *involvis linguis quod timeat relegens!*
> *Illic artificis laudandus constitit error,*
> *cum torsit rectum Dedalus ingenio:*
> *hic natura homines per summum portat Olympi,*
> *quo liquidum tranans ire columba valet.*

In questo caso il modello mitologico viene esplicitato e ancora una volta la perdizione, prima rappresentata dal rischio esiziale delle matrone/sirene, assume le sembianze di un personaggio mitologico, Dedalo che addirittura la *fama priscorum*, la fama degli antichi aveva osato elogiare per la sua abilità di avvolgere il rettilineo. Anche il *rectum* assume un duplice valore sia fisico per indicare le tortuosità del viaggio sia morale e spirituale, in cui è l'anima del poeta a essere messa a repentaglio. L'incombente pericolo di cadere nell'*error*, sia esso un viaggio privo di destinazione, come quello nel labirinto, o un errore conseguente alla tentazione, dinanzi alle matrone/sirene, è sempre associato alla simbologia pagana mitologica. Ma immediatamente in successione e in esplicita contrapposizione segue il preannuncio della salvezza finale del poeta, quasi in forma di epifania divina. Se l'avverbio di luogo *illic* segna la distanza della *fama priscorum* e dell'elogio di Dedalo da parte degli antichi, ovvero fuor di metafora, dell'artificiosità retorica, al v. 33, l'*hic* del v. 35 fa sentire la prossimità fisica e temporale del raggiungimento della vetta, il *summum Olympi*, il cui percorso è offerto dalla natura[23], dove solo la colomba è in grado di arrivare. La presenza della colomba non è solo un elemento esornativo ma è riconducibile al valore di pace e di salvezza che assume nell'immaginario cristiano[24]. Può sembrare interessante notare la descrizione della discesa della colomba durante il battesimo di Gesù in Proba 397-399: *subito commota columba/ devolat et supra caput astitit. inde repente/ radit iter liquidum celeris neque commovet alas*. Qui l'*iter liquidum*, le acque del Giordano nel centone, ma la "limpida via" in Verg., *Aen.* 5, 217[25], può accostarsi al *liquidum* che la colomba attraversa in Ennodio al v. 35.

L'invettiva contro l'*error* del labirinto di Dedalo assume tratti simbolici in cui la figura mitica e la sua opera assurgono a rappresentare l'elaborazione retorica e i sillogismi ingannevoli: l'aggettivo *daedalus* ricorre altre volte nelle epistole per bollare l'elaborazione formale della missiva della sorella Euprepia (*Epist.* 7, 8, 3: ... *precor, ut valeas et ad sublevandum maerorem meum, quem scriptione tua nimis Daedala arte geminasti, bono prosperitatis mutuae reserveris*), e il linguaggio articolato degli avvocati rivolgendosi al *quaestor palatii* Onorato

(Ennod., *Epist.* 2, 27, 2: *Expavi tamen calumniam, quam oratoria et nimis Daedala provisione litteris indidisti*)[26], per attaccare l'eccessiva articolazione del linguaggio forense. L'opposizione tra Dedalo e la colomba, dunque tra il simbolo del paganesimo e quello del cristianesimo, è evidente anche nel percorso tracciato dal personaggio mitico, meandrico, e quello retto segnato dal volo della colomba, suggerito dal verbo *trano*, che indica appunto l'atto di attraversamento rettilineo dell'aria (o più sovente dell'acqua). Il *rectum* ritornerà alla conclusione del carme, quando il poeta, recuperata la consapevolezza della "retta via", richiede di liberazione grazie al recupero della *mens consia recti*. Vale la pena segnalare un caso di intertestualità al v. 31, in cui il tono di invettiva dell'*incipit* ricalca quello con cui Sedulio attacca le dottrine filosofiche greche e i loro seguaci che credono di accedere alla verità in *Carm. Pasch.* 1, 43-44 *Quid labyrintheo, Thesidae, erratis in antro/ caecaque Daedalei lustratis limina tecti?* Il modello poetico di Ennodio è evidente per la contrapposizione che Sedulio istituisce tra la filosofia e la religione cristiana, alla stregua dello schieramento tra la poesia pagane e le credenze da essa trasmesse e ancora il cristianesimo nell'*Itinerarium*. Di seguito, Ennodio apre un altro riquadro testuale ai vv. 37-44:

> *Parcite, Pierides, pelagus fluviale silendo,*
> *ne reparet sermo, fors bona quod pepulit.*
> *Duria nam, Sessis torrens vel Stura vel Orgus*
> *marmoris Ionii saevitiam superant.*
> *Dulcia cum variis succedunt laeta periclis,*
> *effectus rerum cor solidare solet.*
> *Nil mihi cum dubiis, prosunt oblivia tristi:*
> *ebria Letheo pectora fonte fero.*

Il poeta invoca le Muse perché tacciano l'attraversamento degli affluenti del Po, la Dora Baltea, il Sesia, lo Stura e l'Orco, che il poeta, in un iperbolico catalogo di tono epico, ritiene più tempestosi del Mar Ionio (*saevitia Ionii marmoris*). Mi soffermo su questo particolare geografico per un confronto con un passo del *De vita beati Antoni*, la biografia del beato Antonio, eremita di V-VI secolo che trascorse la sua esistenza su un monte nei pressi della cappella di San Fedelino sulla sponda destra del Mera[27]; Ennod., *Opusc.* 4, 18-19 H:

> *Ne tamen diu humanae conversationis mixtus inlecebris societatem contagionis hauriret, elegit secessum haud procul a beati martyris Fidelis sepulcro, ubi Larius Ionii marmoris minas deponit, quando, ne evagetur longius, obiectis ripis resistunt frena telluris. Illic inserto nubibus vertice mons coruscat, qui sublimitate sua vincit aspectum. Sed quam superbus est magnitudine, tam difficilis ascensu.*

La data di composizione è dibattuta dalla critica che di

---

[23] Bruno 2012, 305.
[24] Non convince molto la proposta di Soler 2005, 351, nota 86 che vede nel volo ad altezze elevate della colomba un riferimento al volo "ibristico" di Icaro, come preannuncio del labirinto di Dedalo. Invece, si concorda con Perini 2011, 128.
[25] Per la rielaborazione virgiliana nel centone cristiano, Badini - Rizzi 2011, 185.

[26] La tentazione esercitata dalla lambiccata retorica si riscontra anche nella prosa di Ennodio stesso, ovvero in quella che Gioanni (2006, CIII) chiama "esthétique du labyrinthe".
[27] Per un commento al passo, Ausbüttel 2016, 164-165.

recente la colloca tra il 513 e il 521[28], anno della morte di Ennodio, cioè a ridosso dell'*Itinerarium*. Antonio, restio a entrare a far parte del ceto ecclesiastico, preferisce isolarsi dalla società e insediarsi nei pressi del sepolcro del beato martire Fedele, le cui reliquie sono conservate a Como. L'altissimo monte non è chiaramente identificabile e i tratti descrittivi forniti dal biografo sono tanto vaghi da far credere che la montagna sia un elemento fittizio tipico del *locus horridus*[29]. L'espressione *quam superbus magnitudine, tam difficilis ascensu* richiama con tutta evidenza la fatica incontrata da Ennodio nell'attraversare i *Matronae Scopuli*, chiamati appunto *difficiles* al v. 24, e nel seguire il sentiero, *nec visu facilis* del v. 30. La fascia settentrionale del lago di Como, dove si dovrebbe collocare il monte che Antonio scelse come propria sede di eremitaggio, viene descritta come una zona dalle acque calme, appunto *ubi Larius Ionii marmoris minas deponit*. Quest'ultima precisazione richiama la *marmoris Ionii saevitia*, equiparata alla turbolenza dei fiumi che Ennodio stesso deve attraversare per raggiungere Torino nell'*Itinerarium*. L'isolamento di Antonio nei pressi del sepolcro di un martire sulla cima di un monte ai cui piedi si stende un lago tempestoso, salvo le propaggini dellae costa settentrionale, pare richiami il viaggio, tormentato ma destinato a *magna gaudia*, di Ennodio stesso, il quale, attraversato un monte e i burrascosi fiumi piemontesi, può ritrovare una *candida vita* al cospetto delle reliquie dei martiri conservati nei *limina sanctorum* a Torino. La somiglianza tra il percorso di Ennodio e di Antonio non permette di sostenere che la composizione dell'*Itinerarium* suggelli il ritiro di Ennodio a vita eremitica, ma che la riproposizione stereotipata trasmetta l'idea di una catarsi dalle tentazioni della vita mondana, simbolizzata dalle donne-sirene che assumono la forma del *Mons Matrona*, e dalla tentazione della composizione poetica e retorica[30], personificata dalle Muse, alle quali chiede di tacere perché, quasi virgilianamente, non rinnovino il dolore del viaggio (v. 37). La combinazione dei due elementi nell'immagine della vetta in apparenza invalicabile permette a Ennodio di sviluppare un'invettiva contro la *priscorum fama* che riassume in sé i tortuosi percorsi della declamazione oratoria e le ampollosità della poesia pagana.

Bibliografia

Ausbüttel, F. M. 2016, *Die beiden Heiligenviten: Vita beatissimi viri Epifani episcopi Ticinensis ecclesiae, Vita beati Antoni: lateinisch und deutsch. Magnus Felix Ennodius; herausgegeben, eingeleitet und übersetzt von Frank M. Ausbüttel*, Darmstadt.

Badini, A. - Rizzi, A. 2011, *Proba; il Centone. Introduzione, testo, traduzione e commento a cura di Antonia Badini e Antonia Rizzi*, Bologna.

Barello, F - Ferrero, L. - Uggé, S. 2013, "Evidenze archeologiche in Valle di Susa: acquisizioni, bilanci, prospettive di ricerca", in *Segusium*, 52, 23-78.

Becker, M. 2006, *Kommentar zum Tischgebet des Prudentius (cath. 3)*, Heidelberg.

Biamonte, G. 1994, "Il mito di Ulisse e le sirene: un supposto fenomeno di continuità fra tradizione pagana e simbolica cristiana", in *Bessarione*, 11, 53-80.

Bruno, E. 2012, "Lettura degli *Itineraria* di Magno Felice Ennodio", in *RCulClMedioev*, 54, 301-315.

Carini, M. 1988, "L'*Itinerarium Brigantionis castelli* di Ennodio. Una nota preliminare", in *AeR*, 33, 158-165.

Chevallier, R. 1997, *Le voies romaines*, Paris.

Dronke, P. 2003, *Imagination in the Late Pagan and Early Christian World. The First Nine Centuries A.D.*, Firenze.

Fayer, C. 2013, *Meretrix. La prostituzione femminile nell'antica Roma*, Roma.

Ferrero, E. 1887, "La strada romana da Torino al Monginevro", in *Memorie delle Reale Accademia delle Scienze di Torino*, s. 2, 38, 427-443.

Gasti, F. 2019-2020, "Le insidiose matrone di Ennodio", in *RET*, 9, 137-149.

Gigliucci, R. 1994, *Lo spettacolo della morte: estetica e ideologia del macabro nella letteratura medievale*, Anzio.

Gioanni, S. 2006, *Ennode de Pavie. Lettres. Tome I; livres I et II. Texte établi, traduit et commenté par Stéphane Gioanni*, Paris.

Gioanni, S. 2007, "Une figure suspecte de la sainteté lérinienne: saint Antoine d'après la Vita Antoni d'Ennode de Pavie", in *Recherches augustiniennes et patristiques*, 35, 133-187.

Guzzo, P. G. - Scarano Ussani, V. 2009, *Ex corpore lucrum facere. La prostituzione nell'antica Pompei*, Roma.

Imbach, R. 1991, "Odysseus im Mittelalter. Ein paar Hinweise", in B. Mojsisch - O. Pluta (eds), *Historia Philosophiae Medii Aevi: Studien zur Geschichte der Philosophie des Mittelalters*, Amsterdam - Philadelphia, 409-435.

Kay, N. M. 1985, *Martial Book XI: a Commentary*, Oxford.

Kennell, S. A. H. 2000, *Magnus Felix Ennodius: a Gentleman of the Church*, Ann Arbor.

Le Clercq-Marx, J. 1997, *La Sirène dans la pense et dans l'art de l'Antiquité et du Moyen Âge: du mythe païen au symbole chrétien*, Bruxelles.

Magani, F. 1886, *Ennodio*, I, Pavia.

Marotta Mannino, B. 1989, "La *Vita Antoni* di Ennodio fra tradizione classica e cristiana", in *Orpheus* 10, 335-357.

---

[28] Per una discussione sulla datazione dell'opera, Gioanni 2006, CXLVII, nota 720; Gioanni 2007, 136-148.
[29] Marotta Mannino 1989, 346. Motta (2006, 334) suppone che il sepolcro di san Fedele costituisse un santuario rupestre lontano dal centro urbano.
[30] Vandone 2001.

Motta, D. 2006, "Mouetur urbs sedibus suis et currit ad martyrum tumulos. Uno sguardo alle città d'Italia fra IV e VI secolo d.C.", in M. Ghilardi - C. J. Goddard - P. Porena (eds), *Les cités de l'Italie tardo-antique (IVe-VIe). Institutions, économie, société, culture et religion*, Rome, 325-343.

Perini, E. 2011, "Considerazioni sulla poesia odeporica di Ennodio", in S. Condorelli - D. Di Rienzo (eds), *Quarta giornata ennodiana. Atti della sessione ennodiana del Convegno Auctor et Auctoritas in Latinis Medii Aevi litteris*, Cesena, 99-145.

Reydellet, M. 1994, *Poèmes 1, Tome 1, livres 1-4: texte établi et traduit par Marc Reydellet*, Paris.

Rota, S. 2004, "*Antiquum credit adesse chaos*. Ein Deutungsversuch der *Itineraria* des Ennodius", in *RhM*, 147, 355-389.

Sabbah, G. 2004-2005, "Trois noms propres problématiques chez Ammien Marcellin", in *StCl*, 40-41, 107-121.

Soler, J. 2005, *Écritures du voyage. Héritages et inventions dans la littérature latine tardive*, Paris, 349-356.

Sundwall, J. 1975, *Abhandlungen zur Geschichte des ausgehenden Romertums*, New York.

Tanzi, C. 1889, "La cronologia degli scritti di Magno Felice Ennodio", in *ArcheogrTriest*, 2, 15, 1889, 339-412.

Urlacher-Becht, C. 2011, *Ennode de Pavie, chantre officiel de l'Église de Milan*, Turnhout - Paris, 113-126.

Vandone, G. 2001, "Status ecclesiastico e attività letteraria in Ennodio: tra tensione e conciliazione", in F. Gasti (ed.), *Atti della prima Giornata ennodiana: Pavia, 29-30 marzo 2000*, Pavia, 89-99.

Vetta, M. - Del Corno, D. 1989, *Aristofane. Le donne all'assemblea, a cura di Massimo Vetta. Traduzione di Dario Del Corno*, 1989.

52

A Sensorial Approach to the Rituals performed in the Epichoric Upland Cult Places of the Eastern Italian Alps

Cristina Girardi
Alteritas

Abstract: By adopting a sensorial approach, this paper aims to deepen our understanding of the ritual activities performed by the Ancient Veneti and Raeti from the Iron Age to the Roman times in a selection of epichoric upland sanctuaries of the Eastern Italian Alps. The choice to focus the attention on a selection of upland sanctuaries (Monte S. Martino, Monte Summano and Lagole di Calalzo) is due to their geographic similarities, their unequivocally frontier position, which make them cult places shared by different neighbouring peoples, and the availability of the palaeobotany and chemical data. The adoption of a sensory approach for the analysis of the rituals performed in these sanctuaries allowed to increase our understanding of the significance that rituals had for the devotees and brought a new perspective on the epichoric religions of Northern Italy.

Keywords: Raetic and Venetic sanctuaries; rituals; sensorial experiences; Monte Summano; Monte S. Martino; Lagole di Calalzo.

52.1. Introduction.

During the Iron Age, the Eastern part of the Italian Alps was inhabited by Rhaetic, Venetic and Celtic peoples. The religious rituals performed by these peoples have been so far mainly approached from an epigraphic and material perspective. But what about the sensorial experiences that the worshippers felt during the rituals? Answering this question, is very difficult for many cult places, due to the lack of written sources on the ritual practices of the Palaeo-European peoples and the lack of palaeobotany data available only for cult places excavated recently.

Sensory effects were an essential component of the ritual activities and actively contributed to its efficacy. Therefore, the religious experience of worshippers was shaped by their sensory perceptions. Furthermore, the sensory effects contributed to making more tangible the invisible and untouchable sphere of the divine[1].

This paper aims to deepen our understanding of the ritual activities performed by the Ancient Veneti and Raeti from the Iron Age to the Roman times in a selection of epichoric upland sanctuaries by means of the adoption of a sensorial approach. The choice to focus the attention on a selection of upland sanctuaries is due to their geographic similarities, their unequivocally frontier position, which make them cult places shared by different neighbouring peoples, and the availability of the palaeobotany and chemical data.

52.2. Ritual Fires: the cases of the sanctuaries of Monte Summano (Vicenza) and Monte S. Martino (Trento).

The sanctuary of the Monte Summano[2] is located in the Northern part of the Vicenza territory, an area that from the end of the 6th century to the 2nd century BCE became a sort of frontier land between two different peoples: the Veneti in the south and the Raeti in the North-West. The border function of this area is marked also by two important Venetic inscriptions: the dedication to the *termonios deivos*, plural deities of the borders, found at the base of the Monti Berici[3], and the inscription which mentions the ethnonym *venetkens* found at Isola Vicentina[4].

The Monte Summano is characterized by a peculiar double-peak shape and by the presence, on the top, of wide spaces likely dedicated to the pasture during the summer. At the southern slopes, were located thermal and mineral water springs, and the village of Santorso, inhabited from the 6th century BCE.

Not far from the village (around 6 km) was located a cult place on a hill, Magrè (località Castello)[5], where a number of Raetic inscriptions on antler were found, and that might have been the starting point of the pilgrimage to the Monte Summano on the same trails used for the transhumance.

---

[1] Grand-Clément 2021, 141.

[2] Gamba - Salerno 2009; Gamba - Salerno 2010; Gamba 2012.
[3] LV I, Vi 2; Venetkens 2013, 8.2. On the plural deities of the borders see Girardi 2018.
[4] Venetkens 2013, 11.1.1.
[5] Ruta Serafini 2002.

The sanctuary was located on the highest part of the mountain at quote 1299 m, and frequented from the Iron Age to the Late Antiquity. The sacred area during the 6th century was characterized by a series of precincts positioned in direction North-West and South-East, by holes for the erection of wooden poles, which suggest the presence of a roofing system, and by the presence of a *Brandopferplatz*[6], a typical form of devotion of the Alpine peoples.

To reach the sanctuary a walking path of around two hours from the village of Santorso was required. One might imagine that this path was taken during a procession led by the highest charge of the village who had also the role of the highest religious minister. The climb to the sanctuary was presumably a collective experience undertaken in specific periods of the year, and therefore subjected to different sensorial experiences in accordance to the different seasons.

Processions are an iconographic motif frequently depicted in the Situlae Art, an artistic movement spread between the 7th and 3rd centuries BCE in the North Adriatic basin, which entailed engraving realistic images on bronze vessels[7]. Not all processions depicted were of religious nature, only the one depicted on the Certosa situla can be interpreted with certainty as religious, since it represents the Italic, and later Roman, ritual of the *suovetaurilia*, the sacrifice of a pig, a sheep and a bull (Fig. 52.1). The *situla* was discovered in Bologna, a multi-ethnic protohistory centre inhabited by Villanovians, Veneti and Etruscans.

The Monte Summano sanctuary was discovered and excavated from 2008 to 2009, thus providing a series of palaeobotany data, unavailable for the majority of the Venetic and Raetic cult places, which were excavated during the Eight Hundred.

The palaeobotany analysis of the macroscopic vegetal carbonized finds demonstrated that for the ignition of the sacred fires were used specific woods, such as oak e conifer, in association with plane tree and boxwood[8]. Scenting the space was a way of presenting the god in space that "transcend[ed] and exceed[ed] the bounds of anthropomorphic representation"[9]. As the anthropologist Webb Keane states, "[ritual practices] render available to experience the very absence they invoke [...] and mark that relevant absence as a focus of attention"[10].

The analysis showed also that on the sacred fires were burned meat, cereals, presumably the remaining parts of bread, or fermented beverages, donated as offerings[11].

These types of offerings were usually connected with agrarian propitiatory rituals. A specific ritual implement, not found *in situ*, but quite widespread in the Ancient Veneto, and related to the practice of donating bread to the deities, is the ritual spatula used for cooking ritual bread[12]. On the sacred fires, other types of offerings were first defunctionalized and then burned, such as ornaments objects (*fibulae* and pins).

A similar sensorial experience must have been perceived by the visitors of another Alpine sanctuary Monte S. Martino located near Riva del Garda (Trento), which shares similar characteristics to the Vicetian one. The sanctuary is located on a plateau at 843 m and is characterized, during the Iron age, by the presence of a *Brandopferplatz*. During Roman times, the sanctuary was monumentalized with the construction of a series of structures organized around a yard[13].

The sanctuary, frequented from the 3rd century BCE till Late antiquity, was located at a crossroad of different ethnic groups: the Camunni at the south-west and the Magré group at south-east[14]. The epigraphic landscape of the sanctuary clearly indicates its multi-ethnical frequentation: a fragmentary Camunic inscription on a tile, a fragmentary inscription, written in Latin script using an epichoric undefined language which reports traces of Celtic onomastics, together with several Latin religious dedications mentioning indigenous gods or priesthoods, and finally a note on the presence of possible Raetic graffiti, unfortunately completely lost[15].

Similarly to the sanctuary of Monte Summano, the altitude of the sanctuary must have required a pilgrimage to reach the top, covered collectively or alone. During the Iron Age, the main form of rituality was centred around the ignition of sacred fires, the so-called *Brandopferplätze*, where the devotees threw into the sacred fire vegetable offerings (such as cereals), as well as animal offerings (mostly young sheeps in this case) together with metal and ceramic artefacts, usually defunctionalized before the offering act[16].

The palaeobotany studies conducted on the *Brandopferplatz* indicate that the type of woods most frequently used for the fires were small branches of spruce, which was easily collectable in the woods nearby and had a good combustible quality[17]. In contrast to the sanctuary of

---

[6] Endrizzi - Degasperi - Marzatico 2009.
[7] Arte Situle 1961; on the rituals depicted on the Situla Art, see for instance Zaghetto 2006, Zaghetto 2017 and on the ritual processions see Eibner 2018, 87-91.
[8] Gamba - Salerno 2010, 106.
[9] Clements 2015, 59.
[10] Keane 2010, 198.
[11] Gamba - Salerno 2010, 105.

[12] These religious implements have been studied by Pascucci 1989-1990 and seem to be intricately connected to an agrarian devotion that took place in the fields, not in sanctuaries. One example is the famous *Paletta di Padova*, discovered in Padova which bears an inscription written in Raetic script with the alphabetic variant of Magré, thus pertaining to the area where the Monte Summano sanctuary is located. In the text can be recognized some words related to the religious realm such as the dedicatory verb utiku, and the term *aχvil* (possibly to be interpreted as "gift?"). For the text see MLR 80 and AKEO 2002, n. 20. 186-187.
[13] Ciurletti 2007; Bassi 2003.
[14] Solano 2020.
[15] Girardi 2021.
[16] Endrizzi - Degasperi - Marzatico 2009, 266-268.
[17] Castiglioni 2007, 200-202 and 207.

Fig. 52.1. Representation of a religious procession in the Certosa Situla (reworked from Zaghetto 2006).

Monte Summano, it seems that no specific fragrant woods were used to ignite the fires[18].

Concerning the vegetable offerings, three are the ones more frequently used: barley, wheat and millet[19]. These were probably a portion of the cereals gathered during the last harvest, and donated to deities to propitiate a good harvest for the following year.

52.3. Ritual Water: the case of the sanctuary of Lagole di Calalzo (Belluno).

The sanctuary of Lagole di Calalzo (Belluno), located at 806 m, shares its role of frontier between different peoples with the other sanctuaries discussed sofar. The sanctuary, located in the north-eastern part of the Venetic territory, was frequented both by Venetic and Celtic peoples. In contrast to the other two sanctuaries discussed, the rituals performed here were intricately connected with the peculiar natural element of the place, water. The area of the sanctuary was characterized by three different types of springs: cold mineral water, carbonated water and sulphurous water[20]. As L. Capuis pointed out, the water of the sanctuary was both object and subject of the cult, namely the water was both the embodiment of the deity and the object of the ritual practice[21].

The *simpulum* is the distinctive ritual implement of this sanctuary, which was used by the devotees to pick up the water either used to be drunk (the mineral and the carbonated water) and to heal wounds (the sulfour water had the power to reduce inflammation and aid the scarring process)[22]. The healing power of one of the springs, to be used particularly on wounds, was probably the reason why the sanctuary was frequented mainly by men, not only of Venetic origin but also Celtic, as the material culture and the onomastics found on the religious inscriptions clearly indicates[23].

The bronze *simpula* after the usage were defunctionalized by breaking off the handle from the basin. The handle usually bared a religious dedication to the goddess of the sanctuary Trumusiate, and was thrown into the water as a gift to the deity.

The practice of dipping the *simpulum* in the sacred water and using the water on the body was an individual practice, no evidence of collective rituals performed in this sanctuary are known. The devotee had therefore a direct connection with the deity of the place who inhabited the sacred waters. This form of rituality entailed direct contact with both a specific ritual implement and the sacred water, therefore the sense of touch was probably the most stimulated together with the sense of smell emanated from the sulphurous springs.

As for the other sanctuaries, there is no evidence that music or chanting was performed. Certainly sounds of nature, like running water, wind and birds songs were experienced. The place of the sanctuary surrounded by the mountains covered in woods and filled with springs represented an idyllic landscape where the deity Trumusitae could manifest herself.

Finally, the sense of taste could have been also involved in the rituals, hence the presence of springs of mineral and carbonated water, that could have been drunk.

52.4. On the trails of the "missing" sense: extra-context data for the sense of sound.

The data acquired during the sensorial analysis of the rituals performed in the sanctuaries object of this analysis were mostly relatable to 4 of the 5 senses. There are in fact no specific traces of sound experience other than the environmental one (wind, water, fire, animal noises, birdsongs). To address the lack of direct sources, it is necessary to take a look at a couple of extra-context examples. A fragmentary inscription, found in the sanctuary of Altino, mentions the performance of a prayer. It dates to the end of the 6th century BCE and the beginning of the 5th century BCE, was carved on the rim of a bronze lebes, and reads[24]:

---

[18] A reduced quantity of corniolo and pomoidee was also identified during the palaeobotany analysis. Castiglioni 2007, 207.

[19] Castiglioni 2007, 204; Bassi 2003, 12.

[20] Gatto - Semenza 2001, 39.

[21] Capuis 1994.

[22] Gambacurta 2002, 254.

[23] Marinetti 2001, 71.

[24] Marinetti 2009, 84-85, n.6 = Venetkens 2013, 8.3. For the formula *eni prekei datai* see Marinetti 2009, 117-119.

]*o.*[- -].*θ.*[-]*ṣ.tona.s.θo.a.l.vino.m.śa.i.navi.m..e.ni*<*r*>*p*
(r)eke.i.taθa.i.
?]*o*[--]*t*[-]*ṣ donasto Altinom śainatim eni prekei datai*

In the inscription appear the dedication verb, *donasto*, the toponymic name of the deity Altno in accusative *Altinom*, followed by the epithet *sainatei*[25], and the religious formula *eni prekei datai* which can be translated as "in the given prayer".

Another possible attestation of prayers to the deities is represented by a couple of bronze statuettes with both arms elevated towards the sky, which have been interpreted as devotees praying. One female statuette was found in the sanctuary of Caldevigo[26] (Fig. 52.2), and one male statuette in the sanctuary of Reitia at Este[27] (Fig. 52.3).

A further step can be taken imagining that some of these prayers were possibly chanted and not only recited, and maybe even accompanied by some musical instrument. In the Situla Art several iconographic sequences depict musical instruments, such as the pan flute or the kithara played during feasts and banquets[28] (Fig. 52.4).

Fig. 52.2. Bronze statuette of a female devotee praying (reworked from Venetkens 2013).

52.5. Conclusions.

The adoption of a sensorial methodology to investigate the rituals performed by the Raeti and Veneti in the upland sanctuaries provided a fruitful challenge for approaching the epichoric religions from a different perspective.

In the sanctuaries of Monte S. Martino and Monte Summano, the practice of igniting sacred fires with vegetable, animal and material offerings is a predominant trait of the Raetic rituality, while the sanctuary of Lagole was intrinsically connected to the sacrality of the mineral, carbonated and sulphurous water and its main trait was the usage of a sacred implement, the *simpulum*, for the rituals.

The dichotomy of the main natural elements related to the sanctuaries, fire for the Raetic, and water for the Venetic ones, affected differently the sensorium of the worshippers. For both sanctuaries, the sense more stimulated was indubitably the smell: the natural smell of the sulphurous waters at Lagole, and the artificial smell, created by selecting specific fragrant woods as fuel for the sacred fires, which evoked the presence of the deity at Monte Summano. The deities were realized through the conceptualization of a fragrant space, both naturally and artificially created.

Fig. 52.3. Bronze statuette of a male devotee praying (after Venetkens 2013).

Furthermore, the sense of smell was deeply intertwined with the senses of taste and touch during the rituals. In the cases of Monte Summano and Monte S. Martino, we shall imagine that after the offering of selected parts of the animals to the gods, the other parts were cooked and eaten in a communal banquet. Instead, at Lagole the rituality revolved around waters of different kinds and the sense of touch was highly stimulated both by the materiality of the implement used during the rituals, the *simpulum*, and by the water itself which was poured on the body, in the case of the sulphurous spring, or drunk, in the case of the mineral and carbonated water.

---

[25] The epithet is used also in association to the theonyms Reitia at Este and Trumusiate at Lagole.
[26] Venetkens 2013, 8.33.
[27] Venetkens 2013, 8.4.
[28] See Eibner 2018, 102-103. Fragments of a Pan flute were discovered in the centre of the Raetic area, Sanzeno (see Marzatico 2021).

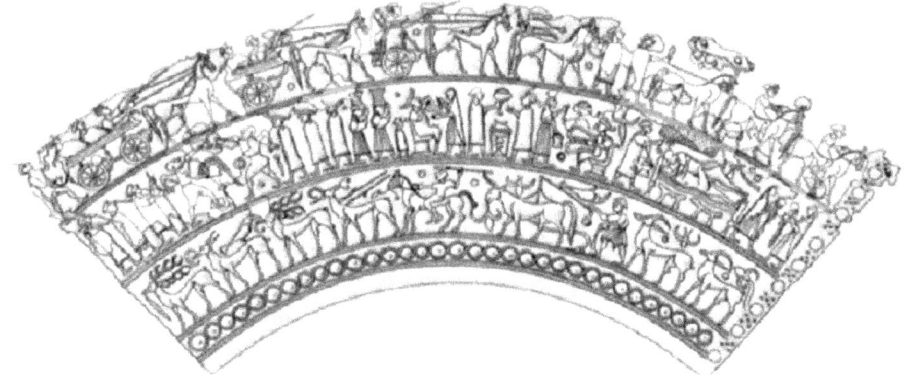

Fig. 52.4. Representation of musical instruments in the *Situla* of Montebelluna (reworked from Ruta Serafini - Zaghetto 2019).

The upland position of these sanctuaries implied the necessity to travel on foot, probably collectively, as it seems to suggest the case of Monte Summano, where ritual activities seem to be connected to the transhumance, and therefore to specific seasons of the year. Instead, at Lagole, the rituality seems to be more private and mostly related to the curative properties of the waters.

For the sense of sound, the sanctuaries analyzed in this study provided no data, but widening the perspective on the whole Raetic and Venetic religious finds, some evidence hints to the possible presence of music during the rituals, as well as prayers recited or chanted.

The adoption of the sensory approach for the analysis of these sanctuaries indubitably increased our understanding of the significance that rituals had for the devotees and brought a new perspective on the epichoric religions of Northern Italy.

Bibliografia

Akeo 2002, *Akeo. I tempi della scrittura. Veneti antichi. Alfabeti e documenti. Catalogo della mostra, Montebelluna, Museo di Storia Naturale e Archeologia, 3 dicembre 2001-26 maggio 2002,* Montebelluna - Cornuda.

Arte delle Situle 1961, *Arte delle Situle dal Po al Danubio: Exhibition Catalogue,* Firenze, 1961.

Bassi, C. 2003, "Il santuario romano di Monte S. Martino (Riva del Garda) nel contesto dei culti di origine indigena del territorio benacense", in L. Quilici - S. Gigli (eds), *Santuari e luoghi di culto nell'Italia antica,* Roma, 7-20.

Capuis, L. 1994, "Acqua nel culto e culto dell'acqua nel Veneto preromano", in O. Longo - P. Scarpi (eds), *Letture d'acqua,* Padova, 137-149.

Castiglioni, E. 2007, "Resti botanici dai contesti dell'età del Ferro", in G. Ciurletti (ed.), *Monte S. Martino. Fra il Garda e le Alpi di Ledro. Il luogo di culto (ricerche e scavi 1969-1979),* Trento, 195-207.

Ciurletti, G. 2007 (ed.), *Monte S. Martino. Fra il Garda e le Alpi di Ledro. Il luogo di culto (ricerche e scavi 1969-1979),* Trento.

Clements, A. 2015, "Divine scents and presence", in M. Bradley (ed.), *Smell and the Ancient Senses,* New York, 46-59.

Eibner, A. 2018, "Motiv und Symbol als Ausdrucksmittel der Bildsprache in der eisenzeitlichen Kunst", in *Przegląd Archeologiczny,* 66, 77-136.

Endrizzi, L. - Degasperi, N. - Marzatico, F. 2009, "Luoghi di culto nell'area retica", in G. Cresci Marrone - M. Tirelli (eds), *Altnoi. Il santuario altinate: strutture del sacro a confronto e luoghi di culto lungo la via Annia,* Roma, 263-292.

Gamba, M. - Salerno, R. 2009, "Santorso (Vicenza), Monte Summano. Indagini preliminari 2008", in *QuadAVen,* 25, 97-109.

Gamba, M - Salerno, R. 2010, "Progetto Monte Summano: campagna di scavo 2009", in *QuadAVen,* 26, 95-108.

Gamba, M. 2012, "Il Monte Summano. Un santuario sulle vie della transumanza", in M. S. Busana - P. Basso (eds), *La lana nella Cisalpina romana. Economia e società. Studi in onore di Stefania Pesavento Mattioli,* Padova, 81-95.

Gambacurta, G. 2002, "Lagole di Calalzo (Prov. Belluno)", in *Kult der Vorzeit in den Alpen. Opfergaben - Operplatze - Opferbrauchtum / Culti nella preistoria delle Alpi. Le offerte - i santuari - i riti,* Bolzano, 253-255.

Gatto, C. - Semenza, E. 2001, "Cenni geologico - geomorfoligici della zona attorno a Lagole", in G. Fogolari - G. Gambacurta (eds), *Materiali veneti preromani e romani del Santuario di Lagole di Calalzo al Museo di Pieve di Cadore,* Roma, 37-39.

Girardi, C. 2018, "Le divinità plurali dei confini nelle iscrizioni in lingue epicorie e in latino", in A. Guzmán Almagro - J. Velaza Frías (eds), *Miscellanea philologica et epigraphica Marco Mayer oblata,* Barcelona, 393-410.

Girardi, C. 2021, "Fenomeni di contatto culturale e linguistico nei santuari di altura della Regio X", in N. Moncunill Martí (ed.), *Learning scripts, forgetting scripts. New approaches to the history of writing in the Roman West*, Vitoria-Gasteiz, 279-300.

Grand-Clément, A. 2021, "Sensorium, Sensescapes, Synaesthesia, Multisensoriality: A New Way of Approaching Religious Experience in Antiquity?", in A. Alvar Nuño - J. Alvar Ezquerra - G. Woolf (eds), *Sensorium: the senses in Roman polytheism*, Leiden - Boston, 141-159.

Keane, W. 2010, "Marked, absent, habitual: Approaches to Neolithic religion at Çatalhöyük", in I. Hodder (ed.), *Religion in the emergence of civilization: Çatalhöyük as a case study*, Cambridge, 187-219.

LV I = Pellegrini, G. B. - Prosdocimi, A. L. 1967, *La lingua venetica, I-II*, Padova-Firenze.

Marinetti, A. 2009, "Da Altno- a Giove: la titolarità del santuario. I. La fase preromana", in G. Cresci Marrone - M. Tirelli (eds), *Altnoi. Il santuario altinate: strutture del sacro a confronto e luoghi di culto lungo la via Annia, Atti del V Convegno di Studi Altinati, Venezia 4-6 dicembre 2006*, Roma, 81-127.

Marinetti A., 2001, "Il venetico di Lagole", in G. Fogolari - G. Gambacurta (eds), *Materiali veneti preromani e romani del Santuario di Lagole di Calalzo al Museo di Pieve di Cadore*, Roma, 61-73.

Marzatico, F. 2021, "Il flauto di Pan da Sanzeno: contrappunto fra realtà archeologica e iconografia", in M. Gamba - G. Gambacurta - F. Gonzato - E. Pettenò - F. Veronese (eds), *Metalli, creta, una piuma d'uccello... Studi di archeologia per Angela Ruta Serafini*, Quingentole, 221-232.

MLR = Marchesini, S. 2015, *Monumenta Linguae Raeticae*, Roma.

Pascucci, P. 1989-1990, "I depositi votivi paleoveneti: diversi livelli di 'religiosità' in rapporto con il territorio e con le strutture sociali", in *ScAnt*, 3-4, 465-486.

Ruta Serafini, A. 2002, "Magrè", *Kult der Vorzeit in den Alpen. Opfergaben - Operplatze - Opferbrauchtum/ Culti nella preistoria delle Alpi. Le offerte - i santuari - i riti*, Bolzano, 257-258.

Solano, S. 2020, "Una cultura di frontiera alle soglie dell'età romana", in *Archeologia delle Alpi*, 31-47.

Venetkens 2013, *Venetkens. Viaggio nella terra dei Veneti antichi, Catalogo della mostra, Padova 6 aprile-17 novembre 2013*, Padova.

Zaghetto, L. 2006, "La ritualità nella Prima Arte delle Situle", in P. Von Eles (ed.), *La Ritualità Funeraria tra Età del Ferro e Orientalizzante in Italia: Atti del Convegno. Verrucchio 26-27 giugno 2002*, Pisa, 41-55.

Zaghetto, L. 2017, *La situla Benvenuti di Este. Il poema figurato degli antichi Veneti*, Bologna.

53

Le aree sacre dell'Etruria meridionale in età romana: problemi di cronologia.

Salvatore De Vincenzo
Università degli Studi della Tuscia

Abstract: The analysis of the sacred places in Etruria during the Roman period is extremely difficult. Chronology is one of the most problematic aspects since most sacred places cannot be dated stratigraphically as the evidence derives from old excavations. Their chronology is therefore almost always based on the style of the votive material. Based on these uncertain chronologies, the widespread abandonment of sacred areas in southern Etruria during the second century BC has been postulated. This analysis shows that the frequentation of those sites could be dated until at least the early imperial age. The examples highlight, albeit in different ways, the widespread association of healing cults with agrarian and chthonian cults during the late Republic and the early imperial age. These cults and the associated deities suggest that these sanctuaries of Roman Etruria were frequented especially by subaltern social classes.

Keywords: Roman Etruria; Roman cults; Fictile anatomical votives; Aventine Triad; Veji; Vulci; Volsinii.

L'analisi dei contesti sacri dell'Etruria romana (Fig. 53.1) pone una serie di significativi problemi non solo di carattere interpretativo, ma anche cronologico, soprattutto in riferimento alla fase finale del fenomeno dei votivi fittili. Se di recente, infatti, sono stati tematizzati gli aspetti contraddittori e problematici relativi all'inizio del fenomeno degli ex voto anatomici, ancora del tutto assente risulta essere un'analisi critica della fase finale di tale fenomeno, che oggi viene genericamente collocata tra la fine del II e l'inizio del I sec. a.C.[1]. In assenza di dati stratigrafici e di un'adeguata documentazione di scavo, tenuto conto che si tratta di scavi realizzati in anni per nulla recenti, il materiale votivo risulta datato su base esclusivamente stilistica. Molti dei contesti sacri dell'Etruria romana mostrano però una significativa presenza di ceramica databile almeno fino alla prima età imperiale, in considerazione della quale non si può escludere una loro frequentazione fino a questa fase, e di conseguenza un contestuale abbassamento della cronologia del materiale votivo fittile.

Molteplici sono gli esempi che si possono proporre nel quadro di questa disamina e riguardano tutti i maggiori centri dell'Etruria meridionale. A Veio il santuario in prossimità di Porta Caere è certamente tra i contesti sacri di maggior significato, tenuto conto che è tra i pochi della città, e verosimilmente dell'intera Etruria meridionale, a essere datato su base stratigrafica[2].

Gli interventi di età romana realizzati in questo edificio sono documentati in particolare da un ambiente, impostato su di una stipe votiva, il cui materiale più recente si data alla metà circa del I sec. a.C., lasciando così documentare una frequentazione dell'area sacra a partire da questa fase. I votivi restituiti dalla stipe, anteriori quindi alla metà del I sec. a.C., sono stati datati dal punto di vista esclusivamente tipologico[3]. In merito al culto, l'area sacra è stata ricondotta a Minerva, rappresentata in trono con *gorgoneion* in due esemplari di statuette[4]. Se i votivi anatomici fanno ipotizzare inoltre una connotazione del culto legata alla sfera della *sanatio*, la collocazione del tempio di Minerva a Roma sull'Aventino lascerebbe invece ipotizzare un collegamento di questa area sacra con l'ambito sociale plebeo.

Anche l'area sacra di Macchiagrande, nel settore nord-occidentale del pianoro di Veio, sembra evidenziare sulla scorta dei dati ceramici una continuità di frequentazione fino al II sec. d.C. Considerazioni di tipo stilistico hanno fatto invece datare il materiale votivo tra IV e II sec. a.C., proponendo di conseguenza un abbandono dell'area sacra nel II sec. a.C., con una successiva lenta ripresa tra l'inizio del I e il II sec. d.C.[5]. I votivi rinvenuti durante lo scavo dell'area sacra mostrano un collegamento con la sfera cultuale della *sanatio*. Lo scavo ha altresì restituito un significativo gruppo di otto altari di tufo grigio, sei dei quali riportano iscritti i seguenti teonimi: *dis deabus, Victorie,* [M]*inerv<i>a, Apoline, Ive*[L]*ib(e)rt(ati)*[6].

---

[1] In generale sul fenomeno dei votivi anatomici, Fabbri 2019. Per una revisione cronologica della fase iniziale di tale fenomeno, De Cazanove 2015. Alcune considerazioni generali sulla cronologia delle aree sacre dell'Etruria meridionale in età romana in: De Vincenzo 2019; De Vincenzo 2020a; Michetti 2021.
[2] Torelli - Pohl 1973.

[3] Torelli - Pohl 1973, 248.
[4] Torelli - Pohl 1973, 248-249, N. 1-2, figg. 127-128; Colonna 2006, 13.
[5] Olivieri 2005, 184.
[6] Stefani 1922, 386-389; Torelli 1999b, 25-29.

Fig. 53.1. Cartina dell'Etruria (elaborazione di N. Einstein).

Gli altari lasciano pertanto ipotizzare a Macchiagrande un santuario strutturatosi solo successivamente alla conquista romana della città, che fornisce un'immagine paradigmatica del clima religioso della Veio romana. Una religiosità quindi prossima a quella del santuario dei tredici altari di Lavinio e al santuario extraurbano dei *cippi Pisaurenses*, entrambi caratterizzati da una pluralità di presenze divine[7].

Ancora a Veio, un'area sacra attribuita a Cerere è stata riconosciuta nel c.d. "Santuario di Campetti Nord", situata all'interno del settore più settentrionale della cinta muraria, proprio a ridosso delle mura, e costituita da due edifici disposti in prossimità di una grotta, uno

dei quali ipetrale[8]. Riguardo alla cronologia del contesto, l'analisi dei materiali votivi avrebbe evidenziato un arco cronologico compreso tra la fine del VI e il II sec. a.C.[9].

L'esiguità dei dati relativi ai contesti di scavo oltre a non consentire la comprensione dell'ambito culturale dei materiali votivi del santuario di Campetti nord complica nel contempo la definizione della loro cronologia. Le varie proposte cronologiche si sono basate, infatti, esclusivamente sull'analisi stilistica degli esemplari rinvenuti. In particolare circa un terzo di tutto il complesso del materiale votivo si daterebbe tra fine VI e V sec.,

---

[7] Torelli 1988, 69; Torelli 1999b, 29.

[8] Pallottino 1938-1939; Vagnetti 1971; Comella - Stefani 1990; Carosi 2002.
[9] Vagnetti 1971; Comella - Stefani 1990, 202.

mentre i restanti due terzi si daterebbero tra IV e III sec. e, in misura minore, al II sec. a.C. La quantità più cospicua di questi materiali si riferisce quindi alla fase romana del santuario.

Per ciò che riguarda la definizione del culto in età romana, oltre al materiale votivo, è certamente significativa una *oinochoe* con la dedica *C<e>rere L. Tolonio(s) d(edet)*, datata nella seconda metà del IV sec. a.C.[10]. Il dedicante è stato ritenuto lo stesso *Tolonio(s)* che avrebbe dedicato una simile *oinochoe* a Minerva nel tempio del Portonaccio[11]. La dedica documenta quindi l'identificazione da parte dei coloni romani della divinità di quest'area sacra con *Ceres*, una divinità quindi con un'analoga connotazione ctonia e collegata così come *Vei/Demetra* alla sfera della fertilità. Il numero estremamente esiguo di votivi anatomici lascia escludere un loro collegamento con la sfera della *sanatio*[12].

La collocazione ai margini della città, in prossimità delle mura, ha fatto ipotizzare per questa area sacra una connotazione in senso plebeo, analoga a quella della triade aventina a Roma[13]. I coloni della Veio romana avrebbero quindi dato nuovo vigore al culto di Campetti, proprio per il suo presunto legame con i ceti subalterni. Intorno al santuario di Cerere i coloni collocarono anche altre aree sacre, tra cui quella di Macchiagrande, trasformando questo settore della città in un polo di riferimento delle classi meno abbienti. Proprio la connotazione in senso plebeo è stata ritenuta causa dell'abbandono dell'area sacra nel II sec. a.C., in relazione con il crollo della piccola proprietà contadina ipotizzato in Etruria a partire da questa fase[14].

Anche Caere restituisce contesti riconducibili a un ambito culturale di matrice plebea. Secondo una recente proposta sarebbe, infatti, da collegare proprio ai *liberalia*, i *ludi* collegati alla triade plebea, la realizzazione dell'edificio ellittico situato nelle immediate vicinanze del tempio di Vigna Parrocchiale, nel settore tra il teatro di età romana e l'area produttiva di Caere[15].

Riguardo invece a Vulci romana, le indagini hanno evidenziato una serie di contesti sacri disposti intorno all'area urbana[16]. Tra questi l'area sacra denominata Area I, sulle pendici orientali del pianoro della città. I materiali fittili di questo contesto, soprattutto statue di offerenti, votivi anatomici, poliviscerali e bambini in fasce, riconducibili a un culto salutare e curotrofico, sono stati datati su base stilistica tra fine IV e II sec., con alcuni esemplari datati genericamente al II-I sec. a.C.[17]. Tra i materiali ceramici, oltre a ceramica a vernice nera,

è presente anche ceramica a pareti sottili, anfore, lucerne e terra sigillata italica, che non lasciano escludere una cronologia più tarda del contesto, almeno fino al I sec. d.C.

Analoghe considerazioni si possono proporre per la stipe votiva rinvenuta presso la Porta Nord di Vulci. Lo scavo realizzato alla fine degli anni '50, in modo stratigrafico, ha consentito di collocare il taglio della stipe nello strato 3, datato al I-II sec. d.C. In particolare la presenza di una moneta di Domiziano ha fatto proporre una datazione della stipe intorno al 90 d.C.[18]. Nell'ambito di una successiva revisione, il materiale tardo è stato considerato non contestuale alla stipe, ritenuta necessariamente più antica sulla scorta di considerazioni esclusivamente stilistiche e tipologiche. Secondo questa ricostruzione, presenterebbero un certo grado di attendibilità solamente alcuni frammenti di ceramica a pareti sottili, le cui forme si daterebbero tra l'età augustea e quella tiberiana[19]. Sulla scorta di considerazioni di tipo stilistico, i votivi sono stati datati fino al II sec. a.C., mentre un piccolo gruppo potrebbe scendere al I sec. a.C.[20].

La riconsiderazione della stipe ha portato quindi all'arbitraria eliminazione dei materiali più tardi, che invece mostrano un'omogenea continuità fino almeno alla fine del I/II sec. d.C. Una cronologia più tarda pertanto si potrebbe in modo analogo ipotizzare anche per il materiale votivo della stipe.

Il contesto è stato ricondotto a un culto riferito a *Fufluns/* Dioniso e collegato alla sfera della fertilità agraria e della rinascita, con una significativa matrice catactonia. Questa divinità è assimilabile al Libero romano, divinità centrale della triade aventina, con chiare implicazioni culturali e soprattutto sociali di ambito prettamente plebeo[21].

Sempre a Vulci, anche per il materiale votivo dell'area sacra di Fontanile di Legnisina e per il deposito votivo di Tessennano, nel settore orientale del territorio di questo centro, è stata proposta una datazione su base stilistica compresa tra il IV e il II sec. a.C., laddove il materiale ceramico lascia ipotizzare invece una frequentazione di questi contesti sacri fino al I sec. d.C.[22].

Analogo discorso si può proporre per uno dei santuari più significativi di *Volsinii*, quello del Pozzarello. Il santuario orientato secondo la maglia urbana ortogonale della città è costituito da un muro di *temenos*, che delimita uno spazio ipetrale. Sono state distinte due fasi costruttive, in particolare alla fase datata al III sec. a.C. sono stati riferiti i muri in opera pseudo-isodoma, mentre quelli in opera

[10] Comella - Stefani 1990, 203-212.
[11] Vagnetti 1971, 176-177; Comella - Stefani 1990, 212.
[12] Vagnetti 1971, 95-96; Comella - Stefani 1990, 102-108.
[13] Comella - Stefani 1990, 214-216.
[14] Torelli 1999a, 261-262.
[15] In generale su quest'area sacra: Cristofani 2003; Bellelli 2008; Bellelli 2011.
[16] Moretti Sgubini *et al.* 2005.
[17] Moretti Sgubini *et al.* 2005, 263.

[18] Paglieri 1959; Paglieri 1960.
[19] Pautasso 1994, 108.
[20] Carandini 1985, 74; Massabò 1985; Pautasso 1994, 109.
[21] Wyler 2011, 265.
[22] Ricciardi - Massabò 1988; Ricciardi 1988-1989, 209. Nel caso della stipe di Tessennano, i materiali si datano fino al II sec. d.C., ma questi sono stati riferiti a ville che sarebbero state edificate successivamente all'abbandono dell'area sacra (Costantini 1995, 153).

reticolata sono stati datati genericamente al I sec. d.C.[23]. All'interno dell'area sacra furono scavate due *favissae* rettangolari coperte con lastre, un pozzo profondo 14,5 m interpretato come *bothros*, numerose piccole stipi votive e anche un altare sagomato di nenfro[24]. Gli scavi realizzati nel 1961 dalla École Française de Rome, hanno portato alla scoperta di un tesoretto di 719 monete, databili tra la metà del III sec. a.C. e l'età di Nerva[25].

In merito ai materiali restituiti dalle stipi votive, oltre ai votivi anatomici, si segnalano anche oggetti in oro e argento, tra cui lamine a forma di occhi e spighe di grano e anche foglie, mentre sono in bronzo le statuette di offerenti. I materiali sono stati datati a partire dalla fine del III-inizio II sec. a.C., lasciando ipotizzare l'impostazione dell'area sacra almeno a partire da questa fase[26].

Sulla base del materiale votivo rinvenuto, tra cui i bacini fittili quadripartiti simili ai *kernoi* utilizzati per le offerte delle primizie a Demetra, delle spighe di grano in forma schematica realizzate in argento e del profondo pozzo in prossimità del lato meridionale dell'area sacra, interpretato come *bothros*, il santuario del Pozzarello è stato attribuito a Cerere. Particolarmente significative al riguardo sono due iscrizioni con dedica a questa divinità, databili al I sec. d.C.[27].

Significativi ai fini della definizione dell'ambito sacro di questo santuario sono anche i bronzetti di giovani offerenti ritenuti con giusta ragione collegati ai rituali di passaggio. Alcuni di questi presentano una corona di foglie di vite, realizzata in modo schematico fino a sembrare quasi una corona radiata. Questo tipo di dediche, particolarmente diffuso nei santuari etrusco-laziali genericamente datati a età ellenistica, documenta in genere un culto di matrice dionisiaca ma collegato soprattutto alla sfera della *sanatio*, oltre che a quella agraria, in modo analogo a quello di Libero[28]. È questo ambito che potrebbero ricondursi quindi i votivi anatomici rinvenuti durante lo scavo di E. Gabrici[29].

Si può con ogni probabilità riconoscere in questo santuario l'associazione del culto di Cerere con quello di Libero, che richiama di conseguenza ancora una volta la triade aventina di Roma, con i suoi risvolti sociali di matrice plebea. La stessa connotazione topografica del santuario del Pozzarello, sul colle opposto a quello dove sorge la città, in posizione forse extraurbana, sembrerebbe richiamare quella dell'Aventino.

In generale il caso delle aree sacre di *Volsinii* si presenta di particolare interesse nel suo insieme, tenuto conto che le indagini hanno evidenziato come è solo successivamente alla città romana che queste si strutturano o documentano una riorganizzazione[30].

Tra queste vi è il contesto sacro rinvenuto sulla rupe dove in età altomedievale sorgerà il primo insediamento di Bolsena. Questo settore noto come Poggio Pesce e Poggio Battaglini risultava interessato fin dall'età arcaica da una necropoli. Nella sella tra i due poggi R. Bloch indagò un tempietto definito rupestre. Gli scavi restituirono un piano pavimentale costituito da una platea (5,5 x 1,6 m) scavata direttamente nel banco di tufo. Nell'angolo nord-orientale della platea fu rinvenuto un piccolo *bothros*, sulla scorta del quale è stato ipotizzato un culto di tipo ctonio, ipotesi questa corroborata dalla vicinanza topografica con la necropoli[31].

In merito alla cronologia, è stato proposto di recente un abbassamento a età ellenistica. Potrebbero, infatti, provenire da questo contesto le lastre di rivestimento con teste di *Charun* e *Lasa*, ritenute in precedenza genericamente provenienti da Bolsena[32]. L'orientamento dell'edificio, che sembrerebbe assecondare quello della città di *Volsinii*, così come la cronologia della fase di maggiore sviluppo della necropoli, lasciano ipotizzare una strutturazione del tempio successivamente alla fondazione della città[33].

Un contesto sacro è stato indagato anche in prossimità del settore più meridionale della cinta muraria di *Volsinii*, in un'area su cui insiste oggi il quartiere del castello. Il contesto fu rinvenuto nel 1879 durante lo scavo per ampliare una "grotta" situata sotto la collina del Poggetto[34]. Nell'ambito di tali indagini fu rinvenuto un pavimento in grandi lastre di tufo, un capitello composito in nenfro, elementi architettonici fittili, votivi, una tegola con bollo [*Velth*]*urs:aplus*, e soprattutto 17 altari litici forati, di forma troncopiramidale. Due di questi altari conservano una dedica a *Tinia*[35]. Gli altari in considerazione del foro che li attraversa sono stati interpretati come *bothroi*, collegati alla natura ctonia di *Tinia*, riconosciuta nel *Veltune/Voltumna* di ambito Volsiniese[36]; il culto di *Tinia* risultava particolarmente diffuso anche nell'etrusca *Velzna*[37]. Su base paleografica gli altari sono stati ritenuti di età ellenistica e ricondotti alle prime fasi della città di *Volsinii*[38].

Un'altra grotta con destinazione sacra fu indagata durante gli anni Ottanta dell'Ottocento in prossimità dell'anfiteatro.

[23] Gros 1971.
[24] Gabrici 1906; Acconcia 2000, 23-25.
[25] Bloch 1963; Acconcia 2000, 26-28. Per le monete, Callu - Panvini Rosati 1964. Sui materiali dello scavo di R. Bloch, anche Pellegrini *et al.* 2011, 53-56.
[26] Jolivet 2002, 369.
[27] *CIL* XI 2682; *AE* 1948, 119; Acconcia 2000, 128; Munzi 2001, 20.
[28] De Cazanove 1986, 35-36; Fabbri 2019, 209.
[29] Tamburini 2013, 154-156.

[30] Da ultimo sulle aree sacre di *Volsinii*, De Vincenzo 2020b.
[31] Un esempio in questo senso è quello del santuario della Cannicella nella necropoli arcaica di Orvieto, dedicato al culto di *Vei*: Roncalli 2003, 227-232.
[32] Tamburini 2013, 153.
[33] Pellegrini *et al.* 2011, 69.
[34] Buchicchio 1970, 31.
[35] Si conserva un unico altare conservato oggi al Museo territoriale del Lago di Bolsena (Morandi 1989-1990; Tamburini 2013, 157).
[36] Cristofani 1985; Munzi 2001, 17-18.
[37] Sulle attestazioni del culto di *Tinia* a *Velzna*, Calapà 2013, 40.
[38] Tamburini 2013, 157.

Questa presentava ai lati due lunghi sedili e sul fondo una cisterna, separata da un setto di roccia intonacata, all'interno del quale sono state ricavate tre vaschette, ritenute funzionali al rituale[39]. Il complesso è stato ricondotto al culto di Silvano a seguito del rinvenimento di una statua acefala di questa divinità, con l'iscrizione che ricorda il restauro di una *basem cu[m] aedicu[la] Silv[ani]* curata da *C. Vettius Primitivus* e datata su base paleografica tra I e II sec. d.C.[40].

Un'area sacra che ha anch'essa restituito elementi riconducibili all'ambito ctonio è documentata lungo la sponda meridionale del lago di Bolsena. Il complesso sacro (60 x 20 m) risulta delimitato da muri in opera a scacchiera, con all'interno due edifici rettangolari. Il più antico dei due, datato a età tardo-arcaica, è un sacello quadrangolare del tipo ad *alae* (5 x 5 m). Questo presenta una riorganizzazione documentata da lastre fittili di rinvestimento, in particolare antefisse a nimbo con Menade e lastre decorate con palmette, databili tra III e I sec. a.C.[41]. In questa medesima fase viene edificato anche un muro di *temenos* in opera a scacchiera, con un portico lungo i suoi lati meridionale e orientale.

Lo scavo del secondo edificio, situato lungo il lato occidentale dell'area sacra e a pianta rettangolare (6 x 8 m), ha restituito frammenti delle lastre di rivestimento con palmette alternate a fiori di loto, riconducibili a una fase di IV-III sec. a.C. e un'antefissa integra, ritenuta simile a esemplari di ambito magno-greco, databili tra IV e II sec. a.C.[42].

Tra i votivi rinvenuti, lo scavo ha restituito soprattutto ex voto anatomici: teste, sia umane sia animali, mani, piedi, occhi e organi genitali. Sulla scorta di questo materiale è stato ipotizzato un culto collegato alla *sanatio*, che in considerazione di alcuni vasetti miniaturistici evidenzierebbe secondo gli scavatori una matrice anche ctonia[43].

A conclusione di quest'analisi emerge come in realtà per molte delle aree sacre dei centri dell'Etruria meridionale non si possa escludere una frequentazione fino alla prima età imperiale, ben oltre quindi la fase di cesura ipotizzata a partire dal II sec. a.C. Tale continuità di frequentazione potrebbe pertanto rendere possibile un abbassamento della cronologia della fase finale del fenomeno dei votivi fittili, ad oggi anch'essa collocata tra fine II e al più tardi all'inizio del I sec. a.C. Evidente risulta inoltre come durante la fase di età romana di queste aree sacre particolarmente diffusi siano i culti collegati alla sfera della *sanatio* e della fertilità, sia agraria sia umana, con in molti casi una matrice anche ctonia. Intorno a queste aree sacre inoltre

sembra coagularsi la religiosità soprattutto dei gruppi sociali subalterni, che si riflette in modo precipuo nelle divinità i cui templi a Roma hanno sede *in Aventino*.

Bibliografia

Acconcia, V. 2000, *Il santuario del Pozzarello a Bolsena (scavi Gabrici 1904)*, Roma.

Bellelli, V. 2008, "Per una storia del santuario della Vigna Parrocchiale a Cerveteri", in X. Dupré Raventós - S. Ribichini - S. Verger (eds), *Saturnia Tellus. Definizioni dello spazio consacrato in ambiente etrusco, italico, fenicio-punico, iberico e celtico*, Roma, 319-333.

Bellelli, V. 2011, "Un'iscrizione greca dipinta e i culti della Vigna Parrocchiale a Caere", in *StEtr*, 54.3, 91-124.

Berlingò, I. - D'Atri, V. 2003, "Piana del lago. Un santuario di frontiera tra Orvieto e Vulci", in *AnnFaina*, 10, 241-257.

Bloch, R. 1963, "Gli scavi della Scuola Francese a Bolsena (1946-1962)", in *SE,* 31, 399-424.

Buchicchio, F. T. 1970, "Note di topografia su Volsinii romana", in *RM,* 77, 19-45.

Calapà, A. 2013, "Sacra Volsiniensia. Civic Religion in Volsinii after the Roman Conquest", in M. Bolder-Boos (eds), *TRAC 22*, Oxford, 37-48.

Callu, J. P. - Panvini Rosati, F. 1964, "Le dèpot monetaire du Pozzarello", in *MEFRA,* 76, 51-69.

Carandini, A. 1985 (ed.), *La romanizzazione dell'Etruria: il territorio di Vulci*, Milano.

Carosi, S. 2002, "Nuovi dati sul santuario di Campetti a Veio", in *ArchCl,* 53, 355-377.

Colonna, G. 2006, "Introduzione a Vei", in *CIE,* 2.1.5, Pisa, 3-16.

Comella, A. - Stefani, G. 1990, *Materiali votivi del Santuario di Campetti a Veio. Scavi 1947 e 1969*, Roma.

Costantini, S. 1995, *Il deposito votivo del santuario campestre di Tessennano*, Roma.

Cristofani, M. 1985, "Voltumna: Vertumnus", in *AnnFaina*, 2, 75-88.

Cristofani, M. 2003 (ed.), *Vigna Parrocchiale: scavi 1983-1989. Il santuario, la «residenza» e l'edificio ellittico*, Roma.

de Cazanove, O. 1986, "Plastique votive et imagerie dionysiaque: à propos de deux ex-voto de Vulci", in *MEFRA*, 98.1, 7-36.

de Cazanove, O. 2015, "Per la datazione degli ex voto anatomici d'Italia", in T. D. Stek - G.-J. Burgers (eds), *The Impact of Rome on Cult Places and Religious Practices in Ancient Italy*, London, 29-66.

De Vincenzo, S. 2020a, "Traditions et changements dans le paysage sacré de l'Étrurie romaine: enjeux chronologiques, politiques et culturels", in *DHA*, 46.1, 321-346.

---

[39] Pellegrini *et al.* 2011, 70.

[40] *S(ilvano) S(ancto) s(acrum) C. Vettius Primitivus basem cu[m] aedicu[la] Silv[ani] rest[ituit]* (*CIL* XI 2689): Munzi 2001, 19-20; Jolivet 2002, 371.

[41] Berlingò - D'Atri 2003, 253, Fig. 4, e 256, Fig. 11.

[42] Berlingò - D'Atri 2003, 246.

[43] Berlingò - D'Atri 2003, 245; Tamburini 2013, 164.

De Vincenzo, S. 2020b, "Le aree sacre di età romana di *Volsinii Novi* (Bolsena)", in *Analysis Archaeologica*, 4, 119-139.

De Vincenzo, S. 2019, "Osservazioni sulle aree sacre dell'Etruria meridionale interna nell'età della romanizzazione", in AA.VV., *L'Etruria delle Necropoli Rupestri*, Roma, 261-270.

Fabbri, F. 2019, *Votivi anatomici fittili. Uno straordinario fenomeno di religiosità popolare dell'Italia antica*, Bologna.

Gabrici, E. 1906, "Scavi nel sacellum della Dea Nortia sul Pozzarello", in *MonAnt*, 16, 169-240.

Gros, P. 1971, "Les éléments architecturaux des IIIe et de IIe siècles av. J.C.", in A. Balland - A. Barbet - P. Gros - G. Hallier (eds), *Fouilles de l'Ecole française de Rome à Bolsena (Poggio Moscini) 2, Les architectures (1962-1967)*, Roma, 9-147.

Jolivet, V. 2002, "Recherches récentes sur les sanctuaires de Bolsena et de son territoire", in *JRA*, 15, 363-374.

Massabò, B. 1985, "Contributo alla conoscenza topografica di Vulci: le aree sacre di Fontanile di Legnisina e di Polledrara", in *BA*, 29, 17-24.

Massabò, B. 1988-89, "Il santuario etrusco di Fontanile di Legnisina a Vulci. Relazione delle campagne di scavo 1985 e 1986: il tempio", in *NSc*, 42-43, 103-135.

Michetti, L. M. 2021, "L'impatto della "romanizzazione" su Veio e il suo territorio: tracce di continuità e discontinuità in ambito sacro, abitativo e funerario", in *ScAnt*, 27.2, 25-48.

Morandi, A. 1989-90, "Il santuario di Tinia a Bolsena", in *ScAnt*, 3-4, 669-678.

Moretti Sgubini, A. M. - Ricciardi, L. - Costantini, S. 2005, "Testimonianze da Vulci", in A. Comella - S. Mele (eds), *Depositi votivi e culti dell'Italia antica dall'età arcaica a quella tardo-repubblicana*, Bari.

Munzi, M. 2001, "Il periodo romano. 1.1. *Volsinii* romana", in P. Tamburini (ed.), *Un museo e il suo territorio - Il Museo Territoriale del Lago di Bolsena 2 - Dal periodo romano all'era moderna*, Bolsena, 5-45.

Olivieri, V. 2005, "Attorno al deposito votivo di Macchiagrande a Veio", in A. Comella - S. Mele (eds), *Depositi votivi e culti dell'Italia antica dall'età arcaica a quella tardo-repubblicana*, Bari, 179-187.

Paglieri, S. 1959, "Vulci. Scavi stratigrafici", in *NSc*, 102-111.

Paglieri, S. 1960, "Una stipe votiva vulcente", in *RIA*, 9, 74-95.

Pautasso, A. 1994, *Il deposito votivo presso la Porta Nord a Vulci*, Roma.

Pallottino, M. 1938-1939, "Scavo di un'area sacra a Veio", in *Le Arti*, 1, 402-403.

Pellegrini, E. - Rafanelli, S. - Pellegrini, E. - Leotta, M. C. - Pacetti, M. S. 2011, "Bolsena e la sponda occidentale della Val di Lago: un aggiornamento", in *MEFRA*, 123.1, 13-105.

Ricciardi, L. 1988-1989, "Il santuario etrusco di Fontanile di Legnisina a Vulci. Relazione delle campagne di scavo 1985 e 1986: l'altare monumentale e il deposito votivo", in *NSc*, 42-43, 137-209.

Ricciardi, L. - Massabò, B. 1988, "Vulci II: nuove scoperte nel santuario etrusco di Fontanile di Legnisina. Il tempio, l'altare e il deposito votivo", in *BA*, 32, 27-39.

Stefani, E. 1922, "Veio - Esplorazioni dentro l'area dell'antica città", in *NSc*, 379-404.

Tamburini, P. 2013, "Culti e luoghi di culto nella Val di lago volsiniese", in G. M. Della Fina - E. Pellegrini (eds), *Da Orvieto a Bolsena: Un percorso tra Etruschi e Romani*, Pisa, 148-166.

Torelli, M. 1988, "Aspetti ideologici della colonizzazione romana più antica", in *DialA*, 3.6, 65-72.

Torelli, M. 1999a, *Storia degli Etruschi*, Roma-Bari³.

Torelli, M. 1999b, *Tota Italia. Essays in the Cultural Formation of Roman Italy*, Oxford.

Torelli, M. - Pohl, I. 1973, "Veio - Scoperta di un piccolo santuario etrusco in località Campetti", in *NSc*, 27, 40-258.

Vagnetti, L. 1971, *Il deposito votivo di Campetti a Veio*, Firenze.

Wyler, S. 2011, "Liberalia", in *ThesCRA*, 7, 265-266.

54

Trasformare il paesaggio urbano nella Grecia Arcaica: il caso del grande santuario urbano di Selinunte

Clemente Marconi
New York University / Università degli Studi di Milano[1]

Abstract: The recent archaeological investigations in the area of the main urban sanctuary are contributing significantly to our understanding of the considerable transformations of the urban landscape of Selinunte in the Archaic and Classical periods. This paper discusses, in particular, the transformation of the southern urban hill into the acropolis, through the systematic monumentalization of its sacred areas.

Keywords: Selinunte; grande santuario urbano; acropoli; Tempio R; Tempio C.

I lavori della missione a Selinunte dell'Institute of Fine Arts della New York University e dell'Università Statale di Milano, iniziati nel 2006 e condotti in convenzione prima con la Soprintendenza di Trapani e, recentemente, con il locale Parco Archeologico, stanno contribuendo in maniera significativa alla comprensione delle profonde trasformazioni avvenute nel grande santuario collocato quasi al centro della collina urbana meridionale. Queste trasformazioni, avvenute in un periodo relativamente limitato di tempo – in termini assoluti, tra il 590-570 e il 480 a.C. circa – hanno avuto conseguenze particolarmente significative sul paesaggio urbano di Selinunte nel suo complesso[2].

Per inquadrare le trasformazioni nella nostra area sacra nel loro più ampio contesto *è* utile cominciare da un commento generale sulla pianta urbana di Selinunte, usando come punto di partenza la ricostruzione dell'impianto della Selinunte arcaica e classica pubblicata da Dieter Mertens nel 2003[3]. Tale ricostruzione è stata basata su un complesso riesame della topografia urbana, partito dallo studio delle mura e basato in parte sulle precedenti acquisizioni relative all'impianto urbanistico a opera di Dinu Theodorescu

e Juliette de la Genière[4] e di Antonino Di Vita[5]. La nuova pianta pubblicata da Mertens rappresenta a tutt'oggi l'immagine standard dell'urbanistica di Selinunte verso la fine del quinto secolo e poco prima della conquista cartaginese del 409 a.C., come si deduce dall'indicazione, nella collina urbana meridionale, del Tempio O, subito a sud del Tempio A e ancora in costruzione all'arrivo dell'esercito di Annibale[6].

La pianta di Mertens ha certamente il grande merito di ricomporre un'immagine coerente del complesso impianto urbanistico di Selinunte. Si tratta di un sistema progettato al principio del VI secolo che si articola su due colline contigue orientate verso il mare, la cui sommità e le cui pendici furono suddivise da *plateiai* e *stenopoi* che si incontravano ad angolo retto generando lunghi isolati abitativi, con orientamento differente a nord e a sud dell'*agorà*. Di queste due colline, quella nord, nota come Manuzza, appare destinata principalmente all'edilizia residenziale e all'*agorà*, con le sue molteplici funzioni religiose, politiche ed economiche; la collina meridionale, nota come acropoli, appare dominata da aree sacre, ma risulta utilizzata anche a fini residenziali, particolarmente da membri dell'élite, come evidenziato dalle case a due piani in opera isodoma concentrate principalmente in corrispondenza della grande *plateia* N-S SA e del grande santuario urbano[7]. Nel complesso, in età arcaica e classica la città di Selinunte occupava un'area *intra moenia* di circa centodieci ettari, destinata a ospitare, seguendo la metodologia di Mogens Herman Hansen[8], una popolazione urbana di 8250-9900 abitanti. Questo nucleo centrale era circondato da un circuito di mura che correva alla base delle pendici delle due colline, in una posizione svantaggiata per gli standards delle tecniche ossidionali della fine del V

---

[1] Desidero ringraziare gli organizzatori del convegno *Experiencing the Landscape in Antiquity 2* della Scuola di Dottorato dell'Università degli Studi di Roma 'Tor Vergata', A. Cristilli, F. De Luca, G. Di Luca e A. Gonfloni, per l'invito a presentare i risultati dei lavori della nostra missione a Selinunte. Per le nostre ricerche siamo sempre grati alla Soprintendenza ai Beni Culturali e Ambientali di Trapani, al Museo Archeologico di Palermo 'Antonino Salinas' e al Parco Archeologico di Selinunte, attualmente diretto dall'Arch. B. Agrò, al quale va tutta la nostra riconoscenza per il continuo supporto del nostro lavoro sul sito, assieme al tutto il personale del Parco. Siamo particolarmente grati ai nostri sponsors nel corso degli anni, tra i quali la 1984 Foundation, la Malcolm Hewitt Wiener Foundation, la Samuel I. Newhouse Foundation, Julie Herzig e Robert J. Desnick, Alicia e Norman Volk, Mary Lee Baranger.
[2] Per una discussione recente dei risultati dei lavori della nostra missione nel settore meridionale del grande santuario urbano, Marconi - Ward 2022.
[3] Mertens 2003, Beil. 9; vedi anche Mertens 2006, Fig. 303.

[4] Vedi in particolare La Genière - Theodorescu 1980-1981; La Genière - Rougetet 1985.
[5] Vedi in particolare Di Vita 1984; Di Vita 1996, 280-290.
[6] Mertens 2006, 400.
[7] Mertens 2006, 323-332.
[8] Hansen 2006.

secolo e che appare aver reso alquanto agevole l'assedio cartaginese del 409 descritto con diversi dettagli da Diodoro Siculo (13, 54-59), rifacendosi alla storiografia siceliota tardoclassica[9]. Il complesso delle mura correva parallelo ai due fiumi che lambivano il nucleo urbano, rispettivamente il fiume Modione a ovest, l'antico Selino, e il Gorgo Cottone a est, di portata più limitata e non menzionato dalle fonti antiche. Oltre questi fiumi erano due importanti aree sacre: quella della collina orientale, con tre templi il cui orientamento segue quello meridionale del centro urbano, e quella dell'area della Gaggera a O, con i templi M e Triolo Nord orientati, rispettivamente, con le griglie settentrionale e meridionale del centro urbano, e con nel mezzo il Santuario di Malophoros, con un orientamento espressamente differente rispetto alle due aree sacre appena menzionate, quasi certamente a voler rimarcare l'antichità del culto in quest'area, anteriore rispetto al grande piano urbanistico e al corrispondente boom economico e demografico di Selinunte.

La pianta di Mertens presenta però un problema per quanto riguarda l'illustrazione della portata, percorso e ampiezza della foce dei due fiumi Modione e Cottone, che appaiono rappresentati così come sono stati ridotti prima dall'insabbiamento delle rispettive foci in età post-antica e poi dalle bonifiche del Novecento, queste ultime volte a sradicare la malaria che di Selinunte ha rappresentato, per lungo tempo in età moderna, un problema endemico. Il recente interesse in archeologia per il paesaggio costiero, compresa la Sicilia e Selinunte[10], ci ha reso però sensibili verso questa dimensione e la pianta qui illustrata (Fig. 54.1) rappresenta un tentativo di avvicinarsi a una resa più fedele della originale linea di costa (tentativo che naturalmente avrà bisogno di una revisione alla luce del progresso della ricerca condotta sui porti di Selinunte da J. Albers[11] e dall'Istituto Archeologico Germanico). Per il momento però un dato è evidente, ed è stato ribadito continuamente in letteratura anche dallo stesso Mertens: la conformazione originaria della collina urbana meridionale doveva presentarsi originariamente come un vero e proprio promontorio tra le foci dei due fiumi e i relativi porti, in un gioco di rapporti tra paesaggio urbano e paesaggio costiero e tra architettura sacra e traffico marittimo.

Di quest'ultimo rapporto, il caso più esemplare è dato probabilmente dall'altare a est del Tempio A, oggetto di una recente, nuova analisi dettagliata a opera di Clemens Voigts. La struttura costituisce uno dei più grandi e complessi altari dei Greci d'Occidente che a sud del grande santuario urbano si affacciava sulla foce del Gorgo Cottone e doveva in occasione dei grandi sacrifici pubblici rappresentare una grande ostentazione di *pietas* e potere per le navi che provenivano da oriente, ovvero dal resto della Sicilia Greca[12].

L'altare del Tempio A data ad età severa e rappresenta il culmine di un processo iniziato in età arcaica nell'area del grande santuario urbano immediatamente a nord (Fig. 54.2): processo che costituisce il soggetto principale di questa mia discussione. Definisco la nostra area come grande santuario urbano, a differenza di gran parte della letteratura su Selinunte che preferisce parlare di "santuario" o "temenos settentrionale", in quanto nella collina urbana meridionale sono presenti almeno due distinte aree sacre fin da età arcaica. La principale è certamente quella dove opera la nostra missione, circondata su tre lati da un elaborato muro di peribolo, dominata dalla massa dei due templi peripteri C e D e dei rispettivi altari, e che vede la presenza di due altri templi a oikos (R e S), una serie di altari minori, almeno due stoai a L, un teatro rettilineo, un propileo, un ambiente per banchetti e numerose altre strutture fin qui inesplorate e di incerta funzione[13].

A questa area sacra, una delle più grandi (2,1 ha) e monumentali aree di culto dei Greci d'Occidente, va aggiunta, per l'età arcaica, un'ulteriore area sacra a sud del Tempio O, caratterizzata da un tempio a oikos (P), chiaramente databile al VI secolo, e fin qui mai esplorato archeologicamente, ma solo messo alla luce fino al livello dell'eutinteria. Questo edificio lascia ipotizzare la presenza di una seconda area sacra, poi estesa a nord con i templi A e O, che non ha potuto ricevere una monumentalizzazione comparabile a quella della nostra area a causa dell'assenza di un banco roccioso sottostante – presente nel resto della collina urbana meridionale – che potesse dare il necessario supporto a strutture particolarmente grandi, come messo in evidenza da recenti indagini geomorfologiche di una missione dell'Università di Camerino[14].

Tornando ora al grande santuario urbano, la letteratura sull'urbanistica di Selinunte in età arcaica e classica è unanime nel considerare la grande estensione verso E dell'area sacra, avvenuta intorno al 550-540 a.C. come il più significativo intervento di trasformazione della collina urbana meridionale[15], lasciando da parte la sella di collegamento con la collina di Manuzza e la realizzazione del muro difensivo e della Porta Nord a opera di Ermocrate. Al confronto, l'estensione del grande santuario urbano del 550-540 a.C. resta comunque l'intervento più significativo[16]. A questo riguardo, è bene precisare che tale estensione era stata preceduta da un'analoga operazione, su scala minore, in un periodo databile archeologicamente al 590-570[17]: lo si deduce dal rinvenimento di due frammenti di ceramica del Corinzio Medio nel terreno tagliato dalle fondazioni di uno dei due muri di terrazzamento con andamento poligonale,

---

[9] Marconi 2021.
[10] In particolare, Mazza 2017.
[11] Vedi per ora Albers 2019.
[12] Voigts 2017, 114-139.

[13] Per una discussione aggiornata sul grande santuario urbano Marconi (forthcoming).
[14] Desidero ringraziare in particolare il Prof. M. Materazzi e il Dr. F. Pallotta per aver condiviso con me i risultati delle loro ricerche sull'Acropoli.
[15] Mertens 2003, 31.
[16] Di Vita 1984, 28-48; Mertens 2003, 88-92 e 237-238; Mertens 2006, 186.
[17] La Genière 1981, 213; anche Di Vita 1984, 21; Mertens 2003, 86, n. 385.

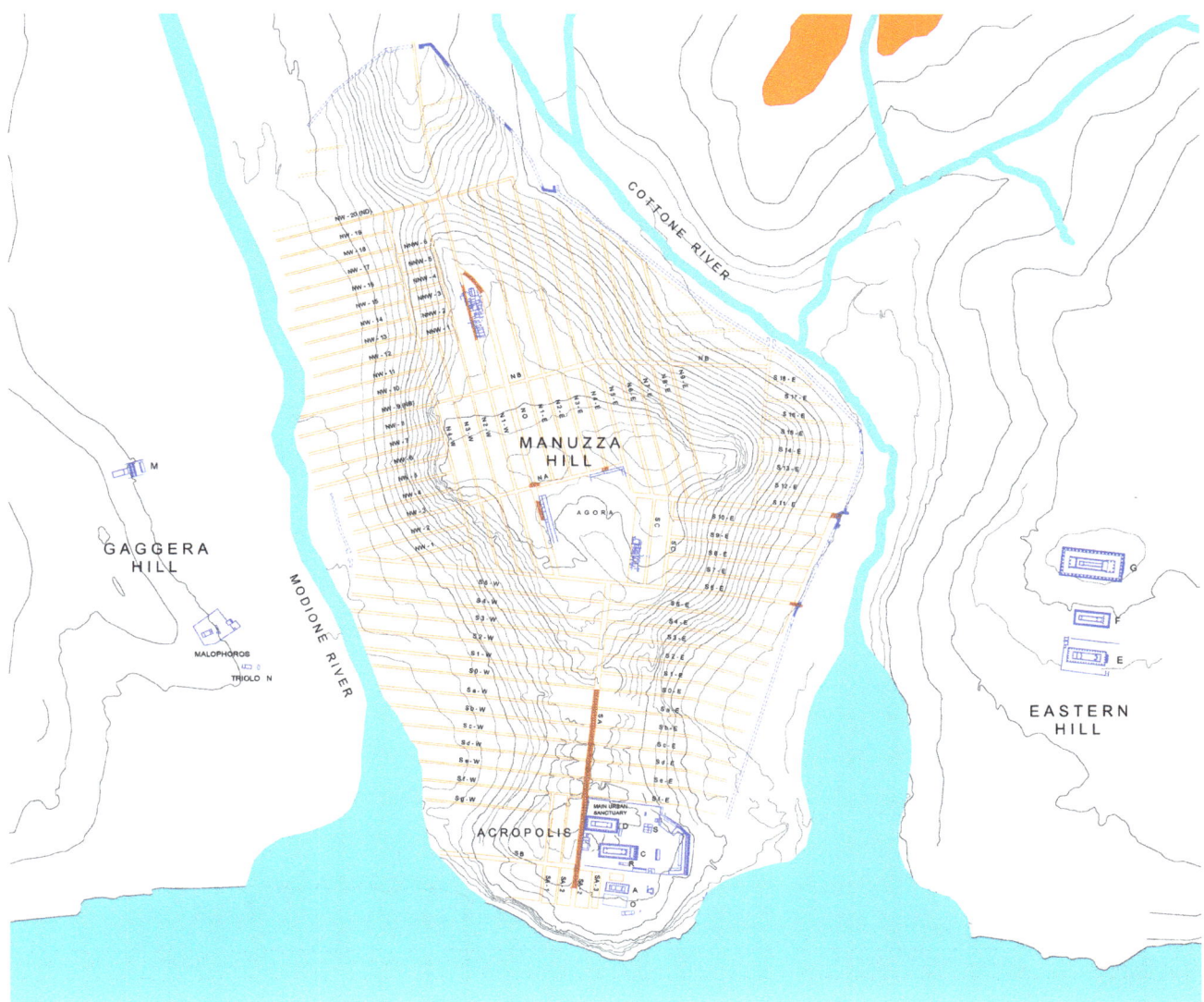

Fig. 54.1. Pianta di Selinunte nel 410 a.C. circa (rielaborazione di D. Bursich e C. Marconi di Mertens 2006. © Institute of Fine Arts-NYU).

che in questa fase servirono a contenere il terreno per l'espansione del santuario verso est[18]. Questo primo terrazzamento e i relativi muri finirono però annegati nel successivo riempimento datato archeologicamente al 550-540, il cui volume è stato stimato da Di Vita nell'ordine dei 25000-30000 m³ di sabbia, terra e altro materiale. Per trattenere questo riempimento si è proceduto a realizzare un massiccio muro di contenimento in blocchi di calcare squadrati, alto circa 9,80 m, che segue il contorno della collina alla quota di circa 14 m slm, è articolato in cinque tratti con diverso orientamento, muovendo da S a N, e ha sezione generalmente piramidale con gradini su entrambi i lati e una larghezza alla base stimata in circa 17 m. Mentre il lato O è naturalmente sommerso dal riempimento, quello E è ben visibile, e con i suoi 23 gradini deve avere costituito uno dei principali punti di riferimento dell'immagine della collina urbana meridionale per le navi che raggiungevano Selinunte da oriente. Non c'è dubbio che l'estensione del

santuario verso est e la realizzazione del grandioso muro di terrazzamento fossero funzionali alla realizzazione della grande stoa a L che incorniciava l'area del sacrificio antistante al Tempio C e doveva servire principalmente per l'attività di pasti rituali[19]. Ma, a prescindere da considerazioni di ordine funzionale, l'articolazione e le dimensioni del muro devono avere avuto un valore rappresentativo del potere e della ricchezza della città comparabile a quello dei grandi templi.

Fin qui ho discusso dell'estensione verso est del grande santuario urbano come la principale modifica del paesaggio della collina urbana di Selinunte. I nostri scavi invitano però oggi a prendere in considerazione una trasformazione anch'essa significativa dell'orografia originaria dell'area del nostro santuario, che riguarda il complesso dei templi nel settore ovest, e particolarmente la sequenza rappresentata, da sud a nord, dal Tempio R, dal Tempio C e dal Tempio D.

[18] Gàbrici 1929, 97-112; Di Vita 1984, 11-25; Mertens 2003, 80-88 e 232-233.

[19] Chiarenza 2020.

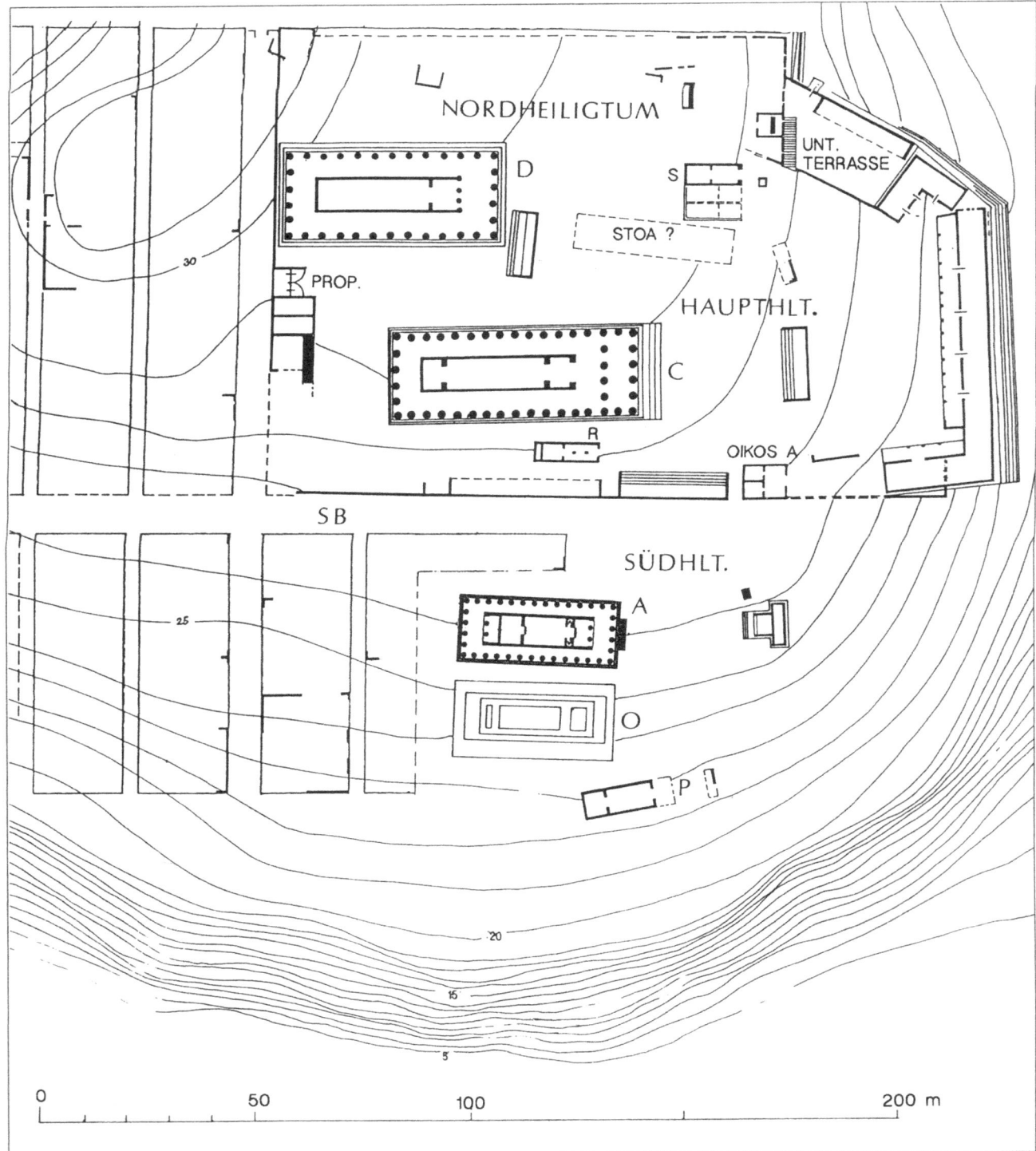

Fig. 54.2. Pianta del grande santuario urbano di Selinunte e del santuario a sud (Mertens 2006).

I nostri scavi (Fig. 54.3) nel settore meridionale del grande santuario urbano, in corrispondenza in particolare del lato sud del Tempio C e del tempio a oikos R (già noto come Megaron a S del Tempio C), hanno portato all'identificazione di una colonna stratigrafica sostanzialmente intatta che dalla Preistoria porta fino al 300 a.C. Particolarmente esemplificativa al riguardo è la sequenza stratigrafica nel Saggio Q (Fig. 54.4), aperto

in corrispondenza del centro del *naos* del Tempio R[20]. Di questa sequenza mi preme mettere in evidenza qui la fase terza, dal 630 al 610 a.C., corrispondente ai primi vent'anni di vita della colonia greca, caratterizzati nella nostra area da un culto all'aperto sul terreno vergine;

---

[20] Marconi - Ward 2022, 17-19, Fig. 8.

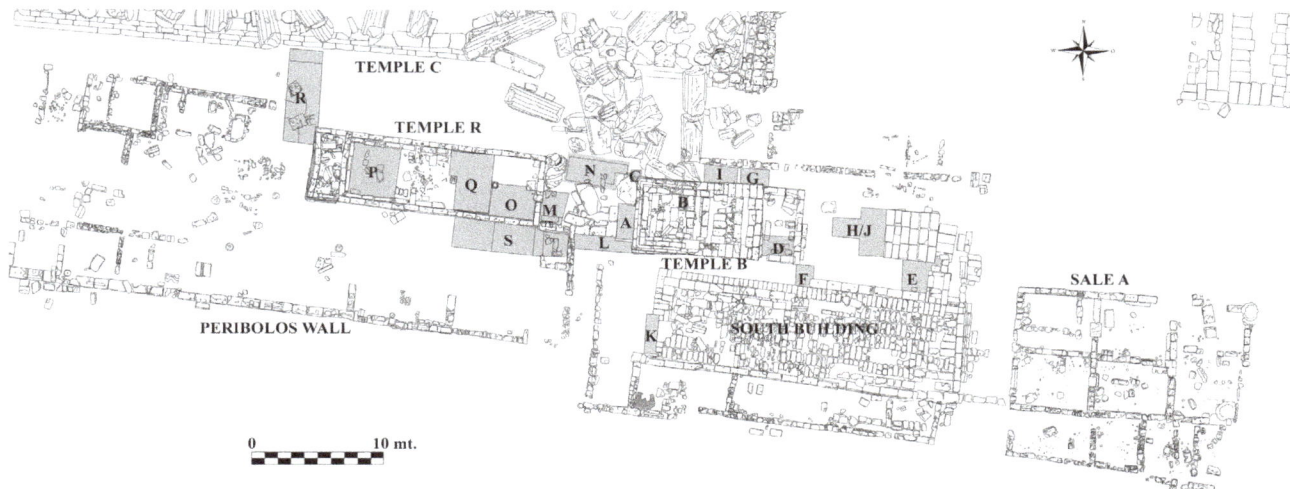

Fig. 54.3. Pianta dell'area d'indagine della missione NYU-UniMi nel settore meridionale del grande santuario urbano con indicazione dei SAS A-S (elaborazione di M. Limoncelli, F. Pisciotta e D. Scahill. © Institute of Fine Arts-NYU).

Fig. 54.4. Sequenza stratigrafica nel Saggio Q - Sezione Ovest (ortofoto di M. Limoncelli e F. Pisciotta. © Institute of Fine Arts-NYU).

Fig. 54.5. Saggio S, veduta da sud-ovest: lato sud del Tempio R, con assise di fondazione (C-D), assisa di eutinteria (B) e del muro (A), e livello (E) corrispondente all'inizio del cantiere (foto di A. Ward. © Institute of Fine Arts-NYU).

la successiva fase quarta dal 610 al 570, con le prime strutture in materiale deperibile sempre fondate sul terreno vergine, senza minimamente avventurarsi fino al banco di roccia sottostante; e quindi la fase quinta, datata al 570, che vede la costruzione in forme monumentali del Tempio R e la realizzazione di fondazioni profonde, fino al banco di roccia. Questa fase vede anche il rialzamento del piano di calpestio, nel nostro settore del santuario, di circa un metro, colmato con un massiccio riempimento di terra e schegge dalla lavorazione dei blocchi di pietra del Tempio R e presumibilmente di altre strutture (Fig. 54.5). Questa fase di primo significativo rialzamento del livello nel settore meridionale del grande santuario urbano può ben essere messa in corrispondenza con l'estensione verso E del santuario e la realizzazione dei due muri di terrazzamento con andamento poligonale già menzionati, datati al 590-570 a.C.

Ad oggi, lasciando da parte i terrazzamenti a E, il cantiere del Tempio R rappresenta il caso più antico di rialzamento del piano di calpestio documentato archeologicamente nel grande santuario urbano. Il successivo, su una scala ben maggiore, coincide con la costruzione del Tempio C.

Questo, un periptero dorico con 6 x 17 colonne e una stretta cella di tipico impianto selinuntino, lungo 63.76 m e ampio 23.93 m, rappresenta il terzo tempio in ordine di grandezza di Selinunte, dopo il Tempio G e il Tempio E

(*Heraion*) sulla collina orientale. L'edificio è stato oggetto di ripetute indagini architettoniche accompagnate dal rilievo dei suoi resti, l'ultima delle quali a opera di Carla Amici, ma non è stato oggetto di uno scavo archeologico dall'epoca dei lavori di Francesco Saverio Cavallari negli anni '70 e '80 dell'Ottocento[21].

Eppure il tempio ha ancora molto da offrire alla ricerca, come dimostrato dal nostro Saggio R, aperto nel 2018, continuato nel 2019, e che si spera possa essere condotto fino alla roccia nell'estate 2022. Lo scopo del saggio era di verificare la sequenza stratigrafica tra la parte posteriore del Tempio R e il lato sud del Tempio C, ma ha portato risultati di gran lunga superiori alle nostre aspettative. Tali risultati sono in corso di pubblicazione a opera del nostro architetto, D. Scahill, e dei due archeologi responsabili dello scavo della trincea, D. Bursich e K. Minniti, al cui lavoro rinvio per i dettagli. In sintesi mi limiterò a dire che al di sotto del riempimento ellenistico del 300 a.C. circa, identificato nel resto della nostra area di indagine, abbiamo subito identificato un livello che corrisponde al cantiere di costruzione del Tempio C. Non faccio menzione delle massicce opere di movimentazione degli strati di età classica presupposte da questa peculiare sequenza stratigrafica, per le quali sorge spontaneo

---

[21] Mertens 2006, 119-125; Marconi 2007, 127-184; Amici 2009.

pensare a una rasatura sistematica dei resti lasciati dalla distruzione cartaginese del 409 a.C. in occasione del nuovo insediamento sull'Acropoli e la parte meridionale di Manuzza a opera del generale siracusano Ermocrate. Quel che per noi qui conta è che lo scavo ha messo in evidenza non solo le fondazioni del Tempio C – che dimostrano un chiaro cambiamento a livello progettuale in corso d'opera, con un allargamento delle fronti – ma soprattutto, per quel che qui ci interessa, il livello di cantiere vero e proprio del tempio (Fig. 54.6), per il quale valgono soprattutto due scoperte.

La prima è la presenza di blocchi destinati alla costruzione delle fondazioni, rivelatisi difettosi e scartati, ma lasciati come parte del riempimento attorno al tempio. Come osservato da Scahill, tale decisione di lasciare *in situ* i blocchi scartati ha confronti nel resto del mondo greco e si spiega meglio con l'appartenenza di tali blocchi al tempio e alla relativa divinità, circostanza che ne precludeva un altro uso.

La seconda scoperta riguarda il rinvenimento di strati di terra alternati di colore rosso e giallo, con andamento obliquo, che poggiano sulle assise di fondazione (Fig. 54.7). Ci troviamo chiaramente di fronte a una rampa di terra[22], originariamente funzionale alla movimentazione e messa in opera dei blocchi utilizzati per costruire le fondazioni, ma lasciata in situ (almeno fino all'altezza conservata) per creare il nuovo piano di calpestio nell'area a sud del Tempio C.

Questo mi porta alla mia ultima osservazione: i nostri scavi documentano un significativo rialzamento di livello in quest'area del santuario, dopo quello associato con la costruzione del Tempio R. Tale rialzamento misura circa tra un metro e un metro e mezzo tra il fianco S del Tempio C e il lato O del Tempio R. Nel caso del Tempio R, come in quello del Tempio C, tale rialzamento è immediatamente percepibile (Figg. 54.5 e 54.6) osservando come l'assisa di eutinteria risulti in entrambi gli edifici posizionata molto al di sopra rispetto al piano di calpestio al momento dell'inizio del cantiere, tanto da far emergere le fondazioni stesse dal suolo per un'altezza considerevole, nel caso del Tempio C.

Per spiegare i due significativi rialzamenti del piano di calpestio in corrispondenza del Tempio R e, soprattutto, del Tempio C *è utile qualche dato sulla orografia di Selinunte. A dispetto della definizione della collina urbana meridionale come "acropoli", è in realtà la collina urbana settentrionale, Manuzza, ad essere più alta, raggiungendo un'altezza massima di 49* m slm nel suo settore orientale[23]. Al confronto, la collina meridionale, che digrada verso sud, è significativamente più bassa, alzandosi progressivamente dall'estremità sud (22 m slm) a quella nord (31 m slm)[24]. È proprio con tale pendenza complessiva della collina urbana

Fig. 54.6. Lato sud del Tempio C durante lo scavo del Saggio R (foto di K. Minniti. © Institute of Fine Arts-NYU).

meridionale che è possibile porre in relazione i rialzamenti di livello da noi identificati in corrispondenza del Tempio R e del Tempio C.

In particolare, le modifiche dell'orografia originaria di questo settore del santuario da noi riscontrate vanno con ogni probabilità attribuite alla graduale elevazione della collina verso nord (Fig. 54.8)[25]: da quota 26 m slm, in corrispondenza del lato sud del muro di peribolo; a quota 28 m slm in corrispondenza della porzione nord-ovest del Tempio C; e, infine, a quota 30 m slm in corrispondenza della metà nord del Tempio D. Per effetto di questa pendenza della collina verso sud e di questo rialzamento di livello verso nord, la costruzione di ogni tempio monumentale deve aver comportato, per portare alla stessa quota l'area attorno a ciascun edificio, un significativo rialzamento del piano di calpestio lungo il lato sud e una modifica sostanziale dell'andamento originario del terreno, fin qui documentata archeologicamente per il Tempio R e il Tempio C, ma da presumere anche per il Tempio D.

In conclusione, il nostro scavo permette di apprezzare le significative trasformazioni dell'orografia originaria

---

[22] Più di recente, Pierattini 2019.

[23] Mertens 2003, 31.

[24] Koldewey - Puchstein 1899, 77.

[25] Usando a riferimento, in particolare, Gàbrici 1956, Fig. 7.

Fig. 54.7: Saggio R - Sezione Est: a sinistra (nord) le assise di fondazione (B-E) e l'assisa di eutinteria (A) del Tempio C; a destra (sud) parte del lato ovest del Tempio R con l'assisa di eutinteria (F); tra Tempio C e Tempio R, strati (G) di terra alternati di colore rosso e giallo, con andamento obliquo; in basso, il piano iniziale di cantiere (H) del Tempio C, tagliato dal cavo di fondazione di quest'ultimo (foto dell'autore. © Institute of Fine Arts-NYU).

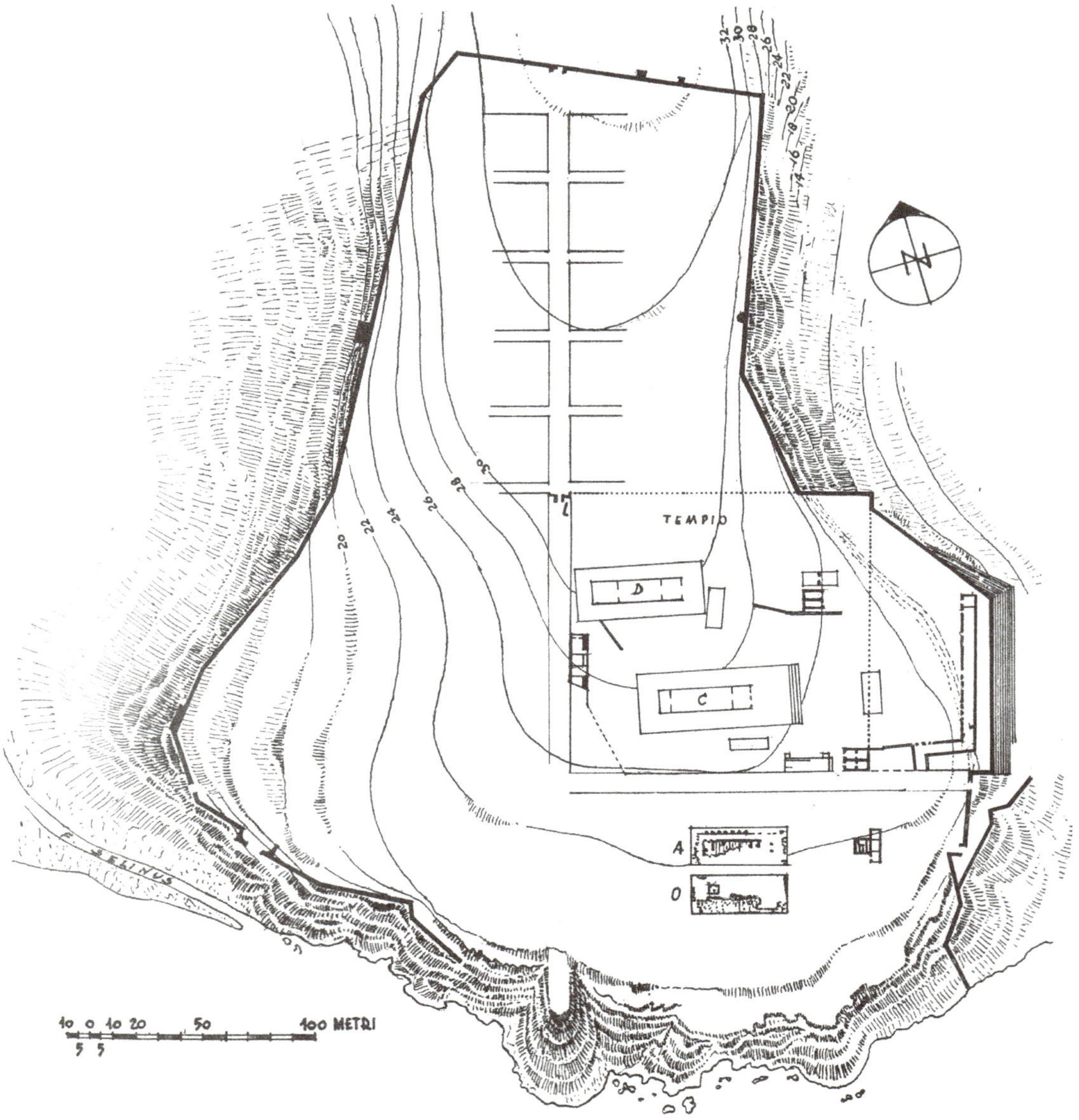

Fig. 54.8. Pianta della collina urbana meridionale di Selinunte e curve di livello (Gabrici 1956).

avvenute nell'area occidentale del grande santuario urbano, particolarmente per ciò che riguarda i livelli e i piani di calpestio. Fin qui, in effetti, l'attenzione al riguardo si era concentrata sull'allargamento del santuario verso est, che presenta una leggera pendenza da ovest verso est: così, l'area dell'altare del Tempio C è a una quota di 27 m slm, mentre quella antistante la grande stoa a L è a una quota di 25,5 m slm. È evidente come, pur potendo correggere tramite il massiccio muro di terrazzamento a sezione piramidale l'andamento naturale della collina, portando il piano del santuario a livello, si sia deliberatamente mantenuta una certa pendenza, e tra le spiegazioni merita citare quella di Di Vita[26] secondo la quale si intendeva con ciò dare visibilità al Tempio C anche al di fuori della collina dell'acropoli. Non c'è dubbio che le significative alterazioni dei livelli e piani di calpestio nella metà occidentale del santuario avessero la stessa funzione, realizzando i templi alla quota più elevata e con ciò contribuendo a trasformare la collina urbana meridionale in un'acropoli, se non per la sua altezza rispetto a Manuzza, per la sua posizione sul mare e le masse monumentali del nostro santuario[27].

Bibliografia

Albers, J. 2019, "I porti di Selinunte", in R. Atria - G. L. Bonanno - A. Curti Giardina - G. Titone (eds), *Selinunte: Produzioni ed economia di una colonia greca di frontiera*, Trapani, 121-134.

Amici, C. 2009, "Selinunte, Tempio C: analisi tecnica per la ricostruzione", in *Palladio*, 44, 11-30.

Chiarenza, N. 2020, "Water, Social Space and Architecture at Selinous: The Case of the Urban Sanctuary", in N. Chiarenza - A. Haug - U. Mueller (eds), *The Power of Urban Water: Studies in Premodern Urbanism*, Berlin, 51-68.

Di Vita, A. 1984, "Selinunte fra il 650 ed il 409: Un modello urbanistico coloniale", in *ASAtene*, 62, 7-68.

Di Vita, A. 1996, "Urban Planning in Ancient Sicily", in G. Pugliese Carratelli (ed.), *The Western Greeks*, London, 263-308.

Gàbrici, E. 1929, "Acropoli di Selinunte: scavi e topografia", in *MonAnt*, 33, 61-112.

Gàbrici, E. 1956, "Studi archeologici selinuntini", in *MonAnt*, 43, 205-408.

Hansen, M. H. 2006, *The Shotgun Method: The Demography of the Ancient Greek City-state Culture*, Columbia.

Koldewey, R. - Puchstein, O. 1899, *Die griechischen Tempel in Unteritalien und Sicilien*, Berlin.

La Genière, J. de. 1981, "Nuove ricerche sulla topografia di Selinunte", in *RendLinc*, 36, 211-217.

La Genière, J. de - Rougetet, J. 1985, "Recherches sur la topographie de Sélinonte. Campagne 1985", in *RendLinc*, 40, 289-297.

La Genière, J. de - Theodorescu, D. 1980-1981, "Contribution à l'histoire urbanistique de Sélinonte", in *Kokalos*, 26-27, 973-996.

Marconi, C. 2007, *Temple Decoration and Cultural Identity in the Archaic Greek World: The Metopes of Selinus*, New York.

Marconi, C. 2021, "The Carthaginian Conquest and Destruction of Selinus in 409 B.C.: Diodorus and Archaeology", in S. Fachard - E. M. Harris (eds), *The Destruction of Cities in the Ancient Greek World*, 85-107, Cambridge.

Marconi, C. - Ward, A. 2022, "Temple R in Selinunte and the Construction of Tradition", in *Journal of Ancient Architecture*, 1, 9-35.

Marconi, C. (forthcoming), "The Main Urban Sanctuary of Selinunte", in C. M. Keesling (ed.), *The Oxford Handbook of the Archaeology of Greek Sanctuaries*, Oxford - New York.

Mazza, A. 2017, *The Coastal Landscape of a Western Greek City: The Case of Selinus*, Ph.D. Dissertation University of Sydney.

Mertens, D. 2003, *Selinus I. Die Stadt und ihre Mauern*, Mainz.

Mertens, D. 2006, *Städte und Bauten der Westgriechen*, München.

Pierattini, A. 2019, "Interpreting Rope Channels: Lifting, Setting and the Birth of Greek Monumental Architecture", in *BSA*, 1-40.

Voigts, C. 2017, *Selinus VI. Die Altäre in den Stadtheiligtümern: Studien zur westgriechischen Altararchitektur im 6. und 5. Jahrhundert v. Chr.*, Wiesbaden.

---

[26] Di Vita 1984, 34 e 49.
[27] Già Koldewey - Puchstein 1899, 77.

55

L'impatto dei culti della salute di età repubblicana sul paesaggio: un'indagine.

Fabiana Fabbri
Independent researcher

Abstract: The paper aims to analyze the relationship between the sacred spaces devoted to health and fertility cults and the housing landscape. As many of these sacred places had a low anthropic impact on the landscape, they are often hardly recognizable. I will try to recognize the elements (geophysical, socio-economic, religious) underlying the choice of a particular territory as a seat of these cults, and the reasons for the development (or lack of development) of a sacred area standing in the natural landscape in equal position, into a structured sanctuary system imposing on and modifying the surroundings.

Keywords: culti della salute e della fertilità; area sacra; paesaggio.

Il fenomeno della fioritura dei culti della salute e della fertilità si afferma con un repentino sviluppo dall'inizio del IV sec. a.C. in area etrusca e laziale, favorito dai mutamenti sociali ed economici che videro la crescita della compagine dei piccoli coltivatori e allevatori[1]. Questa particolare espressione della religiosità popolare, della quale l'offerta di votivi anatomici fittili costituisce una delle principali manifestazioni cultuali, mostra la massima fioritura nel III sec. a.C. e sembra esaurirsi intorno agli inizi del I sec. a.C., in coincidenza con il progressivo affermarsi del latifondo a conduzione schiavistica. La straordinaria consistenza numerica e la capillare diffusione di tali culti in area centro-italica, di cui si è cercato di rendere conto dal punto di vista topografico nella cartina (Fig. 55.1)[2] sono contraddistinte nella gran parte dei casi da un impatto sul paesaggio circostante piuttosto ridotto: la presenza di tali culti, spesso sorti attorno a manifestazioni naturali del territorio quali emergenze sorgentizie all'aperto o in grotta, fiumi, torrenti, laghi, ma anche presso snodi viari di transumanza, boschi e foreste[3], risulta a volte riconoscibile solo grazie alle testimonianze materiali della devozione religiosa popolare quali gli *ex voto*[4]. La gran parte delle aree sacre indiziate della presenza di culti della salute o della fertilità in epoca medio e tardo-repubblicana doveva trovarsi in aperta campagna: si trattava verosimilmente di aree naturali sacralizzate afferenti a nuclei abitativi sparsi, sedi di culti liberi, privi di testimonianze antropiche di carattere strutturale. Da un censimento effettuato da chi scrive per la *Regio VII Etruria* è emerso che su un totale di 119 siti di sicura localizzazione topografica che hanno restituito testimonianze materiali di culti della salute e della fertilità, almeno 58 si trovavano in piena campagna e sembrano privi di qualsiasi forma di antropizzazione se si esclude la presenza degli *ex voto*[5]. Di questi, 24 risultano in connessione con la presenza di acque. Un ulteriore riscontro incrociato ha rivelato sorprendenti coincidenze tra la presenza di scaturigini naturali, spesso non segnalate dagli editori dei contesti, e il ritrovamento di *ex voto* legati ai culti della salute[6]. Molti di questi affioramenti idrici naturali, tuttora utilizzati spontaneamente dalle popolazioni locali che si tramandano la conoscenza

---

[1] Per un inquadramento dei culti della salute in epoca repubblicana si veda Fabbri 2019, 41-50.

[2] La cartina di cui alla Fig. 1 riporta l'ubicazione topografica delle attestazioni dei culti della salute e della fertilità in area centro-italica rintracciate ad oggi, mentre per i riferimenti bibliografici relativi alle specifiche attestazioni (una località può ospitare più aree sacre), la cui consistenza non è possibile fornire per intero in questa sede per motivi di spazio, si fa principalmente riferimento a quelli riportati nei censimenti effettuati in: Comella 1981; Fabbri 2004-2005; Giontella 2012; Fabbri 2019, 159-174. Sempre per motivi di spazio si è reso necessario in questa sede limitare gli approfondimenti ad una scelta dei contesti ritenuti maggiormente significativi, limitatamente a quelli extraurbani e sub-urbani. Nell'area considerata nel presente contributo sono stati ricompresi i territori dell'attuale Lazio e delle regioni augustee *IV Samnium, V Picenum, VI Umbria, VII Etruria*, nonché l'area romagnola della *VIII Aemilia*.

[3] Sulla differenza concettuale tra *space* ossia lo spazio naturale inalterato e indifferenziato, e *place*, luogo filtrato attraverso l'esperienza, l'interpretazione, la costruzione, si veda quanto sintetizzato in Di Fazio 2012, 388-389.

[4] Sul fenomeno dell'offerta dei votivi anatomici fittili si veda da ultimo Fabbri 2019.

[5] Fabbri 2004-2005, 132-145.

[6] Fabbri 2004-2005, 121-123, aggiornato in Fabbri 2019, 171-174. La ricerca ha riguardato sia località con sorgenti ancor oggi attive sia quelle con tracce rilevanti della presenza di affioramenti idrici in età antica. Corrispondenze tra la presenza di affioramenti di acque termali e minerali e attestazioni di *ex voto* anatomici e altre offerte votive legate alle acque sono state riscontrate presso Bagni di Stigliano nel viterbese, sede delle antiche *Aquae Apollinares Veteres* (Fabbri 2004-2005, 133, n. 17), a Castel d'Asso, loc. Le Bussete (Fabbri 2004-2005, 133, n. 21), a Piansano, loc. La Fonte (Fabbri 2004-2005, 122 e 139, n. 65), presso il santuario di Monte Li Santi-Le Rote a Narce (Fabbri 2004-2005, 122 e 138, n. 55), a Ladispoli presso la foce del torrente Sanguinara (Fabbri 2004-2005, 136, n. 42). Segnalo inoltre l'abbondanza di affioramenti idro- e termominerali nei dintorni di Veio (tra i più notevoli Acqua di Ponte Sodo, Bagni della Regina, affioramenti termominerali con turbolenze e manifestazioni gassose a sinistra del torrente Valchetta), località che ha restituito depositi con votivi anatomici aventi una marcata connotazione salutare (Fabbri 2004-2005, 142-144, nn. 99-111). Presenza di acque termali tutt'ora in uso a Roselle e a Saturnia (Fabbri 2004-2005, 122 e 140, nn. 78-79; Fabbri 2019, 172-174).

Fig. 55.1. Quadro d'insieme delle testimonianze relative a culti della salute e fertilità in area etrusca e centro-italica in età repubblicana (elaborazione di F. Fabbri - M. Giugni).

delle loro qualità curative, presentano manifestazioni gassose e turbolenze legate al vulcanismo secondario spesso spettacolari e quindi facilmente osservabili: il loro riconoscimento anche in epoche remote deve quindi essere risultato sempre agevole[7].

Alcuni di questi spazi del sacro presentano una notevole durata temporale che va dalla protostoria all'epoca romana. Molti di essi sono situati in caverne e anfratti naturali e vedono la presenza di sorgenti idriche in molti casi ancora oggi attive[8]. I numerosi culti in grotta di area centro-italica si segnalano per la loro prevalente ubicazione lungo i tragitti della transumanza, con sorgenti che costituivano luoghi di sosta obbligati per i pastori e le loro greggi[9]. Tra i contesti più significativi la Grotta del Re Tiberio nel

comprensorio della Vena del Gesso presso Riolo Terme (RA) che, dotata di una sorgente idrominerale ancor oggi attiva, fu utilizzata come luogo di sepoltura tra l'età del Rame e gli inizi del Bronzo Antico e successivamente a scopo cultuale dalla metà del I millennio a.C. fino a età romano-imperiale[10]. Le modificazioni antropiche sono qui limitate all'ottimizzazione dell'accesso e allo scavo di vaschette per la raccolta delle acque sorgentizie verosimilmente finalizzate agli attingimenti sacri, testimoniati dalla presenza di centinaia di vasetti miniaturistici datati tra il IV e il III sec. a.C.[11]. Situazione analoga si riscontra per la Grotta del Colle di Rapino (CH) che si apre sul versante nord-orientale del massiccio della

---

[7] Fabbri 2019, 174.
[8] Fabbri 2019, 161-164.
[9] Questi luoghi di culto sono spesso collegati agli aspetti pastorali e risanatori di divinità tra le quali emergono non solo l'Ercole italico, ma anche divinità femminili con valenze catactonie oltre che salutari e della

fertilità agraria e umana quali Cerere e *Angitia*, entità divina identificata presso il santuario di Luco dei Marsi in Abruzzo (Miari 1997, 103-105).
[10] Bertani 1997. Dopo un periodo di abbandono in età tardo-antica la frequentazione riprese in epoca post-classica.
[11] Bertani 1997, 79. Al Museo di Imola ne sono conservati oltre 800 esemplari.

Maiella[12]. L'eccezionale rinvenimento negli anni quaranta dell'Ottocento della cosiddetta *Tabula Rapinensis*[13], studiata dal Mommsen, rivelò che la grotta, identificata con il santuario di Giove, era sede di riti legati alla prostituzione sacra ai quali sovrintendeva la sacerdotessa di Cerere[14]. Altri luoghi di culto si affiancano in Abruzzo alla Grotta del Colle: la Grotta Maritza (Avezzano, AQ) interessata da un complesso deposito stratigrafico che abbraccia un arco di tempo di ben 14 millenni, comprendente una stipe di *ex voto* anatomici in terracotta tra cui le maschere votive quadrangolari, doni votivi onnipresenti in quest'area e nelle valli del Liri e del Salto le cui attestazioni ricalcano i percorsi che consentivano di raggiungere la conca reatina e i pascoli del Lazio meridionale, e che si è proposto di connettere anche a culti delle acque e a pratiche oracolari[15]; la vicina Grotta di Ciccio Felice, dall'imponente e prolungata frequentazione documentata da grandi quantità di ceramica dalla fine dell'età del bronzo all'ellenistica fino alla romana, e la Grotta delle Marmitte di Ofena nei pressi di Capestrano che ha restituito una stipe votiva con anatomici datata tra il IV e il I sec. a.C.[16].

Il comparto occidentale del territorio dell'antica Chiusi è particolarmente ricco di culti della salute in grotta: il più importante, la Grotta Lattaia sulle pendici della montagna di Cetona, ha restituito un imponente deposito archeologico di circa sette metri di profondità con sporadiche testimonianze del neolitico, mentre il vero e proprio culto inizia nel III sec. a.C. proseguendo fino almeno agli inizi del I sec. d.C.[17]. Il nome rivela la credenza popolare che attribuiva proprietà galattofore alle numerose stalattiti situate all'interno della grotta, il cui stillicidio perenne richiama la monta lattea invocata dalle

puerpere, le quali ancora in epoca moderna si inoltravano negli ambienti interni "a bere l'acqua gocciolante per far venire il latte"[18]. Il materiale votivo[19] segnala la presenza di un radicato culto della protezione della maternità del quale era forse titolare Minerva/*Menerva* qui venerata nella sua accezione di protettrice delle nascite che intorno al I sec. a.C. si sarebbe affiancata o sostituita a un culto preesistente, forse quello delle ninfe[20]. Per la quantità e la qualità dei votivi la Grotta Lattaia appare un luogo di culto di grande richiamo, al quale si rivolgevano devoti provenienti da un'area assai vasta, tanto che è stato recentemente proposto di riconoscervi una sorta di 'santuario regionale'[21]. A questa si affiancano, sempre sul monte Cetona, la Grotta delle Pocce Lattaie, più piccola ma che statuette femminili fittili e vasetti miniaturistici datati al II sec. a.C. indicano come sede di un culto della fertilità[22], la Grotta del Beato Benincasa situata sul torrente Tresa affluente dell'Orcia[23], la Grotta Sacra, anch'essa sede di un culto afferente alla sfera femminile[24], e un luogo di culto in aperta campagna in loc. La Fonte[25]. Nelle immediate vicinanze, presso le località Sillene e Fucoli, insistevano inoltre tra il V e il II sec. a.C. due importanti aree sacre connesse al culto di Diana e alle sorgenti termali, la cui consistenza strutturale deve essere verificata, che hanno restituito straordinari complessi statuari in bronzo e in terracotta[26]. Risultano prive di interventi antropici anche le cosiddette "Cavernette Falische" che si affacciano suggestivamente su due corsi d'acqua, il Rio Fratta e il Fosso dell'Acquasanta[27], tutte intensamente frequentate fin dalla protostoria. Tra di esse solo la Caverna della Stipe

---

[12] La cavità presenta un maestoso ingresso formato da un grande arco di roccia largo oltre 15 m e da una vasta sala; dalla volta pendono numerose stalattiti con un forte fenomeno di stillicidio. All'ingresso della cavità si impostano le strutture di una chiesa di culto campestre, forse di epoca longobarda vista la dedica a Sant'Angelo. Sebbene non rechi tracce di monumentalizzazione, questo luogo di culto in grotta doveva rivestire almeno in epoca ellenistica una notevole importanza (D'Ercole *et al.* 1997).

[13] La tavola bronzea contiene una legge sacra in dialetto marrucino in cui si menziona il culto di Cerere Giovia alla quale sarebbe connesso il rito della prostituzione sacra.

[14] D'Ercole *et al.* 1997. La *Tabula Rapinensis* è conservata al Museo Puškin di Mosca. Dalla grotta proviene anche la statuetta bronzea (IV-III sec. a.C.) di offerente o divinità con focaccia con spighe denominata "La Dea del Colle".

[15] Miari 1997, 103-105.

[16] Tra i numerosi luoghi di culto all'aperto su percorsi transumantici ci si limita a citare in questa sede: Torre Messere, contraddistinto dall'uso sacralizzato dell'acqua delle numerose sorgenti del Monte Subasio, il cui culto si rispecchiava forse nella vicina città di Assisi con il tempio cosiddetto della Minerva, in realtà dedicato ai Dioscuri, divinità iatriche, ai quali in età cristiana si sovrappose il culto dei S.S. Cosma e Damiano (Giontella 2012, 87-89); Plestia/Colfiorito, luogo di culto della dea Cupra almeno dal V al I sec. a.C., che ha trovato continuità nella chiesa di S. Maria di Pistia (Giontella 2012, 89-91) e di Montefortino di Arcèvia, santuario dotato di una risorgiva dedicata a entità divine ancora anonime che vide una fase di tipo umbro-laziale con offerte di vasellame miniaturistico e laminette bronzee a figura umana di VI-V sec. a.C., una di III-II sec. a.C., che documenta con gli anatomici fittili la romanizzazione del territorio e una più tarda che documenta la frequentazione del santuario tra I sec. a.C. e III sec. d.C. (Giontella 2012, 91-93).

[17] Cronologia confermata da una moneta del 2 d.C. Maggiani 1999, 194-196.

[18] Il perdurare di tale uso in epoca moderna è testimoniato alla fine degli anni Trenta del Novecento dall'editore del complesso Umberto Calzoni (Manconi - Paolucci 2003, 153).

[19] Le offerte sono caratterizzate da vasellame in gran parte miniaturistico e da anatomici fittili raffiguranti soprattutto mammelle, oltre a raffigurazioni di bambini accovacciati vestiti di una leggera tunichetta e privi di *bulla*, bambini in fasce e numerose statuette di *kourotrophoi*.

[20] Maggiani 1999, 196. La presenza di un modellino fittile di grotta o ninfeo con un elemento aggettante poco conservato, forse una bocca di fonte affiancato dalla rappresentazione di un'anfora posta a raccogliere un getto d'acqua da una fontana costituisce un'ulteriore prova dell'enfasi cultuale attribuita alle acque della grotta e potrebbe prestarsi all'ipotesi di rappresentare una sorta di 'sostituto metaforico' dell'intervento umano all'interno dell'antro.

[21] Maggiani 1999, 196; Paolucci 2021, 59.

[22] Maggiani 1999, 195-196. La grotta sembra in qualche modo connessa con il *vicus* di Casa al Vento che ha restituito un'area sacra di una qualche importanza testimoniata da antefisse e dotata di pozzi ed al quale sembra di poter attribuire una funzione di organizzazione della rete santuariale del territorio (Maggiani 1999, 196).

[23] Maggiani 1999, 196. La grotta ha restituito frammenti di olle costolate in bucchero (VI sec. a.C.) e gruzzoli di monete di età romana riferiti a due momenti di frequentazione, uno intorno alla metà del II sec. a.C., l'altro di piena età imperiale.

[24] Maggiani 1999, 197.

[25] Sito dotato di un deposito votivo con anatomici fittili parte del quale venne acquistato dal Museo Archeologico di Firenze (Paolucci 2003, 165-166; Fabbri 2004-2005, 134, n. 25). Nel territorio immediatamente circostante sorgevano due santuari di campagna con culti di carattere agricolo-pastorale, quello di Casa al Savio, posto tra due fonti ancora attive (Maggiani 1999, 196) e quello di Pianoia Le Macchie, cha ha restituito votivi anatomici, bronzetti di offerenti e di animali (Minetti - Paolucci 1992, 67, nn.197-110).

[26] Su tali rinvenimenti, dei quali quello di Sillene sembra testimoniare la presenza del culto di Diana Trivia, si veda Bonamici 2003 e, da ultimo, Paolucci 2021, 61-63.

[27] Fabbri 2004-2005, 133, n. 22 con bibliografia precedente. All'interno della Caverna dell'Acqua sgorga tutt'oggi una sorgente.

e la Caverna dell'Acqua a Corchiano hanno restituito, oltre alle testimonianze di epoca protostorica che ne indicano un utilizzo di carattere non religioso, anche notevoli quantità di materiali che ne segnalano l'uso per finalità cultuali dall'età ellenistica, datati al III-II sec. a.C.[28]. La tipologia dei votivi e le numerose statuette sembrano segnalare la venerazione di una divinità femminile. Le Cavernette Falische mostrano molte affinità con il cosiddetto Ninfeo Rosa presso l'insediamento di Falerii Veteres, ubicato non lontano dalle due grotte, un contesto che vedeva anch'esso la presenza di un culto inerente alla sfera della fertilità[29]. Sembra di poter notare che molti degli anfratti naturali, utilizzati nella protostoria solo per i benefici che essi offrivano in quanto tali, furono resi luoghi di culto solo a partire dalla piena età storica[30].

Assai limitati sono anche gli interventi presso la Grotta di Pantanacci situata nell'*Ager Lanuvinus*[31], recentemente scoperta in occasione di un intervento di repressione di scavi clandestini[32], attraversata ancor'oggi da un abbondante getto di acque formante un laghetto al centro della cavità. La grotta ha restituito un'imponente stipe votiva datata tra IV e II sec. a.C., composta da ceramiche miniaturistiche e da anatomici fittili tra i quali spicca l'inedita tipologia dei cavi orali, che sembrano segnalare un culto di carattere spiccatamente salutare (Fig. 55.2)[33]. Questo eccezionale contesto cultuale in grotta è stato identificato con l'antro del serpente sacro a Giunone Sospita, che le fonti antiche[34] riferivano situato in prossimità del grande santuario della dea, ma la cui ubicazione era fino ad oggi sconosciuta[35]. Sebbene quindi la grotta di Pantanaci costituisse un prestigioso luogo di culto annesso a uno dei santuari più famosi dell'Italia antica, gli interventi antropici risultano anche in questo caso limitati all'ottimizzazione del convogliamento e del contenimento all'interno e del deflusso verso l'esterno delle acque. La situazione di scarsa o nulla antropizzazione dei luoghi di culto in aree naturali fin qui esaminati, alcuni dei quali costituenti importanti aree sacre con un bacino di utenza di carattere 'regionale', rende forse lecito ipotizzare che la mancanza

di intervento antropico in tali siti sia intenzionale, e che sia dovuta all'alto grado di suggestività e spettacolarità con cui questi contesti naturali si presentavano ai fedeli, elementi che da soli risultavano più che sufficienti a garantirne la 'sacralizzazione'.

Vi sono aree sacre sorte in epoca repubblicana in luoghi extraurbani caratterizzate da interventi antropici che agiscono direttamente sul paesaggio in cui si inseriscono enfatizzandone alcuni aspetti mediante interventi di monumentalizzazione. Ne è un esempio il santuario di Fontanile di Legnisina, situato sulle rive del Fiora di fronte alla città di Vulci, santuario suburbano esterno ma contiguo a un tratto della cinta muraria urbana che, assieme a quello del Carraccio dell'Osteria e a una terza area attrezzata con una vasca e dotata di *ex voto* anatomici, sembra costituire un sistema di cintura sacra 'delle acque' attorno alla città[36]. Le indagini[37] hanno portato in luce i resti di un altare monumentale in blocchi modanati di nenfro[38] (Fig. 55.3) addossato a un anfratto roccioso formato da un crollo di massi trachitici accapannati da dove scaturisce una fonte perenne, con annessi ricchi depositi di votivi anatomici[39]. Frequentato dal V sec. a.C. almeno fino al I d.C. il santuario, situato nei pressi della necropoli orientale, era un luogo che ben si prestava a un culto con forte connotazione ctonia e della fertilità femminile, come dimostrano le centinaia di uteri votivi fittili raccolti[40], e segnava forse il luogo di passaggio dal mondo dei vivi a quello dei morti, nonché dalla città alla campagna e al mondo esterno in genere[41]. L'altare monumentale sembra segnalare la volontà di esaltare il punto di sbocco del flusso idrico proveniente dalla sorgente che sgorga ancor oggi dalla roccia[42].

La monumentalizzazione delle aree sacre connesse con culti della salute e della fertilità è chiaramente

---

[28] Le due caverne hanno restituito vasellame quali olle, coperchi, ceramica a vernice nera ed *ex voto* anatomici: mani, piedi, mammelle, organi genitali maschili, un bambino in fasce ancora appoggiato alla parete di fondo così com'era stato deposto, una figura seduta sistemata in una nicchia sul fondo della grotta.

[29] Fabbri 2004-2005,134, n. 32.

[30] È il caso della Grotta del Re Tiberio, della Grotta Lattaia, delle due Cavernette Falische e della Grotta Bella di Terni, frequentate con scopi del tutto diversi nella preistoria, e resi luoghi di culto solo in epoca storica (Giontella 2012, 105). Tra le eccezioni a questa regola vi sono, ad esempio, i culti di carattere dionisiaco e ctonio praticati dal VI al III sec. a.C. presso le due grotte artificiali in loc. La Lega a Blera, che si interrompono in epoca ellenistica avanzata: è suggestivo pensare che tale interruzione sia dovuta alla repressione dei Baccanali da parte di Roma, culti della cui diffusione, secondo la testimonianza di Livio, l'Etruria era la culla (Ceci - Di Silvio - Steingräber 2016, 125-128).

[31] La località si trova oggi amministrativamente divisa tra i comuni di Genzano di Roma e di Lanuvio (Roma).

[32] Attenni - Ghini 2014; Fabbri 2019, 78-79 e 189.

[33] Si tratta di uno dei rari contesti sacri in cui il materiale votivo è stato rinvenuto in giacitura primaria, nella posizione stessa in cui in epoca medio e tardo-repubblicana era stato deposto dai fedeli.

[34] Prop. IV 8, 3-14; Aelian., *Nat. Anim.* 11, 16.

[35] Ghini - Attenni 2015, 386-393.

[36] Giontella 2012, 35. Queste tre aree sacre potrebbero fornire una chiave di lettura interessante che sembra richiamare il potere dell'acqua quale confine pressoché invalicabile: forse non tanto un confine fisico, ma piuttosto socio-religioso, come se l'acqua fosse un mezzo per obbligare al passaggio solo chi accettasse di sottoporsi a eventuali pratiche lustrali.

[37] Effettuate dall'allora Soprintendenza per il Lazio Meridionale dal 1978 al 1986.

[38] Dimensioni 6,40 m x 4,65 m.

[39] Furono portate in luce anche parte delle strutture perimetrali del basamento in blocchi squadrati di tufo di un tempio a pianta rettangolare orientato a sud-ovest (Massabò - Ricciardi 1988, 30-32; Ricciardi 1988-89, 137-144, figg. 1-9).

[40] Tributarie del culto, con valenze salutari, della fertilità e ctonie, erano Uni e Demetra-Vei, documentate rispettivamente da una dedica su un bronzetto di offerente e su due uteri votivi alle quali si affiancavano *Aplu*, *Hercle* e *Menerva*. Ricciardi 1988-89, 152.

[41] Ricciardi 1988, 32.

[42] La particolarità del santuario consiste anche nelle varianti morfologiche presentate dalle decine di uteri votivi che presentano forme peculiari riferibili in gran parte alle produzioni più antiche di questo tipo di *ex voto*, quelle in cui l'organo è assimilato a un otre e viene modellata a tutto tondo in verticale (Ricciardi 1988-89, 171-189, uteri della 'I categoria', figg. 38-43). Dal santuario provengono anche esemplari di utero del tipo più tardo, quello cosiddetto "a ciabatta", contenenti al loro interno una o più palline in terracotta, che sembrerebbero segnalare la coscienza da parte della scienza medica dell'epoca che forniva i cartoni agli artigiani plasticatori, dell'annidamento dell'embrione nel corpo dell'utero (Fabbri 2019, 92, Fig. 48). Per una disamina dello sviluppo morfologico degli uteri votivi fittili: Fabbri 2019, 86-90.

Fig. 55.2. Stipe votiva di Pantanacci (Roma). Votivi fittili raffiguranti il cavo orale (rielaborazione di Attenni - Ghini 2014).

Fig. 55.3. Santuario di Fontanile di Legnisina (Canino). Altare monumentale (rielaborazione di Ricciardi 1988-1989).

percepibile soprattutto per gli insediamenti che presentano fasi risalenti all'epoca romana. I santuari delle *Aquae Apollinares Veteres* a Bagni di Stigliano e quelle forse già in antico dette *Novae* a Vicarello, costituiscono i due principali esempi di aree strutturate per il Lazio. Le due località, poste su un'importante via di comunicazione che collegava *Caere* con Tarquinia, erano inserite in un comparto geologico di affioramenti di acque termali afferenti all'attività del vulcano sabatino, conosciuti e praticati fin dall'antichità[43]. Questi due poli termali si distinguono per la lunghissima frequentazione umana, dal neolitico fino alla dominazione romana, quando si realizzò lo sfruttamento industriale e la monumentalizzazione delle sorgenti che in epoca etrusca sembra siano state oggetto di un culto libero[44]. Gasperini sottolinea le differenze non solo del numero dei documenti epigrafici ma anche delle rimanenze strutturali giunte fino a noi nelle due località: "Murature più antiche e di piccolo apparato" alle *Aquae Veteres* di Stigliano, "Murature più recenti e più spettacolari, con trionfo del laterizio" a Bagni di Vicarello (le *Aquae Novae*)[45]. Quest'ultimo complesso, le cui acque raggiungono i 45 gradi, ha visto in età medio-imperiale una fase importante di ristrutturazione architettonica che ha forse comportato anche il mutamento del toponimo in *Aquae Apollinares Novae*, da cui deriva probabilmente l'*Ad Novas* della Tabula Peutingeriana[46]. Gli imponenti lavori di ristrutturazione della seconda metà del I sec. d.C. sono attribuiti alla volontà dell'imperatore Domiziano, descritto da Svetonio *deformis ... crurum gracilitate* di chiudere l'accesso all'area termale limitandone la fruizione ai suoi congiunti e alla sua corte[47]. Si affianca agli importanti santuari dedicati ad Apollo adesso menzionati l'area sacra delle *Aquae Ceretanae* in località Pian della Carlotta che Strabone dice più popolate della stessa città di *Caere* per l'afflusso di pazienti[48]. Le strutture a oggi poste in luce, tra le quali due vasche identificate come *calidarium* e *tepidarium*, indicano la presenza di ambienti sontuosamente rivestiti da lastre di marmo con volte decorate da mosaici policromi[49]. L'area venne frequentata dalla prima età imperiale fino al III sec. d.C. Ci fornisce informazioni su alcune delle divinità

tributarie del culto una serie di iscrizioni trovate sul posto a *Iuppiter*, al *Fons Aquarum Caeretanarum* e una dedica di un soldato a Giove e a Ercole *Aquarum Caeretanarum* recuperata ad Amelia[50]. Vi sono ulteriori esempi di monumentalizzazione di polle di acque termali effettuati in epoca romana, significativi anche per la loro affinità. In loc. Aisillo, nella Valle Umbra nei pressi dell'attuale Bevagna, è stato portato in luce tra il 2004 e il 2005 un complesso caratterizzato da una risorgiva monumentalizzata tra la tarda età repubblicana e la prima età imperiale mediante una vasca circolare collocata in posizione enfatizzata al centro di un portico[51]. Frequentato fino agli inizi del IV sec. d.C., poi abbandonato e oggetto di spoliazione, il santuario era connesso con la sacralizzazione delle numerose risorgive dell'area, in analogia con quanto documentato da Plinio il Giovane per il vicino santuario del dio *Clitumnus*[52].

Le indagini tutt'ora in corso in località Bagno Grande nel comparto termale di San Casciano Bagni (SI) hanno intercettato un bacino costituente la monumentalizzazione di una sorgente, dotato di copertura a compluvio poggiante su quattro colonne e con propileo di ingresso[53]. Gli ambienti, realizzati nel primo trentennio del I sec. d.C., si impostano su una struttura preesistente in grandi blocchi calcarei datata tra II e I sec. a.C.[54]. L'area venne frequentata fino al IV-V sec. d.C., epoca in cui fu abbandonata dopo essere stata oggetto di una sorta di colmata di obliterazione[55]. È stato notato che a differenza dei luoghi di culto più antichi che continuano a essere frequentati nei secoli senza soluzione di continuità, quelli fondati in epoca ellenistica e romana sono molto meno numerosi: sembra quasi che nel tempo si sia verificato un mutamento dei motivi che in epoca più antica ne avevano determinato la nascita[56]. Successivamente, in epoca romana, nelle realtà più antiche ancora frequentate e nelle poche nate in quel periodo, si nota un'attenzione particolare alla monumentalizzazione delle emergenze termominerali, come presso il santuario

[43] Il comparto comprendeva anche le *Aquae Tauri* presso Civitavecchia e le *Aquae Ceretanae* in loc. Pian della Carlotta presso Sasso di Furbara. Le acque, di natura salso-iodico-sulfuree con temperature dai 36 ai 58 gradi, sono ancor oggi utilizzate nella cura di numerose affezioni.

[44] In epoca romana i due comparti termali dovevano essere assai celebri, molto più di quanto non lo siano ai nostri giorni Gasperini 2006a, 190; Sodano 2011, 1.

[45] Gasperini 2006a, 190.

[46] A conferma del carattere sacro delle acque un eccezionale dono votivo rinvenuto nel 1852, costituito dai quattro bicchieri in argento del I sec. d.C. sulla cui superficie sono minuziosamente riportate le tappe dell'itinerario che i pellegrini iberici dovevano seguire per andare da Gadès a Roma e ritorno (Gasperini 2006a, 197-198).

[47] Sodano 2011, 1-4. Dalla fenditura da cui sgorga l'acqua calda vennero inoltre alla luce un'enorme quantità di monete, vasellame in metalli preziosi e piccoli manufatti d'oro, d'argento e di bronzo, doni votivi tributati ad Apollo, divinità il cui culto ha segnato i toponimi di entrambe le aree sacre.

[48] Strab. V 2, 3. Probabilmente, come sembra indicare il toponimo al plurale, le *Aquae Ceretanae* costituivano un comprensorio termale diffuso sul territorio. Celio Aureliano le ricorda tra le acque più calde d'Italia: sgorgavano infatti a 40°c (Cael. Aur., *Chron.* II, 1, 48.)

[49] Giontella 2012, 119-123 con bibliografia.

[50] Giontella 2012, 120-122. Sul culto tributato a Ercole quale nume tutelare delle scaturigini idriche soprattutto in Etruria, cui si affianca Apollo in epoca romana si veda Fabbri 2019, 197-205.

[51] Il bacino, a doppia armilla con struttura in cocciopesto su conci di arenaria ha un diametro di 8 m. (Albanesi - Picuti 2009, 142-148, figg. 4-5). Terrecotte architettoniche composte da lastre e da scene figurate ad altorilievo datate al II a.C. segnalano la presenza di edifici forse templari di media grandezza: Albanesi - Picuti 2009, 150-152.

[52] Plinio VIII, 8. La presenza di una cornucopia in marmo, attributo di una statua perduta, seppur utile a indicare la presenza di una statua di culto non permette l'identificazione della divinità, sebbene sia stato ipotizzata una connessione con le Ninfe. Va inoltre ricordato che *Mevania*, sede della lega dei popoli umbri, presenta una notevole concentrazione di testimonianze di divinità legate alla sfera della salute quali Igea, Esculapio e *Valetudo*: non si esclude che il santuario dell'Aisillo possa essere in qualche modo collegato proprio a quest'ultima divinità, di probabile origine umbra, connessa alle sorgenti e alla sfera della *sanatio* (Albanese - Picuti 2009, 168-169).

[53] Mariotti 2021, 145-169.

[54] Epigrafi dedicatorie ed *ex voto* anatomici in bronzo indicano Iside, Fortuna Primigenia, Apollo ed Esculapio quali divinità tributarie del culto.

[55] Mariotti 2021, 145-163. Secondo l'Autore "Con il prosieguo delle ricerche, è lecito aspettarsi che il sito del Bagno Grande assomigli sempre di più ad altri santuari conosciuti, come la *Aquae Apollinares* di Vicarello e Stigliano o l'area di Campetti a Veio". Mariotti 2021, 162-163.

[56] Giontella 2012, 130; 195-196.

di Vicarello e quelli delle *Aquae Ceretanae* di Pian della Carlotta e del Bagno Grande di San Casciano[57].

Bibliografia

Albanesi, M. - Picuti, M. R. 2009, "Un luogo di culto d'epoca romana all'Aisillo di Bevagna (Perugia)", in *MEFRA*, 121-1, 133-179.

Attenni, L. - Ghini, G. 2014, "La stipe votiva in località Pantanacci (Genzano di Roma-Lanuvio, Roma)", in Ghini - Mari - Russo Tagliente 2014, 153-161.

Bertani, M. G., "La Grotta del Re Tiberio", in AA.VV., *Acque, grotte e dei. 3000 anni di culti preromani in Romagna, Marche e Abruzzo*, 1997, 78-90.

Bonamici, M. 2003, "I bronzi del santuario di Sillene a Chianciano Terme", in Paolucci 2003, 45-55.

Ceci, P. - Di Silvio, S. - Steingräber, S. 2014, "Santuari extraurbani dell'Etruria rupestre tra Barbarano Romano e Blera. I luoghi sacri in località La Noce e La Lega", in A. Russo Tagliente - F. Guarneri (eds), *Santuari Mediterranei tra Oriente e Occidente. Interazioni e contatti culturali*, Roma, 126-130.

Comella, A. 1981, "Tipologia e diffusione dei complessi votivi in Italia in epoca medio- e tardo-repubblicana", in *MEFRA*, 93, 2, 717-803.

D'Ercole, V. - Mieli, G. - Orfanelli, V. - Riccitelli, P. 1997, "La "Grotta del Colle" di Rapino (Chieti)", in Pacciarelli 1997, 91-102.

Di Fazio, M. 2012, "I luoghi di culto di Feronia. Ubicazioni e funzioni", in *Annali Faina*, 19, 379-408.

Fabbri, F. 2004-2005, "Votivi anatomici fittili e culti delle acque nell'Etruria di età medio- e tardo-repubblicana", in *Rassegna di Archeologia*, 21, B, 103-152.

Fabbri, F. 2019, *Votivi anatomici fittili. Uno straordinario fenomeno di religiosità popolare dell'Italia antica*, Bologna.

Gasperini, L. 2006 (ed.), *Usus Veneratioque Fontium. Fruizione e culto delle acque salutari nell'Italia romana*, Tivoli.

Gasperini, L. 2006a, *Le terme-santuario di Stigliano e Vicarello nel Foroclodiense*, in Gasperini 2006, 189-224.

Ghini, G. - Attenni, L. 2015, "La stipe votiva in località Pantanacci (Lanuvio-Genzano di Roma (RM)", in *Symbola. Recuperi della Guardia di Finanza*, Roma, 386-399.

Ghini, G - Mari, Z. - Russo Tagliente, A. 2014 (eds), *Lazio e Sabina*, 10, Roma.

Giontella, C. 2012, *"...Nullus enim fons non sacer". Culti idrici di epoca preromana e romana (Regiones VI-VII)*, Pisa-Roma.

Maggiani, A. 1999, "Culti delle acque e culti in grotta in Etruria", in *Ocnus*, 7, 1999, 187-203.

Manconi, D. - Paolucci, G. 2003, "Deposito votivo di Grotta Lattaia Monte di Cetona", in Paolucci 2003, 153-164.

Mariotti, E. 2021, "Il santuario rivelato: gli scavi 2019 e 2020 al Bagno Grande", in Mariotti - Tabolli 2021, 145-169.

Mariotti, E. - Tabolli, J. (eds) 2021, *Il santuario ritrovato. Nuovi scavi e ricerche al 2021 al Bagno Grande di San Casciano dei Bagni*, Livorno.

Massabò, B. - Ricciardi, L. 1988, "Vulci II: nuove scoperte nel santuario etrusco di Fontanile di Legnisina. Il tempio, l'altare e il deposito votivo", in *BdA*, 48, 27-39.

Mezzetti, N. 2004, "Santuari collegati al culto delle acque in territorio chiusino. Il caso specifico del crescente lunare di Città della Pieve", in AA.VV., *La formazione della città in Etruria*, Roma, 219-236.

Miari, M. 1997, "Grotte Maritza, di Ciccio Felice, delle Marmitte", in Pacciarelli 1997, 103-111.

Minetti, A. - Paolucci, G. (eds) 1992, *Testimonianze archeologiche. Nuove acquisizioni del Museo civico archeologico di Chianciano Terme*, Chianciano Terme.

Pacciarelli, M. (ed.) 1997, *Acque, grotte e dei. Tremila anni di culti preromani in Emilia, Marche, Abruzzo*, Imola.

Paolucci, G. 2003 (ed.), *L'acqua degli dei. Immagini di fontane, vasellame, culti salutari e in grotta*, Montepulciano.

Paolucci, G. 2021, "Le acque sacre nel sud della Toscana interna tra Etruschi e Romani", in Mariotti - Tabolli 2021, 57-69.

Ricciardi, L. 1988, "L'altare monumentale e il deposito votivo", in Massabò - Ricciardi 1988, 30-36.

Ricciardi, L. 1988-1989, "Canino (Viterbo). Il santuario etrusco di Fontanile di Legnisina a Vulci. Relazione delle campagne di scavo 1985 e 1986; l'altare monumentale e il deposito votivo", in *NSc*, 42-43, 137-209.

Sodano, C. 2011, "La valorizzazione del patrimonio culturale. L'Apollo di Vicarello. Un'opera restituita al suo territorio", in *Kermes*, 83, 1-10.

---

[57] Giontella 2012, 191-196; Fabbri 2019, 161. Le acque termominerali, in special modo quelle 'insanguinate' in quanto ferruginose e quelle che presentavano fenomeni di effervescenza, potevano ispirare voti 'negativi', come sembra mostrare la *defixio* gettata nella sorgente di Poggio Bagnoli nell'aretino, a conferma del carattere infero delle divinità a esse preposte (Mezzetti 2004, 222-223; Fabbri 2019, 161-163 e 175-176).

56

Aspetti del 'paesaggio' sacro lungo il *limes* danubiano: i *castra* della *legio I Italica*[1]

Gian Luca Gregori, Georgi Tsvetanov
'Sapienza' Università di Roma

Abstract: The *castra* of *Novae*, on the lower course of the Danube, in the province of *Moesia Inferior*, present an interesting epigraphic dossier that includes numerous sacred dedications to divinities which are the object of worship within the camp. In this paper the authors focus in particular on three bases dedicated respectively to *Apollo Sanctus*, to *Apollo Praesagator et Invictus* and to *Liber Pater, Sanctus et Conservator imperii Romani et legionis I Italicae*. Based on the internal references, the three inscriptions can be easily dated at the Severian age (nn. 1-2) and at the Tetrarchic period (n. 3).

Keywords: *Novae*; *legio I Italica*; *primipili/primipilarii*; Apollo; *Liber Pater*.

La storia della fortezza romana di *Novae*, fondata sotto Claudio sulla riva destra del basso Danubio (Fig. 56.1), è legata alle vicende della legione *I Italica*, arruolata da Nerone nel 66, ma insediata in *Moesia* da Vespasiano nel 69/70[2], in sostituzione della *VIII Augusta*. Con la divisione da parte di Domiziano della *Moesia* in due province nell'86[3], i *castra* di *Novae* rientrarono dentro i confini della *Moesia Inferior*; il sito sopravvisse poi come insediamento civile, ma con una frequentazione sempre più ridotta, fino al IX sec., attorno alla basilica cristiana e alla sede vescovile. L'ultimo periodo di prosperità fu sotto Giustiniano (527-565); poi gli attacchi degli Slavi e degli Avari[4] determinarono la disgregazione del *limes* basso-danubiano, per cui nel IX- XI secolo rimaneva in piedi, oltre alla basilica, solo un cimitero nella parte occidentale della città.

Gli scavi, in corso dal 1960, hanno permesso di individuare i ca. 18 ettari dei *castra* e, all'esterno, l'area delle *canabae*: oggi sono visibili la parte centrale dell'accampamento, occupata dai *principia* con annesse terme e basilica cristiana, e ai limiti dell'area, non lontano dalla sponda del Danubio, il *valetudinarium*.

Nel panorama complessivo degli accampamenti militari della *Moesia inf.*, che oltre a *Novae* comprendeva *Oescus* (*legio V Macedonica*) e *Durostorum* (*legio V Alaudae*, poi *XI Claudia*), *Novae* si distingue per numero di ritrovamenti epigrafici, sia in greco sia in latino, per un totale di circa 200 testi, fra i quali un posto di assoluto rilievo (ca. un terzo) è occupato dai *tituli sacri*. In questo ricco dossier di carattere religioso spiccano alcune dediche poste da primipili[5], i centurioni più alti in grado e membri, insieme ai sei tribuni militari, del consiglio del legato di legione, che si occupavano anche del vettovagliamento delle truppe; questa funzione in epoca tarda sarà trasferita a civili, con il titolo di primipilari, che muovendosi dalle province orientali, singolarmente o in coppia, garantivano i rifornimenti di viveri ai *castra* delle due *Moesiae*[6].

Sono almeno una decina a *Novae* le iscrizioni sacre latine, finora edite e poste da primipili, la maggior parte delle quali inquadrabile tra il II sec. e l'età severiana, un momento importante nella storia della legione I Italica, in quanto nel 193 essa prese le parti di Settimio Severo contro Pescennio Nigro, Clodio Albino e Didio Giuliano[7]. L'occasione di queste dediche poteva essere la fine del servizio militare, ma anche la promozione stessa al primipilato[8], o un'offerta *pro salute* dell'imperatore[9]. Il quadro della vita religiosa dell'accampamento è arricchito da altre dediche rinvenute nei *castra*, spesso però fuori contesto. Numerose sono le divinità documentate, a testimonianza di una intensa e variegata vita religiosa, che doveva avere il suo fulcro in qualcuno degli ambienti scavati nell'area dei *principia* o presso il *valetudinarium*[10]:

---

[1] Gli Autori ringraziano Andrey Georgiev per la preziosa collaborazione.
[2] Per un aggiornamento della classica voce di Ritterling 1925; Absil 2000; Matei-Popescu 2010, 77-123.
[3] Mrozewicz 1982; Mrozewicz 1984; Donev 2019, 332. Prima della suddivisione la provincia di Mesia aveva a disposizione sempre non meno di due legioni, in alcuni periodi anche quattro. Dopo l'86 nella *M. Inferior* rimasero di sicuro le legioni a *Oescus* e a *Novae*, e più tardi anche a *Durostorum*. Il tasso di romanizzazione dei soldati aumentò con il passar del tempo: Gerov 1948-1949; Gerov 1950-1952; Gerov 1952-1953.
[4] Press-Sarnowski 1990, 243; anche Theoph., *Chron.* 274-283.

[5] Kolendo 1980; Kolendo 1988.
[6] Sarnowski 2005; Sarnowski 2013; Łaitar 2015; Łaitar 2021.
[7] Absil 2000, 230.
[8] *IGLNovae* 47a; *ILNovae* 27.
[9] *ILNovae* 13, 27.
[10] Cfr. anche *ILNovae*, 1-62 (aggiornate al 1989). Per un sintetico, recente, quadro d'insieme: Szabó 2022, 125-126, nell'ambito di uno studio di carattere generale sui culti delle province danubiane.

Aesculapius	*AE* 1998, 1131
Aquila legionis	*IGLNovae* 12, 33, 47
Bonus Eventus	*IGLNovae* 3-4
Deus Aeternus	*IGLNovae* 8-9
Diana Augusta	*IGLNovae* 10
Dii Militares	*IGLNovae* 12
Genius armamentarii	*IGLNovae* 32
Genius	*IGLNovae* 12
Hygia	*IGLNovae* 16-17
I.O.M.	*IGLNovae* 20-21, 23, 115; *AE* 2015, 1215
I.O.M. Depulsor	*IGLNovae* 25
Iuppiter Dolichenus	*IGLNovae* 26-27
Liber Pater	*IGLNovae* 30; *AE* 2013, 1336
Luna	*IGLNovae* 31
Mars	*IGLNovae* 32
Mars Victor	*IGLNovae* 33
Signa legionis	*IGLNovae* 12
Urbs Roma aeterna	*IGLNovae* 45
Victoria Augusta Panthea Sanctissima	*IGLNovae* 46
Virtus	*IGLNovae* 12
Triade Capitolina, con o senza *ceteri dii deaeque immortales*	*IGLNovae* 24; *AE* 1999, 1330

Dal punto di vista sia del formulario sia dell'esecuzione, grazie alle datazioni consolari o alle titolature imperiali, possiamo inquadrare molti testi in età severiana; essi in genere non presentano peculiarità che li distinguano dalle dediche di altri *castra*, compresa la predilezione per i nessi plurimi, che si riscontra anche in molti altri manufatti provinciali di area renana e danubiana[11].

In questa sede ci soffermeremo su tre iscrizioni latine, due dediche per *Apollo* e una per *Liber Pater*, non prive di particolarità interessanti nel panorama religioso generale, che furono rinvenute nel 2013 nell'area dei *principia* e che sono attualmente esposte *in situ*, dove sono state viste e trascritte da G. Tsvetanov nell'aprile del 2021; le foto sono anche pubblicate sul sito *Livius.org.* di J. Lendering, mentre riferimenti cursori si incontrano nei contributi di T. Sarnowski (2013, 2014), A. Tomas (2015), A. Łaitar (2021)[12].

[G.T.]

---

[11] Mrozewicz 2010, 133-233 (tavole fotografiche).
[12] Sarnowski *et al.* 2014, 196.

56.1. Dedica di *C. Attius Iulianus* ad *Apollo Sanctus* per la *salus* della *domus Augusta* (Figg. 56.2-56.3).

Il primo testo è inciso sulla fronte (Fig. 56.2) e sul lato sinistro (Fig. 56.3) di una base (alta cm 120, larga 76, profonda 59; le lettere sono alte tra i 5 e i 6), che ha subito vistosi danneggiamenti lungo i margini laterali e gravi scalpellature dello specchio epigrafico con l'erasione di due righe sulla fronte. Il solco quadrangolare tracciato attorno allo specchio epigrafico è indizio di un probabile riutilizzo del supporto. L'incisione del testo è eseguita in una capitale quadrata dal modulo tipico dell'età severiana, con alcuni nessi (fronte r. 2: *VM* e *NNN*; r. 6: *AE* e *MA*).

Fronte:

> [*A*]*pollini sancto*
> [*pr*]*o salute dominorûm n*[*nn.*] (i.e. *nostrorum*)
> [*Imp*(*eratoris*) *L*(*uci*) *Septi*]*mi Se*[*veri Aug*(*usti*)] *et*
> [*M*(*arci*) *Au*]*r*(*eli*) *Antonin*[*i Aug*(*usti*)] [[*et*]]
> 5 [[*P*(*ubli*) *Septimi Getae Caes*(*aris*) *Aug*(*usti*) *et*]]
> [*Iuliae*] *Augustâe mâtr*[*i cas*]*tro*(*rum*)
> [*et*] *August«i»*
> *C*(*aius*) *Attius Iulianus Ra*[*t*(*iaria?*)]
> [*p*(*rimus*)] *p*(*ilus*) *leg*(*ionis*) *I Ital*(*icae*) *ex evo*[*c*]*a*[*to*]
> 10 [---?] *commentar*(*iensis?*)
> *d*(*onum*) *d*(*edit*).

r. 7: originariamente *Augustorum*, con erasione della terminazione al plurale e successiva correzione[13]; r. 9 la seconda *P.* è solo parzialmente conservata, sul margine di frattura; r. 10 possibile anche [*a*] *commentar*[*iis*].

Lato sinistro:

> *Dedicatu*[*m*]
> *Kal*(*endis*) *Mais*
> *Pompeiano* [*êt?*]
> *Avito co*(*n*)*s*(*ulibus*).

L'importanza di questa dedica, che, come apprendiamo dall'iscrizione sul fianco sinistro, fu collocata l'1 maggio del 209, risiede nel fatto che insieme alla successiva costituisce per ora la prima dedica in latino ad Apollo da *Novae* riconducibile ad ambiente militare[14]. L'appellativo di *Sanctus* è frequente per Apollo anche altrove nella *Moesia Inferior*, in particolare nelle dediche dal santuario di *Montana*, dedicato alla sorella Diana[15]. Almeno altre quattro sono a *Novae* le dediche *pro salute* della dinastia

---

[13] Il fenomeno si riscontra anche in altre dediche; l'ordine dei due titoli, comuni per Giulia Domna, può essere lo stesso che vediamo in questa iscrizione, ma anche quello contrario. Sul titolo di *mater castrorum*: da ultimo Conesa Navarro 2019, 287-296.
[14] Una dedica a Febo (in greco) da parte di un primipilario è stata edita da Łajtar 2015, che osserva una scarsa presenza del dio nella vita religiosa della *Leg. I Italica*. Tuttavia vanno considerate anche le numerose dediche ad Apollo ritrovate a Montana e aventi come dedicanti proprio soldati della legione.
[15] *CIL* III 7470=14210 e 12462; *AE* 1972, 522; *AE* 1975, 745-746; *AE* 1987, 883-884; *AE* 2010, 1418; *ILBulg* 419; *Montana*, II, 40-41. Per la documentazione epigrafica dal santuario di *Montana*, Zaccaria 2015.

Fig. 56.1. *Novae*. Immagine satellitare del sito dei *castra* con i *principia* nella parte centrale (reworked from Google Earth).

Fig. 56.2. Dedica ad *Apollo Sanctus*, fronte (foto di G. Tsvetanov).

Fig. 56.3. Dedica ad *Apollo Sanctus*, lato sinistro (foto di G. Tsvetanov).

severiana (Settimio Severo, Caracalla, Geta e Giulia Domna), una delle quali datata alle Idi di maggio del 208[16], vale a dire quasi esattamente un anno prima della nostra. L'erasione di *Augustorum* alla riga 7 dimostra che anche Geta doveva in quel momento essere Augusto, mentre finora si riteneva che tale nomina fosse avvenuta solo a settembre/ottobre di quell'anno[17]. La dedica del 15 maggio del 208 era stata posta a cura del legato consolare e del legato di legione[18] e potrebbe collegarsi alla partenza per la spedizione britannica della famiglia imperiale; in effetti alle Idi di maggio si festeggiava Mercurio, dio che proteggeva i viaggiatori. L'1 del mese, invece, giorno scelto per la nostra dedica, era sacro a Maia, madre dello stesso Mercurio, e ai Lari, figli di Mercurio e della ninfa Tacita. L'1 maggio del 212 un altro primipilo fece a *Novae* una dedica a Giove Ottimo Massimo, *pro salute* di Caracalla e Giulia Domna[19], mentre alle calende di maggio del 233 fu collocata una dedica per il tramite del legato di legione Fonteio Massimo (*ILNovae* 50). Se la scelta delle Calende e delle Idi di maggio non fosse legata alle festività religiose per Maia e Mercurio (che a dir il vero sono assenti nel *feriale Duranum* del 223), potremmo pensare ad anniversari imperiali: in effetti proprio agli inizi di maggio del 197 si ritiene che Caracalla sia diventato *imperator destinatus, princeps iuventutis, pontifex, sodalis Augustalis* e *particeps imperii* (*CIL* VIII 12211=*ILTun* 152)[20].

È probabile, per confronto con altre dediche sacre di Novae e per la *P* che si intravede alla riga 9 sul margine sinistro di frattura, che il dedicante di questo cospicuo basamento per Apollo, *C. Attius Iulianus*, fosse un primipilo. Egli era forse originario della colonia di *Ratiaria*, nella *Moesia Superior*, e dopo aver servito nella legione I Italica come *commentariensis*, una volta congedato (*ex evocato*), era stato richiamato in servizio e a quanto pare promosso al primipilato, circostanza che giustificherebbe l'offerta di tale dedica ad Apollo, qui invocato come dio che doveva proteggere e assicurare la *salus* della *domus Augusta*.

Sono almeno una cinquantina in tutto l'Impero le dediche poste ad Apollo, che tra i suoi epiteti ha anche quello di *Medicus*, *pro salute* e in molti casi si tratta di quella dell'imperatore e della casa imperiale[21]. Sia l'espressione *ex evocato*, sia la funzione di *commentariensis* compaiono nell'epigrafia della *Moesia Inferior* qui per la prima volta e sono rare in generale in ambito militare. In particolare, come *commentariensis* il nostro avrà svolto compiti di tipo amministrativo e archivistico, con funzioni di supporto anche nelle cause giudiziarie riguardanti i soldati e rientranti tra le competenze del legato[22]. Considerando il fatto che i primipili si occupavano anche

del vettovagliamento della legione, questo suo precedente ruolo di tipo amministrativo/contabile potrebbe aver favorito la sua promozione al primipilato[23].

[G. L. G.]

56.2. Dedica di *Gratillianus* ad *Apollo Praesagator et Invictus* (Fig. 56.4).

Una seconda base di statua, mutila in basso, fu dedicata ad Apollo (alt. cm 85, largh. 61 x prof. 53; lett. 4-5; r. 1 e r. 3: *O* nana di 1,5 e 1; montante il numerale relativo alla legione), con gli appellativi questa volta di *Praesagator* e *Invictus*. Se quest'ultimo per Apollo è rarissimo e anzi attestato una sola altra volta, a Roma, nella dedica di un individuo originario di *Marcianopolis*, altra città della *Moesia inferior*[24], esso era invece come si sa comune per *Sol*; quanto a *Praesagator*, con riferimento evidentemente alle funzioni profetiche del dio[25], esso non sembra avere in assoluto per ora confronti epigrafici:

> *Apollini Praesagâtori*
> *Invicto*
> *Conservatorí sâlutis*
> [[---]]
> 5 [[---]]
> *leg(ionis) I Ital(icae)*
> *L(ucius) Manlius Pomp(eius)* vel *Pomp(onius) Sisenna*
> *Gratillianus*
> [*leg(atus) A*]*ug*[[*usti*) *p*]*r*(*o*) *pr*(*aetore*) *prov*(*inciae*)
> *Aqûîtan(iae)*
> ------

Apollo è qui invocato come *Conservator* della *salus* di un imperatore *damnatus*: un parziale confronto è offerto da una iscrizione della Dacia che recita: *Apollini Conservatori maximi sanctissimique imperatoris nostri M. Aureli Antonini Pii Felici Augusti* (Caracalla)[26], ma l'espressione *Conservatori salutis illius* è *rarissima*[27]. La forma più comune prevede semplicemente *pro salute illius* come motivazione della dedica. L'imperatore, il cui nome, inciso alle righe 4-5, è stato tanto accuratamente eraso che resta solo la parziale traccia di una I montante, sembra identificabile con Elagabalo, dal momento che Geta compare di solito con gli altri membri della famiglia. Proprio *Invictus*, del resto, era epiteto sia di Elagabalo sia della divinità solare, di cui egli era *sacerdos amplissimus*, ed è noto che Apollo era divinità solare. La titolatura del principe compariva probabilmente nella forma consueta *Imp. Caes. M. Aureli Antonini Pii Felicis Aug.*[28], anche se non è improbabile che il principe apparisse anch'esso con

---

[16] *ILGN* 47=*ILNovae* 28; Mrozewicz 2010, 117, n. 10.
[17] Kienast-Eck-Heil 2017, 160.
[18] Mrozewics 1993: il legato di legione divenne poi in pochi anni governatore di rango pretorio della Pannonia Inferiore.
[19] *AE* 2015, 1215.
[20] Kienast - Eck - Heil 2017, 156.
[21] Kadar 1989.
[22] Menéndez Argüín 2015.

[23] Łaitar 2015, 284 e nota 38.
[24] *CIL* VI 36764, 4145.
[25] *TLL*, X, 2, 809-810, con riferimento solo a Evagrio (*vit. Anton.*, 33, 891). L'unico parziale confronto che troviamo nelle iscrizioni è offerto dall'espressione *secundum interpretationem oraculi Clari Apollinis*.
[26] *IDR*, III/1 128.
[27] *CIL* VIII 8390 (*Mauretania Caesariensis*): *G(enio) m(unicipii) S(atafensis)/ Marti/ Aug(usto) Con/servatori salutis.*
[28] Kienast - Eck - Heil 2017, 164-165.

Fig. 56.4. Dedica ad *Apollo Praesagator Invictus Conservator* (foto di G. Tsvetanov).

l'appellativo di *Invictus*, secondo un'associazione tipica tra la divinità e l'imperatore ai tempi di Elagabalo[29].

La *legio I Italica*, che da sola campeggia al centro della r. 6, non fungeva qui da dedicante, bensì probabilmente da contitolare insieme all'imperatore di quella *salus* che Apollo era chiamato ad assicurare. Mancano tuttavia confronti per un accostamento del genere e il dio non era mai finora invocato come *Conservator* di una legione stessa o della sua *salus*.

Il dedicante di questa statua è un personaggio noto già da un'altra iscrizione, purtroppo molto mutila, rinvenuta riutilizzata presso un'officina vetraria installatasi nei pressi del *valetudinarium*[30] e dalla quale veniamo a sapere che probabilmente al tempo di Elagabalo, il cui nome è stato parimenti eraso, sotto [---]*lius Gratilianus* venne costruito un *templum* dalla *legio I Italica Antoniniana*. *Gratilianus* è stato ritenuto finora un legato provinciale; di lui la nuova iscrizione ci restituisce ora l'onomastica completa[31]: *L. Manlius Pompeius* (o forse *Pomponius*) *Sisenna Gratilianus*. Il nostro personaggio, a parte queste due epigrafi, non sembra altrimenti noto, tanto più che

sia *Gratillianus*[32], sia *Sisenna* sono rari come cognomi senatorii. Applicando i modelli elaborati da O. Salomies per i casi di polionimia e di adozione, potremmo ad esempio pensare a un *Pompeius / Pomponius Sisenna Gratilianus* adottato da un *L. Manlius*[33]. Ben documentati sono in età severiana i *Pomponii*, in particolare con il ramo dei *Bassi*. La cosa sorprendente tuttavia, onomastica a parte, è che il senatore compaia qui con la carica di *leg. Aug. pr.pr.* dell'Aquitania. Dal momento che quest'ultimo incarico era pretorio, a differenza della legazione di *Moesia inferior* che era di rango consolare[34], dovremmo pensare che Gratilliano avesse voluto ricordare in ordine ascendente le ultime tappe del suo *cursus*, a partire dagli incarichi pretorii?[35]. È forse più probabile che Gratilliano non si trovasse in realtà in Mesia come *legatus Augusti* della provincia, ma come legato della *I Italica*[36]. La dedica ad Apollo potrebbe allora essere stata posta quando egli si trovava ancora a *Novae*, ma aveva già ricevuto la nomina a governatore di Aquitania. Veniamo così a conoscere un nuovo legato di rango pretorio dell'Aquitania, in servizio negli anni di Elabagalo[37], anche se non riusciamo ancora a ricostruire i suoi legami familiari, e un governatore consolare in meno della Mesia Inferiore.

[G. T.]

56.3. Dedica di *Valerius Chaereas* a *Liber Pater Sanctus et Conservator* (Fig. 56.5).

L'ultimo documento che presentiamo, inciso su di una base con coronamento e zoccolo modanati (alt. 112, largh. 55, prof. 49 cm; lett. 5-6 cm), che fu poi tagliata orizzontalmente in due parti per essere riutilizzata nella basilica cristiana, ci sposta in un orizzonte cronologico più tardo. Si tratta di una dedica a *Liber Pater*, anche lui, come Apollo, definito *Sanctus* e *Conservator*, in questo caso però non *salutis*, bensì *imperii Romani et legionis I Italicae*, una formulazione che trova parziali confronti soprattutto nella titolatura dei Tetrarchi, mentre in un paio di dediche Giove è appellato *Conservator imperi domini nostri*[38].

> *Deo Sancto*
> *Libero Patri,*
> *Conservatori*
> *imperii Romani*

---

[29] Turcan 1978, 1068.
[30] *AE* 2004, 1243; Mrozewicz 2010, 128, n. 35.
[31] Vanno quindi aggiornate le schede sia di Thomasson 2009, 54: [- - -]*lius Gratilianus V*[- - -]. – Sub Elagabalo (an Severo Alexandro?). – Archeologia (Polon.) 54 (2003), 44-50, n. 1 = *AE* 2004: 1243, Novae. Post cognomen Gratiliani potius v. [c.] integrandum suspicor, sia di Okoń 2017, 137 n. 531: cos. suff. sub Severis. Legatus Moesiae inferioris sub Antonino (Elabagalo). Origo: incerta.

[32] Si conosceva finora di rango senatorio il solo *M. Antius Grat*[*il*]/*lianus q*(*uaestor*) *pr*(*o*) *pr*(*aetore*) *pr*[*ov*(*inciae*) *Sic*(*iliae*)] nel 213 d.C. (*PIR*[2], A 782); più tardi visse *Nonius Gratillianus*, patrono di un collegio beneventano, cooptato nel 257 d.C. (*PIR*[2], N 139); Kajanto 1965, 282. Quanto a *Sisenna*, l'unico senatore con questo cognome noto dopo i *Cornelii Sisennae* d'età augustea era finora *P. Mummius Sisenna Rutilianus, legatus Aug. pro pr. Moesiae inferioris* nel 151 d.C. (*PIR*[2], M 711).
[33] Salomies 1992, 30. In alternativa si potrebbe anche ricondurre parte dell'onomastica al ramo materno. Se non è abbreviazione di gentilizio, POMP. potrebbe essere abbreviazione della tribù *Pomp*(*tina*), come attestato in almeno tredici casi.
[34] Żyromski 1993, 37.
[35] Fitz 1966.
[36] Per l'età severiana conosciamo solo *C. Valerius O*[---]*tianus* nel 208 e *Q. Servaeus Fuscus Cornelianus* nel 227: Absil 2000, 236; in generale Hatłas 1990.
[37] Pochi i governatori noti per questa provincia e nessuno con certezza inquadrabile sotto i Severi: Thomasson 2009, 12-13.
[38] *ILS* 2996 (Numidia); *CIL* VI 423, 3005, 3756 e 3763.

et leg(ionis) I Ital(icae),   5
Val(erius) Chaereas p(rimi)p(ilarius)
ex [p]r[ov]incia
Phoenice
v(otum) l(ibens) p(osuit).

Con il prevalere del cristianesimo la dedica per il dio pagano fu esorcizzata tramite due croci incise sulla cornice superiore. Molto è già stato detto sul culto di *Liber Pater*, divinità da identificare nelle province danubiane con Dioniso e Bacco[39], diffuso qui anche in conseguenza dell'*interpretatio romana* di culti locali. *Liber Pater*, oltre che con il vino, era connesso con la buona riuscita di imprese di varia natura e considerato divinità protettrice della *legio I Italica*[40]. Il dedicante, *Val. Chaereas*, non altrimenti noto, si qualifica come *primipilarius* (piuttosto che *primipilus* o *primipilaris* vista l'epoca e come è attestato per esteso in una iscrizione da *Oescus*)[41] e proveniva dalla provincia di (Siria) Fenicia. È questo il tipo di indicazione che troviamo anche in altri casi per civili che dalle province orientali si spingevano a *Novae* per assicurare i rifornimenti annonari all'accampamento. L'incarico di *primipilarius*, come già evidenziato da A. Łajtar[42], risulta finora attestato epigraficamente esclusivamente in collegamento con i *castra* di *Novae* e di *Oescus* in Mesia Inferiore: le iscrizioni latine ad oggi pubblicate sono sei, cui se ne aggiungono quattro in greco[43]. È probabile che le province indicate nelle iscrizioni siano le province in cui i *primipilarii* avevano svolto il loro servizio, alla fine del quale venivano incaricati del rifornimento delle truppe stazionate ai confini dell'impero[44], piuttosto che il luogo della loro provenienza. L'importanza del nostro documento, rispetto ad altri analoghi che si collocano di preferenza nella prima metà del V sec. d.C.[45], consiste nella sua datazione anteriore di circa un secolo, sia per la paleografia[46], sia per gli epiteti del dio, che rinviano a età tetrarchica. Un buon confronto è offerto da una analoga dedica da *Novae*: *Deo Sancto Libero Patri Conservatori Augg. et Caess. nn. et leg. I Ital.* da parte di un *Aur. Porfyrius, pp. ex provincia Foenice*[47].

Nella rarità del loro formulario e per l'interesse che suscitano, questi documenti dimostrano le potenzialità che sul piano storico-epigrafico il sito di *Novae* riserva nel panorama

Fig. 56.5. Dedica a *Liber Pater* (foto di G. Tsvetanov).

religioso del *limes* danubiano. A differenza di quanto si riscontra in numerosi insediamenti di carattere civile, la posizione strategica di questo accampamento, baluardo a difesa della riva del fiume contro eventuali invasioni dal Nord e a protezione della retrostante provincia di Tracia, assicurò a *Novae* una vitalità fino al tardo Impero e oltre che trova puntuale riscontro in una documentazione epigrafica ricca soprattutto a partire dall'età severiana, ma ancora in età tetrarchica e oltre, quando si accentuò la pressione lungo i *castra* dislocati alla frontiera dell'Impero.

[G. L. G.]

Bibliografia

Absil, M. 2000, "*Legio I Italica*", in Y. Le Bohec - C. Wolff (eds), *Les légions de Rome sous le Haut-Empire*, Lyon, 227-238.

Bunsch, E. - Kolendo, J. - Żelazowski, J. 2003, "Inscriptions découvertes entre 1998 et 2002 dans les ruines du *valetudinarium à Novae*", in *Archeologia*, 54, 43-64.

---

[39] Pilipović 2011, 247-262; Tomas 2015.

[40] Per l'età severiana la fortuna di *Liber Pater* dipese forse anche dal fatto che egli era il *Genius loci* di *Leptis Magna*, patria di Settimio Severo, insieme a Ercole: *AE* 2008, 1146. Sul suo ruolo di divinità protettrice della legione: Sarnowski 2013.

[41] *ILBulg* 10: *Pro salut(e)/ adq(ue) incolum[it(ate)]/ dd(ominorum) nn(ostrorum) Augg(ustorum)/ Fl(avius) Euforbius/ primipilarius/ leg(ionis) V Mac(edonicae) ex/ provincia/ Asia civitate/ Focia/ post pastum/ militum statu/[am posuit].*

[42] Łajtar 2013, 106.

[43] Le iscrizioni latine sono: *ILBulg* 9 e 10; *AE* 2005, 1328, 1329 e 1330; *AE* 2013, 1336. Quelle greche: *IGLNovae* 177 e 178, oltre alle due pubblicate da Łajtar 2013 e Łajtar 2015.

[44] Mitthof 2001, 195.

[45] Sarnowski 2005; Mrozewicz 2010, 118-119, nn. 15-17.

[46] Sulla paleografia come criterio di datazione per le iscrizioni di carattere ufficiale (comprese quelle sacre) di *Novae*, Mrozewicz 2010, 21-22 e 24-25 e, per il catalogo delle iscrizioni datate, 115-132.

[47] *AE* 2013, 1336; Sarnowski 2013.

Conesa Navarro, P. D. 2019, "Faustina la Menor y Iulia Domna come *matres castrorum*. Dos mujeres al servicio de la propaganda imperial de las dinastías antonina y severa", in *Lucentum*, 38, 281-299.

Donev, D., *The Busy Periphery: Urban Systems of the Balkans and Danube Provinces (2nd - 3rd c. AD)*, Oxford.

Fitz, J. 1966, *Die Laufbahn der Statthalter in der römischen Provinz* Moesia inferior, Weimar.

Gerov, B. 1948-1949, "Romanismat mezhdu Dunava i Balkana I: Ot Avgust do Hadrian", in *Annual of Sofia University, Faculty of History and Philology*, 45, 3-92.

Gerov, B. 1950-1952, "Romanizmat mezhdu Dunava i Balkana II: Ot Hadrian do Konstantin Veliki", in *Annual of Sofia University, Faculty of Philology*, 47, 17-105.

Gerov, B. 1952-1953, "Romanizmat mezhdu Dunava i Balkana II: Ot Hadrian do Konstantin Veliki", in *Annual of Sofia University, Faculty of Philology*, 48, 307-399.

Hatłas, J. 1990, "*Legati legionis I Italicae*. Prosopographic List", in *Balcanica Posnaniensia*, 5, 191-225.

ILNovae, Inscriptions Latines de Novae (sous la rédaction de J. Kolendo), Poznań, 1992.

Kadar, Z. 1989, "Der Kult der Heilgötter in Pannonien und den übrigen Donauprovinzen", in *ANRW*, II.18.2, 1038-1061.

Kajanto, I. 1965, *The* Latin Cognomina, Helsinki.

Kienast, D. - Eck, W. - Heil, M. 2017, *Römische Kaisertabelle. Grundzüge einer römischen Kaiserchronologie*, Darmstadt[6].

Kolendo, J. 1980, "Le rôle du *primus pilus* dans la vie religieuse de la légion", in *Archeologia*, 31, 49-67.

Kolendo, J. 1988, "Les nouvelles inscriptions des *primi pili* de *Novae*", in *Archeologia*, 39, 91-103.

Łajtar, A. 2013, "*A Newly Discovered Greek Inscription at Novae (Moesia Inferior) Associated with pastus militum*", in *Tyche*, 2013, 97-111.

Łaitar, A. 2015, "*Another Greek Inscription from Novae* (Lower *Moesia*) Associated with *pastus militum*", in A. Tomas (ed.), *Ad Fines Imperii Romani. Studia Thaddaeo Sarnowski* septuagenario *ab amicis, collegis discipulisque dedicata*, Warsaw, 277-288.

Łaitar, A. 2021, "*Two Greek Dedications by primipilarii. Recently Discovered in Novae*", in F. Mitthof - C. Cenati - L. Zerbini (eds), Ad ripam fluminis Danuvi, Wien, 121-129.

Matei-Popescu, F. 2010, *The Roman Army in* Moesia Inferior, Bucarest.

Menéndez Argüín, A.R. 2015, in Y. Le Bohec (ed.), *Encyclopedia of the Roman Army*, I, s.v. "Administration", Hoboken, 5-11.

Mitthof, F. 2001, Annona militaris. *Die Heeresversorgung im spätantiken Ägypten*, Firenze.

Mrozewicz, L. 1982, "Roman Military Settlements in Lower *Moesia* (1rd-3rd c.)", in *Archeologia*, 33, 79-105.

Mrozewicz, L. 1984, "Die Romanisierung der Provinz *Moesia inferior*", in *Eos*, 72, 375-392.

Mrozewicz, L. 1993, "*Valerius O[...]tianus*", in L. Mrozewicz - K. Ilski (eds), in *Prosopographica*, Poznań, 43-48.

Mrozewicz, L. 2010, *Paleography of Latin Inscriptions from* Novae (*Lower* Moesia*)*, Poznań.

Okoń, D. 2017, Album senatorum, I. Senatores ab Septimii Severi aetate usque ad Alexandrum Severum (*193-235 AD*), Szczecin.

Pilipović, S. 2011, *The Cult of* Bacchus *in the Central Balkans from the First to the Fourth Century*, Belgrade.

Press, L. - Sarnowski, T. 1990, "*Novae*. Römisches Legionslager und Frühbyzantinische Stadt an der unteren Donau", in *Antike Welt*, 21.4, 225-243.

Ritterling, E. 1925, *RE*, XII.2, s.v. "*Legio I (Italica)*", Stuttgart, 1407-1417.

Salomies, O. 1992, *Adoptive and Polyonymous Nomenclature in the Roman Empire*, Helsinki.

Sarnowski, T. 2005, "Drei spätkaiserzeitliche Statuenbasen aus *Novae* in Niedermösien", in *Römische Städte und Festungen an der Donau*, Beograd, 223-230.

Sarnowski, T. 2013, "*Accepta pariatoria* und *pastus militum*. Eine neue Stautuenbasis mit zwei Inschriften aus *Novae*", in *Tyche*, 28, 135-146.

Sarnowski, T. 2018, "*Novae* in Lower *Moesia*. Building the Early Christian Episcopal Complex with Inscribed Pagan Stones from the Roman Legionary Headquarters", in AA.VV., Sacrum et profanum. Haec studia amici et collegae A.B. Biernacki septuagennio dicant, Poznań, 77-86.

Sarnowski, T. - Kovalevskaja, L. A. - Tomas, A. - Zakrzewski, P. - Dziurdzik, T. - Jęczmienowski, E. 2013, "*Novae* 2013. Legionary Defences and Headquarters Building", in *Annual of the Institute of Archaeology of the University of Warsaw*, 11, 179-186.

Sarnowski, T. - Kovalevskaja, L. A. - Tomas, A. - Zakrzewski, P. - Dziurdzik, T. - Jęczmienowski, E. 2014, "*Novae - Castra, Canabae, Vicus*, 2013-2015. Preliminary Report on the Excavations and Prospection Surveys of the University of Warsaw Archaeological Expedition", in *Archaeologia*, 65, 177-203.

Shopova, I. 2017, *Култът на Дионис в Долна Мизия и Тракия по епиграфски (I-III ВЕК)*, Plovdiv.

Szabó, C. 2022, *Roman Religion in the Danubian Provinces: Space Sacralisation and Religious Communication during the Principate*, Oxford.

Thomasson, B. E. 2009, *Laterculi praesidum, vol. I ex parte retractatum*, Göteborg.

Turcan, R. 1978, "Le culte impérial au IIIè siècle", in *ANRW*, II, 16, 2, 1978, Berlin-New York, 996-1084.

Tomas, A. 2015, "*Liber Pater* or *Dionysus*? The Evidence of the Bacchic Cult at *Novae* (*castra et canabae legionis*) and in its Hinterland", in A. Tomas (ed.), *Ad Fines Imperii Romani. Studia Thaddaeo Sarnowski septuagenario ab amicis, collegis discipulisque dedicata*, Warsaw, 257-276.

Zaccaria, C. 2015, "Cultura letteraria e antiquaria in due singolari dediche sacre del *Municipium Montanensium*", in L. Zerbini (ed.), *Culti e religiosità nelle province danubiane*, Bologna, 525-543.

*Żyromski, M. 1993, "Untermoesische Legionslegaten im Prinzipat im Ve*rgleich zu anderen Gebieten der Kaiserreiches", in L. Mrozewicz - K. Ilski (eds), *Prosopographica*, Poznań, 35-42.

57

Un paesaggio sacro nella Villa Adriana di Tivoli: la Spianata dell'Accademia

Marina De Franceschini
Progetto Accademia

Abstract: The present landscape of Villa Adriana is the outcome of the cultivation of vines and olive trees since the Middle Ages, and then of the romantic idea of 'Landscape with Ruins' which dates back to the eighteenth and nineteenth centuries. At the time of Emperor Hadrian, the landscape was completely different from today. There was a 'natural' landscape, the Campagna surrounding the Villa; but inside the villa the landscape consisted of a series of artificial esplanades, with gardens and buildings. Thanks to the studies and discoveries of archaeoastronomy of my Accademia Project, we propose a new interpretation of the function and symbolic meaning of the Accademia Esplanade as a sacred landscape. It was the highest of the villa, a real Acropolis, reachable by an hidden path, similar to an initiatory path. At one end of the Accademia Esplanade there was the building of Roccabruna, that once had a small temple on top; on the opposite end there were the buildings of the Accademia, Mimizia, and the Odeon (the second theatre of the Villa) which are still privately owned. In Roccabruna and in the Accademia in the days of the Summer and Winter Solstices, special illuminations (*hierophanies*) still occur today: probably the two buildings were dedicated to the cult of the Egyptian goddess Isis and linked to the cycle of the Seasons. This is why the Accademia Esplanade can be considered as a sacred landscape, where processions and sacred representations linked to that mystery cult took place.

Keywords: Architettura romana; Archeologia romana; Archeoastronomia; Villa Adriana; Iside; *Fors Fortuna*; Osiride; Dioniso; ierofanie; sculture.

57.1. Che cos'è un paesaggio sacro.

Un 'paesaggio sacro' è un luogo dedicato alla divinità che nel corso dei millenni ha assunto caratteristiche diverse; in epoca preistorica probabilmente si trattava di radure nei boschi, poi di boschi sacri o ancora di grotte. Gradualmente si passò a costruzioni in pietra più complesse (dolmen, menhir, siti come Stonehenge in Inghilterra o Newgrange in Irlanda) per arrivare ai templi e ai santuari d'epoca storica che divennero sempre più imponenti e monumentali, come l'Acropoli di Atene, il Campidoglio di Roma o, per restare a Tivoli, il Tempio di Ercole Vincitore.

Caratteristica comune di molti luoghi sacri è la posizione elevata, che aveva un preciso significato simbolico: dato che da tempo immemorabile la divinità si identifica con il Sole, scegliendo un luogo situato in alto si era più vicini al Sole e alla divinità stessa, e si poteva comunicare meglio con lei. Un santuario monumentale posto in cima a un monte o a una rupe era visibile da tutto il territorio circostante, e diventava quindi una manifestazione della potenza della divinità stessa e della grandezza del popolo che l'aveva costruito.

La connotazione sacra dei luoghi è tenace e perdura nei secoli perché una tradizione millenaria non poteva essere cancellata dall'oggi al domani. I siti rimasero gli stessi, i templi pagani ancora in piedi furono trasformati in chiese, mentre quelli in rovina vennero smembrati per riutilizzarne materiali e colonne. Le iconografie dei culti pagani vennero rielaborate, perché in un mondo largamente analfabeta il linguaggio dei simboli era l'unico comprensibile a tutti e non poteva essere sostituito: nulla si distrugge e tutto si trasforma.

57.2. Architettura sacra a Villa Adriana.

La Villa Adriana di Tivoli è la più grande e complessa villa imperiale dell'antichità romana, con una superficie di almeno centoventi ettari, una serie di spianate artificiali su cui sorgeva una quarantina di edifici diversi, che erano caratterizzati da una precisa gerarchia: edifici nobili riservati all'Imperatore, imponenti e riccamente decorati; edifici secondari più semplici per il personale di rango; edifici servili con percorsi sotterranei per gli schiavi e i servitori[1].

Cinquecento anni di scavi antiquari, mirati quasi esclusivamente al rinvenimento di tesori per arricchire le collezioni di 'anticaglie' delle case nobiliari italiane ed europee, hanno lasciato lacune incolmabili[2]. In alcuni casi possiamo ugualmente ricostruire la destinazione

---

[1] Sulla classificazione gerarchica degli edifici della villa, De Franceschini 1991, 619-630.
[2] De Franceschini 1991, 5-18; Paribeni 1994, 3-43.

d'uso degli edifici: alcuni erano residenziali, altri termali, altri ancora destinati agli spettacoli o ai banchetti. Sicuramente a Villa Adriana vi erano edifici di carattere sacro, perché nell'antica Roma il potere politico e quello religioso erano tutt'uno: l'imperatore Adriano stesso era *Pontifex Maximus*, la massima carica sacerdotale romana e si proclamava custode dei culti romani[3].

Venendo da Tivoli, il primo edificio sacro di Villa Adriana che si incontra è il Tempio di Venere che fu incorporato dal Ninfeo e Casino Fede, costruito nel Settecento sui ruderi romani: è un grande terrazzamento semicircolare che si affaccia verso la cosiddetta Valle di Tempe, con un portico curvo e un'area scoperta sistemata a giardino, al centro della quale è stato ricostruito un tempio circolare d'ordine dorico[4]. Durante alcuni scavi degli anni Cinquanta è stata rinvenuta una copia della Venere cnidia, quindi si pensa che il tempio fosse una 'citazione' di quello greco di Cnido, dove era la celebre statua di Prassitele. La dea Venere era protettrice della dinastia Giulio-Claudia e sappiamo che Adriano idealmente si ispirò ad Augusto proponendosi come restauratore della pace e della prosperità dopo decenni di guerre di conquista, preferendo ritirarsi su confini più difendibili e promuovendo la costruzione di grandi opere pubbliche in tutto l'impero.

Sempre sul versante orientale della villa esiste poi il cosiddetto Mausoleo[5], variamente interpretato come 'deposito di neve' oppure come un sepolcro. Scavi recenti hanno appurato che, in realtà, era un tempio dorico, con colonne scanalate in marmo bianco e pavimento in *opus sectile*. Purtroppo gli scavi non hanno fornito elementi per attribuirlo al culto di una qualche divinità.

Sul versante occidentale si trova la Spianata dell'Accademia (Fig. 57.1), la più alta e isolata della villa, dove sorge un terzo edificio a forma di tempio: Roccabruna. Attualmente si conserva solo la parte inferiore: un massiccio corpo di fabbrica quadrangolare con mura spesse oltre 3 m, con all'interno una vasta sala circolare di 9 m di diametro, coperta da una cupola cieca. Al piano superiore, dove oggi è una terrazza panoramica, vi era in origine un Tempio dorico circolare, con sedici colonne che circondavano una cella ottagonale, alla quale si saliva con un'ampia scala che esiste ancora (Fig. 57.4). Il Tempio era coperto da una cupola con oculo, ricostruita con precisione in base ai frammenti di calcestruzzo della cupola stessa e dei marmi architettonici che si vedono ancora sparsi sul terreno circostante[6].

Sempre sulla Spianata dell'Accademia, 350 m più a sud, insiste l'edificio dell'Accademia, il cui ambiente più notevole è il cosiddetto Tempio di Apollo. È una vasta sala circolare di 13,5 m di diametro che un tempo era coperta

da una cupola con oculo; le pareti erano suddivise in venti specchiature disposte su due piani diversi (Fig. 57.2). È probabile che anche quello fosse un tempio: deve il suo nome alle dieci nicchie per statue del piano superiore che, secondo l'interpretazione cinquecentesca di Pirro Ligorio, corrispondevano alle nove Muse più Apollo[7].

57.3. Che cos'è l'Archeoastronomia.

Come accennato, l'Archeoastronomia ci ha fornito una nuova chiave d'interpretazione per comprendere il significato simbolico e funzionale della Spianata dell'Accademia e degli edifici che vi sorgevano. È opportuno spiegare che l'Archeoastronomia è *una scienza multidisciplinare* che misura l'orientamento *astronomico* degli edifici, che è cosa ben diversa all'orientamento *geografico* verso i punti cardinali (N, S, ecc...): studia, infatti, se gli edifici antichi fossero orientati verso il punto in cui il Sole sorge o tramonta durante eventi astronomici come il solstizio estivo o quello invernale, in modo che i suoi raggi penetrassero all'interno degli edifici solo in quei giorni, creando speciali effetti luminosi o illuminazioni detti 'ierofanie'.

Tali illuminazioni erano appunto un 'segnale sacro' che serviva a misurare lo scorrere del tempo e a verificare la precisione del Calendario, cosa che nell'antichità aveva un'enorme importanza. La misurazione del tempo nacque in epoca preistorica per motivi pratici legati all'agricoltura: seminare e raccogliere nei tempi giusti per mettere da parte le provviste per l'inverno. Ben presto le fu attribuito un carattere sacro e venne affidata a un corpo sacerdotale, che nel caso dell'antica Roma era presieduto dal *Pontifex Maximus*, la massima carica religiosa che risale all'epoca repubblicana e consigliava il Senato e i magistrati sulle questioni di culto di Stato; a partire da Augusto la carica venne rivestita dagli stessi imperatori.

Il modo più semplice per misurare lo scorrere del tempo è sempre stato l'osservazione del moto apparente del Sole che ogni giorno sorge e tramonta in un punto diverso sull'orizzonte[8]; nei giorni del Solstizio estivo o di quello invernale il Sole raggiunge i punti estremi del suo percorso, oltre ai quali non va. Ciò significa che se si progetta un edificio con un corridoio, una porta o una finestra rivolti verso quei punti, in modo tale che i raggi del Sole vi possano entrare *solo in quei giorni*, quando ciò avverrà significherà che è passato esattamente un anno.

La cosa era estremamente importante in epoca romana: infatti, chi controllava il tempo controllava il potere, poiché stabiliva la durata delle cariche pubbliche e, soprattutto, la data delle cerimonie religiose e dei sacrifici, che dovevano svolgersi nel giorno giusto e al momento giusto per essere gradite alla divinità. Esisteva un rituale molto preciso ed elaborato, lo *Ius divinum*, in base al quale il più piccolo errore comportava doverlo ripetere fin dall'inizio.

---

[3] S.H.A., *De Vita Hadriani* XXII,10; De Franceschini - Veneziano 2011, 156.
[4] De Franceschini 1991, 140-142 e 446-450 (con altra bibliografia precedente); Ortolani 1998.
[5] Pensabene - Ottati 2010; Pensabene - Ottati - Fileri 2011.
[6] Lugli 1940; De Franceschini 1991, 321-356 e 577-581 (con bibliografia precedente).

[7] De Franceschini 2016, 91.
[8] De Franceschini 2017, 71-72.

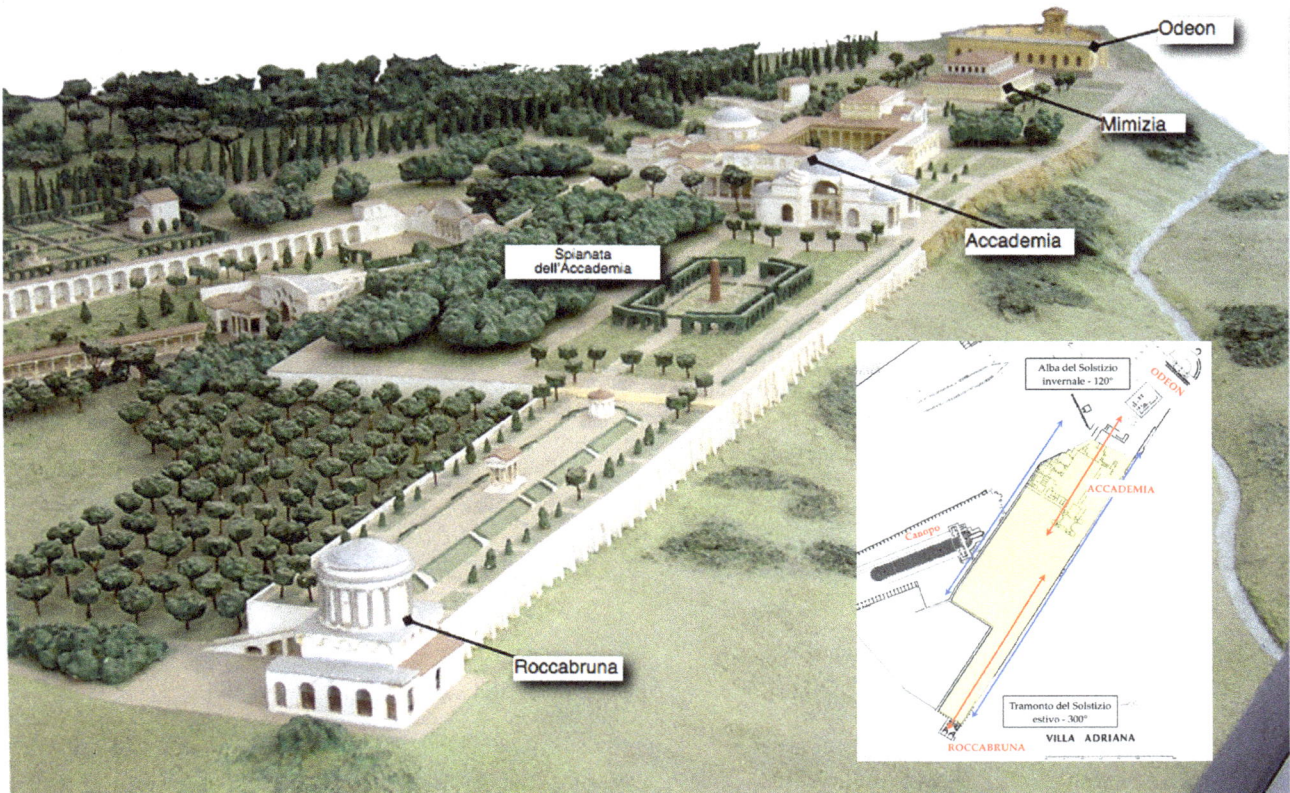

Fig. 57.1. Tivoli, Villa Adriana. La Spianata dell'Accademia nel Plastico Gismondi (foto dell'autrice).

57.4. Archeoastronomia nell'Accademia di Villa Adriana.

Abbiamo scoperto l'orientamento astronomico dell'Accademia – che si trova ancor oggi in proprietà privata – nel giugno del 2006 durante i nostri rilievi, per puro caso. Scattando una serie di fotografie nel Tempio di Apollo, chi scrive ha notato un rettangolo di luce che illuminava uno dei pannelli murari del piano inferiore in modo talmente preciso da non poter essere casuale (Fig. 57.3,a). L'ipotesi iniziale era che vi fosse una specie di 'danza delle ore', con il Sole che illuminava i vari pannelli in orari diversi durante il giorno.

L'incontro con l'archeoastronomo Giuseppe Veneziano ha fatto scoprire, invece, che l'edificio dell'Accademia (Fig. 57.2) aveva una fuga di sale disposte lungo l'asse solstiziale[9] che unisce il punto in cui il Sole sorge all'alba del Solstizio invernale (300°) con quello in cui tramonta al Solstizio Estivo (120°, pianta Fig. 57.2). Le osservazioni sul posto hanno confermato tale ipotesi: soltanto nei giorni del Solstizio invernale (settimana del 21 dicembre), i raggi del Sole entrano all'alba dalla porta verso l'ambiente Ac89 e illuminano l'edificio per tutta la sua lunghezza (Fig. 57.3,a). Sei mesi dopo, al Solstizio estivo (settimana del 21 giugno), i raggi del Sole entrano nell'Accademia

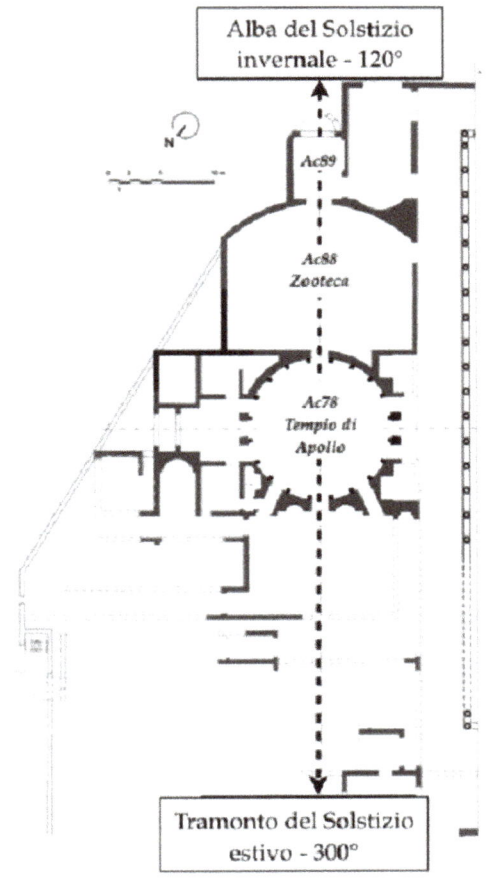

Fig. 57.2. Tivoli, Villa Adriana. Pianta dell'Accademia con l'orientamento lungo l'asse solstiziale (disegno dell'autrice).

---

[9] De Franceschini - Veneziano 2011, 100-106 e 159; De Franceschini 2017, 73-74.

a   b

Fig. 57.3. Tivoli, Villa Adriana. Il Sole nell'ambiente AC89: a) all'alba del Solstizio invernale e b) al tramonto al Solstizio estivo (foto dell'autrice).

al tramonto, dal lato opposto, e vanno a illuminare quella stessa porta verso l'ambiente Ac89 (Fig. 57.3,b).

Altre illuminazioni venivano create dalle finestre del piano superiore del Tempio di Apollo sui pannelli del piano inferiore, ma purtroppo l'edificio è crollato per metà e si vedono solo in parte. È crollata anche la cupola con oculo che lo ricopriva, ma le illuminazioni da esso create possono essere simulate con ricostruzioni 3D.

57.5. Archeoastronomia a Roccabruna.

L'edificio di Roccabruna era orientato *astronomicamente* come quello dell'Accademia, lungo lo stesso identico asse solstiziale di 300°/120° (Fig. 57.4,a). All'alba del Solstizio invernale i raggi del Sole entravano dalla porta del Tempio del piano superiore (oggi scomparso) e lo illuminavano per tutta la sua lunghezza. Al tramonto del Solstizio estivo il percorso si invertiva di 180°: i raggi del Sole entravano dalla finestra sul lato opposto e uscivano dalla porta. Altre illuminazioni venivano create dall'oculo della cupola, che è crollata, ma possono essere simulate con ricostruzioni 3D.

L'illuminazione più suggestiva si verifica ancor oggi al piano inferiore di Roccabruna, all'interno della grande sala a cupola, come scoperto dagli architetti americani Robert Mangurian e Mary-Ann Ray nel 1988[10]. La porta principale dell'edificio è orientata anch'essa a 300°, cioè verso il punto in cui il Sole tramonta nei giorni del Solstizio estivo (Fig. 57.4,b). Sopra la porta si vede in facciata una finestra 'a bocca di lupo' (Fig. 57.4,b), simile a quelle dei castelli medievali. Funzionava come un 'condotto

luminoso', perché catturava i raggi del Sole e creava una lama di luce all'interno della cupola stessa, che è visibile per oltre un'ora e compie un movimento ad arco per poi affievolirsi e spegnersi gradualmente (Fig. 57.5).

Un fenomeno analogo si verificava anche nei giorni del solstizio invernale, quando i raggi del Sole entravano dal condotto A (Fig. 57.4,a) creando una macchia di luce circolare all'interno della cupola[11].

Durante i nostri rilievi abbiamo inoltre scoperto che i condotti D ed E, che non potevano mai essere raggiunti dai raggi del Sole, funzionavano come 'condotti acustici', dai quali era possibile convogliare suoni oppure oracoli all'interno della cupola, senza che si vedesse nessuno[12]: un fenomeno 'magico' che trova riscontro nelle informazioni delle fonti antiche sulle 'statue parlanti', all'interno delle quali i sacerdoti si nascondevano per simulare la presenza della divinità.

Poulsen ad esempio, descrive un antico tempio del V sec. a.C. a Corinto[13], nel quale esisteva "una specie di condotto a megafono, che era invisibile dall'interno del tempio ma poteva facilmente essere usato per la trasmissione di suoni o di vapori profumati da sotto". Altre fonti antiche descrivono templi dedicati a Iside o Serapide in cui esistevano ambienti segreti con piccole aperture dalle quali si potevano far sentire le voci oracolari[14].

---

[10] Mangurian - Ray 2011.

[11] De Franceschini 2017, 77-79.
[12] De Franceschini - Veneziano 2011, 139. Durante i rilievi dai condotti D ed E fu possibile ascoltare le voci dei topografi che stavano misurando nella sala a cupola del piano inferiore.
[13] Poulsen 1945, 183.
[14] De Franceschini Veneziano 2011, 141-143. Vedi, inoltre, Dunand 1991, 246, figg. 1-2, e 236; Quaegebeur 1997, 22.

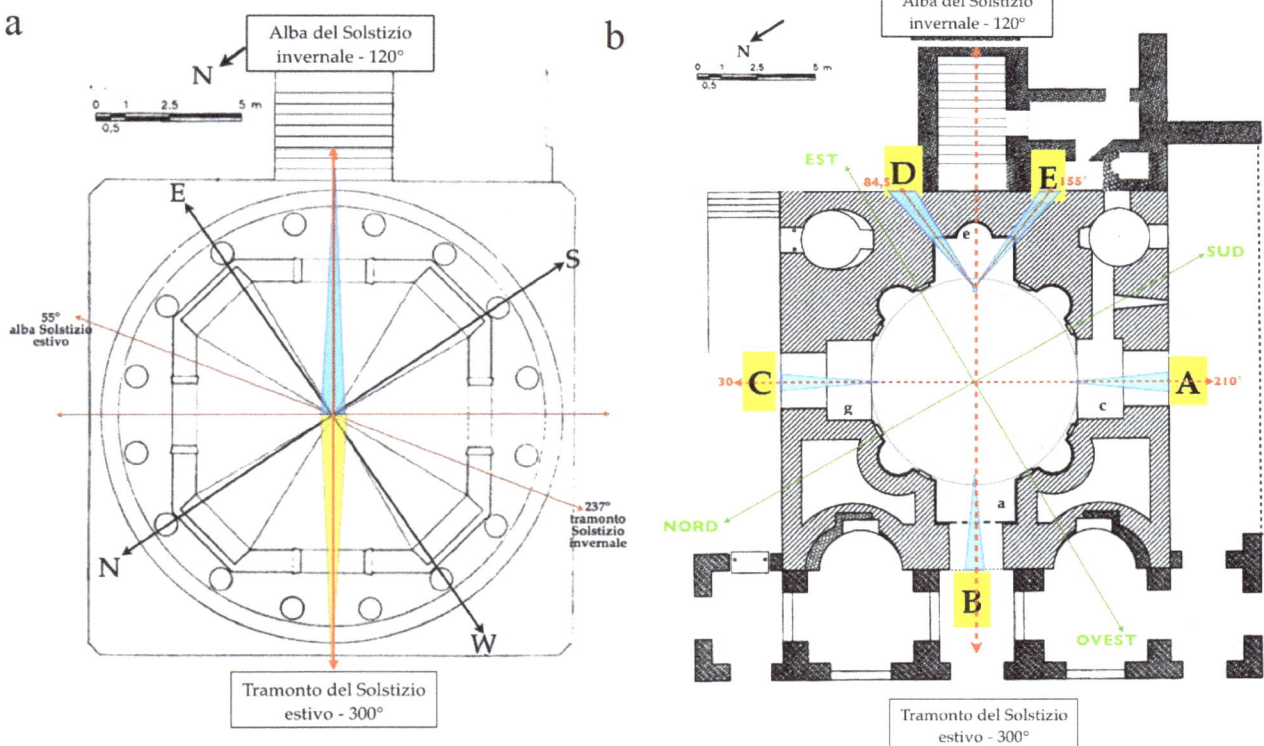

Fig. 57.4. Tivoli, Villa Adriana. A sinistra: pianta del Tempio al piano superiore di Roccabruna; a destra: pianta del piano inferiore con i condotti acustici e luminosi A-B-C-D-E (disegno dell'autrice).

Fig. 57.5. Tivoli, Villa Adriana. Entrata del sole al tramonto del Solstizio estivo dalla porta principale di Roccabruna (foto dell'autrice).

57.6. Significato simbolico delle illuminazioni.

Abbiamo visto che gli edifici di Roccabruna e dell'Accademia erano orientati lungo lo stesso asse solstiziale che unisce l'alba del Solstizio invernale (120°) con il tramonto del Solstizio estivo (300°). La Spianata dell'Accademia sulla quale sorgono ha lo stesso identico orientamento solstiziale (Fig. 57.1,b) e una disposizione obliqua rispetto al resto della villa: per ottenerla furono costruiti poderosi muri di contenimento con contrafforti, che in parte esistono ancora. Dato che nella villa nulla venne costruito senza un motivo ben preciso, tale disposizione trova una spiegazione nell'esigenza di avere un orientamento *astronomico* che faceva della Spianata un paesaggio sacro, nel quale si vedeva sorgere e tramontare il Sole nei giorni del Solstizio estivo e di quello invernale, proprio come nell'Accademia e a Roccabruna.

Qual era il significato delle illuminazioni? Lo studio dell'orientamento astronomico ha indicato due date-chiave, il Solstizio estivo e il Solstizio invernale, e abbiamo quindi verificato quali festività vi corrispondessero nel Calendario romano.

Il 21 giugno segnava il momento di massimo rigoglio della natura, quando si mietevano le messi. In origine si celebrava la festa dell'antica dea italica *Fors Fortuna*[15], alla quale in seguito si sovrappose il culto della dea egizia Iside, come avvenne ad esempio nel Tempio della Fortuna Primigenia di Palestrina. Entrambe erano dee-madri, dominavano il Destino e l'Universo, comandavano la vita e la morte e il corso delle stagioni. Possiamo quindi pensare che il tempio di Roccabruna, orientato verso il Solstizio estivo, fosse dedicato alla dea Iside, ipotesi confermata dal rinvenimento avvenuto nel Settecento di una base di

---

[15] Speake 1944, 268; De Franceschini - Veneziano 2011, 155.

candelabro con i simboli della dea, che si trova attualmente nei Musei Vaticani (Fig. 57.6): si vedono alcune figurine inginocchiate con copricapo egizio, serpenti, fiaccole e il sistro, lo strumento musicale tipico del suo culto.

Nei giorni del Solstizio invernale (21 dicembre) si celebravano invece i *Saturnalia*, la festa più importante del calendario romano[16]. Quei giorni segnavano un momento cruciale nel ciclo del tempo, con la morte apparente della natura e le giornate fredde e buie: si temeva che il Sole non risorgesse più e la fine del mondo fosse imminente. Paure ancestrali che andavano esorcizzate con speciali rituali: veglie notturne, banchetti e scambi di doni che propiziavano il passaggio dall'anno vecchio a quello nuovo in modi assai simili alle nostre feste di Natale e Capodanno. Originariamente dedicati al dio Saturno, i *Saturnalia* vennero successivamente attribuiti a Dioniso. Nell'Accademia sono state rinvenute sculture di soggetto dionisiaco: una statua di Dioniso fanciullo[17], i Centauri Furietti e il Fauno Rosso, il che conferma una possibile destinazione dell'edificio al culto del dio. A questo punto va ricordato che in epoca imperiale al culto di Dioniso venne affiancato quello di Osiride, il marito di Iside. Secondo una leggenda egizia, la dea Iside sbloccò la nave del Sole con le sue arti magiche[18], e lo stesso avveniva con i rituali religiosi dei *Saturnalia* romani volti a scongiurare l'apparente fine del mondo. La dea egizia diventa quindi il comune denominatore religioso dei due edifici e della Spianata dell'Accademia.

Le illuminazioni che si verificavano a Roccabruna e all'Accademia nelle due date chiave del Solstizio estivo e invernale erano quindi un 'segnale sacro' luminoso che dava inizio a una serie di rituali e sacrifici. Possiamo pensare che davanti al Tempio del piano superiore di Roccabruna si svolgessero cerimonie simili a quelle raffigurate in un affresco di Ercolano, nel quale si vede un sacerdote con il vaso dell'acqua sacra in cima alla scala di un tempio, circondato da due ali di fedeli, con sfingi, palme e altri simboli egizi (Fig. 57.6). Cerimonie analoghe potevano svolgersi anche all'interno dell'Accademia e del Tempio di Apollo, ed è interessante notare che lì vicino esiste il Teatro detto Odeon, nel quale potevano svolgersi sacre rappresentazioni legate al culto della dea, come sappiamo dalle *Metamorfosi* di Apuleio[19]. Molti santuari dedicati a Iside, ad esempio l'Iseo di Pompei, sorgevano nelle vicinanze di un teatro proprio per questo motivo.

Fig. 57.6. Tivoli, Villa Adriana. Base di candelabro con simboli della dea Iside da Roccabruna (foto dell'autrice).

57.7. La Spianata dell'Accademia come paesaggio sacro.

L'Archeoastronomia ci ha dato una chiave di lettura nuova per comprendere quale fosse la funzione e il significato simbolico della Spianata dell'Accademia e degli edifici che vi sorgevano. In precedenza Eugenia Salza Prina Ricotti era convinta che l'Accademia fosse la residenza privata della 'scorbutica' imperatrice Sabina[20] che non desiderava incontrare Antinoo, il favorito dell'Imperatore. In alternativa, la considerava un'area destinata alla caccia, di cui Adriano era appassionato, senza tener conto del fatto che la Spianata era decisamente piccola per un'attività del genere, essendo lunga circa solo 350 m.

Se, invece, mettiamo in relazione la Spianata dell'Accademia con le date delle illuminazioni, possiamo interpretarla come un paesaggio sacro. Era il terrazzamento artificiale più alto e isolato della villa, quindi più vicino alla divinità, una vera e propria Acropoli che poteva essere raggiunta con un percorso dissimulato e nascosto, simile a un percorso iniziatico di ascesa verso l'alto.

Sulla Spianata sorgevano gli edifici templari dell'Accademia e di Roccabruna, che come si è visto potevano essere dedicati al culto della dea Iside e di Osiride, e in

---

[16] Perowne 1986, 41; Speake 1944, 571; De Franceschini - Veneziano 2011, 155.
[17] De Franceschini - Veneziano 2011, 160; De Franceschini 2016, 141-142 (con bibliografia precedente).
[18] De Franceschini - Veneziano 2011, 143: "L'arresto della barca di Ra avrebbe significato un'interruzione del regolare corso del Tempo; il Sole non sarebbe più sorto, e sul mondo avrebbero regnato per sempre le tenebre". Vedi anche Kakosy 1997, 146.
[19] Beaurin 2013.

[20] Salza Prina Ricotti 1982, 36.

Fig. 57.7. Napoli, Museo Archeologico Nazionale. Affresco da Ercolano con cerimonia isiaca davanti a un tempio (foto dell'autrice).

generale erano legati al ciclo delle stagioni e ai grandi dualismi antropologici fra la vita e la morte, la luce e le tenebre, le divinità maschili e femminili. È probabile che nei giorni dei Solstizi, quando le illuminazioni davano un 'segnale sacro', lungo la Spianata dell'Accademia si svolgessero processioni rituali simili a quelle descritte da Apuleio nelle *Metamorfosi*, che andavano da Roccabruna all'Accademia e viceversa, e si può ipotizzare che i due edifici fossero collegati da un viale monumentale che può ricordare quello di Karnak in Egitto, anch'esso orientato verso il Solstizio[21].

---

[21] Sulle processioni in onore della dea Iside si veda l'ottimo studio di Beaurin 2013.

Bibliografia

Beaurin, L. 2013, *Honorer Isis: Les Cèrèmonies Isiaques dans les cités de l'Empire Romain Occidental,* Tesi dottorale Università di Lille 3.

De Franceschini, M. 1991, *Villa Adriana. Mosaici, pavimenti, edifici*, Roma.

De Franceschini, M. 2016, *Villa Adriana. Accademia. Hadrian's Secret Garden, I. History of the Excavations, Ancient Sources and Antiquarian Studies, from the XV to the XVII Centuries*, Pisa-Roma.

De Franceschini, M. 2017, "Studi e scoperte di Archeoastronomia nella Villa Adriana di Tivoli", in *Bollettino della Unione Storia e Arte. Gruppo archeologico Latino - Colli Albani - Bruno Martellotta*, 12, gennaio-dicembre, 71-86.

De Franceschini M. - Veneziano, G. 2011, *Villa Adriana. Architettura Celeste. I Segreti dei Solstizi*, Roma.

Dunand, F. 1991, "Miracles et guérisons dans l'Egypte tardive", in AA.VV., *Melanges E. Bernand*, Paris, 235-250.

Kakosy, L. 1997, "Iside. magia, astrologia, alchimia", in E. Arslan (ed.), *Iside, il mito, il mistero, la magia*, Milano, 143-147.

Lugli, G. 1940, "La Roccabruna della Villa Adriana", in *Palladio*, 257-274.

Mangurian, R. - Ray, M. A. 2011, "Notes on finding Solstice secrets at Roccabruna", in De Franceschini-Veneziano 2011, 15-21.

Ortolani, G. 1998, *Il padiglione di Afrodite Cnidia a Villa Adriana. Progetto e significato*, Roma.

Paribeni, A. 1994, "Cenno topografico e Storia degli Scavi", in F. Guidobaldi (ed.), *Sectilia Pavimenta di Villa Adriana*, Roma, 3-43.

Pensabene, P. - Ottati, A. 2010, "Nuove testimonianze di architettura dorica a Villa Adriana", in *Lazio e Sabina*, 6, 23-36.

Pensabene, P. - Ottati, A. - Fileri, P. 2011, "Nuovi scavi e prospettive di ricerca nella parte orientale della Villa Adriana", in *Scienze dell'antichità*, 17, 687-714.

Perowne, S. 1986, *Roman Mythology*, London.

Poulsen, F. 1945, "Talking, Weeping and Bleeding Sculpture: A Chapter of the History of Religious Fraud", in *AArch*, 16, 178-195.

Quaegebeur, J. 1997, "L'appel au divin: le bonheur des hommes mis dans la man des dieux", in J.-G. Heintz (ed.), *Oracles et prophéties dans l'antiquitè*, Paris, 15-34.

Salza Prina Ricotti, E. 1982, "Villa Adriana nei suoi limiti e nella sua funzionalità", in *RendPontAcc*, 15, 25-55.

Speake, G. 1994, *Dictionary of Ancient History*, London.

58

Metalla et Territoria in the Beturia Céltica between the 2nd century BC and the Late Antiquity

Jesús Salas Álvarez[1]
Complutense University of Madrid

Abstract: The archaeological documentation that we currently know shows that from the end of the 3rd century BC, the Celtic oppida located to the N of Sierra Morena, were gradually integrated into the political and economic structures implanted by Rome after the expulsion of the Carthaginians from the Iberian in 206 BC. As of the year 27 BC, the territory was included in the *Provincia Ulterior Baetica*, and a massive exploitation of the mining and agricultural resources of the area began, which transformed the territory and helped to the incipient monumentalization of the different Roman municipalities, as can be seen in the preserved monumental sculpture or in the construction of show buildings. In the 3rd century AD the economic decline of the Roman nuclei began, although in the 5th and 6th century AD we are witnessing a significant economic upturn, which was reflected in the construction of new city walls and a landscape where basilicas and religious buildings play an important role in the structuring of the territory.

Keyboards: *Beturia*; *Baetica*; Roman mining; Roman settlement.

Following the victory in 206 BC against the Carthaginians, Rome gained control over the vast territories of the South and South West of the Iberian Peninsula, discovering the immense mining wealth Hispania held and the economic possibilities (metals and levies) that derived from this control for Roman policy, one of the main reasons for the foundation of Itálica (Santiponce, Seville), next to the Via de la Plata.

Greco-Latin sources have transmitted that two very different ethnic groups were located in this vast area: the Turdetani and the Celts. While the former encompassed the regions of the Guadalquivir Valley, Tierra Llana de Huelva and the Iberian Pyrite Belt, the latter were established in the Sierra Morena area (known as Ossa Morena).

According to Pliny's account, the area that stretched from the "Baetis river to the Anas river" was divided into two parts, the Turdulian, which later in Augustan times would be assimilated into the *Conventus Cordubensis*, and the Celtic, which would be integrated into the *Conventus Hispalensis*[2]. Although the Roman author does not indicate so, the division between both areas is clearly marked by the Geological Thrust fault of Sierra Morena, which coincides approximately with the route of Via XXIII and comes to mark the mining predominance of the two regions: lead in the Turdulian case and iron in the

Celtic[3]. The Turdulian Baeturia area, which would occupy the East and South East of the province of Badajoz, the North of the province of Córdoba and the South of the province of Ciudad Real, has traditionally been the most researched area, as shown by works on the cinnabar mining in *Sisapo* (La Bienvenida, Almadén)[4] or lead in Azuaga (Badajoz)[5], or those in the mining towns of La Loba (Fuenteobejuna, Córdoba)[6] and Valderrepisa (Fuencaliente, Ciudad Real)[7].

On the other hand, mining in the Celtic *Baeturia* (Fig. 58.1), which would cover the South of the province of Badajoz and the North of the provinces of Huelva and Seville, has received an uneven treatment depending on the side of Sierra Morena in which one stands. While the Huelva part has been studied based on the research carried out in *Arucci/Turobriga* (Aroche, Huelva)[8], those areas located in modern day Badajoz have only seen a small number of studies on the topic[9] or one-time studies in a specific site[10]. This is because there is a general belief among certain authors that iron metallurgical mining was secondary to agriculture and livestock[11], activities which have defined the dispersion of settlements in the area, although this dispersion criterion can also be applied to mining landscapes.

---

[1] *Roman Cities* Research Group (UCM-930692). This work is included in the I+D+i Project *Landscape and Militarized Territory in Roman Hispania: Mobility and Cultural Transfer (Centuries II BC-IV AD)* (Ref. HAR2017-85929-P), whose principal researcher is A. Morillo Cerdán.
[2] Plin., *Nat. Hist.* 3, 13-14.

[3] Canto 1995, 326, Fig. 2.
[4] Fernández - Zarzalejos 2019.
[5] Antolinos - Díaz 2015.
[6] Blázquez - Domergue - Sillière 2002.
[7] Fernández - García 1993.
[8] Bermejo 2014.
[9] Fernández 1988.
[10] Paniego 2015.
[11] Enríquez 1995.

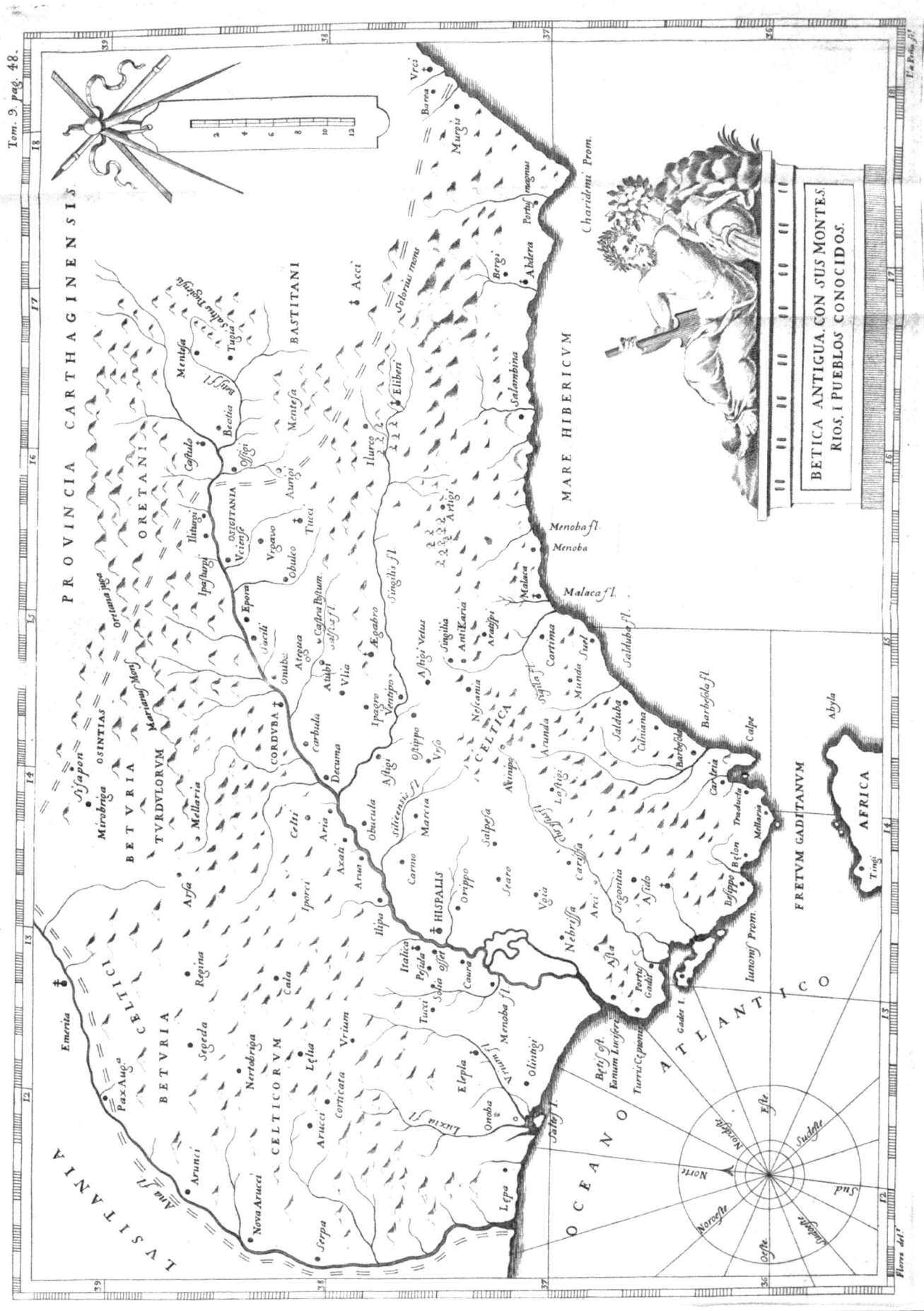

Fig. 58.1. Map of the Roman *Baetica* (elaborated by E. Flórez in 1752).

According to Strabo's narrative, *Baitouria* was inhabited by the *Keltikoi*[12], who were related to the Turdetani, and they lived in fortified villages (castros), such as Castrejón de Capote (Badajoz) and El Castañuelo (Aracena, Huelva)[13], in which documented archaeological materials show the strong connections of Baeturia both with the central plateau area and with the Guadalquivir valley, and, therefore, with materials of Punic and Greek origin. These walled towns, located next to the river basins, are the central points from which the territory is structured through a series of smaller settlements[14].

The revolts of the indigenous peoples, among which the inhabitants of Baeturia participated under the command of Iberian leaders Culchas and Luxinio, began soon after the Roman conquest of the South of the Iberian Peninsula. As a consequence of this uprising, Marcus Porcius Cato imposed taxes (*vectigalia*) on the iron and silver mines[15], although the effective repercussion this action had on the area and on the mining activity is not known, which, as is the case in the nearby Rio Tinto, must have continued in the hands of the native populations at this time, as can be seen by the mining and metallurgical materials found in Castrejón de Capote (Badajoz)[16]. Despite having significant mining potential, most authors have considered that this area was always a 'rear guard of the Turdetani', a *limes* or a 'no man's land'[17] based on the comment by Titus Livius of the presence of contingents of Roman troops between 186-185 BC[18] in *Baeturia* to create an area that would work as a barrier from the Lusitanian incursions in the Guadalquivir Valley.

The area once again played an important role during the Lusitanian Wars (147-139 BC) due to the support given by the Baeturia area to the uprising of Viriathus[19]. The Lusitanian defeat caused the lands to the N of Sierra Morena to effectively come under control of Rome (Fig. 58.2), which derived in important changes in the pre-Roman population map of the area, as can be seen in the sudden abandonment of the Castrejón de Capote, which took place towards the middle of the 2nd century BC, after the celebration of a ritual banquet documented in Phase II of the town[20]. It is also the moment when it seems that the city of *Nertobriga* (Cerro del Coto, Fregenal de la Sierra) was founded in the Ardila basin, which will become the most important *civitas* in *Baeturia*, based on the excavations performed so far.

The area also played an important role during the Sertorian conflict (82-72 BC). Plutarch and Sallust tell that the inhabitants of *Baeturia* and *Lusitania* sided with Sertorius

and this is confirmed by the presence of lead sling bullets in the San Sixto area (Encisanola, Huelva), which will later become the *civitas* of *Lacinimurga*[21].

An important event took place in all the mining sites of the South West of the peninsula at the end of this military episode and this area was no exception. This is the appearance in the archaeological levels of imported Roman materials: A-Campanian ceramics, Dressel 1A amphorae and coins from *Ilse*, *Castulo* and *Ilipa* (Alcalá del Río, Seville), elements that indicate the progressive integration of the area within Roman trade which in other areas of the peninsula has been linked to a possible "Italic colonization".

Alongside this, numerous objects of military ascription have also been found: spear tips, *soliferra*, javelins, ferrules, a catapult wheel, as well as the presence of some possible military camps and *castella*, which would serve as a way of controlling the population, but which also have an important role in the mining in the South of the Iberian Peninsula[22]. All these dwellings can be found in the vicinity of mines and, in some cases, remains of possible furnaces have also been found, although it is not known whether they are a foundry or a forge, as in most of them no slag has been collected, and the samples that have been taken have not been archeometrically analysed. The environment is also something unknown: mining-metallurgical settlements, simple mineral extraction points, all of which could provide guidelines to know the structuring of the territory and the surrounding landscape in the late-republican period.

These data seem to show, as happens in the Iberian Pyritic Belt and Central Sierra Morena, that it is from this moment on when Rome begins the true mining of the *metalla* of the Peninsular South West and accelerates the process of cultural transfer that will definitively integrate the Baeturian peoples into the Roman world.

According to Pliny, in the late republican era or at the beginning of the empire, those *oppida* were given the category of *municipia romanorum*[23], as evidenced by the epigraphy found in the area or the cognomen Iulia that they took: *Lacinimurga Constantia Iulia* (San Sixto, Encinasola, Huelva), *Seria Fama Iulia* (Jerez de los Caballeros, Badajoz), *Nertobriga Concordia Iulia* (Cerro del Coto, Fregenal de la Sierra, Badajoz), *Segida Iulia Restituta* (Cerro del Guruviejo, Burguillos del Cerro, Badajoz), *Ugultunia Contributa Iulia* (Los Cercos, Medina de las Torres, Badajoz) and *Curiga* (Monesterio, Badajoz). It would be necessary to include, to the S of Sierra Morena Occidental, the foundation of *Arucci/ Turobriga* (Aroche, Huelva).

All these foundations are the result of the application of

[12] *Geografia*. 3, 1,6 and 3, 2,15.
[13] Berrocal 1988; Berrocal 1989; Pérez Macías 1991.
[14] Berrocal 1993; Enríquez 1995.
[15] Liv., *Ab Urbe Condita* 34, 21-7.
[16] Berrocal 1988.
[17] García Mora 1991, 124-126; Sayas 1993, 204-295; Berrocal 1998, 42-56.
[18] Liv., *Ab Urbe Condita*, 39, 30.
[19] Ἰβηρική 68.
[20] Berrocal 1989; Heras 2018.

[21] Pérez - Delgado 2007.
[22] Mataloto 2014; Heras 2018; Pérez 2018; Roldán - Adroher 2019.
[23] Plin., *Nat. Hist.* 3, 113.

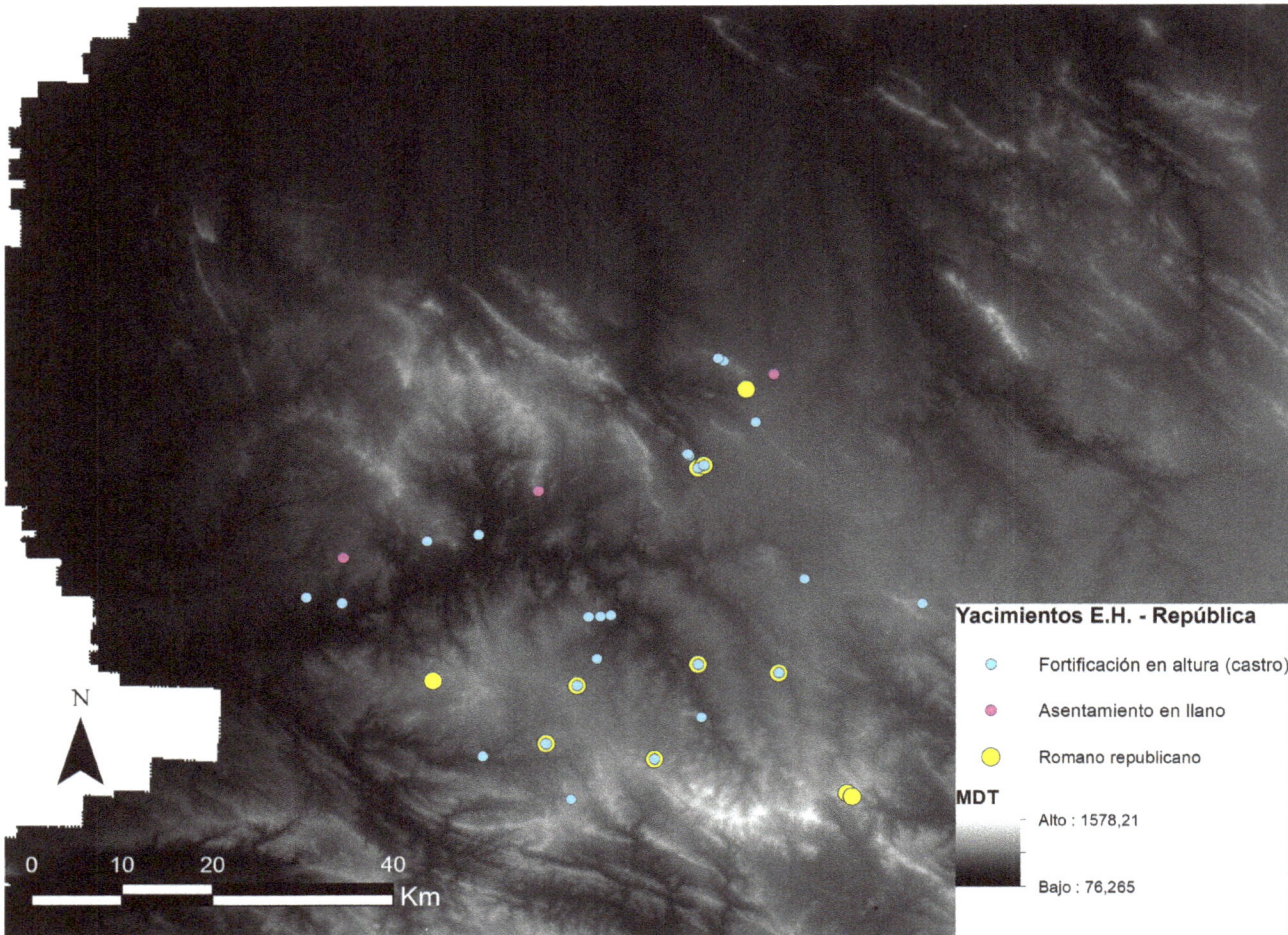

Fig. 58.2. Distribution map of the pre-Roman sites of *Beturia* and location of the republican Roman sites.

a strategy of territorial readjustments and administrative reforms that took place in the lands of the SW under the government of Augustus[24] (Fig. 58.3). These urban communities went on to exploit the mining and agricultural resources of the area, in which the coexistence of the principles of concurrency and complementarity can be seen: mining, agriculture, livestock and forestry, whose resulting product was a landscape of open pastures that, from then on characterizes the area of the Western Sierra Morena.

To these, the 'Zeitgeist' or 'spirit of the time'[25] should also be added, as can be seen in the adoption of foundation rituals such as the Roman *favissa* excavated in Castrejón de Capote[26] and the foundation deposit of *Nertobriga* or the topo-astronomical orientation of the forum of the latter[27], which has helped to date the *dies natalis* between the autumnal equinox and the winter solstice.

And the urban planning, the monumentalization and the decorative programs that can be seen in the *fora* of

Nertobriga Concordia Iulia and *Ugultunia Contributa Iulia*[28] today are also reliable testimonies and they are similar to what happens in other cities of Baeturia such as *Turobriga* or *Regina*, and in which the influences of the Roman models in the provinces can be clearly appreciated. Other public buildings such as baths, temples, basilicas and an amphitheatre in *Ugultunia*[29] must also be included.

Regarding the available epigraphic information, this entire area was assigned to the Galeria tribe, and there are abundant epigraphs that prove the existence of imperial cult buildings (*sacerdos divae Augustae, salus Augusta,* etc…), or votive inscriptions both to Olympian deities (*Iovi Optimo Maximo, Venus, Diana,* etc…) and local deities (*Fontana*). And the same happens with the usual names found throughout *Baetica* such as *Claudii, Octavii, Caesii, Aelii, Flavius, Domitii*…., alongside other specific names from *Baeturia* such as *Antisti Petreii, Satrii, Asinii, Pomponio Camullii*, or indigenous *cognomina* (*Brocci, Medugenus* or *Abbicus*)[30].

---

[24] Campos - Bermejo 2010; Bermejo 2014; Berrocal - Barrera - Caso 2017; Campos - Ábermejo 2018; Pérez Macías 2020.
[25] Márquez 2018.
[26] Berrocal - Ruiz 2003.
[27] Berrocal - Barrera - Caso 2017, 257-267.

[28] Mateos - Pizzo 2013.
[29] Pizzo - Mateos - Mayoral 2016.
[30] Canto 1997.

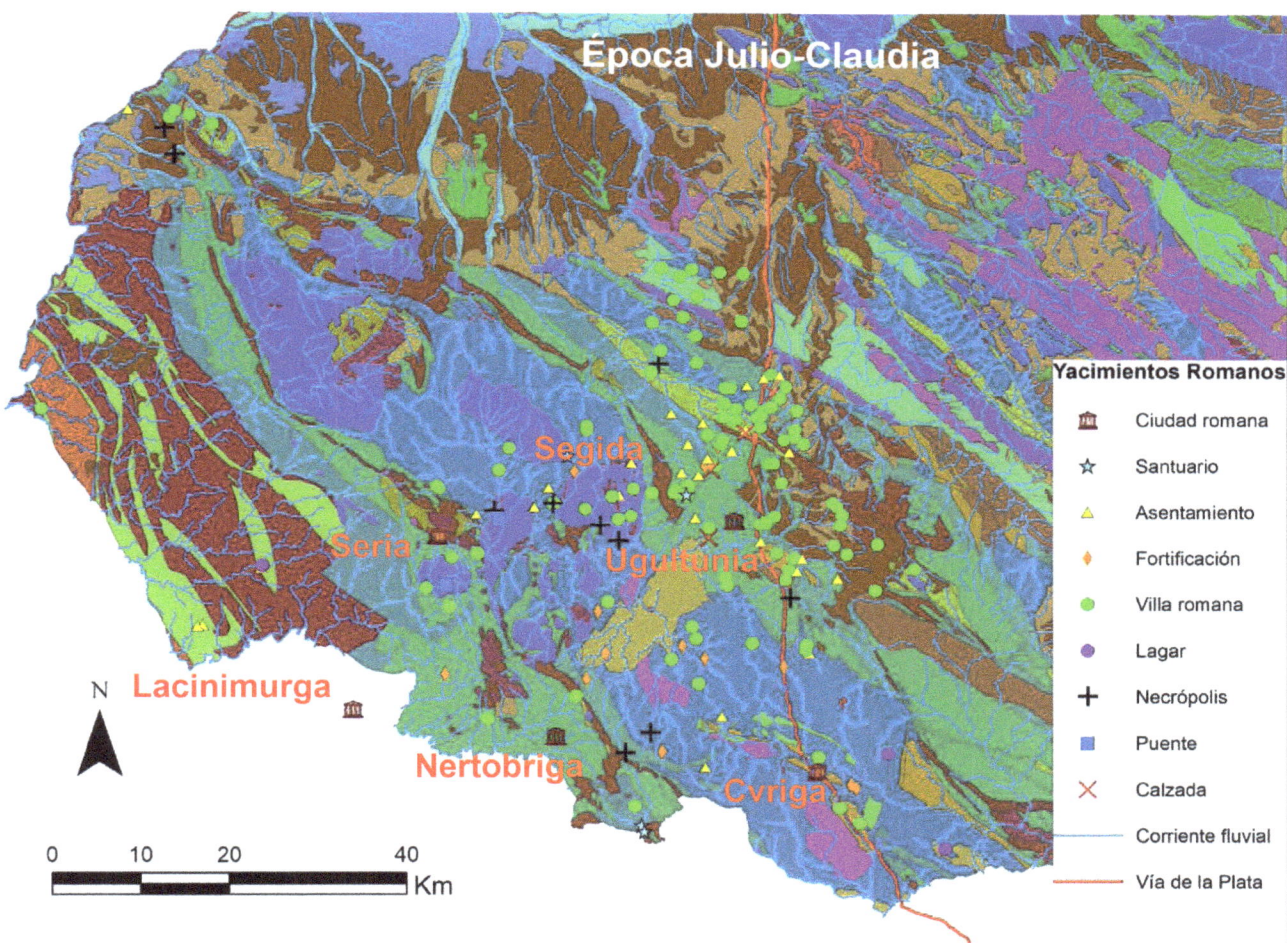

Fig. 58.3. Roman settlement of *Beturia* during the rule of the Julia-Claudia dynasty.

As for the territory of these communities, there are only two studies, the first one, by Fernández Corrales[31], based on the methodology of the Thiessen polygons/Voronoi diagrams, and a more recent one by P. Paniego about the Ardila[32] river basin, but archaeological surveys in many areas that provide a more in-depth knowledge of the occupation of the territory are lacking. In addition, there are some issues that must be considered, such as the presence of a *terminus augustalis* in Valencia del Ventoso which belongs to a *praefectura emeritense*[33] in a place in which the jurisdiction of *Contributa Iulia Ugultunia* begins, and, in turn, is almost neighbouring *Nertobriga Concordia Iulia.*

Starting during the government of Augustus, mining experienced a significant economic growth, as is evidenced by the mining reserves of Aljustrel (Portugal), of *Urium* (Rio Tinto), Tharsis, and of Aznalcóllar (Seville), in which numerous technological innovations were introduced (for example, the hydraulic pump of Sotiel Coronada) which allowed a greater extraction and metalliferous production by establishing an underground exploitation model. This wealth had an effect on the old *oppida* and the resulting

landscape, in which there is an important colonization and the appearance of new ploughed areas which appear to supply the new demand for products from the increasing mining population[34]. The same thing must have obviously happened in the Baeturia area due to the urban transformation that occurred in the cities of the area, but how this change took place is unknown as there is a lack of studies on this issue. Likewise, during the Flavian period it is also unknown how the urban development of the cities of Baeturia, which were already integrated in the *Conventus Hispalensis,* took place, and the influence mining had on them. It is known that this did happen in the border areas from Rio Tinto[35] and from *Munigua* (Villanueva del Río and Minas, Seville), which during this period acquired the rank of *Municipium Flavium Muguinensis*[36].

In the 3rd century AD, judging from the decline of the urban centres of the area, as can be seen in the cases of *Arucci/Turobriga*[37] and *Ugultunia*[38], there is almost a complete halt in the extraction of metals throughout the SW of the Iberian Peninsula (Rio Tinto, Tharsis, Aljustrel,...)

[31] Fernández Corrales 1988.
[32] Paniego 2020.
[33] *H. Esp* 5, 1995, 115; Paniego 2020.

[34] Pérez Macías 2014; Pérez Macías 2017; Robles 2017.
[35] Pérez Macías 2020.
[36] Schattner - Ovejero Zapino - Pérez Macías 2005, 272 and 275.
[37] Bermejo 2014.
[38] Pizzo - Mateo - Mayoral 2016.

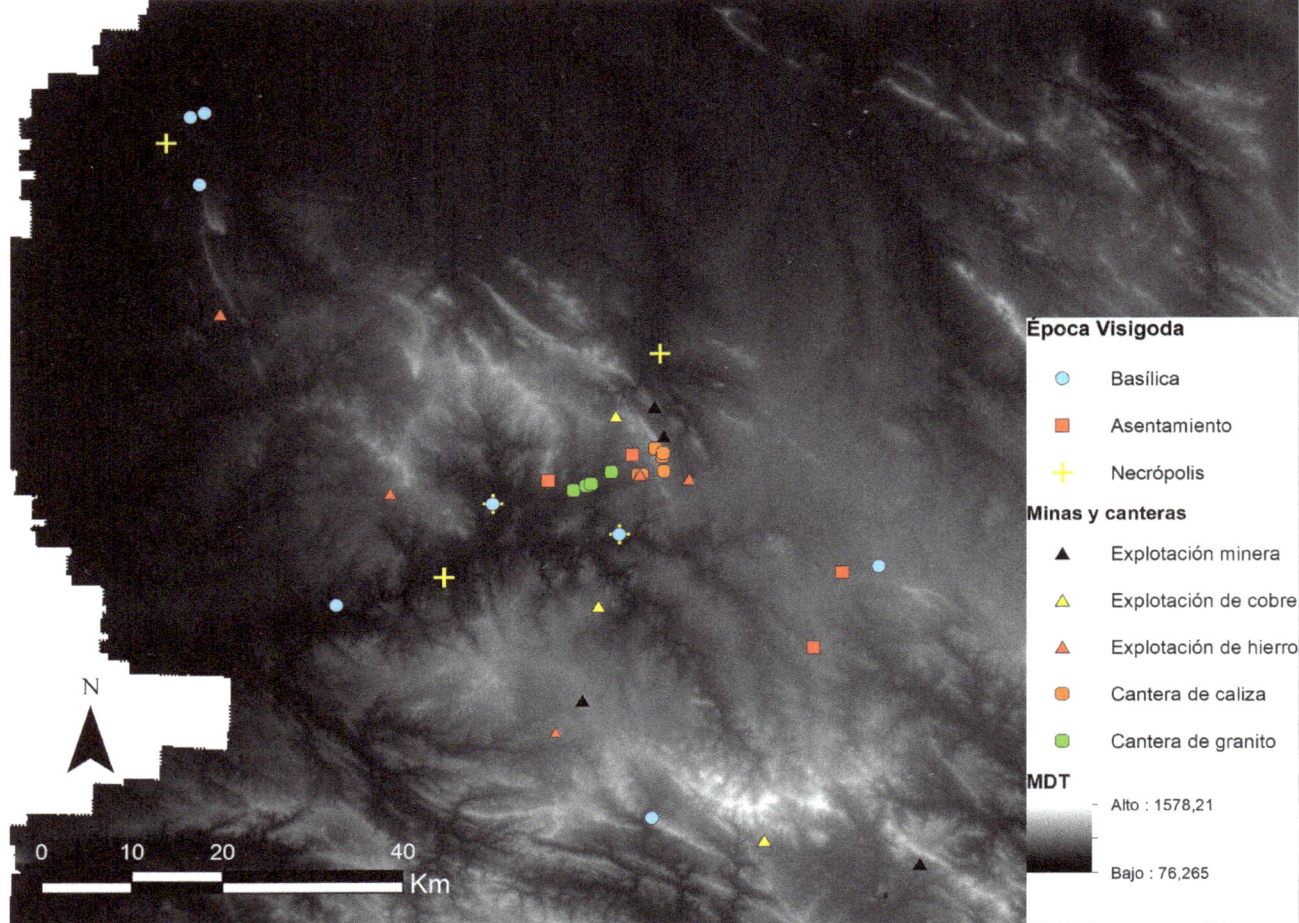

Fig. 58.4. Distribution of the population in the *Beturia* during the Late Antiquity.

which must also have affected the Baeturia, although this point has not yet been studied in depth.

Dating from the late antiquity (Fig. 58.4), the city of *Nertobriga* is well known, with its city wall dating from the 5th century AD, which will now see its perimeter considerably reduced[39]. Other examples are the first early Christian basilicas in *Segida* (Burguillos del Cerro)[40] dated between the 6th-7th century AD, and other religious constructions which are scattered throughout the territory and that would come to mark the limit between the Diocese of *Emerita* and *Hispalis*[41] in those centuries.

There is still much data to be discovered, largely due to the absence of landscape archaeological surveys in this geographical area and the lack of archaeometric studies of the mines and manufactured products found in the excavations. However, we have tried to make a proposal for the settlements in Baeturia between the end of the 3rd century BC and the late antiquity based on the known documentation and what is known happened in neighbouring mining areas, of which there is more data is available.

There is also a lack of data that hinders the knowledge of the characteristics and type of settlements that we are facing: miners, mining-metallurgists, etc..., because they could inform us of the mining exploitation system in each of the periods, of their spatial distribution, of their relationship with the existing *civitates* in *Baeturia* and, based on the spatial dispersion of metals and manufactured products, it would be possible to obtain, in turn, data of trade routes and networks, of the Roman economy of this area of the *Conventus Hispalensis*, and, where appropriate, to review the role of the area within the economy of the *Baetica*.

Bibliography

Antolinos Marín, J. A. - Díaz Ariño, B. 2015, "Los precintos de plomo del Museo de Badajoz y la actividad de las compañías mineras romanas en el sur de Hispania a comienzos de época imperial", in *MM*, 56, 211-231.

Bermejo Menéndez, J. 2014, *Arucci y Turobriga. Civitas et territorium. Un modelo de implantación territorial y municipal en la Baeturia Celtica*, Huelva.

Berrocal Rangel, L. 1988, "Hacia la definición arqueológica de la Beturia de los célticos: la cuenca de Ardila", in *Espacio, Tiempo y Forma. Historia Antigua*, 1, 57-68.

---

[39] Berrocal - Barrera - Caso 2017, 274-276.
[40] Sastre 2007; Paniego 2015.
[41] Sánchez Velasco 2018.

Berrocal Rangel, L. 1989, "El asentamiento céltico del Castrejón de Capote (Higuera la Real, Badajoz)", in *CUPAUAM*, 30, 105-120.

Berrocal Rangel, L. 1992, "Oppida y castros en la Baeturia Céltica", in *Complutum*, 4, 189-242.

Berrocal Rangel, L. 1998, *La Baeturia. Un territorio prerromano en la baja Extremadura*, Badajoz.

Berrocal Rangel, L. - Ruiz Triviño, C. 2003, *El depósito alto-imperial del Castrejón de Capote*, Mérida.

Berrocal Rangel, L. - De la Barrera, J. L. - Caso, R. 2017, *Nertobriga Concordia Iulia. De oppidum céltico a municipium romano*, Alicante.

Blázquez Martínez, J. M. - Domergue, C. - Sillières, P. (eds) 2002, *La Loba (Fuenteobejuna, province de Cordoue, Espagne). La mine et le village minier antiques*, Bordeaux.

Campos Carrasco, J. M. - Bermejo Menéndez, J. 2010, "Arucci/Turobriga y las promociones julio-claudias en la Baeturia Celtica. A propósito de una nueva inscripción epigráfica", in *AEspA*, 83, 133-145.

Campos Carrasco, J. M. - Bermejo Menéndez, J. 2018, *Ciudades romanas de la Provincia Betica. Corpus Urbium Baeticarum: Conventus Hispalensis et Astigitanus*, Huelva.

Canto, A. 1995, "La Beturia Céltica: Introducción a su epigrafía", in A. Velázquez - J. J. Enríquez (eds), *Celtas y Túrdulos: La Beturia*, Mérida, 293-329.

Canto, A 1997, *Epigrafía romana de la Beturia Céltica*, Madrid.

Fernández Corrales, J. M. 1988, *El asentamiento romano en Extremadura y su análisis espacial*, Cáceres.

Fernández Ochoa, C - Zarzalejos Prieto, M. 2019, "La minería de mercurio de Almadén en la España antigua: entre la estampa XVI de García y Bellido y el análisis arqueológico integral de la comarca sisaponense", in E. Sánchez Moreno (ed.), *Veinticinco estampas de la España antigua cincuenta años después (1967-2017): en torno a la obra de Antonio García y Bellido y su actualización científica*, Sevilla, 243-258.

García Bueno, P. - Fernández Rodríguez, M. 1993, "La minería romana de época republicana en Sierra Morena: el poblado de Valderrepisa (Fuencaliente, Ciudad Real)", in *MelCasaVelazquez*, 29.1, 25-41.

Heras Mora, Fco. J. 2018, *La implantación militar romana en el suroeste hispano: (siglos II-I a. n. e.)*, Madrid.

Mateos Cruz, P. - Pizzo, A. 2013, "Primeros datos acerca de la topografía y el urbanismo de Contributa Iulia (Medina de las Torres, Badajoz)", in *Actas del VI Encuentro de Arqueología del Suroeste Peninsular*, Villafranca de los Barros (Badajoz), 1425-1458.

Mataloto, R. 2004, "Fortins romanos do Alto Alentejo (Portugal): fortificação e povoamento na segunda metade do séc. I a.C.", in P. Moret - T. Chapa (eds), *Torres, Atalayas y Casas fortificadas*, Jaén, 31-54.

Morillo Cerdán, A. - Morais, R. 2019, "Concurrencia y complementariedad: nuevos paradigmas de producción y consumo en la economía romana", in *AnCord*, 30, 161-186.

Paniego Díaz, P. 2015, *Arqueología y Territorio del Cerro de Guruviejo (Burguillos del Cerro, Badajoz)*, Madrid.

Paniego Díaz, P. 2020, "La conquista e implantación romana en la Cuenca del Ardila", in Gaspar, C. - Gimeno Pascual, H. - Vicent Ramírez, N. (eds), *Ambientes epigráficos y territorio: el Guadiana entre Bética y Lusitania*, Lisboa, 31-61.

Pérez Macías, J. A. 1991, *Castañuelo: poblado de la Beturia Céltica*, Huelva.

Pérez Macías, J. A. 2014, "Agricultura y minería romanas en el Suroeste ibérico", in *HuelvaA*, 23, 117-145.

Pérez Macías, J. A. 2015, "Augusto y los distritos mineros del suroeste ibérico", in C. Márquez Moreno - E. Melchor Gil (eds), *La Bética en tiempos de Augusto: aspectos históricos y arqueológicos*, Roma, 279-311.

Pérez Macías, J. A. 2017, "La Franja Pirítica Ibérica en época Romana", in L. G. García Pulido - L. Arboledas Martínez - E. Alarcón García - Fco. Contreras Cortés (eds), *Presente y futuro en los paisajes mineros del pasado. Estudios sobre minería, metalurgia y poblamiento*, Granada, 109-120.

Pérez Macías, J. A. 2018, *Fortificaciones romanas en el área minera de Huelva*, Huelva.

Pérez Macías, J. A. 2020, "Gestión y producción en los metalla caesaris de la faja pirítica ibérica: epigrafía y arqueología", in *Onoba*, 8, 17-34.

Pérez Macías, J. A. - Delgado Domínguez, A. (eds) 2007, *Las minas de Riotinto en época Julio-Claudia*, Huelva.

Pérez Macías, J. A. - Delgado Domínguez, A. 2014, "La minería romana en el Suroeste Ibérico", in *CuadGranada*, 24, 239-265.

Pizzo, A. - Mateos, P. - Mayoral, V., 2016, "El anfiteatro de Contributa Iulia. Identificación y primer análisis arqueológico", in *AEspA*, 89, 249-271.

Roldán Díaz, A. - Adroher Auroux, A. 2019, "Entre iberos y romanos. Revisión historiográfica de las torres rurales en el sur peninsular a partir de los casos del Monte Horquera (Córdoba)", in *Lucentum*, 38, 189-213.

Sánchez Velasco, J. 2018, *The Christianization of Western Baetica. Architecture, Power, and Religion in a Late Antique Landscape*, Amsterdam.

Sastre de Diego, I. 2007, "Burguillos del Cerro (Badajoz) en la Antigüedad tardía. Elementos arquitectónicos", in *Romula*, 6, 231-246.

Sayas Abengoechea, J. J. 1993, "Algunas consideraciones sobre cuestiones relacionadas con la conquista y romanización de las tierras extremeñas", in AA.VV., *El proceso histórico de la Lusitania Oriental en época prerromana y romana*, Mérida, 189-233.

Schattner, T. - Ovejero Zapino, G. - Pérez Macías, J.A. 2012, "Munigua, ciudad y territorio", in J. Beltrán Fortes - S. Rodríguez de Guzmán (eds), *La arqueología romana de la provincia de Sevilla: actualidad y perspectivas*, Sevilla, 207-234.

59

From Hercules to the *douana salis*: a pastoral landscape of north-eastern Sardinia from Roman to Medieval ages

Dario D'Orlando
Università degli Studi di Cagliari

Abstract: The contribution investigates the settlement pattern and productive landscape of the north-eastern part of the Sardinia which goes from the river Posada valley to the Oschiri's plateau. This land is characterised by a consistent economic integration which started in the pre-Roman phase. This latter aspect leads to the possible individuation of a vertical landscape linking those different environments, both seats of a pre-roman population known as *Luquidonenses*. The reconstruction relies on different elements such as the cult of Hercules (linked to the roman colony of *Pheronia* founded in 387 BCE) whose tutelary role fastened to salt exploitation has been assumed in medieval times by St Michael extra urban sanctuary. The latter was associated with a harbour and the salt customhouse of the *villa* of *Posada*. Those elements are related to a transhumance route, still in use, whose path is confirmed by a series of newly founded sites of first Imperial Roman times.

Keywords: Landscape Archaeology; Transhumance; Pastoral activities; Economic reconstruction; movement patterns studies.

Transhumance is one of the most relevant aspects for pastoral economy in Mediterranean cultures[1]. The phenomenon is analysed from social and productive perspectives that allows us to comprehend how deep rooted it has been since ancient times. Sardinian transhumance has some little difference from italic customs as known from Appenninic mountains. Fernand Braudel, for example stated that in Sardinia is possible to identify some kind of 'inverse transhumance'[2]. In fact, if in the peninsula shepherds goes from the coast to the mountains during summer – doing the so-called *alpeggio* –, in Sardinia is documented the opposite path, that leads the breeders to descend from the hills where they usually settle to spend a period of time in the alluvial valleys near the coast. This phenomenon in Sardinia has been studied from various scholars mainly focused on medieval times[3] than the previous periods[4]. The contribution will focus on the analysis of the north-eastern portion of the Island comprising the territories of the *Luquidonenses populus* as cited by Ptolemy[5]. Those landscape includes the coasts with the *Luquidonis Portus* localised either in the municipalities of Posada and Siniscola (i.e. Santa Lucia of Siniscola)[6], and *Luguidonis C(astrum)* north-west of Oschiri, in the western-central plateau 50 km far from the eastern coast[7]. This last aspect permits to hypothesize and verify the existence of a strict ethnic, and maybe economic, relationship which could allow us to better comprehend the landscape with a specific focus on the Roman phase but taking into account previous and successive elements with a diachronic perspective which aims for a Global reconstruction.

The importance of the coastal environment of Posada for pastoral exploitation is proved by the presence of the sanctuary of St Michael the Archangel active before the 1317-1319 and still in use[8]. The citation of the "Padulo di Sancto Michele", mentioned in the pisanian *Liber Fondachi* reassures us on the antiquity of the sacred place and its significance about pastoral exploitation (Fig. 59.1). The latter is of great importance to the landscape reconstruction for the link between Saint Michael and the shepherds. For example, the main festival of the Saint falls on September 29th and is associated with the beginning of

---

[1] Bowden - Herring 2021. See also Pasquinucci 2021. I am grateful to Marinella Pasquinucci for the kindness shown to me during the 'Landscape Archaeology Conference' held in Newcastle Upon Tyne in 2018. Also, her contribution permitted me to better comprehend some of the landscape patterns of the areas I was studying in my PhD research from which partially derives this contribution.

[2] Braudel 1986, 74-85.

[3] Ortu 1988; Artizzu 2017. For transhumance issues in modern times see Melis 2008.

[4] Ibba - Mastino 2012.

[5] Ptol., *Georg.* III, 3.

[6] Bonello - Mastino, 1994, 185, notes 116-117; D'Orlando, 2019, 218-219. About the identification of *Portus Luguidonis* in the municipality of Budoni thanks to the toponym Portu Lu Guidonis see Pittau, 1956; De Felice, 1964. Unfortunately, the indication in *milia passum* from *Fanum Carisi* to *Portus Luguidonis* cited in the *Itinerarium Antonini* is spurious and do not consent the certain identification with either of the possibilities cited above (Bonello - Mastino, 1994, 174, 178-180 and 185; D'Orlando, 2019, 219). On the 'distances' issues of Roman Sardinia *itineraria* see Giuliani, 2011, 152, notes 260-261 (with previous bibliography).

[7] Mastino *et al.*, 2004.

[8] This place is cited as "*Lo padulo di Sancto Michele*". ACA., Real Patrimonio, MR. Vol 2106 (Liber Fondachi), f. 14. Artizzu, 1966, 268.

Fig. 59.1. Aerial photography of the valley of river Posada from east (photo by the author).

the so-called 'poste di pascolo' and their rent definition[9]. Another aspect links the presence of the sanctuaries of Saint Michael with previous sacred places of Hercules which were tied to a similar function in ancient times[10]. In this perspective the finding of a bronze statuette of Hercules in 1923 in the territories between Posada and Torpé dated to the 5th-4th century BCE[11]. This object was linked by Mario Torelli to a Osco-Campanian production associated with Roman-Caeratan mid-Republican commercial routes[12]. According to Mario Torelli, its presence is a perfect hint of Roman-Caeratan presence in the nort-eastern coasts of Sardinia which could possibly link with the legendary foundation of the colony of Pheronìa which should have interested this territory at the beginning of the 4th century BC[13]. The figure of Hercules is strictly associated with

pastoral economy and salt exploitation in the Romano-Italic context, in which the demi-God is connected with salt exploitation and transhumance routes[14]. Subsequently, it is possible that the presence of salines and the economic potential of the valley of Posada river were among the motivations which pushed Rome to found a colony in Sardinian coast in defiance of the Punic 'protectorate' established in Roman-Carthaginian treaty of 509 BCE. From this point of view, the second treaty of 348 BCE should be perceived as an important reason to sustain the real existence of Pheronia. Indeed, the second drafting of the text clearly specifies the forbidding for Rome to create permanent settlements in Sardinian coasts, an element which was absent in 509 BCE's treaty[15]. The presence of a Roman colony which name was dedicated to a female goddess associated with plebeian population and *asylia*[16] along with the statuette of Hercules permits us to hypothesise the desire of Rome to establish a specific economic landscape similar to the pastoral environment of the Apennine mountains. In addition, really interesting is what Mario Torelli states about the emporic function of the Feronia's sanctuaries of *Lucus Feroniae* and *Anxur* which could be consistent with our context[17].

[9] Rosada, 2004. See also the Roman phase issues in Spain (Gomez-Pantoja 2004). For a general perspective on pastoral landscapes and economic exploitation of those activities see Santillo Fritzell 2010.

[10] In Italy see the context of Aquileia (Modugno, 2000) and Central Italy (Van Worteghem 1999).

[11] Spano 1860; Colonna, 1970, 126-127; Torelli, 1981, 76-77.

[12] Torelli, 1981. The nort-eastern coast of Sardinia gives other hints of mid-Republican materials such as Italic red-figure vases found in the Cave of Duar Vuccas in Siniscola (D'Oriano, 1985).

[13] The real existence of the colony of Pheronia is far to be solved. Starting from the few written sources (D.S., XV 27, 4; Theophr., *HP* V, 8, 2; Ptol., *Georg.* III, 3), many scholars have tried to analyse this problem (Spano 1860; Taramelli 1929a, 47-49; Didu 1972; Torelli 1981; D'Oriano 1985; Scardigli 1991, 64 and 115; Zucca 1996, 77-79; Ruggeri 1999, 118-119; Bartoloni, 2005a, 46-47; Mastino 2005a, 63; Zucca, 2005, 289-290). One of the main aspects of interest, in my opinion, is that the toponym Φερονία πόλις, usually associated with the colony, is cited by Claudius Ptolemy in the 2nd century BC (Ptol., *Georg.* III, 4) but we have no certain evidence that the city cited by Ptolemy is the same as the colony mentioned by Diodorus Siculus, an element which is usually assumed by the scholars. For the Ptolemaic geography of Sardinia see Meloni, 1986.

[14] Cfr. *supra*. See also the problematic context of Ercole Vincitore ('Winner Hercules') sanctuary of Tivoli, whose traditional link with the pastoral landscape (Bonetto 1999) has been criticized recently (Giletti 2018).

[15] In the past this reconstruction has been recommended by several scholars. Torelli 1981, 81; Brizzi 1989, 69-71; Scardigli 1991, 115; Mastino 2005a, 63.

[16] Torelli 1981, 78-79.

[17] Torelli 1981, 78.

The movement of people from the plateau of Bitti and Lodè to the coastal plains has been attested since the XIX century thanks to the words of Vittorio Angius. The author states that shepherd coming from Buddusò settle in the north-eastern portion of the municipality of Torpé creating the small villages of Brunella, Talavà and Su Cossu which were devoted to breeding[18]. The same writer document for us the existence of at least 60 temporary shelters for livestock dispersed in the whole valley[19]. Another interesting aspect is the road system. This latter was recently analysed by Marco Agostino Amucano who identified an ancient route linking the plain of Siniscola to the municipality of Lodé through the village of Sant'Anna of Lodé[20]. Others scholars hypothesise the existence of a number of routes creating a proper network system which connected the coast to the inner plateau. From this perspective Roman scholars suggest the creation of a specific *diverticulum* which linked directly the centre of Portus Luguidonis to the *statio* of Caput Tyrsi located near the springs of the Tirso river in the territory of Buddusò[21]. Among these routes, Giacomo Floris proposed a really short path going directly towards east from the territory of Torpé pointing to Logudoro (Buddusò, Alà and Oschiri municipalities)[22]. Those data served for the reconstruction of the transhumance routes verifying the resulting network through modern and historical cartographic tools (IGM 1:25000 of 1931 for the coasts and 1:100000 of 1907 for the plateau)[23] validated comparing the results on a recent map of *tratturi* still in use until very recent times[24]. The use of Least cost path analysis tools in Qgis provided another perspective on the network system of the entire area but, even in this case, the paths were overlapped on cartographic resources and normalised[25]. For the purpose of studying the antiquity of those routes, then, I overlapped these layers to point vectors of Roman settlement active in those territories (Fig. 59.2). From the map in figure 2, it is clear how the transhumance route follows a specific pattern mostly remarked by the newly founded settlements of the central-western plateau of Bitti-Buddusò-Lodé. Most of the new sites date back to the first imperial age but a large portion of them are only superficially known. This missing information undermines the chance for the creation of a reliable portrait of many aspects of economic and productive issues of this landscape. Nonetheless, thanks to the data in our possession it is possible to

hypothesise a sensitive changing in housing pattern dating to Late Republican and first Imperial times maybe due to a specific scheme organised by the central power. A reflection of this reconstruction is perceivable in the finding of a military *diploma* discovered in Posada, in the San Paolo area (POS002), dating to 101 CE[26]. It is possible to identify this site as a village located near the fertile valley north of the river, not far from the potential location of the salines set in the wetlands towards the sea (Fig. 59.3). From a geomorphological perspective, the entire coastal area analysed is coherent with the exploitation for salt production. Both the area of Posada and San Teodoro, in fact, testify the presence of wetlands and saline exploitation[27]. A large amount of data, however, come from the coast of Posada which were recently analysed to discover the ancient coastline evolution[28]. The coast reached a similar appearance to the present one just in the middle of I millennium BCE[29]. This information permits us to overlap present and past landscapes in order to better understand socio-economic patterns and settlement distribution. The very center of this scheme is the sanctuary of St Michael the Archangel of Posada built before the 1317-1319 for its presence in the list of the *Liber fondachi* which cites the "padulo of Sancto Michele". The same written source informs us about the existence of a wetland *saltus*, dedicated to fish-farming and three salines, located between the economic areas of Arischion and Sulla near the Sanctuary of St Michael, NW from Posada[30]. Another aspect of interest is the association of the monks of Saint-Victor of Marseille to the church of SS. Stefano and Giovanni of Posada whose existence is documented by a donation of 1089, then confirmed in 1095[31]. This monastic order is historically associated with salines as documented for example in Cagliari[32]. The exploitation of salt resources must be interpreted as a central feature in the economic reconstruction of this area. In fact, in Posada, at least from XIV century CE was set the salt custom - *douana salis* - in a building of the *villa*[33].

Given all these considerations, the direct link between Posada and Oschiri should be perceived as an affordable route based on economic and cultural aspects. The former, due to salt exploitation and commerce for preserving meat and cheese making, two fundamental aspects in pastoral economy. The latter, as already cited, associated with the ethnonym Luguidonenses attested for the *Portus Liquidonenses* near Posada and the *Castrum Luquidonenses* in the territory of Oschiri. For a different context, Danila Artizzu recently suggested a direct link between San

---

[18] Angius 2006, 1708.
[19] Angius 2006, 1708. Among those, I have recently documented one specimen in the territory of Torpé in a location called *mandra porchina* which means enclosure for pigs. D'Orlando 2019, 208, n. 36, and 215.
[20] Amucano 1996; D'Orlando 2019.
[21] Rowland 1981, 24.
[22] Soddu *et al.* 2017.
[23] This choice is justified by the characteristics of the landscape because the main modification occurred in 1917 in the territory of Oschiri due to the building of the Coghinas dam which caused the covering up of part of their road system. A similar pattern occurs in the coastal area whose main environmental variation dates after 1950's with the creation of the Maccheronis dam in the territory of Torpè. For this reason, the ancient landscape is mostly comparable with IGM maps of 1931 used for the validation.
[24] Melis 2008.
[25] Herzog 2013.

[26] Sanciu *et al.* 2013; D'Orlando 2019, 205-206.
[27] The salt exploitation is hypothesised for the coasts of Posada and San Teodoro (the ancient *statio* of Coclearia). Sanciu 2011.
[28] French 2017; Sulas 2017; Melis *et al.* 2018.
[29] Melis *et al.* 2018, 104, Fig. 8.
[30] ACA., Real Patrimonio, MR. Vol 2106 (Liber Fondachi), f. 11v. Artizzu 1966, 234 and 263; Soddu *et al.* 2017, 746.
[31] Muresu 2018, 297-300, note 1410.
[32] Galoppini 2017, 96-97.
[33] Soddu *et al.* 2017, 746. ACA., Real Patrimonio, MR. Vol 2106 (Liber Fondachi), f. 6v: "Item petium unum terre cum domo super se positum in dicta villa que tenetur pro douana salis in dicta villa". Artizzu 1966, 234.

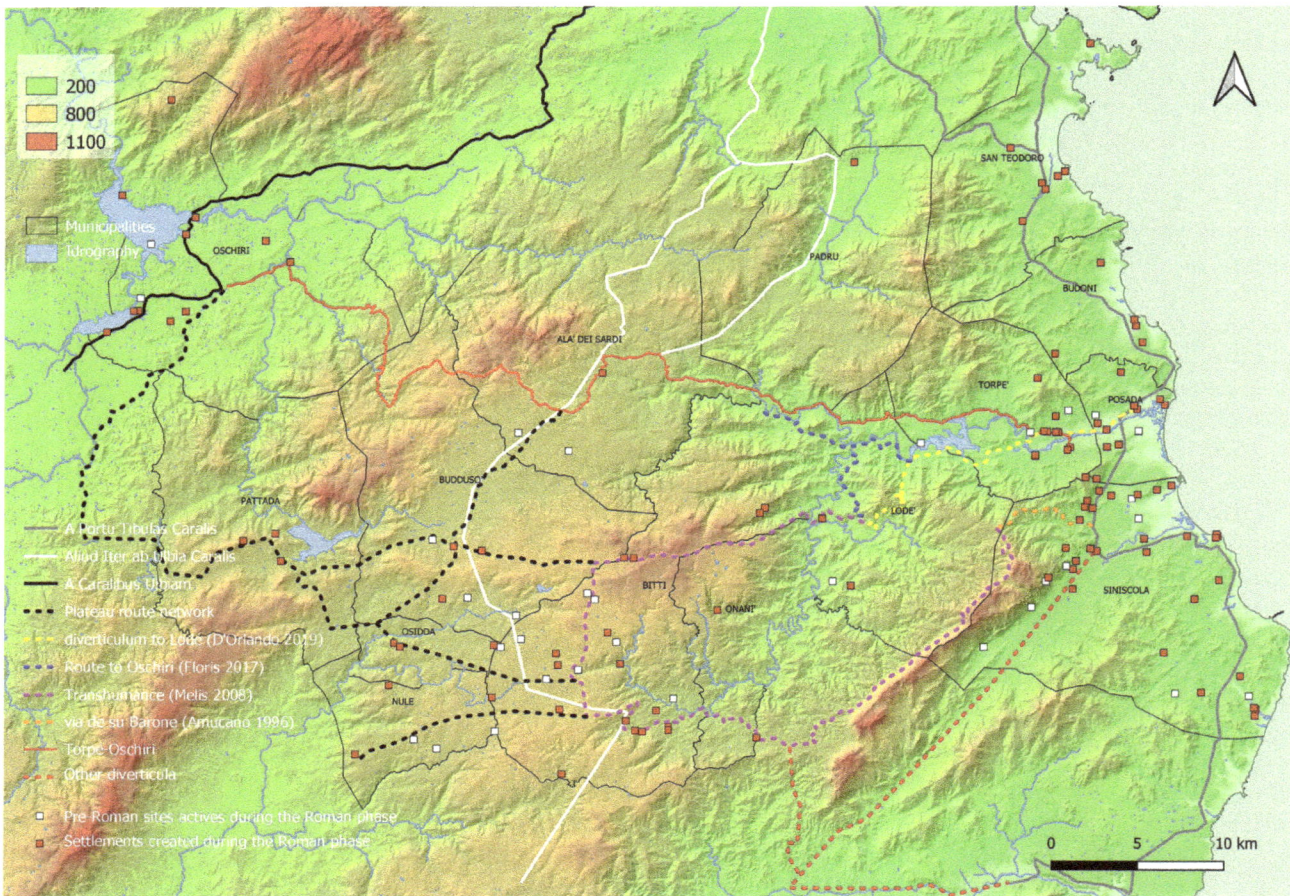

Fig. 59.2. Distribution of sites of Roman and pre-Roman foundation still in use during the Roman phase in relation to the route network (elaboration on DTM-RAS 10m by the author).

Nicolò Gerrei (SU) in the central-southern part of Sardinia and the salines of Cagliari due to transhumance and salt exploitation necessary to shepherds and pastoral activities[34]. In this case, the reconstruction was confirmed by the finding of the votive offer of a statue bearing a trilingual epigraphy (Latin, Greek and Punic) dating back to Late Republican age in San Nicolò Gerrei dedicated by the servant Cleone. This discovery permits to create a direct association between a rural sanctuary located in a mountainous landscape in which the donation were offered and the coastal salines of Cagliari[35]. For this same reason, the presence of the name *Luguidonis* both in the coast and in the plateau suggest the possibility of a deeper connection maybe due to cultural motivations. In the past, some scholars hypothesise a direct derivation of the harbour from the military camp which, in this reconstruction, needed its proper docking for the movement of troops and goods[36]; however there is no evidence about this assumption which is problematic, in my opinion. Instead, those names could derive from the population known by Ptolomeus as

Luquidonenses[37] usually associated only with the territory of Oschiri. This custom is attested elsewhere in the Roman Empire such as *Lutetia Parisiorum* (modern Paris) which owes its name to the local population of the *Parisii*. It is possible to hypothesise the existence of a Capital of the Luguidonenses to which were then associated the *castrum* and after also the harbour along the coast of Posada-Siniscola. This reconstruction is problematic as the one which assumes the derivation of the port from the military camp but finds an explanation in the economic features. The reconstruction hypothesised in this paper is consistent with a pastoral landscape linking coast and mountainous environment. From a socio-economic perspective, the absence of large portions of arable land for growing cereals and legumes should have led to the exploitation of different resources such as salines and breeding, demonstrated by the written sources for the medieval times and coherent with Roman settlement patterns. In fact, the spaces for agricultural exploitation are limited in the entire area and we are in possession of evidence for a small number of sites. The main of those, consisting in the nuraghe of San Pietro of Torpé which documents the re-use of one of the towers of the proto-historic building (tower F) to stock

---

[34] Artizzu 2017.
[35] Artizzu 2017, 437-438. About the epigraphy see Pennacchietti 2002. About salt exploitation in Roman Sardinia see Ghiotto - Campanella 2009. The finding context of Santu Iacci location of San Nicolò Gerrei (SU) has been object of a field survey. Comella *et al.* 2007.
[36] Mastino 2005b, 346.

[37] Ptol., *Geog.* III 3.

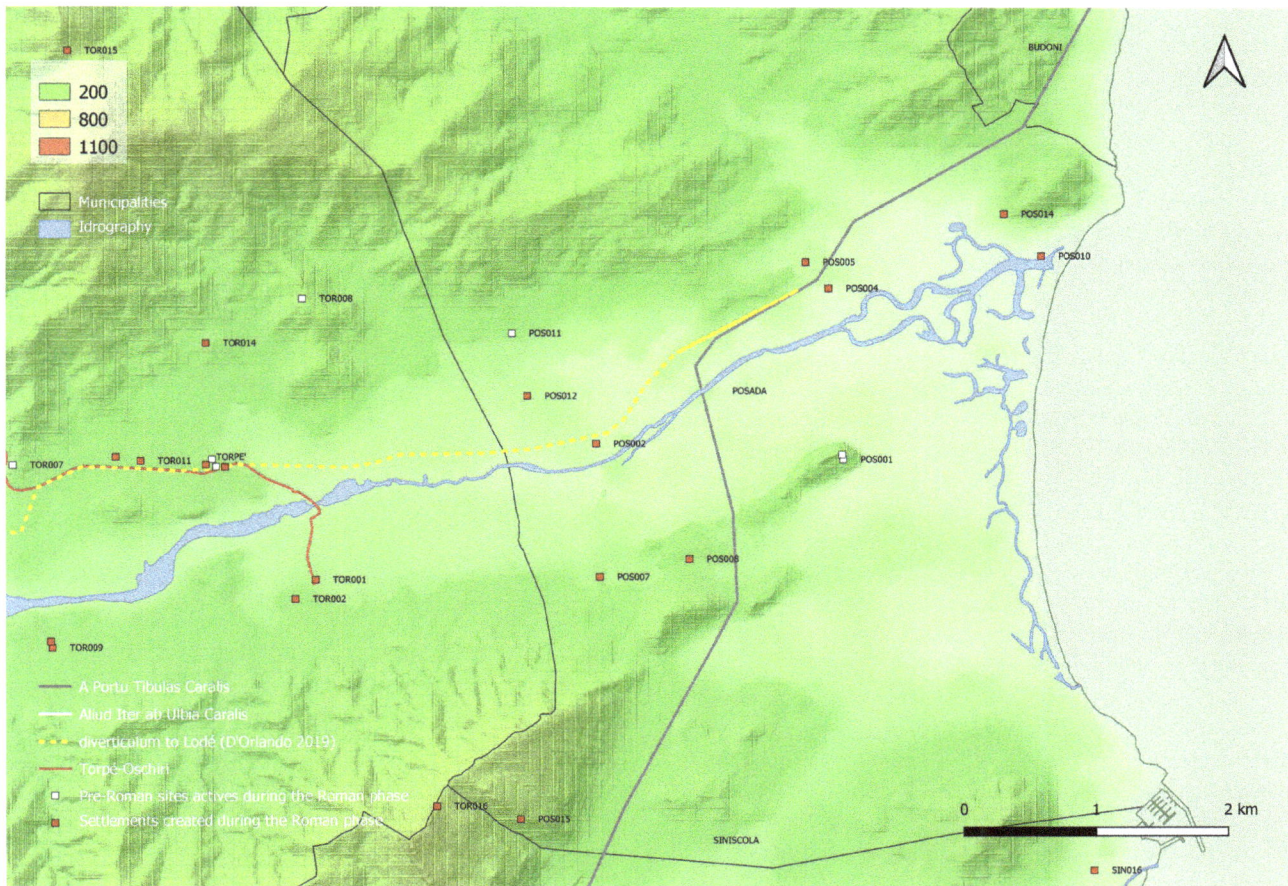

Fig. 59.3. North-eastern part of the territory of Posada focusing on Saint Michael the Archangel and Roman age settlements (reworked from Google Satellite ®).

cereals and fava beans dating back to 6th-7th century CE[38]. The scarcity of arable lands, although characterised by an high fertility of the soil due to periodic floods, must force people to choose a different type of economy and a specific kind of productive system[39]. All those aspects considered, the housing pattern of this area during the Roman phase should appear dispersed and with low density, not differing much from the modern landscape. Very few are the evidence to ascertain the existence of an integrated pastoral economy linking coast and plateau, a lackness that would be solved only by an intensive field survey. Nonetheless, the Roman phase must be considered as a booster of human presence in all these areas and even more towards the sea where it increases sensibly. The absence of proper urban centres must be considered as a specific characteristic of the human settlement of this portion of the Island, maybe due to the problematic environment issues. During the Roman phase, we are not allowed to tell of proper urban centers but relevant settlements must be documented near San Paolo and San Michele locations of Posada, *Coclearia* of San Teodoro

and the *Castrum Luguidonis/Castra* of Oschiri. It deserves a specific argument the Roman settlement of Santa Lucia of Siniscola (SIN002-SIN005) for which archaeological evidences are too weak for interpreting this village as the Portus Luguidonis as assumpted by Attilio Mastino and Marcella Bonello Lai[40]. The agricultural exploitation of the environment is poorly attested as documented by the rural farms found in the valley of Berchida (Siniscola) which small extension of arable land suggest the need of a different and integrated food supply system. A possible explanation of this specific economy could be seen in the nearby presence of a number of small settlements in the hills west from the valley of Berchida for whom is possible to hypothesise the existence of local exchanges in a context of basic livelihood more than a massive commercialisation of the cereal production[41]. This economic landscape differ deeply from what is possible to see in the nearby *ager olbiensis* in which the number of rural farms permits us to identify a more traditional agricultural landscape focused, at least during the Late Republican age, on cereal production[42]. Those archaeological elements push us to

---

[38] D'Orlando 2021.
[39] This specific environment is attested in the four coastal areas analysed. From south to north we found the valley of Berchida (Siniscola), the rivers of Siniscola and Torpé/Posada along with Budoni and San Teodoro. Among those, only Siniscola does not document the existence of an extended wetland towards the mouth of those rivers.

[40] Bonello Lai - Mastino 1994, 183-189.
[41] Amucano 1998. The rural farms are not necessarily associated with cereal production but the environment around the site suggests this hypothesis.
[42] Sanciu 1998; Pietra 2013, 177-185.

question whether the settlement pattern choices should derive from the geomorphological aspect of this area, less suitable for agriculture and relied more heavily on pastoralism. The presence of salines in the coast and at least two different transhumance routes attested in this landscape (the southern one proceeding from Posada to Lodè, Lula and Bitti and the western linking the coast to Alà dei Sardi, Buddusò and Oschiri) allow us to propose interesting reconstruction about the rural landscape in Roman Sardinia looking towards the Italian experiences about pastoralism and integrated economies[43]. The documentation of medieval salines in the territory of Posada and the existence of a salt customs in the same villa demonstrate the existence of an organised economy of salt exploitation[44]. Another aspect of interest should be the to verify the administrative issues of breeding and its taxation in Sardinia during the Roman phase[45], an element that should be associated to the *ager compascuum* for Late Republican times[46]. From a landscape perspective, the foundation of new settlements along the transhumance routes resemble the citation of *per itinera callium* of Saepinum[47], demonstrating very different patterns from the previous period. This reconstruction must be perceived of massive importance for its relevance for the entire economic landscape of the Island during the Roman phase. Consider, for example the context of Esterzili where the classic assumption link the dispute between the local population of the *Galillenses* and the *Patulcenses Campani* to the pastoral economy of the former, which should not be perceived as an acquired element for the lacking of archaeological elements[48]. These contexts demonstrate the importance of focusing the research on specific productive and chronological markers leading to a diachronic reconstruction of the landscape.

Bibliography

Amucano, M. A. 1996, "Viabilità romana tra Siniscola e Orosei (Nuoro): una revisione", in *RTopAnt*, 6, 211-224.

Amucano, M. A. 1998, "Attività di ricerca nell'agro di Siniscola: nota preliminare", in M. Khanoussi - P. Ruggeri - C. Vismara (eds), *L'Africa romana*, 12, Sassari, 603-610.

Angius, V. 2006, *Città e villaggi della Sardegna dell'ottocento - Pabillonis-Zuri*, vol. 3, Nuoro.

Artizzu, F. 1966, "Liber fondachi", in *AnnCagl*, 29, 215-299.

Artizzu, D. 2017, "I luoghi della transumanza: percezioni antiche, suggestioni moderne", in G. Serreli - R.

T. Melis - C. French - F. Sulas (eds), *Sa Massarìa: ecologia storica dei sistemi di lavoro contadino in Sardegna*, Cagliari, 427-454.

Bartoloni, P. 2005, "La Sardegna fenicia e punica", in A. Mastino (ed.), *Storia della Sardegna antica (La Sardegna e la sua storia, 2)*, Nuoro, 25-62.

Bonello Lai, M. - Mastino, A. 1994, "Il territorio di Siniscola in età romana", in E. Espa (ed.), *Siniscola: dalle origini ai nostri giorni*, 157-218.

Bonetto, J. 1999, "Ercole e le vie della transumanza: il santuario di Tivoli", in *Ostraka*, 8, 291-308.

Bowden, M. - Herring, P. 2021, *Transhumance. Papers from the International Association of Landscape Archaeology Conference, Newcastle upon Tyne*, Oxford.

Braudel, F. 1986, *Civiltà e imperi del Mediterraneo nell'età di Filippo II*, I, Torino.

Brizzi, G. 1989, "Nascita di una provincia: Roma e la Sardegna", in G. Brizzi (ed.), *Carcopino, Cartagine e altri scritti*, Sassari, 70-86.

Canu, N. 2016, "Tra Sarcidano e Barbagia. Spunti sulla romanizzazione in una zona di transizione", in S. De Vincenzo - C. Blasetti Fantauzzi (eds), *Il processo di romanizzazione della Provincia Sardinia et Corsica*, Roma, 275-291.

Colonna, G. 1970, *Bronzi votivi umbro-sabellici a figura umana: periodo arcaico*, Firenze.

Comella, A. M. - Parodo, B. - Sirigu, R. 2007, *La presenza romana nel territorio di San Nicolò Gerrei (CA). Ricostruzione dell'archeologia del paesaggio nell'area di Santu Iacci*, in S. Angiolillo - M. Giuman - A. Pasolini (eds), *Ricerca e confronti 2006: giornate di studio di archeologia e storia dell'arte*, Cagliari, 161-70.

De Felice, E. 1964, "La Sardegna nel Mediterraneo in base alla toponomastica costiera antica", in *StSard*, 18, 73-112.

Didu, I. 1972, "Il supposto invio di coloni romani in Sardegna nell'anno 378-7 a.C.", in *Athenaeum*, 50, 310-329.

D'Oriano, R. 1985, "Contributo al problema di Pheronìa Polis", in *BASard*, 2, 229-247.

D'Orlando, D. 2019, "Indagine archeologica nel territorio di Torpè e Posada. Vecchi e nuovi dati verso la definizione dell'assetto insediativo di epoca romana", in *QuadACagl*, 30, 195-238.

D'Orlando, D. 2021, "La fase romana e altomedievale del nuraghe San Pietro di Torpè: nuovi dati dall'area archeologica (Nuoro, Sardegna)", in *FOLD&R*, 503, 1-29.

Fadda, M.A. 1984, "Torpè (Nuoro): nuraghe San Pietro", in *BASard*, 1, 377.

---

[43] Cfr. *supra*.
[44] A successive aspect to verify should be the existence of archaeological evidence of *briquetages* usually associated with locations lacking natural salines. Vanni - Cambi 2015.
[45] Ibba - Mastino 2012.
[46] Laffi 1998. See also Bonetto 1999; Giletti 2018.
[47] Laffi 1965; Gerding *et al.* 1996.
[48] The classical reconstruction in Mastino 1993. A slightly different hypothesis in Ibba - Mastino 2012; Canu 2016.

French, C. 2017, "Evoluzione del paesaggio e insediamento nel bacino del rio Posada: indagini geoarcheologiche", in G. Serreli - R. T. Melis - C. French - F. Sulas (eds), *Sa massarìa: ecologia storica dei sistemi di lavoro contadino in Sardegna (tomo I)*, Cagliari, 79-114.

Galoppini, L. 2017, "Overview of Sardinian History (500-1500)", in M. Hobart (ed.), *A Companion to Sardinian History, 500-1500*, New York, 83-114.

Gerding, H. - Castoriano, M. - Magntorn, E. - Svensson, A. - Tegnér, M. - Wallensten, J. - Santillo Frizell, B. (eds) 1996, *Per itinera callium: report on a pilot project*, Lund.

Ghiotto, A. R. - Campanella, L. 2009, "Lo sfruttamento del sale marino nella Sardegna antica", in M. G. Melis (ed.), *Atti del Convegno Nazionale dei Giovani Archeologi Uomo e territorio: dinamiche di frequentazione e di sfruttamento delle risorse naturali nell'antichità*, Muros, 333-340.

Giletti, F. 2018, "L'organizzazione del culto nell'Italia romana: il caso del santuario di Ercole a Tivoli", in E. Lippolis - R. Sassu (eds), *Il ruolo del culto nelle comunità dell'Italia antica tra IV e I sec. a.C. Strutture, funzioni e interazioni culturali*, Roma, 333-360.

Giuliani, S. 2011, "La viabilità romana in Gallura sud-orientale", in G. Pianu - N. Canu (eds), *Studi sul paesaggio della Sardegna romana*, Muros, 135-162.

Gomez-Pantoja, J. 2004, "Pecora consectari: transhumance in Roman Spain", in B. Santillo Fritzell (ed.), *PECUS. Man and animal in antiquity*, Roma, 94-102.

Herzog, I. 2013, "The potential and limits of Optimal Path Analysis", in A. Bevan - M. Lake (eds), *Computational approaches to Archaeological Spaces*, Wlaanut Creek, 179-211.

Ibba, A. - Mastino, A. 2012, "La pastorizia nel Nord Africa e in Sardegna in età romana", in A. Ibba (ed.), *Ex oppidis et mapalibus. Studi sulle città e le campagne dell'Africa romana*, Ortacesus, 75-99.

Laffi, U. 1965, "L'iscrizione di Sepino (CIL, IX, 2438) relativa ai contrasti fra le autorità municipali e i conductores delle greggi imperiali con l'intervento dei prefetti del pretorio", in *StClOr*, 14, 177-200.

Laffi, U. 1998, "L'ager compascuus", in *REA*, 100.3-4, 533-554.

Mastino, A. 1993, *La tavola di Esterzili. Il conflitto tra pastori e contadini nella Barbaria sarda*, Sassari.

Mastino, A. 2005a, "Roma In Sardegna: l'occupazione e la guerra di Ampsicora", in A. Mastino (ed.), *Storia della Sardegna Antica*, Nuoro, 63-90.

Mastino, A. 2005b, "Le strade romane in Sardegna", in A. Mastino (ed.), *Storia della Sardegna antica*, Nuoro, 333-392.

Mastino, A. - Spanu, P. G. - Zucca, R. 2004, "Il territorio di Oschiri dal periodo romano all'età bizantina", in G. Meloni - P. G. Spanu (eds), *Oschiri, Castro e il Logudoro orientale*, Sassari, 77-116.

Melis, L. 2008, *Tramudas: guida ai percorsi della transumanza. Gli attori, i luoghi, i prodotti, la flora e la fauna*, Nuoro.

Melis, R. T. - Di Rita, F. - French, C. - Marriner, N. - Montis, F. - Serreli, G. - Sulas, F. - Vacchi, M. 2018, "8000 years of coastal changes on a western Mediterranean island: A multiprox approach from the Posada plain of Sardinia", in *Marine Geology*, 403, 93-108.

Meloni, P. 1986, "La geografia della Sardegna in Tolomeo (Geogr. III, 3, 1-8)", in *BASard*, 3, 207-250.

Modugno, I. 2000, "Alcune considerazioni sul culto di Ercole ad Aquileia con particolare riferimento al fenomeno della transumanza", in *AquilNost*, 71, 57-76.

Muresu, M. 2018, *La moneta "indicatore" dell'assetto insediativo della Sardegna bizantina (secoli VI-XI)*, Perugia.

Ortu, G. G. 1988, "La transumanza nella storia della Sardegna", in *MEFRA*, 100.2, 822-838.

Pasquinucci, M. 2021, "Frequently the winter grazing grounds are many miles away from the summer ones' (Varro, de r.r. 2.2.9): a review of recent historical, anthropological and archaeological approaches to transhumance in Central and Southern Italy", in M. Bowden - P. Herring (eds), *Transhumance: Papers from the International Association of Landscape Archaeology Conference, Newcastle upon Tyne*, Oxford, 23-42.

Pennacchietti, F. A. 2002, "Un termine latino nell'iscrizione punica CIS n° 143? Una nuova congettura", in G. L. Beccaria - C. Marello (eds), *La parola al testo: scritti per Bice Mortara Garavelli (Tomo I)*, Torino, 303-312.

Pietra, G. 2013, *Olbia romana*, Sassari.

Pittau, M. 1956, *Questioni di linguistica sarda*, Brescia.

Rosada, G. 2004, "Altino e la via della transumanza nella Venetia centrale", in B. Santillo Frizell (ed.), *PECUS. Man and animal in antiquity: proceedings of the Conference at the Swedish Insititute in Rome, September 9-12 2002 (The Swedish Institute in Rome. Projects and Seminars, 1)*, Roma, 67-79.

Rowland, R. J., 1981, *I ritrovamenti romani in Sardegna*, Roma.

Soddu, A. - Campus, F. G. R. - Floris, G. 2017, "Paesaggi costieri tra storia e archeologia nella Sardegna settentrionale: le valli del Coghinas e del Rio Posada nel Medioevo", in G. Serreli - R. T. Melis - C. French - F. Sulas (eds), *Sa massarìa: ecologia storica dei sistemi di lavoro contadino in Sardegna (tomo II)*, Cagliari, 701-767.

Spano, G. (ed.), 1860, *Bullettino Archeologico Sardo, 6*, Cagliari.

Sulas, F. 2017, "Verso un'ecologia storica del paesaggio rurale in Sardegna: note dal bacino del Rio Posada" in G. Serreli - R. T. Melis - C. French - F. Sulas (eds), *Sa massarìa: ecologia storica dei sistemi di lavoro contadino in Sardegna (tomo I)*, Cagliari, 21-77.

Ruggeri, P. 1999, *Titus Manlius Torquatus: privatus cum imperio*, in P. Ruggeri (ed.), *Africa ipsa parens illa Sardiniae: studi di storia antica e epigrafia*, Sassari, 115-129.

Sanciu, A. 1998, "Insediamenti rustici di età tardo-repubblicana nell'agro di Olbia", in M. Khanoussi - P. Ruggeri - C. Vismara (eds), *L'Africa romana*, 12, Sassari, 777-799.

Sanciu, A. 2011, "San Teodoro: Salina bamba, sepoltura d'età romana", in *Erentzias: rivista della Soprintendenza per beni archeologici per le province di Sassari e Nuoro*, 1.1, 351.

Santillo Fritzell, B. 2010, *Lana, Carne, Latte. Paesaggi pastorali tra mito e realtà*, Firenze.

Scardigli, B. 1991, *I trattati romano-cartaginesi*, Pisa.

Taramelli, A. 1929, "Sardi ed Etruschi", in *StEtr*, 3, 43-49.

Torelli, M. 1981, "Colonizzazioni etrusche e latine di epoca arcaica: un esempio", in AA.VV., *Gli Etruschi e Roma*, Roma, 71-82.

Van Wonterghem, F. 1999, "Il culto di Ercole e la pastorizia nell'Italia centrale", in E. Petrocelli (ed.), *La civiltà della transumanza. Storia, cultura e valorizzazione dei tratturi e del mondo pastorale in Abruzzo, Molise, Puglia, Campania e Basilicata*, Isernia, 414-428.

Vanni, E. - Cambi, F. 2015, "Sale e transumanza. Approvvigionamento e mobilità in Etruria costiera tra Bronzo Finale e Medioevo", in F. Cambi - G. De Venuto - R. Goffredo (eds), *Storia e archeologia Globale 2. I pascoli, i campi, il mare: paesaggi d'altura e di pianura in Italia dall'Età del Bronzo al Medioevo*, Bari, 107-128.

Zucca, R. 1996, *La Corsica romana*, Oristano.

Zucca, R. 2005, "Gli oppida e i popvli della Sardinia", in A. Mastino (ed.), *Storia della Sardegna antica*, Nuoro, 205-332.

60

Wildlife as a Landscape Proxy for Early Byzantine Caričin Grad (*Justiniana Prima*)[1]

Nemanja Marković
Institute of Archaeology, Belgrade

Henriette Baron
Römisch-Germanisches Zentralmuseum, Leibniz /
Forschungsinstitut für Archäologie, Mainz

Abstract: Animal remains are essential evidence of a historical ecology that has emerged as a powerful perspective for understanding and reconstructing the landscapes of the past. Zooarchaeological research can provide a significant contribution to issues beyond the animal related economies in the Early Byzantine period, such as the environmental conditions and landscape usage. The Early Byzantine site of Caričin Grad is situated 30 km southwest of Leskovac, in southern Serbia. Excavations at the site have revealed the remains of an important Early Byzantine city, which has been identified as Justiniana Prima, founded in the 530s by Justinian I. In this paper, results of the analysis of wild mammal and bird remains from Caričin Grad are considered as proxies for the reconstruction of the Early Byzantine city- and landscape. Also, this micro-ecological study provides research questions about broader contexts of human-animal interactions in the northern parts of the Early Byzantine Empire.

Keywords: Zooarchaeology; wild animals; Early Byzantine period; Caričin Grad; Balkans.

60.1. Introduction.

One of the main goals of zooarchaeological research is the reconstruction of the interaction between humans and their environment(s), in particular between humans and animals. Zooarchaeological research is of great importance for the study of the evolutionary history of landscapes and animal populations. Studying animal remains from archaeological contexts provides direct evidence of the patterns of human behaviour in respect to interactions with other species and the landscape. Wild species are of particular importance for understanding the landscape and environmental conditions in the past[2].

The Early Byzantine city of Caričin Grad is situated 30 km southwest of Leskovac and 8 km northwest of Lebane, on the eastern slopes of the Radan mountain, in southern Serbia. The remains of the city were identified as *Justiniana Prima*, the polis that, according to the *Novella 11*, Emperor Justinian I (527-565) built to be the seat of an archbishop and the Praetorian prefect of *Illyricum*. However, the city existed only for about 80 years. It declined in the early decades of the 7th century, and was never again resettled. Hence, the excavations at Caričin Grad offer undisturbed and well-dated insights into a small 6th-the first decade of the 7th century city in an unusual setting: far from the former settlement hotspot on the Danube or other navigable rivers and larger roads, on a fortified plateau, in a mountainous area[3]. Situated in a rural area in the western part of the province of Dacia Mediterranea, the city presents a unique example of the late urbanisation in the northern provinces of *Illyricum* (Fig. 60.1,1)[4]. The city was built in a strategic location on a wide plateau above two smaller rivers/seasonal streams (Svinjarička and Caričinska), with well-developed fortifications, water supply systems, numerous churches, administrative and public buildings, broad porticos, plazas and housing quarters[5]. In the wider area of the site of Caričin Grad, evidence of significant mining activity can be found[6].

Archaeological excavations have been conducted at Caričin Grad for more than a century. In the last two decades, research has been focused mainly on the residential contexts in the city, such as the intramural housing and fortification of the Lower Town, the northern slope of the Upper Town, a part between the northern wall of the Acropolis and the northern rampart of the Upper

---

[1] This research is funded by the Ministry of Education, Science and Technological Development of the Republic of Serbia.
[2] Reitz - Wing 1999.

[3] Ivanišević 2016a.
[4] Bavant 2007; Bavatn *et al.* 1990; Ivanišević 2016a, 109-110; *Кондић - Попович* 1977, 367-371.
[5] Ivanišević 2016a.
[6] Ivanišević 2016b, 96.

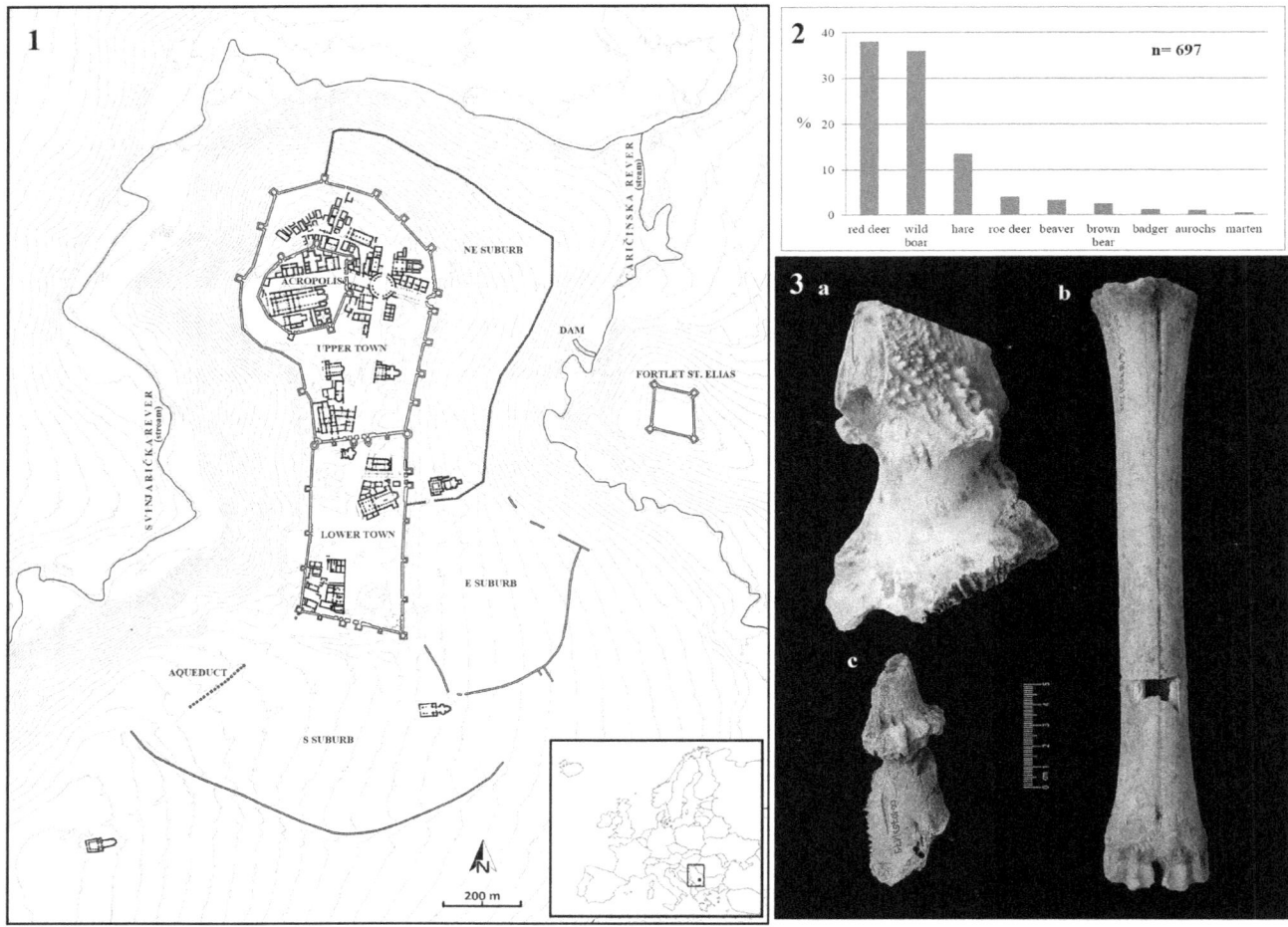

Fig. 60.1. Caričin Grad. Plan (Marković *et al.* 2021): 1-2. Relative frequencies of different wild mammalian taxa; 3. The remains of red deer (a. fragmented cranium and antler; b. metacarpal bone; c. the remains of roe deer - fragmented cranium and antler).

Town, as well as towers of the acropolis[7]. Archaeological excavations of these sections have brought to light a large number of animal remains. Along with different other species, wild mammal and bird remains comprised a smaller fraction of the animal remains, although they provide important evidence of different animal exploitation strategies in Caričin Grad and the landscape indicators in the area of the site[8].

In this paper, results of the analysis of the wild mammal and bird remains from Caričin Grad are considered as proxies for the reconstruction of the Early Byzantine cityscape and landscape from the second quarter of the 6th century to the beginning of the 7th century. Also, this micro-ecological study provides research questions about broader contexts of human-animal interactions in the northern parts of the Early Byzantine Empire.

60.2. Materials and methods.

During decades of systematic excavation on the site of Caričin Grad, a large amount of animal remains was collected. The archaeozoological collection on which this research is based consists of 34,571 whole and fragments of animal bones. Of the total fauna material, 3,056 (8.8%) specimens were collected in the acropolis towers, 10,540 (30.4%) on the northern slope of the Upper Town, 20,943 (60.5%) in the intramural housing of the Lower Town, and in Probe 1 in the north-eastern suburb only 32 (0.1%) specimens. All faunal remains are dated according to the stratigraphic relationship and numismatic finds in the range of around 70 years, from the second quarter of the 6th century to the beginning of the 7th century. For this research, the remains of wild species in the faunal collection from Caričin Grad were observed and presented in total at the level of the site.

The material is mainly of recovery by hand and between 2013 and 2015, the excavation areas in the Upper Town, the towers of the acropolis and large parts of the northern slope of the Upper Town were sampled and floated

---

[7] Ivanišević 2010; Ivanišević - Stamenković 2010; Иванишевић - Стаменковић 2013; Ivanišević 2016a, 114-119; Ivanišević *et al.* 2016.
[8] Baron - Marković 2020; Baron *et al.* 2019; Marković 2018; Marković - Stamenković 2016; Марковић *et al.* 2019; Marković *et al.* 2021; Schreg *et al.* 2016.

for archaeobotanical finds[9]. Taxonomic identification was carried out using the comparative collections of the Laboratory for Bioarchaeology of the Faculty of Philosophy in Belgrade, Serbia, and of the Centre for Baltic and Scandinavian Archaeology (ZBSA) in Schleswig, Germany. Also, guides of morphological criteria and comparative anatomy were used[10]. The identification of wild and domestic species of cattle and pig was also checked using metrics. The metric analysis was carried out following the metric standards of von den Driesch[11]. Quantification was performed according the number of identified specimens (NISP)[12].

60.3. Results.

Of the total number of specimens, 18,415 (53.3%) specimens were identified to a specific genus level. In general, domestic animals outnumbered game (comprising over 95% of NISP), and provided the most important and reliable meat supply. Based on the number of identified specimens (NISP), the most frequently found were the remains of economically the most important domestic species – sheep and goat, followed by domestic pig, and cattle. The remains of horse, donkey and their hybrid – mule, as well as camel hybrids, were also identified in the faunal material. Based on the age profiles and findings of pathological conditions, it can be concluded that they were primarily used as work animals[13].

In a total of 18,415 specimens, 1,080 (5.6%) were identified as wild mammal and bird remains. Based on the number of identified specimens, large wild mammals comprised 697 (72%) specimens, and they are outnumbered small mammal 262 (24.2%), and bird 121 (11.2%) remains.

In the faunal collection from Caričin Grad, nine species of wild mammals were identified (Fig. 60.1,2). Based on the number of identified specimens (NISP), the most frequently found were the remains of red deer (38%) (Fig. 60.1,3.), followed by wild boar (36%), hare (13.5%) (Fig. 60.2,.1), roe deer (4%), beaver (3.3%) (Fig. 60.2,2), brown bear (2.5%) (Fig. 60.3), badger (1.2%), aurochs (1%), and marten (0.5%). The highest number of hunted species whose remains are present in all parts of the site from which the faunal material originates are: red deer, wild boar and hare. Their mutual percentage varies, but only in slight amount. The age structure of game indicates that sub adult and adult individuals of red deer, wild boar, hare and beaver were hunted, while the remains of only adult individuals of roe deer, brown bear, aurochs, and marten were found in the faunal collection from Caričin Grad.

Even though many of the small mammal and bird remains cannot be clearly identified due to the high species

diversity, this material gives evidence of a fauna that was, in large parts, not deliberately brought into the city but found suitable habitats in the town and its surroundings. Habitat preferences of the respective species we know from modern times point to past landscape types in the area. For example, the total number of small mammals is 917 specimens, while 262 (28.6%) specimens were more closely taxonomically determined. The small mammal fauna consists of a variety of different murids – among them the commensal species black rat and house mouse clearly prevail – as well as voles, dormice, moles and shrews – species that usually do not live as closely to human dwellings as the commensals do, but are rather associated with agricultural landscapes (Fig. 60.4a).

The bird fauna is dominated by the domestic chicken (NISP 1,278) and geese of the Anser genus (NISP 111), most of which probably stem from domestic geese. In addition to geese and chicken, 262 bird bones were found. Of these, 130 could be identified to some degree, while 133 bones remain unidentified. The wild bird bones (geese excluded) stem from at least 30 different species and c. 18 families, in total 121 specimens (Fig. 60.5). The most frequent families are those of the game bird family Phasianidae (20.7%); the raptor family Accipitridae (17.4%); doves and pigeons, Columbidae (16.5%); Sparrows, Passeridae (12.4%); and ducks, Anatidae (8.2%). Corvids (7.5%), thrushes (5.8%), owls (5%), finches (4%), and buntings (2.5%) point to a comparably high share of passerine songbirds, which is due to intensive sieving.

The species suggest a semi-open landscape with open areas and some copses or small riparian forests along the rivulets (Fig. 60.4b). The agricultural landscape in the surroundings was inhabited by, among others, partridges, quails, corvids, pigeons and doves. The fields must have been spotted with molehills, as well as some vole holes. Wood mice lived in the copses and harvest mice built their nests between the stalks of the grain. In the damper parts, shrews lived, but the few ducks point to a low significance of wetland habitats in the surroundings. In the orchards and probably also city trees, dormice could be spotted. Different corvids were a nuisance when the fields were sown or the crops threshed. The verges between fields and copses hosted several avian predators, among these common buzzard, northern goshawk, merlin, long-eared, tawny and little owl.

The avian predators used the roof framework of the undisturbed acropolis tower as a retreat. After their hunt in the cultural landscape, not only on mice but also on shrews and small birds, they cast their pellets here as indicated by species diversity in the small mammal fauna assemblage from Caričin Grad (Fig. 60.4a). It shows a much lesser share of commensal species than the housing areas and the granary and a wide variety of open land species. Obviously, it was more difficult for the raptors to find prey within the city walls: especially the commensal species which lived here were so bound to houses that they were basically out of reach.

---

[9] Reuter 2018.
[10] Brown - Gustafson 1979; Schmid 1972; Cohen - Serjeantson 1996.
[11] von den Driesch 1976.
[12] Grayson 1984, 20-23.
[13] Marković 2018; Marković *et al.* 2018; Marković *et al.* 2021.

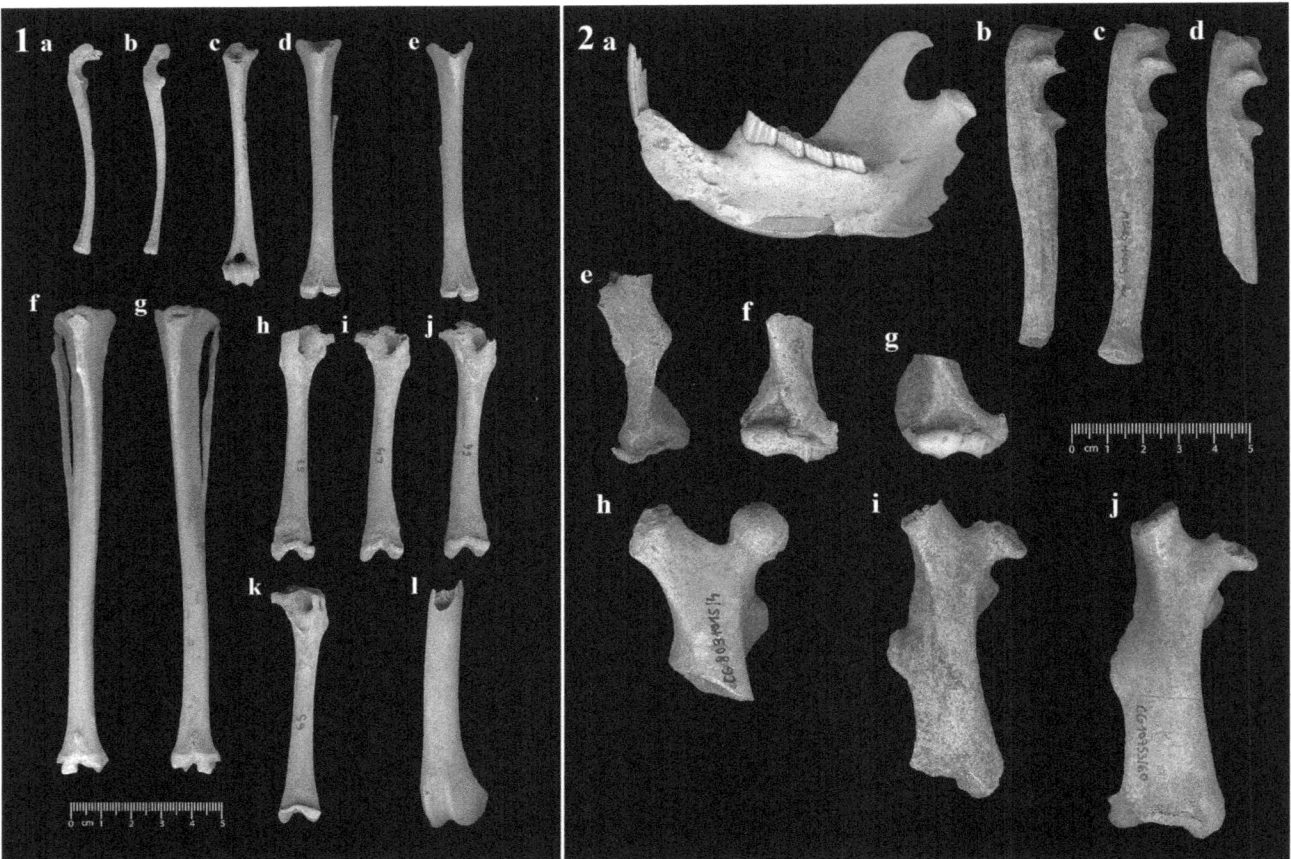

Fig. 60.2. The remains of hare: a-b. ulna; c. humerus, d-g. tibia, and h-l. femur; 2. The remains of beaver: a. mandibula, b-d. ulna; e-g. humerus; h-j. femur.

60.4. Discussion and conclusions.

Animal remains are essential evidence of a historical ecology that has emerged as a powerful perspective for understanding and reconstructing the landscapes of the past. Zooarchaeological research can provide a significant contribution to issues beyond the animal related economies in the Early Byzantine period, such as the landscape usage, and environmental and climatic conditions[14]. The remains of wild species play a main role in such research. In general, small animals have smaller home ranges, tend to have more specific ecological requirements, and are better environmental indicators than larger animals, which often feed and reproduce over a wider area. Furthermore, animals with specialised niches are also clearer indicators of environmental change[15].

In general, hunting in the Early Byzantine period, as well as in the Roman period, was of less economic importance and reduced mainly to sports activities, as well as one of the ways of obtaining exotic food, primarily for the wealthier population. Remains of wild animals in the faunal material from Early Byzantine sites occur in a very small percentage, on average between 5% and 9%.

Rarely does the percentage exceed 10%, and in the case of the largest number of sites the percentage of wildlife is closer to the lower value. A higher percentage of wildlife is represented in the northern parts of the Empire, on the Balkan Peninsula and in Asia Minor. The spectrum of game at Early Byzantine sites indicates that the animals were hunted in the immediate vicinity of the settlement[16]. Written sources indicate that residents in rural areas occasionally sold game meat in cities[17].

The wild species spectra in the faunal collections from Byzantine sites reflect, albeit in a biased way, local eco-systems which the Byzantines used. The high share of red deer and roe deer among the remains of the game in the Danube region of the Byzantine Empire indicates wooded landscapes. The hare skeletal remains often represent a large share among the wild species in the faunal collections, which indicate occasional hunts in open landscapes. The remains of wild boar are highly represented in the early Byzantine sites along the Lower Danube. Taking into account their habitat, possibly large parts of this region were covered with mixed forests. Just like the beavers which often appear in faunal materials of this region, these animals also inhabited the riparian forests along the river

[14] Baron 2017; Kroll 2010.
[15] Reitz - Wing 1999, 318; Serjeantson 2009.
[16] Kroll 2010; Kroll 2012.
[17] Kislinger 1982, 93.

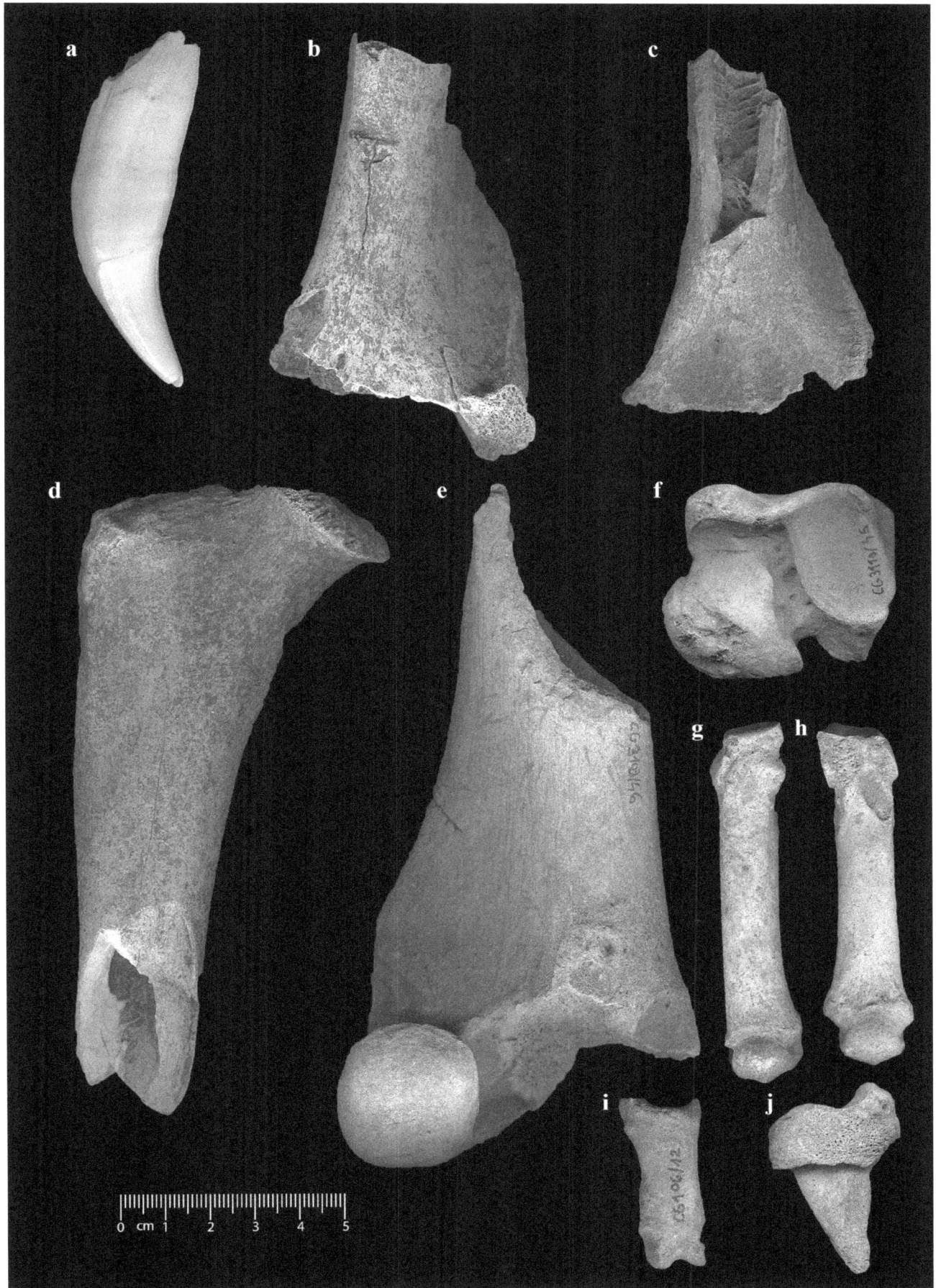

Fig. 60.3. The remains of bear: a. upper canine, b-c. humerus; d-e. femur; f. astragalus; g-h. metacarpal bones; i. first phalange; j. third phalange.

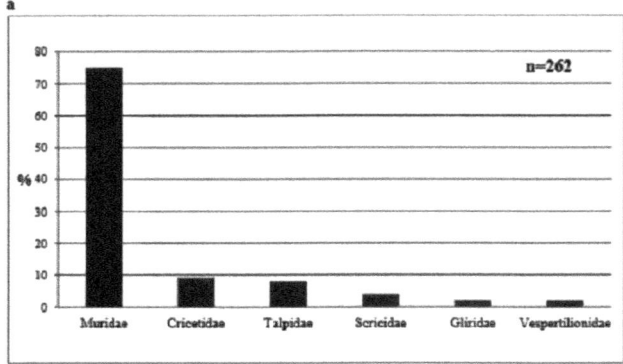

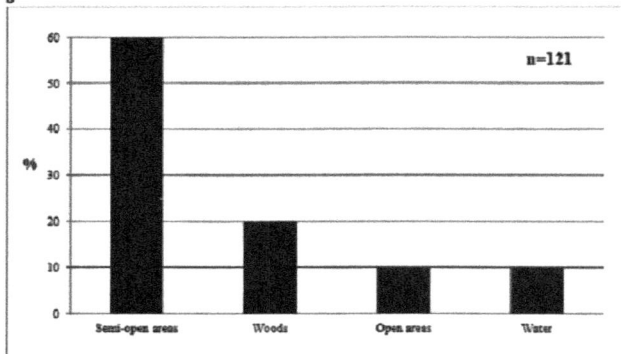

Fig. 60.4. a) Relative frequencies of different small mammal taxa; b) relative frequencies of wild bird remains according to the preferred habitats.

Family	Species	n
Phasianidae	Quail**, Partridge***, Capercaillie****, Black Grouse****	25
Accipitridae	Goshawk****, Golden Eagle***, Buzzard***, Griffon Vulture***	21
Columbidae	Rock pigeon***, Wood Pigeon***, Turtle Dove***, Collared Dove***	20
Passeridae	Tree sparrow***	15
Anatidae	Mallard*, Red-Breasted Merganser*	10
Corvidae***	Raven***, Hooded Crow***/ Rook***, Eurasian Jay***	9
Turdidae	Song Thrush****, Blackbird***	7
Strigidae	Tawny Owl****, Little Owl*, Long-Eared Owl****	6
Fringillidae	Chaffinch***	5
Emberizidae**	Species unidentified	3
Falconidae	Merlin***	1
Rallidae	Moorhen*	1
Upupidae	Hoopoe**	1
Sturnidae	Starling	1
Ardeidae	Purple heron*	1
Alaudidae**	Species unidentified	1
Bombycillidae?****	Species unidentified	1
Prunellidae?***	Species unidentified	1

Fig. 60.5. Number of identified specimens of wild bird taxa found in Caričin Grad. The asterisks show the preferred habitat: *water, **open, ***semi-open, ****woods.

arms. In support of that, the faunal assemblages from this region also yielded high amounts of waterfowl. Most of the fowl finds stem from ducks and geese, as well as a few swans of the Anatidae family, but occasionally also large species like pelicans or herons are represented in faunal collections. The range of these bird species indicates an intensive utilisation of these riverine wetland habitats[18].

The spectrum of wild mammals and their frequency in the faunal collection of Caričin Grad corresponds to zooarchaeological data from the Early Byzantine contexts along the Lower Danube, indicating a wooded landscape. On the other hand, the spectrum of wild birds indicates that there were no proper wetlands in the vicinity of the city. Caričin Grad yielded one of the largest bird materials known from Byzantine sites. Apart from occasional single finds of wild birds or small mammals, from the Early Byzantine period the largest intensively analysed urban fauna materials stem from Naples, Nicopolis ad Istrum on the Lower Danube, a small sample from Ephesos, and a fortification in the Negev desert, Upper Zohar[19]. In stark contrast to the sites on the Danube like Nicopolis ad Istrum or Novae, which yielded many bones of wetland birds, bird bones in Caričin Grad were comprised primarily of woodland species and birds that dwell in open country[20].

Hence, it is very probable that wetlands, rivers, and lakes did not significantly influence the daily reach of action of the Caričin Grad inhabitants, although the exploitation of aquatic resources had a smaller share in the economy. Most likely the exploitation of larger rivers in the area of Caričin Grad, such as Jablanica, the South Morava, the Great Morava and their arms, indicate the representation of beaver remains in the faunal collection[21].

The possible effect of climate change on human adaptation and environmental conditions during Late Antiquity has long intrigued scholars. Recent developments in paleoclimatic studies have significantly increased the number of publications on this topic. As a result of

---

[18] Baron 2017.
[19] Beech 2007; Bejnaru - Tarcan 2007; Benecke 1997; Kroll 2010; Poulter 2004; Poulter 2007.
[20] Baron *et al.* 2019.

[21] Baron - Marković 2020.

contemporary paleoclimatic research, the striking cold phase from 536 to 660 AD is termed the Late Antique Little Ice Age. The evidence for this episode is found in a wide range of diverse proxy archives from the Northern Hemisphere. These climate changes seem to have drastically affected the human-environmental conditions[22].

In conclusion, the taxonomic spectrum of wild mammal and bird species evidenced for the 6th century and the first decades of the 7th century preliminarily indicate colder climatic conditions with a forest/semi-forest landscape, smaller agricultural areas and a sub-mountainous environment in the vicinity of Caričin Grad. In the modern period, this area is characterised by a dry sub-mountainous environment. A vast area of semi-forest land has been replaced by agricultural ones, while most wild species such as aurochs, red deer, brown bear, and beaver have become extinct[23]. However, more reliable insights into environmental conditions should provide some future paleoclimate research and pollen analysis in the area of Caričin Grad and the southern part of present-day Serbia.

Bibliography

Bavant, B. 2007, "Caričin Grad and the Changes in the Nature of Urbanism in the Central Balkans in the Sixth Century", in A. Poulter (ed.), *The Transition to Late Antiquity, on the Danube and Beyond*, Oxford, 337-374.

Bavant, B. - Kondić, K. - Spieser, J.M. 1990, "Introduction", in B. Bavant - V. Kondić - J. M. Spieser (eds), *Caričin Grad II: Le quartier sudouest de la Ville Haute*, Belgrade - Rome, 1-11.

Baron, H. 2017, "An approach to Byzantine environmental history: human-animal interactions", in H. Baron - F. Daim (eds), *A Most Pleasant Scene and an Inexhaustible Resource. Steps towards a Byzantine Environmental History*, Mainz, 171-198.

Baron, H. - Marković, N. 2020, "Fish Consumption and Trade in Early Byzantine Caričin Grad (*Justiniana Prima*)", in N. Marković - J. Bulatović (eds), *Animal Husbandry and Hunting in the Central and Western Balkans Through* Time, Oxford, 154-166.

Baron, H. - Reuter, A. - Marković, N. 2019, "Rethinking ruralization in terms of resilience: subsistence strategies in sixth-century Caričin Grad in the light of plant and animal bone finds", in *Quaternary International*, 499 (A), 112-128.

Beech, M. J. 2007, "The Large Mammal and Reptile Bones", in A. G. Poulter (ed.), *Nicopolis ad Istrum, A late Roman and Early Byzantine City. The Finds and the Biological Remains*, Oxford, 154-197.

Bejnaru, L. - Tarcan, C. 2007, "Hunting in the Byzantine Period in the Area between the Danube River and the Black Sea: Archaeozoological Data", in A. G. Poulter (ed.), *Nicopolis ad Istrum, A late Roman and Early Byzantine City. The Finds and the Biological Remains*, Oxford, 116-124.

Benecke, N. 1997, "The Economy and Environment of a Roman, Late Roman and Early Byzantine Town in North-Central Bulgaria: The Mammalian Fauna from Nicopolis-ad- Istrum", in *Anthropozoologica*, 25/26, 619-630.

Brown, C. - Gustafson, C. 1979, *A Key to Postcranial Skeletal Remains of Cattle/Bison, Elk, and Horse*, Pullman.

Büntgen, U. - Myglan, V. - Charpentier Ljungqvist, F. - McCormick, M. - Di Cosmo, N. - Sigl, M. - Jungclaus, J. - Wagner, S. - Krusic, P. - Esper, J. - Kaplan, J. - de Vaan, M. - Luterbacher, J. - Wacker, L. - Tegel, W. - Kirdyanov, A. 2016, "Cooling and societal change during the Late Antique Little Ice Age from 536 to around 660 AD", in *NatGeosci*, 9, 231-236.

Cohen, A. - Serjeantson, D. 1996, *A manual for identification of bird bones from archaeological sites*, London.

Grayson, D. 1984, *Quantitative zooarchaeology*, Orland.

Ivanišević, V. 2010, "Caričin Grad - the fortifications and the intramural housing in the Lower town", in F. Daim, - J. Drauschke (eds), *Byzanz - das Römerreich im Mittelalter, Teil 2.2*, Mainz, 747-775.

Ivanišević, V. 2016a, "Caričin Grad (*Justiniana Prima*): a new-discovered city for a 'new' society", in S. Marjanović-Dušanić (ed.), *Proceedings of the 23rd International Congress of Byzantine Studies*, Belgrade, 107-126.

Ivanišević, V. 2016b, "Late Antique cities and their environment in Northern Illyricum", in F. Daim, - J. Drauschke (eds), *Hinter den Mauern und auf dem offenen Land Leben im Byzantinischen Reich*, Mainz, 89-99.

Иванишевић, В. - Бугарски, И. - Стаменковић, А. 2016, "Нова сазнања о урбанизму Царичиног града: примена савремених метода проспекције и детекције", in Старинар, 66, 143-160.

Ivanišević, V. - Stamenković, S. 2010, "Glass' workshop from Caričin grad (*Iustiniana Prima*)", in B. Zornand - A. Hilgner (eds), *Glass along the Silk Road from 200 BC to AD 1000*, Mainz, 39-52.

Иванишевић, В. - Стаменковић, С. 2013, "Разградња фортификације Акропоља Царичиног града", in Лесковачки зборник, 53, 21-31.

Kislinger, E. 1982, "*Gastgewerbe und Beherbergung in frühbyzantinischer Zeit. Eine realienkundliche Studie aufgrund hagiographischer und historiographischer Quellen*", Unpublished Ph.D. dissertation Universität Wien.

---

[22] Büntgen *et al.* 2016; McCormick *et al.* 2012.

[23] Baron *et al.* 2019; Marković 2018.

Кондић, В. - Поповић, В. 1977, Царичин Град, утврђени град у византијском Илирику, Београд.

Kroll, H. 2010, *Tiere im Byzantinischen Reich. Archäozoologische Forschungen im Überblick*, Mainz.

Kroll, H. 2012, "Animals in the Byzantine Empire: an overview of the archaeozoological evidence", in *AMediev*, 39, 93-121.

Marković, N. 2018, *Ekonomija ranovizantijske metropole Caričin grad: arheozoološki pristup*, Unpublished Ph.D. dissertation Faculty of Philosophy, University of Belgrade.

Марковић, Н. - Реутер, А. - Бирк, Ј. 2019, "Биоархеолошка истраживања свакодневног живота у Царичином граду (*Justiniana Prima*)", in Лесковачки зборник, 59, 21-44.

Marković, N. - Ivanišević, V. - Baron, H. - Buckley, M. 2021, "The last caravans in antiquity: Camel remains from Caričin Grad (*Justiniana Prima*)", in *JArchaeolSci*, 38, 1-14.

Marković, N. - Stamenković, S. 2016, "Antler workshop in Caričin Grad (*Justiniana Prima*): reconstruction of the technological process", in S. Vitezović (ed.), *Close to the Bone: Current Studies in Bone Technologies*, Belgrade, 218-225.

Marković, N. - Stevanović, O. - Krstić, N. - Marinković, D. - Janeczek, M. - Chrószcz, A. - Ivanišević, V. 2018, "Animal health in *Justiniana Prima* (Caričin Grad): preliminary results", in L. Bartosiewicz - E. Gál (eds), *Care or Neglect? Evidence of Animal Disease in Archaeology*, Oxford, 61-78.

McCormick, M. - Büntgen, U. - Cane, M. - Cook, E. - Harper, K. - Huybers, P. - Litt, T. - Manning, S. - Mayewski, P. A. - More, A. - Nicolussi, K. - Tegel, W. 2012, "Climate Change during and after the Roman Empire: Reconstructing the Past from Scientific and Historical Evidence", in *JInterdisciplHist*, 43.2, 169-220.

Poulter, A. 2004, "Cataclysm on the Lower Danube: The Destruction of a Complex Roman Landscape", in N. Christie (ed.), *Landscapes of Change. Rural Evolutions in Late Antiquity and the Early Middle Ages*, Farnham, 223-254.

Poulter, A. 2007, *Nicopolis ad Istrum III. A late Roman and early Byzantine City: The Finds and the Biological Remains*, Oxford.

Reuter, A. 2018, "Einheit in der Vielfalt? Zur Kulturpflanzennutzung im Byzantinischen Reich unter besonderer Berücksichtigung archäobotanischer Untersuchungen in Caričin Grad (*Justiniana Prima*)", Unpublished Ph.D. dissertation Christian-Albrecht University of Kiel.

Reitz, E. J. - Wing, E. S. 1999, *Zooarchaeology*, Cambridge.

Schmid, E. 1972, *Atlas of Animal Bones: for prehistorians, archaeologists and quaternary geologists*, New York.

Schreg, R. - Birk, J. - Fiedler, S. - Kroll, H. - Marković, N. - Reuter, A. - Röhl, C. - Steinborn, M. 2016, "Wirtschaftliche ressourcen und soziales kapital. Gründung und unterhalt der kaiserstadt Iustiniana Prima", in *Mitteilungen der Deutschen Gesellschaft für Archäologie des Mittelalters und der Neuzeit*, 29, 9-20.

Serjeantson, D. 2009, *Birds*, New York.

Von den Driesch, A., 1976, *A guide to the measurement of animal bones from archaeological sites*, Cambridge.

Wilkens, B. 2003, "Hunting and Breeding in Ancient Crete", in E. Kotjabopoulou - Y. Hamilakis - P. Halstead - C. Gamble - P. Elefanti (eds), *Zooarchaeology Greece: Recent Advances, British School at Athens Studies*, 9, Athens, 85-90.

61

Caulonia: spazio pubblico e spazio privato nella città in periodo arcaico

Greta Balzanelli
Independent researcher

Abstract: Starting with the premise that the urban plan of *Kaulonia* prior to 389 BC is little known, the aim of this paper is to try to define *grosso modo* the main aspects. Beginning from the investigations on the stages of birth and structuring of the urbanization process - conducted through the re-elaboration and reinterpretation of the published material - a graphical reconstruction of the urban grid of the archaic and classical city will be tempted. In parallel, some new and preliminary reflections about the distinction between private and public space will be proposed, focusing in particular on the possible location of the agorà. These considerations will not be taken exclusively from the topography of the ancient city, but also from the comparison with the coeval panorama of the Magno-Greek and especially achaean cities. These include, for example, the drop in height that seems to characterize both the agorai of Poseidonia and *Kaulonia*, the proximity to the major sanctuary and some archaeological and epigraphical markers evidently linked to the public square.

Keywords: Archeologia della Magna Grecia; Archeologia Classica; Caulonia; Topografia; Urbanistica; spazio pubblico e spazio privato; *agorà*; Urban Landscape; Età Arcaica.

61.1. Introduzione.

Premettendo che poco è noto dell'impianto urbano di età arcaica di Caulonia, alcune considerazione sono tuttavia possibili. Dopo una presumibile fase di frequentazione, testimoniata da ceramiche databili intorno alla metà dell'VIII sec. a.C. - precedenti, quindi, la supposta data di fondazione della colonia - rinvenute nell'area lungo la fascia a mare[1], il ritrovamento di frammenti riferibili a ceramica protocorinzia, corinzia e coppe di tipo Thapsos, ci permette di affermare che i primi coloni si insediarono - alla fine dell'VIII sec. a.C. - in questa zona e in quella immediatamente all'interno (Fig. 61.1)[2]. A partire dalla seconda metà del VII sec. a.C., invece, si datano le più antiche tracce di attività edilizia: a questa fase risalgono, infatti, alcune strutture orientate appartenenti ai primi edifici residenziali[3], come pure, nel santuario di Punta Stilo (area sacra fin dalla fondazione della colonia), un altare[4] e un primo impianto artigianale per la lavorazione

dei metalli, funzionale alle attività di culto[5] (Fig. 61.1). A conferma dell'inizio del processo di monumentalizzazione dell'area, vi sono, inoltre, i resti di un accesso a corridoio dotato di una serie di gradini, realizzato intorno alla fine del VII sec. a.C.[6]; con identica tecnica costruttiva e datati a questa stessa fase sono anche due setti murari che, se connessi con l'ingresso al santuario, sembrerebbero costituirne il primo *temenos*[7].

Nella prima metà del VI sec. a.C. si registra, in tutti i siti già indicati, un'occupazione senza soluzioni di continuità (Fig. 61.1); vengono costruiti i primi edifici sacri in città - sia nel santuario di Punta Stilo che sulla Collina del Faro, altra area sacra urbana - testimoniati dal rinvenimento di numerosi frammenti di terrecotte architettoniche riferibili a sistemi acheo-coloniali[8]. A Punta Stilo, inoltre, viene ridotto a postierla l'accesso a gradoni della fase precedente e, parallelamente, viene costruito un grande canale collettore[9]. Sembra risalire a questa

---

[1] Si tratta di tre frammenti di *protokotylai* di fabbrica corinzia ed euboica datati al 750 a.C. e dei poco successivi frammenti di una coppa a orlo semplice con decorazione a *chevrons* all'altezza delle anse, di un coperchio di *oinochoe* e di una *kotyle* tardogeometrica, tutti provenienti dallo scavo della SAS II di San Marco NE (Luberto 2015, 128-129 e 132-136, nn. 1-6, Fig. 4-5; Luberto 2020, 61-62, nn. 3-4 e 6, 117, n. 1, e 197-198, nn. 1-2). Sulla presunta presenza di ceramica tardogeometrica di produzione corinzia ed euboica proveniente dal santuario di Punta Stilo, Luberto 2020, 134 e nota 32. Un riesame generale - non reputato però del tutto convincente - in Quondam 2021, 380-383.

[2] Su tali materiali, sulla fondazione della città, sulla cronologia e le relative fonti, da ultimo Luberto 2020, 40-42 (con riferimenti interni e bibliografia precedente).

[3] Sui rinvenimenti nei diversi siti, sulla loro datazione e sulle implicazioni ai fini del nostro ragionamento si veda oltre.

[4] Da ultimo: Parra 2017, 5; Parra 2021, 491.

[5] Gagliardi 2012, 52-53; Olivito - Serra 2012, 47; con diversa datazione Parra 2019, 413; Scarci 2017, 133-134. Per approfondimenti e interpretazioni alternative, Luberto 2021, 105-115; sulle risorse minerarie dell'entroterra cauloniate e per una disamina delle attività legate alla metallurgia in città, da ultimo Cuteri 2021 (con bibliografia precedente).

[6] Olivito 2017, 64-68.

[7] Mura di *temenos* che, già in questa fase, dovevano estendersi per c.a. 90 m. La recinzione dell'area sacra coinciderebbe, secondo gli scavatori, con le fortificazioni urbiche a E, sul fronte mare. Olivito 2017, 65. V. *infra* per lo sviluppo di tale questione.

[8] Per un recente riepilogo sui tetti achei cauloniati, da ultima Balzanelli 2020 (con riferimenti alla bibliografia precedente, in particolare 149, Fig. 19.5 per Punta Stilo e 148-149, Fig. 19.4 per la Collina del Faro). I rivestimenti fittili provenienti dall'area sacra di Punta Stilo sono editi in Giaccone 2015.

[9] Olivito 2017, 68-70.

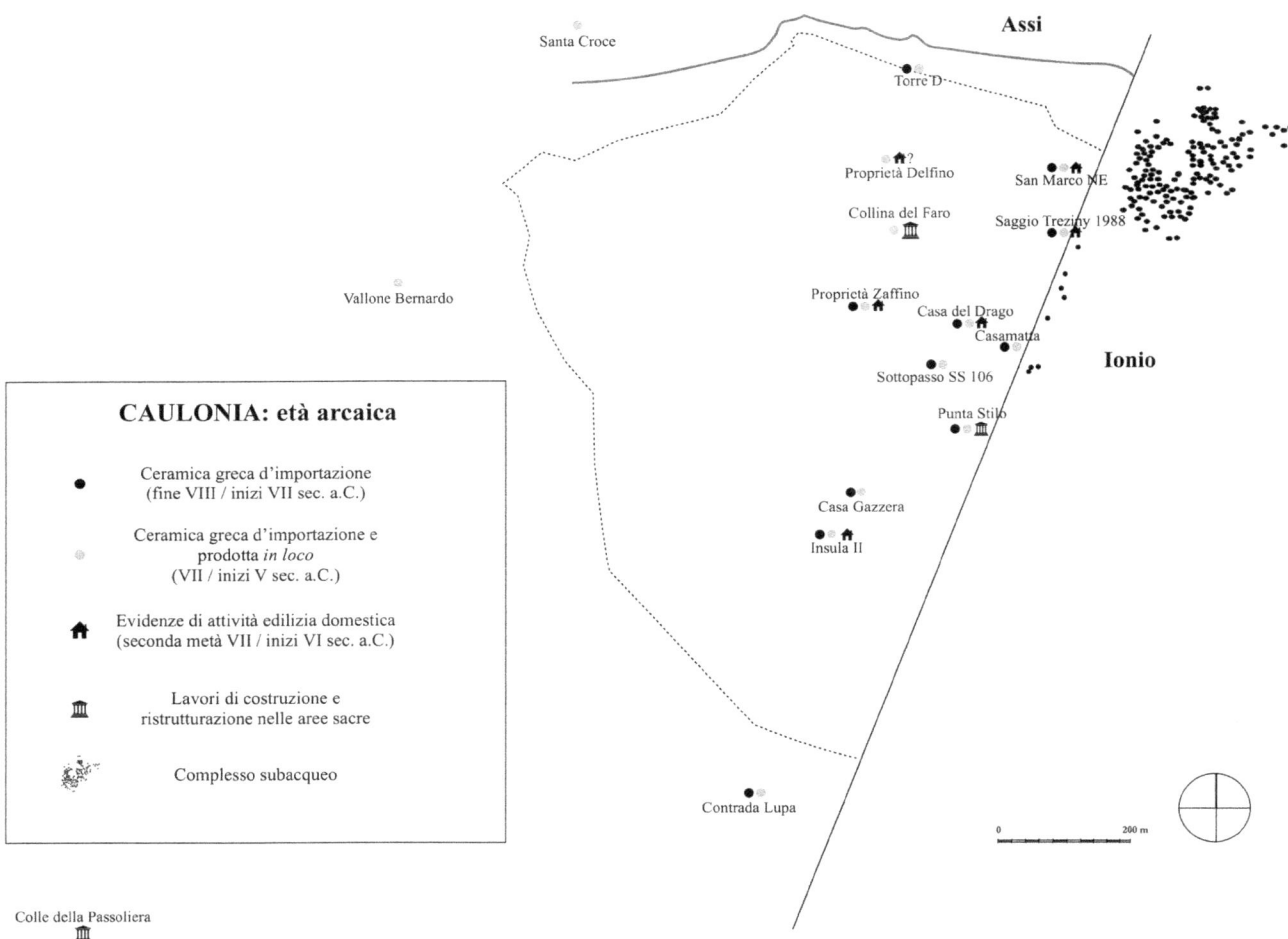

Fig. 61.1. Caulonia. Carta di distribuzione dei rinvenimenti di età arcaica.

fase anche la prima sistemazione ad aggere della cinta urbica[10].

Il processo di urbanizzazione - reso evidente dalla costruzione di strutture abitative con muri orientati secondo un ordinamento che verrà mantenuto e rispettato nel corso delle successive edificazioni - e di monumentalizzazione delle aree sacre[11] si concretizza e diviene sistematico soprattutto tra la seconda metà del VI e gli inizi dell'età classica (Fig. 61.1). Secondo quanto ipotizzato da taluni studiosi[12] la città ha ormai raggiunto, in questa fase, l'indipendenza economica e culturale da Crotone - alla quale, com'è noto, alcune fonti ne legano le vicende di fondazione[13] - probabilmente dopo la sconfitta subita da questa nella battaglia della Sagra. Prova di tale indipendenza sarebbe in primo luogo l'inizio della monetazione[14], alla quale si collega cronologicamente l'avvio di lavori di sistemazione e ristrutturazione nei due santuari

urbani con la sostituzione dei tetti achei con quelli sicelioti[15]. A Punta Stilo, inoltre, viene nuovamente modificato l'accesso al santuario, stavolta con la costruzione di una porta monumentale necessaria in seguito all'ampliamento dell'area sacra verso S[16]. Alla metà del VI sec. a.C., inoltre, si data la costruzione del primo tempio nel santuario extraurbano situato sul Colle della Passoliera (Fig. 61.1), riconosciuto sulla base del rinvenimento di un primo tetto; un secondo tetto datato alla fine dello stesso secolo potrebbe appartenere al rifacimento delle coperture di questo primo edificio o testimoniare invece la costruzione di un nuovo tempio[17]. La fortificazione ad aggere, inoltre, sembra essere sostituita dalle prime mura in pietra; alcune tracce delle quali sono state trovate sul fronte N, al di sotto delle strutture ellenistiche[18].

---

[10] Da ultimo, Lepore 2021, 572 e nota 45.

[11] Attraverso la costruzione dei primi templi testimoniata dai rinvenimenti dei numerosi tetti dei quali si è detto sopra.

[12] Soprattutto Lombardo 2010, 10-11.

[13] In particolare Ps. Scymn. 318-325; St. Byz. s.v. Αὐλώ; Sol., II, 10. Secondo il dibattito scientifico attuale le origini della città devono essere addebitate agli Achei della madrepatria, verosimilmente sollecitati dai Crotoniati in funzione antilocrese.

[14] Sulla moneta cauloniate si veda da ultimo Gargano 2021.

[15] Balzanelli 2020, 149-150.

[16] Olivito 2017, 70-74.

[17] Sul santuario della Passoliera, v. da ultimo Balzanelli 2020; è prevista, inoltre, la pubblicazione della tesi di Dottorato dell'autore (*Terrecotte architettoniche dalla Passoliera (Caulonia): vecchie acquisizioni e nuove proposte interpretative*, Tesi dottorale Università degli studi di Pisa) sulle terrecotte architettoniche recuperate da P. Orsi alla Passoliera, la maggior parte delle quali è rimasta inaccessibile e inedita fino ai primi anni 2000.

[18] Tracce ben descritte in Orsi (1914, 718), in seguito ristudiate da Treziny (1989, 23-25, 129 e 156-157). Per questa fase e per la presunta cinta ad aggere immediatamente precedente non se ne conosce, tuttavia, il percorso.

61.2. Spazio pubblico.

Entrando più specificatamente nella distinzione tra spazio urbano privato e pubblico, possiamo sicuramente riconoscere i siti di Punta Stilo e Collina del Faro come pubblici, in quanto sede di santuari (Fig. 61.2). E ancora, se si riconosce in Punta Stilo la principale area sacra della città, è possibile che la Collina del Faro ne costituisse l'acropoli? Questa, infatti, a partire dalle indagini di P. Orsi di inizio secolo scorso, è stata sempre identificata col colle Piazzetta (Fig. 61.2)[19]. Su questa altura, tuttavia, P. Orsi non individuò alcuna evidenza riferibile all'età arcaica o classica[20], tantomeno relativa a edifici di culto[21]. Sulla Collina del Faro, invece, l'edificio di culto è stato ipotizzato dallo stesso P. Orsi sulla base del recupero di terrecotte architettoniche, coroplastica votiva e, inoltre, per la presenza di grossi massi calcarei interpretati come poderose fondazioni[22]. Entrambe le colline godono della posizione rialzata tipica di un'acropoli, ma la Collina del Faro sembra possa costituire l'altura migliore poiché, essendo prospiciente il mare, beneficia di un'ottima visibilità e soprattutto risulta a sua volta ben avvistabile dal mare[23]. Inoltre, l'abitato arcaico si concentra nella fascia a mare e in quella situata nell'immediato entroterra; nei pressi del colle Piazzetta e tra questo e i siti più interni non sono stati trovati materiali o strutture pertinenti all'insediamento arcaico. Lo stesso P. Orsi scriverà: "Gli scavi fin qui eseguiti alla Piazzetta non bastano a chiarire dubbi ed a risolvere certi problemi, e però converrà amplificarli, sebbene sia mia convinzione, che non vi sia granché d'importanza lassù"[24].

Parlando di spazi pubblici vanno prese brevemente in considerazione anche le due aree necropolari individuate, quella del Vallone Bernardo e quella di Santa Croce, probabilmente un'unica necropoli che si estendeva nella porzione nord-occidentale dell'insediamento (Fig. 61.2). I dati relativi alle sepolture di età arcaica sono piuttosto esigui: sono state, infatti, individuate solo due tombe di fine VII - inizi VI e un numero di poco superiore per la fine del VI - inizi V sec. a.C.[25].

Altra fondamentale questione relativa allo spazio pubblico, spazio inteso soprattutto come politico e sociale, è l'identificazione dell'*agorà*, mai cercata per le età arcaica e classica. Per il periodo ellenistico, invece, questa è stata ipotizzata in uno spazio aperto ben inserito nel reticolo dell'impianto urbano di questa fase, delimitato da una

serie di strutture murarie munite di avancorpi, rinvenute subito a N del tempio, a E sul fronte mare e, subito a S della Casamatta (Fig. 61.3)[26].

Tra il santuario e l'area del Saggio Treziny 1988, si sono ritrovati 14 pozzi datati tra la fine dell'VIII - inizi VII e il III sec. a.C.[27]. Il rinvenimento di strutture di questo tipo permette di affermare che, se la loro destinazione era concepita come pubblica e quindi intesa a garantire l'approvvigionamento idrico all'intera comunità, l'area in cui si trovavano deve essere a sua volta considerata 'pubblica': e tale è stata ritenuta dagli scavatori poiché non sono state trovate strutture a carattere abitativo alle quali riferire i pozzi. Correlata a tale questione è, inoltre, quella dell'arretramento della linea di costa in età moderna. Studi passati hanno dimostrato, infatti, come in epoca greca la linea di costa avanzava di c.a 180 m rispetto all'attuale[28]. In tal senso è significativa anche la scoperta, in mare, di c.a. 200 elementi tra basi e rocchi di colonne ioniche e blocchi di cava grezzi o semi-lavorati, che ha indotto gli studiosi a ritenere che in un tratto di costa – oggi sommerso – compreso tra l'Assi e Punta Stilo, vi fosse o il cantiere di un tempio ionico o, più probabilmente, un'area di lavorazione di elementi architettonici[29]. La città, quindi, in antico si espandeva per c.a. 16 ha a E rispetto alla conformazione attuale, comprendendo un'area per l'appunto oggi sommersa[30]. Tornando, dunque, alla questione dell'*agorà* di età arcaica e classica, alcune considerazioni sembra possano indurre a ritenerla posizionata nella medesima area dove è stata ipotizzata per l'età ellenistica (Fig. 61.3). A supporto, di tale ipotesi, dunque, si ritiene esservi *in primis* la continuità d'uso – attestata anche per tutte le altre aree della città (sacra, abitativa, necropolare). Vi sono, tuttavia, anche forti indicatori della funzione pubblica del luogo, ad esempio la presenza delle strutture idriche[31] – poste in un'area che abbiamo appunto definito pubblica[32] – e, soprattutto, della grande scalea a N del tempio (Fig. 61.4)[33]. Possiamo immaginare tale scalinata (o meglio ciò che resta di essa) come un complesso ugualmente utilizzato - in età classica - in occasione sia di feste e riti sacri ma anche, e soprattutto, per riunioni a carattere

---

[19] Orsi 1914, 731.

[20] A esclusione di un'arula figurata datata al primo quarto del V sec. a.C. (Orsi 1914, 743-744; Simonetti 2001, 363, n. 54), simile a molte altre rinvenute in città, prevalentemente in contesti abitativi.

[21] Edifici che, invece, connotano un'acropoli come tale. Tra fine del VI e gli inizi del V sec. a.C., infatti, si è ben consolidata, nel contesto dell'urbanistica greca, la consuetudine di destinare le aree sacre alle parti alte delle città, tanto che "acropoli in un certo senso diventa sinonimo di santuario". Greco 1986, 190.

[22] Orsi 1891; da ultima, Balzanelli 2020, 148-149.

[23] A tal proposito si ricorda che la collina è oggi la sede del faro.

[24] Orsi 1914, 748.

[25] Lepore 2021, 572 e nota 46, 579-580 e nota 75 (con riferimenti bibliografici precedenti).

[26] Parra 2011, 22-27, ripresa in Iannelli 2021, 618; anche Parra 2021, 501-503.

[27] Iannelli *et al.* 2016. Dei nove che il materiale ceramico rinvenuto ha reso possibile datare, otto sono stati realizzati in età arcaica, tra la fine dell'VIII e la fine del VI sec. a.C.

[28] Da ultimi Bernasconi *et al.* 2021.

[29] Medaglia 2002.

[30] Lepore 2021, 565. Per questo stesso motivo si ritiene difficile che il muro di recinzione dell'area sacra (del quale si è detto sopra), potesse coincidere con il tratto delle fortificazioni a E. A suo tempo P. Orsi, non potendo avere contezza di questo stato di cose, cercò le mura urbiche (peraltro senza trovarle) lungo il tratto costiero, ritenendo plausibile che queste fossero state addossate alla duna costiera moderna per sfruttarne il salto di quota e aumentarne la stabilità.

[31] Vedi *supra*.

[32] Area che gli scavatori non hanno esitato a definire demaniale. Iannelli 2021, 631.

[33] Orsi 1914, 875-888. Questa, in seguito alla sua scoperta da parte di P. Orsi, avvenuta in concomitanza con quella del tempio dorico e a questo coeva, è stata purtroppo molto poco indagata e un nuovo studio seguito dal riesame dei dati editi e inediti sarebbe, dunque, auspicabile.

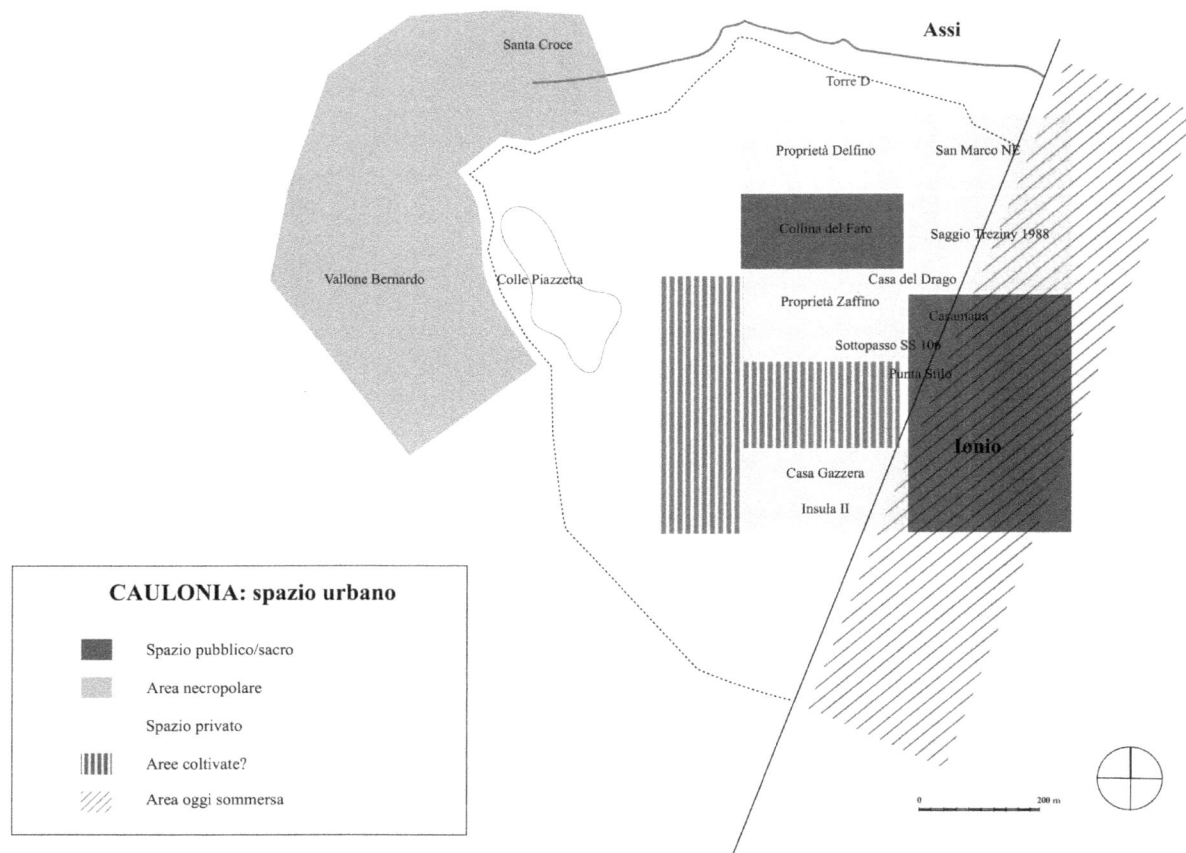

Fig. 61.2. Caulonia. Pianta con evidenziati gli spazi pubblici e quelli privati.

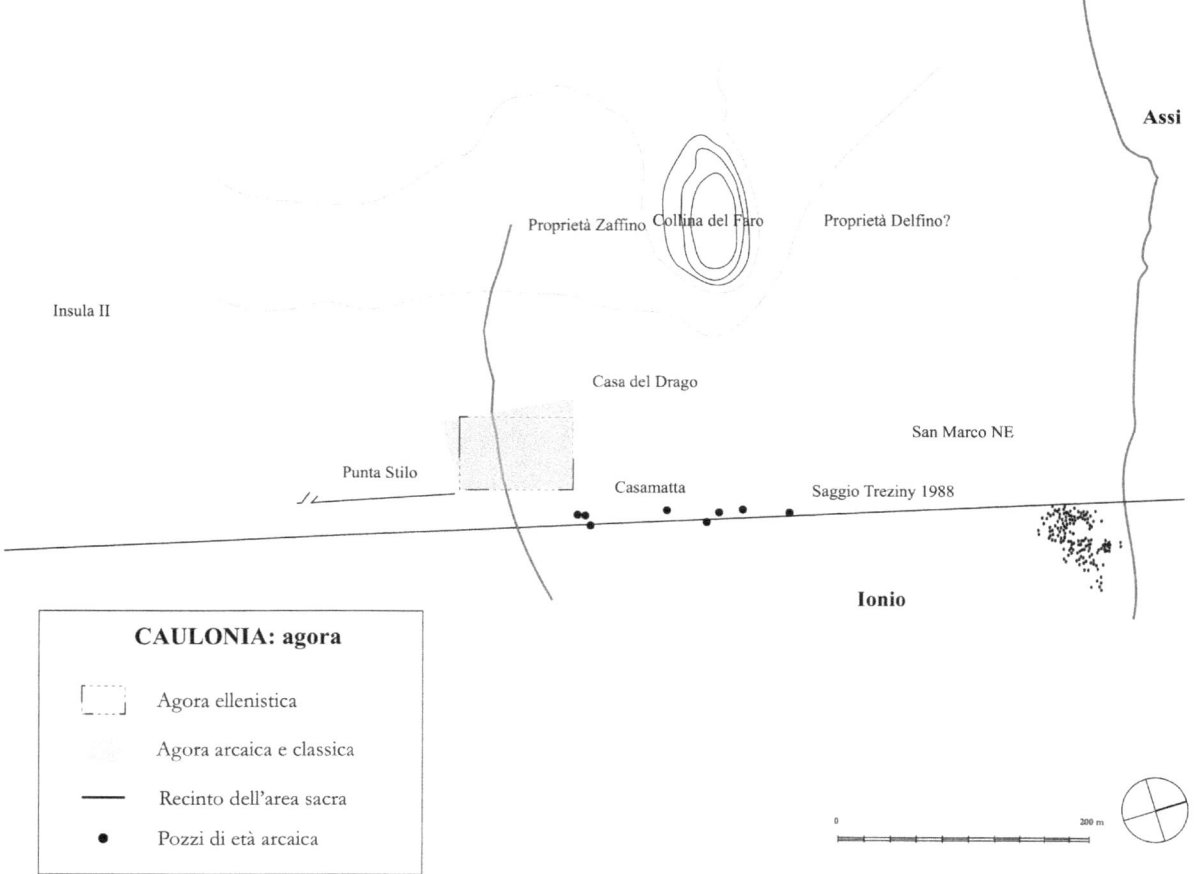

Fig. 61.3. Caulonia. Pianta con la proposta di ubicazione dell'agora.

La scalinata a N del tempio

La *Tabula Cauloniensis*

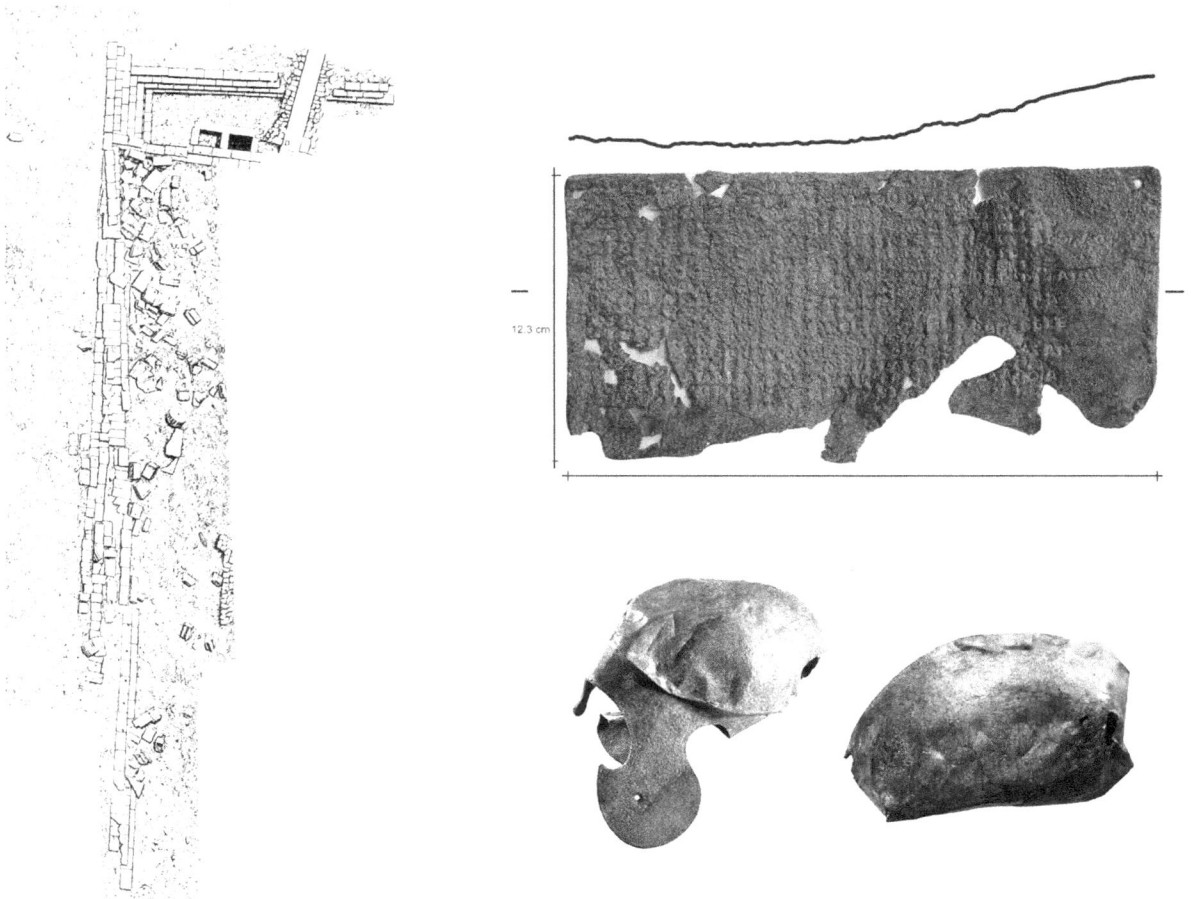

Fig. 61.4. Caulonia. A sinistra la scalinata a N del tempio (Orsi 1914); a destra la *Tabula Cauloniensis* e l'elmo calcidese con dedica a Zeus (rielaborazione di Ampolo-Rosamilia 2021).

politico-sociale[34]. Non è, tuttavia, anomalo che nell'area sacra, o in un'area così prossima ad essa, vi fosse uno spazio pubblico dedicato a questioni sociali non solo o non strettamente cultuali. A tal proposito è utile ricordare che i santuari principali delle diverse città gestivano, in età arcaica e classica, sia i beni del santuario stesso che quelli dell'intera comunità, configurandosi come un vero e proprio "soggetto economico collettivo, alla stregua di un erario pubblico"[35]: il confine, infatti, tra sacro e pubblico era, in queste fasi, un concetto molto labile. Se, dunque, in età classica, si costruiscono l'edificio templare e la scalinata, per la prima volta e con lo stesso tipo di materiale, e se ipotizziamo la presenza di un predecessore del tempio dorico tardo-arcaico, costruito però in legno, perché non supporre anche l'esistenza di una scalinata lignea? È ben nota, inoltre, l'assenza, a Caulonia, di un teatro o di altri edifici assembleari, a maggior ragione si deve immaginare che le funzioni svolte da questo tipo di edifici pubblici fossero ospitate in altri luoghi[36].

Ammettendo tutto ciò si può quindi pensare che lo spazio di cui si parla, posto in un'area a totale vocazione pubblica, a N del tempio e della scalinata e a S della Casamatta, in corrispondenza dell'area dei pozzi, sia stato l'*agorà* della città in ogni sua epoca. Certamente si tratterebbe di un'area non molto vasta, ma ciò accomuna tutti gli spazi urbani della piccola città achea[37], condizionati dalla naturale geomorfologia del sito, alla quale i coloni sembra, comunque, siano riusciti ad adattarsi sapientemente.

Di recente scoperta e fondamentale per il nostro ragionamento è, infine, la *Tabula Cauloniensis* (Fig. 61.4). Si tratta, di un'iscrizione dedicatoria da parte di *Pythokritos* figlio di *Euxenos* che dedica appunto una stata di Zeus nell'*agorà*. L'iscrizione, quindi, non solo rimanda esplicitamente all'*agorà* – che doveva trovarsi presumibilmente vicina a dove la *tabula* fu affissa[38] - ma si configura come un ulteriore rimando a Zeus. Nel santuario, infatti, è stato rinvenuto anche un elmo calcidese

---

[34] Si noti come la scalinata, inoltre, non sia rivolta verso il tempio, bensì verso lo spazio aperto a N e compreso tra l'area sacra e la Casamatta.
[35] Sassu 2014, 10.
[36] Si ricorda che il significato primo, più arcaico appunto, del termine *agorà* è quello di assemblea e poi di luogo dell'assemblea. Greco 2006.

[37] Si veda. ad esempio, l'area sacra di Punta Stilo o l'acropoli della Collina del Faro.
[38] Sul rinvenimento e sull'ipotetica ubicazione originaria, da ultimi Ampolo - Rosamilia 2021.

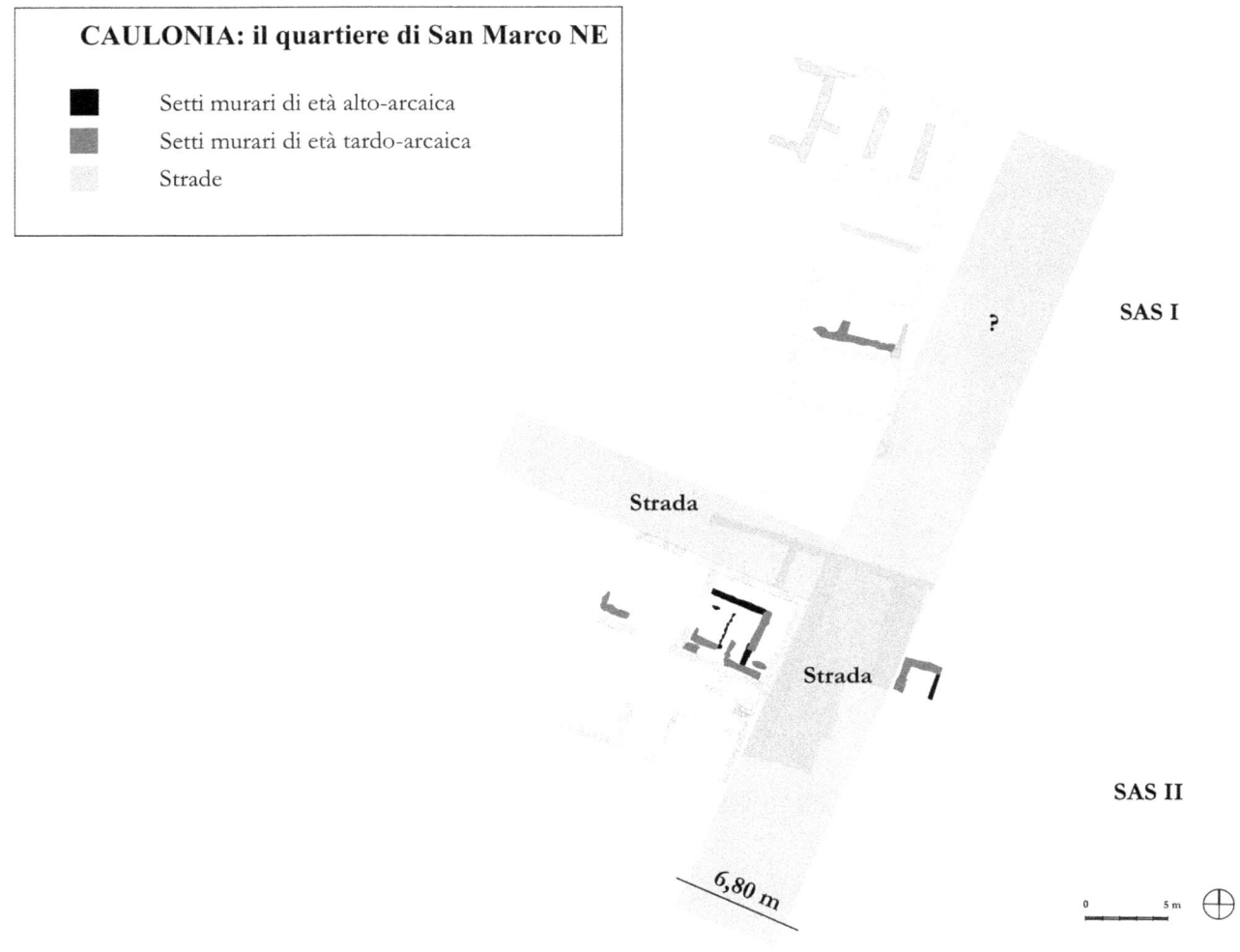

Fig. 61.5. Caulonia. Scavo di San Marco NE (rielaborazione di Lepore 2021).

con dedica iscritta a Zeus (Fig. 61.4)[39], *theòs agoraios* per eccellenza e destinatario del culto principale del santuario di Punta Stilo.

In ultima analisi, si ritiene interessante anche la questione dei due corsi d'acqua convogliati in un unico canale tra fine VII e inizi VI sec. a.C., che sfociava nei pressi del tempio a N della scalinata[40]. La presenza, infatti, del paleocanale ha determinato un salto di quota a circa metà della supposta area agoraica che sembra trovare dei confronti in ambito acheo-coloniale. Sono stati, infatti, recentemente messi in evidenza alcuni tratti che avrebbero in comune le *agorai*, sia note (Metaponto o Poseidonia) che solo ipotizzate (Crotone, Sibari e adesso anche Caulonia)[41]; tra queste similitudini rientrano la presenza di un corso d'acqua (Crotone, Sibari e Caulonia), la vicinanza al principale santuario urbano (Metaponto, Poseidonia, Caulonia), la posizione centrale (Caulonia, Crotone e Sibari?) e la suddivisione in due aree determinata dal salto di quota

(Poseidonia e Caulonia), che potrebbe identificare la ripartizione in un'area agoraica più strettamente politico-sociale e in un'altra a vocazione commerciale.

61.3. Spazio privato.

Come anticipato in precedenza, resti di setti murari di età arcaica, riferibili a edifici domestici, sono stati rinvenuti in vari siti: per la maggior parte si tratta di lacerti di strutture individuate al di sotto dei resti delle case ellenistiche, ovvero nei siti di Proprietà Zaffino, Insula II, Casa del Drago, Saggio Treziny 1988 e, probabilmente, Proprietà Delfino[42]. Per quanto riguarda, invece, lo scavo di San Marco NE la situazione delineatasi durante le indagini nella SAS II è ben più chiara (Fig. 61.5). Le prima case sono di età alto-arcaica, testimoniate da brevi setti murari, ristrutturate nel corso della fase tardo-arcaica. Al periodo tardo-arcaico risalgono inoltre due tragitti viari individuati in questo settore, una *plateia* a direzione N-S e uno *stenopos* E-W, la cui presenza è ipotizzabile già in fase alto-arcaica come indicherebbe l'orientamento delle strutture appena citate. Aldilà dello *stenopos*, nello scavo

---

[39] Sull'elmo si veda da ultimo Scarci 2021, 519 (con bibliografia precedente).

[40] Non è così infrequente, tra l'altro, la presenza di un corso d'acqua, sia in/o nei pressi di aree sacre che agoraiche.

[41] Longo 2012.

[42] Per un riepilogo di tutte queste evidenze, Lepore 2021.

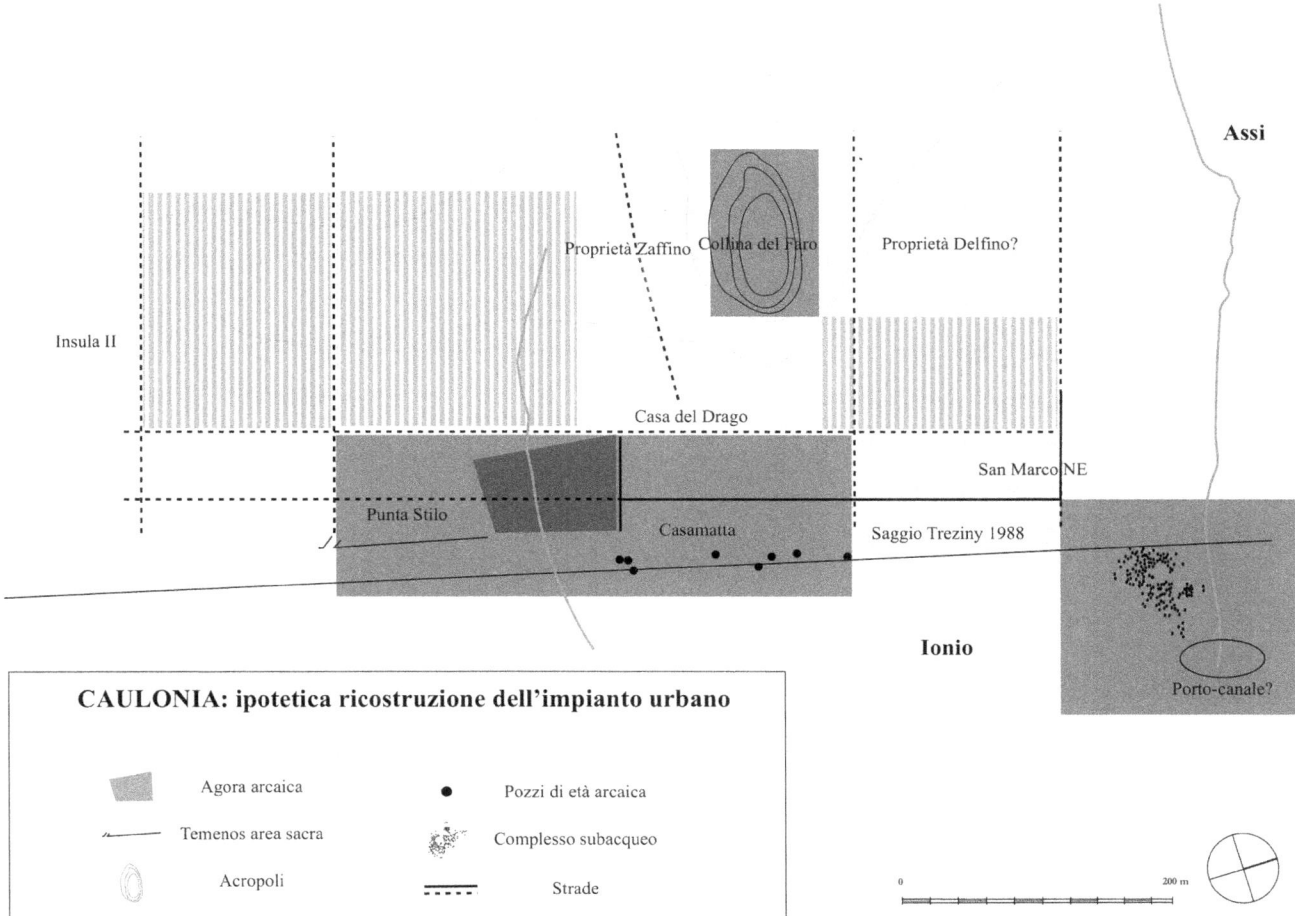

Fig. 61.6. Caulonia. Ipotesi di ricostruzione dell'impianto urbano di età arcaica.

della SAS I, i resti più consistenti sono quelli classici ed ellenistici. Anche qui, tuttavia, si sono individuati due brevi lacerti murari legati tra loro, di età tardo-arcaica. La plateia rinvenuta nella SAS II di San Marco NE – l'unica individuata per questa fase – dovrebbe configurarsi come una delle arterie principali della città arcaica e classica, che collegava l'abitato lungo la fascia a mare con le aree agoraica e sacra (Fig. 61.6).

61.4. Conclusioni: ipotetica ricostruzione dell'impianto urbano arcaico e classico.

In conclusione e conseguentemente a quanto visto sopra si può provare a ricostruire, seppure in maniera schematica, l'impianto urbano di età arcaica e classica, del quale, tuttavia, poco sappiamo.

Certa è la presenza delle strade di San Marco NE (*stenopos* e *plateia*) e quella che passa lungo il lato N dell'agorà della quale abbiamo ricostruito la posizione e l'estensione. Sulla base di ciò e delle altre evidenze note, e riprendo quanto detto in precedenza e quanto lo stesso P. Orsi aveva già intuito[43], si ritiene che il nucleo originario della città fosse compreso tra la fascia a mare e l'immediato entroterra,

intorno all'acropoli della Collina del Faro (Fig. 61.6). Lungo la costa erano situati sia la principale area sacra della città (posta in stretta connessione fisica e ideologica con l'area pubblico-agoraica) che un quartiere abitativo (Fig. 61.6). Nell'area di poco più interna, infine, altre due aree abitative si disponevano a N e a S dell'acropoli, probabilmente alternate ad aree coltivate (Fig. 61.6). Non possiamo, purtroppo, che ricostruire in pura via d'ipotesi il carattere dell'area oggi sommersa, posta a NE del confine urbano della città, forse destinata a ospitare un'area a carattere commerciale-artigianale, legata anche alla presenza del porto-canale; concorda con questa interpretazione anche il rinvenimento, in mare, dell'area di lavorazione di elementi architettonici, presumibilmente arrivati proprio via mare.

Bibliografia

Ampolo, C. - Rosamilia, E. 2021, "Novità sulla cultura achea e sui culti a *Kaulonia*: la *Tabula Cauloniensis, editio minor*", in AA.VV., *Gli altri achei: Kaulonia e Terina, contesti e nuovi apporti*, Taranto, 53-125.

Balzanelli, G. 2020, "Terrecotte architettoniche della Passoliera (Caulonia): nuovi spunti di riflessione", in A. Cristilli - A. Gonfloni - F. Stok (eds), *Experiencing the Landscape in Antiquity*, Oxford, 147-151.

---

[43] Orsi 1914, 778-779.

Bernasconi, M. P. - Di Paola, G. - Ferraro, G. - Iannelli, M. T. - Le Pera, E. - Rosskopf, C. M. 2021, "Processi geologici e geomorfologici nel sito di Kaulonia", in AA.VV., *Gli altri achei: Kaulonia e Terina, contesti e nuovi apporti*, Taranto, 885-899.

Cuteri, F. A. 2021, "Kaulonia e l'attività mineraria e metallurgica nella Calabria achea", in AA.VV., *Gli altri achei: Kaulonia e Terina, contesti e nuovi apporti*, Taranto, 819-859.

Gagliardi, V. 2012, "Kaulonia. SAS 1 SudOVest (2009-10)", in *AnnPisa*, 4.2, 51-54.

Gargano, G. 2021, "Storia e archeologia della moneta di Caulonia", in AA.VV., *Gli altri achei: Kaulonia e Terina, contesti e nuovi apporti*, Taranto, 217-244.

Giaccone, N. 2015, *Architectural Terracottas at the Sanctuary of Punta Stilo at Kaulonia. Genesis, Problems, Developments*, Oxford.

Greco, E. 1986, "L'impianto urbano di Neapolis greca: aspetti e problemi", in AA.VV., *Neapolis*, Taranto, 187-219.

Greco, E. 2006, "Agora e Zeus Agoraios", in D. Morandi Bonacossi - E. Rova - F. Veronese - P. Zanovello (eds), *Tra Oriente e Occidente Studi in onore di Elena Di Filippo Balestrazzi*, Padova, 328-333.

Iannelli, M. T. 2021, "Kaulonia: l'impianto ellenistico", in AA.VV., *Gli altri achei: Kaulonia e Terina, contesti e nuovi apporti*, Taranto, 607-636.

Iannelli, M. T. - Cuteri, F. A. - Ferraro, G. - Grillo, E. - Minniti, B. - Vivacqua, P. 2016, "Monasterace (RC) antica Caulonia. Note per lo studio preliminare dei sistemi idraulici della *polis* con particolare riferimento all'approvvigionamento idrico mediante i pozzi", in AA.VV., *Alle origini della Magna Grecia. Mobilità, migrazioni, fondazioni*, Taranto, 855-911.

Lepore, L. 2021, "Kaulonia: note di topografia e urbanistica. Periodo arcaico-classico", in AA.VV., *Gli altri achei: Kaulonia e Terina, contesti e nuovi apporti*, Taranto, 559-604.

Lombardo, M. 2010, "Caulonia: tradizioni letterarie e problemi storici", in L. Lepore - P. Turi (eds), *Caulonia tra Crotone e Locri*, Firenze, 7-16.

Longo, F. 2012, "*Agorai* di Magna Grecia", in C. Ampolo (ed.), Agora *greca e* agorai *di Sicilia*, Pisa, 329-345.

Luberto, M. R. 2015, "Caulonia tra la metà dell'VIII e gli inizi del VII sec. a.C. Nuovi dati dalle ricerche in località S. Marco nord-est", in *Thiasos*, 4, 123-141.

Luberto, M. R. 2020, *Ceramiche arcaiche da Sibari, Crotone e Caulonia. Importazioni e produzioni coloniali tra la metà dell'VIII e la fine del VI secolo a.C.*, Paestum.

Luberto, M. R. 2021, "Spazi sacri e aree di produzione a Caulonia e Sibari tra periodo arcaico e classico", in *Hesperìa*, 39, 105-128.

Medaglia, S. 2002, "Materiali erratici dal mare di Kaulonia", in *Archeologia subacquea*, 3, 163-185.

Olivito, R. 2017, "Tra il mare e la città: per un'analisi degli accessi al santuario di Punta Stilo", in M. C. Parra (eds), Kaulonìa, *Caulonia, Stilida (e oltre), IV. Il santuario di Punta Stilo. Studi e ricerche*, Pisa, 55-99.

Olivito, R. - Serra, A. 2012, "Kaulonia. Area del grande altare a Sud del tempio dorico", in *AnnPisa*, 4.2, 45-50.

Orsi, P. 1891, "Stilo. Di alcuni avanzi riferibili forse all'antica Caulonia", in *NSA*, 61-72.

Orsi, P. 1914, "Caulonia. Campagne archeologiche del 1912, 1913, 1915", in *MonAnt*, 23, 685-947.

Parra, M. C. 2011, "Dal santuario di Afrodite a Punta Stilo", in M. C. Parra - A. Facella (eds), Kaulonìa, *Caulonia, Stilida (e oltre), III. Indagini topografiche nel territorio*, Pisa, 3-44.

Parra, M. C. 2017, "Archeologia del sacro nel santuario di Punta Stilo: pratiche e apprestamenti per il culto, tra deposizioni cippi cassette e vasche", in M. C. Parra (ed.), Kaulonìa, *Caulonia, Stilida (e oltre), IV. Il santuario di Punta Stilo. Studi e ricerche*, Pisa, 1-43.

Parra, M. C. 2019, "Il santuario di Punta Stilo a Kaulonia (Monasterace M.na, RC): monumenti e contesti votivi, tra VIII e III sec. a.C.," in E. Greco - A. Rizakis (eds), *Gli Achei in Grecia e in Magna Grecia: nuove prospettive e nuove scoperte, Atti del Convegno Internazionale, Aighio, 12-13 dicembre 2016, ASAtene* suppl. 3, 411-432.

Parra, M. C. 2021, "Kaulonia. Il santuario urbano. Introduzione: dal tempio dorico di Paolo Orsi al santuario urbano di Punta Stilo", in AA.VV., *Gli altri achei: Kaulonia e Terina, contesti e nuovi apporti*, Taranto, 481-509.

Quondam, F. 2021, "Kaulonia. Dinamiche territoriali: Preistoria e Protostoria", in AA.VV., *Gli altri achei: Kaulonia e Terina, contesti e nuovi apporti*, Taranto, 349-392.

Sassu, R. 2014, "Alcune osservazioni sui chremata preservati nei santuari greci di epoca arcaica e classica", in *Thiasos*, 3.1, 3-15.

Scarci, A. 2017, "Doni per gli dèi, nei loro contesti: le armi dal santuario di Punta Stilo", in M. C. Parra (ed.), Kaulonìa, *Caulonia, Stilida (e oltre), IV. Il santuario di Punta Stilo. Studi e ricerche*, Pisa, 127-158.

Scarci, A. 2019, "Kaulonia. Un frammento di lancia «preellenica» dal santuario di Punta Stilo", in *AnnPisa*, 11.2, 85-91.

Simonetti, M. 2001, "Le *arule* da Caulonia", in M. C. Parra (ed.), *Kaulonìa, Caulonia, Stilida (e oltre), I. Contributi storici, archeologici e topografici*, Pisa, 337-415.

Treziny, H. 1989, *Kaulonia I. Sondages sur la fortification nord (1982-1985)*, Napoli.

62

Messenian Landscapes in Context of War: A Commemoration to Messene's θεμείλια (Rhian., *Mess.* frr. 49-55 P., *SH* 946-47, 923)

Manolis Spanakis
UCRC, University of Crete

Abstract: My research proposal is about experiencing the Messenian landscapes in the context of the second Messenian war. The most significant source about Rhianus is Pausanias, from whom we are able to reconstruct a lengthy part of the Messeniaca. The title of the poem concerns the war of the Messenians against the Spartans and Aristomenes is the hero who leads the Messenian revolt and is glorious, in the manner of Achilles in the *Iliad* (Paus. 4.6.3). First, I shall explore the siege of Heira (a mountain of Messenia, fr. 49 P.) which led to the defeat of the Messenians under the Spartan rule. I will describe the preparation of the fortress at the time of the battle (fr. 946 SH), within the speech of a commander, highlighting also the physical beauty of this landscape, as it is described in Rhianus' narrative (fr. 54 P.). Second, I will explore the holy landscape of "rugged" Elaion and Lyko's grove (fr. 55 P.) as evidence for the existence of the Mysteries at Andania and the connection of this cult with the foundation of Ithome, foreshadowing the re-foundation of Messene in 370 BC by Epameinondas. Finally, I will conclude that Rhianus chose places and myths that the Greeks of the third and second century BC, and especially Greek refugees of Egypt, Syria, or Italy, would enjoy reading, because they were reminded of mainland Greece and their Greek identity.

Keywords: Rhianus of Crete; Messenian Landscapes; Messenian identity; Sparta; New Messene.

Hellenistisches nehmen wir auch in mancher
Naturschilderung wahr, die so im alten
Epos nicht denkbar wäre
(Lesky 1957, 825)

62.1. Introduction.

Many of Rhianus' fragments belonged to a genre that, according to Meineke, was known as ethnographic poetry (*carmina ethnographica*), known for its interest in toponyms, ethnic names, local cults, and foundation stories[1]. We know almost nothing about Rhianus' poems *Achaica* and *Eliaca*, but more substantial fragments have survived from the *Thessalica* and the *Messeniaca*[2]. As a result, it is hard to speculate about the poems' structure or their mythological and historical context, or even to discern patterns that characterised them as ethnographical poetry[3]. Rhianus' epic fragments emphasize the connection between the mythical past and the historical and religious

present of the Peloponnese and mainland Greece in the second half of the third century BC[4]. During this period, the leading role of the *polis* in the Classical period had been replaced by federal systems (κοινά), which brought about great changes in the balance of power and authority[5]. Sparta's power had been diminished, while federations such as the Achaean League played an important role in the struggle for power among Hellenistic rulers[6].

In view of this ethnographic context, Rhianus' ethnographic-historical epic *Messeniaca* is of great interest because the re-foundation of Messene was based on mythical, historical, and religious elements, not an older tradition that was through the passing of the ages. This ethnic identity was created in a later time, which posed unique challenges to the efforts of the writers' sources as they attempted to establish the Messenian history and identity. My research presentation here is about experiencing the Messenian landscapes in the context of the second Messenian war (Fig. 62.1). The most significant source about Rhianus is Pausanias, from whom we are able to reconstruct a lengthy part of the *Messeniaca*. The title of the poem concerns the war of the Messenians against the Spartans and Aristomenes is the

---

[1] Meineke 1843, 181.
[2] See Spanakis 2018, 315-326, on evidence about the *Achaica* and the *Eliaca*.
[3] Scholars who included Rhianus among the historiographers belonging to the ethnographical tradition due to the many references on religious, cultural, and mythological matters in the territories that feature in each of these poems (see *FGrHist* IIIb, 87-89). However, it's not entirely clear to me here what contrast 'however' marks, they who? created a distinction between historical and ethnographical *epos*, see Pearson 1962, 418; Misgeld 1969, 116-121. Cameron (1995, 297-298) argues that the local epic covered an area from mythical to historical times, although "rarely in the writer's own time"; see also Ambühl 2010, 152.

[4] See Kralli 2017 on the historical reality of the Hellenistic Peloponnese, as well as Spanakis 2019, 195-206, on Rhianus' narrative about the historical present and the mythical past of the Peloponnese and mainland Greece.
[5] McInerney 2013, 466-479.
[6] Walbank in Walbank - Astin - Frederiksen - Ogilvie 1984, 221-256.

Fig. 62.1. Map of Ancient Messenia (after Shepherd 1911).

hero who leads the Messenian revolt and is glorious, in the manner of Achilles in the *Iliad*[7].

First, I will investigate the siege of Heira (a mountain of Messenia, fr. 49 P.) which led to the defeat of the Messenians under the Spartan rule. The fortress of Heira is the core part of Rhianus' epic narrative and the final effort of the Messenians to seek glory against the Spartan. The preparation of the fortress at the time of the battle (fr. 946 *SH*), within the speech of a commander, also highlights the physical beauty of this landscape, as it is described in Rhianus' narrative (fr. 54 P.) and is highly connected with human emotions, mainly those of glory, conquest, fear, and loss.

Rhianus also embed mysterious descriptions of landscapes within his longer epic narrative; the holy landscape of "rugged" Elaion and Lyko's grove (fr. 55 P.) will be highlighted as evidence for the existence of the Mysteries at Andania and the connection of this cult with the foundation of Ithome, foreshadowing the re-foundation of Messene in 370 BC by Epameinondas. The example of Messenia presents special interest because the loss of its political autonomy prevented the establishment of a local historiography before 370 BC. Besides, Rhianus' affiliation with Ithome (Sud. ρ 158 Adler) suggests a general connection between Rhianus and Messenia: the poem's summary by Pausanias (fourth book) reveals a prominent role to Ithome, which was a main focus point of the Second Messenian War, and it has been speculated that the Cretan poet was honored with citizenship that was connected with his stay there to search for evidence and events.

62.2. Aristomenes and the fall of the fortress of Heira.

According to Pausanias (4.6.2), Rhianus' narrative is limited to the historical events of the Second Messenian

War, which followed the battle at the Great Trench (4.17.2-9) and which took place, again according to Pausanias (4.17.2), in the third year of the war. Subsequently, the periegetes conjectured that Rhianus briefly narrated the context of the first two years in the first book of the *Messeniaca*, including the battle of Dere (Paus. 4.15.4) and the battle at the Boar's Tomb (4.15.7)[8]. The title of Rhianus' *Messeniaca* refers to the defeat of the Messenians in the war against the Spartans, which is likened to the defeat of the Trojans in the *Iliad* (4.6.1), while Aristomenes is the hero who leads the revolt of the Messenians, and who is glorious like Achilles (4.6.3). The fall of Heira recalls the fall of Troy, and this war is the result of adultery, just like the Trojan War.

Pausanias in his fourth book on Messenia establishes a comparison between Rhianus' Aristomenes and the Homeric Achilles, which suggests a deepening of the epic dimension of this hero[9]. According to Pausanias' narration, Aristomenes is unique even in his inevitable defeat, as he allows for the fall of Heira to remain faithful to his destiny (Paus. 4.20.1-3). Pausanias' statement here leads to an unavoidable comparison of the Hellenistic hero Aristomenes with the archetypal hero of the epic tradition; within the context of Rhianus' historical narrative, such *qualitate qua* is different from the mythical narratives of both Homer and Apollonius. In other words, Rhianus' narrative differs from the traditional epic narrative of the heroic model, although this reflects a natural gap in the cultural environment of the Hellenistic period, especially when discussing, for example, Apollonius Rhodius' approach to Jason's heroic persona[10].

According to Hunter, "the tension within a warrior between his role as a defender of his community's security, for which the community rewards him with privileges, and his desire for personal glory is crucial to an understanding of the *Iliad*"[11]. However, Rhianus' Aristomenes is not bound to his Messenian community in the same way as are the central heroes of the *Iliad*. As a Hellenistic hero Aristomenes is, in fact, not a hero of non-proportions at all, but a man, with all man's qualities and faults. Aristomenes is actually a hero who succumbs to wounds and multiple episodes of captivity: he faces the fall of his city, and finally meets his death by an illness in Rhodes, which is definitely not a heroic end. I intend to showcase here these humane qualities of Aristomenes in describing his affiliations with the neighbouring Arcadia and the island of Rhodes; As a Hellenistic poet per se, Rhianus also included in his narrative aspects of daily life, such as weddings and family bonds, or a death from illness, which definitely does not recall Hector's glorious end, or Patroclus' defense in the *Iliad*.

[7] Paus. 4.6.3.

[8] On the historical sequence, see Misgeld 1969, 81-85; Castelli 1994, 9; Musti - Torelli 1991, 228.
[9] Castelli 1994, 13.
[10] Hutchinson 1988, 84-85.
[11] See Hunter 2008, 64; also Redfield 1975, 100-101; Jackson 1992, 155-157.

The name Ἰρά is transmitted in Stephanus of Byzantium's entry (ι 92 Bill. = 49 P.)) and refers to a mountain in Messenia mentioned by Rhianus in the first book of his *Messeniaca*. A city with the same name is also attested in the *Iliad*, 9.150 Ἰρὴν ποιήεσσαν, and was included among the seven cities promised to Achilles on the condition of reconciliation with Agamemnon. Strabo (8.4.5) stated that the city Ἰρή was either located in the mountain between Megalopolis and Andania (which also agrees with Rhianus' Εἶρα) or in the coastal city of Mesola between mount Taygetus and Messenia, which could be identified with the Homeric Ἰρή[12]. Pausanias (4.30.1) identified this city with Avia, a coastal village southern of Calamata[13] and rightly located Εἶρα in the siege north of Andania (4.17.10). The reading of this city-name varies from the form Ἰρά in Stephanus of Byzantium (and the Ionic form Ἰρή) to the form Ἰρή in Strabo (8.4.5) and the form Εἶρα in Pausanias, which must be emended to Εἶρα (Schwartz 1899, 444). Aristarchus (Sch. A *Il.* 9.150 a¹) added an acute to the word Ἰρήν, making the adjective ἰρήν. The siege of Εἶρα was the topic of the *Messeniaca's* first book. Pausanias (4.6.2) claims that Rhianus did not narrate all the events of the second Messenian war, only those following the battle at the Great Trench. Pausanias dates these events to the third year of the war (4.17.2), and states that the first book of the *Messeniaca* briefly covered the first two years (the battle at Dere and the battle at the Grave of the Boar)[14]. On the other hand, Jacoby dated the second Messenian war to 490 BC and questioned whether the siege on mount Εἶρα had been an invention of the poet himself, or were drawn from earlier accounts, such as those of Callisthenes and Ephorus, who tend to support the first idea[15]. However, there is evidence that the siege of Heira took place in the territory of Phigaleia (see fr. 45) and in the Spartan tradition (Tyrtaeus fr. 23a West)[16].

Supplementum Hellenisticum 946 and 947 were preserved on a papyrus which dates to the first half of the third century AD and which were edited by Lobel (1972, 17-21). Their attribution to Rhianus was generally accepted due to their context and epic style[17]: two opposing armies, the Spartans and the Messenians, are at war. In SH 946 an unknown speaker, probably a general or Aristomenes himself (see Paus. 4.20.8[18]), addresses his fellow soldiers and expresses his hope that the enemy will have left by the following morning:

.τ]ῆς προτέρης κραδ[
σ]τήμεναι ὡς τὸ πάροιθε[
ἀλλὰ τάδ' ἄμμιν ἔπειτα θε[ῶν ἰότ]ητι μελήσει·
σὺν Διὶ δ' ἠώιους τάχα κεν φεύγ]οντας ἴδοιμεν
[προτ]ροπάδην, βελέεσσιν ὑφ' ἡμετέροισι δαμέν[τας,   5
ὄφρα τις ἐν Σπάρτηι βεβαρημ[έ]νος ἕλκεΐ λυγρῷ

μνήσεται ἡμείων, μηδ' ἀσκηθὴς ὑπαλύξῃ.
]α μὲν ὡς ἐπέοικε τελευτήσειε Κρονίων
]ὲ φυλακτῆρες πυρὰ κείατε καὶ μεμαῶτες
]έκτοσθεν φιλίην ῥύεσθε πόληα·   10
]ν οὐδὲ καὶ αὐτός, ἐπεὶ τόδε κάλλιόν ἐστιν,
ἐν μεγάρ]οις μενέω, φυλακὰς δὲ μετείσομαι εὖκα,
δυ]σμενέων ἐμπαζόμεθ', ἀλλ' ἐπέοικεν
]πάντα τελεῖν, φρονέειν δ' ἐπαρηρότα θυμῶι.
]ε καὶ ἴαχε λαὸς ὁμαρτῆι.   15

"Your former courage (?) ... [to stand as before [but these things will concern us hereafter by the will of the gods. With Zeus' aid, perhaps we may see them running away in the morning in headlong flight, overcome by our arrows, so that one of them (?) in Sparta, disabled by a grievous wound, will remember us, nor would he escape unscathed. May the son of Kronos accomplish these things], as is fitting. But now], watchmen, light the watch-fires and with fervent eagerness ...] outside, protect your city.] Nor shall I remain at home, since this is better, but I shall swiftly visit the sentinels, not that] I care about the enemy, but it is proper] to carry out all things and to plan things in the heart.] And collectively the people raised a shout".

Lloyd-Jones and Parsons (*SH* 946, *ad loc.*) translate the first line as "remember your former happiness", conjecturing a verb of remembering. The adhortation to display similar strength and courage as in the past recalls *Iliad* 17.719-21 νῶϊ μαχησόμεθα Τρωσίν τε καὶ Ἕκτορι δίῳ | ἶσον θυμὸν ἔχοντες ὁμώνυμοι, οἳ τὸ πάρος περ | μίμνομεν ὀξὺν Ἄρηα, cf. also Virg., *Aen.* 198-207 *O socii - neque enim ignari sumus ante malorum - O passi graviora, dabit deus his quoque finem ... | revocate animos, maestumque timorem | mittite: forsan et haec olim meminisse iuvabit. | Per varios casus, per tot discrimina rerum tendimus in Latium*, and Aeneas' similar words to his troops[19]. The speaker urges the people to recover their courage and bestow their hope to gods[20]. These verses recall *Iliad* 8.513-15 ἀλλ' ὥς τις τούτων γε βέλος καὶ οἴκοθι πέσσῃ | βλήμενος ἢ ἰῷ ἢ ἔγχεϊ ὀξυόεντι | νηὸς ἐπιθρῴσκων. Here, Hector delivers a speech in which Hector vividly describes the dangers the surviving Achaeans will face if they try to attack Troy again (Kirk 1990, 337). Similarly, in the fragment of the *Messeniaca* the speaker claims that the Messenians will be a threat for the Spartans in the future and no enemy shall return to Sparta without injuries and wounds. The leader encourages his people, stressing that their victory will be the result of divine will and urges them to light fires in their strongholds. The phrase φυλακτῆρες πυρὰ κείατε καὶ μεμαῶτες recalls *Iliad* 8.561 Τρώων καιόντων πυρὰ φαίνετο Ἰλιόθι πρό. Hector ends his speech by urging the Trojans to prepare for the following battle in the dawn (cf. 946.4 ἠώιους) and

---

[12] *Inventory*, Messenia: Ira, 553.
[13] See Musti - Torelli 1991, 247; *Inventory*, Messenia: Avia, 554.
[14] See Lenschau 1936, 290-294; Castelli 1994, 9.
[15] *FGrHist* IIIb, 182-84.
[16] Wade - Gery 1966, 296-927; also Figueira 1999, 227.
[17] Luppe 1974, 647.
[18] Livrea 1991, 302.

[19] For the treatment of the Homeric κραδίη by Rhianus, cf. also *Ate* fr. 1.2-3 P. The infinitive στήμεναι in the first foot of the hexameter occurs twice in the *Iliad* (17.167, 22.253) and once in the *Odyssey* (5.414). The phrase ὡς τὸ πάροιθε in a similar metrical position is attested in *Od.* 2.312, Ap. Rh., *Arg.* 1.816, and Nonn., *Dion.* 12.399.
[20] The phrase θεῶν ἰότητι occurs once in the *Iliad* (19.93) and more frequently in the *Odyssey* (14.198, 11.341, 12.190, etc.).

orders them to look after their traces at night by lighting fires in Troy (cf. also *Il.* 8.509 καίωμεν πυρὰ πολλά and 9.88 πῦρ κειάμενοι). The Messenian general seems to be faithful to the Homeric model and encourages his fellow soldiers to both light fires in the strongholds and keep themselves safe from the Spartan threat. The description of the fire reminds both the Achaeans in the *Iliad* and the Spartans in the *Messeniaca* that the enemy is still present[21]. What is more, the fire in the strongholds implies that the events take place at night and does not necessarily indicate a reversal of *SH* 946 and 947[22]. The Messenian leader completes his speech by revealing the proper orders for him to deliver and accomplish.

SH 947 has a narrative tone: the battle has ended and someone has just stopped talking. The night is approaching, which is favorable for the Spartans and ominous for the Messenians:

ὡς [εἰπὼν ἀ]πέπαυσε μάχην, ἐπίθοντο δὲ λαοί
νυ[   ] νίκηι γὰρ ἀγαλλόμενοι ποθέεσκον
κα[ί]περ κ[ε]κμηῶτες ἀνὰ κνέφας ἀντιάασθαι.
♦ ἀσπασίη δὲ Λάκωσιν ἐπήλυθε νυκτὸς ὀμίχλη.

"[Saying] these things, he broke off the battle, and the men yielded [to the swift night.] Reveling in their victory, they yearned to engage (the enemy) all through the night, even though they were exhausted. But the mist of night came gladly to the Laconians".

Lobel is uncertain about the chronological sequence of these two fragments, but assumes that *SH* 947 could follow 946, since the night referred to at the end of *SH* 923 could precede the dawn described in fr. 946.4[23]. The speaker seems to urge for a campaign at dawn (cf. fr. 947) and the soldiers willingly obey the orders to stop fighting, although they were eager to set out again, feeling excited after their earlier victory (..] νίκηι γὰρ ἀγαλλόμενοι ποθέεσκον). The Messenians were eager to face the Spartans in the darkness, although they were already tired from battle. The "mist of night was welcome for the Spartans". The coronis at the beginning of the verse signifies the end of the book. It is not unusual to locate the adjective ἀσπασίη in the hexameter (*SH* 947, *ad loc.*). This adjective recalls the so-called Alexandrian ending of the *Odyssey* at 23.296 ἀσπάσιοι λέκτροιο παλαιοῦ θεσμὸν ἵκοντο and the last hexameter of Apollonius' *Argonautica* (4.1781) with the same position of the adverb ἀσπασίως. However, the structure of the verse in Rhianus' poem does not seem to indicate the same intention and more closely recalls *Iliad* 8.487-488 Ἀχαιοῖς | ἀσπασίη τρίλλιστος ἐπήλυθε νὺξ ἐρεβεννή (*SH* 947, *ad loc.*). Furthermore, in the majority of Homeric cases the adverb ἀσπασίως occupies the first position of the hexameter. Castelli (1998, 42-43) points out the conscious act by a scholarly poet of placing entire Homeric phrases in

many allusive parts of his texts[24]. The term ὀμίχλη signifies "darkness" in later poems, although it is uncertain whether the term was used in this sense in Rhianus' own day[25].

62.3. The Mysteries at Andania and Messene's θεμείλια.

Ἀνδανία mentioned by Stephanus of Byzantium (α 310 Billerbeck) is a city near Messene. This is the ethnic background of Aristomenes, which is mentioned at the death of the hero; however, Aristomenes' heroic end is contrasted with Pausanias' narrative (4.24.3), probably inspired by Rhianus. The Spartans discovered the hero's hairy heart and his extraordinary liver, when they captured him alive and cut him into pieces. Stephanus' sources were Herodotus, Plutarch, and Rhianus. Herodotus does not mention Aristomenes, although Plutarch in his *De Her. Mal.* 856f 10, ascribes the account that Aristomenes was mangled alive to Herodotus, although he does not mention his hairy heart (*cor hirsutum*: Plin., *NH* 11.185, Valer. Max. 1.8, Dion Chrys., *Or.* 35.3). Saal and Meineke examined the question, justifying these variations and concluded that this particular variation harks back to Rhianus' *Messeniaca*[26]. However, this idea was subsequently rejected by scholars. Jacoby (*FGrHist* IIIb, 193-195) does not believe that Myron was the source of this story, but he rejects Aly's[27] and Kroymann's[28] respective reconstructions that it was derived from a Messenian source and not from Rhianus. Ancient sources ascribed a "hairy heart" as a sign of bravery to the Spartan Leonidas and later (Ps.-Plut., *Parall. minor.* 306d, Stob., *Flor.* 3.7.65, Aristeid. Milesius *FGrHist* 286 F 20a-c). This motif was also applied to Aristomenes, although this tradition was not based upon Rhianus, who predicted a different ending. This was probably a scholarly interpretation of the Alexandrians derived from the Homeric phrase λάσιον κῆρ[29].

The Ἐλαιόν mentioned by Rhianus in the hexameter is not known from any other text (fr. 55 P.):

πάρ τε τρηχὺν Ἐλαιὸν ὑπὲρ δρυμόν τε Λύκοιο·

"By rugged Elaion and above Lykos' grove".

Pausanias (8.41.7, 8.42.1-2) mentions a place with this name near Phigaleia which was an important cult site in honour of the Black Demeter. Jacoby (*FGrHist* IIIb, 193) does not provide us with an exact location, but suggests that this holy place could be located in Ithome. Pausanias uses Rhianus' hexameter as evidence for the existence of the Mysteries at Andania and narrates that this cult is

[21] Kirk 1990, 337.
[22] Lobel 1972, 20.
[23] Lobel 1972, 20.

[24] The phrase νυκτὸς ὀμίχλη and the special meaning of the mist is also found in the *Iliad,* always at the end of the line (1.359, 3.10, 13.336 and 17.694).
[25] Orph., *Arg.* 521 κατὰ σκοτόεσσα ὀμίχλη, Nonn., *Dion.* 4.122 νυκτὸς ὀμίχλη, Musaeus 238, Macedonius *AP.* 5.229.3 and adesp. *AP.* 9.675.1
[26] Saal 1831, 28-29; Meineke 1843, 195-197.
[27] Aly 1914, col. 785.
[28] Kroymann 1943, 73.
[29] Ogden 2004, 114-119.

connected with the foundation of the city: Caucon (from the Attic deme of Phlyas) revealed the Mysteries of the Great Goddesses (Demeter and Core, here called Agne: 4.1.2.5, 4.33.4-5) to Messene (the mythical founder of Messenia and Andania) and her husband, Polycaon. Lycus, the son of Pandion, later restored the cult (Paus. 4.1.6), and thereby the name of the holy grove in Elaeum. Figueira observes that the presence of priests offering sacrifices to the Great Goddesses and Caucon, founder of the Mysteries at Andania, is recorded in the foundation ceremony of the "New Messene" (Paus. 4.27.6)[30], This narrative could not be Pausanias' invention, but represents a tradition harking back to the fourth century BC, which explains the reference to the grove of Lycus and the Mysteries in Rhianus' epic poem. However, it is hard to establish in the part of the poem these locations were mentioned. Most likely, this hexameter is derived from the episode in which Aristomenes hides the holy utensils of the Mysteries (ἀπόρρητον) as instructed by the Delphic oracle and the prophecy of Lycus, which served as a prerequisite to return the Messenians to their homeland (Paus. 4.20.1-4). Pausanias thus relied on Rhianus as a source and inserted this episode into his account to highlight the crucial role the Mysteries played in Messenian history[31].

The re-foundation of Messene and the subsequent return of the Messenians in their homeland is also explicitly mentioned in a papyrus fragment (*P. Oxy.* 2552 A, B = *SH* 923) attributed to Rhianus' historical epic. This text was preserved on two independent papyri of the second century AD edited by Lobel[32]:

]....[ ].[
]ν· οὐ γὰρ πολλὸν ἀπό[προθι
]ς θάσσουσιν ἐπιχθον[
ερην·] εἰ δέ σφιν ἐπὶ θρόος ἴξετα.[.].[
κομμοῦ] τ' οἰμωγῆς τε δυσηχέος αὐτίκ[5
ε παρ]έσσονται μάλα μυρίοι οὐδέ |κε[ν ἀν]ήρ
[θεῶ]ν ὥριστος ἀ]λεξήσειε[ν ὄλεθ[ρον]·
]ο γὰρ το[ῖ]σδεσσιν ανα.[υνο.ο
] ὀτραλέως [ὑπὲρ] α[ἰπυτά[τη]ς [διο]
] αὐίαχοι· κρ[αδ]ί[ηι δ' ἐνι κε[ύθετε πε]   10
]ν θάσσον[τες ἐπηλυσί[ην] .[..αισ]
]ν ἔστ' ἄν [κε ποτὶ πλόον [ἐντύνω]μεν
]αμενοι [ὡς δή σφεας ἁ[ρπάξασθα]ι
σ]πιλάδε[σ]σιν ἐνι[χρ[ί[μ[ψ]αι[εν ἄε]λλαι
αὐτ]ίκ' ἔπειτα κατὰ ρίον αἰ[[πὺ λιπό]ντες   15
].ετερην ξείνην διζ[ησόμεθα
]εισιν ἐπὶ προτέροισι [θεμ[εἱλ]οις
]...[ ]πυργωσόμεθ[[π.]

"... not very far ... sit on the ground ..., if the noise will come to their ears ... of the kommos and the hollow moaning, suddenly [they] will come on us in

large numbers and neither a man nor the best among the gods could avert the ... to those ... immediately on the highest ... silent: hide (your pain?) in the heart ... sitting, the assault ... until we can set up a ship ... that will grab them ... may the storms throw them against the rocks ... soon after leaving the high promontory ... we will search for another foreign (land?) ... on the ancient foundations ... we will be raised up to a towering height".

A group of people is urged by someone not to express their sorrow loudly (1-5), since the enemy's approach will bring countless worries (6-10). They must restrain themselves (10-11). They must not leave their homeland until they board a ship (12-18), in order to find a new city upon ancient foundations (16-18). First, I would like to make a brief comment on the word θρόος in v. 4 where we can see the emotional statement of the besieged Messenians in the seashore waiting for a ship to abandon their homeland. The only Homeric attestation of the word θρόος (Il. 4.437) refers to the noise produced by many voices[33]. Apion in his *Homeric Lexicon* (fr. 5.2 Neitzel) interpreted the word αὐΐαχοι as ἄφωνοι and ἥσυχοι, while the Homeric scholia (Sch. A, T, AT (Ariston./ ex. / D) Il. 13.41a-c Erbse) stressed that all epithets in α- signify two different types of noise produced by the crowd, denoting a kind of shudder followed by a roar; cf. also Ap. Soph. 3.6 Bekker, Porph. ad *Il.* 11.155.8 Schrader, Eust. (comm. *Il.* 3.885.16). Verse 10 recalls *Iliad* 13.39-41, where the Trojans attack the ships of the Achaeans, although Poseidon, having transformed himself into Calchas, gives to the two Aiantes the strength to repel the enemy. However, in Rhianus we have a different perspective that is visible to the reader: the attack is the only source of fear for the Messenian soldiers. The possibility of divine or human intervention and denial do not make the nature of the danger more specific, but rather inevitable (cf. vv. 6-7)[34]. Verse 15 "and immediately afterwards we abandoned the high peak" and the Messenian Ῥίον in the word-play of the phrase ῥίον αἰπύ bolstered the attribution of this epic fragment to Rhianus by Lobel[35]. A similar location with the same name is also attested in Strabo (8.4.7) for the capital city of one of the Messenian provinces as they were established by Cresphontes (cf. also Ephorus *FGrHist* 70 F 116). Strabo claims that Rhion is located across Taenarus in the gulf of Thouria. Strabo also mentions a city named Αἰπύς that was also located in Messenia (8.3.24), which already mentioned in *Iliad* 2.592 (ἐΰκτιτον Αἰπύ), while

---

[30] Figueira 1999, 230.
[31] Misgeld 1968, 183; Castelli 1994, 13; Castelli 1998, 14; Habicht 19982, 156; see also Zunino 1997, 301-334; Deshours 2006 (for the cult in Andania).
[32] Lobel 1964, 53-56.
[33] In addition, the word is used for songs and music, cf. Pi., *Nem.* 7.8 θρόος ὕμνων, Adesp. *SH* 1144 θρόος αὐλῶν. This term fits with the word κομμοῦ suggested by Lobel (1964, 55) in v. 4, who also speculates that the end of the hexameter requires an acoustic reference, a transportable lament, and for this reason he proposed the phrase ἴξεται [ὦ]τ[α]. Yet the lament suggested by Lobel (1964, 55) does not have any epic parallel. In tragedy (Arist., *Poet.* 1452b.24) the term has a more general sense of lament, while it appears in a non-tragic context in Bion, *Epit. Adon.* 97. The use of the word οἰμωγή is more typical and is found in the same metrical position at *Il.* 4.450, 8.64, 22.409, 24.696, cf. also *Od.* 20.353; Ap. Rh., *Arg.* 2.1258; Lyc., *Alex.* 253; see also Castelli 1998, 28.
[34] Castelli 1998, 29.
[35] Lobel 1964, 56.

in Il. 9.152 and 294 a city named Αἴπεια is situated at the right side of the gulf of Thouria. In view of this, the phrase ῥίον αἰ[πύ was probably a reference to two Messenian toponyms. However, Livrea[36] identified ῥίον with Mount Lycaeus in Arcadia where the Messenians resided as exiles under the leadership of Aristomenes (Paus. 4.22.2), thus recalling Theocritus 1.125 Ἑλίκας δὲ λίπε ῥίον αἰπύ τε σᾶμα. It is more plausible, however, that this episode still took place in Messenia and more specifically in the gulf of Thouria, especially given the subsequent Spartan threat and the suggestion to escape by sea[37].

At last, the final part of the papyrus describes the preparations for a maritime journey, which require with the silence and self-control (10-12) of the speaker and the besieged Messenians. The speaker invites his comrades to abandon their homeland and seek a new one. This fits with the situation described by Pausanias (4.23.1-5): after the fall of Heira, those who escaped gathered in Cyllene of Elis to discuss the foundation of a colony elsewhere. In this assembly, Gorgos, son of Aristomenes, and Manticlus, son of the seer Theoclus, disagree about the choice to found a colony. The phrase ἐπὶ προτέροισι θεμείλοις recalls Callimachus' *Hym. to Ap.* 15 ἑστήξειν δὲ τὸ τεῖχος ἐπ' ἀρχαίοισι θεμέθλοις[38]. Lobel suggested that these verses refer either to a future return to Messenia and the re-foundation of Heira or to the foundation of a new settlement[39]. Livrea speculated about the foundation of Zagle and suggested its denial in v. 16[40]. The use of the phrase προτέροισι θεμείλοις is probably metaphorical, as only the memory of Messenia will be revived in the new settlement (cf. Verg., *Aen.* 2.293-95).

62.4. Conclusions.

When we explore the beautiful landscapes of the Greek countryside, we may observe a paucity of attestations evidenced in ancient Greek literature, as well as the lesser degree of nature sceneries depicted in art during the archaic and classical period. It is a common fact that ancient Greek writers dealt only with humanity within their works; for example, in archaic epic poetry readers observe the humane struggles in relation to divine and human's society[41]. Most of the action in Homeric *Iliad* is staged within the realm of the Trojan territory, which was simply depicted as full of trees, plain, and ditch[42]. In *Odyssey*, readers discern a bigger amount of landscapes with extensive or shorter descriptions of them, mainly

because of the many places Odysseus visits during his nostos. However, these landscapes are usually idealized *loci amoeni* closely related to gods and their descendants. In choral and lyric poetry, Pindar is an exceptional example of using landscape settings and architecture within his poems, although he prefers to preserve nature imagery for metaphor[43]. Finally, the majority of allusions to nature in drama are restrained to choral odes, where the chorus provides nature imagery highly connected with issues inherent in the drama, rather than the actual background for the action on stage[44].

Within this tradition, the Alexandrians strikingly explored the background settings within their poems and they combined landscape with an 'intense regard' for the depiction of human emotion. Thus, they intertwined the traditional element inherited by the archaic poets, mainly Homer, with innovation and intertextuality, in the sense of being concerned with humanity and emotions[45]. In other words, Hellenistic poets were fond of idealized depictions of *loci amoeni* found in *Odyssey*, in Homeric hymns, Euripidean tragedy, and Greek lyric poetry. However, they did not restrict themselves only to such picturesque landscapes within the divine realm; they also had in their disposal a variety of sources from ethnographic tradition, historiography, geography, and other prosaic works that to some extent bolstered the preponderance of landscape in their poetry. This could also be explained by the tremendous extension of the Greek world mainly due to Alexander's conquests and the division of his territory into four Hellenistic kingdoms after his death, the Seulecids, the Attalids, the Ptolemies, and the Macedonians. However, it is difficult to gauge the degree to which literary movements were influenced by the broader external world in Hellenistic age.

It is likely that Rhianus focused on places and myths that the Greeks of the third and second century BC, and especially Greeks residing in Egypt, Syria, or Italy, would enjoy reading, because they were reminded of mainland Greece and their Greek identity. For example, we saw in the *Messeniaca*, fr. 923.16-18 *SH* "we will search for another foreign land ... above the ancient foundations ... to strengthen", the speaker – probably Aristomenes or his son Gorgos – invites their companions to abandon their homeland in light of the siege of Heira and seek a new home. Besides, the poet's reference to Ἄγυλλα in his *Thessalica* (fr. 32 Ἀγύλλιον χαλκόν), an Etruscan city (from Kaeres) with a Thessalian origin also alludes to the spread of Pelasgoi and their vicissitudes in leaving Thessaly. Thus, Herodotean ethnographic tradition is crucial to Rhianus not only for its ethnographical features, but also for the Panhellenic character he fruitfully perceives. Herodotus extensively narrates about the Greeks and the non-Greeks,

---

[36] Livrea 1985, 599-600.
[37] Castelli 1998, 33
[38] The word θεμείλια is rarer than Callimachus' θέμεθλα, cf. *Il.* 12.28, 23.255, *H. H. Ap.* 254, Call., *Hym. Del.* 260, Opp., *Hal.* 5.680, Cyrus Hyp., *AP.* 9.808. Verses 16-18 especially recall Nonnus, *Dion.* 26.55: οἵ τε Σεσίνδιον αἰπύ, καὶ οἱ λινοερκέι κύκλῳ | Γάζον ἐπυργώσαντο λινοπλέκτοισι δομαίοις, | ἀρραγές, εὐποίητον εὐκλώστοισι θεμέθλοις.
[39] Lobel 1964, 56.
[40] Livrea 1985, 599-600.
[41] Treu 1955, 32-112; Elliger 1975, 29-156; Anderson 1976, 15-52; Williams 1991, 11. However, we should stress out here that in Greek epic cycle there were traces of more depictions of landscapes, than in Homer, such as *Cypria* frr. 4, 11 Allen; for further evidence, see Griffin 1977.
[42] Thornton 1984.

[43] See, e.g. Pi., *Ol.* 6.1ff, cf. also Steiner 1986, for a reading of nature depiction in Pindaric poetics.
[44] See e.g. Soph., *OC* 14-19, 155-160 and 192-193; Eur., *Hipp.* 121-130; 141-150; *Bacch.*, 105-119, 862-876, etc.
[45] Williams 1991, 13.

because both categories are pivotal for Herodotus to explore the world; "understanding each of them and their relationship is crucial to understanding how they came to war with one another".

Bibliography.

Aly, W. 1914, "Rhianos", in *RE* 1A1, cols. 781-790.

Ambühl, A. 2010, "Narrative Hexameter Poetry", in J. J. Clauss - M. Cuypers (eds), *A Companion to Hellenistic Literature,* Chichester Malden, 151-165.

Andresson, T., 1976, *Early Epic Scenery*, Ithaca.

Cameron, A. 1995, *Callimachus and his Critics*, Princeton.

Castelli, C., 1994, "Riano e Omero. I *Messeniaca* tra imitazione e innovazione", in *Acme*, 49, 5-24.

Castelli, C., 1998, "Riano di Creta, *Messeniaca*. Testo ed esegesi dei frammenti", in *Acme* 51, 3-50.

Deshours, N. 2006, *Les Mystères d'Andania: étude d'epigraphie et d'histoire religieuse*, Paris.

Elliger, W., 1975, *Die Darstellung der Landschaft in der Griechischen Dichtung*, Berlin.

Figueira, T. J. 1999, "The Evolution of the Messenian Identity", in S. Hodkinson - A. Powell (eds), *Sparta. New Perspectives,* London, 211-244.

Griffin, J., 1980, *Homer on Life and Death*, Oxford.

Habicht, C. 1998², *Pausanias and his Description of Greece*, Berkeley.

Hunter, R. 2008, *On Coming After: Studies in Post-Classical Greek Literature and its Reception*, Berlin-Boston.

Hutchinson, G.O. 1988, *Hellenistic poetry*, Oxford.

Jackson, S., 1992, "Apollonius' Jason: human being in an epic scenario", in *GreeceRome*, 39.2, 155-162.

Kirk, G. S. 1990, T*he Iliad: a Commentary*, vol. 2, Cambridge.

Kralli, I. 2017, *The Hellenistic Peloponnese: Interstate Relations. A Narrative and Analytic History, From the Fourth Century to 146 BC.*, Wales.

Kroymann, J. 1943, *Pausanias und Rhianos*, Berlin.

Lenschau, T. 1936, "Forschungen zur griechischen Geschichte im VII. und VI. Jahrhunderts v. Chr.", in *Philologus,* 91, 278-307.

Livrea, E., 1985, "Review: *Supplementum Hellenisticum.* Edd. Lloyd-Jones/Parsons", in *Gnomon*, 57, 592-601.

Luppe, W. 1973, "The Oxyrhynchus Papyri. vol. 37 by Lobel, E.", in *Gnomon*, 45, 321-30.

McInerney, J. 2013, "Polis and koinon: Federal Government in Greece", in H. Beck (ed.), *A Companion to Ancient Greek Government*, Oxford, 466-479.

Meineke, A. 1843, *Analecta Alexandrina*, Berlin.

Misgeld, W. R. 1969, *Rhianos von Bene und das historische Epos im Hellenismus*, Diss. Köln.

Musti, D. - Torelli, M. 1991, *Pausania, Guida della Grecia, Libro IV: la Messenia*, Milano.

Ogden, D. 2004, *Aristomenes of Messene. Legends of Sparta's Nemesis*, Swansea.

Pearson, L. 1962, "The pseudo-history of Messenia and its authors", in *Historia*, 4, 397-426.

Redfield, J. M., 1975, *Nature and Culture in the Iliad*, Chicago.

Saal, N. 1831, *Rhiani Benaei quae supersunt*, Bonn.

Spanakis, M. 2018, "Images of the Hellenistic Peloponnese in Rhianus' Ἀχαϊκά and Ἠλιακά", in *Eikasmós*, 29, 313-334.

Spanakis, M. 2019, "ὑμετέρη ἀρχῆθεν γενεή: Redefining Ethnic Identity in the Cult Origins and Mythical Aetiologies of Rhianus' Ethnographical Poetry", in *GLB*, 24.1, 195-206.

Thornton, A. 1984, *Homer's Iliad: its Composition and the Motif of Supplication*, Gottingen.

Treu, M. 1955, *Von Homer zu Lyrik*, München.

Wade-Gery, H. T. 1966, "The Rhianos-hypothesis." in E. Badian (ed.), *Ancient Society and Institutions. Studies Presented to Victor Ehrenberg on his 75th Birthday*, Oxford, 289-302.

Walbank, F. W. 1984, "Macedonia and Greece", in F. W. Walbank - A. E. Astin - M. W. Frederiksen - R. M. Ogilvie (eds), *The Hellenistic World*, London, 221-256.

Williams, M. F. 1991, *Landscape in the Argonautica of Apollonius Rhodius*, Frankfurt.

Zunino, M. L. 1997, *Hiera Messeniaka: la storia religiosa della Messenia dall'età micenea all'età ellenistica*, Udine.

63

Munificenza privata come mezzo di promozione sociale e politica. L'occupazione dello spazio pubblico nelle città dell'Italia romana nei primi secoli del principato. Alcuni esempi epigrafici.

Aniello Parma
Università del Salento

Abstract: Through the examination of over a hundred inscriptions that contain extracts of the *ordo decurionum* resolutions (*decreta*), the paper focuses on the determination of sectors and methods of intervention of the decurional assembly both in local political and social life, and above all in the management of assets of city real estate, both in the income deriving from their leasing or transfer to private individuals. Here are some epigraphs from cities in Italy that show examples of using the public space by private individuals, to pass on their memory over the years as a means of social and family political promotion, through demonstrations of private generosity for community purposes.

Keywords: *decreta*; epigrafia; evergetismo; munificenza; *ordo decurionum*.

Il tema del colloquio mi ha offerto l'opportunità di presentare alcuni aspetti di una mia più ampia ricerca sulle complesse competenze dell'*ordo decurionum* nell'amministrazione delle città romane nei primi quattro secoli dell'impero[1]. L'indagine, attraverso le testimonianze dirette di questa attività amministrativa, si concentra sulla determinazione dei settori e modalità di intervento dell'*ordo*, sia nella vita politica e sociale locale, sia nella gestione del patrimonio cittadino. Il raggiungimento di questo scopo è confortato da una più ampia e complessiva interpretazione di oltre un centinaio di documenti epigrafici che ho raccolto, e per quanto possibile, controllato autopticamente. Queste epigrafi ci restituiscono in modo più o meno sintetico le deliberazioni del consiglio decurionale municipale, sollecitate da singoli cittadini o *collegia* che cercavano così di soddisfare delle loro esigenze. L'interesse di questi testi è nel loro riportare, nel maggior numero dei casi, i vari momenti e le diverse fasi della procedura seguita nella riunione dell'assemblea decurionale cittadina.

Se ci soffermiamo a esaminare il ricorrere delle istanze di intervento dell'*ordo*, i contenuti che emergono dai *decreta* nei diversi secoli, ci rimandano come tra I e II secolo d.C. le istanze sottoposte all'approvazione dell'*ordo* riguardino, per la maggior parte dei casi, richieste di concessioni di onoranze funebri per propri familiari, conferimenti di onori municipali, nomine di sacerdoti pubblici, elevazione di statue onorarie in luoghi pubblici, concessioni di diritti di superficie o di usufrutto su suoli pubblici. Naturalmente questa documentazione è fortemente condizionata dalla volontà del privato, beneficiario dell'assegnazione, di riportare, anche solo in parte, nell'epigrafe celebrativa, il relativo *decretum decurionum* che ha dato luogo alla realizzazione dell'opera; pertanto, non rispecchia affatto la reale frequenza di questi casi nell'attività quotidiana delle deliberazioni dell'*ordo*[2].

Una discontinuità si nota già a partire dal III, e soprattutto nel IV secolo, epoca per la quale ci sono noti soltanto *decreta* che riguardano la concessione del patronato cittadino, cooptazione effettuata sempre negli interessi della comunità, o come meglio appare, dell'élite della città. Questa elevata percentuale di decreta di cooptazione potrebbe essere spiegata come una diretta conseguenza dei profondi cambiamenti nell'amministrazione cittadina nel tardo impero[3].

Da questi decreti emerge come siffatte richieste andavano a soddisfare il più delle volte bisogni individuali o collettivi che toccavano favorevolmente la comunità, servendo poi da solide sostruzioni di una personale promozione sociale, della propria famiglia, nonché della discendenza futura. In questo ambito rientrano gli atti di liberalità e di munificenza privata derivanti sia da legati assegnati *mortis causa*[4] sia, ancor più considerevolmente, nel caso di donazioni *inter vivos*, nelle quali rilevava l'interesse immediato e futuro dell'evergete[5].

In età romana la munificenza rappresentò un fenomeno di grande importanza nel tessuto economico e sociale

---

[1] Parma 2003; Parma 2006; Parma 2012; Parma 2019; Parma 2021a; Parma 2021b.

[2] Camodeca 2003.
[3] Langhammer 1973, 188-190; Ausbüttel 1988; Cecconi 2006.
[4] Su questo si veda per tutti Di Salvo 1973.
[5] Demougin 1996.

delle comunità urbane, tale da incidere notevolmente sulla vita municipale[6]. Cospicue e di diverso genere sono le documentazioni che testimoniano donazioni di facoltosi evergeti alle città, soprattutto nei primi secoli del principato. Tutte possono essere combinate tra loro per mostrare la vastità del fenomeno[7].

Al di là di alcune osservazioni introduttive il mio intervento riguarda come tali evergesie investivano il contesto sociale e come esse venivano regolate. Ad esempio, quali potevano essere le condizioni sulle quali gli evergeti insistevano per la realizzazione degli scopi delle loro donazioni; di conseguenza a quali condizioni le città le avrebbero accettate, e in seguito concretizzato quanto desiderato dal benefattore.

Questi interrogativi sollevano un intero complesso di ulteriori problemi, primo fra tutti quale era la spinta che muoveva privati cittadini a manifestare una loro munificenza verso un collegio o verso una città, come si intendeva realizzare quanto desiderato dall'evergete, egli cosa si aspettava dalla città in cambio della somma di denaro, o da quanto altro aveva elargito pubblicamente con enfasi alla comunità; infine, quale era lo *status* giuridico di questi evergeti e successivamente quello poi dei loro discendenti, poiché da questo derivava la capacità di poter imporre eventuali condizioni alle donazioni offerte per far rispettare le proprie volontà. Di contro quali ammissibili risoluzioni l'assemblea amministrativa della città poteva adottare nel caso di un cambiamento di indirizzo, uso o destinazione ci fosse poi in seguito nella realizzazione dell'oggetto della donazione, oppure di un mutamento quantitativo o qualitativo del legato stesso.

Su questi aspetti numerosi studi si sono occupati della capacità giuridica delle città[8], di poter ricevere legati sia *mortis causa*[9], sia per cessione di beni *inter vivos*, analizzando minutamente il problema del riconoscimento dello *status* di persona giuridica delle città, viste non come un'unità astratta, ma quanto composte da una moltitudine di individui separati[10], così da poter immaginare di elargire il beneficio a tante unità fisiche a sé stanti[11].

Del resto, però, la munificenza ha in sé una curiosa mescolanza di motivazioni: sentimenti religiosi, considerazione per i concittadini, promozione sociale e politica personale e familiare, non solo presente ma principalmente futura, sia da parte delle élites tradizionali, sia da molti di quelli che, a diverso titolo, avevano buone ragioni per trarne vantaggi, con il fine di mantenere, verosimilmente, finché possibile un senso di solidarietà comunitaria[12].

Il prestigio personale, la fama familiare, la considerazione cittadina, l'ascesa sociale e politica, sia a livello municipale, sia nei ranghi dell'amministrazione imperiale sembra fossero tra i principali incentivi alla munificenza privata[13].

In generale la varietà degli atti di munificenza era costituita da lasciti di denaro o terreni che fruttavano rendite per sostenere una serie di scopi: *summae honorariae*, elargizioni periodiche di *sportulae* o *alimenta*, *epula* celebrativi in occasione di genetliaci o altre ricorrenze[14]. Con relativa frequenza vi era l'allestimento di *ludi gladiatorii*, giochi anfiteatrali, spettacoli teatrali, la costruzione o il rifacimento di edifici pubblici[15], la pavimentazione di strade pubbliche[16], solo occasionalmente le somme elargite servivano allo scopo di sollevare dal peso fiscale i concittadini. Assai raro che denaro o altri beni fossero dati senza indicazione di uno scopo specifico. In generale col tempo tutte queste manifestazioni vennero denominate *voluptates*[17].

Superando le diverse argomentazioni ampiamente dibattute, ci soffermeremo oggi su alcuni aspetti più propriamente di carattere amministrativo circa quelle donazioni che richiedevano l'utilizzo di suolo pubblico, e come le città potevano regolare il conseguente impegno che sarebbe gravato su di loro.

Le decisioni sulla gestione del patrimonio pubblico erano deliberate dall'*ordo* dopo ripetute e articolate discussioni onde evitare che si incorresse in accuse di *ambitiosa decreta* che avrebbero comportato danni all'*aerarium*, ignominia per i *decuriones* coinvolti e l'annullamento del *decretum*[18]. L'*ordo*, salvo rarissimi casi eccezionali, non accordava mai in modo gratuito l'utilizzo del suolo pubblico, per l'uso del quale si era tenuti al pagamento di un corrispettivo[19]. Solitamente le concessioni assumevano i caratteri della locazione con pagamento annuo di un *solarium*, proporzionato all'importanza economica e all'ampiezza dello spazio pubblico dato in conferimento[20].

Colgo l'occasione per presentare, in modo esemplificativo, due testi epigrafici dove sono rilevabili le diverse soluzioni adottate dall'*ordo* nella tutela e nell'amministrazione, loro affidata, dei beni cittadini rispetto a delle cospicue donazioni promesse da evergeti, e infine una testimonianza

---

[6] Lomas 2003; Goffaux 2003; Zerbini 2008.

[7] Mrozek 1978; Mrozek 1984; Johnston 1985; Wilkins 1988.

[8] Probabilmente le *civitates*, avevano avuto la capacità di ricevere legati già al tempo del principato di Augusto (Tac., *Ann.* 4.43 i.f.; *CIL* X 5056) motivata probabilmente dalla considerazione sabiniana che il legato si potesse acquistare senza un particolare atto di accettazione. Sul punto Voci 1963-1967, I, 421-422, e II, 372 e 390. Fanno riferimento a lasciti in favore di città D. 3.2.25; 28.6.30; 31.88.8; 36.1.33; 36.1.59pr. *Tit. ex corp. Ulp.* 22.5. Sulla capacità di ricevere per legato delle *civitates* e dei *collegia*, Johnston 1985, 105-108.

[9] Per le disposizioni testamentarie a favore delle città, in generale Champlin 1991, 155-161 (in part. 158-159).

[10] Sulla questione da ultima Corbo 2012, 77-79; ma anche Signorini 2014, 63-66. Per una successiva attività legislativa in materia cfr. l'ampia disamina di Nasti 2013, 82-92.

[11] Schnorr von Carolsfeld 1933; Duff 1938; Eliachevitch 1942; Arangio Ruiz 1957, 68-70; Orestano 1968.

[12] Le Roux 2002; Brown 1978.

[13] Gregori 2008.

[14] Sulle fondazioni private a favore di comunità Carrié 1975; Andreau 1977; Frézoul 1990.

[15] Jouffroy 1977, 329-337.

[16] Magioncalda 1999.

[17] Parma 2015, 97-107.

[18] D. 50.9.4 pr.-1 (Ulp. *lib sing de off. cur. rei p.*). Trisciuoglio 2016.

[19] Vedi ad esempio *CIL* X 1746 (*Puteoli*); *CIL* XII 260 (*Vindobona*).

[20] Camodeca 1999.

di quei benefici di promozione sociale che ci si aspettava dalla munificenza.

CIL XI 3614

Vesbinus Aug(usti) l(ibertus) phetrium Augustalibus municipi Caeritum loco accepto re p(ublica) sua inpensa omni exornatum donum dedit. Descriptum et recognitum factum in pronao aedis Martis

5 *ex commentario, quem iussit proferri Cuperius Hostilianus per T(itum) Rustium Lysiponum scribam, in quo scriptum erat it quod infra scriptum est:L(ucio) Publilio Celso ĪĪ C(aio) Clodio Crispino co(n)s(ulibus), idibus Aprilib(us), M(arco) Pontio Celso dictatore, C(aio) Suetonio C̣laudiano aedile iuri dicundo praef(ecto) aerari. Commentarium cottidianum municipi Caeritum, inde pagina XXVII kapite VI:*

10 *M(arcus) Pontius Celsus dictator et C(aius) Suetonius Claudianus decuriones in templo Divor(um) corrogaverunt: ubi Vesbinus Aug(usti) lib(ertus) petit, ut sibi locus publice daretur sub poṛticu basilicae Sulpicianae, uti Augustalib(us) in eum locum phetrium faceret; ubi ex consensu decurionum locus ei, quem ḍesideraverat, datus est; placuitq(ue) universis Curiatio Cosano curatori ob eam rem epistulam mitti. In curiam fuerunt Pontius Celsus dictat(or), Suetonius Claudianus aed(ilis) iuridic(undo), M(arcus) Lepidius Nepos aedil(is) annon(ae), Pollius Blandus, Pescenniụs Flavianus, Pescennius Natalis, Pollius Callimus, Petronius Innocens, Sergius Proculus.*

15 *Inde pagina altera capite primo: magistratus et decurion(es) Curiatio Cosano salutem, idib(us) Aug(ustis). Desideranti a nobis Ulpio Vesbino consilium decurion(um) c̣oegimus, a quib(us) petit, ut sibi locus publice in angulo porticus basilic(ae) daretur, quod se Augustalib(us) phetrium publice exornaturum seçundum dignitat(em) municipi polliceretur. Gratiae huic actae sunt ab universis, placuit tamen tibi scribi, an in hoc quoque et tu conṣensurus esses. Qui locus rei p(ublicae) in usu non est nec ullo reditu esse potest. Inde pagina VIII kapite primo: Curiatius Cosanus mag(istratibus) et dec(urionibus) C̣aeretanor(um) sal(utem). Ego non tantum consentire voluntati vestrae, set et gratulari debeo, qui rem p(ublicam) n̄(ostram)*

20 *exsornat. Accedo itaq(ue) sententiae vestrae non tanquam curator, sed tanquam unus exs ordine, cum tam honesta exssemplaetiam provocari honorifica exornatione debeat. Data prid(ie) ìdus Septembr(es) Ameriae. Act(um) idib(us) Iunis Q(uinto) Ninnio Hasta P(ublio) Manilio Vopisco co(n)s(ulibus). Dedicatum K(alendis) Aug(ustis) isdem co(n)s(ulibus).*

Un interessante esempio di come l'*ordo decurionum* ponesse estrema attenzione nell'amministrare la destinazione degli spazi pubblici in città, onde non perdere entrate economiche destinate alla manutenzione e cura

cittadina, è questo complesso *decretum* dove possiamo leggervi, meticolosamente descritta, la procedura seguita dall'*ordo* di *Caere*[21] per la concessione di uno spazio pubblico edificabile, *sub porticu basilicae Sulpicianae*, verosimilmente prospiciente il foro cittadino, richiesto da *Ulpius Vesbinus*, liberto di Traiano[22], al fine di realizzare e ornare con marmi pregiati, a sue spese, un *phetrium*[23], una sorta di *schola*, da destinare agli *Augustales* cittadini. Nell'iscrizione, affissa sull'ingresso dell'edificio, su domanda dell'interessato, viene trascritto cosa avvenne, nell'assemblea dei *decuriones* il 13 aprile del 113, sotto il consolato di *L. Publilius Celsus* e *C. Clodius Crispinus*[24], così come può leggersi nel *Commentarium cottidianum municipi Caeritum, inde pagina XXVII kapite VI*, registro giornaliero delle attività amministrative degli organi municipali, consultato da *Cuperius Hostilianus* e riportato in copia dallo scriba *Rustius Lysiponus* nel pronao dell'*aedis Martis*, dove con molta verosimiglianza era conservato l'archivio cittadino. Seguono i nomi dei magistrati, *M. Pontius Celsus dictator* e *C. Suetonius Claudianus aedilis iure dicundo* nonché *praefectus aerari*, che illustrarono l'istanza di *Vesbinus* ai *decuriones* riuniti *in templo divorum*, i quali al termine della discussione che ne seguì erano favorevoli a concedere (lin. 12), sotto i portici della *basilica Sulpiciana*, un'area pubblica per la costruzione del *phetrium*. Ma ben sapendo che la concessione a *Vesbinus*, pur non sviluppando una vera cessione di spazio pubblico ad uso esclusivo privato (non si parla infatti di un *solarium* da versare alle casse cittadine per la concessione fatta) avrebbe acceso un diritto di *superficies* che sarebbe stato però goduto da un soggetto diverso, il collegio degli *Augustales*, per sua particolare natura un 'soggetto' dalla vita assai lunga, quasi eterno[25]; a questo punto l'*ordo* ritenne che, sebbene avessero già valutato attentamente la richiesta, e che consenzienti avevano stimato che la concessione non fosse svantaggiosa per gli interessi municipali, onde evitare di incorrere nell'emanazione di un *ambitiosum decretum*[26], fosse il caso di mettere al corrente della questione *Curiatius Cosanus*[27], a quel tempo *curator rei publicae* di

---

[21] Lastra di marmo bianco, dalla forma di *tabula* ansata ricomposta da quattro frammenti contigui e combacianti, manca dell'angolo superiore destro. Sul lato superiore ci sono i fori rettangolari di tre grappe. Sulla superficie si notano tracce di linee guida. Punti di separazione di forma triangolare, usati regolarmente. Dimensioni: 70 x 148 x 6 cm; c.e. 59,5 x 115 cm; h lett.: 1-4 cm. Ritrovata nel 1548 presso Cerveteri, fu per lungo tempo in possesso della famiglia Maffei, poi nella collezione Farnese. Ora si conserva nel Museo Archeologico di Napoli (inv. 2561). Autopsia febbraio 2003 (Fig. 63.1).

[22] Boulvert 1974, 217.

[23] Il termine *phetrium* non pare altrimenti attestato, esso indica il luogo dove convenivano i membri di un'associazione posta sotto un nume o genio tutelare vedi s.v. "*Phetrium*", in *Lexicon Totius Latinitatis*, III, 701 (A. Forcellini). Il termine greco φήτριον/φράτριον si riferisce alla sede di una consociazione a carattere sacrale, si veda *ThGL.*, XI, s.v.

[24] Per la coppia consolare v. *PIR*. II, C. 1164 e VI, P. 1049.

[25] Duthoy 1978 (con bibliografia precedente); Ostrow 1990.

[26] D. 50. 9. 4 (Ulp. *lib. sing. De off. cur. r. p.*).

[27] Il personaggio verosimilmente era nativo della vicina *Ameria* ed è da identificare forse con l'omonimo dedicante di un altare alla *Fortuna* ad *Ameria* di *CIL* XI 4347. Molto verosimilmente è lo stesso *C. Curiatius Cosanus* proprietario delle *figlinae Caepionianae* nel 123. Da ultimo, Helen 1975, 80-81; ma anche Setälä 1977, 103-104, che lo considera di rango equestre senza però argomentare ulteriormente.

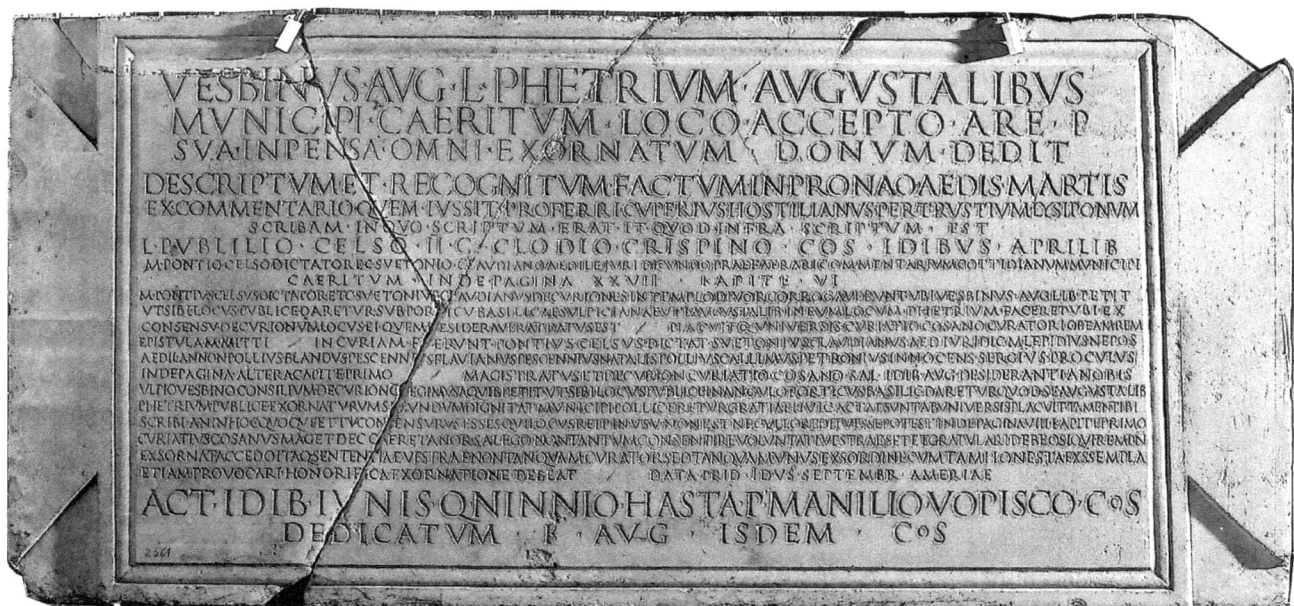

Fig. 63.1. Napoli, Museo Archeologico Nazionale, inv. 2561, da Cerveteri. *CIL* XI 3614 (foto dell'autore).

Caere[28], che si trovava ad *Ameria*. Così, quattro mesi dopo la seduta del consiglio decurionale, il 13 agosto, inviarono una lettera con il dossier sull'argomento al funzionario imperiale: *placuitq(ue) universis Curiatio Cosano curatori ob eam rem epistulam mitti*. Nell'epigrafe è trascritto un passo significativo della lettera, ricopiata dalla pagina 2 del *caput* 1 del *commentarium municipi*, dove si metteva in evidenza come dalla concessione, per la quale i *decuriones* erano consenzienti, ma che ancora non avevano decretato, non sarebbe derivato alcun danno economico al municipio sia perché il *locus* concesso non dava alcun reddito alla città *qui locus rei publicae in usu non est, nec ullo reditu esse potest*, sia perché si sarebbe così potuta realizzare la *pollicitatio* fatta da *Ulpius Vesbinus* agli *Augustales* ceriti senza che la città dovesse incorrere in alcuna spesa[29] *se Augustalibus phetrium publice exornaturum secundum dignitatem municipi polliceretur*[30]. Il 12 settembre, come riportato a pagina 8 *caput* 1 del *commentarium*, il *curator rei publicae* rispondeva avvalorando la decisione dell'ordo ceretano, non tanto come funzionario imperiale quanto considerandosi lui stesso '*unus ex ordine*': *Ego non tantum consentire voluntati vestrae, set et gratulari debeo, si qui rem publicam nostram exsornat. Accedo itaque sententiae vestrae non tanquam curator, sed tanquam unus exs ordine, cum tam honesta exssempla etiam provocari*

honorifica exornatione debeat[31]. La copia conforme degli atti fu redatta, il 13 giugno dell'anno seguente, il *phetrium* venne dedicato il primo agosto del 114 sotto il consolato di *Q. Ninnius Hasta* e *P. Manilius Vopiscus*[32].

Assai particolare in tema di gestione del patrimonio municipale in occasione dell'elargizione di donazioni private che però avrebbero coinvolto l'intera comunità cittadina è questo decreto riportato in epitome sul fronte di un grande architrave[33]. In esso è offerta la testimonianza della procedura seguita dall'*ordo decurionum* di *Gabii* per accettare una donazione *inter vivos*, a favore della città, che si impegnava ad attuarne in perpetuo i fini cui essa era stata destinata senza mutarne contenuto e destinazione.

---

[28] Data al regno di Traiano l'introduzione dei primi *curatores rei publicae* con la funzione di sovraintendere sulla gestione e amministrazione del patrimonio finanziario dei *municipia*, vedi Plin., *Epist. ad Traian.* 38 (47), 39 (48), 43 (52) e 110 (111), era stato conferito loro il potere di rimandare all'*ordo* quei *decreta* che risultassero dannosi alle casse cittadine. Sulla natura e significato politico dei *curatores rei publicae* durante il principato, Camodeca 1980 (in particolare per il caso di *Caere*, 487-489). Per un veloce raffronto con le occorrenze epigrafiche dei *curatores rei publicae* in Occidente, Duthoy 1979.

[29] Sulle concessioni di suolo pubblico a titolo gratuito Goffaux 2003. Si veda anche la prospettiva di Lomas 2003 (in particolare, 39 e 41).

[30] In proposito, Thomas 1998.

[31] Sul rapporto tra *ordo decurionum* e *curator rei publicae* visto come una collaborazione comune negli interessi della comunità, Jacques 1984, 258-279 (in part., 273-276). Forse troppo sofistico ritenere, come fa l'autore, il *consensus* manifestato dal *curator*, aggiuntosi a quello pronunciato dall'assemblea, come un riconoscimento di *voluntas* alla decisione presa dai *decuriones* qualificandola come *sententia*, questo perché nell'epigrafe non viene menzionato il *censuit* o *decrevit* che spesso chiude i *decreta*.

[32] Per la coppia consolare PIR² M. 142 e N. 101.

[33] Architrave in marmo bianco di Luni diviso in tre fasce degradanti. La prima dall'alto ha forma di *tabula* ansata divisa dalle due successive da una cornice a listello e gola diritta. Superficie e lati finemente gradinati, retro sbozzato. Sul lato superiore si notano tre incavi per grappe rettangolari e due fori. Il lato inferiore è modanato per una lunghezza di cm. 273 poi c'è lo spazio per le due colonne laterali Punti di separazione di forma triangolare usati regolarmente. Si notano tracce di linee guida. Dimensioni: 78 x 354 x 33 cm; *tabula* ansata: 39 x 324 cm; II fascia: h. 16,2 cm; III fascia: h. 10 cm; h lett.: 2-6 cm. Ritrovata nel 1792 a Castiglione sull'Anio nel territorio dell'antica *Gabii*, a seguito di scavi fatti eseguire dal pittore G. Hamilton nelle proprietà del principe Marco Antonio Borghese. Descritta già da Visconti nella raccolta di opere antiche provenienti da *Gabii* custodite nella villa Pinciana. Da qui pervenne nelle collezioni del Musée Napoléon. Oggi è conservata al Museo del Louvre di Parigi (Inv. MA 596). Autopsia novembre 2002 (Fig. 63.2). Clarac, 552; *CIL* XIV 2795; *ILS* 272. Dat.: 23 aprile 140 d.C.

Fig. 63.2. Parigi, Louvre, inv. MA 596, da *Gabii*. *CIL* XIV 2795 (foto dell'autore).

CIL XIV 2795

In honorem domus Domitiae Augustae Cn(aei) Domiti Corbulonis fil(iae), Domitii Polycarpus et Europe loc(o) dat(o) decreto decur(ionum) aedem fecerunt et exornaverunt statuis et reliquis rebus pecunia sua eiusdem= que tutelam en perpetuum rei publicae dederunt sub inscriptione infra scripta:

5 Imp(eratore) Caes(are) T(ito) Aelio Hadriano Antonino Aug(usto) Pio III M(arco) Aelio Aurelio Caes(are) co(n)s(ulibus), VIIII K(alendas) Maias Gabis in municipio, in curia Aelia Augusta, scribendo atfuit universus ordo decurionum, referentibus L(ucio) Vipstano L(uci) f(ilio), Cl(audia), Publicola Messal ⟨et⟩ L(ucio) Setrio L(uci) f(ilio), Pal(atina) Prisco, IIIIviris q(uin)q(uennalibus): Cn(aeum) Domitium Polycarpum, nomine suo et Domitiae Europes coniugis suae, offerre ordini decurionum et sevirum augustalium ((sestertium)) X̄ m̄(ilia) n̄(ummum); qui iam pridem extruxisset templum in honorem ac memoriae Domitiae, Corbulonis fil(iae) et hoc pietatis suae adfectu exornet et meliorem faciat ordinem n(ostrum) singulis et iam universisque prodesse festinet at quos ex reditu eius pecuniae fructum semper desideret pervenire, configendo at aeternam rem publ(icam) n(ostram) petendo, ut secundum exemplum codicillorum Cl(audi) Vitalis, stipulatione interposita desiderio suo, talis condicio decerneretur, ut ex reditu eius pecuniae.

10 III Idus Febrar(ius), natale: die⟩ Domitiae, praesentibus decurionib(us) et sevir(is) discumbentibus in publico aequis portionibus, fieret divisio. Item, hoc amplius, in tutela et ornationibus templi ((sestertium)) V̄ m̄(ilia) n̄(ummum), sub eadem condicionem, inferret q(uid) d(e) e(a) r(e) f(ieri) p(laceret), d(e) e(a) r(e) it(a) c(ensuerunt): placere universis secundum relatione s(upra) s(criptam) pecuniam accipi praestarique in pertuum ut celebraretur natalis dies ac memoria Domitiae, Corbulonis fil(iae) ex reditu ((sestertium)) X̄ m̄(ilia) n̄(ummum), divisionibus factis, discumberetur in publ(ico), et, si ullo tempore intermissum esset, quominus praestaretur it quod ordo decrevisset, aut, si ordo rescidisset decretum suum mutassetve condicionem, tum onmis summa quae in hanc rem accepta esset, eadem condicione, municipibus Tusculanis confestim renumeraretur.

15 Hoc decretum, post tres relationes, placuit in tabula aerea scribi et proponi in publico, unde, de plano, recte legi possit.

Il 23 aprile del 140, nella curia cittadina di *Gabii*, denominata *Aelia Augusta*, i *quattuorviri quinquennales* con funzioni giusdicenti, esposero all'*universus Ordo* i munifici proponimenti di *Domitius Polycarpus* e di sua moglie (*Domitia*) *Europe*, verosimilmente liberti di *Domitia Longina*[34]. Qualche tempo prima *Polycarpus*, forse a seguito del conferimento degli *ornamenta decurionalia*[35], aveva ottenuto dall'*Ordo*, la concessione di un'area pubblica sulla quale, insieme alla moglie, aveva edificato un'*aedes*[36], adorna di statue, in memoria della casata dell'augusta patrona, moglie di Domiziano e figlia del generale neroniano Gneo Domizio Corbulone[37]. Ora, nell'occasione presente, i due munifici evergeti intendevano donare altri 10.000 sesterzi, la cui rendita annua sarebbe stata distribuita, ogni 11 febbraio, tra i *Decuriones* e i *Seviri Augustales* presenti, affinché fosse celebrato in perpetuo il ricordo del *dies natalis* della loro patrona. Prima di procedere alla donazione però, come era stato trascritto nell'atto *secundum exemplum codicillorum Claudii Vitalis*, i munifici donatori facendo espressamente richiamo ad una *stipulatio interposita*[38], introdotta nell'atto, ponevano una condizione, da accettare prima della delibera decurionale, nella quale si chiedeva ai decurioni di impegnarsi, a nome di tutta la comunità cittadina[39], a tramandare in perpetuo la memoria di *Domitia Augusta* e a custodire con cura il *templum* da loro eretto. A tale scopo essi avrebbero messo a disposizione della città un'ulteriore somma di 5.000 sesterzi. Nella proposta, su richiesta dei due evergeti, era inserita la condizione secondo la quale se nell'avvenire, per una

---

[34] PIR[2] D 181. F.O.S., 327; Levick 2002.
[35] Così sembrerebbe potersi desumere dalle linn. 7-8: *hoc pietatis suae adfectu/ exornet et meliorem faciat ordinem n(ostrum)*. Sulla concessione degli *ornamenta decurionalia* a liberti imperiali, Gregori 2008.
[36] Sulla posizione topografica dell'edificio, Cima 2003; Cima 2005.
[37] Su *Cn. Domitius Corbulo* PIR[2] D 142. Syme 1970.
[38] La medesima locuzione ricorre in un'iscrizione con donazione, *inter vivos*, alla città di Ostia, databile pressoché agli stessi anni: *CIL* XIV 353 (*CIL* XIV 4642). Altre attestazioni a Ostia con un formulario simile: *CIL* XIV 367, 431.
[39] I motivi di interesse delle città nell'accettare una donazione privata sono sinteticamente illustrati in D. 30. 122 *pr.* (Paul. *lib.* 3 *regularum*), Ulp. D., 30. 32. 2 (Ulp. *lib.* 20 *ad Sabinum*) e 30. I 17 (Marc. *lib.* 13 *institutionum*).

qualsivoglia motivazione, l'*Ordo* non fosse stato in grado di rispettare quanto pattuito, oppure nel caso in cui avesse avuto intenzione di destinare ad altri scopi i fondi ricevuti, ovvero modificare, mediante successivi provvedimenti, la promessa fatta con il presente decreto, esso si obbligava a trasferire senza indugi *confestim remuneraretur* l'intera somma legata *quae in hanc rem accepta esset* alla vicina città di *Tusculum*, che avrebbe dovuto accettare *eadem condicione*[40]. Dopo la *relatio* svolta dai magistrati, che avevano illustrato le condizioni poste nell'atto, sul quale erano chiamati a decidere, e considerate le complesse implicazioni della richiesta, l'*Ordo*, richiamandosi a quanto già discusso precedentemente, deliberava di accettare la donazione dei due coniugi e si dichiarava pronto ad assumersi gli oneri fissati nella richiesta dei donanti[41]. Addivenuti all'accordo, sulle condizioni imposte dai benefattori e sull'utilità pubblica degli intenti della fondazione[42], *post tres relationes*, l'assemblea decretava di accettare le donazioni proposte e stabiliva che del decreto fosse redatta una copia su lastra di bronzo da esporre al pubblico, *unde de plano recte legi possit*, affinché fosse a conoscenza di tutti il legame che, grazie alla liberalità di *Polycarpus* e di sua moglie, si rinsaldava tra la città di *Gabii* e i membri della famiglia imperiale.

Infine, due iscrizioni databili ai primi anni 70 provenienti dall'area sacra suburbana di *Herculaneum* e pertinenti al restauro e ampliamento dell'*aedes Veneris*, fatti eseguire da *Vibidia v(irginis) l. Saturnina* e *A. Furius Saturninus*. Sulle vicende del loro ritrovamento e sull'intera documentazione storica e documentaria, nonché ricostruttiva, rinvio alla esaustiva indagine del primo editore Giuseppe Camodeca, limitandomi ad evidenziare quegli aspetti evergetici che qui ci interessano maggiormente[43].

La prima epigrafe, affissa nel pronao costruito ex novo dai due personaggi, ricorda l'inaugurazione del tempio e la contemporanea consacrazione di *imagines Caesarum*, di Tito e Domiziano[44], cogliendo così l'opportunità per celebrare la nuova dinastia imperiale. Per l'occasione la munifica coppia offrì la consueta distribuzione di *sportulae* ai *decuriones*, agli *Augustales*, ai *municipes* di Ercolano e ai sodali del collegio dei *Venerii*[45].

Nella seconda iscrizione monumentale, composta da tre lastre affiancate, lunga 21 piedi, cioè circa 6,30 m, posta sull'epistilio del *templum* è descritta l'opera dell'evergetismo di *Vibidia Saturnina* e di *A. Furius Saturninus*[46].

I due personaggi, da quanto si apprende, avevano costruito *a solo* il pronao antistante il tempio e, *impensa sua refectam*, l'intero edificio bisognevole di restauri strutturali profondi, *vetustate corruptam*. Allo stesso tempo i due evergeti avevano contribuito con una somma di denaro, della quale purtroppo ignoriamo l'ammontare, al restauro di un altro edificio pubblico della città, il *Capitolium* nel foro di Ercolano, menzionato qui per la prima volta, e sebbene il *Capitolium* era un monumento tipico delle colonie romane sono molteplici gli esempi di *Capitolium* anche nei *municipia*, come del resto *Herculaneum* che era un *municipium* duovirale. Infine, i due munifici evergeti avevano donato alla loro città, *res publica*, la somma di 54.000 sesterzi *ob honores sibi decretos*, e cioè un sacerdozio, il *flamonium*, per *Vibidia* e un onore concernente il *decurionatus* per *Furius*.

Il *flamonium* cittadino di norma era attribuito dall'*ordo decurionum*, *ex decreto*, a *mulieres* dell'élite locale, solo eccezionalmente, come altri esempi confermano, esso poteva essere concesso a donne di rango libertino, in particolare se queste erano state molto munifiche nei confronti della comunità cittadina[47]. Il nostro caso è uno di questi, i generosi evergeti sono di modesto *status* sociale, una donna di rango libertino, *virginis liberta*, di una famiglia dell'élite ercolanese[48] e un uomo il cui rango non è dichiarato, ma che verosimilmente sarà stato anch'egli liberto o un ingenuo discendente da un liberto, e al quale erano stati concessi, da parte dell'*ordo decurionum* i *decurionalia ornamenta maxima*[49], cioè i segni distintivi e i *privilegia* connessi con l'esercizio della massima carica cittadina, il duovirato[50].

L'iscrizione dell'epistilio riferisce del buon uso che la coppia aveva fatto della loro considerevole ricchezza, impiegata senza risparmio, le colonne del pronao erano di marmo caristio, che era estratto da cave del patrimonio imperiale, dimostrando così una loro vicinanza al potere centrale per le necessarie autorizzazioni all'impiego di quel marmo. Così è possibile calcolare che, verosimilmente, i due personaggi spesero, nell'insieme, non meno di duecentomila sesterzi per favorire alla famiglia, ma soprattutto ai loro discendenti, un'ascesa sociale che dovette elevarli ben presto al rango equestre.

---

[40] Identica clausola in una donazione a favore della stessa città in *CIL* XIV 2793. La condizione fa trasparire che le città, pur avendo assunto formalmente impegni vincolanti nell'accettare le donazioni, col passar del tempo poteva accadere che a volte, per motivi diversi o contingenze pressanti, cercassero di sfuggire alla volontà dei donatori e di utilizzare diversamente quanto ricevuto. Sull'inadempienza delle clausole imposte nelle donazioni a città, alcuni brani giurisprudenziali sono in: D. 33.1.6 (Mod. 11 *Resp.*); D. 33.1.23 (Marcian. 6 *Inst*); D. 33.1.24 (Marcian. 8 *Inst.*).

[41] Del resto, che le città potessero non accettare le donazioni dei privati, specie se gravate da alti oneri di gestione, a volte superiori ai benefici appare in un brano di Scevola D. 33.1.21.3 (Scaev., *Dig.* 22).

[42] Sul punto Johnston 1985 (in part., 112 e 113).

[43] Camodeca 2008-2009.

[44] Camodeca, 2008-2009, 49-60 = *AE* 2008, 357: *Vibi[d]i[a] Saturnina et A. Fu[riu]s Satu[rninus]/ dedicatione imaginum Caesarum [e]t aedis V[eneris]/ decurionibus et Augustalibus HS XX et munic[ipibus HS - - - et] /Veneriìs HS IIII dederunt.*

[45] Sull'ammontare più diffuso del valore delle *sportulae* per i diversi gruppi sociali cittadini, Duncan-Jones 1982, 142. Mrozek 1987, 35.

[46] Camodeca, 2008-2009, 51-53 (con foto e apografo ricostruttivo) = *AE* 2008, 358: [*Vibi*]*dia virginis l. Saturni[na] et A. Fu[rius Saturnin]us /[o] b honores sibi et suis decret[os a]edem Ven[eris vetustate corr]uptam /[imp]ensa sua refectam adornaverunt pronaio a solo fa[ct]o; id[em HS +3?+ in Capit]oli refec= /[tio]ne contulerunt et amplius HS LIIII rei p(ublicae) dederunt ob flamoni[u]m et dec[urionalia ornamenta? m] axima.*

[47] Hemelrijk 2005 (in part. 147-170).

[48] Camodeca 2008-2009, 58-61.

[49] Camodeca 2008-2009, 65-67.

[50] Gregori 2008, 661-685.

Del resto, manifestazioni di munificenza pubblica di così notevole entità sono indicative di un patrimonio che nella fattispecie doveva essere ben superiore al minimo di quello equestre[51].

Vibidia Saturnina e *A. Furius Saturninus* nella dedica ricordano, infatti, che la loro munificenza era collegata agli *honores* ricevuti: *ob honores sibi et suis decretos*, locuzione nella quale sono richiamati anche quelli concessi ai loro giovani discendenti.

Uno di questi, come suggerisce Camodeca, fu verosimilmente il cavaliere *A. Furius Saturninus*, menzionato in alcuni diplomi militari del 7 novembre 88 d.C. come capo, *praefectus*, dell'*ala praetoria singularium* in *Syria*[52]. L'identificazione proposta è motivata sia dalla congruenza temporale, sia dall'estrema rarità di *A. Furii*. E così anche se nell'88 *Herculaneum*, la sua città nativa, era distrutta e i suoi ascendenti probabilmente scomparsi, come tanti altri, nell'eruzione vesuviana del 79 egli riusciva a godere dei vantaggi procurati dalla munificenza degli avi.

Spero di aver mostrato come l'utilizzo della munificenza verso le città sia stata in età romana una delle più frequenti possibilità di promozione sociale e di propaganda politica non solo personale, ma dell'intera famiglia e in particolare per i propri discendenti. Da non trascurare l'impatto che questi atti evergetici avevano nell'amministrazione cittadina e nella cura che l'*ordo decurionum*, chiamato a guidare, gestire e amministrare con cura e attenzione il patrimonio cittadino, doveva porre ogni volta che una manifestazione di munificenza privata richiedeva un uso del suolo pubblico e una responsabilità da parte degli amministratori del buon uso delle somme destinate a donazioni e fondazioni pubbliche, che nelle intenzioni dei benefattori non dovevano esaurirsi nel giro di pochi anni ma perpetuare il ricordo degli evergeti per esaltarne la discendenza, senza tralasciare di avere cura degli edifici pubblici costruiti con denaro privato.

Bibliografia

Andreau, J. 1977, "Fondations privées et rapport sociaux en Italie romaine (Ier-IIIe s. apr. J.-C.)", in *Ktema*, 2, 157-209.

Arangio Ruiz, V. 1957, *Istituzioni di diritto Romano*, 13ed., Napoli.

Ausbüttel, F. 1988, *Die Verwaltung der Städte und Provinzien im spätantiken italiens*, Frankfurt am Main.

Boulvert, G. 1974, *Domestique et Fonctionnaire sous le Haute-Empire romain: La condition de l'affranchi et de l'esclave du prince*, Paris.

Brown, P. 1978, *The Making of Late Antiquity*, Cambridge, Mass.

Camodeca, G. 1980, "Ricerche sui *curatores rei publicae*", in *ANRW*, II,13, 453-533.

Camodeca, G. 1999, "Un nuovo decreto decurionale puteolano con concessione di *superficies* agli augustali e le entrate cittadine da *solarium*", in AA.VV., *Il capitolo delle entrate nelle finanze municipali in Occidente ed in Oriente*, Roma, 1-23.

Camodeca, G. 2003, "L'attività dell'ordo decurionum nelle città della Campania dalla documentazione epigrafica", in *CahGlotz*, 14, 173-186.

Camodeca, G. 2008-2009, "Evergeti ad Ercolano. Le iscrizioni di dedica del tempio di Venere", in *RendPontAcc*, 81, 47-67.

Carrié, J. M. 1975, "Les distributions alimentaires dans les cités de l'Empire romain tardif", in *MEFRA*, 87, 995-1101.

Cecconi, G.A. 2006, "Crisi e trasformazioni del governo municipale in Occidente fra IV e VI secolo", in J. U. Krause - Ch. Witschel (eds), *Die Stadt in der Spatantike - Niedergang oder Wandel?*, Stuttgart, 285-318.

Champlin, E. 1991, *Final judgments. Duty and Emotion in Roman Wills, 250 B.C. - A.D. 250,* Berkeley.

Cima, M. 2003, "Gabii la scoperta di una città antica a Pantano Borghese", in A. Campitelli (ed.), *Villa Borghese. I principi, le arti, la città dal Settecento all'Ottocento.* Roma Milano, 131-144 e 316-323.

Cima, M. 2005, "Gavin Hamilton a Gabii. Gli scavi settecenteschi di Pantano Borghese", in A. Campitelli (ed.), *Villa Borghese. Storia e gestione*, Ginevra-Milano, 43-55.

Corbo, C. 2012, *Incertae personae e capacità successoria. Profili di una società e del suo diritto*, Napoli.

Davenport, C. 2019, *A History of the Roman Equestrian Order*, Cambridge-New York.

Di Salvo, S. 1973, *Il legato modale in diritto romano. Elaborazioni dommatiche e realtà sociali*, Napoli.

Demougin, S. 1988, *L'Ordre équestre sous les Julio-Claudiens*, Roma.

Demougin, S. 1996, "De l'évergétisme en Italie", in A. Chastagnol - S. Demougin - C. Lepelley (eds), *Splendidissima civitas. Études d'histoire romaine en hommage à F. Jacques*, Paris, 49-56.

Duncan-Jones, R. 1982, *The Economy of the Roman Empire. Quantitative studies*, 2ed., Cambridge.

Duthoy, R. 1978, "Les Augustales", in *ANRW*, II 16.2, 1254-1309.

Duthoy, R. 1979, "*Curatores rei publicae* en Occident durant le principat. Recherches préliminaires sur l'apport des sources épigraphiques", in *Ancient Society*, 10, 171-238.

---

[51] Demougin 1988; Davenport 2019.
[52] *AE*. 2003, 2061; RMD.V, 329-331.

Duff, P. W. 1938, *Personality in Roman private law*, Cambridge.

Eliachevitch, B. 1942, *La personnalité juridique en droit privé Romain*, Paris.

Frézoul, E. 1990, "Evergétisme et construction publique en Italie du Nord (X et XI Régions augustéennes)", in AA.VV., *La città nell'Italia settentrionale in età romana. Morfologie, strutture e funzionamento di centri urbani delle regiones X e XI*, Trieste-Roma, 179-209.

Goffaux, B. 2003, "Évergétisme et sol public en Hispanie sous l'Empire (à propos de CIL, II2/7, 97)", in *MelCasaVelazquez*, 33.2, 225-247.

Gregori, G. L. 2008, "*Huic ordo decurionum ornamenta ... decrevit*. Forme pubbliche di riconoscimento del successo personale nell'Italia romana", in C. Berrendonner - M. Cébeillac-Gervasoni - L. Lamoine (eds), *Le quotidien municipal dans l'Occident romain*, Clermont-Ferrand, 661-686.

Helen, T. 1975, *Organisation of Roman Brick Production in the First and Second centuries A.D. An interpretation of Roman Brick Stamps*, Helsinki.

Hemelrijk, E. A. 2005, "Priestesses of the Imperial Cult in the Latin West: Titles and Function", in *AntCl*, 74, 137-170.

Jacques, F. 1984, *Le privilège de liberté. Politique impériale et autonomie municipale dans le cités de l'Occident romain (161-244)*, Rome.

Johnston, D. 1985, "Munificence and Municipia: Bequests to Towns in Classical Roman Law", in *JRS*, 75, 105-125.

Jouffroy, H. 1977, "Le financement des constructions publiques en Italie: initiative municipale, initiative impériale, évergétisme privé", in *Ktema*, 2, 329-337.

Langhammer, W. 1973, *Die rechtliche und soziale Stellung der magistratus municipales und der Decuriones in der Übergangsphase der Städte von sich selbstverwaltenden Gemeinden zu Vollzugsorganen des spätantiken Zwangsstaates (2-4 Jh. römischen Kaiserzeit)*, Wiesbaden.

Le Roux, P. 2002, "L'*amor patriae* dans le cites sous l'Empire romain", in H. Inglebert (ed.), *Idéologies et valeurs civiques dans le monde Romain. Hommage à Claude Lepelley*, Paris, 143-161.

Levick, B. 2002, "Corbulo's Daughter", in *GreeceRome*, 49.2, 199-211.

Lomas, K. 2003, "Public building, urban renewal and euergetism in early Imperial Italy", in K. Lomas - T. Cornell (eds), '*Bread and Circuses'. Euergetism and municipal patronage in Roman Italy*, London-New York, 28-45.

Magioncalda, A. 1999, "Donazioni private a fini perpetui destinate alle città. Esempi dalla documentazione latina in età imperiale", in AA.VV., *Il capitolo delle entrate nelle finanze municipali in Occidente ed in Oriente. Actes de la Xe Rencontre franco-italienne sur l'epigraphie du monde romain*, Rome, 175-216.

Mrozek, S. 1978, "Municentia privata in den Städten Italiens der spätrömischen Zeit", in *Historia*, 27, 2, 355-368.

Mrozek, S. 1984, "Munificentia privata im Bauwesen und Lebensmittelverteilungen in Italien während des Prinzipates", in *ZPE*, 57, 233-240.

Mrozek, S. 1987, *Les distributions d'argent et de nourriture dans les villes italiennes du haut-Empire romain*, Bruxelles.

Nasti, F. 2013, *Papyrus Hauniensis de legatis et fideicommissis. Pars altera II.1 (PHaun. III 45 verso + CPL 73 A e B verso)*, Napoli.

Orestano, R. 1968, *Il «problema delle persone giuridiche» in diritto Romano*, I, Torino.

Ostrow, S. E. 1990, "The Augustales in the Augustan scheme", in K. A. Raaflaub - M. Toher (eds), *Between Republic and Empire. Interpretations of Augustus and His Principate*, Berkeley - Los Angeles - Oxford, 364-379.

Parma, A. 2003, "Per un nuovo corpus dei decreta decurionum delle città romane d'Italia e delle province occidentali", in *CahGlotz*, 14, 167-171.

Parma, A. 2006, "Un nuovo decreto decurionale di Luceria del 327 d.C.", in M. Silvestrini - T. Spagnuolo Vigorita - G. Volpe (eds), *Studi in onore di Francesco Grelle*, Bari, 201-214.

Parma, A. 2012, "Sulla presenza di decreta decurionum nella pars tertia, negotia, dei Fontes Iuris Romani Antejustiniani", in G. Purpura (ed.), *Revisione ed integrazione dei Fontes Iuris Romani Anteiustiniani (FIRA). Studi preparatori*. Torino, 217-252.

Parma, A. 2015, "*Universus numerus curiae Pollio Iulio Clementiano statuam conlocavit*", in *QLSD*, 5, 97-107.

Parma, A. 2019, "Decreta decurionum in tema di gestione del patrimonio municipale", in E. Ortiz - De-Urbina (eds), *Ciudadanías, Ciudades y Comunidades cívicas en Hispania (de los Flavios a los Severos)*, Sevilla, 167-185.

Parma, A. 2021a, "Decreta decurionum delle città dell'Italia romana. Mutamenti del lessico nel rapporto magistrati cittadini e decuriones riportati nelle testimonianze epigrafiche", in V. Pompò (ed.), *Etica, finanza e digitalizzazione: lo scenario attuale nel mondo*, Roma, 43-50.

Parma, A. 2021b, "Decreta decurionum epigrafici: esempi di registrazione delle delibere dell'ordo decurionum", in G. Camodeca - P. Buongiorno (eds), *Die senatus consulta in den epigraphischen Quellen. Texte und Bezeugungen, Münster*, Stuttgart, 397-410.

Schnorr von Carolsfeld, L. 1933, *Geschichte der juristischen Person. I - Universitas, corpus, collegium im klassischen römischen Recht*, München.

Setälä, P. 1977, *Private domini in Roman brick stamps of the Empire: a historical and prosopographical study of landowners in the district of Rome*, Helsinki.

Signorini, R. 2014, *D. 34,5. «De rebus dubiis». Profili sistematici e rassegna casistica*, Milano.

Syme, R. 1970, "*Domitius Corbulo*", in *JRS*, 60, 27-39.

Thomas, Y. 1998, "Les ornements, la cite, le patrimoine", in C. Auvray-Assayas (ed.), *Images romaines*, Paris, 263-284.

Trisciuoglio, A. 2016 "Ordinis ambitiosa decreta... reprobantur (C.10.47.2)", in I. Piro (ed.), *Scritti per Alessandro Corbino*, 7, 263-276.

Voci, P. 1963-1967, *Diritto ereditario romano*, I-II, Milano.

Wilkins, P. I. 1988, "Amphitheatres and Private Munificence in Roman Africa. A new text from Thuburnica", in *ZPE*, 75, 215-221.

Zerbini, L. 2008, *Pecunia sua. Munificenza privata ed utilità pubblica nelle città romane delle regiones IX ed XI*, Milano.

Lightning Source UK Ltd.
Milton Keynes UK
UKHW051239121222
413783UK00007B/39